共同通信文化部 編

追悼文大全

A Collection of Obituaries

三省堂

デザイン
松田行正＋杉本聖士

はじめに

1、人生の風紋の記録

社会に何かを残して世を去った人に、私たちはさまざまな感慨を抱く。悲しみや無念だけでなく、感謝やねぎらいの気持ちもある。どの人生も唯一無二のものであり、生きている人の記憶に刻まれている限り、その人生が消えることはない。

本書には１９８９（平成元）年から２０１５（平成27）年にかけて共同通信が全国の加盟新聞社に配信した文化人の追悼文約７７０編が、年を追って収録されている。この27年間に亡くなった国内外の俳優、映画監督、音楽家、作家、美術家らの業績や人柄をしのび、評価する文章を、故人と同じ分野で活躍している人たちや評論家ら約４６０人が執筆した。巻末には追悼される人々の没年齢を記した「物故者索引」、「筆者索引」、「キーワード索引」を付して、読者の便に供した。

情感あふれる一文や冷静な業績の記述には、筆者の哀惜の念が込められている。故人が生前に描いた軌跡と重ね合わせて読むと、20世紀から21世紀にかけて私たちが親しんだ文化の厚みが実感される。多くの人に影響を与えた人物の最期の地点から人生を照射する本書の目的は、文化史を総覧することではない。時代を駆け抜けた個性的な人生の風紋を記録し、伝えることにある。１編ずつに込められた故人と筆者の心の交流をぜひ読み取ってほしい。

2、追悼文の配信

本書に収録されている追悼文は共同通信文化部が編集した。関西在住の文化人は大阪支社文化部が担当している。共同通信の正式な名称は「一般社団法人共同通信社」といい、全国の新聞社と放送局が加盟社、契約社となって運営される報道機関だ。世界で日々起こるあらゆる事象を取材し、硬軟の記事を24時間配信している。本書に収めた追悼文は新聞の学芸面、芸能面、生活面向けに配信された。実務は次のように行われている。

文化部には文芸や美術、論壇、出版、書評を担当する学芸班と、映画や演劇、音楽、放送を担当する芸能班、そして児童文学や漫画、料理、ファッション、教育、社会保障、消費者問題、レジャーなどを担当する生活班がある。それぞれの分野で活躍した人が亡くなった場合、その事実を報じるとともに、追悼文を配信するかどうかを記者とデスクが話し合って決めている。

本来、一人の人間の死は固有のものであり、大小を分ける基準はない。それでも報道機関としては生前の業績と死の影響、社会の受け止め方を勘案して、どのような長さ、大きさで報じるかを判断することになる。新聞の1面や社会面に掲載される死亡記事では、亡くなった日時や死因、葬儀の日取り、喪主といった情報と業績が記される。まずは事実を速く報じることが通信社の仕事だ。

そのストレートニュースとは別に、人柄や生前の仕事について専門的に書かれた追悼文が必要と判断した場合、担当記者は記事の取材、執筆と並行して外部の筆者に追悼文を依頼する。故人と同じ分野で親交が深かった人、業績を論じることができる人などから最適な書き手を選ぶ。そのためには記者が培った人脈、知識を動員しなければならない。

時間は限られている。誰と誰が親しいか、このテーマの第一人者は誰か、面識はなくてもこの人に頼めば読み応えのある追悼になるのではないか。こういう発想をするのは当然のことだが、今すぐお願いできる状況か、所在はどこかなど実現の可能性を迅速に掛け合わせる必要がある。

速報に重きを置く通信社には、死亡記事だけでなく追悼文もできる限り速やかに配信することが求められている。多くの場合、死去の事実を確認してから数時間、遅くとも1日程度の締め切りでお願いせざるを得ない。特に、関係が近い人ほど驚きと悲しみを抑えて筆を執ることになっただろう。依頼に応えてくださった筆者の方々に深く感謝している。

なお、1編当たりの字数は数百字から千数百字まで違いがある。これは配信する新聞紙面の状況に応じ、共同通信文化部がその都度、字数を決めて依頼していることによる。

3、本書の概要

人の最期は一様ではない。天寿をまっとうしたと言われる人もいれば、将来にわたって活躍が期待されながら、病や事故で突然に命を奪われる人もいる。

本書で追悼されている人々の没年齢は、最高齢がポルトガルの映画監督マノエル・ド・オリベイラの106歳（2015年没）で、日本人では日本画家の小倉遊亀の105歳（2000年没）。最も若いのは歌手尾崎豊の26歳（1992年没）である。一口に「一生」「生涯」と言っても長さは人それぞれに異なる。だからこそ、その人生がどのように貴重であるかを伝える追悼文には大きな意味がある。さらに言えば、かつて追悼文を寄せた人が、年を経て今度は自分が追悼文を捧げられる側になることもあった。歳月はめぐることを痛感させられる。

報道の一環として配信した追悼文を1冊にまとめるに当たり、重要視したのは記録性である。一部で事実関係の修正をしたほかは全編配信時のままの文章を掲載した。現在の常識や感覚と異なる記述があっても、訃報を受けてから間もない時に執筆した思考と感覚を記録しておくため、あえて加筆修正は施していない。この方針を前提に、筆者に転載許諾をお願いした。了承してくださったことにも感謝したい。

また、配信時の表記も変更していない。2009年6月から本文中の数字が漢数字から洋数字に変わったことや、2010年の常用漢字改定に伴う表記変更についてもそのままとし、現時点からの表記統一はしていない。そのほか敬称の有無も配信時のままとした。これらも記録としての価値を保つ方針に従った。巻末の「物故者索引」の没年齢は、死去が明らかになった時点の記事に合わせた。

通信社が配信した追悼文は日が過ぎれば新聞の縮刷版や切り抜きなどで保管されるが、見つけるのは手間がかかる。「追悼文大全」として1冊にまとめたことにより、ばらばらに残っていた追悼文に接しやすくなったと考えている。

4、多様な価値の中で

時代を画した文化人の死は「一つの時代の終わり」と評されることがある。本文に列記された作品名に共感し、当時の思い出に浸る読者もいるだろう。訃報そのものは誰かが亡くなったことを伝えるものだが、記事は単なる情報である以上に、読む人の心を揺さぶる。追悼文を読むのは、去りゆく人を静かに見送る作業とも言える。

共同通信が記事を配信する新聞の読者は、年齢、職業、関心ともに幅広く、追悼文によっては故人のことをほとんど知らない人が読むことも想定している。そのため、可能な限り業績についての評価を読者に示すことをお願いしている。基本的に専門家に依頼するのはそのためでもある。代表作や転機となった重要な作品、公演、著作などを挙げ、再び評価することによって、故人が何を大切にする人物であったか、何に心血を注いだのかがあらためて明確になる。

新聞に掲載される追悼文には故人の紹介という側面もある。そこに書かれた作品や人柄を知ることは、未知の読者にとっては新鮮に映るだろう。

「棺を蓋いて事定まる」という言葉がある。「人間の本当の評価はひつぎにふたをしてから定まる」ことを意味するが、ひつぎのふたが閉まってから世に出る追悼文には、さらに新しい評価を生む力がある。優れた業績を残した人の軌跡を追悼文とともにたどり、何かを感得することができるなら、21世紀前半の混沌のさなかにある私たちの希望になるはずだ。

本書に収められた追悼文を読んでいると、亡き人に寄せる悲傷の思いに胸を打たれることが幾度となくある。師事した人、切磋琢磨した人、親しく付き合った人など個別の関係を書いた文章に筆者の心が映し出される。亡くなった事実に直面した驚き、悲しみ、悔しさ、怒り、無力感、そして受容、ねぎらい、感謝、決意。どれをとっても生身の人間がそこに現れる。生前に交わした言葉、表情などのエピソードには、筆者自身の人生も重なって見える。

現代の文化を担う表現者、研究者たちが書いた追悼文の数々から、あまたの感動が生まれる。本書はどこからでも読めるが、関心のある人物から始めて対象を広げていくことを薦めたい。世界が多様な価値観を持つ人間で成り立っており、人が人を思う気持ちは通じ合うという実感に至ることを期待している。私たちは一人一人個別の存在として生きている。そうであるとしても、互いの心の中で手を結び合うことができる。約760人の物故者と約460人の筆者が織りなす「追悼文大全」はそんなメッセージも発している。一人でも多くの読者に届くことを願ってやまない。

5、謝辞

共同通信が配信した追悼文の筆者の方々と著作権継承者の方々に厚く御礼申し上げます。また全国の加盟新聞社と、新聞を支える読者の皆さまにも感謝いたします。

本書は2015年春に三省堂から刊行された「書評大全」（共同通信文化部編）の続編に当たります。今回も企画段階から三省堂出版局の飛鳥勝幸部長にお世話になりました。転載許諾や索引作成など煩雑な作業を的確に進めていただき、ありがとうございました。

本書で追悼した方々とご遺族にもあらためて敬意を表します。精魂を傾けた数多くの業績が、この1冊によって長く記憶され、新たな価値の創造につながれば幸いです。

本書に関心を持ってくださった全ての方が、いずれかのページで心に響く文章に出合えることを信じています。

2016年1月
共同通信文化部長　杉本　新

追記―収録した追悼文は、筆者あるいは著作権継承者から転載許諾を得ました。可能な限り意思確認の努力を重ねましたが、転載を許諾されないご意向を示された筆者、未回答、転居などの事情で諾否を把握できなかった筆者については追悼文の収録を見合わせました。また配信記録の検索上の問題で、一部の追悼文は本編ではなく「追補」に収めました。おわびとともに申し添えます。

1．本書の構成

共同通信文化部が配信した1989年7月から2015年12月末まで、27年間の追悼文を年度別・配信月日ごとに配列した。掲載追悼文約770編、筆者約460人となる。

追悼文は、❶配信年月日・配信番号、❷追悼文見出し、❸筆者名、❹追悼文本文、❺筆者所属ほか、から成る。

【索引】

・物故者索引／筆者索引／キーワード索引から成る。

・長音は直前の母音に置き換えた五十音配列とした。

・外国語・外来語の原音における「V」音は原則としてバビブベボであらわした。

2．配列について

年扉を設け、「追補」を除き配信年月日順に一頁に一追悼文を配列した。同日の追悼文には便宜的に配信番号を①②…と表示した。

3．本文表記について

・追悼文本文は、原則として配信時の内容と同じとした。難解な人名・用語・書名・難読語などに（　）で振り仮名を付けているものや、数字の漢数字と洋数字の混在もある。外国人名等の表記についてもそのままとした。

4．追悼文本文について

・筆者の所属、職業等も配信時のままとした。よって、現在での所属や職業が変わっている場合がある。

・「用語」に関する語義や実例、「事件」等の背景や影響、また歴史的事実が今日的観点からそぐわない箇所もある。なお、実名表示に関しても、配信時のままとした。

例

❶配信年月日・配信番号
❷追悼文見出し
❸筆者名
❹追悼文本文
❺筆者所属ほか

二〇〇〇年一一月一日

夢の危うさへの警句
真鍋博さんを悼む

北村由雄

真鍋博さんが亡くなったと聞いて、とっさに胸をよぎったのは「あ、間に合わなかった」という痛切な思いだった。この「思い」を書いておきたい。

五年前のある日、大型の白封筒で手紙が届いた。

①(北村の)旧著を拝読。一文に「真鍋がデモクラート美術協会から追放された」とある。協会とは「グループ実在者」の誤り②グループに特別な規約があったわけでなく、「追放された」の表現は不適切③当時を記録する第一次資料として誤って引用される心配がある。再版の折などに訂正をと丁寧な筆跡は結んでいた。

「実在者」は真鍋博、池田満寿夫、靉嘔(あいおう)、堀内康司の四人が一九五五年に作ったグループ。若い世代に公募展離れが進むなか、真鍋さんは二紀会の同人に推挙されたのを機会にグループを抜けた。

その話を同人誌に筆者が書いた。「真鍋は生活のために公募展を選んだ」と。それが小著「現代画壇・美術記者の眼」に再録され、さらに時を経て真鍋さんの目に初めて触れた。

手紙にはコピーが一枚同封されていた。SF作家の石川喬司が毎日新聞の記者時代、アインシュタインの手紙の「原爆」を「水爆」と誤訳した。その誤訳が競争紙にそのまま引用された話を、石川氏自身が語っている雑誌の記事である。

その後、街や美術館で何度か姿を見かけた。声をかけるのをためらったのは当方だった。事実の間違いは訂正が可能だ。しかし、それだけでは済ませないこだわりがあった。

美術記者時代、絶えずイラストレーター真鍋博との接触を続けてきた。画家真鍋博への根強い関心が根底にあった。絵画とイラストの垣根を超えた時代の表現者としてとらえたかった。

しかし真鍋さんを画家と呼ぶ人はいない。設計図のような細密な手書きの妙味も、マックを操る世代には無縁となった。

いま机上に真鍋さんの本を積んでいる。帯の文言が楽しい。「複眼人間の複眼思考。複合多重時代のビジネスマン必読の書」「華麗なイラストとSF的思考で誘う創造へのシミュレーション」「ユーモアと風刺をまじえつつ機知縦横に現代文明を植物見立てで描くイラスト・ファンタジー」

その表現が最も輝いていたのは六〇年代から七〇年代にかけて、経済の高度成長のただなかで未来学がそのまま大衆の夢であり得た時代にほかならない。高度成長社会の落とし子にほかならなかった。

しかし見落としてはいけないと思う。真鍋ファンタジーの本質は「逆ユートピア」にあることを。大衆社会の夢の危うさへの警告が彼の繊細な未来図には秘められている。得意のエッセーにも文明批判、社会批判がびっしりと詰め込まれている。

「逆ユートピア」を承知で消費社会は真鍋博を歓迎し、利用範囲を広げ、とことん消費し尽くした。

「真鍋さん、また絵を描いてください。かつてのアニメ仲間、久里洋二も柳原良平も絵を楽しんでいますよ。時間はまだたっぷりあります」。街でそう声をかけたかった。(多摩美大客員教授、茅ケ崎市美術館長)

総目次

平成元年

1 9 8 9

一九八九年七月一七日

華麗な芸支えた職人的手腕
カラヤン氏の死を悼む

黒田恭一

クラシック音楽を好きになり始めたばかりのころにだれもが一度は、「軽騎兵」序曲とか、あるいは「ホフマンの舟歌」といったような親しみやすい作品を聴く。しかし、それらの作品が一流の指揮者と一流のオーケストラによって録音されることは、必ずしも多くない。

カラヤンは、ベートーベンやブラームスの交響曲を感動的に演奏する一方で、そのような通俗名曲といわれる作品を積極的に録音し続けてきた。これからクラシック音楽に親しんでいこうとする人たちであればなおのこと、優れた演奏で聴くべきである。カラヤンは、そう考え、軽い作品だからと侮ることなく、真摯（し）に演奏した。

しかし、一流の指揮者が「軽騎兵」序曲を巧みに聴かせても、だれも褒めない。褒めないばかりか、カラヤンの真意を測りかね、げすにかんぐって、彼は商売上手だから、と批判した。

そのことも含めて、カラヤンには、華麗な私生活であるとかさまざまなスキャンダルであるとか、誤解を招きそうなことが多々あった。カラヤンが、一方で熱烈なカラヤン・ファンに支えられながら、もう一方でアンチ・カラヤン派の攻撃を受けたのは、そのためであった。

指揮者の仕事では、一般に考えられている以上に、職人的な手腕が問われる。共演者の技量や状態を判断しつつ、自分の求める音楽を正確にオーケストラに伝えなければならないからである。カラヤンは青年時代に条件のよくない小さな歌劇場で指揮をしていた。その間に、カラヤンは、だれにも負けないだけの職人的な手腕を身に着けた。それが、カラヤンの華麗な芸術を支えていた。

カラヤンは、一九五四年の初来日以来、十一回も来日した。にもかかわらず、カラヤンが日本で聴かせたのは、コンサートでの演奏だけであった。カラヤンのもうひとつの面、つまりオペラ指揮者としてのカラヤンは、ついに日本では聴けなかった。

オペラを指揮したときのカラヤンは、コンサートでの演奏とはまた別の魅力を発揮した。日本の聴衆をこよなく愛し、日本で演奏することを他のいかなる演奏家にもまして楽しみにし続けていたカラヤンに心残りがあったとすれば、日本でオペラを指揮できなかったことかもしれなかった。

しかし、カラヤンは、おびただしい数のディスクを残した。クラシック音楽に耳を澄ます人たちは、これから後も、カラヤンだけに可能だった、そのすみずみまで磨き上げられている演奏を聴き続けていくにちがいない。

もし、カラヤンの演奏を聴き続けてきた一人として、ぼくに、今、何かが言えるとしたら、カラヤンさん、ありがとうございました、ぼくは、あなたのおかげで、クラシック音楽の素晴らしさのさまざまな面を教えて頂きました、というよりない。（音楽評論家）

一九八九年七月二九日

いつも爆発力を内に秘めて
辰巳柳太郎を悼む

大笹吉雄

前々から体調を崩しているとは聞いていたが、辰巳柳太郎が亡くなった。いうまでもなく、島田正吾とともに新国劇のシンボルだった。

辰巳が頭角を現したのは新国劇の創立者、沢田正二郎の没後で、沢田の死で解散の危機に追い込まれた新国劇が、一つの大きな賭（か）けとして起用したのが、風貌（ふうぼう）が沢田によく似ていた大部屋時代の辰巳だった。昭和四年のことである。

以後、島田とともに、新国劇が幕を閉じた昭和六十二年まで、辰巳は常に第一線に立ち続けてきたが、今でも忘れ難いのは、新国劇の最後の公演になったこの年八月の新橋演舞場での「国定忠治」で、この時の辰巳の演じた忠治は、声にやや張りはなかったものの、その姿といいしぐさといい、忠治とはまことにこういう人間だったと思わせないではいなかった。

すがれた感じと愛嬌（あいきょう）と色気、そして強さと弱さが交錯して、そこに一人の男がいた。こんな忠治はたぶん二度と見ることはあるまい。

「国定忠治」のほかには「無法松の一生」の無法松、「人生劇場」の飛車角、「王将」の坂田三吉などをその持ち役にしていたが、こういう役に見られるように、辰巳の舞台にはいつも爆発力を内に秘めた、やや無頼の男の姿がくっきりとあった。島田が静の芸風に立ったとすれば、辰巳は動のそれであった。

そのかみ合いが新国劇の魅力であり、このコンビの面白さだったが、男の「力」を感じさせるという意味では、辰巳の方に新国劇の血がより濃かった。その面でいえば、辰巳柳太郎という俳優は、新国劇と殉死したという気がする。謹んで哀悼の念を表するとともに、島田の自愛を望みたい。（演劇評論家）

一九八九年七月三〇日

森さんの伝説と文学
森敦さんを悼む

後藤明生

森さんにはじめて会ったのは、昭和四十四年か五年だったと思う。檀一雄さんが主宰していた文芸同人誌「ポリタイア」の会で、場所は東京・四谷にある近畿大学出版局だった。「ポリタイア」と近畿大学の関係は、檀さんと、近大総長で詩人の世耕政隆氏との縁による。私はそれまで、檀さんのお宅の酒宴には何度か出席していたが、「ポリタイア」の会ははじめてだった。

森さんの噂（うわさ）は、小島信夫さんからすでに何度も聞いていた。当時の森さんは近代印刷という小さな印刷所に勤めており、小島さんは毎日、朝昼晩、電話で森さんと話をしているという。それはどことなく、まだ見たことのない深淵（しんえん）の魔王、幻の白鯨モゥビ・ディクの噂のように聞こえた。

「あなたのことは小島さんから聞いていますよ」と、初対面の森さんは言った。私は漸（ようや）く作品集『私的生活』『笑い地獄』の二冊を出したところだったと思う。「なるほど、これが噂に聞く謎（なぞ）の哲学者か」と、私は思った。近代印刷というところで、いったいどんな仕事をしているのか。森さんの存在は実際、謎めいていた。そのときは確か、黒いゴム長を履いていたような気がする。私はアテネの街を裸足（はだし）で歩きまわっていたというソクラテスを思い出した。

それからしばらくして、私は森さんの『天上の眺め』を読んだ。「ポリタイア」でだったと思うが、そこではまさにソクラテスが『パイドン』の中で、霊魂のハーデスへの旅をえんえんと語るように、朝鮮凧（たこ）の作り方、あげ方が語られていた。朝鮮凧の絵も描かれていた。絵というより設計図というべきかもしれない。もちろん森さん自身が描いた図である。

『天上の眺め』を読みながら、私は北朝鮮における幼少年期を思い出した。また森さんが旧京城中学の出身者であることに親近感を覚えた。『天上の眺め』は、森さんの朝鮮＝韓国における幼少年回顧であり、同時に哲学的散文詩である。

作家になる以前の森さんの放浪人生は、すでに有名であるが、その起源は幼少年期における旧植民地体験だったかもしれない。また森さんは小説の形式で書いたが、その本質は、散文というより哲学的散文詩とでも呼ぶべきものだったかもしれない。

『月山』で芥川賞を受賞してからも、〝森伝説〟はいろいろ生まれた。例えば、朝、山手線を何周かしながら、電車の中で原稿を書く、等々である。そして文壇に対する姿勢というか、距離の取り方も、相変わらず〝隠者的〟だった。もちろん近代印刷は辞め、小説は文芸雑誌に発表し、講演会も行い、テレビにも出演したが、いわゆる文壇の中心からは離れていた。しかし、決して文壇の中心を批判はしなかった。それが森さんの存在の仕方だった。

一昨年完成した『われ逝くもののごとく』は、森さんの哲学と土俗が合体した長編である。この長編を、これからの日本文学史にどう位置づけるか。実は七月に「近畿大学新聞」で森さんと対談する予定で、そのあたりのこともいろいろお話したいと思っていたが、急に入院されたということで延期になっていた。秋にはお会いできると思っていたのに、何とも残念である。合掌。（作家）

一九八九年八月一九日

人間賛歌だけ書いてきた人
古関裕而さんを悼む

伊藤強

夕方になると、ラジオからハモンドオルガンの音が聴こえてきた。実際には、ハモンドオルガンという名称さえ、その番組を通して覚えたのである。メロディーのタイトルは「とんがり帽子」。ラジオドラマ「鐘の鳴る丘」の主題歌である。昭和二十二年七月十五日にスタートしたこの番組は、戦中に少年時代を過ごした世代にとって〝ひとごと〟とは思えない内容のドラマだった。戦災孤児の話である。その世代にとって「鐘の鳴る丘」は戦後そのものの象徴であり、その主題歌である「とんがり帽子」は、今となっては、かけがえのない〝なつメロ〟である。そして、その作曲者であり、放送の度に「ハモンドオルガンの演奏は…」とアナウンスで紹介されていたのが古関裕而その人だったのである。

もちろんそれ以前に「暁に祈る」や「若鷲の歌」「ラバウル海軍航空隊」は知っていたし、歌ってもいた。古関裕而の名は知らなくても、それらのメロディーは、少年たちの耳に心持ちよく響いた。勇壮というより、軽快に気持ちを鼓舞する雰囲気があり、汗のにおいのする陸軍のものより、白いサーベルの海軍にこそ古関メロディーは似合うように思えたものである。気持ちの上でダンディーな人だったのだと思う。それと同時に、ひたむきに走る青春と言ったものに心を惹(ひ)かれていたのに違いない。それがいくつかの戦時歌謡としての傑作を生んだ。戦意を高揚させるのが目的ではなく、一生懸命さにエールを送っていたのだろう。だからこそ、戦後を生きる青春像に向けて「夢淡き東京」(昭和二十二年)が書かれたのだろうし、「長崎の鐘」(同二十四年)も、生きていくことへの賛歌なのであった。

明治生まれの作曲家としては、日本的な情念と比較的遠い感性の持ち主だったと言えるかもしれない。確かに昭和十年の「船頭可愛や」という出世作があるのだが、これとてもメロディーは粘らない。それは同じ年代に作られた「野崎小唄」「明治一代女」(大村能章作曲)や昭和十一年の「人生の並木路」(古賀政男作曲)と比べてみればはっきりする。古関裕而さんの中には、まさに近代日本のモダニズムがあった。そして、そのモダニズムは人間を常に肯定的に据えるところに立脚していた。大ざっぱな表現かもしれないけれど、古関裕而という作曲家は、人間賛歌だけを書いてきた人なのである。(音楽評論家)

一九八九年九月七日

犯人に寄せた同情
G・シムノンとメグレの伝説

長島良三

メグレの生みの親、ジョルジュ・シムノンが四日死去した。八十六歳である。

シムノンの作家生活はすでに一九七三年、七十歳で終わりを遂げている。「メグレとシャルル氏」を最後に、執筆活動をやめ、スイスのローザンヌに隠棲（いんせい）してしまったからだ。その理由を、健康面と、「生身の人間を創造することができなくなった」ためだと述べている。

シムノンは非常な多作家だった。本名で書いた長編小説が二百二十編、そのうちメグレ物が八十四編、そのほかに、さまざまなペンネームで書いた初期の中編が二百編、それに千編を超える短編小説や寄稿がある。驚嘆すべき分量の、その生涯最後の小説をメグレ物で締めくくったのはきわめて象徴的といえる。メグレは、シムノンの作家としての生涯に、最初から最後までついてまわったのだから。

「メグレの誕生」はすでに伝説化している。二十五歳のとき、自家用ヨット〈オストロゴート号〉でヨーロッパ各地の運河をめぐった。途中、船底が水漏れして、修理のためオランダで停泊した。ヨットが修理されている間、シムノンは水びたしになった平底船を見つけ、そのなかで大きな木箱にタイプライターをのせ、原稿をたたいた。

—パイプ、山高帽、ビロード縁の厚手のオーバー、それに廃船のなかは湿っぽい冷気がみなぎっていたので、メグレの事務室には古い鉄のストーブを置くことにした。こうして「怪盗ルトン」が生まれた。まさにメグレの揺りかごは水びたしの平底船だった。

メグレ警視の特徴は、医者が人の病気を治すように、犯罪者たちの心の病を治すことに情熱を燃やすことにある。そのため、メグレは被害者よりも、犯人に同情を寄せる場合がしばしばだ。ミステリーの探偵のなかでメグレが一段と高い地位を占めるのは、この〈運命の修理人〉的態度のためである。メグレの座右の銘は〈裁かず、理解せよ〉。

一九八〇年、小説を書くのを正式にやめてから七年後に、シムノンは七百五十ページにおよぶ自叙伝「私的な回想」を書いた。なぜか？　二十五歳の愛娘マリー・ジョの自殺に打ちのめされたシムノンが、自叙伝を執筆することによって娘の死の原因を解明しようとしたからである。

シムノンは自分の私生活を綿密に書きしるす—作者の出生からはじまり、二回の結婚（とくに、マリー・ジョの母親との不幸な二度目の結婚）、さらに四人の子供たちの半生。最後の百ページには「マリー・ジョの遺稿集」という表題のもとに、彼女の九歳のときに書いたものから、テープに吹き込まれていた最後の悲痛な言葉まで収めてある。

「私的な回想」はシムノン最大のベストセラーとなった。が、シムノン自身は、毎朝目を醒（さ）ますとローザンヌの自宅の庭に出る。庭にはマリー・ジョの遺言によって、彼女の灰が撒（ま）かれている。シムノンはその庭で涙を流しながら、愛娘と語り合うのが日課だった。「私的な回想」は文字どおりシムノンの遺書になった。合掌。（翻訳家）

一九八九年一一月六日

ピアノの機能超えた表現力
義父トスカニーニの影響大
巨匠、ホロビッツを悼む

藤田由之

ウラジーミル・ホロビッツの訃報（ふほう）が伝えられた。去る十月一日に、満八十五歳の誕生日を迎えたばかりのところであった。

一九〇四年キエフに生まれた彼は、早くから神童として知られ、十代で二百曲を超えるレパートリーを持ち、数多くの演奏会を開いたが、二五年にロシアを離れた。翌年、ハンブルクで、ある女流ピアニストの代役としてチャイコフスキーの協奏曲を演奏し、センセーショナルな成功を収め、二八年には米国にも進出して大成功を収めた。

三二年に、トスカニーニ指揮のニューヨーク・フィルのベートーベン・チクルスで、「皇帝」の独奏者に抜てきされたのが縁で、翌年彼の娘ワンダと結婚した。この義父の存在は、そのころのホロビッツに決定的な影響を与えたともいわれている。強靭（きょうじん）な技巧とダイナミックな迫力が、内面的な深みを増し、真に巨匠の名にふさわしい演奏を生み出すようになったからである。

四四年には米国市民権を得て、五〇年代には、その活動と名声は頂点に達した。が、一九五三年に病気になって楽壇を退き、十年余の空白の後、六五年にカーネギーホールに復帰し、往年に増す歓迎を受けた。

私が、実際に彼の演奏に接したのは、七七年のことであった。高齢の彼が、美しい音や完ぺきともいえるような技巧ばかりでなく、ピアノという楽器の持つ機能を超越したような表現力を見せていたのが驚異であった。

また「すべての音楽はロマンティックである」とする彼の演奏が、常にその心を歌い続け、多様なレパートリーに個性あふれる魅惑的世界を展開していたことも忘れ難い。このころ、日本では、彼の演奏を聴くためのツアーなどもあったようだが、八三年六月には、遅すぎた初来日も実現され、八六年にも再度来演した。特に、後者では、彼の演奏の魅力や特質は、かなりよく知ることができたに違いない。

残されたレコードも少なくないが、そうしたレコードや演奏に接したファンの思いは多様であるとしても、ホロビッツがピアノ演奏の歴史に残した足跡と影響の大きさは、まさに巨人の名にふさわしいものである。心からめい福を祈りたい。（音楽評論家）

一九八九年一二月九日

荒地を照らした作家
開高健氏を悼む

高橋英夫

開高健氏、五十八歳の死を悼む。思い返すとさまざまな映像や場面が通りすぎてゆく。三十年以上も前、「裸の王様」で芥川賞を受けたころはまだ痩身（そうしん）の青年で、大江健三郎氏の好敵手として、もしくは石原慎太郎氏も加えた三人の新鋭として人気を集めていた。受賞作が示していたようにヒューマニズムがその文学の根になっていた。だから、内外各地に飛び出してゆき、多くの社会派的ルポルタージュも書いたわけだろう。

けれども別の面ももっていた。梶井基次郎につよく惹（ひ）かれたような繊細な感受性は、社会派的作家としての表情や文体からは見えにくいことが多かったが、ふとしたはずみでそういう秘められた資質がのぞけてみえた。

中年に入ると肉付きがよくなったその人物イメージは大阪弁の闊達（かったつ）な饒舌（じょうぜつ）と調和してきた。ベトナム戦争に新聞社特派員として赴き、ずいぶん危険な経験もした当時の、鉄兜（かぶと）をかぶった姿も印象に残っている。

ところが、いつの間にか小説家は地球のあちらこちらに放浪をはじめ、パリその他ヨーロッパ諸都市、アジア、アフリカを歩き、ホテルでひたすら眠りに眠ったり、女性との官能の時間をもったりした。その一方、世界を股（また）にかけた釣り人としての日々が豪気な写真集になって話題を集めもした。変幻自在か神出鬼没か。おそらくこの感じが「開高健」の人物と作品を一番率直に示したものだったろう。

若年のころサントリーにいて、トリスの名コピーライターだったというもう一つの側面は、近年では日刊紙を飾るサントリーの大広告の被写体となって、その人間的存在感を若年層に印象づけていた。

社会の鼓動といかにして出合えるかというのが開高氏の抱えていた闘いであり、人生への関心はその意味で不変だったが、不変であっただけに時には社会と波長が合わないという実感もしたたかに味わってきただろうと推測される。そうした内的苦渋を抱えた作家だったから、書くことに苦しみもしたようで、年とともに作品の数が少なくなってきたのはそのためかもしれない。

第二次大戦が終わったとき十四歳、早く父を亡くしていて、大阪の焼け跡でアルバイトをしながら通学した開高氏には、「荒地」が人生の原型的な場所であり、人生は荒地の放浪・彷徨（ほうこう）を意味していた。初期の寓話（ぐうわ）的作品「流亡記」にしても、自伝的長編「青い月曜日」にしてもそう感じさせたし、ベトナム戦線へ行ったのも、世界を歩きまわったのも、釣りへの情熱も、どれも同じ放浪の欲求につながっていたと見える。

だから経済的膨張と繁栄にひたり切った日本社会に対しては、きびしい「否」の思いがあったにちがいない。一分の隙（すき）もなく堅固に構築されてしまった現代社会はこの作家には最も肌の合わないもので、この意味からその言動はおのずと近代批判、日本批判のニュアンスを帯びたし、敏感な若い層にもそこが伝わっていった。南米やアジアの大自然に入りこんで釣り糸をたれる姿が、若い人々に映像として与えた効果は、自由で線の太い放浪者の存在感にあったと思われる。

どういう作品が代表作であろうか。初期の「パニック」「裸の王様」は新鮮だった。大阪庶民のバイタリティーをとらえた「日本三文オペラ」、北海道入植農民を描いた「ロビンソンの末裔」、ベトナム体験の小説化「輝ける闇」―どれにもこの作家の時代的刻印が明瞭（めいりょう）であり、記憶に残っている。

しかし文学性においては、それ以後によりすぐれた作品がある。落ちこみの底での痛切な生命感を表現した「夏の闇」がもしかしたらこの作家の最も輝かしい仕事であったかもしれないし、短編でも「ロマネ・コンティ・一九三五年」など、完熟した風味がみごとだった。荒地としての現代を生きた作家が去って、荒地を照らす灯がまた消えたという思いがする。（文芸評論家）

一九八九年一二月二七日

そして、その余は沈黙
S・ベケットの芸術

清水徹

サミュエル・ベケットの死の知らせを聞いたとき、妙な反応がまずあった。「まだ生きていたのか」というのではない。〈生〉とはまるでちがう不思議な気圏から響いてくる声のようなベケットの作品の印象がまずよみがえり、そういう著者と死という事実とがうまく焦点を結ばなかったのである。

たとえば「事の次第」では、暗黒の泥の海のなかを這(は)って進みながら、どこからともなく聞こえてくる声がそのまま語られ、その言葉が句読点なしに延々とつづく。それはとてもこの世の言葉とは思えない。実際、ときどき前世らしき風景が浮かびあがる。「芝居」という芝居では骨壷から頭だけを出した人物たちが、スポットライトに強制されて墓の彼方からの声を響かせる。それは死と暗黒の世界である。

しかしまた彼は、「相も変わらぬことを前より少しだけましにやる」文学には「愛想がつきた」と打ち明け、「表現すべきものも、道具も、足場も、力も、欲求もない、あるのは表現しなければならぬという強制だけだ」と言い切っている。作品によって何かを意味するのではなく、ただ、書くこと、ただそれだけが自分にとって重要だというのである。

彼のもっともよく知られた芝居「ゴドーを待ちながら」は、ドタ靴を何とか脱ごうとしながら「どうしようもない」と語るところから始まる。以後、舞台の上では、いつ来るかわからぬゴドーを待ちながら、「どうしようもない」空白の時間をつぶすためのくだらぬおしゃべりやドタバタがつづく。ベケットの劇作術は冴(さ)えわたり、道化芝居は途方もなく滑稽(こっけい)で、私たちは吹き出し、ゲラゲラ笑い、苦笑し…。

主題論的に見れば、ここに演じられるのは生きることの無意味、そういう悲惨の滑稽、あるいは滑稽の悲惨だと言えるだろう。だが、ゴドーが来るか来ないかはすべて未来のこと、つまりゼロなのだから括弧(かっこ)に入れられるわけで、あとは何も起こらず、ただ、待つという現在時だけが道化芝居で満たされる。待つということそれ自体の特権化。言い換えれば、舞台の主題論的な意味は、道化芝居の語りと動きにまったく吸収されてしまう。

「モロイ」三部作などの小説も同じである。そこでは作中人物(らしきもの)は、身体がしだいに麻痺(まひ)し、ただ死の床で何やら奇怪なことを書きつづけ、さらにはただ目玉と口だけの怪物みたいになってもうろうとしゃべりつづける。だがそういう言葉も、そうやって語っているということ、ただそれだけを語ることに収斂(しゅうれん)してゆく。しかも、悲惨も滑稽もグロテスクもすべて内部に吸収して、ひたすら語りつづけるこのベケットの言語の、何と強靭(きょうじん)なことか。彼は近代文学的な形式と内容の二元論を〈書く〉ということへと統一し、それによって暗黒の人生を支えきったのである。

そういうベケットの死を聞いて、言うべき言葉は、たぶん彼が嫌いではなかったハムレットの最後の台詞—「そして、その余は沈黙」

(明治学院大教授)

平成二年

1990

一九九〇年二月二一日

駆け抜けたスター
キース・ヘリングの死

粉川哲夫

キース・ヘリングの早すぎる死は、まさに「駆け抜ける」という言葉を想起させる。実際、彼はいつも走っていた。街を、そして一九八〇年代のアート・シーンを。

八〇年代の初め、ニューヨークのダウンタウンに住む人々は、地下鉄の駅の壁やポスターの上に一見単純な図柄の「落書き」を素早く描いては立ち去る（ちょっとウディ・アレンに似た）男のことを知っていた。

わたしも、ブリーカー・ストリート駅で彼の姿を見たことがある。ニューヨークにはこの手の人物がゴマンといるから、わたしは、彼が数年後にアート界のスター的存在になるとは全く予想しなかった。

そのうち、一部の地下鉄駅ではその壁に黒い紙が貼（は）られ、ヘリングの専用パネルが作られるようになった。聞いた話では、これは「地下鉄駅のセコイ奴が思いついたアイデア」だそうで、有名になり始めたヘリングがそこに何かを描くと、それをサッとはがし、ギャラリーに売りはらうのだという。

この間にニューヨークでは、「フィディー・アート」（「グラフィティー・アート」の短縮表現）というジャンルが次第に一般化しはじめ、「落書き」と呼ぶには見事すぎる絵を集めた展覧会（「ニューヨーク・グラフィティー・ムーブメント」展）がソーホーで開かれたりした。

ニューヨークでは、落書きは、六〇年代―禁を犯すことが一つの流行になり、そしてスプレー缶がどこでも手に入るようになった時代―から盛んになったが、最初メッセージ性が強かった落書きは、七〇年代になると、色や図柄に重点を置くアート的な傾向が強まった。

こうした街路の表現を最初にアートとして評価し、まだ「街っ子」的雰囲気の抜けない十代のフィディー・アーティストたちに、彼らが街路の壁でやっていることをキャンバスの上でやらせることを思いついたのはイタリアの美術界であったが、やがてアメリカでフィディー・アートが一気に盛り上がったのは、それなりの理由がある。

フィディー・アートは、久しく「外部」を失っていたアメリカのアートに、都市の身ぶりとでも言うべきダイナミズムを付与し、生き返らせた。これは、八〇年代の音楽がラップやブレイクダンスから活力を得たのと重なり合っている。

スニーカーは、ヘリングのユニホームの一つになったが、これは、もともとは逃げ足を速くするためのものであった。与えられた条件を即座に判断し、素早く描くこと。「偶然の状況と出合い」を大切にするこのスタイルは、彼の活動スペースが街の壁からキャンバスに替わっても決して変わることはなかった。

だから彼は、自分のアートを「パフォーマンス」だとみなしている。フィディー・アートは、出来上がった作品よりも、それが作られるプロセスを重視するのであり、その点ではパフォーマンス・アートの一種である。

しかしながら、パフォーマンスを都市の壁に向かってやるのとキャンバスに向かって行うのとでは、パフォーマーが要求される条件が相当違う。街は向こう側で動き、変化し、それによってパフォーマティブな条件を作り出してくれるが、これをキャンバスの上で自力で行うのはキツイ仕事である。

ヘリングは、「フラッシュ・アート」に寄稿したエッセーのなかで、自分は「機械になりたがった」ウォーホルとは反対に、非合理で不確定な要素にかけるのだと言っている。また、「テクノロジーの発達は、儀式的なものへ回帰する必要を生み出した」とも言っている。

その意味では、彼に死をもたらしたエイズは、むしろ彼の望むところのものであったかもしれない。が、創造性のために体を張るという図式（ヘリングの生涯がそんな単純なものであったはずもないが）は、あまりに古すぎる。

とすれば、キース・ヘリングが残した仕事は、彼の言葉やエピソードを無視して新たにとらえ直されなければならないだろう。そして、そのとき、八〇年代アートの意味も明確な形でとらえ直されるはずだ。（武蔵野美大教授）

一九九〇年五月三日

勧善懲悪脱した時代小説
池波正太郎さんを悼む

尾崎秀樹

私が池波正太郎さんの作品にふれたのは、昭和三十四年秋に出版された「信濃大名記」からである。それまでにも「大衆文芸」や倶楽部（くらぶ）雑誌で短編にふれる機会はあったが、書評したのは「信濃大名記」が最初だ。「信濃大名記」は、兄弟でありながら戦わねばならなかった真田幸村の兄信之が、領民にしたわれながら、信州上田から松代へ転封となるまでを語っており、地味ではあるが、堅実な筆の運びに、私は強くひかれた。いらい私は池波正太郎の文学の批評家である前に、一読者として接してきた。思えば三十年にわたる長いおつき合いであった。

池波さんはその翌年「錯乱」で、直木賞を受け、これを機に精力的に芸域を広げてゆくが、受賞作の「錯乱」も、父子二代にわたって真田信之につかえ、二重生活を送らなければならなかった隠密の苦悩を描いたものだった。

真田家の歴史に深い関心を抱いてきた池波さんは、その後も長編「獅子」などを書き、さらに昭和四十九年から八年の年月をかけて、大河小説の「真田太平記」をまとめた。武田家の滅亡後、独立した真田昌幸が、長男の信幸や次男の信繁（幸村）らと力をあわせ、後にはそれぞれの信念に従って、東西に別れたものの、おたがいを理解し、みごとな生き方を示す過程を、錯綜（さくそう）する諸人物の動きのなかに描いた本格的な歴史物だった。

東京の下町に生まれ、庶民的な環境に育ち、早くから兜町のメシを食べてすごしただけに、人間生活の機微にも通じたが、同時に逆境にめげることなく、うまいものをさがし、芝居を好み、人生をたのしむ楽天性を身につけた。

その彼が創造することのよろこびを知ったのは戦時中に機械工として徴用され、旋盤と取り組んでからだという。アランの「精神と情熱に関する八十一章」を読んだことも、おおいにプラスとなった。小説は頭で書くのではなく、体で書くといった自覚は、このときに培われたものらしい。

直木賞を受賞した当時池波さんは「過去を探ることによって、現代に生きる作家としての肥料にすべき勉強をおこたってはならない」という自戒の言葉を述べたことがあったが、彼の歴史物・時代物は、過去をさぐりながらも現代に向かっていた。

池波さんは戦国から幕末へかけての幅広い時代を背景に、武士から忍者や盗賊までが活躍する作品を次々に発表してきたが、武家の社会を描いたものにも市井物の味があり、会話のうまさとあいまって、独自な作風を創（つく）り出してきた。

そして登場人物の男らしさを追求する一方で、日常の暮らしにふれるなど、庶民的な哀歓をも見逃さずにとらえた。

時代小説の人気は、不朽のヒーロー像の創造にある。鞍馬天狗から眠狂四郎まで、そのテーゼはかわらない。そのなかにあって池波正太郎さんほど、ヒーロー像の創造に成功した作家はいない。「鬼平犯科帳」の鬼の平蔵、「必殺仕掛人」の藤枝梅安、「剣客商売」の秋山小兵衛父子など、その人物像は、すでに作家池波正太郎の手を離れて、読者のイメージのなかに移り住んでいるともいえる。

鬼平こと長谷川平蔵は火付盗賊改方の長官をつとめた実在の人物だが、具体的な活躍の記録はそれほど残っていない。それぞれの挿話は作者によってふくらまされた部分の方がはるかに多い。

平蔵は悪に向かって容赦しないが、その一方で梅安は、金と引きかえに悪を働く仕掛人だ。勧善懲悪の規範を脱し切れなかった時代小説の世界に、悪そのものを積極的に押し出したのは「必殺仕掛人」が最初でもある。しかし悪の世界をあつかいながらも、カラリとした清潔感があるのは、作者の庶民的な目による。これは池波正太郎文学の特質でもあった。（文芸評論家）

一九九〇年五月二二日

天性のアホ役 不世出な喜劇役者 藤山寛美を悼む

木津川計

タフな人だったから、あと十年はけん引車で、突っ走るのだろうと安心していた。

そこへ突然、思いもよらぬ訃報（ふほう）である。大阪だけではない、日本を代表する喜劇の総リーダーを失って、私はぼう然としている。

「役者は人気商売。人気とは人の気、お客さま第一と心得てこその松竹新喜劇。自分の気を先行させたら人気ではなく、自気商売になってしまいます」が、自戒の弁だった。

だからサービス精神を発揮し続け、寛美さんは忙しく立ち働いた。

喜劇の根本は、お客に不愉快な気持ちを与えない、客に夢を売り、遊んでいただく。この三要素を踏まえてこその喜劇哲学を説き続けた。その通りに実践したけうな喜劇役者だった。

私にこう語った夜があった。「ぼくはもうピッチャーやって、キャッチャーを務め、バッターボックスに立った後は、ライトへ走り、時々、観客席に回って、旗振っている時もあります」と。

観客本位こそ芝居ではないか。寛美さんはサービスに徹し、開演中でも「写真を撮って下さい、お弁当もどうぞ、どうぞ、お酒も遠慮はいりません、芝居は見せるもんやのうて、見てもらうもんなんです」と、どこまでも腰の低い役者だった。

松竹新喜劇には殺人場面が全くない。極悪非道の人物もいなければ、女のワルも登場しなかった。「それが喜劇やないですか」という寛美さんの語りには、大阪本来の平和主義が貫かれていたのである。

天性のアホ役、たぐいまれなアドリブ、絶妙な間、アイデアマンであると同時に、優れた演出家でもあった。多彩にして大きい不世出の喜劇役者を不意に失った痛手は大きい。

今、喜劇が、そして笑芸界が振るわない。もしかすると人々は、経済大国に到達しての燃え尽き症候群に陥っているのかもしれない。

通り過ぎた高度成長期を振り返り、勇ましくも懸命だった燃える時代を思い出し、人々は涙ぐんでいるのであろう。〝一杯のかけそば〟がブームになった理由もうなずけるというものだ。

それ故に、ペーソスを基調にしたお笑い戦線の再構築が必要と思えた時期、寛美さんへの期待は大きかったのである。

代表作「桂春団治」で、死の直前、寛美さんはシャレを飛ばすのである。「私もどうやらこれで、依願（胃がん）免官になりますなあ」

肝硬変で逝かれたが、最も忙しかった男の退場である。

寛美さん、長い間ご苦労さん。彼岸では閑職に就き、十分過ぎる休養を私たちは願うのです。（「上方芸能」編集長、立命館大教授）

一九九〇年五月二六日

清楚な令嬢役でファン魅了
スターらしい格持った女優
高峰三枝子さんを悼む

佐藤忠男

高峰三枝子さんが亡くなられた。

昭和十年代に清楚（せいそ）な令嬢タイプで一つの時代を画した大スターであり、引き続き二十年代にも多くの名作であでやかな姿を見せてくれた人である。以後もずっと第一線にあって、映画にテレビにおっとりした笑顔を見せてくれていた。

昭和十年代には「朱と緑」「浅草の灯」、そして何よりもあの「暖流」がある。日中戦争の長期化に伴って、そろそろ恋愛映画が英米的と非難されて作られにくくなってきたころ、「暖流」は太平洋戦争以前の最後の自由主義的なラブロマンス映画の傑作として青年たちを熱狂させた。

彼らはこの映画で、競演した理性的で自尊心の高そうな令嬢タイプの高峰三枝子と、かれんで情熱的な庶民タイプの水戸光子と、どちらをより一層支持するかを大まじめに議論した上で、それを大事な思い出として心にしまって戦場に行ったのだった。

戦後にはまず「今ひとたびの」があった。

昭和二十二年のこの作品は、敗戦以来ひどく貧相に見える映画しか作れなくなっていた日本映画が、米映画にも負けないと思えるほどつややかな画調をつくり出し得た甘美なロマンチックなメロドラマだったが、その流麗な映像の中心にいつも憂いを含んだ貴婦人としてすうっと立っていたのが彼女だった。私などはこのときから彼女の魅力にとらえられた世代に属している。

戦中から敗戦後の数年間はまた、空前の歌謡曲ブームの時代であり、まだテレビはもちろん民放もなかった当時、人々は映画で聴いて覚えた歌や軍隊や工場の慰問演芸会で聴いて感動した歌を、口から耳へと伝えてはやらせたものである。

そして当時、青年たちが圧倒的に好んで歌った歌の中には、「純情二重奏」や「湖畔の宿」や「懐しのブルース」などの彼女の歌が含まれていた。それを歌いながらわれわれは、アイドルに「キャーッ！」と叫ぶのとはちょっと違う、貴婦人崇拝に似た心をはぐくんだものだ。

演技的に成熟したのは、昭和二十七年の伊藤大輔監督の「治郎吉格子」のあばずれ女や、同じく成瀬巳喜男監督の「妻」でのどうしようもなく夫婦関係のこじれたサラリーマンの妻、そして昭和二十九年の木下恵介監督の「女の園」のヒステリックな女子大の舎監などの役である。お嬢さん女優に見えた割には苦労した人だったようで、これらの役で彼女は、きれいごとでない人間を演じて見せていた。本当にスターらしい格を持った女優だったと思う。心からめい福を祈る。（映画評論家）

一九九〇年六月四日

詩の力
吉岡実氏追悼

入沢康夫

現代詩の書き手の中で最も実力があり、広く詩の愛好者から敬愛されつづけてきた吉岡実氏が、ほとんど突然にといっていいくらいあわただしく他界された。〈実力〉という言葉を今使ったが、これは、詩壇の実力者といった意味ではない。吉岡氏は、そうした世俗的な意味での〈実力者〉的な立場からは、つねに潔癖に身を遠ざけてこられた。ここでいう〈実力〉とは、あくまでも作品そのものの内に秘められていて、読むものの心をとらえ、ゆさぶる、その力のことである。

「古代の未開地で
死児は見るだろう
未来の分娩図を
引き裂かれた母の稲妻
その夥しい血の闇から
次々に白髪の死児が生まれ
出る」

代表作の一つ「死児」から、ごくわずかな部分を引用したが、これだけでもその力の片鱗（へんりん）はうかがえる。

難解という言葉は、こと芸術作品に関して使えるものか、どうか。それははなはだうたがわしいのだが、吉岡氏の作品は、世にいわゆる難解な詩の代表とでも言うべきものだった。そこここに、グロテスクあるいはエロチックなイメージをちりばめた、超現実派的な言葉群の表面的な意味の脈絡を、すみずみまで辿（たど）り得ると誇れる人は、おそらくないであろう。ところが、その作品はまた、虚心にそれに接するものの魂を底の底から震憾させ、戦慄（せんりつ）させ、しかも陶酔させる、はげしい力をもっているのだ。

ここに、意味を伝えることを主目的とする散文とははっきり違う、詩独自の〈はたらき〉がある。吉岡氏は、自分の詩法について多くを語る人ではなかったが、この詩独自の〈はたらき〉については、おそらく他のどの詩人よりも深く体得し、どの詩人よりも見事に実践した人であった。

昭和十六年に召集令状を受けて、遺書のつもりであわただしくまとめられた処女詩集「液体」から、くやしくも最後の詩集となってしまった昭和六十三年の「ムーンドロップ」まで、吉岡氏の作品は、次々と新鮮な方法的模索の成果を提示して詩人たち—特に若い詩人たちに強烈なインパクトを与えつつ、その深みを加えて行った。吉岡氏の作品の〈力〉によって鼓舞され、導かれて、自分の詩の書き方をみつけて行った詩人の数は、けっして少なくないのである。

六月の二日三日に行われた、通夜と葬儀には、数百人の参列者があったが、中にまじった若い世代の詩人たちの顔には、精神的な支柱を失った悲嘆と困惑の入り混じった、沈痛な表情が見られた。ここ数年来うちつづいている有力な詩の書き手たちの死に加えて、吉岡氏の突然の他界は、一つの詩の時代の終りをはっきりと告げる出来事となった。（詩人、明治大教授）

一九九〇年七月一五日

完璧の人生を送った画家 須田剋太を惜しむ

森浩一

二十数年前、京都の寺町を歩いていると、小さな店先に作者の署名のない埴輪（はにわ）の絵が掛かっていた。店の主人に聞くと、「須田剋太さんです」。これが須田さんを知るきっかけになり、今も大好きな作品として書斎に飾っている。

その店の主人は、他にも須田さんの絵を持っていた。おそらく売るのが惜しかったのだろう。二階の自分の部屋に掛けてあるのを持って下りてきてくれた。ところが絵を裏返すと、そこには悪童まるだしの男の子の顔が描いてあった。

「須田さんは戦争中、小学校の絵の授業を手伝っていて、毎年卒業生全員の顔をかいてあげたのです。材料費を買うお金がないので、作品の裏を使ったのです」

このことは、それからしばらくして、須田剋太さんと面識ができ、中国旅行をご一緒するなどした折に尋ねると、寺町の店の主人（この人も故人）が言った通りであった。クラスの担任が美術の先生だとしても、卒業するクラス全員の肖像画をかいてやるなどできることではない。須田さんの絵に言葉で説明しきれない魅力を感じるのは、人間に対する壮絶なまでの愛情があるからであろう。

中国の旅では、江南からさらに四川省や雲南省を回った。自動車のときには運転手の横の席に座って、飛び去るような風景を、大きな写生帳に、私の印象では一つの場面を四、五秒でスケッチをし、次の紙をパッとめくる。この間は、とても話しかけられるすきはない。制作中の画家というより、真剣で切りむすんでいる武士の姿だった。

私も必要にかられてノートに遺跡や遺物のスケッチをするときがある。すると休憩のときに「この鉛筆がかきやすい」とか「消しゴムはこれがよい」とかきめ細かな心くばりが発揮される。浙江省博物館で、イノシシの絵のある土器をスケッチ（というよりメモ）していると、須田さんが「そのコピーを下さい」。須田さんからは、たくさんの絵を頂いたが、私のも一枚所望されることになり、たいへんうれしかった。これも須田さんの心くばりだったのだろう。

私の率直な考えでは、日本画も洋画も、あるいは陶芸も、日本の長い歴史の中で現代は作家の数は多いけれども、過去のどの時代に比べても力不足だ。その意味で、数百年のちに、これが昭和、とくに戦後の絵画といえる一人は須田剋太であろう。形を力でとらえる。形の内にある精神を強烈な色で表現する。この技法は、どの時代の作家にもない。私の好みで代表作を二枚選ぶとすると、落慶供養の日を描いた東大寺の大仏殿、もう一つは祇園の舞妓（まいこ）さんだろう。

毎年お正月にその年の干支（えと）の動物の色紙が送られてくる。だが今年の馬はどういうわけか弱々しかった。今にして思うと、それが須田さんの力の尽きる前兆であったのだろう。だが芸術家として、これだけ奔放な創作活動のできた人は、そう何人もいるわけでない。まれに見る完璧（かんぺき）の人生を送れた人、それが須田剋太だと思う。（同志社大学教授）

一九九〇年七月一七日

稀有なる詩的光芒
前川佐美雄氏を悼む

前登志夫

七月十五日の夕ぐれ、大和国原も吉野山中も蒸し暑かった。現代短歌の巨匠、前川佐美雄が、八十七歳の生涯を湘南の地でまっとうされたというしらせを聞いた。

かねてもう駄目と覚悟はしていたが、茫然（ぼうぜん）とした。昭和二十五年、はじめてお目にかかってから四十年にわたる思い出が、わっとこみあげてきたからである。

運命にひれふすなかれ一莖の淡紅（うすべに）
あふひ咲き出でむとす
歌集「大和」

萬緑のなかに獨（ひとり）のおのれゐてうら
がなし鳥のゆくみちを思へ
（同）

歩みつつ無一物ぞと思ひけり静かなるかな
や夕蟬しぐれ
歌集「天平雲」

「南無阿彌陀仏」と称名をとなえつつ、佐美雄のいくつかの絶唱を声に出してそらんじていた。先生は、明治三十六年（一九〇三）、大和葛城山のふもとの旧家に生まれ、吉野林業学校から東洋大学へすすまれた。画家を志望されたが、早くから竹柏園に入門して作歌し、新風を試行された。

短歌の世界に、ボードレール以来のヨーロッパのポエジィを根づかせ、開花させる実験に成功したのが、昭和五年刊の「植物祭」であった。むろん、この先駆的な試みは多くの受難をまぬがれなかったにちがいない。

さらに、同郷の文芸評論家の保田與重郎との出会いによって、「日本浪曼派」の伝統回帰の運動に呼応して、浪漫的な情念を格調高い韻律によって歌いあげ、歌集「大和」（昭和十五年）、「天平雲」（十七年）の絢爛（けんらん）たる美の世界を展開した。

戦後は時流へのシニカルなまなざしをもって、韜晦（とうかい）の姿勢をつらぬかれた。反文明の隠者的な風貌（ふうぼう）をふかめながら、「捜神」（三十九年）、「白木黒木」（四十八年）の二歌集はじめ、多くの歌をのこされた。

優美な纖細さと、飄々（ひょうひょう）たる風狂性をもった戦後の歌には、いぶし銀のような輝きのあるものが多い。残念なのは、世俗のことには投げやりでずぼらな先生だったので、昭和四十六年以後の一千余首がいまだ歌集としてまとめられていないことである。

この稀有（けう）なる歌びとは、この世を去ってはじめてその気高い光芒（こうぼう）を、人々の眼前にあらわすだろう。前衛モダニズムの元祖だ、いやいや、最も伝統的な歌よみじゃないか、などと戸惑うこともなくなるだろう。短歌は、戦後の時流のような単なる思想や意味ではないことを、その光芒は高々と告げる。短歌のいのちは「歌」そのものであり、人間の魂魄（こんぱく）なのだということを、傷だらけになって示す光芒なのである。

「ぼくはこれから奈良へ帰りますねん」と、童子のようにだだをこね、「春がすみいよよ濃くなる真昼間のなにも見えねば大和と思へ」という「大和」の秀歌を口誦（こうしょう）された。二年前、藤沢の病院に、老耄（ろうもう）はげしい先生を見舞った日のことである。

私は涙をおさえることができず、茫然として晩年のお歌を呟（つぶや）いていた。

われ今し独りごと言ひぬ独りごと何なりに
しや寒き日ぐれに

われはいま何しをりけむ心には花の吉野の
道をたどりゐき

（歌人）

一九九〇年九月二五日

石の田耕した土の牛
奥村土牛を悼む

細野正信

奥村土牛は明治二十二（一八八九）年二月の生まれであるから満百一歳であった。彫刻家の平櫛田中が百八歳、北村西望が百二歳の例はあるが、日本画家では記録破りの長寿であった。その大往生に心より哀悼の意を表す次第である。

▽古径との出会い

土牛の父は出版社を営みながら息子に画家への夢を託した。師の梶田半古は美人画家ではあったが、弟子を決して自分の枠にはめようとせず、その個性を伸ばす教育をした。土牛はこの塾で「一生を左右した幸運」と彼のいう、小林古径とも出会っている。

明治四十三年「白樺」が創刊され、後期印象派の画家たちを次々に紹介していたころである。セザンヌ、ゴッホ、ゴーギャンらの刺激は洋画家ばかりでなく日本画家にも及び、岸田劉生と同じように土牛も彼らの熱気にうたれ、単に伝統を引き継ぐだけでは意味がないと決意する。

生活のため明治四十五年から逓信省統計課に数年勤めることになるが、この間せっせとデッサンを続け、父が木版スケッチ集を出してくれた。夢二のコマ絵集が全盛のころで、この時、父から与えられたのが「土牛（とぎゅう）」の雅号であった。

▽セザンヌに学ぶ

大正九年、古径の画室へ住み込んだ土牛は、無口でただ黙々と描く古径に、対象を凝視する制作の態度を学ぶ。そのころ古径は「芥子」を描いていた。何度も何度も淡い色を塗り重ね、色を深くしてゆく。そこを折れば草の汁が滲（し）み出すような新鮮さが表れていた。

なかなか本格的に描こうとしない土牛に、古径はセザンヌの画集を与え、速水御舟の研究所へ通わせる。ここでも第一印象に頼らず、実物をことごとく知る観察、というよりは洞察の目を養われる。そして土牛はセザンヌから学び得るものは何かを考えた。

セザンヌは二つの重要なことをいった。自然はすべて立体に還元される、また自然は明暗（モドレ）でなく抑揚・調子（モデュレ）である、と。おそらく土牛は、後者によって前者を暗示する方向に方法論を見いだしている。大正十四年の「麻布南部坂」がその出発をつげてセザンヌ的であるが、昭和二年、写実的に試みた「胡瓜畑」でやっと院展に初入選する。すでに三十八歳になっていた。

牛歩遅々としたデビューであったが、この後の彼は順調に入選を続け、昭和七年に同人に推挙されている。ある時、横山大観はこの遅くやってきた新人に「宇宙を描け」と教えたという。そして昭和十一年の改組第一回帝展では、生き生きと遊弋（ゆうよく）する生態を描いた「鴨」で推奨第一席（特選首席）を得て画名を決定した。動物園へ何度も通い、職員に怪しまれたほどであったが、入選受賞後もなお観察に通ったという。

そして敗戦をはさむ疎開先で描いた「信濃の山」と「雪の山」は、面を立体的に構成して緊張感のある清浄な山岳風景となっている。土牛の方法はここに確立されたといえよう。

▽抽象の境地

「私には伝統をつごう等という気持ちはいささかもない。セザンヌを僅かに超えたいだけだ」

寡黙な画家のなんと剛直な発言であろう。この自負あってこそ後年の傑作は生まれた。「城」「舞妓」「踊り子」「浄心」「鳴門」「大和路」「谷川岳」「醍醐」「吉野」「僧」「富士宮の富士」と後半期の三十年間は息もつかせぬ名作ラッシュとなった。そして彼は抽象が最も高い境地だという。

この抽象とはおそらく彼の写実的象徴主義を意味しているに違いない。例えば「踊り子」を描いた時、多くのデッサンが残されながら、本画と同じものは一枚も見いだせない。彼はデッサンをとりながら、最も描きたい谷桃子の人格も含めた踊り子としての象徴的イメージを定着しようとしていたのだ。デッサンを終えた時、構図がさまざまなポーズから抽象されて決まり、絵はその時すでにできていたのだ。

「鳴門」も乗っていた船が揺れて描けなかったこともあるが、何やら呪文（じゅもん）のようなデッサンから、戦後の最高傑作といわれる本画が生まれた。それはまさに鳴門そのもののエネルギーを把握している。土牛の心眼が対象を超えたのである。この土の牛は見事に石の田を耕したのだ。（美術評論家、山種美術館学芸部長）

一九九〇年一〇月一三日

かけがえない個性
永井龍男さんを悼む

小田切進

永井さんの俳句には魅力のある句が少なくない。それが〈短編小説の名人〉といわれる永井さんの小説の、無駄のない、洗練された美しい文章と関係がある、と言われる。「永井龍男全集」第十二巻の俳句集に、

籾がらの枕の闇に帰る雁

という昭和四十六年の句がある。この本が出たときに、加藤楸邨さんが批評のエッセイを書き、絶賛していたのを思いだした。今はその文章が見つからないが、とっぷり暮れた闇（やみ）の夜に、闇の底で、遠くへ帰ってゆく雁（かり）の気配が感じられて、日本の短詩型文学の伝統を生かした名品だ、という意味の言葉だったと思う。

永井さんは戦争中ほとんど執筆せず、昭和二十二年に、長かったサラリーマン生活を、公職追放令に引っかかって退職せざるを得なくなり、やむなく文筆生活に入った。翌年追放令は解除されたが、筆力が止まらなくなったように「自転車風景」「胡桃割り」「朝霧」などの好短編を次々に発表した。

昭和二十五年に「朝霧」が横光利一賞を受賞した時〝返り咲きの新進流行作家〟などと言われたのは、すでに昭和九年に短編集「絵本」などのいい作品があり、その後にも「手袋のかたっぽ」などの佳品があって、戦前からすぐれた職人芸のような非凡な手腕が知られていたからだった。

もともと永井さんは小学校を卒業後、小僧奉公しながら「樋口一葉全集」などを読んで文学を志し、十六歳の時、懸賞に応募した短編が選者の菊池寛に認められた。十九歳の大正十二年に「黒い御飯」を持って菊池をたずね、それが「文芸春秋」に載った。その後、一高生だった小林秀雄を知り、同人誌「山繭」に入り、昭和二年横光利一の推薦で文芸春秋に入社した。

二十歳になるかならぬかのころの「黒い御飯」や「外套」などの初期短編ですでに、市井人の哀歓をきめ細かい、スキのない筆でみごとに描いている。人間や人生を見る目の鋭さ、深さに、非凡なものがあった。だから俳句で作家として開眼したのではなく、俳句によって一層持ち前の個性を磨き、風格ある作品を書くようになった、と言うべきだろう。

長編小説でも、滅んでいく下町の職人を哀惜した「石版東京図絵」がわたしは好きだ。洒落（しゃれ）や警句、ユーモアなどがいたる所にあって愉（たの）しませる。

しかし、本領はやはり短編で、十五も年下の若い女性との最後のあいびきを描いた「蜜柑」をはじめ、全集十二巻中四巻を占める短編、それに三巻に及ぶエッセイ集が面白く、卓抜している。全集以後も「雑文集　縁さきの風」「落葉の上を」「へっぽこ先生その他」などの、いぶし銀のような名随筆集がある。

ジャーナリストとして菊池をたすけ、芥川・直木賞を創設以来育てた大きな業績も忘れてはならない。地味だったが、昭和文学の大切なかけがえのない存在だった。

わたしが忘れられないのは、今もなお版を重ねている潮文庫の「日本の短編小説」を編んだ際、「胡桃割り」を入れさせてもらうためにお会いした時、神奈川の近代文学館建設の相談のため、鎌倉・雪ノ下のお宅をたずねた時、五年前、鎌倉近代文学館の開館式でかなり長い時間お話を聞いた時のこと等々がある。

永井さんを河上徹太郎氏はかつて、庶民的だが「疳性で誇りが高く、道義的にも潔癖で、甚だ個性的」と評したことがあって、わたしも河上氏の言うとおりの人だと思ったが、お会いした時はいつも穏やかで、あたたかく、ユーモラスな話をなさるので愉しかった。

来春、永井さんが中心になって編集した雑誌「文芸通信」を近代文学館で復刻することになり、発行元の文芸春秋の許しも得られたので、近日中に永井さんをおたずねすることになっていた。今日出海、中村光夫さんが亡くなってからは大変淋（さび）しそうにお見受けしたが、鎌倉文士の最後の一人で、鎌倉をこよなく愛した。惜しい人が亡くなってしまった。（日本近代文学館理事長）

一九九〇年一〇月一五日

世界の音楽界に大きな穴
バーンスタインを悼む

藤田由之

レナード・バーンスタインが、十四日ニューヨーク・マンハッタンの自宅で死去した。享年七十二歳。今年六月末から七月にかけて、札幌でのパシフィック・ミュージック・フェスティバルやロンドン交響楽団の日本公演のために来日したばかりだった。その際も、健康上の理由で途中で帰国し、先ごろ指揮活動からの引退は伝えられたが、今後、作曲や教育面での活躍は期待されていただけに、この急逝には驚かされた。

しかも、昨年のカラヤンの訃報（ふほう）から一年あまり、カラヤンよりも十歳も若かっただけに、その死がもたらす衝撃は大きいし、世界の音楽界に、さらに大きな穴があいたかの感さえある。

ユダヤ系ロシア人の移民の家庭に生まれた彼は、早くから非凡な音楽的才能をみせ、ハーバード大学とカーチス音楽院に学び、ライナーらに師事した。当初は機会に恵まれなかったが、一九四三年ロジンスキーの下でニューヨーク・フィルの副指揮者となり、同年十一月十四日、病気のワルターの代役を務めて大成功を収めた。五七年に同楽団の首席指揮者に名を連ね、翌年から十一年間にわたって音楽監督を務め、華麗な指揮ぶりとともに世界的な名声を確立した。

その後は、ウィーンをはじめ欧米各地でかなり自由な活動を重ねてきたが、近年は、とくに愛着の深い作品に焦点を絞り、かつてよりも個性的主張の強い演奏を聴かせていた。

もともとレパートリーの幅は広いが、マーラーでは第一人者に数えられており、彼にとって二度目のその交響曲全曲録音も進行中だった。

驚異的な暗譜力を持ち、作品解釈に天才的直感をもったバーンスタインは、指揮者となる前からピアニスト、作曲家としても才能を発揮し、後に教育家、啓もう家としても大きな役割を果たした。劇的な感覚に優れた作曲家としての最大の成功作は、「ウエスト・サイド物語」だが、彼が、それらを通じて数多くの人びとを音楽に近付けた功績も忘れ難い。

また、指揮者やソロイストなど、若い才能を世に出すこと、あるいは人権擁護などの人間的、社会的な活動にも尽力するなど、彼の業績は簡単には語りきれぬものがあるが、多才なるが故に、かえって才能の浪費を思わせるところもなかったとはいえないし、自己の健康管理にもう少し気を配れば、これほど早い訃報に接することもなかったに違いない。彼には、まだやってほしいことが山ほどあったというのが、皆の偽らぬ気持ちであろう。

（音楽評論家）

一九九〇年一二月三日

世相映す流行歌続々と発表
浜口庫之助さんの死を悼む

反畑誠一

清水がわき出るようにおう盛な浜口庫之助さんの創作力を持ってしてもガンには克（か）てなかった。五年間の壮絶な闘病生活だったが、気力が体力を勝る限り歌を作り続けた人である。最後の仕事は、島倉千代子の新アルバム「初恋の人」（仮題）の収録で、二小節残すのみであった。七十三歳の生涯に作った曲はCMを含めて四千余。

スタートは小学四年生でギターを手にした時から。バンド活動を経て歌手活動に入った。昭和二十八年からNHK紅白歌合戦に三年連続出場。その四年後、スリー・キャッツが歌った「黄色いさくらんぼ」（昭和三十四年、作詞は星野哲郎）で一躍ヒットメーカーになった。

音楽シーンは、78回転のSPレコードから45回転のEPへと転換したころ。洋楽の影響を受けた歌謡曲が台頭した時代。新設された日本レコード大賞を「黒い花びら」と争ったが、歌詞の中にある〝ウッフン〟が「色っぽすぎてワイセツな感じがする」という発言で逃している。以降、浜口さんは三十年間にわたって日本歌謡史に残る数々のヒット曲を作り続けた。

主な曲名だけを拾ってみても、「愛して愛して愛しちゃったのよ」「バラが咲いた」「夕陽が泣いている」「夜霧よ今夜も有難う」そして「人生いろいろ」（作詞・中山大三郎）。ギターを手にしたシンガーソングライターの草分けとして、ジャンルにとらわれず、世相を実証する流行歌を続々と発表した。

感覚は陽性で、いきでセクシー。曲調は理論的でリズミカル。歌う人、聴く人に居心地のよい時と場所を与えてくれた。

「人生いろいろ」ができたときハマクラさんが島倉千代子に送った言葉は、「裸のままで、赤ん坊のような心で、欲ばらず、あせらずに」であった。世代を超えて楽しめるヒット曲が少ない昨今、浜口さんの優しい笑顔から生まれる易しい歌がもっと欲しかった。健在で、もし宇宙へ旅したらどんな歌が生まれたかと思うと、惜しまれてならない。（音楽評論家）

平成三年

1991

一九九一年一月二五日

エルスケンの死 写真表現に大きな影響

大島洋

オランダの写真家、エド・ファン・デル・エルスケンが死んだ。亡くなったのは十二月の二十八日ということで、年が明けて、アムステルダムの友人からの電話で私はその知らせをうけた。六十五歳だった。

エルスケンはオランダの写真家であるという以上に、一九六〇年代以降の写真表現に世界的にも大きな影響を与え、パリで撮ったデビュー作「サン・ジェルマン・デ・プレの恋」をはじめとして広く親しまれている写真家であった。

日本に初めて来たのは一九五九年で、船による世界旅行の途次であったが、この旅の写真は彼の代表作「SWEET LIFE」となって結実している。

以来、日本が第二の故郷といってよいほどに幾度となく来日し、私がエルスケンと最初に会ったのも東京の深川にある大衆酒場だった。会うと、オランダに来ることがあったら遊びに来いと言われ、機会のないままであったが、昨年の五月、滞在していたアムステルダムから二十キロほどのところにあるエーダムの彼の家を訪ねた。この日のことを私は忘れることができない。

エルスケンはベッドの上から私を抑えてくれた。この一年半前から病床にあって入退院をくりかえしていたが、体調がいいからとこの日の機会をつくってくれたのだった。会うなり「身体中にがんが広がっていて、そう長くは生きられない。日本にも行くことができなくなってしまった」と声を詰まらせた。

だが、これまで生きてきた人生に満足していると語り、「私は自分自身の考えに従い、自分自身の人生を語り、私自身の一枚の肖像を撮ってきたんだと思う。だから、人生にとって死ぬことだけが重要なこととは思わないが、死は私にとってほんとうに大きな問題ではあるのだから、いま自分自身の死を撮りつづけている」と話した。

帰り際、写真を撮ってもいいですかと聞くと、もちろんだといってカメラに向かい「ジャパニーズ・フレンド・バイバイ」と手を振った。エルスケンは日本の友人たちがこの写真を見てくれると考えて手を振ったのだった。

今秋には彼の写真の集大成としての写真集「ONCE UPON A TIME」と大回顧展がオランダで企画されているという。

（写真家）

一九九一年一月三〇日

また一人去った国民的作家
井上靖氏を悼む

高橋英夫

井上靖氏長逝の知らせには驚かされた。四年ほど前の手術のあと、みごとに健康を取り戻して大作「孔子」が完成に至ったし、私が一昨年秋にある雑誌の企画でインタビューに伺ったときも、お元気な様子だった。生来頑健、若いころは柔道で体を鍛えており、多少の病を身の内にもっていてもまだまだ長寿を保たれるだろうという気がしていた。そういう印象のために、これは急なことであったのではないかと驚いたのである。

しかしまた驚きは痛恨の思いとも結びついている。それは、日本をずっと代表してきたこの作家に、ついにノーベル賞が贈られないままになってしまったという思いと言い直してもよい。窮屈な日本的密室の中に閉じこもることなく、広大なアジア大陸の空間と時間をさまざまに描いていったその文学は、充分ノーベル賞にも値するものだったと思う。ともあれ井上氏の死によって文壇の歯車が一つまわり、時代が移ったという感じは避けられない。その最後の長編「孔子」は、思えば昭和文学最後の作品の一つでもあった。

温厚で礼儀正しい文壇の紳士井上靖というのが定評だったが、奥にはふかい孤独がかくれ、奔放不羈（ふき）な鬱々（うつうつ）としたものがひそんでいた。このことを見すごしにはできない。

沼津中学のころから詩に興味を抱き、透明な抒情を胸のうちに育てている。京大時代、あまり熱心に登校せず、なかなか卒業しようとしなかった。その間「サンデー毎日」の時代小説懸賞に応募して入賞もしている。「大阪毎日」記者となってからは関西の詩人と交わって、詩を書く新聞記者という存在だった。記者としての担当が美術と宗教であったことも、井上氏の魂が内面的な彫りをふかめるきっかけを作っただろう。こうした経歴すべての底に孤独感がかくれていたのだが、それらがまとまっていって小説という表現形式を獲得したのは戦後になってからだった。

抒情的な繊細さ（これは女性を描くのに適している）、男性的な鬱塊、そういったものがストーリーテラーの才能と結びついたわけで、戦後四十数年に及ぶ小説の流れをかえりみれば、井上文学がつねに清新な香気を放ってきたことが分かる。とくに「敦煌」「楼蘭」「蒼き狼」「風涛」というように、シルクロードだけでなくアジア大陸全域を作品舞台に選んだことは、日本文学の幅をひろげる上で大きな役割をはたした。

地理的にも歴史的にも大世界が浮かび上がり、その中に人間が激情や悲しみを内にひめた小さな一点となって登場し、闘ったり、運命にもてあそばれたり、押し流されたりしている。そのことを読者に感じさせてくれたのが井上文学で、これは日本的小世界の中の完成だけに向かいがちな日本人の眼を解き放ったといえる。昭和三十年代の状況を思いかえせば、はっきりそう言えたはずである。

井上氏は女性を描くのもうまかったが、彼女たちは結局のところ男によって美化された女性像という感じがする。それ以上に井上文学は男性文学だったと言えるだろう。初期の「闘牛」「射程」「氷壁」をみても、歴史小説「戦国無頼」「風林火山」をみても、孤独な男や荒々しく行動に突き進む男がとらえられていて、外見はかけはなれていても彼らはみな同根というふうに感じられた。

私が関心をおぼえるのは、井上文学の男たちが孤独に流されるだけに終わってはいなかったという点である。彼らは孤独だからこそ一層友情を求めあうような気配を示していた。それが晩年の作品、たとえば「本覚坊遺文」や「孔子」では師と弟子の関係をとらえてゆくという形に変化していった。変化したという以上に、それは深化だったと私は思っている。

それ以外にも井上氏はさまざまな文学的、社会的活動をのこしているが、この小文ではそのすべてに触れることはできないのが心残りである。氏とともに、国民的作家と呼びうる存在がまた一人去ってしまったような気がしてならない。（文芸評論家）

一九九一年二月五日

融通自在な表現の境地
中川一政氏を悼む

原田実

中川一政さんが亡くなられた。さっき電話で知らせを受けて、私はいま、深い喪失感にとらわれている。

中川さんは一八九三（明治二十六）年の生まれ、この二月に誕生日を迎えて九十八歳になられるところだった。既に十分といっていい高齢であり、仕事もむろん十二分にされてきた。だから不足はないといえばいえるのだろう。しかし氏は、時流をよそに一個の表現者として融通無碍（むげ）に生きることで、世知辛い現代の美術界に清風を送り続けてきた。われわれはいま貴重で希少な人を失った—そういう気持ちが拭（ぬぐ）いようもなく胸のうちに広がるのである。

中川さんが油絵や岩彩や書のほかに、陶芸や篆刻（てんこく）に腕をふるい、また多量の文章を書かれているのは知られるとおりである。そしてそのどれもが高い域に達していて、それに接する者を悠々とした気分に誘ってくれるのも、ここに改めていうまでもない。氏を現代における最もいい意味での、あるいは本当の意味での文人とすることに、たぶん異議はないのではないか。そうして私には、中川さんが文人として自己を鍛えてきた長い歩みのなかに、われわれの芸術のありようを考える上で示唆となりうるものが多くあるように思われるのだが、どうであろう。

中学を卒業し、独学で絵を描き始めた中川さんが、岸田劉生を訪ねたのは一九一五（大正四）年、二十二歳のときであった。劉生のすすめで草土社に加わり、白樺派の人たちとも親しくなるが、氏はなかでも、自分の信ずる道を堂々といく劉生を深く尊敬する。しかしまた、劉生の強烈な個性の影響から抜け出すためにたいへんな苦労をすることにもなった。

中川さんが確かに自分自身の足で立ったと自覚するのは、実に十年ものちになってからである。それ以来、中川さんはいろいろなものから自己を解放してゆく。まず、絵をうまく描こう、画壇に重きをなそう、そういうこだわりから抜け出す。ゴッホや中国の芸術家などからさまざまなものを学ぶが、やがてそれらからも自由になる。そして、そういう中川さんがつねに自分の立ち向かう相手としたのは自然であった。

中川さんの描く花はまことに生気がある。花に動く気配が見えるのである。むろん動いているのは作者の感動であって、花の生気にふれた氏の感動といってもいい。山を描けばその山も動く。自然の気息を確かな手ごたえで色や形にする、それが中川さんが到達した境地であったと思われる。

数年前のことになるが、東京都調布市の武者小路実篤記念館の開館式での中川さんの挨拶（あいさつ）を思い出す。氏はそれをこう切り出した。

「前に武者小路について話を頼まれ、武者の悪口をずっと並べて、これから褒めようと思ったら、時間が来たというので壇から降ろされてしまったんです。だから、今日はそこから始めます」

前というのがいつで、どんな悪口を並べたのか、そんなことは一切おかまいなし。列席者が面食らったのはいうまでもない。しかし、こうして始まった中川さんの話は、亡き旧友の芸術と人間をめぐってまことに行き届き、またすこぶる面白いものであった。私はその話にも感銘を受けたが、それにもまして中川さんの融通自在ぶりに酔いのようなものを感じていた。

西洋と東洋を自在に往来した中川一政芸術の性格については、もっと深く考えなければならないと思う。が、それはいずれのこととして、いまはただ、文人中川一政さんの面影に多少ふれ、ご冥福（めいふく）を心からお祈りするしだいである。（美術評論家、平塚市美術館長）

一九九一年三月七日

育ちの良さ、華やかな演技
貝谷八百子さんの死を悼む

山野博大

貝谷八百子さんが五日亡くなった。貝谷さんは日本のバレエ界の顔と言ってよい人だった。九州大牟田の炭坑主の娘として恵まれた環境に生まれた彼女は、東京に出て文化学院に学んだ。あんまり勉強は好きではなかったらしい。音楽好きだった兄の勧めでバレエを始めるが、当時これはお大家のお嬢さまのやるようなことでなかったことは確かだ。親には内緒だったそうだ。

はじめはバレエもさほど熱心にやったわけではなかったと本人は言っていたが、十七歳の時に歌舞伎座を借り切ってデビューを飾り、マスコミがこれを大きく取り上げたことで、あっという間に新進バレリーナ貝谷八百子が誕生した。

昭和二十一年の「白鳥の湖」本邦初演では、日本におけるオデット姫第一号の役を務め好評だった。大柄で華やかな演技が受け入れられ戦後の第一次バレエ・ブームの火付け役のひとりとなった。以後「ロミオとジュリエット」「シンデレラ」等のソ連バレエの日本初演、「ポギーとベス」等の自作の創作バレエの上演、帝劇でのバレエ連続公演等で、制作者、主演ダンサー、演出者として大きな足跡を残す。その傍ら貝谷芸術学院を経営し教育者として後進の育成にもあたった。

思い切ったことをさっさとやってしまうのが彼女のいいところで、いかにも育ちの良さを感じさせたが、その性格ゆえに世間から誤解されることもあり、それをいつも気に病んでいた。大輪のバラの花が落ちたいう感じだ。心からめい福を祈りたい。（バレエ評論家）

一九九一年三月二五日

明治の巨匠の偉大な足跡
橋本明治画伯の逝去を悼む

村木明

日本画家で芸術院会員、文化勲章受章の橋本明治画伯が、三月二十五日未明逝去との報に接し、明治世代の巨星がまた一人消えたという哀惜の念を禁じ得ない。

画伯は病気に対しては人一倍神経質な方であり、ご自分の健康には慎重すぎるほど気を遣われるところがあった。いったん、ちょっとした風邪にでもかかられると、徹底して診察や病院通いを続けられることが、一つのエピソードにすらなっていた。

ところがこの数年来、橋本画伯の消息が途絶えていた。日展その他への作品発表もなく、老齢の身を気遣ってはいたが、改めて画伯の訃報（ふほう）に接すると、その異色の才能を惜しまずにはいられない。

橋本画伯は、明治三十七年（一九〇四年）島根県の生まれで、大正十五年に東京美術学校日本画科に入学している。当時の同級生には、東山魁夷、加藤栄三、山田申吾らの俊英が顔をそろえていた。

東京美術学校在学中の昭和四年、第十回帝展に「花野」が初入選したのをはじめ、同年の校内コンクールでも第一席に選ばれるなど、早くから優れた才能を発揮した。そして昭和六年には同美術学校日本画科を首席で卒業し、その将来性を嘱望されていた。

東京美術学校卒業後は、松岡映丘に師事して帝展、新文展、そして戦後は日展に出品し、めきめきと頭角を現した。同十二年の第一回新文展に出品の「浄心」が特選となるし、十五年には法隆寺壁画の模写主任に任命されている。戦後いったん創造美術の創立に参加するも二年後に日展に復帰し、以後ずっと日展に出品を続けた。

日本画家・橋本明治の声価を確立したのは、二十九年の第十回日展出品の「まり千代像」（翌年、日本芸術院賞受賞）である。戦後の一時期叫ばれた日本画滅亡論の中で、新しい日本画の創造への努力が見事に結晶した作品である。肉太の輪郭線による明快な色面構成の作風は、二十六年の第七回日展出品の「赤い椅子」に始まり、それがさらに端正な装飾性とモデルの個性を生かした肖像画として結実したのが、「まり千代像」であった。

それに続く三十年の「六世歌右衛門」は同じ傾向を示しているが、肖像画でも四十二年の「女優」や五十三年の松下幸之助氏をモデルにした「想」では、ざん新な構図のモダンな作風になっている。

また四十一年の「舞」、五十年の「想う」、五十二年の「酔」、五十四年の「紅」へと続く作品は、画伯の好んで描いた舞子をモデルにしているが、これがまた何とも妖艶（ようえん）で粋（いき）な日本画である。

このほか四十二年には法隆寺金堂壁画の再現模写に参加、翌四十三年皇居新宮殿の正殿に障壁画「桜」を完成、四十七年には郷里の出雲大社奉納壁画の青龍図を完成するなど、その画業の広さと豊かさは枚挙にいとまがないほどだ。画伯の八十六年の生涯は、まことに明治の巨匠の偉大な足跡であったといえる。

（美術評論家）

一九九一年四月二日

上半身の雄弁な動きで表現
日本にも大きな影響
M・グラハムの死を悼む

市川雅

すべてのアメリカの現代舞踊はグラハムから発している。カニングハムからサープに至るモダンダンスはもとより、ブロードウェー・ミュージカルのダンスシーン、フォーサイスのモダンバレエにいたるまでグラハムを母胎にして生まれたものだ。なかにはポスト・モダンダンサーのように反逆を企てる者がいたとしても、偉大なる芸術家への小さな反逆にすぎなかったようだ。

グラハムは一九二〇年代後半から創作活動をし始め、初期はデニショーン舞踊団のエキゾチシズムに影響されていたが、やがてそこから脱し、自身のメソッドを確立していった。表面的なオリエンタリズムから、より深いオリエンタリズムへの転換といってもよい。

ヨーガに触発され、運動が生起する中心を身体の下腹に据え、力のエネルギーが運動としてそこから拡散していく方法を探ったのである。西洋舞踊にあまり見られなかった上半身の雄弁な動きは、こうしてもたらされたといえる。バックフォールという後ろに倒れて起き上がるテクニックも腰の強さとトルソ（胴体）の表現力を感じさせるものであった。

グラハムは動きは常に内なる感情を表出するものだという信念をもっていた。そのために好んで深い絶望や悲嘆にある登場人物を主人公にした。そのなかには一連のギリシャ悲劇の登場人物クリュタイメネストラ、イオカステ、エウリディーチェ、メディアなどがいる。

昨年の日本公演の時見た「迷宮への使者」のエウリディーチェが怪獣ミノタウロスの出現の予感におののくシーンで女性ダンサーは思い切り息を吐き出し、身体を〝く〟の字に曲げ、縮小させた。このグラハム独特のテクニックはコントラクション（収縮）と名付けられ、歓喜や愛を表現するときのリリース（拡張）と対比的に用いられている。

第二次大戦後グラハムは日本の現代舞踊界にも大きな影響を与え、日本人ダンサーを愛し、菊池ユリコ、アキコ・カンダ、浅川高子、木村百合子、竹屋啓子、折原美樹などはグラハム舞踊団のメンバーとして活躍したのである。（舞踊評論家）

一九九一年四月一七日①

スケールの大きな作品群
D・リーン監督の死を悼む

田山力哉

戦後、英国映画の魅力を初めてわれわれに教えてくれた作品がデービッド・リーン監督の「逢びき」（一九四五年）であった。中年の人妻と医師との、いわば不倫の恋を描きながら、あくまで良識に支えられた渋い味わいが、反道徳に徹するフランス映画とはひと味違うものを感じさせた。

「第三の男」でウィーンの敗戦の混乱をクールなサスペンスで描いたキャロル・リード監督と彼とは、まさに英国映画の二本柱であった。だが「第三の男」で既にピークに達し、以後下降線の一途をたどって早く亡くなったリードに比べ、初めは地味だったリーンは着実に巨匠への道を歩み、傑作を連打し続けた。

ベネチアを舞台とした「旅情」（五五年）に始まり、第二次大戦下のビルマを描いた「戦場にかける橋」（五七年）、アラビアの砂漠を舞台とした「アラビアのロレンス」（六二年）、ロシアの土地を背景とした「ドクトル・ジバゴ」（六五年）、アイルランドのしゃく熱の恋を描いた「ライアンの娘」（七〇年）等々。狭い英国の殻を破り、世界各地を巡り歩いて創造したスケールの大きい作品の数々である。

私は砂漠の美しい映像美の中にユニークな人間像をつくり上げた「アラビアのロレンス」が最高傑作だと思っているが、これだけ外れなくハイレベルの作品を作り続けた監督も珍しい。七十六歳になった八四年には人種差別を描く「インドへの道」を撮り、エネルギーの凄（すさま）じさを見せたが、残念ながらこれが遺作になってしまった。

リーン、享年八十三歳。映画界からまた大きな星が落ちた。彼のようなスケールの監督がこれから現れるだろうか。合掌。（映画評論家）

一九九一年四月一七日②

自分を宇宙に拡大
詩人生野幸吉の死

池内紀

　三月が終わって明日から四月という日曜の朝、詩人生野幸吉が死んだ。突然、糸が切れたような死であった。急を知って駆けつけたとき、書斎のソファに寝かされていた。死が一切をむしり取って、もはやつぶやくことさえしない。

　第一詩集は「飢火」（一九五四年）と題して二十代の終わりに出た。決して早いデビューではない。四十歳をこえて「生野幸吉詩集」（高村光太郎賞）をまとめた。詩集「浸禮」（一九八六年）刊行は六十二歳のとき。さらに二年後に「杜絶」が成った。

　もはや言葉ひとつ発しないムクロのかたわらに、丹念に紙を貼（は）り合わせた詩稿がのこされていた。一頁（ぺーじ）目に仮題としてボールペンで「大きな罠（わな）」とあった。のちにそれは「大きな穽（あな）」と直された。おしまいに近い一枚に日づけ入りで覚書風に記されていた。

「この詩集は生野幸吉の死でもって終る」

　死ぬまで詩人であることの覚悟を記したのだろう。彼は詩壇と、ほとんどかかわりをもたなかった。より抜きの言葉を共有しているという意識だけで、したしげにすり寄り、体温をあたため合うのを好まなかった。なぜ詩を書くのか？だれに語りかけるのか？この問いをめぐって詩人生野幸吉は猟犬のように鋭敏で、凶暴だった。自他ともに—とりわけ自分を容赦しない。そののち長い緊張に耐えて、刻み込むようにして詩を書き続けた。この詩人は宇宙をついぞ自分の寸法に縮小しなかった。自分を宇宙にと拡大した。この点、彼が愛した宮沢賢治に人一倍忠実だった。

「歩みがあるだろう、大きな歩み」

　最後の著となった「闇の子午線」（岩波書店、一九九〇年）には、詩人パウル・ツェランに託して扉に数行がかかげられている。「彼らがわたしたちに引く／境界をつぎつぎに遠く越えてゆく」詩人生野が語りかけた対象は、あきらかに特定の人ではない。人でさえない。自分を含めた一つの生命のつながり。彼は子供のようにそれを素朴に信じていた。（東大教授）

一九九一年四月二四日

新しい「笑い」づくりを
林正之助氏亡き後の吉本

相羽秋夫

　吉本興業の林正之助会長が、九十二歳の天寿を全うされた。心からごめい福をお祈りしたい。

　一大お笑い王国吉本を築いた人だけに、その影響は計り知れないものがある。

　そこで、林氏の死後、吉本興業がどうなるのかを考えてみたい。

　ご存じのように、吉本はタレント総数三百人近くを擁する日本一のプロダクションであり、直営館なんばグランド花月を経営している。

　しかし最近は演芸にとどまらず、ディスコの経営や不動産業に手を染めている。むしろ、タレントに依存する率を、全体の売上高の三割以内に収めようという傾向にある。

　大証一部上場の会社であり、赤字なしの健全経営ぶりを発揮している。

　テレビ中継機材など最新設備を有した吉本会館を昭和六十二年に建設した時も、借入金なしで着工した。

　そうした基本のレールは、林氏が中心になって押し進め、一定の成果を上げてきた。従って、林氏が逝去されたからといって、この路線に大きな変化はないと見る。むしろ、林氏を助けてこの方針に協力してきた中邨秀雄副社長が社長に昇格したことによって、いよいよ不動のものとなろう。

　林氏の娘婿である林裕章専務とのコンビネーションぶりも大いに期待できる。

　ただ、所属の演芸人にとって、精神的な支柱であった林氏を失ったことで、皆の心にぽっかりと穴の空いた状態はしばらく続こう。

　義理と人情を重んずる明治生まれの気骨が愛されていただけに、林氏の心の代わりをする人物の登場が望まれる。

　大阪名物「お笑い」の象徴的存在であった松竹新喜劇の藤山寛美さんについで、林正之助が退場されたことで、はっきりと世代交代の波が訪れたことを知る。

　残された人は、この悲しみを乗り越えて、新しい笑いづくりに頑張らねばならない。（演芸評論家）

一九九一年五月八日

厳正で温和な人柄
現場を大事にした末永博士

斎藤忠

末永雅雄さんが亡くなった。学界から一つの巨星が消え去ってしまった。私は、いま悲しさと寂しさの心でいっぱいである。「末永さん」という言葉は、私が六十年近く末永博士に対しての呼び方であった。博士もまた私を「斎藤君」と呼び、そこには長い間の二人の交際で結ばれた自然さがあった。

私と末永さんとの初めの出会いは昭和六年十二月であった。まだ東京大学の学生であった私は修学旅行のため奈良県を訪れ、発掘中の宮滝遺跡を訪ねたのであった。現場ではまだ三十代の若かった末永さんが寒さと闘いながら、たくましく発掘を続けていた。運命の神はやがて再び京都大学考古学教室で二人を結び付けた。

私は卒業後、浜田耕作先生のもとで勉強することになったが、そこに末永さんがおられ、一緒に学ぶことができた。奈良県石舞台古墳の発掘は、その時であった。末永さんは現場主任として指揮され、私はそのお手伝いをした。実直な末永さんは毎夜、定刻に必ず浜田先生のお宅に電話し、その日の結果を報告した。あとで先生は私に述べた。「そのため夜は全く外出できませんでした」と。朝は必ず作業員の集合するよりも早く現場に到着した。

ある日、来訪者が菓子箱を持ってきてくれた。末永さんはそのまま作業員たちに渡した。私は末永さんによって作業員の心を捕らえ、作業員を大事にすることが発掘にとっていかに大事であるかを目の当たり教えられたのであった。

考古学教室では二人だけでいろいろと将来を語り合った。ある日、突然、こんなことを言った。「斎藤君、自分は年老いたら郷里の大阪の狭山で馬に乗って周辺を回りたい」と。車の頻繁に通る将来を全く考慮しなかった末永さんの楽しい夢でもあった。

末永さんの人柄は厳正さの中に温和さが包まれていた。筋を通し、曲がったことは嫌いであった。先輩と後輩、先生と弟子との秩序をよく知り、自らそれを守った。そして橿原考古学研究所を育て、多くの優れた弟子を養成した。橿原神宮外苑遺跡、唐古遺跡、石舞台古墳、新しくは高松塚古墳など多くの調査の成果を挙げた。自ら飛行機に乗り、空から古墳を観察し、研究の成果を挙げたことは、余人のできない大きい業績であった。

昭和五十八年の秋、私は末永さんが入院していると聞いてお見舞いに伺った。その時、末永さんは「先づ健康」の四文字を墨跡鮮やかに書いて、私に下さった。横には「斎藤大兄」とある。まず健康、それは末永さんにとって九十年に近い年を経過した中で味わった貴重な実感でなかっただろうか。やはりこれからもなお健康であって白寿を迎えてほしかった。残念である。（大正大名誉教授）

一九九一年五月一〇日

巨匠ぶらない巨匠の筆頭
ゼルキンの死を悼む

佐川吉男

ピアニストのルドルフ・ゼルキンが八日、八十八歳で亡くなった。

ピアノに向かわない時のゼルキンは、あれだけのキャリアと名声を持ちながら、おごりたかぶるところが全くなく、巨匠ぶらない巨匠の筆頭だった。

ゼルキンの演奏を初めてナマで聴いたのは、一九六〇年の秋初来日した時の東京・文京公会堂でのリサイタルだった。ステージに出てくる時も、演奏が終わって引っ込む時も、穴があったら入りたいような表情で恥ずかしそうにおじぎをしていたのが思い出される。

しかし、演奏そのものは、そうした顔つきや物腰とは裏腹に極めて自己主張の強いもので、レコードで聴いていた折り目の正しい学者肌とも言えるような演奏とはあまりにも違うのに驚いたものである。

あとで聞いた話だが、ゼルキンによるベートーベンのピアノ・ソナタ全集を企画した米コロムビア社が一九五一年に「月光ソナタ」をまず録音したところ、彼が慎重を期し過ぎて同社の録音所要時間の最長記録を作ってしまい、この調子でソナタを全曲録音すると、ゼルキンが三度生まれ変わらなければ時間が足りない計算となり、企画を断念したというのである。

五十代ぐらいまでは、彼の生まじめな人柄が、レコーディングに際してはそういう完ぺき主義的な側面となって表れ、独奏よりむしろ相手のある室内楽や協奏曲の方がかえって持ち味を伸びやかに生かすことにもなっていた。

だが、年とともに円熟して、そういう過度なまでに誠実すぎた側面と、感情の自然な発露との間に調和のとれた演奏ができるようになり、七八年の三度目の来日時には、ステージでのシャイな物腰は相変わらずだったが、枯淡の境地に達した高雅な演奏を聴かせている。

ゼルキンの演奏で良かったのはやはりドイツ・オーストリアの音楽で、壮年期のベートーベン、シューベルト、ブラームス、それに晩年が近付いてのモーツァルトなど特に忘れ難い。一つ違いのホロビッツなどのようにピアニストとして恵まれた手の持ち主ではなく、努力によって技術を獲得し、あくまでもピアノを伝達の手段として心を伝えたピアニストだった。（音楽評論家）

一九九一年五月二五日

全うした「ピアノの詩人」ケンプの死を悼む

諸井誠

また一人、ピアノ界の巨星が逝《い》ってしまった。われわれはつい先ごろ、ドイツ音楽の泰斗、ルドルフ・ゼルキンを失ったばかりだが、今度はこの分野のさらに偉大な星ウィルヘルム・ケンプである。世紀末ということを実感させる「死」ではなかろうか。

ケンプは一八九五年、ベルリン近郊の町、ユターボークで生まれたが、祖父、父、兄がオルガン奏者という恵まれた音楽的環境に育ち、自らもオルガンをよく弾いた。

亡父、諸井三郎（作曲家）がケンプの後輩の一人として、ベルリン高等音楽院の作曲科に留学していたころ、ケンプの自宅にお茶に呼ばれて出掛けたことがあった。

作曲家でもあったケンプは特に即興演奏に優れ、夕やみで部屋が暗くなるのも気付かずに、たった一人の客に、当時、最新式のリード・オルガンで長時間、即興演奏を聴かせてくれたという。後年、オリンピックの折にベルリンに赴いた父は、ケンプのと同じタイプのオルガンを入手して帰り、巨匠に倣って毎日、演奏していた。

ともすればピアノ演奏が技術的高度性に流れ、完全主義が求められる戦後の音楽界にあって「ピアノの詩人」としての生き方を純粋に全うしたのがケンプだった。

調子が悪いと形なしになったこともしばしばだったというし、暗譜も不確かな部分があり、忘れると即興でつなげたこともあったそうだが、父の言葉によると、それがまた何とも素晴らしかったという。好調な時のケンプは、他の追随を許さない名演を聴かせ、心の底から音楽の感動を味わわせてくれた。

戦後、数度来日したこの老匠の、そうした希少価値高い名演の一端に触れることのできた昭和生まれの日本人も少なくないはず。ベートーベン、シューベルト、シューマンといったドイツ古典・浪漫派ピアノ音楽の解釈では、十九世紀ドイツ・ロマン派の精髄を今に伝える、最大の存在だった。

五月二十三日、イタリアのポジターノに客死したというが、もう少しで百歳。何とも悲しい訃報（ふほう）である。（作曲家）

一九九一年六月一一日

ボロピアノとアラウ
いま、愛妻のもとへ

瓜生幸子

マエストロ・クラウディオ・アラウが亡くなりました。あの荘重なベートーベン、ブラームスの響き、そしてシューマンの曲の感情移入、そして何より崇高なまでに奥深いリストの解釈―アラウ先生の演奏からそのつど受けた感銘が、走馬灯のように私の脳裏をかけめぐります。

先生の演奏活動は全世界に及び、レパートリーの数も多く、特にベルリン、ロンドン、ニューヨーク、ブエノスアイレスで何度も行われたベートーベンのソナタ全三十二曲と、コンチェルト全五曲の演奏は、特筆に値します。日本には、一九六五年に初めて来られました。

演奏には性格が表れると申しますが、その誠実で温かいお人柄には、しばしば心を打たれることがありました。

ある日、まだピアニストの卵だった私の演奏を聴かれた先生は、大変ありがたいことに、とても認めてくださって「国際舞台で活躍する気はないか」とおっしゃいました。夢かと思ったことが実現し、一九六六年〝アラウの見つけた星〟として西ヨーロッパ楽壇にデビューできました。

それ以来、ただ一人の日本人の弟子としてずっと最後まで指導をしていただきました。単に技術のみならず、随分いろいろなことを教えてくださいました。私のデビューのころは、ご自分のことのように心配されて、先生もコンサートが重なって聴きに来られないときは、演奏旅行先から必ず優しいお電話をくださいました。

ある時、アラウ先生は、ベルリンでのコンサートの前、スタジオに練習に見えました。その前が私の練習時間で、先生がいらっしゃったら入れ替わることになっていたのに「サチコが弾いているからずっと弾かせておいてあげよう」とおっしゃってそっと立ち去られ、学生用のボロピアノで練習されたと、あとから聞かされたときは、涙が出ました。

どんなときでも楽譜を身から離さず、東京に荷物が一緒に着かなかったときは、私の楽譜を貸してほしい、と言われました。

とてもおしゃれで、真紅の裏地の付いたコンサート・ケープを羽織ってさっそうと楽屋入りされたのは語り草です。

優しい、美しい奥さまを心から愛し、そのほほ笑ましいお姿が目に浮かびますが、三年前のご子息に続いて、ちょうど一年後に奥さまも亡くされ、どんなにか悲しく、お寂しかったことでしょう。

心からご冥福（めいふく）をお祈りするとともに、今ごろは奥さまとご一緒になられたのだと思って、悲しみを抑えるしかありません。

（ピアニスト、昭和音大教授）

一九九一年六月二七日

食べそこねたスイカ
タマヨへの哀悼

加藤薫

メキシコの、というよりは二十世紀美術の数少ない巨匠の一人となっていたルフィノ・タマヨの訃報（ふほう）に接し、十六年も前のタマヨとのインタビューでのエピソードが思い出される。

居間で愛犬を足下にくつろいだタマヨとの間で、メキシコ的時間の流れにゆだねた会話を続けていると、突然女同士の壮絶なやり取りが聞こえてきた。お手伝いさんが出してくれたスイカが、実は別の客のために用意したものであるというオルガ夫人の声が開け放したドアから筒抜けで、苦笑するだけのタマヨの表情がとてもおかしかった。結局、その真っ赤に熟れたスイカには手をつけることができなかった。

それ以来タマヨの絵にスイカをみつけると、オルガ夫人にことわって描いたのかと一人想像しては楽しんでいた。

メキシコ現代美術が国際的な舞台に躍り出たきっかけはオロスコ、リベラ、シケイロスらを中心に推進された壁画運動に負うところが大きい。しかしタマヨは、同世代の壁画三巨匠たちとは別な道を歩んだ。

国立考古学博物館で民俗資料収集と素描による記録の仕事に従事した経験と、メキシコ南部オアハカ州サポテカ人の血を受け継ぐ出自から、タマヨほど土着の文化に精通した作家は珍しい。彼はそこで題材をメキシコ的なものから得るにせよ、政治的な主張を織り込むことには批判的であった。芸術の価値は作家個人のビジョンの大きさや堅固さによって決まるもので、結局自分自身のために描くこと、それが国際的、普遍的評価を得る唯一の道であると主張した。

また十二歳の時から一人メキシコ市の果物屋を営む叔母の家に預けられ、昼は店番、夜に国立美術学校に通う苦学生活をおくった体験から、やっと習得したタブロー画という形式や油絵具という素材に執着した。

ザラついた肌合いと透明感ある地塗りの上に原色を重ね、シュールなイメージを表現主義的に具象化する手法は、モダンと土着的なものの「共生」がタマヨの問題だったことを暗示し、あくまで優しく、決して攻撃的ではないがしたたかに非西欧社会の現代美術の目指すべきひとつの方向を示した。日本での評価もこれからという時、一足先に宇宙に放された鳥、タマヨはどこに飛んでいったのだろうか。（神奈川大助教授）

一九九一年七月六日

虚実のはざまを遊ぶ
中村伸郎の死を悼む

石沢秀二

文学座の前身・築地座で初舞台（昭和七年）を踏んだ中村伸郎氏の訃報（ふほう）に接し、深い感慨におそわれる。

今にして思えば、その折々の舞台にさまざまな華を咲かせた伸郎氏は、俳優即人間の生き方とその奥深さを鮮烈に見せてこられたのだと思う。

たとえば文学座時代の「シラノ・ド・ベルジュラック」のパン屋ラグノオ。そこには小さな役を超えて、人生の哀愁に満ちた力よわい庶民の真実を鮮烈に印象づけていた。

また「鹿鳴館」の影山伯爵では、権力を持ち、人生に退屈を覚える知的で教養ある政治家の老獪（ろうかい）さと冷酷さをまざまざと実感させた。

その一方、田中千禾夫作「肥前風土記」では、ひょうひょうとユーモアたっぷりに庄屋の役を楽しんでいた。

戦後文学座での伸郎氏は三津田健、故宮口精二の両氏とともに劇団の大きな支柱であった。それだけに故三島由紀夫氏らとともに退座（三十八年）し、そして三島の死後、渋谷の小劇場ジァン・ジァンで週一回夜十時開演のロングラン公演を十年近く続けたことは、深い覚悟があってのことにちがいない。

演目は不条理なフランス前衛劇「授業」、偏執狂的老教師の姿はこっけいで悲惨であり、六十三歳（初演時）という実年齢の重みも加わって、孤独な老優の絶叫に近い迫力に胸を打たれた。

「授業」を経て、劇作家別役実との幸福な出会いが生まれた。別役戯曲では、ますます孤高にして円熟する老優の放つ、人間的深みと独特な風格自体が、したたかなドラマを構築するように仕組まれていたのだ。

まさに晩年の伸郎氏は、実人生と虚構の劇中人物とのはざまを苦しみ、楽しみ、遊ぶように演技されていたと思う。別役作品「眠れる森の美女」出演を最後に、眠れる森に安眠される中村伸郎氏が後継者の内に目覚めることを祈りたい。合掌。（演劇評論家）

一九九一年七月三〇日

ユダヤ文学の偉大な語り部 ー・シンガーの死を悼む

沼野充義

アメリカのユダヤ系作家アイザック・バシェビス・シンガーが、この七月二十四日に八十七歳で亡くなった。シンガーは一九七八年にノーベル文学賞を受賞して一躍国際的に著名になり、これまでかなり多くの作品が邦訳されているが、それにもかかわらず日本では不思議なほど地味な存在だったように思う。それは一つには、ニューヨークに住みながら、主としてポーランドを舞台とした作品をイディッシュ語（東欧ユダヤ人の母語）で書き続けたシンガーの亡命作家としての複雑なあり方が、日本の読者には理解しにくかったからかもしれない。

シンガーは一九〇四年ポーランド生まれ、幼年時代をワルシャワで過ごした。父親はユダヤ教の聖職者（ラビ）だったが、彼は兄ヨシュアとともに作家の道を選び、一九二〇年代からワルシャワのイディッシュ語雑誌に作品を発表し始めた。しかし、ナチス・ドイツの脅威を逃れて一九三五年に渡米、以後ニューヨークを本拠地にして文筆活動を続ける。

渡米後もシンガーはイディッシュ語で作品を書き続けたが、一九五三年に短編「ばかものギンペル」がソール・ベローによって英訳されて以来、主要作はほとんどすべて英訳され、ユダヤ人以外の広範な読者にも知られるようになった。

しかし、渡米後も彼の作品の大部分は東欧を舞台としたものだった。ユダヤ人の集落を舞台に繰り広げられる色とりどりの人間模様、そして悪霊が飛びかう奇想天外な神話的世界。こういった題材を、陰影に富んだイディッシュ語で鮮やかに描き出すシンガーの語り口は絶妙であり、彼は現代文学きっての「ストーリーテラー」と呼ばれた。

著作は「奴隷」「敵、ある愛の物語」などの長編のほか、語りの妙を存分に発揮した「短い金曜日」「カフカの友人」「愛のイェントル」などの数々の短編、そして「喜びの日―ワルシャワの少年時代」のような自伝的著作、さらには児童書にいたるまで、多岐にわたっている。

ところで、イディッシュ語とは東欧のユダヤ人が日常的に使っていた言語であり、十九世紀以来数々のすぐれた作家を生んできたが、現代では話し手の人口も激減し、文学も決して盛んとは言えない。そういった逆境の中で、シンガーはイディッシュ語を決して捨てずに東欧のユダヤ文化を守り続けた。その彼の死によって、残念ながら、イディッシュ語文学は最後の偉大な「語り部」を失ったことになる。（ロシア・ポーランド文学者）

一九九一年八月一四日

常にいきいきしていた指揮
山田一雄さんの死を悼む

吉井亜彦

山田一雄さんは、朝比奈隆氏と並んで、わが国指揮者界の重鎮的存在であった。作曲家でもあった山田さんは、早くから指揮活動を開始。常にわが国の音楽界における第一線で意欲的な活動を行ってこられた。

現在の「肩書」だけを概観してみても、この七月に就任されたばかりの神奈川フィル音楽監督をはじめとして、新星日本交響楽団名誉指揮者、京都市交響楽団芸術顧問、日本指揮者協会副会長、日本合唱協会音楽監督、日本マーラー協会会長など、要職がずらりと並ぶ。山田さんがいかに大きな存在であったかの一端は、ここからも窺（うかが）い知ることができよう。

その間、山田さんは古典的作品はもとより、新しい作品、未知の作品などに対しても同じような熱意をもって、紹介、啓発に努めておられた。

ぼくが山田さんの指揮姿を最後に見たのも、オネゲルのあまり取り上げられることもない「ダヴィデ王」の上演の折であった（一九九〇年十月）。そのときの山田さんは、あれほど元気いっぱいであったのに——。

山田さんのことを、音楽ファンの多くは親しみをこめて「ヤマカズさん」と呼んだものであった。お世辞にも流麗ではなかったものの、個性的で、常にいきいきとしていたその指揮姿、勢い余って指揮台から落ちて、指揮棒を振りながら登ってきたというエピソードなども、ヤマカズさんならではのものとして、だれもが愛してやまなかったのである。

そして、何よりもその演奏に満ちていたあふれ出んばかりの情熱、豊かな人間味などが、まさしく「ヤマカズさん」そのものであった。

ヤマカズさん、長い間のご活躍、ほんとうにご苦労さまでした。ゆっくりおやすみになってください。合掌。（音楽評論家）

一九九一年八月一九日

バッハの新演奏様式を確立
ワルヒャの死を悼む

高橋昭

ヘルムート・ワルヒャの訃報（ふほう）を聞いて私は強い衝撃を受けた。今日、彼の存在なしにバッハのオルガン音楽を考えられないからである。彼は天然痘の予防注射の後遺症でライプチヒ高等音楽学校在学中に視力を失ったが、母親がピアノで一声部ずつ弾くのを聴いて暗譜したと言われる。

一九二九年フランクフルトに移ってからワルヒャは、バッハのオルガン作品を徹底的に研究し、彼自身の新しい演奏様式を確立した。それはライプチヒで受け継がれたローマン的でピアニスティックな様式との決別であり、作品を構成する個々の音、動機に立ち帰ってその意義、バッハがそこに込めた意図をとらえて作品を再構成することであった。

その結果、ワルヒャの演奏では音楽のすべての構成要素が明確に浮かび上がり、ポリフォニーの線の動きに生命力を与える結果、バッハのオルガン作品が堅固な造形と豊かな感情を伴った有機体として姿を現してくる。いわばバロック音楽の本質に基づくワルヒャの解釈は、それまでローマン的な演奏になれていた人々を驚かせ、同時にバッハのオルガン音楽から新鮮な魅力を引き出したのである。

ワルヒャはまた、歴史的なバロック・オルガンを見直すきっかけを与えてくれた。

ドイツ・グラモフォン社が音楽研究部門「アルヒーフ・プロダクション」を発足させた際、第一回の録音はリューベックの聖ヤコブ教会の小オルガンをワルヒャが弾いたバッハのオルガン作品であった。それ以来、彼によって脚光を浴びたオルガンは少なくない。

ワルヒャは七二年にフランクフルト音楽大学教授を辞任して演奏活動から引退したが、七七年の最後の録音「バッハ以前のオルガンの巨匠たち」で修復成ったカペルのシュニットガー・オルガンを演奏した。

ワルヒャは亡くなったが、バッハのオルガン作品が聴かれる限り、彼の業績は語り継がれるであろう。（音楽評論家）

一九九一年八月二十六日

絶え間ない探究の人
芝木好子さんを悼む

津村節子

たて続けに芝木さんの夢を見た。昨年の秋、ご一緒に親しい仲間たちと伊豆へ旅をしてから間もなく、東京・築地のがんセンターに入院され、一時ご自宅へ帰られたが、再度入院されてそれきりお目にかかることはできなかった。この夏を無事越していただきたい、と祈るような気持ちでいたので、度々の夢に胸騒ぎがして、今度、福井へ来るのも心が残る思いであった。

宿の人に新聞社から電話と言われた時、はっと胸をつかれた。やはり、悪いしらせであった。最初にかかってきた電話の時には、受話器をにぎりしめながら涙が溢（あふ）れ、応答も満足にできなかった。

芝木さんは、私にとって最も尊敬する大切な先輩であった。初めてお手紙をいただいたのは「染彩」の感想を新聞の書評欄に書いた時である。駆け出しの新人に対して、大変丁重なお礼のお手紙で、私は恐縮し、高ぶらない心あたたかいお人柄にうたれた。作品については、「青果の市」「洲崎パラダイス」「湯葉」のころから愛読していたが、個人的に親しくさせていただくにつれ、人間的にもますます惹（ひ）かれていった。

作家というものは、多かれ少なかれ偏ったところがあり、無論私も例外ではないが、芝木さんは誠に調和のとれた円満なご性格で、東京人らしいさっぱりとした気性と、デリケートでやさしい心づかいは、多くの後輩たちから慕われておられた。

芝木さんは厳しくご自分のペースを守り、一作一作、周到な調査とゆるぎない構成のもとに筆を執られる。格調高い端正な文章、繊細な神経と豊かな感受性、人間に対する深い洞察力が、作品を芳醇（ほうじゅん）なものにしているが、ストーリーの展開の見事さも、大きな魅力である。小説は、やはり面白くなければならない、と私は思う。

「青磁砧」「貝紫幻想」「雪舞い」「隅田川暮色」「群青の湖」—と晩年に近づくに従って一層円熟味を増し、七十歳を越えられても作風は枯れることなく、いつまでもつややかで、しかも人生の深淵（しんえん）をのぞかせるような怖さを秘めている。日ごろ接する時には感じられぬ怖さを持っておられることは、やはり作家として大切な資質だろう。

作家同士お互いに著書を送るのはあいさつのようなもので、到底全部読んではいられないが、芝木さんは後輩のものもよく読んで下さり、批評をして下さった。おざなりなものではなく、褒めるところは褒め、悪いところはきっちりと指摘して下さった。いずれも納得がいくことばかりで、よい勉強になった。

芝木さんは小説を書くために生まれてきたような方で、少女時代から書き始め、休みなく書き続け、病気になられてからも、次作取材のことを気にかけておられた。まだまだ書きたいことがおありだったのに、どんなにかご無念であろう。生涯かかって多くの名作を遺されたことをせめてもの慰めとし、心からご冥福（めいふく）をお祈りしたい。（作家）

一九九一年九月五日

時代乗り越え胸打つ主張
キャプラ監督の死を悼む

筈見有弘

米国映画の巨匠フランク・キャプラ監督が九十四歳で亡くなった。一九六一年の「ポケット一杯の幸福」以後、作品を発表しなかったが、キャプラの旧作は人気を保ち続けていた。米国では毎年クリスマスシーズンになると「素晴しき哉、人生！」が決まってテレビに登場し、クリスマスを題材にした映画の代表作として扱われている。

一九二〇年代から演出していたキャプラの才能が開花したのは第二次大戦をはさんだ十数年間である。ほとんどが脚本家ロバート・リスキンと組んだ巧みな語り口による作品だ。無一文の老婦人がレディーに仕立てられる「一日だけの淑女」、新聞記者が富豪の娘と結ばれる「或る夜の出来事」、突然転がり込んできた大金をめぐる「オペラ・ハット」などは、大恐慌の時代に大衆に富や恋の夢を与えた。

さらに、土地買収に応じない変わり者一家の物語「我が家の楽園」、議会の腐敗をつく「スミス都へ行く」、新聞社主と政治との癒着を暴く「群衆」、住宅問題をからませた「素晴しき哉、人生！」と、社会風刺の濃い題材に及ぶ。

しかし、キャプラは風刺するだけではない。理想主義を掲げた主人公は、温かい心の持ち主によって救われ、勝利を握る。理想、善意、正義は必ず打ち勝つ、あるいは打ち勝たねばならないという主張が貫かれている。

それは、米国が夢を持ち、民主主義の理想に燃えていた時代の精神を反映させたものだった。その素朴だが、痛快で力強い主張は、時代を乗り越えて見る者の胸を打ち、楽しませてくれるのである。これまでわが国ではキャプラの諸作は見る機会にあまり恵まれなかったが、今後、衛星放送やテレビが機会を提供してくれるだろうし、そうなれば新たに若いファンを獲得するにちがいない。（映画評論家）

一九九一年九月二十七日

懐かしい軽やかなスイング ビリー・ボーンの死を悼む

鈴木道子

「浪路はるかに」「峠の幌馬車」「真珠貝の歌」など、多くのミリオン・ヒットや、毎年のように来日しての温かいステージで最も親しまれていたポップ・オーケストラのリーダー、ビリー・ボーンが亡くなった。中年以上の音楽ファンには特に、あの甘いサックスを中心とした軽やかなスイング感は懐かしい。

子供のころに覚えたウクレレに始まり、ピアノ、バイブ、サックスなど、楽器は何でもこなす器用な人で、音楽の知識も実に広い。彼が手掛けたレコードをみても、昔の名曲、ダンス音楽、ラテン、ハワイアン、ヨーロッパ・メロディーなど、あちこちからいいメロディーを探し出している。

一般にはビリー・ボーン楽団としてだけ知られているが、大戦中は陸軍アーミー・バンド、戦後は故郷のウエスタン・ケンタッキー州立大学に帰り、スポーツ仲間四人で結成したコーラスグループ、ヒルトッパーズでも活躍。カリプソの「マリアンヌ」ほかのヒットを放っている。またドット・レコード専属ディレクター・編曲者・指揮者としてプレスリーの対抗馬パット・ブーンの「砂に書いたラヴレター」「四月の恋」など名盤をたくさん作っている。

彼が最も華やかだった一九五〇年代半ばからの十年ほどは、ちょうどロックンロールが登場したころ。新しい時代の流れを十分知りながら、最先端を行くのではなく、だれにでも愛される形で音楽を示した。

非常に大衆的と言えるのだが、大衆的という言葉に伴う〝卑しさ〟みたいなものがなかったのも、彼の人柄かもしれない。

お金にも淡泊で、出演料は全員で分け合う。だから有名ジャズメンが喜んで参加したり、ポップでも常にいい音を保っていたりした。また何度来日しても、初めてみたいにもじもじと、照れ屋の司会ぶりだったのも、今は懐かしい。近年は、ビリー・ボーンみたいに心和む温かいバンドはいなくなってしまった。本当に惜しまれる。ごめい福をお祈りいたします。（音楽評論家）

一九九一年一〇月二三日

歌の世界をこよなく愛す
春日八郎の死を悼む

伊藤強

明るい声だった。たとえば「別れの一本杉」のように〝泣けた泣けた…〟と歌い出すにしても、そこにあるのは湿った涙ではなく、どこかでそれを吹っ切ったような乾いた感じがした。つややかに伸びる高音は、高い空と、そこを吹き抜ける風のような趣があった。その意味で、とかく湿っぽさを強調しがちな演歌と呼ばれるフィールドにいて、春日八郎という歌手は異色の存在と言えた。「お富さん」は、あの声がなくては成立し得なかったヒット曲である。

その春日八郎が二十二日亡くなった。戦後の、高度成長のはじまりとは言え、まだまだ不安定な様相を示していた時代に、その声はどこかに希望のようなものを感じさせたのだと言っていい。その点でも、まぎれもなくスターだったのだ。

それでいて、舞台を下りれば、スターらしさをほとんど感じさせない人柄だった。開けっぴろげで、私生活のことなども、いささか飄逸(ひょういつ)にも感じられる口調で話した。サービス精神というより、自らを飾ることができない人だったのに違いない。

まだ若かった北島三郎を紹介されたことがある。「これから、われわれのあとを継ぐ人だ」と言って。ふつう、スターと呼ばれる人たちはめったにそのようなことを言わないものである。あとを継ぐものは、言い換えれば自分の地位をおびやかす存在になるからである。だが、春日八郎には、そんな意識は全く無かったと言えるだろう。自分のことより、自分の属している歌の世界をこよなく愛し、大事に思っていたのに違いない。建前では決してなく本音で。

いま演歌と呼ばれるタイプの歌は、何人かの女性歌手のものを除いて、全くの不振である。それは、そこに描かれる世界がいささか現実離れをし、なおかつ、その架空の世界にますます深入りしていく方向にむかっているからである。春日八郎のあの声ならば、もう一度、それらの歌を現実の明るさのなかに戻すことができたかもしれない。そのことを考えても、その早すぎる死は残念である。(音楽評論家)

一九九一年一〇月二八日

江戸歌舞伎の伝統伝える
宇野信夫氏の死を悼む

戸部銀作

宇野信夫さんは、昭和八年「ひと夜」を書き、友田恭助の築地座で初演されデビューして以来、半世紀にわたり活躍した大劇作家だった。彼の出世作となり、現在まで、いろいろな俳優により上演されている「巷談宵宮雨」は、同十年、六世尾上菊五郎のために書き下ろした。これが大評判となり、名優菊五郎との密接な関係が結ばれ、新しい歌舞伎作家としての地位を築いた。

その後、彼は近年まで、さまざまな戯曲を書いたが、最も得意にしたのは、歌舞伎俳優のための世話物で、特に江戸の下町を背景に、そこに住む市井人を題材にしたものに秀作が多く、〝昭和の黙阿弥〟と言われた。

だが、彼の作品で、最も数多く上演されているのは、二十八年、先代と現鴈治郎が初演した「曽根崎心中」だ。近松門左衛門の原作を、宇野流の人情を加味して、巧みに脚色したので、戦後歌舞伎の大当たり狂言となった。

同じく繰り返し上演されている脚色物に、「ぢいさんばあさん」があり、森鴎外の短編が見事な構成により、ほのぼのとした人情劇になった。谷崎潤一郎原作の「盲目物語」は、中村勘三郎が初演して以来、大衆劇として評判を取り、各種の俳優により再演されている。吉川英治原作の「宮本武蔵」もかつての新国劇の大きな財産になった。

宇野さんは、古き江戸を、こよなく愛していた。落語、講談に愛着を持ち、江戸の下町の匂（にお）いを作品に反映させていた。日本語を大切にし、特に江戸の言葉やアクセントにはうるさかった。そうした類の随筆を読むと、教えられることが多い。長唄にも堪能だったが、特に日本画はプロ級で、しばしば個展を開いていた。まったく、江戸時代や明治期にいた趣味人そのものだった。

劇作家としては、江戸歌舞伎の伝統を今日まで伝えた最後の作者だが、幅広い粋人として、江戸の名残をとどめた最後の人でもあった。合掌。（演劇評論家）

一九九一年一一月二一日

女役者の心を貫いた一生

新歌舞伎座社長の松尾さん

藤田洋

大阪・新歌舞伎座の社長の松尾ハズヱさんが亡くなった。九十歳の高齢だったから、女性実業家としては最長老であったろう。日本ドリーム観光などを一代にして築き上げた松尾国三夫人として、事業家の夫を助けてきた。国三氏が昭和五十九年に亡くなり、そのあとの社内紛争も切り抜けた。

しかし松尾さんは、明治・大正・昭和の三代にわたって、芸名・中山延見子という人気女役者だった。一座を率いて日本全国を歩き、二十代そこそこで役者のころの国三氏と夫婦でアメリカ公演に二度も出掛けている。

わたしが舞台を見たのは、芸名が市松延見子に変わった戦後間もなくの東京・浅草松竹座であった。歌舞伎の狂言をこなした芸は実にうまく、大変な女役者だとびっくりしたのを、はっきりと覚えている。しかし、すぐ舞台を去った。あとで聞くと、国三氏の事業が忙しくなったので、家庭を守ろうということだった。

夫の死後、自分にできる「お役に立てる仕事」として幼い子どもに歌舞伎を教える松尾塾の開設を思い立った。松尾塾は、ハズヱさんの晩年の生きがいだった。子どものころから覚えてきた芝居のあれこれを、ひ孫の世代に教えておきたいと情熱を燃やしたのである。この老塾長は子どもたちの演技に一喜一憂していた。

昨年のロサンゼルス公演にも同行した。カーテンコールで舞台あいさつした松尾さんのほおに涙が伝わった。七十年も昔、歌舞伎の一座で公演した思い出と重なり、感無量だったに違いない。新歌舞伎座という大阪の商業演劇のメッカを守り、歌舞伎継承の夢を子どもに託したハズヱさんは、最後の最後まで女役者の心を貫いた偉丈夫だった。（演劇評論家）

一九九一年一一月二二日

時代思潮を代表する監督
今井正監督の死を悼む

佐藤忠男

いわゆる戦後民主主義の時代に、今井正は当時の日本の時代思潮を代表するような映画監督であった。爆笑のうちにデモクラシーのＡＢＣを教えてくれた「青い山脈」、戦争はもういやだという共通の願いにくっきりとした表現の型を与えてくれた「また逢う日まで」と「ひめゆりの塔」、当時の日本の貧しさと、大量失業時代の人々の苦労をなまなましく描いて独立プロ運動のさきがけとなった「どっこい生きてる」、民主教育の理想を最もよく表していた「山びこ学校」、そして裁判批判に道を開くことで確実に日本の民主主義を一歩前進させた「真昼の暗黒」、などなどがそれである。

これら一九四九年から一九五六年に至る諸作品は、映画というものが社会の精神の動向を大きく左右し得るものだと考えられていた、あの時代の記念碑のような存在であった。暗い時代の灯であったと言って決して言い過ぎではない。食うものも食わなくてもオーケストラをやろうとする人々を描いた「ここに泉あり」などもそうであり、あの時代の日本人の理想がこれらの作品には結晶している。

こうした思想的な意味あいの濃い作品の他にも、明治の情緒をじつに美しく描いた「にごりえ」とか、誰（だれ）も傑作だと言わないが私には人情ばなしの良質のエンターテインメント作品として忘れられない「人生とんぼ返り」というやはり明治ものもある。後者はドタバタ喜劇王のエノケンに大まじめな芝居をさせたたった一本の作品で、あれは本当に良かったと以前に今井さんに会ったときに言ったら、本気で「ご冗談でしょう」みたいな顔をされて面くらったことを思い出す。

若いころの私は今井正批判をよく書いたものので、イデオロギー的な作品を批判して娯楽作品を褒めるなんて、皮肉か、と思われたのかもしれない。しかし私は、強く心を動かされたからこそ、真剣に批判もしたのであり、全力でぶつかってゆける作家であることを疑ったことはない。「戦争と青春」が遺作となることを、心から悲しまずにはいられないのである。（映画評論家）

平成四年

1992

一九九二年一月一七日

古代大和を再現
写真家入江泰吉氏を悼む

前登志夫

入江泰吉さんが十六日に亡くなられた。

入江さんの写真によって、大和の風景は作られていたともいえよう。あのぼうーとして、人々の郷愁をいざなう奈良・大和の風景。入江さんのカメラ・アイによって、多くの人は、大和を見ていたともいえる。

小正月の翌日、入江さんの亡くなられた夕方、大阪から大和国原を過ぎて吉野へ帰る電車の窓から、冬がすみの立つ大和三山などを眺め、哀悼の思いをこめて、わたしは万葉の歌をつぶやいていた「ひさかたの天の香久山このゆふべ　霞たなびく　春たつらしも」という、「人麻呂歌集」の一首などを―。

十数年まえ、あるパーティーの席で、わたしの山家のあたりの吉野の風景を撮りたいが、季節や時間はいつごろがよいかと尋ねられたことがある。

すこし酔っていたわたしは、いささかの照れもあって、季節は冬、いちばん良いのは夜とこたえた。それっきりその話は立ち消えになってしまった。心残りである。

入江さんの撮影現場をわたしはほとんど見ていない。四十年も昔、斑鳩（いかるが）の法隆寺で人を待っていた日に、三脚を据えて、おいしそうにたばこを吸いながら、日差しの移る具合をぼんやりと待っていた痩身（そうしん）の人が、入江さんだった。

二十年ほどまえ、吉野の国栖奏（くずそう）の日に、いきなり背後の崖（がけ）の上から声を掛けられたことがある。吉野の国栖の人々が天武天皇をまつる岸壁の場所は狭く、毎年旧正月十四日になされる国栖奏の日は、立すいの余地もない。アマチュアのカメラマンたちが、小さな舞の舞台をぎっしり取り巻いて、カメラを据えている。

その年も明るい早春の雪が降った。

入江さんはどうやって崖の上に登られたのか。フードをかぶり、助手の青年に指図しながら、タカのように鋭い気迫をもってシャッターを何回も切られた。

入江さんの笑顔はすばらしかった。青年のように感じやすく、翁のようにしぶく洒脱（しゃだつ）な笑顔だった。わたしの出講している大阪・金蘭会学園の女子大へ、特殊集中講座に毎年の七月に来ておられた。わたしは夏の山ごもりになり、すれちがっていたが、三月中旬に中之島のRホテルでなされる国文の謝恩会には、だれよりも楽しそうにして入江さんは出席されていた。

数百人の振りそでの娘たちの宴で、ビールをついでもらって談笑する入江さんは、少年のように無邪気にはしゃいでおられた。いかにも天衣無縫な詩人の姿だった。

入江さんの大和の写真は、急速に失われてゆく現代奈良の山河の景観に、独特な情趣をもって、古代をよみがえらせる一期一会の美術であった。

なんという幸福な大往生であろう。ご冥福を祈る。（歌人）

一九九二年一月一八日

追随を許さぬ業績
寿岳文章先生を悼む

枡矢好弘

寿岳文章先生（16日に死去）の訃報（ふほう）を耳にし、さまざまな思いが去来する。弔問に飛んで行きたいと思う。だが、それを先生は好まれないだろう。葬儀・告別式がお気持ちにそぐわないことも知っていた。「あいさつだけならいいですよ」と、先生は不必要に時間を使うこともお嫌いであった。

いつだったか、駅でたまたまご一緒になり、お供しようとしたことがあった。私は当時先生と一駅違いのところに住んでおり、先生はお足が悪く、席のとれる各駅停車で時間をかけて帰宅される途中であった。その時、そんなことをして学問をする者は時間を無駄にするものではないと諭されたことを思い出す。

この寸刻を大切にされるお気持ちと、強じんな意志の力によって、後年の歩行の不自由に打ち勝たれながら九十一歳の生涯を全うされ、英文学者として、また、和紙研究家として、さらには多方面にわたる評論活動において、他人の追随を許さぬ業績を積み重ねてこられたのであった。

先生の思索と研究の奥行きの深さと幅広さを思うとき、私などは、いつになっても至高天にある天の子供を仰ぎ見る感じがする。年々体力の衰えを嘆かれながらも、終生、研究者として、思索家として、先生の意欲は衰えることを知らなかった。お嬢様の寿岳章子氏（国語学者）からのお便りの一つに、「九十歳になってかえって用がふえているみたいで…」とある。

時間を大切にされた先生だが、お訪ねすると随分歓待して下さった。拙著「英語音声学」をお届けに伺った時など、「これが例の本ですね」と端書きまでお目を通された。そして、いとまを告げる私を引き止められ、これもできたばかりの先生の翻訳「神曲」一巻本に、「労作を携へ来たりし枡矢君におくる」と墨書して下さった。常に温顔微笑の先生は、ある距離を置きながら、弟子たちの学問に関心を払われていた。

先生は、甲南大学退職後の日々をダンテの「神曲」の翻訳に費やすことを楽しみにしていらっしゃった。その訳業の成果は、造本の権威でもあった先生の見識が見事に具現化して特装本三巻となって、頂いた一巻本とともに、私の書架の一隅を占める。

そのうちの一本に「身を浄め　いざ登るべく　かの星々へ　寿岳文章」と、「神曲」の一節を引用された先生の筆が記されている。先生は今、星々の輝く天に登られた。数々の学恩を思う時、寂しさは深まってとどまるところを知らない。み霊の安らかならんことを。

（甲南大学教授）

一九九二年二月八日

ドキュメンタリーの求道者
小川紳介監督の仕事

佐藤忠男

小川紳介がドキュメンタリー映画の発展のうえで果たした役割と業績は非常に大きい。代表作をあげれば「三里塚・辺田部落」（一九七三年）、「ニッポン国・古屋敷村」（八二年）、「1000年刻みの日時計・牧野村物語」（八七年）などである。

彼の映画作りの特徴は、撮ろうとする相手と徹底的につきあい、相手が本当に腹をわって自分の正直な姿を見せてくれるようになるまでカメラを回さないことだった。そのために彼と彼のプロダクションの同志たちは、農民を撮るときには農村に住みついた。成田の三里塚の空港反対闘争を撮ったときには何年も一緒に闘争しながら撮った。

そこで農民たちの闘争の根にある土への愛着の心を知る必要を痛感すると、こんどは山形県の村に住みついて、田を借りて自分たちで米作りから始めてみた。田を作り、稲の生育の過程を勉強し、それを撮りながら農民たちとの交際を深める。そうしながら彼らの仕事と生活をどう撮ればいいのか考えつづけるのである。カメラを回したり回さなかったりしながら、五年でも十年でも、農民たちの本当の姿が見えてくるまで待ったのだ。

こうしてついに見えてきたのは、農民たちがどうやって田を作り、村をつくり、村の人間関係と習俗をつくり育ててきたか、その全体の生理や呼吸というべきものであった。彼はそこに、人間のあり方の基本を見きわめようとし、それがいま音をたてるように崩れてゆこうとしていることに警告した。

彼はまれにみるおしゃべり好きであったから、カメラの後ろから相手をじっと観察しているのではなく、いつでも撮る相手に話しかけ、そのおしゃべりの中で相手の心を開いた。それが彼の演出であり、そうすればあとは信頼できるスタッフが、撮る方の気持ちと撮られる方の気持ちの共鳴しているところを丸ごと撮ってくれるのだった。

貧しい独立プロであるにもかかわらず、そのためには彼は、時間とフィルムは徹底的に使った。彼が自分で作品として完成させたフィルムの、たぶん何十倍もの未編集のフィルムが残されているはずである。世界にもまれなドキュメンタリーの求道者であった。ごめい福を祈る。（映画評論家）

一九九二年二月一〇日

生涯「女優」を貫いた人
岡田嘉子の死を悼む

尾崎宏次

いま訃報（ふほう）をきいた。岡田嘉子はじぶんがえらんだモスクワという町で死んだな、と思った。ずいぶん波乱にとんだ人生を送った人だが、その生涯はみごとに「女優」としてつらぬかれていた。少し大げさに言うと、女優以外のなにものでもなかった。そんな気持ちが、私のなかでしきりにする。

あのいつでも陽性にみえた岡田さんのなかに、意外に強靭（きょうじん）なものがあったのは、ただ生涯女優でありたかったからだろうと思う。

そういう岡田嘉子を見抜いたのは、やはり井上正夫であった。井上一座に出ていたころの岡田さんには輝きがあった。井上一座へまねかれて演出にいった杉本良吉と恋をして、例のカラフト越境という事件になるのだが、岡田さんにとっては、あれは「事件」のようなものではなかったはずだ。私はいちどだけそういう話をしたことがある。そのとき岡田さんが言ったのは、

「わたしが本当に恋愛をしたのは、杉本だけですよ」

ということであった。しかしそれ以後の足どりを今ふりかえってみると、べつに恋愛至上主義者だったわけではない。日本にいてもソビエトにいても、暗い時代に生きたのに、どうしてあんなふうに明るかったのだろう。舞台の神がついていたのかもしれない。

私は一九五六年にはじめてモスクワへ行って、そこで十数年ぶりで岡田さんに会ったのだが、若々しさにびっくりした。当時岡田さんは演劇大学の学生であった。一日、教室で授業をみせてもらったが、セキひとつできないような緊張感がただよっていたのを忘れることができない。

帰国してからの岡田さんの私生活や舞台出演まで世話をやいていたのは、亡くなった宇野重吉だった。あの人は金の計算ができなくて弱っちゃうよ、とこぼしていたことがある。岡田さんは宇野重吉の想い出を書いて送りますと言っていたが、果たさずに向こう側へいってしまった。（演劇評論家）

一九九二年四月二日

役者らしい役者
若山富三郎の死を悼む

佐藤忠男

若山富三郎は長唄の師匠の家の出身である。いかにも芸人らしい芸人、役者らしい役者で、芝居のコツを心にくいほど身につけた俳優であったが、その土台にあるのは歌舞伎の素養であったと思う。

弟の勝新太郎に続いて一九五五年に新東宝に入り、B級チャンバラ映画の主演スターになった。大映にいた勝新太郎もそうだったのだが、当初は白塗りの二枚目で、はっきり言って、なんとも型どおりのニヤケた色男ぶりだったものである。

勝新太郎が一九六〇年の「不知火検校」で悪役に転じ、以後、「悪名」や「座頭市」などのシリーズで悪役ふうのヒーローに新機軸を出した。それと前後して、若山富三郎も根は善良だがうわべはワルの匂（にお）いのふんぷんとする陽性で豪放な男、といった役どころに本領を見出し、やがて見違えるように味のある面白い俳優になった。脇（わき）にまわって敵役を演じることが多くなったのだが、単純に憎ったらしいのではなく、自分なりのスジを通して堂々としている男、惚（ほ）れ惚れするような立派な風格さえ感じられる大物を演じると見事にサマになったものである。六八年の「博奕打ち・総長賭博」などが代表作だと思う。

その大物ぶりを自分で茶化すかのような「緋牡丹博徒」シリーズの熊虎親分がまた素晴らしいものだった。風格の大きな役者が軽々と道化を演じたからである。なんとも言えない無邪気さと愛嬌（きょう）があってそれが可能だったのである。この点では同じ傾向に芸風を開いていった勝新太郎以上だった。ここらがいかにも役者らしい役者だったというところで、芝居のメリハリを存分に心得たうえでそれを悲劇的にも喜劇的にも自由自在に使い分けて楽しむ境地にまで達したのである。

そうなるとシリアスな演技にも厚味が生じて、本当にいい、かけがえのない俳優になった。一例を挙げれば木下恵介監督の「衝動殺人・息子よ」である。市井の善良な父親を演じて、実に温い情味があり、忘れることができない。心からご冥福を祈る。（映画評論家）

一九九二年四月二四日

西欧の教養にアジア的感性
サタジット・レイを悼む

品田雄吉

サタジット・レイが一九五五年に発表した処女作「大地のうた」は、カンヌ国際映画祭で最優秀人間的記録賞を受け、インド映画を世界に知らしめるきっかけをつくった。その意味では、「羅生門」でベネチア国際映画祭のグランプリを受賞し、日本映画のすぐれた芸術性を広く世界に認めさせた黒沢明とともに、アジア映画の「二人の巨人」といっていい存在だった。

叙情的リアリズム映画の傑作といえる「大地のうた」は、インドの貧しい生活をリアルに描きながら、詩的な美しいモノクロ映像によって、インド人の高貴な魂を感じさせた。

地をはうような貧困を描いても、あるいは「チェスをする人」(七七年)のように王侯の生活を描いても、サタジット・レイの映画には、常に作者の深い教養をうかがわせる品の良さがあった。それは恐らく、高名な作家を父に持った生まれや環境によってもたらされ、育(はぐく)まれたものだろう。

またレイは、脚本を書き、監督をするだけにとどまらず、撮影や音楽まで手掛けた。しかも、それらすべてにおいて一流だった。そういったことからも、彼がいかに芸術的天分に恵まれた作家であったかが理解できる。

サタジット・レイの作品には、西欧的な教養とアジア的感性の見事な融合が見られる。彼がインドの映画監督として最も早く西欧世界に認められたのは、まさにその西欧的教養という同一性のうえに、アジア的感性という独自性をくっきりと彫り込んでいたからにほかならないと考える。

今年三月三十一日、アメリカの第六十四回アカデミー賞で、名誉賞を受けた。二年前の第六十二回では同じ賞が黒沢明監督に贈られている。テレビ放送で授賞式場のスクリーンに映しだされる病床のレイ監督を見ながら、黒沢監督のように新作に挑んでもらいたいと願ったのが、果たせぬ夢となった。惜しまれてならない「世界の巨匠」の死ではある。(映画評論家)

一九九二年四月二七日

本物の不良だった尾崎豊を悼む

伊藤強

訃報（ふほう）を聞いて、なぜか〝やはり〟という気が少しした。予感していたのではもちろんない。ただ、尾崎豊というロック歌手が、中年になり、年老いていくというイメージは、どうしても持てなかったのだ。尾崎の作品は、常に大人へのアンチテーゼだったし、その大人たちが作っている社会の枠組みへの反逆の意識に満ちていたからである。

一九六〇年代の後半、日本にフォークソングの運動が始まったころ、それらの歌は、いくらかでも社会を動かす力になろうという思いに満ちていた。それがニューミュージックと名を変え、歌の内容も、ごく当たり前のラブソングが主流になってしまった。

そのニューミュージックに、広い意味で含まれていたロックも、その音楽が本来持っている攻撃性をいつか薄めてしまったように感じられる中で、尾崎は終始一貫して、ロックらしいロック、つまり攻撃的な音楽を創（つく）り続けてきた。そして多分、彼はそのことに疲れたのではないか。

覚せい剤に手を染め、周りのスタッフとも衝突を繰り返したという。自らの攻撃性を維持するために、彼にはそのことが必要だったのかもしれない。いつも自らを奮い立たせ、神経を張りつめ、血を吐くような思いで音楽を創造し続けた。その精神を、一刻、休ませるために、酒が欠かせないものともなったろう。その激しい緊張と弛緩（しかん）の繰り返しは、肉体的には緩慢な自殺であり、多分、尾崎自身そのことを自覚していたに違いない。

小学生時代は登校拒否児だったと、彼自身が語っていたという。そして、高校も卒業しないままだった。その尾崎のヒット曲に「卒業」という作品がある。そこで彼は、大人との争いのなかで傷つく少年の心を描き、学校を卒業することは、大人の支配からの卒業であると主張している。「仕組まれた自由に、誰も気づかずに、あがいた日々も終る」と歌っているのだ。

ロックは組み上げられた体制や枠組み、あるいは常識とされる価値観に対して、「ノー」を言いたてる音楽だろう。だが、大人たちから見れば、それを言い立てるのは不良だ。そして尾崎はその意味で、本物の不良だった。つまり本物のロックアーチストだったのだ。

（音楽評論家）

一九九二年四月三〇日①

具象の奥行き追求
ベーコン氏を悼む

建畠晢

イギリスの画家、フランシス・ベーコンが没した。第二次大戦後の美術の中心は何と言っても抽象絵画であったが、そうした中でベーコンは一貫して具象絵画というものの底知れぬ奥行きを追求した、きわめて特異な存在であった。日本でも九年前に大規模な回顧展が巡回し、その一種不穏な世界が大きな反響を呼んだものである。

哲学者のベーコンの家系をひくというこの画家は、一九〇九年にダブリンに生まれた。幼くしてロンドンに移り、ピカソなどの影響下に独学で絵を描き始めるが、画家としての本格的な出発は戦後のことである。

彼のモチーフの大半は人物であるが、それはいわゆる写実とは程遠い世界、彼自身の言葉によるならば「ピカソが可能性を示唆しながらも、まだ未探求のままに残された領域」すなわち「人間のイメージと関連しながら、人間のイメージの完全な歪曲（わいきょく）でもある有機的なフォルム」であった。そのゆがんだ人体は生の不安、暴力や破壊、そして瀆神（とくしん）的な気配とでもいうべきものを強く感じさせる。座した法王は絶叫し、裸の男はよじれた肉塊のように不気味な姿をさらしているのである。

しかしそれはシュールリアリズム的な無意識の領域の投影でもなければ、また単なるグロテスクな幻想でもない。背後に秘められた不条理なドラマの支配下におかれた人間像のもつ切迫感とでも言えばよいのだろうか、心理的な綾（あや）を越えた深い緊張をたたえた空間なのである。悲劇的ではあるが感傷的ではない。そのイメージの強さはバロック的な荘厳に通じるものでもあろう。

ベーコンはまた、独自の立場から古典を参照する画家でもあった。法王の連作はベラスケスの「法王イノセント十世の肖像」の重厚な存在感へのオマージュでもあったし、また表現主義的な筆触を強調したゴッホ像などの連作も見られる。〝絶叫〟にはエイゼンシュタインの映画「戦艦ポチョムキン」の例のオデッサ階段の悲鳴のシーンへの思いが託されているらしい。顔や裸体の描写に写真のイメージを利用しているのもよく知られたことである。

しかしそうした〝記憶の中のイメージ〟を渉猟するベーコンの姿勢は、常にどこかシニカルなものがあったように思われる。彼が求めていたのはシリアスなだけの実存主義的な場面、限界状況ではなく、自ら「心浮き立つ絶望」と呼ぶような、いささかのアイロニーをはらんだ光景でもあった。それをイギリス的なヒューマニティーの厚みと言い換えてもいいかもしれない。具象絵画には、たしかにまだまだ探求しつくされていない肥沃（ひよく）な領域が残されていたのである。

ベーコンはいかにも奇才の画家ではあったが、その軌跡は人間にとっての最大の関心は人間であるという永遠の真実を私たちに納得させてくれるだろう。（美術評論家、詩人）

心からごめいふくを祈る。（音楽評論家）

一九九二年四月三〇日②

現代音楽に計り知れぬ影響
メシアン氏の死を悼む

佐野光司

オリビエ・メシアンの死は、たまたま見ていたテレビのニュースで知った。私がまず第一にしたことと言えば、音楽辞典のメシアンの項目に九二年四月二十八日と死亡年月日を記入したことだ。八十三歳と四カ月の生涯である。その生涯は二十世紀という激動の時代をほぼ生き、天寿をまっとうしたと言えるだろう。

今世紀の音楽にメシアンの与えた影響の大きさは計り知れない。それは、現代作曲家の中では最も多くレコーディングされている「トゥランガリラ交響曲」や「世の終わりのための四重奏曲」をはじめ、数々の優れた管弦楽曲や独奏曲、といった音楽作品においてだけではない。

むしろ彼の存在の意味は、その作曲の方法論にある。今世紀中葉に著した「わが音楽語法」は、後の作曲家にとって作曲法の指針の一つとなったものだし、また一九四九年に発表されたピアノ曲「音価と強度のモード」は、第二次大戦後の音楽の方向を決定づけたものである。

この作品で示された音楽思考は、音そのものを個々の属性に解体し、それを別の仕方で再統合するというものである。当時メシアンに師事していた三人の作曲家、ブーレーズ、シュトックハウゼン、クセナキスは、師の音楽思考を三様の仕方で発展させた。ブーレーズは、その思考をミュジック・セリエルという作曲法に発展させたし、シュトックハウゼンは電子音楽の方法論の着想をそこから得ている。

またクセナキスは、「解体と再統合」の方法をミュジック・ストカスティック（確率音楽）という作曲法の基礎とした。コンピューター音楽はそれを発展させたものだ。この三人は前衛音楽の旗手として、現代音楽の発展に大きく寄与したのだが、その基礎はメシアンその人にあったと言えるだろう。

親日家としても知られるメシアンが最後に来日したのは、七年ほど前、第一回の「京都賞」受賞の際だったと思う。大作オペラ「アッシジの聖フランチェスコ」を完成させ、一息ついた時期であったが、なお創作への意欲はみなぎっていた。

偉大な芸術家の死は、しばしば一つの時代の終焉（しゅうえん）を告げることがある。バッハ、ヘンデルの死とバロック時代の終焉、ハイドン、ベートーベンの死と古典派時代の終焉などである。メシアンの死は、はたしてどのような時代の終焉を告げるものだろうか。それは今後の歴史家達が検証することであろう。

一九九二年五月七日

芸術家としての自由貫いたディートリヒの死を悼む

田山力哉

一九〇一年生まれの九十歳、長い長い女優生活だった。彼女のひとみはいつもキラキラと光っていた。唇にはいつも華やかな笑みをたたえ、世界一の脚線美、スタイルの良さも抜群だった。

彼女が初めて日本の映画ファンの前にその美しい肢体を披露したのは「嘆きの天使」のローラ・ローラの役だった。この作品がスタンバーグ監督との出会いの第一作だった。

この作品で彼女の歌う「フォーリング・イン・ラブ・アゲイン」の物憂いメロディーは、当時、日本中のファンを魅了し、その脚線美が大きな話題になったようで、私も後年、この映画を見て彼女のとりこになった。

ベルリン生まれの彼女はその後渡米し、ハリウッドでの第一回主演作は「モロッコ」であった。ゲーリー・クーパーと組んで灼熱（しゃくねつ）の悲恋を砂漠の果てに展開して、当時の若者の心を強烈にとらえた。

あのころの映画ファンで「モロッコ」を一回しか見なかった人はいない、という伝説がある。大抵の人は、二回、三回と見て、感激を新たにしたという。ラストではだしで砂漠を歩いていくヒロイン、ディートリヒの鮮烈な魅力が世界中を吹き抜けた。

スタンバーグとのロマンスも大きな話題だったが、彼と別れた後も彼女は独力で活躍を続けた。祖国ドイツのヒトラーからの帰国要請も拒否、逆にアメリカ市民権を得て、芸術家としての自由の道を貫いた。

戦後、「狂恋」（四六年）で共演したジャン・ギャバンとの恋も話題になったが、六十年代初期まで映画女優として活躍、ブロードウェーの舞台にも立った。少し前にテレビで七十代のころのディートリヒのショーを見たが、脚線美も衰えず、色気もたっぷりだった。

彼女の死を聞き、私はあの名画「モロッコ」のラストシーンの後ろ姿を、まざまざと思い出している。二十世紀の大きい星が落ちた。（映画評論家）

一九九二年五月一二日

音楽原点に大きな活動 いずみたく氏の死を悼む

反畑誠一

良質の和製ポピュラーソングの創作にたゆむことなく情熱を注ぎ込んできた貴重な作曲家を失った。十一日死去したいずみたく氏が音楽稼業に専念を決意して芥川也寸志に弟子入りしたのは昭和二十年代の終わり。LP、EPがそろい民放ラジオの開局が続き、シナリオ作家や作曲家を目指す若者たちがCMソングの制作に才能を競いあっていた時代であった。

いずみたく氏は、三木鶏郎が主宰する冗談工房のメンバーとなり、永六輔、野坂昭如、五木寛之と出会い「セクシー・ピンク」「カシミア・タッチ」などCMソング作家としてスタート。のちにメロディーメーカーとして「ゲゲゲの鬼太郎」から「夜明けのスキャット」「希望」まで幅広く作品を手がけた技法は、この時代に会得したものと思われる。

永六輔とは昭和三十五年に上演されたミュージカルの処女作「見上げてごらん夜の星を」をうみ、コンビでの「にっぽんのうた」シリーズでは、「いい湯だな」「女ひとり」などの名曲を続々と送り出してきた。

流行歌の作曲者として脚光を浴びたのは、作詞家岩谷時子が描く清潔なエロチシズムが漂う「ベッドで煙草を吸わないで」のヒットであろう（四十一年）。その翌年から「世界は二人のために」「恋の季節」などミリオンセラーを飛ばし、「いいじゃないの幸せならば」で第十一回日本レコード大賞を受賞した（四十四年）。

流行作家として頂点を極めた昭和四十年代が過ぎ、五十年代に入るや、念願の創作ミュージカルに活動の力点が移っていく。

五十歳になってからのチャレンジの作品の中に「洪水の前」があり、六十二年にはアメリカ公演も行った「歌麿」とともに芸術祭優秀賞など各賞に輝いている。音楽を創作することを原点に円を描くように、スケールの大きな活動を持続してきた人である。演歌を嫌い、かといって洋楽指向でもない、日本人好みのだれもが口ずさめるメロディーや歌を作ることに独自の芸術があった。「手のひらを太陽に」では多くの人に勇気と喜びを与えてくれた。

今や現代音楽の総合芸術、ミュージカルの時代。「ただ、ただ、死ぬまで日本のミュージカルを作ること」と執念を燃やしていた人にとって、六十二歳にしての死は残念無念である（文中敬称略）。（音楽評論家）

一九九二年五月二三日

したたかだった作家魂
李良枝氏の死

川村湊

李良枝氏が「由熙（ユヒ）」で芥川賞を受賞した時、私はソウルへ行き、彼女が下宿している家でインタビューを行った。すでに何回か候補にあげられ、韓国で〈韓国人というハンディキャップのために憤涙をのまねばならなかった〉と紹介された彼女の受賞は、「在日韓国人文学」のためにもよいことで、「由熙」も「在日」の一つの立場を物語ったものと思われるだろうと私がいうと、彼女はそれを手厳しくはねつけた。

「由熙」は「在日」の立場を代表なんかしていない、「在日」を一般論的に語るのではなく、李良枝あるいは「由熙」のことだけしか話すことはできないと、彼女はきっぱりと語ったのだ。「在日韓国人文学」という大ざっぱなくくり方に彼女は反発し、「由熙」が徹底的に個人的な問題を書いたものであり、だからこそ徹底的に普遍的であると語った。私は少し上気して語る彼女の前で話の接ぎ穂に苦労しながらも、したたかな〝作家魂〟を見るようで、こちらもいささか上気してきたことを覚えている。

「由熙」という小説の主人公は、韓国に留学に来た在日韓国人の女学生で、日本で生まれ育ち、ソウルへ文学と舞踊を学びに来た李良枝氏自身と重ねてみられることが多い。しかし、作中の由熙と作家自身はもちろん同一ではなく、あえていうならば由熙と韓国社会との懸け橋役のオンニ（姉さん）や「叔母」などの由熙のまわりの人物にも、作者自身が投影されている。そういう意味でいうならば、由熙は作家の中で、あるいは韓国社会との葛藤（かっとう）の中で〝逃げ帰ってしまったかもしれない自分〟を描いたものといえる。もちろん、そうした由熙を韓国社会に溶けこませ、引き止めようとしているのも作家自身なのだ。

李良枝氏は、たぶん韓国にも日本にも、〝逃げ帰る〟必要性がなくなった時、日本にいったん戻ってきた。日本にいないと日本語の小説は書けないと彼女はいった。日本に〝帰る〟のではなく〝行く〟ようになり、こだわりなしに二つの国の間を往来できるようになった時、「由熙」の次の作品が書かれるだろう。私はそれを期待し、彼女の下宿で飲んだ焼酎（しょうちゅう）の二日酔いに悩まされながら、翌日のソウル発東京行きの飛行機に乗りこんだのである。

それから三年、私たちは彼女の新しい作品の完成というニュースの前に、彼女の訃報（ふほう）を知らされた。私の耳には「ふろしき包みを背負って、由熙はもう一度韓国に戻って来ますよ」という彼女の明るい声が残っているだけだ。（文芸評論家）

一九九二年五月三〇日

「左翼」の文学者
野間宏氏と重なる記憶
井上光晴氏を悼む

小田実

井上光晴氏の記憶は、いつも、野間宏氏の記憶と重なりあっている。最初に会ったのがいつだったか、まったく記憶はないが、そのときには他のだれかに紹介されたのかもしれないが、もっとも彼とつきあっていたのは、彼や野間氏といっしょに「同人」をしていた雑誌「使者」の時代だった。野間氏の記憶と重なりあうのはそのせいだろうが、個人的に親しくつきあったという気持ちはない。

そのあいだ彼の家には行ったことはないし、家族の方とも会ったことはない。二人きりでしゃべったこともほとんどなかったし、酒をのんだこともない。たいていが野間氏ともいっしょだった。そんなふうに私の記憶は動く。

最後に会ったのも野間氏の葬式の席でのことだった。夫人を彼は連れて来ていたが、いや、夫人に連れられるようにして彼は来ていたが、「小田、これがつれあいだ」と夫人を私に紹介した。「つれあい」ということばだったかどうか、たしかな記憶はない。ただ、彼一流のぶっきらぼうで、親しみのこもった言い方だった。

だいぶ、弱っていられるな、と思った。がんばってくれよな、とも私は思った。

井上氏の記憶と野間氏の記憶が私の心のなかで重なっているのは、彼が野間氏同様、「左翼」だったからだと思う。それも、ひところはやった言い方で言えば、「サヨク」というカタカナ書きのものでない、あくまで正面きった漢字での、漢字によってのみ言いあらわされるべき「左翼」だ。

先日、私の六歳半になる娘が、「アッパ（『おとうさん』のことである。彼女は母親が朝鮮人なので、そう教え込まれた通り、朝鮮流に私を呼ぶ）、左翼って何」と突然たずねた。

小さな子供はときどき突拍子もないことをたずねるものだが、この質問のもとは、彼女の母親と私との対話にあったのだろう。二人でいつか「左翼」「右翼」ということばを使ってしゃべっていたにちがいない。彼女は、私の「左翼」にかかわっての答えのあと、「じゃあ、右翼は」というぐあいにたずねていたからだ。

彼女の最初の質問に対する私の答えはこうだ。「『左翼』というのはな、世の中に一方に貧乏で、いじめられている人がいる。もう一方に金持ちで、いじめている人がいる。こんな世の中はまちがっている。正さないといけないと考えている人だ」「右翼」にかかわっての彼女の質問に対しての私の答え。「そんな世の中がいいと思っている人だ」この私の答えを聞いて、彼女は言った。「そんなのはわるい人だよ」

井上氏がついに亡くなったと聞いたとき、私が最初に思い浮かべたのは野間氏と重なったかたちでの彼の記憶だった。そして、その記憶のなかで浮かび上がって来たのが、「左翼」の漢字二文字でもあれば、彼が野間氏とともに「左翼」の文学者であったという思いだった。いや、その思いとともに私が思い出したのは、つい先日、娘とかわした奇妙な「左翼」問答だった。

この二人の「左翼」文学者の思想的土台にマルクス主義が、最後まであったかどうかというようなことはここではどうでもいいことだ。井上氏は、野間氏同様、その本質において「左翼」だった―と言うことに私の言いたいことはつきる。「地の群れ」「階級」は、彼という「左翼」文学者が産み出した、彼以外には産み出し得なかった作品だった。（作家）

一九九二年六月一一日

作曲に人間としての優しさ
中村八大さんの死を悼む

伊藤強

何ということか。いずみたくが逝き、そして中村八大までもが。まだ六十一歳だというのに。「俺は死なないよ」というのが最近の口ぐせだったと聞いていたのに。

説明するまでもなく、第二次大戦後の日本の大衆音楽をリードした。坂本九の「上を向いて歩こう」や梓みちよの「こんにちは赤ちゃん」、北島三郎の「帰ろかな」、そして数多くの人が歌った「遠くへ行きたい」など、人々に愛された作品は数多い。だがその前に、ジャズ・ピアニストとしての活躍を忘れてはなるまい。

松本英彦やジョージ川口らと組んだビッグ・フォーは、昭和二十年代から三十年代にかけての日本ジャズシーンの頂点に立っていた。そして、そのジャズの感性が、一連の和製ポップスとも呼ばれる作品群を生んだのである。

作曲をし、それをレコーディングするために、歌手にレッスンをしている時、その歌手がフレーズの一部を間違えたとする。その時、八大さんは「そのほうが歌いやすいのなら」と言って、譜面のほうを直したという話がある。

自分の作品にこだわるのではなく、歌手にとって歌いやすく、ひいては歌を聴く側にとってなじみやすい作品を心がけていたのだ。そこに彼の人間としての優しさが見える。

「上を向いて歩こう」が「スキヤキソング」として世界的なヒットになったころ、たまたま来日したアメリカの音楽家に、その歌の印象を聞いたことがある。その答えは「とてもオリエンタルなにおいがする」というものだった。そのことを作曲家である八大さんに伝えたら、ごく当たり前の顔で「そうでしょうね」と言った。

それまでは「上を向いて歩こう」は、西欧的であるために世界的なヒットが可能だったのだと考えていたのだが、実は逆だったのだ。アメリカの音楽であるジャズを基礎に置きながら、八大さんは日本的な感性を追いかけていたのに違いなかったのだ。

酒を飲めばハシゴだった。こんなに早い死は、若いころのジャズメンにありがちな不摂生のツケがまわったのかもしれない。しかし、一人の人間としては、万全の人生だったと言っていいだろう。そう考えなければ、その死は口惜しくてやりきれない。（音楽評論家）

一九九二年六月一六日

学を好むというべきのみ
多彩に活躍、文化人類学も
今西錦司氏を悼む

米山俊直

いつかはお別れの時が来ることは、ご高齢のことだから覚悟をしていたが、突然それが現実のものになると、衝撃は大きい。昨夜(十五日)、今西錦司先生の逝去の報に接して、改めてそれを感じている。先生の死に顔は安らかで、すぐ目覚められるようにさえ思われた。

先生と霊長類学、先生とアフリカ研究、あるいは先生と登山について語る人は多いだろう。私は自分の専門になった文化人類学と先生とのかかわりについて述べてみたい。

実は先生の意志によって、私は文化人類学に進んだのである。大学院から京都大学の修士課程に進学して、先生の「村と人間」をレビューしたのがきっかけになって、私の今西研究室への出入りが始まった。米国人のフルブライト人類学専攻の留学生の農村調査を手伝うように、先生に指示されて、私はそこで初めて文化人類学の存在を知った。

その結果、私には本格的に文化人類学に進む道が開かれていった。また京大人文科学研究所の今西研究会のメンバーにしてもらい、たくさんの優れた人々から多くのことを学ぶことになった。

今西先生の文化人類学は、壮大な社会進化の流れの中で、人間社会を検討することから始まっている。家族の起源を論じ、アイデンティフィケーション(自己認識)を論じ、さらに人間社会の形成について論じる。その雄大な展望の中で、現代の問題もまた論じられている。今西研究会は多くの論客、それも今西さんと同様に現地を踏んできた人々によって、大きい森林型社会とオープンランド型社会が検討されていった。私たちは夢中でフィールドに飛び出し、そこで何かをつかんで帰ると、この研究会が待っていた。

京大には今西先生がつくった理学部の自然人類学、人文研の社会人類学があった。しかし文化人類学の講座はなかった。文化人類学を専門にしようとする人は、独学自習するほかなかった。それで「京都大学人類学研究会」=通称近衛ロンド=が生まれた。梅棹忠夫さん(現・国立民族学博物館長)が事務局を担当したが、今西先生は最初からその会長だった。そして多くの人が、現在日本の文化人類学を支えている。霊長類研究所、アフリカ地域研究センターも、先生の影響下に誕生し発展した。

この研究会が編集していた「季刊人類学」には、先生は最晩年の重要な論文を寄稿されている。

「自然学の提唱―進化論研究の締めくくりとして」「混合樹林考」「『生物の世界』への回帰」「自然学の一つの展開―odum生態学に寄せて」「群れ生活者たち」はいずれもこの季刊誌の誌面を飾ったものである。自然学、それは「生物の世界」への回帰であった。八十一歳後の五年間ほどのこの豊饒(ほうじょう)さには驚嘆するほかない。まことに「学を好むというべきのみ」という感じがする。

実は今年の秋十月から、京大に文化人類学のコースが正式に誕生して、来年四月には新入生が学部と大学院の双方に同時に入学する。私が先生に文化人類学をやれと示唆されてから、およそ三十年の歳月が経過している。

「先生、やっとご期待に沿うことができることになりました」と、報告しようと思っていた矢先に、先生のご逝去の報が伝えられた。これからの京大には、自然、社会、文化の三つの人類学のコースが、後進を育てることになるだろう。今西先生の積年の努力のひとつの帰着である。

ともかく制度的、世間的に今西先生の残された念願が実現したことで、もって冥(めい)すべしではないだろうか。安らかな死に顔を思いながら、先生と文化人類学のかかわりを、思い出すままに述べた。(京都大学教授)

一九九二年七月一日

いつも家族が中心だった戦後日本人の自画像
長谷川町子さんの死を悼む

川本三郎

気のいい父親がいる。心やさしい母親がいる。そそっかしい姉がいる。いたずらっ子の弟がいる。かわいい妹がいる。みんなの中心にはちゃぶ台がある。火鉢やこたつがある。

▽小春日和

長谷川町子の「サザエさん」は、戦後の平均的な庶民の日常生活を、こまやかに描き出してくれた。そこではいつも家庭が中心だった。国家でもなければ、会社でもない。いつもいちばん大事なのは〝楽しき我が家〟だった。長い戦争が終わって、ようやく平和が訪れたとき、普通の日本人にとって最後に信じられたのはやはり家族だった。家庭だった。

「サザエさん」は、そのシンプルな事実を女性らしい柔らかな視点で、明るく、ユーモラスに見せてくれた。そこには社会問題や政治問題はほとんど入ってこない。家の外ではどんなに混乱や矛盾があろうとも、サザエさんの一家のなかだけは、小春日和のような暖かさがある。のどかさがある。読者はそれを読むことで、〝ああ、ここにはまだ家がある〟と自分のことのように安心した。

マイホーム主義とは微妙に違う。もう国家主義や軍国主義に、この家を荒らされたりはさせまいという決意がある。どんなに譲ってももうここから先は譲れないという思いがある。その精神的な強さが〝楽しき我が家〟を支えている。

▽庶民生活史

「サザエさん」の一家は大家族である。祖父母から孫まで同居している。現代の核家族とは違う。父親は実によく家にいる。夕食を家族と一緒に食べる。昔の父親のようにもういばっていない。愛きょうがある。母親や娘たちの役割が非常に大きい。そして一家は、ちゃぶ台を囲んで実によくおしゃべりをする。

そこには大仰にいえば、戦後民主主義の理想を自然体で身につけた家族の姿があった。そこが戦後の普通の日本人の共感を呼んだ。「サザエさん」の一家は、戦後日本人の自画像であり、自分たちの代表だった。まだモノも食べものも満足にない戦後の混乱期を苦労しながら生きてきた仲間だった。

畳と障子、縁側、ちゃぶ台、こたつ、火鉢、カツオの坊主頭、ワカメのおかっぱ。そうした日常のデテールも的確だった。だからいま振り返って「サザエさん」を読み直すと、無性に懐かしくなる。昨年、雑誌「サライ」(小学館)が「サザエさんに見る戦後庶民生活史」という面白い特集を組んだことがあったが、「サザエさん」は期せずしてそういう戦後の庶民生活史にもなった。

▽高度成長への違和

しかしその「サザエさん」も高度成長時代になると、寂しいことに次第にリアリティーを失っていく。家族の姿が大家族から核家族へと変わっていくなかで、「サザエさん」の一家と、普通の日本人の生活にズレが生じてくる。父親は会社人間になってだんだん家にいなくなる。家庭内の個人化が進み、もうちゃぶ台を囲んだ一家団らんなど消えていく。

「いじわるばあさん」はそうした時代の変化から生まれた。そこでは老人は家族のなかに居場所がない。だからいじわるというネガティブな形で存在を主張するしかない。

「いじわるばあさん」は「サザエさん」の陰画だった。これを描くようになったころから長谷川町子は、徐々に高度成長の社会に違和感を覚えるようになったのではないか。戦後の、まだ日本人がけなげにがんばって生きていた時代をこそ愛してきた長谷川町子にとっては、豊かになった日本はあまりに異質なものに思えたのではないか。晩年の彼女の長い、長い沈黙は、現代日本への無言の批判だったように思えてならない。(評論家)

一九九二年八月五日

巨匠失った大衆文芸界
現代の暗黒にもスポット
松本清張氏をしのんで

武蔵野次郎

また大衆文芸界は巨匠を失った。松本清張氏の逝去である。最近では先に隆慶一郎、続いて池波正太郎と時代小説作家の二人の実力派を失って大いに寂しい感がするところに、こんどは松本氏の逝去である。

松本氏のような多彩な筆力に恵まれた作家は、もうそんなに出現しないと思われる。

▽四十歳を過ぎて

松本氏は朝日新聞九州支社に勤務していたが、四十歳を過ぎた昭和二十五年六月に「週刊朝日」が募集した「百万人の小説」に応募した短編「西郷札」が入選したことがデビューとなった。続いて「三田文学」に発表した「或る『小倉日記』伝」（昭27・9）が、第二十八回芥川賞を受賞、本格的に作家としてデビューすることになった。余談ながら、松本氏とこの時の芥川賞を同時受賞した故五味康祐（昭55没）の二人の芥川賞受賞作家が、受賞後は共に大衆文芸の分野で活躍した。

昭和三十年十二月の「小説新潮」に発表した推理短編「張込み」によって一躍推理作家としても認められ、続いて発表の「顔」（「小説新潮」昭31・8）をもって第七回日本探偵作家クラブ（現日本推理作家協会）賞を受賞した。

松本氏が社会派推理作家としての位置を確固たるものにした傑作長編が「点と線」（昭32～33）である。当時のことが回想されるが、超ベストセラーとなった「点と線」の単行本が、本屋の店頭に山積みされ、次々に売れていた。私はこの風景を大阪で見た。

今までは推理小説などは読まなかった読者層をも広く開拓し、新しいミステリー愛好者に仕上げたのも松本氏の偉大な功績であった。その意味でも、清張作品の社会派推理小説の数々は、これからも長く生き続けてゆくことと思われる。

▽「帝銀事件」など

松本氏の先人作家にも見られない偉大さは、小説のほかに、現代史の暗黒部分にスポットをあて、読者の興味をよんだことであろう。昭和三十四年に発表された「小説帝銀事件」を筆頭にして、「日本の黒い霧」（昭35）、「現代官僚論」（昭38～40）、「昭和史発掘」（昭39～46）等々、ドキュメンタリーの力作も数多く書かれている。

さらに清張作品をなじみ深いものにしている小説分野に、歴史時代小説がある。まず、昭和三十二年九月より「オール讀物」誌上に連載の始まった連作「無宿人別帳」があるが、江戸の最下層の人々を主人公に描く小説の面白さには、小説作りのうまい作者の面目が遺憾なく発揮されていた。

続いて「かげろう絵図」（昭33～34）、「天保図録」（昭37～39）、「大岡政談」（昭38～39）、「彩色江戸切絵図」（昭39）、「西海道談綺」（昭46～51）等々の秀作が発表されている。清張時代ものの何よりの面白さは、伝奇時代小説の趣向に従いながら、調査の行きとどいた取材が裏打ちになっていることだろう。従って、作品に厚味が出るのである。「西海道談綺」の「週刊文春」連載中に挿絵を担当していた故岩田専太郎氏が、昭和四十九年に逝去したことも、その挿絵がよかっただけに長く記憶されている。

▽未完中絶

「週刊文春」とは縁の深かった松本氏だが最後の長編遺作となった「神々の乱心」も、同誌に連載中であった。昭和初期を時代背景にとり、大陸にまで物語が展開してゆく「神々の乱心」は、その面白さとテーマのよさで清張作品ならではの秀逸な長編であったが、これも作者の死で未完中絶に終わったことが惜しまれる。

松本氏とは仕事で一度対談したことがあるが、「批評家は作家とはつき合わないほうがよろしい。なぜなら親しくなると、どうしても情が移ってしまうからだ」うんぬんという忠告を受けたことが、今でも記憶にハッキリとのこっている。

戦後の大衆文芸界も、松本清張というひとりの偉大な作家の逝去によって、今後どのように変化してゆくか、注目に値するものがある。（文芸評論家）

一九九二年八月一二日

比類のない文学思想
差別・被差別の壁を解体
中上健次追悼

吉本隆明

八月十二日の午前八時前、中上健次が郷里に近い紀伊勝浦の病院で亡くなったと知らされた。まえからがんをとりのぞくため腎臓（じんぞう）を手術したことも、抗がん剤で転移をおさえていることも、編集者や記者のひとたちから耳にしていた。かれの大事な作品にでてくる主人公秋幸が、死と切実に対面したときのことを、作品にしてみたいというかれ自身の談話のおもむきも新聞で読んでいた。これらすべてのことは彼の死のショックをゆるくするための天の配剤のようにもおもえた。いやそんな考え方を肯定してはいけないとおもいかえしもした。だがほんとうの死の知らせはこんな思惑のぜんぶをこえてしまう気がする。

わたしはこの世の礼にかかわって、かれがのこした人柄と作品の印象をいそいで書きとめなくてはならない。中上健次の文学に思想としての特長をみつけようとすれば、第一にあげなくてはならないのは、島崎藤村が「破戒」で猪子蓮太郎をかりて、口ごもり、ためらい、おおげさに決心して告白する場面としてしか描けなかった被差別部落出身の問題を、ごく自然な、差別も被差別もコンプレックスにはなりえない課題として解体してしまったことだとおもう。

これは中上健次の文学が独力でためらいも力みもなくやりとげてしまったことで、その思想的な力量はくらべるものがない。なぜかといえば、いまでもわたしたちの思想的な常識では被差別部落の問題は、外部からするひいきのひきたおしの同情か、内部からする力みかえった逆差別の脅迫によって、差別の壁を高くすることにしかなっていないからだ。

＊　＊　＊

中上健次の文学ははじめて、ベルリンの壁のようなこの差別・被差別の壁を解体して、地域の自然の景観の問題にかえした。すると差別と被差別は山の景観に住みつく霊と、平地や海の景観のかなたに住みつく霊との区分にほかならないものとなってしまう。さり気ないふうを装いながらじつは時代をはるかに抜いたこの達成は、おなじようにさり気ないふうを装ったかれの作品の登場人物たちに魂を吹き入れることになった。

試みにかれの作品の主な系列に登場する人物たちを眺めてみる。かれらは自画像を投影された秋幸をはじめ、道路工事にやとわれた日雇いの人夫であったり、職をもたないで女のひもになって暮らしている遊び人であったり、こそ泥やかっぱらいをやって遊び金を手に入れ、それを使いはたして生きている若い衆であったりする。そしてこんなよれよれの男たちが、みんな高貴な魂や聖なる山霊や地霊をこころにも体にも吹き入れられた神聖な存在なのだ。女たちは酒場のあばずれのような存在で、けもののような性交にふけるのに優しい献身的な愛をもっている。

＊　＊　＊

こういう地の底にいながら、高貴な山霊や地霊を背おい、山や平地や海の景観に溶けこむ男女たちが、かぎりなく優しい理想的な愛を与えあう。これが中上健次の文学の立ち姿だといえば、すくなくともかれの作品の主要な特長をつくしているような気がする。

かれが苦心し、才能をかたむけて達成した作品の場所は、生前にも高く評価したり、欠点をあげて批判したりすることができた。わたし自身もそうしてきたようにおもう。だがかれが平気な顔をして、あたりまえのようにしずかに達成した文学思想は、どんなに評価しても、しすぎることはない比類のないものだった。被差別と差別の問題は中上健次の文学によって理念としては終わってしまった。あとは現実がかれの文学のあとを追うだけだ。かれの生前には照れくさくて言えなかったことをここに書きとめて、いま追悼にかえるのである。（詩人、評論家）

一九九二年八月一三日

音楽の思想的な実践者
日常生活を芸術化
ジョン・ケージ氏追悼

秋山邦晴

ジョン・ケージの訃報（ふほう）をいま聞いたばかりのぼくは、気が動転していて、何を書いたらいいのか、心は虚（むな）しく空転するばかりだ。

おもえば、ケージと文通をしはじめた最初は一九五二年、いまからちょうど四十年まえのことだった。

当時、作曲家武満徹や美術家など二十代はじめの各芸術ジャンルの若者たちが集まってつくった総合的なグループ「実験工房」のコンサートで、ケージの音楽を紹介しようと企画、拙（つたな）い英文の手紙をぼくが書いたことにはじまる。心暖かいかれの手紙、日本を訪れたいと語る文章。いまでも何通ものその手紙を大事にしている。

それから十年後の一九六二年秋、ケージはピアニストのD・テュードアとともに草月アートセンターの招きで初来日した。ノイズとアクションのその熾烈（しれつ）な演奏会はたいへんに話題となった。音楽雑誌のケージ特集号で、著名な若い作曲家のひとりが、そのコンサートに音楽の破産宣告を突きつけられた思いがして、絶望的になったと書いた。

しかし、ケージがそこでやったことは、けっしてアナーキーなダダ的な音楽行為ではなかった。きわめて自然に、ドレミファの楽音の狭い音楽の世界の不自然さをぶちやぶって、ノイズというコンセプトをもちこんだのだ。いまでは、それは何のふしぎもない。ケージがやろうとしたのは、日常生活の芸術化、芸術の日常生活への開放だった。そして、環境そのものが芸術になりうるのだという環境芸術の思想とも結びつく考え方だったのである。

ケージはかれの三十歳代に、コロンビア大学の講座で鈴木大拙師から禅についてのレクチャーを受講した。ケージの音楽に〝自然〟や日常生活の問題、環境といった思想が影響していくのはこれ以後のことだ。ケージは東洋や日本を深く愛していた。

一九五〇年代以降のかれのいわゆる〝不確定性の音楽〟の展開は、偶然性がとりこまれた音楽の実践だった。その作曲方法には東洋の「易経」（イーチン）から示唆を受けて、筮竹（ぜいちく）のかわりに、コインやさいころの投げ上げを用いていた。ときには星座を方眼紙の上に書き写して、それを音符に変換したり、日本庭園の庭石の配置を投影図的に音の行為のプランとして書きしるしたような〈龍安寺〉という作品をうみだしたりした。

かれの音楽はしばしばノイズのガラクタ音楽だとか、ダダ的な音楽などといわれながら、じつは一音一音のひびきをいかに深く受けとめていた鋭い豊穣（ほうじょう）な感性の持ち主であったことか。そのことを知らないと、ケージの音楽の重要な実践の意味が失われる。たとえば、エリック・サティを敬愛し、第二次大戦後のサティ再評価を打ちだした最初の人物がジョン・ケージであったことも忘れてはなるまい。

今年はかれの生誕八十年を祝うコンサートが世界各地で開かれている。しかし、一九一二年九月五日生まれのケージは、七十九歳十一カ月で逝ってしまった。二十世紀音楽史のなかに真に革命的な存在として実践しつづけた偉大な作曲家を失ってしまったその大きな空白の感が重くのしかかってくる。

（音楽評論家）

一九九二年九月四日①

もてなす心の輝き
五社英雄監督を悼む

山根貞男

五社英雄の映画には、つねに活動大写真の魅力があふれ脈打っている。明らかにこれは、幼時、浅草でチャンバラ映画に夢中になったことの名残であろう。

いうまでもなく活動大写真とは映画の原点であり、五社英雄は片時もそれを手放さなかった。一躍、注目を浴びたテレビ時代劇「三匹の侍」（一九六三年）にしても、映画界へ進出してのち大ヒットを飛ばした大型時代劇「御用金」「人斬り」（ともに六九年）にしても、だからこそ人々の心をつかんだ。男性ファンをうならせた「雲霧仁左衛門」（七八年）の場合も、女性ファンを映画館へひきつけた「鬼龍院花子の生涯」（八二年）の場合も、同様である。

いま、五社英雄の訃報（ふほう）に接して、無念さに打ちひしがれそうになるのは、わたしだけではあるまい。何が映画の本当の面白さなのか、つくる側も見る側も分からず、映画界が混迷を深めつつある現在、五社英雄のような映画の原点への固執こそが切実に要請されるからである。

五社英雄の映画は絢爛豪華（けんらんごうか）で、毒々しいまでに強烈な色彩美に満ち、ケレン味たっぷりの画面で迫ってくる。ときにハッタリの気配も感じさせるが、それも強くない。そこには見世物の面白さがあって、やはり映画の原点に通じている。五社英雄はテレビ界から転じた映画監督の先駆けとして知られるが、テレビ出身であればこそ、映画独自の面白さとは何かを意識しつづけたのにちがいない。

もてなす心がその根底にあった、とわたしは思う。お客さんをもてなして楽しませる（エンターテイン）ことが、すべての五社英雄の映画を晴れやかなエンターテインメントとして輝かせているのである。

遺作となった今年の「女殺油地獄」は少し違って、ケレン味が薄くなり、かわりに想念の深みへの内向性を感じさせる。わたしはそれに不満を覚えつつ、五社英雄の新展開の兆しかと思った。

やはり残念無念というほかない。痛快無比な「獣の剣」（六五年）や「闇の狩人」（七九年）のファンとしては、ぜひまた徹底的な大チャンバラ映画を撮って、もてなす心の輝きを見せてほしかった。心からご冥福（めいふく）を祈る。（映画評論家）

一九九二年九月四日②

思想の先端と根底を接合
触発の人・ガタリ氏の死

粉川哲夫

フェリクス・ガタリの死はあまりに突然だった。彼から多くのことを学んだ者の一人として、さまざまな思いが交錯する。

自らを「横断性の専門家」と呼んだガタリは、いま形をなしつつある思想や活動の最も先端と最も根底にあるものを鋭く洞察し、接合する数少ない思想家であり、分析家であった。

一九八〇年にガタリに初めて会ったときのことが思い出される。当時、ジル・ドゥルーズとの共著「根茎」(リゾーム)」(朝日出版社)と「カフカ」(法政大学出版局)が訳出されていただけで、日本では一般にはガタリはほとんど知られていなかったが、わたしにとっては、最も思考を熱くさせてくれる思想家だった。

予想通り、彼は、触発を重視する人だった。わたしが、一、二分の質問をすると、それについて一気に三十分以上もしゃべりつづける。それは、質問に答えるというよりも、質問に触発されて新たに思考を生み出す行為であり、おそらく、ドゥルーズと本を作るときにも、最初ガタリがこんな風に直観を語り出すのだなと思わせるに十分だった。

「横断性」「スキゾ分析」「分子革命」「ミクロ・ファシズム」「カオスモーズ」…彼が創造した新しい概念や用語を見ればわかるように、ガタリは、思考と表現の関係を根底から組み替えた。そこでは、言葉は、観念や意味のカプセルであるよりも、無限に応用可能で創造的な喚起力をもった装置(彼はこれを「機械」と呼んだ)となる。

「わたしたちの言葉をあれこれ定義するよりも、機械のように自由に使ってほしいのです」。これは、「アンチ・オイディプス」(河出書房新社)をはじめとするドゥルーズとの共著について彼自身が語った言葉だが、これは、彼の著作を読む際の前提でもある。

「脱二十世紀」の思想家であるガタリが今後ますます多くの読者をもつようになることは確実である。だが、われわれ読者に残されたことは、彼の著作を決して「二十世紀思想」のロッカーに死蔵しないことである。(武蔵野美術大教授)

一九九二年一〇月一三日

これからだった正念場
太地喜和子を悼む

大笹吉雄

訃報（ふほう）を聞いてびっくりした。今も信じられない。

次々と太地喜和子の舞台が頭をよぎる。文学座のアトリエでデビューしたのが一九六八年、ムロジェク作「タンゴ」の主役だった。既にこの時から注目の女優で、体当たりの、奔放な演技が新鮮だった。同時に豊かな情感があって華があり、口にするせりふにウソがなかった。これは以後も変わらない、太地喜和子の最大の魅力だった。

デビューから最後の舞台になった山本有三の「女人哀詞」（「唐人お吉ものがたり」と改題・上演）まで―これが最後になるとは一体だれが思ったろう―、二十余年の舞台生活の間に、忘れ難い舞台を幾つも持った。思い出すまま列記すれば、ジョン・フォードの「あわれ彼女は娼婦」、シェークスピアの「ロミオとジュリエット」、水上勉の「飢餓海峡」や「雁の寺」、宮本研の「桜ふぶき日本の心中」、久保田万太郎の「おりき」、そして商業演劇での秋元松代作「近松心中物語」…。

舞台に限ってみても、この若さでこれだけの代表作を残したのは、ある意味で驚異的だと言ってよく、太地喜和子という女優の確かな才能の証（あかし）である。創作劇も翻訳劇も、小さな空間も大劇場も、ともに自分のものにし得た。しかも、演技の幅が新劇という枠を越えて、新派の領域から前衛劇まで広がっていた。

その意味で、杉村春子の後を継ぐと私などは思っていたし、それがわが国の現代劇を考えるときに、いよいよ大事になるはずのものだった。正念場はむしろこれからだった。惜しい。というより、悔しいと言いたい。早過ぎたよ、太地さん…。合掌。（演劇評論家）

一九九二年一〇月一六日

日本人離れしたスケール雄渾にして幻想的 福沢一郎氏の死を悼む

宝木範義

福沢一郎の絵画は、大胆な想像の世界を、骨太の構成によって支え、日本人離れしたスケールを備えていた。表面的な美に小さくまとまったりせず、常に社会と人間の在り方に対するおう盛な関心を持ち、それを想像の根幹としたことでも、特筆すべき役割を担った。東京駅のステンドグラス「天地創造」を例とするまでもなく、強烈すぎるほどの絵画表現は時代の枠を超えてあり、かくも直截（ちょくせつ）に絵画に徹した画家を、私たちは二度と再び迎えることはないだろう。

群馬県の旧家の長男として生まれた福沢は、二高を経て東大文学部に学んだ。在学中から朝倉文夫に師事して彫刻家を志したが、やがて絵画に転ずるに及んで東大を中退し、パリに留学した。大正十三年から昭和六年に至るその滞在期は、大戦間の最も華やかな時であって、パリでは超現実主義をはじめとするさまざまな前衛芸術が、つい今しがた歩みだしたばかりであった。

多感な青年期をこの雰囲気に過ごした体験は、福沢一郎の生涯を決定づけた。というのは、彼は帰国したその時から、超現実主義の本格的な紹介者として、一躍フットライトを浴びたばかりか、独立美術協会の結成に参加するなど、年若くしてわが国の洋画界のホープとなったのである。

超現実主義はダリやエルンストの絵画、あるいはブルトンの文章から知られるように、常識では理解の及ばない〝偶然の出合い〟を演出して、そのなぞを人々に突きつけた。そうすることで現代人の心の片隅に巣食う不安な美をあぶりだしたのだ。

だが、福沢は超現実主義の核心が実はむしろその下に横たわる、現代の混沌（こんとん）そのものに深く根を下ろしていることを、既にはっきりと確信していた。その結果、詩人の想像力と言うべき豊かな内面性と、大胆な表現性が合体することで、福沢一郎ならではの雄渾（ゆうこん）にして幻想的な領域が開かれたのである。

昭和十年代後半に、当時の特高警察は、あろうことか超現実主義と共産主義の接近を疑い、そのリーダーであった福沢一郎を一時拘留したものだ。それも、今となればこの画家の勲章だろう。

戦後は、ダンテの「神曲」や日本の地獄絵、また史書「魏志倭人伝」を取り上げるなど、一見すると歴史を回顧する感があった。だが、それらの作品が実際に示したのは、過去に託した現代への批判であって、福沢一郎ならではの視座はより一層ダイナミックな振幅を持ったと言ってよい。

近年、群馬県立近代美術館、世田谷美術館、東京国際美術館などを会場として、充実した回顧展が開催された。美術という領域そのものが流動化しつつある昨今、私たちはそこに立って、人間的なスケールと強い個性を大画面に反映し得たことでは、おそらく最後の画家と呼ぶことができるのではないかと、福沢一郎の生涯と足跡を思わないわけにいかなかったものである。（美術評論家）

一九九二年一〇月二八日

心にしみる最後の詩集
北村太郎氏を悼む

渋沢孝輔

こんなに急に北村さんの訃報（ふほう）を聞くことになろうとは、思ってもいなかった。入院の事実も知らないでいたのだが、たしかに数年前にかなり重い病いにかかられ、完治とはいっていなかったらしいものの、この夏ごろまではたいへんにお元気に見えたからである。

五月の末に、岩手県北上市で詩歌文学館賞の贈賞式があり、北村さんも私も今年から選考委員の関係で初めて出掛けてゆき、式が終わって一泊した翌日には、地元用意のバスで高村光太郎山荘とか、みちのく民俗村とかを見学、あいにくの雨に震えながらも、鬼剣舞ほか郷土芸能の実演なども見せてもらってきたところだった。

そのときホテルの喫茶室で撮った写真には、北村さんの元気そうな顔が写っていて、八月になってから思い出してお送りすると、早速礼状がきて、そこには、「北上行はほんとうに楽しうございました。ことしは男性的な夏ですね。ぼくは毎日猫四匹と遊んで、ごろごろしております」とあった。来年もまたご一緒できるものと信じていたのだが、男性的すぎた夏がこたえでもしたのだろうか。

北村さんたち「荒地」派世代は私どもにとっては兄貴分にあたり、詩的出発の最初から圧倒的な影響と恩恵を受けたものだった。その同人中、田村隆一氏と中桐雅夫氏には酒場でしばしば出会ったが、北村さんや鮎川信夫氏は酒場めぐりをするような人ではなかったので、日常ではそれほど深く付き合った覚えはない。

ただ北村さんは東京外語の私の先輩でもあるので、初めから特別の親近感を持ってはいたが、東京下町人らしい含羞（がんしゅう）の人だったせいだろうか、だからどうということもないままだった。そのくせ思い浮べるたびにいつも懐かしい人だったから、こちらからもう少し強引に押しかけておけばよかったと思う。

鮎川、中桐、そしてついに北村さんまで、頼りにしていた先輩詩人たちが次々に世を去ってゆく。晩年の北村さんの創作力はじつにおう盛で、軽妙な口語を比類なく使いこなして、ごく若い世代からも愛される人気詩人だったが、今年出た最後の詩集「路上の影」は、そういえば死を多く扱っている。全編が死へのあらかじめの覚悟をさわやかに歌い上げていると言ってもいいほどで、「どんなに緩慢でも／死の来かたは／突然なんだ」（冬の生活）という言葉まである。読み返して、なんとも心にしみるのである。合掌。（詩人、明大教授）

平成五年

1993

一九九三年一月七日

モダンジャズの父 ガレスピーを悼む

悠雅彦

ガレスピーが亡くなった。一九九一年夏に来演したときの元気な舞台姿を思うとまったく信じられない。

マイルス・デイビスを失った悲しみがまだ癒（い）えぬうちに、またしてもジャズ界は最大の巨星を失った。享年七十五歳だったが、八七年に七十歳を祝って編成された特別ビッグ・バンドの世界ツアーの一環として斑尾ジャズ祭で来演したとき、ホーンの朝顔を四五度上方に曲げた独特のトランペットでハイ・ノートをヒットするプレイもその姿も、実は信じられぬくらいに若々しかった。

八二年以来、四度も斑尾の舞台に立った彼は、いわば斑尾ジャズ祭の顔だったが、このときもオフステージでは毎日、オケのメンバーを招集して野球を楽しんでいたほほえましい姿が今も瞼（まぶた）に焼きついている。根っからの陽気でひょうきんな人柄によって、ファンからもミュージシャンからもこれほど愛された人はモダンジャズ界にはいない。

彼がステージに現れただけでユーモラスな明るい何かが生まれるのだ。ステージをこの上なく楽しいものにしてしまう格別な能力が彼には備わっていたのだろう。

言うまでもなくガレスピーは、チャーリー・パーカーとともにジャズに〝近代〟を持ち込み、ビ・バップを創始した人だ。二人はいわばモダン・ジャズの父である。

とかくパーカーの偉大さばかりが語られるが、ガレスピーがいなかったら、最先端のジャズ（バップ）と大衆との隔離はさらに広がったに違いない。その意味で彼は偉大な道化の精神の持ち主だったと思う。

彼にとって不運だったのは、五〇年代のモダン・ジャズ期以降、マイルスやクリフォード・ブラウンらの叙情的でファンキーなスタイルの人気の陰に回ってしまったことだろう。だが、アフロ・キューバン・ジャズを生んだその間の功績や、黒人が公民権を得た六四年に大統領選挙で名乗りをあげるなど、ときには人を食った振る舞いやユーモアで人々を楽しませ、人生そのものをエンターテインメントして見せた彼の生涯を、ジャズ界は永遠に忘れることはないだろう。（ジャズ評論家）

一九九三年一月八日

精神の世界的境位を構想
井筒俊彦先生の死を悼む

上田閑照

井筒俊彦先生が亡くなられた。先生のご遺志によって葬儀も告別式も行われない。葬儀も告別式も触れえない遥《はる》かな遥かなところに先生は逝かれた。先生はこの世の私たちの間からは失われたが、先生のお仕事は決して失われることはない。日本にとってだけでなく、むしろ世界にとって、そしてますますこれからの世界にとって。

先生に初めてお会いしたのは、一九七六年八月、明るさと深さの地アスコナ（スイス）での宗教、哲学、心理学などの学際的・国際的なエラノス会議の折りであった。お会いしたその日から先生は私にとって大きな親しい存在になった。先生をはさんでポルトマンやコルバンやベンツなど今はなき老大家たちが、元気で楽しくそして真剣にテーブルを囲んでいたエラノス会議のその様子から、先生が世界にとってどれほど大切な特別な存在であるかを強く感じ、認識した。同時に先生が日本にとってもかけがえのない存在になられることを予感した。

そのころ先生はすでに世界的なイスラム学者としてテヘランに在住しておられたが、やがて七九年イラン革命のさなか、「運命の用意した転機」によって日本に帰ってこられた。それが私たちにとってどのような出来事になったかは、ご帰国いらい底知れぬ泉からほとばしり出るように次々に書かれた日本語による著作が如実に示している。

イスラム学について言えば、先生は日本におけるその先駆者であるだけでなく、ご自身でいわば一気に世界的な研究の水準を開き出された。このことだけでも先生の日本にとっての、そして世界にとっての意義は不朽なものがあると言えるであろう。

しかし先生は、さらにそれを超えて、西欧の哲学とイスラム思想・文化とインド・中国・日本の精神的伝統とを文字通り包括する規模で、しかも諸伝統の源泉に直接原典によって綿密に参入しながら、真に世界が世界として開かれ得る精神の世界境位を構想しつつ「東洋哲学の水位」を探究するという、これこそ先生にしてはじめてなしえたほとんど巨人的とも言うべき歩みを進めて来られた。

これほどのお仕事は世界を真に視野とする壮大な世界的視野と語学の不世出の天才によってのみ可能になったとは言え、先生の問題意識の巨大さと方法の卓抜さにこそ想像を絶するお仕事の神髄があったと言わなければならないであろう。

先生が東洋と言われるとき、それは、西洋を知り抜いた上で西洋哲学との新しい地平融合の可能性を問いながら言われる東洋であり、そして多元的な諸伝統を共時的に構造化しつつ深層の構造モデルを読み取るという方法によって開き出される「精神的東洋」、東洋自身が今まで知らなかったような世界境位のうちでの新しい東洋である。

先生は正銘の世界的碩《せき》学であり、世界の賢人と呼ばれるにふさわしい。しかし私にとって先生は諸文化を通底する地球最深層のマグマであり、同時に地球をつつむ虚空の碧《あお》く明るい広大さである。その井筒先生が、今、まさに虚空へと飛翔《ひしょう》して逝かれた。（京大名誉教授）

一九九三年一月二一日

若い女性の理想的イメージ　A・ヘプバーンを悼む

品田雄吉

オードリー・ヘプバーンは世界的な大スターだったが、特にわが日本の映画ファンは彼女を深く愛してきた。同時代の人気女優だったマリリン・モンローやエリザベス・テーラーとは正反対の、細いきゃしゃな体つきがさわやかさを感じさせて、ロマンチックな夢を求める日本の映画ファン――特に女性――の好みにぴったり合ったのだ。

出世作となった「ローマの休日」（一九五三年）は、四十年たった今でも日本の若い女性の圧倒的な支持を得ている。筆者は講師を務めている女子大と短大で、毎年、学生の好きな映画の調査をしているが、いつも「ローマの休日」「麗しのサブリナ」「昼下りの情事」「マイ・フェア・レディ」などのヘプバーン主演作が上位に来る。

今年度も「ローマの休日」が断然、他を引き離してトップだった。日本の若い女性にとって、まさにオードリー・ヘプバーンは、そんな風になりたいと願う理想的なイメージそのものだったと言えるだろう。

出世作の「ローマの休日」では、一躍人気スターになっただけでなく、アカデミー主演女優賞を受賞して、女優としての資質力量も早くから認められた。そして、キャリアを重ねるに従って、いかにもヨーロッパ育ちらしい洗練された雰囲気を感じさせるようになっていく。「ティファニーで朝食を」「シャレード」などは、彼女の都会的な洗練された個性がそのまま作品の魅力ともなった映画だった。

「暗くなるまで待って」（六七年）以後、映画から遠ざかっていたが、「ロビンとマリアン」（七六年）でカムバックし、最近ではスティーブン・スピルバーグ監督の「オールウェイズ」（八九年）に天使の役で特別出演していた。出世作「ローマの休日」の役が王女、最後の出演作の役が天使だったというのは、いかにも彼女のスター人生にふさわしいものだったと言えるのではないか。（映画評論家）

一九九三年一月二二日

親しさと理性の人
安部公房氏を悼む

養老孟司

小説の世界を、その人の性格の中に求めるのは、人の通弊である。その伝に従えば、安部氏の世界は奇妙な世界だから、安部氏の中にはきわめて奇妙な部分があった、ということになる。

しかし、注目すべきことは、その奇妙な世界が強い普遍性を持っていた、ということである。氏の小説は、東欧に多くの読者を持っていた。しかも、多くは若い読者である。「砂の女」に典型的に描かれる閉塞（へいそく）された世界は、安部氏にとっておそらく氏をめぐる現実の世界だったのであろう。

＊　＊　＊

安部氏は東大医学部の卒業生で、私には先輩にあたる。しかし、氏は医師にはならなかった。大学では、これについて、有名な伝説がある。卒業試験のときに、医者にはならないという条件で、試験を通してもらった、というのである。

私が同学の後輩だというので、この伝説の正体をご本人から教えていただいたことがある。

産科の口頭試験のときのことである。氏はすでに小説集を一つ、出版しておられた。試験の問題にはかばかしい答えをしない氏に対して、教授が意図をたずねる。氏は小説を書きたい旨を答える。そこで問答がはじまったらしい。教授は文筆で身を立てることがいかにたいへんか、それをコンコンとさとした、という。「それでも君、小説家になるか」「なります」。そこでふたたび、教授は小説で食べていくのがいかにたいへんか、医師がいかなる生活上の便宜を受けるか、ふたたびそれをさとす。そしてたずねる。「それでも君、小説家になるか」「なります」

私はこの話を、古き良き時代の大学の挿話として聞いた。しかし、時代ではないのかもしれない。人が人に感応する、それはいつでもあり、そしていつでも少ないのであろう。

＊　＊　＊

臨死体験、超能力など、神秘体験に対して、氏は理科系出身らしい、きわめて理性的な態度をとっておられた。私の書くものに対しても、「私もその通りだと思う、つけ加えることもない」と全面的に賛同してくださった記憶がある。

こうした点では、文学の世界にあったとはいえ、安部氏はあくまで正気の人だった。ただし、徹底的に理性的だということは、この世ではもちろん、決して正気を意味するわけではない。親しくことばをかわしながら、この人の頭の中ではなにが動いているのか、私はたえず吟味していた覚えもある。

理科的といえば、雪の日に使う車のチェーンを考え出されたこともある。箱根の別荘の前の道路が急傾斜で、冬は危ないという実用上の必要があって考えられたのであろう。なんでもないことのようだが、車の安全にそれだけこだわる。そのこだわりに、決して当然とは言えないものを私は感じていたこともある。

＊　＊　＊

安部氏の書かれた世界の受けとり方には、さまざまあろう。しかし私は、卒業試験のときに具体的にあらわれた安部氏の世界を親しく感ずる。若者はいずれは「社会」に出なくてはならない。その社会が拒否すべきものを含むとき、若者はそこで立ちすくみ、考え、予感する。「砂の女」から「方舟さくら丸」「カンガルー・ノート」に至る安部氏の作品群は、私にはつねにそう読めてしまう。少なくとも、共産主義治下にあった東欧の若者たちは、安部氏の世界を強い共感をもって読んだに違いない。

晩年の安部氏の関心は、私のそれと重なる面が多かった。あるいは、医学部の教育という要素が、裏に働いていたかもしれない。人間、ことば、理性、安部氏を思うたびに、そうした古典的な主題が浮かんで来る。

亡くなられた人を偲（しの）ぶとき、つねに思う。まだ聞くべきだったこと、語られるべきだったことが、おびただしくあったはずだ。安部氏は私にとって、あたたかい先輩だった。そしてその感覚は、私の理性が語る安部氏とは、いつも矛盾していたのである。（東大教授）

一九九三年一月二五日

歌舞伎の新しい魅力を発見
戸板康二氏を悼む

渡辺保

新宿のホテルで結婚披露宴に出席しているところへ、自宅から「戸板康二死去」の知らせをうけた。一瞬信じられなかった。ついこの間の喜の字のお祝いでもお元気だったからである。すぐ退席して戸板家へ向かった。

車窓には初雪が中空に舞い、私はさながら夢を見ているようであった。

私にとって戸板康二は、慶応の先輩であり、師ともいうべき人であった。歌舞伎の、そして芝居の批評を志した少年にとって、戸板康二の仕事はあおぎ見る「山」であり、それをこえようとする「目標」であった。この人の発見した新しい歌舞伎の魅力、その「目」によって育てられた人は、決して私一人ではないはずである。

あの日からすでに三十数年がたつ。私の人生の危機を何度も救っていただいたし、人間としての生き方も教えていただいた。しかし、なによりも私にとって重要だったのは、死の直前まで書きつづけられた歌舞伎の劇評であった。今でもそれが私にとって「目標」だったからである。

むろん戸板康二は、直木賞を受賞した作家であり、「ちょっといい話」のエッセイストであり、そして「マリリン・モンロー」の劇作家でもあった。しかし、そのもっともすぐれた文学的な業績は劇評にあったことを私は信じて疑わない。

「歌舞伎に女優を」という私の処女評論集には実は戸板康二批判の文章がおさめられている。若気の至りというべきか。師の仕事に対する批判こそが、師の業績をこえるためのアリバイのように思えたのである。この本をかかえて私ははじめて戸板家の門をくぐった。面識はなかった。しかし、だれよりも先にこの本を読んでもらいたかったのは、戸板康二その人にほかならなかったからである。幸か不幸か、お留守であった。そして数日後、丁寧な激励の手紙をいただいた。

遺体が自宅に帰った時には、あの夢のような初雪はすでにあがっていたが、私にはまだその死が信じられなかった。一夜あけた今も私はまだ夢のなかにいるような気がする。

人生は夢なのか。（演劇評論家）

一九九三年二月一日

大衆音楽のナビゲーター 服部良一さんを悼む

反畑誠一

ブルース、エイトビート（八拍子）、スイング…。今日の音楽界でぽんぽん飛び交っているポップな言葉が、昭和初期から服部さんの周辺では既に使われていた。木造の日本家屋が並ぶ中にモダンな洋館が建っているような、作曲家としてスタートした昭和八年ごろの服部良一さんの音楽的趣向であった。

日中戦争が起きた昭和十二年、ジャズ・コーラスを使って「山寺の和尚さん」を、翌年「別れのブルース」「雨のブルース」（淡谷のり子）がヒット、「蘇州夜曲」（渡辺はま子・霧島昇）へと服部ジャズ・ポップスは花開く。服部さんの音楽活動と激動する世情は、その後も不思議なかかわりあいで続く。

十八年「ジャズ・レコード」禁止令が出て歌謡曲も軍国調になるが、服部さんは軍歌を作ることを拒み、翌年五月、上海で李香蘭（現山口淑子）も加わり「夜来香幻想曲」を発表。初めてブギウギのリズムを編曲に取り入れた。そして終戦。アメリカン・ポップスが洪水のように街にあふれ、ジャズを基調にした服部流歌謡曲は、一気に音楽シーンの表舞台に躍り出た。

敗戦の痛手に打ちひしがれる暗い世相に、活力を与えるような躍動感にあふれるポップな歌謡曲が人々の心に届いた。「東京ブギウギ」（笠置シヅ子）や、映画音楽から出発した歌謡ファンが一番好きな歌「青い山脈」（藤山一郎、奈良光枝）がその代表作である。

明治四十年、大阪生まれの服部さんは、二十歳のころは、オーケストラでオーボエ奏者をしながらジャズ・バンド活動をしていた。そのすぐ後に、エマヌエル・メッテル氏に師事、リムスキーコルサコフの和声を学んだ。昭和八年に上京、以来、作曲家として三千曲ともいわれる作品を残した。

七十年になる音楽生活を送った服部さんだが、一方では作曲家仲間に声を掛け、日本作曲家協会をつくり「日本レコード大賞」を制定するなど幅広いスタンスで音楽文化の発展に尽くした。

服部さんは生前、「音楽には、クラシックとかポピュラーといった区別はないはず。大衆が親しめるいい音楽を。言葉の壁を超えて世界に通じる音楽を」と厳しい視線で語り掛けていた。衛星放送時代を迎え、世界中の聴きたい音楽は瞬時にして共有することができる昨今。服部さんは、和・洋文化のはざまに揺れる日本の大衆音楽にとって偉大なるナビゲーターであり、巨星であった。（音楽評論家）

一九九三年三月一七日

日本的な人間味の名優
笠智衆を悼む

佐藤忠男

映画やテレビで笠智衆の演じる人物を見ていると、これこそ日本的な人間味だとつくづく思うことが多い。しかし、人間味というものに日本的なとかアメリカ的なという違いはあるものだろうか。私はあると思う。

日本的な人柄の良さというとき、ひとつの重要なポイントになるのは遠慮やつつしみということではないだろうか。笠智衆が生涯かかって演じつづけた人物は、要約すれば、欲のない、人を攻撃しない、いばることの似合わない、つまりは万事つつましく遠慮がちな善人だった。

日本人はよく、悲しいときに微笑をうかべる。それが外国人には不可解だと言われたりするが、それはじつは、自分の悲しみを他に押しつけることを遠慮するつつしみの表現なのである。そして、数多い日本の俳優たちのなかでも、そういう微笑が演技ではなく本当に身についていた人が笠智衆である。だから、笠智衆にはとくに日本的な人間味というものを感じてしまうのである。

小津安二郎監督の「東京物語」や「秋刀魚の味」では、笠智衆は繰り返しそういう微笑をうかべている。では、これらの映画は外国人には不可解かというと、そんなことはない。これらの作品は、日本人がそういう微笑をうかべる状況と過程とその心理をじつに緻密（ちみつ）に描き込んでいる。

だから、いきなり日本人のそういう表情に接したときにはとまどう外国人でも、小津作品の、とくに笠智衆や原節子の演技を見ると、それが分かるのである。不可解と思っていたものがそうではなくなって、日本的な人間味というものが国際的に理解できるものになってきたのである。

小津映画のファンはいまや世界中におり、そういう人たちから、私はよく「笠智衆はどうしている?」と聞かれたものである。小津映画を何本も何本も見ていると、そのほとんどに出ている笠智衆がなんだか自分の親戚（しんせき）のように感じられてくるのだそうである。

本当に得難い名優であった。心からご冥福（めいふく）を祈る。（映画評論家）

一九九三年三月二四日

不思議な作家
追悼・芹沢光治良

奥野健男

芹沢光治良は不思議な奥深い作家である。九十歳を過ぎて、神様のお告げを受けて毎年一冊ずつ、信仰に支えられて生死を超え、あの世まで見透すような作品を書き、戸惑いながら読むぼくのような不信仰な読者をも深い渕（ふち）に引き込むような霊力を持っていた。この作家は死ぬことを忘れたのではないかと思うほどであったが、二十三日九十六歳で老衰死された。この作者の魂にとっては死ぬことも生きることもさして変わらなかったのではないか。

私ごとを言わせてもらえば、ぼくが子供のころ、一番最初に出会った小説家が芹沢光治良だった。昭和十三年、小学校六年の時、祖父が沓掛（中軽井沢）の星野温泉に山小屋のような別荘を建てた。入浴は温泉の共同浴場であるが、そこへ三時ごろ毎日芹沢さんは来られた。ぼくは母や叔母からあの猫背気味に歩いている人が小説家の芹沢光治良よと言われて、あー「少女の友」や「少女倶楽部」に少女小説を書いている人かと注目した。

腰の低い、言いようはやさしくていねいで女のような人であった。ふろに入りながらぼくのような子供にも気軽に世間話をされた。太平洋戦争中最も戦争から遠く、平気で戦争を批判し、子供のぼくには非国民ではないかと思わせるほどだった。

芹沢光治良は東大を出て農商務省の官吏になったが、辞めて妻と共にパリのソルボンヌ大学へ留学した。肺結核に倒れスイスで療養する。スイスを離れれば生命が危ないと言われ、日本中の気候を調査して、星野温泉が最もよいという結論を得て帰国し、昭和五年改造の懸賞小説に「ブルジョア」で入選。明るい知性と叙情的文体で進歩的知識人の作家として戦前活躍した。戦中も「巴里に死す」などのモダンな小説を書く。日本においてロマン・ローラン、マルタン・デュガール、ヘルマン・ヘッセのような人生派的知的長編小説を書くのは至難の業だが、芹沢は柔軟な姿勢でその理想を貫き通した。

戦後「サムライの末裔」などが仏訳され、ノーベル賞候補になり、世界に向かっての日本文学の顔になった。それらは狭小な日本文壇にはかえって半通俗作家とされ、文壇の中心から外された。しかし読むと倉田百三や五味川純平のような魂を撃つ純粋さと持続がある。

川端康成についで日本ペンクラブ会長になり国際交流に尽くす。外国で評価されるほど、日本では評価されない不幸が続いたが、近代日本の歴史を舞台に書いた自伝的長編「人間の運命」全十四巻を粘り強く書く。あの蒲柳（ほりゅう）の体のどこから膨大なエネルギーがわき出して来るのか不思議なほどだ。

ぼくは「太宰治論」を書いて文芸評論家になってから毎夏、星野の質素な山荘にうかがい文学の話に時を忘れるほどだった。つい二年前まではお庭から回ってごあいさつを交わした。

少し甘い西洋風な知的作家と思っていたが「人間の運命」を読むうち土俗的ともいえる信仰の世界に導かれる。代々の沼津の網元でありながら父が天理教に帰依して家を出、一家は離散する。そういう父の血につながる信仰心が次第に現れ、独自な宗教作家に変貌（へんぼう）し、多くの読者を信者にするような強い超越的な文学に化した。そういう意味でも日本には珍しい。

体が弱く真っ先に死ぬと思われた芹沢が一番長生きした。それも信仰の、あるいは土地の霊の奇跡と言ってもよい。あのおだやかな顔と向かいあい、しゃべることがもう永久に失われると思うと寂しい。

ごめい福を祈る。（文芸評論家）

一九九三年四月一六日

愚直な誠実さ 藤枝静男さんを悼む

勝又浩

初めてお目にかかったとき、胸もとの、焼きもの出来らしいループ・タイが印象的だったので、お手製ですかと尋ねると、もらい物だと言われて、その由来のようなことを話して下さった。話の内容は忘れてしまったが、その構えのない、飾らない話ぶりを、とてもうれしく感じたのを、今も忘れられない。

私の書いた本多秋五論、そして藤枝静男論について、人伝てながらその度に感想を伝えて下さっていたので、とかく引っ込みがちな私も、藤枝さんには、というような気持であるパーティーに出かけて、お会いしたのだった。事情を承知していた編集者も、一言添えて紹介してくれたのだが、藤枝さんは既に私の書いたものなどお忘れだったのか、話はそんな方面には行かず、私はホッとしたような落胆したような気分だった。

それから数カ月たって、やはりパーティーの席で、今度は偶然お会いして短い立ち話をした。その時も親しく、まるで昨日の続きのようにお話できたのだが、しかし、私を、つい数カ月前に会ったあの男だと認めていて下さったのかどうか、私としては少し心もとない感じであった。

藤枝さんは例によって展覧会のハシゴをしてきたあとだと言われたが、大変お元気で、お祭りの日に夜店を次々にのぞいて歩く少年のようにさえ見えた。作家である以前に、町の眼科医として人望を集めている人であったから、私は、そんな素顔に触れたのであったかもしれない。

志賀直哉の系統に立つ作家たちには、非常に純粋繊細な面と、おそろしく頑固な面とを併せ持つ人が多いが、藤枝さんもそうした作家の典型であったろう。そのために、早熟であったにもかかわらず世に出るのが遅かった。いささかの甘えも許さず自分を追いつめるからであり、どんな妥協も許さず文学への高い理想を持続するからである。こうした、見方によっては愚直な誠実さが、私のような者にはどんなに慰めであり、励ましであったことか。そういう思いが、藤枝文学の愛読者となった始まりだった。

が、この〝私のような〟が、単に才能の及ばないという意味だけではなくて、根本のところでは、近代や現代に生きる者が直面する時代の凋落(ちょうらく)という性格に通じているのだと気づいたとき、私は藤枝静男論を書かなければならないと思った。「空気頭」や「田紳有楽」に代表される、この、中国古代の怪異な青銅器のような藤枝文学は、志賀文学に発しながら、志賀直哉の時代と人格からは決して生まれて来ない世界である。藤枝さんは、日本の私小説の伝統を、もうひとつ押し広げ、つき破ってみせた人なのである。

数年前からお加減の芳しくないことを耳にしてはいたが、お亡くなりになったと聞いて、やはりことばに詰まる。藤枝さんの存在感、その重量感が、改めて一挙に押し寄せてくるようである。(文芸評論家)

一九九三年五月一七日

天衣無縫の境地
猪熊弦一郎先生を悼む

小倉忠夫

猪熊弦一郎先生の急なご逝去の報を受け、まだ仰天の思いが去らないままである。

昨年先生は満九十歳の誕生日を迎えられたが、〈長老〉の言葉にはほど遠く、いつも若々しくてさっそうとした〈現代絵画の現役巨匠〉であった。少年のような純朴さ、青春の情熱、そして熟年の画技と知恵を兼ね備えておられたが、特に近年では自由闊達（かったつ）と天衣無縫の境地で、他に比類のない、独自の絵画世界をつくり上げておられた。

さて、猪熊弦一郎先生のながい画歴を振り返ってみると、まず新制作派協会の結成が注目されよう。

大正末、東京美術学校在学中に帝展に入選し、特選、無鑑査へと進むが、一九三五年の帝展改組に際して、小磯良平、佐藤敬、脇田和ほかの同志と、翌年反官展の在野団体として新制作派協会を創立する中核となっておられる。その後パリに留学（一九三八―四〇年）し、マチスの指導も受けて大いに啓発されたが、次の転機は第二次世界大戦後のことである。

五五年、戦前までのパリにかわって、現代美術推進の国際的センターとなったニューヨークに腰を据えた猪熊先生は、二十年間にわたって厳しい抽象絵画の制作に打ち込んでいく。生来の果敢なチャレンジ精神によるものである。

このニューヨーク時代に幾度かの作風変化はあるが、注目に値するのは、一貫して独特の美意識を発展させていることで、大胆にしてかつ鋭く繊細な日本の感性に満ちた抽象画業を展開していることだ。

七五年、健康上の理由でニューヨーク生活を切り上げ、以後はハワイと日本に制作と生活の本拠を移したが、ここから猪熊画業の後期に入ったといえよう。

緊張した抽象構成と禁欲的な造形作業から解放され、絵画のモチーフは地上の都市をはなれ、大宇宙へと自由に飛翔（ひしょう）していく。今日の宇宙時代にちなむ、さまざまの主題によるビジョンが繰り広げられ、鮮やかな原色のポリフォニーが響きわたっている。

さらに八〇年代末、一転して宇宙界から人間界に復帰したかのように、たくさんの顔、裸女たち、さらにいろんな動物や鳥たちが猪熊先生の世界の住人となっていく。はじめに天衣無縫といった、融通無碍（げ）の境地にあっていわば真剣な遊びに挑み続けているのである。

幸い、生涯の画業約一千点を有する丸亀市猪熊弦一郎現代美術館が九一年秋に開館し、先生の画業が常時展示されている。マチスに若いころ師事されたせいもあって、なんとなくマチス系とされがちな猪熊先生だったが、その奔放なパイオニア精神からしても、むしろピカソに近い作家というのが私の印象である。最愛の文子夫人のもとに旅立たれた猪熊先生のごめい福を心からお祈りしている。（美術評論家）

一九九三年七月三日

分厚い人間味のある作風
加藤楸邨氏を悼む

草間時彦

加藤楸邨さんが逝った。明治三十八年生まれだから、八十八歳。ご高齢とは言え、実作者として衰えを見せなかった人だけに、残念である。

加藤楸邨は水原秋桜子門。埼玉の粕壁で中学教員をしていたのを、秋桜子の庇護（ひご）によって、昭和十二年上京、「馬酔木」発行所に勤務、その傍ら東京文理大に学んだ。妻子を抱えて、三十歳を超えた「老学生」だったのである。大学では国文学の能勢朝次に師事。その研さんは後に芭蕉研究として開花する。

初期は短歌的叙情の濃い作風だったが、上京後は生活諷詠に傾き、石田波郷、中村草田男とともに人間探究派と呼ばれるようになった。

つひに戦死一匹の蟻ゆけどゆけど

既に日中戦争が始まっていて、庶民の自由が奪われつつある時代に、自己を見詰め、人間の生き方を探ろうとする運動は俳壇に大きな衝撃を与えた。殊に若い俳人に与えた影響は大きい。楸邨は、波郷、草田男のような天才肌ではなく、分厚い人間味のある作風で、それは楸邨俳句の生涯、変わらない魅力だった。

鰯雲人に告ぐべきことならず

人間探究派時代のこの句はよく分からないとして、難解派と呼ばれることもあったが、今日では楸邨の代表作となっている。

昭和十四年、第一句集「寒雷」刊行、その名の主宰誌「寒雷」を翌年創刊し、現在に及んでいる。「寒雷」からは森澄雄、金子兜太、和知喜八、沢木欣一、田川飛旅子などの俊秀が生まれ、現代俳句の第一線で活躍している。この点での楸邨の功績は大きい。

戦後の楸邨は実作中心で、句集「まぼろしの鹿」で第二回蛇笏賞受賞、昭和六十年に日本芸術院会員に推された。作風も重厚さをますます加え、人間の混とんを包み込もうとして、融通無碍（ゆうずうむげ）の境地に遊んでいる。

月に出てひとり遊べば落し文

加藤楸邨が没し、戦前の俳壇で活躍していた人は、一、二を残しいなくなった。楸邨の弟子たちも七十を超えている。俳句の世界も変わらないように見えながら、確実に少しずつ変わっているのである。追悼の嘆きとともに、時代の流れを思うのである。（俳人）

一九九三年七月一一日

至福の恩寵
今よみがえる蜩の音
井伏鱒二先生追慕

飯田龍太

梅雨の雲間からひととき夕日が洩（も）れて、一瞬裏山のみどりが鮮やかに浮かび上がったとき、今年はじめての蜩（ひぐらし）のこえを聞いた。

耳元に残るその余韻にしばしこころをゆだねているとき、井伏先生の突然の訃報（ふほう）に接した。

万事休す。ぼう然としてなにひとつまとまった考えが思い浮かばないなかで、目をつむると、何度となく同行した渓流釣りの、朝まずめ夕まずめの山峡にひびく蜩の鳴く音が改めて鮮烈によみがえって来た。

＊　＊　＊

釣竿（さお）をザックに収め、共に谷間の大岩の上に座って、ときに峰を離れた山の朝日につつまれながら、あるいはたそがれゆく渓流のひびきの中で、当意即妙の話題を展開される先生の風貌（ふうぼう）がまざまざと浮かび上がって来た。まさに至福のとき。山川草木と息吹きをひとつにしているような豊饒（ほうじょう）の気分になった。

足がかりにする一夜の宿は、もとより山中のひなびた鉱泉宿である。格別の料理などあるわけもないが、先生はどれもこれも格好の酒の肴（さかな）としていつも残らず平らげられた。夜更けると共に、木片を打つような夜鷹（よたか）のこえがきこえてくる。夜空に音をひいてきかれるのはホトトギスだろう。しばしその声に耳を傾けたあと、酒杯を手にした先生の話題はますます豊潤となる。

どのような釣行の場合でも、井伏先生は竹竿以外は決して用いられなかった。軽くて便利なグラスロッドやカーボンの竿が釣具屋の棚にあふれても、竹竿ひとすじ。原稿はペンで書くもの、渓流魚は竹竿で釣るもの。それが文業の原点であり、釣技のあるべき姿と観じられておられたのだろうか。手早い効率や、安直な便法は、それぞれの本意にそぐわぬものとかたく信じ切っていたように見える。だが、一度として化学製品の竿を軽蔑（けいべつ）したような言辞を耳にしたことはない。

＊　＊　＊

何年か前、お宅へ伺った折、先生はさり気なく古びた一冊の大学ノートを見せて下さった。ノートにびっしりと記された中身は、数十年間に及ぶたんねんな執筆メモであった。大正の終わりごろから昭和の終わりにちかいころまでの、数十年間の克明な記録である。

何年何月の何日、いつどこの雑誌社、あるいは新聞社から原稿の依頼があり、断ったもの、執筆したものとそれぞれたんねんに記載されていた。

大正末から昭和のはじめといえば、先生のおっしゃるいわゆる「文学やつれ」のまっただ中。例えば昭和二年の年譜を見ると「二月、『歪なる図案』（不同調）で初めて小説で原稿料をもらう」と記されているが、そのすぐあとのメモには、堂々たる一流文芸誌からの依頼をもいくつか断っている。諾否の理由は記されていないが、原稿料の多寡とはかかわりない何らかの理由によるものだろう。

しばしあっ気にとられて眺めていると、「あなたもこれをやって置くと…」それだけおっしゃってノートをひざ元に戻した。私にとってはもはや、ときすでに遅し。だが、そのことを思い出すたびに、厳しいな、とひとりごちつつ、私はひそかに顔の赤らむおもいであった。

＊　＊　＊

井伏先生にお目にかかり、親しくしていただいていつか四十年の歳月が過ぎた。今年私は満七十三歳。いままでの人生の過半に及ぶ。しかもその生誕の日の七月十日、先生の訃報に接した。いまはあらたに生まれかわったつもりで、わが胸のうちに先生のこころをよみがえらせなければならないと切に思う。

井伏先生は、格別すぐれた小説家、散文家であることはいうまでもないことであるが、同時に、たぐいまれな大詩人であったのではないかと思う。その詩性はやさしくて静か。しかも常に凛然（りんぜん）と澄んでいた。たとえてみれば、いま耳にする蜩の声のように。だが散文の世界では、豊饒なその詩情を極度に抑えておられたように見える。ぜいたくな文学だな、と改めて痛感する。それこそがいまの私にとっては至福の恩寵（おんちょう）と思うばかりである。（俳人、日本芸術院会員）

一九九三年七月二八日

映画の輸入、紹介に使命感
川喜多かしこさんを悼む

佐藤忠男

川喜多かしこさんが二十七日、なくなれた。ついこのあいだ一人娘の川喜多和子さんがとつぜんなくなられたばかりであり、重ね重ねの不幸だった。

かしこさんの夫で和子さんの父の故川喜多長政さんと、この親子三人は、そろって外国の芸術映画を日本に輸入公開することに生涯の情熱を傾けた人であり、また日本映画のすぐれた作品を世界に紹介することにあらゆる努力を惜しまなかった人たちである。とくにこの、日本映画の海外紹介の仕事の中心になり、そのために私財を投じつづけておられたのが川喜多かしこさんだった。

昭和のはじめに東和商事という小さな貿易会社に英語でタイプライターの打てる女子社員として入社したかしこさんは、まもなく若い社長だった長政さんと結婚して、二人でヨーロッパに映画の買い付けに行くようになり、「制服の処女」「望郷」「民族の祭典」などをつぎつぎと大ヒットさせた。キャリアウーマンの輝ける星であった。

その成功は戦後もつづき、さらに最近は娘の和子さんが「悲情城市」や「秋菊の物語」のような商業的に難しいアジア映画の傑作まで輸入公開を成功させるなど、日本の映画ファンはこの親子三人の仕事でどれだけ世界に大きく目を開かれたか分からない。

重要なことは、この仕事を親子三人はたんなる商売とは思っていなかったことである。文化的使命感に燃えておられたことである。

かしこさんが中心になって、川喜多記念映画文化財団（八二年設立）の仕事がつづいていたが、六〇年代以来、まず日本にフィルムライブラリーを設立する運動が進められ、日本映画の古典的な作品を世界各地に巡回上映する仕事や、世界の映画祭に日本映画の独立プロ作品などをあっせんする仕事、さらには外国から日本映画の研究にやってくる学者や批評家のめんどうをみるなど、全く奉仕的な仕事がえいえいと続けられてきたのである。この使命感と奉仕的な活動を私はお三人から学んだ。心からご冥（めい）福を祈る。（映画評論家）

一九九三年八月二三日

歌への姿勢の大事さ示す
藤山一郎さんを悼む

伊藤強

　歌手にとって歌を支えるのは、その人の技術はもちろんのことであるにしても、もっと大事なのは、歌に対する姿勢なのだということを、この人ほど明確に示し、また実行した人はほかにいなかった。

　戦前戦後を通し、藤山一郎の歌は、いつも前を向いていた。デビュー二作目になる「酒は涙か溜息か」にしても、戦後の名唱のひとつである「長崎の鐘」も、どこか未来に希望を感じさせる味わいがあった。さまざまなアンケートで日本人が最も好きな歌としてトップにランクされる「青い山脈」はもとよりである。

　それは、歌はいつでも人々を励まし、力づけ、生きる力を与えるべきものだと、藤山一郎が考えていたなによりの証拠であろう。〝楷（かい）書〟と言われるその歌いかたも、より多くの人に、よりわかりやすく歌を伝えようとする姿勢の表れだったと考えていいはずである。

　そのような立場からすれば、今の流行歌の現状は、藤山一郎にとって、いささか納得のいかないものであったのかもしれない。晩年、クラシックの音楽についても、子供たちと共にレコーディングするなど、積極的に取り組んでいたのは、かつてオペラ歌手をめざして東京音楽学校（現東京芸大）に学んだ増永丈夫（本名）時代を懐かしんでいるのではなく、しっかりとした基礎と、正しい発音による歌をひとりでも多くの人たちに伝えようとしての行為だったと考えていいだろう。

　国民栄誉賞は、そのような意味で、この歌手に最もふさわしかった。

　八十二歳という年齢は、決して若くはない。しかし、近ごろの口癖だったという「老年ではあっても、老体ではない」という言葉どおり、その精神は若く、これからもまだ、十分に活動できたはずの人である。歌が今の時代、もっと多くの人たちの生活に活力を発揮するために、藤山一郎は求められていたはずである。寂しいし、残念である。合掌。（音楽評論家）

一九九三年九月一〇日

感じさせた包容力 ハナ肇さんを悼む

伊藤強

豪快、そして頑健というイメージがあった。その実、細やかな神経の持ち主で、それだからこそ、一騎当千のクレージーキャッツをまとめあげ、自らもひょういつな味を持つ俳優として存在することができたはずである。

初めてクレージーキャッツを見たのはテレビがまだモノクロの時代であった。初めは、妙なオジサンたちが、なにやらバカバカしいギャグをやっているというイメージのほうが強かった。しかし、彼らが演じていたのは、単なるバカバカしさではなく、生きていくことの、やるせなさ、つらさを、裏側に持っているのだということに気付かされたのだった。

それは、あの時代が持っていた知性と言ってもよかったはずである。そのことを彼らはさりげなく主張した。

そして、グループのリーダーでありながら、決して中心に来るのではなく、いつもメンバーの後ろにいて、全体に目を配り、まとめあげていたのがハナ肇だった。れっきとしたバンドでありながら、音楽を音楽として使うのではなく、むしろ小道具として利用し、そのことでかえって音楽の楽しさを伝えたと言っていいだろう。プロだからできる、したたかな計算だった。

人生の後半は演技者としての活躍が目立った。コミカルなものからシリアスな役柄まで、その幅は広く、自己主張は決して強くなかったけれど、確かな存在感の持ち主だった。そしてさまざまな役柄の中で、いつも感じさせたのは、温かさだった。それは確かに、その風ぼう、体形によるところもあったけれど、この人が本来持っていた包容力が、そのような味をつくったのに違いない。

戦後の芸能界をある意味でリードした渡辺プロダクションの故渡辺晋とは、駐留米軍のキャンプでのジャズ演奏をしていた時代からの盟友と言ってよかった。また、戦後が遠くなった。いま天国で二人はそんな時代を懐かしんでいるのに違いない。（音楽評論家）

一九九三年一〇月二一日①

舞台、人生にひたむき 山本安英さんを悼む

大笹吉雄

ついに来るべき日が来た。とはいえ、このことは心ある多くの人が、あらかじめ覚悟していたことだろう。命に限りがあるのが人間の宿命だからである。しかし、その日が来てみるとやはり深い感慨を覚える。

山本安英が演劇活動を開始したのは、大正十年のことだった。以来、現在まで、その活動歴は七十年余りに及ぶ。つまり、今日に直結する意味で、山本安英は松井須磨子その他をおいて、女優の初代だったのである。そして同時に、新劇の初代でもあった。が、その存在は新劇界をはるかに超えて、文化・芸術にかかわる広範囲の人々から関心を持たれ、尊敬を集め続けてきた。こういう女優は山本安英以前にはなく、もしかしたら以後ないかもしれない。とりあえずは、山本安英はそういう存在であり、女優であった。

築地小劇場や新築地劇団に関係していた戦前から、山本安英は既に名優の誉れが高く、多くのヒット作や名舞台を生み出していた。中でも昭和十二年の「土」（長塚節原作）や翌年の「綴方教室」（豊田正子原作）は、戦前の新劇の名舞台だったばかりではなく、数万人の観客を集めたという点でも、異色だった。一方において、山本安英はこういう大衆性を持っていた。

それが非常に高い芸術性と合致したのが、二十四年に初演された「夕鶴」（木下順二作）だった。以後、「夕鶴」は千三十七回という上演記録と、百万人の観客を持つ、新劇ではまれな舞台になり、この女優の代表作の一つになった。が、山本安英は舞台を完成したとは考えず、絶えずそれに向かって努力し続けたことが忘れ難い。

最後の仕事になった「子午線の祀り」（木下順二作）も同様で、この長編を細部に手を入れて五度にわたって上演したのは、停滞ということを自ら禁じていたからだろう。

舞台に対するひたむきさは、人生へのそれでもあった。この重なり具合に独特の精神を感じさせ、あえて言えば、山本安英は戦前から戦後にかけての長期にわたり、わが国の社会に一種のシンボルとして作用した。

その人が逝った。「山本安英」は何だったのか、単に演劇界だけではなく、それが問われ続けるのではないか—と思われるのが、山本安英の大きさである。心から哀悼の念を表したい。（演劇評論家）

一九九三年一〇月二一日②

現代日本画創造の中核
抜群の描写力と構成力
杉山寧画伯追悼

鈴木進

最近、体調を崩して、入院されたということは耳にしていたが、こんな突然の訃報（ふほう）に接するとは思いもよらなかった。

秋の日展には久しく出品されなかったが、春の日春展には時々出展されていたようである。その理由は、上野の東京都美術館の荒々しい会場風景が、杉山画伯の清潔感と完璧（かんぺき）主義の画風になじまなかったのではなかろうかと解していたが、いかにも画伯らしい、きびしさの一面を物語るものであった。

いま、同世代を生きぬいた一人として、その画業を回想すると思い出すことは限りないが、戦前、東京美術学校（現・東京芸大）在学中、一九三一年（昭和六年）の帝展に入選、翌年「磯」で特選、その天才ぶりを讃（たた）えられたことも忘れ難い。また戦後の、日本画滅亡論のささやかれた時代にも、その抜群の描写力によるデッサンと明せきな構成力によって、画壇に「杉山あり」といわれる強力な存在となっていた。

そして抽象画全盛の時代には、一時期、これにも深い関心をよせられたが、やがて、それらを骨肉化し、伝統的な日本画の象徴性と西欧的な描写力とをみごとに統合した「杉山芸術」を完成させ、現代日本画創造の中核的役割を果たしたことも忘れてはなるまい。

さらに、その関心が日本や中国に限らず、エジプト、ギリシャ、ローマ、カッパドキア（トルコ）など海外の古代文明にまで及び、スフィンクスを描いた大作「悠」や「穹（きゅう）」など多くの傑作に凝結している。そして芸術院会員、文化勲章など国家的栄誉に輝いているのも当然である。

また一般的には、なじみの深い「文芸春秋」の表紙画を三十余年描き続けられた持久力は驚嘆に値するし、またこれは絵による歳時記としても世評が高かった。

かつて、杉山画伯ご夫妻を交えて、日本の古墳の壁画探訪の旅に出たことがあった。多分九州の古墳だったと思うが、細身の画伯は柵（さく）をするりとぬけて、壁画の前に立って写生にとりかかる。奥方は柵の外から次々と色鉛筆を差し出す。その呵吽（あうん）の呼吸がまことに絶妙であった。

また、夜と昼とが逆で、目白の不夜城ともささやかれた。奥方は、終始、その夜の制作にもお付き合いされたときく。江戸っ子らしい粋な笑顔での応接ぶりなど、さまざまな思い出を想起しながら、いまはご冥福（めいふく）を祈るのみ。合掌。（東京都庭園美術館長）

一九九三年一〇月二九日

無垢な情熱に生きた人 マキノ雅広監督を悼む

山根貞男

マキノ雅広監督が二十九日亡くなった。その訃報（ふほう）を耳にして、ああ残念、もうあと二年だったのに、と熱く思った。二年後、映画は誕生百年を迎える。マキノさんにはせめてそれまでお元気でいてもらいたかった。

マキノ監督は一九〇八年、〃日本映画の父〃牧野省三の子として生まれ、四歳から百数十本の映画に出演、わずか十八歳で監督になったあと、七二年までに二百六十一本の映画を撮った。明治から昭和に至るその歩みを見れば、〃生きている日本映画史〃と呼ぶことができる。まさに〃映画百年〃にふさわしい人ではないか。

マキノ監督は、あらゆるジャンルの映画を撮ってきた。時代劇も現代劇も、メロドラマも活劇も文芸映画も喜劇もミュージカルも、自由自在にこなした。しかも早撮りの上に、スターを魅力的に見せる腕が抜群で、つぎつぎヒット作を生み出したから、戦前にも戦後にも、曲がり角にさしかかった映画会社からは必ず引っ張り出され、起死回生のヒットを飛ばした。つまりそれは、マキノ監督作品のすべてが大衆娯楽映画だったということである。同時にどれもみな、映画的表現において高度で素晴らしかった。そこでは通俗と高級とがわかちがたく融（と）け合っている、といえようか。明らかに娯楽と芸術という二分法は踏み越えられてしまうのである。

たとえば若き日の傑作「浪人街」（二八）は、残念ながら完全なフィルムが現存しないが、再映画化作品「酔どれ八万騎」（五一）「浪人街」（五七）を見ると、どれほど大衆的でかつ高度な映画表現が昭和初期に達成されていたかは、十二分に想像できる。あるいは、わたしなどが中学生のころに胸を躍らせて見た「次郎長三国志」シリーズ全九作（五二〜五四）の面白さは、そのことを具体的に示している。

十五年ほど前、マキノ監督の自伝「映画渡世」を畏友（いゆう）山田宏一と編集したさい、波乱万丈の生涯の迫力に圧倒されるとともに、それを語って聞かせるマキノさんの姿に感嘆した。サービス精神に徹して手ぶり身ぶりまじりで話すマキノさんに、相手を面白がらせるのに命がけになる人の凄（すご）みを感じたのである。まったく同じことがどの作品についてもいえよう。

マキノ監督の映画を見ると、無垢（むく）、イノセンスということが印象深い。登場人物たちが男も女も、ひたすら無垢な情熱に突き動かされて生きてゆく。本人も無垢なイノセンスな方であった。きっとそれは、何の装飾もなく裸のまま映画を生きてこられたからであろう。いま、マキノさんは、純粋無垢の映画魂になってしまわれた。合掌。（映画評論家）

一九九三年一一月一日

奇跡のように生まれた映画　表現の営みの限界へ　「8½」のフェリーニ

黒井千次

ある時、ある雑誌（映画雑誌だったと思うのだが）が、外国映画のベストスリーを選ぶといった企画をたて、アンケートを求める手紙を送って来た。あまりに対象の数が膨大で、その中から三作を選び出すことなど到底困難なために、回答は不可能と考えるしかなかった。

けれど、もしも一本だけをあげよと求められたなら、自分は迷わずにフェデリコ・フェリーニの「8½」を選ぶだろう、と思ったのを覚えている。そして、二番目、三番目に続く作品はない。なぜなら、「8½」は、順位の序列のトップに立つのではなく、その序列の枠外に孤独な星のごとく光る映画だ、と思われたからである。

＊　＊　＊

映画作りを描く映画は必ずしも珍しいものではない。記録的なタッチの作品から、巧妙にストーリーと絡み合う作品まで、幾つもの秀作がある。しかし、「8½」はそのどれとも違っていた。

フェリーニは、映画作りを内側から描いた。いわば、人間の内部から出発し、手探りで前に進み続けることによって、外部を構築してみせてくれた。極端な言い方をすれば、テーマもストーリーも捨て、ただ映像表現にすべてを賭（か）けることによって、表現行為の本質を示し、表現の営みがどこまで行けるかの限界を究めようとした。

実際にその製作過程がどうであったのかは知らないが、「8½」はどこに行き着くかも定かならぬままにスタートし、映画監督である主人公の思い出や幻想を自在に盛り込みつつ映画作りのプロセスを追い、ついにラストのロケット発射台セットを背景にした踊りの場面に美事に着地してみせた。その意味で、「8½」は、ほとんど奇跡のようにして生み出された作品であったような気がしてならなかった。

＊　＊　＊

とりわけ、最後の踊りのシーンが素晴らしかった。高々とそびえる発射台の構築物は、映画作りの挫折の象徴であるかに見えながら、実はその夢を辛くも支える骨組みでもあり、全登場人物が低い台の上で手をつないで踊る姿には、喜びと哀しみがかみ合うようにしてあふれていた。ピエロの楽隊に加わり、一人残ってスポットライトを浴び、やがて闇（やみ）に沈んでいく白い帽子、白いマントの横笛を吹く少年の影が、なんとも印象的だった。

映画は子供の夢から始まるのだ、と白い影は告げていた。同時にしかし、少年を見つめるまなざしには、大人になってしまった人間の重い日々の堆積（たいせき）が感じられた。そして、映画を作る仕事を通して見えてくる人間の切実な像が、少年と重なって刻まれていた。

＊　＊　＊

そのためであろうか、いま回想すると、「8½」はフェリーニの早めに書かれた精神の遺書であった、との感が深い。映画を作ろうとする人間の、野望や、いらだちや、苦悩や、不安や、歓喜のすべてが、そこにはこめられていた。フェリーニの死は遺書の再読を求める。それは現代の映画に対する鋭い批評の光を孕（はら）む映像の言葉で書かれている。

白い帽子をかぶり、白いマントを羽織った一人の少年が、横笛を吹きながら二十世紀のスクリーンから去って行く…。（作家）

一九九三年一二月一日

いつまでも心に残る人
益田喜頓さんを悼む

小藤田千栄子

三年ほど前に芸能界を引退し、故郷の函館で、悠々自適の生活を送っていた益田喜頓さんが亡くなった。八十四歳だった。

芸名がバスター・キートンのもじりであることはよく知られているが、共演者からは〝喜頓さん〟の愛称で慕われていた。芸能界のスタートは、戦前のヴォードヴィルの舞台。モダンなコミック音楽のグループ「あきれたぼういず」を結成し、トボけた味わいで人気を集めていた。戦後は、舞台と並行して、随分たくさんの映画にも出ていたが、やはり喜頓さんの一番の功績は、東宝ミュージカルの数々の舞台だろう。

一九六三年に、東宝が初めての翻訳ミュージカル「マイ・フェア・レディ」を上演したとき、喜頓さんは、ピカリング大佐の役で出演した。これはヒロインが、正しい英語と礼儀作法の特訓を受けるとき、常にそばにいて支える役どころだが、喜頓さんの温かさ、にじみ出るユーモアが、舞台全体を優しく包んでいた。

この温かさとユーモア感覚、さらに加えればダンディーな味わいは、喜頓さんならではのもので、例えば「王様と私」のラムゼイ卿、「屋根の上のヴァイオリン弾き」のユダヤ教のラビ、「風と共に去りぬ」のミード博士、「プロミセス・プロミセス」のドライファス医師などでも、いかんなく発揮されていた。

「マイ・フェア・レディ」のヒロインのせりふに「ピカリング大佐がいたからこそ、つらい特訓に耐えられた」というのがあったが、これは「益田喜頓がいたからこそ、東宝ミュージカルはここまできた」と言い換えることもできるのである。

最後の舞台は、一九九〇年八月の中日劇場「王様と私」だったが、ミュージカルファンには、あの優しさ、あの楽しさが、いつまでも心に残る人である。（映画・ミュージカル評論家）

平成六年

1994

一九九四年二月二日

核時代の思想家
サマビル博士の死を悼む

芝田進午

アメリカを代表する哲学者はだれか。多くの人がジョン・デューイを挙げるであろうが、私は、もう一人のジョン、すなわちジョン・サマビルを挙げないではおれない。

なぜなら、彼こそ、第一に、アメリカ独立宣言の精神を現代に復活させ、その立場から歴代アメリカ大統領の人権抑圧と核政策を弾劾してきた第一級の哲学者だからである。

第二に、ヒロシマの意味を深く洞察し、世界史をヒロシマ以前と以後に区分することを提唱し、核時代における「思想の革命」を説いた先駆者だからである。

彼は「核戦争」は戦争の一種ではなく「万物絶滅」にほかならないとして、その阻止を現代哲学の緊急かつ最大の課題であると位置づけた。

その思想と実践を統一させ、毎年八月、五回にわたり広島・長崎を訪れて原水爆禁止運動に連帯し、日本の原爆被爆者の悲願をアメリカと世界の人々に伝えてくれた。

サマビル以上に核廃絶を終生の哲学の課題とした思想家はアメリカにおいてはもちろん、わが国でも少ないのではないか。彼が「バートランド・ラッセル平和賞」「ガンジー平和賞」を受賞したのも当然といえよう。

その思想のゆえに、彼はアメリカよりも日本でよりよく理解されたようである。彼の著書の多くが邦訳され（岩波新書二点を含む）、その業績は岩波「西洋人名辞典」「哲学小辞典」など、幾つもの辞典でも高く評価されている。

私も、学生時代からサマビルに導かれ、アメリカ独立宣言の精神を核時代に生かす必要を教えられてきた。教授を通じて「もうひとつのアメリカ」の良心に感銘を受けた読者も少なくないはずである。

だが、真の日米友好に寄与してきた哲人は一月八日、肺炎で急逝した。享年八十八歳。訃報（ふほう）に接し、追悼するとともに、深い感謝の念をささげたい。

〝核時代の思想家〟サマビルの遺訓を受け継ぎ、その実現に尽力することは、今なお達成されるべき大きな課題である。（広島大学名誉教授）

一九九四年二月二三日

風渡るがごとき慈父
山田恵諦師を悼む

紀野一義

　ずっと昔、山田座主のお供をしてハワイに旅したことがある。天台宗のハワイ教会が創立されて一年目の記念の集いだったと思う。この旅では毎日師のすぐそばにいていろんな催しに参加したが、師があまりに鑑真和上に似ておいでになるので、私は心ひそかに天平時代に日本においでになった和上の生まれ変わりではあるまいか、と思ったものである。

　この旅の間中、師はニコニコしておいでになった。楽しくて仕方がない、というお顔であった。大きな声を出されたり、随行の若い僧をしかられるということもなかった。

　実に「長者というのはかくのごときか」と思わせられた。春の海のようにおおらかで、優しく、温かく、香気に満ちていた。そのおそばにいるだけで、お徳の香りに包まれ、浄化されてゆくのが自分でもよく分かった。師と二人だけの時にそのことを申し上げると「紀野先生、そんなことはございませんよ。もしそうだとしたら、先生の持っておられるお徳が、私という人間を通ってまた先生のところへ帰っていっただけのことでございますよ」と言って、ニコッと笑われた。

　実は私の父が鑑真和上によく似ていたので、思わず知らず私はそのお顔の上に、亡き父の顔を重ねて見ていたのかもしれない。

　師は天台座主として次々に立派な業績を残されただけでなく、宗教者世界平和会議に貢献するところも大きかった稀有（けう）の人である。それでいて、いつも天台の一沙門（しゃもん）としての生き方を忘れないお方であった。

　師が侍僧一人を連れて東北を旅され、伝教大師最澄ゆかりの寺院を訪ねられたことがある。師は「旅の天台僧」と言われただけなので、住持は座主と気付かず、つっけんどんな応対をしたそうである。侍僧が怒り出して「このお方は」と言いかけると、師はこれを制して、穏やかにあいさつを返し、本堂のご本尊を礼拝して立ち去られたそうである。

　風の渡るがごとく、水の流れるがごとき自然法爾（じねんほうに）の世界、ありのまま、そのまんまの風光の中に師はいられたのであろう。

　しつけの厳しい父を師父に持った私は、かなり厳しく、きつく教育された。それゆえ、師のように無条件にゆったりと優しいお方に接すると、慈父というのはこういう人のことかと思ってしまうのであった。

　師が亡くなられ、私は原爆で死んだ父に次いで、二番目の父を浄土へお送りしたような気がする。もはやこの世であのような方にお目にかかることはあるまい。お心安らかに逝きたまわんことを。（正眼短大副学長、真如会主幹）

一九九四年三月二四日

夫の主題を肉体で表現
G・マシーナを悼む

筈見有弘

「道」を初めて見たときのジュリエッタ・マシーナに対する感想はといえば、不思議な女優、だった。美人とはいいがたい容ぼうで、とても澄んでいてまんまるい目をくるくるさせ、唇をまげて、ほとんど無言で演じる知恵おくれのジェルソミーナ。その陽気なふるまいは痛々しいまでだった。

自分を女として扱ってくれないザンパノに心寂しさを覚えるあたりから、マシーナは別の一面をのぞかせはじめる。ザンパノがほかの女と出かけてしまい、一人取り残されたあとの悲しみ。修道院の物置で目覚めた彼女が「ザンパノ!」と言い寄る哀切。

マシーナがチャプリンにたとえられたのは、いつも笑いとペーソスを溶け合わせていたからだ。ジェルソミーナのような境遇の人間にこそ無垢(むく)な魂が宿っているというフェリーニの主題を肉体で表現し得たからだ。

「カビリアの夜」のカビリアはジェルソミーナの延長線上にいる。カビリアはローマの街はずれの街道で客を拾う娼婦(しょうふ)である。だが、魂は天使に近いといえるほど清純だ。男に結婚を申し込まれ、大金を用意するが、男は彼女をだます。カビリアは地面に転げ回って泣くが、いつしかその顔は笑顔に変わる。その無垢な表情。

「道」にしろ「カビリアの夜」にしろマシーナ抜きでは存在し得なかったであろう作品だが、フェリーニはさらに「魂のジュリエッタ」を彼女のために作っている。ある日、ふと夫に捨てられたのではないかと疑いを抱いた女の幻想や夢を交錯させた作品である。

そして、二十三年ぶりに夫の作品に主演した「ジンジャーとフレッド」。二十年か、それ以上たってかつてのダンス・コンビの相手と再会する元芸人の役だ。今は平穏な家庭のおばあちゃんにおさまっている。

老いたマシーナの目はますます澄み、表情はいっそう穏やかに見えた。そしていっそう小柄になったようにも感じられた。

フェリーニは、巨大なグラマーが好きだといわれ、実際そういう女優が大役をつとめることが多いのだが、マシーナだけは別だった。大きな女と小さな女、それはフェリーニの罪悪と救済のテーマをも表しているのだ。

彼らは、イタリア映画界きってのおしどり夫婦といわれたものだが、フェリーニにとっては私生活においても妻ジュリエッタの存在がいろいろな意味で救いになっていたに違いない。

九〇年に夫婦そろって来日したときの記者会見で、「撮影現場では夫が王様。家へ帰れば私が女王。仕事でいじめられ、愛でオトシマエをつけるのよ」と、例の大きな目でちゃめっ気たっぷりに語ったのが忘れられない。(映画評論家)

一九九四年三月二六日

長寿によって芸を完熟
片岡仁左衛門を悼む

藤田洋

片岡仁左衛門が二十六日亡くなった。その九十年の人生は〝生きた歌舞伎史〟ともいえる。二歳で初舞台を踏んで以来、仁左衛門は舞台ひと筋に生きてきた。

特に晩年になって芸が燦然（さんぜん）と光り輝いた。昭和五十六年秋の国立劇場で演じた「菅原伝授」のうち、「道明寺」の菅丞相は後世に語り伝えられる至芸であった。淡々と演じながら格調高く、滋味が深かった。芸の円熟期にある役者の充実、気迫を十分に楽しむことができたのは、至福というべきだろう。

昭和初期、三十代で既に新宿第一劇場の青年歌舞伎の座頭だった。やがて関西に移り住むようになる。仁左衛門の強みは、青年期から大役を次々に手掛けてきたことであり、東京と関西の両方のやり方を熟知していることだ。

第二次大戦後、関西歌舞伎がだんだんと混乱から低迷、衰退へ向かっていった。昭和三十七年、東京は十一代目團十郎襲名で活気づき、関西では仁左衛門が私費をなげうって「仁左衛門歌舞伎」を自主公演した。歌舞伎に生命をかけた純粋の情熱の人だった。その後も、率先して学校巡演に出掛けたり、若手の育成に骨身を惜しまない。誠実で律義なお人柄は舞台にもよく表れている。

当たり役に挙げたいのは「吉田屋」の伊左衛門だ。大阪の豪商の若だんならしいおうようさ、勘当されて紙衣（かみこ）を着るほど落ちぶれても、おっとりした風を失わない。和事（わごと）の芸が、生かされている。「引窓」の十次兵衛、「伊勢音頭」の貢のように、ちょっと手ごわい役もいい。「梅川忠兵衛」の忠兵衛は、晩年になるとその父親の孫右衛門を持ち役にするようになった。「夏祭」の団七も、三婦に替わった。こうしたふけ役に愛きょうと洒脱（しゃだつ）味を加えていったのである。義太夫をよく語り、またよく演じた。

長生きも芸のうち、という言葉がある。仁左衛門は長寿によって芸を完熟させることができた点で、幸運な役者であった。

何冊もの芸談、エッセーを残している。特に自分が学んだ東西の歌舞伎の相違は、文献としても貴重で価値がある。

歌舞伎役者の家に生まれ育ち、歌舞伎ひと筋に徹し切れた人生は、ある意味でこれほどの幸せはあるまい。我当、秀太郎、孝夫という跡継ぎにも恵まれ、孫も役者になり、家庭的にも幸せだった。

京の顔見世には連続四十一年出演した。例のない記録である。（演劇評論家）

一九九四年三月二十七日

一筋のしずけさ
山口誓子氏を悼む

上田五千石

山口誓子が亡くなった。三月二十六日午後四時三十分、九十二歳であった。昭和俳句史を華やかに開いたいわゆる「四S」（秋桜子、素十、青畝、誓子）の時代はこれで完全に終幕を告げた。

俳句の世界で誓子が果たした役割は、一言に約すれば「俳句」という短詩型を詩のジャンルとして確立しようとした、ということである。そのことは連句の場から発句を独立させて、これに「俳句」という名を与えた正岡子規の仕事の延長線上にその詩学、方法論を構築し、「俳句」から不純物を排して、一個の純粋詩のビジョンの樹立を目指すことにほかならなかった。

俳句をして俳句たらしめているメカニズムの追究、それが若いころの「写生構成」「モンタージュ」「二物衝撃」の理論となり、晩年に至るまでの「物と物との関係付け」あるいは「正・反・合」の詩的弁証法、連想飛躍法となって熟成されてくる。その根底にあるものは、芭蕉の「発句は取り合わせなり」という、短詩型がよって立つ詩の原理の再発見、再認識、再確立であった。「取り合わせ」を常に新たにするためには「写生」が必要と言い、凝視によって直観をひらめかすことをしきりに説いた。

誓子が目指す「俳句」は、芭蕉と子規のビジョンの総合・止揚の上に創造されるべきものであった。発句から「俳句」への転換以後のいわゆる「俳句百年」は「俳句とは何か」を問い続けた歴史と言ってもいいが、その中で誓子ほど、この命題に論作のすべてを傾注した俳人はいない。

誓子の俳句は、その方法論の帰結が、知性による十七音の詩の堅固な構成に向かって、情をのべることに極めて吝嗇（りんしょく）であったために、冷たいとか堅過ぎるとか評されているが、誓子その人はむしろ情の人である。「学問のさびしさに堪へ炭をつぐ」の最初期作から「御遷宮昔の伊勢の暗さなる」の晩期まで、全作品を貫通するのは、ある一筋のものがなしいものである。生きることのかなしさであり、独り身のさびしさである。

海に出て木枯帰るところなし（「遠星」所載）
月明の宙に出て行き遊びけり（「晩刻」）
悲しさの極みに誰か枯木折る（「青女」）
一湾の潮しづもるきりぎりす（「和服」）

誓子の根源に在ったものは、これらの名句に必ず浸透している何かであり、それを寂（しず）けさと言い取っても誤りではなかろう。（俳人）

一九九四年四月四日①

変転の1世紀を生きた文士
小島政二郎氏を悼む

鈴木貞美

小島政二郎氏が亡くなった。

明治二十七（一八九四）年一月三十一日の生まれだから、ちょうど百歳だった。

最近はすっかり忘れられたかっこうだが、しばらく前までは、旺文社文庫で、名作「円朝」が手軽に読めた。

近代落語の祖、三遊亭円朝の伝記小説で、幕末から維新にかけての激動を背景に、にぎやかな女性遍歴をからめつつ、怪談と人情咄（ばなし）に、名人とうたわれるまでになった芸人の一生を書く。その人柄の魅力を存分に発揮させる筆は絶妙。うまいなぁと、うならせられるところも随所にある。

小島さんは東京の上野下谷の出だから、「上野の戦争」、つまり明治元年の彰義隊の乱の思い出話など聞きながら育った。講談・落語の世界も、少年のころから親しんでいたものだ。永井荷風に傾倒して、文学を志したひとだけあって、芸者さんの世界にもなじみが深い。

こんなふうに書くと、下町情緒にひたって生きたひとのような印象が強いかもしれない。それに間違いはないが、円朝の芸への懐疑と苦悩を浮き彫りにするところなど、むしろ近代的な芸術家小説と呼びたくなる。

慶応大学に進んで、鈴木三重吉「赤い鳥」や「三田文学」の編集に携わっている。このへんからは、ハイカラな雰囲気になじんでいることがわかる。

その鈴木三重吉との縁で、芥川竜之介や菊池寛らと交流があった。彼らよりちょっと年下、大川端でそだった芥川竜之介より、町の子だった。やはり東京下町の出で、慶応へ進んだ久保田万太郎の後輩にあたる。

大正十一（一九二二）年ころに「一枚看板」「家」「生理的腫物」などの小説を「新潮」など文芸雑誌に発表しはじめ、最初の創作集「含羞」を大正十三年に出している。ドーデの「ベルリン包囲」など翻訳したこともある。

活躍しはじめたところで、「プロレタリア文学」など新興勢力の勃興（ぼっこう）に出合って、影が薄くなる。こういう作家が何人もいる。

しかし、小島さんの大正文士的なリベラリズムは、ジャンルにこだわらない。戦前・戦後を通じて、新聞や娯楽雑誌、週刊誌などに時代小説や風俗小説、回想随筆などを書いて活躍した。

昭和十年の芥川・直木賞の創設時から、菊池寛、久米正雄と並んで両賞の選考委員を兼ねている。やはり昭和十年、「改造」に発表した「眼中の人」は、自分の作家としての発展をつづった小説だが、大正文士たちとの交遊の記述が精彩を放ち、「生きた大正文学史」と評された。

久保田万太郎が亡くなった昭和三十八年には、滅びゆく下町の音とともに先輩をしのぶ追悼・回想記を書いた。それから三十年あまりたつ。大きな変転の一世紀を生きた文士は、ひっそりと逝った。

合掌。（文芸評論家、国際日本文化研究センター助教授）

一九九四年四月四日②

建築界の固い核の一つ 西山夘三氏を悼む

藤森照信

西山夘三といっても普通の人は知らないかもしれない。しかし、だれでも、住宅を表示する時、二DKとか三DKとかいうことは知っているし、DKがダイニング・キッチンの略であることも承知している。そのダイニング・キッチンの原理を考え出したのが、建築学者の西山先生なのである。

話は戦前にさかのぼるが、庶民の住宅の改良を志した西山青年は、大阪の下町をフィールドとして住宅の間取りの調査をしていた。狭い狭い長屋である。調査の中で、彼の鋭い観察眼は、狭い中でも人々はせめて食事の空間を寝室から分離しようと努めていることを見抜いた。夜具を片付けてチャブ台を出し、といったことを好まず、台所の片すみにでも食事のための場を確保しようとしている。

これを知った西山は、小住宅の改良の方向は、食事室を寝室から分離することであるとし、これを〈食寝分離〉と名付けた。具体的な方策としては、寝室から分離し、台所と一緒にする。西山が昭和十年代の後半に出したこの主張は、戦後になって創設された住宅公団に取り入れられ、食事室（ダイニング）と台所（キッチン）が一体化した新しい空間が誕生し、ダイニング・キッチンと名付けられ、戦後の日本の住宅に決定的な影響を与え、中小の住宅のみならず邸宅クラスの住まいにまで取り入れられるようになった。理論が現実を導くという学者の理想を先生は体験されたのである。

若き日に庶民の住宅改良を志されたことから知られるように、先生は、マルクス主義をもって自分のバックボーンとし、その立場を生涯堅持された。戦後の日本の建築界の中では、国と時代の流れに形を与えることを使命とする丹下健三とちょうど反対の立場に立ち、たとえばかの京都タワーの建設の時には反対運動を繰り広げ、さらにこの度の京都駅高層化問題についても反対の表明をなされた。

しかしイデオロギッシュな硬直はなかった。机上の空論をきらい、都市や住宅の現場を歩くことを好み、巧みなスケッチと達意な文で、日本の戦前戦後の住宅現象を克明に記録し、分析し、その成果として名著「日本のすまい」が生まれている。日本人がこれまでどのように住まい、今後どのように住んでいったらいいのかを生涯考え続けた人である。

私事にわたるが、没せられる少し前に手紙をいただいた。日本の近代建築についての拙著の中で、昭和十八年、西山が「ついクラクラっとして」、国粋主義的な「神都計画」なるものを制作した、と書いたところ、いやそれは君の間違いであの計画の名は「大東亜聖地祝祭都市」なんだヨ、という指摘であった。戦中の自分の一時の右傾化についても堂々と語られるところに、自分がなしてきた実績への自信がうかがわれた。

先生が亡くなって、日本の建築界の固い核の一つが消えた思いを禁じえない。合掌。（東大助教授）

一九九四年五月一三日

芸術の自律性を説く
フォーマリズムの指導者
グリーンバーグを悼む

谷川渥

　クレメント・グリーンバーグが逝った。一昨年末にそのかくしゃくたる姿に身近に接することのできた筆者には、にわかには信じがたい思いがする。それにしても、この稀代（きたい）の批評家の死は、アメリカ戦後美術にいよいよ本当に幕が下りてしまったことを感じさせないではいない。

　一九三〇年代末からおう盛な批評活動を開始したグリーンバーグが、その際立った存在感を示したのは、何といっても五〇年代のニューヨークにおいてであった。

　ニューヨークは、ヨーロッパ近代美術の亜流ではない独創的な芸術をようやく生み出しつつあったが、一般に抽象表現主義と呼ばれることになるこのまぎれもなく偉大な芸術に対して、グリーンバーグは理論的指導者としての役割を演じたばかりではなく、その都度の展評やエッセーを通じて幾多の若い才能を発見し、擁護し、そして育て上げた。

　とりわけジャクソン・ポロックという天才画家の軌跡は、この批評家とのドラマチックな関係を抜きにしては考えられない。マーク・ロスコ、モーリス・ルイス、バーネット・ニューマン、ハンス・ホフマンなどの画家、あるいはいま東京で大規模な展覧会が開かれている彫刻家デイビッド・スミスなども、その批評言語と多少とも密接にかかわっている。

　カント美学やヴェルフリンのバロック論を独自に消化したグリーンバーグの理論的立場は、フォーマリズムと呼ばれる。芸術の自律性を説き、絵画の二次元性、「平面性」への「純粋化」を主張するその立場は、抽象表現主義の大画面の圧倒的な迫力に裏づけられて決定的な成功を収めたといっていい。

　ところが、六〇年代になってポップ・アート、ミニマル・アート、コンセプチュアル・アートなどが相次いで登場したとき、批評家は否定的な言葉を吐くか口をつぐむだけだった。「抽象表現主義以後」（一九六二年）という論文のなかで、グリーンバーグは、「いまや問われるべきは、もはやなにが芸術あるいは絵画芸術を構成するかではなくて、つまるところなにが良い芸術をそのようなものとして構成するかという問いである」と書いた。彼の眼には、六〇年代に登場した「アート」は、総じて「良い」ものではなかったのである。

　こうした厳格なフォーマリズムが批判の対象とならなかったはずはない。例えば、コンセプチュアル・アートの代表者のひとりジョセフ・コスースは、その「哲学以後の芸術」（六九年）というエッセーのなかで、こう述べている。「グリーンバーグは、なによりもまず趣味の批評家である。彼のどんな決定の背後にも、その趣味を反映した美的判断がある。そして彼の趣味はなにを反映しているのか？彼が批評家として育った時代、彼にとって〝リアル〟な時代、つまり五〇年代だ」

　過去の趣味の批評家だというわけである。たしかに、カントもいうように、美的判断は趣味判断にほかならない。コスースの批判は、しかしおのずから彼自身にも返ってこよう。コスースの言葉は、六〇年代の「趣味」を反映しているのではないか、と。人は「趣味」から逃れることはできない。

　一昨年の十二月十六日、来日したグリーンバーグを囲んで東京都美術館でパネルディスカッションが行われた。筆者も参加する機会を得たそこで、彼が「あらゆる現代芸術はニューヨークを通過すると信じている」と発言したことが鮮やかに記憶に残っている。地域主義など認めないと断言しているのだ。すべては普遍的なフォームの問題だというわけである。ニューヨーク中心のそのフォーマリズムのかたくなさにはいささか驚きを禁じえなかったが、しかしその彼はまた、良い絵は抽象具象を問わないとも明言した。

　貴族主義的ともいえるその一貫した姿勢、あくまでも美的価値をのみ重視するその厳格なフォーマリズムには、会場を埋めた聴衆のだれもが多少とも感動を覚えずにはいなかったはずだ。孤高の批評家のめい福を祈る。（国学院大教授）

一九九四年六月一七日

源氏をわが身の心に
村山リウさんを悼む

犬養孝

村山リウさんが亡くなられた。あの源氏物語についても、しゃきしゃきと物を言われた村山さん。年を取られてもカルチャーセンターなどでとうとうと論ぜられ、どこでもいつでも若く論ぜられ、お年を取ることを忘れられたのではないかと思われる村山さんの、よどみない人生批評が、よどみなく続けていらっしゃるかと思われるほどお元気な村山さんが、もうこの世の人でないなどと考えられないのである。

村山さんは、今もすこぶるご健康に、源氏を、また人生百般のことを、わが身のこととして論ぜられ、かきくどいておられるに違いないと思われるのである。村山さんは、平成六年六月十七日午前零時三十一分に、肺炎のため世を閉じられたのが真相である。ついにこの世の旅を終えられた。

わたくしも二十年前ごろまでは、大阪の住吉に住んでいた。粉浜の家から阪堺線を隔てて百メートルほどの所に、村山さんは住んでおられた。そのころ、ご主人は阪急百貨店に診療室を持っておられて、わたしも行き来して親しくさせていただいていた。

芦屋に越されてからは、あちこちのカルチャーセンターで一緒になることが多く、いつもご健在をことほいでいた。村山さんは、晩年に近いころまで東京を含めて、各所のカルチャーセンターの類に、源氏物語を講じておられた。

よく倦（う）むことを知らないで新鮮な講義を続けられることと、その情熱の深さに驚いた。源氏を講じても、純粋学者の論とは異なって、女性の立場から思い切った人物批評を加えられ、それが一般に受け入れられ、つきるところを知らなかった。これが民間の人らしい素直な村山さんの、飽くない心であったろう。

源氏をここまで読んで、わが身の心、わが世の心とした人は、いないであろう。民間の優れた先達を失ったと言ってよい。とり返しがつかないことである。

源氏ばかりではない。社会百般にわたって新鮮な批評を加え、説くところは、いつも熱したらやまない素晴らしいところに至る。人の心を特に察して、その心組みで話をされる。その話の特徴は教えられるところだ。話しているうちに、おのずと村山さん自身の、心の世界になっているのだ。民間の得難い導師を失ったようなものだ。昭和、平成を通じてのまれに見る導師ということができよう。

村山さんは亡くなった。もう二度とあのお声を聞くことはできない。しかし、話を聞いた人の心の中には、村山さんは生きている。女性の導師の情熱と心魂は、いつまでも離れない。無限の生命の泉であろう。

村山さんの情熱は、まだまだ語ってやまないだろう。源氏を骨髄までかんだ村山さんは、まだまだ語ってやまないに違いない。

民間の学者の声は、人々の心の中に躍動してやまないのである。村山さんの精霊は、昭和、平成を通じて生き続いた稀有（けう）の人というべきである。（大阪大学名誉教授）

一九九四年七月二一日

ひやりと冷たい白昼夢
超現実主義画家デルボー

出口裕弘

画家の長寿はめずらしくないが、ポール・デルボーは一八九七年の生まれだから、あのピカソよりもさらに数年、長生きしたことになる。ほぼ一世紀の生涯は、作品の中で時間をとめてしまった画家に、だれよりもふさわしかったのかもしれない。

ちょうど十年前、日本でデルボー展が開かれ、版画を入れれば百点を超える作品が展示された。そのときのカタログをあけてみる。ぱっちりと目をみひらいたおなじみの裸婦がいる。遠景に古代都市が見える。ジュール・ベルヌの小説の主人公をモデルにした長身の学者が立っている。あちこちで汽車が煙を吐き、路面電車が走り、月や街灯が輝いている。シュルレアリスムの画家だったにはちがいないが、三日月の下をおもちゃのようなローカル線が走っている絵などは、谷内六郎の世界に近い。

ベルギー人でシュルレアリストとなると、すぐルネ・マグリットの名が浮かんでくる。大ざっぱにいえば、マグリットは知的で、しばしば笑いを誘い、デルボーは情感的で、甘美な郷愁を誘う。谷内六郎が好きな私は、昔からデルボーを偏愛してきた。

御大のブルトンをはじめとして、シュルレアリストには戦闘的なタイプが多かったが、デルボーはちがう。論争しているひまがあったら、密室にこもって、何も見ていなそうな大きな目と、ふさふさした恥毛がトレードマークの裸女たちを描く。夢や無意識についての理論構築にはげむよりも、近景に裸婦が寝ていて、中景にSLが走っている、ただそれだけという変な絵を描いているほうがいい。そういう物静かなアーチストだった。手法そのものにも別に革新性はない。特に油彩は、通俗といっていいほどの細密リアリズムで描かれている。

しかし、カタログをじっくり眺めているうち、油彩のデルボーに心をあずけて、甘美な夢を見ているだけではすまないように思えてくる。デルボーは七〇年代、八〇年代にたくさん銅版画を作っている。その画風が、意外なほどきびしく、暗いのだ。タイトルも、「死んだ女」「解剖室」「醜い男」「行き倒れ」「負傷者」「微笑のない夜」と、およそ郷愁の画家らしくない。裸女たちの目も、例のぱっちりばかりではなく、あちこちに伏し目が登場し、深々とうなだれた娘さえいる。

遠くから、あるいはガラスの壁をへだてて女を愛する。決して近寄らない。抱きしめようとしない。青白い裸婦たちと着衣の男というデルボーの世界は、視線だけで女を愛する不幸な男の夢だといってしまってもいい。アンドレ・マッソンも女体を追い求めたが、もっと直接的、情熱的だった。デルボーはマッソンのように女を侵犯できず、ひたすら夢みた。晩年になって画風に暗影がさしたのも無理はない。

だが…私はやっぱり油彩がいい。女たちの向こうに、青塗りの市電がとまっている。永遠にとまっている。この、ひやりと冷たい白昼夢こそが、私の、いや私たちのデルボーだ。

(作家、フランス文学者)

一九九四年七月二十七日

義理人情に厚くモダーン
吉行淳之介氏を悼む

小島信夫

　このところ文壇とも、昔から親交のあった編集者とも交際がないものだから、吉行さんが入院中であるということも知らなかった。第三の新人と呼ばれていた小説家とも会合などで全く会うことがなかったわけではないが、そういう人たちの数も次第に限られてきているし、たとえ挨拶（あいさつ）を交わしても、吉行さんの話は出なかった。吉行さんの病気は長く、遠くから見守るのがよいことだという考えが習慣になってしまっていたのかもしれない。それにしても亡くなってしまった今、まことに申しわけない気がしてならない。

　吉行淳之介は、五十年間ずっと病気だったといってもいいくらいだった。彼や私が文壇に出始めた頃（ころ）、私は小石川高校の教師をしていて、ある昼休みなど、市ケ谷駅と目と鼻のところにあった彼の住居に出かけて、昼食のパンを食べると、彼は不思議な顔をして、私を眺めていた。彼はその貧しい食事をわざわざ自分の家へ来て見せつけているのではないかと思ったかもしれない。いや、見せつけるのではなく、小島は本当に貧しいのだと思いあらためて、いつか宮川のうな重でも食べさせてやろうと夫人と話したこともあったらしく、一カ月もたった頃、彼女と目で合図をして、うな重をとらせ、御馳走（ごちそう）してくれた。

　私は曲がりなりにも教師の給料をもらっていたのだから、それほど貧しいわけではないことはすぐ分かるはずであったが、彼はそういう人ではなかった。彼は私の前で薬を鼻孔に注入して見せ、痰（たん）が出てくると鼻紙で拭（ふ）いて部屋の隅にある屑籠（くずかご）にほうり投げた。それが巧みで百発百中であった。

　今もいったようなぐあいに彼は昭和三十年、いや二十八、九年の頃、既にゼンソクで苦労していた。二十歳代の前半かと思うが肺結核で、肺葉切除という手術を受けた。それで治ったとしても、肺活量は減っていたのだし健康体になったわけではない。だから私の判断ではずっと病気であったといってもよいのではないだろうか。

　しかし彼は「オレは病気を飼い馴（な）らしている」といっていた。ただヘコタレないとかいうだけでなく深刻ぶることはできない人で、一種のたのしみにしてしまおうという態度があったのであろう。

　彼はモダーンでトリッキーなところがあった。安岡章太郎に「陰気な愉しみ」という短篇があるが、それとも別な面白いタノシミ方があった。私に豪勢なうな重を食べさせてみるのも、一つのタノシミ方でないとはいえない。彼は何の用事があったか忘れたが、後で私の家へやってきた。そうして公庫で建てた私の家を見た。吉行さんの家は平屋の離れで、狭くとも二部屋つづきの気の利いたものであった。しかし私の家は高台にあり、十二・五坪の平屋の南西に一間ずつの二階屋を建て増したばかりの時であった。私の家の敷地は崖（がけ）上にあったので、道から見上げると、小さい平屋でも見栄えがした。しかも二階屋まで付属していたので、昭和二十年代の終わり時分では、聳（そび）え立っているように思えたかもしれない。

　それでそれから何年後かさだかではないが、彼は私に関する短いエッセイの中で、小島は城のような家に住んでいる、と書いた。ほんとうにそう思ったかもしれないが、私がトリッキーな人間であると解釈し、それをたのしんだ点が全くなかったとはいえない。それにしても、その文章を読んで私は彼に悪いことをしたと思った。

　吉行さんは私より九つ年下である。同じ頃文壇に顔を出した仲間ということもあって、私のことを「小島、小島」と呼んだ。「さん」づけにはしなかった。それが私はいかにもいさぎよく文士ふうで好もしかった。当時から彼は気のやさしい、義理人情に厚い人であったが、それでいてモダーンな人でもあった。そしてたぶん、辛（つら）いことは自分が引き受けるというところがあったようである。今とっさに思い浮かぶのは、こんなことである。

（作家）

一九九四年八月九日

大阪を代表する喜劇人 鳳啓助さんを悼む

木津川計

やはり駄目だったのか、の感なしとしない。あるいはがん病棟からの生還かも、と思わせたのも別れた妻、京唄子さんとの漫才コンビ復活がごく最近だったからだ。見るからにエネルギッシュ、脂っこい体質の人をしても病魔を駆逐することはできなかった。あらためて言う。がんよ驕（おご）るなかれ。

〝カッパ〟の愛称で親しまれた鳳啓助さんは「口も大きいが心も広い」京唄子さんと夫婦漫才で鳴らした。唄子さんのツッコミを啓助さんは絶妙のボケでかわし、笑いを盛り上げた。十四年も続いた「唄子・啓助のおもろい夫婦」はテレビの人気番組だったが、すでに離婚していたにもかかわらず、二人の息はピッタリ合ってファンを一面で悲しませていたのである。

ミヤコ蝶々・南都雄二さんも同様だった。対抗番組ともいえた「蝶々・雄二の夫婦善哉」でも蝶々さんは棄てられた悲哀をおくびにも出さなかった。

唄子さんも蝶々さんもともに大衆演劇の数少ない女座長に転身して大成。関西の、日本の笑いをステージから組織してファンを喜ばせ続けている。

並び称される蝶々さんには〝後家のがんばり〟がにじみ出るのではあるが、唄子さんは脚本、演出を啓助さんに頼り、いつも大輪の牡丹（ぼたん）を思わす華やかな芸で舞台を彩った。

「スチャラカ社員」「てなもんや三度笠」でも啓助さんは活躍したのだが、永遠の三枚目。ねばっこくてにぎやかな大阪人の体臭を代表するコメディアンであった。

文才に恵まれ、志織慶太の筆名で唄啓劇団を支え続けた。その才能を評価、筆者も審査員の末席を務める上方お笑い大賞の作家部門・秋田実賞を昭和五十五年に差し上げたのである。

啓助さんは喜び、「梅コマの舞台に若くてピチピチした女の子を三百人ぐらいはべらせる台本を書きたい」と語って周囲を笑わせた。

仁左衛門、香川登枝緒に次ぐ今年の訃報である。啓助さん、長い間ご苦労さん。さようならぁーっと手を振り、そして捧げる合掌である。（「上方芸能」編集長、立命館大教授）

一九九四年九月二四日

大柄な体で安心感
京塚の当たり役のかあさん　佐怒賀三夫

ホームドラマを振り返ってみると、「肝っ玉かあさん」が放送される数年前には「七人の孫」など大家族ドラマの全盛期があった。その後ドラマの方も核家族化するが、人間が大勢出入りしないとシチュエーションドラマとしてのホームドラマは成り立ちにくい。また両親のどちらかがいない欠損家族ドラマと呼ばれるものも出てきたが、これも底をついた。

大家族を見直そうという気分の中で登場した「肝っ玉かあさん」は、核家族ドラマと欠損家族ドラマをプラスし、さらにそば屋という商売を取り入れたために出入りの客を含めて共同体全体が大家族という様相となった。

おかみ役の京塚さんは、その大柄な体が、物に動じない許容力、包容力を感じさせ、視聴者に安心感を抱かせた。それまでのホームドラマは、物分かりがよくて最終的な裁定を下すパパと優しいママというアメリカ型が多かったが、ここでの京塚さんはパパとママの両方の役割を演じ、それがぴったりとはまっていた。

現在放送中のドラマも、商売を舞台にしたものが多く、主人公も安心できる人間が登場する。内容は劇画っぽくなっているが、今も同じようなことをしているわけで、こういった要素は「肝っ玉かあさん」と京塚さんが切り開いたものだろう。（放送評論家・談）

一九九四年一〇月六日

常に大衆と共にあった日本を愛したニニ・ロッソ

青木啓

日本に初めて来たのが一九六七年だから、彼と日本人の付き合いはかれこれ三十年近くになる。その少し前から「夕焼けのトランペット」「さすらいのマーチ」などがレコードで立て続けに発売されており、その存在は既に注目されていた。

ジャズから始めた人だったが、ムード音楽、イージーリスニングの分野で活躍。小難しいジャズと違い、分かりやすいトランペットで、カンツォーネなどに代表される歌の国イタリア出身らしい、歌うような演奏に特徴があった。歌に通じる楽しさ、美しさが、日本人の心に受け入れられやすかったと言える。

実際ボーカルも聴かせてくれたが、上手とは言えないまでも味のある個性的な声がまた魅力だった。

ステージマナーも素晴らしく、いかに客をなごませ、楽しませるかに心を砕いていた。派手さはないが、温かさが伝わり、彼の人柄が至るところににじみ出て、幅広い年齢層から愛されていた。

チャリティーコンサートも数多くこなし、福祉団体に寄付するなど人間的にも良くできた人だったと思う。

毎年のように来日した日本は彼にとって第二の故郷だった。常に日本人と同じ気持ちでステージに立っていたのではないか。

マイルス・デイビスやルイ・アームストロングのように世界中のミュージシャンに影響を与えたわけではないが、大衆に音楽の楽しさを教えてくれたという意味で、特に日本での功績は大きい。美しい歌心を持ち、常に大衆と共にあったミュージシャンと言えるだろう。（音楽評論家・談）

一九九四年一一月一〇日

「心」を描き続けた画家
サム・フランシスを悼む

宇佐美圭司

人の心は、どのような表現として絵画になるだろうか。それを知りたければ、サム・フランシスの絵を見てみればよい。サムは「心」を描き続けた画家であった。精神といえば、すこしかたくなり、情動といえば、彼の知的な部分がそこなわれるような気がする。彼の絵はいつもそんな場を表象しているように思えたし、ブレイクや、ユングへのただならぬ傾倒がそれをあかしてもいたであろう。

私は、二十三歳の最初の個展（一九六三年）直後にサムと知りあった。今はなき南画廊の志水楠男と共に、東京・国立にある小さなアトリエを訪ねてくれたことをなつかしく記憶している。

彼はなによりも絵を描く人であった。何度も日本を訪れ、仕事をし、展覧会を開いた。五、六度、あるいはもっとかな。赤坂の丘陵の上にあった彼のアトリエで、大きなキャンバスに色彩空間がひろがるのを、いつも驚きと期待をこめて見せてもらった。

彼のモチーフは、絵をはじめた時から、「心」にあったから、抽象的である以外のあり様がなかった。「心」を空間や時間の未知な状態としてとらえようとしたのである。漆黒の闇（やみ）のなかでは、たとえなじんだ自分の部屋でも、うまく動けないといった経験がだれにもあろう。手探りで出口を探して、方向や位置の感覚が闇のなかではうまく働かないのにはじめて気づく。

闇のなかに居るようにして絵を描く、別のいい方をすれば赤ん坊のように、あるいは原始人のようにして。画家でありながら、彼は物の色を描いたことが一度もなかったであろう。色は彼の闇の王国からキャンバスにあふれだし、リズムやバランスを生みだす光そのものであった。だから彼の抽象絵画は現実の断片ではなく、常に夢みられた世界の全体像であった。

もちろんうまくいかぬときもあったろう。職業としての画家であれば、表現がスタイルを生み、自己模倣が生まれるのは避けがたい。けれどもいつも懸命にそんな自分をのりこえようとして生活し、キャンバスの前に立つサムの姿を私は見てきた。

病状の悪化が伝えられてから久しかった。がんと闘いながら最後までブラシを持ち続けたという。彼のひらいた色彩の世界は、抽象表現の確かなボキャブラリーとして歴史に残り、私たちを刺激し続けるであろう。

サム、闇の世界の感触を、それゆえに光の世界の感触を、どこからか伝えて。（画家、武蔵野美大教授）

一九九四年一一月二一日

颯爽とした風姿
福田恆存氏の思い出

高井有一

「現代の文明は呪術の虚妄を笑つてをります」—こう書かれた「芸術とはなにか」の冒頭の文章を、私は今でも何かの折にふと思い出す。原始人の呪術（じゅじゅつ）に遊びの要素が含まれている事から説き起こして、芸術に不可欠な〝演戯の自由〟について論じたこの本は、一九五〇年に出ている。高校生の私はそれを読んで、眼を開かれたように感じた。

　ちょうどそのころ、早稲田の大隈講堂で文芸講演会があった。「芸術とはなにか」の著者が登壇すると聞いて、私は出掛けて行った。初めて見る痩身（そうしん）の福田恆存氏は、額に垂れかかる髪の毛をしきりにかき上げながら、早稲田派の模写的リアリズムを、言葉きびしく弾劾した。その風姿はまことに颯爽（さっそう）としていると言ってよかった。福田氏の話が終わると、満員の聴衆の半数近くが立って帰りかけ、場内はざわついて、次の講演者は気の毒な事に、壇上でしばし立ち往生をした。こんな風にして私は、福田恆存という才能を知った。

　喜劇「キティ颱風」が上演されたのも、やはり一九五〇年であった。その後、「堅塁奪取」「龍を撫でた男」と福田氏の芝居がかかる度に私は劇場へ通い、実によく笑った。芝居の中身についてあれこれと理屈を述べるよりも、私は、笑った思い出だけを大切にしていたい気がする。

　新訳による「ハムレット」の上演も記憶に新しい。この訳はずいぶん議論の種になった。〝to be or not to be…〟を「生か死か、それが疑問だ」と訳し、〝frailty, thy name is woman〟を「たわいもない、それが女といふものか」と訳したのは、いささか誇張して言うなら、一つの事件だったのである。芝居の台詞は人物の行動を促すものでなければならない、というのが福田氏の主張であった。芥川比呂志が演じるハムレットは行動的な青年に変身し、大きな声で叫びながら、東横ホールの花道をいっさんに駆け込んで行った。最も文体に関心を引かれた作品は何かときかれたなら、福田恆存訳シェイクスピア全集を挙げてもいい、と私は思っている。

　福田氏と最初に言葉を交わしたのは、私が共同通信の記者をしていた時分、一九五九年であった。大磯のお宅へインタビューに出向いたのである。いわゆる進歩的知識人が幅を利かせていた六〇年安保前夜の新聞の学芸欄に、〝タカ派〟の雄たる福田氏を登場させるのに、私は少しばかり苦労をした。和服を着て風通しのいい座敷に現れた福田氏は、むかしの大隈講堂での印象とは打って変わって、考えながら静かに話す人であった。

　それから亡くなるまでの間に、お会いした回数は多くはなかったが、恵投にあずかった新著の感想を私が書き送るようなお付き合いはずっと続いた。一度は、芝居を書きませんか、と声をかけて頂いたが、私はとうとうせっかくの期待に沿えないままに終わってしまった。

　昭和が終わった直後、新聞で福田氏の長い談話記事を読んだ。現在の日本は悪い方へばかり進んでいるが、自分は隠居の場所を確保して「天地や雄大な自然のことを考へて行きたい」という一節があった。その後しばらくして私が受け取った葉書には、もう書く事はなくなつたが、それもまた佳しと考へてゐます、と書いてあった。沈黙の中で自在に遊ぼうとされたのだろうか。そうだとしたら、晩年は短すぎたように思えてならない。（作家）

一九九四年一二月二二日

かくも緊密に一体となって乙羽信子さんを悼む

白井佳夫

乙羽信子さんが十二月二十二日亡くなった。あの若々しく活動的な乙羽さんが、七十歳で急に亡くなられるとは、思いもかけぬことであった。長い映画人生をいっしょに歩んでこられたといっていい、夫君であり同志でもある新藤兼人監督のお悲しみは、いかばかりかと、言葉を失う思いである。

乙羽さんは、鳥取県生まれで複雑な家庭環境の中で育ち、宝塚音楽歌劇学校を出て、まず宝塚少女歌劇団（現在の宝塚歌劇団）のメンバーとしてステージで名を成された女優さんである。「宝塚花物語」にはじまり、「みちのくの歌」「戻り橋」などを経て、第二次大戦後は「勘平の死」「人魚姫」「南の哀愁」「アルルの女」「ホフマン物語」などの名舞台をふんでおられる。

それが大手映画会社大映に引き抜かれて、えくぼの美人映画スターとして「処女峰」でデビューしたのが、一九五〇（昭和二十五）年のことである。そして大映での商業的映画スターとしての地位に不満を感じはじめていた時、シナリオ作家新藤兼人が大映で監督進出第一作として作った「愛妻物語」に、出演する機会を得る。

この時、乙羽信子二十七歳、新藤兼人三十九歳である。独立プロ近代映画協会を設立して、リアルで人間的な映画を作ることを志し、大映と提携して「愛妻物語」を初監督したこの新藤兼人との仕事で、乙羽信子に演技開眼の思いがあったであろうことは、想像にかたくない。

以後彼女は、新藤監督の映画には欠かせぬ主演女優となり、やがて大映をやめて近代映画協会のメンバーに加わり、一人の女性としても彼と結ばれることになっていくのである。「原爆の子」「縮図」「女の一生」「どぶ」などを経て、「裸の島」「母」「本能」とつづき、さらに「落葉樹」「ボク東綺譚」「午後の遺言状」に至る、このコンビの代表作は、まさに戦後日本映画の、独立プロ運動の歴史のシンボルのような、作品群を形成する。

乙羽信子は新藤監督の映画に出ることで、女優として大きくなり、新藤監督の映画は女優乙羽信子を得ることで、またとても大きく豊かになっていった。世界の映画史上でも、四十三年間もの長きにわたって実生活でも映画製作でもかくも緊密に一体となって長く続いた、女優と監督のコンビというのは、ほかに例がないだろう。

完成したばかりで公開は九五年のことになる、このコンビの最後の作品となってしまった「午後の遺言状」を見ることで、私はあらためてこの大女優の冥福（めいふく）を祈りたいと思う。（映画評論家）

平成七年

1995

一九九五年二月四日

詩人的だった方法
谷川雁の死

吉本隆明

谷川雁が亡くなった。往来がと絶えてすでに久しい。その意味ではわたしの喪失感はそばの人々にくらべて、ずっと少ないに違いない。その小さな喪失感のもつ切実さを、急ぎ書き記す。

谷川雁と最後に電話ごしにおしゃべりをかわしたのは幾年まえだったか、正確にはおぼえていない。だが、何を話したかはおぼえている。かれが主宰していた「十代の会」で素材に使いたいと思っているが、あなたは宮沢賢治の「水仙月の四日」をどうおもうか、わたしはいちばんいい作品だとおもうが。そんな話題が彼の方から持ち出された。

わたしはあれはたしかにいい作品だとすぐに話題に応じたが、いちばんいいとは言わなかった。ただかれはおれとはちがうことを考えているなという印象はのこった。これを持ち出すのはほかでもない。そのあと、「文芸」に書いた文章でわたしの「宮沢賢治」という著書に触れていたが、わたしが宮沢賢治について商売、プロの評論を書いているのが、いかにも不服そうだった。

わたしはまたかれの書く散文に昔から不服を感じていた。いつも背後で政治運動だとか労働者運動だとか、表現運動だとかを想定しなければならないかれの散文は、独立していない文章だというのが、わたしの言い分だった。文章には文章として実存を完結していなければ、というわたしの考え方は、かれからみると商売、プロにしかすぎないということだった。

かれにはひと筋固執するものがあり、死ぬまで貫かれた。ありふれた言葉でいえば「実践」ということになるだろうが、その意味は世の政治運動家や政治的知識人とまるで違っていた。かれらは有効だとおもって、有効な結果を得ようとして「実践」と称するたいていは不始末にすぎないことを仕出かすだけだった。

谷川雁が保った実践家の姿勢は、有効かどうかを第一義としなかったとおもう。現実を文字どおり腕力で切り取って完結したひとつの世界にしてしまう実験が「実践」ということの意味だった。有効性など何ら誇るに足りない。それは時に応じ無効になったり、有害になったりするにきまっている。

だが切り取った現実をひとつの完結した世界にまで仕上げてしまえば、その有効性は崩壊するはずがない。これが谷川雁が生涯をかけて「実践」してやまなかったことだ。

こういうかれの考え方は通俗的な政治運動家や政治的知識人からは危なっかしくみえたにちがいない。その危なっかしさこそ、組織者（オルガナイザー）としてのかれの生命だった。わたしが実感的に知っているかぎり、日本には三人の優れた組織者（オルガナイザー）がいる。そしてその一人は谷川雁だとおもっていた。かれのひとを組織する（キリスト教的にいえばひとをすなどる）方法は、やさしい言葉でいえば〈はらはらする。危なっかしくてみていられない。そばについていてやらねば〉と、人々におもわせるところに本質があった。

それがかれの魅力的な人格と結びついてわが国で屈指の組織者にしていたとおもう。人に危なっかしいとおもわせるのは、組織者として失格だなどとかんがえるのは、安全パイしか振ったことのない俗流政治家や知識人にしかすぎない。

こういう資質を詩人的というのなら、かれの方法は詩人的だといっていい。だが動くものとしての現実はあくまでも詩的なものだ。また逆に詩的なものこそが現実的なものだ。この確信がかれにしか歩めない微妙な軌跡をこしらえていった。それはかれの詩作品といっしょに不朽のものだとおもう。（詩人、評論家）

一九九五年二月二〇日

世界のまん中にいた 詩人永瀬清子氏を悼む

坂本明子

晴れて風の冷たい二月十八日午後、岡山市内妙善寺の斎場で、詩人永瀬清子さんの棺はゆかりの人の手で霊きゅう車に納められた。万年筆や原稿用紙は持ちましたか、と私は声に出しかけたが、いや彼女が忘れるはずがない、幽境に入る途上ですぐにそれらを取り出して、新しい詩を書くだろうと思い返した。

じっさい、生前の永瀬さんは書きかけの詩稿をいつも手提げ袋の中に入れていた。会合で出会ってもちょっと暇があると片隅のいすに移り、原稿を出して消したり加えたりした。

私を呼んで「ちょっと読んでみてくれんかな」という。私が黙読して「いい詩ですね」と返すと微笑をうかべて、その詩ができるまでの苦労を語る。何十年かの交際のあいだに何度もそういうことがあって、なぜ読ませるのかと問うよりも、常に新作の原稿を持ちまわる努力に私は敬意を深くした。さりげないようだが、内側の強い意志とわきあがるエネルギーが絶えずなければできないことだ。

この人は十八歳から詩作を始めて八十九歳で没する三カ月前まで、これを書きたい、詩にしたいと思う力が衰えなかったのだ。第一詩集「グレンデルの母親」以後多くの詩集を出し、最近の「あけがたにくる人よ」の一冊などもみずみずしい感性をあふれさせているので、若い年代の読者が多い。身辺雑記でもキラリと光る一行があちこちに入っているので、気分が洗われる、と好評を得ているのもうなずける。すべてこの姿勢が源泉になっており、生涯をつらぬいてなんと見事な、と思う。

よく書いた人永瀬さん。昭和期前半は女性の発言や仕事ぶりは抑えられたが、しらんふりして人間的な視野を大切にしてきた。戦後世情が落ちついてそれが考え方の一つの流れになったので、ふだんは小柄な永瀬さんが大きく世界のまん中にいるのがだれにも分かった。

しかし別れの時がきて、境内の梅のにおいがゆれて葬列が出発した。単なる死でなく永く作品のいのちと共に生きる道へ向かって。

（詩人）

一九九五年三月一七日

見詰め続けた戦争と人間
新しい創作分野を開拓
五味川純平氏を悼む

武蔵野次郎

戦後の昭和二十年以降に現れた五味川純平氏の文筆活動によって、文学界は、純文学、大衆文芸を問わず、大きな作品分野を得たのであった。と言うことは五味川作品によって新しい創作分野が開拓されたということである。

今思い起こすに三一書房刊の新書判「人間の条件」が巻を追って次々に刊行され、その迫力に満ちた面白さに多数の読者は感銘を受けたものである。小説「人間の条件」の大成功により、作者の名は広く知られることになった。

五味川氏の創作分野は、処女作「人間の条件」以来一貫して変わらず、満洲（中国東北部）など大陸における日本人の問題がそのテーマに採られている。「人間の条件」「戦争と人間」「ノモンハン」「御前会議」等々の長編のほか、「不帰の暦」をはじめとする「戦記小説集」などがあるが、これらの諸作品からも、戦争という極限状態における人間の在り方を見詰める氏の、特異な創作ぶりが分かるのである。

五味川氏は昭和十八年に関東軍に召集され、敗戦に遭うことになるが、当時のその模様は「戦記小説集」で活写されている。筆者（武蔵野）も戦争末期に関東軍に入っていたこともあって、五味川氏の戦記小説には一段と感銘を受けたものである。

〈戦闘で生き残ったただの一兵卒に過ぎない私が、ソ連軍の配置や、降伏した関東軍の状況がどうなっているかを、知っている道理がなかった。持ち合わせの動物的な勘と地理的な知識だけを頼りに歩いて来ただけである。〉（「戦記小説集」の中「予期せぬ結末」より）

といったふうに描写されている文章は、全くそのまま同じような敗残兵の体験をした同世代の読者の共感を呼ぶものであった。

「戦争と人間」の執筆に取り掛かる前に、五味川氏はある批評に対して、

〈コケの一念〉と評した。結構である。もう一度頂戴することになるだろう。〉

と述べているが、「人間の条件」にせよ、「戦争と人間」にせよ、コケの一念の持ち主でなければ到底出来上がらぬ執念の傑作であった。

〈綏芬河（すいふんが）正面を突破して牡丹江をめざした第一極東方面軍第五軍（不幸にして私たちはその正面に配置されていたのだが）の場合、狙撃師団十二個、大砲及び迫撃砲三千五百門、戦車及び自走砲七百二十台で、打撃集中の地域では展開一キロメートルにつき戦車及び自走砲四十台、大砲及び迫撃砲の射撃密度は突破一キロメートルにつき二百五十乃至二百六十発であった。〉（「戦記小説集」の中の「八月の雷雲」より）

というソ連軍に対し、日本軍のほうは、わずかに九九式短小銃に手りゅう弾二発だけという戦争にもならぬお粗末なものであった。

こんな弱体化した関東軍の中の一兵士として五味川氏は苦労したのだが、筆者もこの牡丹江における哀れな戦闘に参加していたので、五味川氏にはいっそう深い親愛感を抱かされるのである。

〈翌日の戦闘で、私が属した中隊百五十八名は、私を含めて四名になった。／私は戦争が人間に教えた歎きと怒りは、その一断面を「人間の条件」で書き得たかもしれない。〉（「戦争と人間」の「感傷的まえがき」より）

と述べ、創作の由来を語っている。

文壇で特異な持ち味を最後まで守り続けた五味川氏も今は没してしまった。懐かしくも寂しくはあるが、五味川氏ののこした業績には偉大なものがあると今さらのように思う。

（文芸評論家）

一九九五年三月二五日

近代的かつ清澄な芸風
尾上梅幸を悼む

渡辺保

三月二十四日の朝、歌舞伎の名女形七代目尾上梅幸が世を去った。

今年は戦後五十年。その年に梅幸の訃報（ふほう）を聞くことになるとは歌舞伎の歴史にとってなんと象徴的な暗合であることか。なぜならば、梅幸こそ歌右衛門とともに戦後歌舞伎五十年を支えてきた、歌舞伎の立女形だからである。

名優六代目菊五郎の嗣子として育った梅幸は、父の死後、十一代目団十郎、松緑、勘三郎らの相手役として、その近代的かつ清澄な芸風で、一つの時代をつくった。

その日常は、ゴルフを愛し、自ら車を運転する。女形らしくない女形、それまでの歌舞伎にないタイプの女形として、生きた人であった。温厚な紳士。人の邪魔をしたり、競争したりしない、およそ嫌みのない人であった。それだけ淡白だったともいえるが、淡白すぎると言う批判はあっても、梅幸を憎んでいる人はこの世に一人もいなかっただろう。

そういう人柄は舞台にもあらわれる。彼の当たり芸は、純情な娘（たとえばお光）、いちずな遊女（お俊、おかる）、子を思う母（玉手、政岡）といった女の情愛にあふれた役が多く、あるいは不幸な貴公子（判官、義経）や純情な青年（桜丸、十次郎）といった役々であった。したがって恋の情熱に燃える女や悪女のような役には当たり芸がない。そこにこの人の合理性と良識があったというべきだろう。

娘、妻、母―そういうあたり前な女の一生のなかにそれぞれ当たり芸をもっていたのは、梅幸が人間としても一人の近代人だったからである。

晩年の傑作の一つに「道明寺」の覚寿という老女役があるが、この地方の古い館に住む気丈な老女を、梅幸は人間味ゆたかな、あたたかい母として演じた。そこに梅幸の人間としての円熟があった。

しかしそうはいっても梅幸は、やはり女形であった。私自身幾つか梅幸で見たい老女役があって、梅幸に勧めたことがあったが、いい返事をしなかった。一生若女形で終わりたかったのだろう。

晩年骨粗しょう症に苦しんだ。この病気は女に多い。一人の男性として生きた梅幸が老年になってこういう病気にかかったのは、芸の作る身体が女そのものだったからにほかならない。身体が若女形だったのである。

最後の舞台になった三千歳の、これまで見たこともないような若々しさこそ、梅幸がその人生を傾けつくして私たちに残していった形見だったのだろう。（演劇評論家）

一九九五年五月二六日

虚名追わぬ最高の歴史学者
宮崎市定氏を悼む

寺田隆信

世情の混迷がつづくなか、わが国は国の宝を失った。寄居の地である仙台で宮崎市定先生の訃報（ふほう）に接し、まず思ったのはこのことであった。

「有名になるな。権力に近よるな。質素に暮らせ」と教えられたとおり、ご自身も虚名を追われなかったが、先生は日本が生んだ最高の歴史学者であった。その学問は広くかつ深く、全業績は「宮崎市定全集」全二十五巻（岩波書店）におさめられ、さん然たる光彩を放っている。「学者は公刊された業績のみで評価されればよい」というのが、先生の立場であった。

世界の最高水準にあるわが東洋史学界の、先生は総帥であられた。中国の学者ですら最大の敬意を払っていた。かくのごとく学者として偉大であったばかりでなく、教育者としても偉大であられたと思う。直接の学生であった者はいうまでもなく、先生の影響力はほとんどすべての研究者に及んでいる。「一切の先入観を排して史料を正確に読め」が先生の主張であり、授業においては学生を厳しく訓練された。

はじめて先生にお目にかかってから四十五年の歳月が経過した。学生として、また助手としておそばにいた期間は長く、折にふれて思い出すことはたくさんある。

もの静かで優しいお人柄であったから、しかられた記憶はほとんどない。逆にほめられたことも少なかったが、今、急に思いうかぶのは、全集の月報に私が書いた一文を「珠玉の文章である」といっていただいたことである。うれしかった。

またまた私事をつらねて恐縮であるが、私は去る三月末日をもって東北大学を定年退職した。京都大学と東北大学とをあわせて三十三年間も教壇に立ったが、無事に職責を全うできたのは、ひとえに先生が元気でいて下さったからである。

もしわからないことがあれば、先生の教えをうければよい、いつでもお答えいただけるはずだとの安心感に支えられて、退職の日を迎えることができた。その日を待ちかねたように、先生はなくなられた。できることなら、もう一度、先師の温容に接したいと思うが、それはかなわない。謹んで黙とうをささげる。（東北大名誉教授）

一九九五年八月三〇日

すてきな心の師匠
現代文明に警告した賢者
エンデを悼む

丘沢静也

　演劇青年のエンデは、一時期ブレヒトに師事していた。ブレヒトは観客が芝居に感情移入して、クールにものを考えなくなることを嫌った。「私の芝居は、人々を教育する学校である」。だが彼は冗談の大家だった。「世界を救い、楽しみながら、お金をもうける。それが芝居なのさ」という言葉も、どこからどこまでが本気なのかわからない。

　のちにエンデはブレヒトに批判的になる。「二時間ほど芝居に感情移入して、心にアイロンをかける。それが芸術の効用なんです」。ブレヒトとちがって、エンデはまじめだった。だからくり返し注意した。「私の作品は、学校でもなければ教会でもありません」

　今日では、学校に舌を出してみせることが、まともな啓蒙（けいもう）の特徴である。学校に否定的なエンデは、「モモ」と「はてしない物語」によって、二十世紀後半を代表するファンタジー作家となった。現代の作家としては珍しく、物語によって世界を救うことも考えていた。

　パレルモの街角で彼は、吟遊詩人の語るアレクサンドル・デュマの物語を聞いて、自分も、百年後にこの街角で吟遊詩人に語られるような物語を書く人間になろうと決心した。

　前衛や実験に背を向けた十九世紀ふうのストーリーテリング。軽快なドイツ語。鮮やかなイメージ。奇想天外なストーリーの展開。そして人間にたいする暖かいまなざし。彼のファンタジーは、たんなる絵空事ではない。時間泥棒の灰色の紳士は、現実の問題と深いところでつながっている。

　現実とファンタジー（想像）の友情。それが彼の文学の軸である。

　たとえば最高傑作「はてしない物語」は、肥満でX脚の少年バスチアンが、「はてしない物語」という物語を読んでいるうちに、自分もその物語のなかに飛び込んでヒーロー（主人公であり英雄）となり、冒険や失敗を重ねたすえ、精神的に成長して現実界へ戻ってくるという教養小説だ。

　想像の世界に行きっきりになったり、逆に、現実にしか目を向けない。そうではなく、想像界と現実との往復によって、病んだ現実を照らしだして、癒（いや）そうとする。エンデは、現代文明に警告を発しつづける賢者だった。

　禅やR・シュタイナーの思想に共鳴した彼は、西洋の合理主義の限界を超えようとし、需要・供給ではなく友愛にもとづく経済を考え、悲観的な現代にこそ希望やユートピアが必要なのだと感じていた。来週にでも世界が滅ぶとわかっていても「ニンジンの種をまきつづける」と言った聖フランチェスコのように。

　だからエンデは、「多くの人が望ましいと思えるような未来像」をいきいきと描いてみせた。灰色の紳士たち（現代を支配している機械の時間）は、モモ（有機的な人間の時間）に退治される。

　エンデの物語は、ちょっと説教っぽい。だがそれも、「子ども」には格好のエンターテインメントだ。お題目を押しつけずに、おもしろくてタメになるお話が、新しい意識や感覚を開拓し、日常という神秘を気づかせてくれる。

　だが突然、すてきな心の師匠が姿を消してしまった。しかし彼は転生を信じていた。死など大した問題ではないだろう。転生がウソだとしても、私たちには物語が遺（のこ）されている。（東京都立大教授）

一九九五年八月三一日

大河小説「男性自身」合唱した日は昔に山口瞳氏を悼む

常盤新平

明日発売の週刊新潮の「男性自身」に先生がどんなことを書かれているかと思っていたとき、電話で先生が今朝九時五十五分に亡くなられたことを知らされた。では、今週号(九月七日号)がついに「男性自身」の最終回になるのだ。

「男性自身」の一六一五回(九月七日号)は、休載であるという。そんなはずはないと一瞬思った。私の頭の中では、もっと続くはずだったが、一方では「男性自身」の連載の終わりが近いことも覚悟していた。

七月以来、「男性自身」を読みながら、私は一喜一憂してきた。山口瞳の読者であれば、だれしもそうであったにちがいない。

先生は癌(がん)を告知されたことを書いていた。一六〇七回の「抵抗すること」は先生の遺書であるかのように読めた。いや、その前後から「男性自身」の一回一回が遺書のようで、先生に死が迫っていることが行間から痛いほどに伝わってきた。

昨年の十二月に出た足かけ三年分の「男性自身」である「年金老人奮戦日記」は平成五年の十二月三十一日で終わっている。

「この日記体の文章は、一人の老人がどうやって病を得て、どうやって死んでいくかを記録するつもりで書き始めた」

「男性自身」について、先生はそのむかし、これは大河小説のつもりで書いていると冗談のように書いたことがある。事実、「男性自身」は山口瞳という作者自身を主人公とした、三十三年にわたる一大私小説でもあり、したがって大河小説だ。

もちろん、山口瞳には「江分利満氏の優雅な生活」や「人殺し」、「血族」「居酒屋兆治」などの傑作が多い。短編小説と紀行文の名手でもあった。だが、最近は私たちは「男性自身」しか読むことができなかった。小説から遠ざかってしまったのであるが、その理由は「男性自身」に先生は書いている。やはり、病気が原因だった。

「男性自身」によって、私などは作家山口瞳をみつめてきた。元気づけられたし、またたくさんのことを教えられた。週刊新潮のページを開くのが楽しみで、そこには「男性自身」という〝今週の山口瞳〟が待っていた。

このような作家はほかにいなかったし、これからも出てこないだろう。私は「男性自身」で山口瞳の読者になり、それから「江分利満氏の優雅な生活」を読んで感動した。この作家の新作を読むのは私にとって事件であり幸福であった。

読むだけで十分に満足していたが、二十五年前にはじめてお目にかかる好運を得た。そしてある年の元日、にぎやかな宴も終わろうとする深夜、だれもが立ちあがって肩を組み、「仰げば尊し」を合唱した。先生も大きな声で「身を立て名をあげ　やよはげめよ」とうたわれた。

あのころはみんな死から遠いところにいた。ところが、それがみるみる近づいてきたのである。

先生は病気と闘ってきたが、病気とつきあうのを楽しんでいるようにも見えた。小便がふたまたに分かれて出るんだからなあと笑いながら嘆かれたことがある。いいえ、それは先生だけではなく、私も頻尿で、ふたまたに分かれておしっこが出ることがよくありますと申し上げた。

はじめてお目にかかったとき、先生と自然に呼んでしまった。先生は困ったような微笑を浮かべたが、私にとっては「江分利満氏の優雅な生活」を読んだときから、先生だった。

三十年以上も毎週親しんできた「男性自身」がもう読めないのがかなしい。この空白をどうして埋めることができるだろう。(作家)

一九九五年一〇月一九日

海のごとき度量
共同制作は絵画史の奇跡
丸木位里先生をしのぶ

神井林二郎

どんな偉大な人にも最後の時は来る。しかし、丸木位里先生の死を知らされた今でも、私はこの単純な真理を信じたくない。先生は口癖のように「北斎も鉄斎も、九十を過ぎてから絵がもっと良うなった。わしも百まで生きていい絵を描くんじゃ」と言っていた。九十代も半ばに近く、まさに絵画史上に前人未到の業績をうち立てつつあったその時、先生は病にたおれ、世を去った。惜しかったという思いで一杯である。

＊　＊　＊

私が先生と夫人の俊さんの二人のところに押しかけて「原爆の図」のアメリカ展をやらせて下さいとお願いしたのが、もう三十年近い昔のこと。一面識もないアメリカ帰りの若造に「やってみなさい」と許して下さったことから、先生との縁が生まれた。

今年のスミソニアン原爆展論争で分かるように、日米の核意識のギャップは深い。二十五年前はもっと厳しかった。実現しても会場に火でもつけられたら、と心配する人に、先生は「それはそれでいいでしょう」と平然たるものである。こんな達観した人もいるのかと、私はまじまじと先生の横顔を眺めていた覚えがある。

全米を一年近く回わった「原爆の図」展が、成功だったのかどうか、私には今でも分からない。しかし、原爆投下国のアメリカで、展覧会のために献身する人がいる事実は、先生方の目を開いた。今までは被害の意識をエネルギーに描き続けてきたが、日本は加害者でもあったという発見が二人を変えた。

＊　＊　＊

以後、「米兵捕虜の死」「からす（在日朝鮮人の被爆）」、そして「南京大虐殺」「アウシュビッツ」「水俣」へと、殺すもの傷つけるものへの怒りを描く連作が生まれるプロセスは、人も知るところだ。先生方の「成長」（とあえて言わせてもらう）のキッカケを作ることに、自分が少しでも役立ったとしたら嬉（うれ）しいが、私がこの経験から先生を通じて学んだものは大きい。

夫婦が一緒に一つの大作を描くことは、それ自体が絵画史における奇跡だが、それを長年続けて、しかも離婚しないでいることは、結婚の歴史における奇跡だと、亡きジョン・ロバーツ氏がアメリカの新聞に書いている。海のごとき度量の持ち主であった。

＊　＊　＊

十年ほど前に、私は一つの思いつきとして、両先生に〈夢〉を描いてくれませんかと頼んだ。「原爆の図」にはじまる一連の共同制作は、戦争や公害とテーマがすべて厳しい。でも人間は夢なしには生きられない。先生ならユートピアをどう描くだろうという興味があった。公開しない絵で結構ですからと、私にしては少なからぬ金を用意して〈夢〉の大作をお願いしたが、出来たものはまたしても地獄絵だった。妻がこれではうなされると悲鳴をあげ、結局作品はお返しした。先生にお願いした絵を返すなんて、失礼きわまる話だが、「まあええよ」と怒りもしない。

畏友（いゆう）ジョン・ダワー氏はマサチューセッツ工科大学の日本史の教授というより、先生の作品の最大の理解者だが、この話をしたら、二人が共同制作をする際に起こる化学変化は、夢を描くには向かないのだ、とうがった観測。

「人間はみな地獄に落ちるんじゃ」というのが、もう一つの口癖だったが、地獄の一番熱くないところで、先生には今度こそゆっくりと〈夢〉を描いていただきたい。合掌。（法政大教授）

一九九五年一〇月三一日

鋭い洞察と天成の勘
懸腕直筆の姿勢
河北倫明氏を偲ぶ

鈴木進

近年、夜の会合など、七時前には必ず退席するほど節制に努めているようであったし、最近になって、入退院のくりかえしであったことも詳しくは知らなかったので、河北倫明氏の訃報は〝驚愕（きょうがく）〟としか、いいようがなかった。

その優形ではあるが堂々たる体躯（たいく）、九州男児で酒は強かったし、スポーツマンで、体力には自信を持っていたようであるから、こんな悲報は、だれしも思いもよらなかったことであったに違いない。

先年、愛妻雅枝夫人に先立たれてから、いささかの翳（かげ）りがうかがわれたが、美術館連絡協議会理事長、横浜美術館の財団理事長などの要職を、きめ細かく処理するなど、美術界の大御所としての責務を果たされていた。

いま、半世紀以上にさかのぼる交友を顧みて、思いおこすことどもは限りないが、その美術航路の一端を偲（しの）びたい。

やはり、初めての邂逅（かいこう）といえば、〝上野の杜（もり）〟ということになる。ここには、帝室博物館、美術学校、美術研究所、帝国図書館そして美術館といったなつかしい美術人の停泊地があった。

河北さんは、この美術研究所で、郷土の作家青木繁の研究で、心ある先輩たちの注目をあびていた。それと同時に「美術年鑑」の編集で、現代美術界の動向にも、目を配らなくてはならなかった。それが後年の鋭利な美術批判のファンデーションになっている。当時は現代を専攻する学徒は少なく、古美術研究が主流であった。それだけに、近代美術館の創設準備には、欠くことのできない要員として注目され、将来の活躍舞台が展開されたわけである。

この路線の延長が幾多の屈折を経て国立近代美術館の創設、やがて京都近代美術館長という美術館行政の中枢的存在になり、全国の地方美術館設立の重要なアドバイザーとして、多くの役割を果たし、また、多くの美術館員の世話役、隠れた人材の発掘などに、常に心をくだいていた。豊富な情報源による適切な配慮が、〝美術館活動の象徴的存在〟として仰望されていたのも当然である。

なお、私財を投じての夫妻の名にちなんだ「倫雅賞」の設定は、次の世代の後継者を目指す若い学者たちや美術館人にとっては、なによりの起爆剤になっていることも忘れてはなるまい。

こうした晩年の美術館人としての活躍もさることながら、その基礎構築としての近代美術研究のきびしい成果をふまえた鋭い洞察と天成の勘のよさが、おう盛な批評活動の原動力となっている。

いま、残されたその美術評論集（全五巻）を繙（ひもと）くことによって、あらためてさまざまな課題や疑問を読みとらなくてはならないであろう。

最後になったが、絵をよくし、書をよくするだけあって、その芳名録著名の懸腕直筆の姿勢は、ほれぼれするものがあった。

それにしても、八十年の美術研究家、美術批評家、美術館人としての輝かしい航路は、まことに多彩であったが、文化功労者として、さらなる国家的栄誉を目前にして、他界されたことはまことに心残りであったに違いない。合掌。（東京都庭園美術館館長）

平成八年

1996

一九九六年一月八日①

生涯を闘い通す「芸術即運動」信条に岡本太郎氏を悼む

瀬木慎一

病院から戻ってきてアトリエ内の寝室にいつものように横たわって、自然に眼を閉じ、唇の間から上の前歯をのぞかせているが、もう息をすることがない。日ごろよりずっと白く見える小さな顔を見ていると、どこか仏僧が天命をまっとうしたとでもいうような異様な静けさが漂っている終生の闘士の死であった。

何かをやり残したとか、何かに依然逆らっているとか、といった闘士型の人物の死に付きまとうどろどろしたものが皆無なこのさっぱりした印象は、やはり岡本太郎のものだと枕頭（ちんとう）で思う。

彼はたしかに生涯を闘い通し、動き通した人で睡眠時以外は一時も静止していられない人だった。

人と会えば談論風発は言うまでもなく、酒を飲めば歌へダンスへと発展し、席をユーモアと悪戯でみずから楽しくしないではいられない人だった。

画家としては、「芸術即運動」というその信条を実践し、つねに大作、壁画、モニュメントといったダイナミックな対象を好んで制作し、しばしば「芸術」をも越境して、文化のあらゆる領域にわたって活動したことはよく知られているとおりである。

この「芸術即運動」という命題は「芸術即スポーツ」と置き換えてもいっこうにおかしくないほど、その闘い方にはスポーツに似た心身全体の燃焼があった。スポーツということで私が思い出すのは、戦後間もないころ、よくした野球では、意外に思う人も多いだろうが、彼は名キャッチャーで、どんな球をも全身をぶつけて捕り、いかに自軍が負けていようと、終始快活に振る舞い、笑いを忘れない人だった。

この人以外には絶対にこんなことをした人はなかろうと思うのは、スキーで片足を傷めてもじっとしていられずに強引に退院してきた直後、ゴルフに行く仲間に同行してきて、まさかと思うのに、松葉杖をついたままコースに出て、片手で球を飛ばしたことである。それが普段は見られないなかなかのナイス・ショットの連続であり、しばらくそれが自慢だった。

「芸術即スポーツ」とは言っても、彼のスポーツはまったくのルール無視の溌剌（はつらつ）とした自由行動であり、そこに芸術の在り処をつねに見ていたこの人の「芸術は爆発だ」という衆知のスローガンが生まれたわけである。

画家として、という言い方は彼のもっとも嫌ったところで、その約六十五年にわたる広範な活動を通覧すると、戦前のパリ時代、戦後の前衛活動、そして一九七〇年万国博以降のモニュメントへの集中へ至るおよそ三つの大きな爆発が見られ、そのうねりがとりわけこの五十年間の日本文化に広く及んでいて、その存在の大きさが改めて確認される。

生身の活動は、画家のこの日のあまりにも静かな自然死をもって終わったが、その全活動の集約としての思想が爆発するのは、これからであろう。「芸術は長し」なぞと言うと、死者に笑われそうだが、作者の死後にもし芸術がなお生きつづけるとしたら、それはその人に独自の思想としてであるだろう。（美術評論家）

一九九六年一月一一日

漫画文化の功労者
「ガロ」長井勝一氏を悼む

松田哲夫

長井勝一が亡くなった。

彼は、戦後、貸本漫画の出版にかかわり、そこで白土三平、水木しげるらと出会い、「忍者武芸帳」「鬼太郎夜話」など、時代を画する作品を出版してきた。

一九六四年に創刊した月刊漫画誌「ガロ」では、白土の「カムイ伝」はじめ、水木しげる、つげ義春、滝田ゆう、永島慎二などの傑作を次々と掲載した。また、林静一、佐々木マキ、矢口高雄、池上遼一、やまだ紫、たむらしげる、杉浦日向子、蛭子能収、根本敬など多彩な新人を世に送り出してきた。

こうして彼は、漫画というものを文化として認知させ、今日のように、文学などを凌駕（りょうが）する広がりと深さをもった表現として発展させ成熟させる上で、重要な役割を果たしてきた。

そういう意味では、長井は故・手塚治虫と並んで、日本の漫画文化にとって、最大の功労者の一人と言っても過言ではないだろう。

また、哲学者の鶴見俊輔は、ここに集まった書き手や読者の全体を〈ガロ学派〉と呼んで、戦後日本の民間学のなかで類のない流れをつくったと高い評価を与えてきた。

ぼくは、一ファンとして「ガロ」編集部に通いだし、新しい文化が生まれ出る現場に触れることができた。途中で大学をやめてしまったぼくには、「ガロ」こそが〈大学〉であり、長井勝一はまさに編集と人生の師だった。

そう言えば、彼の口癖で「人間だから」という言葉が好きだった。「人間として」という気張りとも、「人間なんて」というニヒリズムとも違い、「人間だから間違いはあるよ」「人間だから面白いんだよ」と、この言葉には、いつも励まされてきたものだった。

必ずしも楽ではない経営状態の時代が長く続いた「ガロ」だが、こうした基本的な明るさと、新人の才能を見つけだす稀有（けう）な眼力とを、彼は終生持ち続けていた。

心から、冥福（めいふく）を祈ります。（雑誌「頓智」編集長）

一九九六年一月二二日

日本の軌跡投影した生涯
横山やすしさんを悼む

木津川計

「昔笑うて　ながめた月も　今日は　今日は涙の顔でみる」。訃報（ふほう）とともに傷心の剣客・平手造酒が思い出された。吉本興業から「永久追放」されたのが六年前。かつて芸術祭優秀賞を受賞、漫才界の頂点に立った横山やすしではあったが、もはや依（よ）るべき所もなかったのだろう。

破滅型の無頼派だった。人気稼業に傷のつくわきまえを持たず、直情径行のふるまいで新聞ざたにしばしばなった。そんな不祥事をもネタに取り入れ、笑いを呼んだ。

「横山いうだけで、むこうはまっ青やから、たいしたもんや、おまえは」「おい、しかし、君の友達は法律ぎりぎりが多いな」などと西川きよしにツッ込まれても、やすしは動じず、笑いで反転させて、むしろ観客を沸かせる絶妙の話芸、身の動きだった。

下積み生活も経験。一九六一年横山ノックに弟子入り、カバン持ち。漫画トリオの付き人をもつとめるのだが、「〈おのれ、くそっ、今に見てくされ、おのれより出世したるからなッ！〉こういう気持ちを持つことによって生き甲斐を感じるしか方法はなかった」と自伝「まいど！　横山です〈ど根性漫才記〉」につづっている。

すさまじい上昇志向意欲だった。六六年、きよしとコンビを組んでから人気が高まる。翌年上方漫才大賞新人賞ではずみをつけた。七〇年、日本万国博で全国区に。やがて上方お笑い大賞、八〇年の芸術祭優秀賞へと上り詰めていく。

共に中卒だったやす・きよの成長過程は、この国の高度成長のばく進と重なった。灯のついた通天閣を見上げては、なにがなんでも勝たねばならぬど根性の〝将棋の駒〟たちが巷（ちまた）にあふれた時代、やす・きよはお笑い界の〝巨人の星〟だったのである。

石油ショックの打撃を乗り越え、八〇年代経済大国で発展という世の中の流れにお笑いも連れた。七〇年代半ばからの演芸不振を破った空前の八〇年漫才ブームでやす・きよは「しゃべくり漫才の極致」（芸術祭優秀賞受賞理由）に立った。芸人生活の絶頂期である。が、八六年、西川きよしが参院議員に当選してからはコンビを解散。やすしに斜陽の影がのびた。

下り坂に求められた自重であったにかかわらず、やすしは守りを知らなかった。子息にも説き続けた。「他人に負けるな、勝つことを考えよ」と。

バブル経済の崩壊にいたる過程もまた冷静さを見失った報いではなかっただろうか。横山やすしの生涯には六〇年代から九〇年代の日本の軌跡が投影されている。（立命館大教授、「上方芸能」編集長）

一九九六年一月二五日

1作ごとに新分野を開拓
結城昌治氏を悼む

縄田一男

結城昌治氏は、昭和三十四年、処女作「寒中水泳」が日本版「エラリー・クイーンズ・ミステリ・マガジン」の第一回短編コンテストに一席入選、作家デビューを果たした。それ以前に、東京地検に就職しつつも、結核を発病、療養中に詩作や句作に励んだという経歴は、氏がこの後、日本の文学的土壌にはなじまないとされていたミステリーの諸分野―ユーモアもの、ハードボイルド、スパイもの等に、その巧まざる文体をもって挑戦していたことを端的に象徴していたように思われる。

昭和三十年代の作品に限っても、福永武彦に称賛された「ひげのある男たち」がユーモア・ミステリー、「ゴメスの名はゴメス」がスパイもの、日本推理作家協会賞を受賞の「夜の終る時」が悪徳警官もの、といったように一作ごとに新分野開拓の野心に満ちていた。

これらの諸作は、いずれも内容的に当時流行の社会派と重なる部分を持っている。が、結城作品は、生島治郎や三好徹ら、海外ミステリーの新しい流れを日本に移入しようとした作家たちの、一連の運動の中にこそ位置づけられるものであろう。その動きの一つにハードボイルドがあり、結城氏はこの分野においても先駆者の一人であった。

「死者におくる花束はない」以下の、佐久と久理の探偵コンビが活躍するユーモア路線と「暗い落日」に始まる私立探偵真木を主人公としたシリアスなものの二つがあり、前者はA・A・フェア、後者はロス・マクドナルドに触発されたものといわれている。

氏の作品が、ミステリーをメーンに据えつつも自在な広がりを見せるようになるのは昭和四十年代に入ってからで、軍隊の非人間性にメスを入れ、直木賞を受賞した「軍旗はためく下に」はその代表作。このほか、異色の股旅（またたび）ものや評伝文学の傑作「志ん生一代」（昭和55年）等、力作の刊行が相次いだ。結城作品の特質を奇（く）しくも「一見リアリズムを装っているが、実はファンタジー、それも西欧の抽象絵画の秀作が表現しているアブストラクトやシュール・リアリズム風な世界」と言い当てたのは虫明亜呂無。

技巧的・内容的に結城作品の頂点を極め、吉川英治文学賞を受賞した「終着駅」（昭和60年）は、作者が生きてきた戦後空間を独自の手法でとらえた力作で、虫明言うところの幻想性を併せ持った逸品。一人結城氏の代表作のみならず、現代文学の収穫の一つといい得る出来栄えを示していた。

心から御冥福（めいふく）をお祈りする次第である。（文芸評論家）

一九九六年二月三日①

冷静で距離感のある視座
柴田南雄先生を悼む

金子建志

恩師柴田先生のふ報に接し、先生の生前の広範な業績を俯瞰（ふかん）するようなことは、私のような者には荷が重いので、個人的な思い出を書かせていただく。

だれもが畏敬（いけい）の念を感じるのは先生が何かを見、聴き、論じるときの、冷静で距離感のある視座だった。「初めに知性ありき」なのだ。これは作曲家として音を扱うときも、学者として作品を分析するときも、放送やレコードで、日本ではまだだれも聴いたことのない曲や演奏について論評するときも、全く変わらなかった。

それは普段の会話でも同じで、先生が東京芸術大の楽理科で教べんを執られていたころ、卒論の指導や番組の手伝いでお宅に伺うと、ちょっとした会話の中から「カラヤンのベートーヴェンの新録音は、氷原の上を滑るように進む戦車みたいだ」とか、グールドがピアノに編曲したマイスタージンガーを聴いて「こいつは、バッハの平均律だね」など、思わずひざをたたきたくなるような言葉が出てくるのだ。

そこに、何とも言えない重みと鋭さとが同居していながら、周囲に、威圧感ではなく、柔らかな、味わいにあふれた気分を漂わす。皆、そうした先生との会話が楽しみで、お宅に伺ったり、何かと理由を作っては先生の参加を暗黙の絶対条件としたうえで、飲み食いする会をでっちあげては、お誘いしたものだ。

だれかの家や宿に集まろうという際、道順を説明されるのをとても嫌がられたのが印象に残っている。住所と地図だけを頼りに目的地を探すというのを、楽しみにされていたからだ。

考えてみれば、植物学者として山を歩いて採集されたことのある先生に、所番地の表示の完備した町中で、迷えというのがナンセンスというもの。

それに、あれほど複雑なスコアを読み、膨大な文献や資料の山の中から、だれにも分かるように道筋を説いてくれる頭脳の持ち主が、道を間違えて、どこかに行ってしまうわけはないじゃないか…。

いつも涼しい顔で一番乗りして待っていられるのが先生だった。でも、今度ばかりは、ちょっと早く着き過ぎてしまったと、笑ってらっしゃるのでしょうね、きっと。（常葉学園短期大学教授）

一九九六年二月三日②

踊りと歌で夢の世界つくる
ジーン・ケリーを惜しむ

筈見有弘

　どしゃ降りの雨の中を傘を手にし、いとも軽々と跳びはねるようにして踊り、恋の喜びを歌う「雨に唄えば」の一場面は、ミュージカル映画、いやハリウッド映画の中でも最も有名なものだろう。そのジーン・ケリーが八十三歳で逝（い）った。

　僕が少年だった一九四〇年代後半から五〇年代前半にかけて全盛を極めていたミュージカル。中でもMGM社の送り出す作品はひときわ華やかで陽気でロマンチックだった。踊りと歌で夢の世界へ導いてくれた。

　ジーン・ケリーはそのMGMミュージカルを代表し、象徴するスターだった。踊って歌って主演するだけではなく、振り付けもし、ときには演出も手掛けた。「錨をあげて」「踊る海賊」「踊る大紐育」「巴里のアメリカ人」「雨に唄えば」「ブリガドーン」「魅惑の巴里」…。

　先輩のフレッド・アステアがタップダンスを基本にした都会的でエレガントな踊りであったのに対し、モダンバレエを身につけたケリーの踊りは、ダイナミックでエネルギッシュ。全身で踊っていた。

「踊る海賊」でバルコニーから屋根の上に上り、ポールをするすると滑り降りるといった踊りに彼の才能はあますところなく発揮された。ミュージカルではない「三銃士」でダルタニャンにふんしても、まるでバレエのような軽快な剣さばきを楽しませてくれた。

　ロマンチックな踊りも必ず盛り込まれていた。「巴里のアメリカ人」で失恋した主人公が、恋人を求めてパリ中を捜し回り、そのパリがデュフィ、ユトリロ、ロートレックらの絵画によって表現されている十七分間の踊りは圧巻だ。

　この踊りのアイデアもケリー自身が考案したそうだが、「舞踏への招待」では会話が一切なく、新しい振り付けのダンスだけというシネ・バレエの創造に挑戦した。この作品と「錨をあげて」ではアニメ映画のキャラクターと踊ったりもしている。

　踊りと歌による夢の世界の卓抜した創造者だったジーン・ケリー。今、「雨に唄えば」のビデオを見ながらこの原稿を書き、彼の死を惜しんでいる。（映画評論家）

一九九六年二月二一日

未完のオペラ
武満徹の死を悼む

磯崎新

昨秋オープンした京都コンサートホールの開幕記念の演奏会で、ウィーン・フィルが武満徹の曲を演奏した。このホールの設計にあたって、いまできる多くのホールが十九世紀のロマン派などに適した響きをねらっているのにたいして、むしろ二十世紀に作曲された音がより響くものにしたい、と私はひそかに考えていた。二十世紀の曲とは、私にとって武満徹のつくったものと同義なので、あの演奏会の選曲は本当にうれしかった。

その夏、武満徹は軽井沢で静養していた。秋に下山して、京都の演奏会場まで足を運んだりして元気になったようにみえた。暮れに、懸案になっているリヨンのオペラの依嘱作を仕上げる予定だ、という手紙をもらった。何年か前に指揮者ケント・ナガノが彼に依頼したものだ。

この話は私たちが一緒に編集同人だったころの「へるめす」（岩波書店）に大江健三郎との長い対談で語られている。何故か中断していたが、武満徹はいよいよ着手することにしたわけだ。それもうれしいしらせだった。というのも、このリヨンのオペラ座で、私は舞台装置のデザインをしたことがある。関係者の顔もよく知っている。新装なったあの舞台で、彼のオペラが上演されたら、今世紀の最後を飾る大きい出来事になっただろう。

急逝のためにオペラは仕上がらなかった。彼がそれを最後まで暖めつづけていた気持ちが分からなくもない。オペラなんか簡単にこなすだけの才能を武満徹みずからが自覚していたためだと私は考える。歌曲や映画音楽を手広く手がけても、決して個性を失うことがない。しかも映画が本当にひきたつような音を仕込む術を心得ていた。オペラについても同様だろう。

だが、彼はその背後に、西洋の音楽をめぐる数々のしがらみがあることも知っている。そのすべてと対抗するだけの準備がひそかになされていた。この戦略の見込みがたったので、オペラに着手することに踏み切ろうとしたのではなかったか。

武満徹を日本を代表する作曲家などという必要はない。とっくにそんな枠組みを超えている。二十世紀の後半を代表する作曲家のひとりといわれることになるだろう。彼の音楽には、日本に深く根ざした響きがある。「ノヴェンバー・ステップス」に琵琶と尺八を協奏させたからではない。澄んだ音をそれらの楽器からひきだし得たからだが、それを西欧の音楽の構造に組み込んだうえであらためて脱きゅうさせることを説得力をもって示し得たからだろう。

だから、私は彼のオペラ着手の報に強い期待をもった。日本という枠組みを超えたところで、西欧の音楽の核心にあるオペラという形式を、彼の研ぎ澄まされた手法でゆすってみせる、そんな出来事が間近いと思ったのだ。

実は、他人事でなく、私も外国からの依頼で、ひとりの建築家として、仕事をしている。そんなときに、外からも内からも、日本的なものを期待されたりするが、こんな迷惑な話はない。武満徹と共通の関心事であったサブカルチャー、たとえば空想伝奇小説や「ツイン・ピークス」のたぐいの情報交換の間に、まじめな話になるとすれば、海外で、だれの援助もなしに仕事をするときの困難さについてであった。

日本とは無縁であるはずの仕事のなかで、それでも日本とのかかわりが問われる。武満徹は戦後の日本で、この関係を明示し得たはじめての芸術家だと私は思う。芸術は国境を超えていくが、そのまなざしは、常に内側にかえっていく。そんなしなやかさが彼の人柄であった。（建築家）

一九九六年三月五日

ひとつの時代が終わる
絶望と苦悩の作家
デュラスを悼む

平岡篤頼

「愛人（ラマン）」の作者マルグリット・デュラスが三日午前、八十一歳で亡くなったという報に接したが、とくに驚きはない。おそらくは痛ましい最期だったろうと想像されるが、十分予測されていたことなのだ。

　昨秋出版された、わずか五十五頁の「ただそれだけ」を読んでも、いよいよ別れの時が来たなという印象を受けた。彼女が十数年来ヤン・アンドレアという、はるか年下の同性愛者を最後の伴侶（はんりょ）として暮らしていたことは周知の事実だが、彼が書いた「M・D」（一九八三年、邦題「マルグリット・デュラス―閉ざされた扉」）を読んでも、この作家がいつ死んでも不思議でない、絶望と苦悩に苛（さいな）まれつづけた女性であったことがわかる。

　凄（すさま）じいアルコール依存症とその治療の状況が記されているが、アルコールは別にしても、彼女は書くことによってしか、自殺への誘惑に堪えることができなかったらしい。

　十年前に会った出版社ミニュイの社長も、「彼女の肉体はもうぼろぼろでね、肺も気管支も胃も。気力だけで書いているのだから凄（すご）い」と言っていたが、それからでも「エミリー・L」や「夏の雨」や「北の愛人」や「ヤン・アンドレア・シュタイネール」などを続々発表していて、たいして文章がゆるくなったとは思えなかった。だが、「ただそれだけ」では、おそらく息たえだえの状態の中で、電話や手紙の形で、ヤンに訴えかけたとぎれとぎれの短文が並んでいるだけなのだ。全部デュラス自身から出た言葉ではあるが、それを書きとめたのはきっとヤンだろう。

　一九一四年、当時フランス領だったベトナムで、両親とも教師の家庭に生まれたが、父親と早くに死別したため、必死ではたらく母親の手で育てられた。貧しい白人として腐敗した植民地行政に苦杯をなめさせられ、第二次世界大戦では夫がユダヤ人連行で命を落としかけ、戦後は夢を託した共産党にも裏切られた。つらい試練の数々のため、最初は「太平洋の防波堤」のような、ドライなアメリカ小説風ネオ・リアリズムで派手にデビューしながら、次第にもっと内向的で難解な作風に脱皮していった。

　情痴殺人事件を目撃した社長夫人の動揺を描く「モデラート・カンタービレ」（一九五八）が、その転機と言われるが、それを脚色した映画ともども、「二十四時間の情事」などという薄汚い日本語タイトルがつけられたときから、ファン的読者層と彼女の真の孤独との間に距離が生まれたかもしれない。たぶん「愛人」がミリオンセラーになったのも、そうした誤解のせいであろう。彼女にとっては、自分のおぞましい過去を告白することよりも、現在の自分のなかに輝いている十五歳の自分のイメージの内側を、どんな表現方法で探っていくかだけが問題だったのだが。

　レジスタンス時代の彼女の盟友ミッテラン前大統領も死に、フーコーについでフランス哲学の光輝ある伝統を復活させたドゥルーズも他界し、フランス小説の一方の代表だったデュラスが今、そのあとに続いた。ひとつの時代が終わったことはたしかだ。それでも牧草は育ち、ワインは地下の酒蔵で熟してゆき、政治家や官僚は汚職をくりかえす。若者たちは恋の痛手をかくして陽気に振る舞い、セーヌはなおも流れつづけるだろう。彼女のいくつかの作品は二十一世紀がきても、あらためて違った角度から読みつがれるだろうことは間違いない。（早大教授）

一九九六年三月一九日

戦争への怒りテーマに名作
ルネ・クレマンを悼む

筈見有弘

「禁じられた遊び」や「太陽がいっぱい」によってわが国でも人気の高かったフランスの名匠ルネ・クレマンが八十二歳で亡くなった。

「禁じられた遊び」は、戦後七年目、一九五一年の作品である。ドイツ軍の機銃掃射で両親を殺され、孤児になった五歳の少女ポーレット。少女は農家の少年ミシェルと仲良くなり、死んだ小犬などのために十字架を立てる遊び、つまり「禁じられた遊び」に興味を持つ。だが、少女は孤児院に引き取られてゆく。

観客の涙を絞らずにはおかない内容をクレマンの演出はリアリズムで押し通し、ナルシソ・イエペスのギターが痛ましさと詩情を増幅させる。

クレマンは、短編記録映画を手がけたのち、大戦の終わった翌年に長編第一作「鉄路の闘い」を発表している。ドイツ軍に対するフランスの鉄道従業員のレジスタンスを、実際にそれに加わった人々によって生々しいドキュメンタリー調に再現した作品だ。

続く「海の牙」は、戦争末期、南米へ脱走をくわだてるドイツ潜水艦の乗組員、拉致(らち)されたフランス人たちのドラマであり、ここでもナチへの怒りと記録映画風の演出が光った。

そのあと「鉄格子の彼方」「ガラスの城」では男女の愛や嫉妬(しっと)を題材にしたが、第五作「禁じられた遊び」でふたたび戦争に対する怒りを主題にして、彼の代表作としたのである。ゾラの小説に基づく「居酒屋」も冷徹できびしい写実主義に貫かれている。

しかし、五九年の「太陽がいっぱい」でクレマンの演出は方向転換した。まばゆいばかりの太陽、海の輝き、鮮烈な青春像、思わずかたずをのむサスペンス、どんでん返し、背徳の美男スター、アラン・ドロンの誕生。第一級の娯楽映画の面白さがそこにあった。

その後のクレマンは、「パリは燃えているか?」でふたたび戦争末期を題材にしているのをのぞけば、「雨の訪問者」「狼は天使の匂い」など、もっぱら娯楽サスペンスの職人的な作り手として知られた。だが、そこにはかつてのリアリストのきびしい目は薄らいでいた。映画作家クレマンの最盛期は、戦後から十数年の間にあったのだろうと思う。

「雨の訪問者」の完成直後、シャンゼリゼのレストランでインタビューしたときの、もの静かでいささか皮肉屋のクレマンを昨日のことのように思い出す。(映画評論家)

一九九六年五月二〇日①

人間の神髄を描写
北条秀司氏の偉大な足跡

藤田洋

九十年余りの生涯、随筆を除いては劇作ひと筋を貫いた。その膨大な作品は、昭和四十九年劇作四十年を記念して歌舞伎、新派、新国劇、舞踊劇の四分野で、それぞれの「十二選」が選ばれたことでも量・質とも並はずれていたことが証明できる。

北条秀司氏の劇作家としての基礎固めは軍国主義が強まり、戦争を体験した戦前の約十年。そして二十二年初演の「王将」が映画化され、レコードが全国に流行すると同時に、四十代のおう盛な創作欲が触発されて、すぐれた作品が次々に書かれていった。

俳優が作者を刺激し、作者もまた俳優の資質を生かした。歌舞伎では勘三郎の「浮舟」、歌右衛門の「建礼門院」「春日局」、新派では花柳章太郎の「太夫（こったい）さん」「京舞」、水谷八重子の「明治の雪」、新国劇では島田正吾の「霧の音」、辰巳柳太郎の「王将」「井伊大老」などである。

時代を見据え、人物の生きざまに温かさがあり、正邪をただすきびしい主張がある。明治の気骨が、一本どっしりと筋金としてはいっているので、脚本が相当面白おかしく書かれていても、見終わったあとに快い余韻を残した。劇作術には練達していたが、見物を魅了したのは技巧ではなく、作品と登場人物の織りなす人間の神髄描写ではなかったか。

生年が一九〇二年。まさに二十世紀の大劇場演劇を牽引（けんいん）してきた巨人だといっても過言ではあるまい。しかし新国劇は解散し、歌舞伎、新派も世代交代が進んでいる今日、北条作品がどのような形で次代に受け継がれていくのかどうか。そのことによって大劇場演劇が隆盛する起爆剤になり得るかどうか。私には予測ができないが、ただ、これだけの名作が埋もれてしまうことはしのびない。

あだ名の〝北条天皇〟をもじって〝強情天皇〟と呼ばれていた。どんな抗議があっても自作を安易に改変することはなかった。「文楽」の時も、「松川事件」の時も、そして俳優に対しても。作品に関しては妥協しなかったが、人情味のある人柄に惹かれて心酔している演劇人はかなり多い。

とりわけて戦後五十年間、大劇場演劇の良心を求め続けてきた功績は高く評価されて然（しか）るべきだと思う。妥協しなかったから敵もいたが、作品の評価はだれもが認めていた。そして九十翁になっても新作を書き続けていたエネルギーには、演劇の「鬼」と呼ぶにふさわしい執念と闘魂が示されている。（演劇評論家）

一九九六年五月二〇日②

日本の国際的責務説く
高坂正堯教授を悼む

五百旗頭真

あの自在の言論を楽しまれる活気に満ちた高坂正堯教授が六十二歳で急逝されると誰が想像したであろうか。体の変調が気になり始めた年初から、教授はかえって密度高く原稿を書かれた。訃報（ふほう）に驚き集まった何人かが最近教授から丁寧な原稿を受け取ったと恐縮していた。

　教授に老化も「晩年」も存在しなかった。さらなる仕事への意欲も能力もあり余るほど残しながら、ガンが自らの身体を冒していることを曇りなく認識し、一番好きだった自宅二階の書斎で従容と旅立たれた。

　教授の生涯にわたるテーマをひとことで言うなら、〝国際政治のなかの日本〟であろう。一九六〇年代はじめ二年間のハーバード大学留学から帰国したあと、「現実主義者の平和論」を『中央公論』誌上に発表して、戦後の風潮であった観念的な平和論を戒め、国際政治の現実のなかでの可能な選択を説いた。

　より理論的に、日本という島国をとり巻く国際環境が科学技術の発展に伴って変化するなかで、戦後日本が大陸国家、軍事国家としてではなく、海洋国家、通商国家として生きる妥当性を論じたのが『海洋国家日本の構想』であった。そしてそのケース・スタディが『宰相吉田茂』であった。不人気であったワンマン吉田を、健全な戦後日本の再生を導いた外政家として再評価したのである。

　教授は戦後日本が経済主義に生きることの有意性と限界を説きあかした。戦後日本の自己確認の最良の試みであったといえよう。こうして高坂教授は六〇年代に登場した現実主義の国際政治学者の先頭を走って、戦後日本の知的世界に新風を吹き込んだ。

　高坂教授の斬新（ざんしん）な分析の基盤が歴史研究、それもヨーロッパの勢力均衡外交にあることを明らかにしたのが、吉野作造賞を受賞した『古典外交の成熟と崩壊』であった。誠に奥深い歴史研究こそが、教授の議論に独特の味わい、全体性とバランスのセンス、変動に対する透徹した感性を与えたといえよう。

　八〇年代には私的な苦難を越えて、教授は人類史の諸文明を自在に語り、それとの対比のなかで日本を描く『文明が衰亡するとき』を著された。

　タイガース狂いに興ずることも、テレビ番組で当意即妙のコメントをするのも、この人の持ち味で通るようになった。洒脱（しゃだつ）に楽しんでいるようで、教授は誰であれ人を正当に大事にする人であり、稀（まれ）な高潔さを保持された。当然ながら社会の多方面に信望が高く、佐藤栄作内閣以来、多くの首相が教授に助言を求めた。狭くなる地球の中で、国際的な責務を担うことが日本の国益なのだと説き続けた教授の一生であったといえよう。

（神戸大学教授）

一九九六年六月一一日①

戦後映画のヒーローだったフランキー堺を悼む

山根貞男

ああ、またひとり戦後映画のヒーローが世を去った…。

フランキー堺の訃報（ふほう）に接して、しみじみそう思う。

ヒーローというと、活劇や時代劇の主演スターだけのように考えがちだが、そうではなかろう。一九五〇年代の後半、傑作喜劇の数々で八面六臂（ろっぴ）の大活躍をしたフランキー堺は、一作ごとに若いわたしたち映画ファンの心を躍らせたことだけでも、まぎれもなくヒーローであった。

例えば中平康監督「牛乳屋フランキー」（一九五六）、川島雄三監督「幕末太陽伝」（五七）、豊田四郎監督「駅前旅館」（五八）、川島監督「貸間あり」（五九）などである。

川島雄三の二本に注目しよう。「幕末太陽伝」は落語ネタの時代劇で、品川遊廓における青春騒動記、「貸間あり」は現代大阪の長屋を舞台にしたドタバタ人情劇と、内容は大きく違うが、フランキー堺はどちらでも〝何でも屋〟にふんして走り回る。

周知のように彼はジャズドラマーから俳優になった。三人分四人分の活躍をする〝何でも屋〟を見ていると、手足が六本も八本もあるみたいなドラマーの演奏姿を連想するではないか。そのイメージはさきほどの〝八面六臂〟という言葉につながる。

フランキー堺＝何でも屋といっても、単に器用だということではない。二本の映画の主人公は周りの愛すべき人々のためなら〝何でも〟やってのけるが、同じようにフランキー堺は映画の観客を喜ばすため、もてなす（エンターテイン）ために、八面六臂の大活躍をやらかすのである。そのエンターテイナーぶりは、旅行添乗員にふんした「駅前旅館」で、おばあちゃんたちの団体客におだてられ、長ぼうきを抱えてロカビリーならぬドカビリーを熱演する場面だけでも、明らかである。

以後、フランキー堺は、一九六〇年代―七〇年代においても、東宝の「駅前」「社長」両シリーズで、松竹の「旅行」シリーズなどで、強烈な個性を笑いの爆弾にして映画のお客さんをもてなしつづけた。その面白さが老若男女だれにも通用する点がスゴイ。

フランキー堺の至芸に変な日本語をしゃべる中国人の役がある。さあ、これから、そのひとつ「駅前飯店」のビデオを見ながら、戦後日本映画の黄金期を猛烈な勢いで生きたヒーローの魅力にひたろう。合掌。（映画評論家）

一九九六年六月一一日②

天空に輝く星
宇野千代さんの死を悼む

安西篤子

九日の晩、ちょっと用事があって、集英社の南成子さんと、電話で話した。そのとき、宇野千代さんのご容態がよくないと教えられた。南さんは、宇野さんのエッセー「生きる幸福　老いる幸福」などの文庫化に携わり、宇野さんにかわいがられてきた。

その日も南さんは、虎の門病院へお見舞いに行ってきたという。宇野先生はもう意識はおありにならないが、お顔の色はふだんと変わらずピンクで、とても死期の近づいている人のようには見えないと、南さんは言った。

入院以来、これまでにもう何度も、危ない時期があった。主治医から「こんどこそは」と言われて、まわりも覚悟を決めたが、その都度、危機を脱してこられた。

こんどもまた、持ち直されるにちがいないと、二人で言い言い、電話を終えた。

ところが翌日になって、訃報（ふほう）が届いた。

＊　＊　＊

私は宇野さんの晩年に、文壇関係のパーティー会場でお見かけしたり、文庫の解説を書かせていただいたりした程度のご縁である。麻雀（まーじゃん）がたいへんお好きで、つい最近まで徹夜もなさったという話だが、私は残念ながらお手合わせの機会に恵まれなかった。

むろん私も、「おはん」をはじめとする宇野さんの小説を読んではいる。しかし、宇野さんはいつからか、着物のデザインなどにその才能を発揮するようになられ、以前ほど小説は書かれなかった。その点、最晩年まで精力的に小説を書き続けられた円地文子さんとは違う。

それが宇野さんにとって、幸福だったのか不幸だったのか、私にはわからない。

端（はた）から見たところでは、宇野さんは軽やかに生きてこられたように思われる。異性関係ひとつとってみても、尾崎士郎、北原武夫、東郷青児らと暮らししかもその出合いも別れも、さわやかである。宇野さんの内面ではおそらく葛藤（かっとう）もあったろうが、それが表面にはあまり出てこない。こうした点も、円地さんとは対極にある。

＊　＊　＊

宇野さんは九十歳を過ぎても、「おはん」を超える小説を書きたいと言い続けておられた。

おはんは、堪える女である。むろんそう単純に言い切れないものを秘めてはいるが、結果としておはんは堪えている。私は、宇野さんがこういう女性を創造したことに、興味を感じないではいられない。なぜなら、宇野さんほど〈堪える〉という姿勢から遠い女性は少ないように思えるからである。

しかし、小説家は自分の中に全く無いものを描くことはできまい。仮に描いたとしても、人を打つ作品にはなるまい。

軽やかに生きたように見える宇野さんの中にも、おはん的要素はあったのだろうか。いやそうではなく、作者は男性の眼でおはんを見ているのであろう。それはなぜか。

＊　＊　＊

優れた作品の誕生に当たっては、幾つかの条件が必要と思われる。外的条件に加えて、他人には窺（うかが）い知ることのできない内的条件があり、その二つがうまく合致したとき、名作が生まれる。

言い換えれば、いい作品には、必ず作者の心の状態が投影されている。意識している部分もあろうが、無意識の部分も多い。作者自身がのちにふり返って、当時の自分の心理状態に気づく場合さえある。

名作「おはん」に、宇野千代がどう投影されているか、私は知らない。しかしおそらく外的条件と内的条件の幸運な出合いの結果、「おはん」が完成したにちがいない。宇野さんにどれほど才能があっても、同様の状態をもう一度、作り出すのは、難しかったのではなかろうか。

たとえ一作でも、天空に輝く星のような「おはん」を遺（のこ）された宇野千代は、イ望（せんぼう）に価する小説家である。（作家）

一九九六年七月九日

混迷の社会科学に希望
大塚久雄氏を悼む

山之内靖

大塚先生が逝去なさったと聞き、社会科学においても戦後という一時代がいよいよ過去のものとなったという感を深くします。第二次世界大戦が日本の敗戦をもって終結したとき、大塚先生の学問は混迷の淵（ふち）に沈んでしまった日本の社会科学にたいして希望のありかを物語る星だったのであり、天空に高く輝いていました。多くの青年をとらえた星としては、いま一つ、マルクス主義があり、やがて成功することとなった中国革命と呼応して、マルクスは社会科学において圧倒的な支持を獲得しました。

大塚先生の学問においてマックス・ウェーバーの宗教社会学、なかでも「プロテスタンティズムの倫理と資本主義の精神」がその支柱といってもよい意味をもっていたことは良く知られています。近代の社会変革は、ただ単に経済の領域における市場の拡大や技術の発達によって可能となったのではなく、民衆の日常的生活慣習における強力な編成替えによって初めて可能となったというのがウェーバーの論点でした。

こうした見方は経済分析に偏っていたマルクス主義には欠けていたものであり、宗教的モーメントに強力な歴史変革の力が潜んでいることを告知していました。大塚先生の学問は、マルクスとウェーバーを互いに排除し合う方法としてでなく、相互に補完関係にたつ方法として読み解くという独特の道筋を開拓したのであり、そのことによって多くのマルクス主義者をも引きつけてきました。

大塚先生をはじめとし、政治学の丸山真男、法社会学における川島武宜といった人々をそのうちに含む市民社会派と呼ばれる日本に独自な学問潮流は、しかし、一九六〇年代の中ごろを境としてその影響力を失ってゆきました。

社会問題は、むしろ、資源の枯渇、環境汚染といった近代的発展そのものがもたらした困惑すべき事態へとその比重を移してゆきました。高度に整備された教育システムにおける詰め込みや巨大組織へと発展した企業の管理強化は、合理化の反面で社会的病理現象を顕在化させはじめたのです。

ここで浮かび上がってくるのは、大塚先生によるマックス・ウェーバーの読み方ははたしてウェーバーその人の真意に沿うものであったのだろうかという疑問です。マックス・ウェーバーは近代革命において西欧宗教改革が果たした役割を確かに強調しているのですが、しかし、この宗教改革こそは、同時に、職業的な役割義務という非人格的ないし非人間的な冷たい形式性を拡延させ、「鉄の檻（おり）」としての官僚制を作り出す歴史的起点ともなったということ、これがウェーバーの全体的な構成でした。

今日、旧市民社会派のなかからもこうした時代状況の変化に対応してその方法を再吟味しようとする動きが現れています。藤田省三氏の「全体主義の時代経験」（一九九五年、みすず書房）はそうした動向の先端にたつ作業です。藤田氏らの作業によって、日本の社会科学も、ようやくドイツが生んだあのフランクフルト学派との積極的な交流が可能となりました。

ここで私は大塚先生との個人的な会話を思い出します。一九六四年のマックス・ウェーバー・シンポジウムに話がおよんだ時、大塚先生はフランクフルト学派の一員であるマルクーゼの報告を高く評価して、私にぜひ読むようにと勧められたのでした。大塚先生も、晩年には近代革命がはらむ負のモーメントに憂慮の思いを深めていたのです。（フェリス女学院大教授）

一九九六年七月一二日

流麗な演奏、柔和な人柄 安川加寿子さんを悼む

中河原理

安川加寿子さんが亡くなったことを通信社から知らされたときも、実はそれほどの驚きはなかった。と言うのもここ何年か、面倒な病を得てピアニストとしての現役を去り、ときに会場で見かける姿にも、かつてのさっそう、優雅な身のこなしの代わりに、病を抱えた人間としての不幸がにじみ出ていたからである。からだも衰え、ひとまわり小さく見えて、痛々しかった。

それにしても安川さんの演奏歴は長かった。戦争のためフランスから帰国し、戦時中の第一回独奏会から現役を退くまでの約四十年。この世代のピアニストでこれほど長持ちした人はいない。それと言うのも幼くしてパリ音楽院で身につけた奏法が本格的で正しいものだったからで、事実、その演奏は肩から腕、腕から手にかけての動きが極めて自然であり、指もよく回って、同時代のうち、彼女ほど技巧的に安定した人はいなかった。

当然、レパートリーとしてもドビュッシー、ラヴェル、フォーレといったフランスものを中心に、あとショパン、モーツァルト、といったところにあった。音の美しい、品のいい作品といっていい。演奏もほぼこれに見合った性格のもので、何を弾いても流麗にして柔軟であり、どこにも無理や角張りがなく、どこか流体ないし軟体動物を思わすところもあった。努力の跡をいささかも残さず、いとも自然に楽々と弾き来り弾き去る趣があり、そのあまり、もう少し内容としての抵抗感が欲しいといったぜいたくな注文をつけたい気持ちも動かないではなかったが、さらり、さっぱりとして、流動性に富む演奏は見事なものだった。どちらかと言うと、ドイツ流が優勢な日本のピアノ界にあってフランス派の代表だった。

ひところ、確か六月から七月にかけて、毎年、東京文化会館で定期演奏会のようにリサイタルを開いておられたが、それは当時の音楽界にあって、ひと際目立ったものとして多くの聴衆を集め、私もよく出掛けたものだった。そうしたとき、音楽もさることながら、演奏ぶり、ステージの往復、そして礼のしかたなど、どこを取っても優雅に洗練されていて、いわば完成された、魅力ある女性の典型といったものを感じたものである。

私自身、直接のお付き合いはほとんどなかったものの、その柔和で、聡明（そうめい）で、明るく、しかし粘り強く堅固な人柄については、その周囲の人から聞いて、そうに違いないと納得していた。

そうでなくては、あれだけの演奏活動のほかに、東京芸大はじめ多くの音楽大学で数えきれぬほどの優れた弟子を育て、内外の数知れぬコンクールで審査をつとめ、たくさんの音楽上の役職をこなすことはできなかったはずである。こうして得た栄誉も文化功労者、芸術院会員、フランス政府からのレジョン・ドヌール勲章など、数え上げればきりがない。

こうして大正十一年兵庫県に生まれた旧姓草間、後の安川加寿子は間違いなく、名実ともに日本の代表的ピアニストとして世を去ったのである。（音楽評論家）

一九九六年八月七日

鍛えた話芸の素晴らしさ
渥美清さんを悼む

佐藤忠男

渥美清の芸の土台は、寅さんのテキヤの口上の名調子で分かるように、見事に鍛えあげられた話芸にある。あの語りの技巧は、いったい、いつどこで身につけたものか、いちど本人に聞いたことがある。そのとき、その答えとして話してくれたことは、まるで寅さん映画のひとり語りの一場面のように起承転結のととのった見事な人情話だった。

一見タフな外見と違って、渥美清は病弱で長期欠席がちな小学生時代を過ごした。家で寝ていたその不安な日々、彼はもっぱらラジオの話芸に親しみ、それで覚えた面白い話を、看病してくれる母親に真似して聞かせたそうである。徳川夢声の朗読などの全盛時代である。母親はじつにいい聞き手で、十分ぐらいたってから大きくうなずいてくれたりしたという。それは巧まずして彼の孝行心のにじむ話しぶりであった。

こうして築きあげた彼の話のうまさは学校でも評判になって、先生はよく、クラスのみんなで彼の〈お話〉を聞く機会をつくってくれ、よそのクラスからまで先生と生徒が聞きにくるほどだったそうだ。長期欠席が多かったから成績はよくなかったのだが、個性と才能はもう小学生のときから認められていたわけだ。いま盛んに言われる〈ゆとり〉の教育の模範のような話である。

彼は進学コースには乗らず、テキヤのお兄さんたちと友達づきあいするような青春時代を過ごした。そのときテキヤの口上をノートに何冊もとったというからすごい。ただ〈お話〉がうまかっただけでなく、おう盛な研究心がそこに働いていたのだ。

山田洋次という作家があってのことであるが、こうした渥美清の話芸と研究心が寅さんという人物の創造にいかされた。そこで生み出されたのは、たんに調子のいいおしゃべりで笑わせる好人物というだけではなく、もっと深く日本人の心の中の矛盾した要素を浮き彫りにしてくれる人物像だった。

西洋人と違って小さいころから愛の言葉の訓練を受けることのない日本人は、真顔で愛を語ることがひどく苦手である。真顔で愛を語るとキザになるかシラけるかしてしまう。ところが寅さんは、テキヤの口上で鍛えた名調子で冗談のようにして真情を吐露することができるのである。

もともと山田洋次は、日本人にとっての愛情告白の難しさということを多くの作品の主題にしてきた映画作家だが、渥美清を主演者に得ることによって、日本人はこういう冗談のような調子でしか巧みな愛情表現ができないということの悲哀を面白おかしく表現することができたのである。

マジでは愛を語りづらいというのは悲しいが、じつは日本人には、冗談のような調子でなら、ものすごく重大なことも顔を赤くしないで言える伝統もあることを教えてくれた。それはなかなかの救いでもあるのだ。渥美清の寅さんが、たんなるお人好しではなく、素晴らしい人物だと思えたゆえんである。この創造は渥美清の死とともに失われるのであろうか。そうは思いたくないのである。本当に。

(映画評論家)

一九九六年八月一九日

映画黄金時代のシンボル 達人だった沢村貞子さん

白井佳夫

沢村貞子の死は、私のように日本映画の戦後史を、自分の成長とともに見続けてきた人間にとっては、まさに映画の黄金時代のシンボルだったような女優の死、とでもいいたいようなイメージがある。

兄が俳優の沢村国太郎、弟が加東大介で、日本映画の父と呼ばれる牧野省三の人脈（国太郎の夫人は牧野の四女で、その子が長門裕之と津川雅彦である）につながる人でもある。そして日本女子大時代から、新築地劇団の新劇女優となり、プロレタリア演劇運動に加わり、再三の投獄を体験したりもしている。

やがて映画女優となり、トーキー時代にせりふのしゃべれるインテリ女優として、数多くの作品に出る。二十代後半のころからわき役に転じて、娘役から人妻、母親役に至るまで幅広い役柄をこなした。

第二次大戦後は、溝口健二監督の「西鶴一代女」、成瀬巳喜男監督の「晩菊」、内田吐夢監督の「飢餓海峡」といった名作から、喜劇、メロドラマ、時代劇、任侠（にんきょう）映画まで、各映画会社のあらゆる種類の作品で、生活感のある個性的な日本の中年女性の役を演じつづけた。

この時代に日本映画を見ていた人間で、沢村貞子の顔を知らない人はいないだろう。やがてテレビの時代がきて、そちらにも進出、また文筆をよくして、何冊もの本を出版し、エッセイスト・クラブ賞を得たりもしている。

戦後に夫君となった大橋恭彦を支えて雑誌「映画芸術」の経営をバックアップし、小川徹編集長時代に、過激な裏目読み映画批評の全盛時代をつくったことにも、大きな功績があった。

ある時期から女優を引退して、夫婦で静かな自然環境の中で暮らし、夫君の没後は人間の老いについてのエッセーを書くなど、実人生でも生きることの達人であった。

沢村貞子の死は、輝かしい黄金期につながる映画の時代というものが、今や完全に終わったことを、実感させる。（映画評論家）

一九九六年九月六日

本物の流行作家の死
山村美紗さんを悼む

森村誠一

山村美紗さんはまぎれもなく流行作家の見本のような作家であった。発表する作品のすべてがベストセラーとなるだけではなく、作者のライフスタイルが作品と不即不離に常に話題を提供し、作品から離れた作者自体が一つの存在感を持っている者が流行作家である。山村さんが存在するというだけで、推理文壇は華やかになった。

西村京太郎氏とペアを組んでの活躍は、文壇の二人三脚として話題を集め、前例のない成功をおさめた。

特に京都を中心とした地方色豊かな一連の作品群は、日本の推理小説にご当地ミステリーとしての一つのジャンルを確立した。

山村さんの作品はおおかたテレビ化され、いずれも高視聴率を稼いで、その作品舞台をあまねく全国に紹介した。映像化時代にいち早く視覚的（ビジュアル）な効果に着目して、作品と映像を結びつけた山村さんの時代に対する感性は、抜群に鋭敏である。

最近、体調がかんばしくないという噂（うわさ）は耳に入っていたが、突然の訃報（ふほう）を聞いて、信じられないおもいである。本人自身も自分の死をまったく予測していなかったのではあるまいか。作者自身の予測しない死は、作品を積み残す。本人にとっても無念であろうが、積み残した作品は社会全体の損失である。

私の作家人生において、山村さんに出会えたことは幸せであり、私の創作に大きな刺激となった。ただ売れるだけではなく、周囲に刺激を与えるのが、流行作家である。

作家にはなれても、本当の流行作家にはなかなかなれるものではない。彼女は常に推理界のトップ集団に位置し、その位置をだれにも譲ることなく、突然逝（い）ってしまった。

山村さんの喪失をわれわれは当分埋めることができないだろう。その意味でも彼女は希有（けう）な流行作家であった。（作家）

一九九六年九月二四日

持ち続けた子どもの心　ダメな子はいない　藤子・F・不二雄さんを悼む

石子順

子どもの味方がまた一人、宇宙のかなたへ去っていった。さびしい。

藤子・F・不二雄はいつも子どもの心を持っていた。子どもの目線で、子どもの感性で漫画を描きつづけた。だから「オバケのQ太郎」も「ドラえもん」もその他の作品も子どもの心をとらえた。日本の子どもだけでなく外国の子どもにもよくわかったし、人気があった。

思いがけない冒険も、宇宙を行く大旅行もいつもお茶の間から、日常生活から出発していた。だから身近であり、だれでもその世界にとけこめて楽しむことができた。

あまり勉強のできない子が、ここでは主人公であり元気があった。ダメな子でもいいところを必ず持っている、ダメな子はいないという思いがこめられていた。だから子どもははげまされうれしくなってしまうのだ。

ここには、友だちがいた。遊ぶ場所があった。人間はもちろん人間でないものたちまで友だちになった。だから子どもにとって友だちのような漫画になった。

遊びまくる面白さにあふれていた。遊びの精神がこめられていた。子どもは遊ぶのが得意で遊びからいろんなことを学んでいく。藤子・F・不二雄の漫画で子どもは遊びまくった。友情、助け合い、生きる知恵などを知った。

子どもがやりたいこと、こうなってほしいという願いや思いが描きこまれていてそのような願望をかなえてくれた。子どもの願いを実現させ、子どもの空想力をかきたたせた。

しかし、図にのると失敗するよ、他人にたよりすぎると自分がなくなるといういましめも描きこんであった。たとえ失敗してもそれは恥ずかしいことではなく、そこから立ち直って失敗しないやり方をみつけさせた。成功するにはどうしたらいいのかを考えさせた。

藤子・F・不二雄の漫画は、人間の子どもと人間ではないものとをいっしょに生活させて、そこで起きる奇想天外なできごとを描いて、子ども漫画史の中でもきわめて独特なギャグ漫画の世界を確立した。人間世界のおかしなもの—自然環境の破壊、人間関係の対立、競争社会、文明がもたらすひずみといったことも笑いによって皮肉っていた。そこに風刺が生まれ、大人が見てもドキリとさせられ現実を見つめさせられた。

藤子・F・不二雄はあんなに面白い世界を描くとは思えないような学者タイプで、もの静かでひかえめな人であった。何を聞いてもいつも笑みをたたえてていねいに答えてくれた。その性格は作品のきちんと描きこまれた線描、キャラクター像にあらわれている。

子どものしあわせを願って描きつづけられた漫画は、未来の子どもにも大きくて魅力的な財産になることだろう。（評論家）

一九九六年九月三〇日

濃い陰影を宿した仲間
あの熱気は遥かに遠く
遠藤周作氏を悼む

進藤純孝

「われわれのまわりが、大分さびしくあやしくなってきて、元気なのは大兄と小島信夫くらいじゃないかな」と、吉行淳之介が書いてよこしたのは、三年前の夏だったか。その翌年、彼は七十歳の生涯を閉じ、今また、遠藤周作が七十三歳で先立ってしまい、「われわれのまわり」は、大分どころか、おそろしく寂しいことになってきた。

「お互いの本当のところがわかるのは、結局のところ自分たちなのだ」とは、吉行の言葉だが、彼が「お互い」と指さす仲間の中で、もっともにぎやかだった遠藤が、再起かなわずして不帰の客となり、まるで火が消えたようなことになった。

「頻繁に顔を合わせ、相互に影響し合っていた時期」は、昭和二十年代の後半から十年間くらいのことで、いわゆる「第三の新人」と呼ばれて軽んじられているうちに、いつかそれぞれに文業を積み、注目される存在になっていった。

しかし、「本当のところがわかるのは、結局のところ自分たちなのだ」という濃い陰影を宿し、それを「お互い」と呼び合う仲間であることに変わりはない。それが島尾敏雄逝き、吉行淳之介没し、遠藤周作も死去ということになってくると、心細さはつのるばかりだ。

まして、遠藤は、ゴシップにこと欠かせぬにぎやかな存在であった。「ホラ吹きエンドウ」の名は、文壇だけでなく、広く世間に知れわたっていた。「もしもし、税務署ですが……」だとか、「都の衛生局ですが、お宅の便所は……」だとかと、いたずら電話をかけ、「デンワ魔」の名をほしいままにした男である。

いまに空箱の快気祝いでも送って来て、またしても「もしもし」が始まるかも知れぬなぞと、不見識なことを考えていたところに訃報（ふほう）。こっちより一つ年下であってみれば、「そんなバカな」とぼう然とし、暗たんとして言葉も出なかったとしても無理はあるまい。

「海と毒薬」「沈黙」と挙げだせば切りがないが、彼の文学的業績について、解釈、鑑賞評価をなす人には事欠くまい。「世間にはうそをつき、本心はだれにも決して見せぬという二重の生き方を、一生の間、送らねばならなかった」ころびキリシタンを描いた彼の筆に、私は強く魅（ひ）かれている。

十歳のとき、離婚した母について日本に帰った彼は、「きびしい、孤独な生活を追い求めていた」母に、次第に「うそをつくことを覚えた」という。それがやがて「哀しみの聖母」に許しを願うにも似た心となったか。彼をやはり戦中派の文学仲間と見る私は、そうした育ちの上に十五年戦争を配し、「お互いの本当のところ」を探ってみたいと、しきりに思う。

けれども、「頻繁に顔を合わせ、相互に影響し合っていた」あの熱気からは、もう遥（はる）かに遠く、まわりはただ「さびしく、あやしく」なるばかり。「いまさら」と徒労感の先立つのも否めぬ事実だ。（文芸評論家）

一九九六年一〇月五日

まれなる完全主義者
小林正樹監督を悼む

田山力哉

今や残存する数少ない国際的大監督だった小林正樹さんが八十歳でこの世を去られた。自宅にもお伺いし、酒を飲みながら日本映画の現状について語り合ったことも今は思い出である。

一九五九年から六一年にかけて五味川純平の長編小説「人間の条件」を映画化。トータルで九時間三十八分に及ぶ大作に仕上げたその馬力と粘りはたいへんなもので、邦画にはまれなる完全主義者だった。仲代達矢がごひいきだった。

小泉八雲の小説を映画化した超大作「怪談」(六四年)は、日数と金を掛けすぎて製作者にんじんくらぶを破産に追いやった。それほど作家として我の強い人であったが、終生それを通し続けたところがすごい。

ほかに傑作といえば、封建的な社会の不合理に個人的な力で報復しようとした侍(仲代)の執念のドラマ「切腹」(六二年)で、この作品と「怪談」は相次いでカンヌの審査員特別大賞を得て、彼の名は国際的に輝いた。

北海道の小樽に生まれ、早稲田大学で東洋美術を学んだ。四一年に卒業し、松竹大船撮影所の助監督になったが、四二年に応召、満州ハルピンから宮古島へと転戦した。敗戦で捕虜になり、沖縄本島で収容所生活を送った。

この戦時体験が「人間の条件」に大きく影を落としていたことは間違いない。四六年十一月に復員して大船にもどり、当時花形のトップだった木下恵介監督の助監督を務めた。五二年に「息子の青春」で監督昇進。翌年の「壁あつき部屋」は無実で投獄されたBC級戦犯を描き、アメリカを刺激してしばらく公開中止になった。

「あなた買います」(五六年)、「黒い河」(五七年)が中期の傑作だが、邦画の衰退現象と彼の作風との矛盾の中で、六十七歳になって「東京裁判」(八三年)を撮った。日本および各国のニュース映画を編集したドキュメンタリーだが、粘りに粘ったエネルギーは衰えていなかった。巨星墜(お)つ。邦画はまた寂しくなった。(映画評論家)

一九九六年一〇月一〇日

状況のキナ臭さに鋭敏
衝撃力こそ詩の命だった
小野十三郎氏を悼む

青木はるみ

関西では、もろもろの食材を混ぜ込んで炊きあげたごはんを「かやくめし」という人が多い。小野先生は、この「かやくめし」が好物でいらっしゃった。私は先生のリクエストにこたえ、熱々をお重に詰め、いそいそと阪南町（大阪）のお宅にうかがったものだ。

先生はかねて「一生のうちに二度ハレーすい星を見るんだ」と、長生きする意志を美しいスケールで表現され、みごとにその意志を通されたので、いつのまにか私は更なるご長寿を信じてきた。

けれどもついに訃報（ふほう）を耳にした。おろおろと考えのまとまらぬまま、つい私はその夜「かやくめし」を作ってしまった。それで、先生がよく「今夜は〝火薬めし〟だな」と冗談をおっしゃったことも思い出した。

なるほど、そういえば詩人小野十三郎の世界は状況のキナ臭さに関して、ひときわ鋭敏であり、衝撃力こそ詩の命であったことと不思議にも符合する。

一九八〇年の詩集「環濠城塞歌」はまさに時間と空間を絶する濠をめぐらせた城塞だ。リアリズムを根底に据えた上で、したたかな想像力の勝利を歌ってみせているのである。

現代詩文庫第二期近代詩人篇（思潮社）の「小野十三郎詩集」の編さんと解説に私が取り組んでいた時、「環濠城塞歌」はまだゲラ刷りの段階であり、人より先に目にする興奮ですっかり上気。コンパクトな文庫の紙幅に第一詩集からの十二冊を展望しつつ、重要な詩篇を選び出すわけで、大変光栄ながら、プレッシャーのかかる仕事であった。

なにしろ名作はあふれかえっていた。「葦の地方」「ハマスゲのたぶさ」「木々が芽吹くとき」「きのうの雨」「雲も水も」「旅と滞在」「霧のさくら」「明治のすき焼き」などなど、ひたすら震撼（しんかん）するほかない詩群に圧倒されっ放しだった。窮余の一策として、先生ご自身に決めていただいた作品もある。先生の判断は、素早くて「環濠城塞歌」の中の「ヤマアジサイ」も割愛しなければならなかった。先生はさっさと映画の話に移って、「寅さんシリーズはみんな見た。涙で顔がぐちゃぐちゃ。映画館で明るくなると格好悪くてね」などと。私としては、先生の理念の「短歌的抒情の否定」はどうなるのかしらとまじめに心配しつつ、やはり「ヤマアジサイ」に執着しつづけるのだ。

「生きていたら／時間は／いまから先の方が長い。／すぎ去った年月よりも／この夏の強烈な陽がヤマアジサイの花に集中している時間の方が。／生きてるやつは／だれもがまだ見ないものが見られる。／いろいろとおもしろいことがある。／おれも、いまから／この夏の陽ざしのおとろえぬまに／この先の長い長い時間のトンネルの中にはいる。」

暦上の年齢を思い合わせる必要はない。そんな物理的な計算の無意味さにこそ、気づかされる詩なのだ。決して不吉な内容ではない。つまり「生きていたら」の言葉の意味は生死を超えているということになる。この柔軟にして強靭（きょうじん）な詩の命！　その衝撃を全身全霊で受け、私は今ふかく頭を垂れている。（詩人）

一九九六年一一月一日

正統派映画の最後の巨匠
カルネ監督を悼む

品田雄吉

マルセル・カルネは、戦前から戦後の時期にかけてのフランス映画を代表する名監督だった。フランス映画は一九五〇年代末の「ヌーベルバーグ」(新しい波)出現で大きく変わるが、カルネは、それまで正統とされた映画の流れを守った最後の巨匠だったといえる。

私は第二次大戦後に本格的に映画を見るようになった世代に属する者で、戦後になってわが国で公開された「霧の波止場」(一九三八年)、「北ホテル」(同)、「悪魔が夜来る」(四二年)、「天井桟敷の人々」(四四年)などのカルネ作品をむさぼるように見た。

まさにわが青春はカルネの名作とともにあったといってもいいくらいで、これらのカルネの映画を想起すると、おのれのうっ屈した青春の日々がいや応なく脳裏に浮かび上がってくるのである。

一般に詩的リアリズムと呼ばれるカルネの作風は、やや暗いが、どこか澄明な叙情を流露させていた。それは、シャンソンの「枯葉」などでも知られる優れた詩人・脚本家のジャック・プレベールとコンビを組み、彼の脚本によってほとんどの映画を作ってきたことにもよるのだろう。

しばしば世界映画史上のベストワンに選ばれる「天井桟敷の人々」は、分厚く豊かな人間ドラマの中に、おのれの自由な生き方を貫く人間たちの姿が見事な演出で彫り込まれていた。

「天井桟敷の人々」は間違いなく名監督カルネの最高作だと思うが、同時に私は「北ホテル」や「港のマリー」(四九年)、「愛人ジュリエット」(五〇年)といった小ぶりの作品も好きだ。これらの作品の基調には、透き通った叙情、やや暗い人生観が静かに息づいているように思われて、私はそれを愛する。

もう七、八年も前になるだろうか、日本のある文化団体が毎年選出している世界文化賞がカルネ監督に贈られ、私は授賞式に出席するため来日した監督を囲んで食事をする機会に恵まれた。

カルネは、やや足が弱ってつえを必要としていたが、八十歳を超えてなお気持ちは若々しく、次回作の構想を語って倦(う)むところがなかった。次回作はついに実現しなかったが「天井桟敷の人々」を筆頭とするカルネ作品は、世界映画史の中にさん然と輝き続けるに違いない。(映画評論家)

一九九六年一一月一二日

含羞の人
小沼丹さんをしのぶ

平岡篤頼

小沼丹さんが数年前から糖尿病のために外出しなくなり、時折血糖値が下がりすぎて緊急入院されるが、すぐ退院し、とにかく安定した状態を保たれているとはうかがっていた。

手帳を繰ってみると、最後にお会いしたのは一昨年の五月二十九日である。当日は私のほうの学会が慶応の日吉校舎で開かれていたが、中座して早稲田のリーガロイヤルホテルでの「囲む会」に飛んでいった。

随筆集「珈琲挽き」（みすず書房）の出版祝いだったが、庄野潤三さんや三浦哲郎氏のほか、親しい友人や編集者や教え子などが出席し、例によってはにかんでばかりいる小沼さんの健在を祝して酒をくみかわした。

すこし疲れておられるかなと、気にはなっていたが、井伏先生なじみの新宿の「くろがね」に席を移すと、とたんにしゃきっとされたのにはびっくりした。井伏党の一方の旗頭である河盛好蔵さんがかけつけたからだった。

いわば大先輩にあたる河盛さんが足の不自由をおして激励に見えたというだけで、小沼さんの背中がぴんとまっすぐになり、言葉じりまではきはきしてきたのは、見るもほほ笑ましい情景だった。

その半年前にもお宅にお邪魔して、大学が催す「追悼井伏鱒二」という展示会のことでご相談しているし、まだまだ大丈夫と安心していた。

それが突然のこの訃報（ふほう）だから、混乱せざるを得ない。肺炎と報道されている。近親者だけの葬儀もすませたあとの発表ということで、含羞（がんしゅう）の人、小沼丹らしい別れの告げ方と言っていい。

なにしろ同じ大学の同じ学部に籍を置いて久しいから、お目にかかった回数なら数えきれない。酒席でも何度同席させていただいたか。ただ、若い時の十歳の違いというのは、すでに「村のエトランジェ」や「白孔雀のゐるホテル」などの名作で注目の作家と、いつか小説を書きたいと思っている学生との距離だから、何年たっても、かえって文学の話など、畏（おそ）れおおくて持ち出せなかった。

しらふの時は「やあ」と、片手を挙げて挨拶（あいさつ）していただくのが関の山。そのうち、職歴差だけは縮まって「同僚」扱いしていただくが、心理的には差は縮まらず、「竹の会」（「藁屋根」所収）に活写された小沼さんの学生時代からの文士交歓図に嫉妬（しっと）したりもした。

これを書いていても、「まあまあだね」と言われそうで、思わず小沼さんの顔が浮かんできたりする。冥福（めいふく）を祈るために、「村のエトランジェ」の最初と最後の二編「紅い花」と「村のエトランジェ」を読み返したから、なおいけない。

晩年の小沼さんが時々新聞に書かれた、草木と小鳥と友人に囲まれたのどかな身辺雑記とも違って、この二編はともに、愛の屈折のはてに殺人にいたる暗い悲劇を、チェーホフ風の淡々とした筆致で描いた好読物で、あらためて参ったと脱帽した。小説家志望の学生たちにもぜひ読ませたい。（早稲田大教授）

一九九六年一一月二九日

追悼・朝鮮史学の巨星
「分国論」の提唱者
金錫亨院長を悼む

上田正昭

朝鮮民主主義人民共和国（北朝鮮）の代表的な歴史学者である金錫亨（キム・ソクヒョン）先生が十一月二十六日に逝去されたとの訃報（ふほう）に接したのは、松江市で開催された第十回の環日本海松江国際交流会議に参加していた旅先であった。

その国際交流会議のシンポジウムでは、「日本と朝鮮半島の神話」の基調講演をしたが、金錫亨史学をめぐるさまざまな思いが、走馬灯のようにわが脳裏に浮かんだ。

「三韓三国の日本列島内分国について」という金錫亨論文が発表されたのは一九六三年であった。

その論旨のおおよそは、三韓（馬韓・辰韓・弁韓）、三国（百済・新羅・加耶）などから日本列島に移住した人びとによって形成された分国が、九州・大和・出雲などの各地に存在した、とし、それらの分国が、七世紀になってヤマト政権によって統一されたという見解にもとづくものであった。そしてその統一勢力もまた朝鮮半島からの移住民勢力によるとみなす、極めて大胆な仮説であった。

この説はさらに補強されて、六六年の『初期朝日関係』（日本語訳『古代朝日関係史』）にまとめられた。このいわゆる「分国論」は、日本の歴史学界の通説を真っ向から批判した衝撃的な論説であった。

四九年に提起された江上波夫説の「騎馬民族征服王朝」論につぐ、朝鮮側からの日本古代史への挑戦であった。当時の学界で賛否両論が渦巻いたことは多言するまでもない。私自身は一九七一年三月に公表した「石上神宮と七支刀」（『日本のなかの朝鮮文化』九号）で、七支刀銘文を中心に金説を批判した。

七二年の三月、奈良県明日香村で高松塚壁画古墳が検出されて、北朝鮮、韓国からそれぞれの学術代表団が来日した。その際の北朝鮮の団長が金先生であった。

当時の内外の政治情勢のもとでは、南北の代表団が同席して、日本側の研究者と討論することは困難であった。いまは亡き井上光貞東大教授と一緒に、南北別々の討論会に出席した。その折、金教授は既に私の論文を読んでおられたが、私の予想は外れて、さわやかな討議となったのは幸いであった。

金教授は金日成総合大学の歴史学部長、社会科学院歴史研究所長などを歴任して、社会科学院院長の要職にあった。対外文化協会の招請によって、八〇年八月、八六年四月、同年七月と三度訪朝したが、その度ごとに、新たな発掘成果を実地に観察する便宜を図っていただいた。

八六年四月の際には、人民大学習堂で金院長をはじめとする朝鮮側の代表的な古代史・考古学の研究者と、四時間を超える熱心なシンポジウムをもつことができた。同年七月の人民文化宮殿での討論会の折にも、多忙の中を出席していただいた。

九〇年の三月、東京でアジア史学会が設立されたが、韓国、中国のほか、北朝鮮の研究者もその設立に参加され、金先生を筆頭とする三名の先生方が、同学会の評議員に就任されて現在におよぶ。

金錫亨説の朝鮮史学界における影響は多大である。金先生の温厚でしかも情熱あふれるお人柄をしのんで、そのごめい福を祈るとともに、真しな学術交流のさらなる発展を念じてやまない。（京大名誉教授、アジア史学会会長）

一九九六年一二月二〇日

女の元気受け止めて マストロヤンニを悼む

佐藤忠男

アメリカ映画の最大のテーマが男たちの勇気であるとすれば、イタリア映画のそれは女たちの元気である。史上、イタリア映画は多くのスター女優たちを生み出して華麗な世界を描きあげてきたが、一九五〇年代以来、その元気印のイタリアのスター女優たちの熱っぽいエネルギーを受け止めて、逃げまわったり立ち向かったりする役どころを一手に引き受けるような立場にいた男優がマルチェロ・マストロヤンニである。

「白夜」でマリア・シェル、「甘い生活」でアニタ・エクバーグと、外国の女優の演じるヒロインに恍惚（こうこつ）とした視線を投げかけることで二枚目の役どころを確立した彼は、その後生粋のイタリア産の大女優ソフィア・ローレンと名コンビを組んで、元気な女にほんろうされる男の、それこそが実は男みょうりに尽きることだというこころを、実にうれしそうに巧みに演じ続けたものである。

カトリック信仰でもとくに聖母マリア崇拝の強い国であるイタリアの、その女性崇拝的な傾向がおしなべてイタリアの男優たちのタイプの基礎になっており、みんな女性の前で臆面（おくめん）もなくうっとりとした表情ができるのだが、マストロヤンニの場合はそこにとくに真情あふるるものがあって、ニヤケているとは思わなかったばかりか、元気な女にふりまわされたいという気持ちが、男性優位社会における男の余裕の誇示なんかではなくて、まさに純粋な生きがいそのものであるように見えてくるのだった。

それは、男の強さということにあくまでも固執するアメリカ映画の男優たちの世界に断固対立するかのような、ヨーロッパの別の文化の代表者だったとさえも思えたものである。

フェリーニ監督との名コンビだった初期の「甘い生活」や「8½」が芸術的な意味では代表作であり、そこで演じられた現代社会の目的喪失の苦悩の演技が忘れがたいが、それよりは軽くエンターテインメントとして演じたと思われる「イタリア式離婚狂想曲」や「あゝ結婚」なども、その意味でなかなかのものだった。晩年の「ジンジャーとフレッド」での、老いた芸人の相手役の女優に対する心くばり。彼の演技の究極の目標がそこにあったかのようで、本望だったろう。（映画評論家）

平成九年

1997

一九九七年一月二七日

生と死を観照するまなざし
藤沢周平先生を悼む

皆川博子

生きる歳月が、生と死を観照するまなざしを、どれほど深くすることか。老いが生の没落ではなく、生の深みに錘（おもり）を下ろしてゆくことであると、感じさせてくださったのが、藤沢周平先生の諸作であった。

その錘は、登場人物の心の底に下りることによって、読む者の心の底にも、また、とどくのだった。

時代は江戸であるけれど、現代を生きる者と、本質においては、なんら変わるところはない。人物を江戸に生きさせることによって、現代の表層の揺れ動き、目まぐるしい風俗の変転に巻き込まれることなく、人間の普遍的、本質的な部分が、こまやかに描きだされていた。

ことに、「三屋清左衛門残日録」に、その感が深い。短編連作である。職務を辞し隠棲（いんせい）した老武士の心境には、老いの寂寥（せきりょう）もある、疲労もある。孤独も、悲哀もある。しかし、どの作も、ラストにおいて、おのずとにじみでる内なるかがやきが、読む者のこころに、深い静かな明るみをしみわたらせる。

十五年ほど前―先生がまだ五十代のなかばごろに書かれたエッセーに、〈″時の恩恵″とでも言うべきものは、おそらく長生きしなければ得られないものだろう。他を顧みるひまもなく、いっぱいいっぱいに過ごして来たのが、老境に踏みこんだころになって、ようやく人生の剰余価値を受け取ることが出来るようになったということかも知れない。そうだとすれば、年とることはまんざら捨てたものでもないのである。老後は闇ではあるまい。そこには若いころとは異る、べつの光が満ちているようでもある〉とある。

三屋清左衛門は、この″べつな光″にみちみちている。

そして、清左衛門という人物は、作者藤沢先生の心境が投影されて造形されたものと思ってさしつかえあるまい。

ただ、藤沢先生の享年は六十九歳。平均寿命ののびた昨今としては、あまりに、まだお若かった。

エッセーを拝読すると、お若いころの経済的な不如意、病床に長くついておられたことなど、並ならぬ苦労をかさねられたことが拝察される。

私は人前でしゃべるのが下手なので講演は苦手なのだが、藤沢先生のお作について語るということで、一度お引き受けしたことがあった。

生きる上での苦労は、ときに人のこころをゆがめ、ひがませ、恨みっぽくさせるのだけれど、先生は、それらを作品の上で浄化されていった。登場人物は、正義一点張り、ごりごりの理想派ではない。正義感にこりかたまった人間であれば、その偏狭さにも、筆がとどいている。弱い人間、ゆがんだ人間、物欲、支配欲、出世欲にとりつかれた人間、色におぼれるもの、復讐（ふくしゅう）に生涯をかけるもの、さまざまなマイナスの要素を持った人間も、作品世界のなかで生きている。現実の世間がそうであるように。

しかし、いやなやつを、度し難いと突き放すのではない。どうして、いやなやつになったのかに目を配り、また、だれしも、内部には、いやな部分をかかえもっているのだと、静謐（せいひつ）な洞察の目を向ける。冷ややかに高見から観察するのではなく、暖かく深いまなざしである。そんなことを、たどたどしくしゃべったと記憶している。

それが〈藤沢周平の世界〉であったと、私は感じている。″あった″と、過去形で書くのが、悲しい。

もちろん、お作はいつでも読み返すことができる。〈藤沢周平の世界〉は、いつでも、読者の身近にある。しかし、その書物のむこうに、生身の先生の、ちょっとはにかんだような笑顔がないと思うと、つらい。

私もすでに若くはない。敬愛する方の逝去にあったとき、清左衛門のような人物なら、どう切り抜けるのだろうか。もう一度、読み返してみます。藤沢先生。（作家）

一九九七年二月一九日

鮮やかな生涯
埴谷雄高氏を悼む

鎌田慧

埴谷雄高は悠然と虚空の彼方（かなた）に去った。彼の八十七歳の生涯は、もの書きとして幸せな一生だったと思う。

たしかに、ライフワークの「死霊」は未完に終わったが、本人自身、さばさばしていて、けっして悔いを残していたわけではなかった。おそらく、死の瞬間まで、彼は彼の小説の主人公である首猛夫や黒川建吉との長いディスカッションをつづけていたのであろう。半世紀をかけて書きつづけられた小説である。最後の部分が形にあらわれなかったにしても、いいではないか。そんな断念がすがすがしい。

「戦後派でいちばん無能であるものが、いちばん難しいことをやっていて、しかもいちばん難しいときて、想像力が枯渇しているから、なおできない」

と彼はわたしに語っていたが、すでに花田清輝や野間宏や井上光晴などの戦後派の僚友を見送り、それでもなお書きつづけている複雑な想いがにじんでいるのを、わたしは感じていた。

埴谷雄高の宇宙を駆け抜けるような視線と文体は、ほかのどんな作家にもないものだった。安部公房も似ていないこともなかったが、埴谷ははるかにスケールが大きかった。彼は吉祥寺の駅にちかい、ちいさな木造の家にひとりで、息をひきとるまで端然と暮らしていた。しかし、それはけっして蟄居（ちっきょ）のイメージとはほど遠く、驚くべきことにいつも時代の最先端にいた。

台湾の植民者の息子として成育し、戦時中の共産党員として逮捕され、いわば「転向」をバネに文学的な活動にはいったのだが、いつも宇宙から地球を透視しているような透徹した視線が、国家や権力や党や政治を明確に対象化していて、読者を魅了した。

いわゆる知識人たちが、「内ゲバ」にたいして沈黙をまもっていたときに、決然と批判したのは、埴谷特有の冷徹さのようにおもわれている。が、むしろ、彼の人間信頼のロマンチシズム、といえるようなものだった。いいかえれば、アナーキズムともいえるかもしれない。「どうでもいい」との達観が埴谷の持ち味だった。政治欲、権力欲、金銭欲をまるで感じさせない、孤高のひとり暮らしだった。

埴谷雄高は「憎悪の哲学」を原理とする社会主義の崩壊を、あのちいさな部屋にいて予見していた。わたしは「辻潤や武林夢想庵や大杉栄などに共通する自在な身ぶり」と彼を表現したことがある。といって放縦だというのではない。むしろ、古武士的な風格（島津藩の陽明学者の血をひく）と洒脱（しゃだつ）さを兼ねそなえた最後の文士といえるが、のびやかにして厳密な埴谷の文体と、直感をもとにした論理は、けっして滅びることはない。

彼はいつもだれにでも、惜しむことなく語りつづけた。強靭（きょうじん）な記憶力とこまやかな描写は、九十にちかい老人のものではなかった。この混迷の時代にこそ、彼の的確な批評を必要としているのだが、それでもわたしは、拍手をもって埴谷雄高の鮮やかな生涯を見送りたい。（ルポライター）

一九九七年二月二〇日

壮大なオーロラ
埴谷雄高さんを悼む

小川国夫

五カ月ほど前、吉祥寺のお宅へお見舞いに行くと、埴谷さんはベッドのかたわらに来るように言い、早速といった感じで語りかけてきました。文学界の現状から始まり、小説の将来などが話題でした。もちろん葡萄酒（ぶどうしゅ）など入りませんし、口調はいつもより静かでしたが、いつものようによどみなく、相手をあきさせない心配りも変わりありませんでしたから、こちらが励まされているように感じたほどです。埴谷雄高はまったく健在だったのです。だから私は、利かないのは彼の膝（ひざ）だけだ、と思いました。六〇年安保の前年であったか、最初にお訪ねしたとき、ぼくは散歩できないタチだから、足から弱ってくるだろうね、と言われたのを思い出しました。好みの喫茶店を探して、そこへ毎日行くようにしたらどうでしょうか、と私が言いますと、いいだろうがね、それも長続きしないだろう、とあまり乗り気ではなさそうでした。飲み屋へはよく行くけれど、帰りはタクシーになったりして、と笑うのです。

それから話は、近ごろ酒場で見かけた未知の男のことになり、彼とは一言も交わさないのに、テレパシーが通い合ったと、こちらは熱をこめて、印象をありありと語るのです。しかも、それに関する該博（がいはく）な知識を傾けてです。埴谷さんは五十歳になんなんとしていましたから、初対面の私には不思議でした。夢中になって行きながらも、この人はこうして自分も遊び、ひとも遊ばせるのか、と思ったりしました。

そうは言えないのです。やがてわかってきたことは、埴谷さんの気持ちは、関心のありかに向かってひたむきに、大河のように流れているのです。テレパシーもまたそれに結びついた一要素だったのです。それが見えてきて、私には、彼の存在自体の迫力が合点できました。

そのころ、深夜の新宿のバーで二つの教えを受けたことがあります。一つは、小川君、君の小説には人間がいることはわかる。それにしても私が勧めたいのは、君が人の心をもっとのぞきこむことだ。その深淵（しんえん）に驚いて、目が離せなくなってしまうよ、と埴谷さんは言いました。またこうも言いました。君の作のなかには物があることはわかる。しかし、それを描き出すだけではなくて、それは、なぜここにあるのか、どこから来て、どこへ行くものなのか、と考えなければならない。すると君は思索の旅に出るだろう。

文学青年にとってわかりやすいアドバイスでしたし、私は肝にめいじたのです。しかしもちろん、これは私のためだけの指導ではなかったのです。同時に埴谷雄高の抱えているテーマでもあったのです。

後年、彼と私との公開書簡のやりとりのなかで、存分にこのテーマを話し合うことができ、それが彼と私との太いつながりになったようにも思えることは、今となると感無量です。

私たちはこの書簡で、ポール・ゴーガンの絵の題名から始めて、〈われわれはどこから来たのか、われわれはどこにいるのか、われわれはどこへ行くのか〉を論じ合いました。その際、人間と物との区別はなくなっていくようでした。つまり〈われわれ〉というのは宇宙も含めた全存在と考えるようになっていたのです。

そして私は、三十余年前、新宿のバーで言われた埴谷さんの一言が、ここまで展開し増殖してきた、という気持ちを忘れることができませんでした。

ニュートンのリンゴも二人の間の実に長い話題でした。ついに埴谷さんは、このニュートン・リンゴの内面には、無念か悲哀か、あるいは満足か放心か、それ以外のリンゴにはない何かがあるに違いない、と思うのです。そしてさらに、存在も宇宙も〈死物〉として整然と位置づける学問の前で、客体はその〈死〉の前で憂いを表現するのではないか、と言うのです。この問題を論じながら、私はやはり、かつて心の深淵をのぞきこめと言った、豫言者（よげんしゃ）さながらの彼の声を思い出すのです。

埴谷さんの歯切れのいい明るい声の裏には、無念もあり悲哀もあります。病気も死もありますが、それらがすべて未来への暗示となって、壮大なオーロラが天にかかっているかのように思えるのです。（作家）

一九九七年二月二四日①

独自の文化史的研究　樋口清之氏を悼む

小林達雄

米寿のお祝いをさせていただこう、そう語らっていた矢先のご入院ではあったが、どうせ間もなく回復されるはずだ。たかをくくっていたのが大きな油断であった。

そのとき、出張中の新潟はシベリアからの強い寒気団で、この冬一番の猛吹雪に襲われていた。そして追いかけてきた電話が私の耳に訃報（ふほう）を告げた。ついに貴重な考古学の一つが、すっと消えたのだ。八十八歳。

奈良県立畝傍中学に入学して間もなく、鳥居龍蔵博士の講演を聞き、考古学に開眼。たちまち遺跡の報告や論文を発表し、考古少年離れの大活躍をはじめた。弥生文化研究を開いた森本六爾は中学の先輩だった。そして鳥居先生を慕って国学院大学に進んで、さらに勢いづいた。

このころ仙台で縄文土器に取り組む山内清男を訪ね、その緻密（ちみつ）な研究ぶりに刺激を受けるとともに、容易ならざる競争相手と意識した。何かの話のついでに漏らされたこの事件が、その後の樋口流考古学の独自路線を促したのではないか、と考えられる。

つまり、分析的な考古学の躍進を横目でにらみながら、後塵（こうじん）を拝するを潔しとせず、文化史的研究へと身を転じたのだ。こうして縄文時代の身体装身具に関する卒業論文はリヤカーで運んだというエピソードとなり、やがて博士論文となった。その内容は、資料の完璧（かんぺき）な集成に基づいて、さらに民族例を視野に入れ、今日なお新鮮な価値を失っていない。

その他「日本古代産業史」「木炭の文化史」など多数が考古学の枠を越え、ご自身の背丈さえ越える著作物となって実を結んだ。

いまや考古学ブームに乗って研究者の数は圧倒的であるが、その中に樋口風ロマンの考古学者を見つけ出すことは困難である。あの東京の空襲警報のとき、防空壕（ごう）の中で「群書類従」のページを繰る指を止めなかった知の蓄積が力となったのである。

その学統は日本風俗史、食物史、博物館学へと広がり、多くの弟子を育成した。そして昭和五十五年以来、樋口博士記念賞は十八名を数え、さらに将来へと続くのだ。決して根絶やしにするわけにはいかない。（国学院大教授）

一九九七年三月八日

常にイメージを打破
池田満寿夫さんを悼む

萩原朔美

急に思い出した。一九七〇年、池田満寿夫さんの個展のオープニングだ。混雑した人の中から舞踏家の土方巽さんが近づいてきて「どれがいい?」と私に訊(き)いた。迷いに迷って「マーガレットの庭」というタイトルのリトグラフを指さした。パーティーが終わってから池田さんの自宅へ行くことになりタクシーに乗った。前の席に土方さん、後部に詩人の吉岡実さんと澁沢龍彦さんが坐(すわ)った。何かの話の続きで、だれが文章を書ける人間かということになった。二十代の私は固くなって聞いていた。だれだったか失念したけれど、

「満寿夫は書くね」。声高に断言した。すると全員がそうだなと納得した。私はそうなんだと思った。

タクシーが池田さんの家に着いた。そこにたくさんの人が居て、どこも足の踏み場がない。池田さんの笑い声が響いて、どうにか主人の居場所が分かった。トイレに行くと、正面の壁に春画が飾ってあった。

後日、私が指さしたリトグラフ「マーガレットの庭」が画廊から送られてきた。びっくりした。土方さんが指示したのだろう。先行世代の友人の付き合いかたを垣間見たような気がした。それから七年後に、池田さんは小説を書いて芥川賞を受賞した。

あの時の、パーティーの主役も、タクシーに同乗した人たちも、みんな泉下の住人になってしまった。そう思うと茫然(ぼうぜん)としてしまう。ほんの少し前の出来事のような気がするけれど、居なくなった人の多さを思えば、この二十年間は長い時間だったのだ。

どのような歳(とし)の取りかたをするのだろうか。池田さんに答えを出してもらいたかった。何ものにも捕らわれないで自由に生きる。版画だけではなくて、文章家として、映像作家として、陶芸家として。もちろん私生活も含めて、どんな老年期を送るのか。おそらく、みんなが考えている姿をみごとに裏切って、軽々と少年のままのように年輪を重ねていく。そう思っていた。その裏切られかたが楽しみだった。

だれもがイメージする歳相応というイメージを、あっという方法で打破する。それができる最短距離に居たのが池田満寿夫さんだったのだ。絶対に大家にはならない。過去の自分が作ったスタイルを、ずっとアレンジするだけのアーティスト。まるで芸術に余生があるような生きかた。そういう人と対極に居たのが池田さんの位置である。

だから、どんな歳の取りかたをするのか、見届けたかった。前を歩いている人が道筋を付けてくれれば、後ろから歩く世代が助かったのだけれど。今や前は何も見えない。先は暗いと感じる今の時代の気分が、またひとつ増幅されたような感じがする。

今年から、私が勤める大学に教授として来ることになっていた。この授業も見たかった。どんなことを生徒に喋(しゃべ)るのか。どんな生身の姿を生徒に晒(さら)すのか。何か総(すべ)ての答えが中空を彷徨(さまよ)って着地しない。残念という言葉は、こういう時に使うのだろう。(映像作家、多摩美術大教授)

一九九七年三月一〇日

伝統と革新を実現 萬屋錦之介を悼む

山根貞男

萬屋錦之介が六十四歳で亡くなった。まだまだ豊かな可能性を感じさせる俳優だっただけに残念でならない。この場合、可能性とは、日本映画ならではの時代劇の新たな蘇生(そせい)のことである。

萬屋錦之介は最初、一九五〇年代の半ばに時代劇「笛吹童子」「紅孔雀」の美少年スター・中村錦之助として登場したが、たちまち意欲満々の俳優に成長する。沢島忠(現正継)監督と組んだ「一心太助」シリーズ(一九五八―六〇)や「殿さま弥次喜多」シリーズ(五八―六三)などを見て、青二才の映画ファンであったわたしたちがどんなに感嘆したことか。

それらは、美男・錦之助をスッピン(素顔)で出したというので物議をかもした加藤泰監督「風と女と旅鴉」(五八)などとともに、現代感覚にあふれた革新的な時代劇の出現であった。

みるみる実力をつけた中村錦之助は、同時に、内田吐夢監督「宮本武蔵」五部作(六一―六五)や伊藤大輔監督「反逆児」(六一)で、正統派時代劇をみごとに生きる。単に目新しさを追いかけるだけではなかったのである。

伝統と革新。中村錦之助は時代劇において、その両方の達成をとことん追求し、豊かに実現させたといえよう。

格調と遊び心、と呼んでもいい。マキノ雅弘監督「若き日の次郎長」シリーズ(六〇―六二)には、それが沸騰している。山下耕作監督「関の弥太っぺ」(六三)や加藤泰監督「沓掛時次郎・遊侠一匹」(六六)などの股旅(またたび)ものでも、格調の高さが遊び心と通じているからこそ、無残な悲劇が熱く胸をうつ。

いうまでもなく時代劇は日本映画ならではの魅惑を体現するもので、中村錦之助は戦後、それの新しい花を華麗に咲かせたのである。

そんな俳優が七〇年代に、じょじょにスクリーンから遠ざかる。明らかにそれは時代劇の衰退ということであり、つまりは日本映画の迷走の象徴であった。

だが萬屋錦之介(七二年に改名)は深作欣二監督「柳生一族の陰謀」(七八)でみごとに甦(よみがえ)った。

この数年、ふたたび萬屋錦之介による時代劇の蘇生を熱望してきたのは、わたしだけではあるまい。それはつまり日本映画の再生になるはずであったのに…。合掌。(映画評論家)

一九九七年三月一五日

完主義で演技力引き出す
F・ジンネマン監督を悼む

筈見有弘

第二次世界大戦以降のハリウッドの黄金時代にきらめいていた巨星がまた一つ落ちた。フレッド・ジンネマン。八十九歳。

半世紀以上にわたる映画生活だったが、送り出したのは二十二作品。極めて寡作である。その代わり名作ぞろいだ。真珠湾攻撃期の軍部の現実に厳しい批判の目を向けた「地上より永遠に」（一九五三年）、トマス・モアの半生を描く「わが命つきるとも」（六六年）でアカデミー作品賞や監督賞を受賞している。

他の作品でもリアリズムを基調にした堅牢（けんろう）で精密な成果を見せた。抑制のきいた演出で完全主義に貫かれていた。俳優から最大限の演技力を引き出すことでも信用が高く、彼の映画でオスカーを得たスターも多い。

大衆的に最も親しまれているのは、西部劇「真昼の決闘」（五二年）だろう。ゲーリー・クーパーが演じる中年の保安官が結婚式を挙げ、その職を辞して町を去ろうとする。そこへ無法者一味が復讐（ふくしゅう）にやって来るという知らせが入る。クーパーは町の人々に助勢を頼むが、だれ一人協力してくれない。彼は結局、花嫁グレース・ケリーの助けを得て、四人の敵と戦う。

劇中の時間と現実の時間を一致させ、ジリジリと盛り上げていく緊迫感。その演出には緻（ち）密な計算が行き届いている。と同時に、孤独な状況に置かれた個人が戦っていく姿が観客の心を揺さぶる。

ジンネマンの好んだ主人公には、このように信念に生き、たった一人で戦った人物がよく選ばれた。「日曜日には鼠を殺せ」（六四年）の、スペイン内戦から二十年たっても怒りと憎しみを忘れずに亡命生活を送る男、「わが命つきるとも」の、王の離婚を認めようとせず、信念を貫いたために処刑されたモアもそうだ。

コンゴに渡った看護尼の実話「尼僧物語」（五九年）、ベルリンでひそかに反ナチ活動を続けた親友を劇作家が回想する「ジュリア」（七七年）のような女性のドラマにもそれは共通している。その背後から、ジンネマン自身の反ファシスト、反体制の姿勢がにじみ出ていた。

ハリウッドという娯楽生産の場で、その原則を守ることは忘れず、なおかつ自己に忠実で完成度の高い作品を発表し続けた硬派な映画作家の死を惜しむ。（映画評論家）

一九九七年四月四日①

北京の泣き顔の想い出 杉村さんを悼んで

尾崎宏次

杉村春子逝去の知らせをきいて、大きな女優をうしなったという思いが切にする。華のある女優が、九十歳の坂をこえて、去った。求められて、想い出を書く段になって、私は、一九六〇年に北京の劇場に立った杉村さんの印象をしるしておこうと思った。

あれは日本の新劇人がはじめて外国の舞台に立ったときのことである。ちょうど安保闘争のあとで、中国からの招きで、五つの劇団が仲よく合同して行ったときのことである。私は木下順二とふたり、文芸顧問ということで同行した。といっても、私は客席にすわっていればいいようなもので、あとは二回講演をしただけだった。

そのとき、杉村さんは文学座をひきつれて「女の一生」を持っていった。山本安英は「夕鶴」を持っていった。北京では首都劇場というドイツ人が建てた劇場が提供された。初日に、周恩来や郭沫若が見にきた。客席は満員であった。

アンコールで大きな花束がわたされた。それを受けとる山本さんと杉村さんの姿があまりにもちがっていたので、その人間像が忘れられないでいる。

杉村さんは舞台中央にひとりで立った。「女の一生」を演じたあと、布引けいの衣装をつけたままで、花束を受けた。拍手がわいた。と、杉村さんは泣きだした。下を向いたまま、泣きじゃくっていた。客席にいた私の眼には、もう体裁も何もなく泣いている姿がうつった。顔をあげて笑顔をみせようとした杉村春子の顔は、遠慮なくいってしまえば、もう、しわくちゃだった。

「欲望という名の電車」や「華岡青洲の妻」のような代表作を、いま思いだしながら、そのときの印象と重ね合わせると、杉村春子という女優が感情の揺れがはげしく、その表現に精進していったのが分かるような気がするのである。あんな泣き顔はそれ以来見たことがない。

「夕鶴」を上演したあと、山本安英さんは受けとった花束を両手でささげるように持って、客席の四方へお辞儀をした。唇をかたくむすんでいたが、涙はみせなかった。

新劇運動のなかで半世紀以上を生きたこの二人のちがいが、私には、人間の個性をしのばせて、いまだに忘れることができないのである。

杉村春子のあの泣き顔は、舞台でずっと持ちつづけた華やかさの、秘密だったと思う。

（演劇評論家）

一九九七年四月一〇日

聴衆を意識した感覚派

黛敏郎を悼む

別宮貞雄

黛敏郎氏の突然の訃報。つい一カ月余り前には、吉田秀和氏のお祝いの会で、彼が作曲家代表として、なかなか味のある祝辞を元気で述べるのをきいたところ。またアメリカのさる学者からの手紙で、三月にニューヨークの学会で日本の交響作品についての講演をするのだが、黛氏がオナードコンポーザーとして出席するはずだと知らされたところ。

昨年さるドイツのオペラ劇場のために彼は新作を書いたのだが、そのあと「どうした」ときいたらこともなげに「うまくいった」との答え。全く元気いっぱいの感だったのに、一体どういうことになったのか。

ここのところ作曲家の他界相次いで、彼なんかが日本の作曲界の中心になるはずだった。いやついこの間まで日本音楽著作権協会の会長だったのだから、既にそうだったのだが、その彼までも逝ってしまったとは。

彼は私とは正反対の資質の持ち主だった。私が抒情派でしかも理屈っぽいのに、彼は感覚派で、官能的とさえ言っていいような豊満な響きを愛好した。（彼が数多くの映画音楽で大きな成功を収めた理由）

それなのに一生友人としてうまくつきあってこられたのは、いかにも都会人らしい彼の洗練された処世法。それから若き日々の思い出の共有。

一九五一年、二十二歳の彼と、亡き矢代秋雄と三人、同じキャビン一カ月の船旅でパリ行き。同じパリ国立音楽院作曲科学生、しかも当時パリには日本人の数はまだ少なかったから、連帯感が生まれる。

当時既に彼は、音楽学校の卒業作品にジャズっぽいものを書いて、新鮮な才能として注目されていたのだが、パリに着くと、そこで試作されはじめていたミュージック・コンクレートにすぐに着目し、翌年帰朝するや、日本最初のその手の作品を発表した。

つまりは新しいもの好きだったわけだが、理念的な動機に基づくのでなく、聴衆層を広げるためにそれをよしとするものだったらしい。一九五三年團伊玖磨、芥川也寸志とくんで始めた「三人の会」という作曲運動は、それまで社会の片すみでひっそりと行われていた日本の作曲なるものを、派手な社会的な事件にまでしてしまってわれわれを驚かせたものだが、テレビで延々と続けた「題名のない音楽会」もそんなものだったのだろう。

代表作は「涅槃交響曲」とオペラ「金閣寺」だろうが、そこにおける日本的なものとのつながりも、聴衆とのコミュニケーションを強く意識してのことだろう。

しかし作曲家として以上に彼を有名にしたかもしれない、彼の政治的行動もそうだとはいいきれず、私にとって謎であった。（作曲家）

一九九七年五月七日

幻の都・長岡京を発掘 私財投げうち調査 中山修一氏を悼む

山中章

一昨年、JR東海道線に新しい駅名が生まれた。京都駅を出て三つ目の「長岡京駅」。中山修一先生は、旧の駅名にも名前が見られた新神足村の村長の長男としてお生まれになった。

長岡京は七八四年から七九四年までの十年の都だった。文献史料に乏しく、研究する人もわずかで、実態のない都ともいわれていた。

しかし、京都大で地理学を修められた先生は、その存在を信じ、地名に注目された。平安京の宮城図と比較しながら、都と関係しそうな地名をリストアップし、現地に赴いてその当否をチェックするという手法で、「類聚三代格」に記された「蓮池」の場所を特定し、これを手掛かりに、京都市の南部から向日市、長岡京市に広がる条坊図を完成された。

この図に従って、初めてのクワが入れられたのが、朝堂院の中門「会昌門」であった。〝幻の都〟が〝現〟となった瞬間である。以降、私財を投げうち、教え子を動員し、地元と交渉を重ね、次々と発掘調査を進められた。

長岡京の発掘調査は今、千三百回を超え、最近、宝幢（ほうどう）遺構や北苑、春宮坊と、大発見に沸いたが、先生の長岡京発見がなければ、これらの成果はなかった。長岡京が、中山京とも呼ばれるゆえんである。

先生からは数々の教えをいただいたが、中でも最も印象的だったのは、平安京に用いられた猪熊小路や山小路などの名称が、長岡京に由来するという指摘だった。

猪熊は井のほとり、山は山すそを意味し、この条件に合う都は長岡京をおいてほかにないと主張された。昨年、猪熊小路に相当する道路に接して、長岡京の離宮の一つ「猪隈院」の建物群が発見された。敷地からは数多くの井戸や清水を扱う施設が見つかり、先生の卓見が証明された。

先生のモットーは「訪れる人すべてに丁寧に」であった。東京から毎年五月一日に修学旅行に来る慶応女子高校の生徒さんとの交流は先生の胸をときめかせ、既に四半世紀を越えていた。今年も楽しみにしておられたが、かなわなかった。寂しそうな先生のお顔が目に浮かぶ。

こうして生まれた人と人のきずなは強く、今や長岡京の存在を疑う人はいない。だからこそ、駅名にまで採用されたのだろう。

先生の心残りは、調査・研究態勢の将来に違いない。われわれに残された課題はあまりに重い。しかし、奈良時代から平安時代へと社会、文化が変わる大きなうねりを生み出した長岡京の魅力は尽きない。先生に負けないほど丁寧に、その魅力を説き続けること。これこそ学恩に報いる数少ない道であろう。（向日市埋蔵文化財センター長）

一九九七年五月一四日

明快さと見事な造形性
天性の鋭い直感生かす
亀倉雄策先生を悼む

永井一正

亀倉雄策先生が亡くなられた。急性肺炎でまさに青天の霹靂（へきれき）というべき大きなショックを受けた。

人一倍元気で最後まで第一線のデザイナーとして作品を作り続けられ、今年の九月に開かれるパリ日本文化会館の展覧会ポスターが、まだ校正の段階であるが遺作となった。

亀倉先生は一九六一年芸術選奨を受賞以来、紫綬褒章、日本デザイン会議・国際文化デザイン大賞、勲三等瑞宝章、そして一九九一年には文化功労者に選ばれ、また海外でもワルシャワ国際ポスタービエンナーレ金賞をはじめ数々の受賞に輝いている。

このようなその業績に対する内外の高い評価は先生個人の力量であることはもちろんであるが、それによって日本のグラフィックデザインの評価が高まり決定的なものとなったのである。つまりグラフィックデザインが芸術や文化として欠かすことのできない大きな要素となり、常にその先頭を切って推進してきたのが亀倉先生である。

＊　＊　＊

先生が日本のデザイン界の第一人者となったのは、はるか以前であるが、その評価を決定的にしたのは一九六四年の東京オリンピックのシンボルマークとポスターによってであった。そのマークは太陽である日の丸と五輪のマークと「ＴＯＫＹＯ１９６４」の文字だけで構成され、一つ一つを切り離してみれば決して目新しいものではない要素を組み合わせて作られているにもかかわらず、このマークは目を洗わんばかりに新鮮で、その明快さと造形性において比類なかった。

このデザインはまさに亀倉先生の深い思想によって形成されたものであり、デザインとは小手先からではなくその作家の思想から生まれるものだということをあらためて教えられた。そしてそのシンボルマークを中心に、陸上競技のスタートのダイナミズムを見事に昇華させた第二号ポスター、水泳をテーマに力泳の一瞬を静止させた第三号ポスターと三部作がそろって、世界史上に残る名作ポスターが誕生した。

ポスターを従来の既成の視覚からときはなし、全く新しいアプローチにより、亀倉美学として結実するという方法は、例えば八三年の「ＨＩＲＯＳＨＩＭＡ　ＡＰＰＥＡＬＳ」のポスターを見ても良くわかる。核の火で焼かれ燃えながら落ちていく蝶（ちょう）の群れを表現したもので、そのあまりの美しい残酷さに戦慄（せんりつ）した。核反対のアプローチにこのような視覚があったのかと感嘆した。

＊　＊　＊

亀倉先生はまたマークの名手でもあった。例えばＮＴＴのマークは単純でありながら力強く、しかも見事に企業の理念をシンボライズしており先生のマークのなかに一貫して流れる骨太い造形性が深い思索によって裏付けられていることがわかる。亀倉先生はデザイナーとして極めて優れているのみならず、深く公共体や企業とかかわりながら、その天性の鋭い直感によって企業などの本質を見抜き方向を示唆するさまは、大企業が経営的な戦略に至るまで亀倉先生に相談し指示を仰ぐという事実を見てもわかる。

昨年の東京国立近代美術館フィルムセンターの亀倉雄策ポスター展においては若い人々にも多大の感銘を与えた。そのデザインの軌跡は世界にも例を見ないほど長く大きいもので稀有（けう）のデザイナーを失った私たちの悲しみはあまりにも深い。ご冥福（めいふく）をお祈りいたします。（グラフィックデザイナー）

一九九七年六月一八日

「人間平等」の思想を発信

住井すゑさんへの謝辞

松永伍一

いま訃報（ふほう）を聞いて「強固な思想で生涯を貫かれましたね」という言葉が、私の腹の底から突きあげてきた。でも「月並みのお悔やみなどご免だね」と言われそうだから、私の生き方に光と風を与えてくださった住井すゑさんを淡々と回想してみよう。

一九五〇年、まだ九州で中学教師をしていたとき、住井さんの児童文学「飛びたつかる」（かるは雁＝かり＝の方言）を教材で使い、感想を届けて返事をもらったことがある。十年後に千葉の教育研究集会で偶然に会ったとき、「松永君。あの作品の後の方の反戦的なところをGHQが検閲で切ってしまってね」と秘話を語ってくださった。それから住井さんの著書に解説の筆を執ったり、批評を書いたりしてきた。それだけの関係なのに、私の受けたものは大きく、深い。

話題のベストセラー「橋のない川」は三十年以上もかけて書きつづけられた。近代国家への告発を含んでいる大河小説である。また茨城県牛久沼のほとりの家を「抱樸舎（ほうぼくしゃ）」と名づけ、そこから「人間平等」の思想を発信された。時流に乗って発言するメディアの才人たちとちがって、住井さんは人間普遍の原理に即した平明な語りで共鳴者を増やし、そのすそ野の広がりに「人類の未来」を託しているかのようだった。

二十世紀早々に生まれ、戦前の思想弾圧に抗し、国家の矛盾をからだで感じてそれを書くのをおのれの使命とされたから、文壇とも縁を切り名誉も欲しがらぬすがすがしさで、「女流作家」ですらなかった。風ぼうは「頑固な普通のおばあさん」に見えるが、それゆえに生きとし生けるものへの慈しみの温度が、書きものを支えそれを骨太のものにしていた。

「愛といのちと」は戦前の農民運動家で持病のぜんそくに苦しむ夫（犬田卯）との愛と葛藤（かっとう）の記録として知られるが、そこには病む夫をみとり子育てをし執筆してきた住井さんの、「大地の母」とでも評したくなる母性の輝きがあった。「八十歳の宣言」も「わが生涯」もその延長線上にある「住井すゑという思想」の発光体だ。「松永君ならわかってくれる」と名指されて、それらの著作に触れて解説や批評を書いたことを、いまありがたく思い返すことができる。

「橋のない川」の初めての映画ができたとき、試写会に私も招かれ、終わって住井さんに銀座の「浜作」で夕食をごちそうになったこともなつかしい。またある日、高崎線の深谷駅で降りてホームを歩いているとき、車窓の住井さんと手を振り合って別れたことも、映画のシーンみたいで忘れ難い。

聞いておきたいこともあった。その一つは戦時下での表現者の心の揺れ方、もう一つは住井さんの「人間平等」の思想がかつて常陸（茨城県）で布教した親鸞のそれとつながるものがあるかどうかについてだった。「抱樸舎」に一度うかがったきりで、対談の機会を逸してしまった。これから折につけ架空の対話をするしかない。

住井さんには二十一世紀まで生きて「人類への評価」を下してほしかった。でも私の中では断じて「不死の人」である。（詩人）

一九九七年六月二一日

かけがえのない輝き失った
勝新太郎を悼む

山根貞男

昨年八月、勝新太郎にインタビューをした。入院と再入院のあいだであったが、元気はつらつ、顔色もつやつやして、豪快にしゃべりまくる姿に圧倒された。話すだけではない。座頭市の声色をやるかと思えば、歌い、つと立ち上がって口三味線で踊る。まさに勝新太郎の芸を堪能する一夜だった。

いま、そんな人の訃報（ふほう）に接するのはたとえようもなく悲しく、ああ、奇跡は起こらなかったか、と怒りのようなものさえ感じる。

享年六十五歳。かけがえのない輝きを放つ個性と才能が永遠に失われた。

勝新太郎は一九五四（昭和二十九）年、大映の「花の白虎隊」でデビュー。最初はいわゆる白塗りの美剣士スターとして売り出すが、人気が出ず、同時デビューの市川雷蔵に後れを取る。だが一九六〇年、「不知火検校（しらぬいけんぎょう）」で悪行の限りを尽くして出世する主人公を好演、注目を浴びる。

正義の味方から悪のヒーローへ。この転換によって個性と才能が一気に花開いたのである。それが二年後の〝座頭市〟誕生につながる。

一九六二年の第一作「座頭市物語」で生まれたヒーローの魅力は、明らかに善悪定かならぬ点にあろう。そこから勝新太郎独特の人間くささが放たれ、ブラックユーモアが沸き立つ。「悪名」「兵隊やくざ」という人気シリーズにも、同じことはいえる。

勝新太郎は、以後、六〇年代後半の大映で、七〇年代からは自分の独立プロで、映画づくりの闘いをくりひろげてきた。その間、監督としても非凡な才能を発揮したことは特筆しておこう。

座頭市を見るだけでも、勝新太郎がどんなに観客をもてなすことに心を砕いていたかは、だれの目にも一目瞭然（りょうぜん）であろう。強烈な個性、奔放な才能、そして出身の長唄など日本の古典芸能で磨き抜かれた芸。これらにサービス精神が結びついて、豪快な魅力が発揮されたのである。

勝新太郎は戦後日本映画を代表するスターであり、〝座頭市〟は戦後時代劇の生んだ宝であった。昨年のインタビューでは、まだ〝座頭市〟は撮るときっぱり表明していたが、あれは単なるサービスではなく、生の意志にほかならなかったと信じる。合掌。（映画評論家）

一九九七年六月二三日

庶民の立場から歴史見る 増田四郎先生を悼む

阿部謹也

増田四郎先生のご死去は先生のご高齢を考えれば予期しえないことではなかったが、その報に接するとあらためて先生が同じ現世に生きておられたことの大きさを感じさせられる。私たちは何かといえば先生のお考えを聞き、さまざまなことについて頼りにしていたからである。

先生は奈良の月ケ瀬のご出身で、東京商科大学を卒業の後西洋経済史を専門とされ、主として西欧の都市の研究を通じて西欧市民社会のあり方を観察してこられた。先生は常に「自分は素人として学問をしている」とおっしゃっておられた。いわゆるアカデミズムとは一線を画しておられたのである。

後に学士院の会員になられたとき、「学士院会員でわらじが編めるのは僕だけだろう」といわれていた。生涯を通じて庶民の立場から、歴史を見ておられたのである。先生の経済史は「精神史としての経済史」であり、常に生きた人間の営みに注目しておられたのである。経済だけに視野を限定したものではなく、文学や芸術にも視野を広げた経済史であった。「西洋中世世界の成立」のような高度な学術書でもだれでも読める形になっており、常に先生の日常生活の息吹が感じられるものであった。

最初のお仕事はハンザ都市リューベックの成立事情であったが、先生が初めてリューベックを訪れることができたのは五十代のときであった。戦争のため渡航できなかったためである。先生はリューベックの海岸でバルト海の水を手にすくい、はるかハンザ同盟の時代を思われたそうである。

中世史研究の分野にもさまざまなはやり廃りがあり、ヨーロッパの研究動向に敏感に反応する人もいたが、先生は常に日本の社会との比較の上で西欧を観察されていた。学術研究以前の社会との関係の取り方に独自な史観の基礎があったのである。先生が七十代のころのことである。中国に招待されたという話をして「僕は今度中国へ行くよ。若いうちでなければ行けないからね」といわれた。八十になっても若いときと全く変わらなかった。

素直な感性と少年のような心、それが先生の学問の中核にあり、生涯を通じて変わることがなかった。私たちは誇るべき学者を失ったが、先生の学への姿勢はいつか必ずだれかに受け継がれて行くと信じている。先生のご冥福（めいふく）を祈りたい。（一橋大学長）

一九九七年七月三日

心優しいスターだった J・スチュアートを悼む

渡辺祥子

いつも善良で土のにおいのするアメリカの誠実な男を演じ続けたジェームズ・スチュアートが八十九歳で亡くなった。

彼のことで真っ先に思い出すのは「エアポート77・バミューダからの脱出」の宣伝に来日したときのことだ。彼がすでに亡いゲーリー・クーパーの親友だったことを知っていたので話を聞こうとしたら、急に涙ぐんでしまったのだった。その悲しげな表情は私の脳裏に焼き付いていつまでも離れなかった。映画の中だけでなく彼は見かけ通りの心優しい人なのだろうと思う。

一九三五年に映画デビューしているから出演作は多いが、ジェームズ・スチュアート自身が最も好きな作品の一つに挙げているのが「ハーヴェイ」(五〇年)で、これはハーヴェイという名の大きなウサギを親友にしている男の物語。

ウサギといっても彼の目にしか見えないので精神病院に入れられるが、彼があまりにウサギと仲が良くて楽しそうにしているので、周囲の人たちのほうがそれでいいのだと思うようになってしまう。

もともとは舞台劇で、ブロードウェーの舞台でこれを演じて気にいったスチュアートは、映画会社を口説いて自らの主演で映画化、その後七〇年代にまた舞台で演じていた。

そんなドラマが好きなくらいだから思いやりのある好漢を演じることが多く、夢に満ちたドラマを通してアメリカの正義や良心を小気味よく賛美した監督フランク・キャプラに愛されて、いまでも名作としてファンが多い「我が家の楽園」「スミス都へ行く」「素晴らしき哉、人生!」などに主演。スターの地位を確立している。一九四〇年には「フィラデルフィア物語」でアカデミー主演男優賞を受賞。

戦後は西部劇や戦争映画に出演、といっても、戦時中は出征して大活躍した空の英雄だったにもかかわらず好戦的な作品はなく、「グレン・ミラー物語」ではアメリカの誠実な夫であり父親である人気ミュージシュン、グレン・ミラー大佐を演じていた。

さまざまな役を演じはしたが、いつでも彼は同じジェームズ・スチュアートで、彼のファンはそういう彼が気に入っていた。グレース・ケリー、キム・ノバクなど数多くのきれいどころと共演しながら一度としてゴシップが流れたことがない、というのもいかにも彼らしい。彼の死で、良き時代のハリウッドに生きたスターはもはや一人もいなくなってしまった、と思うとそれだけで悲しくなってしまう。(映画評論家)

一九九七年八月二日

聴衆に敬愛された巨匠

リヒテルを悼む

藤田由之

スヴャトスラフ・リヒテルの訃報を聞き、一時代の終焉(しゅうえん)を感じた人も少なくないと思うが、同時に、幅広い世代の聴衆たちが、最も親しみある音楽家の一人を失った悲しみを実感しているに違いない。

一九一五年ウクライナに生まれ、ほとんど独学でピアニストとして世に出た彼が、西側に姿を見せるまでには、二十年ほども経ているが、それから万博の年に初来日するまでにも、さらに十年を要している。話題やレコードはあったが、大の飛行機嫌いも加わって、それまで〝幻の巨匠〟であった彼は、その時点から日本でも最も敬愛される現実の巨匠の一人となった。

そのリヒテルへの賛辞を、あらためてここに並べたてる気はないが、彼が演奏の場や聴衆をけっして選ばなかったということは、音楽に対する誠意と情熱とを物語るもので、それが、演奏に接した人びとを不動のファンとしてしまう魔力となっていたということは、この際強調しておきたい。

若いころ、〝現代のリスト〟と評されたこともある彼の完全主義的な理念に裏づけられた技巧は、たしかに超絶的ではあったが、それは、どこまでも自己の音楽的欲求を最大限にいかすための基盤なのであり、けっして妙技を印象づけるものではなかった。そして実に広範なレパートリーに、密度の高い演奏を聴かせた。

定評あるベートーヴェンひとつをとってみても、その造形性の確かさと内的な緊張度の高さはたんなる〝ベートーヴェン弾き〟の概念をこえるものであったし、他の作曲家についても常に最上のアプローチをみせた。ロマン的小品の一つひとつが、どれほど魅力にあふれた世界を持っているか、彼ほどみごとに伝えてくれたピアニストも稀(まれ)であった。

晩年の彼の演奏で忘れがたいのは、独特の暗めの照明のもとで、協奏曲から小品にいたるまで、楽譜を用いていたということであろう。これは、通常の演奏家にはまず許されなかったことだが、それをほとんどだれもが許容し、ユニークさを〝巨匠の証明〟としていたのも、彼の音楽家としての偉大さを、人びとがおのずから深く認識していたからにほかなるまい。

その彼を失い、それに続く存在を待つファンの心が、果たしていつ満たされるかは予測し得ないが、心から感謝と敬意をささげたい。

(音楽評論家)

一九九七年八月三〇日

包み、突き放した藤田映画
藤田敏八さんを悼む

内海陽子

左隣に座り込んだパキさん（藤田敏八さんの愛称）に、じっと見つめられた時にはうれしさ半分、怖さ半分だった。「スローなブギにしてくれ」の取材のために何度か日活調布撮影所のセットを訪ね、打ち上げにも紛れ込ませていただいた日の深夜のことである。

すっかり上機嫌のパキさんは、酒飲みにもかかわらず、ケーキの大きな切れ端を平らげた。パキさんの自宅での、スタッフを交えての二次会か三次会での光景である。

情けないことに、三十歳そこそこの私は、緊張と興奮で気分が悪くなり、それをじっと我慢していたら、当時の夫人、赤座美代子さんに見抜かれ、薬を飲まされた。泊まっていけと言われたのに、かたくなに拒んで辞去したことを、その後、思い出すたびに悔やんだものだ。

この時、私は映画監督という生きものの、どん欲なまでの好奇心を身をもって知った。彼はひたすら観察するのである。その執拗（しつよう）なまでの強いまなざしは、異性を口説く姿にも似ていると思った。

たとえば私が女優であったなら、また違う展開もあっただろうが、私にとって藤田敏八は、あくまで見上げるべき存在だった。「八月の濡れた砂」を見たころの私は、何者でもなかった。そして何者でもないままに、たゆたっていたかった。

そんな甘ったれでうぬぼれた気分を包み込むかのように、あるいは突き放すかのように、私の二十代の折々に、藤田敏八の映画があった。そのころも今も、映画に求めるものは〝救い〟だが、あの時代ほど、私にとって映画が救いであったことはなかった。そして常に藤田敏八の映画は、やわらかくそばにあった。私にとって彼はクールな教祖であった。

村野武憲はいつまでも「八月の濡れた砂」のセクシーな不良として私の中にいるだろう。原田芳雄は「赤い鳥逃げた？」の老成した三十男のはにかみを今も持ち続けているように思う。「修羅雪姫」の血相をかえた梶芽衣子よりも「野良猫ロック　ワイルド・ジャンボ」の単なる非行少女の彼女が好きだ。そして「リボルバー」の柄本明と尾美としのりは私の兄弟も同然だ。

「ベストワンになる映画は、そういう作り方があるんだよ」と何のてらいもなく言ったパキさん。彼はベストワン狙いの映画作りを決してしなかった。（映画評論家）

一九九七年九月二〇日

涼やかな眼
会田雄次さんを悼む

粕谷一希

かつての京都大学人文科学研究所、とくに西洋部の建物は、新聞社、出版社の人間にとっては、京都に行けば必ず詣（もう）でねばならぬ聖地であった。

それは主として桑原武夫という偉大な演出家の力に負うものだったろうが、今西錦司、河野健二、梅棹忠夫、鶴見俊輔、上山春平、多田道太郎、加藤秀俊といった多士済々の人材の奏でる多様な音色の面白さでもあったろう。東洋部は別の建物で、こちらの方が優雅で由緒ある建物であったが、貝塚茂樹さんなども気軽に西洋部の方に顔を出されていた。それだけ牽引力があったのだろう。

そうした中で、会田雄次さんは、独り離れ牛的存在ではなかったかと思う。いわば、桑原武夫の進歩主義に非同調の姿勢を取っていた。だからこのルネサンス研究家が、ジャーナリズムに登場するのは、中央公論版「世界の歴史」に執筆し、その縁で「アーロン収容所」（中公新書一九六二年）が、爆発的ベストセラーになってからであった。これは先輩編集者、宮脇俊三氏の引き出された仕事であった。

それは第二次世界大戦において、ビルマ戦線で英軍の捕虜となった体験を通して、西欧人の肉体を実感した西洋史学徒の洞察を記録した文学と呼べる作品であった。

＊　＊　＊

それ以降、このルネサンス史家は、当然のことながら、西欧ルネサンスと同時代の日本の戦国時代への関心を深めていった。「敗者の条件」（中公新書一九六五年）はそのころの産物だが、「中央公論」編集部にいた私も、会田さんに、「日本歴史における東日本と西日本」という傑作な評論をいただいて巻頭に掲げた。

東と西の対立は、日本歴史の構造的問題として今日でも考察に値する重要なテーマであるが、会田さんは単に歴史としてではなく、文化や生活の次元でも、この問題を実感的につかんでおられた。その心底には、京都人の誇りがひそんでいて、東えびすへの辛辣（しんらつ）な批評が含まれていた。

「関西から東京に嫁に行った女性は、漬物でも里から送ってもらうんや」

と味の濃い、しょっぱい東を軽蔑（けいべつ）しており、純粋な東の人間である私は、そうからかわれながら、マゾヒスティックな快感を覚えたものである。会田さんの批評や悪口はそれほど嫌みのない、さわやかなものであった。

＊　＊　＊

そのころから、私は京都に行くと会田さんをお訪ねして、祇園や先斗町の周辺を散策しながら、夜遅くまで時を過ごした。

会田さんはいつもパイプをくわえて、背を丸めるようにして座り、あの涼やかな眼許（めもと）がいつも笑っているような静かな呑（の）み方であった。

会田さんはやがて、歴史学者というより、文明批評家として、男女問題、家庭問題から日本の問題まで、人事万般、世相万般の痛烈な批評家として、偉大な警世家の趣を呈していったが、世上いわれる学者タレントなどではなく、洞察に基づく信念の人であった。（評論家）

一九九七年九月三〇日

終生画家であり続けた人
リキテンスタインを悼む

塩田純一

ロイ・リキテンスタインの訃報（ふほう）に接し、私は一人の美術館員としてある種の感慨を禁じ得ない。大衆の世紀といって良い二十世紀のたそがれに、まさにその大衆文化を体現したというべきポップアートの巨匠が美術界の表舞台から退場していく。漫画という、取るに足らない大衆文化の代表のように思われていた表現メディアを絵画の中に取り込み、新たな時代の芸術を生み出した彼。永遠の現在を呼吸しているように思えた存在が歴史に組み込まれていくのである。

私の勤務する東京都現代美術館でもリキテンスタインの一九六〇年代を代表する名作のひとつ「ヘア・リボンの少女」を所蔵しており、折に触れ展示室でこの作品と対面しているのだが、いまあらためてこの作家の大きさと意味をかみしめている。

リキテンスタインというと漫画を即座に思い浮かべるが、彼がポパイやミッキー・マウス、ドナルド・ダックを引用した絵画を最初に発表したのは六一年のことである。ポップアートを共に築いたアンディ・ウォーホルも相前後して、漫画を引用した作品を制作している。

ウォーホルはその後、漫画だけにとどまらず、コカ・コーラやキャンベルスープといった商品、モンローやプレスリーといったスターたち、いわば大衆社会のイコンをモチーフに選ぶようになるが、リキテンスタインは六〇年代半ばまで一貫して漫画をモチーフに制作している。

しかし、彼は決して漫画をカンバスにそのまま引き写しているわけではない。大きな画面に描いていく過程で、原画の形態や色彩に変更を加え、時には省略し、誇張し、強調し、美学的な観点から緊迫した構図を作り上げる。おまけに、安手の印刷物のあの網点模様まで意識的にカンバス上に再現する。

しかも、それは原色の平たんな色面で覆われた部分と対比され、それが決して印刷物ではなく、絵画であることを主張しているのである。

リキテンスタインは、いわば高級な芸術（ハイアート）を低俗な芸術（ローアート）へと開いていった。しかし、あくまで絵画の領域に踏みとどまり、終生画家であり続けたのである。この点、絵画にとどまらず、映画、環境芸術、ハプニング、果てはロックと手を広げたウォーホルとは対照的であった。

例えば、六〇年代中ごろからの油絵の筆の跡を画面いっぱいに拡大した「ブラッシュワーク」シリーズは、彼の絵画へのおもいを示すものであった。彼はその後も、鏡や建築の細部にモチーフを借りた幾何学的な作品、マチス、ピカソ、レジェといった二十世紀の巨匠たちの作品を引用した作品など多彩な作品を発表しているが、絵画に寄せるおもいと知的で分析的な態度は変わらない。

近年は彩色されたアルミやブロンズで構成されるモニュメンタルな立体作品を手がけていたが、その軽快で切れ味のよい造形感覚はいかにも今日の都市空間にふさわしいものであった。

東京都現代美術館への主要作品の収蔵、新宿アイランドへのパブリックアート作品の設置、そして一昨年の京都賞受賞など、ようやく日本でも彼の仕事が知られ始めた矢先であった。まだ早い死であったと言うべきかもしれない。そういえば、今年はウォーホルの死からちょうど十年になる。（美術評論家）

一九九七年一一月一〇日

詩と映像にこだわった生涯
難波田竜起先生を悼む

宝木範義

難波田竜起先生が十一月八日の夕刻に逝去された。九十二歳であった。ここしばらく体調を崩しておられたが、入院先へお訪ねすると、ベッドの上でもスケッチブックを離さず、毎日、画家としての生活を続けておられた。テレビのマラソン中継を見ながら、お話ししたこともあった。

たった今、自宅に戻った先生に、最後のお別れを言ってきたばかりだが、澄江夫人からうかがったところによると、最後に夫人の肖像を描かれたという。スケッチブックでは小さすぎたので、病院の用紙を裏返して描いた絵に、自分のイニシャルをサインし、夫人の名前も書き込んだということだが、これなどは長年連れ添った澄江夫人に対する、いかにも照れ屋の難波田先生らしい告別だったように思う。

あらためて言うまでもないが、難波田竜起は戦後の抽象絵画界を代表する画家の一人であり、昨年、文化功労者を受けたのはまだ記憶に新しい。だが、私にとっては、なによりもまず早大美術史のころの旧友、難波田史男の父君であった。もう二昔も前のことになるが、史男が三十二歳で不慮の死をとげた直後、旧師坂崎乙郎と共に会ったときのことが忘れられない。

竜起先生はいつものかすれた口調で、しかしはっきりとこう言った。「画家としては史男のほうがはるかに上です」。けっして親ばかゆえにでた言葉ではない。痛切な思いの結果であろう。坂崎乙郎も私も、続ける言葉がなかった。不幸はまだ続いた。翌年、長男紀夫さんが三十五歳で亡くなった。七十歳を迎えた画家にとって、この試練はわれわれの想像を超えたものがあったろう。

子供たちの分まで全幅の人生を生き抜く。以後の難波田先生は人がかわったように見えた。八十二歳で東京国立近代美術館、八十八歳で世田谷美術館と、あいついで大規模な回顧展を開くことじたい世間の常識を超えているが、それ以上に驚いたのは、いずれも近作が圧倒的な迫力を示していることだった。抽象とか具象とか言う前に、まぎれもない絵であった。スケールと力、微妙な細部と共鳴に支えられた、まさしく表現であった。

高村光太郎との出会いから、表現者への第一歩を踏み出した難波田竜起は、詩と映像に生涯こだわったが、晩年の連作は画家としての存在にこれを集約した結果だった。そして、その背中を後押ししたのは、早世した史男、紀夫の二人だった。

長い旅を終えた先生の、ご冥福（めいふく）をお祈り申しあげます。（美術評論家）

一九九七年一一月一九日

異郷で深めた長寿の美学
平塚運一先生を悼む

本間正義

日本版画界の最長老であった平塚運一先生が亡くなられた。百二歳という長寿で、その世紀にわたる足跡は、偉大なものであったといわざるを得ません。それは日本の美術界にとっても、また各地をめぐって、版画の指導を行ってこられたアメリカの美術界にとっても、実に大きな損失であります。ここに謹んで哀悼の意を表します。

今その芸術を回顧すると、先生は浮世絵以来の伝統を破り、作家が原画から刷りまでを一人で行う創作版画の中心となって、芸術性を尊重する新しい版画の道を開いていかれました。しかしそれとともに、晩年渡米して在外作家として活躍され、長寿の美学ともいうべきものを示されたことを挙げねばなりません。

一九六二年に平塚さんは古希に近い年齢で、ワシントンに行き、政府の職員と結婚している娘、桂子さんの所に滞在、そのまま帰国せず、そこに新たな制作の場を作られました。六〇年代のアメリカでは、ニューヨーク・スクールが新たに登場、日本からも多くの若い作家が参加しました。

しかし平塚先生がやってきたのは家庭的な事情からであり、すでに日本の木版画を代表する作家としての存在そのままでの渡米で、全く意味が違っていました。

おそらく先生は、日本の美術界のしがらみから逃れて、制作本位に打ちこみたい願望からではなかったかと推察しています。それとその場所がニューヨークでなく、むしろ美術とは無関係の政治都市ワシントンであったということも、制作本位に打ちこみたい気持ちにそうものであったとも考えられます。ほかからわずらわされないという意味では、この上ない所を得たというべきで、心ゆくばかり沈潜できたのではないでしょうか。

また制作は夜を通して行われたと聞いていますが、ますます隔絶感は高まったことと思います。昼はむしろ休息の時であり、ワシントン郊外の田園都市の趣を楽しみ、時には近くの町の骨とう屋を見て歩かれる姿が、彷彿（ほうふつ）としてきます。

ワシントンを中心にした風景画のほか、主要なモチーフになったのは裸婦のシリーズでした。それは終生の白黒表現で、風景の場合より輪郭線が太く簡明で、象徴的であるとも感じます。ポーズも極めて多彩で、時にはあっと驚くアングルからのものもあり、変化と魅惑に満ちています。

このような老境に入ってますます表現力の強さをあらわすものこそ、長寿の美学といえるものと考えています。しかしこのような成果を積み上げながら、日本と離れているからでしょうか、情報がよく伝わらず、これまで日本のいろんな賞を受ける機会がありませんでした。御冥福（めいふく）をいのるとともに、先生の正確な評価が下されることを願っております。（美術評論家）

一九九七年一二月二一日

日本映画の先頭ランナー
伊丹十三監督を悼む

佐藤忠男

伊丹十三は、一九八〇年代以来、日本の映画界ではもっとも恵まれた立場にいた監督プロデューサーのひとりであった。

それまでにすでに俳優として独自の芸風を確立して一流であったが、一九八四年に脚本家・監督として発表した「お葬式」が、お葬式を喜劇として観察するという、才気あふるる作風で大評判になって以来、面白くてタメになる質的にも高い映画の作り手として、日本映画の先頭ランナーのひとりであった。それだけにこんどのとつぜんの死は不可解であり、まことに残念という以外、どう言っていいか分からない。

伊丹十三は昭和初期に活躍した映画監督伊丹万作の息子だった。彼の作品を見ると、この父親の影響がいかに大きかったかということが分かる。

伊丹万作は日本では数少ない、知的で乾いた笑いのある、しかも人間的で温かいメッセージのある喜劇が得意だった。伊丹十三が目指した道もまさにそれだった。ただ、父親の作品には春風たいとうたるおおらかさがあったが、息子の作品にはむしろ、隅から隅まで機知で埋めつくさずにはいられないような切羽詰まった気分さえ感じられた。

それは性格的な違いだったのだろうか、それとも映画は作れば儲（もう）かるものだった父親の時代と、一作でも失敗すると命とりになりかねない今の時代の映画づくりの厳しさとの違いなのだろうか。

日本映画が、無内容なエンタテイメント作品と、大衆性に乏しい芸術派とに大きく両極分解してしまっていた時代に監督をはじめた彼は、内容があってしかも十分に楽しめるという一連の作品の見事な成功によって、日本映画のひとつの進路をさし示した。「マルサの女」や「ミンボーの女」、「スーパーの女」などがそれである。

それはなによりもまず徹底したアイデアによる勝負であり、日常よく知っているつもりの事柄を、意外な視点で見直すことの面白さである。それは彼が映画監督に進出する前によくやっていたテレビの教養番組の司会の仕事の発展でもあったと思う。タメになる知識をいかにしてエンタテイメント的にこなすかという仕事だったからである。彼の旺盛（おうせい）な知的好奇心がそこで存分に発揮された。

しかし、アイデアによる勝負は厳しい。当ると大きいが当りそこねると外れも大きい。伊丹十三作品の打率はずいぶん高かったが、それでも外れはあり、打率の高さを維持することには想像を絶した努力を続けていたはずである。

なぜ彼が死を選んだのか私には想像もつかないが、彼が残した業績は大きく、後進の目標となっている。冥福（めいふく）を祈る。（映画評論家）

一九九七年一二月二五日

一時代を築いた大スター
三船敏郎を悼む

佐藤忠男

三船敏郎がなくなった。ひとつの時代を画した大スターであり、国際的には日本を代表する俳優であった。外国人がもし日本人をサムライのように強くて責任感がある恐るべき存在として思いうかべるとしたら、その顔はトシロー・ミフネであったはずだ。

三船敏郎が俳優になったのは偶然だった。家が写真館で戦争中に軍隊でも航空写真を撮っていた彼は戦後、カメラマンを志望して戦友を頼って東宝の撮影所へやってきて、たまたま募集していた俳優のほうをすすめられたのだった。そのときの傍若無人な態度が評判になり、戦争帰りの手に負えない無法者というイメージで売り出された。

出世作となった「酔いどれ天使」の闇（やみ）市をのし歩く肺病やみのやくざは衝撃的だった。文字どおり肩で風を切る音が聞こえるようであり、役者でない本当の無法者のようであった。

この傑作を監督した黒澤明は、ひきつづき三船敏郎で、かつてない荒々しく力強い演技を創造しながらともに大きく世界にはばたいていった。

一九五〇年の「羅生門」は、二人を世界的にすると同時に日本映画ひいてはアジア映画の存在をはじめて世界に知らせたのだったが、ここで三船敏郎は従来の常識にはない演技をつくり出した。時代劇で盗賊の役なのだが、まるで野獣のようにしなやかにとびはね、歓喜し、欲情し、またしょげ返るのだ。その肉体ののびやかさといったらなかった。

しかしたぶん、一般にもっともよく知られているのは「用心棒」と「椿三十郎」の三十郎であろう。行くところいつも敵を呑んでかかっている豪放な剣客であり、その役柄自体はチャンバラ映画のお定まりのものと言っていいが、自分があまりに強すぎることにいささかテレて苦笑しているような風情であるところが、自分の強さを信じて疑わない一般の時代劇スターたちと微妙に違う独特のユーモアとなっていた。

日本映画の半数を占めていた数多い時代劇のうちで、特に黒澤＝三船コンビのそれがほぼ全世界に受け容れられていった理由もそこにあったのではなかろうか。封建時代の豪傑を演じていても立派に現代人として共感できる演技であったのだ。

本人自身、大スターらしく親分風をふかせたりするところのない人で、晴れがましい場ではほんとうにテレる人であり、謙虚な人だった。それでいて圧倒的な風格を築き、日本的なゆかしさを姿かたちで代表できる演技者であった。日本人のいいところを表現してもらえて、心からありがとうと言って送りたい。

（映画評論家）

一九九七年一二月二六日

みごとな円環として完結
いつも死のとなりに
中村真一郎さんを悼む

清水徹

突然の訃報（ふほう）だった。つい最近、ある展覧会でおめにかかり、ずいぶん長くおしゃべりをしたときも、顔色もよく、とても元気そうだったのだが。

だが思えば中村さんは、その出発の作品の標題そのままに、「死の影の下に」半世紀以上におよぶ長い文学的経歴をはじめたのだった。両親との早い死別、結核にはじまるいくつもの病気、一時は執筆不能となった神経症。中村さんはいつも死のとなりに生きていた。

しかし、大きな目をくるくるまわしながら、「もう、ぼくの体はぼろぼろよ」と言うとき、その口調はまるで自分の病身を面白がって、長い付き合いの親友と冗談を言い合っているようだった。中村さんにおいて、そんなふうに不幸や死をいつも透明なものにしてしまうもの、それが〈文学〉だったのだ。

＊　＊　＊

紫式部とフランスの作家ジェラール・ド・ネルヴァルを二つの焦点とする美意識が、そういう力として働いたと言いなおしてもいい。「源氏物語」に語られたような、王朝の〈色ごのみ〉につらぬかれたサロン的な愛と社交の物語。「シルヴィー」に示されたように、自分の人生に忘れがたい感動を残した女性たちの面影を、時間と意識のさまざまな層をへめぐって追いつづける方法意識。「死の影の下に」五部作も、「四季」四部作も、そこに生まれた。

中村さんは社交が好きだった。夫人の佐岐えりぬさんと連れだって、芝居や展覧会やパーティーに顔をだしては、じつに楽しげにおしゃべりをする。古今東西の文学作品を、あざやかな切り口から話すのだが、そこにはかならず女性論が大切な彩りとして添えられている。

途方もない読書家だったが、その読み方は、対象の多様性を残しながら、みごとに自分の世界のなかに溶けこませ、作家中村真一郎の想像力でふくらませ、造形するというかたちであった。芥川龍之介論や佐藤春夫論に典型的に示された教養ある座談という批評のスタイルがそこから生まれた。

＊　＊　＊

そうした中村さんの特性は、もしかしたら「頼山陽とその時代」にはじまる一連の評伝に、いちばん見やすいかたちで現れているかもしれない。神経症の回復期に、同じ神経症を病んでいた頼山陽の行状をさぐり、その漢詩を読むことで、自分をとり戻していこうとする、—この評伝はそのようにして書かれた。

以後、松前藩の家老でみごとな画家でもあった人物を語る「蛎崎波響の生涯」も、関西商人かつ文人という木村蒹葭堂のサロンを語る遺作も、すべて著者の「精神の深部における繋がり」というモチーフにつらぬかれ、中村さん独特の博捜の楽しげなおしゃべりがそれをふくらませた、みごとな文学作品であった。

最後の本となった「私のフランス」は、四半世紀まえに書かれ未発表のままだったフランス案内、「宇津保物語」とラテン作家ペトロニウスの「サチュリコン」を比較したパリでの講演、そして卒業論文をいまの目で書き直したネルヴァル論とからなる。それはまるで文学者中村真一郎の世界を要約するような本だ。

また、ある新聞に載った父君をめぐる随想が私の読みえたかぎりで最後の文章となったのだが、そこで中村さんは建築家だった父君の肖像を、多趣味で、芸術も女性も愛したエピキュリアンで、仕事に対しても、ときに半分遊びのように見えたと、まるで中村さんの自画像のように描いていた。

＊　＊　＊

十二月二十五日午後十一時五分、突然に中村さんは亡くなった。しかし、死の偶然は文学者中村真一郎の生涯をみごとな円環として完結させた。半世紀ものあいだ中村さんの本を読み、楽しくおしゃべりをつづけた私にとって、それはわずかな慰めである。そう、悲しみをこらえて本を読んでいこう、それが中村さんの教えなのだから。（明治学院大教授）

平成十年

1998

一九九八年一月五日

研ぎすまされたSFの神髄
星新一さんを悼む

横田順彌

星新一さんが亡くなられた。

もう一年以上前から、入院しているとお聞きしてはいたが、亡くなられるような大病とは考えていなかった。一時期、かなり悪いとも聞いたが、先日はかなり回復されたという話も耳にしていた。突然の訃報(ふほう)に、なんだか、いまでも「ほんとうかな?」と信じられない気分でいる。同時に、心の中にぽっかりと穴が開いたような気がする。

星さんは、ぼくより二十歳も年長の大先輩なので、それほど親しくお話しした記憶はない。けれど、ぼくがSF作家になるきっかけを作ってくださったひとりだ。もう、何度も各所に書いてきたが、中学生の時、星さんの作品の掲載された雑誌を古書店から買ってきて、切り抜いて製本したほどだ。それ以前からSFファンではあったが、星さんのSFに出会って、よりのめり込んだ。

＊　＊　＊

高校時代には、星さんのショートショートSFに影響されて個人のSF雑誌を作ったりもした。ぼくのデビュー作もショートショートだった。どうやら一人前のSF作家になってからは、三冊の文庫に解説を書かせていただいた。

けれど、いつも中途半端なことしか書けず、次にチャンスをいただいたら、今度こそ、ぼくなりの星新一論を展開させていただくつもりだったので、それもできず、いま、こうして追悼文を書かなければならないのがつらい。

思い出はいろいろあるが、ある時、仕事の注文がかさなってへたばりかかっていると「注文は断ってもいいんだよ。乱作して、つぶれた作家はいくらでもいる」と、アドバイスしてくださった。星さんが駆け出し作家に、そんなことをいわれたのは、自分を安売りするなという戒めだったのだと思う。この戒めを守っていれば、こんなに仕事に追われることもなかったに違いない。

＊　＊　＊

星さんは、いうまでもなく、戦後最初にSF界にデビューした作家のひとりだが、数多い第一世代SF作家の中で、もっとも多くの読者に親しまれている。それはSFは難しいという概念を取り払って、できるだけやさしく、それでいてSFの神髄を失わない作品を提供したからにほかならない。

ショートショートSFというと、いかにも軽い作品のような感じがして、大長編を得意とする作家にくらべ、どうしても評価が低くなりがちだ。

しかし、星さんの作品はちがう。わずか五枚、十枚のストーリーの中には、千枚の長編SFと匹敵するだけのアイデアが盛り込まれている。それを無駄なことばや表現を削りに削って、研ぎすませて作品にしあげるのは、並たいていのことではない。しかも、同じアイデアを二回と使うことをしなかった努力には頭が下がる。

そんなショートショートを千編以上も書きあげたSF作家は、世界的に見ても例がない。日本の誇るべき作家として、これから、もう一度見直しをしなければならないだろう。

＊　＊　＊

星さんについても、ショートショートについても、書きたいことは、まだ山のようにあるが、何を書いたらいいのか、頭の中が整理できていない。この拙文も、いかにもとりとめがないが、とにかく気持ちがふわふわしてしまって、これ以上のことを書くことができない。お許しをいただきたい。

星さんは、これからほんとうの天の星になって、ぼくたち後輩SF作家や、読者をあのにこやかな童顔で見つめてくれるに違いない。お疲れさまでした。星新一さん。(作家)

一九九八年一月一二日

気さくなクリスチャン
矢代静一さんを悼む

加賀乙彦

ちょうど十年前、私がカトリックの洗礼を受けたときに、矢代静一さんは夫人とともに駆けつけてくれ、祝ってくださった。それ以来のお付き合いである。つい先だって、クリスマスの祝宴で談笑したばかりだった。突然の訃報（ふほう）に呆然（ぼうぜん）としている。

恥ずかしがりやで表面に立たず、いつも片隅にそっと引っ込んでいる。おくての私なんかと違って戦後すぐ演劇界や文壇に出て、数々の名作を書いた早熟の人だが、そういう長い経歴を誇らず、誰とでも気さくに話すのだった。

酒が好きで、酔うとがぜん能弁になる。昔した無頼の生活、旅まわりの劇団の話などが飛び出す。下町のいなせなあんちゃんみたいになる。話好きで、人なつっこくて、庶民的だ。私のように山の手育ちの人間には、そういう矢代さんが面白くて好きだった。

自分ではとんだ怠け者だよというのが口癖だったが、どうしてどうして、月に一、二回開く日本キリスト教芸術センターの熱心な会員であったし、去年は世界各地に取材して書き上げたザビエルの伝記小説「生きた、愛した」という大作を出したりしている。これはザビエルの若き日のパリやローマでの生活を活写し、日本に来てからの宣教と苦難の志が、彼の青春の夢と関係があるという観点で書かれた独創的な伝記文学である。

クリスチャンの一人として、今の日本のキリスト教界の、ちょっと沈滞した空気を心配していて、何とかそれを明るい活性化した世界にしたいと心をくだいていた。昨年の夏、軽井沢の矢代さんの別荘で、ある新聞のために対談したときに、その思いを強く発言していた。そういう所、本当に生真面目（きまじめ）に物事を憂える人だった。

対談の終わりに、珍しく訴えるような調子で、君、キリスト教芸術センターをよろしくねと言った、矢代さんの顔が忘れられない。あれが遺言であったのかと思う心や切である。

（作家）

一九九八年一月三〇日

人生を表現した舞
吉村雄輝さんを悼む

権藤芳一

吉村雄輝さんの訃報（ふほう）を聞いた時は、あまりのショックで声が出なかった。お体は壮健というわけではなかったが、最近は養生もされ用心もしておられた。柳に風折れなしで、かえって長生きされるだろうと、実はその前夜、桂米朝さんと話し合っていた。その翌朝のことである。

長いおなじみで、少しヒマになったら、雄輝さんの波乱に富んだ一代記を、聞き書きする約束だった。それも果たせなかった。それにしても惜しい人を亡くしてしまった。

雄輝さんは上方舞吉村流の四世家元である。しかし、組織の上に胡座（あぐら）をかいて威張っている、世の家元とはちがっていた。第一、吉村流の家元は世襲ではない。先代の目にかなった弟子が家元を継いだ。しかも吉村流のそれまでの家元は、代々女性であった。その女舞の伝統を男で継承したのである。五歳で入門して、舞、三味線はもとより、お茶、お花、料理、裁縫—女ひと通りの修業はした。海軍に入隊した時、世間の人とは反対に「ああ軍隊は楽やなァ」と思ったという。

戦後は花柳章太郎の〈女形芸〉を学ぶべく、東京の師の宅にも同居した。元禄の女形の名優・芳沢あやめにも比せられる〈身を責めて女になる〉修業をやった最後の人である。

歌舞伎役者でもないのに、武智歌舞伎に参加し、今の富十郎や鴈治郎らにまじって、歌舞伎や文楽の基本を学んだ。古い正統的な稽古（けいこ）を体にたたき込んでおいて、それを現代の観客にどう表現して訴えるかを考えていた。

雄輝さんの舞は、技法的にはイキがつんでいて、感覚的な美しさ、情緒的なものにとどまらず、内容的にも充実した文学性、演劇性があった。つまり人間の人生が表現されていたのである。（それにしても、実にきれいだった。全く男を感じさせない美しさがあった）

雄輝さんの功績は、戦後いち早く〈上方舞〉を東京に紹介し、東京の文化人を魅了し、〈上方舞〉を全国区の芸能として認めさせたことである。その人柄の温厚さ、誠実さはだれからも愛され交遊の範囲はずいぶん広かった。

上方舞の古典を忠実に継承し、その上に立って「こうの鳥」や「宗右衛門町」など才気あふれる新作を発表して世間を驚嘆させたのが四十歳前後だった。それから円熟。その後、洒脱（しゃだつ）な演目を好んでされるようになり、近年は枯淡へと芸風が移ってきたなァと思った矢先である。なんとしても惜しい。あきらめきれない思いが残る。合掌。（演劇評論家）

一九九八年一月三一日

どの作品も優しく懐かしい石ノ森章太郎さんを悼む

川本三郎

藤本弘（藤子・F・不二雄）さんに続いて石ノ森章太郎さんも逝ってしまうとは。〝トキワ荘の青春〟がどんどん遠くに行ってしまう。

この一月、小学館漫画賞の選考会の日、石ノ森章太郎さんは欠席された。「ビッグコミック」では「HOTEL」が順調に掲載されていたから、きっとお忙しくて欠席されたのだろうくらいにしか思っていなかった。それがこんなことになるとは。

石ノ森さんは映画がとてもお好きだった。回想記「トキワ荘の青春 ぼくの漫画修業時代」には、トキワ荘時代、赤塚不二夫さんと原稿料が入ると二本立て、三本立ての映画館に通った思い出が書かれている。

よく試写会にもいらっしゃっていた。最後に（こんな言葉は使いたくないのだが）ご一緒したのは「アポロ13」だった。「サイボーグ009」や「ミュータント・サブ」など早くからSF漫画を手がけていた石ノ森さんらしかった。よく映画の思い出を語ってくれた。

石ノ森さんはなによりも絵がうまかった。絵がきれいだった。品があった。とくに「少女クラブ」で本格デビューしただけあって女の子が抜群にかわいかった。

アニメにもなった「おもひでぽろぽろ」（作・岡本螢、絵・刀根夕子）のなかに、小学生の女の子たちが、石ノ森章太郎さんの家におずおずとサインをもらいに行くかわいらしいエピソードが描かれているが、初期の石ノ森さんは圧倒的に女の子たちに人気があった。

漫画がようやく単行本として読めるようになった一九六〇年代終わりごろに出版された「竜神沼」の女の子のかわいかったこと！ そしてこのころの傑作といえばなんといっても詩的ファンタジー「ジュン」。漫画が詩になった。

石ノ森さんはトキワ荘時代に、三歳年上のお姉さんを亡くしている。二十三歳の若さだったという。市川準監督の映画「トキワ荘の青春」では平田オリザ率いる劇団・青年団の女優、安部聡子がこのお姉さんを演じていたが、清楚（せいそ）な美しい女性だったという。

「姉はいつも、ボクの最高最大の読者だった」「いつしか、姉に見せるためにだけ、マンガを描くようになった」と石ノ森さんは書いている。石ノ森さんの描く女の子がいつもかわいかったのは、この若くして亡くなったお姉さんの面影を宿していたからかもしれない。

漫画の世界は、六〇年代なかばころから大きな変革期を迎える。劇画の隆盛である。それまで児童漫画を描いてきた漫画家たちが、大人向けの劇画に挑戦しなければならなくなった。

石ノ森さんはこの変革期もみごとに乗り切った。「ビッグコミック」に連載された「佐武と市捕物控」である。みごとな時代ものミステリーであり、「サイボーグ009」とは違う読者層を確実に獲得した。その路線はやがて「マンガ日本経済入門」や「マンガ日本の歴史」の仕事につながっていく。

ただ、どんなに大人向けの漫画を描いても、石ノ森さんの絵の原点は児童漫画にあったと思う。だからどの作品も優しく、懐かしく、そして女性がかわいかった。

石ノ森さん、さようなら。（評論家）

一九九八年二月六日

舞の美世界を創造
武原はんを悼む

藤田洋

武原はんの舞は、一代の至芸であった。

高齢になっても、国立劇場の年一回の武原はん「舞の会」は欠かさなかったが、そこではつねに最高の美を求め続けていた。

舞は、日本舞踊のなかでもとりわけて精神の高さと、やわらかな容姿と、そして毅然(きぜん)とした動きが求められる独自のものだが、はんは、彼女ならではの芸境をみごとに創造して比類のない美の世界を構築した。

例えば「雪」という曲も、かつて山村流で学んだ振りを参考にして、着物を白に、動きをできる限り静に近づけている。そういう視点からみると、演目の選定も、振りも、激しさを内側に凝縮させて静に転化する。能に近い感覚を舞の世界にとり入れたと言える。はんは、流儀をもたない舞踊家だった。ご自分のマンションに、りっぱな能舞台をもっていたが、そこは人を教えるためのけいこ場ではなく、自身の日ごとの修行の場であった。

六、七年前に、白装束の姿で登山している写真が、仕事で訪れた部屋に掛かっていて、それが八十もとっくに過ぎた前年の夏だと聞いてびっくりしたことをおぼえている。信心をかねて、やはり足腰をきたえておこうという執念もあったのだろう。

大阪の南地「大和屋」の芸妓(げいぎ)学校から、のち東京へ出て舞踊を学び、人生の苦労を重ねながら料理屋「はん居」を出すわけだが、その間、彼女は最高の美を求めようとして、舞こそが究極の美だという結論にたどりつく。

その美を裏づけるために、俳句をよくし、茶をたしなみ、美術にもひたりこんでいった。

毎年の年賀状に、自身の書が印刷されてあるのが楽しみだった。ことしは一面朱色のうえに寿の字が書いてあったが、いつもと感じがちがっていた。しかし、書もうまかった。

ここ数年来、舞は舞われなくなったが、しかし、あの艶(えん)麗な舞姿、とりわけて立ち姿の美しさは、余人の及ばぬ絶品だった。古典一辺倒でもなく、新作も数多く作っている。すべてが、「はんの美世界」につながっていた。わたしの見た戦後の半世紀、はんは東京の舞の最高の女性であり続けた。(演劇評論家)

一九九八年二月一三日

先生、さようなら
林屋辰三郎氏を悼む

村井康彦

年の瀬も押し迫った十二月二十八日の夜、電話がなった。林屋先生からだった。村井さん、近々、心臓のペースメーカーを入れることになった——。

週二回の人工透析を受けておられたこともあって、かなり不安に思われていたのであろう、同意を求めるというより話すことで安ど感を得られたかったように感じられた。そこで私は、大丈夫ですよ、近ごろの医療機器は進んでいますから、と、ことさら明るく申し上げたところ、あなたもそう思うか、とおっしゃったあと、結びの言葉が、村井さん、さようなら。

電話ぐちでこんな言葉を聞いたことはない。妙に胸騒ぎを覚えた私は、翌朝ご自宅におうかがいした。そして、話題がペースメーカーのことから離れた時聞いたのが、先生が顧問である京都市歴史資料館の館長（非常勤）を引き受けてもらえたらうれしいのだが、京都市も望んでいるから、というものだった。私はお断りする状況になかった。そしてこれがご恩返しができる最後の機会であることを、ひそかに予感していた。

それが一昨年の暮れのことである。翌年、つまり昨年春から週一回の出勤がはじまり、当日は林屋先生も出て来られ、会議その他の場で館の運営について種々ご助言を頂いた。そのころにはすでにペースメーカーを入れておられ、体調は安定しているようにお見受けしたのだったが。

しかし、館でお会いできたのはそれから二カ月ほどで終わった。秋ぐちになって入院され、暮れにお見舞いしたのが最後となった。声をたよりに私の方に顔を向けられ、ああ村井さんか、といわれた時のお姿がいまも脳裏に焼きついている。もっとお話しておけばよかったと後悔するばかりである。ことに資料館では京都市歴史博物館の創設に向けて準備が進められており、先生のご指導を得られなくなったのが、かえすがえすも残念でならない。

先生は私の人生の岐路にいつもおられたように思う。十年ほど前、長年勤めた京都女子大学から、国際日本文化研究センターに梅原猛氏（館長、現顧問）のお誘いで移る時、やってみるかと勧めていただいたのも先生である。

先生との出会いは京都大学文学部の非常勤講師として出講された時、最初の受講生になったのがはじまりだから、もう四十五年も昔のことになる。まもなく先生のご自宅（京都・鹿ケ谷にあった）で行われていた「大乗院寺社雑事記」の会にも出席するようになった。

室町時代の膨大な日記を十人前後の参加者が分担して、一人が本文を読み、他の者は索引カードに記入する。先生が問題点を指摘され、みんなも議論に参加する、という会であるが、楽しみは八時の休憩に出されるお茶とお菓子だった。それを用意される奥さまを呼ばれる先生の甘い声に若いものたちはしびれたものだった。あの楽しいひと時は、そこから巣立ち活躍するようになった参加者共通の思い出である。

あの日は、やはり先生が顧問の彦根城博物館で井伊家の史料調査中、訃報（ふほう）を受けた。急ぎ帰京しお宅に参上したが、安らかな表情でねむっておられた。こんどは私が申します、先生、さようなら。（京都市歴史資料館館長）

一九九八年二月一四日

つねに新しい思想を求めて 白井健三郎さんを悼む

湯浅博雄

白井健三郎さんの訃報（ふほう）に接し、どうしても信じられない気持ちを抑えきれない。白井さんは「万年青年」であり、最後までそうであられた。この言葉を最良の意味で、すなわち精神の若さ、進取の気概という意味で体現しておられた。

東大仏文の学生だったころから、福永武彦氏（友人であり、後に学習院で長年同僚となった）が、ボードレールを中心に近代詩、小説を研究していたのに対し、白井さんは思想の領域に関心を抱いていた。もっともカフカの文学には早くから親しんでおり、「石炭バケツに乗る騎士」の精密な読解をはじめとしていくつかの優れた評論がある。

白井さんが日本ではほぼ最初にモーリス・ブランショに注目し、とくに「死の宣告」などその小説のはらむ深い意味を指摘したのは、カフカへの関心に導かれた面がある。そういうお話をうかがったこともある。

とにかく白井さんが気鋭のフランス文学者として活躍し始めた時期は、ちょうどサルトルの小説、戯曲、哲学、またカミュの小説、エッセーが広く読まれだした時代であった。当然ながら白井さんはサルトルの翻訳、解説、評論を行い、日本における実存主義の紹介者のひとりとなる。

ただ白井さんはサルトルの思想が「意識の哲学」であり、伝統的な「主体性」、自己意識、その全的な能動性を信じている哲学であるという限界を持っていることに、かなり早くから気付いていた。そのことと、白井さんが一九七〇年代から既にジャック・デリダに関心を寄せ、そのニーチェ論「尖筆とエクリチュール」などを訳し、活発に評論を展開したこととは、決して無関係ではない。

白井さんは老いを知らず、つねに新しい思想を求めてやまなかった。自分が若いだけでなく、若い人、未熟な青臭い者に対して、実にやさしく、寛大であった。ちょうどいま筆者はむかし訳したドゥルーズの「ニーチェ」を文庫本にするために改訳し、新しい解説を書いているが、初訳のころ、白井さんに温情ある励ましの言葉を掛けていただいたことが忘れられない。

昨年、「バタイユ」を上梓（じょうし）したおりにも、的確で、かつ親身な評をくださった。あの若々しい声、風貌（ふうぼう）にまだまだ接したかったのに。惜しまれてならない。（東大教授）

一九九八年三月一一日

幸いにみたされた文学
高橋健二氏を悼む

高橋英夫

高橋健二氏が九十五歳で他界された。その訃（ふ）を聞いたとき、これほど長い間、多くの仕事を積み上げてきたドイツ文学者は、おそらくほかにはいないと思った。大正の終わりごろ、すでに山本有三、菊池寛、芥川竜之介の知遇を得、昭和のはじめから翻訳、研究（とくに評伝）、エッセーを発表してきた人である。最近は高齢のためか、活動も少なかったが、それでも七十年近く健筆をふるってきたのは見事であった。

高橋健二といえばヘッセ、ヘッセといえば高橋健二—極端に要約してしまうと、そういうことになるのかもしれない。一九三一年にはじめてヘッセを訪問して以来、親交をかさね、個人訳でヘッセ全集を完成している。氏のヘッセ訳は文庫にも多く入っていて、今なお若い読者を獲得しつづけている。

私もはるか以前、戦後すぐの紙質の粗末な本だったが、氏の訳した「デミアン」と「ゲルトルート」が最初のヘッセだったので、懐かしい。繊細で気むずかしいヘッセが心を開いてつきあった日本人、それが高橋健二氏で、そこに氏の人柄が感じられる。ヘッセだけでなく、カロッサ、ケストナーというふうに、実に交遊関係が広かった。

文学的立場からみると、氏の文学研究と読解の基底には、人間性を尊重するヒューマニズムがある。さまざまな苦悩をのりこえたところに結晶する人間愛、人間への深い洞察—これが氏の文学と人生のモチーフだったといえよう。

ヘッセの伝記だけでなく、ケストナー、グリム兄弟、ゲーテというふうに多くの評伝が書かれたが、どれもヒューマニズムから育った伝記作品である。ヒューマニズムはもう古い、こういった気分が主流を占めるようになった戦後の文学の世界で、高橋健二氏は温厚篤実なヒューマニストの姿勢を譲らずに保ちつづけ、おう盛な文筆活動を絶やさなかった。こうした持久力が氏の人間観を支えていたのだと見てよい。

そういう意味でも、氏の文学観を決定づけた存在として、ヘッセの前にゲーテがいたということは、あらためて注意する必要がある。そもそもゲーテが自分の仕事の出発点で、ヘッセにしろカロッサにしろ、みなゲーテという下地から出てきたのだ、と氏が晩年にあるインタビューで語っていたのが思い出される。

その中で氏は「喜んで事をなし、なされた結果を喜ぶものは幸いである」というゲーテの言葉を引き合いに出していたが、氏自身ゲーテに学んで、その長い著述活動は幸いにみたされたものになっていた。これは、評伝というジャンルを幸いに包まれたジャンルとして身につけたということで、なかなかまねのできるものではない。こうした幸福感は、海外や日本の多くの詩人、作家たちとの交わりを語ったエッセーからも漂ってくる。

八年ほど前に氏の著書「ゲーテ相愛の詩人マリアンネ」が岩波書店から出た。これが氏の最後のまとまった仕事かもしれない。ゲーテが晩年にマリアンネ・ビィレマーと相聞の歌をかわしたことを美しく語った本で、もしかするとぼう大な氏の著述の中で、最も美的、最も情熱的なものだったかもしれないという気がする。

生涯仰ぎ見たゲーテについて、このような本を最後に書きえた氏は、たしかに幸せな人であったと思う。（文芸評論家）

一九九八年三月一六日

紙芝居人として生きた人
加太こうじさんを悼む

加古里子

もうそれは五十年もの昔のこと。戦災の道をたどり、「貸元」と呼ばれる街頭紙芝居プロダクションの加太さん宅を私は初めて訪れた。

私の幼稚な質問をさばきながら、画用紙の左肩から加太さんの墨筆はよどみなく走る。みるみる怒る男と、のけぞる相手が描かれ、右下隅に終わったのは約三分後。その線画を隣の助手に渡すと、次の描画が再び左肩から始まる。

鉛筆のアタリも下絵もなく、ましてメモや粗筋の表もないブッツケである。染料で助手が彩色したのを点検すると、別の助手がボール紙に張り、こうして街頭で演ずる売人（ばいにん）に次々と貸与される。

一日分は活劇・現代・漫画もの各二十枚前後の三巻立てだから、五十―六十枚を毎日作らねばならない。構図や見せ場など劇的構成を瞬時に決定処理しつつ、助手の指導や来客対応など朝飯前のことなのだ。

作家と画家が組んだり、数人が分担するプロダクションもあったが、作品の密度と速度が必要な紙芝居には、加太さんのような「聖徳太子的才能」が理想であった。

当時紙芝居は、食料と文化に飢えていた子どもたちによって第二の黄金期を迎えていた。第一黄金期は、それまでの紙人形芝居を平絵（ひらえ）と呼ばれる現在の形式が制圧した昭和五年から約十年間で、その幕は鈴木一郎作・永松健夫画の「黄金バット」で開かれた。

そのころの教育界は街頭紙芝居を低俗白眼視していたが、圧倒的な全国の子どもの人気は「中央公論」に取り上げられるほどであった。その人気にあやかろうと、多くの模倣・亜流を生んだ。この時期、加太さんは黄金バットの続編を描いている。

こうした紙芝居に目を付けたのは当局で、選挙粛正・隣組指導・国策伝達、さては占領地区の宣ぶ工作などに、用紙の統制割当をえさに、ほとんどの紙芝居人が集約され、数万部の紙芝居が一挙に印刷配布されるという、空前の状況となった揚げ句、敗戦に至ったのである。

この第一期の苦い経験から、教育界を含む広い分野の人々と、いち早く加太さんたちが組織した作画家組合との共通の研究会が作られ、戦後混乱期の子どもたちの要求にこたえる道を探っていた。

その会報編集という名のガリ版切り担当だった私は、そこで読んだ加太さんの「紙芝居の作り方」という一文ほど、要にして簡、見事な思考と技術論に接したことはなかった。研究会の多種多様な人々のエッセンスが鮮やかに奪取、濃縮、結実していた。

やがて第二期の黄金期も、テレビのまん延とともに衰微してゆくが、時流をみるに敏な加太さんは、社会時評や風俗評論の分野に転身された。高踏に構えているが行動力のない、結果分析の机上批評家と違い、度胸も胆力も街頭で鍛えてあるから、たちまち注目され、貴重な存在となる。さらに私が病気のため辞退した大学の教職を担当され、学生を鼓舞し、大学の盛名に寄与された。

要するに時代、状況に常に応ずる才を備え、小なりといえど一つの世界を作る「紙芝居人」として加太さんは生きたのである。（児童文化研究家）

一九九八年三月一九日

お母さんの心の安らぎに スポック博士を悼む

巻野悟郎

先日亡くなったアメリカの小児科医ベンジャミン・スポック博士が、世界的なベストセラーとなった「スポック博士の育児書」の初版を書いたのが昭和十八年から二十一年にかけてだというから、日本は太平洋戦争真っ盛りで、ついに白旗を上げて戦いが終わったころである。育児どころではない日本に比べて、アメリカの余裕が感じられる。当時のアメリカは、授乳や排便の仕方、しつけなど一般的な子どもの扱い方についてはまだ随分厳格で、育児の考え方にはそれまでの伝統が根強く残っていたという。

しかし二十三年に出版された同書は厳格な育児でなく、子どもの個性を尊重し、幅のある育児の考え方なので、たちまち世界のお母さん方がとりことなって版を重ねていった。

日本には原本が輸入されたけれど、小児科学は戦後の混乱した生活の中で、感染症や栄養失調などに目が向けられていたので、育児は片隅に追いやられているような存在であった。そのころ私は小児科医としての一歩を踏みだしたのであるが、原本を買い求めたのは、しばらくたってからのことであった。

戦後は終わったといわれた三十年代には、赤ちゃんをどう育ててよいか分からないということから「育児ノイローゼ」という言葉も聞かれるようになった。四十一年には日本でも暮しの手帖社が翻訳して出版したので、それが瞬く間に育児の救世主として日本国中に普及した。

四十年代はわが国でもベビー雑誌が刊行され、電話による育児相談が始まったけれど、なかでも博士の著書は異彩を放っていたのである。かなり分厚い本だから、当時のお母さんがどこまで内容を理解できたか分からないけれど、その本が傍らにあるだけで、心の安らぎがあったかもしれない。

しかしアメリカ人であるスポック博士の育児書には、アメリカ人としての生活がその背景にあることも否めない。例えば四十一年版には「赤ちゃんが夜泣きをしたら、声が響かないように、厚いじゅうたんを敷くなり、窓に厚地のカーテンをつるして、泣いてもなんにもならないと思わせること」と書いてある。これには家屋構造や家族制度、個人主義などさまざまな背景があっての記述である。当時の日本の育児では、到底ついていけない考え方であったろう。

それでも最近の日本語版(平成九年十月刊行)では、ほかの小児科医や子どもの心理や精神病の専門医たちが「夜泣きをしたときは赤ちゃんの部屋に行って、明かりをつけずにベッドの側に座り〝心配しなくていいのよ、ママはここにいますからね、さあおやすみ〟と静かに言って安心させ、寝つくまでいてやるのがいい」と言っていることを取り上げている。円熟した小児科医像が目に浮かぶようである。

本年五月には第七版を出すことになっていたという。やがて九十五歳を迎える矢先の訃報(ふほう)は、誠に残念である。(小児科医、聖徳大学教授)

一九九八年四月一八日

複眼的視座で近代を分析
神島二郎氏を悼む

菅孝行

神島二郎氏が亡くなった。七十九歳と言えば高齢だが、その死は惜しんでも余りあるものがある。

氏は丸山学派の高弟の一人であるが、年齢は師と四歳しか違わない。復員後、三十歳近くになってから大学を卒業した。戦争によって迷走させられた戦中派である。氏の政治学が一貫して〝日本〟を主題とし続けたのも、過酷な体験を自分に強いた祖国の闇(やみ)に迫ることをライトモチーフにしないではいられなかったからであろう。

だが氏が「西欧的」とされる概念を駆使する丸山政治学に引かれながら、柳田民俗学の方法にも斜していったのは、どこかで〝祖国〟を愛してもいたからであるように思えてならない。氏にとって日本のイエやムラは、批判の対象であるとともに、愛着の対象でもあったのではあるまいか。

主著「近代日本の精神構造」にその複眼的視座からの学問的・思想的成果が結実した。師の丸山真男に似て、神島氏は自己の見いだした方法的概念に卓抜な命名を行う人であった。近代化の二重構造が都市に生み出した社会を、氏は「第二のムラ」と名づけた。村を出ることを余儀なくされた人間たちが、郷土の自然から断ち切られた場所に擬制のムラの人間関係を構築したのが日本の近代都市だというのである。高度成長期、巨大都市にはりめぐらされた「第二のムラ」のネットワークは日本株式会社の「繁栄」を支えた。先見の明は驚嘆すべきである。

また氏は、権威にまつろわせる日本的な政治統合の原理を、欧米的な権力による「支配原理」と対比して「帰嚮原理」と名づけた。ひが目かもしれぬが、外圧による服属の強制である西欧の政治原理よりも、被支配者に権威を内面化させて統合する日本的な政治の伝統を多少ともましだとする評価が氏のなかにあったと推測する。しかし氏はこの統合の原理が独特の膨張主義を生むことをも見逃さず、それを「桃太郎主義」と命名した。

対談や座談会でお目にかかった席上、いつも私は「帰嚮原理」は「支配原理」より狡猾(こうかつ)な支配にすぎず、この伝統的原理による内面支配の危険は形を変えて今日の政治にも再現される恐れがあるなどと議論を吹きかけた。はるか年下の門外漢である著者を見下すことなく、正面から非妥協的に、見事なほどかたくなに反論された。その凛(りん)とした態度はすがすがしかった。

晩年までこの若さを失わなかったからこそ、戦争責任の風化や右翼テロにもおくせず批判を加える気概を保ち続けられたのであろう。(評論家)

一九九八年四月二一日

エロスと情熱の詩人
オクタビオ・パスを悼む

飯島耕一

メキシコのノーベル賞受賞詩人、オクタビオ・パスが、四月十九日に、彼の深く愛する故国で亡くなった。

日本には第二次大戦の戦後まもないころに一度来ているが、それから時たって、一九八四年の秋に久しぶりに来訪し、その時に、すでに文通していたわたしもゆっくり話すことができた。メキシコのインディオの血も混じった彼は、七十歳というのにまだまだ精悍（せいかん）さを残し、談論風発して時のたつのを忘れるほどだった。

「きみの胸は／ぼくの眼の下で熟れる／ぼくの思いは／空気よりもずっと軽やか／ぼくはここにいる／ぼくはわが生命（いのち）を見る／わが死を見る／世界はここにある／ぼくは見る／ぼくは一つの透明に住む」という詩で、〈きみ〉と呼ばれているのはマリ・ジョゼ夫人のことで、パスは年の離れた夫人を心から愛している様子に見えた。

「生と死」、「愛とエロティシズム」は一つに結ばれているべきだが、現代はそれが見失われがちだとパスは考える。情熱的であるだけではなく、きわめて知的な詩人でもあるパスは、フランスの思想、哲学のこともよくわかっているが、それでいて、「フランスのエロティシズムも身体も、哲学に汚染されている」と見てとっていた。

エロスも身体も、哲学くさい思索のためにあるのではないはずだった。パスは、詩はエロティシズムだと言い切るのである。

こんなふうに「生」と「エロス」を愛した詩人パスにも、「死」の時は来たのかと、感慨に耽（ふけ）らずにいられないが、「生と死」は、とくに昔のメキシコ人にとってはひとつながりのもので、「死」は絶対的な終わりではなく、「生」の延長なのだった。

生前のパスは、メキシコ人は「祭り（フィエスタ）と通夜」の間を揺れ動くと言っていた。メキシコ人は暗く、閉ざされがちで、世界の中で孤独だが、それゆえに祭りの時には爆発する。このメキシコ人を、どうにかして世界に向かって押し出したいと、パスはいつも故国のことを思っていた。

ノーベル賞を受賞したあと、いやでも注目を浴びるようになったと思われる、この詩人の、近況がどうなっていたのかは、わたしにはわからない。あまりに知的巨人に祭り上げられた彼を想像するのは、わたしの本意ではなく、パスはあくまでも若々しく、みずみずしい叙情詩人なのだ。

「つめたいすばやい二つの手が／一つ一つ／闇の繃帯を剥ぎとる／ぼくは両眼をあける／まだ／生きていて／なおも新しい／傷口のまんなかに」というのは、「暁」という短詩であるが、この「傷口」にもエロティックな感触があり、ただのけがによる傷口を連想すべきではあるまい。

「諺」という詩に「夢の女はいつも愛のかたちに肉化される」という一行があるが、パスはあくまでもエロスの詩人、情熱（パトス）の詩人であったと思う。どんなに荒涼たる時代にあっても詩はあることを、この詩人はつねに体現していたと言っていいだろう。（詩人、明治大教授）

一九九八年四月二四日

恋に踊りに、奔放な一生
吾妻徳穂さんを悼む

藤田洋

吾妻徳穂さんは、日本舞踊家のなかでも、とりわけ華やかな生涯をつづった天衣無縫の人だった。行動力も、並ではなかった。そして、古典をベースにしていたが、きわめて進取の気風に富んだタイプで、特に新作に情熱を注いだ。日本舞踊を大衆のなかに根づかせようと、晩年になって「をどり座」をこしらえた。

新作の代表作に有吉佐和子作「赤猪子」や能に題材を取った「藤戸の浦」などが挙げられる。有吉さんは小説家としてデビューする前、徳穂さんの私設秘書のようなことをしていた。文壇との付き合いにも積極的で、自著に書いているように玉三郎時代の十四代目勘弥との交際のあと、帝大生時代の今日出海氏に思いを寄せたことなどを、明かしている。万事が明るくあけっぴろげ、おおらかな人柄が魅力だった。

この屈託のなさは父十五代目羽左衛門の血を受け継いだのだろうか。四代目富十郎との間に生まれた現富十郎に芸脈が伝わっていると思う。

戦後、いち早く「アヅマカブキ」を組織して、二度にわたって欧米各都市を巡演したことは、記録的な仕事だった。そのために、当時の夫藤間万三哉（ふじま・まさや）と別居、家屋も借財のために失っている。

しかし、数多くの痛手を負いながらも、不死鳥のごとくよみがえって、踊りひと筋の道を貫いてきた。

古典の曲もよく踊った。しかし古色という感じはいつの場合にもなかった。徳穂の踊りはモダンという感覚が漂っていながら、それは古典の名曲とほどよく調和していた。

たぶん、老齢になってもピンクの洋服が似合った人柄が反映していたのだろう。

七十歳で吾妻流家元を孫の徳弥に譲った。その徳弥が中村鴈治郎の長男翫雀と結婚。ひ孫の壱太郎（かずたろう）と米寿記念（平成八年五月国立劇場）に同じ舞台で踊った光景を見て、人生の果報を感じた。波乱をくぐり抜けて得ることができた、絶頂だったはずだ。

たぶん、こんなにも無邪気に、恋にも踊りにも思いのままに打ちこむことのできる舞踊家は、もう現れないのではないか。

貴重なる逸材だった。ごめい福を祈りたい。

（演劇評論家）

大衆映画の王道を征《い》ったスターは、そのイメージを永遠に残して、この世を去った。

（映画評論家）

白井佳夫

一九九八年五月一九日

美男スターをまっとう 高田浩吉を悼む

さようなら、高田浩吉！

高田浩吉が五月十九日に、八十六歳でこの世を去った。大正から昭和に時代が変わる直前のころ、松竹下加茂撮影所に入って、時代劇俳優となり、十九歳でサイレント映画の二枚目スターとして主演作を作った、という人である。

以来この人は終世、時代劇の美男スターとしてのイメージをまっとうした。商業映画で甘いマスクの優しく強い侍や侠客（きょうかく）、捕り方などを演じ続けた。芸術派の意欲作もないわけではないが、大衆に奉仕するスターの地位を、固く基本的に守り続けた。

トーキーの新時代も、関西なまりを克服してのりきり、かえって甘い独特のせりふまわしを自分の個性にしてしまったのも、みごとだった。歌う時代劇スターとして、小唄調の映画主題歌を甘い声でうたい、さらにスターの地位を不動のものにした。歌う映画スターの第一号であろう。

第一回の主演作品「仇討破れ袴」から、「若様奉行」「小猿七之助」などを経て、「遠山の金さん」「髪結新三」「鯉名の銀平」「浅太郎赤城の唄」「め組の喧嘩」などなど、その出演作品名は、日本の大衆的な時代劇映画の極めつきのものばかりである。

戦前の「大江戸出世小唄」から、戦後の「晴れ姿・伊豆の佐太郎」あたりまで、ヒット主題歌も数多い。彼のうたった歌だけを集めても、ちょっとした日本芸能史ができよう。レコードもたくさん出しているし、歌手としてのステージもこなしている。高田浩吉劇団を結成しての、舞台活動も長かった。

リアリティーのある役柄を演じた作品としては「お琴と佐助」の佐助、「家族会議」の株屋の番頭、「浪花女」の文楽の人形遣い、「花の生涯」の長野主膳、などが記憶に残る。しかしこれは、決して彼の映画歴の中では主流ではなかった。

高田浩吉の内弟子からスタートした映画スターの鶴田浩二が、師と同じく終世、二枚目スターの役柄をまっとうし、同じように歌をうたったのも、血筋というものかもしれない。その鶴田浩二が六十二歳で逝った時「まだまだ前途のある男だったのに、残念だ！」と、高田浩吉が涙していたのも忘れ難い。

日本映画の黄金期の人気スター女優のたいていの人は、大衆的な娯楽映画で彼の相手役をつとめているはずである。

高田浩吉逝く、の報に日本全国の熟年の映画ファンは、きっとあの時代劇の甘い、いなせな二枚目のイメージを思いおこし、感慨にふけっているに違いない。

一九九八年六月四日

リベラルな人道主義の手本
松田道雄氏を悼む

広岡守穂

「育児の百科」や「私は二歳」をはじめ、数々のベストセラーを送り出した松田道雄氏が亡くなった。

わたしは生前の氏にお目にかかったこともなければ、手紙をやり取りさせていただいたこともない。にもかかわらず、氏から計り知れない影響を受けたものの一人である。わたしは日本政治思想史の研究者として、近い将来、近代日本の思想の通史を書くとき氏はかならず一節を当てるべき人物だと確信している。

こんなことを書くと、怪訝（けげん）に思う人が少なくないだろう。松田道雄氏は真っ向から政治の主義を掲げたり、政治的な論争の舞台ではなばなしい論陣を張ったりした人ではないからである。むしろ、どちらかといえば、ものごとの現場ではなく、やや離れたところから、自由人のとらわれない視線を送り続けた人だった。

松田道雄氏は小児科医であり、社会主義思想とロシア革命の研究家であり、また平和運動にかかわった。そうして新しい家庭の在り方を論じ、リベラルな立場から洞察の行き届いた日本知識人論を手がけ、晩年には女性の社会的地位の向上を訴えた。そうかと思うと、やさしい口調で教育や生き方を語り、美しい文体で子供時代の京都のおもかげを語った。日常生活の感覚と、政治や歴史に対する姿勢がごくごく自然なかたちで矛盾なくつながっていた。戦後のリベラルな人道主義のお手本のような人だった。

松田道雄氏は、主婦の生きがいを語った一九七九年の文章の中で「私は人間の理想は、すべての人が自分の生活を自分の意志できめられるようになることだと思う」と書いている。そういう立場から、いろいろな次元の問題について、自由に思索を広げた。その思索のかたちを正当に評価するのは、いまだに思想のイデオロギー性について正当な性格づけを与えることが得意でないわが国の社会科学にとって、一度は真剣に取り組むべきたいへん重要な課題である。

わたしにとっての松田道雄氏は、まず「日本知識人の思想」の著者であった。昭和初期、京都帝国大学の医学生だった氏は、実践に踏み出すことこそなかったがマルクス主義に深く傾倒した。その体験を踏まえての文章は、思想を同時代の人々がどのようにとらえたかを生々しく伝えていた。そのころの知識層の息遣いがすぐ耳元に響いてくるかのように感じられたものである。つまりそれは、思想史を組み立てる上で確認の鏡のような役割を果たした。

新聞の朝刊で訃報（ふほう）に接した日の午後、同僚教授と話した。すると彼はまず「ロシアの革命」に触れ、「あれは良い本だった、人間の動きがいきいきと描かれていた」と語った。そして次に「育児の百科」について、「本当に励まされた。自由に子育てしていいのだと教えられた」と語った。故人が現代日本人にいかに大きな影響を及ぼしたか、あらためて実感した瞬間だった。（中央大教授）

一九九八年六月一〇日

時代そのものだった人 吉田正さんを悼む

伊藤強

あの小柄な体に、どんなエネルギーが隠されていたのだろう。かつて、吉田さんと、そのころ売り出しの若い作曲家について話していたことがある。その新人作曲家は、矢継ぎ早に作品を発表し、それなりの成績を上げていた。筆者はそのことが、乱作につながり、才能をすり減らしてしまうのではないかと考え、それへの意見を、吉田さんに求めたのだった。

それに対して吉田さんは「多作も才能のうち」とはっきりと答えてくれた。それは、吉田さん自身が、多作に耐え、大きな実績を残してきたことへの自負だっただろうし、若い後輩への励ましだったに違いない。

作曲家と歌手、という立場は違っても、吉田学校一門と呼ばれた歌手たちへの、思いやり、励ましの姿勢は変わらなかった。それだからこそ「学校」は成立したのだ。

鶴田浩二、三浦洸一、フランク永井、松尾和子、橋幸夫、三田明、そして歌手としての吉永小百合など、その名前は、まさしく戦後の歌謡曲の歴史そのものだといっていい。そして特にフランク永井だ。米軍のキャンプでジャズを歌い、レコード歌手としてもその分野でデビューしたフランクを、吉田さんは歌謡曲の歌手として作り直し、成功させた。しかも、フランクの特性を生かし、のちに都会調と呼ばれる、新しい歌謡曲の世界を作り上げ、そこに彼を置いたのである。

橋幸夫による、リズム歌謡と称された一連の歌とともに、吉田作品は、歌謡曲の世界に、それまでになかった地平を開いたのである。一つの時代が去っていったと思わざるを得ない。つまり吉田正という人そのものが時代だったのである。

知られているように、デビュー作は「異国の丘」である。この歌がNHKの「素人のど自慢音楽会」で歌われた昭和二十三年八月、吉田さんはまだ、シベリアに捕虜として抑留中だった。帰国して初めて、その歌が巷(ちまた)でヒットしていたのを知る。

「だから、この歌によって私は作曲家にさせられたのです」と、テレビのインタビューに答えているのを見たことがある。それはたとえようもなく謙虚な姿勢であり、口調だった。思いやりにあふれ、どんな若い人にでも、常に同じように接した人である。だから、謙虚さを失った人間を認めなかった。

近年、体調はすぐれなかったときいていた。だが昨年秋、自らが主催した「作曲生活五十周年感謝の集い」と名付けられたパーティーでは、元気な姿であいさつをされ、その席上「これからもジャズをベースに置いた歌謡曲を、男性歌手で作りたい」という意気込みであることが、世話人から披露された。

いつも思いがあふれていたのだろう。話す口調は、いくらか早口で、もどかしげだった。その声ももう聞くことはできないし、新しい作品も聴けない。そのことが、なによりも寂しい。(音楽評論家)

一九九八年六月二二日

不可能を可能にした魅力
高田好胤さんを悼む

西山厚

昭和五十六年の一月から二月にかけて、私は高田好胤さんたちと一緒に、インドなどの仏跡を巡拝した。

ラジギール、ブッダガヤ、サールナート、祇園精舎、クシナガラ、ルンビニー。二千五百年前に、お釈迦（しゃか）様が、生まれ、悩み、修行し、悟り、話し、そして亡くなった場所を巡った。

＊　＊　＊

好胤さんは、それぞれの場所で、二時間近い丁寧な法要を行い、そのあとお釈迦様の話をされた。その時のことは忘れ難い。

内容ではない。全身全霊をあげて話すその真剣な姿に、好胤さんがどれほどまでにお釈迦様を思慕しておられるかが感じられたからだ。最後に「南無釈迦牟尼仏、南無釈迦牟尼仏…」と繰り返すのだが、好胤さんについて唱えながら、みんな泣いていた。

好胤さんは少年時代にお父さんを亡くし、薬師寺の小僧さんになった。そのためもあってか、お釈迦様を実の父親のように慕っておられた。

＊　＊　＊

昭和四十二年、薬師寺を白鳳時代の伽藍（がらん）に戻そうと、金堂の再建を決意した時、好胤さんはその方法として〈百万巻写経〉を選んだ。寄付を募らず、「般若心経」を百万巻写してもらい、その納経料でお堂を建てる。

金堂の復興自体よりも、いかにして復興するか、その方法にこそ意味があると好胤さんは考えたのである。多くの人々に写経をしてもらい、仏教と縁を結んでもらう。経文を写しながら、願文を書きながら、人はさまざまなことを思い、願ったことだろう。そうした思い、願い、祈りの集積が金堂になった。

お釈迦様は、いかに生きるべきかを説いた。私たちは、古い静かな寺でぼんやりと時を過ごしたくなることがある。堂塔の跡にたたずみ、古代へのロマンをかき立てることもある。しかし、それは仏教ではない。今を生きる人々を引きつけることができなければ、仏教の存在価値はない。

途方もない数字と思われた〈百万巻写経〉は成就した。現在は、六百十万巻にまで達している。金堂に続き、西塔、中門、回廊なども再建された。好胤さんの魅力が、不可能を可能にしたと言うしかない。

＊　＊　＊

薬師寺にはたくさんの人々が集まる。薬師寺のお坊さんは寺の出身でない人が多い。「薬師寺は生きている」と表現した雑誌があった。好胤さんの魅力である。ひとりひとりの人と向かい合い、見つめ、話を聞き、話をする。サービス精神おう盛で、これが時には誤解を生むのだが、私は好胤さんが大好きだった。もう一人の父親のような存在だった。好胤さんからもそうなふうに、かわいがっていただいた。

好胤さんが、昨秋の正倉院展（奈良国立博物館）に来られた時のことも忘れ難い。

閉館まであまり時間がなかったので、最後の部屋に展示されている蘭奢待（らんじゃたい）にまでなんとか進もうと急ぐのだが、好胤さんはひとつひとつの宝物を慈しむようにいつまでも見続けていた。見るのはこれが最後…というかのように。見終わり、車に乗った好胤さんは、窓をあけて、私に何か言いたそうにしておられた。私は言葉を待った。

「きょうは、退院してから初めて外に出たんだ」

「そうですか。早くもっと元気になってください」

「正倉院展もだけど、西山君に会いたくてね…」

＊　＊　＊

六月二十二日朝、薬師寺管主高田好胤さんの訃報（ふほう）が届いた。好胤さんと親しかった私の父は、すでに三年前に亡くなっている。もう一人の父親の死。これでもう私は、今生では父に会えなくなった。（奈良国立博物館普及室長）

一九九八年六月二十六日

理知的なラディカリズム
高松次郎を悼む

谷新

高松次郎は一九六〇年代のスターだった。まだ、美術評論を書き出す以前、「美術手帖」をくりながら高松の仕事や言説に強い刺激を受けていた時期がある。痩身（そうしん）で何か遠くを見つめているような写真の目はとても澄んでいて、熱っぽいイメージの六〇年代の他の作家とはひどく違って見えた。

評論を発表し始めてからかなり早い時期に高松に会ったが、それがいつどこであったかがどうしても思い出せない。ただ、最初に彼が語った言葉は今でも頭にこびりついて離れない。「君の評論文を二度読んだよ。でもまだ分からないところがある」というのである。真摯（しんし）で率直な人柄に私はいっぺんに取りつかれた。

七〇年代には、しばしば東京・三鷹の自宅に伺った。七〇年代初頭、混迷する美術状況にあって高松は塾を開いていた。数日前に予定を聞き、約束の時間の直前に電話をして伺うのが常だった。時間に厳しく、神経質な面もあったのかもしれない。

しかし会ってからの高松は積極的に議論を持ちかけた。特に私の「芸術における〈制度〉の問題2」の〝時間論〟の展開に関心を示していた。ちょうど李禹煥と「美術手帖」で古今東西の美術をめぐる討論をしていた時期でもあったせいか、雪舟の図録を持ち出して話したこともあった。雪舟の若いころと老境にさしかかったころの空間性の比較を実に理知的に解釈していた。

六〇年代初頭の動向「ハイレッド・センター」にくみして〝点〟や〝線〟など造形の根源的要素に表現を還元して以後、〝遠近法〟や〝影〟のシリーズ、さらに「布の弛み」から「石と数字」「単体」「複合体」のシリーズへの発展を見つづけてきた目には少し意表を突かれる思いがしたことを覚えている。六〇年代を突き抜け、次のステップを踏むための時間にちょうど遭遇したのかもしれない。

確かに、高松の生きた時代は美術に限らずとりわけ難しい時代だった。二つの安保闘争の間に東京オリンピックと大阪万博がサンドイッチになっている。言い換えれば高度成長に裏づけられた未来主義と、それらの立脚点である近代主義への批判が渦巻いて到来した時代である。

その激動の時代の表象をもっとも理知的にある意味では華麗にかじ取りをしていた作家が高松であったとも言えよう。その〝理知的ラディカリズム〟は、七〇年前後のエコールである「もの派」に批判的な作家たちによってクローズアップされることになる。しかし、果たしてそこに高松の着地点はあったのかどうか。

八〇年代の高松は空間性豊かな絵画に向かい色彩も復活する。数年前、三鷹で回顧された絵画作品を見た時、常に先陣を切らねばならなかったかつての時代の呪縛（じゅばく）から解放された作家のみずみずしい感覚から発する絵画空間を味わうことができた。高松はまだわれわれの中で生き続けている。（美術評論家）

一九九八年七月一八日

まさに仮幻
石原八束さんを悼む

松澤昭

石原八束さんに初めてお目にかかったのは昭和二十一年十二月「雲母」の東京例会の席上であった。飯田蛇笏先生はむろん飯田龍太さんも同席されて、今思うとなかなかドラマチックな出会いであった。

翌年早々、石原さんを中心とする「雲母」の若手グループの青潮会運動が始まって私も参加したが、その志向は俳句表現をより文芸思潮の高揚の中で実践しようとするもので、毎月の勉強会はまさに熱気あふれて影響するところ大であった。

青潮会運動は昭和三十六年の「秋」創刊まで十数年続いて、俊英な俳人を輩出したことはよく知られるが、むろん石原さんの功績であることは言うまでもない。

石原さんは、昭和三十年代に入って東京・世田谷の自宅で三好達治を囲む文章会を毎月のように開催されたが、この勉強会の成果も大きく青潮会と連動して「秋」創刊に発展したのであった。

石原さんのご父君は舟月氏、私の父は鍬江という、共に二代俳人としての親近感もあってか、公私共に何かとご面倒をおかけしてきて今でも恐縮しているが、ともあれ何事にせよ気くばりのていねいさには恐れ入ることしばしばで感心するばかりであった。

石原さんの俳壇での活動も目覚ましく、特に現代俳句協会とのかかわりあいは容易ではなくて、その功績が高く評価されて昨年現代俳句協会大賞を受賞されたばかりであった。

特に昭和三十七年前後の現代俳句協会分裂騒動の中での主要人物として難局をさばいてこられたことは忘れられないが、現代俳句協会五十年の歴程の上で石原さんの存在はまことに大きかったと言うべきであろう。

石原さんのライフワークであった「飯田蛇笏」も昨年完成されたばかりだし、三好達治文学高揚のモニュメントもすでに先年仕上がっている。また、家集「仮幻」も昨年上木されたばかりで、この一、二年一気呵成（かせい）に文学表現へのマグマを燃えたぎらせてこられたように思えてならない。あるいは終えん近いことを悟られていたのかもしれない。

昨年十月、現代俳句全国大会にみえられて並んで近況を語りあったのが最後であった。それから二週間ほどして緊急入院されたと聞いたが、お見舞いにあがるすべもなかった。そんな状況の中でも、石原さんは周囲の者に何かと気をくばられていたようである。

最後となった句集「仮幻」の冒頭、

心臓と同じくらゐの海鼠かな

の句を拝見すると、かつての「血を喀いて眼玉の乾く油照り」や「原爆地子がかげろふに消えゆけり」の名作とは、また一風変わった大きさ深遠さが漂いだすかに思えるが、終生標ぼうされた内観造型の大団円と言えるのかもしれない。まさしく「仮幻」なる一語の示すエピローグなのであろうか。

石原さんの半世紀を超える濃い友情に対してただ感謝するのみである。嗚呼。（俳人）

一九九八年八月三日

米国の今を凝縮
J・ロビンズを悼む

上野房子

二十六歳で処女作を発表以来、バレエをはじめ、ミュージカル、映画で不朽のダンスを生み出してきたジェローム・ロビンズ。単に振り付けの名手だったのではなく、多彩な作品の中には米国という国、今という時が凝縮されていた。現代米国を正面から見据え、そして数多くの観客に愛された、初の米国人振付家だった。

デビュー作で大成功をおさめたロビンズは、ブロードウェーのミュージカルに進出し、数々のヒットを生み出すことになる。彼のミュージカルの最大の魅力は、もちろん、ダンスだ。バレエやモダンダンスなどさまざまな技法を駆使した、比類のないダンスが繰り広げられた。

最大のヒット作品で映画化もされた「ウエスト・サイド物語」の、熱気に満ちたストリートダンス。「屋根の上のバイオリン弾き」の哀感漂うエスニックダンス。これらの作品は舞台や映画が日本にも上陸しており、ロビンズ、すなわちミュージカルの名手としてご存じの方は多いだろう。

ロビンズの多彩なキャリアのもう一つの核は、バレエである。なかでも四八年、創設者でもある振付家バランシンに招かれて入団したニューヨーク・シティ・バレエ（NYCB）は、終生の拠点となった。けいこ場での彼は完全主義者としてつとに有名で、出演者には、全力以上の力を出し切ることを求めたという。その結果、六十を超す、多岐にわたる秀作が生み出された。

NYCBでの作品が日本で上演される機会が少ないのは残念な限りだが、男女のどうもうな営みを描いた「檻（おり）」や、抱腹絶倒の場面が続く「音楽会」は忘れがたい秀作。バッハやショパンの曲に振り付けた抽象作品では、「ゴールドベルク変奏曲」を筆頭に挙げよう。少人数のアンサンブルに始まり、やがて舞台いっぱいにダンサーが広がるフィナーレの恍惚（こうこつ）感。何ごとにも代えられない、ダンスならではの雄弁さに満ちた作品である。

ここ数年は、心臓手術を受けるなど健康面での懸念を聞き及んではいたが、NYCBや付属学校で新作や旧作の再演を手がけるなど、マイペースの仕事ぶりだった。ニューヨークの公演会場では、時折、ロビンズの姿を見かけたものだ。血色の良い顔に、トレードマークの白髪とあごひげ。きびきびした身のこなし。年齢を感じさせない、精かんな姿が今も脳裏に残っている。

七月二十九日、ついに不帰の人となった。享年七十九歳。一つの時代に幕が降ろされた寂しさを禁じえないが、ロビンズ作品の数々は、間違いなく次世代へ踊り継がれていくことだろう。合掌。（舞踊評論家）

一九九八年八月二七日

詩的想像力の偉大さ
田村隆一さんを悼む

三木卓

戦後詩形成の中核的存在として、大きな存在感を詩壇内外に示し続けた田村隆一さんが亡くなられた。

田村さんは「荒地」グループの同人だったが、このグループは小説の方でいう第一次戦後派（野間宏、武田泰淳、大岡昇平ら）に対比される位置にあったもので、みな第二次世界大戦を心身で体験した若い詩人たち（鮎川信夫、北村太郎、三好豊一郎、中桐雅夫ら）によって結成された。

同人のなかでは一番若いといってもいい田村さんが亡くなられて、これでとうとう「荒地」の詩人はみな去ってしまった。いわば兄貴分にあたるこの先行世代の仕事は、いつもぼくに大きな力をふるっていただけに、感慨はひとしおである。

田村隆一さんの仕事にぶつかって瞠目（どうもく）したのは、学生時代、東京・祐天寺の書店で買い求めた第一詩集「四千の日と夜」（一九五六年、東京創元社）だった。

すでに読んだものも入っていたが、題名にとられた「四千の日と夜」をはじめとする幾つかの作品は、なぞに満ちた鋭利なナイフが、みごとに閃（ひらめ）き続けている、という鮮烈な印象を受けた。まだ学生の身で、十分理解できたとはいえない。が、これはただならない詩集だと直感し、それ以来田村さんには畏怖（いふ）に似た感情を持ち続けることになった。

そしてこの詩集は、断言の極端と危険を恐れないことによって、詩人の想像力の深さとスケールを示し得た、独特の詩法が確立した場だった。

今、その初版の詩集をひらいて、

一篇の詩を生むためには、／われわれはいとしいものを殺さなければならない／これは死者を甦らせるただひとつの道であり、／われわれはその道を行かなければならない（四千の日と夜）

を読みながら、ぼくはこの詩人が、詩人こそ社会の精神を支えるという確信をもって仕事をしてきた、ということを思う。

実社会では詩は無用の長物とされているが、天秤（てんびん）の片方の皿が地球から虚空に突き出されてもう一方の力点となる、と考えればその皿に載ったひとつの言葉は全社会の危機と拮抗（きっこう）する。そしてその距離はゼロから無限まであるが、それはひたすら社会の出来具合のよしあしによるのだ。

〈ウイスキーを水でわるように　言葉を意味でわるわけにはいかない〉といい、おれは水平的人間ではなく〈垂直的人間〉だといった（「言葉のない世界」）かれは、黒曜石の鏃（やじり）のような言葉で、想像力のなかでしか人間が人間を見、人間は世界を見ることはできないと考えた。

ぼくたちはその田村さんに共感したし、力づけられて生きてきた。

この五月ごろ、鎌倉若宮大路の病院の前を歩いていると呼びとめる声がした。田村さんである。長身のかれがパジャマひとつで飄然（ひょうぜん）として立っているので、「ここに入院されているのですか」というと「いや、家から点滴を打ってもらいに来たところだよ」といわれた。やがて車がやってきてかれは去った。それが最後にお目にかかった、この偉大な詩人の姿だった。（詩人、作家）

一九九八年九月六日

明治の壮大な精神
黒澤明監督を悼む

西村雄一郎

「黒澤明　音と映像（増補改訂版）」という本の原稿を、この一年間ずっと書いてきた。そのあとがきを書き終えたのが四日前である。やっと自分の仕事が終わったと息をついた時、黒澤監督の悲報が飛び込んできた。ああ、来るべきものがついに来たと思った。

黒澤監督と初めてお会いしたのは、一九七二年のことである。小学校の時に見た「椿三十郎」「野良犬」によって、映画の面白さを知った私は、大学の卒論で黒澤明をテーマに選んだ。その資料集めに奔走していた最中に、新宿の映画館で、監督その人と偶然にも隣り合わせにすわってしまったのだ。

映画の後、黒澤さんはビールをおごって下さり、二時間、話を聞かせて下さった。その時は、アメリカで「暴走機関車」「トラ・トラ・トラ！」の企画が挫折し、新作の「どですかでん」もヒットせず、黒澤さんにとっては最も苦渋の時期だった。しかし…。

「これからソ連で映画を撮るから、体力をつけるためにゴルフをしてるんだよ。なにしろ僕は映画しか撮れないんだからね」と、きっぱりと言われた。そのニコッと笑われた笑顔のさわやかさが、今も脳裏に浮かぶ。

シベリアの極寒で撮った「デルス・ウザーラ」が完成したのは、それから三年後である。黒澤さんは、あの苦境の時代からも、不死鳥のごとくよみがえったのだ。

黒澤監督がデビューしたのは、四三年「姿三四郎」によってである。デビュー作には、その人のすべてが表れるというが、「姿三四郎」の話をした時、監督は「あれは明治という時代の明るさを描いたんだ」と言われた。このことが、実は黒澤明の本質を表しているのだと思う。

黒澤監督と話している時の、あの押しても絶対揺るがない威厳、自信、大きさ、怖さ…しかし、そんななかに漂う少年のような純粋さ、おおらかさ、ユーモア…。私はそこに明治の人間の気骨を見る。明治という時代のさわやかさを感じる。

その明治のロマンとは、侍のロマンとも換言できるのだ。黒澤映画が世界中から愛され、精神的緊張にあふれていた理由は、この個としての自立心、自分の培った美意識を命懸けで守るという侍のような精神があったからではないだろうか。

私には、黒澤明の〝明〟という文字は、あいまいさを許さない黒澤映画の明確さや、明治の明るさすべてを象徴しているように見える。その意味で、黒澤監督の死によって〝明治〟の壮大な精神がまさに消滅したことを感じる。（映画評論家）

一九九八年九月七日

地域の世界主義
堀田善衛氏を悼む

鶴見俊輔

目の前におこるひとつの出来事を、歴史がつらぬく、そのありようをとらえて、スケッチに書きとめる。その一瞬の手練をどのようにして、この人は身につけたのか。

彼のかんのはたらきは、富山県の港町の船問屋に蓄積された教養にもとづくものだろう。東京の国際主義が彼に重大なものを足したとは思えない。飲み屋で国際主義を語っていた青年が、一夜にして熱狂的な国粋主義におもがわりするのを見たことが、地方育ちの世界人としての堀田の心がまえをきたえた。

戦中に上海へ、戦後にキューバへ、インドへ、中東とアフリカの砂漠へ、ロシアへ、スペインへと、それぞれの場所に移り住んで、そこから世界を見る経験を自分の内部に蓄積した。

そのたくわえが、彼の中に酵母のようにはたらきつづけて、日本人らしいなどというわくをはずれたひとりの世界人として、鴨長明、藤原定家、ゴヤ、モンテーニュ、ラロシュフーコーについての長編を実現させた。

彼の世界人の根は高岡にあり、戦中の日本の鎖国がそのこやしとなり、戦後の開国は住み家の移動の機会をあたえてさらに枝葉を繁茂させ、彼を、応用のきく歴史家、現代を歴史のあつみにおいて自在に切りわけることのできる国際的ジャーナリストとした。

東京で出会った新しいものはオーケストラだけだ、と彼からきいたことがある。地方からはじめて東京に出てきた時の、出来事をふりわける平常心は、八十歳まで書きつづけた時評に生きた。それは晩年の彼にモンテーニュとラロシュフーコーを親しい人としたのだろう。

乱世に平常心をたもつと信じられる人に、彼は心をよせた。古代、中世を問わず、今そこではじめて会った人にも、即座の判断で親しくなる。

スペインのアンドリン村に住むニコラスはブダペスト生まれのユダヤ人で、ナチスに追われ、パリの警察から無国籍証明書をもらって、期限切れごとにそれを更新して、弁護士、あるいは写真家として生きつづけた。

アフリカのモロッコ領のタンジールは、一九二三年以降、八カ国による国際管理地区だったから、国籍も無国籍もあったものではない。「人間でありさえすればよかったのだ。あんなに自由で楽しかったことはなかった」

おなじ村に八十五歳のパコがいた。老人は村の顔役であるらしく、堀田善衛がゆく先々に顔を出して家を借りる交渉、牛乳、野菜、肉、薬を買うのにさえ立ちあってくれた。

十五歳のときに神はいないときめてアナキストとなって組合運動に入り、内線を戦い、敗れてニューヨークに亡命して十二年、ふたたび村に帰って死ぬ。葬式で夫人が堀田夫妻を見つけて言う。

「あなた方が、パコの最後の友人でした」

(「バルセローナにて」)

こういう人が日本にいて、日本語で書いていた。(評論家)

一九九八年一〇月五日

万葉を20世紀庶民の世界へ
犬養孝博士を悼む

大久間喜一郎

私たちは大切な万葉学者を失った。犬養孝博士は万葉集という古代の詞華集を大衆のものとして普及させた功労者である。

＊　＊　＊

万葉集四千五百余首から長歌二百五十余首を差し引いた残りの大部分は短歌である。今日、数多い歌誌の刊行とおびただしい短歌人口を思う時、そうした短歌に携わる人々で、万葉集を見たことのない人や、愛唱する作品を持たない人は恐らく有るまいと思われるが、犬養博士を慕い、博士の万葉講義を聴き、博士の万葉旅行に参加する人々は、自ら短歌を作り、万葉の声調を愛する人々とはまた別な人々であるように思われる。とにかく犬養博士を慕い、博士の指導の下に万葉の歌を味わい、万葉に詠まれた地を自ら踏破することに生き甲斐を感ずる人は、全国でこれもおびただしい数にのぼる。

＊　＊　＊

万葉集には、作者の分からない、いわゆる作者未詳歌と言われる作品が圧倒的に多く、作者判明歌をはるかに凌駕（りょうが）している。これらの作品の中には、官人として朝廷に仕えた人々とは異なった、庶民層の人々の歌が数多く混じっているのではないかと想像される根拠がある。九州地方の防備のために徴発され、多くの歌を残した防人（さきもり）という兵士たちも庶民であった。

そうした古代における庶民の存在意義を含む万葉集を、犬養博士は二十世紀の庶民の世界へ取り戻したのだとも言える。

また、世間で犬養節と言われる博士の朗詠調も、かつて東京の下町などに住む多くの人々が、正月の遊びとして楽しんだ百人一首のカルタの読み癖そのままである。これも万葉の普遍化・大衆化に大きな役割を果したと言ってよかろうと思う。

＊　＊　＊

また、万葉集研究者としての犬養孝博士の業績について言うならば、万葉風土学という言葉が当たっていようか。万葉風土学という学問的ジャンルは堅固な形で確立されたとは言い得ないが、やがては確立されねばならない万葉学の重要な分野である。その際の草分けとしての栄誉はすべて犬養博士に帰さなくてはならない。

昭和三十二年に発表された「万葉の風土的性格」という論考の中で、博士は「風土が文芸を生み、文芸が風土を生む」と述べておられる。この博士の言葉は、一見パラドキシカルにも聞こえるが、博士の見解を引用させていただいて「しなざかる越（こし）の名もないところに美的風土を作りだした」のが大伴宿禰家持（おおとものすくねやかもち）であったと言えば、「文芸が風土を生む」という意味も十分に納得される。だれもが当然の用語として使っている「越中万葉」という、地域別万葉の根底に横たわる大切な事象なのである。

博士は人柄としても優しい人であった。早くから奥さまに先立たれた博士は、私たちとの会話の中でも「奥さまを大切にしてくださいね」とおっしゃるのが常であった。（高岡市万葉歴史館館長）

一九九八年一〇月一三日

哀別
ひとすじの志つらぬく
佐多稲子さんをおくる

澤地久枝

佐多さんが逝かれた。九十余年の人生は長く、いつかはと思ってはいた。しかし、別れに直面し、心はひどく揺れつづけている。十一歳で小学校五年を中退して働きはじめ、ほとんど八十年間働きつづけたみごとな先輩が静かに退場していったのだ。

十代で東京上野の料亭の座敷女中をしていた日、佐多さんは、「身を堅くしておいでよ、娘だからね」と店の主人から言われている。人生を既に知っている主人は、清冽（せいれつ）そのものの娘にこの言葉をはなむけずにはいられなかったのであろう。

中野重治、堀辰雄、窪川鶴次郎など「驢馬」の会の文学青年たちとの縁は、働きさきのカフェで生まれた。この縁から作家としての才能は開花し、窪川鶴次郎との結婚にも至る。

最初の結婚は二十歳のとき。一年足らずで自殺未遂事件をおこすような結婚である。佐多さんはみごもっていて、別居後に長女を産んでいる。

窪川鶴次郎との結婚は、文学者同士の家庭、仕事をもつ妻の立場、夫の浮気、夫婦生活への狎（な）れから別れきれない男女のあり方という修羅場を生む。昭和十三年に出版された「くれなゐ」は、現在、わたしたちが直面する問題と相似形の内容をもつ。しかも夫婦それぞれが治安維持法違反の活動をし、検挙、留置、起訴（佐多さんは懲役二年、執行猶予三年の判決）というきびしい状況下であったことを忘れたくない。再婚後に生まれた二人の子と父ののちぞえという家族をかかえての戦中、戦後であった。

わたしは編集者時代にはじまる佐多さんとのご縁の中で、自由に質問をし、率直に答えてもらいながら、あるときから内心ジクジたる思いをふりきれなくなった。

佐多さんには、中国や南方戦線への皇軍慰問に参加した昭和十六年以降の日々がある。ある軍人の回想録にのっていた一枚の写真には、軍人たちといっしょの佐多さんと、洋装の林芙美子がうつっていた。よろけじまのような和服の佐多さんは、美しいがどこか放心し、くずれた印象を与え、「生きるとは辛（つら）いことだ」とわたしに思わせ、わたしはこの写真の印象をついに口にできなかったのだ。

佐多さんはいさぎよい人で、戦中の行為の自己弁護をすることもなく、郷里長崎の被爆の歴史もかかえ、平和のための運動の第一線を離れることはなかった。「闘士」という言葉がおよそ似合わない人。しかし凛（りん）とした信条を内に秘めて、ひとすじの志を生きつらぬかれた。佐多さんの生き方の直さ、いま日本人が完全に失いつつある節操を考えさせずにはいない。

中野重治の死を中心にすえた「夏の栞」は、多年の同志であり、おそらく最大の理解者であった中野さんをがんに奪い去られた佐多さんの、慟哭（どうこく）そのものに思える。

わたしたちは一人のおおいなる作家を喪（うしな）っただけではなく、明治から平成まで、四代にわたり、理ではなく鋭い感性で時代と人を受けとめ、具体的な証言をなし得る大切な人を喪ったのだ。あとにつづく者に課せられた責任を、十代、二十代の人たちをもふくめてともに受けとめてゆきたい。佐多さんの文学には、それを可能にする問いと答え、示唆が秘められている。

戦争への道を許さない女たちの集会のあと、並んで渋谷街頭のデモ行進にくわわって歩いたのは十年前でしょうか。

佐多さん。長い間ありがとうございました。還（かえ）ってゆかれるのは、七歳で死別されたお母様のもとへですか。（作家）

一九九八年一一月一二日

先生、さようなら 淀川長治さんを悼む

渡辺祥子

淀川長治先生が亡くなられた。八十九歳におなりだから、いつかは、と思ってはいたけれど、でも、「九十歳のお祝いをしましょうね」というような話をしていたくらいだから、まだ大丈夫、そのうち試写室でお会いできるはず、とうかつにも思っていた。

先生と親しくさせていただいたのは、昨年亡くなった私の夫、筈見有弘の父・筈見恒夫が先生の古くからの友人だったというご縁で、夫のことを、「ぼくの息子のようだ」とおっしゃって下さった。闘病中だった夫が亡くなる一月ほど前にお会いした折りに、「もうダメかも知れません」と申し上げると、「何もして上げられなくてごめんね。お葬式にも悲しくて行けないからごめんね」とおっしゃった。夫を思って下さる気持ちが痛いほどわかってせつなかった。

一九九一年九月、夫は先生のお供でロンドンへご一緒した。長いこと行きたいと思っていらしたそうだが、高齢だけに一人ではやはり不安ということもおありだったようで、ならば何度か訪れたこともあり芝居も好きな筈見がお供すればいいだろう、と映画会社の親しい人たちがおぜん立てしたのだった。先生はこの旅がとてもお気に召して、「有弘君と行けてほんとによかったよ」と喜んで下さった。

先生のことでいつも有り難いと思っていたのは、私の書いたものを読んで感想をおっしゃって下さったことだ。

「よく勉強してるね」そうおっしゃっていただけるとうれしくて、もっと頑張ろうとやる気が出た。唯一しかられたのが、「私は『その男、凶暴につき』が嫌いです。『キッズ・リターン』は大好きなんですが」と言ったときだった。

「北野武の映画は全部素晴らしいです。新しい。ああいうセンスの良い映画の良さがわからないようじゃだめですよ」。先生はそうおっしゃった。先生は何でも褒める人と誤解されているふしがあるが、実際には、辛らつで、手厳しい面をお持ちの評論家だ。その先生がこれほど褒めることは珍しい。

「最近何を見たの?」先生はお目にかかる度にそうお聞きになった。私と夫が芝居好きなのもご存じで、ブロードウェーで見た芝居の話をすると、いつも「見つづけなくちゃだめですよ。映画だけの狭い世界に閉じこもっちゃだめですよ」とおっしゃった。

淀川先生のような方が亡くなられたときは、もっと冷静に業績を語るべきかもしれないけれど、私にはできない。お目にかかる度に「さあ、握手をしようね。今日は何の映画を見たの?」と目を輝かせて聞いて下さる方を私は永遠に失ってしまったのだから。いまはただ悲しいだけです。(映画評論家)

一九九八年一二月二八日

いつも本物の中にいた
白洲正子さんをしのぶ

多田富雄

平成七年の初め、瀕死（ひんし）の大病をされて奇跡的に回復された白洲正子さんを病院に見舞った。入院前に私の「死の生物学」についての文章をお読みになったとかで、白洲さんはついさっきまでさまよっていた生死の境のことを口にされた。「近くまで行ってきたけど、別に答えは落ちていなかったわ。実際にみて来たのだからこれは本当です」とおっしゃった。

それがきっかけになって三年ほどの親しいお付き合いが始まった。私ほどの年齢になってから新しい親友をつくるのはほとんど不可能なのに、白洲さんとはひどく気が合って、一緒にお能をみに行ったり、京都まで骨董（こっとう）を買いに行ったり、おいしいレストランを紹介しあったり、まるでガールフレンドに会うように胸が躍った。お能の話などで、度忘れして名前が出てこなくても「あれが」とか「あそこで」とか言えばお互いに分かるような肝胆相照らす友となった。

白洲さんはいつでも「本物」の中にいた。骨董にしても能にしても、本能的に「本物」を見抜く力を持っていた。それはそうだろう。子供のころから名人梅若実に師事し、青山二郎に骨董を学び、小林秀雄や河上徹太郎に文章を修業した。まがい物であるはずがない。白洲さんの周りにいる人たちもみな「本物」ばかりだった。

白洲さんの骨董の買い方はみごとだった。良いと思ったものはためらわず言い値で買う。「値引きさせたら、高くなる」と言われた。もっともだと思った。

その白洲さんが、粉引（こびき）の徳利を買った。室町時代に朝鮮で作られたもので、「手に入れるためには他のものを皆売らなければならない」と言っていた。その後お宅を訪ねるたびに、それまで何げなく置かれていた名品が次々に姿を消していったのに気づいた。

亡くなられる二週間前に、突然お招きがあった。毎冬白洲家でスッポンのお振る舞いにあずかっていたが、今年は少し早いかなと思いながら出かけた。白洲さんは数日前から腰を痛めて自室でふせっておられたが、キラキラと輝いた目で迎えてくれた。それが最後になるとは夢にも思わなかった。

その夜は白洲さん抜きで酒盛りとなった。例の粉引の徳利が持ち出され、酒が振る舞われた。宇宙の空間も、時間さえも飲みこんでしまったようなふしぎなふしぎな徳利だった。

思えばそれがお別れのあいさつだったのかもしれない。その二日後、白洲さんはご自分で救急車を呼んで東京の病院に入院された。救急車を待つ間にお好きなものを食べたと聞いた。

入院して間もなく面会謝絶となり、数日後眠るがごとくに亡くなられた。

立派な生涯だった。（免疫学者）

平成十一年

1999

一九九九年三月八日

その影響は映画を超える S・キューブリックを悼む

山口猛

スタンリー・キューブリックの新作「アイズ・ワイド・シャット」完成のニュースでもと思ったところが、いきなりの死去である。彼の死は昨年来続いていた多くの巨匠、いわんや多くの映画監督の突然の死とも全く異なる色彩を持つ。

なぜなら、彼は常に、興行的にはもちろん、アカデミー賞といった他者からの評価には全くとんちゃくせずに、それでいて極めて独創的で、完成度の高い作品を作り続けていたからである。その影響は映画界にとどまらないほど広かった。しかも、分業化が当然の現在の映画界で、彼だけは宣伝に至るまで自分が納得できることをとことん貫き通したし、通す力を持っていた。

多くの彼の作品は映画という範ちゅうさえ超えていた。NASAの最新技術を駆使して合成を試みた「2001年宇宙の旅」では当時の、それはSF映画の概念そのものを変えたともいえる。それまでのSF映画がファンタジーの側面を重視するあまり、現実的可能性が全く欠如していたのに比べれば、キューブリックの新しさはいうまでもない。

「バリー・リンドン」でも当時の最高のレンズを開発し、ろうそくの明かりでも映るようにして、幻想的なシーンを撮るなど、現代科学に裏付けられながら、リアリティーたっぷりの映像を作り上げた。

それは技術的側面のみによることではない。技術的なこと、描写のまねならば彼の後を追うことはいくらでもできる。「バリー・リンドン」であれほど苦労した微妙な光も機材や、高感度フィルムの開発で現在は、あの作品以上の表現が可能になったし、「フルメタル・ジャケット」での過激な戦闘描写は、つい先日、スティーブン・スピルバーグ監督「プライベート・ライアン」でも見られた通りである。

しかし、時代に関する敏感さ、あるいは古典をまったく新しい視点でとらえるユニークさは彼ならではのものだった。たとえば「時計仕掛けのオレンジ」での現代美術とベートーベンの組み合わせなど、その造けいの深さも相まって、新鮮な驚きを与えた。

その背後には、キューブリックならではの冷徹な観察力と哲学があっただろう。だからこそ「2001年宇宙の旅」のラスト、宇宙に浮かぶ胎児も、その後追随してきた「スター・ウォーズ」のような単純明快な活劇とははるかにかけ離れた、愚かな人間への深い問いかけを伴ったものになったのである。

この間、彼が一貫して問い続けた狂気をとらえるために、ヒューマニズムを一切排し、ひたすら物事をふかんし、時に昆虫のような無機的な目で見ていた。その中で、結晶のように浮き出してくる狂気のすさまじさ。それが最新CGを使ったといわれる新作でどうなったのか、その楽しみは残るが、現実の彼は「フルメタル・ジャケット」主演のマシュー・モディーンに聞いたところ、完ぺき主義者のイメージとは異なる温かい人柄だったという。

ともあれ、私たちは計り知れない財産を失ったことになる。（映画評論家）

一九九九年四月二二日

魂で語り、魂を打つ
三岸節子さんを悼む

陰里鉄郎

三岸節子さんの訃（ふ）音が私のもとにもたらされたのは二十二日の正午ちかく、ある会議の席上においてであった。大事な会議ではあったがしばし会議のほうは上の空になり、ぼうぜんとしながらここ数年の三岸さんをめぐるいくつかのことを思いうかべていた。

パリの三越エトワールで三岸さんの個展が開かれたのは昨年三月。つづいてその帰国展が国内五つの都市で開催され、そして十一月には三岸さんの生まれ故郷である愛知県尾西市三岸節子記念美術館が開館した。ときに三岸さんは九十三歳、なおおう盛な意欲をもって制作にあたっていると伝えられ、それを側聞しながら三岸芸術を堪能したのであった。

なかでも尾西市の記念美術館の設立には私も深くかかわった。設置の話がもちあがったのは一九九二年であったろうか。初めて生家跡を訪れたとき、土蔵がひとつだけ残されていた。ほこりだらけの蔵の中に入ったとき、身体的なハンディキャップ＝先天性股（こ）関節脱きゅう＝と周囲の封建的秩序にたえながらひそかに読書にふけっている少女時代の節子さんの姿をふと想像したりしたのであった。

そう想像したのは、三岸さんの生き方と作品のすべてにわたって、強靭（きょうじん）な反骨精神を感じさせられてきたからである。三岸さんは女子美術学校を卒業し、昭和前期の前衛画家であったあの奔放な異才児三岸好太郎と結婚し、好太郎の没後、三人の幼児をかかえて苦闘、ひたすら画家として生きてきたのであった。

驚かされるのは四五年八月の日本の敗戦のあと、東京で最初に開かれた美術展が同年九月の「三岸節子女史個展」であったのである。三岸さんのあふれんばかりの美しい色彩が虚脱状態の当時の人びとにどんな感動を与えたのであろうか。

私にとって三岸節子といえば最初に思いうかべるのは戦後間もないころの静物画の画面である。画面全体が暖色で覆われていて、流れるような色彩とはげしい筆触・色調は温かではあるが、どこか孤愁を秘めた寂寥（せきりょう）感をもっているように思われてならなかった。

あるとき、そういうことを書いたら同世代の友人から共感をよせられた。同じように感じとっていた連中がいることを知ったのであった。三岸さんの作品は、軽井沢山荘から湘南・大磯と住まいを移すごとに変化をみせてはきた。モチーフも静物から風景へと広がっている。そして自分の老いを迎え撃つべく、還暦のあとにヨーロッパに滞在しパリやベネチア、スペインを描いた。

私は三岸さんがフランスのブルゴーニュの寒村ベロンの農家に住まわれているとき一度だけ訪問したことがある。作品やエッセーで親しんだ三岸さんそのままの三岸さんであった。三岸さんは「魂を打つには魂で語らねばならぬ」とどこかで書いていたが、情熱的で同時に知的で、また強い意志をもって女性芸術家の先頭に立って二十世紀を駆け抜けていった感がある。（美術評論家）

一九九九年五月八日

風景画で新地平を開拓
東山魁夷氏を悼む

川口直宜

東山魁夷画伯の訃報（ふほう）に接したが、まさに偉大な画家が亡くなったという思いがする。それは、戦後の日本画壇、いや日本画壇ひとつにとどまらず、美術界全体にとってひとつの時代の終焉（しゅうえん）といってよいものであろう。

ここで東山画伯の画業を振り返ってみると、その大きな業績は、一貫して風景画における新地平の開拓にあったといえる。

戦前、東京美術学校（現東京芸術大学）研究科を修了後、ドイツに留学したが、ここでドイツ、イタリアの中世からルネサンスにかけての美術を学ぶとともに、ヨーロッパの自然風景に接することになった。中でもドイツのシュヴァルツヴァルト（黒い森）の印象は、強かったのではないかと思う。それが後に森林を重要なテーマとする基となったのであろう。

帰国後は、西欧美術と日本の風景との融合をめざす道をたどることとなるが、戦中、戦後の苦しい時期を経て、画境にいっきに花をもたらしたのが「残照」（一九四七年）、「道」（五〇年）の二作である。ここには、西洋絵画の持つ客観的描法と、描く対象に自己の主観的心情を交差させるという魁夷画伯独自の立脚点が示されている。

その基点とは、画伯自身の言葉を借りるならば、「万物の運命に通い合う心の連帯が生れたのです。描こうとする相手と自分とが、直結したわけです。私の場合は風景と自己とが一つになった」境地を意味している。

それは、風景開眼といってよいもので、その後の東山画伯の道程は、まずひたすら自己の心の深化にあったといってよいであろう。日本国内、ヨーロッパ、そして中国と旅を重ね、画嚢（がのう）を深めたその真摯（しんし）な姿には、ひとりの求道僧を見る思いがある。

作域は、自然の風景が骨幹をなしているが、「京洛」シリーズ中の京の街並みの作品や、ヨーロッパの街並みを描いた「古き町にて」シリーズといった古都の美を賛歌する視点も有していた。

七一年、唐招提寺御影堂の障壁画制作の準備にとりかかり、八一年に完成させたが、鑑真和上の遺徳を顕彰するこの心には、まことに尊いものがあると思う。

文筆も得意としたが、そこには、絵心に裏打ちされた詩心があったといえよう。（美術評論家）

一九九九年五月一〇日

席画で見た芸術の真髄
東山魁夷氏を悼む

杉本苑子

東山魁夷先生の訃報（ふほう）に接し、二十三年前にご一緒した中国旅行での印象を、しみじみ今、私は思い返している。漢字のご研究にくわしい藤堂明保氏を団長にいただく総勢七、八名の団だったが、東山先生が加わっておられたせいか、中国側の、絵画関係への配慮は、たいへんこまやかに見受けられた。

ほぼ三週間にわたったこの旅の記録を、毎日、丹念に私はつづったのに、どこへしまい込んだか、いくら探しても見当らない。やむなく、あやふやな記憶のまま書かざるを得ないのだが、たとえば故宮で見せて頂いた非公開の絵巻など、さしずめ国宝級の逸品で、描かれたのは隋末か唐初か、とにかく貴重な山水画なのである。

白布で覆われた机を幾つもつなげ、白手袋の職員たちによってうやうやしく繰り広げられたその絵巻に、お目を近づけ、くいいるように見ておられた東山先生のこごみ背を、今なお忘れることができない。画壇の巨匠に同行したからこそ、私までが門外不出のお宝と対面できたわけなのだが、先生の実像からは、巨匠の尊大さなど、いささかも感じられなかった。

旅行中、ウイットに富んだ面白いジョークを連発し、みなを笑わせておられた岩波書店会長の岩波雄二郎氏が「先生の雅号は、お人柄に似合わずいかめしいけれど、どういう由来があるのですか」と質問なさったことがある。

そういえば「魁」は先駆け、もしくは首長。「夷」はエミシ、広義には蛮族をさす字だから「魁夷」だと「エミシの親分」となる。東山先生の優しい、気配りこまやかな温顔とは嚙（か）み合わない。「ごらんの通り、私は小づくりで、若いころは気も弱かったため、いっそ思いきり強い名を選ぼうと思ってね、雅号を魁夷としたのですよ」。

なるほどと合点はしたものの、やはり先生の印象と「魁夷」の二字は、私の中でしっくり結びついてくれなかった。

そのうち、旅もなかばを過ぎて、一行は揚州に着いた。鑑真和上ゆかりの地、そして「揚州八怪」と呼ばれた個性強烈な清代の画人八名が、根じろを構えた故地でもある。その揚州が訪問地に選ばれたのも、東山先生への中国側の、厚意の現れだったにちがいない。

昔の富豪の別邸風な、雅味のある旅宿に、当夜、そぼ降る雨の中、活躍中の現代画家三、四名が、接待のため集まってくださった。

東山先生との間になごやかに話がはずみ、やがて席画となった。中国の画家たちは無雑作に紙をのべ、あざやかに松を描く。藤を描く。梅の古木を描く。落款をほどこし、それを私たちに贈ってくれたあと、東山先生にも当然のように、画人たちは揮毫（きごう）を求めた。水墨画の世界では、宴席での古来からの慣例であり、主客の社交の一環でもあったろう。

しかし先生は固辞して、いくらすすめられても筆をとろうとしない。少しうつむき、低い、静かな声で「いや、私は遠慮します」と、くり返しつぶやかれる。対象への写生を根底とする近代絵画を学ばれた東山先生には、手本通り頭の中にインプットされた藤や梅を、座興に描くという感覚は到底、持ち得なかったに違いない。立脚点の相違である。

相手の画業や席画の伝統を、否定したわけではない。十分それを理解し、許容しながらも、自身の信念はけっして枉（ま）げようとしなかった先生に、私は「魁夷」の真髄を見た。先生はまさしく「魁夷」であったのだ。お別れしたのが、たまらなく悲しい。心から、ご冥福（めいふく）を念じたい。（作家）

一九九九年五月二一日

輝いていた時代の芸
由利徹さんを悼む

矢野誠一

昨年一月に新宿コマ劇場近くの喫茶店で、あるPR誌のために一時間ほどインタビューしたのが最後だった。

なんとなくさえない顔色が気になったが、東京喜劇全盛のころをなつかしげに、熱っぽくおしゃべりしてくれた。なんだか喜劇人協会会長なんてご大層な肩書背負わされているいまの立場より、上にえらい人たちがいっぱいいて、そのまわりをうろうろしていた時代のほうがよっぽど楽しかったと言ってるようにも見えて、だんだん由利徹がかわいそうになってきて少し困ったのをよく覚えている。

一九五六年に、八波むと志、南利明と「脱線トリオ」を結成したのが、思えば由利徹売り出しのきっかけになったわけだが、テレビ番組のためのトリオ結成前夜、痛飲のあげくハメをはずして交番の厄介になったとかで、「夕べは脱線しちゃったなァ」の述懐がそのままトリオ名になったのだと、聞いたことがある。

その脱線の際にこさえたという指先の傷跡も見せてくれたが、テレビ時代に象徴される管理化される以前の、閉鎖的ではあったが、うんと輝いていた時代の芸の世界を体験した、ほとんど最後のひとだった。

ストリップ全盛時代、新宿セントラルの幕あい狂言でこのひとの演じた数々のコントの面白さを忘れかねている。女の裸を見る目的で来た客を、なんとか笑わせてやろうとするエネルギーがほとばしって、にきびなどこさえていたこちらはいささか酔わされたものだった。

テレビ時代の到来と軌を一にした、かつての大衆芸能のメッカ浅草の斜陽化にともなって、必然的に有楽町、日比谷に所を移してメジャー化していった東京喜劇が、八波むと志の早すぎた死をきっかけに、すぐれた人材の喜劇ばなれもあって、衰退の道をたどっていくその道のりの、いつの間にか先頭に立たされてしまった由利徹は、喜劇人としてはなはだ不幸な存在だったような気がしてならない。これは逆説でもなんでもない。

ほんとなら多士済々にかこまれて、玄人受けするいぶし銀の魅力で売るべきひとなのに、手ごたえのないまわりから真ん中に押し出され、「天下の由利徹ここにあり」と叫べと言われても…つらかったろうと思うのだ。（演芸評論家）

一九九九年六月一日

教えられた、もの書く姿勢
斎藤茂男氏を悼む

瀬戸内寂聴

斎藤茂男さんは長年共同通信社の記者として活躍した。一九五二年から一九八八年退職するまで、社会部記者としての斎藤さんの仕事はことごとく評価され、記者としては名誉な数々の賞を得ている。良心的な社会部記者としての信頼を仲間からも得ていた。私はそういう斎藤さんの業績や功労について一切知らないままめぐりあった。

田村俊子賞をもらった年だったと思う。私は未知の斎藤さんから呼び出され、日比谷公園の松本楼で会った。その日の斎藤さんは高圧的な態度と、もの優しい口調と、情熱的なまなざしで、初対面のかけ出しの小説家の私を面くらわせ、私の同郷の冨士茂子さんが無実の罪で捕らわれていることを私に告げ、もの書きは社会的な事件を無視すべきではないと力説した。その日のうちに、私は斎藤さんの茂子さんの救援グループに組みこまれてしまった。

徳島ラジオ商殺し事件として世間に有名になったあの事件は、三十二年かけた裁判で、茂子さんの死後、無実の判決を獲得した。長い歳月、私が支援の輪から脱落せず、最後までこの事件にかかわってきて、終わりには宣伝塔の役割を受け持っていったのは、実に斎藤さんの名マネジャーとしての力量のせいであった。

私は事あるたびに斎藤さんに命じられ、この事件のためには、あらゆることを捨てて、その場所に行った。茂子さんが、だれよりも斎藤さんを信頼し、心の奥を打ちあけていた。斎藤さんはいわゆる聞き上手で、特に女に心を開かせ、しゃべらせる名技があった。それが後の「妻たちの思秋期」などのベストセラーを書くことに役立っていると思う。

しかし、あくまで記者は黒子だという信念を持っていて、どんな時も、自分が表に出ることはさけていた。そういうたしなみは斎藤さんの男らしさとして美しかった。

私は斎藤さんから、社会に目を向け、常に社会におこる事件と無縁でいられない立場に身を置き、ものを書くという姿勢を教えられ大きな影響を受けたと感謝している。

斎藤さんは私とのつきあいの中で、ものを書き残すという魅力のある仕事に影響を受けたと思う。

私が出家したとき、事前にそれを打ちあけた数少ない一人であった。わたしがひとりで中尊寺へ向かって得度式に出発する上野駅に見送りに来てくれた斎藤さんの姿に、どんなにびっくりしたことか。

斎藤さんは途中まで列車に乗りこんで送ってくれた。その時、「これからぼくの書く仕事を見てください」と言った。たしかに、それから、斎藤さんの署名入りの数々の名著が発刊されていった。その題名が非常に文学的なのも、少しは私の影響ではないかと思っている。

自分の一番力を入れているのは「教育問題」だといっていた斎藤さんは、今こそ出番なのに、死んでしまって残念でならない。惜しい人であった。（作家）

一九九九年七月二二日

ジャンル超越した作品群
江藤淳氏を悼む

三田誠広

江藤淳の突然の訃報（ふほう）に接して、驚きと大きな悲しみの中でこの原稿を書いている。わたしが文学に親しみ始めた高校生くらいのころ、すでに江藤淳は巨大な存在だった。当時はいまよりも、文芸評論家というものの地位が高かったように思う。それは先行する戦後派の評論家と、江藤淳という個性的な新鋭評論家との、緊張感にあふれた対立から生じたものだったように思われる。

▽温かい伴走者

文学というものは、ただ心の慰めや気晴らしのために存在するものではなく、いかに生きるべきかという指針を提供するために書かれなければならないということを、江藤淳ほど積極的に主張した評論家はいない。

戦後という時期は、社会の中に政治的、社会的、思想的対立があり、人々が言説を求めていた、ある意味で幸福な時代でもあった。江藤淳は若くして文芸評論家としてデビューし、年輩の作家や評論家との論争を通じて、たえず文学の世界に新たなアイデアを提供した。

戦後派作家から批判されることの多かった第三の新人の私小説ふうの作風を積極的に価値づけると同時に、大江健三郎や石原慎太郎、あるいは内向の世代と呼ばれる同世代の作家たちの温かく厳しい伴走者であり、さらにあとから来る新鋭作家にも優しい眼差（まなざ）しでエールを送り続けた、時代を代表する文芸評論家だった。

▽創造的な仕事

ただ発表される同時代の文学を論評するだけではなく、批評を通じて時代の空気を読み、価値づけ、新たな提言をするという、創造的な仕事を、江藤淳は率先して試み、文学史の中でだれも到達しなかった地点まで進んだ、類例のない文学者だった。文芸評論家として出発しながら、政治や社会に言及することが多く、文学という枠を超えた思想家として、数多くの業績を遺（のこ）した書き手でもあった。

晩年の江藤淳は、日本文芸家協会の理事長として、電子メディアや再販制度など、多様化する問題と格闘していた。私は理事会の末席にいて、理事長の活躍ぶりをただ驚嘆しながら眺めるばかりだったが、ただ書くだけでなく行動する文学者という印象が強かった。

先ごろ、体調をわるくされて理事長を辞任される直前に、わたしは指名を受けて常務理事の仕事を与えられたのだが、期待にこたえるような仕事を果たせないでいるうちに、訃報に接することになり、残念でならない。

評論家としての江藤淳の業績はあまりに大きく、短いスペースで語り尽くすことはできないが、同時に、「アメリカと私」や近著の「妻と私」など、評論ともエッセーとも私小説ともいえる、ジャンルを超越した作品群の書き手として、江藤淳は独自の仕事を遺したように思う。

▽文学超えた知性

時代を客観的に論評すると同時に、時代を生きる主体としての「私」にこだわり続けた江藤淳の核心の部分が、そこにあったのではないか。「文学界」で連載が始まったばかりの「幼年時代」は、新しいスタイルの私小説として大きな可能性を持った作品だと期待していた。それだけに作者の突然の死に驚かずにはいられない。

江藤淳はまぎれもなく、時代を代表する文学者だった。というよりも、文学の領域を超えた知性であり、発言者だった。生き方そのものが、作品であり提言であるような、傑出した作家だった。その死を心から悼むとともに、あとに続くわたしたちは江藤淳の人生の足どりにならって、それぞれの仕事を充実させなければならないだろう。（作家）

一九九九年七月三〇日

時代見つめる精緻な物語
辻邦生氏を悼む

清水徹

ひさしぶりに軽井沢でお目にかかることになっていた矢先の訃報（ふほう）だった。

三年前だったか、夏の終わりに車の事故を起こしてから、あまり体調がすぐれなかったようだが、それでもこのあいだ、「西行花伝」につづく藤原定家を主人公とする懸案の小説をいよいよ書き始めるという予告が雑誌に掲載された。いつ読めるようになるのだろう、お目にかかったらぜひその話をしたいと、心おどらせて待っていたのに。

＊　＊　＊

優しい人だった。優しい兄貴分だった。辻邦生文学の愛読者たちは、たとえば「嵯峨野明月記」や「背教者ユリアヌス」を読みながら、主人公とその時代を見つめて精緻（せいち）な物語を織りあげていく作者の澄んだ眼（め）の奥に、根源的な優しさが息づいているのを感じとったにちがいない。だから、彼の文学は多くのひとに愛された。

しかしまた、物語を端正につむぎあげていく作者の姿勢が、じつは、語りそのものを、あらんかぎりの力で支えつづけようとする強い意志によって裏打ちされていたことを見落としてはなるまい。辻さんは、物語というものに深い信頼を寄せていた。

若いときのノートに、書きたい物語の筋書きが何十も書きとめてあるという話を、いつだったか辻さん自身から聞いたこともある。といって他方で、現代という時代はあらゆる方向から物語をうちくだき、無力化してやまない。そういう圧力に抵抗しながら、しかし作家辻邦生は、あふれんばかりの勢いで作品を書き続けた。

しなやかに物語を語っていくその活動は、いわゆる物語性という意味ではなく、物語そのものをいわば美的なフォルムたらしめようとする努力につらぬかれていたのだ。美的なものと思念とはついには融合しなければならぬという信念を、「書く」という地平でつらぬきとおした、と言いかえてもいい。辻さんは人間を狭い幅でとらえる自然主義的な文学観とは正反対の立場に立つ作家だった。繊細な感性と抽象的な思考とがすこしも矛盾することなく一体化していたひとだった。

＊　＊　＊

もうひとつ。辻邦生の歴史小説は、信長を事実上の主人公とする「安土往還記」からはじまって、「フーシェ革命暦」や「西行花伝」にいたるまで、すべて歴史の転換期を生きる人物を語っている。

安土時代、フランス大革命、日本中世の摂関政治から武家政治への転換期、―そういう転換期を生き、現実と戦いながら、何かしらより高いものをめざしている主人公たちの姿が、歴史の力学の網の目とともに詳しく描かれているために、たとえ暗い死で終わる物語であっても、それをこえて、ある高いものへの力線が、いわばくっきりとした虚像として浮かび上がる。

歴史小説にかぎらない。「廻廊にて」から「西行花伝」まで、辻邦生の作品のいろいろなページで、わたしたちは、感覚的なものをとおして永遠なるものが現れでるのを感じとる。そして、その永遠なるものと背中あわせになって、人間のはかなさもまた痛切に感じとれるのだ。そこに辻邦生の文学の魅力がある。

＊　＊　＊

現代は小説の書きにくい時代だ、とよく言われる。他方で、物語というと緻密な犯罪小説や壮大なスケールの政治小説ばかりになっている。そういうなかで、辻さんは、美的なフォルムへと結晶した物語を語るたぐいまれな作家だった。西行、定家、後鳥羽院をそれぞれ主人公にする三部作の完成は永遠に失われた。喪失感はふかい。（フランス文学者）

一九九九年八月二日

方法としての文学を生きる
後藤明生氏を悼む

富岡幸一郎

所用で大阪にむかう新幹線のなかで、後藤明生氏の訃報を聞いた。携帯電話は便利であるが、こういうときは残酷な当惑を感じる。

後藤氏は晩年は作家としての創作活動とともに、近畿大学で教べんをとられ、文芸創作のコースの充実に力を尽くされた。息をひきとられたのも近畿の病院とのことであった。ほかならぬその地に、偶然とはいえ別用で赴く途中での悲報である。

後藤氏とは何度かお会いしていたが、そのうち一度は、十年ほど前に「首塚の上のアドバルーン」という小説についてインタビューした。作品はいかにもこの作家らしい巧妙な仕掛けが冴（さ）えたものであったが、作者自身がアミダクジ的というように、時間と空間を異にした場面が、偶然的につながっていく面白さがあった。

後藤氏の文学は、代表作「挟み撃ち」にしろ「壁の中」にしろ、つねに技巧と方法論に富んだ小説の面白さを持っていた。小説の「面白さ」には、もちろんいろいろなレベルがある。いわゆるエンターテインメント的な楽しさ、面白さもあるが、後藤氏の文学が目ざしたのは、そのような要素よりも、むしろ小説という言語表現のジャンルそのものが有している幅の広さと力によるものだ。散文としての小説の力といってもいいだろう。

小説は決して「無からの創造」ではない。また現実の出来事や事件を、そのまま写して事足れりとするものでもない。小説の〝創造力〟は、作家の想像力や描写のリアリズムの力によるだけでなく、先行する文学作品といかに呼応するか、つまり歴史上の作品の影響を受けながら、それをいかにオリジナルなものとして新しく生み直すかというところにこそある。—後藤氏の文学理論とは、このように、文学史のなかから文学作品は生まれるという強い認識に支えられていた。

したがって、二葉亭四迷をはじめとした日本の近代文学の作品と歴史にたいする後藤氏の一貫した関心は、自らの文学の形成のうえで欠くことのできないものであった。それは文学史家や文芸評論家の文学史への関心と重なりつつも、あくまでも自作をつくり出す作家の関心であり興味であった。それはまた結果的にユニークな近代日本文学にたいする〝批評〟も生み出すことになった。

また、二葉亭などが先行する近代文学のモデルとして影響を受けたロシア文学—ゴーゴリ、ドストエフスキーなどへの眼差（まなざ）しも鋭く深いものがあった。

戦後文学史において、後藤明生は〝内向の世代〟の作家に属しているが、私はむしろその文学の内実からいえば、ドストエフスキーの影響を決定的に受けた、というよりはドストエフスキー的な文学世界を日本語の小説として血肉化した日本の戦後文学派—埴谷雄高、武田泰淳、椎名麟三、堀田善衛らの文学の真の意味での後継者であったように思う。

そして、戦後文学の作家たちが、いずれにせよ政治と文学というイデオロギーの枠組みのなかで苦闘したのにたいして、後藤氏はそのような問題意識を引き受けながらも、〝楕円〟という後藤文学のキーワードに象徴されるように、つねに一点ではなく、二点によって思考し語ることの自由さを獲得しようとしたのである。方法としての文学を生きた後藤明生という文学者の姿がそこにある。（文芸評論家）

一九九九年八月七日

端正さとこまやかさ
宮川一夫氏を悼む

佐藤忠男

宮川一夫は世界でも有数の偉大な映画撮影者だった。稲垣浩の最初の「無法松の一生」、黒澤明の「羅生門」、そして溝口健二の「雨月物語」「山椒大夫」「近松物語」などなど、黒白撮影の頂点を極めたと言える数多くの傑作は、フィルムの保存が丁重に行われるかぎり、これからも長く古典として見られ、この時代の美の渋くて精妙な味わいのなんたるかを次の時代にも伝えてくれることになるであろう。

その特色の一端をあげれば、薄暗がりなどの光と影の微妙な色あいの表現などが絶品であった。「無法松の一生」にはたそがれどきの町や野のしっとりとしたたたずまいが繰り返し出てきて、それが作品全体の心にしみるような無常感の土台になっていたし、「羅生門」は昼なお薄暗い薮(やぶ)の中でくりひろげられる心理的葛藤(かっとう)のドラマとして、ひとりひとりの人物の心の影の部分を感じとらせるような光の配分に名人芸を見せた作品だった。

「雨月物語」は幽霊屋敷のやみの中に浮かびあがる人々の暗い情念の輝かせかたが絶品であり、「山椒大夫」ではやはり、たそがれどきのすすきの野原を行く親子など、暗さの中でこそしっかと身をよせ合う心のあり方が鮮やかに見えるという画調が素晴らしいものだった。そして「近松物語」では、むかしの日本家屋における、あんどんなどのあわい光のかもし出す落ち着きが忘れ難い。

谷崎潤一郎の有名なエッセー「陰翳礼讃」で説かれているように、まことに薄暗がりの光の微妙な味わいにこそ日本的な美の神髄があるとすれば、それを見事に映画で表現してみせてくれたのは以上のような宮川一夫の撮影作品であった。

もちろんそれだけではなかった。カラー化以後、小津安二郎とただ一本だけ組んだ「浮草」は、むしろ明快な明るさを特長とする映像美の傑作で、このとき宮川一夫は、画面全体にいかにぬくもりを持たせるかに力をこめたと言っているし、小津安二郎もそこに、自分には足りないものをカメラマンが加えてくれたと感謝していたようである。

市川崑と組んだ「おとうと」の淡くやさしい色調もそうだった。そしてのち篠田正浩と組んで「はなれ瞽女おりん」その他に実につややかな色調を見せてくれた。

宮川作品に一貫していたのは端正さとこまやかさであり、映像に情感の豊かさをこめることでは世界にもまれな高い技術を持っていた。私がそれを言うと宮川さんはいつも言ったものである。心をこめて工夫すればだれでも撮れるはずですよ、と。そして会えばいつも、その仕事への心のこめ方を語ってやまない人であった。心からごめい福を祈る。(映画評論家)

一九九九年九月一七日

娯楽ヒーローの自負心
市川右太衛門さんを悼む

白井佳夫

日本映画黄金期の時代劇スター、市川右太衛門が、九月十六日に九十二歳でこの世を去った。明治の生まれで大正時代に歌舞伎役者となり、やがて新しい映画の世界に転じて大スターとなって、昭和の初期から「旗本退屈男」をお家芸として三十一本も演じつづけたという、まさに王道をいく映画のスターであった。

黒白画面のサイレント映画時代から、第二次大戦後のカラーワイド画面の時代まで、強きをくじき弱きを助ける、白塗りのヒーロー旗本退屈男を、天真らんまんに堂々と演じつづけた。この人のような息の長い、自負心と魅力をもったスターというのは、世界にも類がないだろう。ハリウッドにもヨーロッパの映画界にも、こんなスターはいなかった。

日本映画の父といわれた、大監督でプロデューサーのマキノ省三によって、歌舞伎の世界から創世期の映画に引き抜かれたという、神話の時代から大スターだった人である。あらゆる英雄や豪傑、侠客（きょうかく）などをスクリーンで演じてきた。

同期のスターといってもいい、大河内伝次郎、片岡千恵蔵、嵐寛寿郎といった人たちが、わき役にまわった戦後も、この人だけは主役をゆずらなかった。

また時代劇スターは功なり名をとげると、巨匠監督と組んで芸術映画に出たがったり、リアルな役を演じたがったりもするものだが、この人はわき目もふらずに、娯楽時代劇のヒーローを演じ続けた。

ベテラン監督が「御大（おんたい）、おアップをちょうだいします」とお願いすると、「おお、よかろう！」とお許しが出る、というような京都派時代劇の大スターの地位を、戦後のカラー画面の映画の時代まで、保った人であった。東映映画の取締役となった、重役スターでもあった。

「忠臣蔵」映画、清水次郎長もの、国定忠治もの、水戸黄門映画、新撰組ものなどなどは、何度演じたかまさに数え切れない。溝口健二監督の「元禄忠臣蔵」、伊藤大輔監督の「大江戸五人男」、亀井文夫監督の「無頼漢長兵衛」といった、異色作ももちろんある。

今から五年ほど前、「日本映画批評家大賞」の功労賞をさしあげた時も、その贈呈式の壇上で、朗々と「旗本退屈男」の名台詞（せりふ）を演じられ、同席した子息の北大路欣也に向かって「欣也、よく見ておけ！」と、大音声をはりあげた。終生、「旗本退屈男」の早乙女主水之介（さおとめ・もんどのすけ）だった人なのである。その九十二年の生涯は、幸せだった人というべきだろう。（映画評論家）

一九九九年九月二一日

公平でしっかりした歴史観
尾崎秀樹氏を悼む

小中陽太郎

尾崎秀樹さんが、九月二十一日午前零時二十一分、胃がんでなくなった。七十一歳目前だった。中国から戻って体調を崩されたと聞いたのは、わずか三日前なのに。

尾崎さんの下での日本ペンクラブの活動の思い出は、なんといっても実兄秀実氏以来の中国との交流であろう。尾崎さんは一九九三年、大岡信氏のあとをついで、第十二代会長に選出され、私は早乙女貢専務理事の下、井出孫六氏と二人で常務理事としてペンを支えることになった。

翌年九月、三好徹氏と北京、上海に赴いて、日中ペンの交流を取り決めたのは、井上靖元会長の遺志を継承した尾崎さんのイニシアチブなしには考えられない。

しかし尾崎さんの半生は、兄秀実氏が戦中ゾルゲ事件で処刑されたことに深くいろづけられている。尾崎さんは、私に「今なら合法的なジャーナリズム活動にすぎない」と繰り返し語った。このことが、情報公開法などに強い関心を寄せさせ、また、ペン活動の枠をこえて、オウム真理教に対する破防法適用反対や、いわゆるスパイ防止法に危機感を抱かせ、私もこの種の集会で多く同席した。

その思いは最近では「ゾルゲ事件と中国」などにもうかがわれるが、とくに九三年秋のペン京都例会で半生を語ったことが心に残る。戦中にスパイの弟として辛酸をなめ、戦後、結核を患い、政治活動にも絶望し、七年の闘病生活の中に、プロレタリア文学と大衆文学への二つのまなざしを結実させたのである。

いつも和服を着るのは、「結核をやって背広が負担なんだよ」と肩をすくめた。それでいて、ペン会長だけでなく、大衆文学研究会を主宰し、日本文芸家協会、日中文化交流協会、そして数々の文学全集の企画、吉川英治賞などの選考委員と、多忙の日を送られたことは驚嘆すべきエネルギーである。

そのまなざしはあくまで公平で、それでいてしっかりした歴史観に裏打ちされていた。その着流し姿は、銀座の柳とよく似合った。

尾崎さんに初めて接したのは、拙著「天誅組始末記」を書評していただいた三十年前にさかのぼるが、実は昨年、小栗風葉とその甥(おい)にあたるドイツ共産党員喬太郎の評伝(「青春の夢」)執筆でさらに深まった。

私の主人公喬太郎の祖母は、尾崎秀実、秀樹兄弟の父秀真の台湾での前任者の妻だったのである。私はまた別に、秀真と島崎藤村の「夜明け前」の青山半蔵を比較し、日本近代における反逆の思想のよってくるところにおもいをひそめた。

日本近代の鬼っ子とみえる秀実氏や秀樹氏は、実は、中世楠正成以来の革新思想と激動の二十世紀の異文化交流ではなかったのか。

私は九四年の訪中で、自分の幼時育った上海のアパートが魯迅の旧居だったことに感動し、そのころの思い出を書きはじめた。そのことを話すと、「ぼくもゾルゲ事件の真相をもう一度書くよ」といっていたのに。かなわぬ願いとなってしまった。その分も書き進めねばと決心している。

二十日夜は半月だった。母の命日なのでたまたまその月を見て、五年前の私の中国訪問を思いおこしていた。三好徹氏らと、中国へ行って日中ペンの交流を取り決めてきたのは、ちょうど五年前のこの月だった。

九六年十月には、それはアジア太平洋ペン会議として、アジアに広がった。そして梅原猛会長のもと二〇〇一年のマニラ大会へつながる。尾崎さんのたどった道は二十一世紀をめざしているのである。(作家、日本ペンクラブ専務理事)

一九九九年九月二五日

背筋伸ばした生き方
淡谷のり子さんを悼む

伊藤強

以前から、状況は思わしくないということは、聞かされていた。だが晩年、移動には車いすに頼るようになっていても、歌うときには立ち上がり、伴奏のピアノに手を置きながらも、背筋をきちんと伸ばし、真正面に向かって声を出した。その様子を知っているだけに、また再び歌うことがかなうのではないかと、ひそかに思っていた。

東洋音楽学校（現東京音楽大学）に学び、実家の倒産によって一年間休学しながらも首席で卒業している。だからこの人には、自分の人生を自分で切り開いてきたという自負があった。

シャンソンを歌い、そして服部良一による「別れのブルース」など、一連のブルースものによって人気歌手となった。くしくも服部良一とは、同年の生まれである。そしてそれらの歌は、当時にあっては、とてつもなくモダンであり、時代の先端をいくものだったはずである。

一九三七（昭和十二）年七月に世に出た「別れのブルース」は、服部、淡谷のり子の初めてのコンビの作品であり、太平洋戦争当時、退廃的であるとして、歌うのを禁じられていた。だが戦場にいる兵士たちは、こぞってこの歌を求めたというし、慰問に出掛けた淡谷は敢然とそれにこたえたという。体制が求める歌ではなく、大衆が求める歌を彼女は歌った。

後年、淡谷の「最近の歌い手は歌手ではなく、歌屋にすぎない」という発言は、賛否両論を巻き起こした。日本では、歌手が同業に対して批判的な発言を行うのは極めてまれである。そのことを淡谷が知らないわけはない。

だがあえてそれを言い出したのは、若い歌手にだけでなく、それら若手の人気にのみ頼って歌を作ろうとする、レコード会社への批判も含んでいたように思われる。それは、現役ではあっても、時代の人気歌手ではなくなっている自分自身へのいらだちでもあっただろうし、同時に、自分が歌ってきた歴史への自負でもあったはずである。

歌うときの具体的な姿勢だけでなく、その人生において、常に背筋を伸ばして生きてきた人であるように思われる。歯に衣（きぬ）を着せぬ物言いは、そのような生き方に支えられている。歌手を含め、いわゆる芸能人たちが、誇りというものをほとんど失っているかのように見えるいまこそ、淡谷のり子の存在は貴重だった。

九十二歳という年齢は、大往生と言うにふさわしい。だが、まだ何度も、いささか津軽弁の抜けない語り口での、若手へのしったの声を聞きたいと思う。（音楽評論家）

一九九九年一〇月五日

忘れられた画壇の寵児
ビュッフェ氏を悼む

海野弘

一九九九年のベルナール・ビュッフェの死を聞いて、二十世紀を飾ってきたモザイクの一片が欠け落ちたようなさびしさを感じる。

ビュッフェは〈一九五〇年代〉という時代とともに生きた画家である。パリのサン・ジェルマン・デ・プレ、実存主義、サルトル、ボーボワール、ボリス・ビアン、ジュリエット・グレコ、フラソワーズ・サガンたちがつくった戦後の暗い青春の中にビュッフェもいた。

▽世界を切り裂く

四八年、二十歳で画壇の寵児（ちょうじ）となったビュッフェは、とげとげしく、寒々とした鋭い線で、戦後の空虚な世界を切り裂いていたのだ。それはサルトルが表現した存在への吐き気とどこか通じていたのである。

しかし彼自身はサン・ジェルマン・デ・プレから少し離れ、五〇年からプロバンスで「キリストの受難」「戦争の恐怖」などの連作を描いた。

五〇年代には世界的なビュッフェ・ブームがあった。日本にもかなり紹介され、五九年に、神奈川県立近代美術館で、日本最初のビュッフェ展があり、六三年には、東京国立近代美術館でビュッフェ展がある。このとき、まだ三十四歳の若さである。

▽色あせた青春

だが、彼の時代である〈五〇年代〉は過ぎ、戦後の青春は急激に色あせてゆく。五八年、彼はフランソワーズ・サガンのグループにいた美少女アナベルと結婚する。荒涼とした戦後の光景は、サントロペの明るい光の中に消えていった。そして私たちはビュッフェについて語るのをやめてしまったのである。

九七年、「美術館感傷旅行」（マガジンハウス）で静岡にある「ベルナール・ビュフェ美術館」について書いた時、私は彼がいかに忘れられているかをあらためて感じさせられた。きちんとした評論も書かれていないのである。

私はちょうど、パリの五〇年代に興味を持ち、サルトル、ビアン、サガンなどの時代をまとめてみたいと思っていたところであったので、ひさしぶりに見たビュッフェがひどく新鮮であった。サガンの小説の文庫版の表紙によくビュッフェの絵が使われている。それだけ五〇年代の気分を彼の絵はよくあらわしているのである。

▽50年代と生きる

あまりにも一つの時代とともに生きたから、時代とともに過ぎ去ってしまった。その後の歳月はずいぶん長かったろう。しかし私たちは二十世紀をふりかえり、あの五〇年代に興味をとりもどしている。私は九七年に次のように書いた。

「私はビュッフェを見て、そんな日々を思い出した。再び私たちはビュッフェについて語りたい。ビュッフェについて、〈五〇年代〉について、そしてその後のビュッフェについて、私たちが生きてきた時代について。ベルナール・ビュッフェはお好きですか?」忘れられた記憶がよみがえってくる。私たちはもう一度、ベルナール・ビュッフェの世界を見直し、二十世紀に別れを告げることにしよう。

（評論家）

一九九九年一〇月八日

サウダーデの結晶　アマリアの死を悼む

高場将美

アマリア・ロドリゲスがこの世界から旅立った。ポルトガルの国は三日間の喪に服した。アマリアは、二十世紀の世界が生んだ、最も偉大な女性歌手の一人だ。

ポルトガルの首都リスボンで十九世紀から熟成してきた民衆歌曲「ファド」を、彼女はさらに深く、高いものにした。それまでのファド伝統にない個性の輝きは、それまでのファド伝統にない魅力にあふれていた。アマリアの個性はファド伝統と同化し、新しい伝統をつくる…。

小さな国の、小さな歌の宇宙が、アマリアの声に満ちる底知れないエネルギーに支えられて、世界のすみずみにまで運ばれ、大きな共感を呼んだ。

世界でもきわだって詩的な国であるポルトガルに生まれたアマリア・ロドリゲスは、幼いころから詩人と同じように「詩」を感じていた。小学生の時に既に、彼女の詩の理解力は普通の大人を超えていて、先生たちを驚かせた。

詩を感じるということは、言葉の響きと意味を直感でとらえるということだ。アマリアの歌うポルトガル語は、どんな女優にもまさる、最も美しい発音のポルトガル語だと評されている。

五十代になって、アマリアは大病にかかり、ほとんど死と隣り合わせの長い時を過ごした。そのとき彼女は初めて自分でも詩を書きはじめた。

「もし死ぬときに／もし死ぬことによってあなたが／あなたがわたしのことを／泣いてくれるとわかったら／ひとしずくの涙／あなたのひとしずくの涙ゆえに／どんなにうれしく／私は命を捨てることだろう」（「涙」より）

回復したアマリア・ロドリゲスは、表面的な声のつやは失っていたが、こんな自分の詩を、若い時よりも力強く、深く、美しく、歌い上げるようになっていた。

郷愁と失意と、痛みとあこがれの複雑にまじりあったポルトガルの国民感情は「サウダーデ」という一語で表される。アマリア・ロドリゲスのファドは、サウダーデの最も美しい結晶だった。

かつての日本公演プログラムに書いた筆者の気持ちは、今も変わらないので引用させていただく。

「わたしたちはアマリアさんに歌ってあげることはできない。彼女にもらったかけがえのないひとときの記憶を守っていくだけ…」（音楽評論家）

一九九九年一〇月一二日

世界が認めた精緻な研究
中村元氏を悼む

奈良康明

巨星が落ちた、という感じである。

中村元先生はインド思想、仏教思想の研究から入って、中国、日本の思想にまで範囲を広げ、誠に精緻（せいち）な思想研究を続けてこられた。卓越した語学力を駆使して、その功績は世界中に知られている。

しかも、単にインドないし仏教の思想研究を超えて、晩年は比較思想の樹立に力を尽くされた。仏教、インド思想のみならず、それが世界の思想史の中でどのように位置付けられるのかに、大きな功績を果たされた。

日本比較思想学会を開設され、発展させた功績は、現代から未来にかけての思想研究に、大きな意義を持ち、影響力を持つものであった。

日本のみならず、海外に第一級の学者として通用する、まれな学者の一人といえよう。

同時に若手の研究者を育成することに多大の熱意を示された。温厚なお人柄と同時に、学問的には厳しい姿勢によって、現代日本において第一線で活躍している学者の多くは、直接、間接にその薫陶を受けている。

学問的功績と同時に、仏典をやさしく和訳し、仏教の思想を一般に広めた功績も特筆さるべきであろう。例えば、「仏陀」と書かれていた言葉を、「ブッダ」に書き換えたことに象徴されるように、仏典の日本語化に大きな功績を尽くされている。

慈悲に満ちた言動は多くの人々に影響を与え、尊敬された偉大な学者であると同時に、偉大な人格者であったというべきであろう。

（駒沢大教授）

一九九九年一〇月一三日

人間をはげますひと
聖書を源泉に庶民の立場で
三浦綾子さんを悼む

高野斗志美

三浦綾子さんの作家としての出発は、よく知られているように「氷点」によってである。これは、朝日新聞社の一千万円懸賞新聞小説に応募し、七百三十一編の応募作品のなかから選びぬかれて当選をはたした。一九六四（昭和三十九）年七月のことで、四十二歳のときであった。

▽社会的事件

このあと、〈氷点ブーム〉が全国を席巻（せっけん）し、熱風のようなその現象は時代の社会的事件となった。そして、旭川で小さな雑貨店をいとなんでいた主婦の三浦綾子さんは、鮮烈なデビューによって一躍作家の地位を確立した。以来三十五年にわたり、おう盛な作家活動をくりひろげてきた。

「氷点」は、この作家の基本姿勢を明快に示している。それは、「ひとは、いかに生きるべきなのか」を問うものである。

人間は自己中心に生きる。そのことに無自覚であれば、いつかひとは、自分の生き方を絶対と考える傾向におちこむ。自分だけは正しくて間違うことをしていないのだと過信してしまう。そのエゴイズムによって、他者への通路をうしない、他者を傷つける。

それだけにおわらない。自己絶対化が行きつく先は、自分を見失うという危機なのである。自分が自己につまずいてしまう。生の日常にひそむその危機を〈罪〉と呼ぶならば、すべての人間に罪をおかす可能性があるといえる。自己を相対化する視点を持たぬかぎり、生を支える根拠（アイデンティティー）をつかむことはできないであろう。

▽原罪のイメージ

その絶望的状況をどうしたらいいのか。要約すると「氷点」は、この問いかけを、群をぬくストーリーテリングの技法によって、大衆小説の形をかり、大胆、明快、直接に提起したのであった。

あきらかにこれは、〈近代〉の合理主義のワナにからめとられようとしている現代人の内面の危機にむけられていた。的をはずれた生き方、つまり〈原罪〉のイメージの今日性をうきぼりにしたということである。

いうまでもなく、キリスト者であるこの作家の文学の想像力と言葉と技法は、バイブルを読みぬいていく日々によって深められていった。同時に、その関心はつねに、時代の現実とそのなかで生きている人間との関係にむけられていた。

さらに付け加えなければならないのは、バイブルを想像力の源泉におくこの作家が、一貫してその立場を〈庶民〉の側におき、だれのために書くのかを一作ごとに深めていったことである。

▽いかに生きるか

「海嶺」や「母」などをみるだけでいい。群を抜くストーリーテリングとさきにいったが、物語作者としてのすぐれた力量と明快な文体を支えているのは、庶民のひとりとして書く徹底性である。いかに生きるかを、人々と共に考えぬいていこうとする姿勢によって、この作家のメッセージは、あらゆるひとにとどく普遍性を持つにいたった。そして、人々の心をはげまし、よみがえらせ、魂の構築へとうながす働きにみちたものとなった。

三十五年におよぶ作家活動をおえていま、三浦綾子さんはその生涯を閉じた。七十七歳である。思えば、人生そのものがなによりもドラマであったような三浦綾子さんは、その存在自体が人間をはげますひとであった。私たちの時代がもった得がたい作家である。

いまはただ、人生の最良の協同者である夫君の光世さんが見守るなかで美しい安息におもむいた作家のごめい福を心から祈りたい。（三浦綾子記念文学館館長）

一九九九年一一月二日

主役に劣らぬ重要さ 千秋実さんを悼む

北川れい子

千秋実の訃報（ふほう）を、十月三十日から開催中の第十二回東京国際映画祭の会場で耳にしたとき、思ったことはやはりこれでついに「七人の侍」が全員いなくなってしまったという無念の感慨だった。

思えば昨年の東京国際映画祭の開会式は、その二カ月前に亡くなった黒沢明監督に黙とうをささげることから始まり、また特別企画として黒沢監督の全作品三十本が上映されたのだった。その時、私もあらためて何本かの黒沢映画を見たのだが、ふと奇妙な偶然に気が付いた。

「羅生門」「どん底」「隠し砦の三悪人」のファースト・シーンに千秋実がいることである。むろん彼一人ではなく「羅生門」では志村喬が、「どん底」では清川虹子が、「隠し砦の三悪人」では藤原鎌足が共に映っている。

新劇を経て自ら劇団薔薇座を結成した千秋実は、もっぱら舞台人として活動を続けていたが、映画デビューは「野良犬」におけるレビュー劇場の演出家役、以降、黒沢映画の重要な常連として十一本の作品に出演することになるのだが、それにしても、黒沢映画の常連俳優で三度もファースト・シーンから登場する人は、千秋実以外はいなかったはずである。

しかも「どん底」「隠し砦―」は千秋実の背中から始まっている。いささか丸っこい庶民の背中。映画の内容に合わせ衣装はどちらもボロボロ。

「七人の侍」での彼の役は、「腕は中の下。正直で面白い男だ。話していると気が開ける。苦しいときに重宝な男だ」と野武士撃退の一員にスカウトされる自称「まき割り流」の文無し浪人・平八で、「七人の侍」中、最初に死ぬ役だった。

映画では最初に討ち死にしていた千秋実が、一九七五年に脳内出血で倒れながらも一年余で復帰したことは、自身による闘病記「生きるなり」に詳しいが、黒沢映画における千秋実の存在は、主役は三船敏郎や志村喬に譲っても、重要性においては主役と常に同格であった。

その風ぼうは善人にも悪人にもなりそうなあいまいさとユーモアをにじませて際立ち、しかも主役を押しのけることは決してなかったのである。

「隠し砦―」で藤原鎌足とのコンビで演じた憶病なくせに功名心がいっぱいの農民役が、「スター・ウォーズ」シリーズの凸凹ロボット・コンビに模倣されたことは有名だが、自分の持ち場をわきまえた柔軟で誠実な演技は「羅生門」や「七人の侍」に最もよく出ていると思う。

晩年、千秋実は「花いちもんめ。」のボケ老人で多くの演技賞を受賞しているが、日本映画はまた一つ人間を演じられる役者を失った。ごめい福を祈る。（映画評論家）

平成十二年

2000

二〇〇〇年一月一四日

託された志
丸木俊さんを悼む

澤地久枝

丸木俊さんが亡くなった。心臓の具合がわるく、ペースメーカーを埋めこまれて何年かたっている。しかし心臓ではなく、敗血症により八十七年の生涯をとじられたのだという。

普天間基地の所在地である宜野湾市。そこの学生用ワンルームのコタツで知らせを受け、不意打ちにぼうぜんとしたままこの原稿を書いている。

ここ宜野湾市の佐喜真美術館には、丸木位里・俊夫妻の大作「沖縄戦の図」が常時飾られている。そこへ信州にある戦没画学生の遺作をあつめた「無言館」から作品が運ばれ、会がもたれたのは去年の五月のこと。

画学生の未完の画業、遺志の延長上に、「原爆の図」にはじまり、水俣、南京事件とつぎつぎに重い主題を選ぶことになった丸木夫妻の決意があったのだと思う。

丸木夫妻から話を聞いて活字にのこす仕事を二度あたえられて、すこしシャイな位里さんと、童女のように解放的な俊さんはひどく身近な存在だった。俊さんの方が行動的だったかもしれない。

一九九三年五月三日、「つらぬこう平和憲法—9条の改悪を許さない女たちのつどい」が東京・有楽町でもたれ、全国から千二百人の参加があった。もちろん男性の参加もあり、多くの女たちの発言がつづいて熱い会になった。

しんがりの発言者は俊さん。このとき八十一歳。戦争による死と、のこされた者の悲しみをふりかえり、いまここに集まって、反戦の意志確認の声をあげる素晴らしさを語った。

小柄な人なのに舞台では大きく見える。隣人に話しかけるような気負いのない語り口は、俊さんならではのものだった。

そして、手にした布袋からほら貝をとりだし、「百姓一揆の合図のほら貝よ」と言って、「ぶぉーっ」と深い音色をひびかせた。前進の合図。絶好のしめくくりだった。

俊さんは位里さんの郷里広島への原爆投下のあと現地へ入り、被爆を体験している。夫妻の結婚は位里さんに家庭があって苦しい選択だった。そして夫となった位里さんは女性に心ひかれれば風になって姿を消し、また俊さんのもとへもどってきた。

俊さんの包容力は大きく、位里さんは「風」にはなってもなお互いにひきあうよきカップルだった。

その位里さんは九五年十月、九十四歳で亡くなった。東京の水俣展で対談したとき、「位里はよく長く生きてくれたと思うの」と言いながら、すこし寂しそうだった俊さん。

人間が二度とくりかえしてはならない「地獄図」を描くのを、二人は終生の任務に選び、証言性の高い作品をのこされた。わたしたちはその志を託される。俊さん、長い間ありがとうございました。どうぞ、いまこそ勇気を試される局面に立つわたしたちから目を離さないでください。（作家）

二〇〇〇年一月一九日

歌に傾けたすさまじい情熱
生方たつゑさんを悼む

石本隆一

一月十八日、九十五歳の天寿を全うされた歌人生方たつゑ氏は、三重県伊勢の温暖な地に生まれ、日本女子大学家政科を卒業されたのち、雪深い上越国境近くの沼田の旧家に嫁がれた。

そののち十年近くを風土の落差と、人間関係の違和におびえ、その負を埋めるべく歌作を始められたという。

当初、アララギ系の今井邦子に師事し、「明日香」に加わったが、いったん触発されるやこの詩型に傾ける情熱はすさまじく、夜汽車で暁の師の門に立つこともあったと聞く。

作風は抑制の利いた写実を出発点としつつも、鋭敏な感性をもって外象を映し出した第一歌集「山花集」を昭和十年に公にしている。

そののち矢継ぎ早に「雪明」「春盡きず」「浅紅」「雪の音譜」「青粧」と歌集を出版し、昭和三十三年「白い風の中で」により第九回読売文学賞を受賞された。佐藤春夫が序文に、近代詩的方法を伝統詩型のなかに確立しようとする労苦と熱情を述べて励ましているが、氏の営為をまことに的確に称揚したことばである。

昭和三十八年、主宰誌「浅紅」を創刊し後進の指導に当たる一方、多くの新聞、歌誌の歌壇選者として活躍され「急がない人生」と題する随筆集はじめ「和泉式部」「邂逅の人」など散文の刊行物も多く、多方面にわたる逞（たく）ましい足跡がしのばれる。

歌集は、そののち「白い風の中で」より「冬の虹」まで十五冊を数え、刊行の間合いが後年に近づくほど密になり、歌数が増すという衰えを知らぬ創作力には敬仰のほかはない。

昭和四十五年、三百五十年も祖先から住んでおられたという沼田の家屋が国の重要文化財の指定を受け、家屋の移設後、その跡地に「生方記念文庫」が開設されている。

海は生けるあらゆるものの原質であるが、とりわけ氏にとって、その意味は深いのではないだろうか。暖かい伊勢の海近くに生まれ、雪深い山国沼田に嫁いだとき、どんなに大きなあこがれとなってよみがえりつづけたことであろう。

氏の歌のきびしい表現、そして輝かしい光彩は、海にはぐくまれた豊かな原石が寒さの冴（さ）えに研ぎすまされて生まれたものと言えるかもしれない。長い歌人としての道程のなかで後期の代表歌集「漂泊の海」には、とりわけ海に心を向けた歌が多く詠まれていたようである。

氏のいわば回帰願望とも思える海への憧憬（しょうけい）は、生の原型に心引かれてのことにちがいない。「漂泊」とは混沌（こんとん）としたいのちの発生以前の状態が暗示され、深く死に接するもののようでもある。明澄で懐かしい海の歌は、単なる描写を超えて大いなるものへの帰依のこころであろうかと思われる。

野うばらの花守りゐる一むらありうしほのあをきふるさとに似む

攫（さら）はれてゆけば再びかへらざる紅きりんごの浮く潮疾し

謹んで氏のご冥福（めいふく）をお祈りする。合掌。（歌人）

二〇〇〇年一月二七日

弱者の人間像を鮮明に描く
宗教的思念持った作品群
大原富枝さんを悼む

富岡幸一郎

大原富枝さんが体調を崩され入院されたとの報を受けたのは、昨年の十一月末のことであった。その後、回復されたと聞き安心していたが、二十七日の午後、新聞社よりの電話で訃報（ふほう）に接した。

生前、直接にお会いする機会は少なかったが、大原さんの、その晩年にも衰えを見せなかった精力的な創作活動は、つねに刺激的であり、一作ごとに注目せずにはいられなかった。

私が大原文学の核心にふれたのは、「アブラハムの幕舎」（一九八一年）と「地上を旅する者」（八三年）を読んだときである。

この二作は、「氷雨」や「ストマイつんぼ」などの初期作品、「婉という女」「建礼門院右京大夫」といった代表作以来、この作家が一貫して描いてきた、人間の「生」のひとつのかたちを、文学の思想として結実させたものであった。作者はそこで、この社会や世間の生活者のエネルギー、貪欲（どんよく）といってもいい人間の生きることにたいする力から、はじき出されてしまった「弱者」の姿を描いている。

そして、そのような弱者の生き方をあらわす言葉として、負の世界、マイナスの世界、あるいは裏の世界という表現を用いている。

「アブラハムの幕舎」には、イエスの方舟（はこぶね）、また祖母を殺し自殺した中学生など、当時の実際の事件を思わせる記述がある。しかし、いわゆるモデル小説ではなく、社会的話題や事件を取り込むことによって、現代にあって「強い人間」のなかで落ちこぼれてゆく、弱者の人間像を鮮明に描き出しているのである。

「アブラハムの幕舎」のあとがきで、作者はこう書いている。〈現代での弱者の生き方に私は非常な関心を持っていて、この主題についてしばらく仕事をしてゆきたいと思っている。それは私自身に対して私が大層関心を抱いているということでもある〉

この「弱者の生き方」は、「地上を旅する者」においては、明治生まれの女の一生を描くなかでさらに掘りさげられている。封建的な郷里でさまざまな生活の苦難を味わい、世間の人々の「正義感とでもいったふうな」エネルギーに痛めつけられた女主人公の生涯を通して、作者は、生命力の残酷さとでもいうべきものをあきらかにする。

生きるとは、美しいことでありすばらしいことである。もちろん、そうした生命（いのち）への賛美が大原文学のなかには脈々と流れている。十八歳のときに喀血（かっけつ）し、その青春期を結核による療養生活で送らなければならなかった作者は、生きることへのあこがれを強く抱いていたであろう。

生涯のほとんどを理不尽な幽囚の身として過ごさねばならなかった野中婉を描いた「婉という女」に、その生命への限りない思いは、作家自身の半生と重ね合わされて見事に表現された。

しかし同時に、人が生きることのうちには苛烈（かれつ）な、残酷な、正（プラス）の力が潜んでいるのであり、それはしばしば弱者を傷つけ、痛めつけ、追いつめてしまう。大原文学は、そんな人間の生の矛盾と宿命を、きわめて現代的なテーマとしてとらえてきた。

大原さんの小説世界は、そのような意味で、近代日本の女性文学のなかでもひときわスケールの大きな、宗教的な思念をも持った作品の山脈をつくりあげた。今後に遺（のこ）されたその文学が、ゆっくりと読み解かれていくことを、特に若い人々に読み継がれていくことを願わずにはいられない。（文芸評論家）

二〇〇〇年一月二八日

自在に音楽と戯れた一生

グルダを悼む

黒田恭一

小説や芝居の世界のみならず、ときおり現実にも、国王になるのを嫌がって周囲を困惑させる王子がいる。

一九四六年に、十六歳で由緒あるジュネーブ国際音楽コンクールで優勝したとき、フリードリヒ・グルダは音楽の都ウィーンの期待の王子だった。第二次世界大戦が終わってまだ間もない、いまだ混乱期にあったウィーンの音楽界は若い王子に将来を託した。

コンクールに優勝して、この早熟な天才はすぐさま世界的な演奏活動を始めた。ニューヨークのカーネギーホールにはベートーベンのピアノソナタ全曲演奏会をおこなってデビューした。弱冠二十歳のピアニストとしてはまさに異例の、大胆不敵なプログラムで挑戦して見事成功をおさめたグルダは、若くしてベートーベン弾きとしての名声を確立した。ウィーンという音楽的な名家の世継ぎグルダの将来は順風満帆と思われた。

ところが、ベートーベン弾きとしての評価が次第に高まっていくのをしり目に、グルダはジャズに血道をあげはじめた。カーネギーホールでベートーベンのソナタを弾いて斬新（ざんしん）な表現で聴衆を魅了しつつ、同時にバードランドでジャズ・ミュージシャンたちとの共演を楽しんだ。

フリードリヒ坊やはいい子だったのに、ジャズなんかに血迷って、すっかりぐれてしまった。ウィーンの、保守的なお年寄りはそういって、嘆いた。しかし、フリードリヒ王子は自分に張られたベートーベン弾きという名誉なレッテルさえいさぎよくはぎとって、思うがままに音楽を楽しみつづけた。

グルダが批判にひるんだとは考えられず、王位に未練などあるはずもなかった。当時のグルダに、ウィーンに対する屈折した思いをウィーンなまりでうたった一連の作品がある。こういった作品からきこえてくるのはウィーンの音楽家グルダの、生まれ故郷ウィーンへのきわめてウィーン的な、反抗というより、愛憎なかばするすねである。

フリードリヒ・グルダは硬直した伝統を拒否しつづけて、自由に、自在に音楽と戯れつづけて、その一生を終えた。

かねてから心臓に疾患があるときかされていたので、いささかの覚悟はあった。しかし、六十九歳での他界は、やはり早すぎた。彼は好きなことを思い切りやって旅立っていったんだからと、一生懸命いいきかせてはみるが、もっともっとグルダの音楽をききたかったと思う気持は消えない。

なにをやらかすかわからなかった永遠のやんちゃ坊主がいなくなってしまって、やはり、この寂しさは、ちとつらい。（音楽評論家）

二〇〇〇年二月一〇日

日本人の根源に迫る 形而上の世界に目を向け 宮田登さんを悼む

谷川健一

宮田登さんが亡くなられたと聞いて強い衝撃を受けている。私が民俗学に足をふみ入れた一九七〇年に、彼はまだ三十歳をいくつか越した年齢だったが、そのころから私は民俗学の将来を彼に託していた。

面と向かって「あなたのような人が三人いればいいのですがね」と言ったことがあった。民俗学の将来を託する研究者は、彼一人しかいない、という意味をこめたものであった。その思いは今日まで一度も変わったことがない。

宮田さんに接してはやくから気がついたのは、若いのに諦観（ていかん）をもっていることだった。彼の「あきらめ」が何に由来するか知らない。しかし彼が民俗学者として仏教に関心をもったのも、それと関係があると私は考えている。

この諦念のために、宮田さんはいつも物事をひろく見渡すことを心がけ、一方に片寄ったり、激情にかられて暴発したりはしなかった。そのかわり、冷静に観察し、ときには冷笑さえ浮かべた。

高校・大学時代から秀才のほまれが高かった彼は、横浜に生まれたハマっ子であることも手伝って、都会風の洗練された空気を身につけていて、愚鈍さが我慢ならなかった。その彼が田舎に残る民俗文化に心を寄せたことに、都会のスマートさだけが文化でなく、日本人の根源にある文化を知ろうとする強い探求心を見て、私は敬意と親近感をよせていた。

神や妖怪（ようかい）など、目に見えない世界への好奇心は人一倍強かった。村落組織や生業（なりわい）や民具の研究などに力を入れる民俗学者も多いが、彼は一貫して形而上的な世界に目を注いだ。「ミロク信仰の研究」は若年の労作であるが、今もってその価値を失うことなく、その着眼点のするどさに敬服させられる。

すぐれた語学力の持ち主で海外での研究の経験も多かった。海外の外国人、そして日本に留学している外国人は、宮田さんを通じて日本の民俗学を理解していた。外国人にとって現代日本の代表的民俗学者は、まぎれもなく宮田登だった。

学界にとってもかけがえがなかった。宮田さんが敬服しているただ一人の先輩研究者と言っていい坪井洋文さんが早く死んでから、さまざまな重責が宮田さん一人の肩にかかった。歴史学者網野善彦さんのような、よき理解者、援助者がいたにもかかわらず、やはり病気がちの宮田さんには、手にあまるものがあったにちがいない。

その意味で、彼は孤独だったろう。私のように学界に属さず、大学教師も早く辞めてしまった一匹おおかみには、何のお手伝いする仕方も分からなかった。ただ、無念の思いをかみしめるだけだ。

私のように八十になんなんとする老人が、十五歳も年下の、弟のような友人を失った追悼を書くことはつらい。私は思いだしている。知り合って数年して、宮田さんたちと「季刊柳田国男研究」を出したころを。それは七三年から数年間のことで、私たちは新しい民俗学を目指して意気に燃えていた。あのころの若々しい宮田登さんの面影は、訃報（ふほう）を聞いたいまも、失われない。（民俗学者）

二〇〇〇年二月二八日

「ただ書いただけだもん」知っていた一番大事なこと　田中小実昌さんを悼む

保坂和志

田中小実昌さんが亡くなった。いつか新聞のエッセイで、小実昌さんの戦死通知が間違って届けられ、「あいつがねえ」と言って友人がくすっと笑った、というようなことを書いていたことを思い出した。でも今回は間違いではないんだろう。間違いだったら面白いけど。──と、書いたら急に悲しくなった。

＊＊＊

ぼくはいろんな意味で小実昌さんにお世話になった。大学四年のときのある夜中、文芸誌に掲載された「ポロポロ」の連作を読んで、ぼくはベッドの上でげらげら笑いが止まらなくなって、笑いながら小説はこういう風に書けばいいのかと、はじめて小説を書く呼吸がわかった。

でもぼくはいっこうに小説を書かず、就職してカルチャーセンターの講座企画をやって、はじめて自分らしい講座をつくったのが小実昌さんにお願いした翻訳の講座だった（小実昌さんは翻訳もしていた）。小実昌さんはとても人気があって講座はバカ当たりした。でも小実昌さんは一人一人まじめに添削しすぎたために、懲りて一期でやめになった。

その後ぼくは「信仰」について講演を依頼したが（小実昌さんはキリスト教徒なのだ）、男と女のバカバカしくて笑っちゃう話しか、してもらえなかった。小実昌さんの信仰観というか「祈り」についての特異で素晴らしく深い洞察は「地獄でアメン」という短編と「アメン父」という長編に書かれている。そんなことをこっちから話題に出しても、

「おれはだってただ書いただけだもん」

と言うだけだった。

＊＊＊

それからまたしばらくしてぼく自身が小説家になると、「ぼくはあなたの小説のファンなんだ」と言ってもらって、すごい励みになった。小実昌さんの声は受話器を一メートル離しても聞こえるくらいデカくて、騒がしい飲み屋にいるみたいだった。芥川賞をもらったときの内輪のパーティーにもまさかと思ったけれど本当にきてくれて、

「おれの小説は本当に売れないんだ。おれが好きなんだから保坂さんの小説も絶対売れない。おれが保証する」

と連呼された。

売れないのは困るけれど、小実昌さんに保証されるのは晴れがましくもあった。まあそんなことはどうでもいいが、小実昌さんほど「言葉にした途端に、なんか違ってしまう」ということに敏感だった人はいない。世間の人は作家というものは、スパッと言葉で表現する才能を持っていると思っているから、小実昌さんの小説を読むとイライラしたり、何を言いたいんだかわからなくなったりする。

でも、ものを書く人間にとって一番大事なことは「言葉にした途端に何か違っている」と感じられることなのだ。普段だって、「言葉で言い切れる」と思わずに、「言葉では言い切れない」と思ってしゃべったり考えたりする方が、きちんと考えられるようになる。一見逆のように思えるけれど、これが本当なのだ。

＊＊＊

「作家は死んでも作品が残る」と思う人が多いだろうけれど、ぼくはそんなことどうでもいいことだと思う。「一人の人間としてどう生きたのか」の方がずっと大事で、小実昌さんの人生はきっとかなりよかったんじゃないかと思う（本人が判断することだけど）。

あとは死ぬときがあまり苦しくなかったことを願うだけだ。「安らかに」なんて、そんな、生きている側からは絶対わからないことを書いたら、嘘（うそ）になるから小実昌さんが怒る。だいたい「死んだあと」があるとも思っていないくせに、そんな通り一遍のことを書いちゃいけない──と小実昌さんは言うだろう。

でもぼくは最近全然ないとは思っていないんです。だから言わせてください。小実昌さん、安らかに。（作家）

二〇〇〇年三月二日

ドライな筆致に率直な心情
精いっぱい生きた生涯
田中澄江さんを悼む

佐伯彰一

田中澄江さんが亡くなられた。明治末ごろの出生で、享年九十一歳。フシギな機縁というのか、つい一週間ほど前、絵葉書をいただいた。ただし知人の染色か、刺繍（ししゅう）の展示会の案内状で、一言も書きそえはなかった。そのまま念頭から消えかけている矢先、この訃報（ふほう）である。

＊　＊　＊

いや、もっと身近な因縁としては、数年前「夫の始末」という作品集で、「女流文学賞」を受けられた時、選者の一人として、パーティーの席上、感想を述べる役回りとなった。

「夫の始末」は、タイトルも奇抜なら、内容もショッキングというほかない。ご夫君の劇作家千禾夫氏の最期をみとるプロセスを扱った私小説だったが、その筆致といい、夫の扱い方といい、何ともサバサバと割り切って、しかもフシギな夫婦の情愛がおのずと伝わってくる。いや、筆致はドライでも、作者の率直な心情、また物言い自体が何ともユニークなのだ。

選者仲間の阿川弘之氏が、まず強く推し、私自身も全く異存がなかった。これほど一見無愛想、ぶっきらぼうでいて、これほど生きた心情、情愛が、ナマナマしく伝わってくる小説なんて、滅多にお目にかかれるものではないのだ。

＊　＊　＊

そこで「推賞スピーチ」も、じつに気持ちよくしゃべれた次第だったが、たまたま近所の書店で目にとまった田中さんの「花の百名山」という登山紀行集を読み出したら、これも滅法面白くて、次々と読まされてしまった。しかも、その中にわが郷土の名山、越中の立山が詳しく取り上げられているではないか。

「イワイチョウ」という花が主役のはずであるが、「万葉集」の大伴家持の名歌の熱っぽい紹介から始めて、立山への田中さんの並々ならぬ思い入れが、じかにつたわってくる。それだけでもうれしくなったところへ、田中さんがひとかたならぬ厄介をかけることになった立山の名ガイド、志鷹光次郎さんの話が詳しく、しかも熱っぽく語られているではないか。

というのも、光次郎が同じ村落の顔なじみというばかりか、私の父親と同年の古い友人で、実のところ理学部地質学科の卒業論文に立山を取り上げた際、何度も同行して手助けしてもらったという思い出話を双方から聞かされた覚えまであるのだ。

＊　＊　＊

田中さんの場合は、登山中にケガをして、ガイドの光次郎に背負ってもらったことまであったという。そこで、パーティーの席上でもスピーチの後、お互いその際が初対面というに近いのに、たちまち手を取りあわんばかりに、話が熱っぽく盛り上がってくれたのも、自然な勢いとでも言うほかなかろう。

田中さんは一面強く激しい女性であったに違いなく、一家の家計を支えるために、映画シナリオを次々と手がけられた時期もあったし、息子さんの身に生じた不幸が直接のキッカケで、カトリックに入信、宗教的なテーマの歴史小説も、幾編かあって、とくに幕末から明治初年にかけての「かくれ切支丹」の運命をたどった作品が強く印象に残っている。

それだけに、学識と筆力、それに熱っぽい信仰までかね備えた、気安く近づき難い女性という感じだったのに、私の場合、思いがけないめぐり合わせで、たちまちにそうした厚い壁がくずれ去って、勁（つよ）さと熱情、たくましい実行力、生活力と、こまやかな気配りをかね備えた、いわば生地の田中さんとふれ合うことができたという気がしている。

九十一年の生涯をいわば精いっぱい生き抜いてこられた田中さんに、今は十二分に安らかな永遠の眠りを！（文芸評論家）

二〇〇〇年三月二七日

平易な文章とエスプリ 厳しさ貫いた本当の学者
河盛好蔵氏を悼む

鹿島茂

十八世紀の文人ピエール・フォントネルのように百歳まで生きて、二十一世紀を見るつもりだとおっしゃっておられた河盛好蔵先生が亡くなられた。一九〇二年のお生まれだから、ちょうど二十世紀を完全に生き抜かれたことになる。

▽気さくな人柄

先生に初めてお会いしたのは、今からちょうど二十二年前に、私が共立女子大学文芸学部の仏文コースに専任講師として奉職したときのことである。初めての教授会で先生に紹介され、仰ぎ見るような大先輩を前にしてひどく緊張したのを覚えている。

しかし、実際の先生は、関西弁のせいもあってか、いたって気さくな感じのする方で、こちらもつい甘えて、上司としてよりも同僚としてお付き合いをさせていただいた。特権的な体験だったといってよい。

先生は、戦後の一時期「新潮」の編集長をつとめておられた関係で、文壇の著名人との交際も深かったから、お話しの中に「太宰君」「坂口君」などといった固有名詞が頻出した。もちろん太宰治や坂口安吾のことで、文学史や教科書の中でしか知らない作家を「君」付けで呼べるような人と、いま自分は話をしているのだと思うと、なにかとてつもなく貴重な時間を生きているような気持ちになったものである。

同じように、二八年にベル・エポックの香りが残るパリに留学されたことも、私のような人間には目のくらむような体験に思え、さながらタイムマシンに乗って帰ってきた人物にインタビューするような感じで、質問したりお話しをうかがったりした記憶がある。

▽空文を排す

フランス文学者としての先生の研究態度は、ひとことでいえば、一時の流行に流されず、空文を排して実質を重んじるというものである。先生のお書きになった文章は、どんなに短いものでも、読んで損したと感じさせるようなものは一つとしてない。ことごとくが、読む人に「得した」と思わせ、さらには「おまけ」までつけてもらったと喜ばせる体のものばかりである。

堺の豪商の家にお生まれになったことを終生の誇りにされていた先生の「良き商人」としての気質がそれを可能にしたのだろう。すなわち、浩瀚（こうかん）な資料に当たって問題点をきっちりと調べあげた上で、いささかの研究臭も感じさせずに、平易な文章とエスプリの効いた言葉で立派な「商品」に仕立てて読者に差し出すということはだれにでもできる芸当ではなく、ある意味でたいへんな厳しさに貫かれた態度である。私も、本当の学者というのはこういう人を指すのだとことあるごとに感動したものである。

▽貪婪な好奇心

九十歳を超えてからもなお、貪婪（どんらん）ともいえる好奇心を示され、東京教育大学時代のお弟子さんたちを招かれて催す新年会の席では、これから取り掛かりたい研究についての抱負を述べられておられた。

その一つに、フランス文学に現れたコキュ（寝取られ亭主）の研究というのがあり、数年前にパリに行かれたときには、文献収集をしたいから、面白そうな古本屋を教えるようにとおっしゃられたので、力を入れたリストを作って差し上げた。

日本の古本屋からも相当の数をカタログ注文されていたようである。はた目には大往生と思えても、先生にとっては学半ばにしてというお気持ちが強かったのかもしれない。その無念さを思うと心が痛む。

先生は、常々、外国文学者というのは日本が外国に向かって開く「窓」でなければならないとおっしゃっていらした。いま、日本ではフランスの文化や文学への関心がとみに低下している。先生の志をくんで、フランスに向かって開く窓を大きくあけたいものである。

（共立女子大教授）

二〇〇〇年四月二七日

現実見据え事実を描写
古沢岩美さんを悼む

尾崎眞人

古沢岩美はシュールレアリスムの作家とか、エロチシズムの作家といわれている。それは戦前のシュールレアリスム作品が軍部によって弾圧されたり、戦後のエロスを追求した作品がわいせつ物として摘発、書類送検されたりしたからであろう。

戦前においては大自然を背景に、動植物の生態をシュールレアリスムで描き、餓死寸前の戦線では、はいつくばって生きる兵士たちの生や極限状態の性を軍隊手帳に描いた。これらの「湘桂作戦」のようすは、一九六〇年から九三年までの三十三年を費やし、「修羅餓鬼」という死臭漂うエッチングにまとめられた。

そして敗戦後においては荒廃した焼け跡を背景に、夜の女たちや傷痍（しょうい）軍人を描くようになった。その後、タブーとされた美しい女体を描きながらもその中に、人間のデーモン性や暴力性を暴き出す作品を発表するようになる。

これらのシュールレアリスム作品やエロチシズム作品の根底には、古沢岩美のレアリストとしての現実直視の視点がある。むしろ古沢岩美はたぐいまれな現状認識をもつ画家であり、「時代の切り口」としてシュールレアリスムやエロチシズムという表現がとられたと言っても過言ではないであろう。

古沢岩美は現実には見えにくい真綿のような「毒」に対して、常に警告を発していたのではないだろうか。単に告発するといったアジテーションではなく、矛盾の中に救いを求める術（すべ）をもっていた。古沢岩美の描く鳩の街の女たちや、上野公園の男娼（だんしょう）、傷痍軍人たちは、死や老衰、絶望の記号化だけではなく、健康とエロスと共生していることを教えてくれる。

このような古沢岩美の現実直視は、岡田三郎助の下でアカデミズムの指導を受けたことが幸いしているのではないだろうか。現実を見据え事実を描写することができて、初めてシュールレアリスムは意味をもってくる。「虚仮（こけ）の世間の中に不易の真実を発見すること」が古沢岩美の芸術であった。

古沢岩美は言う。「私が社会問題を取り上げるのは時代の証言を残すためであり、エロチシズムを主題に選ぶのは不易への挑戦である」。古希の年の作家の言葉である。その後「日本神話」シリーズをてがけ、今日新たなシリーズに取りかかろうとする矢先であった。池袋モンパルナスのかつての住人の死去である。（美術評論家）

二〇〇〇年五月二日

人生を戯曲に書き込む
東由多加さんを悼む

柳美里

いま、わたしは東由多加の遺影と遺骨を前にしている。

出逢（あ）ったのは十六年前、わたしが十六歳、東が三十九歳のときに役者と演出家としてつきあいはじめ、恋人、親友、師弟、夫婦、父娘、兄妹、同志—、あらゆる関係を斬（き）り結び、十年間生活をともにして別れたものの、関係を断つことはできずに逢いつづけた。そして昨年六月にほぼ同時に発覚した、わたしの妊娠と東のがんをきっかけにして同居を再開したのである。

東京キッドブラザースはわたしが生まれた翌年、一九六九年に旗揚げされた。代表作のほとんどを観（み）ていないし、ほかの劇団の芝居を知らないので、現代演劇のなかでのキッドの位置を論じることはできないが、東由多加の演出・作劇がほかに類を見ない方法であったということだけは確かだと思う。

研究生のアクティングでは、発声や肉体訓練は二の次で、ひたすら〈泣き〉〈笑い〉〈怒り〉の稽古（けいこ）がつづいた。いままで生きてていちばん悲しかったこと、楽しかったこと、怒ったことを皆の前で語らせ、感情を引き出して共鳴させるというやりかただった。東はありがちな身の上話を許さず、うそだと疑えば、その場で親きょうだいや友人たちに電話させて真偽を確かめ、皆の前で「あなたはうそつきですね」といい放った。

しかしあるがままの〈現実〉を語ることを求めていたわけではない。むしろ、〈現実〉を忌避していたといってもいい。その場に居合わせたひとたちを、自分自身を感動させることができるのなら、創作でも一向に構わなかったはずである。

研究生になると、日記を提出させられた。夏休みには「夏を創（つく）る」という宿題を与えられた。毎年ではないが、男女ともに上半身はだかになるという稽古もあった。東は〈現実〉〈日常〉からのジャンプを役者たちに課したが、それは〈日常〉生活でかぶっている仮面を引きはがし、素面（すめん）を露出させることでもあった。

「ぼくは、自分のミュージカルの中で、芝居をしてもらいたくない。ぼくは劇場でこそ、〈人間〉を観たい」

〈人間〉の素面を露出させるために、東は日記を書かせ、皆の前で語らせ、書いた（語った）過去を問いつめ、そのときの痛みをよみがえらせた。

たとえば、わたしはある夜、東由多加と別れることを決意し、妹に手伝ってもらって荷物をまとめ、テーブルの上に一枚の書き置きを残して、夜逃げのようなかたちで実家に帰った。数日後、稽古場で東から台詞（せりふ）を手渡された。書き置きがそのまま引用されていた。観客の前で私信を声にしなければならないはめに陥ったわたしは、東の神経を疑い、恨みさえした。

四月二十日午後十時五十一分、昭和大学付属豊洲病院で東由多加は息を引き取った。

通夜の日、キッドの制作兼女優の北村易子さんに尋ねた。

「追悼公演、やらないんですか？」

「だれがやるの？」と北村さんはいい、わたしは言葉に詰まった。

同時代に活躍した寺山修司や唐十郎の戯曲ならば、ほかの演出家が再演することはできるだろう。けれど、東由多加が作・演出したミュージカルを再演することは不可能なのだ。東のように役者を深く疵（きず）つけ、激しく愛し、ひとりひとりの人生を戯曲に書き込んだ劇作家、演出家はいないと思う。その結果、何人かの役者が発狂し、アル中になり、自殺した。

わたしは—、遺影と遺骨を前にして、生きること自体を迷っている。（作家）

二〇〇〇年五月二二日

フルートの楽しさ教え　ランパルを悼む

黒田恭一

戦前の日本で、ドップラーの「ハンガリー田園幻想曲」のSPレコードが、クラシック音楽のレコードとしては異例のヒットを記録した。この作品のうちの、特に日本人好みの憂いを帯びたメロディーによっている前半の音楽が音楽ファンのし好に合致してのことだった。この音楽をきいてフルート好きになった人は多いといわれている。

当時発売されていたレコードではフルートの名手モイーズが演奏していた。モイーズによって吹かれた「ハンガリー田園幻想曲」の感傷的なメロディーは戦後になってからも広くきき つがれ、フルートという楽器に対しての一般的なイメージをつくっていった。そのころはまだ、フルートで演奏される作品の数も今日ほどには多くなく、ごく限られていた。

フルートが独奏楽器として十分には認識されていなかった時代に、耳にまぶしいほどの明るい音色をきかせて、さっそうと登場したのがジャンピエール・ランパルだった。ランパルがヴィヴァルディやバッハ、モーツァルト、さらに近代フランスの作曲家たちの作品を高度のテクニックを駆使してきかせてくれた華麗な演奏は、モイーズの吹く「ハンガリー田園幻想曲」のしんみりした表現から遠く隔たったところにあって、日本の音楽ファンに新鮮な印象をあたえた。ランパルの演奏にふれて、フルートという楽器に対する認識をあらためた人も少なくなかった。

フランスのレコード会社エラートの中心的なアーティストだったランパルは、レコードというメディアの利点を最大限活用して、オリジナルのフルート曲のみならず、編曲ものなども含め、実にさまざまな作品を録音しつづけた。その結果、ランパルの演奏活動そのものがフルートの独奏楽器としての地位向上に大いに貢献し、同時にフルート奏者のためのレパートリー拡大にも寄与した。

その一方で、ランパルは、一九六四年の初来日以降、非常にしばしば日本を訪れて、その華やかな演奏をきかせてくれた。日本を頻繁に訪れてコンサートをおこなう海外の演奏家は少なくないが、ランパルほど長期間にわたり、しかも来日の回数の多い演奏家はかならずしも多くない。その意味でも、ランパルは日本の音楽ファンにとってもっとも親しい外国の演奏家のひとりだった。

フルートをきく楽しさをぼくらに教えてくれた、気難しいことを一切いわない先生がランパルだった。ぼくらは幸運にも、ランパルの演奏に耳をすますことで、フルートのためのさまざまな作品を知ることができた。ランパルの訃報（ふほう）に接して、今、恩師のひとりを失ったような寂しさを感じている音楽ファンが日本中にたくさんいるにちがいない。

（音楽評論家）

二〇〇〇年五月二五日

体現した戦後文学精神
時代の問題に答えた批評
小田切秀雄氏を悼む

勝又浩

五月二十四日、小田切秀雄が亡くなった。八十三歳の生涯であったから、この長寿時代でも決して早死にとは言えないだろう。仕方のないお別れではあるだろうが、われわれ門下生からすると、まだまだ元気でいてほしかったし、また、何よりも、そういう気持ちにこたえてくれる仕事を十分に見せてくれていた人であった。

▽絶筆

いま私の机の上には、「文学　近見と遠見と」(一九九六年、集英社)、「日本文学の百年」(九八年、東京新聞出版局)、「中野重治—文学の根源から」(九九年、講談社)の三冊があるが、これらはすべて八十歳以後の著作である。これらの仕事をまとめて、さらに昨年の夏、雑誌「群像」に「戦後文学の回想と検討」の連載を始められた。

病後であったので大事をとって三カ月おきの連載という形を取ったのだが、その間は結局ほかの仕事は手につかないから失敗であった、毎月の連載にすべきであったと、われわれには元気のよいところを漏らしておられた。確かに、そうしていたらこの長編エッセーは、完結していたかもしれないと、今になって悔やまれる。先の五月号にその四回目が収載されているが、それがおそらく、批評家小田切秀雄の絶筆ということになるのであろう。

▽真骨頂

だが、八十歳を超えた老批評家の最後の仕事が、彼自身がそのなかを生きてきた戦後文学の、単に「回想」だけでなく、その「検討」だとしているところに注意してほしい。この人には最後まで、単なる回想、後ろ向きの姿勢というものはあり得なかったのだ。これが批評家小田切秀雄の真骨頂、そして、言うならば、戦後文学の根本の精神というものであろう。

戦後文学の時代はまた批評の時代でもあった。秩序や価値観が壊れたり急変したりという時代のなかで、人々は政治的にも哲学的にも文学的にも、何らかの指針になるようなことばに飢えていたから、批評も時代の問題を常に担い、誠実に答えようとする使命感にあふれていた。「近代文学」の創刊に集まった青年批評家たちはとりわけそうした意識が強く、世に「近代文学七人の侍」と称された。

▽文学論争

戦後すぐの、小説「党生活者」に端を発する小林多喜二問題をはじめ、彼らがかかわってきた文学論争の数は多いが、よく知られた、小田切秀雄の批判的提言から始まった、いわゆる「内向の世代」論争も、つまりはこうした精神、近代文学派精神、戦後文学精神から生まれたものだった。

小田切先生は四年前に、十七年間看病し続けた夫人にとうとう先立たれたが、それからも生活のペースを変えることなく、一人暮らしを続けてこられた。そこで、せめてもの気晴らしにと、われわれ門下五、六人が毎年正月の一日、お宅に集まって半日を過ごすのを習いにしてきた。その正月訪問が、今年は病院へのお見舞いということになってしまった。

しかしそれでも、われわれの知る先生はいつもシンの強い人で、何度も生死の境を渡りながら、そのたびに奇跡的な生還をし、回復してはまた必ず新しい仕事を仕上げてきた人であったから、われわれには、このたびもまたキット、という気持ちが強く、なかなか事態を納得できないまま、今日に至ってしまった。先生は本当に、もういらっしゃらないのでしょうか。(文芸評論家)

二〇〇〇年五月二九日

名作で確固たる存在感
山村聡を悼む

白井佳夫

山村聡が、九十歳でこの世を去った。俳優としての山村聡は、日本映画の黄金時代に、巨匠、名匠の数々の作品に忘れ難い確固たるイメージを残した人、として長く記憶されよう。

溝口健二監督の「女優須磨子の恋」「雪夫人絵図」、小津安二郎監督の「東京物語」「早春」、成瀬巳喜男監督の「山の音」、今井正監督の「にごりえ」、山本薩夫監督の「傷だらけの山河」、吉村公三郎監督の「四十八歳の抵抗」、渋谷実監督の「現代人」、川島雄三監督の「愛のお荷物」、大庭秀雄監督の「帰郷」、あるいはアメリカ映画の「黒船」「トラ・トラ・トラ!」などなど。

第二次大戦後の日本映画史に登場する、きわめつけの名作の題名が、たちまちのうちに何本も並ぶ。昭和の初めに東京帝大文学部のドイツ文学科を卒業。劇団太陽座、関西新派、井上正夫の演劇道場、文化座などの舞台をふんだ後、映画に出演するようになる。新劇や新派の舞台体験をふまえた、確固たる存在感をもった、演技者であった。

人生の年輪を感じさせる、インテリの中年男性とか、渋い初老の紳士、あるいはもの思いに沈む父親、弱さを背負った高級官僚や会社の重役、といった大人の役を演じさせると、まさに右に出る者はなかった。まだ色香を失っていない品格のある初老の男、といった役柄は、特に独壇場であった。

娘の前で「お父さんはね…」と、独特のイントネーションで、しみじみと自分の人生観を語りかける初老の父親、といった役柄を、彼は滋味ある説得力をもって、何十本もの映画で演じてきた、といった印象がある。

加えて彼は、俳優であることの特質と年輪を生かした、ユニークな映画作家でもあった。「蟹工船」「黒い潮」「沙羅の花の峠」「母子草」「鹿島灘の女」「風流深川唄」と、その監督作品は六本を数える。

助監督育ちの専業監督とは違って、映画の美学や技術にのっとっただけの作品は決してつくらず、大人の男としての人生観や社会観に根ざした映画を、俳優としての体験をふまえて、独自の視点からつくっていく、というタイプの優れた監督であった。しばしば自作に出演もした。

晩年、監督作品の話を聞かせてもらった時、「ほかにも、政界の汚職事件や、日本赤十字の従軍看護婦を描いた作品など、実は何本もの企画が、撮影直前にストップさせられてましてねえ」と、あの渋い声で語った言葉が忘れ難い。また一人、大切な映画人を、私たちは失った。(映画評論家)

二〇〇〇年六月一二日

日常の無意識を突く
亡くなったシーガルの彫刻

高島直之

米国の彫刻家ジョージ・シーガルが、六月九日、米ニュージャージー州の自宅で亡くなった。一九二四年ニューヨーク生まれで、享年七十五歳。日本では八二年に、初の大規模な回顧展が催され、九六年には、近作展が開かれたばかりである。

シーガルは、白い石膏（せっこう）で固めた等身大の人物像をつくり、それを都市の光景の一部を擬した空間に展示する手法で注目を浴びた。都市生活の断片イメージを切り取る方法で、彼はA・ウォーホル、R・リキテンスタインらと並ぶ米国ポップアートの代表的な作家となった。

六〇年ころに人体から直接、型を取り始めて以来、石膏人物像は、彼独特のスタイルとなっていく。彼は包帯に石膏液をしみ込ませた外科用ギプスを使用し、それを身体に直接張り付けることで型を取った。

石膏が乾くには時間がかかり、モデルは多少動くことを許される。取られた型にはその「身ぶり」の時間が含まれて、変形する。シーガルは、これに石膏を足したり削ったりしながら、人物像を完成させていった。

この日常的なポーズの切り取りと、都市環境（実際に使用されている物が併置されている）との組み合わせによって、その設置空間に、ある種のリアルな「空気」が立ち現れる。そこには、怠惰に繰り返される日常の時間に潜む〈死〉の影、退屈さや孤独感、そして残酷な叙情性が充満している。

それは、古典的彫刻の英雄的彫像に比すれば、対極にあるといっていい。シーガルの作品は、ふだん気にも止めない日常の動作を、切り取り固定することで、無意識の日常心理を再認識させたのだ。

これらのシリーズは、六〇年代の後半には世界中に知られていった。とくに米国では、六一年の「ベルリンの壁」構築によって冷戦体制が始まり、六二年のキューバ危機、さらに、泥沼化したベトナム戦争というように、人々は、繰り返す日常の果ての破局を予感せざるを得なかった。

シーガルの仕事は、個々人の無意識の日常心理を露呈させつつ、同時に、そういった米国社会全体の日常の無意識を突き、覚醒（かくせい）させることで、その時代にとっての〈リアリズム〉芸術として受け入れられたのだ、といえよう。（美術評論家）

二〇〇〇年六月二三日

時代のシンボルだった滝沢修さんを悼む

大笹吉雄

滝沢修が亡くなった。これで築地小劇場の関係者は、すべてこの世から姿を消した。築地小劇場といっても、関東大震災の直後に発足した演劇運動体だからピンとくる世代は限られていようし、私自身も直接知っているわけではないが、今に直結する現代の演劇としての新劇のルーツは、滝沢修がもっともよく体現していた一人だった。

むろん、傑出した俳優であり、名優と呼んで何らはばかることはなかった。とりわけ「夜明け前」(島崎藤村原作)の青山半蔵、「炎の人」(三好十郎作)のゴッホ、「セールスマンの死」(アーサー・ミラー作)のウィリー・ローマンを滝沢修の三傑として指を折ることに異を唱える人はなかろうし、迫真的とでもいうしかない滝沢修の演技にうたれ、演劇の持つ力に驚嘆の思いをいだいたのは、この俳優の舞台を見た多くの人々の、共通の思いだったのではなかろうか。

いうまでもなく、こういう舞台を見られたことを、わたしもまたとない眼福だったと思っているが、今となれば、ある意味でこのこと以上に痛感するのは、日本の近代の歩みの上で、演劇が社会と結びつき、そうあることを理想とした時代の、大きなシンボルのような存在が滝沢修だったということである。

築地小劇場で俳優人生の第一歩を踏み出し、左翼劇場から新協劇団というのが戦前の滝沢修の歩んだ道で、戦後は東京芸術劇場を経て現在の民芸にいたる。

ここに挙げた劇団は、演劇の社会的な役割について敏感であり、したがってまた、それだけ深く思想運動や社会運動とかかわった。換言すれば、演劇がその世界だけで自足しているわけにはいかず、大きな枠での社会の変革に積極的にかかわった。

今ではそういう演劇のあり方が必要以上に過小評価され、時には鼻の先で笑われてそっぽをむかれているとさえ思われるが、滝沢修という俳優は、ずばぬけた演技者だったということもあって、こういう動きの中心部に位置した。だから戦前・戦後を通じて、望むと望まざるとにかかわらず、文字通り骨身をけずるがごとき体験をしたと言って過言ではなかろう。

訃報(ふほう)に接してあらためてこのことを考えるのは、日本の近代化にとって、これもまた避けては通れなかった道だったということである。世紀末を迎え、世界の行方は必ずしも見通しがいいとは言いがたい。それだけに社会のあり方に深い関心を寄せ、それについて全身で受け止め、思索した俳優の人生は、あらためて何かを示唆しているように思われる。滝沢修は決して単なる名優ではなかった。肝に銘じたいことの一つである。(演劇評論家)

二〇〇〇年七月四日

都会の憂愁、大人の魅力
青江三奈さんを悼む

伊藤強

一九六六（昭和四十一）年「恍惚のブルース」を歌ってレコードデビューしたとき、青江三奈はまだ二十歳だった。しかし、あのハスキーで気だるく、やるせない歌いぶりから、だれがその年齢を想像できただろう。

十代ではないにせよ、そのまま素直に青春を歌っていても決しておかしくはない年齢だった。しかし、その声と唱法は、すっかり大人の女だった。それは、彼女が、レコードデビュー前に、銀座や横浜のクラブで歌っていたジャズやラテンのレパートリーによって培われた技術だったはずである。

つまり、青江という歌手は、当然のことながら、はじめからプロの力を十分に持ってレコード歌手になったのである。今の時代の二十歳の歌手を考えれば、青江の大人ぶりは際立っていたということが分かる。

森進一とならんで、ため息路線というキャッチフレーズで売り出された青江の歌は、代表作ともなった「伊勢佐木町ブルース」を含めて、いささか〝あぶな絵〟ふうの雰囲気を持っていた。過剰とも思える歌い方の色気は、その大人ぶりを増幅したといっていい。

だが本人は、ひどくサバサバした気性の持ち主で、話す声こそハスキーではあったけれど、酒の席でも気のおけない女性だった。だから、スタッフにも人気があり、デビューの年、歌の制作や宣伝にかかわったメンバーが三奈にちなんで、その年の日本ダービーの馬券3―7を買い、それが的中して、大いに喜んだというエピソードも残る。

つまり青江三奈という新人は、スタッフたちに愛されてデビューしたのだし、そのように人をひきつけるキャラクターの持ち主だった。

晩年、彼女はニューヨークで、ジャズを歌ったレコードを録音している。歌謡曲の歌手ではあったけれど、ジャズはやはり、本人にとって歌の原点だった。そのレコーディングには、一層気持ちを入れていたという。

もしかすると、そのレコードを作ることが、自分の歌手としての締めくくりになるかもしれないということを、青江はどこかで感じていたのかもしれない。

歌謡曲と呼ばれるタイプの歌は、いま音楽市場の中で、決して主流ではない。しかし、青江が歌った都会の憂愁ともいうべき世界は、いまこそ歌われるべきだろうし、聴かれるべきだと思う。

不透明な時代だからこそ、そんな歌がほしいのだ。もう一度、あのサバサバした語り口と、そこからひどく距離のあるあの歌を聴きたい。（音楽評論家）

二〇〇〇年七月五日

モダンで優しい写真世界
植田正治氏を悼む

平木収

去る四日、山陰の写真家植田正治が、持病の心筋梗塞（こうそく）で亡くなった。すべてが東京中心で推移してきた戦後写真界に、山陰は鳥取から孤軍奮闘というか、いやそんなに激しいものではないが、むしろ淡々と影響を与え続けてきた異色の写真家植田正治の死は、氏が現役であっただけに喪失感が大きい。

一九一三（大正二）年に現鳥取県境港市の履物製造小売商を父母として生を受けた植田は、少年時代から写真に親しみ、二十歳前に上京して写真を学び、各種の写真サロンやコンテストで一躍頭角を現し、多くの仲間やライバルを得たという。

植田が写真を始めたころは、いわゆる「芸術写真」の全盛時代である。主にアマチュアが、モダンな趣味であると同時に都市文化の反映でもある写真制作を楽しんでいたが、戦後になると、その写真界をリードするプロ写真家の存在感が大きくなる。

鳥取に帰った後に植田正治もそうしたプロや最上級アマチュアの面々が顔を連ねる「銀龍社」というグループに参加、折をみては上京し秋山庄太郎、林忠彦、そして岡山のアマチュア緑川洋一らと親交を結んだ。

その戦後写真界にあって、当時はリアリズムやルポルタージュが流行したにもかかわらず、植田は戦前からの自らのスタイルで、家族や山陰の風土に根差した童話的かつ幻想的な世界を、地元の砂丘を舞台に構成写真として制作を続けた。

そして久しくつちかわれた芸術写真のスタイルと美学を、自然体で継承し、さらに自由で新鮮な作風へと発展させ、気がつくと日本全国、いや海外にもファンを持つ日本を代表する写真家のひとりになっていたのである。

しかし、そうした人気におごることなどさらさらなく、山陰の地方都市でささやかな写真店を営みつつアマチュア作家活動を続ける一個人のスタンスを守り貫き、集ってくる後進の指導に当たるという姿勢は、驚異的ですらあった。とはいえ時代は植田を嘱望し、コンテストの審査員や雑誌の連載、さらには九州産業大の教授から、メンズファッションのモデルと、氏を多忙な人物へと駆り立ててゆく。

そんな周囲とは裏はらに、制作も言動もつねにマイペースだが、こと写真に関しては他者の作品にも自らの心を重ね、温かい目でそれを眺める気持ちの潤いを忘れないひとだった。

晩年に鳥取県岸本町と共に「植田正治写真美術館」を設立し、その運営に腐心しながら、相変わらずモダンで優しい写真を制作し続ける氏の姿は、美しくもあった。ごめい福を祈りたい。（写真評論家）

二〇〇〇年七月二四日

対象に仏性を見いだす
老いてなお華やぎ
小倉遊亀画伯をしのぶ

草薙奈津子

いつだったか院展の松尾敏男さんに「小倉先生は日本美術院の最長老ですね」と話しかけたら、「いえ、象徴です」と実にキッパリ言われた。たしかに奥村土牛亡き後、百年に及ぶ院展の清冽（せいれつ）な精神をじかに伝えるのは小倉さん一人である。

老いてなお華やぎとかれんささえ秘めた作品は毎年の院展になくてはならぬものであり、それがお目当てで会場に足を運ぶファンも多かった。しかしいつしか書を発表するのがもっぱらとなり、そこにはこの作家の長い人生を凝縮したような味わいがあって、またわれわれを楽しませてくれた。

ところが近年、再び絵筆をとるようになり、一昨年は十点もの作品を制作し、まわりを驚かせた。昨年はパリで大々的な回顧展、東京その他で帰国展が開催され、東京会場には元気なお姿を見せられた。

画家としてすべての栄誉を担ったとはいえ、ここに到達するまでの道程は決して平坦（へいたん）ではなかった。

十歳になるかならぬかで父不在の生活を余儀なくされたばかりか、若い遊亀の肩に生活がかかるという苦労もしょっている。

しかし小倉さんは常にいちずに物事に立ち向かう勇気と真剣さを持っていた。それが素晴らしい人々との出会いをもたらしたのであろう。彼女に日本の古典美術への開眼、画家となる決心を促したのは、奈良女子高等師範学校（現奈良女子大）時代の恩師、歴史の水木要太郎、絵画の横山常五郎との出会いにあった。

終生の師となった安田靫彦の門をたたいたときは、上から下までさらの着物に身を包み、決死隊のような覚悟で出掛けたという。大正九年、二十五歳のときである。

昭和十年から小林法運師のもとで熱心に精神修養につとめるようになったのは「自分自身の心の窮屈さをもてあました」ためであった。そして山岡鉄舟最後の高弟といわれる夫小倉鉄樹と出会ったのも修養を通してであった。

戦中から戦後にかけては京都大徳寺で禅僧のような生活も送っている。

このような強さ、厳しさがありながら、小倉遊亀さんの作品からは女性特有のものを、その良さを感じる。一般に女性作家は自由で、欲がなく、自己の感情に素直に、しかも突進して行くところがある。自分の個性をはっきりと、わがままなくらいに推し進めて行くところがある。

それはこの作家の制作態度にも見られる。しかし生まれてくる芸術には、意識下で脈々と波打つ女性としての感性が、より高い次元でその特色を豊かに発揮し、あたかも慈母の愛にまで昇華されて、ほのぼのとした温かさ、優しさ、親しみやすさとなってあらわれ、見るものを魅了する。

小倉さんが描いたのは主に人物、草花、それに台所の野菜など身近なものである。画中の人物には思わず声を掛けたくなってしまう。野菜たちはお互いにひそひそ話をしているかのように仲が良い。それはこの作家が描く対象に常に仏性を見いだしたからである。

「私ね、物みな仏でないものはない、と思っている。ピーマンでも枝豆でも、ツバキでも梅でも、あ、いいなあと思った時は、みな仏さんです」

合掌。（美術評論家）

二〇〇〇年八月三〇日

広い視野で築いた業績
水野祐先生をしのぶ

森浩一

水野祐先生は古武士の風格のある学者だった。邪馬台国の所在地論など世間に目立つ面での活躍は少なそうだという印象を受ける。だが実はそうではなく、戦後すぐから東アジア的視野での日本古代史の研究を実践し、史料の堅実な読み方は、僕の見るところ他の追随を許さない。

「魏志」倭人伝についても、邪馬台国はあそこだろうというような先入観を排し、史料そのものから倭人伝を検討しておられ、信頼して引用できる業績を重ねられていた。

あるとき、博物館での特別展示に一枚の銅鏡が陳列されていて、それに〝卑弥呼の鏡〟という説明がついていた。先生は学芸員をよんで「豊臣秀吉の鎧（よろい）といえば秀吉の着用した鎧、それからいうと意味が不明確で、学問的でない」とたしなめられたという。これは先生から直接うかがったことで、この厳しさに先生の学問観がよくでている。

先生がまだ大学の非常勤講師だった一九五二年に、中国の史書と「日本書紀」などを対比して、そこから日本の古代史の骨組みを「日本古代王朝史論序説」として発表された。

最初の本はガリ版印刷だった。出版されたころ学界は無視をつづけた。だが時間がたつと先生の仮説は「王朝交替論」の名で知られるようになり、賛同する者が増えた。戦後の古代史のもっとも重要な学説と僕は見ている。

なおこの本は、九二年に水野祐著作集（全十巻）の第一冊「新版日本古代王朝史論序説」として、母校の早稲田大学の出版部から刊行された。それにしても生涯の学問体系を二十歳代できちんと築いたという意味ではまれな巨人といってよかろう。

九五年の十月、京都市での対談のあと、居酒屋へお誘いした。お酒はたしなまれなかったが、その店の料理が気にいられ、オカラや雑炊を絶賛され、後日お礼のはがきもいただいた。僕は煮たオカラをこれほどうまいといった人に出会ったことはない。

庶民派だから本当の歴史が読めたのだろう。

（同志社大名誉教授）

二〇〇〇年一〇月一三日

小さな体に宿った女優魂
ミヤコ蝶々さんを悼む

木津川計

容体芳しからず、とはうかがっていたが、訃報（ふほう）に接して胸に落ちるものがあった。小さな体のビッグな女優が地上から姿を消した。

蝶々さんがその名を全国にはせたのは一九五四年の「漫才学校」（朝日放送）からだった。

並行したＮＨＫのラジオコメディー「お父さんはお人好し」の浪花千栄子と人気を二分。ことに蝶々さんは、戦後上方漫才を塊で売りに出し、国民演芸の首座にのし上げた功労者だった。

それからの人気は、テレビ時代の「夫婦善哉」でいっそう高まっていった。司会を夫・雄二と務め、離婚後もコンビで続けて〝女ひとり〟の同情を集めた。蝶々さんは男の浮気をたしなめ、女の辛抱に同情しながら、山あり谷ありの夫婦春秋に涙と笑いの励ましを送り続けた。

雄二さんを亡くした蝶々さんは、もっぱら舞台で、ときにテレビや映画で達者な演技を見せてくれた。もはや演芸場に立とうとはせず、「元漫才師」の経歴紹介に不快な表情を浮かべた。「女優」としての自負と意地が、しかし、この人を上方芸能・演劇史に残る大女優に変身させた。

マルチな才能の持ち主だった。芝居の台本、演出は本名の日向鈴子、主役は自らで、おおかた独り舞台の活躍だった。

町中へ出向くことはほとんどなかったが、時代の変化を的確にとらえた。機を見るに敏でもあったから、まだゲートボールを老人が知らないころ、舞台のつじ説法で熱中をいましめ、世の中の多様な変化に遅れない心構えを説いた。

女座長だったから女の人生、その明暗がいつも主題だった。高齢社会が広がると老人ホームを、子供の非行が社会問題になると家族を、失楽園がブームになると老いての恋を、というふうに、いつも時代の関心を見据え、幸せとは何か訴え続けた。

関西では〝女ひとり〟で客の呼べる最後の大女優だった。得難いひとを不在にした、これからの寂しさである。十年前に藤山寛美を失って傾く中座を蝶々さんはよく支えたのである。

舞台を戦場に老いてなお戦い、ひっそりと倒れた蝶々さんの彼岸行である。その道中の平安を念じるや切なるものがある。（立命館大教授、「上方芸能」代表）

二〇〇〇年一一月一日

夢の危うさへの警句
真鍋博さんを悼む

北村由雄

真鍋博さんが亡くなったと聞いて、とっさに胸をよぎったのは「あ、間に合わなかった」という痛切な思いだった。この「思い」を書いておきたい。

五年前のある日、大型の白封筒で手紙が届いた。

①（北村の）旧著を拝読。一文に「真鍋がデモクラート美術協会から追放された」とある。協会とは「グループ実在者」の誤り②グループに特別な規約があったわけでなく、「追放された」の表現は不適切③当時を記録する第一次資料として誤って引用される心配がある。再版の折などに訂正をと丁寧な筆跡は結んでいた。

「実在者」は真鍋博、池田満寿夫、靉嘔（あいおう）、堀内康司の四人が一九五五年に作ったグループ。若い世代に公募展離れが進むなか、真鍋さんは二紀会の同人に推挙されたのを機会にグループを抜けた。

その話を同人誌に筆者が書いた。「真鍋は生活のために公募展を選んだ」と。それが小著「現代画壇・美術記者の眼」に再録され、さらに時を経て真鍋さんの目に初めて触れた。

手紙にはコピーが一枚同封されていた。ＳＦ作家の石川喬司が毎日新聞の記者時代、アインシュタインの手紙の「原爆」を「水爆」と誤訳した。その誤訳が競争紙にそのまま引用された話を、石川氏自身が語っている雑誌の記事である。

その後、街や美術館で何度か姿を見かけた。声をかけるのをためらったのは当方だった。事実の間違いは訂正が可能だ。しかし、それだけでは済ませないこだわりがあった。

美術記者時代、絶えずイラストレーター真鍋博との接触を続けてきた。画家真鍋博への根強い関心が根底にあった。絵画とイラストの垣根を超えた時代の表現者としてとらえたかった。

しかし真鍋さんを画家と呼ぶ人はいない。設計図のような細密な手書きの妙味も、マックを操る世代には無縁となった。

いま机上に真鍋さんの本を積んでいる。帯の文言が楽しい。「複眼人間の複眼思考。複合多重時代のビジネスマン必読の書」「華麗なイラストとＳＦ的思考で誘う創造へのシミュレーション」「ユーモアと風刺をまじえつつ機知縦横に現代文明を植物見立てで描くイラスト・ファンタジー」

その表現が最も輝いていたのは六〇年代から七〇年代にかけて、経済の高度成長のただなかで未来学がそのまま大衆の夢であり得た時代にほかならない。高度成長社会の落とし子にほかならなかった。

しかし見落としてはいけないと思う。真鍋ファンタジーの本質は「逆ユートピア」にあることを。大衆社会の夢の危うさへの警告が彼の繊細な未来図には秘められている。得意のエッセーにも文明批判、社会批判がびっしりと詰め込まれている。

「逆ユートピア」を承知で消費社会は真鍋博を歓迎し、利用範囲を広げ、とことん消費し尽くした。

「真鍋さん、また絵を描いてください。かつてのアニメ仲間、久里洋二も柳原良平も絵を楽しんでいますよ。時間はまだたっぷりあります」。街でそう声をかけたかった。（多摩美大客員教授、茅ケ崎市美術館長）

二〇〇〇年一一月七日

華麗な業、骨太の作風
吉村公三郎監督を悼む

佐藤忠男

吉村公三郎監督が亡くなられた。昭和十年代から五十年代まで、日本映画の全盛期を支えた巨匠たちのひとりであり、映画の楽しさ面白さを堪能させてくれただけでなく、映画をつうじて社会を考える道を大きく開いてくれた人でもあった。

一九三九（昭和十四）年の「暖流」が出世作だったが、これは戦前の日本の近代的な恋愛映画のひとつの到達点と言える輝かしい新しさを持つ作品だった。

当時の知的な青年たちは、この映画で主演した二人のスター女優、ブルジョア的で理性的な高峰三枝子と、庶民的でういういしい水戸光子の、どっちを支持するか、暗い戦争の世相の下で熱烈に議論したものだったと伝説的に語り継がれている。

戦後、原節子主演の「安城家の舞踏会」、京マチ子主演の「偽れる盛装」、山本富士子主演の「夜の河」など、スター女優の代表作と言える華麗な大作を相次いでつくって、大女優たちの魅力を存分に開花させることの名人と目され、巨匠として不動の地位を保った。

これらはいずれも、女をメソメソ泣かせてばかりいた従来の日本のいわゆる女性映画とは違って、誇り高く、頭も良く、元気のいい女性の魅力を全面的に押し出したもので、日本映画の女性の描き方を確実に大きく前進させたものだった。

これらの作品は映画としてすぐれていると同時に興行価値も満点で、従って吉村公三郎監督はもうかる映画のつくり手として、大手の映画会社の重鎮としての位置を得ることができたのだが、それだけでは満足しないところにこの人のすごいところがあった。

松竹出身だが、会社側の言いなりになることを嫌って、同志の新藤兼人と五〇年に近代映画協会をおこした。これは当時としては、じつに大胆な冒険であり、その後は苦労に苦労を重ねることになる。

しかし、その苦労の中でつくった「夜明け前」と「足摺岬」こそは、私の考えでは吉村監督の代表作であると思う。

とくに「足摺岬」は目立たぬ地味な小品であるけれども、暗い谷間と呼ばれた昭和初期の時代の証言として長く後世にも伝えられるべき傑作である。

そして最後の映画「襤褸の旗」（七四年）。これは三国連太郎が田中正造を演じて、足尾鉱毒事件を描いた社会派的な作品だが、公害闘争の原点を見定めるような力作であった。

長い映画人生を通じて日本映画の近代化の先頭にあった人だった、とあらためて思うのである。その業績は非常に大きい。ごめい福を祈る。（映画評論家）

二〇〇〇年一二月二〇日

残念すぎる別れ
如月小春さんを悼む

渡辺えり子

頭の中が真っ白である。さっきから「どうすればいい」「どうしたらいいんだろう」という言葉ばかりが口をつく。

十一月十二日、永井愛さんの「萩家の三姉妹」の終演後、舞台上で、如月さん、永井さんと私のトークショーがあった。

男社会の中で、女性が演劇を続けることの困難さや問題点などを、それぞれの体験を交えてラフに話し合った愉快な時間だった。

控室で六歳になる娘さんを紹介された。夫の楫屋さんにそっくりの美少女である。

「皿洗いとかの家事もみんな手伝ってくれるのよ」と明るく話す如月さんをうらやましいと思った。

思えば昔から、私は如月さんがうらやましかった。

如月さんは東京女子大で、私は舞台芸術学院で、ともに二十歳のころから舞台の作、演出を始めた。私が二十三歳で劇団3○○を旗揚げした翌年、如月さんは「ロミオとフリージアのある食卓」という戯曲で高い評価を得た。その後、一九八三年に「ＮＯＩＳＥ」を旗揚げし、都市の中の孤独と疎外感をテーマに実験的な作品をつくり続けていく。

如月さんと私は年齢も一つ違い、そして演劇界では珍しい女性の作・演出家ということもあり、よくライバルとして扱われた。知的でクールな都会派と、感情型でホットな田舎者という体質の違い、作風も違えば、容姿も対照的。演劇雑誌や女性誌でもことごとく比較された一九八〇年代であった。

唐十郎氏が私の作品をほめると、すぐに寺山修司氏が如月さんをほめた。如月さんとの雑誌の対談の席上で口論となり、家に帰ってもどしたこともあった。

長い間、如月小春という名前を見るだけで心が乱されたものである。

如月さんは二十年以上前から彼女をこよなく愛するパートナーと出会い、公私共に支えられ、お子さんまでもうけたのである。本当にうらやましいと思い続けてきたのである。

これからたくさん話をするはずだった。お互いに四十代の半ばとなり、ようやく腹を割って話ができるようになった矢先である。

中年として、女性として、この時代をいかに生きて、面白い芝居をつくっていくのか、もう本音でしか生きられないと二人とも感じていた。十二月五日、如月さんが座長を務めるアジア女性演劇会議のプレイベントに参加したのも、これからは力を合わせてやっていけると確信したからだった。

そして十二月七日、共に芝居を見た後、来年二月のアジア女性演劇会議の説明を受ける予定だった。下北沢のスズナリで如月さんを待っていたが、如月さんは来なかった。その日彼女は倒れたのだ。「子育ては大変よ。やっと芝居ができるのよ」と優しく笑った如月さん。どんなに残念かと思うと、言葉を失う。

本当にこれからだった。つっぱっていたころのあれやこれやを懐かしみ笑い飛ばして語り明かすはずだった。そんな同時代の女性作家はほかにはいない。

先月もらった優しいＦＡＸの手紙。いつでも会えると思ってどこかにしまったのが見つからない。それを探しながら泣いているうちにもう夜が明けた。（女優、劇作家）

二〇〇〇年一二月二六日

西欧と日本の美学を結合 浜口陽三さんを悼む

清水敏男

二十世紀の終わりに浜口陽三が逝った。二十世紀は版画の時代だった。版画はもちろんそれ以前からあったが、アーティストが純粋な芸術表現として明確に意識して版画を創作することは十九世紀の終わりに始まったにすぎない。版画は二十世紀という時代を切り開くメディアだったのであり、ピカソ、ミロ、シャガールなど多くのアーティストが不朽の版画を残している。そのなかで浜口陽三は確固とした地位を占めている。

浜口陽三はふたつの重要な仕事を成し遂げた。ひとつはメゾチントという忘れられていた技法を現代によみがえらせたことであり、もうひとつは版画の美学を確立したことである。

メゾチントは十七世紀に発明されたもので、銅板に特殊な道具をつかって小さな穴をたくさん作る。その穴をつぶすことで絵を描いていく。黒インクを銅板にひいて刷れば、穴が残ったところは黒くなり、穴をつぶしたところは白くなる。こうして穴のつぶし具合で黒から白までの諧調（かいちょう）が生まれる。

写真の登場で忘れられてしまっていたこの技法を浜口陽三は復活させた。しかも単純に復活させたのではなく、独自の技法の改良により透明性と軽さを与え、そして色彩を導入することで幻想的な表現を生み出すことに成功した。西欧で生まれた技法を二十世紀に日本人が新しい表現としてよみがえらせた功績は忘れてはならない。

浜口陽三は東京美術学校（現東京芸大）でもともと彫刻を学んだ。しかし、またはやくから絵も学んでいた。版画は本来、絵画と彫刻の中間にあるあいまいな存在である。彫刻と絵画を学んだ浜口陽三はそのあいまいさを逆手に取り、それを積極的に意味のあるものとした。つまり版画に彫刻のもつ物質性と絵画のもつ非物質性、イリュージョンを同時に与えることで版画独自の美学を確立させたのである。

浜口陽三がメゾチントに透明性と軽さ、そして幻想性を与えたとは、この非物質性のことにほかならない。それは西欧的な三次元性と日本的な幽玄性の結合である。こうして版画の中の果実や昆虫はリアリティーを保ちながら幻想的な光を放っているのである。

浜口陽三の版画は、西欧と日本の美学を結合させることで世界の人々が理解できる新しい想像力の可能性を作り出した。浜口陽三が一九五〇年代後半に世界各地で受賞したのは、時代がそのような美学を求めていたからにほかならない。

浜口陽三は二十世紀を代表するアーティストのひとりであり、作品は世界のコレクターから愛され続けることはまちがいない。ごめい福をお折りしたい。（美術評論家）

平成十三年

2001

二〇〇一年一月五日

高座の裏にひそむ深淵

桂三木助さんを悼む

矢野誠一

落語家の自殺は、ことのほか胸が痛む。

笑わせる宿命を背負った身は、つねにひと知れぬ孤独を宿していて、その高座が明るければ明るいほど、裏側には深淵（しんえん）がひそんでいることを、あらためて教えられるからで、無責任な客としてはやいばを突きつけられた思いがするのだ。

一九五五年の桂右喜松、六六年の柳家きん平、八一年の春風亭一柳、そしてまだ記憶も新しい九九年の桂枝雀と、この半世紀そんな思いに立ち会わされてきたのだが、桂三木助の場合、若くして大看板を継いだことからくる重圧も、原因のひとつに数えられているあたりに、情報過多な時代に生きる落語家の抱く孤独の複雑さが、見てとれるような気がする。

父親の三代目が没したとき、まだ四歳になっていなかった三木助に、父の高座の記憶のあるはずもないのだが、なんでもないしぐさや、ちょっとした表情の端々に、三代目の面影を見いだして、血というもののすごさに驚かされたことがある。

その父三代目は、たしかにいなせで江戸前の、ひときわ個性的な落語家で、一部に熱狂的な支持者を持ってはいたが、言われるような名人上手ではけっしてなかった。少なくとも、八代目桂文楽、古今亭志ん生、三遊亭円生と同列に肩を並べて、昭和の落語を代表する存在ではなかった。

世間がつくった実質のともなわない大看板に、若い身空ががんじがらめに締めつけられてしまったとしたら、気の毒としか言いようがないが、「おれにはそれだけの実力がない」と開き直るほどのふてぶてしさも、持ちあわせていなかったということかもしれない。繊細さは芸の上だけで、生き方においては格別のしたたかさの要求される落語家という職業が、父ゆずりのものであったことも、不幸のひとつだ。

スキャンダルさえも、芸のこやしにすることのできた芸人の時代は、いまあっけなく終わりを告げている。

父の三代目がそうであったように、その芸にかかわりなく、自分なりの居所を定めることのできたかつての落語界には、閉鎖社会ならではの許容される升目の大きさがあった。破滅型であるなしにかかわらず、そのひとなりの方法でひたむきに走ることの許されなくなってしまった時代に、自分の居場所を見つけそこねた悲劇を、桂三木助の自殺に見るわけだが、胸の痛さに変わりはない。（評論家）

二〇〇一年一月一五日

思い出すあれこれ
本多秋五氏を悼む

小川国夫

本多秋五様、お宅をお訪ねいたしたい、近く電話してご都合のよろしい日時をおうかがいします、と手紙を書きました。すると、向こうから電話がかかってきて、会見の日時を打ち合わせしよう、とのことでした。

おそらく、雑誌「近代文学」の編集部には、無名の文学青年の電話番号もひかえてあったのでしょう。本多さんはそっちを調べて、私のところへかけてくれたのでしょう。

このようにして、私は本多さんと初めて会うことができました。その日のことを、彼は日記に書いておいてくれました。一九五八年四月六日、日曜日だったのです。

その後も私は、たて続けに彼のところへ行きました。彼は五十歳で、忙しかったはずですから、三十歳で仕事のない私の訪問など、わずらわしかったに違いありません。

しかし、その都度ゆっくり話しこんでくれて、私はありがたい話し相手を得た思いを抱いたのです。なんともいい気な若気のいたりでした。苦情を言われても仕方なかったのでしょうが、彼はいつも耳を澄まし、貴重なあいづちを打ってくれました。

私の百二十日に及んだ地中海岸の旅については、いいことをした。今後の多くの読書の歩留まりになるだろうと、言いました。またこうも言いました。旅が本当に好きなんだね、他の仕方では満たされない思いがあるからだよ。

私としては、こんな無謀な旅をした自分を、とがめたいと思っていましたから、穏やかな肯定の言葉は慰めだったのです。彼は、同時代の文学者に対しては、相当に厳しいことも言いましたが、しかし、話の八割までは、やはりおおらかな肯定の言葉だったのです。特に志賀直哉と島尾敏雄を論じる時には、聞いていて、心が和みました。

ある時、電話してきて、明日東京へ出るから、君の住む大森へ降りるよ、と言ったことがありました。大森駅で待っていますと、時間通りに現れ、近くの喫茶店にすわりました。島尾敏雄について、もっと小川君に尋ねたいことがあるから、というのが大森下車の動機だったのです。

このようにして、ほんのわずかにしろ本多さんのお役に立てることが、私にはうれしかったのです。

トルストイについて小さな依頼を受けたこともありました。ド・メーストルというフランスの思想家が、トルストイの歴史観に影響を与えているというので、この思想家の本をお貸ししたりもしました。本多さんは、トルストイの研究を年とってもたゆみなく深めていたのです。

彼の青年時代のトルストイ心酔については、あらためて言う必要もないほどです。ある意味では本多さんも時代の子だとされるでしょう。武者小路実篤は、トルストイの名を聞くとふるえたと言われますし、徳冨蘆花のトルストイ邸訪問も有名です。

敏感な文学青年だった本多さんが、この熱気の外にいたわけではないでしょうが、しかし、彼のトルストイ選択は、自分をいや応なく無化しようとする戦争から自分を救おうとする試みでした。〈戦争と平和〉に浮き沈みする人物たちを眺めている巨人とはだれか、と本多さんは考えたのです。

この徹底的な研究が、文芸評論家本多秋五の誕生となった、それから、彼は現代日本のフィールドへ出ていった、といえるでしょう。そんな彼と、毎回二人だけで肉声を交わすことができたことを、幸運だったと思っています。（作家）

二〇〇一年一月三〇日

文化財保護の基礎築く 関野克氏を悼む

藤森照信

建築史家の関野克（まさる）先生が亡くなられた。九十一歳だから、天寿を全うしたといえるだろう。それはどのような天寿であったのか。

私は直接学んだわけではなく、孫弟子にあたるが、それだけに気楽にあれこれ昔話を聞かせてもらった。その一つに、敗戦後すぐの登呂遺跡の復元家屋の話がある。

登呂で、学史上初めて建築部材が発掘され、それを資料として、原始住居の復元を先生は手がけることになった。研究も前例もないなかで、ある年以上の人なら歴史の教科書の写真でかならず目にしたはずの例の「登呂遺跡家屋」の復元に成功することになるのだが、それにしてもどうしてあれほど細かいところまで自信をもって復元できたのか。

この点をうかがうと、答えは「屋根の草ぶきをのぞき、ほとんど家一軒分の部材が出たから不安はなかったんだよ」。発掘資料に基づいて骨組みを決め、そのうえに、自分のモダンなセンスを生かして茅（かや）ぶきの屋根をかぶせた。

あの、いかにも日本の民家の原型といった、すこやかで平和な表情の関野式復元家屋がなかったなら、登呂遺跡があれほど敗戦後の人々の印象に残り、考古学ブームの口火を切ることができたかどうか。

先生は、戦前より着手していた原始・古代の住居史研究を、登呂の復元を機にさらに深めようと考えられていたのだが、一つの事件がその運命を変える。

法隆寺の金堂壁画の失火焼失である。敗戦後の日本の文化は、登呂遺跡発掘という明と、法隆寺壁画焼失という暗の二つに遭遇したのである。世界最古の木造建築を損なった政府は、戦前からつづく文化財保護のあり方を大きく変えることになり、現在の文化庁文化財部を創設し、先生は東大教授と兼任でその初代建造物課長に就く。

以後、全国各地の国宝、重要文化財の建造物は、すべて先生の指導のもと、修理され、保存されるようになる。たとえば、法隆寺、姫路城、松本城をはじめとする全国各地の伝統的名建築、そして新しいところではグラバー邸や松本開智学校のような西洋館。「美男におわす」顔が落ちそうになった鎌倉の大仏さまの首に、外側から見えないように内側にギプスをはめて守ったのもそう。

さらに文化財保護の道は続く。東京国立文化財研究所の初代所長に転ずると、日本ではじめて〝保存科学〟を提唱し、確立する。聞き慣れない言葉かもしれないが、文化財保護のための化学、物理、生物学的研究で、たとえば傷んだ木材にはどのような化学的処理をすればいいのか。石造物の物理的補強は。高松塚古墳の石室の中の湿度は何パーセントに保てばいいか。

現在、世界の保存科学界で、日本はこと木と紙については一番進んでいると高く評価されているが、先生のまいた種が大輪の花を咲かせたのである。

戦後の文化財保護の基礎を築いた人であった。

先生が亡くなられたと報じられた一月二十六日は、くしくも五十二年前の法隆寺壁画焼失の日である。（東大教授）

二〇〇一年二月六日

かわいくユーモアにあふれ櫛田ふきさんを悼む

横井久美子

女性解放運動家の櫛田ふきさんが亡くなられた。二月十七日の誕生日の翌日に、百二歳のお誕生会を企画していた矢先だった。

私は一九九五年から年に二、三回、櫛田さんと「ふきと久美子のトークライブ」を開催してきた。

昨年十二月、十七回目の「トークライブ」は、日本国憲法に男女平等を書き込んだベアテ・シロタ・ゴードンさんと、その憲法を守り続けてきた櫛田さんとの「世紀の対面」を予定していた。しかし、そのころから櫛田さんは体調を崩され、参加されなかった。その後、病院にお見舞いに伺った時が櫛田さんとの最後になってしまった。

一八九九年生まれの櫛田さんは、二十世紀をまるごと生きてなお、現役で社会的な発言を続けられた希有(けう)な女性であった。そして、百一歳にして、かわいく、ユーモアにあふれ、魅力的な女性だった。日本婦人団体連合会会長の要職にありながら、いつも何の肩書もない一人の女性として、出会う一人一人を大切にする女性だった。

原水爆禁止運動やベトナム戦争反対運動など、櫛田さんは、その生涯を平和な日本を実現するために、さまざまな運動の先頭に立ってこられた。

最近では、日米防衛協力のための新指針(ガイドライン)関連法案に対し、一九九九年二月、「沈黙は共犯」と、東京・銀座でのデモを呼びかけ、車いすで参加した。その法案が衆院を通過した後の五月には、大集会を呼びかけられた。

七千人の女性を前に、百歳の櫛田さんは演壇に一人で立ち「この半世紀、戦争がなかった。たった一度の人生をみんな無駄死にしないですんできました。これは憲法九条のおかげです」と訴えた。そして「生きることは行動すること。ただ息をすることではありません。願うだけでなく、行動しましょう」と。私もその集会で、櫛田さんがつくった「地球憲法九条の歌」をうたった。

櫛田さんは最近は、耳も聞こえず、目もかすみ、車いすになったが、いつでも、明るくニコッとほほ笑み、平和な日本の実現を願い、私たちにかけがえのないたくさんのものを残し去っていった。櫛田さんの願いは、二十一世紀に生きる私たちが必ず引き継ぎます。どうぞ安らかにおやすみください。

私は櫛田さんが八十歳になった時、櫛田さんのために「あなたをみていると」という歌をつくった。それ以来、櫛田さんが誕生日を迎えるごとに、歌詞の中の年齢を一つずつ足してうたってきた。

「あなたをみていると/日本の女たちの/自由への叫びが/私に聞こえてくる/あなたをみていると/世界の女たちの/平和への祈りが/私に聞こえてくる/あなたは今日で百一歳/おめでとう素晴らしい人生」

昨年、誕生日を祝ってうたったのが最後となった。(シンガー・ソングライター)

二〇〇一年二月一九日

「魔術的レアリスム」の画家 バルテュス氏を悼む

阿部良雄

フランスの画家バルテュス（本名バルタザール・クロソフスキー・ド・ローラ）がなくなった。あとわずかで九十三歳を迎えるところだったのにと、痛恨きわまりない。三歳年長の兄ピエール・クロソフスキー（哲学者・作家・画家）とともに、少年時代、フランスの作家ジードや、ドイツの詩人リルケの薫陶を受けた。父は美術史家のエリック・クロソフスキーである。

二十数年前からスイスの山中ロシニエールの山荘で節子夫人（画家）とともに制作を中心とした生活を送ってきたが、日本を愛し、個展の折などに来日している。ドゴール大統領の下で文化相をつとめた作家アンドレ・マルローの親友であった。

バルテュスは十九世紀フランス写実主義（レアリスム）絵画を代表するクールベが大好きだった。ローマにあるフランス・アカデミーの館長時代、クールベ展を同館で催したほどである。

クールベが偉大なのは、対象と自分を同一化する能力の故だ、とよく語った。たとえばバルテュスの絵によく登場する猫の不思議な魅力は、猫が猫らしく描いてあるからではなく、じっと見ていると自分と画面の猫が同一化してくるからなのだ、と言えよう。

バルテュスの画風はどう位置づけられるか、と問いを立てたとして、「魔術的レアリスム」と答える人は多いだろう。結果として、画家（あるいは見る者）の主観と対象とが同一化すると感じられるようなことがあれば、これは「魔術的」という形容詞にふさわしい。

「当代の最も重要な画家だ」とピカソが言ったことの意味を考えるべき時が来たかもしれない。具象だから古くて抽象だから新しい、というような歴史観はもう通用しない。絵を通じて「魔術的」な世界に入って行く一つの方法を提示してくれるバルテュスに感謝の意をささげ、めい福を祈りたい。

泊めていただいた山荘での夕暮れ時、私がぼうぜんとしていると、「メランコリックにならないために、これを」とウイスキーをすすめてくれたのが忘れられない。「孤高の人」と言うが、優しい人、若々しい友情の人であった。日本の芸術家にかぎらず、バルテュスと節子夫人のあたたかい励ましを受けた者は数多い。秋には回顧展がベネチアで開催の予定である。（東大名誉教授）

二〇〇一年二月二一日

民俗芸能研究を大成 無私無欲、一徹の人 本田安次氏を悼む

河竹登志夫

尊敬してやまない本田安次先生が、とうとうなくなられた。来月には満九十五歳の誕生日を迎えられるはずだったのに。

しかし昨年のその月に、七十余年にわたる膨大な研究成果が、錦正社から「日本の傳統藝能」全二十巻として完結したことは、芸能界にとっても幸せであり、先生にとっても本懐だったにちがいない。

この著作集が米寿記念として企てられたとき、光栄にも推薦の言葉を仰せつかった私は、〝前人未到の大業〟と書いたが、これには何の誇張もない。日本全土から韓国、台湾、インドにまでおよぶ研究領域のひろさもだが、真の価値はいかなる山間へき地へもみずから足を運び、地域の人びとと膝(ひざ)つき合わせて実態を精査し、余すところなく記録されたところにある。

柳田国男、折口信夫の二先達がひらいた民俗芸能研究を、徹底した実証により大成したのが本田先生であった。この分野で初の文化功労者に選ばれたのは、当然であろう。

先生の活躍は、しかもただの学究にとどまらず、戦前からの日本青年館を中心とする郷土芸能の会の開催指導により、衰滅にひんするこの無形文化財の保存伝承の実践にもおよんだ。数年前、私が選考委員長をつとめるポーラ伝統文化振興財団の大賞を受けていただいたのは、この実践面での功に対してだった。

時たまま、十九日から東京で、ユネスコ、文化庁、東京国立文化財研究所などの主催のもとに「無形文化遺産の保存に関する国際ワークショップ」が開かれていた。世界各国がいまようやく無形文化財の重要性と伝承のむずかしさに思い至り、今後の方途をさぐろうというのだが、本田先生のお仕事はその点でもまさに先駆的であったといえよう。

先生は調査研究一筋、無私無欲の人であった。人の悪口や論争などをきいたこともなかった。そんなひまもなかったろうし、何よりも「わが道を行く」という信念の方であったからだ。一徹であった。「藝」をはじめ旧漢字、旧仮名で通されたのはその一つのあらわれにすぎない。

福島県に生まれ、早大英文科を出てすぐ石巻中学の英語の先生になり、傍ら芸能研究にのめりこんでいかれた。先生の卒業論文がイエーツの研究ときけばおどろく人が多いかもしれない。が、戦後、演劇科を創設した私の父が、その人と学問を深く信頼して、早大にお迎えしてからも、先生の持ち時間の多くは英語だったのである。

しかもえらいのは、忙しい芸能採訪の中でも、正規の授業はけっして休講されなかったことだ。責任感、謙虚、誠実…。返す返すも、心から尊敬できる、まれな方であった。

私にも、いつも変わらぬ温容で接してくださった。戦後まもなく、窮乏を極めたころのこと。芸能調査にお供したあと、東京・沼袋のお宅で一杯のうどんをいただいた。空腹の学生には涙の出るような歓待だった。お礼をいう私に先生は「もっとあればよかったんだが」と、ちょっとはにかんだように微笑された。その笑顔が忘れられない。

先生、どうか安らかに―。(早稲田大名誉教授)

二〇〇一年三月一二日

際立つ世界観、鷹は去った
上村松篁さんを悼む

秦恒平

上村松篁さんが亡くなられた。哀悼といった物言いではとてもおさまらない私的な思い出が、断片のまま、組んずほぐれつ私のなかを奔走する。氏の、久しく重い業績のかずかずを整理して顧みるといったことが、急にはできない、そんなことはしたくない、というほどの気分で、今は、いる。

▽数奇の血縁

大学の恩師が亡くなられ、正月早々のご葬儀にはせ参じてかろうじて焼香に間に合ったすぐあと、お見送りに、京の鹿ケ谷、底冷えの路上にならんでいるときに、初めてお声をかけていただいたのが松篁さんご夫妻であった。恐縮の初対面であった。お二方のそこにおられた理由は、故人がご子息のやはり恩師であったからだろう。

が、私に声をかけて下さったのは、早くに一度二度私が「松園」について長めの文章を書いていたり、その仕上げの体で、「閨秀（けいしゅう）」という小説を発表して間もなかったからだと思われる。じつに腰の低い方だと感じたのと、夫人が、あぁ、あの…と、松園名作のモデルであられたのを咄嗟（とっさ）に思いださせるようなお方であったのとが、印象につよく残った。昭和四十八年であった。

松園・松篁の母子は、ある意味で数奇の血縁であった。今ではそれもよく知られ、昔でも、知る者はかなりよく知っていた。私ごときでも知っていた。

▽先鋭なささやき

しかし閨秀松園を小説にするとき、私は、知っている事実を（避けてではなく）わざと変えて、今すこし小説のために斯（か）く在るべかりし世界を架け構え、創作した。松篁さんの思惑をはばかりはしなかった。大切なのは松園芸術への私の思い、深い思いをどう表現したらいいかに尽きていた。

結果として、松篁さんはそれを寛容に受け入れて下さっていたように思われる。ながい淡きよき交わりがとぎれもせず続いた。衛星放送で、たいへん長い時間をかけ、美しい対談の機会をもつこともできた。展覧会や宴会では何度も何度もお目にかかり、そのつど、松篁さんならではのよく練れた京ことばで、得難い「芸術」寸描を聴くことができた。いつでも「考えて」いるひとであった。

行儀のいい挨拶（あいさつ）は挨拶なりに、すっと顔から近寄って、内証ごとを楽しむふうに「松篁美学」を耳に吹き込まれた。思わずうなずき、ときにはビックリするほど先鋭なささやきであった。

晩年の松篁さんは、じつに美しく母松園を語るお人でもあった。まるで自分の知らない実母のことを話してもらってでもいるような、うれしい錯覚を、何度私は楽しんだことだろう。

▽歴史的な危惧

井上靖の「額田女王」に絵を添えたころから、上村松篁という画家は、急角度に世間の人に成られたかに思っている人が、多い。松園の子、上村淳之の父という「三代」の血縁を重くみている人も、また多い。しかし、現実に上村松篁にこう死なれてみて私の感じるのは、幾久しい日本の「花鳥画」の伝統に、はっきりと危機が訪れたのだという歴史的な危惧（きぐ）である。それほどの、松篁さんの大きさ深さ正しさである。

本格の花鳥画は、東洋のという以上に日本画の誇りであり、際立った世界観の一証左なのでもあるが、そんな上村松篁の境涯を超えて、真に新世紀に花鳥画の神妙を伝えうる後続画家が在るのか無いのか、それの見えないのが、こわい。間違っても、二十世紀の上村松篁とともに花鳥画は終焉（しゅうえん）を遂げたなどという「立場」に、松篁さんを立たせたくない。

系譜にこだわる気はないが、嗣子淳之氏の充実がますます願われてならない。それにしても松篁さんには、〝鶴（つる）〟の名作群にならんで二十一世紀をにらむすばらしい、〝鷹（たか）〟の在りえたことを、私は今もしみじみと心残りにしている。今ごろは母松園のそばにおいでであろう。永遠のお幸せを、祈る。

（作家）

二〇〇一年三月一五日

権力や戦争に対する嫌悪
杉浦明平氏を悼む

黒古一夫

杉浦明平氏が亡くなったと聞いて、すぐに思い出したのが、戦前から戦後にかけての短文を集めた「暗い夜の記念に」（一九五〇年、私家版）に収められた「或暗い日に」と題する、保田與重郎（と日本浪曼派）批判の「彼は文化だの美だのと麗々しくかかげた看板の下でラッパを吹き鳴らして日本国民を戦争にかりたてようとたくらんでいるものだ。かういう男こそ文化の、美の、芸術の、文学の擁護者支持者主張者にあらずして、正にそれらのものに唾するもの、こぼちいためるもの、小便をひっかけるもの、汚辱するものであらねばならない」という激烈な言葉であった。

一高から東大に進み、その間に立原道造、田宮虎彦、寺田透、猪野謙二らとの交友を深め、「帝国大学新聞」の編集部員として中村真一郎や小島信夫を見いだした杉浦明平氏は、大学院在籍中の三八（昭和十三）年、何故ルネッサンスの古典研究を志したのか。

千三百枚余に及ぶ彼の戦前から戦後にかけての研究を集大成した初の単行本「ルネッサンス文学の研究」（四八年）は、ルネッサンスを中・近世から近代に至る「転換期」と位置付け、その時代に活躍したダンテやボッカチオ、ダビンチ、マキャベリ、といった芸術家たちが、いかに生き生きと次なる時代に胸膨らませながら「創造の翼」を羽ばたかせていたか、を自分がいま生きている「暗い時代」と重ねながら論じたものであった。

その意味では、先の保田與重郎（日本浪曼派）批判も、彼らの「古典＝日本回帰」とルネッサンスの古典（ギリシヤ）回帰とが似て非なるものであるとの認識から生み出されたもの、と考えることができる。

六〇年代の半ばから日本の中世・近世文学への関心を深め、「戦国乱世の文学」（六五年）、「維新前夜の文学」（六七年）、「新・古典文学論」（七四年）等を著したのも、根はルネッサンス文学の研究と同じものであった。

杉浦明平氏が敗戦の一年前に故郷の渥美半島に戻り、以後時々は上京するものの、ずっと彼の地にとどまり、四九年には日本共産党に入党し（六二年まで）、あまつさえ生まれ在所（福江町）の教育委員や町村合併して渥美町となった故郷の町会議員（五五―六三年）として活動するのも、その根底には戦前から戦後にかけての暗い時代と混迷の経験があったからと考えられる。

人間の尊厳を踏みにじる権力や戦争に対する徹底した嫌悪、そしてそれらの抑圧装置に抗してけなげに生きる庶民（市民）に対する温かいまなざし、これらは杉浦明平氏の文学、例えば記録文学の傑作「ノリソダ騒動記」（五三年）、大作「小説　渡辺崋山」（七一年）、身辺雑記「農の情景―菊とメロンの岬から」（八八年）等々のすべてに通底するものである。杉浦明平氏をして独自な「戦後派」文学者と言わしめるゆえんでもある。

古今東西の文学に通暁する該博な知識、確固たる「民主主義思想・個人主義」に裏打ちされた市民（反権力）意識、加えて自在な諧謔（かいぎゃく）と哄笑（こうしょう）の精神、さらには最後まで失わなかったアララギ派に属するような叙情的な感性、昨今のちまちました文学の状況を顧みると、惜しい文学者を私たちは失ってしまったとの感慨を禁じ得ない。（文芸評論家）

二〇〇一年三月二三日

永遠のあこがれの的　新珠三千代さんを悼む

佐藤忠男

新珠三千代は楚々（そそ）とした美人だった。きつい労働などする役になると、上手下手よりもまず、痛々しくて助けてあげたいという気持ちが先に立つほどである。

橋本忍監督の映画「南の風と波」では、船長の夫を遭難で失った漁村の女性役で、これなど、かわいそうでかわいそうでならなかったものである。か細い腕で懸命に浜で網を引いているラストシーンなど、本当に画面の中に飛び込んでいって助けてあげたいと思ったものだ。

長く続いた人気の高いテレビドラマであった「細うで繁盛記」などは、まさにそういう新珠三千代のイメージにあてはめてつくられたようなものだったと思う。

経営の難しい宿屋の女主人として、困った問題をたくさん抱えながら、うわべはあくまで品良く美しい笑顔で従業員の先頭に立って働き続ける。仕事だもの、せっせと働くのは当たり前じゃないか、と他の女優なら思うところだが、彼女がやるとなんとなくいたわしいと同情したくなる。そういう印象がいやがうえにも人気を高めたと思う。

もっとも、そんなふうだったから、ただきれいで飾り立てられているような役が多くて、役柄の幅が狭くなって損をしていたかもしれない。

ひとつだけ例外的に、およそ不似合いかと思うあばずれの、エゴイストの娼婦の役を、川島雄三監督の「洲崎パラダイス・赤信号」という作品で演じていたが、これが意外な好演でびっくりしたものである。

あの調子なら、あるいは体当たり熱演の演技派女優の道にも進めたかもしれないが、ファンの希望はやはり、しとやかで、上品で、静かにほほ笑んでいるだけで男たちのあこがれの的になるようなタイプだったと思う。

それを模範的に演じた作品としてはまず「人間の条件」のヒーローの妻があげられるだろう。抵抗精神を貫いて懲罰的に軍隊に召集された仲代達矢の夫が、どんなに苦しい状況に突き落とされても必ず生きて帰ろうと思う、その必死の思いの向こうにあるのが新珠三千代の妻のイメージであった。

小津安二郎監督の名作「小早川家の秋」の彼女も忘れられない。大きな商家の家の中を取り仕切っているしっかり者の娘の役で、老いた父が病気であぶないのに浮気のために外出しようとするのを、しっかり見張っていてしかる。こんな娘にならしかられてもうれしいと思うようなすてきな好ましさがあった。

本当にいい女優だったと思う。心からごめい福を祈る。（映画評論家）

二〇〇一年四月一日

まれな品格、大きな芸格
中村歌右衛門さんを悼む　河竹登志夫

ここ数年病床にあって、客席から「大成駒!」の声もきかれず、さびしい思いをしていたが、その歌右衛門さんがとうとうなくなった。八十四歳であった。

近年まで日本俳優協会や芸団協（日本芸能実演家団体協議会）の会長をつとめ、芸術院会員、人間国宝、文化勲章、オーストラリア・ビクトリア州文化功労賞、フランス・ベルメイユ章…と、称号や賞歴もきりがないくらい。この、名実ともに戦後半世紀をリードしてきた最高の名女方（おんながた）を失った虚脱感の大きさは、たとえようもない。

実父五代目歌右衛門も明治大正から昭和前期にかけて、幹部技芸委員長つまり座頭という、稀有（けう）の名女方だった。その後をつぎ、天性の美貌（びぼう）と不屈の努力錬磨により二代にわたって、女方として歌舞伎界の頂点をきわめたことも、史上で例がないだろう。

しかし父が女役のほかに石川五右衛門なども得意としたのに対して、純粋一途（いちず）に女方に徹したところに、この人の独歩の境地があった。

「廿四孝」の八重垣姫や「先代萩」の政岡など時代物の役々や「道成寺」ほかの踊り、「助六」の揚巻や「籠釣瓶」の八ツ橋のような世話物の遊女、それに夕霧や小春、お光といった上方系の女性も、よかった。また父ゆずりの淀君や、「春琴抄」「天守物語」「建礼門院」等々の新作にも名舞台を見せてくれた。三島由紀夫はその芸と人に傾倒し、「鰯売恋曳網」「帯取池」などをこの人のために書いている。

こうしたひろい芸域を貫いたのは、たぐいまれな品格とスケールの大きな芸格、そして、隅々にまで神経の届いた、ていねいで濃密な芸風であった。あるとき門弟に、

「器用になっちゃいけません。歌舞伎座の板（舞台）に乗る大きな役者にならなくちゃ」

と教えていた言葉が、忘れられない。

功績はしかも、国内にとどまらなかった。一九六〇（昭和三十五）年のアメリカ初演以後、歌舞伎は日本の代表的伝統文化の一つとして世界中に知られるようになる。そのときと、翌年のソ連公演とつづいての大成功により、歌舞伎の評価を確定したといえるのだが、そのどちらにも立女方として参加し、独自の美を世界に印象づけたのが、歌右衛門だったのだ。

その国際的な功績に対して授与されたのが、高松宮記念世界文化賞（一九九五年）である。外国人ではオリビエをしのぐシェークスピア俳優ジョン・ギールグッドが受けたくらいの、文字通り世界最高の芸術家に与えられる賞だ。文芸顧問として何度も海外公演を共にした私は、推薦委員になったとき一も二もなく歌右衛門を推したのだった。

そう、海外公演といえば、シドニーで、私が下手の横好きでつくった刺し身とうしお汁を分けてあげたとき、「先生、とてもいいお味。大学の先生なんかおやめになったら」とほめられた。そのちゃめっ気たっぷりな声が耳にのこっている。芸のきびしさの一方には、こんな人なつっこさもある名優であった。（早稲田大名誉教授）

二〇〇一年四月八日

いつもあわてず、悠々と馬場のぼるさんを悼む

柳原良平

馬場のぼるさんとは「漫画集団」と「漫画家の絵本の会」の仲間同士のお付き合いである。

特に「漫画家の絵本の会」は毎年、東京・日本橋の丸善で、メンバー全員がオリジナルの絵本の原画を描いて展示する展覧会を開いていて、その折にはサイン会で一緒にテーブルに並んだり、最終日の夕方の打ち上げでフグ料理を食べ、飲んで話し合うことが続いていた。仙台や京都など地方展もあり、旅を共にした楽しい思い出が残っている。

この会のメンバーは、アンパンマンで大当たりのやなせたかしさん、独特のタッチの絵本を描く長新太さん、佐川美代太郎さん、多田ヒロシさんと馬場さん、私の六人。一九七四年に第一回の展覧会を開いたから、もう二十七年続いている。この間にメンバーだったおおば比呂司さん、手塚治虫さん、前川かずおさんが亡くなった。今、馬場さんを失って五人だけになってしまい寂しい限りである。

「11ぴきのねこ」シリーズは馬場さんの大ヒット作でロングセラーである。かわいいだけでなく、ちょっと皮肉があったり意地悪っぽかったり、がいい。馬場さんらしいところだ。

ひょうひょうとして決してあわてない。ケンカっぱやくて怒る私とは正反対、あまり怒った顔を見たことがない。何かあっても後で「困りますなァ」と小声でつぶやく程度。いや大人（たいじん）である。

ある時、絵本の会展が名古屋の丸善で開かれ、午前中暇ができたのでみんなで東山動物園へ出かけた。

ラクダがいる、ダチョウもいる、キリンだっている。馬場さんの本に登場する動物がいっぱいで、馬場さん喜々として写真を撮った。いくら撮ってもフィルムが終わりにならないので気になり、よく見たらフィルムが入っていなかった。「ほーほー」と苦笑いをしていたが、それでもさして悔しそうな顔ではなかった。こだわらない人だ。

少年時代、予科練（海軍飛行予科練習生のことで多くの少年たちが特攻隊として戦死した）だったと聞いてびっくりした。今の馬場さんからは想像もつかないが、馬場少年ですら軍隊に応募した時代だったと言えるだろう。あるいはその当時のつらかったテンポへの反動で、悠々たる風格、行動が生まれたのか、私には推測できないし、どうでもいいことかもしれない。

お酒は好きだった。数年前に胃を手術してむちゃはできなくなったが、それでも絵本の会の打ち上げ宴会で、ゆっくりと日本酒を飲んでいた。私なんかの騒々しい飲み方と違って、やっぱり馬場さんらしいテンポである。あのヒゲと相まって酒仙という感じだった。

新作を手掛けていたと聞く。立派。絵かきは最期まで筆を持っていたい。それにしても七十三歳は早すぎる。馬場さん、悠々と、そちらでお酒を飲んでいてください。（画家）

二〇〇一年四月九日

永遠に記憶に残る歌声
並木路子さんを悼む

伊藤強

昭和二十（一九四五）年暮れ、戦後はたしかに「リンゴの唄」で始まった。都会は焼け跡だらけである。ラジオからは「尋ね人の時間」という番組が放送されていた。NHKが、放送二十五周年の記念として作ったLPレコードには、その一部が収録されていて、その雑踏のバックの音に紛れて、たしかに「リンゴの唄」が聞こえてくる。その日の食料にも事欠く生活だったけれど、少なくとも空襲の恐怖からは解放されていた。そのことだけで、人々は明るさを得たのだった。

並木路子の天性の明るい声は、そんな気分にうってつけだったのだ。この歌は、当時すでにスターだった霧島昇と一緒に録音されているのだけれど、この歌によって人気を獲得したのは、「そよかぜ」という松竹の戦後第一号作品とはいえ、比較的お手軽に作られた映画の（当時はそれでも精いっぱいの製作だったろう）主役に抜てきされた、松竹歌劇団（SKD）の団員で、ごく普通の新人だった並木路子である。

それは、この歌の明るさが、彼女の声によってより大きく増幅されたからにほかあるまい。映画が公開される昭和二十一年の四月以前に、彼女はスターになっていた。

声も含めて、並木路子は終生、明るいキャラクターを貫き通した。昭和の終わりのころ、彼女のリサイタルを演出したことがある。それは、リサイタルというよりは、彼女の交友関係を集めての、ゲスト大会の様相を呈した。彼女が、あの人も、この人もと言い出し、その人たち全部に、それなりの出番をと望んだからである。その気配りは、まさに見事としか言いようがなかった。

だが彼女は、戦争末期、母親と一緒に、空襲の火から逃げまどい、九死に一生を得るという経験をしている。そのような経験がありながら、なぜにあれだけの明るい声とキャラクターを獲得できたのか。

率直に言って、ヒット曲が数多くあるわけではない。しかし、そうであったとしても、「リンゴの唄」は、われわれが、あの戦争の記憶を持ち続ける限り、永遠に記憶にとどめておくべきだろう。なんと言っても、バブル経済も、平成の不況も、すべては「リンゴの唄」と、その時代から始まっているのだ。

並木路子の訃報（ふほう）を聞いたのは、原信夫とシャープス&フラッツの結成五十周年の記念コンサートを聴いた直後である。このバンドも、戦後のさまざまな音楽とともに存在し、いまも第一線のバンドである。われわれの戦後は、並木路子の死にもかかわらず、まだ終わっていないのかもしれない。

だとしたらせめて「リンゴの唄」は、彼女の明るい声とともにしっかりと記憶にとどめておきたいと思う。（音楽評論家）

二〇〇一年四月一三日

高い水準を究めた学際研究
大林太良さんを悼む

森浩一

数日前、大林太良さんの新著「山の民　水の神々」(大修館書店)が送られてきた。昨年から体調の不良はうかがっていたけれども、「捜神記」などの六朝小説を資料にするという新しい視点での著作であり、こういうご本を書けるということはかなり体調を回復されたのだろうとひそかに推測した。それから数日あとに訃報(ふほう)に接したのである。

大林さんの学問は周知のように文化人類学、神話学、言語学、考古学など多くの領域にまたがっていて、驚くべきことにそのいずれにおいても高い水準を極めておられる。学際研究を一人の研究者のなかで実践されているわけである。日本の古代史についても、鋭い視点をもっておられる。

僕が大林さんと最初に接触したのは井上光貞先生が「日本の歴史」(中央公論社)を執筆された昭和四十年ごろで、神話の部分を大林さんが、考古学の部分を僕が執筆に協力したときだった。このときは直接にはお会いしなかったが、それからしばらくすると対談や座談会、シンポジウムの企画やパネリスト、書物の編集などで頻繁にお会いするようになった。

先年ふと勘定してみると、対談やシンポジウムでご一緒した回数が四十回ぐらいある。ということはこの三十年ほどで僕が知的刺激をもっとも多く直接にうけた相手である。

大林さんは学問を楽しんでおられた。もっといえば新しい領域に挑戦することを楽しんでおられた。富山市が主催した日本海文化の十回におよぶシンポジウムの企画委員もつとめられ、地域から歴史や文化をさぐるうえでの開拓者的な仕事もこなされたし、「日本民俗文化大系」や「海と列島文化」(ともに小学館)、さらに「日本の古代」(中央公論社)でも編集委員として自らがむずかしい個所の執筆を担当されただけでなく、多くの若い研究者に参加の道をひらかれた。

いろいろな機会に強く感じたのは、どの大学の卒業生かにかかわりなく、良い論文を発表した人についてはよくその論文の長所をつかんでおられた。まれにみる読書家でもあった。

一昨年、大林さんは「銀河の道　虹(にじ)の架け橋」(小学館)の大作を発表された。地球上のさまざまの民族が銀河や虹をどう見ているのかの神話や伝説を丹念に調べて、驚異的な力量を発揮された。この書物は毎日出版文化賞をうけられたのだが、この本から僕は鬼気迫るものを感じた。自分の生きた証(あかし)をこの本に凝縮されたのではないかと思った。

その受賞を祝う席で、関東学の創造に関心があると伝えると、「各地の一の宮に今興味を持っています。関東の例をまとめましょう」と約束していただき、大林さんもその実現を気にしておられたが、ついに果たせなかった。ごめい福を祈る。(同志社大名誉教授)

二〇〇一年四月一四日

抽象彫刻に独自の軌跡 堀内正和さんをしのんで

三木多聞

彫刻家堀内正和さんの急逝が伝えられ、その独自の存在感と軌跡をあらためて痛感させられた。堀内さんはいうまでもなく、日本の抽象彫刻のパイオニアであった。

一九一一（明治四十四）年、京都に生まれた堀内さんは、中学四年生のとき上京し、青山学院に通った。このころからヨーロッパの新しい芸術の動向に興味をもち、村山知義の「現在の芸術と未来の芸術」を読んで、自己流で抽象彫刻を作ったというから驚きである。

父親が「美術学校だけは困る」というので東京高等工芸学校彫刻部に入学。二九年、先輩にすすめられて二科展に出品した「首」が入選したので、これを機に学校を中退、二科会の研究所「番衆技塾」に入り、藤川勇造の指導をうけた。

胸部疾患のため転地静養を命ぜられ、彫刻から遠ざかっていたころ、藤川の訃報（ふほう）を聞いたという。戦時色が強まるなかで「何でもできるけれども何もしない」と考え、難しくて役に立たないことをしようと、アテネ・フランセでフランス語、ラテン語、ギリシャ語を学んだ。

戦後二科会に復帰し、五〇年京都市立美術専門学校（のちの市立芸術大学）の教授となった。このころから粘土で原型をつくる量塊彫刻をやめ、五四年から鉄の溶接による幾何学的形象の訓練計画を始めた。

最初は線の水平、垂直、直角、次いで四角い平面、丸い平面、円筒、円すい、メビウスの帯と進み、最後は総合的な構成を取り扱う長期的なプログラムで、すべて完了するまでに十年を費やした。形式遊戯の体操というが、このような明晰（せき）な態度による制作は他に例を見ない。

しかし子細に見ていくと、独特のプログラムにも無機的な要素ばかりでなく、のちによく登場するトロンプ・ルイユの一種ともいえる「だまし」（これは僕の命名だと堀内さんは言っていた）が導入されている。

堀内さんは「芸術という言葉はあまり使いたくないけれども、何か割り切れない不思議なものがないと芸術にならないような気がする」と言い、「明晰な神秘」というこの彫刻家得意の造語をしている。「さいころの骨ぬき」や「のどちんことはなのあな」などには、視覚的な心理を刺激する独特のユーモアがある。

静かな物腰の堀内さんは、知的好奇心と覚めた意識を持ち続け「何も表現しようと思っていないのに、人はその中に何かを見ようとし、事実また何かを見てしまう」などといいながら、「ものをつくるというのは文明批評でないとね」とつぶやいて、教え子たちを恐れさせた。

晩年の堀内さんは内外の大規模な展覧会で活躍し、ユーモアあふれる著書「坐忘録」も忘れられない。（美術評論家）

二〇〇一年四月一五日

明るい声で日本人励ます
三波春夫さんを悼む

伊藤強

演歌と呼ばれる歌のタイプには、大きく分けて三つの歌い方がある。一つは民謡系、俗曲系、そして浪曲系である。そしてもちろん三波春夫は浪曲系である。

しかし、浪曲出身としては、たぐいまれな美声であり、歌謡曲に転じてからは、その明るい美声が、高度成長下の人々の人気を得た。「チャンチキおけさ」「船方さんよ」は、昭和三十二年の作品である。つまり、五五年体制による、その後の経済成長を予感するような明るさが、曲調と声にあり、それこそが人気の源泉だった。

のちの「東京五輪音頭」「世界の国からこんにちは」も、オリンピック、万国博覧会という、はなやかなイベントのテーマであり、三波の明るい声を抜きにしては考えられないヒットだった。彼は一貫して、その明るい声で、日本人を励まし、勇気づけてきたのだ。

もちろん、派手な着物姿の衣装、舞台の絢爛（けんらん）たる演出、そして満面の笑み、それらすべてが重なり合って、三波春夫を、国民的歌手にしたのである。

だが、三波春夫という人は、たんに歌謡曲歌手にとどまらなかった。戦後、シベリアに抑留された経験があり、その経験に基づく平和論は、説得力を持っていた。

同時に自身の歌手としての出自となる浪曲と歌謡曲を合体させることに心を砕き、そこから、日本の話芸に関しての研究を深めていった。それは、好奇心の枠を超え、むしろ学者的なストイックな姿勢で貫かれていた。

同時に若いミュージシャンとも交流を持ち、ディスコ調の歌を作り、実際にディスコのお立ち台でもうたった。ジャンルにとらわれず、歌を通して、日本人というものを極めたいという思いが、彼の中に深くあったのに違いない。

「お客さまは神様です」という言葉は、単に尊敬し、その言うがままに行うということではなく、そのありようが、歌手としての自分を導き、教えてくれる存在なのだという意味だと、彼自身から説明を受けたことがある。

その芸で多くの日本人を励ましながら、三波春夫は、常にその聴衆である日本人とともにあった。このような芸を持った人は、これからも出てはこないだろう。合掌。（音楽評論家）

二〇〇一年四月一六日①

常に新風、型破りの先駆者
勅使河原宏さんを悼む

白井佳夫

勅使河原宏監督が、七十四歳でこの世を去った。彼は戦後の日本映画の歴史に、まったく新しい映像表現の風を吹きこんだ映画作家として、異色の人であった。

華道の世界で、前衛的な存在だった草月流の家元、勅使河原蒼風の子として生まれ、東京美術学校（現在の東京芸大）で日本画と油絵の両方を学んでいる。

ピカソを好み岡本太郎と交流し、作家の安部公房や詩人の関根弘の前衛芸術運動に加わり、やがて他の人が撮って未完になっていた美術映画「北斎」をまとめ完成させて、映画の世界に足をふみこむ。

ドキュメンタリーの監督亀井文夫や、劇映画の監督木下恵介のもとで、映像について学び、「シネマ57」というグループを友人たちと結成、集団映画創作に挑んだりしている。

アメリカのボクサーの中編記録映画「ホゼイ・トーレス」を作った後、かねて交流のあった安部公房がシナリオを書いたテレビドラマ「煉獄」を見て、その劇場用映画化を企画。

その結果生まれたのが「おとし穴」であった。この安部公房シナリオとの結びつきが、彼の代表作「砂の女」「他人の顔」「燃えつきた地図」を生んでいく。

特に「砂の女」と「他人の顔」は、国際的にも高い評価を得た。しかし、安部シナリオと離れてからは、「インディレース・爆走」「サマー・ソルジャー」とやや低迷する。

一時は映画から離れ、陶芸に熱中。父蒼風の死で草月会理事長をつぎ、スペインで撮ったドキュメンタリー映画「アントニー・ガウディー」から、本格的に映画創作を再開する。以降「利休」「豪姫」という歴史ドラマを、独特の前衛体質をにじませた時代劇大作として製作して、新境地を作った。

ついで勝新太郎と組んで宮沢りえを共演者に、新作時代劇を作ろうとしたのだが果たせず、日の目を見なかったのが残念だった。

彼は映画監督になる道が大手映画会社の撮影所に入って助監督修業をするほかなかった時代、他分野から入ってきて、新しい日本映画を作った人の、いわば第一号といってもよかった。

北野武、市川準といった人たちが従来の日本映画のイメージを一新した、型破りの映像作品を生みだしている現状の、スタートラインを、約半世紀前に作った、といってもいい人なのである。

私のいちばん好きな彼の作品「他人の顔」の、不思議な前衛的装飾の酒場のセットのシーンで、前田美波里の演じるなぞめいた歌手が、武満徹の作曲したクルト・ワイル風の歌曲を、ドイツ語で歌い出した瞬間の、奇妙な陶酔感が忘れがたい。

あの作詞をドイツ語でおこない、それを再度日本語に訳し直したのは、岩淵達治だったはずである。（映画評論家）

二〇〇一年四月一六日②

こだわり、骨太の歌声
さようなら、河島英五さん

反畑誠一

大柄で不器用そうだが、腹の底から大声で、フォークギターを奏でながら、男の嘆きや怒りをひたむきに歌う姿が、いまだに目に焼きついている。彼の代表作「酒と泪と男と女」は一九七六年にレコード発売された曲で、CMソングに起用されたのがきっかけである。

ピンク・レディー全盛期で「ペッパー警部」「S・O・S」が大ヒット中。男のむなしい気持ちを歌った彼の歌声は、その年の暮れになってやっとベストテン入りしてきた。バーの止まり木で、酒に酔うほどにこの歌に酔い、口ずさむサラリーマンの姿をよくみかけたものである。

戦後生まれが日本の総人口の半数を超え、ジョギング・ブームにわいたころで、はがきは二十円であった。翌年、カラオケが爆発的ブームになり「酒と泪と…」は大衆の愛唱歌になった。

河島英五の音楽活動は、高校時代に結成したフォークグループ「ホモサピエンス」が出発点である。その後、ソロ活動に転じ、ヒット曲が生まれた。彼の音楽のルーツは、若者がこぞってアコースティック・ギターを手に歌うことを楽しんだフォーク世代であった。

六〇年代に、米国のボブ・ディランらが歌っていたフォークソングの波が日本の若者たちに伝わり、その後進化して「ニューミュージック」という呼称になるが、彼はその分岐点に登場したことになる。

そのころ、河島の歌声と共に、荒井由実「中央フリーウェイ」、アリス「帰らざる日々」、五輪真弓「恋人よ」がヒットしていたが、後にニューミュージックの旗手になった人たちである。

ポピュラー音楽が多様化しだした時代にあって、河島英五はフォークソングにこだわった。もともと素朴な人間性を歌ってきたフォークが、ある時期から市民権運動歌になり、反戦ソングになっていった思想的な変遷が、彼の生き方にまで重くのしかかったようだ。音楽活動のほかに、エッセーを書いたり、NHK朝の連ドラに出演するなど範囲を広げていった。

八〇年代には、四年間にわたって海外へ放浪の旅に出ている。テーマは自然と人間だった。八六年に「時代おくれ」という曲を出しているが、彼の本音だったかもしれない。九五年秋、NHK「みんなのうた」で「魔法の絵の具」（作詞・作曲・歌）が放送されていた。その後に、所属レコード会社からリストラの対象になったと漏れ聞いた。

昨今、若者たちの間に、ネオ・フォークが流行している。街頭でフォークギターを手に弾き語りしている風景をよく見かける。河島英五のこだわりを時代が求めている時の急逝は惜しまれてならない。（音楽評論家）

二〇〇一年四月二三日

忘れられない優しい目
シノーポリ氏を悼む

永井和子

コンクール入賞の副賞として頂いた海外渡航券で、初めてのヨーロッパに向かった。胸躍らせてウィーンの地に立った私を出迎えたのは、日本からの一本の電話。ある事情で私はこの旅の予定のすべてを変更し、帰国を余儀なくされてしまったのです。

ヨーロッパへの熱い思いを残し、日本に戻った私は初めての「時差ボケ」と闘う中、あるオーディションを受けるようにとの連絡を受けました。その会場で初めて、ジュゼッペ・シノーポリ氏とお会いしたのです。

準備していった曲を歌い終え、帰ろうとした時、もう一曲何か聴かせてほしいとのこと。私は「セビリアの理髪師」のロジーナのアリアを歌いました。が、時差ボケのためか最後の二点H音が思うように出なかったです。

その時、マエストロは一言アドバイスを下さったのです。そして「もう一度やってごらん！」と促され、繰り返したところ、何とも気持ちの良いH音が私の身体を通って輝き出たのでした。その時の私の喜びは言うまでもなく、うれしそうにほほ笑まれたマエストロの目の優しさは忘れることができません。

こうして私はシノーポリ指揮、サントリーホール・オープニング「蝶々夫人」のスズキ、さらに同役でベルリン・ドイツオペラの舞台にも立たせていただく機会に恵まれたのでした。

思えば、あのコンクール副賞の海外留学が順調に運んでいたら、私はシノーポリ氏に出会うことはなかったかもしれません。「出会い」の持つ不思議を思わずにいられない出来事でした。

まだまだ駆け出しの、海外生活未経験のまま始まった私の外国での仕事。マエストロから与えられる指示、注意、要望…流ちょうな会話もままならない私は、言葉で思いを伝えることもできず、まして言い訳などもってのほか！　とにかく歌うことで示すほかありませんでした。

本当にマエストロはもどかしかったことでしょう。しかしマエストロの指揮棒から私は、自分でも気付かない眠っていた自分をどれほど引き出されたことか！　無言の対話を何とたくさんさせていただいたことでしょう！

昨年ドレスデン国立歌劇場管弦楽団の日本・アジア公演（ベートーベン第九交響曲）でソリストとしてご一緒させていただきました。台北の空港に着いた時のこと、出迎えてくださった関係者の方から歓迎の花束を手渡されたシノーポリ氏は、その中の一輪を抜き取って、私に下さいました。

花は滞在中、ホテルや楽屋で私を元気づけてくれていたのですが、さすがに日本まで持ち帰ることもできず、元気に咲いていたその一輪の花に見送られて帰途に就きました。これが私にとっては、最後のマエストロとの演奏会になりました。

咲き誇っていたあの一輪の花と同じく、生き生きとたくましく、美しくあふれ出る音楽の真っただ中で突然、届かぬ所へと旅立たれたマエストロ・シノーポリ。最高に美しい瞬間に別れなければならない痛みが、私を襲っています。（声楽家）

二〇〇一年五月一八日

「歌」の流れに生きた人
團伊玖磨氏を悼む

林光

團伊玖磨さんが、旅行先の中国・蘇州で亡くなった。作曲家としての経歴、幅広い識見と人格、高い知名度のゆえに、多くの運動や組織の代表に担ぎだされた團さんだったけれど、日中文化交流に果たした業績が、だんぜん抜きんでている。

政治や思想の領域とはちがって、文化というおおらかな窓口をとおしてなら、両国の息の長い交流が可能だということを、團さんはよく知り、進んでリードした。團さん以外にだれがそれをできたろう。

作曲家としての團さんは、なんといっても「歌」の人で、歌曲からオペラへとつながる「歌」の流れに沿って、かれ自身の音楽を発展させていった。

その行き方は、山田耕筰のとおった道のくりかえしのようにも思えるが、もとを尋ねれば詩と劇を結ぶ糸に沿って発展してきたヨーロッパ文芸の考え方の反映でもある。

敗戦直後、大勢の作曲家たちが競って作ったピアノ伴奏つきの歌曲のなかで、音楽学校を出たばかりの團さんがあふれるように次から次へと発表していったたくさんの歌曲は、詩の内容とそれを包む日本語のひびきの両方に繊細に反応するもので、戦後の日本歌曲の出発点を定めた。

わたしの記憶にのこる、いちばん早い作曲家團伊玖磨の姿は、山本安英とぶどうの会が上演する木下順二「夕鶴」の舞台のそでで、四人編成の小オーケストラを指揮している光景である（やがて指揮者は、先年亡くなった夫人の和子さんにかわる）。

せりふの一字一句とつき合わせ、試行をくりかえして成った團さんの劇音楽を得て、はじめて「夕鶴」の舞台は完成した、と言っていいだろう。「歌曲」の土台に、この得がたい経験がプラスされて、さいしょのオペラ「夕鶴」の作曲へとつながっていく。

「夕鶴」は、留保なしに再演に耐える日本さいしょのオペラだ。けれども台本（木下さんの戯曲そのまま）のまれに見る美しさと、オペラ処女作のみずみずしさにつよく後押しをされている。

作品の意図と劇場の効果をしっかりと結びつけたオペラ作者は、一作ごとにすこしずつわたしたちの前に姿をあらわすのだ。

ところで、團さんの音楽を評して「スケールが大きい」という人は多いが、しばしば両義的なこの表現をオペラにあてはめるなら、スケールの大きさはオペラになくてはならない美点であり、だがそれだけでは内容空疎におわってしまう、ということになろう。

歌曲で磨いた繊細さにしっかり裏打ちされるとき、團さんならではのすばらしいオペラ空間が生まれる（その最高の達成が「ひかりごけ」）。

裏打ちの弱さが惜しまれるのは、たとえば最後のオペラとなった「建・TAKERU」。任地を転々とさせられるサラリーマンの悲哀を描こうとしたと、これは直接聞いたのではない。が、ほんとうだとしたら、その程度の「読みかえ」では古事記の呪縛（じゅばく）には歯が立たなかったということだろう。敗れて悔いはなかったろうか。

たくさんの交響曲を書き、映画音楽も、そして「ぞうさん」も書いたけれど、歌曲とオペラを結ぶ一本の道が、やはり生涯の團さんの道で、そこでの実りをわたしたちは感謝とともに受け取るのだ。（作曲家）

二〇〇一年五月二一日

仏教研究にささげた一生

鎌田茂雄氏を悼む

池田魯参

東アジア仏教の研究で輝かしいご業績をのこされ、何人もまねることのできない光輝に満ちた足跡を記され、鎌田茂雄先生は、七十三歳のご生涯を閉じられた。五月十二日、午後七時四十五分のことである。

腰痛の異常を訴えられ、精密検査を受けるために北里大研究所付属病院に入院されたのは三月五日で、その結果、前立腺（せん）がんが脊髄（せきずい）まで転移していて、もう余命はいくばくもないと判明したのであった。付ききりで看護されたお宅の方の話だと、それからは痛みを抑えながらの二カ月余りに及ぶ病臥（が）生活であったという。

そんな様態の中で、知己の見舞客が訪れると平静を装いながらお話しなさる先生の気丈なお姿に、傍らにいる者は感涙を禁じ得なかった。「身辺の整理はみんな済んだから、何も心配ないんだよ」とおっしゃられ、ご家族の皆様に見守られ静かに息をひきとられたという。

突然の、あまりに理不尽な仕舞（しまい）支度ではなかったかと口惜しいことであるが、先生ご自身は「やるべきことはすべて最善を尽くしてやり終えた」というお気持ちで、それこそ、文字通り完全燃焼のご一生で、思い残すことはなかったのではないかと思う。心からごめい福をお祈りするばかりである。

著述の量と質だけでも驚嘆に値するが、これらの著作が成った年月に思いをはせると、時計で計ったような自己規律の厳しい朝鍛夕錬の日々が思い起こされ、併せて韓国、台湾、中国ほか、東アジア全域に及ぶ現地調査で費やされたご労苦のほどがしのばれる。

先生のご文章に見えるように、それこそ「脇（わき）目もふらず、何かに憑（つ）かれたように」仏教の研究を遂行するためだけにささげられたご一生であったように思う。

三年前に、先生の古希を記念し「華厳学論集」（大蔵出版）を刊行したが、そこに掲載されている著作目録を見ると、著書七十九冊、共著・編著二十六冊、論文二百十九点、雑誌・単行本四百四十六点、新聞百二十二点、推薦文・その他五十四点、書評二十四点、著書の外国語訳二十二冊、論文の外国語訳四十七点（一九九七年九月現在全著述）の多きを数える。

このように偉大な学者の生きざまを私どもはごく近い所でいつも拝見することができたのであり、僥倖（ぎょうこう）にも似た先生との出会いであったとしみじみ思うことである。お別れに当たって、そのことを心から感謝し、お礼申し上げたい。

先生の博士論文である「中国華厳思想史の研究」（六五年三月）の刊行を祝って、ちょうど今時分、鎌田先生を囲む会を開き、以後毎年のように、夜が更けるのも忘れて酒を酌み交わしながら、先生のご高見を拝聴した日々がなつかしく思い出される。七六年六月の学士院賞、八一年三月の仏教伝道文化賞の授賞式での、栄えあるお姿なども忘れ得ぬ一こまとなった。

まぶたを合わせれば、先生からご指導いただいた四十年余りの年月の出来事が走馬灯のように駆けめぐり、万感胸に迫りくるものがある。合掌。（駒沢大教授）

二〇〇一年六月四日

枯れることを知らない生涯
A・クインを悼む

渡辺祥子

アンソニー・クインが八十六歳で亡くなった。

少数派ヒスパニック系を代表するスターとして長らくハリウッド映画に君臨し、「平原児」（一九三七年）のネーティブアメリカンから「バレン」（六〇年）のイヌイット、「アラビアのロレンス」（六二年）のアラビア人、「その男ゾルバ」（六四年）のギリシャ人などなど、国籍・人種を問わずさまざまな役を演じて、役柄の幅広さとパワフルな存在感で人気のあった大物性格俳優だ。主役もむろんできるし、わきに回れば主役を食っていい味を出す、という名わき役でもあった。

一五年、アイルランド人の父とメキシコ人の母との間にメキシコで生まれ、少年時代にロサンゼルスへ移住。父親が亡くなって早くに働かねばならず、俳優を志して素人劇団の舞台に立った後、「殺人都市」（三六年）の端役で映画デビューした。

これを大物監督セシル・B・デミルが見たことから、彼の「平原児」でゲイリー・クーパーの相手役に抜てきされてパラマウント映画と契約。やがて同監督の養女キャサリン・デミルと結婚するが、デミルが五九年に亡くなった後離婚、長らくの愛人だった女性と再婚した。とはいえ、その後も女性関係は華やかだったようだ。

五〇年代に入って舞台に進出したが、うまくいかなかった時、エリア・カザン監督の「革命児サパタ」（五二年）で主演のマーロン・ブランドを食ってアカデミー助演男優賞を受賞した。

五六年の「炎の人ゴッホ」でも主役のカーク・ダグラスを食って同賞を受賞。加えてイタリアで主演したフェデリコ・フェリーニ監督の「道」がアカデミー賞の外国語映画賞を受賞するなど、出演作にも恵まれたのだろうが、確かな演技力で共演者を圧倒して大型性格俳優の地位を確立している。五八年には「大海賊」で監督に進出して失敗。以後は俳優業に専念した。

若い日から中年に至るまでの彼はラテン男特有のセックスアピールを放ちながらずぶとい人間くささを発揮していたが、年を重ねるにしたがって滋味があふれ、大人ならではの抜け目なさや懐の深さが魅力になってきた。「ナバロンの要塞」（六一年）、「砂漠のライオン」（八一年）など、さまざまな役どころを演じ、九〇年代に入ってからも「リベンジ」（九〇年）、「雲の中で散歩」（九五年）などに出演していた。

一筋縄ではいかない気骨ある男が似合い、生涯枯れることを知らない男だった、というのが彼にはふさわしいだろう。（映画評論家）

二〇〇一年六月七日

裸婦に輝く生命の歓喜
伊藤清永氏を悼む

田中日佐夫

この春、卒寿を記念して東京ほか全国四市で新作を中心に個展を開かれた伊藤清永画伯が、五日夕刻逝去した。

九十歳というお年を全く感じさせない、画伯独特の明るく豊かな色彩に満ち満ちた裸婦像が並んだ個展会場を思い出しながら、すぐれた芸術家にとって、必然的に起こっているであろう年齢による肉体的衰えと作品の充実さとは、全く関係がないのだということをあらためて思い知らされている。

日展洋画部の長老として、白日会会長として、長くわが国洋画壇の中心におられた伊藤清永画伯は、一九一一（明治四十四）年二月二十四日兵庫県出石町の名刹（めいさつ）・吉祥寺に生まれた。三男ではあったが、幼いときから僧りょとしての修行を課せられ、それと同時に絵の才能も早くから発揮されていたという。

出石町の小学校を卒業後、名古屋の祖母の家に寄住、曹洞宗第三中学校（のちの愛知中学校）に入学。二五年十四歳のころから油絵を描き始めた。

二八年愛知中学校を卒業。画家になることを決意した伊藤画伯は、激しい父の反対を押し切って上京、岡田三郎助の門に入り、本郷絵画研究所に通い、翌年、東京美術学校西洋画科に入学した。病苦と貧窮に悩まされた苦学の日々であったが、三五年二十四歳で美校を卒業するまでには、白日会で受賞したり、第十四回帝展に初入選を果たしたり、確実に本格的な画家への道を歩みだしていた。

三六年、文部省美術展覧会に「磯人」という海女の群像を描いた大作を出品、選奨受賞。またこれを機に母校愛知中学校講堂に大壁画を描くことになった。後年の単独の裸婦像などではそれが画面の奥底にかくされているのだが、伊藤画伯の画面上の構成力は、そのころにきたえ抜かれていたのであろう。

戦争中には、再度にわたる兵役と父の死による一時的にしろ吉祥寺住職代理就任など苦労は多かったものの、戦後いち早く再開された画壇における活躍はエネルギッシュであり、その成果は目を見張るものであった。裸婦をモチーフに輝くばかりの色彩が画面上におどるようになった。

生命の歓喜ともいうべきその裸婦たちは、肉感的ではあるが決して下品ではない。私はそれを僧りょとしても学び修行した伊藤画伯の、その意識の中に存在した仏の世界の表出だったのではなかろうかと考えている。その意味でも八四年、七十三歳のとき愛知学院大学百周年記念講堂をかざるため描いた「釈尊伝四部作大壁画」は特に記憶されるべき作品であろう。

画伯は、九一年文化功労者となり、九六年には文化勲章を受章された。なお忘れてならないことは、昨年の「文芸春秋」新年特別号に、現在の日本の美術界に対するきわめて激烈な批判を寄せておられたことである。老画伯の遺言とも思えるものであったが、私はその言葉を思い返しながら心からのごめい福をお祈りするものである。（美術評論家）

二〇〇一年六月一四日

生涯を賭した前衛的姿勢
斎藤義重氏を悼む

酒井忠康

斎藤義重氏が亡くなった。一九〇四年五月の生まれだから九十七歳になる。二年前の秋に、私どもの美術館（神奈川県立近代美術館）で、新作を含んだ回顧展を開催し、その初日にお目にかかったのが、氏とお会いした最後となった。つえをつかれていたとはいえ、溌剌（はつらつ）としていて、多くの来客にニコニコしながらあいさつされていた姿が思い出される。まだまだ仕事をしたい、という意欲をみせていたので、たいへん残念に思う。

顧みれば、斎藤義重というひとは、日本の抽象美術の草分け的存在であったことはまぎれもない事実であるが、それよりも国際的に高い評価を得ていた数少ない日本の現代美術家だった、という思いに私はかられる。生涯を賭（と）した、その前衛的な姿勢には、世俗と距離を置いた、どこか孤高の感があった。

時の遠近法によって、そのしごとの意味が問われるのは、もっと先のことかもしれないが、しかし、この作家の持続的な思索と実験的なしごとのあとをたどることは、真の意味で日本の現代美術の〝現代〟というものが何であったのかを示すことにもなるだろうと思う。

十代半ばから外国文学を乱読し油絵を描きはじめて、一九二〇年には亡命来日したロシア未来派の画家の作品をみて衝撃を受けている。構成主義やダダイズムに興味をもつようになった、と語っているように、大正期の前衛美術運動の洗礼をうけたひとりであった。

三六年には二科展に初入選。二年後に前衛志向の「九室会」が二科に結成されたときには山口長男や吉原治良らと参加し、もっぱら合板レリーフの構成的作品を制作している。三九年にはシュルレアリスムの画家を中心とした「美術文化協会」の結成に加わっているが、作品の傾向が構成的なものであったので異色の存在としてみられ、また特高にも捜査されるという事態を招いている。

作品を戦災で焼失。戦後の出発は五七年のことであった。「第四回日本国際美術展」に出品した「鬼」がK氏賞を受賞し、また同年開催された「今日の新人57年展」で、五十三歳にして新人賞を獲得し、一躍脚光をあびることになるからである。

その後は国際的に注目される数々の国内外の展覧会に出品して受賞し、文字通り、戦後の現代美術の牽引（けんいん）者のひとりとして活躍する。その間、後進の指導にも情熱をそそぎ、若い優れた才能が氏のもとから巣立っている。

足場の不安定な日本の現代美術の世界で、氏が時代の先端を走ったことに意義があるのではない。時代の芸術がその様相をかえても、芸術の普遍的な表現の課題が厳然としてあることへの確信にもとづいて、氏のしごとが継続されたことに意義があるのだ。

既成の価値への懐疑はもとより、きわめて個人的なしかたで表現したところに、おそらく、斎藤義重という作家の神髄があったのだろう、と私は思っている。二〇年代（大正末期・昭和初期）に接したヨーロッパの新しい造形思考の感化が、没年まで（約八十年間）持続していたというのは驚異にあたいする。（神奈川県立近代美術館長）

二〇〇一年六月二九日

喜劇、社会派ともに絶妙　ジャック・レモン氏を悼む

品田雄吉

ジャック・レモンが死んだと知らされて、ついこの間見た「バガー・ヴァンスの伝説」（ロバート・レッドフォード監督）を思い出した。

レモンはゴルフコースで、心臓発作で倒れる老人の役を演じていた。どうやらそれが遺作となったようだ。

それから「ミスタア・ロバーツ」（一九五五年）が脳裏に浮かんだ。ジャック・レモンを初めて見た映画だった。これでアカデミー助演男優賞を受け、生きのいいコメディアンの出現、と注目を浴びた。活気があって、よく動き、抜け目のない要領のよさを感じさせる個性が、際立っていた。

「お熱いのがお好き」（五九年）で、ビリー・ワイルダー監督と出会ったのが、コメディアンとしてさらに成長するきっかけとなったようだ。

「アパートの鍵貸します」（六〇年）、「あなただけ今晩は」（六三年）、それにブレイク・エドワーズ監督の「酒とバラの日々」（六二年）などで、笑いだけでなく、平凡な男の哀感をリアルに演じてみせた。軽妙な喜劇演技に、ほろ苦い薬味が加わったのだ。

また、原子力発電所の事故を取り上げた「チャイナ・シンドローム」（七九年）や、チリの右翼クーデターを描いた「ミッシング」（八二年）などでは、何のケレンもないドラマティックな演技を見せ、ともにカンヌ国際映画祭で主演男優賞を受けた。

日本未公開の「セイヴ・ザ・タイガー」（七三年）ではアカデミー主演男優賞を受賞している。

一方、ウォルター・マッソーと共演した「おかしな二人」の連作では、神経症的清潔好きの人物を演じておおいに笑わせた。同じくマッソーと共演した「フロント・ページ」（七四年）は、新聞記者の取材合戦の内幕を描いて、たいへん面白かった。

コメディーもシリアス・ドラマも同じように、ありふれたアメリカ市民、といった調子で演じながら、しかし微妙に風合いを変えて見せたあたりに、俳優ジャック・レモンの真骨頂があったのではないか。（映画評論家）

二〇〇一年七月五日

最後のロシア文学者
江川卓氏を悼む

沼野充義

七月四日、ロシア文学者の江川卓が亡くなった。享年七十四歳。数年前から体調を崩し、すでに文筆や翻訳の現役からは引退していたので、いつかこの日が来ることは覚悟していた。しかし、こうして亡くなってみると、あまりにも早い死だった。そしてあまりにも大きな喪失であることを痛感させられた。

ぼくは厳密には江川さんの弟子であるとは言えないかもしれない。非常勤講師として江川さんが東大に教えに来ていたとき、ちょっと授業をのぞいたことがあるだけだ。

しかし、その授業からは強烈な刺激を受けた。ゴーゴリやチェーホフの原文をそれこそなめるように一語一語解読していく。九十分かけて二、三行しか進まない、などということもまれではなかった。外国語の原文を本当に精読するのがどういうことか、ぼくは江川卓に初めて教えられた。

シベリアで獄死したロシア文学者を父に持つ江川卓は、ソ連文学の紹介者・翻訳者として一九五〇年代に目覚ましい活躍を始める。出身は東大の法学部。東大にまだ露文科がないころで、ロシア語はほとんど独学だったようだ。

しかし天才的な語学力、抜群の鑑賞眼、そして文学に対する若々しい情熱を武器にして、政治とイデオロギーの渦巻くソ連文学に正面からぶつかり、本当にいいものをどん欲につかみとって日本に紹介してきた。

文学の面白さを骨太に伝える豪快さと言葉に対する繊細な感性をかねそなえた江川卓は、それ以前の左翼系ソ連文学につきものの生硬さをはるかに越え、ロシア文学の翻訳の質を飛躍的に高めることに貢献した。

江川さんは後に東工大の教授となったが、ぼくは彼を大学の先生というよりは、やはり在野の文人、そしてなによりも「ロシア文学者」だと思って尊敬していた。東工大でも理科系の学生の中に彼を慕って集まる若者が多く、また街中のロシア語学校でも情熱的な名講義を聞きたくて集まってきた江川ファンは多い。

晩年の江川さんはドストエフスキーをライフワークとし、小説の翻訳だけでなく、ち密な読みに基づいた論考を書き始めた。「謎とき『罪と罰』」に始まる三冊の「謎ときシリーズ」は、江川ロシア文学の真骨頂を示すものだ。それは鈍重な深刻趣味からドストエフスキーを解放し、テキストの深層に秘められた意匠を鮮やかに解明し、小説を読むこと本来の楽しさを教える画期的なものだった。

いまとなってつくづく思うのだが、江川さんはひょっとしたら「最後のロシア文学者」だったのかもしれない。いまでは頭のいい「ロシア文学研究者」は多少いるけれども、江川さんほど「ロシア文学者」という称号にふさわしい人をぼくはほかに知らない。

二十年ほど前のことだが、ある楽しい酒の席で江川さんが後進に対して言った、「君たちはすぐ理論だとかなんとか言いたがるけどね、ロシア語を読む力で勝負しようよ」という言葉が忘れられない。

江川先生、ひどいじゃないですか。そろそろ勝負できるようになったかな、とこちらがやっと思えるようになったとき、もういなくなっているんだから。(東大助教授)

二〇〇一年七月三一日

飄然と渡っていかれた山田風太郎氏を悼む

木田元

いま、山田風太郎さんの訃報(ふほう)に接して、なんだか不思議な気がしている。どうやら私は、風太郎さんは死なない人だと思いこんでいたらしい。だって、そうだろう。風太郎さんが死ぬぞ、死ぬぞと言い出してから、どのくらいたつことか。

風太郎さん、もう一九八〇年には「自分の死に方」なんて文章を書いている。「人間臨終図巻」が八七年。パーキンソン病の兆候のあらわれたのが九二年だそう。インタビュー集「コレデオシマイ。」が九六年、「あと千回の晩飯」が九七年、「いまわの際に言うべき一大事はなし」が九八年。

これだけ幾度も予告され、チャラにされれば、風太郎さんは死なない人だと思うようになっても仕方あるまい。つい最近、今年の六月にも、インタビュー集「ぜんぶ余禄」が出て、相変わらず言いたいことを言っていらっしゃる。もうだまされないぞと思っていた。訃報に接してあらためて「ああ風太郎さんも人の子だったのだ」と少し安心したくらいだ。

私が山田風太郎を読みはじめたのは、それほど早くはない。忍法帖シリーズはリアルタイムには読んでいない。たぶんそのころ、半村良や陳舜臣に血道を上げていたのだろう。読んだのは明治小説、「警視庁草紙」からである。これが単行本になったのが一九七五年、以後「幻燈辻馬車」「地の果ての獄」「明治断頭台」「明治波濤歌」「エドの舞踏会」「ラスプーチンが来た」「明治十手架」、そして八九年の「明治バベルの塔」まで、出るのを待ちかねて、夢中になって読みつづけた。

もっと短期間に矢継ぎ早やに出されたような気がしていたが、十四年にもわたっている。たぶんその間に、同じものを何度も読み直していたのだろう。

この一群の明治小説、どれも実に面白い。詳細に調べあげた史実にたくみにフィクションを絡ませてあるので、どこまでが事実でどこからが虚構か見分けがつかない。私はこの小説群ではじめて明治史を学んだ気がする。明治史の教科書としてこれ以上のものは考えられない。最近、マジメな近代史の本の参考文献にこれが挙げられているのを見た。近代日本文学史のなかでも、特異な位置を占める作品群であろう。

と、こんなふうに病が高じたあげく、四年前に筑摩書房から「山田風太郎明治小説全集」が出されたとき、愛蔵版全七巻の「解説」を書かされることになってしまった。そして、ちょうどこの全集が完結したとき、風太郎さんが菊池寛賞を受賞されたので、その授賞式の席上はじめて風太郎さんにお目にかかることができた。

私のような年になると、人の死にあまり感傷的になれない。もう友人の大半が死んでいる。こちらがわから向こうがわへいくという感じなのだ。遠からず自分もいくことになる。風太郎さんも車いすに乗って飄然(ひょうぜん)と渡っていかれたのだろう。風太郎さん、またお目にかかりましょう。それまで、さようなら。(哲学者)

二〇〇一年八月二一日

人間と自然の豪華な世界
日本サル学の創設に尽力
追悼、伊谷純一郎先生

山極寿一

突然とも言える訃報（ふほう）だった。長く、私たちの心の支えだった伊谷純一郎先生が急逝された。それにしても、これまでになんと多くの個性的な人々が先生のもとを訪れたことか。

それは、みな先生の人間と自然を見る目の温かさと確かさに心を揺さぶられたからだと私は思う。「人間と自然が織りなす豪華な世界を味わうこと」を、先生は自分にも弟子にも常に要求してこられた。それを経験するためにはどんな代価を払ってもいいが、それを真に味わうためには矜持（きょうじ）をもたねばならぬとも語っておられた。

野外研究を志す者は、前人未踏の領域をめざし、全身でその出会いを感得してこそ新しい知識や理解を手に入れることができる。お金を得るために、安楽椅子（いす）で暮らすために研究するべきでない。そのことを最期まで実践された先生は、あるいはご自分の歩みが止まらないことを悟っていらしたのかもしれない。

一九五六年に日本モンキーセンターを創設して以来、京都大学霊長類研究所、人類進化論講座、アフリカ地域研究センターを次々につくり、日本アフリカ学会、日本霊長類学会、生態人類学会の設立など、それこそ息つぐ暇もないほど走ってこられたからである。

八四年にハックスリー賞を受けたのは、先生の業績が霊長類学にとどまらず人類学として世界に冠たるものだったからである。

先生の「霊長類の社会構造論」や「人間平等起源論」など、新しい説やアイデアが出るたびに、私たちは、われ先に集まってその理論の妥当性や適用範囲について口角泡を飛ばしながら議論し合ったものだった。

世界中に伊谷先生を慕う人々がいた。私がアフリカのケニアで日本学術振興会の駐在員として勤務していたとき、先生が来られるとどこからともなくたくさんの研究者が集まってきた。みなどこかで先生にフィールドワークの手ほどきを受けた欧米の研究者である。すぐさまフィールドの話題に花が咲き、みなが持ち寄った各地の地酒や珍味で宴はいつも夜更けまで続いた。私はその雰囲気の中で育ったことを幸せに思う。

研究者ばかりではない。アフリカの各地で私は伊谷先生の足跡に出くわした。森の民も川の民も遊牧民たちも、安タバコをくわえて煙を吹き上げながら速足で歩く先生の姿をとても懐かしく語ってくれた。

どんな暮らしをしている人にも、その知識と背後に眠っている豪華な世界をかいま見ようと果敢に挑戦していた先生の姿が浮かび上がってくる。先生が人々とそういう出会いをしてきたおかげで、アフリカの原野でどんなに私たちは助かったことか。私たちはいつも伊谷さんならこうしたはずだ、と考えるだけでよかったのである。

先生は、今年はじめに京都大学の教壇に立たれて、アフリカの植生帯について新しい考えを述べられた。それは類人猿と人類の進化史を植物との関係で解こうとする壮大な構想だった。長い間、心の中で温められていたもので、今となってはそれは先生の遺言になってしまった。

くしくも、私たちは今、類人猿の進化と熱帯雨林の関係を再考しはじめているところである。いつか先生の立てた問いに答え、先生の見ようとした世界を開きたいと願ってやまない。

来年は伊谷先生の恩師である今西錦司先生の生誕百周年にあたる。この十月六日にはそれを祝うシンポジウムを企画中で、伊谷先生も発起人代表として参加される予定だった。でも今西先生から伊谷先生へと続く壮大な山脈は、私たちの心の中にしっかりと根を下ろしていくだろう。

シンポジウム翌日の七日には伊谷先生とのお別れの会が予定されている。できるだけ多くの人が集い、ゆっくりと時間をかけて伊谷先生の残したものへ想（おもい）いを馳（は）せてみたい。それが、私たちに豪華な研究の場を与えるためにわが身を削って走り続けてくれた先生への、せめてもの恩返しと思うからだ。やっと休めますね、先生。安らかにお眠りください。（京大助教授）

二〇〇一年八月二八日

魂は「ここ」にとどまる　山尾三省氏を悼む

星川淳

六月下旬、「今年の夏は厳しくなりそうですけど、元気で乗り切ってくださいね」と、すっかり肉の落ちた肩を抱いたのが最後のお別れになってしまった。

三月には、山尾夫妻と作家の宮内勝典氏と私たち夫婦で浜へ出て、ヒーリングセッションのまね事をした。そのときはまだ、小柄でもがっしりとした独特の体格が健在で、作家らしいきめ細やかな掌（てのひら）の感触との対比が印象的だった。二十年以上同じ島に暮らしながら、ふだんはほとんど顔を合わせることがないのに、なぜかここ半年のあいだに肉感的な思い出が二つ——。

十代後半、現代文明の行き詰まりと、レールを敷かれたような生き方に直観的疑問を抱き、大学をやめて各地のコミューン（共同体）に出入りするようになったころ、三省の文章に出会った。

そう、私を含めて多くの人びとには、彼は「山尾さん」ではなく「サンセイ」なのだ。アメリカの仏教者でエコロジー詩人、ゲーリー・スナイダーなどとともに、対抗文化の可能性を説得力豊かに提示する三省の詩や文章は、おぼつかない足どりで自分の道を探す若者に指針を与えた。

その後、屋久島の山中に集団ではなく家族単位で住み着き、なおかつ自然に寄り集う人びととゆるやかなコミュニティーを営む姿は、三省ならではの新しい「故郷性」の探究だった。いまではゆうに人口の一割を超える脱都会型移住者の先駆けとして、さまざまな苦労もされたろう。

が、仏教でいう愛語と笑顔を絶やさず、土地の言葉をおぼえ、自然と暮らしの細部を凝視しつつ、黙って作品による思想表現を貫く三省は、日本という地域性の中でポスト石油・原子力の持続可能な未来を呼び寄せる元型的な存在であり続けた。

私たちは、ただ黙々と島の南北に住まう間柄だった。生活や表現のスタイルはある種対照的で、陰陽二極のようだと感ずる節もあった。もっと若いころは、環境運動や地元の問題について踏み込んだコミットメントをしない三省を歯がゆく思ったこともあった。しかしやがて、陰陽二極は一体ではなく、別々な働きをすればいいと了解できた。

私たちを結ぶものは、何よりも水だった。深い森と、清らかな渓流と、黒潮洗う海をめぐる屋久島の水——日々この水を飲み、この水を浴び、この水を見つめていれば、おのずと同じ水の想（おも）いを映すようになる。

この透明な循環こそ、地球の水本来の姿であり、いつか人類社会もふたたび、この透明な循環を汚さず共存できるはずだと確信せざるをえなくなる。互いに話し合ったことはないが、三省も私も、しだいにそれを絶対的希望として語るようになった。ここでいう絶対的とは、ものごとを計る目安ないし基準の意味である。

山尾三省の浄土は、清らかな水流れる「この地」だった。彼の魂は、迷わず「ここ」にとどまるだろう。（作家、翻訳家）

二〇〇一年九月三日

「奇想の作家」の正統性
毛綱毅曠を悼む

植田実

毛綱毅曠（もづな・きこう）が突然逝った。この世ではこんなことが起こってしまうのかと思うほどの、衝撃と喪失感に襲われた。

建築界における彼の登場も、突然だった。一九七二年、故郷の釧路市内に完成した、「反住器」と名づけられた自邸によってであるが、突然、というのは、当時の建築状況の流れの中ではあまりに異質で、しかも初めから極度に完成した形で出現したからである。

だからといって、時代に背を向けて個人の内的世界を構築するといった性格のものではない。逆に、住宅を設計する行為自体に疑いをもたない時代状況に対する正面切っての批評として、彼自身の住宅を提示したのである。

それは三つの同形の立方体が、ロシアの人形のように入れ子になった建物であり、一般の理解する住宅とは程遠い印象を与えた。彼が奇想の建築作家とみなされたのも当然だろう。しかし毛綱は、現代都市における建築が不完全であること、平たく言えば、いろいろ理屈をつけてはいるが結局は恣意（しい）的に設計されているという現実に対して、「プラトン的立体」の厳密性に依拠したのである。

その後の設計においても、この幾何学的構成を、立方体の反復に狭めることなく、目を見張るような多様さで次々と展開したところに彼の真骨頂がある。都市計画も一貫した発想で徹底した。それは出発時点からすでに、古今東西の建築・都市の構成原理に彼が通暁し、現代建築に反映させたことにほかならない。その成果はとりわけ、釧路の市立博物館、湿原展望台、市立東中学校などの公共建築に実を結んでいる。

つまり毛綱は建築界ではまれな、知的で、並外れた教養の持ち主だった。だから建築への取り組みは正統的だったといえるが、現代建築という限られた場においては、最後まで異端として、あるいはポストモダンの一作家という流派的な位置づけにとどめられがちだった。

人柄も悪童ぶりの言動がそんな印象を裏づけたかもしれない。時代に対する批評から建築活動を始めた、同年生まれの安藤忠雄、伊東豊雄、六角鬼丈などと、ある局面では軌を一にしているが、作家個人としての完結性が、現代になじみにくいまで強烈だった点では群を抜いている。いいかえれば、建築の普遍的なありようを独自の生き方で体現した。

毛綱毅曠は、彼を必要とする時代にいつか帰還するべく姿を消した。それに間違いない。

（建築評論家）

二〇〇一年九月六日

ダンディーにしてラジカル
萩元晴彦さんを悼む

今野勉

萩さんと呼びならわしてきたので、ここでも萩さんと呼ばせていただく。

萩さんとは、彼がプロデューサー、私がディレクターというコンビで、テレビマンユニオン創立以来、三十年以上も仕事をしてきた。

出会いは、それ以前の東京放送在籍時であった。一九六八年元日放送の宇宙中継番組「今語ろう世界の若者〜ベルリン、ローマ、東京」のチーフディレクターが、テレビ報道部の萩さん、私は、テレビ演出部からアシスタントディレクターとして参加したのが出会いの始まりだった。

宇宙中継は、音声回線の故障もあって、大失敗に終わった。

九六年のある日、萩さんが「今ちゃん、宇宙中継の雪辱戦をやろうよ」と持ちかけてきた。彼は九八年開催の長野オリンピックのプロデューサーを引きうけていた。

開会式の最後に、ベートーベンの第九の合唱を五大陸から宇宙中継して会場に流すという企画が検討されているというのだ。私は萩さんの誘いに喜んで乗った。

五大陸からの宇宙中継は、技術的にも制作的にもきわめてリスキーな企画だった。諸方面の反対をふり切って、私と萩さんは突っ走った。二人だけしか知らない三十余年ぶりの雪辱戦だった。幸い、五大陸宇宙中継は大成功に終わった。

プロデューサーとしての萩さんは、オルガナイザーというよりは、企画そのもので勝負するいわばプランナーとしての強みを発揮する人だった。

企画は、萩さんの幅広い人脈から生まれることが多かった。出会った人からもらった名刺はメモとともにすべて電子手帳にインプットし、その人の印象や言葉を克明に日記に記していた。人との出会いを大事にし、ていねいなつきあいをした。

旅番組「遠くへ行きたい」は、そうした人脈のひとり、銀座のバーでの友人の中野曠三さんとの話から生まれたものだし、ドキュメンタリードラマのはしり「欧州から愛をこめて」は、プロデューサーの師と仰ぐ小谷正一さんが持ち込んだ大森実さんの原稿から生まれたものであった。

いったん企画が決まると、萩さんは、脚本や演出に関しては、ほとんど口を出さなかった。ドキュメンタリードラマの手法でやるという私の提案にも、素直にうなずくだけだった。ただ、なぜこの企画を私はやりたいと思ったのか、をスタッフにはくり返し説いた。

萩さんは、つねに、テレビに志を求めていた。彼の企画はその志のあらわれだった。その志を理解しない者には容赦しなかった。

ダンディーにしてラジカル、つまりさっそうとして格好よく、根元的ゆえに急進的で過激ですらあった。私とはまったく逆の人であった。

イサム・ノグチの生涯を描いたドラマに、萩さんは「静かなる熱狂」とタイトルをつけた。例によって内容には口出ししなかったが、「人間、熱狂がなきゃだめだよ」と何度もくり返していた。何も言われない分、そして、ダンディーにラジカルに志を説かれる分だけ、ディレクターとしての私は、プレッシャーを感じ、かつ、何とか萩さんの気に入る番組を作らねば、と思わされてしまうのだった。

最後のコンビ番組となった天才棋士村山聖の生涯をドラマ化した「聖の青春」(大崎善生著、今年一月六日にTBS系で放送)が完成した深夜、萩さんは私を赤坂のバーに誘った。

「今ちゃん、ありがとう。このドラマには品位があるよ」

と萩さんは言った。もしかして、萩さんと私の、これが最後の作品になるのかもしれないと予感した。そして予感はあたってしまった。

萩さん、ありがとう。そしてさようなら。

(テレビ演出家)

二〇〇一年九月一〇日

長回しに際立つ生理と感情
相米慎二監督を悼む

北川れい子

相米慎二監督の訃報（ふほう）を耳にしたとき、思わず聞き返した。「えっ、何で…」。人の死に「死」以外の理由などないのだが、監督が好んだワンシーン・ワンカットの長回し演出がただちに想起され、ご自分の生を長回しできなかった無念を思った。そして日本映画の損失の大きさも。

相米監督は、長谷川和彦の力作「青春の殺人者」「太陽を盗んだ男」の助監督を経て、一九八〇年、薬師丸ひろ子主演の「翔んだカップル」で監督デビューした。翌年、同じく薬師丸を主演にした「セーラー服と機関銃」で、それまで日本映画にそっぽを向いていた若い観客の関心を集めることに成功、この年最大のヒットを記録する。

当時アイドルだった薬師丸を、ユニークな設定で小気味よく弾ませながら、長回し演出からにじみ出てくる俳優のナマの生理や感情を映画に取り込むスタイルは、それを見る観客の緊張感を挑発。やがてこのスタイルは、後に登場してくる多くの若い監督たちに、強い影響を与えることになる。

とはいえ、当然のことながら、そういったスタイルのみで相米慎二を語るのは一面的で、正確ではない。

映画としての非日常性をしっかり考慮したビジュアルな仕掛けにも独自のものがあった。特に、少年少女たちの揺れる感性を、鋭く情景的に描いた「ションベン・ライダー」（83年）や「台風クラブ」（85年）などに、それが際立つ。

この二作は、子供たちが無自覚的に時代の閉塞（へいそく）感にいらだつという、現実をはっきり見据えた子供時代の終わりを描いた秀作だが、雨、逆立ち、坂道、自転車、電話に祭りに花火などが人物の心を投影して描写され、長回し演出も随所にある。

そして東北の漁港でマグロ漁に命をかける男とその家族を描いた力作「魚影の群れ」（83年）と、山口百恵の歌や桜吹雪に凄絶（せいぜつ）な孤独感が漂っていた「ラブホテル」。

いずれも、生と性と死がわかちがたく同居したメロドラマだったが、無情と非情を俳優の生理と肉体で演出する監督の力強い演出は、いまスクリーンで進行中のドラマが絶対の〝真実〟であるかのような、インパクトを持っていた。

ともあれ相米監督は、ドラマと人物が華麗に迷走する「光る女」（87年）まで、八〇年代の日本映画の先頭に立ち、商業映画という枠の中で、少年少女、そして大人たちの今現在を、時には残酷に突き放し、時にはそのよどみを見つめたのだった。

九〇年代に入ってからの秀作「お引越し」（93年）と「夏の庭」（94年）は、子供が大人の世界をのぞくという内容だったが、「あ、春」（98年）ともども、死もまた人間の華やぎの一つだという穏やかな諦念（ていねん）みたいなものが感じられ、相米監督の円熟を思った。遺作はこの冬公開された「風花」で、はかなさと力強さが共鳴し合う映像の美しい作品だった。

残された作品は全部で十三作、五十三歳という早すぎる死に、今、とまどっている。（映画評論家）

二〇〇一年九月一三日

後世にのこった6百曲
名手・菊原初子を悼む

重里正雄

地歌箏曲の人間国宝、菊原初子さんが急逝された。満百二歳。その訃報（ふほう）を聞いてがく然、そして絶句した。風邪をひいて入院されたことは知っていたが、不死身の師匠のこと、また退院される…と思っていた。その矢先の、予期しない死であった。

その当日の昼、国立文楽劇場の「特選上方舞の会」に出演した後継者である菊原光治さんと顔が合い、「先生、元気?」「一門で退院を心待ちにしているんです」と会話を交わしたばかり。あっという間に黄泉（よみ）の国へひとりで旅立たれた。

初子さんは言うまでもなく、大阪の伝統芸能である地歌箏曲の演奏家として活躍してこられた、最大の功労者である。菊原家は江戸時代から続く地歌の名門。初子さんは大阪・船場で生まれ、育ち、三、四歳のころから祖父、父を師匠に修業を重ねた。

祖父は天分を見込んだ。芸に専念させるため家事は一切させず、学校も小学校だけ。二十代で菊原家を継いだ初子さんは以来、一門を率いてきた。教えた弟子は七千人を超える。それ以上に大きな功績は、暗記した曲を次々と楽譜にしたことだ。短い端唄物から一時間近い大曲まで、約六百曲を後世にのこした。

父・菊原琴治さんが谷崎潤一郎に三味線を教えていて、初子さんの姿から名作「春琴抄」の想を得た、という話は有名すぎるぐらいだ。

なくなる直前まで、週のうち二日は出稽古（でげいこ）を、また二日は自宅でプロの弟子に稽古をつけるのが日課であり、それが健康法でもあった。

「年は、勝手にいったと思うてます」と、まるで人ごとのように言った。ただ、満九十八歳のときに開かれた「白寿記念祝賀演奏会」では、子供のようにはしゃいだ。そして「うれしい。死んでから葬式してもろても、お礼言われしません。きょうは生きた葬式。皆さんに感謝します」と満面の笑みを見せた。

当日は京舞の四世井上八千代、上方舞の吉村雄輝ら邦楽の人間国宝七人をはじめ、東西から名手が参加。門下二百人とひとつ舞台で演奏を競い、祝した。あのときお元気だった初子さんの姿が、昨日のことのように思い出される。

「大阪の地歌の音色を大事にしたい、残したい」が口癖だった。初子さんの演奏に感動し、岩手から来て弟子入りした後継者の光治さんも、芸歴三十五年。五十四歳になりしっかりと育ってきた。今秋、その光治さんが東西で大きな演奏会を持つ。

それを聞くうれしさが一転して〝偲（しの）ぶ会〟に変わった。「師が退院され車いすでもいい、楽屋におってほしかった」。光治さんは号泣している。（邦楽・舞踊評論家）

二〇〇一年九月二五日

感謝と敬愛と思い出とスターン氏を悼む

徳永二男

現代の音楽界における最大にして最高の巨匠、世界中のバイオリニストにとってあこがれの存在であったアイザック・スターン氏の悲報を聞いて、大きなショックを受けています。

スターン氏は、私が総合プロデューサーを務めている宮崎国際室内楽音楽祭に一九九六年の第一回から今年五月の第六回まで連続して出演されました。

九七年か九八年のことだったでしょうか。音楽祭の開催に合わせ来日したスターン氏を宮崎空港でお迎えした時のことです。

私たちスタッフと笑顔で再会された後、迎えの車に案内されたスターン氏は、バイオリンのケースを抱えた小さな女の子を偶然見つけました。車に乗るのをやめて少女に近づき、優しいまなざしで「バイオリンを弾くの」と問いかけると、「ちょっとバイオリンを弾いてみて」と言って突然、街頭レッスンを始めたのです。バイオリンを愛する人を広く愛する方でした。

スターン氏はそれが音楽祭であれコンサートであれ、自らが参加するものに対して一切の妥協を許さぬ真のプロフェッショナルな音楽家でした。しかし、実際に触れるその人柄と音楽は温かく繊細で、緻密（ちみつ）にして豪胆（ごうたん）さを兼ね備えたもので、われわれ音楽家はもとよりすべてのスタッフ、聴衆を魅了しました。

私自身もこの音楽祭を通してスターン氏から影響を受け、学んだことが数多くあります。

私がバイオリンを演奏したモーツァルトの「バイオリンとビオラのための協奏交響曲」のステージ練習後のことでした。控室に戻ろうとしたら、演奏を聴いていてくださったスターン氏に「ちょっとちょっと」と呼び止められ、「ここの音はこう弾いた方がいいのではないか」とごく自然にアドバイスを受けました。自らの長いキャリアの中で悩まれたこと、学ばれたことを惜しみなく他の演奏家に伝え、互いに高め合おうとする姿に、私は深い感謝とともに感嘆を覚えたものです。

同じバイオリニストとして同じステージを共有できたこと、教育プログラムにおける若い受講生への指導を目の当たりにできたこと、私自身への音楽的なアドバイスを直接受けられたこと…。これらすべては私の音楽人生の中でも忘れられない大切な思い出として残っています。

今初夏、「また、来年に会いましょう」と言って笑顔で去っていったスターン氏のはつらつとした後ろ姿が、今でも私のまぶたに焼き付いています。永遠の別離がこんなに早く来るとは知るよしもありませんでした。

われわれにできる唯一の恩返しは、スターン氏から得たことを忘れず、ともにつくり上げた宮崎国際室内楽音楽祭をさらに良いものへと発展させることです。そして、私の今後の音楽家としての活動に十分に生かしたいと思っています。

スターン氏もそれを望んでいるでしょう。

（バイオリニスト、元ＮＨＫ交響楽団コンサートマスター）

二〇〇一年一〇月一日

落語界の至宝の喪失
古今亭志ん朝さんを悼む

吉川潮

これほど大きな喪失感はない。古今亭志ん朝は落語界の宝であった。東京落語の特長である江戸言葉の美しさは比類がなく、ファンは彼の美声によって醸し出される言葉のリズムとメロディーに酔った。

志ん朝の芸は「粋（いき）」と「色気」を体現したことに尽きる。お調子者の江戸っ子、しっかり者のおかみさん、客をだます花魁（おいらん＝遊女）、遊び人の若だんなといった人物を描かせたら天下一品で、特に花魁の色っぽさたるやなかった。

もう一点、特筆すべきは高座姿の美しさであろう。高座着の肩の線が実にきれいで、その着こなしは粋で上品で色気があり、当代随一であった。私が一代記を書いた故・春風亭柳朝は志ん朝と二人会を開いていたが、芸だけでなく高座着でも競い合い、あつらえた着物ができ上がると互いに見せっこしたという。

若いころはマスコミの寵児（ちょうじ）だった。映画、テレビ、ラジオで活躍し、「サンデー志ん朝」というバラエティー番組ではコントまで演じていた。本業もおろそかにせず、並行してホール落語や寄席に出演していたから、まさに落語界の輝く星である。戦後生まれの落語家ならだれでも、志ん朝か立川談志にあこがれて落語家になったといっていい。

また、舞台俳優としては三木のり平の座長公演などに出演、落語でつちかった江戸言葉を時代劇で駆使していたものだ。ヅラ（かつら）が似合い、さっそうとした舞台姿が思い出される。

かつては、自分の芸を高めることが落語界のためになると考えていたようだが、年を重ね落語協会の副会長に就任してからは、後進の育成や寄席の観客動員など、業界全体のことも考えるようになっていた。二つ目の合同勉強会の客席に姿を現し、終演後、演者たちにアドバイスした。志ん朝に見てもらったことが若手たちにとってどれだけ励みになったことか。次期会長は約束されていたから、元気でいれば近い将来会長に就任し、落語界のために尽力してくれたろうに。

志ん朝の出番になると、お囃子（はやし）の三味線がいかにも彼らしい浮き立つような長唄「老松」を奏でる。それだけで背筋がゾクゾクっとしたものだ。そして、志ん朝が登場したとたん、舞台は花が咲いたように明るくあでやかになった。あの華のある高座が二度と見られないと思うと悲しくてたまらない。

落語家の六十三歳という年齢はベテランではあっても老境ではない。これから円熟期に入って、さらに芸が昇華する。その前に亡くなってしまうとは返す返すも無念である。

せめてあの世で、父の志ん生や兄の先代金原亭馬生と「親子三人会」を、尊敬していた先代桂文楽や三遊亭円生らと「落語名人会」を開いてくれたらなと思う。

心からごめい福をお祈りする。（作家、演芸評論家）

二〇〇一年一〇月一二日

新時代の日本画模索
秋野不矩さんを悼む

草薙奈津子

美術界には、秋野不矩さんの作品、人柄、そしてその生き方に尊崇とあこがれを抱く人が多い。私もそういった一人である。もっとも私が秋野さんに親しく接したのはたったの二回、一九八五年の秋野不矩展の展示のお手伝いをしたときと、ある結婚披露宴で席が隣同士になったときである。そしてその二回ともがとても印象深い。

初めてお会いした八五年、私は親子以上に年の違う秋野さんに何の気兼ねも感じなかった。展示もだいぶ進んだころ会場にあらわれた先生は「自分の作品は自分ではかえってうまく展示できないものだからとても助かった」というようなことを淡々と言われた。だから恐縮するというより、素直に受け取れた。

一方、私は秋野さんの着てらした白い上着とズボンのインド服が手製であるのに驚いた。これほど活躍中の偉い画家が家でミシンがけをしているなど、想像もつかなかったのである。「何でも自分で作っちゃうの」とこともなげに言われる秋野さんに、六人の子供を育て上げ、離婚と二度の自宅火災にもめげない女の芯（しん）の強さを感じずにいられなかった。

結婚披露宴での秋野不矩さんの着物は趣味性の強い紬（つむぎ）であった。それは留めそでの多いなかで奇異に映った。でも先生は一向気にしていない風であった。そして華やかに繰り広げられる宴席も佳境に入ったころ、私の耳元でそっとつぶやいた。「いつまで続くのかしら」と！　この作家は形式ばったことがうっとうしいようである。

インドの神々のおわす広大無辺な自然風土を愛し、束縛を嫌い、自我を貫き通す自由人・秋野不矩さんの姿勢は作風に反映され、その作風は、彼女が生まれ育ち、学んだ環境と、根本で深くかかわる。

京都の画家として生涯を終えた秋野さんはもともと静岡県天竜に神主の娘として生まれ、最初の師は千葉県に住む石井林響であった。彼女は湿った陰翳（いんえい）より、乾いた土と光を享受してきた。それに林響を通して、大正初期の今村紫紅を中心とする明るく自由の気に満ちた日本画や、小川芋銭、森田恒友らの南画的気分、さらには彼女自身述べるように、林響の「野性的精神に貫かれ、個性的でしかも近代的であった」作風をまず身に付けた。

一方、林響の死後、京都の西山翠嶂塾で学んだのは絵画の近代的造形であり、日本画のテクニックであった。こういう素地が、戦後、日本画が混迷したおり、世界性に立脚する日本絵画の創造を標ぼうする創造美術（創画会の前身）の結成に向かわせ、そこで果敢に新時代にふさわしい日本画を模索したのだと思う。彼女のそういう開拓者魂は終生貫かれた。

しかも五十四歳でインドを知ってからの作品には、より骨太な骨格と、率直で明るくおおらかな対象把握が加わり、自然の、人間の、生き物の、真実の姿を、命をうつし出した。それは秋野不矩にしかつくれない芸術境であった。彼女は言う。「絵画とはその作家の魂の象徴である」と。

戦後五十年、現代日本画をリードしてきた創造美術の最後の創立会員を送るのは寂しい。しかし今、幽冥（ゆうめい）にあって秋野不矩さんの魂は、さらに大きく自由にはばたいていることであろう。（美術評論家）

二〇〇一年一〇月二五日

徹底したフィールド調査
石井進先生を悼む

服部英雄

石井進先生が亡くなられた。フランスでの学会発表を終えて、帰国されたその夜に。この週末には棚田学会の現地見学に参加されるはずだった。いまだに信じがたい。あんなに元気でエネルギッシュな先生が、突然、消えていなくなった。

先生の研究は「日本中世国家史の研究」(岩波書店・一九七〇年)に代表される文献(古文書・記録など)を駆使する、厳格な実証主義の成果がよく知られている。しかし、そうした方法に加え、むしろ古文書学を広げ、さらに文献・文字史料以外の領域にも史料学を広げるところに大きな特色があった。

「柳田国男・最後の弟子」と言う人もいる。柳田の私宅での研究会に、高校生だった先生も参加し、研究発表をされた。柳田は、文献のみによって書かれる歴史学を強く批判している。先生にはその視点が継承された。それは、読み書きもできず、文字(文献)を残すことのなかった一般民衆の歴史に迫り、明らかにすることでもある。

先生はそのための手法として、現地を歩くことを徹底された。歩くことによって、はじめて見えてくるものは多い。それをアカデミズムの手法で検証しつつ、明らかにしていく。「中世武士団」(小学館・七四年)、「中世の村を訪ねる」(朝日新聞社・九五年)などの全国各地をフィールドとした著作には、そうした特色がよく表れていた。現地の景観、とりわけ棚田や、荘園跡にある鎌倉時代以来の水田保存に熱心で、棚田学会を創設し、初代会長になられたのは、その延長上である。

先生の教えを受けたものは、勤務校、他校の学生のほか、各地の歴史研究者、文化財担当者をはじめ、全国に多い。みなが先生の広範囲な領域のどこかを継承している。わたし自身は現地を歩くことと、地名を歴史資料として使うことを学んだ。

わたしはいつも先生にほめてもらいたい、そう思っていろいろな文章を書いてきたようだ。しかられることも多かったが、喜んでくださるとうれしかった。いま、あらためてそう思う。

先生には「都市鎌倉における『地獄』の風景」(八一年)=「御家人制の研究」(吉川弘文館)に所収=や「中世都市と職能民」(二〇〇一年・新人物往来社)に見るように、差別された人々の歴史へのつよい関心がある。

この夏、久しぶりにご自宅でゆっくりとお話を聞いた。豊臣秀吉が被差別階層の出身と主張する小説が話題となっていたが、先生はそれとは別に、自身の観点から秀吉の出自と周辺の人々に、たしかに賤(せん)視された環境があり、それを学問的に明らかにしたいと語られた。

秀吉像は一変する。わたしは、この論文の完成を心より待ち遠しく思った。

先生は頼まれたら断らない人で、手帳はいつもスケジュールでいっぱいだった。過労が、われわれから先生を奪った。石井進の世界は無限の可能性を持っていたが、半ばにして閉ざされた。等身の高さになる著作があっても、まだまだ書き足りなかった。歴史学界の受けた損失は、はかり知れなく大きい。(九州大学大学院教授)

二〇〇一年一〇月三〇日

すばらしい触覚的感覚
藤原雄氏を悼む

小倉忠夫

まだ六十代末であった藤原雄さんの逝去は、まことに残念至極の一言につきる。もっと元気で、まだまだ備前陶芸のため、日本陶芸界のために活躍してほしかった、という思いは切である。

雄さんに初めて私が会ったのは、一九五〇年代の後半のことであった。東京の国立近代美術館が、最初京橋に開館してから数年後のことで、私が上司の河北倫明さんとともに、雄さんの父上藤原啓さんを備前のお宅に訪ねたさいに会っている。

雄さんは少し眼（め）は弱いようだったが、それを補って余りある、覇気に満ちた印象をつよく受けたことを、よくおぼえている。

絵はほとんど眼の仕事であるが、彫刻や陶芸は、むろん眼は大切としても、より多く手の仕事といえよう。あまりに視覚性がつよいと、触覚的なものがおろそかになりがちである。

その点においては、雄さんの眼に少し弱点があったことは、陶芸家としてより大切な手の感覚的な働きや機能の発揮に、かえって有利に働いたということがあり得たかもしれない。そんなことを思わせるほど、雄さんの作品にみる触覚的な感覚機能にはすばらしいものがある。

しかし誤解のないように断っておくと、雄さんに色彩感覚が乏しいというのでは全くない。むしろ逆である。

備前焼と色彩などというと、相反するもののように思われるかもしれないが、備前焼の色彩性は、釉薬（ゆうやく）などとは全くちがう、備前陶そのもの自体に備わったところの色なのである。

だから、釉薬が人工色とすれば、備前の色彩は自然色といえよう。要するに着けた色彩ではなくて、自然のままの、文字どおり地の色なのである。

多くの学ぶべきことを私たちに残して逝（い）った雄さんのごめい福をお祈りしたい。（大原美術館長）

二〇〇一年一一月六日

「読める書」を模索
金子鴎亭氏を悼む

小松茂美

悠久千五百年、日本の書は漢字・仮名を両輪として華麗の花を開く。が、明治一新後は、その習書において截（せつ）然と分かつ。漢字は中国古王朝の碑法帖（ひほうじょう）を指針とし、仮名は上代様の古筆美を理想とした。そのようなすう勢の中に、十五歳立志の少年金子鴎亭氏は、のちに漢字書家の泰斗として君臨する比田井天来に邂逅（かいこう）、開眼の一歩を大きく踏み出した。

私が初めて鴎亭氏を知ったのは、昭和二十六（一九五一）年のこと。当時、鴎亭四十五歳。飯島春敬氏が毎月一回、東京国立博物館の講堂で古筆を展示、その解説・講演を行う、平安書道研究会の席であった。長身端麗の偉丈夫で、その風姿は既に一芸達成の位が凛（りん）然と輝き、仰ぎ見る存在であった。鴎亭氏は、その会の常連。漢字作家、唯一の参加であった。展示の古筆を真摯（し）に凝視される姿は、半世紀を経た今日、なお私の眼底に鮮やかによみがえる。

鴎亭氏が少壮年期からひたすらに、広く、大きく、高く、中国の古典書法を視野に収めて、精力的に書作活動を推進したことは言うまでもない。が、平安朝の古筆をはじめ、日本書道史上の名蹟（せき）にまで探美の眼を向ける姿勢にこそ、私は心を打たれた。

当時の漢字作家は一様に、中国古典の漢詩文をその題材としていた。が、鴎亭氏は新たに近代文士の詩や歌や言葉を、自らの作品に融合させることに着目した。破天荒の発想である。読めなければならぬ。だれしもが、読んで意味の分かるものでなければならない。さらには、文と書が一体の境地に昇華されねばならぬ、との想いが鴎亭氏の心をとらえて離さなかったのだ。

中国・日本の古典書に、その美を求めながらも、その心奥には「読める書」「なじみやすい書」を模索し続け、累年培った心・眼・技の三位一体を志向したのである。

やがて、己が創造した新書風を、「近代詩文書」と命名。その普及発展のため、同志・後輩を牽（けん）引すべく、自らその旗頭に立って統率した。いま万余を誇る創玄書道会の結成。さらに、毎日書道展の創設運営にも積年の努力を傾注、今日の隆盛を招来した功績は甚大である。

昭和六十一（八六）年、井上靖氏の詩「交脚弥勒」の八曲屏風は、「近代詩文書」に挑み続けた鴎亭氏の完成頂点を示す珠玉の作品。遙（はる）けし敦煌の交脚弥勒菩薩像に思慕を寄せ、手中に収めた北魏の古碑書法を縦横に駆使しての、雄渾（こん）な書美の世界を展開する。この一作で毎日芸術賞の金的を射止め、以後、相次いで文化功労者・文化勲章の栄誉に輝く。鴎亭氏ののこした「近代詩文」の作品群は、昭和・平成の書の古典として、奕世（えきせい）伝珍の文化遺産として、久遠不滅の光を失うものではない。

いま、八十年一途の芸術完成の軌跡の中に、卒然と九十五歳の天寿を終えらる、と。謹みて九品成仏を祈り奉る。（センチュリーミュージアム館長）

二〇〇一年一一月二七日

日本の歴史トータルに編む 戦後左翼知識人の代表 井上清先生を悼む

灘本昌久

戦後歴史学を切り開いてこられた井上清先生が亡くなった。

一九六九年の正月に東大の安田講堂が落ちたとき小学六年生だった私の世代から見ると、戦後左翼知識人の代表である井上先生は同時代の人というより、どちらかといえば歴史上の人物に近い。

先生との関係は、まず一読者としてであった。高校生になって被差別部落の問題の勉強をしだした時に、まず手にしたのが、井上先生の「部落の歴史と解放理論」(六九年刊)だった。四百ページあまりの本を何度も何度も読んで、ノート三冊にまとめたものが、今でも手元にある。階級闘争の理論から被差別部落問題を説明した本として、これをトータルに越えるものは、その後出なかったと思う。

部落問題の現状は大きく変化したので、先生の論をそのまま今に当てはめるわけにはいかないが、理論と実践を見事に統一するお手本のような著作だった。

そして、お世話になったといえば、受験勉強のテキストとして、先生の書かれた「日本の歴史」(全三冊、岩波新書、六三―六六年刊)を穴のあくほど読んだことを思い出す。

普通の日本史の教科書や参考書が、登場人物の多い割には筋書きがなく、電話帳でも読んでいるようで印象が薄いのに比べ、この本はマルクス主義的な唯物史観で首尾一貫して書いてあるので、私のように記憶力の乏しい人間の受験勉強には、大いに助けとなった。

私の高校時代の恩師も受験勉強に使ったそうなので、受験生の需要は相当数にのぼったと思う。後に先生のお宅におじゃました折りにこの話をすると、先生は「今でも毎年、版を重ねている。年寄りの小遣いにはありがたいんだ。アハハ」と笑っておられたが、年々一万部も出ていたのだから、「年寄りの小遣い」にしては相当多かっただろう。

私が大学に入ったとき、奇遇にも先生の子息と同級生となったが、先生自身は、私が学部に上がるころに定年退官されたので、残念なことに、先生の講義を聴く機会を逸してしまった。今、思い返しても痛恨の極みである。

しかし、学生アルバイトとして入った京都部落史研究所(現・京都部落問題研究資料センター)は、先生が代表委員を務めておられ、少しばかり縁があった。特に、八三年に開いた先生の古希祝いの折には、裏方を務めさせていただいた。

その時の出し物として京都の部落に伝承されている六斎念仏踊りを地元が快く引き受けて、見事な舞をまってくださった。お祝いに駆けつけた数百の参加者の顔ぶれも、学者ばかりでなく、一般市民も多く、先生の業績にふさわしかったことが思い起こされる。

敗戦後の四七年に、「くにのあゆみ」(文部省国史教科書)を批判して、戦後歴史学界に登場された時、先生は弱冠三十三歳だった。その後の研究の膨大な蓄積と細分化を前にすると、ふたたび井上先生のように、日本の歴史をトータルに編み上げることは当分不可能のように思える。

また、先生がつくりあげた階級闘争理論による社会批判も、六〇年代の高度経済成長を経て、日本社会が階級的格差を薄めた今に、機械的には適用できない。反天皇制も思想としては役割を終え、むしろ「脱・天皇論」が重要なテーマとして語られるようになった(加藤典洋ほか「天皇の戦争責任」)。

そして社会主義の実験が全面崩壊し、戦後の社会運動を支えた思想が根本からくつがえった現在、先生の業績を教条的に受けつぐことは、先生自身の望まれるところではないと思う。あとに続く私たちが、一から考えるしかない。先生が、敗戦後の思想的焼け野原に立たれたときのように。(京都産業大学助教授)

二〇〇一年一一月三〇日

静かで大いなる音楽人生 さよならハリスンさん

湯川れい子

ジョージ・ハリスンが他界した。享年五十八歳だった。

ビートルズ四人の中でいちばん若く、いちばん無口で物静かな人物だった。ポールもジョンも早くに母を失い、ジョンもリンゴも崩壊した家庭で育った中にあって、ジョージは最も平凡で温かな家庭の末っ子として、おだやかに成長したといわれている。

それが見かけのおとなしさとは違って、中庸で温和でありながら、意外な好奇心と芯の強さを彼に与えたのかもしれない。

まずビートルズが売れてメチャクチャ忙しくなり、「ヘルプ!」を出したあとの一九六五年十二月に発売された「ラバー・ソウル」の中には、ジョージが弾いたインドのシタールが顔を出している。

その後の激化するベトナム戦争の中で、アメリカのヒッピーやイギリスのミュージシャンたちも手を出すようになるマリファアナやLSDといったドラッグとの接触が先だったのか、シタールやラビ・シャンカールへの傾倒が先だったのかは不明だけれど、ジョージは六六年十月にインドを訪れた。のち六八年二月にはビートルズ全員を引き連れて、ヒマラヤのふもとまで、マハリシの瞑想(めいそう)を習いに行き、それらの影響が、ビートルズのアルバム「リボルバー」や「サージェント・ペパーズ・ロンリー・ハーツ・クラブ・バンド」などに色濃く表れている。

解散してのちも、ジョージはジョンと交流を続け、「イマジン」のアルバムに参加。まだチャリティーコンサートが珍しかった七一年夏、ニューヨークでボブ・ディランやエリック・クラプトン、シャンカールたちとバングラデシュ救済基金のためのコンサートを行って、話題を呼んでいる。

ジョージは解散以前からすでに、「不思議の壁」「電子音楽の世界」など実験的なアルバムを出していたけれど、解散後の七〇年十一月に、最も早く三枚組のソロアルバム「ALL THINGS MUST PASS」を出し、「マイ・スイート・ロード」の見事な大ヒットを飛ばした。ほかにも「サムシング」「恋をするなら」「ヒア・カムズ・ザ・サン」「ギヴ・ミー・ラヴ」など、ジョージが書き、演奏した曲は、どれも実に優しくて美しい。

まだ法律的にはジョージの奥さんだったパティ・ボイドがクラプトンの元に去ったのちも、クラプトンとの交流を続け、そのおだやかな人柄と、鋭い音楽性をたたえられた。

やがて終生のパートナー、オリヴィアにめぐり会い、息子と妻にみとられて死んだジョージは、長年がんには苦しんだかもしれないけれど、やっぱりいちばんおだやかで、幸せな人生を送ったビートルだったのかもしれないと思っている。

ああ、ビートルズも半分があっちの世界へ逝(い)ってしまった。淋しいなぁ。(音楽評論家)

二〇〇一年一二月四日

新興俳句の志を最期まで
三橋敏雄氏を悼む

宇多喜代子

三橋敏雄の訃報（ふほう）が届いたのは、新宮誕生のニュースに沸き返っていた十二月一日の夜であった。十月下旬に同席する機会があって上機嫌の三橋敏雄と歓談したばかりだったのでにわかには信じられなくて、深夜にもかかわらず鈴木六林男に電話を入れた。三橋敏雄という名とともに浮かぶ名はまず鈴木六林男である。鈴木六林男の「ほんとうや」という声をきき、はじめてうそではなかったことを確認し、あらためて瞑目（めいもく）した。

もう一つ、三橋敏雄という名とともに思い出すのは新興俳句である。新興俳句とは、旧態の俳句に新風を吹き込もうという試みによって生まれた俳句のことで、その革新運動は昭和十年前後をピークに、治安当局によって終息をやむなくされた昭和十五年までつづいた。花や月の風趣だけでなく、人間そのものを表現しようという理念をもつ俳句である。

三橋敏雄は少年時代にこの新興俳句に共鳴して西東三鬼のもとで活動をはじめ、最期まで新興俳句のこころざしを自身の中心に置いた一人であった。代表句として思い出す〈いつせいに柱の燃ゆる都かな〉〈昭和衰へ馬の音する夕かな〉など、どちらも無季俳句だが、新興俳句できたえた手腕と三橋敏雄ならではの伝統技法であまたの有季俳句をしのいでいまに残っている。

昭和五十五年、西東三鬼の名誉回復の裁判があった。西東三鬼は新興俳句を推進実践した一人であったが、新興俳句が治安維持法にひっかかり俳人が検挙されるという実話をモデルにした小説でスパイ呼ばわりされてしまったのだ。死者となった先生の名誉を取り戻すために、鈴木六林男、三橋敏雄、高柳重信という三鬼の門弟や新興俳句に有縁の俳人が立ち上がり、三鬼の子息を原告にして裁判にもちこんだのである。

この裁判で西東三鬼のために証人となった三橋敏雄は、自身と俳句、三鬼の人となりなどを証言した。証言する三橋敏雄の後ろ姿や、傍聴席の鈴木六林男の表情を見ていて、この人たちは名実ともに新興俳句の息のかかった人なんだと強く実感した。

「天狼」や「俳句評論」に作品を発表していた三橋敏雄だったが、ここ幾年間はどこにも句を発表していなかった。だらだらと句を量産することをしたくないというのがその理由だと聞いたが、いかにも三橋敏雄らしい矜持（きょうじ）であり、批評精神の表示であった。

三橋敏雄は、新興俳句の出身で無季俳句の実践者でありながら古俳諧や古典文学や俳句の伝統への造けいが深く、主義主張とは無関係に俳壇や俳人の所業を冷静な目で眺めることのできる数少ない目利きでもあった。何事によらず、三橋さんが下した断は信頼できるという思いがあった。その三橋敏雄が急にいなくなってしまったのである。

いま、「まぼろしの鱶」や「真神」「畳の上」をはじめとする三橋敏雄独特の技法を駆使した句集を前に、長いあいだに賜った恩愛に感謝し、ごめい福を祈るばかりである。（俳人）

二〇〇一年一二月六日

鋭い舌鋒の写真批評 西井一夫氏を悼む

飯沢耕太郎

西井一夫さんが十一月二十五日に亡くなった。体調を崩されていることは知っていたが、いまだ信じられない思いが強い。享年五十五。まだ働き盛りの年齢である。早すぎる死を惜しむしかない。

西井さんは一九八五年四月に休刊した「カメラ毎日」の最後の編集長だった。その後も「昭和史全記録」「20世紀の記憶」をはじめとして、編集者として厚みのある、充実した仕事を世に問うた。一方で、鋭い舌鋒（ぜっぽう）の写真批評を書き継ぎ、「暗闇のレッスン」「写真のよそよそしさ」「写真的記憶」など、多くの著作を刊行している。

また、八九年からは有志を募って「写真の会」を組織し、その年の優れた業績に「写真の会賞」を授与するという活動を続けた。

僕らの世代にとっては、怖い兄貴分だった。僕なども何度も名指しで批判されている。

だが「小言幸兵衛」を自認しながらも、その書きぶりは決して理不尽なものではなく、痛みとともに納得できることが多かった。ただ一度だけ「お前の文章は批評じゃなくてただの解説だ」という非難に、「これからも、よき解説者の道を全うします」と、僕なりの捨てぜりふをはがきで書き送ったことがあった。むろん返事は来なかったが。

その西井さんの遺著となった「20世紀写真論・終章」（青弓社）が手元にある。三百ページを超える本に、ぎっしりと文字と写真図版が詰め込まれている。八一年の「写真の修辞学＝身体論」から、今年九月に発表された『フォーカス』の休刊と藤原新也」まで、選び抜いた文章をたたみ込むように並べた内容から、言うべきことを今言わなければという切迫した思いが伝わってくる。巻末近くの「註」で提起される「国境なき写真家旅団」構想も、いかにも西井さんらしいものだ。

西井さんはこの著書の中で、繰り返し「記憶」という言葉を使っている。写真の基本的役割は、「記憶にとどめるに値するある時とある場所を記録し、伝達することだ」というのである。そして「交換しえないもの、真に質的なもの」こそが「記憶」するべきものであり、それ以外のものにはあえて目をつぶり、「立ち止まる」べきだと説く。

たしかにその通りだと思う。だが、そう思いつつも、前のめりに動いてしまう自分も感じる。西井さんは昨今の若い写真家たちの動向に、苦い警告を発し続けてきた。彼らには「自己」も「世界」も「他者」もないと断言している。僕は彼らの仕事と顔を一人ひとり思い浮かべ、「そうでもないんじゃないか」とつぶやいてみる。

十一月二十八日の告別式では、森山大道氏や荒木経惟氏や百々俊二氏が、心のこもった弔辞を述べた。会場を出て、黒服のまま新宿、四谷といくつかの写真ギャラリーを回った。西井さんが生涯を賭（と）して問い続けた「写真的記憶」の意味を、僕も僕なりに受けとめ、投げ返していかなければならないだろう。（写真評論家）

二〇〇一年一二月一八日

教室は街の中だった
南博先生を悼む

加藤秀俊

一橋大学（当時は東京商科大学予科）の階段教室で、あらたに赴任された南博助教授の「心理学」が開講されたのは昭和二十三年か四年のことだったとおもう。選択科目だったが、おもしろそうなのでこの講義をうけることにした。半世紀以上むかしのはなしである。

もちろん、ほかの講義も受講していたが、南先生の授業には新鮮さがあった。社会科学の科目とちがって、「心理学」が「人間」を直接に相手にする生きた学問であったことがたのしかったし、南先生が戦争中アメリカのコーネル大学の研究所で講師として研究生活をつづけられ、交換船で帰国なさった「アメリカ帰り」の若き学究であったというのもその魅力であった。

当時の日本はアメリカの占領下にあり、アメリカについて、なんでも勉強したい、という興味がはたらいていた。そういう期待に南先生の講義はこたえてくれた。

先生がコーネルで研究しておられたのは実験心理学、それも動物の反射行動という地味な基礎研究だったようだが、一橋ではそうした実験心理の成果もさることながら、フロイド学説から展開したフロイド左派といわれるホルネイやガードナーの著作にふれられることがおおかったように記憶する。

そうした「心理」と「社会」の接点をさぐったさいしょの力作「社会心理学」が昭和二十四年に刊行された。これこそが日本で「社会心理学」という学問分野が正式に認知された記念すべき著作であった。いま日本のおおくの大学には心理学科があり、そこにはおおむね「社会心理学」という講座があるが、もしもこの書物がなければこの学問は市民権をもつことがなかっただろう。

学部にすすんでからのわたしはなん人かの友人とともに南先生のゼミにはいった。そのわたしたちはそれから三十年ちかくつづいた「南ゼミ」第一期生ということになる。だが、このゼミはかなり風変わりだった。

なにしろゼミといっても教室ですわって先生のはなしをきいたことはいちどもない。そのかわり、繁華街や映画館、はては歌舞伎座まで、東京のあちこちでフィールドワークという名の「授業」がいつもおこなわれていた。打ち合わせや報告会などはおおむね喫茶店。

書物を読むよりは現実の社会のなかで生きている人間そのものを観察し、そのはなしをきくことが社会心理学だけではなく社会にかかわる学問の基本だ、というのが先生の哲学だったのだろう。わたしがその後の人生でつねにフィールドワーク、すなわち「現地調査」を基本にするようになったのはおそらくこの学生時代の体験によっている。

一橋大学を卒業してからのわたしは京都大学の助手に採用され、東京をはなれた。新幹線開通以前のことだったから、京都と東京を往復するのはたいへんだったし、しごともいそがしかったから、あれだけお世話になりながら先生におめにかかる機会はそんなにおおくはなかった。いやごぶさただけがつづき、先生のご様子は友人たちをつうじてきいていたにすぎないし、健康を害されているというのも知己からきいていたにすぎぬ。お見舞いもできなかった。その意味では不肖の弟子である。

だが、先生の著作からはいつも学びつづけてきた。先生が編集された「近代庶民生活誌」はわたしにとっての重要な知恵袋になっているし、折にふれて執筆、編集された書物や論考にもおおむね目をとおしてきた。先生は、なんといってもわたしのさいしょの恩師なのである。

いま手もとにある「社会心理学」の初版の奥付をみると昭和二十四年十二月十五日、とある。それからちょうど五十二年後に先生は旅立たれたのであった。（国際交流基金日本語国際センター所長）

二〇〇一年一二月二二日

常に顔を前に向けた人生
加藤シヅエさんを悼む

樋口恵子

人生八十年というが加藤シヅエさんは活動歴が八十年。日本家族計画連盟会長として、女性・人口・環境問題のリーダーとして、生涯現役の人生を全うした。いつも顔を前に向けた人生だった。

婦人参政権運動に参加した加藤さんは戦後初の総選挙で、初めて選ばれた女性当選者三十九人の一人である。以後、女性の数が一けたに減った時代も、夫・加藤勘十氏と「おしどり議員」として二十七年間にわたって議席を守り通した。引退後も、女性の政治参加のために声援を惜しまなかった。

十七歳で結婚、当時の夫の赴任地、三井三池炭鉱で初めて知った労働者の貧しさ、多産、貧困から親としての愛情も枯渇していく女性の姿を目の当たりにした。階級意識が厳しかった時代に、女子学習院卒、男爵夫人という加藤さんが、貧しい女性の苦しみを共有できたこと、それがやがて避妊具頒布という行為に結びついたことは驚異に近い。

私が加藤シヅエ賞選考委員としてご報告がてらお見舞いしたのは二〇〇〇年三月。「私は『優等生』の枠にはまらなかったから、ここまでできた」というお話が印象に残っている。

「生涯の師」と呼ぶアメリカのサンガー夫人との出会いは留学中の一九二〇年。当時、産児制限と呼ばれた避妊による家族計画は、「産めよ殖やせよ」の国策に反する主張だった。二二年、サンガー夫人来日のとき、加藤さんは「日本の産害夫人」と呼ばれたという。当然官憲ににらまれながら三四年、東京・品川に「産児調節相談所」を開設、多産に悩む女性の相談を受けながら、みずから大なべでゼリー薬をつくり全国に頒布した。避妊成功率98%だったという。おかげで軍靴の音が高まる三七年、人民戦線事件を口実に逮捕、二週間の留置場暮らしを体験した。

長く多彩な加藤さんの活動の中に、女性の性の尊厳と身体の自立という、くっきりとした一本のしんが通っている。生物的な男女の違いが特に性に関して大きく存在する以上、女性の身体性を無視した平等はあり得ない。

加藤さんの女性解放は、女性が自分自身の心と体の主人公であることから出発している。最も個別的にみえる一人の女性の選択は、地球規模の人口、環境、開発の問題に結びつく。特に貧困と差別の中の途上国女性に結びつく。加藤さんの活動は、こうして常に国際性を広げ、国連人口賞の受賞者となった。

九四年、カイロで開催された国際人口開発会議において、国連は女性の性と生殖に関する自己決定権と健康について「リプロダクティブヘルス／ライツ」という名を与えて、その概念を確立した。今、日本を含めその概念は世界の国々で具体的な法制度や施策に取り入れられている。

加藤シヅエさんとサンガー夫人の出会いから実に七十四年後のことである。（評論家）

二〇〇一年一二月二五日

自己犠牲いとわぬ温情
福永光司先生を悼む

狭間直樹

福永光司先生逝去の電話を聞いたとき、あんなにお元気だったのにと、一瞬、頭のなかが真っ白になった。すぐに、ほとんど半世紀にもなるご厚情のひとこまひとこまが走馬灯のように駆けめぐった。

先生に巡り合ったのは、高校二年生の漢文の授業である。知識のない私たちに中国文明の厚みを感得させる授業はたいそう興味深いものだったが、それ以上に生徒の生活指導における真剣さで際だっておられた。わずか数年の短い教員生活だったのに、である。

当時、先生は「荘子」内篇（ないへん）の執筆を進めておられたが、多感な高校生が直面する〝つまずきの呪縛（じゅばく）〟を、荘子「斉物論」の「混沌（こんとん）の哲学」を説くことにより解きほぐされたのだった。「混沌の哲学」とは、世界は正と邪に二分されたものではなく、対立物の同時存在こそが「道」だと言うものである。

「荘子」は、先生自身にとって「明日知れぬ戦場の生活」での「慰めの書」であり、「みじめさのなかで笑うことを教えてくれる書物」だったのだから、その説得は青年のいちずな〝頑（かたく）なさの殻〟を突きやぶるだけの迫力をもっていた。くわえて、場合によっては京都の自宅に生徒を引き取って、別の学校に通わすことまでされた。

この自己犠牲をいとわぬ温情のはからいは、ご夫人の協力なしにはできぬことであるが、感謝の言葉を正面切って口にされなかったのは、照れ屋の先生らしいところである。

その後、先生は京都大学、東京大学などで研究にまい進され、老荘学の四部作を刊行、さらに道教研究の基盤の確立に確固たる寄与をされた。四部作、「荘子」内篇・外篇・雑篇と「老子」は、いずれも朝日新聞社の文庫に収められている。

中国の道教が日本の古代に及ぼした影響についての先生の発言は、きわめて精力的なものだった。明治以降の国家教学が切り捨てた中国南方の「船」の文化＝道教の文化の真実の姿を掘りおこそうとされたのである。その方面の著作はすでに五指にあまる。

その傾注ぶりは、たとえば傘寿を祝う会ではじめにあいさつに立つや、一時間半にわたって大講義をされたことによく示されている。この六月にお会いした時にも、熱っぽく今後の見通しについて語っておられた。まだまだこれからと意気込んでおられたのだから、このような突然の他界は、荘子の哲学に反するとはいえ、先生には無念であるにちがいない。

そして、先生の授業に触発されて中国史研究の道にすすんだ私にとって、これまでの人生の四分の三にわたる「面授」の師を失った喪失感の深さは、いま記すべき言葉もない。

（京都大学名誉教授）

平成十四年

2002

二〇〇二年一月九日

直球一本やりで運動リード
竹内直一さんを悼む

船瀬俊介

驚きで声も出ない。あの竹内さんが…。いや、私たちは敬愛をこめて「竹内のおっちゃん」と呼んでいた。つい数日前も、知人と「竹内さん、どうしているかな」と電話で語り合ったばかりだ。あの稚気あふれる柔和な笑顔を思い起こしていた。

私が九州で学生生活を送っていたころ、一冊の本に出合った。それが「不良商品一覧表」であった。表紙の帯に「メーカーよ、告訴せよ！」とあった。日本消費者連盟(日消連)編著。身が震えるほど感動した。

私は幼少期から「企業をチェックしなければ、世の中はよくならない」と信念のようなものを持っていた。それを実行している人たちがいたのだ。竹内さんをはじめとする日消連創立メンバー六人は、ちまたでは「六人のサムライ」と呼ばれた。

それまでの主婦を中心とした消費者運動とは一線を画す、男性型の運動のスタートだった。影響を受けたのは、米国のラルフ・ネーダー・イズムだ。若き弁護士ネーダーは、企業に拮抗(きっこう)する勢力としての消費者運動を提唱し、マンパワーの集結を呼び掛けた。

創立期の日消連には、まさにさまざまな分野から、さまざまな経歴の人々が集まった。竹内さんは東大法学部を卒業後、旧農林省などの要職を歴任した元キャリア官僚。さらに牧師、労組員、警察官などなどがいた。私も学生時代にボランティアで事務局に通った。卒業後、請われてフルタイムのスタッフになった。

竹内さんは初対面から型破りだった。東京・中目黒の場末の居酒屋で、ビールケースをいす代わりにガンガン、コップ酒をあおる。官僚時代からあだ名は「チョクさん」、すなわち直球一本やり。まさに、その通りの性格だった。

事務能力、運動の直感は卓抜していながら、飾らず、私生活も質素、清貧を通した。そして、告発型の消費者運動のリーダーとして、膨大無比の仕事の成果を世に残した。

なぜ高級官僚の道を棒に振ったのか。主婦連などが牛乳値上げ反対の陳情に来たとき、こっそり乳価の裏を耳打ちしてあげたことが、時の農相の逆鱗(げきりん)に触れたからだという。正義派、庶民派の竹内さんの真骨頂だ。

幼稚園三階にあった日消連の事務所で、励まし合ったり、怒鳴り合ったり、笑ったり、泣いたりしながら運動に精を出した。そこで出会った人々は、個性、クセは多々あれど、みな例外なく気持ちは真っすぐに澄んでいた。二十五歳から日消連で過ごした十年間は、わが人生最大の財産だ。

竹内のおっちゃん、いま一度、熱燗(あつかん)で一杯、やりたかったね。(環境問題評論家)

二〇〇二年一月一一日

日本をテーマにし続けた田中一光さんを悼む

柏木博

数年前のことになるが東京文化会館でベルリン・ドイツオペラを見た。ワーグナーの「さまよえるオランダ人」だった。インターミッションでロビーに出た時に、偶然、田中一光さんに出会った。なんでわたしごときがオペラを見に来ているのか、おそらく田中さんは不思議に思われたにちがいない。

わたしは、田中さんがオペラを見に来ていることに、なるほどと思った。美術学校の学生時代に演劇に熱中していたことはよく知られているからだ。「オペラは好きなのですか」と聞くと、「好きです」と照れくさそうに、またうれしそうにこたえた。

田中さんの作品からすると能や歌舞伎の方が好みだったのではないかと勝手に思ってしまう。初期の作品といえば、すぐに「産経観世能」の一連のポスターを想起する。

たとえば、一九六一年第八回「産経観世能」のポスターは、漆黒の背景の中に朱、黄土、緑や牡丹（ぼたん）色を使った明朝体の文字と繊細な無装飾罫線（けいせん）だけで構成され、漢字の造形的な美しさをきわめてモダンな形式ですくい取って見せた。日本の伝統的な造形を抽象化しモダンデザインの中に新たな形で表現する。日本のデザインの再発見である。こうした作品を田中さんは五〇年代後半から発表しはじめた。

敗戦後十数年たった当時の日本の中で、日本の固有性が、近代的かつ国際的なものであってほしいと望む気分がそれとなくあった。田中さんのデザインは、そうした気分に具体的な形を与えたといえる。その後、多くのデザイナーが同様のスタイルで表現することになった。それは、少なからず田中一光の作品から影響を受けていたのではないか。

田中さんのデザインの仕事は、およそ半世紀にわたって実に多様かつ膨大な数におよんでいる。実際、ミラノ市近代美術館をはじめ多くの美術館で個展を行っているが、広い会場を一人のデザイナーの作品で埋め尽くすことが可能であったことも、その仕事の多さを物語っている。

そうした膨大な作品の中で、つねに新たな形で立ち現れるのが、日本の伝統的造形への再解釈を試みたデザインであった。多くのイラストレーターや写真家の作品を素材に使いながらアートディレクターとして多様な表現を試みてもいる。しかし、つねに自らもどっていく場所のようにして、日本の伝統的造形をテーマにし続けていた。

田中さんの作品からは、日本的なものが趣味の中心だったと思われがちだ。ところが、実のところモダンジャズが好きで、オペラファンでもあった。デザインと同様、その趣味と知識は多様かつ膨大なものだった。趣味人である。

オペラを見に来ている田中さんに出会った時、人には見せないその趣味の世界を見たような気がした。そんな時に、田中さんはよく照れくさそうにまたうれしそうに笑う。思えば、趣味と知識の多様性が田中さんの華やかな作品に現れていたのだろう。ご冥福（めいふく）を祈ります。（武蔵野美大教授）

二〇〇二年一月二九日

幼い日にあった安心と自由
リンドグレーンさんを悼む　石井登志子

スウェーデンの児童文学作家アストリッド・リンドグレーンさんが、二十八日、ストックホルムの自宅で家族らに見守られながら亡くなられました。九十四歳でした。

絵本と読み物で八十八冊にもなる作品は、およそ八十六言語に翻訳され、発行数はあわせて一億三千万部以上といわれています。アンデルセン賞をはじめ、五十あまりの賞を各国で受賞し、ここ数年は毎年ノーベル文学賞にもノミネートされ、受賞はスウェーデン国民の悲願ともなっていましたが、残念ながら実現しませんでした。

スウェーデン南部の村で、一九〇七年に生まれた彼女は、農園の管理者でユーモアがあって話し好きな父親と、優しいけれど威厳のある母親の長女として、兄妹、お手伝いさんや、農作業の人たちなどと、幸せな子ども時代を過ごしました。

幼かった時には、ふたつの大切なこと、安心と自由があったといいます。子どもが必要とする時にはいつも、両親がそこにいるという安心と、かまわずに遊ばせてくれる自由。「やかまし村の子どもたち」さながらの、自然にも人にも恵まれた楽しい日々が、作品を生み出す心の泉でした。汲（く）んでもつきない水をたたえており、そのころの記憶は作品に書こうとすると、すべてがたちどころによみがえったそうです。

四四年、三十七歳の時、ラーベン&ショーグレン社の少女向きの物語の公募で、「ブリット・マリーはただいま幸せ」が銀賞を受賞し、デビュー。生涯で一番うれしい賞だったと後に語っています。翌年、同社の児童文学の公募で「長くつ下のピッピ」が金賞。

その後の活躍はめざましく、「やかまし村シリーズ」のような、明るい日常を描いた作品や、「名探偵カッレくん」などのわくわくする探偵物、「小さいきょうだい」などの暗くて、つらいけれど読者の心をつかんで離さない物語、「はるかな国の兄弟」「山賊のむすめローニャ」などのスケールの大きいファンタジーなど、人間の喜び、悲しみ、愛、憎しみ、信頼、裏切りが、よく推敲（すいこう）された美しい文章でつづられていきました。

昨今、牛に肉骨粉を与え狂牛病という恐ろしい事態を招いていますが、彼女は八〇年代にすでに警告を発していました。食肉用動物の工場飼育化や原子力発電の反対、平和への希求などの社会的な発言には、圧倒的な人気のある彼女ならではの説得力がありました。

私が九四年の秋に、ストックホルムのヴァーサ公園のそばの自宅でお目にかかった時の、「ここが、長くつ下のピッピが生まれたベッドよ」と、部屋の案内をするお元気な様子や、何度も抱いてくださったやわらかな感触、ユーモアたっぷりの話しぶりなどを思い出すと、かけがえのない人ともう会えない悲しみが深く押し寄せてきます。

彼女は、常々自分は子どものころの自分を喜ばすために作品を書いているけれど、もしも、それでほかの子どもも喜ばすことができれば何よりうれしいといっていましたが、その言葉通り、これからも作品は子どもたちを喜ばせ、生きる力を与え続けてくれるでしょう。（翻訳家）

二〇〇二年二月六日

高い洞察と修練の技法
舟越保武氏を悼む

酒井忠康

舟越保武氏が亡くなった。病に倒れたのはかなり前のことになるが、不自由なからだでお仕事をされているようすをみて感動したことがあった。たしか一九九五年暮れに放映された「老友へ―八十三歳彫刻家ふたり」というＮＨＫ番組だったと記憶している。

親友の佐藤忠良氏との六十年におよぶ切磋琢磨（せっさたくま）を互いに「武さん」「忠さん」と呼び合って懐想する内容であった。なかでも印象に深く残っているのが、闘病と制作とのなかにとらえられた舟越氏の厳しい表情であった。受難のキリスト像をつくり（またいくども壊し）ながら、自らの運命を重ねていた彫刻家の試練の一瞬々々が感動を誘ったのだと思う。

一般には舟越氏の彫刻というと、女性の優美な姿を硬質な素材感をもたせながら繊細な感じで仕上げた作品を想起するはずである。その作品の情感的雰囲気がまた、多くの鑑賞者を魅了した理由となっていたのだが、しかし、いまあらためて顧みると、氏の彫刻というのは、戦後日本彫刻のなかにあって、一種、独特の位置と性格をもつものであったと考えられる。

もはや写実による外形描写の彫刻ではないが、人間の内実を追求するという近代彫刻の大切なテーマを、氏もまた自らの彫刻の課題とした。けれども、その追求の仕方や表現された作品の印象は、きわめて自己抑制のつよいものとなった。

その典型として思い起こされるのが、例えば「長崎26殉教者記念像」（六二年）である。これはキリスト者としての氏の全身全霊をこめた作品であると同時に、芸術の普遍的価値を問う一人の作家の挑戦が背後に秘められている作品でもあった。

その証拠に討ち死にしたキリシタン武士の像としての「原の城」（七一年）や、布教中、ハンセン病の介護にあたり、自分もその病に倒れたダミアン神父の像としての「病醜のダミアン」（七五年）などが誕生することになるのだが、どちらも戦後日本彫刻のなかでの傑作の一つに数えられる作品といえる。

特に私は「原の城」を好む。その理由は、この作品のもっている古典的な格調の高さにあるといっていい。どこかに劇的な主題に誘われたロマン主義的な気分もないわけではないが、甲冑（かっちゅう）の重さからやや前かがみになった人物像の形姿からは、氏が関心をもってながめてきたという鎌倉時代の菩薩（ぼさつ）の立像を連想させるところがある。

高い洞察力と長年の習練にもとづいた氏の技法は、この「原の城」を通じて、古代の埴輪（はにわ）にまでさかのぼっている。これはあくまでも現代の彫刻をいかに生きたものにするか―を氏が問いつづけた結果によったのだと解していい。持続的で意志的な氏の彫刻についての思索は、名エッセイストとして知られた文章においても結実している。

「巨岩と花びら」や「石の音　石の影」などを読むと、この作家の「職人的」でありたいと念じていた一面が、通奏低音のように響いてくる。どこか詩人的でもあるが、その透徹した精神風土に私は東北・盛岡の澄んだ空気のようなものを感じる。

創造のエネルギーを包摂した舟越保武氏の仕事が、本当の意味で問われるのはもっと先のことかもしれない。が、現象の氾濫（はんらん）のなかにあって、限りなく静謐（せいひつ）な世界を保持し、古典的で格調の高い作品をつくりつづけた彫刻家であったことは間違いない。（美術評論家）

二〇〇二年三月五日

物語の世界の巨人
半村良さんを悼む

清水義範

去年、がんの手術をなさってからは、何度か様子をうかがうためにお訪ねするごとに弱ってきていて、覚悟を決めなければならないのかも、と感じていた。だが、本当にその日がきてしまえば、いちばんお世話になった人生の恩人を失って、胸がふさぐばかりだ。

半村先生と私との出会いは、特に私にとって、人生の中の奇跡だったような気がしている。こちらが大学を卒業して就職先もないのに東京に出たいと焦っていた時に、半村先生のほうは、そろそろ本格的に作家をやってみるかと考え、名古屋で同人雑誌をやってる学生（私）にお手紙を下さったのだ。そして、私の就職を決めて東京へ呼んでくれた。

先生はそこから、一躍人気作家となっていき、いつの間にか私は弟子ということになっていた。伝奇ＳＦのブームをおこし、「雨やどり」で直木賞を受賞し、江戸人情小説にも新風を吹きこんだりの大活躍を、私はずっとすぐ横で見ていた。

原稿を見てもらったことはほとんどないのだが、その活躍をすぐ横で見せてもらったということこそ、この上なく勉強になることだった。私が半村先生から教わったことはとても大きい。

半村先生は、物語の世界の巨人だった。日本の小説界の中には、いつも何人かが役割を受け継いできた、きらびやかで、大胆な空想力に裏打ちされた大ロマンの系譜がある。ひざをのりだすほど面白い奇想天外な物語は、いつの世にも人々に求められるのだ。

半村先生は、そういう物語文学を、宇宙の果てにまで導いてくれた巨人だったのだ。何冊もある伝説シリーズでは、現代社会の裏にある驚異の真相、という嘘（うそ）をぬけぬけとついて楽しませてくれた。

「妖星伝」という代表作では、人類の罪、というＳＦ的アイデアを核としつつ、まばゆいばかりに波瀾（はらん）万丈の時代伝奇小説にしてしまう、という奇跡をなしとげている。小説とはわくわくして夢中で読むものだろう、という先生の信念がのり移ったようにホットな名作である。

「闇の中の…」という嘘部三部作にしても、社会の裏に嘘部という嘘つき集団がいて歴史を操っている、という発想の大胆さにはただもう目を見張るばかりだった。

そしてその一方では、先生はいつも庶民の人生を愛し、つつましい生活の中の人情こそが美しい、という価値観を持っていて、そこに優しい光をあてた物語も生み出していた。「かかし長屋」などの江戸人情小説群がそれである。最後の作品となったのが、江戸の庶民の一生を追った「すべて辛抱」という小説だったことの意味を、あらためて考えてしまう。

先生は粋な江戸っ子で、ある面、破天荒に生きたが、いさぎよさを常に失わなかった。そして本当は寂しがり屋で、人が集まってくるととてもうれしそうだった。

大きな寂しさを抱きながら、そんな先生のご冥福（めいふく）を祈るばかりである。（作家）

二〇〇二年三月八日

日欧の「時代の証人」今井俊満氏を悼む

千葉成夫

今井俊満が逝（い）った。今でこそ美術家が世界をまたにかけて飛びまわるのはごく普通のことになったが、戦後の日本で最初にそういう美術家になったのは、思えば彼ではなかったろうか。

彼は、二十四歳で渡仏し、その数年後には早くもパリの一流画廊と契約を結び、折からの戦後はじめての前衛美術運動となった「アンフォルメル」に身を投じた。そして一九六〇年代まではパリに、それ以降は東京に住んだが、生涯を通して世界を、とくにヨーロッパとの間を行き来しつつ活動したのだ。

若き今井がアンフォルメルを日本へもたらす橋渡し役となったことも忘れてはいけない。ヨーロッパのアンフォルメルの作品群を日本に送って展示することに貢献し、アンフォルメル運動の批評家と日本に一時帰国して、関西の「具体」グループをはじめとする当時の日本の若い美術家たちに大きな刺激を与えたことが、五〇年代末から六〇年代前半にかけての日本の「アンフォルメル旋風」を巻き起こしたからである。

彼の画業は、大きく、ある意味ではあまりにも截然（さいぜん）と、二つに分かたれる。

パリ時代当初からの三十年間、彼は一貫してアンフォルメル（不定形）の作風を堅持した。それは、何かを再現して描くという従来の絵画に対して「ノン（否！）」を突きつける、それこそ「形にならない」若き情熱とエネルギーをそのまま画面にぶつけるような、「不定形の抽象」だった。

ほとばしり、飛び散るような、強く激しい筆触の線が走って画面をくまなく覆ったかと思うと、描くというよりは絵の具をところどころ熱く集積させてまるでマグマの海のようにしたりする、そんな絵だった。始めはむしろやみくもに、次第にそのエネルギーを統御しながら、しかし彼は変わることなく、まるで世界を力で塗り込めたいとでもいうように、この様式を続けた。

その彼に五十歳を超えて変化がやってきた。年齢によるのか心によるのか、あるいは日本とヨーロッパの往来の果ての結論なのか、友禅染の型紙を用いて描き、構成する、きわめて日本的な、伝統的な作風「花鳥風月」への回帰がやってきた。彼は、ナショナルなアイデンティティーなしにはインターナショナルはありえないと、ためらわずにこの回帰を敢行したのである。

だが、いま彼が逝ってみると、この「花鳥風月」の作品とアンフォルメルの作品とが、彼自身のなかでは連続していたのだという気がする。そしてまた、がんとの闘病においても、彼は最後までいわば元気な人だった。

彼から四半世紀後のパリに二年ほど留学した僕は、そのアンフォルメルの画家ヴォルスについてパリで研究した関係で、帰国してまもなく今井さんを知り、折に触れていろいろな話を聞いた。それらは、彼が日本とヨーロッパにわたる「時代の証人」だったことを物語っていた。（美術評論家）

二〇〇二年三月一五日

最後まで「戦った」兵士
古山高麗雄氏を悼む

川村湊

古山・高麗雄。古山が雅号でコサン、姓が高（コ）で名前が麗雄（リョウン）。こうするとボクの名前はまったくの韓国人のものとなる、といって古山高麗雄氏は笑った。汎世界韓国人作家会議がソウルで開かれた時のことである。

多くの在日韓国人文学者といっしょだったが、もっとも韓国的な名前を持ちながら、古山氏はそこでちょっと居心地のよくない思いをしていたのかもしれない。

日本人でありながら朝鮮半島の北の端の新義州で生まれ、「高麗雄」という名前の古山氏は、それだけをとれば、いかにも日本の「植民地主義」の申し子というにふさわしい。

そのことに、少し傷つき、少し恥じらって古山氏はソウルに今いるのではないか。日本人としては、古山氏と二人だけ、やや場違いな「韓国人作家会議」に招かれた私は、そんなことを考えていた。

でも、考えてみると、古山高麗雄氏の文学は、いつも「場違い」な場所や立場に立たされたことの恥じらいや居心地の悪さが描かれていたのではないか。

「プレオー8の夜明け」から「セミの追憶」まで、日本軍の一兵卒として、フィリピンやマレー半島やビルマや中国南部の各地を転戦した体験を基にした小説群において、古山氏は、常に自分がそこにいることの居心地の悪さ、あるいは不条理性を語ってきた。もちろん、それは氏生来の巧まざるユーモアやペーソスに包んだうえで、だったが。

戦争と植民地支配に明け暮れした日本の二十世紀。生きることの不器用な人間こそ、その最前線に立たされることになる。召集、戦闘、転戦、敗北、俘虜（ふりょ）、復員。負けた戦争を一兵士の立場から「戦記」として書くことが古山氏のライフワークとなった。

「断作戦」「龍陵会戦」「フーコン戦記」の三部作を完成させ、古山氏はその役割を忠実に、誠実に果たしてみせた。その意味で氏は、大岡昇平のいう「よく戦った」兵士だったのである。

古山氏こそ、大日本帝国陸軍のなかで、最後まで「戦った」兵士だったかもしれない。大日本帝国の植民地としての朝鮮半島を自分の名前として「所有」する、最後の「宗主国人」であったように。

晩年にまとめられた「フーコン戦記」には、栄養失調や病気で道端に座り込んだ脱落した日本兵を、目障りだという理由で、隊長（将軍）の撤退する道路から排除するというビルマ戦でのエピソードが描かれている。「ビルマの竪琴」のようなきれい事ではなく、陰惨で、残虐な敗戦としての「大東亜戦争」を、古山氏は従軍の「戦記作家」として描き続けることによって、最後まで「戦った」のである。

「東林間のブタ小屋」や「孤独死」など、妻を亡くした後の古山氏の一連の身辺雑記小説は、感動的なものだった。生涯の戦友たる亡妻の追想のただなかで息を引き取ったのではないかと考えることは、私たちにとって、古山高麗雄という文学者を失ったことの、少しの慰めとなる。（文芸評論家）

二〇〇二年三月二九日

軽妙に映した人生模様
B・ワイルダー監督を悼む

川本三郎

軽妙洒脱（しゃだつ）なユーモアを愛する人だった。

あるジャーナリストが自宅にインタビューに来た。棚に飾ってあるたくさんのオスカー像に目をとめていると、ワイルダーはこんなことを自慢した。

映画賞の受賞もうれしいが、もうひとつ誇りに思っていることがある。何か。「ニューヨーク・タイムズ」のクロスワードパズルに登場したこと。

「それも二度もだ。一度は横の十七番、もう一度は縦の二十一番だったかな」（ヘルムート・カラゼク著、瀬川裕司訳『ビリー・ワイルダー自作自伝』）。

「七年目の浮気」（55年）「お熱いのがお好き」（59年）「アパートの鍵貸します」（60年）など、洗練された大人のコメディーでファンを魅了してきた人ならではの飄々（ひょうひょう）としたユーモアといえよう。

オーストリアの出身。一九二〇年代の都市文化華やかりしベルリンで青春時代を過ごしたあと、三〇年代にはパリでも暮らした。その体験がのちの都会的センスの下地になった。

オードリー・ヘプバーンを愛したのも、彼女にヨーロッパの香りを感じたからだろう。「麗しのサブリナ」（54年）「昼下りの情事」（57年）ではいずれもオードリーをパリに置いている。この二作のスマートさこそ、ワイルダーの真骨頂。師のエルンスト・ルビッチ同様、ハリウッドにヨーロッパ映画の雰囲気を持ち込んだ監督といっていい。

そのオードリー評がまたワイルダーらしく軽妙なもの。「彼女はSchizophrenia（精神分裂症）というややこしい単語を綴（つづ）れるんだ」

脚本家出身だから言葉、セリフを大事にした。「お熱いのがお好き」の最後で、女装したジャック・レモンが変装をとって「おれは男だ」といったのに対し、〝彼女〟を愛したジョー・E・ブラウンが「完全な人間などいない」と笑わせたのは映画史上に残る名セリフになっている。

コメディーだけではない。アルコール依存症を扱った「失われた週末」（45年）、クライム・サスペンス「深夜の告白」（45年）、ハリウッドの内幕もの「サンセット大通り」（50年）、リンドバーグを描いた「翼よ！あれが巴里の灯だ」（57年）、そしてミステリーの傑作「情婦」（58年）と多様な作品を手がけている。才人である。

品のいい笑いに隠しているが、アンチ・モラルの側面もある。

「七年目の浮気」では妻子のある中年男がマリリン・モンロー演じる若い女性に心をときめかせる。「アパートの鍵貸します」ではニューヨークの一流ビジネスマンたちが妻に隠れて不倫を楽しむ。

シャーリー・マクレーン主演の「あなただけ今晩は」（63年）はパリが舞台とはいえヒロインは娼婦である。

また「お熱いのがお好き」ではジャック・レモンが女装をする。

いずれも当時としては刺激的なこと。それをそう感じさせなかったのがワイルダーのみごとな腕である。

ユダヤ人。そのためにヒトラーが台頭した時にドイツを離れた。残った母親はアウシュビッツで殺された。ワイルダーはその悲痛な事実を戦後知ることになる。笑いの底にどこかシニカルなところがあるのはそのためなのだろう。

晩年、若い監督キャメロン・クロウによるインタビューで「シンドラーのリスト」は自分が作りたかったと答えていたのが心に残る。

（評論家）

二〇〇二年四月五日

正統仏教学最後の大学者
平川彰先生を悼む

高崎直道

仏教学の泰斗、平川彰先生が三月三十一日、ご自宅で静かに逝去された。八十七歳。東京大学名誉教授で、日本学士院会員。そして国際仏教学大学院大学で、その日まで理事長兼教授を勤められ、頭脳も明せきのままだった。

先生のご業績は、第一に戦中、大学院特別研究生時代にはじまる律蔵の研究と、そこから派生的に展開した大乗仏教教団の成立史の研究である。特に後者は、大乗の起源を、仏塔を祀（まつ）る在家の集団に求める新説で、戦後の学界に新風を巻き起こし、国際的にも評価された。

近年、律儀や教団史の再検討の結果、大乗の起源を出家集団とみる立場から、先生の説は批判を受けているが、問題提起としての功績は朽ちるものではない。

また、お弟子さんたちと共同で、「倶舎（くしゃ）論」の梵語（ぼんご）と漢訳、チベット訳にわたる索引を編集し、一九八〇年度の日本学士院賞を得られた。

先生は、東京大学ご卒業後の特別研究生、助手、そして五〇年から北海道大学で助教授を勤められ、五四年、恩師の宮本正尊先生のご退官の後をうけて東京大学に戻られ、六二年に教授に昇任。七五年に定年退職されるまで、ほとんどを東京大学で過ごされた。

その間に薫陶を受けた教え子は、学部生七十八人、大学院生百十九人に及ぶ。しかも、直接、先生を指導教官としなかった学生たちにまでなつかれ、慕われている。それはひとえに先生の温かい心、偉ぶらずに心を開いて学生に接してこられた、人徳の致すところと思われる。

一方、先生は、恩師の宮本先生によく仕え、五一年の日本印度学仏教学会の設立に際しては、初代理事長の宮本先生の片腕となって尽力された。（後年には、その理事長を長く勤められた）

このような輝かしい経歴と業績の持ち主であるのに、仏教界を除いて、世の中にあまり知られていないのは、先生の地味なお人柄によるところが大きい。研究室でも、女房役として内部の面倒見に徹しておられた面がある。

私どもは、先生の助手時代の学生で、先生方には相談できないようなことを打ち明けたり、時には勝手なことをずうずうしく言ったりするのを、適当に受け止めて下さった。その後も、きめ細かいご配慮にあずかったことは計り知れず、そのご恩には感謝しきれないものがある。

その一方で、頑固なところがあり、ご出身の三河弁で、「けれどもが」と言って自説をなかなか曲げられなかった。

最近、こちらの多忙にかまけて、随分長い間、ごぶさたしていた。先年、中村元先生が亡くなられた時、皆が気遣うのに対し、「わしゃ元気だよ」と言っておられたのをよいことに、安心しきっていた矢先のご逝去だった。正統仏教学の最後の大学者であった。

奥さまをはじめ、ご遺族の皆様も、お心残りのことと存じ上げる。謹んで、お悔やみ申し上げる次第である。（鶴見大学学長）

二〇〇二年四月一〇日

独特の鋭い美意識と見識
安東次男を悼む

中野孝次

安東次男の訃音（ふいん）に接し、また一人同時代の盟友が去ったかの思いに沈んでいる。安東との付き合いはわたしの二十代終わりごろからで、ほぼ五十年になる。六〇年安保デモも共にしたし、大学紛争にも行動を共にした。

安東は当時すでに詩人として名をなしていたけれども、わたしが付き合ったのは詩ではなく麻雀（マージャン）だった。わたしが世田谷弦巻町に住んでいたころで、近くの上町に住む安東宅に、国学院で同僚の橋本一明、永川玲二、成瀬駒男などと、押しかけ、三日にあげず麻雀にふけった。間違っても文学の話などせず、何年かのあいだ実によく遊んだ。当時の安東の記憶は、徹夜麻雀の疲労を浮かべた顔で毒舌をふるう姿ばかりである。

にもかかわらずわたしが日本の古典を学んだ師匠といえば、そのころの安東次男をおいてほかにいないのである。古典の講釈など受けたことは一度もないが、麻雀の折に安東が口にする片言隻句で、なるほど古典とはこう対するものかという基本姿勢を学んだ。それは一言でいえば、跪拝（きはい）などせず、どんな古典であれ、頭から権威も信ぜず、ただおのれの感性のみを信ぜよ、ということだった。

麻雀のダダラ遊びをつづけながら、一方ではそれへの嫌悪から、安東はそのあいだに「澱河歌（でんがか）の周辺」というすぐれた蕪村論を書いた。安東が古典について書き始めたこれが最初であった。一読してわたしは感嘆し、脂汗をにじませつつ口汚い毒舌をふるう無頼漢の中に、一個の真の詩人がいることをいやでも認めざるをえなかった。

安東次男が日本の古典、とくに芭蕉について次々と瞠目（どうもく）すべき仕事を発表しだしたのは、それからであった。「芭蕉七部集評釈」は、発表時に大きな反響をよび起こした。また安東は、これは麻雀をしながらも見ていたが、骨董（こっとう）にも一流の目を持ち、徳利（とっくり）や壺（つぼ）や金銅仏など買ったり売ったりしていた。別の何かが欲しくなると、金がないから所有物を売る。いまわたしが持つ古備前の壺や黒高麗の徳利などは、そういうとき安東から売りつけられたものだが、今見てもそれらは一流品である。

古典に対しても、骨董に対しても、人間の出処進退についても、安東には独特の鋭い美意識と見識があり、言う時はおのれのすべてをかけて物を言うというところがあった。だから物言いははげしく、険しく、容赦なかったが、そこに他に類のない安東の個性が発揮された。

一年ぐらい前に、その安東が肺気腫でほとんど寝たきりだと知らされたが、わたしは弱った安東次男を見たくなかったからあえて見舞いに行かなかった。が、寝ながらも安東が細君の多恵子さんの口づてに伝えてくるわたしへの意見は、相変わらず激越で、まだ気力は衰えていないことを示していたのだったが。

その安東がついに亡くなったと聞き、わたしはまた一つまわりに暗い大きな穴がぽっかりあいたような空虚を感じている。（作家）

二〇〇二年四月一三日

闇を差す一条の光
中薗英助さんを悼む

川西政明

中薗英助さんが亡くなられた。八十一歳であった。

つい最近、「北京原人追跡」を贈っていただき読んだばかりであった。北京原人失踪（しっそう）の謎を半世紀にわたって追跡してきた中薗さんの執念が乗り移った作品である。一年の大半を入院ですごしたという便りをいただき心配していたので、病床で頑張られたのだなと感心した。

故郷八女を舞台にした一族の歴史「南蛮仏」の最終章の完成が目前のところまでいっていたそうだが、中薗さん、あなたはその生涯で実にすぐれた仕事を残されましたねと、その霊にむかってあらためて伝えたいと思う。

中薗さんは一九三七年に中国にわたり、北京の邦字紙「東亜新報」の記者として日中の文化人と接した。それらの人々の中に「貝殻」で大東亜文学賞を受賞したため文革期に反動文化人として迫害を受けた袁犀がいた。日本軍に占拠された北京を脱出して歩いて上海へいき革命劇で活躍した陸柏年は、日本の憲兵隊の手で殺されたと言い伝えられていた。

これらの人々の生存の痛みをわが痛みとして共存させるところに中薗文学の原点があった。中薗さんはその生涯をかけて袁犀の人生を追跡し、その文学の再評価を果たし、作品の翻訳に骨身を削った。

北京脱出後の陸柏年の消息も解明された。陸柏年は共産党軍に入り、戦闘で死亡していたのだった。この事実は中薗さんの執念を受け継いだ若い研究者の追跡の結果判明したのである。

このように中薗さんの仕事には、歴史の闇を歩き続けた果てに一条の光が差してくるものが多い。「北京飯店旧館にて」「北京の貝殻」の連作集でそれらの仕事は集中的におこなわれた。

日本とかかわりをもった老舎や周作人ら中国人文学者が味わった生存の痛みと同じ生存の痛みを、中国とかかわりをもった日本人の文化の痛みとして受けとめた文学者の一人が中薗英助であった。

中国の代表的な女優で歌手の周璇が歌った「何日君再来（いつのひきみかえる）」は、三〇年代後半以降、上海を中心に日本軍占領下の各都市で大流行した。日本でも李香蘭や渡辺はま子が歌って人気を博した。宿命的な人間の別れと再会への望みを表現したこの歌は、敵味方の立場をこえて日中両国人の胸を打ったのだ。

この名曲に秘められた謎を解明することで、中薗さんは日本と中国の歴史の闇を解明し、その本来あるべき姿を提示した。この「何日君再来物語」は中薗英助でなければ書けない作品だった。

中薗さんは「烙印」（五〇年）を「近代文学」に発表して作家生活に入った。スパイ小説を書いて認められた時期もあったが、彼の本質はあくまでもこの「何日君再来物語」から「北京飯店旧館にて」の系列にあり、「鳥居龍蔵伝」は伝記文学の傑作であった。

中薗さんは早くから埴谷雄高に私淑した人だったから僕には先輩とつきあっているような気楽さがあった。すこし口ごもったような感じで楽しそうに話し、ふと唇をつぼめてうれしそうに笑う人であった。こころから冥福（めいふく）を祈りたい。（文芸評論家）

二〇〇二年四月二七日

清新でモダンな一生
斎藤史さんを悼む

佐佐木幸綱

斎藤史さんの訃報（ふほう）に接して、深いかなしみにしずんでいる。

私が編集長をしている「心の花」の集まりに、何度か、長野から来ていただいた。史さんの父・斎藤瀏氏は「心の花」の歌人だった。史さんも若いころは「心の花」に作品を出しておられた。そんな関係でいろいろおつきあいいただいた。清新でモダンな作風を一生通された歌人だったが、人物もまたモダンな方だった。明るい色、花やかなデザインの服が似合う方だった。九十代に入ってからも花のある歌人だった。

斎藤史は一九八〇年代以後、数々の賞をとって脚光をあびた。八六年「読売文学賞」、九四年「斎藤茂吉短歌文学賞」「詩歌文学館賞」、九七年「現代短歌大賞」。高齢化社会とはいえ、七十代半ばを過ぎて新境地を広げ、このように社会的活躍をはたした歌人は少ない。そう、斎藤史は、新しい老年の歌の作者としても大きな仕事をはたした歌人だったのである。

これよりはまさに一人の下り坂すこし気まに花一枝持ち

老いの自覚をうたった七十代の作である。重くない。暗くない。艶（えん）なる老いと言ったらいいか、どこかの峠をハイキングをしているような、楽しげな気分さえ伝わってくる。

ひらひらと峠越えしは鳥なりしや若さなりしや声うすみどり

追憶の歌である。老年の追憶がなんとも軽々としている点に注目する。生きること、老いゆくことを、自然体でうけとめている。

疲労つもりて引出しヘルペスなりといふ

八十年生きれば　そりやぁあなた

歌壇で評判になった病気の歌。「そりやぁあなた」という口語が見事につかわれて、読者は心のどこかでほっとさせられる。清新な表現が、沈みがちな病気や老いのムードを払拭（ふっしょく）している。病気の歌なのにふっと花やかさが感じられる。

ぐじやぐじやのおじやなんどを朝餉とし何で残生が美しからう

老いの負の面をこううたうことで、精神の高みが照らされている。老年の現実の無惨をうたっている。老年の現実の無惨をうたっていることを見逃してはなるまい。

斎藤史の老年の歌には艶なる気分がある。清新な表現がある。新しい老年の短歌の開拓者として斎藤史を短歌史に位置づけることができると私は思う。

言うまでもなく、斎藤史の短歌は、老年の歌だけがすぐれていたわけではない。十代から作歌をはじめ、三十一歳の年に刊行した第一歌集「魚歌」以来、九十三歳で他界されるまでの六十年間、その年代にふさわしい時分の花を咲かせてきた。

とくに、二・二六事件で処刑された幼なじみの青年将校たちにかかわる激動の時代の青春歌、初期の映画の影響下になった独得のポエジー短歌など、昭和十年代の作は、昭和短歌史にくっきりと鮮烈な足跡を残している。

歌壇はかけがえのない大きな歌人をあの世へ送った。花のある歌人を失ってしまった。

（歌人）

二〇〇二年五月一六日

「落とし」の魅力で頂点に
柳家小さん師匠を悼む

川戸貞吉

突然の訃報（ふほう）に体中から力が抜けた。あんなに〝米寿の祝い〟を楽しみにしていたのに…。「八十八歳まで現役、盛大にお祝いしたい」と言い続け、落語界初の人間国宝に認定されたときも、お祝いの会を開かなかった。それが、あと七カ月で満八十八歳になるというのに逝ってしまったのだ。まことに残念である。

小さん（こさん）師と知り合ったのは昭和三十二年、大学一年生のときで、私が落研に入ったのがきっかけだった。以来、今日まで四十五年もの長い間、かわいがっていただいた。まだ学生の分際で一緒に飲み歩いていたわけで、われながら、なんといい青春時代を送ったものだとつくづく思う。

小さん師はうそのつけない人でもあった。飲みに誘われたとき、男同士で遊びたかったのか、女房を連れていくと、がっかりした顔をする。途中で女房が「一足先に失礼します」と言おうものなら、途端にうれしそうな顔をする。そして自ら外へすっ飛んでいき、タクシーを拾ってきてくれたり、正直な人だった。師匠である四代目小さんの「よこしまな了見のやつは噺家（はなしか）になるな」という言葉を、地でいっているような感じであった。

その小さん師が苦労したのは、落語協会の会長になったころのいっときではなかったろうか。会長とはいってもまだまだ先輩の噺家がおり、横やりが入ったりしてなかなか思うようにいかなかった時期があった。そうしたうっぷんを晴らそうと大騒ぎする席に、何度もお供を仰せつかった。

分裂騒動のときも大変だった。その一方で自分の信念にもとづいて三階建ての協会事務所を設けるなど、二十四年もの長い間会長として協会をたばね、今日の基礎を築いたわけである。

小さん師の魅力は落とし噺の世界にある。筋立てのおもしろさでお客を引っ張るというのでなく、これといった筋のない噺に味わいのあるのが特徴だ。長屋の生活を語るにふさわしい噺家となったところが、なんともすごい。

ホール落語に通う人のほとんどは、寄席定席で演じられる落とし噺を一段低く評価する。笑わせる落とし噺より、ホロリとさせる人情噺のほうを好みがちだ。小さん師はそうした噺には興味を示さない。落とし噺一本で突き進み、寄席を休まないように心がけ、頂点に立った。ここに五代目柳家小さんの価値がある。

晩年、脳こうそくで倒れてからも高座に立つことができたのは、人情噺などに目をむけなかったからだと思う。

昨年の古今亭志ん朝（ここんてい・しんちょう）、いままた柳家小さんと立て続けに大看板を失った落語界。残された人たちの奮起を、小さん師も願っているに違いない。（演芸評論家）

二〇〇二年五月三〇日

天性のアーティスト
ニキを悼む

白石かずこ

フランスの前衛女性彫刻家、ニキ・ド・サンファルが五月二十一日、米カリフォルニア・サンディエゴで亡くなったとの報はトツゼンの落雷のようにわたしの魂を哀（かな）しみにゆるがした。

アメリカや日本でフェミニズムの運動が現れる前の全く女性たちが不当に男性社会から弾圧されていた時代、孤立無援で闘ったニキ。世間の悪意の好奇心から、まるでダーティーなスキャンダルの女王にされ、深く傷ついたニキ。若い時は「ヴォーグ」のモデルにもなった美女ニキは甘い、らくな道をえらばず女性の屈辱の歴史をくつがえす苦難の道をえらび、ストックホルムの近代美術館についに巨大女神ナナのオブジェをつくった。

彼女は最初、アメリカでえの具による射撃イベントで既成モラルに対する攻撃を行ったが、のちに太陽神と同位置に女神をみ、生命の誕生し、はぐくむ母性像をおおらかに、まばゆく明快な色彩でつくった。

もはや男性社会は彼女を攻撃するかわりに大いなる陽気な女神としてあがめ、むかえるようになる。背徳的な父親像への憎しみを映画「ダディ」等で表すが、やがて彼女は攻撃より世界平和の理想郷をアートでうみだす方向へ向かう。

わたしがはじめて彼女に会ったのは一九七九年パリ郊外のニキのアトリエであり、そこであいさつ代わりに英訳詩集をわたしたこと、その題が「聖なる淫者の季節」なので彼女は瞬間にわたしが彼女と同じ感覚と思想の持ち主と知り、自分の詩画集をわたしながら、「わたしたちは中世に生まれたら、きっと魔女裁判にかけられ火あぶりの刑にあったわネ」といった。

彼女には理屈も説明もいらない。豊かな感性で直感で真実をとらえる天性のアーティスト。したがって彼女の才能は誰かに（恋人にして師であるティンゲリーに）教えられる前に自分で全身全霊で感受し、思索し、つくりあげた独自の芸術であった。それ故、その魅力に理屈をつけることはできない。

彼女はタロットガーデンの制作にかかる前であった。また「こんな教会を考えてるのよ」といって三日月のムスリム、仏陀（ぶっだ）、キリスト教、あらゆる宗教のシンボルマークをつけているひとつの寺院のオブジェの模型をさし示した。芸術と詩を通し、無二の親友のように心をひらき語り合ったまだ若かったあの午後をせつなく思い出す。

なぜ死んだのとはいえない。若くしてポリエステルが原因でオブジェ制作中、呼吸困難になり、片肺でよく今日までがんばったと思う。もう十分、生命のよろこびを万人に与える仕事をしたのだから安らかに冥福（めいふく）を祈る。そして彼女の芸術は那須のニキ美術館にいき館長増田静江さんに伺うとよい。彼女はニキのコトバをあたかも分身になり日本語で答えてくれるだろうから。（詩人）

二〇〇二年六月一日

優しすぎたひと
矢川澄子さんを悼む

加藤幸子

この世の巡り合いは偶然ではありえない、と私は信じている。二十年近く前、私が黒姫山に遊びに行き、そこで「兎とよばれた女」という美しい物語の作者矢川澄子さんにお会いしたことも。

お会いする前の矢川さんのイメージは、色とりどりの伝説に包まれた過激な女詩人のそれであったが、林の中の白い家で私を待っていてくださった方は、春の太陽のように優しかった。私はすっかりリラックスして、初対面なのに暗くなるまで座りつづけた。そしてその日以来、ずっと私たちは女友達だった。

矢川澄子という作家は飛びぬけた教養を内に秘めていたが、言葉を操る術にかけては、天性としか思われない。一般にはあまり知られていないが、若いころの短編のみずみずしい文章は、三島由紀夫の初期の作品に匹敵する。

人柄は柔らかいのに、詩は諧謔（かいぎゃく）に富んでいた。すべての行の先頭に〝あ〟を配した「ありのすさびのアリス」の終行は「愛も　すさびか?」と突っ放される。小説「兎とよばれた女」は何重もの入れ子構造によって韜晦（とうかい）されてはいるが、男たちからほんとうの自分を理解されぬ兎（うさぎ）の悲しみが、全編をおおう。矢川澄子の極限の自己表現であろう。

作家、詩人はまたすぐれた書評家であった。資質のちがう私の作品も評価してくださり、よく紹介してくださった。書くという世界にはさまざまな立場、さまざまな個性の作家がいることを全面的に認めたうえで、読むというのが書評をするときの姿勢であった。

訃報（ふほう）を受けたのは昨日（五月三十日）のことである。

私の中で、矢川さんはまだ生きている。

この文章を書きながら、思わず電話をかけそうになる。そして自分に事実を言い聞かせている。もうあの家を訪れてもだれもいない。主を失った花々が静かに咲き、空っぽのえさ台からつまらなそうに鳥たちが飛び立っているだけなのだ、と。矢川さんは黒姫の五月と六月が大好きだから、その間は東京には出ないの、とよく言われていた。

それなのになぜ？　好きな季節だったから？　わからない。

小柄できゃしゃな矢川さんは、意外に健脚で、一緒に妙高登山をしたときには背中に羽が生えているように軽々と登って、同行者たちを驚かせた。ともに国内国外の旅を重ね、はるばると中央アジアの高原に立ったこともあった。都会であろうと、田舎であろうと、森であろうと、水辺であろうと、どこでも似あうふしぎなひとだった。

数カ月前にいただいた手紙には「わたしのまわりは皆まぶしい人」と書いてあった。冗談でしょう、まぶしいのは矢川さん。でも誤解をとく機会がなかった。最後にお会いしたのは五月十日。私の山荘に寄ってくださって、ほうじ茶にしっけたクッキーをつまみながら三時間ほどお話しし、去っていかれた。永遠に。「ほんとにさびしいひとはさびしがらない」（「ありうべきアリス」より）。（作家）

二〇〇二年六月二六日

表現に豊かな人情味
竹本越路大夫さんを悼む

権藤芳一

越路さんの訃報（ふほう）に接した時、しばらく言葉がなかった。最後にお目にかかったのは、四月の初め、H病院であった。奥さんと御一緒で「お稽古（けいこ）のドクター・ストップがかかりまして」と笑っておられた。四月の大阪公演で住大夫が病気休演のため、千歳大夫が「桜丸切腹」を替わった。大変な抜てきだった。その稽古で疲れられたのだろう。それでちょっと点滴を受けに来られたのだろうぐらいに思っていた。ごく気軽におっしゃっていたので、こちらもそれほど気にせずにお別れした。いまになって聞くと、そのころすでに病状は進んでいたようであった。

越路さんは、大正十三年山城少掾（当時古靱太夫）へ十一歳で入門された。昔風な内弟子の修業をされた最後の人である。その後の道も決して平たんなものではなかった。昭和十一年には文楽座を脱退。新義座に参加したが、自分の非力を感じ廃業、トンカツ屋に転じた。しかし義太夫が忘れられず、復帰した。戦後、文楽が分裂した時、松竹を離れ、組合派（後の三和会）に加わり、全国を巡演して回った。

その間に喜左衛門と相三味線を組んだ。越路さんが山城の模倣から脱し、兄弟子先代綱大夫とともまた別の独自の芸境を開拓したのはその時代であった。自身「山城師匠は芸の上の父、喜左衛門師匠は母、この二人を師に持ちえたのは、生涯の誇りだ」と語っていた。

越路さんは、義太夫の太夫としては、声量も体力も恵まれていたとは言えなかった。原作の理詰めな分析は山城ゆずりだが、その表現は堅実でしかも繊細、そして豊かな人情味がにじんでいた。それは山城や綱とちがう屈折した人生経験から生まれたものであろう。

平成元年、引退された時、もっと文楽のために働いてほしいと願った。いまやめるのは無責任だとも思った。しかし芸人が〈引退〉を決意し、実行するというのは実は大変なことなのだ。なかなかできることではない。越路さんは、それだけ自分に厳しかったのである。文楽の芸というものを大切に思っておられた、とも言える。

「切場語りが一段語れんようでは廃業すべきだ」と早くからの持論であった。一段、一時間半から二時間。それを一興行、二十日間続けねばならない、という責任を自らに課していた。ファンとしては、十分でも二十分でもとか、一年に一回素浄瑠璃の独演会でも、という気はあった。しかし、そういう甘えは自分に許されなかったのである。お会いすれば、温厚で人なつっこいお人柄なのだが、夫人によれば、「反骨と偏屈両方あわせて〝偏骨〟」な一面は確かにあった。

引退はされたが、稽古はされていた。直接の弟子だけではなく、住大夫、嶋大夫といった人でも「兄さん、ちょっと聞いとくりやす」と稽古を受けに通った。それで結構忙しかったのである。〈人間国宝〉として後継者を養成する責任は、きっちり果たしておられたのである。（演劇評論家）

二〇〇二年七月一一日

日本考古学を変革
佐原真さんの逝去を悼む

金関恕

考古学者、佐原真さんが逝った。享年七十歳。死の床にあっても好奇に満ちた少年の瞳の輝きを宿し、力を振り絞って仕事を進めていた。強い精神に支えられた姿は、見舞いに行った私たちに賛嘆の思いを懐かせたものである。

次々に出される佐原さんの著書には、広い知識に裏づけられた新鮮な発想が分かりやすく叙述されていて、読者に古代の文化への興味をかきたて、熱情のこもった独特の語り口で戦争の歴史を説く講演は、多くの聴衆を魅了した。

その逝去は学界にとってはもちろんのこと、すべての考古学ファンにとっても計り知れない大きな損失であり悲しみである。

明治十年、エドワード・モースが開いた科学的な日本考古学発達の道筋には、それぞれの時期を画した大先達があった。佐原さんは新しい視点をもって一九七〇年代に始まる戦後の考古学の第二期を導き、ある意味では日本考古学という学問体系を変革した学者であった。佐原以前の考古学と以後のそれとでは、社会に与える印象が違ったものになった。今後の考古学史は佐原さんをそうした巨人の一人として数えるに違いない。

佐原さんが最後に脱稿されたエッセー集「考古学つれづれ草」には、著者の語る自らの考古学事始めの記が収載されている。幼稚園児のころに土器の不思議に興奮し、小学生にして古墳を探訪し、学童疎開に考古学の研究書を携えるなど、その早熟ぶりをうかがわせる。

佐原さんにとって幸せだったのは、高校生時代に出入りした東京大学人類学教室の山内清男、京都大学考古学教室で教えを受けた小林行雄という二人の師匠によって、遺物観察の厳しい訓練を受けたことであった。

各種の撚紐（よりひも）を作り、ゴム粘土の板に転がしてその圧痕の縄紋を調べる作業に始まり、弥生土器の紋様のつけ方、類似の技法の地域的な分布などの調査、さらにはコンピューターの前身であったパンチカードを利用して、銅鐸（どうたく）の型式の時期的な変化の法則を発見するなど、土器や銅鐸をめぐる現在の研究の基礎は佐原さんが大学院時代に完成したものである。

佐原さんが兵庫県伊丹市史の原稿を執筆したとき、編集を手伝っていた市の若い職員から文章の難解さを指摘され、「私が分からないということは伊丹市民も分からないということですよ」と告げられてがくぜんとした体験は、彼にとって大きな転機となった。それ以後「分かりやすい考古学」運動が佐原さんによって広げられた。この挿話は佐原さんが常に柔軟であり純真であることを示している。

加齢と共に佐原さんの興味は狭い考古学の範囲を超え、先史世界の生活史の復元の方向に向いて行く。その屈託のない快活な性格によって、民俗学、民族学、自然人類学など考古学周縁の諸科学の専門家と親交が結ばれ、まさに市民が楽しんで学べる古代の暮らしの生き生きとした画像が描き上げられた。逝去の報に接し、彼が愛唱していたドイツリートの朗々とした歌声が耳に響いてくる。心からごめい福を祈りたい。（大阪府立弥生文化博物館長）

二〇〇二年八月五日

複雑かつ直截な存在感

伊藤信吉氏を悼む

粟津則雄

伊藤信吉さんがなくなった。九十五歳という ご年齢を思えば天寿を全うされたと言うべきだろうが、伊藤さんの場合は、とてもそんなふうに言う気になれない。最後にお会いしたのは、数年前、立原道造記念館の開館三周年を記念するパーティーで講演をうかがったときのことだが、伊藤さんの講演は、発想も若々しく、話の運びも自在だが厳密であって、そこにはいささかも老いのかげりのごときものは感じられなかったからである。

私が伊藤さんと識(し)ったのは、一九六〇年代のはじめ、伊藤さんも同人のひとりであった「歴程」に加わったときのことだ。以来、親しくお付きあいをさせていただくようになったのだが、こうして間近で接する伊藤さんの人柄は私にとってまことに魅力的であった。伊藤さんがかいくぐってきた苦難の歴史を思わせるおそろしく老成したものと、少年のような茶目っ気。きびしい反抗精神と、およそものにこだわることのないしなやかな理解力。そういったものがいっさいの無駄をぬぐい去ったようなあの小柄な身体にたたき込まれて、複雑だが直截(ちょくせつ)な、強力な存在感を生み出していたのである。

伊藤さんは、一九〇六年十一月三十日、前橋市に生まれている。早くから詩人を志し、萩原朔太郎や室生犀星に師事した。詩人としては、まず、草野心平などとともに、アナーキズム系の詩人として出発したが、次いでプロレタリア詩に移り、プロレタリア詩人の中心的存在のひとりとなった。詩集「故郷」がその成果である。

だがやがて伊藤さんは運動から離れ、詩作も断った。わが国の近代詩史や近代詩人論がその中心的な仕事となった。「鑑賞現代詩・大正篇」「萩原朔太郎」「高村光太郎研究」などがその代表的なものだが、伊藤さんのこれらの批評文の特質は、その詩人としての体験を十分に生かした、詩や詩人に対する内的な理解と、プロレタリア詩人としての体験を踏まえた、それぞれの詩的背景に対する周到な見定めを、伊藤さん独特の、ざらついた手触りにつらぬかれた生き生きとした生活感のなかで、ひとつに融かし合わせている点にある。

一方、詩作も復活し、「天下末年」「望郷蛮歌・風や天」から、最後の詩集「老世紀界隈で」に至る一連の詩集は、一見平明なかたちのなかに、二重三重に屈折したさまざまな感情や意識が埋め込まれて、まことに深い表情を生み出していると言っていいだろう。こういう伊藤さんの仕事をあらためて見直してみると、伊藤さんが、激しく揺れ動きながらもけっして迂路(うろ)に迷い込むことなく、一貫してその根源に向かって歩み続けたことがわかるのだ。

伊藤さんの酒席でのおはこは、小林旭の何とかいう歌だった(伊藤さんはまわりがいくら注意しても、頑固に「旭」を「アサヒ」と発音した)。その歌をうたうときの伊藤さんの楽しそうな顔が生き生きと甦る。(文芸評論家)

二〇〇二年九月一二日

彫金を堂々の芸術に
帖佐美行氏を悼む

長谷川栄

わが国工芸の世界の巨星がまたひとり世を去ってしまった。彫金界の重鎮といわれ、文化勲章の受章者でもある帖佐美行氏が、去る九月十日夜、八十七歳で天寿を全うした。

氏は一九一五（大正四）年、鹿児島県薩摩郡宮之城町山崎に生まれ、芸術家をめざして十三歳の折上京、やがて彫金家となることを決意、小林照雲師のもとへ入門、さらに四〇年海野清門下生となる。

筆者も実は美校（現東京芸大）時代には海野先生に師事していた関係で、帖佐氏とは共通話題が多く、最近まで度々交流させていただいたものである。海野氏は厳しいが人情のある洒脱（しゃだつ）な江戸っ子肌の先生で、同様に鍛えられたふたりは、彫金を密画の世界に閉じ込めておくのが嫌いで、この小工芸を何とかダイナミックなたくましい芸術へと育てようと企（たくら）むはなしでは呼吸がぴったりと合っていたように思う。

その後帖佐氏の作品は、いままでの伝統の彫金の装飾金工的なひ弱い体質を脱皮して、大ぶりな建築空間に挑む方向へ進んだり、鍛造や熔接（ようせつ）の技法を大胆にとりいれての、彫金の枠をはみだしたたくましい作風へと発展した。

作品の傾向はあるときは中国古銅器をおもわせる〝存在感〟を強く主張するかたちの器に、詩的な幻想味をもつ図様が彫りつけられ、われわれをおおらかな世界へと誘引する魅惑の空間が広がっていた。

海野先生の気合のかかった教育のおかげで、不肖の弟子の末席ながら、私も行動展の彫刻家として金属モニュマンの大作に挑んでいる。

帖佐氏は美術協会と文展、光風会出品で続々と受賞歴を挙げたのち、七四年日本芸術院会員となり、七八年、現代工芸美術家協会を退会、日本新工芸家連盟を結成。八二年からは社団法人化し、その会長として後進の育成指導にも努力していた。

九三年の文化勲章受章も記念すべきことがらで、このところ回顧展、個展をつうじて制作の背景となる彫金の改革の意思を明快に示し、老いを全く受けつけない活躍ぶりであった。

はつらつとした作品の多くは国立の各美術館や日本芸術院、皇居新宮殿などに収蔵されているほか、東大寺昭和大修理落慶法要の際に奉納の栄に浴するなど、その昔、密画的工芸にすぎなかった彫金を、堂々と第一線の芸術として社会に認知させた功績は多大といわざるを得ない。逝去を惜しみ心から哀悼の意をささげるしだいである。（彫刻家）

二〇〇二年九月二七日

本格ひと筋の巨匠
鮎川哲也氏を悼む

有栖川有栖

場所は江の島だった。十年ほども前のこと、私を含む若いミステリ作家たちが鮎川哲也氏に色紙をお願いしたところ、本格ミステリの巨匠（マエストロ）はすらすらと次のように認（したた）めてくださった。

「本格ひと筋四十年　われに悔いなし」

まさに氏の作家人生を言い表した力強い言葉で、私たちは歓声をあげたり、ため息をついたりした。

一八四一年にエドガー・アラン・ポオが発表した短編「モルグ街の殺人」が嚆矢（こうし）とされるミステリ＝推理小説は、発展を続けながら枝分かれし、今日ではハードボイルド、サスペンス、警察小説、犯罪小説等々、いくつものサブジャンルがある。本格ミステリとは、名探偵が鮮やかな推理で難解な謎を解くカタルシスと驚きに興味の主眼をおいた最も伝統的なスタイルのミステリを指す。

本格は一作ごとに前例のない斬新なアイデアが求められる上、読者を誤導するための技巧（ミスディレクション）や伏線の妙味が鑑賞のポイントとなる。そのためプロットを十分に練り込まなくてはならず、およそ量産は難しい。古今東西、本格の大家や巨匠と呼ばれた作家らにしても、生涯を本格ひと筋で通した例はまれ…いや、鮎川哲也がほぼ唯一の例外と言ってもよいだろう。

それゆえに、作家であるか読者であるかを問わず、本格を愛する者は氏の作品と創作姿勢に絶大な支持と畏敬（いけい）の念をささげてきたのである。

鮎川哲也は希代のトリック・メーカーだった。密室ものや犯人探しにも傑作は多いが、本名の中川透名義で発表されたデビュー長編「ペトロフ事件」（一九五〇年）、鮎川哲也の名を不滅のものにした代表作「黒いトランク」（五六年）、日本探偵作家クラブ賞受賞作「憎悪の化石」「黒い白鳥」（六〇年）など、実際の時刻表を作中に挿入したアリバイものは特に独創的で、わが国に鉄道ミステリというジャンルを確立させた。

また、氏の作品が本格ファンを魅了するのは、トリックの秀逸さもさることながら、謎が解体されるプロセスの論理性に負うところが大きい。本格ミステリと聞くとトリックを連想する向きもあるが、本格を本格たらしめるのは、どきどきするような推理＝論理（ロジック）なのだから。

芸術的なまでに巧緻（こうち）な本格に挑戦し続けた氏は、必然的に寡作だった。しかし、本格への愛と情熱から、埋もれた名編を掘り起こすアンソロジーの編纂（へんさん）や、新人発掘に努め、九〇年に創設された本格作家の登竜門、鮎川哲也賞からは、優れた才能が輩出している。

くしくも氏が逝去したのは、今年の鮎川賞贈呈式の三日前。まるで後進たちが集まる日を見計らった上、旅立たれたかのようだ。さすがは本格ミステリの化身。完璧（かんぺき）な結末に脱帽する。

この国の本格を守り、育ててこられた鮎川先生。新しいトリックを考えるという苦行から解放されて、ほっとなさいましたか？　どうかどうか、安らかにお眠りください。（作家）

二〇〇二年一〇月七日

半島と列島の架け橋
辛基秀さんを悼む

上田正昭

　限りなく民族を愛し統一の実現を心から願っていた辛基秀（シン・ギス）さんが、去る十月五日、ついに黄泉路（よみじ）へ旅だたれた。享年は七十一歳であった。

　辛基秀さんとお会いしたのは、一九七〇年代のはじめのころである。その当時すでに、慶長十二（一六〇七）年から文化八（一八一一）年まで、十二回におよぶ朝鮮王朝と徳川幕府との善隣友好の朝鮮通信使に大きな関心を寄せておられた。そして上映時間五十分のカラー記録映画「江戸時代の朝鮮通信使」の自主制作にとりくまれた。

　私もまた一九六八年のころから、朝鮮通信使の第八次（一七一一年）、第九次（一七一九年）の外交に活躍した対馬藩の学者、雨森芳洲（あめのもり・ほうしゅう）の存在の大きさに気づいて、その研究にとりくんでいたので、その記録映画の上映運動に協力することになった。

　記録映画「江戸時代の朝鮮通信使」の反響は多大であった。それまでほとんど知られておらず、知っていてもゆがんで認識されていた朝鮮通信使の実像を、あざやかに内外に示した。この映画の上映運動の過程で辛基秀さんが中心になってまとめられた同名の本（毎日新聞社刊）も出版された。

　辛基秀さんみずからがすぐれた研究者であって、朝鮮通信使にかんする新資料を、日本のあちこちでつぎからつぎへと発見された。行列絵巻、奉納絵馬から人形、玩具にいたるまで、その種類もきわめて多い。そうした研究成果を集成された大著が、仲尾宏さんと共に編集された「大系朝鮮通信使」（全八巻、明石書店刊）である。

　朝鮮半島と日本列島の架け橋としてその生涯は、壬辰倭乱（文禄の役）の戦中に、朝鮮軍へ投降して、朝鮮王朝に仕えた「沙也可（さやか）」（朝鮮名・金忠善）をはじめとするあまたの考察にもみごとに反映されている。

　昨年の四月から七月にかけて、京都、福岡で開催された「こころの交流　朝鮮通信使」展の総監修をつとめたおりには絶大なご協力をあおいだ。その辛基秀さんがついに逝去された。痛恨のきわみである。

　本年の三月三十日、病中の辛基秀さんを励ます会を大阪で開いたが、その後も闘病の日々はつづいた。そのこころざしの継承をめざす鎮魂のまことをささげてやまない。（歴史学者）

二〇〇二年一〇月一五日

遠い風景へ視線を向ける
日野啓三氏を悼む

川本三郎

つい二カ月ほど前、日野啓三さんから新著「ユーラシアの風景　世界の記憶を辿る」（ユーラシア旅行社）という旅行記を送っていただいた。

パリやニューヨークではなく、トルコのカッパドキアの遺跡、ロシアの平原、タクラマカンの砂漠といった、茫漠（ぼうばく）たる土地ばかりを旅しているのが、孤独を愛した日野さんらしいなと思った。

本には砂漠や廃虚をとらえた日野さん自身が撮影した写真も添えられている。その大半は、人間の姿の見えない、どこか宇宙の果てのような風景で、これも日野さんらしい「からっぽの詩情」だった。

この本の書評を書こうと思っていた矢先に、日野さんの訃報（ふほう）を聞いた。驚いた。

最後にお会いしたのは、今年の一月、読売文学賞の選考委員会の席でだった。歩くのもご不自由な様子だったが、それでもお元気で、いま惹（ひ）かれているというケルト文化のことを話されていた。

日野さんは外見もそうだが、気持ちがいつも若かった。若い世代の音楽や文学に関心を持ち続けていた。フィリップ・K・ディックやJ・G・バラードのSF小説に惹かれるところなど、あの世代としては珍しかった。

芥川賞、谷崎潤一郎賞、読売文学賞…数々の賞を受賞され、自身、いくつかの賞の選考委員もされていたが、決して大家ぶったところがなかった。いつも新しい知の分野の勉強をしている、いい意味の書生らしさがあった。永遠の若者という感じだった。

日野さんにはじめてお会いしたのは、一九八〇年代のはじめごろだったろうか。恋愛を描くこと、女を描くことが大事とされる文学風土のなかで、「抱擁」のような、「からっぽの詩情」を描こうとする文学世界に新しさを感じ、日野啓三論を書いた。

それを読んだ日野さんが、「図書新聞」での対談に指名してくださった。大先輩の作家に会うというので緊張して出かけたが、日野さんは終始、優しい笑顔で接してくださった。どこか兄のような感じがした。

日野さんは若いころに映画評論を書かれていた。とくにポーランド映画「灰とダイヤモンド」の評は素晴らしく、学生時代にそれに感動したものだった。

いま思い出すと、日野さんは、あの映画の廃虚の風景に強く心惹かれたのかもしれない。日野さんは、恋愛のような人と人との関係ではなく、人と風景の関係を描き続けてきた。その風景も、箱庭的なこぢんまりとしたものではなく、廃虚、砂漠、湾岸、氷原、といった地平線につながるはるかな風景だった。

日野さんは、現実の向こうの遠い風景に視線を向け続けていた。日野さんが、いつも若々しく、そしてどこか現実ばなれして見えたのはそのためだったと思う。

人間は静かに悟ってはだめです。不完全な人間であることを自覚して、自分はもっと勉強したい。「ユーラシアの風景」で日野さんはそう語っている。そういう日野さんに、いま軽々しく別れの言葉をいいたくない―。（評論家）

二〇〇二年一〇月二一日

無頼であって誠実
笹沢左保氏を悼む

縄田一男

生きることには無頼であっても書くことには誠実であり続けること—恐らくは、これが笹沢左保氏の作家としての姿勢だったのではあるまいか。

多作家で知られる氏は、平成七年、著書が三百五十冊を突破した際、「これから何冊書けるか、ぼく自身の楽しみであるとともに人生の試み、挑戦だと思っている」とその抱負を語っていた。最盛期には月産千枚、眠ってしまうので立ったまま壁に向かって書いた、という伝説を持つ氏は、ことさらに文学者流のスタイルを忌避。エンターテインメントに徹するプロ作家として、休むことなく書き続けることで面白さの質を高めてきた書き手であった、といえるのではあるまいか。

その笹沢氏は波乱に富んだ経歴の持ち主で、父は詩人でドイツ文学者として知られる笹沢美明。しかしながら、氏にとって父は、祖父の遺産を食いつぶし、家庭を顧みることなく詩作に没頭。芸術家ではあっても決して生活者ではなかった。その父への反発から〝十代後半の空白時代〟といわれる無頼の日々を過ごした氏は、さらに人妻との心中未遂事件や九死に一生を得た自動車事故を経て作家への道をたどることになる。

これらの体験は、人間存在そのものの不条理からはじまって孤独や不信、あるいは人間の力ではどうしようもない運命、という初期作品のテーマをかたちづくっていく。江戸川乱歩賞次席となった「招かれざる客」や日本探偵作家クラブ賞を受賞した「人喰い」等のミステリーは、そうした虚無的な諦観（ていかん）に彩られつつも、一方で暗い宿命の中に、せつな的に燃え上がる男女の愛を描いて、疎外感に悩む現代人に圧倒的な好評を博していくことになる。

その笹沢氏描くところの主人公の頂点に立つのが「木枯し紋次郎」であろう。くわえ楊子（ようじ）に三度がさ、「あっしにはかかわりのないことで」という決めぜりふを吐きつつも、人と人とのきずなを求めて事件の渦中に飛び込んでいく渡世人—その姿には、強いられた過剰な関係性を、真に自立的な関係性へ転換しようとする現代人の願望が示されている、と評されたこともある。

晩年の代表作となった「帰って来た木枯し紋次郎」は、さらに、真の孤独と向かい合うことを恐れ、安逸な方向にはしる平成日本人を睥睨（へいげい）するような視点すら備え、作家としての年輪を見せつけていた。しかしながら、度重なるガンとの闘病生活のためか、近年では執筆量が減り、案じていた矢先の訃報（ふほう）であった。

笹沢氏の原稿は、四百字詰め原稿用紙にまるで印刷されたような字で、五十枚と指定されれば、五十枚目の最後の行の最後の升目にピタリとおさまる、というもの。私が「書くことには誠実」と直観的に悟ったのは、あの原稿用紙を見て瞬時に思ったことであった。

もうあの独特の原稿は書かれることはない。それを思うと寂しくてならないのだ。合掌。

（文芸評論家）

二〇〇二年一〇月二八日

遠き都に
山本夏彦さんを悼む

出久根達郎

不老不死の人、と信じていた。

いつお会いしても、まったく変わらず、少しもお年を召さないのである。いたずらっ子のような笑顔と、大店（おおだな）の旦那（だんな）然とした物腰。見た目ばかりではない、語る内容も、話しぶりも、いささかの変化も無い。

絶筆となった「週刊新潮」十月二十四日号の「夏彦の写真コラム」千百五十一回は、「遠きみやこにかへらばや」だが、この文章に何らの乱れも見当たらないし、いつもの「夏彦節」であって、どこに老いがあり、いずこに死があろう。北朝鮮から里帰りした寺越武志さんの写真を語り、写真に付けられたタイトルから、室生犀星の詩を語り、犀星の故郷、金沢に筆が及ぶ。

「けれども金沢はなお古都である。小京都である。異郷にあっても夢寐（むび）にも忘れられない古里ではあるが、もう帰れない。二十三、四の犀星にとっては古里は見も知らぬ都にかえるよりほかないのである」

この短い文章に、山本夏彦の文章の特徴が、すべて出ている。一つは、心地よいリズムである。一つは、歯切れの良い漢文調である。

驚くのは、「夢寐にも忘れられない」という言葉である。山本さんはデビュー作の「日常茶飯事」（一九六二年刊）で、すでにこの言葉を用いている。四十年、山本夏彦は変わらなかったのだ。変わらぬということは、年をとらないことである。

私は古本屋の小僧時代に、この人の主宰する雑誌「室内」で、巻末の「日常茶飯事」を時々読んだ。熱心な読者といえないのは、十五、六の地方出の少年には、江戸っ子特有の余分なことは言わない話法が、とっつきにくかったからである。しかし、古本屋を持ち上げている文章には、気をよくした。その文章を目にしたのが、親しむようになったきっかけかもしれない。

後年、「室内」から原稿を依頼されようとは、「夢寐」にも思わなかった。しかも、主宰者じきじき、ハガキを下さったのである。

私は飼い猫のことを書いたエッセーを送った。すると、折り返し、連載をやりませんか、とハガキがきた。当方の希望する文章は次の見出しのごとし、とあり、五本ほどの秀逸なタイトルが記してあった。のちに知ったが、山本さんはタイトルをつける名人で、それは山本さんの著書を見ればわかる。「かいつまんで言う」「世はいかさま」「笑わぬでもなし」「何用あって月世界へ」「世は〆切」「死ぬの大好き」……。

やがて私は小説の連載を勧められ、今も「室内」誌上で続いている。お声をかけられてから、指を折ると十二年になる。白髪が目立ち、歯が悪くなり、老眼鏡を用いるようになった。

なのに、山本さんは、全然変わらないのである。私は巨大なもの、偉ぶるやつ、権威ありげなものは疑う、と昔も言い、今も言う。私のつむじは曲がるべくして曲がっている、と四十年言い続けてきた。山本さんの言い分に変化がない、ということは、いやな世が少しも浄化されていないことであって、手放しで喜べない。

「遠きみやこにかへらばや」、山本さんの都とはどこだろう？（作家）

二〇〇二年一一月一五日

学者の執念と温かさ
江上波夫氏を悼む

森浩一

五十年あまり前、つまり太平洋戦争直後の日本では、食糧難にくわえて、戦災で焼け野原になった風景があちこちでみられた。それと敗戦という現実が、かつてない脱力感を人々にあたえ、明るい話題がなかった。

そんな中、若き日の江上波夫氏が「騎馬民族征服王朝」という途方もなく雄大な学説を発表した。

それまでの考古学者や歴史学者は、中国北方にいた騎馬民族が、エネルギーにあふれ、歴史の展開で大きな役割を果たし、視点をかえると日本古代史に重要な転機を与えたとは考えが及ばなかったのである。

弥生時代のあとには古墳時代がつづき、古墳時代は、日本列島内での原因と、多少の刺激を中国や朝鮮半島から受けることによって、連綿と進展したのである、ということを解釈の前提にしていた学者がほとんどであった。それに対して江上氏は「騎馬民族」と「王朝征服」というふたつの切り口で考古学や古代史を解釈できるとしたのである。

どの学説も、仮説という側面をもっている。たたき台となる仮説もあるし、無視されて消えていく仮説も多い。その中で、江上氏の説は、もちろん仮説のひとつだが、学界だけではなく、戦後の暗い日本社会に大きな勇気をあたえたと僕は評価している。

江上氏の学説に接したころの僕は、二十歳くらいだった。たしか友人たちの間で、江上説が話題となり、とぼしい小遣いを工面して、江上説の掲載されている雑誌「民族学研究」を買い求めた。

それはそのときまでに僕が接したことのない、展開力と構想力にあふれていて、学問の奥深さに酔いしれたものである。若き日の僕に学問の魅力を教えてくれた一人は、まぎれもなく江上氏であった。

その後、僕の書いた堺市の土塔の短文が江上氏の目にとまり、人づてに意見を寄せられたのが、個人的な接触のはじまりであった。

やがて僕が中年になり、座談会や対談などの相手をつとめる機会が増え、「日本の古代」や「考古学ゼミナール」などの編集をご一緒する機会があり、実に多くの学問的刺激をうけた。

騎馬民族のルートを求めて、一緒に鴨緑江沿岸の古墳を踏査したときは、困難な道のりではあったが、古墳の見学を果たした後、土地の人がたき火をおこして、芋やクリを焼いてくれた。その好意に感謝して江上氏は即席で詩をつくられた。この詩は、「江上波夫詩集」には掲載されていなくて、僕の野外ノートに貼(は)ってある。このように、学者の執念と人間的な温かさを、この旅ではあじわうことができた。

今回、碩学(せきがく)の一人を失ったことは、さびしい限りである。ご冥福(めいふく)を祈る。(同志社大名誉教授)

二〇〇二年一二月二日

徹底した権力批判の思想
家永三郎氏を悼む

広岡守穂

一九七七年、私は中央大学法学部助手に採用された。二十六歳、学生結婚し、留年と学士入学を繰り返した末に、やっとつかんだ定職だった。

初出勤の日、家永先生にお目にかかった。東京教育大を退官されていた先生は偶然同じ年に、中央大学に奉職されたのだった。助手には指導教授がいる。日本政治思想史を専攻する私は、先生を指導教授に仰ぐことになっていた。

真新しい教職員食堂のテーブルをはさんで、先生と向かい合った。徹底した権力批判の思想と教科書裁判のたたかいで高名な先生である。私は毅然（きぜん）たる、峻厳（しゅんげん）な人物を予想していた。しかし思い描いていたイメージと違い、実物の先生は柔和で、ものごしはやわらかだった。笑顔がかわいいとさえ思った。

初対面のあいさつもそこそこに、先生はすぐ本論に入った。その要旨は「自分は研究指導しない。独力で進んでほしい。学問をめざすものは、みんな同じ立場に立っているのであり、キャリアや業績にかかわらず対等なのだ」というものだった。

先生の真意は分からない。ただ学者として、まだスタートラインに立ったかどうかという私には、なんともいえない励ましのことばだった。実をいうと私は、学問上の方法においても価値判断の尺度においても、先生とは一致しないものが多々あるだろうと覚悟していた。その点でも何ともいえない励ましだった。

先生の「植木枝盛研究」は上下二段組みで七百ページに及ぶ一大労作である。植木枝盛は自由民権運動のラジカルな理論家であり、先生の多岐にわたる業績のなかで枝盛研究こそ最高の業績である。この本に、先生が高知にある枝盛の生家を訪れるくだりがある。まるで枝盛のたましいが先生の筆にのりうつったような記述で、だれしも心を動かされずにはすまないだろう。

先生はまさしく現代の植木枝盛だった。こんなエピソードがある。学部のゼミで先生は毎年、枝盛を講読していた。私も何年か出席した。権力一般を絶対悪とするような枝盛の思想に違和感を感じていたので、あるときヘーゲルを引きあいにしながら、この点についての先生の見解を聞こうとした。

すると先生は珍しく、私の発言を中途でさえぎり、「広岡さん、ヘーゲルはマルクスによって乗りこえられたのではないですか。そういう視点抜きにヘーゲルから枝盛を論じることは適切ですか」とピシャリと言い放った。

有無をいわさぬ調子だったが、私は少しも反感を感じなかった。枝盛研究にそそがれた並々ならぬ労苦の、ずっしりとした重みが伝わってきたからである。いつもは「くん」づけだけれども、学生の前では必ず「さん」づけで呼ぶのが先生のならわしだった。

いま先生の訃報（ふほう）に接して、学者の発言の重さということの意味をあらためて思う。家永先生のご冥（めい）福をいのる。（中央大教授）

二〇〇二年一二月六日

自律・協同的な生き方へ
イリイチを悼む

栗原彬

一九七六年の夏の日、メキシコ市からほど遠からぬ花の観光地クエルナバカで、イバン・イリイチに会った。

日ざしの中を、イリイチは洗いざらしの白いシャツ、白いズボンに痩身（そうしん）をくるみ、サンダルばきで大またに中庭の芝生を横切ってきた。人の心を射ぬくような大きな鋭い目、柔和な微笑、しなやかな身のこなし、静かなたたずまい。

それが、ラテンアメリカ革命にかかわってラジカル・カトリック僧と呼ばれてアメリカとバチカンを震撼（しんかん）させ、クエルナバカのＣＩＤＯＣ（国際文化資料センター）に国際的な研究セミナーを積み重ねて、先進産業社会と開発途上社会の政治社会構造を分析した膨大な共同研究の成果を送り出し、「脱学校の社会」以下の論著によって、再び世界に衝撃を与えた人だった。

イリイチはその日、セミナーを開くために近くの村から自転車に乗ってやってきた。初対面のあいさつもそこそこに、彼は表意文字の面白さについて語り始め、日本語について私にあれこれ質問をし、漢字をいくつかの要素に分解することに興じた。

この遊び心が十数年後、未踏の言語論「ＡＢＣ　民衆の知性のアルファベット化」に結実するとは、知る由もなかった。彼は別れ際に、電話番号をメモしてよこし、私の東京の電話番号を求めた。ＣＩＤＯＣに留学中だった日本人学生が私の耳もとでささやく。「彼は電話魔だから気をつけたほうがいいですよ」

彼はいくつかの著作で、制度と道具のスペクトル（分光器で分解した波長順の光の配列）を提示している。スペクトルの左の極にコンビビアリティー（共に生き生きと生きること、自律・協同的な生き方）にかかわる、人間が素手で使用可能なものを置き、右の極に人間を統制し、支配する超産業社会の装置・機構を置いて、諸制度をその間に配列する。

スペクトルの最左端には、電話、自転車、歩道、公園、郵便、市庭（いちば）、パン屋、理髪店などがあげられ、最右端には、学校、軍隊、病院、原子力発電所などが記載されている。改訂版には、多国籍企業、金融資本、地球市場化システムなどを右端に加えるべきだろう。

スペクトルの右側の「超社会的なもの」を「プラグを抜く」ことによって内側から解体して、左側のコンビビアルな生き方への越境をはかること。このことが、イリイチの仕事の根幹だった。

イリイチは、ガンジーの暮らした小屋に静かに座って、小屋に息づいている「ホーム（親密な空間）」の精神性と癒やしの中に身を置くことを好んだ。彼は、水俣にも、沖縄にも、また十二世紀前半を生きたサン・ビクトール修道院のユーグの本にも、同じホームを見いだした。

「そうしたいくつものホームを、自分の手、足、目、耳、口を使って、またあなたがそこにいることだけによって、コモンズ（共用空間）に結び合わせろよ」と、希代の電話魔はあの世から言ってくるに違いない。少しはにかんで「よかったら電話と自転車も使って」とつけ加えながら。（明治大教授）

平成十五年

2003

二〇〇三年一月一三日

時代と切り結んだ活劇魂
深作欣二監督を悼む

山根貞男

深作欣二監督が新作「バトル・ロワイアルⅡ」を撮影中に亡くなった。享年七十二。昨秋、末期がんを公表するとともに、撮影途中で燃え尽きてもいいと覚悟を示したあと、年末にクランクインし、数日後、倒れた。なんとも壮絶な映画魂という以外ない。

深作欣二は一九六一年に監督としてデビューし、量産期の東映で個性的なアクション映画をつぎつぎ撮った。六〇年代といえば、高度成長の時代で、日本の社会は〝脱戦後〟の方向へ様変わりしていった。六〇年代の「白昼の無頼漢」「誇り高き挑戦」「狼と豚と人間」「解散式」には、戦後風景の変貌（ぼう）に対する激しい告発がこめられている。

そのあと独立プロで撮った二本は、すばらしい作品だが、ほとんど知られていない。そこでも、「君が若者なら」なら憤怒の青春映画という形で、「軍旗はためく下に」なら戦争責任批判という形で、戦後日本の歩みを根底的に問う姿勢がつらぬかれている。

七〇年代に入るや、「現代やくざ・人斬り与太」を経て、その姿勢はさらに過激に爆発した。一世を風靡（ふうび）した「仁義なき戦い」シリーズがそれである。深作欣二は日本映画の第一線に躍り出て、「仁義の墓場」「県警対組織暴力」などの衝撃作が生み出された。

いま、列記している作品は、アクション映画、やくざ映画がほとんどであり、娯楽映画として面白い。文句なしの映画的魅惑と戦後批判という高度な思想を見事に溶け合わせる点に、深作欣二の真骨頂がある。

社会の高度成長の果てに、映画の量産時代は終わり、大手撮影所を中心とした映画づくり＝撮影所システム＝は崩壊していった。深作欣二も、「仁義なき戦い」の時代劇版「柳生一族の陰謀」を転換点に、八〇年代には「蒲田行進曲」「里見八犬伝」「火宅の人」「華の乱」と、迂回（うかい）を重ねる。

だが、撮影所で鍛えたアクション映画魂が簡単に摩耗するわけはない。高度成長のツケともいえるバブル期の終息と軌を一にするかのように、深作欣二は「いつかギラギラする日」「忠臣蔵外伝・四谷怪談」で活劇の醍醐味（だいごみ）をよみがえらせる。その延長線上で衝撃の「バトル・ロワイアル」が撮られた。

深作欣二は敗戦後の焼け跡闇市にこだわりつづけ、あの混とんの熱気に真の人間らしさを見た。その想いが半世紀の時を越え、「バトル・ロワイアル」へ、今回の新作へ注ぎ込まれている。最後の撮影所派ともいえる監督が亡くなったのは寂しいが、その映画魂は「バトル・ロワイアルⅡ」完成とともに新監督深作健太に引き継がれていくに違いない。（映画評論家）

二〇〇三年一月一七日

抒情美を愛した大衆性 秋山庄太郎さんを悼む

岡井耀毅

写業五十六年、「生涯現役」を口ぐせにしていた秋山庄太郎氏が十六日午後、急逝した。優雅で平明な調和性を帯びた秋山氏の写真は抒情(じょじょう)的なロマンチシズムをたたえ、一目見れば、ただちに秋山写真とわかるほど個性的な表現を生涯貫き通した。

透明な「白バック」の中に深みゆく優麗な愁い。闇からかがやき現れる「黒バック」に溶け込む沈静美。凛(りん)とした気品をにじませた独特のスタイルは「秋山調」と称されて、広く写真ファンの熱い支持を受けてきた。

秋山写真の出発は戦後まもない昭和二十二年、故林忠彦の推薦で近代映画社に入社し、念願の原節子を撮影したことから始まる。当時、小津安二郎映画のヒロインとして原節子は人気絶頂だったが、秋山氏は大変気に入られて「原番」となり、飾らないふだん着の原節子と撮られ上手の高峰秀子の対照的な両女優にはさまれて、独自のスタイルの中に秋山美学をつくり上げ、女性写真の第一人者となっていった。

秋山氏ほど視点のぶれない表現者は少ないが、言いかえれば、それほどに固有の美意識に支えられていたからであろう。実父と親交のあった小絲源太郎画伯に早大時代から私淑して日本画風の陰翳(いんえい)に富んだ沈静美の世界にひかれ、谷崎潤一郎の「陰翳礼讃」の闇の美意識の影響から憂愁の抒情の中に内面的な美しさを深々と彫り込むライティング手法を確立したのであった。

秋山氏の知名度が急上昇していったのは、一九五〇年代後半から始まった高度成長で膨張していったコマーシャル・フォトの先駆けとして波に乗り、さらに週刊誌ブームの到来で表紙写真家として売れっ子になったのが決定的であった。当時、はげしい部数競争を演じていた「週刊現代」と「週刊ポスト」が両誌ともなんのためらいもなく秋山写真を使っていたのが不思議なほどで、いや味のない落ちついた秋山調で最盛期には十八誌もの表紙を担当して一時代をきずいたのである。

表紙写真のひけつを「読者に抵抗感をもたせないで大衆の好みの最大公約数をくみとった写真」と言い切っていたように、つねに時流を読みとる柔軟な才覚があった。いわば情報化社会の一つのカギが「平均値思考」と見ていたフシが強く、早くから反公害のネイチャーフォトや風景写真の隆盛を見越していたように思える。写真家四十五歳定年説を唱えてパリに遊んだ昭和三十五年ごろからはじめた花写真が晩年の花三昧(ざんまい)につながり、全国にまたがるアマチュア組織の「花の会」にも発展した。

そして、なによりも秋山氏の功績の大なるものは、写真の大衆化に尽くした貢献であろう。故林忠彦とともに昭和二十八年、二科会写真部を創設してから今日まで半世紀、わが国最大の民間の写真団体にまで情熱を注いで育成してきた。「股旅(またたび)の忠さん」といわれた林忠彦亡きあとは「アマチュア恐るべし」と口ぐせのように言いながら全国を東奔西走してアマチュア写真の振興に全力をあげた。花に囲まれて逝く秋山さん。存在感のあった稀有(けう)の人が逝ったとの感慨がふかい。合掌。(写真ジャーナリスト)

二〇〇三年一月三〇日

フランスの日本学に貢献　オリガス教授を悼む

阿部良雄

フランスにおける日本文学、文化の紹介や研究、ひいては日本語そのものの学習も、一九八〇年代あたりからこのかた、にわかに活発な様相を呈してきたと感じられる。こうした情勢の中で、文字通りの重責を果たしてきたのが、国立東洋言語文化学院のジャン＝ジャック・オリガス教授であって、このたび六十五歳での逝去が伝えられたのは、惜しみても余りあることと言わねばならない。

私がオリガス教授を知ったのは五九年の秋から六一年に掛けてのこと、高等師範学校（エコール・ノルマル・シュペリウール）の学生だった彼は、ドイツ語の教授資格を優秀な成績で取得して、その賞として何を勉強してもよい特権的な給費生としての「追加の一年」を与えられたのだった。

私は前の年にフランス政府の給費生試験に合格して、日本人としては初めての「外人寄宿生」となり、日本語を言語学的に研究する計画を立てていたユベール・マエス（のちにパリ第四大学の教授となるが、惜しくも病没）に日本語の個人教授をするという任務を引き受けていた。

三人がエコール・ノルマルの寄宿生として出会わなかったならばマエスは古典学の教授となり、オリガスはドイツ語ないし比較文学の教授となっただろう、という人もあるが、これは知る由もない。

ただし、オリガスの博士号取得計画は、明治・大正時代の日本文学を視野に収めた「小説」を対象とするものであって、完成していたならば世界的な意味での「小説」というものの意義の解明に貢献するところ大であっただろう。

日本へ帰った私が国立科学研究院（CNRS）に場を得て渡仏して間もなく、「六八年五月」の大革新運動が大学の世界を席巻した。この「革命」の意義をここで説くことは容易ではないが、旧東洋語学校が革新を必要としていることは確かだった。日本語教育はまず方法論を確立しなければならなかった。

ここで「高等師範学校」の「師範（ノルム）」たるゆえんを想起すべきでもあるだろう。この特異な「学校」と制度的にだけではなく一種の義務感をもって結びつく時に初めて、人文科学系の分野は確立する。ジャンジャック・オリガス教授の献身的な貢献なくしてフランスにおける日本学の確立はなかった、と言わなくてはならない。（帝京平成大教授）

二〇〇三年二月一七日

現代の眼がとらえた風景
奥田元宋先生を悼む

草薙奈津子

昨秋の大回顧展のおり〝今までひたすら前を見て生きてきたが、初めて過去を振り返った〟との発言をしておられ、あの元宋先生が！と寂しさを禁じえなかった。私の知る先生はいつも小由女夫人（人形作家・芸術院会員）とご一緒であった。しかし、妻に守られているという高齢男性が多いなか、元宋先生は妻を守り従えているという風であった。そういう男性性、あるいは力強さは作品にも言えた。一年一作超大作を、と宣言したのは七十歳になってからであり、それは一九九六年の銀閣寺障壁画完成まで続いた。

風景画家としてしられる先生の戦前は美人風俗画家であった。谷崎潤一郎「春琴抄」に取材する「盲女と花」の繊細優美でロマン性をおびた作風は今見ても新鮮で心ひかれる。先生が風景画に開眼したのは、疎開のため帰郷した広島県吉舎の自然に接してからである。知っているはずの風景に身体が震えるような感動をおぼえたと述懐している。

初期の風景画には日本人の叙情的感性そのものを映し出すような優作がある。しかし終戦後の日本画混乱期を生きた作家の例にもれず、氏も西洋絵画の影響を受けながら現代日本画の風景表現を模索している。絵画性を意識する一方、画面に絵の具をぶちまけるというアクションペインティングまがいのことまでやっている。そうやって氏は実に荒ぶれた風景画を描くにいたった。それは師系である児玉希望も川合玉堂も橋本雅邦もしらない風景画である。ということは現代の眼（め）がとらえた風景世界なのである。

こういう氏の現代性が、たとえ彼を日本の山水画の正系とたたえ、いささか保守的な評価を下そうとしても、そうはさせない。氏が墨のかわりに赤い絵の具を使うのは〝自分自身の色彩を持ちたかった〟という画家としての現実的欲求の結果でもあろう。しかし、より以上に彼の内包する現代の眼がなさしめたのである。

だから元宋の赤い風景画＝紅葉の景色ではない。彼の自由で強い意思と感性の反映であり、彼の見つめる自然の象徴である。それは時に深い精神性をたたえ、浦上玉堂にも通じる日本の表現主義を感じさせた。その一方で優美なぬくもりを感じる作品ともなった。

先生は和歌、漢詩、書を愛し造詣を有した。宮中歌会始の召人も務めている。シナリオライターを志した青年期もあった。主観主義的な山水画が客観主義的な風景画という名称に取って代わられて久しい。そういうなかで元宋作品は文人的教養と感性に支持された現代性で個性を放っていた。日本画壇は今また貴重な存在を失った。（美術評論家）

二〇〇三年三月三日

ハードボイルド根づかせた生島治郎さんを悼む

藤田宜永

あれはいつのことだったか。

生島治郎さんから突然、電話をいただいたことがある。初めて受ける電話だった。

生島さんは開口一番「君はいくつになるんだね」と言った。

何故そんなことを聞かれるのか分からないまま、私は年を教えた。

「君の小説を読んだんだが、戦後すぐのシーンがあまりにもリアルだから、年が気になったんだ。案外、若いんだね」

それから生島さんは、拙著を褒めてくれた。小躍りするほどうれしかったのは言うまでもない。

それが縁でお付き合いが始まった。パーティーの後に、何度も会食を共にした。担当編集者たちと軽井沢でゴルフをした後、わが家で楽しく騒いだこともある。

強い口調で物を言うこともあったが、根はとても優しい人だった。後輩がこう言っては失礼かもしれないが、いつまでも、坊ちゃんくささの残る育ちのいい方だと思うことがよくあった。

作家になる前は、生島さんは編集者だった。そのせいか、忙しいにもかかわらずよく本を読まれる方で、その後も拙著を読むと電話で丁寧な感想を伝えてくれることが多かった。

「僕は作家だけど、同時に今でも編集者かもしれない」と言っていたことを、この文章を書きつつ思いだした。

とりわけよく連絡をいただいたのは、私とカミさん(小池真理子)が同時に直木賞の候補になった時だ。夫婦が同時に候補になったことを喜びつつも、明暗が分かれることを、暗に気にしてくださっているのが感じられた。結果はカミさんが受賞し、私が落ちた。

そのときも「気にするな。自分の作品が一番だって思ってればいいんだよ」と励ましてくださった。

おちゃめなところもある人だった。深夜突然電話をしてきて、「今日はカレーライスか」と私に聞いたことがある。私はカレー屋と聞き違えて、けんもほろろに「違います」と答えた。生島さんは「オレだよ、オレ」と照れくさそうに笑いだした。どうして、生島さんが、私のその日の夕食を知っているのか。びっくりして聞き返すと、「偶然、君のカミさんと会って、今一緒なんだよ」とまた笑った。私をからかって、楽しんでいる様子だった。

生島さん自身とはそんなお付き合いだったが、彼の作品と出合ったのは、もっとずっと前のことになる。高校二年の時に「追いつめる」を読んだ。緊張感のある乾いた文体に冒頭から引き込まれた。

日本にハードボイルドというジャンルを根づかせた生島さんの功績は計り知れない。彼がいなければ、その後、この分野で活躍している作家たちも生まれなかったかもしれない。

訃報(ふほう)が届いた時、軽井沢には冷たい雨が降っていた。その雨と共に生島さんは逝ってしまった。(作家)

二〇〇三年三月五日

職人気質で打ちこむ方
宮脇俊三さんを悼む

北杜夫

昭和三十四年に私が「マンボウ航海」から帰ってきたとき、その記事が新聞に出た。すると三、四の出版社から本を書かないかと依頼があったが、当時は純文学だけをやりたかったので、すべてお断りした。その中に中央公論社の宮脇俊三さんがおられ、彼だけはその後も一緒に酒を飲んだりしながら、それとなく書くことをすすめてくれた。やがて私は十二指腸かいようとなり、思いきってバカげたことでも書いたらストレス解消になるかと初めて依頼を引き受けた。

宮脇さんは本造りには職人気質(かたぎ)で打ちこむ方だった。章の終わりのページがあまり空白があったり、逆に活字で一杯なのは感じが悪いと、この章はプラス何行、この章はマイナス何行にしてほしいとも表を作ってきたりした。表紙の見返しのページには船の航路の地図があるが、それは宮脇さんが自分で描いたものであった。

当時、私は婚約していて、結婚後の住居をさがしていた。宮脇さんにそのことを話すと、「私の家の隣に空き地がありますよ」と言う。結局、私はそこに家を建てることになったが、二重の意味で宮脇さんは私の恩人と言ってよい。

宮脇さんは「世界の歴史」シリーズなど多くのすぐれた仕事をし、会社でも重要な地位についた。しかも人望が厚く、作家たちや社員から頼りにされていた。するうち、いつの間にか作家に転じてしまった。

汽車が好きだとは前から知ってはいた。しかし、休日によく留守なので尋ねると、「ちょっと旅行をして」と言うだけで、その最初の本「時刻表2万キロ」ができるまで、隣人である私にもその趣味を明かさなかった。

その作家としての仕事ぶりも、編集者としての打ちこみ方によく似ていた。阿川弘之さんの文体を尊敬していて、文章にすこぶる凝った。

そのためストレスがつもり、酒を飲まぬとなかなか書けぬようになった。若いうちはそれでよかったが、晩年はやはりお体にひびいたことであろう。

昔、私が宮脇さんの家に遊びに行って、帰ろうとして「まあ、もう少しいいじゃないですか」と言われると、必ず「じゃあ、あと五分」と言い、それを繰り返して夜が明けてしまうことがあった。その後、宮脇さんが来て一杯飲むとき、これを真似(まね)てよく「あと五分」と言った。

二人とも年をとってからは、飲むとどういう訳か自分が死んだときのことを話しあった。初めは通夜にしても自分はもう食べられぬから寿司(すし)をとるにしても並にするとか、つまらぬことを話しているとお互いに元気が出るのであった。やがて、二人とも通夜や葬式は一切しないことに一致した。そして宮脇さんは、その言葉どおりにその最後も皆に知らさずに去られたのである。合掌。(作家)

二〇〇三年三月八日

〝母恋い〟
黒岩重吾さんを悼む

田辺聖子

お若いころの黒岩さんは、白皙（はくせき）の美青年でいらした。今東光さんが大阪近郊の八尾のお寺にいられたころで、お誕生日に大勢、招かれたことがある。瀬戸内寂聴さんもご一緒で、広い庭でご馳走（ちそう）をいただいたり、お座敷ストリップを見たり、とたのしい企画であった。

その招待客の中に黒岩さんもいられ、人々が笑い崩れるストリップ嬢の演技に、端正な表情のまま、まゆ一つ動かさず、熱心に見ていられるのが印象的だった。昭和三十五年下半期の直木賞を「背徳のメス」で受賞されて数年のちのことだったと思う。

そのあとぐらいから、ちょくちょくお目にかかる機会があり、親しくなってみると、端正なのはお人柄もそうだが、内実は大阪っ子らしくざっくばらんで率直で、気取らないかただった。ただ文学的見識は妥協を許さぬきびしいものがあり、私は氏の文学者としてのたたずまいに敬意を持ち、同郷の先輩として〈兄事（けいじ）する〉という気分で接していた。

もっとも黒岩さんは、常に私にはやさしかったが、それはいかにも大正男らしい、男っぽい包容力からであった。（別に個人的な感情ではなく）。―昔の男は男の自負心にみち、女は〈かばってやるべきもの〉、という気分があるらしかった。

そのせいか、黒岩さんの描かれる〝市井（しせい）もの〟の女たちはみな、可憐（かれん）だ。あばずれ女も一点の純情を持ち、一片の氷心を玉壺（ぎょくこ）に秘めている。私は黒岩さんの描かれる女が好きだ。

古代歴史に材をとった小説で、黒岩さんは女性観の幅をひろく厚くしていかれた。強く雄々しい、あるいは強烈な自我をもつ女人が描かれてゆく。しかしその大もとには、かわらぬ〝女人賛歌〟がある。

ハードボイルド的作風の作家に、これは見当外れのようであるが、しかしそこにこそ、氏の作品のヒューマニティがあると思う。そしてその根源は黒岩さんの〝母恋い〟ではなかろうか。書かれたものによればお若い時期、無軌道な行状からお母さんにひとかたならぬ辛労をかけたのに、それにつきお母さんはひとことも恨みごとや叱責（しっせき）を口にされなかったそうである。

黒岩さんの描かれる女人に一点の純情があるのは、母恋いが女人へのあこがれに昇華しているせいだろうか。

〈タナベさんここへおいで〉と酒席でいつもおそばの席をたたいて呼んで下さった。お若いころの愛唱歌だった「妻をめとらば才たけて…」がいまも耳によみがえる。コワモテにみえるけど、さみしがりの黒岩さん、おやさしい秀子夫人にみとられて逝かれたのは、まだしもの幸せだった。タフに戦い、やさしく生きる。―黒岩さんはその人生もハードボイルド風だったといえよう。（作家）

二〇〇三年三月一七日

真っ赤なスーツケース
鈴木真砂女先生を悼む

黛まどか

その時真砂女さんは小さな赤いスーツケースを手に提げていたという。幼なじみの記憶には、はるか六十年前の真砂女さんの表情は残っていない。ただ真っ赤なスーツケースが、鈴木真砂女という女性を、あるいはその燃えるような恋を象徴するかのように、今も鮮やかに眼裏によみがえるのだろう。

借金による夫の失踪（しっそう）、姉の死による義兄との再婚と、波乱に富んだ人生を余儀なくされていた彼女の運命を、さらに決定的にしたのは、年下の海軍士官との出会いだった。

相手には家庭があった。間もなく長崎の大村航空隊へと転属になった恋人を追って、旅館を営む鴨川の実家を飛び出した真砂女さん。冒頭の話は、近所に住む幼なじみの方が偶然見かけた、まさに家を出るときの真砂女さんの姿である。家出の後の騒ぎが心配ではなかったのかと尋ねた私に、真砂女先生は笑って言った。「そんなこと気にするくらいなら、追いかけてなんかいかないわ。気が付いたら夜汽車に乗っていたんだから」

この一言は彼女の生きざまそのものを物語っているように思う。すべての行動の出発点に、うそのない自分の気持ちがあった。

羅や人悲しします恋をして

〝本当のことしか俳句にしない〟。いつも真砂女先生はそう言っていた。〝本当に恋しなくちゃ本当の恋の句は詠めない〟。作品と二人三脚で生きてきたという。俳句が恋を支え、恋が俳句を支えてきたのだ。

数年前、私がキャスターを務めるNHKのトーク番組にご出演いただいたことがあった。収録前、恋の話を伺ってよいかと確認すると、先生はまっすぐに私を見て言った。「何でも聞いていいわよ。隠すことなど何一つないから」

死なうかと囁かれしは蛍の夜

真砂女俳句を紹介しつつ、話題はおのずと許されない恋に及んだ。そんな中で、突然はらはらと涙をこぼされた瞬間があった。それは添い遂げることのできなかった恋人への涙ではなく、子供とともに鴨川に残してきた前夫への涙だった。その涙に苦悩の深さを見た気がした。

天衣無縫と称される真砂女さんだが、大らかに振る舞わなければ背負い切れないほどの寂しさがあったのだと私は思う。先生の涙を見たのは、それが最初で最後であった。

私が真砂女先生と親交させていただいたのは最晩年の十年ほどである。縁あって共著も二冊出版した。私が「月刊ヘップバーン」を立ち上げたときは、わが事のように喜んで下さった。贔屓（ひいき）のレストランにもよく連れていっていただいた。お酒が入って上機嫌になると、きまってお墓の話をされた。富士山の見えるところに亡き恋人と自分のために墓所を求めたというのだ。「友人に拾ってきてもらった小さなお骨と二人っきりで入るのよ」。桜がとても美しいのだと先生は少女のようにはしゃいで言った。

四十年間貫き通した恋をついに成就させるときがきたのだ。最愛の人に再び逢（あ）いに、先生は今ごろ夜汽車に揺られていることだろう。真っ赤なスーツケースを手に。もうすぐ桜もほころびはじめる。

戒名は真砂女でよろし紫木蓮　真砂女

（俳人）

二〇〇三年五月二八日

巧みな技をかくし味に
草間時彦さんを悼む

宇多喜代子

草間時彦さんが五十四歳で出した第三句集「櫻山」に、〈足もとはもうまつくらや秋の暮〉がある。草間さん自身気に入りの句だったそうだが、私も好きでよく引用した。

引用のたびに、短日の実感に、長年のサラリーマン生活を退く身の実感や晩年意識が交錯した感慨の句だなどと記すことが多かったが、その後の句集、ことに昨年出された「瀧の音」にまみえたころから、〈足もとは〉のような句は、晩年がいまだ切実でなかったからこそ出来た句だったのだと思うようになった。

その思いは、草間さんがこの世の人ではなくなったいま、ますます強くなっている。

〈大根煮る湯気が幸福老夫婦〉〈老後とは死ぬまでの日々花木槿〉〈年寄は風邪引き易し引けば死す〉など、「瀧の音」の句は、三十年前の〈足もとはもうまつくらや秋の暮〉の颯爽（さっそう）とした「秋の暮」にくらべて、なんともカッコ悪いのである。

句集「瀧の音」への共感や評価は、「老い」や「死」という厄介で難しい主題を日常のつづきの口調でさりげなく書き留めたところにあった。第三十七回蛇笏賞が「瀧の音」に決まったときの「受賞のことば」（「俳句」六月号）に、「口語的発想が随所に見あたる事に自分で驚いている」と書いているのもそのことと同じなのだろう。

自分で自分に驚くという精神こそが元気の証拠だと喜ばしく思い、「これから生きていて俳句が作れるのは精々二、三年だろう」に、この二、三年がすこぶる永い時間に感じられるという不思議な感覚に浸っていたところに届いた訃報（ふほう）である。無念というほかない。

この「受賞のことば」という短い文章は、自分の「俳句は、石田波郷の門弟である」にはじまり、「どうか、高齢、病身の私を励ましていただきたい」と結ばれている。草間時彦という俳人が、正面を向いて自分の声で告げたかったのはこれだったのだと思う。また石田波郷門が一人居なくなってしまったという惜別の念が胸をつく。

草間さんの句には〈秋鯖や上司罵るために酔ふ〉〈甚平や一誌持たねば仰がれず〉〈白妙の湯気の釜揚うどんかな〉〈ねんごろに贋端渓を洗ひけり〉などの人事を伝える句、〈松風のときをり高き茅の輪かな〉〈夜桜や大きな月がぽつかりと〉〈山国の空に游べる落花かな〉のような自然詠など、いずれにも巧みな技がかくし味のようにつかわれている。しかもその技巧が鼻につかないつかわれ方をしているのだ。

もはや他の誰でもない、草間時彦という俳人がいる、そんなことを思わせる俳句である。

〈千年の杉や欅や瀧の音〉を刻んだ句碑が奈良県東吉野村に建立されたとき、結社も門弟ももたぬ草間さんのまわりには、草間さんの予想を越えるほどの人が集まった。そんな人々への愛惜の思いが「瀧の音」という集名になったのだろう。山中の瀧音よ、以（もっ）て瞑（めい）すべしである。（俳人）

二〇〇三年六月五日

心中に燃える怒りの火
藤田省三をしのぶ

河合秀和

藤田省三学兄の訃報（ふほう）を聞き、かねて覚悟していたものの、あらためて学兄の存在の大きさ、その風貌（ふうぼう）をしのんでいる。

最初の著作は最後の著作でもあると言われるが、「天皇制国家の支配原理」は彼の歴史家、思想家としての資質を余すことなく示している。彼の世代の学者にとって、天皇制国家とその社会はまさしく自ら生まれ育ったところであり、それが何であったかを理解することは、思想家として自立するための最初の条件であった。

法政大学の助手論文として執筆されたこの論文に、彼はデーモンに憑（つ）かれたような情熱を注いだ。彼の方法は、一つには「内在的に理解する」ことであり、もう一つにはその理解を「普遍的な原理にまで昇華する」ことであった。

そこには天皇制にたいする攻撃や怨恨（えんこん）の表現は一言もない。その社会と国家がどんな仕組みになっているか、少なくともその成立の時点においてはいかに見事に組み上げられたものであるかを描き出してみせた。そしてその社会に住んだことのある人々にとって、それがどんな意味をもっていたかを一つの原理にまで煮詰めて提出する。それは見事な描写であるだけに、徹底的な批判でもあった。執筆中の彼が、「急進的であるとは根元までいくこと」というマルクスの言葉を引いたことを、私は思い出す。

自分の住んでいる社会にこのような目を向け、それを理解することを自らの生涯の使命とするのは、決して楽な生き方ではない。自分の半身がもう一つの半身に敵対し、その両者の戦いをいつも自分の一身に抱えていることになるからである。彼には常に何かにたいする怒りがあり、他人と親しく和やかに接すること（おそらくそれが彼にとってももっとも自然な生き方であったと思うが）を拒ませるところがあった。

私のような次世代のものにとっては、彼は丸山真男先生門下の兄貴分といった存在であった。快活な議論と、時として見せるはじらいと稚気で先生からも愛されていた。先生が「藤田君ならアメリカ人ととことんけんかし、議論して、仲良くなれるだろう」と語っておられたのを思い出す。

病に倒れる前には、彼と会えば、酒を飲み、彼の心中に燃える怒りの火を鎮めようとしたものだ。しかし私をはじめ席をともにしたものは、頭をかき回され挑発されて、思想的、精神的な二日酔いにその後数日は悩まされた。

もし彼に怒りがなく、故郷の今治の風景を描いた晩年の文章に垣間見られたような、穏やかでユーモアの混じった心境を保っていたら、どんなに温かく楽しい文章を書いただろうかと想像するが、そのような彼は彼ではなかったであろう。

日本の現実と向かいあって、骨太く、しかし些細（ささい）な点まで見逃さずに目を見張っていた一人の思想家が逝（い）った。彼はもう怒ってはいない。しかし私は、彼を思い、彼の怒りを感じ続けたい。冥福（めいふく）を祈る。（学習院大教授）

二〇〇三年六月一三日

端正な姿に映す「正義」

グレゴリー・ペックを悼む

渡辺祥子

日本人が最も愛した外国映画として知られる「ローマの休日」（一九五三年）のグレゴリー・ペックが亡くなった。まだ新人だったオードリー・ヘプバーンを、当時既に大スターだった彼が大きな包容力で支える姿は、それだけで女性の心をときめかせた。あの映画のラストにある、なんとも切ない甘さこそ彼でなければ出せなかった味だ。

そのほぼ十年後、グレゴリー・ペックは「アラバマ物語」（六二年）でアカデミー主演男優賞を受賞した。人種差別のひどい三〇年代アメリカ深南部アラバマ州で起きた事件で、白人社会の反感を買いながら黒人を弁護するやもめの弁護士役。裁判の結果、彼の苦労は報われないのだが、見ている私は彼こそアメリカの正義、と素直に感激した。

若き日、四〇年代のグレゴリー・ペックは、背が高く、端正な二枚目ではあったけれど芸達者というわけではなかった。穏やかな落ち着きと誠実さを持った俳優で、そこに彼自身の努力と年輪の重みが加わることで俳優としての輝きが増してきた。その結果、六〇年代に入って「アラバマ物語」の名演が生まれたのだが、そこへいくまでに日本初登場作の「王国の鍵」（四四年）をはじめとして「子鹿物語」（四六年）、「紳士協定」（四七年）、「頭上の敵機」（四九年）などさまざまな役を演じ、そのたびにアカデミー賞候補にあがって、万年候補などと言われてきた。

正義の紳士のイメージを破ったのはナチの戦犯ジョゼフ・メンゲレを演じた「ブラジルから来た少年」（七八年）だったが、なんだか借り物の衣服を着ているようで、この人に悪役は似合わない、とつくづく思ったものだ。

スクリーンの外での彼は、ハリウッドの俳優組合長や、アカデミー協会長をつとめて人望の厚さで知られていたが、演技もきまじめな人柄がそのまま。今後、彼が見せたような品のよい演技を見ることは難しいだろうと思うと寂しくなる。いまや強力に自己を主張する凝った名演が評価される時代だ。

グレゴリー・ペックはアメリカが世界の正義として通用した時代のスターで、九〇年代以降は引退同然だった。八七年、東京国際映画祭の審査委員長として来日した際に見た、髪が真っ白なのにまゆ毛が真っ黒、というアンバランスに驚いたのもいまでは懐かしい。

（映画評論家）

二〇〇三年六月三〇日

自立する女性の先駆的存在
K・ヘプバーンを悼む

品田雄吉

キャサリン・ヘプバーンは、アメリカの演劇・映画界におけるシンボル的な大女優であり、名女優だった。日本ではオードリー・ヘプバーンのほうが有名だったが、アメリカでヘプバーンといえばキャサリンのことにほかならなかった。なにしろ、アカデミー主演女優賞を四度受賞したという大記録の保持者なのだ。

ブロードウェー演劇界の新進として認められるとすぐ映画界に招かれ、一九三二年の「愛の鳴咽」で主演、映画出演第三作の「勝利の朝」で早くもアカデミー主演女優賞を受けた。

私が彼女を見たのは、第二次大戦後「フィラデルフィア物語」(四〇年)だった。甘さや媚態(びたい)と無縁の、意志的な硬質の顔立ちに強い印象を受けた。

この作品や、スペンサー・トレーシーと共演した「女性No.1」(四二年)などを見て、喜劇に優れた感覚を見せる都会派の女優だと思ったが、名作曲家ロベルト・シューマンの妻クララを演じた「愛の調べ」(四七年)ではドラマチックな感情表現が見事で、演技者としての実力をあらためて感じさせた。

「アフリカの女王」(五一年)でハンフリー・ボガートとともに見せたほろ苦いユーモアも忘れられない。

長年にわたって愛し合っていたトレーシーとの最後の共演作となった「招かれざる客」(六七年)で二度目のアカデミー主演女優賞を受けると、その翌年の「冬のライオン」で三度目のオスカー像(アカデミー賞)を連続して手にする。そしてヘンリー・フォンダと共演した「黄昏」(八一年)でアカデミー主演女優賞四度受賞の大記録を樹立した。

本人はアカデミー賞授賞式の華やかさを嫌ってほとんど出席しなかった。ハリウッド的虚飾を排し、戦前からスラックスを好んではいたということでもわかるように、自立する女性の先駆者的存在だったともいえよう。

遺作は九四年に主演した「めぐり逢い」。出演場面は少なかったが、落ち着きとゆとりを感じさせる存在感が格別だった。

数年前、ニューヨーク、マンハッタンのミドルタウンで、ここがヘプバーンのアパートだと知人から教えられ、褐色砂岩の古い建物を眺めたことがある。その落ち着いたたたずまいは、彼女の晩年にまことに似つかわしいものに見えた。(映画評論家)

二〇〇三年七月一四日

敵役に人格、大きな存在感
小松方正さんを悼む

佐藤忠男

私が小松方正という俳優の存在感の大きさに驚いたのは、一九六〇年の大島渚監督の「太陽の墓場」という映画からだった。当時私なども肩入れして盛り上がっていた、松竹ヌーベルバーグの注目の作品だったが、そこで悪役をやっていた俳優がひとり、実にデカい面をしてあたりを圧していたのである。これが小松方正だった。

この作品での彼のすごみがあまりに印象的だったせいか、あとしばらくやくざの親分のような役が多かったが、次いでじつに強い印象を与えられたのも、やはり大島渚監督による六八年の「絞死刑」だった。

この作品で彼が演じていたのは検事で、ひとりの死刑囚の刑の執行に立ち会うのである。不条理劇的な設定になっていて、立会人たち一同はその死刑囚の経験をその場で追体験させられる羽目になり、執行に迷いが生じる。そのとき国家の権威を背負って少しもひるまず、泰然自若、裂帛（れっぱく）の気合で死刑囚本人を進んで死刑台に上らせてしまうという役だった。大きな風格と貫録がなければやれない役であり、憎まれ役を超越してじつに堂々としていたものだ。

柄も大きかったけれども、声に張りがあって朗々と大きく響いたことが小松方正の魅力だった。やはり大島渚の作品で、大島が韓国に行ったとき、町で見かける貧しい、働く少年たちをスナップ写真に撮り、それをあとで編集してナレーションを入れた「ユンボギの日記」という短編がある。六五年の作品である。

これのナレーションの読み手が小松方正だったが、動かない映像の少年たちに強く激しく愛情をこめて語りかけ、問いかける、詩のようなナレーションが素晴らしいものだった。動かない映像が、小松方正の声で動いているように見えたし、自分では語らない写真の少年たちが、そのナレーションの呼びかけをしっかと受け止めて、そこに立派にコミュニケーションが成り立っているように聞こえたものである。

小品のドキュメンタリーだし、声だけの出演だから忘れられやすいと思うけれど、私はこれを小松方正の代表作のひとつに数えたい。粗野で好色といったキャラクターの敵役が多かったのだけれども、このナレーションのような立派な人格的迫力を感じさせる演技の出来る俳優だったのであり、その面を忘れないようにしたい。

ずっとあとの作品では、九六年の東陽一監督の「絵の中のぼくの村」が良かった。四国の山村の住民で、主人公の幼い子どもたちからはなんだか怖くてわけの分からない人物に見える。いつも不機嫌な顔をしているそんな老人が、小松方正によって演じられると、なにかそれなりに面白くって、いたいた、そんな老人が自分の子どものころにも近所にいた、という懐かしい気持ちになる。円熟したいい味のある役者になっていたからである。ごめい福を祈る。（映画評論家）

二〇〇三年九月二日

アクション映画ひと筋
C・ブロンソンを悼む

川本三郎

日本でブロンソンの人気が出たのは、なんといってもアラン・ドロンと共演したフィルム・ノワールの傑作「さらば友よ」（1968年）。

それ以前にも「荒野の七人」（60年）「特攻大作戦」（66年）などで知られていたし、テレビの「カメラマン・コバック」でも人気はあった。

しかし、決定打は「さらば友よ」。「マンダム」のCMに起用されたのもこの作品での人気があったからだろう。

男の友情の物語。ラスト、アラン・ドロンがブロンソンのたばこに黙って火を付ける名場面はいまだに語り草になっている。ブランデーグラスにコインを落としてゆく賭けは、当時日本でもはやったものだった。

およそ美男にはほど遠いブロンソンが、美男のドロンを完全に食った。世の男たちはこれに快哉（かいさい）を叫んだ。

炭鉱作業員の息子。下積みが長かった。なにしろあの顔だから脇役、それも悪役専門。悪役からスターになったという点では、ハンフリー・ボガート、リー・マービン、ジェームズ・コバーンらと似ている。悪役が人気者になる。ハリウッドの面白さである。

脇役時代に、サミュエル・フラー監督の「赤い矢」（57年）に出演。フラーはフランスで人気のある監督だったので、脇役のブロンソンも注目され、逆輸入という形でアメリカでも認められるようになった。

「さらば友よ」でアラン・ドロンと共演したのもフランスでの人気ゆえである。ドロンよりジャンポール・ベルモンドの人気が高い国ならでは。美男より個性派。

「さらば友よ」のあとには、やはりフランスで、ルネ・クレマン監督の「雨の訪問者」（68年）に出演。個人的には、これが一番好きな作品。

「さらば友よ」でヒゲをはやすようになってから見違えるようによくなった。西部劇「チャトズ・ランド」（71年）では、ヒゲをはやさないはずのインディアンの役なのに、ヒゲのままで出て話題になった。

この人が偉いのは、アクション映画ひと筋に生きたこと。普通は、スターになると、芸術映画に出て、アカデミー賞を狙ったりするのだが、ブロンソンは、アクション映画のスターであることに徹した。

正直なところ駄作も多かったが、六十歳を過ぎてなおアクション映画に徹した一貫性はすごいと思う。（評論家）

二〇〇三年九月五日

「時代」を見抜く感性
青木雄二さんを悼む

宮崎学

青木雄二さんに私が最後に会ったのは、今年の四月初めのことである。共著「続・土壇場の経済学」(南風社)執筆のために大阪で打ち合わせをしたのだが、その後に青木さんが体調を崩して入院、五月の連休に予定していた再打ち合わせがキャンセルされた。その後は会えないままで今日という日を迎えてしまったことが、誠に残念でならない。

私たちは一九九七年に雑誌の対談で初めて会った。同じ四五年の京都生まれということもあって、最初からウマが合い、すぐにツーといえばカーという仲になった。そして共著の出版企画に至り、何度も話し合ったのだが、カネに苦労した経験が私といい勝負なら、屈託のなさも同じようなところがあり、お互いに共感を覚えたものである。

そんなことを語った初めての共著「土壇場の経済学」(同社刊)で、青木さんは日本社会の現状を「今後は庶民の間で、資本主義の論理である弱肉強食が進む」と断じ、「難義な時代ではあるが前向きに明るく、元気で生きて行こうやないか」と語ったのが印象に残っている。すべて彼は予期していたのだった。

さらに、大ベストセラーとなった「ナニワ金融道」でも、マチ金やヤミ金の社会問題化をすでに指摘しており、「時代」を見抜く感性にあらためて敬服している。

また、青木さんは「組織に属さないマルクス主義者」を貫き、独特の主張を持っていた。日本のマルキストが組織に属することでマルキストたらなくなった皮肉な状況と異なり、純粋に主義を貫いた人間である。そのことでいろいろな圧力をかけられたとも聞いているが、全く動じることがなかった点にも頭が下がる思いである。

ところで、生前の青木さんの口癖は「日本の国民がダメなところは、何でもすぐ神様に祈ることや。無神論でいかないとあきまへんで」だった。この点についても、私はまったく同感である。どんなに苦しくとも、「神様、助けて下さい」とだけは言うまい—そんな気持ちをもう一度深くかみしめている。今、私は気心の知れた同い年の友を失って残念な気持ちでいっぱいであるとともに、自らの見識を貫いた態度を少しでも見習いたいと考えている。

件(くだん)の共著は今秋にも上梓(じょうし)の予定だが、こんな形で友の最期を飾れたことは身に余る光栄である。それにしても、また「神に祈る」ことを拒否した友がひとり逝ってしまった。心から哀悼の意を表したい。

(作家)

二〇〇三年九月二五日

個性と客観主義との両立
芦原義信氏を悼む

鈴木博之

戦後の建築界を代表する一人であった建築家、芦原義信先生が亡くなられた。一九一八年に生まれた先生は四二年に東大建築学科を卒業の後、ハーバード大学大学院に留学し、五三年に卒業。戦後はやくの留学であり、M・ブロイヤー事務所勤務をはじめ、さまざまな体験を積んで帰国、五六年に事務所を設立。

建築家芦原義信は銀座のソニービル、千葉県佐倉市にある国立歴史民俗博物館（芸術院賞受賞作）、東京都の池袋に建つ東京芸術劇場など、われわれがよく知っている多くの建築を設計した。その作品はじつに穏やかにわれわれの感覚のなかに入ってくるものであった。というのも、建築家芦原義信は同時に理論家芦原義信でもあり、その両者は密接不可分だったからである。

「街並みの美学」（毎日出版文化賞受賞）や「隠れた秩序」の著者でもあった彼は、個々の建築作品によって自己を表現するだけでなく、それを越えた理論的影響力をも有する存在だったのである。そこには建築は一個の作品として存在する以上に、群として都市に貢献する存在なのだという信念があった。それが彼の建築をもっとも上質な意味での無名性を帯びた存在にした。

建築家芦原義信が、ユーモアに満ちた人柄の持ち主であったこともそこに関係しているだろう。かつて、東京都心にあるビルを設計して、そのビルの両端に設けられた階段を一方は赤く、他方は青く塗ったことがあった。その案を提示したときに、なぜこういう色を塗るのだという質問が出て、「いやあ、こちらの階段は赤坂に近いし、あちらの階段は青山に近いから分かりやすいでしょう」と答えたというのである。

そこに建築家の個性と、都市の美学を大切にする理論家の客観主義との両立がある。個と全体をともに成立させる困難を、笑いのなかに解決する知恵をもっていたのが彼であった。

このような幅の広さをもっていたからこそ、彼は社会のなかに建築を根づかせる仕事に大きな成果を挙げ得たのであろうし、それが彼を芸術院会員、文化勲章受章者という文化人としての最高の地位に到達させたのであろう。

最後に、私の恩師としての先生について語らせていただきたい。私と先生との関係は、具体的には先生が東大教授に着任された七〇年以降にはじまる。先生が着任された年は、私が大学院の博士課程に進学する年度だった。大学闘争の直後でもあり、学生と教師の関係はまだぎこちない時期だった。

研究テーマの話などするうち、私がテーマとして掲げた英国建築が話題となった。先生は「君、イギリス行ったことあるの」と尋ねた。外国に行ったことなどなかった私は、どぎまぎしてしまい、その後なにを答えたか記憶にないのだが、ずいぶんたってから、あの時の先生は、研究の「作法」や「しきたり」だけでなく、実際の感覚や体験を大切にしなさいと教えてくださったのではないかと思い至ったのである。日本の建築界は大きな存在を失った。（東大大学院教授）

二〇〇三年九月二七日

「側の思想」拒んだ知識人
サイード氏を悼む

姜尚中

「ブッシュの戦争」の欺瞞（ぎまん）が暴かれようとしているとき、エドワード・サイードは静かに息を引き取った。あのイラク戦争が始まったころ、白血病を患っていたにもかかわらず、サイードはカイロやベイルートのアメリカン大学で精力的に講演をこなし、戦争の不義を説き、同時にアメリカが一枚岩でないことを必死になって訴えたのである。そこには、死を覚悟した巡礼者のような知識人の姿があった。

そう、そこには紛れもなく知識人としてのサイードがいたのだ。知識人。今日この言葉ほどさげすまれ、嘲笑（ちょうしょう）の的になっている言葉はない。ましてや、知識人の言説など、それこそ、FOXテレビ（米国）の人気キャスターが垂れ流す扇情的な愛国心の言葉に比べれば、何の値打ちもないことになる。

巨大企業によるメディアの寡占が進み、マッカーシズム時代を彷彿（ほうふつ）とさせるようなメディア統制がまかり通るブッシュのアメリカでは、戦争を批判する知識人は、「非国民」扱いの邪魔者に過ぎない。一時期、パレスチナ民族評議会の委員も務め、この間、アメリカで「パレスチナ問題」の解決を訴え続けてきたサイードにとって、受難の時代が続いたに違いない。

しかし、サイードについて語るとしたら、彼が紛れもなく一貫して知識人としてその生涯を生き抜いたことにあるのではないか。チョムスキーを別にすれば、サイードこそ、現代アメリカの最後の知識人と言える。

巨大な「帝国」と化したアメリカで、知識人であることは、ある特別な意味を持たざるを得ない。なぜなら、「自由の帝国」あるいは「デモクラシーの帝国」としてのアメリカでは、少数の企業や富裕層といった現代の「カバル」（秘密結社）による寡頭制支配が進み、それが巨大メディアの言論統制によって守られ、知識人の言説ではなく、寡占的メディアの「ニュースピーク」（世論操作のための欺瞞的用語）だけがわが物顔にのさばっているからである。

ニュースピークがまき散らすのは、「われわれ」と「やつら」、「こちら側」と「あちら側」といった、他者のアイデンティティーや文化を排除する「側（サイド）の発想」である。サイードは、そのような「側の発想」をきっぱりと拒絶し、パレスチナが被っている辛酸や苦難を世界中の他者のそれらと結び付け、その記憶を喚起し、更新することに生命を賭してきた。

この知識人の条件を、比ゆ的な意味も込めてサイードは「亡命状態」と呼んだが、エルサレム生まれのパレスチナ人にしてキリスト教徒であり、米国籍でもあったサイードは、まさしくその亡命状態を生き抜いたのである。この幾重にも引き裂かれた亡命状態の知識人にしてはじめて、東洋に対する西欧の文化的支配を分析した「オリエンタリズム」や「文化と帝国主義」といった名作が生まれたのである。

そこに脈打っているのは、他者を他者として受け入れる自由な精神はいかにして可能なのか、この問いへの飽くなき探求ではなかったか。それは、昨年の「9月17日」（日朝首脳会談）を経験した日本にとっても、ずっしりと重い問い掛けではないか。（東大教授）

二〇〇三年九月二九日①

ゴールはまだ先だったのに　夢路いとし師匠へ

藤本義一

　夢路いとし師匠の訃報（ふほう）に接したとき、口惜（くや）しいという気持ちに襲われた。なぜ、愕（おどろ）きとか残念という言葉がうかばずに、口惜しいと思ったのか。受話器を置いて考えた。

　すると、頭の中に奇妙なことに、英語がうかんだ。リポート・オブ・デス（訃報）である。こんなことは、はじめてだ。その理由をたぐり寄せていくと、今年の春先にＮＨＫの番組にいとし師匠と共に出演したときの楽屋での〝約束〟があったのがわかった。

　この約束は戦時中、特に終戦時のいとし師匠の生き方を聞こうと思ったのだ。終戦の真夏、私は中学一年の夏休みであり、師匠は私よりも八歳年上だから十九歳か二十歳であり、兵役の義務に縛られ、人生の自由が完全に奪われていた時代である。このとき、なにを考え、どこでなにをなさっていたかを物書きの欲で知りたかったのだ。

「ま、なんやかんやとおましたなあ。ひと言ではいえまへん。今度会うたときに話しまひょ。こっちも忘れてることを思い出しときまひょ」

　いつもの飄々（ひょうひょう）とした顔でおっしゃったものだ。リポート・オブ・ライフを聞く約束になっていたのだ。それが、突如としてリポート・オブ・デスとして襲いかかってきたのである。

　口惜しいという思いは、この約束が裏切られたためだとわかった。

　四十年来親しくしていただいた。あの包容力と、ときに反撃性を見せる独特のボケは年輪と共に深みを増し、これからが本当の枯れた芸に向かうところだった。ミヤコ蝶々さんの追悼番組にご一緒したとき、

「蝶やんは、これから枯れた芸を見せたのに」とおっしゃっていたのを思い出す。

　戦前、戦中、戦後とほぼ四分の三世紀を兄弟漫才で通した存在はほかには見当たらない。世界にもないのではないか。そしてファン層は年齢層を超えたものだった。わが家の二人の娘は小学生のときからファンだし、鬼籍に入った両親もまたファンだった。これを考えれば、ほぼ百年、百歳に近いファン層を開拓した笑いの使者のお一人が夢路いとし師匠であったといえる。

　落語には古典の世界があり、それは伝承されていくわけだが、漫才には古典はない。が、夢路いとし・喜味こいし両師匠は古き時代の芸風を時流の中で見事に変化させながら生きつづけてこられた。これは漫才の歩みに新しい発端を創（つく）ったのではないかと思う。こいし師匠に、何とぞ、私と兄上の約束を継承してほしい。（作家）

二〇〇三年九月二九日②

屈辱の影、色濃く投影
E・カザン監督を悼む

白井佳夫

映画監督エリア・カザンが九十四歳でこの世を去った。「影なき殺人」「紳士協定」「欲望という名の電車」「革命児サパタ」「波止場」「エデンの東」「ベビイドール」「草原の輝き」「アレンジメント」という風に、彼の作った代表作をあげていくと、たちまち第二次大戦後のアメリカ映画の、一つの黄金時代のイメージが形成される。

彼はトルコ生まれで、ギリシャ系アメリカ移民の子として、幼時にアメリカに渡っている。演劇学校を出て舞台俳優となり、映画にも小さな役で出た。「栄光の都」でのチンピラ・ギャングの役が、印象に残る。やがて舞台演出家として名をあげ、「欲望という名の電車」「セールスマンの死」「熱いトタン屋根の猫」「お茶と同情」などの、名舞台を作る。

そして映画監督に進出して、「ブルックリン横丁」「大草原」を作り、ついでユダヤ人差別問題を扱った「紳士協定」で、アカデミー賞の作品賞と監督賞を得る。だが一九五一年にマッカーシズムの赤狩りで、進歩的映画人の一人として、非米活動を調査する委員会に喚問され、「二十代に共産党員だったことがある」と告白し、「当時党員だった仲間の映画人の名」を、証言してしまうのである。

そのため、映画が作れなくなって投獄された映画人や、自死した人間まで出て、カザンは「権力に良心を売った人間」としての、屈辱を背負うこととなる。以後「革命児サパタ」「波止場」「エデンの東」「草原の輝き」といった映画には、その屈辱の影が色濃く糸を引いていくことになる。

一方で彼は、ニューヨークの有名な俳優養成所アクターズ・スタジオを、リー・ストラスバーグとともに主宰し、多くの新しいタイプの現代的な俳優たちを育てた。例えば「欲望という名の電車」「革命児サパタ」「波止場」で使ったマーロン・ブランド、「エデンの東」でデビューさせたジェームズ・ディーン、「ベビイドール」のキャロル・ベーカーなどは、みなこの養成所で、エリア・カザンに育てられた人たちである。

さて「エリア・カザン自伝」(朝日新聞社)二部作の最後の方に、彼はこう記している。「多くの人がわたしをだしにした笑い話を知っているだろう。なかには本当の話もあるが、大げさな話もあり、根も葉もない話もあるだろう—しかし、それがどうしたというのだ!(中略)わたしは十二分に人生を送って、逝こうとしている。わたしは満足して逝くだろう」と。

(映画評論家)

平成十六年

2004

二〇〇四年二月一八日

さよなら、ミスターピアノ
世良譲さんを悼む

行田よしお

しばしば仕事を共にしていた私の目に、「ちょいと体調が悪そうだ」と感じさせたのは、一昨年の初めごろだった。

決して肥満ではない。いつもキレイに日焼けした健康的な顔つきの世良譲さんが、会うごとに、ごくわずかずつ痩（や）せだしていた。まさか、がんだとは夢想だにしなかった。むしろ逆に、ゴルフや海水浴の大好きだった世良さんの、たくまざる努力の効果の現れだと思っていた。

事実、酒量も落ちることなく、にぎやかに楽しげに呑（の）んでいた。楽屋でも打ち上げの席でも大いにはしゃぎ、天真爛漫（らんまん）に振る舞っていた。その様子は、まるでやんちゃないたずらっ子のようだった。

くぐもりの無い、純白な人柄だった。

やっぱり育ちの良さが、風格のある、味わい深い人間へと熟成させたのだろうか。

世良さんは、島根県の出雲大社に近い大原郡木次という静かな町の、大きな川沿いにある、代々医院を開いている家の二男として生まれ、何不自由のない恵まれた環境ではぐくまれた。俗に言う「乳母（おんば）日傘」で、自由奔放な故郷での生活をおう歌した。

隣町の竹下登（元首相）というガキ大将とは、山河を駆け巡り、泥だらけ、傷だらけになって遊びまわった。そのことを竹下さんはなつかしそうに私に語ってくれたことがある。

竹下さんは世良さんのことを、世良とか、譲とか呼ばずに、本名の哲壮（てっそう）と言っていた。京都の古刹（こさつ）の高僧が名付け親だった。

世良さんくらいの、昭和ひとけた世代のジャズメンたちに共通して言えることは、レパートリーが実に広いことである。

それは彼らがこの世界に身を投じたころの職場背景にある。主たる演奏場所は、まだ日本中に点在していた米軍キャンプであった。ジャズ以外にもその時々のはやり歌や、遠く故郷の州歌や町の歌などもリクエストがあったから、ミュージシャンたちはいや応なく覚えさせられた。

世良さんが、お客さまからのリクエストで、知らない、弾けない、という場面に私は会ったことがなかった。そうした若き日の貴重な体験が、たぐいまれなる音楽性を築き上げ、人々をして「ミスターピアノ」と言わしめ、「ピアノの詩人」と称していたのである。

世良さんのピアノは、本当によくスイングしていた。聴いていて自然に体が揺れ動いてきて、気がついたら手拍子を打ち鳴らし、足拍子をとっていたりした。うまい人のプレーは、そのスイング感に満ちているのである。知らず知らず体をじっとさせていられなくなり、自分も一緒になって演奏に加わっているような、そんなイイ気分にさせてくれる数少ないピアニストが世良さんだった。

昨秋のジョージ川口さん逝去に引き続き、私たちを心地よくさせてくれるジャズメンを失ったことの意味は大きく深い。淋（さび）しいなあー。世良さんありがとう。（ジャズ評論家）

二〇〇四年二月二八日

妥協なき孤高の歴史家
網野善彦さんを悼む

赤坂憲雄

網野善彦さんがついに逝(ゆ)かれた。ほんとうに、最期まで孤高に戦う歴史家だった。何よりも、網野さんが歴史家としての妥協なき戦いを最期まで貫かれたことに、心からの敬意をささげたいと思う。

わたしがはじめて触れた網野さんの著書は、「蒙古襲来」だった。二十代のいつであったか。そのときのどこか異様な興奮だけは、いまだに忘れられない。これほどに深い歴史の快楽を教えてくれた本は、ほかにはない。

そして、思えばそこには、のちに花開くことになる網野史学の種子のすべてが詰まっていた。稲の外部へのまなざしがあり、躍動する異形の人々や、海の民の世界への関心が、濃密に見いだされた。むろん、「日本」による呪縛(じゅばく)をほどくための戦いも始まっていた。

生い立ちのなかに見え隠れしている原風景は、歴史家のうえに、いかなる影を落としているのか。網野さんの出身地は山梨である。その山梨には田んぼがない、畑の世界が広がっていた。すぐれた商人を輩出した土地でもあった。豊かな民俗が残っていた。

たとえば、そんな原風景につながるものを思い浮かべてみる。それゆえに、網野さんは稲作中心史観にたいする厳しい批判を手放すことがなかったのではないか、とひそかに想像してきた。やはり、武蔵野の畑の世界で育ったわたしには、それがよくわかる。

東の人でもあった。京都や奈良を無意識の中心として抱え込んだ、いわゆるヤマト中心史観に向けての厳しい批判者となる、いくつかの必然があった。そのひとつは確実に、山梨という原風景であったにちがいない。

そこには、列島の西とは異なる歴史や文化の相が分厚く堆積(たいせき)していた。網野さんがむしろ、東の歴史家であることの自覚を表明していたことも、よく記憶に留めておきたい。

ところで、山梨には海がない。それにもかかわらず、網野さんは海の民の歴史に関心をいだき、海から見た列島のあらたな歴史像を大胆に切り開かれた。

むろん、そこには渋沢敬三や宮本常一との出会いがあり、常民文化研究所とのかかわりがあった。この「海へ／海から」のまなざしを受け継ぐ者たちのなかから、やがて国家の境界を越えた、東アジアの歴史にたいするアプローチが始まるにちがいない。

こうして思い浮かぶままに書き留めてゆくだけでも、歴史家・網野善彦が残した世界の深々とした広がりが、あらためて実感される。隣接する民俗学や考古学を含めて、いったいこの国の歴史の学は、網野さん亡きあと、その何を継承し、何を排斥してゆくのか。したたかに覚悟を決めて見届けたい、と思う。

そのとき、ひとつのリトマス試験紙となるのは、たぶん「無縁・公界・楽」という著書である。忌み物として遠ざけられるのか、あるいは、網野史学をつらぬく歴史哲学の書として読まれることになるのか。

わたしは網野さんから、じかに教えを受けたことはない。弟子でもなかった。しかし、わたしにとって、誤解を恐れずに言えば、網野さんはまさに師のような存在だった。三十代のはじめから、折りに触れて叱咤(しった)激励をいただき続けた。その著作から、言葉から、人から、あまりに多くのことを学んだ。

それにしても、たくさんの宿題がある。ぼうぜん自失しているわけにはいかない。わたしもまた、戦う歴史家でありたいと心より願う。合掌。(東北芸術工科大教授)

二〇〇四年三月二一日

演技者としてのひたむきさ
いかりや長介さんを悼む

松尾羊一

生前、いかりや長介は雑誌のインタビューで、あなたは俳優なのかお笑い芸人なのか、という質問に、「いや、そのどちらでもない。では何だと聞かれたら、僕はテレビタレントですと答える。笑いも演技も同じことだと。テレビはスポーツも事件も政治もドラマもお笑いも、あらゆるソフトを、莫大（ばくだい）なカネを投じて見せていく。そこでは何でもこい、何でもアリだ、と思っている。その中では笑いとドラマなんてほんのわずかな違いでしかない。テレビってそういうものだろう」と言った。（「GALAC」1999年2月号）

いかりや長介にとって「8時だヨ！全員集合」（69―85年、TBS）は、お笑いかドラマかといった区分けではなく、目前の観客やカメラの向こう側の視聴者にむかって演じるひたむきな人間集団を意味したのだろう。

だからリーダー格のいかりや長介は、公開生番組の性格を考えて絶対にアドリブを許さなかったという。ところが舞台は全編これアドリブであるかのようなダイナミックな効果を生んでいたのだ。ステージではかれが実質上の演出家も兼ねていたに違いない。

やがて「全員集合」はアドリブとぬいぐるみの「オレたちひょうきん族」（フジ系）の軽チャー路線にとって代わられてしまう。視聴世代の交代がはじまったといっていい。

世間は「全員集合」以後の演技者としてのいかりや長介に注目していく。例えば黒沢明は映画「夢」（90年）で、山田洋次は「息子」（91年）で起用、コメディアンは一転して渋い名わき役に変ぼうしていった。

むしろ私は連続ドラマにみるいかりや長介の存在感を愛した。例えば火曜サスペンス劇場枠の「取調室」（日本テレビ）シリーズの水木警部補役や時代劇「八丁堀捕物ばなし」（フジ）での非役の同心江藤十兵衛役。なかでも「踊る大捜査線」（フジ、のちに映画化作品にも出演）の刑事「和久さん」役である。

勘と経験だけが取りえのどちらかと言えば古いタイプの刑事役である。時代は大きく変化し、広域捜査や異常犯罪に対応する捜査方針に定年間際の和久さんの出番はない。加えて「湾岸署」員はサラリーマン化している。

そんな世間の風潮に〝不機嫌な刑事〟和久さんが若い青島刑事（織田裕二）を陰で見守る役どころを見事に演じ切っていた。和久さんとは「あなたの職場にもいる老社員」が共有する不機嫌さでもあると。

また晩年は傑作「ラブ・レター」（演出・石橋冠、テレビ東京、2003年）で新宿歌舞伎町のしがないおでん屋の役作りにみる好演も忘れがたい味をだしていた。

時代に取り残された屈折した老人像をもっと演じてほしかった。テレビドラマは名わき役をまた一人失ってしまった。合掌。（放送評論家）

二〇〇四年三月二四日

京舞を全国区の舞踊に 四世井上八千代さんを悼む

権藤芳一

平成十二年、九十五歳の誕生日、四世井上八千代は、孫の三千子に「八千代」の名と家元を譲られ、御自分は本名の片山愛子にもどられた。しかし、我々の世代には、やはり「八千代さん」という呼び方が一番ぴったりする。

八千代さんは明治三十八（一九〇五）年、京都の祇園町の近くで生まれ、三歳で三世井上八千代に入門。内弟子となり、名取に。後に三世の孫、観世流能楽師片山博通と結婚、三男をもうけながら舞一筋の道を踏んでこられた。すぐれた才能と厳しい修行で、早くからその名手ぶりは京阪で評価され「片山愛子」の名は高かった。

京舞井上流は本来、家元は世襲ではなかった。先代が百一歳で没したあと、各方面から家元継承を推挙されていたが、ずっと固辞しつづけ、戦後昭和二十二年にやっと四世八千代を襲名した。

そして、それまで京都の祇園町に閉じこもっていた京舞の東京初公演を行った。八千代の名人芸は、多くの文化人・識者を驚かせ、以来、京舞は全国区の舞踊となった。

座敷舞を基本としながら、能や文楽の所作を取り入れた独特の流儀の風は、邦舞界の中でも際だっていた。稽古（けいこ）の厳しさから、名手が多く、人数的には他の花柳、藤間といった流儀に比して、ごくわずかな小さなグループではあったが、舞踊界の中では確固たる地位を占める存在であった。

座敷舞としての侘（わ）びた味わいを持つ一方で、「都をどり」のような華やかなショー性を開拓し、「チェリー・ダンス」（桜の踊り）として国際的な評価も受けていた。

特に四世八千代の代になってから、地唄舞だけでなく、長唄、清元、一中節、小唄などにも振り付けをし、その数は百曲を超えていた。本人は「先代の残されたものを、ただ忠実に継承しているだけ」と言い、伝統を正しく守ると同時に、新しい創造への意欲も持っていた。

昭和三十年、人間国宝に認定。以後、芸術院会員、文化功労者、文化勲章受章とさまざまな栄誉をえておられたが、稽古の厳しさは別として、常のお人柄はごく謙虚で、温和だった。私などもごく親しくさせていただき、お茶の間で掘りごたつに向きあっておしゃべりしたことが懐かしく思い出される。（演劇評論家）

二〇〇四年四月九日①

走り続けた芸の道
芦屋雁之助さんを悼む

沢田隆治

芦屋小雁さんから名鉄ホールの公演「人情まげもの喜劇・どんごな子」の御案内が届いて、さていつ見にいくかと考えていたら、芦屋雁之助さんの訃報（ふほう）が入った。

二月の末、新宿コマ劇場公演を打ち上げた小雁さんと一夜、語らったときに「兄貴、もうだめかもしれない」と聞いていただけに覚悟をしていたのだが、同じ世代のいかりや長介さんの訃報の後だけに、大きなショックを受けた。

雁之助・小雁兄弟をはじめてみたのは、昭和三十年ごろ。芸名が芦乃家雁之助・小雁。雁之助さんは若いのに妙に落ち着き、しゃべりが達者なので期待感はあったが、男コンビでは圧倒的な人気があった中田ダイマル・ラケットの存在の前では全く目立たなかった。

昭和三十三年、私が新人ディレクターとして必死にテレビの演出法を学んでいたころ、花登筐さんの手駒のコメディアンとして、雁之助、小雁の兄弟も注目されつつあった。私の演出する最初のコメディ番組が決まったとき、小雁さんのとぼけたキャラクターが大好きな私は、ためらわず小雁さんをレギュラーに起用したが、雁之助さんは使い道が私にはわからずキャスティングができなかったのだ。

その雁之助さんの面白さが一挙に爆発したのは、昭和三十四年にスタートした毎日放送の「番頭はんと丁稚どん」だった。大村崑らの丁稚に、佐々十郎の番頭という配役だったが、佐々が企画段階で降り、雁之助さんにこの役が回ってきた。ここで漫才で培った強烈なつっこみがいきてくる。ドスのきいた声が威力を発揮し売れに売れた。雁之助主演のテレビ番組が次々と生まれ、劇団「喜劇座」を旗揚げ、企画に脚本に演出、主演と獅子奮迅の働きをしたが、時に利あらず解散の憂き目をみる。だがこの喜劇座で「裸の大将」の劇化をしたことが、テレビで大ヒットする「裸の大将放浪記」で実を結ぶことになる。

昭和五十五年、私は視聴率が全くとれない番組をかかえて苦しんでいた。その「花王名人劇場」に雁之助さんはドラマ企画で主演の山田五十鈴、ミヤコ蝶々、森繁久弥の指名で必ずキャスティングされていたが、目立つ役ではなく、私の気持ちのどこかにいつもひっかかっていた。そんなある日の朝、たまたま入った書店で出会った雁之助さんとの茶飲み話から、十七年間、八十三本制作された「裸の大将放浪記」が生まれた。

その日から私と雁之助さんとの濃密な付き合いがはじまった。そしていま訃報をきいて雁之助さんとの日々を思い出し瞳をぬらしている。子供のころから芸の道に入り、病に倒れながらも企画を考え、休むことを知らず走り続けた生涯もやっと終わったのだ。雁之助さん、ご苦労さまでした。私は小雁さんとももう少し頑張ってます。（メディアプロデューサー）

二〇〇四年四月九日②

変化し続けた「日本画家」加山又造氏を悼む

北澤憲昭

テレビに映し出される加山又造の姿に、心をゆさぶられる経験をしたことがある。一九九〇年代半ばのことだ。アメリカで開かれた大きな日本画展をめぐる座談で、加山は、あえて日本画家であることにこだわるみずからの構えを、小さな声でくちごもりながら語っていたのである。その口調は、日本画というジャンルの状況的な困難さと、それゆえの並々ならぬ決意を感じさせずにはおかなかった。そこには他の出演者の誰にもまして切実な響きがあり、姿があった。

明治のナショナリズムが形成し、侵略戦争の時代に様式を整えた日本画というジャンルは、戦後の文化国家政策のもとで押しも押されもせぬ国民絵画となりおおせた。しかし、東西冷戦体制の崩壊とともに訪れた政治の季節は、国民国家という政治的単位を相対化し、そうした状況は国民絵画としての日本画をも巻き込まずにはいなかった。日本画は、ひとつの「問題」として見いだされることになったのである。

くちごもりつつ語る加山又造の姿が、ぼくには、日本画の置かれるそのような状況と重なって見えたのだが、そのとき表明された日本画家でありつづけようとする意志は、国民絵画の存続という使命感とは微妙な齟齬（そご）をひそめていたように思う。すくなくとも、そこに尊大なナショナリズムの構えは感じられなかった。

西陣織の図案家の家に生まれた加山又造にとって日本とは、つまるところ京都の町衆がはぐくんだ文化にほかならなかった。このことは「初月屏風」（六七年）をはじめとする光琳派の骨法を踏まえたシリーズに隠れもない。そのダイナミックな装飾性は、日本社会における造形の機軸に、みごとなかたちで現代性を与えている。

むろん、装飾性は日本画に通有の特質ではあるものの、画面いっぱいに壮麗な運動感を響き渡らせる加山の造形は、使命感にとらわれたナショナリズムの事大主義とも、日本文化のルーツを求めてシルクロードに雄飛する大志とも遠くかけはなれていた。このことは、光琳派に見られる小さな工芸的世界を巨大な画面に展開させる手法にも指摘することができる。加山は、このシリーズで京都という一地域文化を国家規模の日本文化に対置したのだ。

シュールレアリスムや未来派を踏まえた「迷える鹿」（五四年）など初期の実験作を発表したのち、ブリューゲル的な空間にビュッフェ風の鋭い線を配した印象深い「冬」（五七年）の達成を経て装飾画風へ、そして軽やかにエロチックな裸婦のシリーズから写実的水墨の実験へと加山又造の画風はたびたび移り変わった。

しかし、こうした変化は変わらざる構えによって貫かれていた。それは、たえず新たな世界へとみずからを駆り立てるチャレンジャーの構えであり、この構えは同時代への誠意ある応答でもあった。

日本美術院の平山郁夫、日展の高山辰雄、そして創画会の加山又造—。現代の日本画界を代表する「三山」のひとつが消えた。日本画界の勢力関係に影響が出るのは必至であろう。日本画は、これから、いったいどこへ向かうのであろうか。大きな指針を失った日本画の行方が案じられる。（美術評論家、跡見学園女子大教授）

二〇〇四年五月一九日

情緒や気持ちを意識して学問研究と知識の普及
金田一春彦さんを悼む

柴田武

金田一春彦さんが亡くなった。その第一報は共同通信社からだった。先日、かつての国立国語研究所長林大さんの葬儀で席を並べたばかりである。付き添いの方がいて、杖（つえ）を使う立ち居ふるまいではあったが、普通におしゃべりできて、お元気だった。場所がら大きな声で話をすることは慎んだけれども、行動や意識に何の障りも感じなかった。

春彦さんとの出会いは、私が上京して大学に入った昭和十四（一九三九）年の春だった。私のしゃべる名古屋方言のアクセントを提供するのが目的だった。初対面ではあったが、その父君、金田一京助先生は、私が東京帝国大学で三年間アイヌ語を勉強した恩師。その御子息ということで、初対面という感じはしなかった。

春彦さんは、一方の軸足をアクセント研究を掲げるアカデミズムの世界へ、もう一方の軸足は、国民を相手にジャーナリズムを介して、ことばの知識の普及に努めることに置いていた。その双方において、独創があり、説得力があった。

アクセント研究では、俗に「金田一の語類」というものがあって、アクセント研究を始めるにはすべての人が通らなければならない関門の役目を果たしている。それは、単にアクセント状況をつかむための方法にとどまらず、アクセントの歴史的研究への入り口にもなっている。

一方、春彦さんのマスコミ好き、講演旅行好きは、春彦さんを今日の今日まで生き生きと仕事をさせたのだと思う。

私にとって春彦さんは、初めて会った東京人で、今日まで事あるごとに名古屋との文化比較に事欠かなかった。しかし、両者の違いは地理的な違いというより、春彦さんというパーソナリティーとの違いであることに気づいた。うしろから追っかけて手本とすることはむずかしかった。

春彦さんは、事の論理を追うよりも、細かい資料を扱うよりも、情緒や相手の気持ちを強く意識する人で、その点は私にとってかなわないところだった。

まだ占領軍がいるころから、ＮＨＫラジオの「ことばの研究室」への出演は、初め春彦さんに勧められ、のちに、ふたりでこの番組を支えたことを覚えている。また、ＮＨＫの放送用語委員として長いおつきあいがあった。

さらに、二冊の国語辞書の編集でもごいっしょだった。また、金田一京助賞の選考委員は、第一回からごく最近まで定年で退くまで担当した。ある時、春彦さんは「君とよくいっしょになるね」と、その不思議な結びつきをおもしろがっておられた。

春彦さんとの物語はまだ続き、御長男の結婚式には仲人を強制され、お引き受けしたことがある。その御長男はいま慶応義塾大学の教授だが、ちょうどうちの長男も同じ学部で、教授会のたびに会っているらしい。

京助先生、春彦さん、御長男の真澄さんと三代にわたって、教えられ、議論し、楽しんで来たのに、春彦さんがいなくなってしまった。私の東京がなくなった。真の意味のライバルがいなくなった。

悲しい、淋（さび）しいどころではない。（東京大学名誉教授）

二〇〇四年六月一一日①

駆け抜けた、未完の狂言師
野村万之丞さんを悼む

権藤芳一

訃報（ふほう）に接したとき、一瞬耳を疑い、絶句した。余りにも早い。多方面で活躍はしていたが、狂言師としてはこれからの人だった。

戦後の狂言界は、京都の茂山七五三（現、千作）・千之丞、東京の野村万之丞（現、萬）・万作の兄弟の活動が中心だった。そして二十一世紀の狂言は、それぞれの息子たちに託されていた。いずれもが才能に富み、親たちが苦労して開拓した路線にすんなり乗って、早くから自由な活動をし、注目もされてきた。それはそれで良かったと思う。

平成八年、淡交社が出した「狂言入門」という本の監修をした。そのとき、ちょうど家名を継いで新しい当主となった千五郎と万之丞に「狂言のいま・未来」というテーマで対談をしてもらった。同じ世代でも東西でこうも違うのかと思ったが、それはむしろ個人的な差であった。

千五郎が伝統的な狂言界の中で新しい挑戦を試みようとするのに対して、万之丞は狂言を越えた広い分野で活動しようとしていた。

万之丞は平成二年、東京の日枝神社の祭に、中世芸能の「大田楽」を復活した。大田楽は京都の建都千二百年のイベントでも行われ、その後「宇治の大田楽」として京都府宇治市で続けられている。

平成五年に設立された「楽劇学会」は、それまでの学会と違い、学問的な研究成果を具体的に実現したいと「阿国かぶき」の復元を国立能楽堂で試みた。そして、彼に演出を依頼した。この復元版は昨年、「阿国歌舞伎発祥四百年記念」として京都の四条河原で上演された。

万之丞は、中国の京劇、インド、バリの舞踊やシルクロードに残る伎楽の遺跡の調査や東南アジア各国の演劇人とのコラボレーションを通して、伎楽の復元や新しい楽劇の再生、創造を着々と実現した。その成果には目を見張らされるものがあった。プロデューサー、演出家としての才能は十分に認められていた。

その仕事が一段落したら、加賀前田藩のお抱えとして始まって、三百年の歴史を持ち、祖父、父と二代にわたって「人間国宝」の家である野村万蔵家の当主として、伝統的な狂言の継承と発展に尽力してほしい、と思っていた矢先である。

彼の異色な経歴が、今後、古典狂言にどのように反映していくのか、それを期待していただけに、本当に残念である。彼自身も心残りだったと思う。（演劇評論家）

二〇〇四年六月一一日②

闇の奥から光は満ちて
レイ・チャールズを悼む

行田よしお

目が見えない人の不自由さ、つらさを、私はまったく分からない、ではない。少年時代よりあこがれていた、日本のジャズのパイオニア、南里文雄（故人、トランペット奏者）は、過労が重なり、四十二歳で光を失った。後年、私はかねてからの念願かない、南里さんの〝カバン持ち〟を許され、身の回りのお世話を一年余りさせていただいた。

そのせいか、以来、盲目の演奏家や歌手に、親近感を抱くようになった。

その当時の盲目のスターといえば、クール系のピアニスト、ジョージ・シアリング。変拍子ドラマーのジョー・モレロ。国内では少しあとになるが、長谷川きよし君が登場。ずいぶん、ステージを共にした。近年では、スティービー・ワンダーだろう。

そして、レイ・チャールズ。

「我が心のジョージア」は、今も歌い継がれている不朽の名唱だ。「ア・ソング・フォー・ユー」は、メッセージソングの大傑作だ。

来日時の東京公演には何回か足を運んだ。そのたびに、なんとも言えぬ、肌のぬくもりみたいなものを感じさせられ、心は充（み）たされた。ステージには「レイ・チャールズ・シンガース」というコーラス・グループがバックに並び、特にゴスペルやR&Bなどでは次第次第に気分を盛り上げ、とても熱っぽくダイナミックだった。

何回目かの来日の折、東京・目黒駅前のライブハウス「ブルース・アレイ」で、プレスコンベンションが持たれた。終了後、わずかな時間だったけれど、話をすることができた。私の師匠も失明したことを先に述べ、さっそく「ミスター。目がご不自由ですが、どんな感じですか？」「あなたも目をつぶってごらん。そんな感じだよ（笑）。あなたの師はなんと言っておられた？」「今まで見えなかったものが、見えるようになった、って」『セイム！』。

彼は七歳の時に失明。いずれも、今まで健常だったのが、ある日、突然、ブラインドをかけられた。ちっとも不自由ではない。第一、見たくないものは見ないで済む、と笑わせてくれた。作曲をする時なども、余計なものが視野に入らず、イメージをふくらませることができるんだよ。とも語っていた。

次に会った時、「ミスター！」と声をかけると、「ああ、盲目のトランペッターの教え子だね」と、すぐに返ってきた。耳の良さに驚いた。うれしかった。

心やさしい苦労人が、ジョージアの空遠く旅立った。歌を聴き、お会い出来たことに無上の誇りを感じている。（音楽評論家）

二〇〇四年六月一八日

悔いなく燃え尽きた生涯
寡黙さに秘めた強い意志
松下竜一さんを悼む

佐木隆三

初めて松下竜一さんと会ったのは、一九九一年十月十四日で、東京・飯田橋のホテルだった。文芸雑誌「群像」の座談会で、松下さん、鎌田慧さん、わたしの三人が「事実と虚構―ノンフィクションの可能性」と題して話し合い、同年十二月号に掲載された。文芸雑誌としては珍しい企画だから、わたしなどは気負い立っていたが、このときの松下竜一さんはもの静かだった。

しかし座談会が終わって酒席になったとき、「二カ月前に佐木さんが福岡県で講演したでしょう。録音テープを主催者から借りて聞きましたよ」と言われ驚いた。慎重な松下さんは、どんなことをしゃべるやつなのか、事前に確かめていたのである。

次に会ったのは、二〇〇二年五月二十七日。福岡県庁で「表現と規制を考える会」として、松下さん、俳人の寺井谷子さんと、三人で記者会見をした。九州、山口に在住する作家たちが「個人情報保護法案に反対する声明文」を出した時だ。

声明文は「私たちに必要なのは、いかなるものにも拘束されることなく、自らの信念にもとづき、自由に表現することです。個人情報保護法案のような規制は、耐えがたい屈辱といわざるをえません」という趣旨だった。大分県中津市から来た松下さんは、かなり思い詰めた表情で、発言する声は怒りに震えていた。

▽独り狼

松下さんは、いつも寡黙で無駄なことは一切、しゃべらない。だが無口さが余計に強い意志を感じさせる。そんな印象を受けたのを覚えている。

わたしと松下さんは、同じ一九三七年生まれでも、松下さんは二月で、わたしは四月だから、学齢が一つ違う。敗戦時に小学三年と二年というのは、微妙に経験がずれるところがあり、それだけの理由ではないけれども、わたしにとっては「兄貴分」だった。こちらが思い込んでいるだけのことで、松下さんがどう思っていたかは、もちろんわからない。

いまあらためて気づいたのだが、松下さんとは、六十七歳の今日まで、わずか三回しか会っていない。お互いに学歴は高卒で、ノンフィクション的な作品が多く、テーマに共通するものがある。しかし、俗にいう「独り狼（おおかみ）」で、群れることを嫌うところは、似た者同士なのではないか。わたしは「兄貴分」として尊敬しながら、五年前から隣県に住むようになっても、中津市へ訪ねたことはない。その作品を読めば、多くを教えられるのであり、わざわざ会うこともなかった。

▽感じ入った人徳

よく知られているように松下さんは、父親から受け継いだ豆腐屋を営んでいるうちに、文筆生活に入った。「狼煙を見よ」という作品は、連続企業爆破事件の「東アジア反日武装戦線」の若者たちがテーマで、こういう取材は難しい。政治性を正面に掲げる人たちは、「われわれの主張をきちんと作品に反映させると約束できるか」と保証を求めるからで、そういう取引をすれば、自由な表現はできない。

ところが相手は、「テレビドラマの『豆腐屋の四季』を記憶しています」と、すんなり松下さんを受け入れた。そのいきさつを書いたエッセーを読み、こういうのが人徳なのだろうと、つくづく感じ入った。今どきの作家に欠けるのは、こういう人徳なのではないかと、わが身を嘆いたような次第で、だれも松下さんの真似（まね）はできないだろう。

市民運動家でもある松下さんは、病床に臥（ふ）してからも、支援者に支えられてミニコミ誌「草の根通信」を発行してきた。通算三百八十号となる今年七月号で休刊を決めた矢先に、自らの生命も燃え尽きた。おそらく松下さんにとって、悔いのない生涯だったはずだ。「安らかに眠ってください」と、心から申し上げたい。（作家）

二〇〇四年六月一九日

女性主役に風俗世相を記録
杉浦幸雄さんを悼む

清水勲

「いつも雑誌をありがとう」と私が送る漫画研究誌への礼が最後に聞いた言葉だった。わずか一カ月前、東京都内のホテルで開かれた日本漫画家協会常務理事、佐川美代太郎（さがわ・みよたろう）さんのパーティーでの、車いすの杉浦幸雄さんの姿が目に浮かぶ。

杉浦さんは大正から昭和初期にかけて活躍した岡本一平（おかもと・いっぺい）の弟子である。一平の妻は歌人で小説家の岡本かの子である。杉浦さんはかの子に何度も会っている。彼女は青鞜派（せいとうは）にかかわった〝新しい女〟だったから、一平も影響を受けて、婦人運動に関心を持った。

戦前の漫画家で最も女性の権利について理解していたのは一平であろう。一平が「婦女界」に連載した漫画小説「人の一生」が五年も続いたのは、〝新しい女〟たちの心をつかんだからである。

杉浦さんが女性風俗を通して社会を見つめる漫画を描きはじめるのは、一平の作品や魅力的で活動的なかの子に影響されたように思える。

一平塾で学んだ後の昭和六（一九三一）年、杉浦さんは「アサヒグラフ」の投稿でデビューする。その翌年、近藤日出造（こんどう・ひでぞう）、横山隆一（よこやま・りゅういち）と新漫画派集団を結成する。

昭和十三年、「主婦之友」に「銃後のハナ子さん」を連載し人気を得る。ハナ子さんは戦争時代の男性優位社会に耐えながら明るく生きる女性として描かれた。

戦後は「アトミックのおぼん」「東京チャキチャキ娘」など、自由の空気を吸って活動的になった女性を主人公にして人気を得る。

昭和二十九年創刊の「漫画読本」、昭和三十四年創刊の「漫画サンデー」などに盛んに描いた一コマ漫画（カートゥーン）では、高度成長から経済大国になっていく日本社会で職業を持って働き出した女性たち、家庭で夫に代わって力を得てきた主婦たち、そして男性たちを惑わす風俗業界の女性たちなどを描き続けた。

「漫画サンデー」連載の「淑女の見本」（文・岡部冬彦（おかべ・ふゆひこ））が一コマ漫画作品の代表作である。

風俗漫画という表現ジャンルが四コマ漫画や一部のコミックの中に移ってしまった現在、杉浦さんが一コマ漫画で構築した世界は、歴史記録、風俗世相資料としてきわめて貴重なものといえる。（漫画・風刺画史研究家）

二〇〇四年七月三日

妥協しない人間像演じる
マーロン・ブランドを悼む

佐藤忠男

マーロン・ブランドは単に大スターで名優であっただけでなく、アメリカ映画の演技のあり方において、ひとつの時代を画した俳優である。

一九五〇年代のはじめ、エリア・カザン監督の秘蔵っ子のようにして、「欲望という名の電車」「革命児サパタ」「波止場」などに出演してセンセーションを巻き起こした。

それらは一見して野卑で無知で恰好（かっこう）いいところなどひとつもないような役ばかりであるが、同時に強烈な自己主張を心の内側に持っていて、絶対に妥協も屈服もせず、自我を押し通してのたうち回り続けるような人間像である。

自己主張を貫くというのはアメリカ人のいちばん好きなテーマだ。それをどう恰好よく見せるかということをスターたちは競ったものだが、新人のマーロン・ブランドはその自我の醜いところまで隠すことなく、なりふりかまわずさらけ出すようにして演じて観客を圧倒したのである。

単なる善人でも単なる悪人でもない、自我に執着し続ける人間のすごさと哀れさを彼は演じたのである。

以来、多くの優れた俳優たちがその姿勢に倣ったので、アメリカ映画のヒーローの人間像は格段に深みを増すことになる。彼以前にそういう俳優がいなかったわけではないが、彼はカリスマ的な大スターとなった。画期的なことだった。

こうして彼は、一人の俳優という以上に、同時代のアメリカの苦悩を象徴するような特別の存在になった。七〇年代の二本の大作「ゴッドファーザー」と「地獄の黙示録」がそうである。前者ではマフィアの親分を、後者ではベトナム戦争で不可解な逃亡をするアメリカ軍大佐を演じている。

どちらも、あまりに強すぎて自制が困難になった現代のアメリカの、その強さをコントロールしなければならない立場に置かれた人物である。途方もなくごう慢だが、そういう態度を通すしかないと自分で勝手に思い込んでいる人間の、〝威厳〟と半面の醜さを堂々と演じていた。

それはまさにその後の苦悶（くもん）するアメリカそのものであった。マーロン・ブランドはそういうめったに現れないすごい俳優であったと言えるだろう。（映画評論家）

二〇〇四年七月八日

人間を根拠にした政治学
高畠通敏さんを悼む

内山秀夫

君ががん再発で倒れた、おそらく再起不能と知らされたのが、この四月七日だった。それからちょうど三カ月後に君の死を知ることになる。「早いなあ」と友人がいった。七十歳という年齢をいったのか、この三カ月をいおうとしたのかは分からないけれども、「早いよね」と私もつぶやいた。

君に知己をえたのがいつだったかはっきりしない。まだ私は四十歳になっていなかったと思う。どこか地方での政治学会で、研究報告会場の外になぜかひとりぽつんとしていた君に、はじめてあいさつしたのが始まりだった。来年から非常勤で立教にきてくれませんか、と切り出されて仰天した記憶は今も鮮烈だ。

尾形典男、神島二郎、野村浩一、栗原彬と個性豊かな面々がそろっていた。それは紛れもなく慶応と異なる、知的であるが故に信頼に裏付けられた人間たちの集群であった。学生もまた、それに連動する性能を持つ者が多かった。私はその居場所に沈湎（ちんめん）した。

この立教政治学の文化風土をつくったのは、スタッフのそれぞれが身に着けた〝私学振り〟だったと思う。前記した諸氏はすべて官学出身だが、どんなに間違っても「教官」とのたまうひとはいなかった。明示的に「教員」だった。この「私」性はとりわけ高畠さんの学問に発現した。〝市民政治学〟である。高畠さんは、著書「政治の発見」でこんな風に語っている。

「私は市民参加という問題は、究極のところ、現代社会における一つの新しい、しかし主要な矛盾に転化しつつある組織化と管理社会化、管理者や組織幹部、専門家や官僚層への権力集中に対する民衆の抵抗のひとつの様式として考える。その意味でこの市民参加の問題を本格的に推し進めていけば、究極的には現在の社会構造の基本的な変革というものと結び付かざるを得ない。そしてそれは、資本主義も社会主義をもまきこんだ新しい変革の次元の展開のはじまりなのである」

この文節に「究極」という言葉が二回もでてくる。私はそれを、私たちが創（つく）ろうとしてきた〈戦後社会〉の高畠像だったと見ている。その根拠としたのが〈人間〉だった。だから高畠さんは人に厚かった。誤解してもらいたくないが、高畠さんは義理の男だった。私は身にしみるように、何度もの彼の厚かった義理の行為を反芻（はんすう）している。そこに彼の人間への信頼があった。

君が立教を定年で去ったとき、私は君の市民政治理論の大成を期待した。それは、しかし、かなわなかった。よく考えてみると、それは君にとって当然のことだったのではないか。それは政治学の、日本の政治学の永遠のテーマだからだ。むしろ、その永遠性が持続されることこそが、政治学の社会的有意を証明する、その後継を託す君の素志だろう。

君の死のなり行きをのみこめないままに、君をおくらねばならないのがいやだ。（慶応大名誉教授）

二〇〇四年七月一六日

思想を語る経済学者の死 森嶋通夫さんを悼む

金子勝

森嶋通夫（ロンドン大名誉教授）が亡くなった。思想を語る経済学者が、また一人この世から去ってしまった。

森嶋は、産業連関と景気変動論、リカードやマルクスの理論研究などの分野で大きな業績を築いてきたことで、国際的に著名な経済学者になった。だが、彼の理論は、いま日本で流行している経済学とは大きく違っている。彼の経済理論は、どちらかといえば「異端」のそれであり、米国ではなく英国の知的伝統に受け入れられてきたからだ。

英国の著名な経済学者J・R・ヒックスやジョーン・ロビンソンがそうであったように、森嶋も単なる経済理論家にとどまらずに、経済学の根源にある思想や歴史の流れを問い直すようになっていった。やがて森嶋は、英国にいて日本の資本主義を論ずるようになった。

森嶋が問題にしたのは、資本主義を支える人間のエートスである。森嶋は経済学者でありながら、市場経済は自動機械のように動くのではなく、社会を作っている人間の道徳規範や生活態度に大きく左右されると考えているからだ。彼はマックス・ウェーバーの宗教社会学を応用して、日本人のエートスを中国型と異なる日本型儒教精神であると規定する。

最近刊行された「なぜ日本は行き詰ったか」（岩波書店）では、このエートス論を縦糸に、独自の経済理論を横糸にして、百五十年にわたる日本の資本主義の歩みを総括し、今日における日本経済の閉塞（へいそく）の原因を探っている。壮大な構想である。

だが、森嶋は亡くなった。ますます思想を語る価値を知らない経済学者が増え、思想を語ることのできない経済学者が増えてゆくだろう。

実際、いま日本の経済学界は、米国の経済学を学びそれに従わなければ、「国際的」な経済学者にあらずといった雰囲気で覆われている。それは微分方程式やゲーム理論といった数学的ツールで埋め尽くされているので、一見複雑に見える。しかし森嶋のそれと比べると、その人間観はあまりに単純だ。

それは、人間は個人の効用や利益を最大化しようと動くというものである。多くの経済学者は、この単純な人間観に立って、規制をなくして市場に任せて自己責任でやれ、あるいは人々の利己心を刺激するようなインセンティブ（誘因）を組み込んだ賃金制度にしろ、といったもっともらしい政策提言を繰り返す。そして、それが「グローバルスタンダード」なのだから、日本もまねしなければ置いてきぼりになってしまうと「脅迫」する。

しかし実際には、市場原理に任せても不良債権処理や年金改革はうまくゆかない。さらに政官財の腐敗が進む一方で、地域や個人の格差は広がり閉塞感が強まっている。

人間は、その生きる価値を守るために経済や社会を営んでいる。だが、いまの経済学はその価値を壊している。だとすれば、たとえ「異端」になろうと、今ある経済学の「常識」から疑う必要がある――。森嶋はそう教えていると私は思う。（慶応大経済学部教授）

二〇〇四年七月二二日①

強い個性と父権の喪失
名指揮者クライバーを悼む

吉井亜彦

東京が史上最高の暑さを記録した七月二十日、指揮者カルロス・クライバーの訃報（ふほう）を知らされた（実際には十三日に亡くなっていたらしい）ぼくは、ふたつの喪失についてとりとめもなく考えた。

ひとつは、強い個性の喪失。カルロスは余人の模倣できないような強烈な個性で、大所帯のオーケストラをぐいぐい引っ張っていく指揮者だった。妥協めいたものは一切ない。そのため、オーケストラとの関係にはギクシャクとした問題がよく起こったし、独奏者ともめることも多かった。演奏会を直前にキャンセルしてしまうのも、一度や二度のことではない。

それもこれも、すべてはカルロスが指向する「優れた音楽」のためであった。彼は指揮者がオケの「仲間」や「僕（しもべ）」ではなく、強権を発動しながら統率していく「主（あるじ）」として存在してこそ、良い音楽は作り出されると信じ、そう行動した。

彼の手になる演奏がどれほど傑出していたかは、数度の来日公演、残された数々のディスクなどで明らかだ。

現在の多くの指揮者は、オケと仲間のように振る舞い、僕のように従事しているように見える。強い個性で引っ張ることはあまりない。だがそのような姿勢で、従来に勝る優れた音楽は生まれてくるのだろうか。

もう一つは「父権」の喪失。音楽に限らず、こと人間の創作活動のすべては、自らの直前の世代とどう向き合い、どう超えていくかが、大きな課題だ。それをクリアしない創造などあり得ない。

優れた指揮者エーリッヒを父に持つカルロスにとって、「父権」は何よりも差し迫った大問題だった。同じ道を歩む父とどう決着を付ければよいのか。カルロスの指揮活動は、終生この問題をはらんでいた。

父親とほぼ同様のレパートリーを踏襲し、父親と同じスコアにこだわりながら、なお父親とは違う意味での優れた音楽を作り出そうとしていたカルロス。その生き様は、はた目にも、ときに痛々しかった。生来の音楽家として、けなげに王道を進んでいたと思う。

昨今は先人に敬意を払わず、父権が意味を持たなくなって久しい。父権との葛藤（かっとう）を体現していたカルロスが世を去り、父権とともにそれと葛藤する者をも二重に失ってしまった。

父権と真に向き合うことなく、人は新しく何かをなし得るのだろうか。カルロスの死は私たちに普遍的な問題を突きつけている。（音楽評論家）

二〇〇四年七月二二日②

自己から出発した思索
中野孝次さんを悼む

富岡幸一郎

中野孝次氏と親しく会話を交わしたのは、作品社から刊行された「中野孝次作品」全十巻の解説を書きはじめたころであるから、二〇〇一年の春であった。

以前にも神奈川近代文学館などで何度かお会いしていたが、横浜・桜木町の居酒屋に着流しで颯爽（さっそう）と現れた中野氏は、私には特別な存在として映った。むろん、それは氏の作品集の全巻解説という大きな仕事を引き受けていたからである。それからほぼ一年の間、私は中野孝次という一人の文学者の文業の多くを集中して読み、毎月二十枚程の解説文を書いた。

「実朝考」「ブリューゲルへの旅」などのエッセーにはじまり、「麦熟るる日に」「苦い夏」「季節の終り」「生のなかば」といった小説群、またベストセラーになった「清貧の思想」や日本の古典、仏教思想をめぐる評論、木下尚江や金子光晴の伝記、日本の中世ゆかりの地や世界各地と辺境への旅を記した「神々の谷」「西行の花」などの紀行文、また愛犬についての随筆など、その仕事は実に多彩であった。

しかし、それらの仕事を貫いて見えてくるのは、著者自身の人生観が明瞭（めいりょう）なかたちとなって描かれていることであった。今ここに生きてある自己―そこから常に出発し思索を展開している点である。そして、その原点にあるものは、〝戦中派〟と呼ばれた世代の、青春の絶頂において「死」と向き合わざるをえなかった体験であった。

大正十四年に生まれた中野氏の満年齢は昭和の年号と重なる。同世代には三島由紀夫や吉本隆明といった文学者がいる。言うまでもなく、この世代にとって太平洋戦争は、その人生を二分する大きな出来事であった。

一人の、ひと続きの人生でありながら、あたかもふたつの生があるかのごとき体験をした世代である。それは戦前と戦後という時代区分だけではなく、前近代と近代、土着と進歩、自然と文明、西洋と日本、伝統と現代等々さまざま相対立する、ふたつの価値観のなかを揺れ動き、そこに身をさらすことになった世代と言ってもいいだろう。

ドイツ文学者であった中野氏が評論を書きはじめるのは四十代半ば過ぎであり、作家としてのデビューは五十三歳のときである。日本の近代文学は一言で言えば〝青春〟期の文学であったが、中野氏はその後半生において、「大人の文学」と呼ぶにふさわしい豊かな成熟を実現した。

それは戦争という人生を二分する分裂と相克の時代を生き抜いた、一人の文学者、いや文士が遺（のこ）した文学の富である。直接に中野氏とお会いして受ける印象は、文士と呼ぶにふさわしい風貌（ふうぼう）であった。氏がことのほか好んだ「徒然草」の一句―「されば、人、死を憎まば、生を愛すべし。存命の喜び、日々に楽しまざらんや」を今あらためて想起しつつ、文字通り最後の、この昭和の文士の死を悼む。（文芸評論家）

二〇〇四年七月二八日

洗練味と喜劇味
中島らもさんを悼む

河内厚郎

中島らもと私は同じ学年で、出身地も住所も同じ阪神間である。

この神戸と大阪、六甲山系と大阪湾にはさまれた住宅街からは、村上春樹・小林恭二（小説家）、柄谷行人（文芸評論家）、大森一樹（映画監督）、村上知彦（漫画評論家）といった人々が出ている。

上の世代には遠藤周作や野坂昭如、手塚治虫もいる。

「ソフトなバンカラ」といった趣の文化人を多く輩出してきたところだ。ノリの良さと醒（さ）めたところが同居する、洗練味と喜劇味がミックスしたような、独特の「間」をもつ市民風土である。

ここは私学の先進地帯でもあり、小学校で一番の秀才の男子は灘高をめざし、その多くが東大へ進むというのに、らもさんが当時まだできてまもない大阪芸大に灘高から進学したのは、本当に珍しい選択だった。

繊細でまじめ、ウソのつけない人で、その文章には独特のモラルがあったと思う。今では珍しくなった自己追求型の文士だった。

「反権力」というより「非権力」の人で、肩書やタブーにとらわれないところが、関西のサブカルチャーの世界では一種のカリスマともなっていた。

主宰した劇団「リリパット・アーミー」は、見た目のディテールは吉本風ながら、中身はそうではなかった。

ノリがライトで、ひねりがあって、コテコテではなかった。桂米朝一門と組んで落語家を客演させるなど、新しいタイプのプロデュース公演をしかけて成功させた。

らもさんとは共通の知人も少なくなかったが、ついに一緒に仕事をすることはかなわなかった。

私の企画で関西の小劇場演劇に近松物を演じてもらう「近松ニューウェーブシアター」というシリーズ物があり、脚本を担当してもらう話がならずに終わった。残念である。

十二年前のこと。大阪・生国魂神社の境内に、井原西鶴の三百回忌を記念して座像を建てることになった。

俳人でもあった西鶴がこの地で数千句も詠んだ故事にちなんだもので、そのとき西鶴が三十九歳だったことから、ちょうど三十九歳になる物書きの顔をモデルにしようという、冗談のような話となった。

最終候補に残ったのが、中島らもと私であったらしく、結局、らもさんの顔はイメージに合わないということで、私の横顔が選ばれたという噂（うわさ）であった。

西鶴像の傍らには大阪落語の祖、米沢彦八の碑も立っている。毎秋の彦八祭りには噺家（はなしか）が集まる。そんな中に、らもさんの顔を見かけたこともあった。（文芸評論家、「関西文学」編集長）

二〇〇四年八月一七日

時流に同じない反骨精神
林健太郎氏を悼む

野田宣雄

林健太郎先生の訃報（ふほう）に接し、学問と思想における「導きの星」を失った大きな落胆におそわれている。私自身は京大の史学科出身であり、東大で西洋史学の講座を担当された林先生の直接の弟子ではない。しかし、ドイツ近現代史という同じ分野を研究対象としたためもあって、私は早くから先生の著作に深い影響を受けてきた。

論壇における先生の活躍があまりにも華々しかったために忘れられやすいが、先生はなによりも実証的な歴史研究者であった。先生の第一作である「第二次モロッコ事件に於（お）けるドイツの政策」と題する論文は、外交文書に依拠した実証性の高い研究であるが、そこに表れた史料を重視する歴史家の姿勢は、その後の数多い学問上の著作でも一貫して保たれている。

しかし、林先生は、細心な実証的歴史家であると同時に、大きく一つの時代や問題を見通す才能をそなえた、優れた概説家でもあった。「ワイマル共和国」「史学概論」などの著作を読めば、複雑な対象を平易な文章で過不足なく描き出す腕前に読者は感嘆せざるをえないだろう。「史学概論」は、歴史の本質を分かりやすく論じた書物として、今日でもこれを抜くものは少ないのではないか。

思想界・論壇における先生の活躍ぶりについては、もはや多くの説明を要しないだろう。第二次大戦中までの若いころの先生は、マルクス主義に共感を寄せ、羽仁五郎氏などとも親交があった。

だが、大戦後マルクス主義が学界や論壇で流行となるや、急速にそれから距離をとり、マルクス主義を鋭く批判する保守主義の論客として知られるようになった。たしか一九五〇年代であったと記憶するが、総合雑誌を舞台に独ソ不可侵条約（三九年）の評価などをめぐって、左翼の論客ねずまさし氏との間で華々しい論争をくりひろげたこともあった。

六〇年代末の東大紛争では、先生は文学部長として百七十三時間に及ぶ軟禁状態に耐え抜き、その気骨ぶりで世間を驚かせた。その間には三島由紀夫氏や阿川弘之氏が激励に駆けつけるということもあったが、今となっては遠い歴史のひとこまでしかない。林先生は、七三年から四年間、東大学長として紛争の後遺症を癒やすことに専心し、見事にその責任をはたした。

そのあたりのことは、自伝的な著作「昭和史と私」などに詳しい。今この追悼文を書くにあたって、それら自伝の類を読み返してみて、先生の学問・思想の根底には、幕府直参の武士の血を引く江戸っ子らしい潔さと、時流に安易に同ずることを嫌う反骨精神が横たわっていたことをあらためて感じた。

政治・経済・社会のすべてが液状化し混迷を深めるなかだけに、林先生が独特の低音で下される簡明直截（ちょくさい）な時代の診断をもはや聞くことができないのが、なんともさびしい。（京大名誉教授）

二〇〇四年九月二日

文芸超えた人間学の大器
種村季弘氏を悼む

出口裕弘

もう四十年もの昔、鎌倉市小町の、渋沢龍彦の家ではじめて種村季弘氏に会った。このころ、渋沢の家はさまざまな表現者たちのたまり場になっていた。詩人、画家、学者、映画評論家、舞踏家。いずれも一癖ある人物が二階・八畳の間で安酒を飲み、毒舌と冗談が主流のトーク・ショーを演じ、時には取っ組み合いの喧嘩(けんか)をした。

渋沢龍彦と種村季弘。フランス文学とドイツ文学。奇譚(きたん)の作り手にしてヨーロッパ異端文学の精力的な紹介者。並び称されるとはこのことだろう。二人の博識は私などただ驚きあきれるばかり、聞いたこともない西洋の人名、作品名を連発しながらの二人の会話は、抜群の頭脳とある特殊な気質が合体した場合、人間はどれほどの知的別世界に住むことができるかを、生身で教えてくれた。

著書、訳書の多さでもこの二人は隔絶している。渋沢全集は著作編翻訳編あわせて四十巻、種村氏が出した本も、代表作「ヴォルプスヴェーデふたたび」「江戸東京〈奇想〉徘徊記」以下、とうに百冊を超えているはずである。

私とはふしぎなくらいうまが合った。博識仲間に向けるのとはずいぶん違う顔で種村氏は私に接してくれた。政界、実業界の裏話まで含む広域人間学が、種村氏と私との〝討論〟の主題だった。

かなり前のこと、種村氏は脳血栓で倒れた。後遺症もかなりのもので、しばらくは指がうまく動かず、舌がもつれた。その後遺症を、この人は荒行の修験者よろしく山野を跋渉(ばっしょう)することで完治させてしまった。しかもその闘病のあいだずっと、文筆活動の手をゆるめようとしなかった。他人の著作を大量に速読し、ひるがえって自分の著訳書を猛烈なスピードで仕上げつぎつぎと世に送る。種村氏には、何もせずぼんやりしている時間など一分といえどもなかったのではないか。

癌(がん)に侵されたと聞いたとき、せっかく脳血栓を克服したのにと、私を含め大勢の者がいたましさに声をのんだ。本人は体の中に癌を抱えながら、会えばあいかわらずの快気焔(かいきえん)、おりふしの電話でもよく通る張りのある声で、種村式人間観、歴史観を披露してくれた。話題の深浅とかかわりなく、何秒かおきに笑いへ持ってゆくのが種村流だった。

幻想文学界の大御所とされ、主流には目もくれず傍流好みに徹しながら、古今東西の〝奇なるもの〟のコレクター兼発信者として、日本の文芸界をゆさぶりつづけた。しかし絶えず自分を戯画化するデリカシーの持ち主だったから、私などいつも気安く会えたし、気安くしゃべれた。はっはっは、というやや甲高な笑い声が今も耳元を離れない。

あるとき電話で、もう覚悟してますよと種村氏は言った。私もこのときばかりは打ち返す言葉をみつけかねた。つい先日まで著書、訳書が送られてきていたので、他界がまだ本当のこととは信じられない。文芸の領域を超えた人間学の大器だったと思う。合掌。(作家)

二〇〇四年九月八日

正直な吐露に 水上勉さんを悼む

正津勉

今日、九月八日午後、新聞社の電話で水上勉さんの訃報（ふほう）を知った。水上さんが亡くなった。今朝、七時十六分、肺炎で、享年八十五歳。記者の声に震えが来た。ちょっと言葉が出てこない。

ここ一、二年、健康を害されていたのは承知していた。だがあれだけ壮健なおかただ。一九八九年六月、天安門事件の中国から帰国後、心筋梗塞（こうそく）で倒れられた。そのときと同じように、いつかまた元気な姿を見せてくれる。わたしは信じて疑わなかった。

たしか最後にお会いしたのは二〇〇二年二月、地人会公演「雁の寺」のオープニング会場。そのとき長女、蕗子さんの押す車いすで現れた水上さんは心持ち弱られたご様子で、話す言葉も途切れがちだった。だけどそれでもご機嫌でわたしの手を握って、いつもの悪戯（いたずら）っぽい笑顔でつぶやくのだった。「こんどまた飲みたいよな」と。暖かくて柔らかい掌（てのひら）。

辛い。なんとしても辛すぎてならない。わたしは水上さんになにかと親しくしていただいた。そこには同郷（故人は若狭、当方は越前）の若輩への配慮もあった。

いっぱい思い出がある。かれこれ四半世紀になる。わたしは編集者として、ある対談本「濁世の仏教」（相手は中村元氏。朝日出版社・一九八〇年）を作る仕事で初めて水上さんとお会いしている。このときの印象はいまなお鮮明である。いったい仏教の話題などというと、どうにも堅苦しく抹香臭くなりがちだ。それがだんぜん違うのである。世界的な仏教学者の中村氏。この先達に十歳のとき小僧になって以来おぼえてきた、教義解釈への疑問から現今の仏教界の堕落まで、真摯（しんし）にぶつける水上さん。

これが面白かった。経典の一行が生きた言葉としてとらえられ、高僧の姿が生身の人間として語られる。じつに勉強になった。

さらにいまひとつ。さきの対談本のよしみもあって、そののち同じ版元から「一休文芸私抄」なる一著を出すお手伝いをしている。これが超多忙を極める水上さんに当方が聞き役となってテープ原稿を起こし、リライトするという経緯でなったものだ。ここでわたしは水上文学の生成の現場に立ち会った思いがする。

一休七十七歳、盲目の旅芸人森女と出会う。その交情を赤裸に詠んだ詩偈（しげ）「美人の陰、水仙香有り」について解する。「世に禅僧の詩偈は多いけれど、妻の股間に水仙香をかぎ、梅樹一輪の股間をめぐって、心をぬらす告白は稀有といってもよい。上手にぼかすのではなくて、正直に吐露するのだ」と。

繰り返す。「上手にぼかすのではなくて、正直に吐露するのだ」。どうだろう、ここにこそ水上文学の原点があるとは、できないか。

水上さんが亡くなった。あの悪戯っぽい笑顔にもう会えない。いまからは水上さんの遺（のこ）された作物にふれよう。そして静かに耳を澄まそう。さながらその命の滴りのような、正直な吐露に。（詩人）

二〇〇四年九月二一日

ガラスに夢を入れた巨匠
藤田喬平氏を悼む

武田厚

いわゆる現代のガラス造形という分野が、戦後間もなく世界の各地でスタートしてからほぼ半世紀を迎えたこのごろ、その基礎づくりに著しく貢献してきた数少ないパイオニアと呼べる作家を一人、また一人と失ってきた。そしてこのたび、われわれ日本のガラス関係者にとって最も身近な存在だった藤田喬平先生を失ってしまった。長い間ガラス造形の国際舞台で活躍し、常にその第一線に立って海外との架け橋となってくれた偉大なパイオニアであり、日本の顔であった。大黒柱を失った感が強い。

戦後のガラス芸術は一九六〇年代に入って大きく様変わりをした。アメリカから発したスタジオ・グラス運動がその顕著な例であった。工場生産ではなく個人のアーティストによって自由な造形を試みるという発想の転換が引き金となっていた。つまりガラスによる新たな造形芸術分野の誕生を意味するものであった。

しかし藤田先生はすでにそれ以前の五〇年代からスタジオ・グラスを試みていた。同様に先生の親友でもあったチェコにおけるリベンスキーやロウビチェク、あるいはドイツのエルビン・アイシュなどもそれぞれの国においてすでに現代のガラス彫刻を大胆に試作していた。戦後のガラス芸術はまさにそうした彼らの並々ならぬ努力と強靱（きょうじん）な精神力と、そして傑出した才能と指導力によって確立されてきた、と言っても過言ではない。

数年前に当時勤めていた横浜美術館で私は、スタジオ・グラスの提唱者ハーベイ・リトルトンも加えて彼らパイオニアを中心とし展覧会を企画したことがあったが、オープニングに集まった巨匠たちの表情は同期の桜のようであり、とりわけ先生の顔が晴れ晴れとしたものだったことを思い出す。そうした機会を是非この日本で持ちたいとかねがね願っていたのは藤田先生ご自身であった。日本の現代ガラス界の存在を強くアピールしたいという切なる思いからであった、と私は推測している。

藤田喬平のガラスといえば何といっても格調高い独特の装飾性を有した「飾筥（かざりばこ）」のシリーズが挙げられる。江戸の琳派に強く引かれてその伝統的な美意識をガラスによって新たに蘇生（そせい）させた個性あふれるものだ。それは「フジタノハコ」として世界中のガラスファンを魅了し、高い評価を受けて作家としての不動の地位を築くきっかけとなった。

そのハコの中に何を入れたらいいのかと問いかけたガラスファンに、「あなたの夢を入れてください」と作者自身が答えた話もよく知られる。ガラスに抱いた作者の夢でもある。

この春いつものようにベネチアでの制作を終えて帰国された後、しばらくたって少し体調を崩された様子だったが、そのころでも話は日本のガラス界の今後のことばかりだった。日本のガラス界で唯一、文化勲章を受けられた時も、そのことがこれからのガラス界の発展に役立つことだけを考えている、と話されていたのが印象に残る。（美術評論家）

二〇〇四年九月二五日

最後の実存主義者
F・サガンを悼む

西永良成

九月二十四日金曜の晩（日本時間二十五日未明）、北フランスの美しい港町オンフルールの病院で一人息子ドゥニにみとられながら他界したというフランソワーズ・サガンの晩年は、相当に寂しく、ほとんど惨めとさえ言いうるものだった。

コカイン疑惑、石油会社の裏金の受領、税務署とのもめ事、そして自宅を人手に渡さねばならないほどの困窮。かつて実存主義の時代と呼ばれた一九五〇―六〇年代のフランス文学最後の黄金時代に文学的才能、若さと美貌（びぼう）、そして反社会的な数々のスキャンダルの栄光さえも一身に集めた、このスター作家の華やかな過去を知る者には、なんとも痛ましいというほかはない。

サガンは一九三五年生まれ、享年六十九歳だから、いささか早すぎる死である。裕福な家庭の末娘であった十八歳の女学生が五四年、デビュー作「悲しみよこんにちは」で批評賞を獲得、サルトルやモーリヤックといった思想的にも文学的にも両極端の大家からこぞって祝福されて一躍文壇の寵児（ちょうじ）となった。そしてこの小説が英語その他の言語に翻訳され、たちまち数百万部も売れて、世界的なミリオンセラー作家になった。

この「悲しみよこんにちは」は父親の恋愛・再婚をめぐって揺れ動く十七歳の少女の、時に傷つきやすく、時に残酷な心理を、清澄さと簡潔さを兼ね備えた文体で分析した、みずみずしく完成度の高い作品であり、戦前のラディゲの「肉体の悪魔」とともに二十世紀フランスを代表する青春小説の古典として、今後も確実に読み継がれていくだろう。

その後サガンは「ある微笑」「ブラームスはお好き」など約三十冊の小説、約十作の戯曲を発表したが、彼女の真価はやはり小説において発揮されたように思われる。むろん他の作家と同様、そのつど毀誉褒貶（きよほうへん）にさらされたにせよ、「悲しみよこんにちは」から晩年の「逃げ道」にいたるまで、彼女の小説は変わることなく一定の文学的水準を保ち続け、そこにはつねに人間の愛と孤独というテーマが、「悲しみ、美しい顔」（エリュアール）を基調とする独特の語りで変奏されていた。おそらく文学史を変えるほどの独創性はないとしても、それでも個性的な魅力をもった「サガンの世界」は確実に残されたのだと思われる。

最後に、彼女はまた、たんなるスター作家にとどまらず、必要なときにはサルトルとともにアルジェリア戦争に反対し、ボーボワールらとともに人工中絶改正法案の署名運動にくわわるなど、社会的な発言も積極的におこなっていたことをつけ加えておこう。だから私たちは、サガンとともに最後の実存主義者を失ったとも言いうるのである。（仏文学者）

二〇〇四年一〇月八日

負けじ魂と矜持の人　園田高弘氏を悼む

中村紘子

二年ほど前のことだったろうか。思いがけずテレビの画面で園田高弘氏を見かけたことがあった。私の記憶に間違いなければ、確か大分市でのリサイタルで、氏はちょうどリストの大曲「ダンテ・ソナタ」を熱演されているところだった。

ピアニストとしてはすでに高齢の域に達しておられるにもかかわらず、こうした技術的にも壮大な曲に挑まれている姿はまことに感動的だったが、その演奏に続くインタビューが忘れ難い。

氏はそこで、敗戦後間もない時期に、日本人として「本場ヨーロッパ」に出ていって直面したさまざまな苦悩について率直に語られた。その内容は記憶が定かではないので詳しくは控えるが、思わずジーンと目頭が熱くなるのを覚えたほどだった。

二十世紀半ばのヨーロッパ楽壇といえば、十九世紀的な価値観を依然として保ち続けていた時代である。ヨーロッパ近代文明の精華、そのシンボルとしての西洋クラシック音楽に対する西欧人の傲慢（ごうまん）なまでの誇りは、ことに閉鎖的で偏狭な楽壇にあっては今日では想像することもできないほど強烈なものであったことだろう。その中で東洋の貧しい敗戦国出身の男性ピアニストなど、いわば奇異な珍獣のような存在であったことは想像に難くない。

そんな「空気」の中で、氏は音楽のみならず、西欧文明の知的財産のすべてをどん欲に吸収し蓄積された。氏を動かしていたものは、日本人としての負けじ魂、矜持（きょうじ）であったに違いない。

東京音楽学校（現東京芸大）を開校以来の本格的ピアニストとして卒業後、パリに学びドイツに居を構えヨーロッパ生活に同化されたと思われた氏だが、そんな氏のピアノに私はいつも揺るぎなき「日本」を感じさせられた。

氏のうちに潜む「日本人魂」は西欧の刺激を受けるたびに、実はますます強固なものになっていったのではないだろうか。

氏の逝去で、日本のクラシック音楽の一つの時代は確実に終わった。はるか後に続く後輩の一人として、心からご冥福をお祈りいたします。（ピアニスト）

二〇〇四年一〇月一二日

あらゆる概念揺さぶる哲学 ジャック・デリダ氏を悼む

小林康夫

九日夜にジャック・デリダの訃報（ふほう）に接した。一年以上前から膵臓（すいぞう）がんを患っていたことをすでに知っていたから衝撃的な驚きはなかったが、しかし哲学のひとつの大きな時代がその幕をゆっくりと下ろしていくのを見るかのような、さみしさと感慨に襲われている。

とりわけ個人的には、一九八一年にわたしがパリ大学に提出したつたない博士論文の審査員を引き受けていただいたこともあった。これでわたしが師事したフランスの哲学者はみな亡くなってしまったという喪失感は埋めがたい。

▽文字によって

思い起こしてみれば、わたしの哲学へのアプローチはその当初から、デリダの哲学の衝撃のもとにあった。七〇年代の初めだったが、夢中になってメルロポンティの現象学を勉強していた二十歳を少し出たばかりの学生に、その現象学の核心とも言うべき「現前性」と「概念の自己同一性」を批判的に解体する論理が現れたことは驚愕（きょうがく）に値することだった。

すべての哲学的な言説は暗黙のうちに、「神」や「真理」といった概念が、透明で純粋な意味を現前させることを前提としている。その神話に対して、デリダは歴史上はじめて、言葉の根源を表す「文字」によって、あくまでも物質的、差異・反復的な思想を突きつけるという革命を行ったのだ。

▽脱構築

デリダはこれまでの哲学の体系にかわる新しい別の体系を導入したわけではない。すべての体系が必然的にはらむ危機的な場所をえぐり、指摘することで、その体系全体を揺り動かす「ディコンストラクション（脱構築）」と呼ばれる新しい批判の道を開いた。

それはもはや、イデオロギーを前提としない、純粋に哲学的な「書くこと」による批判である。この方法論をもって、デリダは哲学のテクストだけではなく、文学テクスト、現実の政治的なテクストにまで及ぶあらゆるテクスト群を「ディコンストラクト」することを実践した。

つねにその場における新しい対象とかれは取り組んだ。どんなものもその手にかかると、自己同一的なイメージを解体されて、果てしない問いかけの運動のなかで、危機的なまでに、揺り動かされた。その限りない精妙な批判の運動こそかれの仕事の魅力であった。

▽祈り

だが、八〇年代以降、その運動のなかで次第に、政治＝倫理の比重が際だってくる。ディコンストラクションの運動の倫理と責任はどうなるのか。それ自体がディコンストラクトされるのか、それとも最終的な根拠があるのか。あるとすれば、どのような論理的な形をとるのか。

正義の哲学とも言うべきこうした問いとともに、デリダはますます政治への関与を深めていく。かならずしも哲学的には同じ立場にはないハーバーマスとともにイラク戦争への反対表明を行うなど、つい最近に至るまでかれは知識人としての発言の責任を守り続けた。

去年の十一月、かれ自身がその創設者のひとりであった国際哲学コレージュの記念シンポジウムに招かれて講演をした折にデリダに会った。デリダが聴衆にいる可能性を考慮して、二十年前のかれの来日時の講演に接続するように準備していたが、すでに病身のかれは、残って聞く体力がないと言い訳しながら何度もわたしに「ごめんなさい」と言った。

わたしはそれがかれと会う最後の時だと感じた。偶然なのか必然なのか、そのときのわたしの講演は「祈り」をめぐるものだった。いま、あらためてその講演をかれにささげたい。（東大教授）

二〇〇四年一〇月二二日

明るく、深く生きた人
川崎洋さんを悼む

三木卓

川崎洋さんが亡くなられた。人は必ず死ぬわけだから…とも思うが、予期しないところで、いきなりひっぱたかれたような気がする。

川崎さんの詩がとても好きだった。若い日、かれは茨木のり子さんと相談して、「櫂」という詩のグループをつくったが、それは一九五三年、川崎さんは二十三歳の青年だった。戦争がおわって、まだ十年もたっていない時期で、第一次戦後派の痛苦に満ちた文学が書かれ、また熱心に読まれていた時期だったが、川崎さんの詩は、そういう時代の流通概念に汚されていないことにおいて、際立っていた。

何よりも川崎洋さんは、海を愛し、スポーツを愛し、言葉を愛する詩人だった。かれは、まず若いけものであり、若いけものは海や山や川や空とも親しく関係を結べるし、もちろん、異性もまた例外ではない（奥さんは、バレーボール仲間からスカウトした）。その描かれた世界は明るく、ユーモアにあふれ、意外な展開が随所にある。読者は快感とともに詩人の感性の新鮮さに喜び、かれが深く生きていることに感嘆する。

もちろん川崎さんにも戦争による、さまざまな体験があった。生活も、恵まれていたとは決して思われない。しかし、川崎さんは基本的に明るく生きようとし、またそう在ることがかれの美学に合っていた。だから「荒地」という先行する文学世代に対して、川崎さんは、生命主義的なイノセンスをもって世界をとらえなおすことで、希望を語る、という位置を必然的に取ることになった。

それは第一次戦後派の文学に対する補完的な立場ともいえるが、またそれが望まれる時期に来ていた、ともいえるだろう。川崎洋さんは、もっとも純粋な意味で、「櫂」的であり、今振り返ってみると、戦後詩史において、谷川俊太郎さん（かれも「櫂」の同人である）とともに、その出現において、はやめざましい役割をはたした、ということができる。

お会いした川崎さんは、やや太めであることを（これはだんだん増していった特徴である）のぞけば、詩のように愉快で、きめ細かい見者であり、柔軟であり、つねに相手をやさしく受け止めてくれる人であった。ぼくは、かれのデリカシーにあこがれていた。

かれは、ずっと横須賀に住み、ぼくは十年ほど前までやはり三浦半島の芦名というところに仕事場をもっていたことがあった。東京の会合で会ったときなど、二人は肩をたたきあってよろこんだ。それは終電がなくなったときに（必ずなくなる）、車代をワリカンにして半減することができる相手を見つけたということである。そういう晩は、快く痛飲したのだった。

どれでもいい。川崎洋さんの詩を読んでみてほしい。ぼくは健康なエロチシズムがはじけている〈日曜日〉とか〈あなたに〉、高揚した心の自在感に満ちた〈ゆうやけの歌〉、胸が苦しくなるほどやさしい〈こもりうた〉なんていう作品をまた読んで、ため息をつき、もうこの詩人はこの世にいないのだ、と自分に言い聞かせたのだった。（詩人、作家）

二〇〇四年一一月九日

旅を愛した、若手を育てた南條範夫氏を悼む

高橋千劔破

南條範夫さんが、さる十月三十日、ひっそりと永遠の旅に立たれた。九十六歳であった。

僕が初めて南條さんのお宅におじゃましたのは、月刊「歴史読本」の編集者になりたての、一九六六年のころであった。以後会社を辞めるまでの三十年間、時には編集者と作家の枠を超えて、親しくお付き合いさせていただいた。

南條さんは旅がお好きで、国内に限らず世界各地を旅行されていた。僕も中国へ何回かと韓国・台湾・ルーマニアなどにご一緒した。黒いソフトに黒革のトレンチコート、ワイシャツにネクタイ、それに黒のショルダーバッグが一つ、これが南條さんの旅のスタイルであった。余計な荷物は持っていかないのである。

ルーマニアにご一緒したとき、南條さんはすでに八十歳を超えておられたが元気そのもの、英語には不自由なく、ほかに何カ国語かも多少は話された。旅の帰途、「これまでの世界旅行で一番おもしろかったのはどこですか」と僕がたずねると、即座に「エルサレムとガラパゴスだな」と答え、「それに今回のルーマニアかな」と付け加えられた。

帰国後お宅に伺うと、「もうおれに原稿頼むなよ」とおっしゃる。「読みたい本が山ほどあるんだ。若い作家の小説はおもしろいな。一日に一冊読んでも一年で三百六十冊、あと十年生きるとして三千六百冊しか読めねえじゃねえか。読みたい本は二万冊ぐらいあるんだ」と。南條さんの口調はべらんめえである。以後僕は若手や新人の作品をお届けするようにした。

南條さんは、新人作家にやさしい人であった。僕が司会をしていた「歴史文学賞」の選考会で、宮部みゆきの作品をめぐり、新田次郎さんと激論になったことがある。新田さんは年配の応募者の完成された作品を強く推したが、南條さんは、「年寄りに賞をやったってしょうがねえよ。粗削りだが二十代の女性でこれだけの作品が書けるんだ。ぜったいに大成する」といって宮部みゆきを譲らなかった。

南條さんは、若手作家を育てる名伯楽でもあった。薫陶をうけた作家は少なくない。

南條さんは東京帝大の法学部と経済学部を出られ、経済学者として七十過ぎまで大学の教壇に立ち続けた。いっぽう「燈台鬼」で五六年に直木賞を受賞して以来、人気時代小説作家として、八十代まで第一線で活躍し続けた。今井正が映画化した「武士道残酷物語」、テレビの人気時代劇シリーズ「素浪人月影兵庫」、NHK大河ドラマの原作「元禄太平記」、吉川英治文学賞受賞作の「細香日記」などで広く大衆に好まれ、膨大な作品をのこした。

二足のわらじをはきつつ、かつ世界中を旅しながら、どうしてあれほどの仕事ができたのであろうか。まさに超人であった。

南條先生、いまどちらを旅していらっしゃいますか。いずれまた僕も、ぜひご一緒させてください。合掌。（文芸評論家）

二〇〇四年一一月一二日

詩に誘われた彫刻のかたち
柳原義達氏を悼む

酒井忠康

柳原義達氏が亡くなった。療養中の身であるときいていたので、どうしておられるかを気にしていたのだが、まことに残念である。戦後日本の彫刻界で、多くの若い作家たちに慕われ、そしてもっとも信頼された「明治生まれ」（一九一〇年、神戸）の作家の一人が消えることになった。

昨年十一月に開館した「柳原義達記念館」（三重県立美術館に併設）を私が訪ねたのは、この春のこと。みごとに設（しつら）えられた展示空間は、まさに柳原芸術の「殿堂」にふさわしく清楚（せいそ）で重厚な感じであった。私は感銘をあらたにした。いい彫刻家だと思った。時代の人間的実存を終始一貫追求した人の熱情の塊のようなものを目撃したからである。

でもいっぽうで、私のなかの柳原氏は、ちょっとまってよ、と恥ずかしそうにしている。ある意味で氏は含羞（がんしゅう）の人だから。随分前の話になるけれども、こんなことがあった。

いちど夜のドライブ（といってもタクシーを使って）に誘われたことがあった。とある飲み屋のカウンターで、柳原氏は私に「ぼくの作品は権兵衛が種まきゃ、カラスがほじくる、あのカラスではないよね」と、なんども念を押したのである。独特のユーモア精神を発揮する柳原氏であるから真意を測りかねるが、私は氏の代表的シリーズ〈道標・鴉〉をみるたびに、この夜のひとときを思い出すのである。

はじめ日本画を学び、その後、彫刻をこころざす。東京美術学校彫刻科を出て、若い作家のグループ「新制作派協会」彫刻部の結成に参加。切磋琢磨（せっさたくま）する同胞（本郷新、佐藤忠良、舟越保武など）を得て制作に邁進（まいしん）するが、戦後まもなくの火災で戦前の作品のすべてを失う。再出発の意をかためて渡仏するのが一九五三年、四十三歳のときであった（五七年帰国）。師事したのはブールデルの弟子エミール・オリコストである。

滞欧中の〈黒人の女〉（五六年）や〈バルザックのモデルたりし男〉（五七年）などをみると、すでに柳原氏の、それまでの経験の底にくすぶっていた懐疑・憤怒・挫折などの人間感情の世界が、一種、喜劇的な相貌（そうぼう）のもとにデフォルメ（変形）されているのがわかる。同じころパリにあったジャコメッティとの邂逅（かいこう）を暗示させるが、人体像のシリーズとなった〈犬の唄〉では彫刻技法の量塊や動勢の基本にしたがっていて力強いものを感じさせる。

どこかユーモアのセンスを秘めているのは、彫刻のかたちとしての「具象」をこえるものがあるからだ。別のいいかたをすれば、彫刻のなかに発見する「詩」に誘われたのだといえなくもない。そんな氏の思いを綴（つづ）ったのが、エッセー集「孤独なる彫刻」（筑摩書房、八五年）である。

晩年までデッサンには余念がなかった。私には「デッサンというのは彫刻の結果をおしえる」と言ったことがあるが、これは宇部や神戸の野外彫刻展（氏は推進者の一人）での課題（環境との関係）を気にかけての発言であった。七〇年代半ばのことである。

柳原義達氏の逝去は、新しい彫刻空間の構想をもった「具象彫刻」の巨星が静かに去った感じである。（美術評論家）

二〇〇四年一一月二五日

緻密な気配り、清らかな絵
吉井淳二さんを悼む

瀧悌三

吉井淳二さんが逝かれた。百歳である。九月の二科展には「100歳　ロバと馭者（ぎょしゃ）」100号を出品し、健在であった。それが、突然の訃（ふ）である。驚き、そして胸痛む。心から御冥福をお祈り申し上げる。

吉井さんは、私にとり父親の世代であり、親しくしていただいたのは私が「二科70年史」を書いたときからだから、二十年ぐらいに及ぶ。昔の話をよく聞いた。吉井さんは早口だった。人柄が平たく、何でも率直に語ってくれた。そのため画家としての生涯は大体、私の記憶に入っている。

吉井さんは一九〇四年三月、鹿児島県に生まれた。生地は大隅半島の東側で、鹿児島市からはだいぶ離れている。旧制志布志中学に学び、同級に海老原喜之助がいた。

中学を終えると、海老原と上京、ともに画家を志すが、海老原が上級学校に進学せずにフランスに留学したのに対し、吉井さんは、東京美術学校（現東京芸大）に入り、卒業してからのフランス留学だった。海老原は受験勉強を続けるだけのこらえ性がなく、才気に任せて突出する方だった。吉井さんは忍耐強くこつこつ技能を積む方で、そういう違いが二人の進む方向を早くから分けたと言っていいだろう。

吉井さんは学生時代、黒ずんだ写実の画風だったが、詩情に満ち、技術的にもすぐれていた。在学中の二六年に二科に入選。以後、二科の画家として、生涯を歩む。

フランス留学は三年間で、帰国は三二年。その時分はフランスに行っても、取り入れるに値する新しい流行がなかった。日本の留学生たちは写実を研究して深めるぐらいでしかなく、吉井さんもそうだったとみていい。

しかし戦後は、日本の洋画壇がモダニズムに洗われ、吉井さんも戦前の写実傾向から、形や構図を重視する構成主義に一時移行する。それでも作柄は、学生時代と変わらない清らかな詩情が一本通っていた。

題材には働く人の姿が現れるようになり、この主題はその後、写実に戻っても動かず、生涯のモチーフになった。国内でも海外でも市場の風俗に取材し、働く人々の生態を描いている。その活気に、面白さを感じていたのだと思う。六五年、六十一歳で芸術院賞を受けた作品も、女性の働く姿がテーマであった。

二科会は、戦時中にいったん解散し、戦後東郷青児が主導して再建二科を結成、その二科を大衆化して、興行的に成功させている。こういう手腕は〃怪物〃とも呼ばれた東郷ならではで、大したことではある。だが、晩年の東郷は、二科内で不信を招く要素がないでもなく、分裂しかねない雰囲気さえあった。

しかし実務的に二科会を支えていた吉井さんが、東郷の急死後を継ぐと、二科は組織的に安定した。

東郷と対照的に、吉井さんには采配（さいはい）や気配りの緻密（ちみつ）さがあり、確かさがあった。東郷の場合、従うのにどこか不安感もあるのだが、吉井さんには安心してついて行けた。

実家が素封家で経済的に困ったことがなく、「自分から絵を売ったことがない」と生前話していた。身辺も、身ぎれいだった。人柄がおおらかで、他からの信頼が厚かったのはそれゆえだろう。生まれ育ちから来る徳があったのだと思う。

吉井さんの功績は、国際的に美術交流を続けたことが公的なものとして指摘できるが、一方で、機会あるごとに後進に道を開くよう心掛けていた。二科会で二十年間理事長を務めるなどした中でのそういう面倒見の良さが、あまり人に知られていない功績と私はみている。（美術評論家）

二〇〇四年一一月二七日

90歳超えて、なお挑戦
島田正吾さんを悼む

和田秀夫

島田正吾さんを語るについては、やはり名優辰巳柳太郎さんとの対比についてまず述べなければならないだろう。

劇団新国劇が沢田正二郎によって創設され、島田・辰巳の二人はその新国劇に一九二三（大正十二）年に入団。師・沢正が二九年急逝した後、入団間もない若いキャリアの二人が新国劇を背負い、その大任の責任を果たした。剛の辰巳、柔の島田とおよそ芸風の違う二人のコントラストが調和した。劇団は男性ファンに囲まれて人気劇団、男の劇団として劇界に君臨したのである。

島田さんと言えば、数多くの名作を残しているが、中でも真山青果、北條秀司、長谷川伸といった好作家を得て、名舞台を残している。特に彼が最も敬愛したのが長谷川伸だった。私が現役記者時代、長谷川伸の死の追悼ということで、楽屋を訪ねたことがある。日ごろ近しくしていただいた関係で、思い出の記をお願いしたのである。

その時、劇団の総務だった金子さんが「先生がちょっと待ってほしいとおしゃっている」と伝えてきた。間をおいて訪ねると、島田さんはうつむいたままひと言。「今の私があるのは長谷川先生のおかげ。大恩人です」と言ったまま、あとは無言。しかし、そのひと言は私の胸にじんとした印象を与えたものだった。

ふだんの島田さんは温厚そのもので、静かに語るという印象の人だった。島田さんとは時々酒席をともにすることがあった。辰巳さんと三人で語ることもあった。そんな時はいつも辰巳独演会となったものだ。舞台から受ける印象では、豪快に飲む辰巳、静かに語る島田、そんな雰囲気を感じていた私などは、語り続ける辰巳さんの姿がいつも奇異に映ったものである。

島田さんにとっては、劇団解散、そして辰巳さんの死というやせる思いの遭遇を越えて、見事にその最期を飾った。それは、島田正吾一人芝居の創設だった。九十歳を超えても、あえて挑戦したその活力は、一体どこから生まれてきたのだろうかと、今つくづく感じるのである。

数年前、ある会合で島田さんに会った。その時も向こうからそばへ寄ってこられて「お元気ですか」と声を掛けてくださった。私もこれまで数多くの名優と接してきたのだが、島田さんのような俳優さんと知遇を得たことを誇りに思うのである。もうこういう名優は二度と現れないだろう。

「白野弁十郎」「瞼（まぶた）の母」「霧の音」など名作を残し、最後に一人芝居を作り上げた島田正吾という俳優の存在をわれわれは決して忘れ去ってはならないと思う。合掌。（演劇評論家）

二〇〇四年一二月一五日

抗い、親和した句の世界
鈴木六林男さんを悼む

宇多喜代子

鈴木六林男（すずき・むりお）の通夜の席で、たまたま隣に座った二人が、しきりに「次郎さん、次郎さん」と遺影の鈴木六林男に語りかけておられる。あらためて鈴木六林男の本名が鈴木次郎であったことを思い、鈴木六林男の第一句集「荒天」に〈怒りつつ書きゐしはわが本名なり〉があったことを思い出す。のちに鈴木六林男の戦場となる大陸に渡る前に書かれた「入営以前」の中の一句である。私たちの前での鈴木六林男は、どんなときでも鈴木六林男であって、鈴木次郎であったことはなかった。

通夜から戻り、若い日のわがテキストであった「荒天」を手にした。いまも心身更新のよすがとなる数少ない句集の一つである。

戦場体験から生まれた「荒天」には、当然のこととして戦争がともに語られ、戦後の句集「第三突堤」や「櫻島」には社会性俳句がついてまわった。若い人たちの鈴木六林男論も、つねに戦争や社会性を軸にして書かれる。戦争や俳句の社会性を論じた昭和三十年代を共有した人たちとは、ニュアンスを異にしながらも、鈴木六林男の俳句は、いつしか概念化された「戦争」と「社会性」に先導されるような、宿命を担ってきた。このことが俳人鈴木六林男にとって僥倖（ぎょうこう）であったか、そうでなかったかは、今後の検証による。

これらの俳句と同時期に、たとえば〈深山に蕨とりつつ亡びるか〉〈白昼や水中も秋深くなる〉〈天上も淋しからんに燕子花（かきつばた）〉のような、日常に潜む不安、静止した時間、永遠の時間などを平易に表現した句が多く書かれている。鈴木六林男の啓示が潜んでいるのは、むしろこうした句であったのではないか。

昭和四十年代、五十年代の私たちには、鈴木六林男の俳句だけで一晩二晩語り合うということがよくあった。抗（あらが）い、親和し、また抗う。胸を借りるというたとえがあるが、時代そのものにそういうエネルギーがあったのだ。

「花曜」十月号に〈病む力まだあるらしく秋暑し〉〈糸瓜枯れ子規に残りし時間かな〉を見たときに、鈴木六林男は元気だと思い、周辺の仲間にそのことを伝えた。病む力まだある「らしく」とただならぬ不安を茶化した措辞に鈴木六林男の不変を思い、同時に、鈴木次郎の身に大事が生じていることを予感した。それはそれで仕方がない、と思った。

不安な時代に不安を書かない作家は信用できないという足場を崩すことなく、鈴木六林男は生きる界を向こうに移しただけのことである。（俳人）

二〇〇四年一二月二〇日

息づく女性の身体感覚
桂信子さんを悼む

坪内稔典

十二月十六日、俳人の桂信子（かつら・のぶこ）さんが亡くなった。一九一四年の生まれだから、ちょうど九十歳であった。

二十歳ごろから俳句を作り始めたこの人は、三十四歳で最初の句集「月光抄」を出した。

ゆるやかに着てひとと逢ふ蛍の夜
やはらかき身を月光の中に容（い）れ

身体が衣服や月光の中で息づいているが、一九五五年に出た第二句集「女身」では、その身体が前面に出る。

藤の昼膝やはらかくひとに逢ふ
ふところに乳房ある憂さ梅雨ながき
窓の雪女体にて湯をあふれしむ

ひざや乳房を詠んだこれらの作品は、身体の感覚を生き生きと表現している。俳句史において初めて、女性の身体感覚を人の存在感としてとらえたのである。以来、桂さんは俳句の最前線に立って活躍してきた。

その桂さんと私は「援交」関係にあった。いま流行の援助交際をしていたのである。このようなことを暴露すると、あの世の桂さんは、「まあ！」と目をむきそうだ。でも、いいではないか。十分に活躍されて、まさに大往生をされたのだから。

事実は以下の通りである。つい近年まで、たとえば大阪俳句史研究会の例会で桂さんに会うと、「坪内さん、大変でしょう。はい、これ。何かに役立ててください」と援助をくださった。私の顔を見たら急に思いつくらしく、一万円札が原稿用紙や懐紙、ときにはティッシュペーパーに包まれていた。私は大学生時代に桂さんと出会ったが、桂さんの中の私はずっと貧しい学生だったようだ。

それはともかく、桂さんは、手弁当で俳句にかかわった。このことをしきりに話題にしたのは、桂さんの愛（まな）弟子、宇多喜代子である。「主宰している雑誌にも、そして句会にも、他の人と同じように信子は会費を払う。俳句では互いに平等だというけど、それを生活実感として実行しているのよ」。喜代子のこのような言葉にうなずきながら、手弁当で俳句にかかわった桂さんに学びたい、と私は思った。「援交」を生かしたいのだ。

ごはんつぶよく嚙んでゐて桜咲く

ごはん粒が舌や歯に当たる感じだ。身体の存在感をとらえて登場した桂さんは、やがてごはん粒のような日常のさりげないものの存在感を表現するようになった。私の大好きなこのごはん粒の句は句集「草樹」（一九八六年）にある。（俳人、仏教大教授）

二〇〇四年一二月二七日

生の孤独な根源
石垣りんさんを悼む

高良留美子

石垣りんさんが亡くなられた。八十四歳だったという。

石垣さんは茨木のり子さんらと並んで、戦後の第一世代に属する数少ない女性詩人の一人だった。わたしは薄みどり色の表紙の「銀行員の詩集」で石垣さんの詩を読んだことを、はっきり覚えている。職場の詩が注目されていた、今から半世紀以上も前のことだった。

石垣さんはその後一九五九年に詩集「私の前にある鍋とお釜と燃える火と」を出し、六九年には「表札など」で第十九回H氏賞を受賞された。「略歴」「やさしい言葉」などの詩集のほかエッセー集も有名で、「ユーモアの鎖国」「焔に手をかざして」などがある。

詩人の会などにはあまり出席されなかったように思う。一度だけ、石垣さんと茨木さんとわたしの詩に曲をつけてくれたシンガー・ソングライターの吉岡しげ美さんのコンサートでお会いして、夕食をご一緒したことがある。三人で、とても楽しかった。ふくよかで柔らかい人柄は詩から受ける感じとまったく同じだった。そしてご自分の居場所を徹底して低いところに定めておられることに、石垣さんの批評の在りかを感じたものだった。

石垣さんが十五歳のときから日本興業銀行に勤めて四十一年間働いたこと、父とその四番目の妻をふくむ五人家族を支えつづけてきたことなどについては、よく知られている。家について、血縁や家族について、薄い月給袋と金について、また便所（当時はトイレとはいわなかった）のきんかくしについて書かれた石垣さんの詩は、食べること、働くこと、排泄（はいせつ）すること、死ぬことという生の孤独な根源に根をすえていて、暮らしと人間存在の裏側をもあらわにするような一種の恐ろしさをもっている。

しかもそれは小海永二氏がいうように、「その内部にこめられた生活感情の深さ、確かさによって、真実の言語のみが持つすぐれて強靭な美しさを保っている」のだ。

好きな詩はいくつもあるが、わたしは「シジミ」という短い詩が一番好きだ。夜中に目を覚ますとゆうべ買ったシジミたちが台所のすみで口をあけて生きている。「『夜が明けたら／ドレモコレモ／ミンナクッテヤル』」「鬼ババの笑いを／私は笑った。／それから先は／うっすら口をあけて／寝るよりほかに私の夜はなかった。」というものだ。最近はやりのオニババ観を吹き飛ばすような豪快な笑いではないだろうか。自分も食われるシジミだという最後の深い自己認識が、胸を打つ。

石垣さんとの最後の交流は、一昨年ある詩誌のとびらのページに「弔辞」という詩の引用をお願いしたことだった。石垣さんは快く承諾してくださった。その引用は次のように終わっている。「戦争の記憶が遠ざかるとき、／戦争がまた／私たちに近づく。」

近年水田宗子氏や渡辺みえこ氏らによって本格的な石垣りん評価がはじまっている。石垣りんさんの死を悼み、その仕事が女性の戦後詩の、また女性によってはじめて表現された戦後日本の民衆の言葉として位置づけられることを望まずにはいられない。（詩人）

平成十七年

2005

二〇〇五年二月一四日

アメリカの良心の化身
A・ミラー氏死去に思う

亀井俊介

アーサー・ミラー死去との知らせに、質朴な風貌（ふうぼう）で第二次大戦後のアメリカ文化界にそびえ立ってきた巨人の、静かな退場を思う。テネシー・ウィリアムズと並んで戦後のアメリカ演劇を代表した人だが、南部人らしく崩壊の美を追求したウィリアムズと違って、この生粋のニューヨークっ子は社会の問題と真正面から対決し、困難な状況を乗り越えて個人の尊厳を貫き通そうとし、人間としての良心の輝きを発し続けた。

▽赤狩りと尊厳

出世作の「みんな我が子」（一九四七年）では、欠陥商品を売って利益を追求する実業家の、良心の問題をテーマとした。ミラーの名を不動にした「セールスマンの死」（四九年）では、成功という「アメリカの夢」に裏切られて自滅する平凡な人間を主人公にして、現代社会の問題を浮き彫りにした。そして十七世紀の魔女裁判事件に材料をとった「るつぼ」（五三年）では、魔女狩りに狂う集団と、人間の尊厳を守ってそれに抵抗する人との闘いを描いて、折からアメリカを席巻していた「赤狩り」熱に厳しい批判を呈した。

こうして反体制の姿勢を打ち出したミラーは、一九五六年、下院非米活動委員会の追及をうけ、苦しい法廷闘争をしなければならなかった。折から婚約中のマリリン・モンローが懸命に彼を支援したことは、周知の通りだ。

▽モンローとの愛

もともと地味な性格だったミラーの生涯に華やかな彩りをそえたのは、モンローとの結婚である。アメリカの「知性」を代表するミラーと、「肉体」で売ったモンローとの結び付きは、世間の好奇心の的ともなった。しかしハリウッドの体制と軽薄な人間関係に苦しんでいたモンローにとって、ミラーの良心は救いであり、真剣な愛の対象だった。

二人の結婚は五年で破局を迎えたが、ミラーのシナリオでモンロー最後の映画となった「荒馬と女」（六一年）は、ヒューマニズムの賛歌をかなでている。またモンローの死後に二人の関係を描いた戯曲「転落の後に」（六四年）は、現代の社会で愛を貫くことの難しさを回想しているが、その回想自体がミラーの誠実さの証明ともいえた。

▽9・11後への批判

アーサー・ミラーはその後も旺盛な創作活動を続けた。そして9・11テロ事件後のアメリカの体制強化の動きに対しては、人権尊重の立場から強く批判し、「るつぼ」の再演もあって、多くの人々の心の支えとなった。最も正統的なアメリカの良心の化身として、ミラーは輝かしい光芒（こうぼう）を発しつつこの世を去ったように思える。（東大名誉教授）

二〇〇五年二月二一日

アクション喜劇で新風
岡本喜八監督を悼む

佐藤忠男

岡本喜八監督が亡くなられた。アクションものや喜劇を得意とするエンターテインメント系の映画の名手として、一九六〇年前後、それまでとかくジメジメとして暗い作品が多かった日本映画に、戦争をアクションコメディー調に戯画化して描いた「独立愚連隊」その他で新風を吹き込んだものだったが、ただ面白ければいいという作家ではなかった。

代表作のひとつ「肉弾」では、敗戦直前の日本軍のこっけいさと一般庶民の生活の悲惨さとが、マンガのようなタッチで描き出されていて、笑わせられながら胸がつまるような感銘を受けたものだった。空襲で両手を失った笠智衆の老人が、主人公の学徒兵にオシッコをするのを手伝ってもらう場面など忘れ難い。

じつはこの作品は、その前に作って大ヒットした「日本のいちばん長い日」という大作が、天皇や将軍や政治家たちによる終戦の日を描いただけで、自分が学徒兵として経験した敗戦のみじめさとは程遠い内容だったので、あえて自費を投じて、もっと重要な真実を描かなければという思いで作ったものだったそうである。

「江分利満氏の優雅な生活」という作品もまじめなもので、表面的には高度経済成長時代のサラリーマンの楽天的日常を面白おかしくつづりながら、そのサラリーマンたちの胸の底に戦争責任の問題などが深くこだわりとしてわだかまっていることを真情こめて描いている。これは珍しくおちついた岡本作品である。

とはいえ、戦前の学生時代にいちばん夢中になって繰り返し見たのが西部劇の「駅馬車」だったという、そのハリウッド調アクションもの大好きの作家的体質にも生涯じつに忠実だった。

本物の西部劇を作りたいというのが見果てぬ夢で、実際にそれを試みてもいる。ただし模倣はあくまで模倣で、どうしても満足できないところを笑いで補うようにしたところが、むしろ喜劇映画作家としての大成功をもたらしたように思えてならない。

たとえばヤクザがけんか出入りの代わりに野球の試合をやる「ダイナマイトどんどん」とか、勤皇佐幕の抗争から逃げた侍たちがあり合わせの道具を楽器にしてジャズの合奏に夢中になる「ジャズ大名」など、アメリカ的なものに我を忘れる日本人の自己戯画化の傑作で、涙が出るほどおかしかったものである。ユニークな才能であった。心からご冥福を祈る。(映画評論家)

二〇〇五年三月一四日

追随許さぬ色気と艶
桂文枝さんを悼む

木津川計

文枝（ぶんし）さんは〝大日本帝国〟最後の海軍であった。敗戦の年の三月入隊、本土決戦に備えた塹壕（ざんごう）掘りの毎日。軍艦に一度も乗らないまま長谷川多持（はせがわ・たもつ）二等水兵、十五歳は玉音放送を聞いた後、大阪へ復員したのである。

もう四、五年年長だったら、あるいは帰らざる特攻で散華。さすれば桂三枝（さんし）も文珍（ぶんちん）も生まれなかったかも知れないのだ。

いうところの四天王（松鶴（しょかく）、米朝（べいちょう）、春団治（はるだんじ）、文枝）は、二十代から上方落語再興の重荷を担わされたのである。ぼくは四人の芸風を「豪快の松鶴に知性の米朝、艶（つや）の（小）文枝に練り上げの春団治」とつとに特徴づけてきた。

四天王たるゆえんは、四人が芸風の住み分けを自ずからいたし、所を得て磨きを掛けたことに因（よ）っている。どの一人を欠いても、戦後上方落語は再興できなかったろうほどに、四分の一の力は大きかったのだ。

ええしの若だんなを思わす風ぼうで美男子。天性備わった男の色気が女に乗り移って、その芸風をつやっぽくさせた。十八番だった「稽古屋」のお師匠さん、「悋気の独楽」の本妻さん、「船弁慶」の〝雷のお松〟らに女の色気は滲（にじ）んで、余人の追随を許さなかった。三十代にして既に確立された芸風と師匠の器だったから、上方落語協会会長職も十年の長きに及んだ。

文枝さんは三枝や文珍他四十人の弟子を育てたが、最大の功績は会長在職時に彦八祭りを生み出し、定着させたことだ。毎年九月、生玉神社境内で開かれる協会挙げての落語祭りは、既に夏の風物詩として定着、十四回目の昨夏は十万人が押し寄せて、大賑（おおにぎ）わいになった。

上方落語の戦後第二世代では初めて、筆頭弟子の三枝が上方落語協会会長に就任したのである。既に自前の定席「天満天神繁昌亭」の建設に向けて三枝会長は先頭に立っている。完成すれば、文枝一門の果たした役割は格段の輝きを帯びる。

ぼくらの『上方芸能』にも文枝さんは折に触れ、励ましや提言を寄せて下さった。百号では「二百号を目指せ」、一年前の百五十号では「上方芸能初級講座を設けては」と。小誌の「鑑賞力アップ講座」はその提言を実現させたものだ。

去る十一日、売れないままで逝った桂文紅（ぶんこう）さん（72）の葬儀に参った翌日、文枝さんの訃報（ふほう）に接した。昭和ひとけたが退場期に入り、三枝会長他、戦後第二世代にバトンが渡されつつあるのを知る。

文枝師匠、ようやらはりましたなあ。今はただゆっくりと、安らかにと願うのです。（立命館大教授、「上方芸能」誌代表）

二〇〇五年三月二二日

戦後に形を与えた建築家
丹下健三氏を悼む

藤森照信

丹下健三が日本の戦後を代表する世界的建築家であることは、だれでも知っている。しかし、どうして日本を代表することになったのか、さらにどのような業績によって世界的な存在になりえたかについては、あまり知られていない。

▽広島でデビュー

丹下は、デビューが遅れ、四十二歳の年にようやく仕上がった広島のピースセンター（平和記念資料館、一九五五年）が処女作となる。現在の、原爆ドームをかなたに望んでピースセンターと広場と慰霊碑と公園が整然と配された広島平和記念公園の姿は、丹下の手でデザインされたものなのである。

つづく代表作の香川県庁舎（五八年）は、その開放性と市民性から、戦後の地方自治体庁舎のプロトタイプ（典型）となり、全国の県庁舎、市庁舎のデザインに決定的な影響を与えた。そして、六四年の東京オリンピックにおいては、生涯の最高傑作、国立屋内総合競技場（代々木のオリンピックプール）を完成させる。七〇年の大阪万博の会場計画も丹下の手になる。晩年の代表作としては新宿にそびえる都庁舎（九一年）が名高い。

▽伝統の構造と美

こうした作品歴からうかがわれるように、戦後復興期の平和と民主主義の時代、高度成長期の成果としてのオリンピックと万博、そして八〇年代の過剰成長期まで、わが国の戦後半世紀それぞれの時期を象徴する作品をつくり続けた。これほど長期間、時代と共に走り続けた建築家はほかにない。丹下こそ、〈戦後という時代に形を与えた建築家〉なのである。

こうして日本を代表する建築家となった丹下は、そのデザインのどこが高く評価されたのだろうか。

戦後の世界の建築界は、二つのテーマを抱えていた。

一つは、戦前の初期モダニズムが確立した合理的、機能的、国際的な表現のなかに、いかに各国各地の伝統を取り込むか。丹下は、ピースセンターと香川県庁舎によって、日本の伝統の柱と梁（はり）の構造と美を、鉄筋コンクリートづくりに取り込むことに成功し、この問いに見事に答えたのである。

もう一つは、近代の構造技術をどう大胆にダイナミックに表現するか。丹下は、オリンピックプールの設計にあたり、二重の吊（つ）り構造という世界のだれも試みたことのない大胆な構造を採用し、見事にまとめあげ、世界で最もダイナミックな表現を生み出した。

▽強い記念碑性

二つのテーマに正面から答えたことで、世界を代表する建築家となったのだが、世界との関係でもう一つ忘れてはならない業績として、戦後の新興国での都市計画と記念碑的大建築づくりがある。

大阪万博終了後、丹下は主舞台を海外に移し、アラブやアフリカの産油国、東南アジア有力国の首都計画をはじめとする都市づくりと建築づくりに力を振るっている。その数は、膨大と言っていい。戦後の世界史のページの一つは〝植民地の独立〟に当てられるが、そうして独立した新興国のうち、経済力のある国々が、タンゲを招き、自分たちの独立と成長を記念する都市と建築を託した。タンゲの作風のなかに、強い記念碑性と成長肯定性を見たからであろう。

以上のようなさまざまな理由により、ケンゾー・タンゲは、二十世紀後半の世界を代表する建築家となったのである。このようなタイプの建築家は、世界でも日本でももう現れないだろう。丹下は二十一世紀の訪れとともに去ったのだった。（建築史家、東大教授）

二〇〇五年四月三日

平和と和解への情熱、行動
ヨハネ・パウロ二世を悼む

千葉眞

ローマ法王ヨハネ・パウロ二世が八十四歳で逝去された。大きな悲しみと喪失感を禁じ得ない。訃報（ふほう）は、世界中のカトリック信徒のみならず、他派のキリスト教関係者や一般の人々にも衝撃を与えた。

ヨハネ・パウロ二世は、一九七八年に第二百六十四代目のローマ法王に選出され、世界約十億人のカトリック信徒の最高指導者として、カトリック教会内外に大きな影響力を与えたのである。

▽革新と保守

イタリア以外の出身（ポーランド）の異色の法王として、世界各国を精力的に訪問し、一九六〇年代「第二バチカン公会議」以降のローマ・カトリック教会の新路線を、自分なりに踏襲しようとした法王としても、歴史に深く名が刻まれるであろう。

ヨハネ・パウロ二世の法王在位二十六年の歴史的な意義を要約すれば、次のようになろう。

まず現代の新たな社会・政治状況の中にローマ・カトリック教会を革新的な形で根づかせた。その一方で神学的教義や倫理の問題、性の問題、教会内の女性の地位、家庭の問題などでは厳格な保守主義を貫き通し、世俗化や新しいライフスタイルの波と戦ってカトリシズムのアイデンティティーを明確に保持しようと努めた、と。

その結果、カトリック教会内外で、法王の評価について相反する見解を生み、一部から権威主義的とか、専制的な法王と批判もされた。

▽生命の神聖

さらにヨハネ・パウロ二世の特色を、その生涯、思想、行動の点から詳しくみるならば、以下のようになるだろう。

諸大国のはざまにあるポーランドという国で、青年時代に二つの全体主義（ナチズムとスターリニズム）に対して生死をかけた遭遇を強いられた経験が、この法王の生涯と思想の核心を形成したように思われる。

その神学思想は、〝生命の神聖さ〟を究極の価値としている。各人の生命の神聖さは、二つの全体主義との対峙（たいじ）という二十世紀の悪夢のような現実と向き合った法王の歴史的運命と無縁ではないだろう。

そのため人間の生命の尊厳というテーマは、中絶の禁止、同性愛への反対、死刑の廃止、貧困の除去、核兵器の廃絶など、長年の明確な主張や立場として結実していったように思われる。

一九八一年に来日して被爆地の広島と長崎を訪れ、「平和アピール」を公布し、平和の尊さと戦争の無益さを世界へ訴えたのは特筆されるべきだろう。

▽赦し・反対・謝罪

一九八一年には暗殺の危機に遭遇したが、犯人をその場で赦（ゆる）し、後に恩赦を与えたのは有名である。法王はまた9・11以降の世界情勢を憂慮し、アフガン戦争、イラク戦争に打って出ようとする米国に対し、強く反対したのは記憶に新しい。

また、ポーランド出身として一九八〇年代の自国の「連帯」運動を支援し、一九八九年の東欧諸国の民主主義革命（総じて非暴力で行われた）に寄与した。

さらにキリスト教内部のエキュメニズム（教会協力運動）を積極的に推進し、ユダヤ教、イスラム教、仏教、ヒンズー教など世界の諸宗教との対話や和解の動きを促進させるよう尽力した。

過去のローマ・カトリック教会の「罪業」の数々、イスラム教徒撲滅のための十字軍の派遣、幾多の異端審問、反ユダヤ主義、ホロコーストに明確に反対しなかった姿勢などについて、最初の公式の歴史的謝罪も行った。こうした一連の謝罪により、二十一世紀の世界にカトリシズムが新たな一歩を踏み出すことを可能にした。

世界の平和と和解に対するたぐいまれな情熱、思索、行動力を示したヨハネ・パウロ二世の逝去に対し、心から哀悼の意を表したいと思う。（国際基督教大教授）

二〇〇五年四月九日

貫いたカツドウヤの好奇心
野村芳太郎監督をしのぶ

樋口尚文

映画「砂の器」で捜査のために伊勢の映画館をたずねた丹波哲郎の今西刑事に、渥美清の館主が「利根の朝霧」という映画の題名を教えるくだりがある。この戦前の松竹映画を撮った野村芳亭監督は、「砂の器」の野村芳太郎監督の父である。邦画草創期の名監督にして松竹蒲田撮影所長でもあった父のおかげで、野村芳太郎にとって撮影所は特別なものではなく、身の周りの「環境」であった。

それゆえ、ごく自然に松竹大船撮影所に勤めることとなった野村は、助監督として黒沢明監督「醜聞」などの作品についた後、邦画の黄金期であった一九五〇年代に晴れて監督としてデビューを果たす。

このころの野村は、ホームドラマにメロドラマにコメディーに青春物にミュージカルに時代劇にと、さまざまなジャンルの作品を横断して、そんな中に初期の傑作「張込み」もひょっこり紛れていたりするのだが、野村自身は一貫して気負うことなく、数々のお仕着せの企画をいずれもそこそこ上出来に実現してみせた。このまことに器用な職人ぶりは、やはりサラリーマン喜劇から母ものまで自在にこなしてみせた父・芳亭の遺伝子をそのまま受け継いでいる。

この姿勢は終生変わることはなかった。作品歴を鳥観すれば「影の車」のようなシリアスな力作を世に問うたそばからコント55号と水前寺清子の喜劇の連作に熱中したり、大作「砂の器」で絶賛された直後にヒット歌謡の便乗作「昭和枯れすすき」を手がけたり（しかもこれを意外なほどの佳編に仕上げた）。

野村はある突出した作品で批評的に高い評価を得ても「名匠」として仕事を選ぶ方向には歩まず、ひたすら「カツドウヤ」の嗅覚（きゅうかく）で面白そうな、当たりそうな企画をあれこれ試し続けた。

撮影所の衰退期である七〇年代には、独立プロでの「八つ墓村」「事件」の監督や「八甲田山」のプロデュースによって邦画の超大作ブームのけん引者ともなった。そして、その「国民的」映画として愛されている代表作「砂の器」も、実は泣かせの技巧を映画の破たんをもおそれずに注ぎこんだ、一種の「実験作」であったわけで、これも野村のカツドウヤ的好奇心を映すものだった。

こうしたにぎにぎしい作品群を放ってきた野村の体質は、多彩なプログラムピクチャーを発信しつづけてきた撮影所の体質そのものであった。そして、松竹蒲田撮影所の歴史にまるでシンクロしていた父・芳亭の生涯同様に、野村の人生は松竹大船撮影所の消長とぴったり重なっている。野村が鬼籍に入り、大船撮影所も消滅した。野村芳太郎の逝去は、撮影所の時代に名実ともに終止符を打つものだろう。（映画批評家）

二〇〇五年四月一八日

「俳句」を背骨として
藤田湘子氏を悼む

寺井谷子

藤田湘子は、戦後、俳句復活の瑞々(みずみず)しい抒情(じょじょう)の旗手として出現、以後も俳壇を牽引(けんいん)してきた。何より今「俳句」への真摯(しんし)、苛烈(かれつ)な規矩(きく)の一つを失った思いが強い。

ダンディで闊達(かったつ)な口調ながら、「俳句」を語る時の厳しさは、激しくこちらを撃った。それは「昭和」という激動の時代を自身の歴史とし、その中を「俳句」を己が背骨として生き通してきた男の、「俳句」への信頼と畏敬(いけい)と愛情の強さと言える。

本名・良久、一九二六(大正十五)年一月十一日神奈川県小田原生まれ。十六歳より作句。水原秋桜子の「馬酔木」に拠る。秋桜子の唯美への傾倒に加え、波郷の境涯・心境句を血肉とした。五五年、句集「途上」上梓(じょうし)。

〈雁ゆきてまた夕空をしたたらす〉〈愛されずして沖遠く泳ぐなり〉〈逢ひにゆく八十八夜の雨の坂〉

著者二十歳から二十九歳の作品を収めたこの第一句集は、戦後十年という厳しい状況の中の青春の孤独や意思を瑞々しく伝えて世に迎えられた。五七年より十年間「馬酔木」編集長。六四年同人誌「鷹」創刊。六八年「馬酔木」同人を辞し、「鷹」主宰となる。

〈揚羽より速し吉野の女学生〉〈うすらひは深山へかへる花の如〉

「俳句は生涯続く研鑽(けんさん)の世界」という厳しい指導方針は常にまず自身に向けられた。八三年の立春より八六年の節分まで、「一日十句」を実行したのもその証左。それは還暦を迎える「俳句の千日回峰行」であった。以後、硬質の抒情の上に、飄逸(ひょういつ)味を加えてきた。

〈あめんぼと雨とあめんぼと雨と〉

二〇〇〇年、第十句集「神楽」で詩歌文学館賞を受賞。

特筆されるべきは、生来の卓越したプロデューサー感覚で、「鷹」はその選と鍛錬の厳しさで知られるが、飯島晴子とともに多くの俊英を育てた。また、著書「20週俳句入門」等は、自身の経験を惜しみなく教示した入門書の名著と言える。三橋敏雄とともに、黒田杏子を幹事とした鈴木真砂女の店「卯波」での月曜会は、結社の垣根を越えた句会として、そこへ参加した者の俳句世界を広げた。これも、「俳句」への広く深い思いからであったろう。

近年、胃がんとの闘いの中で、長く務めた蛇笏賞選考委員も引いたが、三月十六日には筆者が選者を務めた「NHK俳壇」最終回ゲストとして番組収録。これは、第一回のゲストも湘子氏で、三年間の担当と決まった時から最終回もとお願いしていたものであった。「日本語の乱れ」を嘆き、「言葉とリズム」の大切さを説いた。収録後の打ち上げの宴にも参加、「何かを成し遂げるのを見届けるというのは、うれしいものだね」という心にしみる言葉をいただいた。

四月一日より三日間「鷹中央例会・大阪」での京都行が最後の仕事となった。帰宅後入院。しかし在宅での養生を希望し、家族にみとられつつ四月十五日、春昼を逝かれた。享年七十九。

「鷹」通巻五百号を来年三月に控えていた。

〈湯豆腐や死後に褒められようと思ふ　湘子〉(俳人、「自鳴鐘」副編集長)

二〇〇五年四月二〇日①

フォーク黎明期の伝道師
歌手高田渡さんをしのぶ

反畑誠一

地方演奏旅行先で倒れ、五十六歳で急逝、という訃報（ふほう）は、企業戦士なら〝壮絶な戦死〟と言えるのかもしれない。フォークソング界の草創期の一人として、一九六〇年代から今日まで活動を続けてきた高田渡が亡くなったことは、平和ぼけの時代だけに衝撃が大きい。

団塊世代の彼独特の感覚で世相をやゆした「自衛隊に入ろう」が反戦歌として世間で注目を浴びたのは六九年のこと。日米安保改定を控え、日本中に学園紛争の嵐が吹き荒れ、東大安田講堂攻防戦があった年である。

フォークがベトナム反戦運動の活力となっていた時期。ギターで弾き語る社会風刺をこめたメッセージソングは若者たちから熱い支持を得て、彼はカリスマ的存在になった。欧米ではロックが新たな潮流になりつつあったが、彼の素晴らしさは流行を追うことなく、シンガー・ソングライターとして「自転車にのって」のような〝生活に根差した歌〟に取り組んできたことにある。

その中には、現代詩人の谷川俊太郎（たにかわ・しゅんたろう）の詩に曲をつけた「ごあいさつ」やフランス曲のカバー、「おなじみの短い手紙」などがあった。また父親の影響で、演歌の始祖と言われる添田唖蝉坊の詞と外国曲を組み合わせるような実験も行っていたようだが、核心は山之口貘とのコンビによる作品の数々だと思う。ビキニ環礁で被ばくしたマグロ漁船をテーマにした「鮪に鰯」を最近、若い新人女性歌手がライブで歌い継いでいるのを聴いた。彼の鋭い批評精神は色あせないものだと痛感し、身体が震えたものだ。

時代と言えば、彼のデビュー当時、既成の概念やシステムにとらわれない反商業主義をうたったＵＲＣ（アングラ・レコード・クラブ）があった。今日で言えば地味なインディーズレーベルであろうか。その動きと連動して高田や「五つの赤い風船」の西岡（にしおか）たかしといった個性派が脚光を浴びるようになった。

その後、伝説のベルウッドというレーベルが生まれ、高田の最初のアルバム「ごあいさつ」が七一年六月に発売された。「失業手当」「しらみの旅」などの収録曲では、大滝詠一（おおたき・えいいち）、鈴木茂（すずき・しげる）、細野晴臣（ほその・はるおみ）、松本隆（まつもと・たかし）で結成したバンド「はっぴいえんど」がミュージシャンとして参加している。今や彼らは、日本の音楽界を代表するプロデューサーや作家たちである。南（みなみ）こうせつ、なぎら健壱（けんいち）らにも影響を与え「フォーク界の草分け」と言われた。

彼のように「ギター一本で、ダンディーに自己主張を貫く」には、昨今の音楽市場や活動環境は気質に合わなかったかもしれない。フラストレーションも相当たまっていたであろう。エピソードに彩られたフォーク黎明（れいめい）期の貴重な伝道師を失ったことは惜しまれてならない。（音楽評論家）

二〇〇五年四月二〇日②

人間の煩悩を究極の主題に
丹羽文雄氏を悼む

大河内昭爾

丹羽文雄が主宰し、金は出すが口は出さないという主旨の雑誌「文学者」から育って、現に活躍している河野多恵子、瀬戸内寂聴、吉村昭、津村節子、秋山駿など、さらにすでに故人となった新田次郎、近藤啓太郎など、多くの作家や評論家を見ると、二十年近い病気による休筆の時期を考えてもやはり、丹羽文雄は大きな存在だったと思う。

一九三二（昭和七）年「鮎」によって文壇登場以来、つねに流行作家でありつづけ、最晩年はともかく、第一級の作家としての筆力の旺盛さは、井上靖、松本清張が登場するまで並ぶものがなかった。

その包容力の大きさから「文学者」がおおくの小説家、評論家を輩出したように、傘下にはつねに文学者が集まり、氏が熱中したゴルフでは丹羽ゴルフ学校とよばれる文学者の集団すら誕生したほどである。当時世間の人が丹羽文雄を口にするときはゴルフの話題が中心だった。

丹羽文学の原点はなんといっても氏が幼い時家出した母親であり、その母親をモデルに多くの名作が生まれ、出世作「鮎」もその一つだった。〝二号〟であった母親が正妻を亡くした男の妻になるよう求められて、それを断るために息子を東京から岐阜に呼びよせるいきさつを書いたもので、学生の視点と老成した筆致がないまぜになって、特異な世界を描き出した。

同時代の作家で評論家でもある伊藤整をして、「この一作を残して（丹羽が）書くことをやめたにしても、昭和文学で特記されるべき作家となったであろう」と嘆ぜしめた名作である。

多彩な題材に底流する人間の煩悩が氏の主題となった。その冷静な資質は浄土真宗寺院という出自に目覚めて、根源の題材として「親鸞」「蓮如」のライフワークとしての長編を完成した。それらを頂点として病中の人となり、文壇生活五十余年にわたる旺盛、多産な作家がついに死を迎えた。

その著作を積み上げると、大柄な著者自身の背丈をはるかに越えるといわれて、なお書き続けた一生だった。この二十年が休火山だったことはいたましいだけでなく、生きながら休息を与えられたのだと思うしかない。

「厭がらせの年齢」は、いま言う認知症の現代における最初の文学作品といってよく、後年有吉佐和子が「恍惚の人」を描いて、タイトルが流行語となるが、丹羽作品はその生涯の主題であった人間煩悩の究極のすがたをとおして描いたところに、単なる記録でなく文学作品たるゆえんがあった。

しかし自ら同様な状況を迎えるという現実のすさまじさは、作家自身すら思いおよぶはずもないところに、むしろ丹羽文学のなまなましいすがたがあったとみるべきか。（文芸評論家）

二〇〇五年五月二五日

おしゃれの文法つくる　石津謙介氏を悼む

くろす　としゆき

　覚悟はできていたつもりだったが、いざ、訃報（ふほう）に接すると心の動揺を抑えられなかった。覚悟というのは、この半年ばかり、ご容体が芳しくないと聞いていたからだ。いつかその日は来るとは思いつつ、できることなら来ないことを願っていた。心の整理がつかぬ間に筆を執るのはつらい。

　石津先生は一九五〇年代中ごろ、世界旅行で立ち寄った米国東海岸で大ブームになっていたアイビールックを目の当たりにし、そのファッションを日本に持ち込んだ。

　学生時代からアイビールックを愛好していた私は六〇年代の十年間、先生の下で働かせていただいた。高度成長のスピードにアパレル業界は振り回された時代でもあった。専門知識もないままにアパレル業界に参入するメーカーが乱立した。ひどい製品が出回っていた。もし、服の基本を紹介した先生がいなければ、日本のメンズファッションはめちゃくちゃになっていただろう。

　先生は混乱状態の服飾界に初めて「文法」をつくった。ブレザーにはこのシャツとネクタイを合わせるなど、それまでだれも指摘したことのなかった着こなしのルールをつくり上げた。時には「ねばならぬ」とまで言い切った。

　ＴＰＯという造語が誕生したのも六〇年代初期のこと。タイム、プレイス、オケージョンの頭文字を組み合わせたこの言葉、もちろん先生の発案で、着こなしのルールをより明確にした。

　当時、商売の対象外と考えられていた若者たちに目を向けたのも先生だった。乾ききったスポンジのように、若者たちは石津式文法やＴＰＯを貪欲（どんよく）に吸収した。

　文法通りに服を組み合わせることによって、初心者も及第点を取ることが可能になった。難解と思われていたおしゃれが身近なものになった。東京にコンプレックスを抱いていた地方の若者たちも、同一スタートラインに立てることに自信を得た。

　先生が残した功績は数多いが、私は文法こそ最大、最良の仕事と評価している。日本の服飾レベルの向上は、これなくしてあり得ない。

　石津先生は上司であるとともに、日本メンズファッション界の頂点に立つ指導者だった。

（服飾研究家）

二〇〇五年六月一〇日

反写実で終末感えぐり出す
塚本邦雄氏を悼む

篠弘

歌人の塚本邦雄氏が、この六月九日の夕刻、呼吸不全のため大阪の病院で急逝された。八十四歳であった。秘書役の政田氏、さらに慶子夫人の病没がつづき、近畿大学の教授を退くなどの痛手から、体調を崩されていた。その復活が待たれていた矢先のことである。

一九二〇年の滋賀県生まれ。四七年から前川佐美雄氏の「日本歌人」に参加。五一年に出た第一歌集「水葬物語」は、当時「短歌研究」を編集していた中井英夫氏に認められ、前衛短歌の旗手となる契機となった。近代からのリアリズムの枠組みを覆し、反写実による暗喩（あんゆ）を駆使した方法を導入し、主題としては、現代における不安と終末感をえぐり出した。

代表作の「突風に生卵割れ、かつてかく撃ちぬかれたる兵士の眼（まなこ）」は、五八年刊の第三歌集「日本人霊歌」の巻頭歌。つねに戦争は突風が吹くように始まる。撃たれた兵士の眼球を割られた生卵ととらえた、この暗喩が鋭い。どろどろと黄身が泥の上に垂れる、その惨めなイメージが哀切きわまりない。大量の若者が殺されてきた悔しみを詠んだ、時代を超えた呪歌（じゅか）となる。

また「日本脱出したし　皇帝ペンギンも皇帝ペンギン飼育係りも」も代表作で、このペンギンは、短躯（たんく）短足で燕尾（えんび）服をまとった昭和天皇を戯画化する。さらに飼育役は、主権在民の国民を暗示する。天皇も国民も、この暗澹（あんたん）たる国土からともに抜け出したいのではないかという、大胆に皮肉った、思いきった揶揄（やゆ）であった。

暗喩とイメージを用いた技法に、社会に対する批評眼が内在したものとなり、近代短歌を明らかに否定したこととなる。

たんに塚本氏は、作歌に集中するだけではなかった。五六年に「短歌研究」誌上で、詩人の大岡信氏と方法論争を展開することによって、短歌を現代の詩としてよみがえらせる。「（定型の）韻律を逆用して、区切りは必ず意味とイメージの切目による」という効果を主張する。ここに引いた二首が、その提言を明示している。

また「想像力は作像力を伴っていて始めて生命を持つ」と規定して、前衛短歌の方法を位置づけた。そこから岡井隆氏、寺山修司氏らの果敢な同行者を獲得し、さらには春日井建氏、佐佐木幸綱氏らの世代に連続し、前衛短歌がきわだった運動体となり、同時代者に大きな影響を与えていくのである。ここに私は現代短歌の起点をもとめている。

塚本氏の遺業は、ゆまに書房から刊行された「塚本邦雄全集」（全十五巻と別巻）にまとまる。二〇〇一年に完結。俳句、詩、小説、評論、古典鑑賞に及び、いかに塚本氏が総体的な視野から、短歌の存在理由を究明されてきたかがわかる。

ほかに講談社学術文庫に収録された「茂吉秀歌」の大著がある。近代を代表する茂吉への挑戦も、いかに茂吉を超克するかの明晰（めいせき）なステップであったはずである。

これらを貴重な遺産にすることによって、二十世紀からの短歌史が、茂吉と塚本、ひいては茂吉から塚本への展開を認識することができるのではないか。塚本氏を失った空白感は、計りしれないものがある。

ここで六〇年代からの交遊を記すゆとりはないが、その一つをあげれば、六六年に三島由紀夫氏を誘い、東京のニューオータニで晩餐（ばんさん）を愉（たの）しんだ。三島氏の哄笑（こうしょう）と塚本氏の恥じらう表情の、いかにも対照的であったことが忘れられない。ご冥福を祈るばかりである。（現代歌人協会理事長）

二〇〇五年六月一四日

「反」を貫いた批評精神
倉橋由美子氏を悼む

清水良典

倉橋由美子氏の予期せぬ訃報（ふほう）に接して茫然（ぼうぜん）としている頭の中で、「反悲劇」や「反小説」「反時代」など氏の文学に幾度となく冠されてきた「反」という言葉が、際限なく続く木霊のように沸き立ってきた。そして、倉橋さんは「反」をみごとに貫いたな、という思いが重く根を下ろした。

明治大学仏文科の学生だった六〇年安保の年に「パルタイ」でセンセーショナルにデビューした倉橋氏は、翌年までに三冊分の作品を書き、同時に書き下ろし長編「暗い旅」を発表するという驚くべき旺盛な作家活動を展開した。カフカやカミュ、サルトルなどから影響を受けながらも、強靱（きょうじん）な文体意識と批評精神によって構築された寓話（ぐうわ）的作風は、全く独自の存在だった。

思えばこのデビュー時の強烈な知的才女のイメージに、倉橋氏はいつも覆い隠されてきた気がする。だから多産でファンも多かったにもかかわらず、等身大の姿が評価されにくい孤高の作家だったようにも思える。

明治大学文学部には二年遅れての入学だった。歯科医師だった父の命によって医学系にいったん進学していたためで、文学は父に背いた道だったのである。一九六二年にその父が急死したことは、この早熟作家の青春を異常なまでの速さで枯れさせ、反転させた。青春の野心と客気（かっき）のたまものであるような種類の文学を、倉橋氏は早々と〝卒業〟したのだ。

三十歳のころのエッセー「毒薬としての文学」には、自らを「老人」と規定する文章が見られる。さらに「〈世界〉に毒をもり、狂気を感染させ、なに喰わぬ顔をしながら〈世界〉の皮を剥ぎとったり転覆させたりすることをくわだてる文学」を、そこで倉橋氏は「老年の道楽」として語っている。このような世界への「悪意」こそ、実際の老年に近づいてもなお倉橋氏が衰えることなく持ち続けた批評精神であり、「ダンディズム」であった。

同時にその「反世界」性は、古今東西の文学テクストと自在に交歓する柔軟性と、奔放なエロスの翼を兼ね備えていた。「大人のための残酷童話」には、そんな本領が発揮されている。また「夢の浮橋」以来多くの作品に登場するヒロイン「桂子」は、肉体や時空を超越して魂の「交歓」をほしいままにする祭司のような存在であり、倉橋氏の魂の分身といえる。

文庫本の解説を引き受けたのがご縁で、私は近年の倉橋氏と電話でお話ししたことが二度あった。その際、長年の持病に打ちひしがれ悲観する言葉を耳にして、暗澹（あんたん）となったものだ。しかしその後、「よもつひらさか往還」「あたりまえのこと」「老人のための残酷童話」と相次いで執筆が続き、快復されたものとばかり信じていた。今はあの「桂子」のように、倉橋氏の魂は肉体の苦痛から解き放たれて、時空を超えて愛する文学の花園に遊んでおられることだろう。そうであることを祈るばかりである。（文芸評論家）

二〇〇五年六月二七日

ひょいと長さんが…
長新太氏を悼む

田島征三

ぼくもガンの手術をして、その病室からまっしぐらに伊豆半島へ引っ越してきた。

仮住まいの玄関の戸をガラガラと開けて「コンニチワ！」と呼んでいる人がいる。どうせ新聞の勧誘かなんかだろうと出ていったら、なんと長新太さんが立っていた。

病後のぼくのことを心配して訪ねてくださったのだ。もう七年も前のことだった。

その後ぼくは体力をつけるために、伊豆の道を歩きまわった。なるべく自動車の通らぬ裏道ばかり。でもうっかりバス通りなどを横切る羽目になることもごくたまにある。なんとその時、長さんが乗った車とパッタリ鉢合わせ。長さんは「これから食事にゆくんだけど、せいちゃんも乗らない？」と誘ってくださった。

でもその時、ぼくは犬を連れていたし、その犬ときたらキャンキャンうるさい、しつけが出来てないヤツで（名前も「キャン」）、しかもそこらじゅう走り回って、枯れ葉や草の実をいっぱいつけていたし、その上抜け毛の季節であった。

「いいわよ、だいじょうぶ」と、運転していた方が言ってくださったのに、かたくなに断ってしまった。あの時、お誘いに乗っていたら、長さんとゆっくり語り合えたのに、と今でも悔やまれる。その直後、長さんもガンになってしまった。

悲報を知る前の二十六日、「伊豆高原・絵本の家」という場所で、ぼくはある編集者と話していた。その人が最近、長さんの絵本を出版したというので、ご容体をたずねてみた。

「だいぶお悪いです」。その人はつらそうな顔をして「この間も出来上がった絵本にサインをお願いしたのですが、あんまり多くは出来ませんでした。その後、もう一度お願いした時は全く出来ない状態で…」。

ばかな！　サインなんか、今の長さんに頼むなんて！　ぼくは少し不機嫌になり、不安になった。それから突然不吉な考えが頭の中一杯に広がってしまった。長さんは既に亡くなられているのではないか。だまってお一人で旅立たれたのではないか。とんでもない妄想のようなものがわき起こってしまった。

帰宅すると、長さんと一番お親しい童話作家、今江祥智さんから電話があって「ゆうべ、長さんが…」と教えてくれた。

その日、自宅に着くまでぼくは「長さん、死んじゃあだめだよ。もっと生きて、いっぱいスゴイ作品つくってよ。それから、ぼくのこれからの作品を見てよ！」と心の中で叫びながら歩いていた。すると「チョウさん、チョウさんでしょう」と、女の人が木陰から飛び出してきた。

「チョウさんって、長新太さんのこと？」と聞こうとしたけど、だいいちぼくはチョウさんじゃない。「違いますよ」と答えると、その人はどこかへ行ってしまった。不思議な事件だった。

伊豆の道を歩いていると、いつかきっと、ひょいと、長新太さんと出会えるような気がする。（画家、絵本作家）

二〇〇五年七月二日

身体との愉快な対話
萩原葉子さんを悼む

中沢けい

言葉に鋭敏な感性を持つ人と暮らすことの難しさを萩原葉子ほど知っていた人はいなかった。言葉というものが、まるで刺（とげ）の生えたつる草のように蔓延（はびこ）って行くものだということを、その身の傷として覚えている人であった。他人の言葉で傷つく人は、この世の中に大勢いるが、言葉そのものに傷つきやすい性質を持った人のそばに寄り添う難しさを知っている人はそんなに多くはない。

萩原葉子さんが亡くなられた。

世田谷のおうちでダンスの会を開かれるというので、お訪ねしたのはもう十年以上前になるだろうか？　そのころは亡くなられた中山あい子さんなどもお元気で、ご一緒させていただいた。萩原さんは、ダンスの会のために日ごろから衣装なども探していて、浅草の仲見世を歩く時なども「あれ、これいいわね」ときらびやかなラメ入りのドレスや、チュールをふんだんに使ったスカートなどをご覧になっていた。踊りの途中で、パートナーのダンサーが、肩よりもずっと高く全身を持ち上げるリフトなども含まれた本格的なダンスだった。

しばらくして、冬のある日、参宮橋の東京乗馬倶楽部へ誘われたこともあった。乗馬クラブの名門の東京乗馬倶楽部へは行ってみたいとかねがね望んでいた。小田急線の電車の中から眺めることはあったのだが、なかなか一人で行く勇気がなかったので、「私も初めてなの」と言う萩原さんのお誘いはありがたかった。「ダンスの次は乗馬を」とお考えだったようだ。慎重な乗り方で、無理に軽早足を出さなくてもいいとインストラクターに話していた。さすがにダンスを長く続けているだけあって、騎乗のスタイルはすばらしくバランスが取れていた。初めて乗る人には見えなかった。

身体が語る言葉というものがある。ダンスがそうした身体の語る言葉の表現であるとすれば、乗馬はダンスのその先にある何かが含まれている。馬は感情豊かな動物だ。理性はないけれども感情はある動物とさえ言われることがある。そして、馬という生き物は豊かな感情を動作で表現するよりほか術（すべ）がない。乗馬はそういう動物との共同作業であり、言葉を一切用いない対話であると、萩原葉子さんが考えていたのかどうかは解（わか）らないが、どうしてもそういう方向の考えが私には浮かぶのである。

詩人、萩原朔太郎の長女に生まれ、室生犀星や三好達治といった詩人に囲まれて育ったのが萩原葉子である。三好達治の人間像を活写した「天上の花」、自身の生い立ちを描いた「蕁麻の家」などの作者であったことを重ね合わせると、私には冒頭に書いたようなことを思わずにいられない。思うそばから、きりっと結ばれた意志的な口元や、ナイフで切り込みを入れたような切れながな目などが、昨日お会いしたばかりの人の顔のように目に浮かぶ。言葉の入れ物としての身体と愉快な対話をされていた晩年に、おつきあいさせていただいたのがありがたい。（作家）

二〇〇五年七月一一日

人間味あふれる作品群
エド・マクベイン氏を悼む

直井明

エド・マクベインは、初対面のときでも長年の友人であるような親しみを感じさせる包容力のある人だった。

一九五六年から架空の大都会を舞台にした「87分署シリーズ」を書き、警察小説という新しいジャンルを確立、警察の捜査手順をリアルに取り入れ、複数の刑事たちを主人公にして人間味のあふれた作品群を生み出した。

めいを殺された女に刑事たちが会いに行き、質問を始めると、女はウイスキーを注ぎ、勤務中なのは分かっているけど、付き合って下さいと言う。刑事たちは形だけ酒に口をつけ、質問を続ける。ひところはやった血みどろの連続殺人物を読んだあとでこんな場面に出会うと、男たちの優しさにほっとする。

遺作は本年九月にアメリカで出版される第五十五作。「血の絆」や「晩課」のような重いテーマもあれば、「でぶのオリーの原稿」のように彼の卓抜のユーモア感覚を示す作品もある。

複数の主人公を登場させ、幾つかの出来事を平行して展開する手法は、のちのテレビドラマの「ヒル・ストリート・ブルース」や「ER」に影響を与えている。八六年にアメリカ探偵作家クラブから巨匠賞、九八年には英国推理作家協会からアメリカ人としては初めてのダイヤモンド・ダガー賞を受賞。いずれも彼の推理小説への貢献をたたえる賞である。

彼の「キングの身代金」は、社長の息子と思って運転手の息子を誘拐した犯人が人違いと知ったあとも身代金の要求を続け、社長をジレンマに追い込む話だが、このテーマが気に入った黒沢明監督が「天国と地獄」の題で映画化した。「87分署シリーズ」の中にクロサワ・フェスティバルの出てくる作品があり、これは監督へのマクベインのオマージュだ。

本名のエバン・ハンター名義では「逢う時はいつも他人」「黄金の街」などの普通小説も書き、また、ヒチコック監督に認められて、「鳥」の脚本を書いている。五〇年代には異なる筆名で書いた短編三本が雑誌一冊に同時に掲載されるほどの多作ぶりだった。

二〇〇一年一月に腹部の動脈瘤(りゅう)、翌年七月末には喉頭(こうとう)がんが発見されて、手術を受けたが、その後も長編六冊と中短編数編を発表。メールのやりとりで執筆の進行状況を聞くたびに衰えぬ創作力に感嘆しながらも、はらはらした。

最初の手術のあと、俳句を一句送ってきたので、英文の俳句解説書を見舞いに送ったことがある。最近出版された彼の闘病記を読み、あのときの句作が単なる手すさびではなく、毎日少なくとも八枚は書いていた作家のリハビリの真剣な努力だったのを知って、胸を衝(つ)かれる思いをした。

二度目の手術のあと、キャレラ刑事が四十歳になったとすると彼の妹は何歳のはずだろうといった質問がメールで来るようになった。巨匠が自分の旧作のディテールを日本にいる私に聞いてくるのがそのときはおかしかったが、今になってみると、彼は細部を確かめる時間が惜しく、新作の完成を急いでいたのであろう。(文芸評論家)

二〇〇五年七月二二日

大きな星が失われ…
串田孫一さんを悼む

田中清光

串田孫一さんが逝かれた。九十年近いその全生涯を、まことにご自分らしく生きぬかれ、最晩年までペンを手放されず、しかも誰の手も煩わさずに、静かにこの世を去ってゆかれた。これが日本を代表する叡智（えいち）の人の最期であった。串田さんに親しくさせていただき、その生き方や精神にふれることのできた一人として、生の終わりまで見事にご自分を貫かれたと、深い尊敬の念を抱くのである。

その生涯に書かれた著書は訳編書も含め、三百冊をゆうにこえる。荒涼とした戦後の時代から今日にかけて、その文章に心打たれ、励まされ、慰められ、救われた方も多いのではないかと思う。

数十年にわたって書き続けられた随想、詩、哲学、登山、博物誌、音楽等々の幅広い分野の著作は、串田文学といえる山脈をつくり、モラリストとしての精神が流れ、その上に芸術表現の豊かな花をさまざまに開かせている。その底の深さが多くの人々をとらえてやまない魅力を生んでいるのだと思う。

私がはじめて串田さんにお目に掛かったのは五十三年前のこと、拙（つた）ない詩集をお送りしたことにはじまり、以来半世紀にわたる長いお付き合いをいただいた。その間に学んだことは多かった。串田さんは思いやり深い方で、上から物を言われることは全くなく、私などは存在自体からにじみ出る人間性、精神にふれることで、微笑と無言のうちに教示を受けてきた。

数年前に、お仕事の集大成というべき「串田孫一集全八巻」が出されることになり、編集に携わらせていただいたが、殆（ほとん）どの著作を読みかえすのと同時に、膨大な手元の資料を拝見し、さらには編集内容についてたえずお話し合いを交わした二、三年の年月は、私にとってかけがえのない貴重な体験であった。串田さんのお仕事の海底にひめられているものの大きさにふれて、一層敬愛を深くしたのである。

ここ数年はお互いの病気などもあって毎週のように電話でお話をしてきたが、常に「大丈夫ですか」と気遣って掛けて下さった声がいまも耳についてはなれない。

串田さんはこのような優しさの一方で、権力におもねることは断じてなかった。権威をふりかざすものを嫌うという凜（りん）とした強さをもっておられた。一冊ごとの著作のなかには深い人間への洞察や現実観察、自然への愛情などさまざまな内容が味わえるが、音楽や絵画、篆刻（てんこく）等々の表現をご自分でも娯（たの）しまれる達人であったことも忘れがたい。江戸っ子らしい爽（さわ）やかな語り口もユーモアも会う人々を魅了してやまなかった。

串田さんが亡くなられ、大きな星が失われたという思いを深くしている。この大変悲しい現実に直面しつつ、今願うことは、串田さんの遺（のこ）した著書を今日一人でも多くの方が手にして、この魅力ある叡智にみちた人の言葉にふれていただきたいということである。（詩人）

二〇〇五年七月二五日

江戸が君を選んだ
杉浦日向子さんを悼む

高橋克彦

日向子くん（いつもこう呼んでいたので通させていただく）のことを聞かされたばかりで頭が真っ白になっている。一回りも上の私が追悼文を書くなんて洒落（しゃれ）にもなりません。もちろん体調の優れないのは分かっていたからどこかでは覚悟していたけれど、まさかこんなに早くとは思わなかった。胸にぽっかりと大きな穴があいてしまった気分です。作家が常套句（じょうとうく）しか思い付かなくて、君はきっと笑っているだろうが、はじめて実感しました。

二十二年の付き合いは重い。日向子くんが座っていた私の胸の中の席は、これからずうっと空いたままになるでしょう。

それは日本の文化という言葉に置き換えても一緒で、私たちはとても大切な財産を失ってしまった。君の頭の中に一括してファイル保存されていた江戸の世界が一瞬にして消去されてしまった。

この損失の大きさは計り知れない。復元を試みる人が居ても、部分部分のわずかな復旧にしかならない。君のすごさはそこにあった。江戸が君を選び、すべてを託したという気がしていた。江戸の方がいまごろは大慌てしているかもしれない。

もっとも日向子くんならそんなことも「ちっちぇー、ちっちぇー」と笑い飛ばしているんだろうね。好きなことだけを、しかも無理せず適当にやるのが江戸人の信条で、私のように使命感を抱いて頑張るのは日向子くんに言わせると野暮（やぼ）の典型ということです。

人が一生にできることなど限りがあって、それなら早々と隠居して盆栽作り、すなわち自分の愛しているものだけと向き合う暮らしをするのがいいと言っていたのが思い出される。理想はそうでも現実的には無理だろうと首を捻（ひね）ったら、他の欲を全部捨てたら簡単ですよと応じた。

そして君はその通りの生き方をはじめた。私の方は六十近いというのに相変わらずしがらみやら、使命感とやらにごまかされて余裕のない毎日を送っている。けれど、名誉も人気も金もうけも「ちっちぇー」と思っているのは確かで、それは日向子くんに教えられたことです。

ある意味、君はいつも私の師匠だった。江戸言葉の小気味良いリズムを学んだのは君の漫画からだったし、江戸人のあっけらかんとした倫理観やら人生観も君との対談で教えられた。ばかりか怪談の作り方のコツさえ。

日向子くんの漫画「百物語」は恐らく上田秋成の「雨月物語」やラフカディオ・ハーンの「怪談」と肩を並べる大傑作で、連載時には何度打ちのめされたことか。私はその辺りから日向子くんを八百比丘尼（びくに）と呼びはじめたのだが、鋭い洞察と博識に敬意を表してのことである。

ありがとう、と言いたい。

君が私たちの心を豊かにしてくれた。君とこの世で出会えたことをうれしく思います。ファンの皆もそう思っているでしょう。（作家）

二〇〇五年九月一六日

映画の魅力を観客のために
ロバート・ワイズを悼む

大林宣彦

「ウエスト・サイド物語」や「サウンド・オブ・ミュージック」を知らぬ映画ファンはあるまいが、この二本の映画でアカデミー監督賞を受賞したロバート・ワイズの名は、あまり記憶されていないようだ。

確かに前者の、若者たちの肉体が躍動する斬新なミュージカルシーンは、共同監督のジェローム・ロビンスの振り付けの成果だったし、後者は、主演のジュリー・アンドリュースが歌った「ドレミの歌」で広く世界中に愛された。

ワイズは手堅い演出で、両者をミュージカルの傑作を超えた映画史上の名作に仕上げたが、ドラマ部分の演出はむしろ自らの個性を抑え、歌や踊りを邪魔せぬよう努めている。演出家としてのワイズは、作品の中で身を潜め、自身をあえてアピールしない。

じつは彼のキャリアは、一九三九年にフィルム編集者として出発している。ハリウッドでは、伝統的に助監督からではなく、編集者から監督に転じた人材が多いのだが、フィルム編集とはプロデューサーとの共同作業で、撮影済みのフィルムは監督の個性から切り離され、世界中の観客を相手に物語が紡がれる。

ワイズの作品歴は、ホラーからSF、西部劇、戦争映画、社会派サスペンスと、まことに多彩、しかも佳作揃《ぞろ》い。これは編集者としての技量に支えられた演出術というべきであろう。

カンヌ国際映画祭で国際批評家連盟賞を受賞したボクシング映画「罠」をはじめ「砂漠の鼠」「重役室」「トロイのヘレン」「傷だらけの栄光」「悪人への貢物」「私は死にたくない」「深く静かに潜航せよ」「拳銃の報酬」と、彼の五三年から五九年までの諸作品を並べていくだけで、オールドファンなら、あ、あれも！　あれも！と若き日のロバート・ライアンやポール・ニューマンの雄姿とともに、その輝きを思い出すことだろう。

さらに「たたり」「砲艦サンパブロ」「スター！」「アンドロメダ…」「ヒンデンブルグ」「スター・トレック」…古い記憶の中に隠れていた「月下の銃声」も「西部の二国旗」も、それらはみんなロバート・ワイズ！

ワイズが編集者として最初に手掛けたのが、ミュージカル映画の名作、フレッド・アステアの「カッスル夫妻」、続いてオーソン・ウェルズの歴史的傑作「市民ケーン」であったことを考えれば、彼の作品のすべてに通底する作家性が見えてくるのではないか。すなわち、娯楽も芸術も、等しく「映画」としての魅力を持つべきである、と。

映画監督になるには脚本を学べと言うが、脚本が自らのためのものとするなら、編集は観客のためのものである。今の若い人たちには、ロバート・ワイズをこそ学べ、とあえて言っておこう。（映画監督）

二〇〇五年九月二六日

きわだった持続の人
飯沼二郎氏を悼む

鶴見俊輔

飯沼さんは、私といれちがいに京大人文科学研究所に入ってこられたので、私と同僚だったことはない。農業経済学は私から遠い専門分野で、ここでも学問として交錯するところがない。飯沼さんは「朝鮮人」という雑誌を起こして、在日朝鮮人のことを考え続ける場所とした。この雑誌をとおして親しくなった。彼が一つのことをはじめると、それから手を離さない。その持久力にひかれて、四十年のつきあいを保った。

米国の日本占領のとき、米国の中央政府は日本本土に住む朝鮮人を考えるゆとりがなく、占領政府にワシントンから指令がこなかったと、占領軍にいたワーグナーは「日本における朝鮮人少数民族」に書いた。その結果、日本に住む朝鮮人少数者に対しては戦前戦中の日本の官僚による扱いがそのまま残った。

そのひとつが長崎の大村収容所であり、戦後になっても、入国管理法に違反した米国人に対しては、九州のホテルに軟禁したりしたが、日本の旧植民地朝鮮と台湾の出身者は大村収容所に入れた。そこからの一通の手紙にこたえて、飯沼さんは「朝鮮人」という個人雑誌をつくり、大村収容所が、朝鮮・台湾出身の違反者に対する差別処置をやめるまで発行を続けた。

雑誌の中身は毎号、在日朝鮮人と編集同人との座談会であり、その場所は飯沼さんの家であり、夫人の手料理でもてなされた。

新しい号ができると、飯沼さんはまず予約購読者に送り、つぎに、リュックに雑誌をつめて、京都と大阪の書店に置いてまわった。前に置いたものの残りを回収するのもそのときで、一冊も売れていない所もあったが、めげることがなかった。雑誌は、弁護士小野誠之氏が、朝鮮・台湾出身者のための特別の収容所としての働きは終わったということを確認するまで続いた。具体的な目標をかかげて、それが達成されるまで続けるという、日本の市民運動で希有（けう）の例となった。

これは、京都という町がそのはじまりからもっている、よそ者への寛容という特徴に助けられた。桓武天皇がこの都をひらく前に、京都には朝鮮からの渡来者の集落があった。この特徴からか、京都には東京ほどの差別がないと思う。（たとえば関東大震災のときの在日朝鮮人六千人以上の虐殺）。日本国内のよそ者に対する寛容ということにも、その特徴は影響を及ぼしている。「朝鮮人」の同人の多くは、京都の外からきて住んでいる者たちだった。

雑誌「朝鮮人」は、飯沼さんが中心にいたもうひとつの「君が代強制に反対する市民運動」の根底をつくった。戦前戦中に日本に移住を強制されて、炭坑その他の苦しい作業をになうことになった朝鮮人・中国人の子弟に、学校の式典で君が代唱和を強制することへの反対運動である。この訴訟は負けたが、判決はこの運動の根拠を認めた。しかしその後、日本の教育はじりじりと、日本国によるアジアへの侵略を忘れる方向に進んでおり、それに対する抵抗は、今後も続けるほかない。

私が生きてきた八十三年、日本の知識人（大学出）は、同時代の日本史について記憶を長く保てない人だということを教えられた。同時代人の中で飯沼二郎は、きわだった人である。

（哲学者）

二〇〇五年一〇月一八日

終生、民間の立場を貫く 巴金氏を悼む

坂井洋史

中国近代文学史上、最後の巨星が落ちた。文学は人格の表現であり、社会的関心を忘れてはならぬという、伝統的な文学観を奉じ続けた誠実な作家の死は、確かに一つの時代の終わりを象徴しているだろう。最晩年は病臥（びょうが）したまま、終（つい）に立ち上がることはなかったが、これまで幾度かの重篤状態を脱したと聞くたびに、ある種強靭（きょうじん）な精神が、病んだ肉体もろとも、何かに抗（あらが）っているかのようにすら思われたものである。

▽小市民の姿描く

巴金（は・きん）、本名は李尭棠（り・ぎょうどう）、一九〇四年四川省の地主官僚家庭に生まれた。九四年完結の「全集」が全二十六巻、九七年刊行の「訳文全集」が全十巻、七十年に及ぶ執筆生活の間に、膨大な仕事を残した。二九年、中編小説「滅亡」による文壇登場後、初期の作風は作家の理想の化身ともいうべき青年が、革命と恋愛の相克に苦悩する、情熱的ではあれ、やや類型的なものだった。

それが次第に現実に寄り添った、落ち着いた筆致へと成熟する。多くの青年を鼓舞し、日本でも最も多くの読者を擁したであろう代表作「家」は、自身の生まれ育った家庭をモデルに、封建家庭の非人間性を告発したリアルさと、初期の若々しい情熱が結合して、確かに永遠の青春の書と呼ぶにふさわしい。

抗日戦争期に作家としての円熟を迎える。各地を転々としながら書かれた諸作では、青年期の激情は影を潜め、過酷な現実に翻弄（ほんろう）されつつも、わずかな希望を頼りに生きる小市民の姿が細やかに描かれた。

▽勤勉な翻訳家

「憩園」「寒夜」などの長編は、巴金文学の到達点であると同時に、十九世紀小説の遺産を十分咀嚼（そしゃく）した作家が、思想と手法の両面で、二十世紀文学の仲間入りをした出発点でもあった。しかし、これ以降、五〇年代の朝鮮戦争を題材にした無残な出来の短編を除いても、巴金はついに本格的な小説を完成することはなかった。小説家として幸運だったとはいえまい。

しかし、巴金の大きさは、小説家としての業績のみに由来するものではない。三〇年代以降は雑誌、双書の編集を通じ、多くの作家を世に送る。各種外国語に通じた巴金は、近代中国の最も勤勉な翻訳家の一人でもあった。

▽豊饒の人生

巴金が社会的に影響力を持つに至ったのは、文学を通じて社会に誠実な貢献をし続けたからで、政治やイデオロギーといった外在する権威に頼ったからではない。終生、「民間」の立場を貫いたのだ。その意味では、「随想録」全五巻で、文化大革命を被害者として告発するにとどまらず、文革を容認した自身をも告発したこと、晩年の生き方も見事であった。

改革開放、市場経済導入以降の中国社会が政治の拘束から脱し、多様な価値観の共存を認めつつある今日、これまで権力の与える地位になずんできた知識人は、裸のまま社会に直面している。巴金の自己に忠実な生きかた、民間性が、今の若い知識人に示唆を与えているのは確かだ。

巴金が好んで引用した十九世紀フランスの哲学者ギュイヨーの言葉にならえば、確かに豊饒（ほうじょう）で、開花した百年の人生だった。（一橋大教授）

二〇〇五年一一月二一日

現場報告でもあった批評
東野芳明君を悼む

大岡信

長い間病床にあり、友人たちと会って話す機会もなかった美術評論家東野芳明君が、十一月十九日昼すぎ逝去した。急性心不全と慢性腎不全という病名である。

私は東大文学部の同学年の学生として彼と知り合った。そのころ東野は飯島耕一、栗田勇などと同人詩誌を出している青年詩人の一人だったが、まもなく「パウル・クレー論」なる美術評論で脚光を浴び、さっそうとデビューした。しかし実力が不足しているという弱点は、お互いだれよりもよく知っていたから、勉強しなきゃ、という気持ちが共通してあり、銀座にあった東電サービスセンターで、何時間も部屋を無料で貸してもらって、東野、飯島、大岡の三人で、いわば茶話会的な勉強会を行った。一九五六年三月十七日(土)が第一回だった。話し合ったのは二十世紀初頭の輝かしい詩人アポリネールについて。

今でも東電サービスセンターのような施設があって、やる気のある若者のために無料あるいは少額で部屋を貸してくれるというようなことが行われていたら、どんなにすばらしいだろうと思う。私たちの小さな勉強会は、まもなく十数人の人を集めた「シュルレアリスム研究会」なるものに発展し、それなりの成果をあげた。

東野芳明はその後、批評家として押しも押されもせぬ存在になって行き、結婚した相手がたまたま出光興産創業者で美術蒐集(しゅうしゅう)家の出光佐三さんの長女、孝子さん(のちに画家となる)だったこともあって、佐三さんの応援を得て海外にかなり長期間遊学する機会があった。アメリカの当時若手の新進画家だったサム・フランシスや、ジャスパー・ジョーンズ、ラウシェンバーグらと親しい友人となり、主著「現代美術—ポロック以後」を著した。

アクション・ペインティングの代表画家だったジャクソン・ポロック以降の美術界で最も大きな潮流をなしたのは、アメリカで生じた「ポップアート」だったが、東野芳明はまさにこの大きな潮流の誕生と時を同じくして美術批評家としてのキャリアを開始したのであり、その重要な作家たちと親交を結んだ批評家でもあったわけで、彼の批評文が単なる紹介文ではなく、面白さに満ちた現場報告の性格をふんだんに持っていたのも、その文章の大きな特徴だった。

彼は生きのいい文章の書き手だったが、その側面は自称「軟評論」の「パスポート/ナンバー/328309」によくうかがわれる。国際人として広い範囲の交友圏を持っている人間だったが、生まれは日本橋馬喰町。チャキチャキの下町っ子で、時には歌舞伎のせりふや長唄のひとふしも口ずさんで、バーのお嬢さんたちを驚かすこともあった。長い歳月を病床にあったことは、実に無念だったことだろう。私にはその無念さが痛いように感じられる。(詩人)

二〇〇五年一二月一日

穏和な優しさ支えた頑固さ
脇田和さんを悼む

粟津則雄

脇田和さんが亡くなられたと聞いて、強く心を揺さぶられた。一九〇八年のお生まれだから九十七歳ということになる。天寿を全うされたと言うべきだろうが、とてもそういう紋切り型で片付ける気にはなれないのである。

脇田さんと親しいお付き合いがあったわけではない。ただ、かなり以前、ある美術雑誌で対談をしたことがあって、これは私にとってまことに印象的な出来事だった。

脇田さんと言葉をかわすのはこれがはじめてのことだったのだが、その静かだがよく響く声も、時折はにかんだように口ごもる独特の口調も、いつもほほえみを絶やさぬ、おだやかでやさしい表情も、ご自分の絵について語るときに見せる、それとは対照的な、いかにも画家らしい、あるきびしさのしみとおったよく光るまなざしも、今もはっきりと記憶に刻まれている。逝去をきいて、それらがすべて鮮やかによみがえるのである。

もちろん、「新制作派」の中心的画家のひとりとしての脇田和の存在は早くから知っていたし、その作品のふしぎな魅力に心を引かれていた。だが、その魅力には、あいまいで中途半端な分析を加えれば、われわれの手からすべり落ちかねないところがあった。

脇田さんの作品世界は、小鳥と子供が中心主題となっていて、せまいと言えばごくせまい。また直ちに目につくような造形上の方法的冒険も見られない。また、色彩においても、激しい対照や重ね合わせによって見る者を刺激することもない。そのためついうっかり、折衷的な叙情的作品と見あやまることにもなるのだが、実はそういうものではまったくない。

たしかに脇田さんは、代表作である「鳥追い」(一九五四年)、「あらそい」(五五年)をはじめとして小鳥や子供をくりかえし描いているが、そこには自己模倣のかげもない。それらは、彼の絵画的動機がもっとも集中的に立ち現れる、尽きることのない源泉である。そこからは刻々に新たにみずみずしいイメージが生まれ出るのである。またそこには、これ見よがしな方法的冒険こそないが、ここかしこに周到な造形上の工夫が精妙に埋めこまれていて、ゆっくりと眺めているとそれらが次々と身を起こしてくる。

脇田さんの作品は、具象絵画でもなければ抽象絵画でもない。だがそれらの単なる折衷でもない。それらのそれぞれがその特質を打ち出しながら、厳密に、だがいかにものびやかに結びあい、絶妙の表情を生み出している。これはわが国の絵画の、ある独特の成熟を示していると言っていいだろう。

脇田さんと対談したとき、私にはこういうことがいかにもよくわかった。脇田さんのおだやかさやさしさは、奥深いところでおそろしく頑固な、だがいささかもこわばったところのない個性に支えられていたが、それはまさしく、脇田さんの絵画の特質にほかならないのである。

ご冥福を祈る。(文芸評論家)

平成十八年

2006

二〇〇六年一月一七日

最後の「全身漫画家」加藤芳郎さんを悼む

やなせ たかし

加藤芳郎氏が一月六日亡くなられた。僕が知らせの電話を聞いたのは一月十四日の夜である。そして発表は一月十七日に、日本漫画家協会からしていただきたいというのがご遺族の意向であった。いかにも加藤芳郎氏らしい。「せっかくの正月に他人に迷惑を掛けたくない」という心遣いからだと推察している。

戦後敗戦の焦土の中から漫画はめざましく復興して、漫画集団は第二の黄金時代を迎えて戦後派の新人漫画家が大活躍を始める。その中で若くしてナンセンスギャグ漫画の旗手として群を抜いていたのが加藤芳郎氏である。とにかく絵が軽妙であか抜けている。ナンセンスの天才というか、絶対的におかしい。

ぼくは何度も読んでいて笑いころげてしまった。どこからこんなギャグを思いつくのか、頭脳の構造、脳細胞そのものの素質が違うと思った。加藤芳郎にはかなわない、ナンセンス漫画では絶対に勝てないとあきらめるしかなかった。

色白で長身、モジャモジャの天然パーマで、おでこが飛びだしていて鼻下にチョビひげという愛嬌（あいきょう）たっぷりのルックスで、話術の達人、漫画の中からそのまま抜け出してきたような絶妙のキャラクターの持ち主である。

加藤芳郎が加わると座が華やかになる。パーっと明るくなる。漫画も面白いが本人も面白い。どんな服を着せてもピタリさまになる。芝居をさせれば三木のり平が「漫画家にしておくのは惜しいが加藤さんが漫画家でよかった。喜劇役者だったら俺（おれ）が食われてしまう」と言ったぐらいである。

その後タレントとしてテレビで活躍するようになり、ＮＨＫの「連想ゲーム」の男性軍キャプテンとして、また多くのＣＭに出演してお茶の間の人気者になっていく。本人も自信満々で、僕らは彼を「自信加藤」と呼んでいたのである。

漫画の天才は星の数ほどいる。しかし加藤芳郎氏のような全身漫画家と呼べる人はもう出現することはないのではないか。

明らかにひとつの時代が終わった。

現在日本も含めて世界の漫画界はストーリー漫画が全盛である。寸鉄人を刺すひとこま漫画は衰退している。この風潮に対して加藤芳郎氏は最後まで抵抗していた。「ゴチャゴチャ描き込んだ絵は漫画ではない。漫画の王道はあくまでもナンセンスな笑いが一番だ」。江戸っ子らしい粋な言動、ダンディーな感覚の、漫画家らしい漫画家であった。

会えばいつも楽しく、いつも陽気で、いつもおかしかった。そして仲間との遊びも全身で楽しみ、女の子にもモテモテ。

嘆いてもしかたがないが加藤芳郎氏にはもっと長生きしてほしかった。百歳を超えてから枯淡の境地の超ナンセンス漫画を描いてほしかった。超天才加藤芳郎ならそれは決して不可能ではないはずと確信していたのに。

さよなら　加藤芳郎君。

天国で天使たちを大笑いさせ、現在の悪夢のような犯罪が頻発する世の中を楽しく快活に明るくしてください。（漫画家、日本漫画家協会理事長）

二〇〇六年一月三一日

東洋の大人の風格
パイク氏を悼む

南條史生

ナムジュン・パイクが逝った。彼とともに一つの貴重な時代が終わったという感慨が、重く残る。

彼はビデオアートの創始者である。それ以前には、ビデオアートなど、誰も考えたことがなかった。いまコンピューターを使ったアートを含め、メディアアートというジャンルができているが、その淵源（えんげん）は彼にある。新しい技術として登場したばかりのビデオというテクノロジーを、いち早くアートに取り入れたところに、彼の先見性がある。

もともと、彼は一九三二年、韓国生まれだが、五〇年には、朝鮮動乱を逃れて、来日し、東大で現代音楽の「シェーンベルク」を研究していた。日本とは縁が深い。奥さまもビデオアーティストの久保田成子である。彼は、五六年には西ドイツ（当時）に渡った。そこでフルクサスというアート運動に参加し、パフォーマンスを含むさまざまなアートの実験を行った。ビデオは、その実験材料の一つであったのだろう。

六四年にニューヨークへ移住。ドイツ以来開発してきた自作の電気的楽器、ロボット、テレビモニター、ビデオテープなどを自由自在に用いながら、多彩な作品を紡ぎだした。その間の交遊はジョン・ケージから始まり、フルクサスのアーティストであったヨゼフ・ボイス、小野洋子など、幅広い。

私が最初に彼とじっくり話し合ったのは、八四年に東京都美術館（上野）での個展の準備で、来日している時だった。大きな展示室の床の上に、映像が流れっぱなしになっているモニターと多数の植木が展開しているインスタレーション「ＴＶガーデン」を見たときは、アートにこういう表現があり得るのか、という驚きに圧倒された。

また、古いテレビのモニターの中身を捨てて、そこに金魚鉢をはめ込み、金魚が泳いでいるのを見る、という人を食ったビデオアート作品もある。彼のすごいところは、ビデオアートの創始者であっても、そのテクノロジーを使うことにとらわれずに、あくまでも、いかなる素材も、上からわしづかみにし、手玉に取って、冗談ともユーモアともつかない作品に転換するその力量である。

それに彼はスケールが大きい。八四年に、彼は衛星放送を使って「グッドモーニングミスター・オーウェル」を実現した。この作品は彼の作った映像を多数のアーティストのリアルタイムの参加とともに、米、仏、西独、韓国で同時放送するものだ。これは考えようによっては、彼が自分の作品で地球をくるんでしまったのだということができる。

その後に、彼のニューヨークのスタジオを訪ねたことがある。なぜビデオを使おうと思ったんですか、と聞いたら、「誰もやっていなかったから、ライバルがいないと思ったんですよ」という。本当は、興味があったから研究したのだろう。だが、彼はそういう答え方をした。しかし、そこに彼の生き方の真実があるような気もする。

彼は、すでに存在している道をたどることをしない。誰もいない道を行こうとする。そこに有るのは競争ではなく、孤独だ。孤独を生きていたから、あれほど、他者に寛容で、交遊が広かったのだろう。その生きざま、作品はグローバルでローカル、先駆的で伝統的、硬派であると同時に柔軟で、まさに東洋の大人（たいじん）の風格を持つ、底知れぬ深いものだった。巨星、墜（お）つ。冥福を祈りたい。

（森美術館副館長）

二〇〇六年二月九日

一貫性ある姿勢保った師
都留重人氏を悼む

鶴見俊輔

都留重人は、私の生涯を通して先生と呼ぶ人だ。

それは、アメリカではじめて会ったときに私は十五歳、都留さんが十歳上という、年齢の差によるところが大きい。それまでに、私は日本で小学校卒業という最終学歴だった。この学力差は、昭和年代の師弟関係というよりも、明治以前にあったものに近い。

もうひとつの事情は、都留さんとのつきあいの同時代が、日本にとって、軍国主義時代、アメリカとの戦争の敗戦、戦後の経済復興という三つのちがう社会にかわってゆき、その間に、一貫した理想をもつことがむずかしかったということである。その三つの時代をとおして一貫性のある姿勢を保つ師としての姿をもつ人が、私としては都留重人のほかに見つけられなかった。そのように、私にとって七十年が過ぎた。

都留さんは、私にとって、経済学の師ではない。小学校を卒業したという学歴をもつ、一個の少年として、都留さんの前に立ったので、時代に対する彼の考え方、学問というものについての彼の把握力が、個別の学問上の専門領域をこえて、私に影響をあたえた。

つきあいの初期、都留さんは、細入藤太郎（後の立教大教授）と一緒に共同自炊をしており、そこに私をまねいた。とりの水炊きだった。細入さんはハーバードの図書館にかよってトマス・ウルフの自署原稿の研究をしていた。

そのときの雑談で、君は、佐野碩のいとこだろうと問いかけて来た。というのは、都留さんが渡米の原因となった日本の高等学校からの放校のとき、つかまえた警察官が、こんなに簡単につかまっちゃ駄目じゃないか、佐野碩ならば共同便所に入っても出てくるときは女の姿になって出てきてつかまらなかったと訓戒をたれたそうである。

都留さんが私に対して示した好意は、佐野碩によるところもあった。

都留さんの部屋には、日本からもってきた本があり、その中にフランス百科全書の中心人物ディドロの対話編（本間喜代治ほか訳）があった。後に、外務省在外研究員だった東郷（当時は本城）文彦をまじえて、都留さんの部屋で、このときには正子夫人による食事のもてなしをうけた上で、「ダランベールの夢」の交読を試みたことがあり、これは、十年後に私が桑原武夫を中心とする「フランス百科全書」の共同研究にくわわる伏線となった。

プラグマティズムの研究に私を導いたのは都留さんであり、ウィリアム・ジェイムズの即興の問題解決、当時ハーバードで知られることのなかったマクス・オットーが環境について人間の活動との関連で定義をしたことなど、都留さんの雑談をとおして私の中に入って来た。（哲学者）

二〇〇六年二月一七日

変貌重ね生き切った芸術家
建畠覚造さんを悼む

堀浩哉

「戦後日本の抽象彫刻をリードした彫刻家」というのが建畠覚造さんに冠される、お決まりの言葉だったが、実際に建畠先生が「抽象彫刻」を作っていたのは一九六〇年代末までのことだった。

先生は、戦中の人体彫刻から始まって、戦後はヘンリー・ムーアの影響を受けた人体の抽象化に向かい、五〇年代前半のパリ留学をはさんで、六〇年代にはさらに内臓のような有機的な形態の「ORGAN」シリーズで、抽象彫刻家としてのゆるぎないピークを迎えていた。

しかし、五十歳になった六〇年代末にはその抽象彫刻をさらりと捨て去り、先生は変貌(へんぼう)し、跳躍した。ネクタイや傘などをポップに組み合わせ、煙や雲や煙突が、書き割りのようにそこはかとなくユーモラスに立っている。理知的できまじめな建畠覚造が、知的に突き詰めていった結果、ふとユーモアを引きずり込んでしまったというように。

それからもさらに先生は、変化しつづけた。ランドスケープや波打つ形、渦巻きや地層やはしご、さまざまなものが引用されて、それはもう具象でも抽象でもなく、見る者に直接、開かれた世界の構造を見せてくれるような、そんな類例のない作品を先生は作りつづけてきた。

昨年来、入退院をくり返し闘病中だった建畠先生が亡くなられたのは十六日朝だったが、その三日前の十三日には、先生を囲むグループ展が東京都内の二つの画廊で始まったばかりだった。

この展覧会は当初、先生の旧作を並べる「文化功労者顕彰記念展」として企画されたのだが、先生自身が単なる顕彰記念展などはやりたくない、自分が信頼するアーティストたちと一緒に「想像上の新しい芸術運動」としての展覧会をやる、と強く主張されて実現したものだった。

とはいえ、痛みの激しい先生はもはや実際に制作をすることはかなわない。それでも、消灯後の病院のベッドの上で作品を考える。空想上のデッサンをする。作ることと作らざることを共に含むような作品の可能性を夢想する。ベッドを舟に見立てて、闇の中で未来に向けて必死に舟を漕(こ)ぐように。展覧会のタイトルは「闇に漕ぐ舟」と名付けられた。

ところが、二月に入って、先生は突然デッサンを描きはじめた。痛みを押して。展覧会前日の十二日までのわずか十日余りで、その数四十四点。これまでのデッサンが、彫刻のための覚書のようなものだったとすれば、今回は何のためでもなく、それ自体が作品としての、それだけに線そのものが躍動しているデッサン。建畠覚造は、まだ変貌しようとしていたのだ。

そのデッサンには、見る者を奮い立たせてくれる力があった。最後の最後まで、現役の芸術家として生き切った上での、見事な死に方だった。(美術家、多摩美術大教授)

二〇〇六年二月二〇日

腕まくりして町をのし歩け
茨木のり子さんを悼む

田村さと子

茨木のり子さんが亡くなられた。自宅の寝室で亡くなっているのを見つけられた、と聞いて、誰にも「倚りかからず」に自分の二本足のみで立ちながら、いかにも彼女らしく逝ってしまった、と思った。

茨木さんに初めて会ったのは、お茶の水女子大学付属幼稚園の園長室で、もう四十年近くも前になる。当時、教育学者の周郷博先生が園長を務めていて、詩を書き始めたばかりの学生で、彼女の初期詩集「対話」や「見えない配達夫」に夢中だった私は、恩師の周郷先生にねだって会わせてもらったのだ。

茨木さんは沖縄の詩人山之口貘の伝記を書いたばかりだった。危篤状態に陥った貘さんがしきりに周郷先生に会いたがり、家族が周郷先生に頼んで駆けつけてもらったという。その先生から面会の申し込みを受けたので、茨木さんは初対面だったにもかかわらず、喜んで出かけてきてくれた。

彼女の引き締まった美しい足首と、その後に行った飲み屋でおいしそうにビールを飲み、しきりにたばこを吹かしていたことが印象的だった。まだ私の周囲ではそのような女性は少なかったのである。

それから私が詩集をお送りするたびに丁寧なお手紙をいただいた。地球規模の連帯感や歴史観、マージナル（周縁的）な存在への視点を褒めてくださったが、それは彼女の作品が与えてくれたものが、私の感受性の根っこで息づいているのだ、と思っている。

〈どこかに美しい人と人との力はないか／同じ時代をともに生きる／したしさとおかしさとそうして怒りが／鋭い力となって　たちあらわれる〉（「六月」より）

私の連帯感は「六月」のこの部分から受けとめたものである。

また、歴史に対する強い批判精神をもちなさい、と教えてくれたのは詩編「いちど視たもの」だった。〈いちど視たものを忘れないでいよう〉とのリフレインを挟んで第二次大戦や中国人民革命が語られているが、歴史を測定する眼球を持つことが大切な武器になることを訴えている。

「貘さんがゆく」や長い年月をかけて翻訳された「韓国現代詩選」、長編詩で取りあげた強制連行された中国人劉連仁を見ればわかるように彼女の感受性には正義感とマージナルなものへの共感があふれている。

自由に生きることにあこがれながら、おそるおそる歩き出した戦後の女性たちに、腕まくりをして町をのし歩きなさい、舌なめずりをして生きなさい、と作品でも生き方でも、背を押し続けてくれた頼もしい姐御（あねご）だった。（詩人）

二〇〇六年三月三日

本物中の本物だった
演出家久世光彦氏を悼む

大石静

久世さんから思いがけない電話をいただいたのは、半月ほど前の夜だった。

「久世さんです」という第一声は、いつもと同じだが、「おまえさんの大河はいいね。戦より家の中のことを描きなさい。きっと代表作になるよ」と、信じられないような言葉が続いた。久世さんに出会って十数年になるが、褒められたのは初めてだったからである。久世さんはさらに続けた。

「おれはもう死ぬから、おまえさんとは、この先一緒に仕事はできないけど、頑張りなさいよ」

こんな台本では撮れないと、原稿を投げ返されたことはあっても、頑張れよなんて優しい言葉をかけられたこともなかったので、私は頭がクラっとするほど驚いた。一体何が起きたのかと思ったが、この電話が、久世さんの声を聞いた最後になった。

聞けば、亡くなる前の晩までとてもお元気だったというが、久世さんは、命の灯が消えようとしていることを、無意識に感じておられたような気がしてならない。

久世さんはテレビの演出家としては、時代の先端を走った人であり、私たち世代は、久世ドラマで育った。「七人の孫」「時間ですよ」「寺内貫太郎一家」のさまざまな場面を、私は今でも思い出すことができる。舞台のように横に並んだ食卓風景の斬新さ。風呂屋の脱衣所のアナーキーさ。でもドラマの中身はみな、大家族のきずなを描いて普遍的だった。

「ムー一族」では、収録部分と生放送を合体してドラマをつくった。今でこそ当たり前のことだが、当時としては誰も思いつかないとんでもない発想だった。

向田邦子（むこうだ・くにこ）さんとともにつくられた「寺内貫太郎一家」の中で、忘れられないシーンがある。ふらりと寺内家を訪れた女（いしだあゆみ）に、一目ぼれしてしまった息子（西城秀樹（さいじょう・ひでき））が、その謎の女を尾行して行くと、女はなぜか墓地に行き、墓石の陰にしゃがんで放尿する。それを盗み見た息子は、ますますその女の虜（とりこ）になってしまうのだ。放尿した後、金縛りのようになっている息子の前を、女がニヤリと謎のほほ笑みを浮かべて通り過ぎるシーンを見て、私はあまりのすごさに倒れそうになった。人の心の不条理さと、男と女のエロスの深淵（しんえん）が、鮮やかに表現されていたからだ。

テレビの演出家だと思っていた久世さんが、「一九三四年冬—乱歩」を書かれた時、これまたがくぜんとした。こんなこと他の誰にも書けないと思うような物語の構築力と、人物の生めかしさ、つやっぽさ、文章の美しさは、衝撃的だった。大勢の視聴者を取り込まねばならないテレビと違って、小説には久世さんの持てる知性が凝縮しており、作家が厳しい目で読者を選んでいる気もした。

私が一番好きな久世さんの小説は「陛下」、こういう小説こそ、読み継がれてほしい。

ああ、久世さんのことならいくらでも書けるのに、紙面がない。

さよなら、久世さん。気難しくて怖かったけど、久世さんはまさに本物中の本物だった。

（脚本家）

二〇〇六年三月二三日

Jポップの基礎築く作曲家宮川泰氏を悼む

伊藤強

一九六三年、宮川泰さんが作曲したザ・ピーナッツの「恋のバカンス」が発表された。当時、この曲は、どのように受け止められたか。

確かに、この作品は、ザ・ピーナッツにとって最初のヒット曲である。世間は、この曲によって、この双子のコーラスデュオの存在を知ったし、支持もした。だが、音楽関係者からは、この曲は「無国籍歌謡」という評価だった。

曲は欧米風だが、日本人の作曲であると、たぶんに侮辱を含んだ評価だったのだ。このような画期的な作品を作曲した才能への羨望(せんぼう)があったのだろうが、まだまだ日本では、そのことを積極的に評価する機運にはなかったのである。

だが、この作品こそが、日本の歌謡曲を、いい意味で欧米化するきっかけになったことは間違いがない。つまり、宮川泰さんは、いまJポップと呼ばれる音楽の基礎を作った人だ、と言っていいのだ。

宮川さんは、ジャズグループの平岡精二クインテットを経て渡辺晋とシックスジョーズに移り、そこでザ・ピーナッツを知り、テレビの草創期に数多くの音楽を手がけた。とくに、日本テレビの「シャボン玉ホリデー」で、クレージーキャッツと作った音楽は、陽気な、言いようによってはドタバタの雰囲気があり、他の追随を許さなかった。そして、アニメ大作「宇宙戦艦ヤマト」の主題歌は、いまでも多くの人たちの記憶に残る。

アレンジャーとしても、多くの楽器を駆使し、ともかくも楽しいサウンドを作り上げることに心血を注いだ。彼が作ったテレビの音楽には、独特の輝きがあった。

もう一つ、宮川さんには「サウンド解剖学」という著書がある。これは新聞連載百回分をまとめたものだが、連載中の七九―八一年当時のヒット曲を一曲ずつ、譜面つきで解説したもので、そのときの制作者たちの狙い、曲の出来栄えなどを、一つ一つ分かりやすく説明している。

実はこの一冊に感動した筆者は、宮川さんに「これのライブ版をやりましょう」とたきつけて、一緒のステージを踏んだことがある。つまり宮川さんは、作、編曲家であるだけでなく、ライブアーティストであり、同時に大衆音楽についての啓発家でもあったのである。

その語り口は、常に陽気で、快活で、前向きの気分に満ちていた。NHKでさまざまな番組のなかの音楽を手がけたほか「紅白歌合戦」のフィナーレでの「蛍の光」の指揮を長年務めたのも、その陽気でバランスのとれたキャラクターが高く評価された結果だろう。

北海道出身らしくスキーが得意で、若いころは、冬は常にスキーを楽しんだと聞いたが、晩年には腰を痛めて、あまり出かけることはなかったという。古希の祝いの席で、しばらくぶりでお目にかかったのが最後になってしまったが、「七十になっちゃったよ」と言いながらも、なお、これからの仕事に意欲を見せていたことが記憶に残る。

まだまだ、現役の音楽家であった。もう一度、一緒に仕事をしたかった。残念でならない。合掌。(音楽評論家)

二〇〇六年四月四日

多彩な作品で時代を牽引
村上元三氏を悼む

縄田一男

村上元三氏死去の知らせは、一昨年の南條範夫氏のそれ以来の、歴史・時代小説界の長老の訃報（ふほう）であった。

村上氏は、明治四十三年、逓信官吏であった父の子として朝鮮の元山で生まれた。その後、父の仕事の都合で、朝鮮、大阪、北海道、樺太等を転々とし、東京に落ちついたのは、小学校五年の時で、青山学院中等部に在籍したころより同人誌をはじめたという。その後、父は官吏を辞めて独立するが事業に失敗。村上氏は、昭和九年、「サンデー毎日」の懸賞小説に股旅（またたび）もの「利根の川霧」で応募、これが選外佳作となり、五十円の賞金を得たことで職業作家としての道を歩みはじめることになる。

同十三年、生涯の師となった長谷川伸の脚本勉強会「二十六日会」及び小説勉強会「十五日会」に参加。同十六年「上総風土記」で直木賞を受賞。初期は「先駆者の旗」、「颶風の門」等、幕末から明治初頭にかけての歴史のうねりの中での開拓を描く一連の〝北方もの〟で頭角をあらわしていく。

が、何といっても村上氏の名前を、一躍ポピュラーなものとしたのは、昭和二十四年から二十五年にかけて「朝日新聞」夕刊に連載された「佐々木小次郎」であった。この作品は、GHQの指示により禁圧下におかれていた本格的な時代小説の、そして夕刊小説復刊の記念すべき第一弾である。主人公はかつての「宮本武蔵」（吉川英治）のライバルであり、その人物像を武蔵と正反対の挑戦者としたところに意義がある。

武蔵が太鼓のばちさばきから二刀流を思いつくのに対し、こちらは出雲の阿国の弟子まんの舞いからつばめ返しを編み出すというようにあくまで優雅。そのまんをはじめ数々の女性とのロマンスを重ねつつ、最愛の女性兎禰と結ばれるという設定も、お通の愛を受け入れられぬ武蔵とは対照的だ。小次郎は武蔵のストイシズムとは正反対のエピキュリアンとして登場するが、それはこの作品が戦後の開放的な雰囲気の中で書かれた青春小説であることと無縁ではない。

村上氏は、戦前は鞍馬天狗の敵役のイメージの強かった新選組の興亡を大作「新選組」で取りあげ、これまた戦前では大悪人とされていた「足利尊氏」を主人公にしている。このあたりに、村上作品の戦後史的意義を見出すことが出来よう。さらに、映画化された「次郎長三国志」やNHK大河ドラマの原作となった「源義経」等、映像化されたヒット作も多い。

また、「加賀騒動」の大槻伝蔵や「田沼意次」等、従来の歴史観では悪人とされて来た人物に斬新な解釈を与えた作品も印象に残る。好評を博した連作に、旧幕時代は八丁堀同心で維新後はそば屋の主人となった加田三七を主人公にした捕物帳があり、その作品数は膨大な数に上る。

近年は作品の発表こそなかったが、昭和から平成へ常に第一線で活躍し、多彩な作品で時代を牽引（けんいん）してきた功績は多い。心から冥福をお祈りする。（文芸評論家）

二〇〇六年四月六日

思考実験と非情な帰結
S・レムが探求した世界

小谷真理

東京で花の季節が始まったころ、現代SFを代表するポーランド作家スタニスワフ・レムの訃報（ふほう）を聞いた。

レムを初めて読んだのは学生時代。日ごろ読みなれていた英米作家たちとは、ずいぶん感触がちがっていた。英語圏の作家たちは、どんなにきまじめな話でも、基本は多幸的。いかなる危機が起こってもウインクしてみせるような、おちゃめな雰囲気があった。一方、レムは、どんなに冗談めいたシチュエーションでも、どこかに不安分子をひそませており、重々しく、違和感に満ちていた。しかし、圧倒的におもしろいのも、事実。

一番好きな「砂漠の惑星」は、機械生命体に追いつめられる惑星探検隊のお話。科学的な記述がマジメにきっちり書き込まれていて、まるで迫真のノンフィクションを読んでいるかのよう。ありふれた話を読んでいるんじゃない、と実感させる、あのリアルで重厚すぎる読後感は、忘れられない。

レムの名を全世界的に知らしめた「ソラリス」も、すご味のあるロマンスだった。この世には、けしてわかりあえない他者がいる、というあたりまえの事実をつきつけたのは、この作品だ。

ソラリスとは、遠い未知の惑星の名前である。表面上は海で覆われ、その海全体が知的生命体らしいということで、観測ステーションが設置される。しかし異変が起こり、心理学者ケルヴィンが派遣されるが、彼もまた異変に巻き込まれるのだ。赴任してみると、かつてけんかしたあげく自殺したはずの恋人が姿を現わす。ソラリスの海が、ケルヴィンの記憶を読み取り、恋人そっくりの生命体を造り出してしまったのだ。

もし、失恋や別離の痛みを知るひとなら、この怖さと哀（かな）しさの正体に、胸をつかれることだろう。

この名作は、一九七二年に旧ソ連の監督アンドレイ・タルコフスキー、二〇〇二年にアメリカの監督スティーブン・ソダーバーグと、くしくも、冷戦の主役たる両大国の監督が映像化している。タルコフスキー監督は、ヒトの記憶のあいまいさと無意識の恐ろしさを美しく崇高なほどに表現し、一方ソダーバーグ監督は、男と女に起こりうる普遍的なすれ違いを、哀愁をこめてメロドラマチックに描き出す。

一昨年、国書刊行会から沼野充義による「ソラリス」の完訳版が出て、あらためて原作の深さに心をうたれた。レムは、ケルヴィンの動揺をじっくり見つめながら、人間の心を試す「海」の様子も容赦なく書き出している。

ソラリスの海が地球人の情動に訴えるのは、じつは人類を実験動物でも扱うかのように、もてあそんでいるだけのことなのだろうか。その超越的な態度は、人智の及ばぬ神の御業（みわざ）にちかい。いや、記憶や情動を含む人間を冷静に観察しようとする点において、ソラリスの海は、おそらく科学者自身の持つ非情な視点を正確に再現しているのではないだろうか。

考えてみれば、レムは、科学の持つ高度な思考実験と、それがもたらすとてつもなく非情な論理的帰結とを、冷静にくまなく探索するのが好きな作家だった。ソラリスの海のように、人類とまったく異なる他者が存在したらどうなのか。科学はヒトを解明できるのか。彼が探求した世界は、二十一世紀の現在もなお、いちばん必要とされている思考を数多く含んでいる。（評論家）

二〇〇六年四月一三日

柔和な外貌に潜む鋭い目
映画監督黒木和雄氏を悼む

品田雄吉

具合が悪いという話はまったく聞いていなかったので、亡くなったと聞いたときは信じられなかった。あんなに元気に、次から次へと作品を世に問うていたのに……。

ここ二、三年、黒木和雄監督は、ほんとうに休む間もなく、といったペースで映画を作り続けてきた。「美しい夏キリシマ」「父と暮せば」、そして「紙屋悦子の青春」(今年夏公開予定)。七十歳を過ぎて、これほど映画を作り続ける監督がいただろうか。

黒木監督は「温顔」という形容がぴったりする人だった。が、その落ち着いた柔和な表情の陰に、今作らねば、といったような、差し迫った思いが潜んでいたのかもしれない。実を言うと、私には、黒木さんがなぜか急いで映画を作り続けているという風に見えてしようがなかった。

記録映画から出発して、「わが愛北海道」や「あるマラソンランナーの記録」といった秀作をものした後、軽々とジャンルの柵を越えて、「とべない沈黙」という詩的な映像感覚にあふれた劇映画を作った。私は、この作品に魅了された。これは今見ても、黒木監督のフィルモグラフィー(全作品)のなかで、ひときわ魅惑的な光芒(こうぼう)を放つ作品だと思っている。

一九七〇年代に入ると、黒木監督はATG(日本アート・シアター・ギルド)と提携しながら、「日本の悪霊」「竜馬暗殺」「祭りの準備」などを発表する。

私は当時、ATGの企画委員をしていたので、黒木監督に長時間インタビューをして、中国東北部(旧満州)で過ごした幼少期の話から映画監督になるまでの話をくわしく聞かせてもらった。控えめなしゃべり方のなかに、しんらつなものの見方やユーモアがさりげなくちりばめられ、柔和な外貌(がいぼう)の内に潜む作家の鋭い目が感じられたものだった。

「TOMORROW/明日」と「美しい夏キリシマ」「父と暮せば」は第二次大戦へのレクイエム(鎮魂)三部作と言われた。この三作で黒木監督は映画作家として円熟の境に達したとされるが、円熟の表層に隠された戦争を憎む思いと映画にかける情熱は決して丸くはならなかったと、私は見る。

日本映画は、もっと見たいと思わせる優れた作家を一人、失った。(映画評論家)

二〇〇六年四月二一日

出会いに導かれた詩精神
飯田善国氏を悼む

酒井忠康

彫刻家の飯田善国さんが旅先で亡くなったという突然の知らせを受けて、びっくりした。大切な人を失ったという思いと、長いつきあいのなかで、飯田さんを介して縁をもつことになった多くの知人・友人の顔がつぎつぎに浮かんできた。これは結局、飯田善国という人の、人間交流の渦のなかに、私もいたということである。

一九九七年に比較的大きな回顧展（神奈川県立近代美術館）をひらいたことがあった。絵画、彫刻だけではなく、飯田さんの内的経験をものがたる詩や文学の領域までを視野に入れた企画であった。

一人の美術家の、世に知られた彫刻家の面だけではないさまざまな表現世界をうかがわせる内容となったのだが、さて、どんなタイトルを付すかという段になって、飯田さんから提案されたのが、「連続する出会い」という一言であった。言い得て妙というか、まさにこれは飯田善国の魂の遍歴そのものを語ることばだと私は思った。

二三年、栃木県足利市に生を受けた飯田さんは、若くして亡くなった兄の感化、ゴッホの影響（複製画を眺め、伝記に感激）などもあって、早くから詩や文学の世界に目覚めた早熟な少年であった。幼少年期のことを書いた「妖精の距離」（小沢書店）という五百七十数ページの途方もない本があるけれども、とてもこれは一人の美術家の伝記などというものではない。

慶大で美学美術史を、東京芸大では梅原竜三郎に師事して油絵を学んでいる。その間に従軍、中国戦線では奇跡的に生還、この体験を踏まえて「大長編小説」を書くもくろみをもつが、これはさすがにあきらめている。しかし、その覚書を野上弥生子さんに貸した——というのが自慢で、よく彼女の名を聞かされた。

またウイットとアイロニーの大詩人、西脇順三郎先生には特別の思いを抱いていて、一緒に詩画集「クロマトポイエマ」（七二年、南天子画廊）を出して精神的な共感を示している。何かの折に、私もこの大詩人と会うことになったのだが、その機縁をつくってくれたのも飯田さんだ。

思い返せば、個性的でアクのつよい詩人たちや編集者たち、あるいは「はぐれ学者」など、美術界の外にいる人たちとの出会いは、飯田さんの人一倍旺盛な好奇心から生まれたといっていい。

望みがかなって渡欧するのは、三十三歳のとき。ローマ、ウィーンに滞在。ウィーンでは一時、小劇場のスターとなっている。彫刻を本格的に制作するようになるのは、六三年以降のベルリン時代からである。帰国は六七年。この十一年におよぶヨーロッパ体験については、数々の著作にまとめられている。

せんじ詰めれば、それは光と闇の交差する時と場の移ろいのなかで、飯田さんの詩精神が、いかなる出会いにみちびかれ、またどのような思索の方法によって彫刻との縁を深めたのか、ということになるだろう。しかも、それは過去との再会ではなく、いつも「創造への出発」となっていた。惜しい彫刻家の喪失である。（美術評論家）

二〇〇六年五月八日

時代の不安を浮き彫り
ガルブレイス氏を悼む

中村達也

　四月二十九日、独自の視点から経済と社会に切り結んできた一人の経済学者が世を去った。ジョン・ケネス・ガルブレイス、九十七歳。人はしばしば彼を異端の経済学者と形容したり、通念への挑戦者と呼んだりする。その彼はこう書いている。「経済学を評価する最終的な決め手は、それが時代の不安を浮き彫りにしてくれるか否かである」と。論理整合的な体系を構築するよりは、鋭い直観にもとづいて「時代の不安」をあぶり出す。そして、独自の演出がかった造語、ユーモアと諧謔（かいぎゃく）を織り交ぜた文体によって、正統派経済学の通念に切り込む。

　ポール・サミュエルソンはかつてこう述べたことがある。「私たちノーベル賞受賞者の大半が図書館のほこりをかぶった書棚の奥に葬り去られてしまう時代になっても、ガルブレイスは忘れられることなく読まれ続けるだろう」と。

　そうしたガルブレイス流の問題提起が注目を集めるきっかけになったのが、まずは『アメリカの資本主義』における「拮抗（きっこう）力」、次いで『ゆたかな社会』での、「依存効果」と「社会的アンバランス」、さらに『新しい産業国家』での「テクノストラクチュア」、そしてBBCのテレビ番組をもとにした話題作『不確実性の時代』。いずれも、現代経済の新しい局面を彼流の新造語によってえぐり出し、それまでの経済学の通念に切り込むものであった。そして晩年の彼の関心は、次第に権力と保守化の問題へと収れんしてゆく。例えば『権力の解剖』では、かつて提唱した「拮抗力」論とは異なり、むしろ権力が集中化している現実を強調する。この場合にも、「条件付け権力」という造語が登場している。

　いまひとつの関心事が、豊かさの生み出す保守化の問題であり、それに踏み込んだのが『満足の文化』であった。アメリカの民主主義は、有権者たる国民全体のものというよりは、現実に投票行動をする「満足せる選挙多数派」のものになっている。

　もちろん、『ゆたかな社会』といえども、貧困を根絶したわけではない。三K的な仕事に携わる多くの貧困者がいる。現代経済に不可欠なものとして組み込まれた彼らの大多数は、外国人労働者であったり、都市のスラム住人であったりする。そして、彼らは、選挙権を持っていなかったり、仮に持っていたとしても、自分たちの要求が政策として容易には受け入れられないことを知っているがゆえに、投票所には行かない。

　一九八〇年代以降、彼らと豊かな人々との格差は拡大してきた。そうした状況を、市場による調整の帰結として受け入れるべきだとする経済学が脚光をあびてきた。もちろん彼は、そうした立場にはくみしない。つい最近になってアメリカ各地で起きている移民労働者の反乱を、ガルブレイスはきっと注視していたに違いない。ほんの数年前、彼はこう書いたことがある。「この年ではもう多くの本を書くことはできない。アメリカにはそのことを喜んでいる人もいるはずだ。保守派の面々である」と。彼は、最後までガルブレイス流を崩さなかった。（中央大教授）

二〇〇六年五月一八日

にじむ滋味深い存在感

田村高広さんを悼む

白井佳夫

俳優の田村高広さんが、七十七歳でこの世を去った。この人とは、ステージで観客を前に対談をやったり、テレビ番組で何度もごいっしょしたりしている。心優しく誠実で、人間的に滋味深い存在感を持った人であった。まさに映画やテレビドラマで見たイメージ、そのままである。現実の人間性というものは、映像作品ににじみ出るものなのである。

無声映画時代からの大スターだった、阪東妻三郎を父とし、生まれ育った俳優三兄弟の長男である。そして正和、亮という弟二人にくらべて、父の風格をいちばん強く受けついだ存在であった。そのためひところ、二代目阪東妻三郎を襲名することを、求められたこともあった。しかし、固辞して受けなかった。

「父にくらべると、まだまだ」と、終生言いつづけた人でもあった。同志社大学卒業後、東京の会社のサラリーマンになったが、父の死をきっかけに俳優に大転身した。「実は映画会社に対する父の負債が、かなり残っていて、とても堅気の勤めでは、私に返せる額ではなかったもので」と、実はその転身の秘密を、そっと語ってくださったことがあった。いかにもこの人らしい、確固たる人生観であった。

時代劇スターだった父親のイメージを、ユニークに変えた「破れ太鼓」という現代喜劇を作ったのと同じ、木下恵介監督によって、「女の園」で俳優デビューした。新人スター育成の名手だったこの監督は、「二十四の瞳」「野菊の如き君なりき」「夕やけ雲」「喜びも悲しみも幾歳月」などなどで、この人を絶妙に使った。ナイーブな、新しいタイプの若者スターの誕生であった。

「張込み」「にっぽんのお婆ぁちゃん」「充たされた生活」といった意欲作で、野村芳太郎、今井正、羽仁進という名監督たちが、その演技の幅をぐんと大きくする。さらに増村保造というシャープで骨太な日本映画を作る監督が、「兵隊やくざ」「清作の妻」で、その俳優としての存在を確固としたものに押しあげる。「兵隊やくざ」は大ヒットした当たり役として、シリーズ化された。

そして「青幻記」「愛の亡霊」「天平の甍」「泥の河」「イタズ」「1000年刻みの日時計・牧野村物語」「忠臣蔵外伝・四谷怪談」「眠る男」など数々の名作が、彼を父親とはまったく違うタイプの、現代的な名優として位置づけたのである。

テレビドラマや舞台での活躍もめざましかった。特に晩年のNHK朝のテレビ小説「ファイト」で、競馬の調教師を演じた彼が、嬉々(きき)として太鼓を打つシーンがあったのが、忘れ難い。これは明らかに、父親妻三郎が名作映画「無法松の一生」で演じた、太鼓連打の名シーンへの、追慕の場面であったから。(映画評論家)

二〇〇六年五月二四日

王さまそのものの寺村さん
寺村輝夫さんを悼む

和歌山静子

近ごろでは、お会いする編集者の方に「私、童話では寺村輝夫さんの『王さま』シリーズの大ファンなんです」と、よく言われるようになりました。私の担当編集者の中には「今度の仕事の担当は私から志願したんです。子どものころから『王さま』が大好きでしたから」という方もいます。

私が二十六歳の時に寺村さんに出会って、『王さま』の絵を描くようになって今年で四十年になります。当時、どのように絵描きとして歩めばいいのか夢中で方向を探っていた私にとって、寺村さんは「子どもの本の世界」がどんなに素敵(すてき)で素晴らしい仕事の場なのかを教えてくださった恩人なのです。

「寺村輝夫について語れ」と言われたら、太平洋戦争のことを抜きには語れません。あの一九四五年八月十五日、私は五歳でした。寺村さんは私と一回り違いの十七歳です。彼は海軍特攻隊を志願し、予科練にはいり特攻隊員としてまさに飛び立たんとしたそのとき、飛行機が故障して工場で直している最中、その工場が爆撃にあったそうです。

そして寺村さんは十五日を生きて迎えることができたのでした。もし特攻隊員として寺村さんが〝名誉の戦死〟をしていたら、子どもたちが大好きな寺村輝夫独特の「ナンセンステール」といわれた児童文学は存在しなかったでしょう。

寺村さん自身がこう書いています。〈かくして(戦争がおわって)からは、まったく世の中が『さかさま』になった。きのうまで正しいといわれていたことが、きょうになると、悪くなっている〉(「寺村輝夫全童話4」より)

この「さかさま」の世界こそ、平和を願う寺村さんの創作の源だったと思います。死と向き合った青春時代を過ごした寺村さんは、その経験を決して無駄にはしなかったのです。

寺村さんの著作は、二回の全集や「王さま」の書き直しもふくめて三百三十冊以上出版されています。そのうち私が描いたのは百二十七冊にも及びます。

寺村さんは児童文学者として、自分の作品をより良く表現するための絵について、誰に描いてもらうかは、ほとんど自分で決めていました。私には「王さま」シリーズを、絵本作家の永井郁子さんには「かいぞくポケット」シリーズ、ヒサ・クニヒコさんには「寺村輝夫のとんち話」シリーズなど、まるでパズルのピースがぴったりとはまるような、絵に対する洞察力には長年、感服させられました。また、私がこの世界で長く仕事ができたのは、「王さま」というキャラクターを描き続けてきたからにちがいありません。

寺村さん、ほんとうにありがとうございました。そして心から哀悼の意を表したいと思います。(絵本作家)

二〇〇六年五月三〇日

映画の常識はみ出す力強さ
巨匠・今村昌平を悼む

佐藤忠男

今村昌平は日本を代表する映画監督のひとりだった。国際的には「楢山節考」と「うなぎ」で二度、カンヌ映画祭の最高賞であるパルムドール賞をうけた巨匠として知られている。しかしたぶん日本では、その前に作られた「赤い殺意」「神々の深き欲望」「復讐するは我にあり」などを代表作だと考える人が多いだろう。

国の内外で評価の基準が違う、というのとはちょっと違う。これらの作品が作られていたころには、今村昌平の意欲と表現力は世界の映画の常識をはみ出すものであったのだ。それほど今村昌平の映画は既成の映画の型を超える率直さとあけすけさ、そして途方もない力にあふれていた。

「豚と軍艦」では豚の群れが基地の街の路上にあふれ、アメリカ軍にたかってもうけようとしているやくざたちを踏みにじった。

「にっぽん昆虫記」は、売春宿を経営するひとりの女の人生を、珍しい動物の生態でも観察するようなつきはなしたタッチで描いたものである。そのためにセットのほうが楽に撮れる場面も、あえて無理して実際の建物で撮った。こうしてかつてない現実味を生んだ。

「神々の深き欲望」は日本の社会の原型を沖縄の村社会のあり方に圧縮して描き出そうという壮大な野心作であったし、「復讐するは我にあり」では嘘（うそ）と見栄（みえ）から連続殺人の地獄に堕（お）ちていった男の心の闇を、やはりかつてない深さにまで入り込んで描いた。

映画界では撮影所での助手修業が後継者の訓練になっていたが、一九七〇年代になると撮影所では製作本数が減ってそれができなくなった。

今村昌平は一九七五年に同志をひきいていまの日本映画学校をつくり、先頭に立って教育と経営に情熱を傾けた。以来三十余年、いまの日本映画の製作現場のほとんどいたるところで卒業生たちが働いており、監督では三池崇史（みいけ・たかし）や本広克行（もとひろ・かつゆき）、小説家になって映画批評も書いている阿部和重（あべ・かずしげ）など名を成した者も多い。監督としての仕事とともにこれは今村昌平の大きな業績である。

こうして学校をやりながら、カンヌ映画祭の二本の受賞作を含む力作を作りつづけたのである。学生たちに励まされたのが厳しい時代に映画を作りつづけるひとつの力になったということを、生前、学校ではよく語っていた。今村昌平の志はそうした教え子たちによって受け継がれてゆくであろう。（映画評論家）

二〇〇六年六月一日

「本当の文学」を生む思想
米原万里さんを悼む

吉岡忍

米原万里さんは私の隣に座ると、「これ、見て」とささやいた。見ると、テーブルの下で白い封筒がチラチラしている。そこはある新聞社の書評委員会の席上で、十数人の作家や学者がみけんにしわを寄せ、静かに本に目を通している最中だった。私はどぎまぎした。何しろ女性からこっそり手紙を渡されるなんて、小学校上級生のとき以来なのだ。

封筒を開けたとたん、私は溶けてしまった。出てきたのは写真だった。竹かごにうずくまった子猫たちが、うるんだ目でこちらを見つめている。私は猫に弱い。弱い、というのはこの場合、大好きということである。とはいえマンション住まいゆえに飼うのはむずかしい。「猫のいない人生なんて、人生じゃないわよ。どの子がいい?」と彼女は言った。

次の委員会、その次の委員会と攻防はつづいた。三度目など、同じ委員だった養老孟司、池田清彦とともに彼女の自宅まで「拉致」され、現物と対面することになった。どうやら三人とも手紙作戦に幻惑されたらしい。

しかし、「バカの壁」の筆者は私より一枚上手で、「うん、吉岡も猫を飼えば、多少は文章に艶（つや）が出るな」とか何とか、矛先をこちらにずらしてきた。私は観念し、養女を迎えることにした。というわけで一九九七年秋からこちら、米原さんとわが家は「親せき」になった。もっとも、彼女の母上が三年前に亡くなり、葬儀に駆けつけたとき、「あなたは親族席に座るのよ」と言われたときは、さすがに辞退したけれど。

米原さんはかくもユーモアがあり、押しも強くて、何より魅力的な人だった。子ども時代をプラハで過ごし、ゴルバチョフ、エリツィンらの通訳として活躍したことなどはよく知られている。私が最初に会ったのも、二人の権力が入れ替わった当時の激動するモスクワでだった。

その後、機知に富んだエッセーをたてつづけに発表する一方で、ノンフィクション「嘘つきアーニャの真っ赤な真実」と、小説「オリガ・モリソヴナの反語法」を書き、過酷な歴史を生き抜いた人々の姿を圧倒的な筆力で描きだした。彼女は多才だった。だが、単にそれだけではなかったことを、私は一年前の六月、スロベニアの避暑地で開催された国際ペン大会で目撃することになった。

私たちのテーブルで、中国やベトナムからの亡命作家たちが故国の言論の不自由を言い募っていたときである。じっと耳を傾けていた米原さんは、バラ模様のワンピースに包んだ上体をテーブルの半分まで乗りだすと、英語で言った。ロシア語ならお手の物でも、英語の語彙（ごい）はそう多くない。それだけにまっすぐな言葉がその口からほとばしり出た。

「作家は国内にとどまって、普通の人たちのなかで暮らし、同じつらさを耐えるべきです。本当の文学はそこからしか生まれない」

このときの米原さんにはすごみがあった。東欧や旧ソ連で暮らし、見聞きしてきた体験の数々が、そして、エッセーやノンフィクションや小説で書いてきたことのすべてがその言葉に凝縮していた。その場が一瞬、凍りついたようだった。

その夜、私たちは湖畔のレストランで夕食をとった。私はそのとき初めて、いすに体を預けた彼女が目をつむり、苦しそうに浅い息をするのを見た。ガンが米原さんの体をむしばんでいた。（ノンフィクション作家）

二〇〇六年六月六日

多様でみずみずしい世界
清岡卓行さんを悼む

粟津則雄

清岡卓行さんの訃報(ふほう)を聞き、思わず「ああ」とことばにもならぬ声が口をついて出た。彼についてあれこれ考えるより前に、さまざまなとき、さまざまなところでの彼のことばや表情やしぐさがひしめき合うように群がり起こってきて、それだけで心がいっぱいになったのである。

だが、思えばずいぶん長いあいだ彼とは会っていなかった。最後に会ったのは、一九九六年に、彼が詩集「通り過ぎる女たち」によって「藤村記念歴程賞」を受けたときの授賞式の席上だったから、以後すでに十年の時が過ぎたことになる。

あのとき、ひさしぶりに会った清岡さんは実にうれしそうだった。すでに他のさまざまな賞を受けていたから、受賞など別に珍しいことではなかったはずだが、草野心平氏(すでに亡くなっていた)や宗左近氏ら、彼と親しい詩人たちが多く加わっている「歴程」から賞を贈られたことに格別のよろこびがあったのだろう。

彼は、何となくはにかんで、小太りの体を少しかがめるようにしながら、自分が見つけた面白いものを早く人に知らせようと心せいている少年のような、ちょっと口ごもった早口でなんやかや話していたが、そういうときの彼の姿が今生き生きとよみがえるのである。

彼の作品には第一詩集「氷った焔」以来強く心を引かれていた。その後知り合って、次々と詩集や著書を贈られたが、そればかりではない。法政大学でいっしょにフランス語を教えるようになった。おそらく小説の仕事が忙しくなったせいで彼が大学を辞めるまで、ごく身近で過ごしたのだが、これは私にとってまことにえがたい経験だった。

第一詩集の「氷った焔」というタイトルそのものが示しているように、彼のなかには、激しく燃えあがるものとおそろしくさめた冷たいものとが共存している。ランボーにつらなる絶対への希求とのびやかで自然な日常感とが共存している。鋭い批評性とあたたかい諧謔(かいぎゃく)とが共存している。

そして、このような共存がさまざまに絡み合いながら、彼のなかに、鋭く緊張しながらも決してのびやかさが失われることのない批評的渦を生みだしていたようだ。そういう彼と、日常身近で接していることは、私に実に多くのものをもたらしてくれたと言っていい。

彼のこの批評的渦は、「アカシヤの大連」から「マロニエの花が言った」に至る数々の小説を生み、「手の変幻」から「萩原朔太郎『猫町』私論」に至る数々の評論を生み、時には重く時には軽やかだが、いずれも奥深いところから照らし出されているような数々の詩編を生んだ。彼の場合、これらのジャンルは、ばらばらに存在しているわけではない。互いに有機的にかかわりながら、多様でみずみずしい彼の世界を形作っている。このような彼の仕事は、現代に対するある苦い批評にもなっているようだ。

ご冥福を祈る。(文芸評論家)

二〇〇六年六月一三日

困難も楽観的、前向きに 岩城宏之さんを悼む

江川紹子

岩城宏之さんは、「行動の人」だった。あれこれ考え込むより、人に指示を出すより、まず自分が動く。たとえば―

私がレストランで友人と食事中、突然男性から声をかけられた。

「アンサンブル金沢の応援団に入ってもらえませんか」

見ると、「あの」マエストロ岩城が目の前にいて驚いた。聞くと、行く先々でいろんな人に声をかけて、手塩にかけたこのオーケストラのPRをしているのだという。

巨匠と呼ばれる立場なのに、私のような音楽の素人に対しても、とても気さくで優しかった。それは、音楽会のプログラムにも表れている。現代音楽の紹介に力を入れていたが、そういう曲ばかりだと、私のようなミーハー音楽ファンは腰が引ける。でも岩城さんは、現代曲を演奏する時は、よく親しまれた曲を組み合わせることが多かった。

「邪道と批判されるが、僕はメンデルスゾーンのヴァイオリン協奏曲を聴きに来る客に、現代音楽を聴かせたいんだよ」というのが岩城さんの考え。おかげで、私は新しい音楽を聴く機会をたくさんいただいた。

岩城さんの一生は、病気との闘いでもあった。受けた手術の回数をご本人に尋ねたら、「三十回くらい。正確には分からない」とのお答え。けれども、それを悲観したり愚痴を言ったりするのを聞いたことがない。

昨年の肺ガン手術の後も、「いつも早期発見。手術で取ってしまえば治るガンばかりなので、僕はラッキーだ」とおっしゃっていた。

五年前、喉（のど）のガンの手術を終えて退院された直後、私は岩城さんから食事のお誘いをいただいた。ごひいきのイタリアンレストランに行ったが、飲み込む機能が十分回復していない岩城さんは、食べられるものが限られていた。ご飯のように噛（か）めば粥（かゆ）状になるものはよいが、好物のスパゲティはツブが残るので、気管に入り込んで肺炎を引き起こす危険があった。

奥様（おくさま）の木村かをりさんを交えて、いくつかのメニューを試した。ラビオリを召し上がって、「これは大丈夫。ならば餃子（ぎょうざ）もいけるな」と岩城さんはニコニコ。

病気によって失われた機能を嘆くより、今できることを最大限に喜ぶ。だからこそ、病魔にも打ち勝ってこられたのだろう。困難な時こそ、楽観的で前向きに考えるべしと、自らの生き方で教えて下さった。

そんな岩城さんに今、改めて感謝の思いがこみ上げてくる。（ジャーナリスト）

二〇〇六年六月二二日

汪洋の人
近藤芳美氏を悼む

道浦母都子

近藤芳美先生が亡くなられた。この数カ月のご様子から、それとなく覚悟はしていたが、いざ、現実となると痛みは深い。先生は、私にとって、ある意味で、精神的な父といえる存在であり、頼りがいのあるバックボーンであった。

おおらかで、汪洋（おうよう）を旨としていた先生からは、作歌について、細かな指導を受けた記憶は、あまりない。むしろ、自分の背中を見せ、「僕のように生き、僕のような仕事をしなさい」と、身をもって示してくださっていた気がする。短歌は、作者の生き方そのものであり、詩とは志である。そのことを全存在をもって体現された貴重な、お一人であった。

大学在学中の一九七一年の五月、電話帳で先生の電話番号を調べ、ぶしつけに電話した私に、「じゃ、一度、うちにいらっしゃい」とおっしゃり、その言葉に導かれるように東京・豊島園のご自宅をお訪ねしたのが最初の出会い。歌人とは、こういう方なのかと、いたく感動した。体格も大きくて立派でいらっしゃるのに加え、体全体から、醸し出される存在感が、驚くほど、ゆったり、悠々としていたからだ。

作風についても、同様の印象があり、歌柄が大きく、つねに世界の一員である自分といった視点を貫いていらした。

一方で、繊細な心情を持つロマンチストでもあり、〈たちまちに君の姿を霧とざし或る楽章をわれは思ひき〉など、短歌を通して結ばれたとし子（本名・年子）夫人をうたった相聞歌は美しく、時代を重ねてもみずみずしさを失わない。

昨年、お見舞いに伺った折には、待ち兼ねていらしたように、自ら諳（そら）んじ、頭に刻みつけておかれた歌を口述筆記するよう、ご指示があった。目を悪くされ、原稿用紙のます目がよく見えないので、すべて暗記している、と三十首余りの歌をすらすらと口に出され、私の筆記が追いつけないほど流ちょうに、次々と短歌を披露されるのには、歌人魂というか、歌人・近藤芳美の真髄をあらためて知らされる感があった。

最後にお目にかかったのは、この四月二十六日。輸血治療のため、入院中の世田谷の病院である。一時間近く、お話をさせていただいたが、言葉の一語一語が、じつに明晰（めいせき）で、日本の現在、世界情勢を憂い、最期まで、現実と向き合おうとする強い意志が伝わってきた。

朝鮮半島で生まれ、当地で少年時代を過ごした先生にとっては、そのころのことが忘れがたいのか、慶尚南道馬山の町の思い出などをぽつりぽつりと語り、少年のような表情に、ふっと戻って、時折なごやかな顔になられたことが、今となっては大切な記憶となった。

「僕の短歌が、今後、どのように評価されるかねえ」。ベッドの上で、そう語っていらした先生だが、岩手県北上市の日本現代詩歌文学館で、この六月四日まで開催されていた「近藤芳美展」は、自らの集大成の仕事ととらえ、たいそう、お喜びであった。だが、それが終わると、すべてを見届けたかのように、去っていかれた。

〈森くらくからまる網を逃れのがれひとつまぼろしの吾の黒豹〉という代表作は、暗喩（あんゆ）に満ち、当時のベトナム戦争と自身の戦争体験を重ねた作品。戦争に向かっていった日本という国と個人の関係についてつねに深い思索をされていた方だった。

戦後短歌の牽引（けんいん）者として、重責を存分に果たしての充実の中での死であった。私はそう信じてやまない。ご冥福を—。（歌人）

二〇〇六年六月二九日

鎮魂と贖罪の詩人
宗左近さんを悼む

野村喜和夫

つい先日のことだった、戦後詩の代表選手のひとり、清岡卓行が亡くなって、その追悼の文章をしたためたのは。その後を追うように、戦後現代詩の空間に特異な位置を占めた宗左近が逝くとは、なんだか泣きはらしたように広がる夕映えの空を仰ぐ気分である。もっとも、宗さんは清岡さんよりもさらにいくつか年長で、詩壇ではほとんど最長老といってよい部類に入る。

宗さんといえば、まず詩集「河童（かっぱ）」で名を成し「『河童』の詩人」として知られるようになったが、しかしそれ以上に、なんといっても「炎（も）える母」だ。あの東京大空襲の犠牲となった母への鎮魂と、母を救えなかったおのれへの贖罪（しょくざい）と、ふたつのモチーフが痛切な対位法となって全編を貫くこの詩集は、文句なしに人の心を打つ。

戦後詩においてそのような作品が書かれたのは、奇跡のように稀有（けう）なことなのだ。最愛の死者への悼み歌という意味において、戦前の高村光太郎のあの「智恵子抄」を想起させるといっても過言ではないかもしれない。

だが、宗さんはそこにとどまってはいなかった。鎮魂と贖罪が終わってしまうことはない。というか、どうあっても死者は鎮められず、罪はあがなえないという不可能性の認識そのものをあらたな鎮魂と贖罪へのバネとするほかはなく、そのようにしてのみ、逆説的ながら、詩の可能性は開かれてゆくのである。

「わたしに神がないからには／母よあなたにも神がない／ともども炎えあって一つの炎の玉となって／二十二年の虚空を転がってきたわたしとあなた」（詩集「炎える母」収録の詩「許されない」より）

そうした忍耐あふれる持続のなかから、宗さんの後半生の詩業を決定づける詩的構想が生まれ、はぐくまれていった。いうまでもない、「縄文」という時空の発見がそれである。「藤の花」その他十数冊にも及ぶ「縄文」シリーズは、真に驚嘆すべき作品群であるといえよう。詩人は、母を含む十五年戦争の死者たちを、日本文化のはるかな根である縄文時代の死者たちへと、いまここの祈りの場において重ね一体化し、またそうすることによって、そこに壮大な鎮魂の言語空間を現出せしめたのである。

それはまた、宗さん自身の言葉を借りるなら、すでにして「河童」のころからイメージされてきた、「死の時間と生の空間の／波動して湧きたちやまない湖」（詩集「河童」収録の「さようなら河童」）の実現でもある。縄文は現在となり、現在は縄文となったのだ。

これほど歴史を超えた時空が詩の行為に呼び入れられたことは、かつてなかったことであり、今後とも起こりえないだろう。どちらかといえば茫洋（ぼうよう）として、いつも遠くをみているようだった晩年の宗さんの顔貌（がんぼう）が、いま、それを証言するように、ありありと思い浮かぶ。（詩人）

二〇〇六年七月二二日

肌身で感じた人柄の真実
清水九兵衛氏を悼む

木村重信

　清水九兵衛さんが亡くなった。五十年以上の交際を通じて私が知ったのは、彼のいうこと、なすことに真実があるという事実である。さらにいえば、個々の言葉や行為の意味を了解する前に、もっと直接に、彼の真面目（まじめ）な人柄からくる真実を肌身で感じたことである。芸術に対し、人に対して、彼は時折きびしい言辞をはいたが、その言葉が外に向かってというよりも、内に向かっているように感じられたのは、やはり彼の人柄のゆえである。

　清水さんの人生は波瀾（はらん）にとんでいた。東京芸術大学在学中の一九五一年、清水六兵衛家の養子となって陶芸に従事する一方で、同大鋳金科を出て彫刻をつくった。六八年に京都市立芸術大学陶磁器科の教授となるが、大学紛争に嫌気が差してやめる。その後、彫刻に重心を移すが、多くの陶工を養うために生活的に苦労した。彼が真に自由に制作することができるようになったのは、長男の柾博さんが八代目清水六兵衛を襲名した二〇〇〇年からである。

　このように清水さんは九兵衛としての彫刻家の顔と、六兵衛としての陶芸家の顔をもっていた。

　一九七五年、第十三回「ミッデルハイム野外彫刻展」に、彼は大小十点の「ＡＦＦＩＮＩＴＹ」シリーズを出品した。それらは芝生の上に直接おかれたが、地元のベルギー人がこんなことをいった。「鉄棒でたたけば、ほかの人の作品はダメになる。だが清水作品は、へこむが、またむくむくと膨張するように見えてくる」と。この感想は彼の彫刻が孤立した作品としてではなく、生物のように環境とＡＦＦＩＮＩＴＹ（親和）な関係を有することを示している。

　清水彫刻は、わずかの例を除き、平面と曲面との複雑な組みあわせからなる。彼は具体的な造形目標に、直方体や円筒や扇面体などの個々の要素を合目的的に従属させながら、作品を構成する。したがって彼の彫刻は、純粋な造形要素による幾何学的立体である。

　それでいて無機的でなく、有機的な生命があらわれているのはなぜか。それは彼が用いるアルミニウム板に微妙なヘアライン（髪の毛のように細い線）をほどこしたり、石膏（せっこう）をまぶして微妙なぶつぶつの斑をつけたりして、作品に触覚的なテクスチュアを与えているからである。

　清水さんの陶器もユニークである。彼はそれまで焼き物の弱点とされてきたもろさや鈍さやひずみを積極的に利用しつつ、金属彫刻と同じように理知的に造形する。だからこそ、その陶器は伝統的な容器の形と釉（ゆう）薬を踏襲しながらも、新しい美を秘めるのである。

　晩年、清水さんは陶と金属を組みあわせた、独自な作品をつくり始めた。例えば、艶（つや）消しされたアルミニウム板のいぶし銀のような面と、鉄釉（てつゆう）や伊羅保釉を薄く吹きつけた陶の面とが微妙に相即し、しかもアルミニウム板が陶の長方体を抱き込むような作品は、前人未踏の世界であった。この新しい世界への途次、彼は逝った。最も親しく、尊敬した友人であっただけに、私の悲しみは深く、「ご冥福を祈る」といい切れない思いである。（美術評論家）

二〇〇六年八月一日

生涯、飛鳥への思い深く網干善教氏を悼む

菅谷文則

飛鳥の地を生涯を通して研究対象とした網干善教（あぼし・よしのり）氏は高松塚古墳調査に当たられ、一九七二年、わが国で初めて古墳壁画を世に出された。

その後も、キトラ古墳にも壁画があることを強く推測され、ファイバー・スコープによる確認を実現した。この両古墳を除き、壁画古墳は確認されていない。日本の壁画古墳のすべてを確認したと言ってもよい。

高松塚・キトラ両古墳の壁画を解体するか現地保存するかの議論が交差する中で、網干氏が生を閉じられた。壁画古墳が網干氏とともに、現地からはがされていくかのように思わずには、いられない。

入院直前の一月に開催された奈良県立橿原考古学研究所の友史会での公開講演でも、人類の英知を傾けても現地保存すべきだと強く訴えておられたのが、印象に残る。

網干氏は古墳時代研究やインド仏教史跡調査でも卓抜した成果を残された。岐阜県円満寺山（えんまんじやま）古墳の発掘調査では、三角縁神獣鏡の同型鏡が五面を超えて存在することを指摘し、日本古代国家形成論にも一石を投じた。

飛鳥京跡も担当し、飛鳥浄御原宮（あすかのきよみがはらのみや）や飛鳥岡本宮（あすかのおかもとのみや）の初期調査を軌道に乗せた。これらが高松塚・キトラ両古墳の調査を起動させたと言ってもよい。

高松塚古墳の被葬者名を挙げるか否かについては、墓誌などの資料がないので困難だとし、推論を厳に戒められた。

明日香村に、さらなる壁画古墳があるとの考えも示し、過去に破壊され、現在は地上に残されていない壁画古墳もあったかもしれないと話されていた。実数さえ数えられない壁画古墳の被葬者名を推論することはできないとも言われていた。

少年期から青年期にかけて飛鳥とその周辺で在学、勤務されたことが大きいエネルギーとなっていた。高松塚やキトラ古墳の存在を網干氏に通報してきたのが、小学校赴任当時の教え子であり、青年団活動中に熱く考古学を語られた後輩たちだった。地縁、人縁のネットワークを構築されていたと言ってもよい。

私自身も、五八年夏の網干氏との出会いを思い返している。大和三山に囲まれた奈良・畝傍高校に入学し、歴史クラブの顧問の先生に考古学をしたいと申し上げると、大和高田市の高田中学に友人の考古学者がいるからと言われ、初めて網干氏にお会いした。

そのころ網干氏は、和歌山県出土の縄文土器を整理研究されていた。その土器の水洗いをするよう言われ、毎週土曜日の午後、高田中学に通ったことを思い出す。その後、網干氏は高校の教諭を経て関西大学に赴任された。

考古学者であるとともに、教育者だった。いつも、日に焼けた温顔に、笑いをたたえておられた。寒暑をいとわず現地調査をともにしていたことが思い起こされる。

病床にあっても最後まで、飛鳥と高松塚古墳の解体に意見を述べておられたと、ご遺族にお聞きした。高松塚古墳の墳丘と、その内部に極彩色で描かれた壁画とが、飛鳥の現地から去ることなく、現状のまま未来に残されていくことを祈らずにはいられない。

飛鳥に生き、その地下遺構を世に出された網干氏の功績を思い返すとともに、ご冥福を祈りたい。（滋賀県立大教授）

二〇〇六年八月二日

律義で一途で頑固な兄貴
吉村昭さんを悼む

大河内昭爾

つい一カ月前、巻末解説を私が担当している吉村昭著「日本医家伝」（講談社文庫・新装版）をもらい受けに自宅に出向いた折に会ったのが最後になった。私の胃がんの手術を担当してくださる先生方への名刺代わりのつもりだと説明すると、手持ちが三冊しかないというのに二冊を分けてくれたのだった。文庫には担当医のお名前と、吉村昭の署名がきちんと書かれていた。

吉村さん自身は退院したばかりで、声がかすれるというだけでなしに、まるで力がなかったが、それは肺炎のせいだと思っていた。それから私の方も体調を崩して一カ月間入院し、退院直後に電話で報告したところ、日ならずして「胃のない人にはスープがいい」と夫人の津村節子さんを介して四セット送ってきた。

津村さんに吉村さんのことを聞くと相変わらずだという答えで、今にして私はなぜ踏み込んで聞かなかったのかと悔やむのだが、膵臓（すいぞう）がんは病原がつかみにくいのかもしれないし、それとも吉村さん一流の周囲を騒がせたくないという生来のかたくなさからか。

私は訃報（ふほう）を突然に聞いたのである。私が胃の切除後の苦渋や苦痛にさいなまれ、自分にかまけているうちに吉村さんは死んでしまった。

四十年来の付き合いだと私が言うと、いや五十年来だと必ず訂正していた。丹羽文雄主宰の「文学者」という雑誌の編集委員として付き合いが始まったのだが、吉村さんは芥川賞候補に何度もあげられ、一度か二度は受賞作同様「文芸春秋」に掲載された。そのうち「戦艦武蔵」を「新潮」に一挙掲載、同時に「星への旅」の太宰治賞受賞で文壇作家としての確固たる位置を得たのも昔のことだ。

駿河台の文化学院の講義を終えた私が、神田の古本屋歩きをしながら九段下までたどりついたとき、ちょうど九段坂を降りてくる吉村さんと会った。一九六六年のことだ。「戦艦武蔵」の原稿を新潮社に渡してきたところだと実に晴れ晴れとした表情をしていたのが今でも忘れられない。大酒飲みの彼が明るいうちは決して酒を飲まないのは承知していたが、そういうとき一杯どうと口にできない下戸の自分を情けないと思ったりもした。

氏のエッセーに「飲めない人」というのがあって、何げなく読むと「二十三年間、大河内が酒を飲めないことを知らなかった。酒場でもそれを気づかせない彼は一種の天才である」と書いていた。東北、九州と数えきれないぐらい二人で一緒に旅行したのにと思うのだが、彼は差しつ差されつといった酒の飲み方をしなかったから、私の下戸に気づかなかったのかもしれない。

吉村さんの小説はどんなに長編になろうとも、純文学の短編小説を基礎にした文章の潔癖さが常にあった。月並みな言葉や無駄な描写は一切なかった。

そして作品の根底にはいつも、死の問題が横たわっていた。特に実弟の死を描いた「冷い夏、熱い夏」は傑作である。また「逃げる話」が多く、中でも「破獄」や「天狗争乱」「長英逃亡」は素晴らしかった。

ともあれ私は尊敬する友人を持っていたことを誇りに思っている。東京下町の律義さ、いまだ一度も原稿のしめ切りを破ったことがないというきちょうめんさ、仕事一途さ、できぬ約束には一切応じなかった頑固さ……。何から何まで見ならうべき立派な兄貴だった。あのなつかしい冗談口がもう聞けないのである。

（文芸評論家）

二〇〇六年八月三日

何も排除せずという社会
鶴見和子さんを悼む

中村桂子

仕事を持とう。今では当たり前のことですが、今から半世紀近く前の女子学生にとっては、ちょっとした決心でした。その時、心の支えになったのは、職業人としての道を着実に歩いている一世代前の女性の存在でした。女性に大学の門が開かれたばかりのころに、明確な意識を持ち、さまざまな場面で社会と闘いながら、しかし柔軟に、魅力的に生きていた先輩たち。

その中でも、ひときわ美しく、凛（りん）としていらしたのが鶴見和子（つるみ・かずこ）さんでした。社会学という異なる分野の方でしたが、一九七〇年代に、水俣病調査団の一員として活躍なさっており、生命科学の中で環境に関心を持っていた私にはその点でも気になる方でした。とはいえ、直接お会いする機会はありませんでした。

それが、思いがけないところから接点が生まれました。水俣の人々の話を徹底的に聞く作業の中で鶴見さんは、米国で学んだ社会学への疑問を抱かれたのです。米国型の、いわゆる近代社会になることがすべての社会にとってよいことなのか。西欧が組み立ててきた学問を全面否定することなく、しかし新しいものを求めているうちに南方熊楠に出会い、それを「地球志向の比較学」ととらえられました。そこに「アニミズム」「曼荼羅（まんだら）」を見いだし、それぞれの社会が内なるものを生かしていくことに価値を置く「内発的発展論」というすばらしい考え方を探り出されたのです。

一方私は、生命科学が生きものを大切にする社会につながらないことに悩み、DNA研究を基本に置きながら、地球上のすべての生きものがそれぞれの内に持っている力で「自己創出」していくことをよしとする「生命誌」を考え出しました。生きものは皆四十億年近い歴史を背負ってここにいる大切な存在である。その考えを得る過程で、私も南方熊楠と出会っていました。

内発的発展論と生命誌。社会学と生命科学から生まれながら、同じものを求めていると見た編集者の計らいでゆっくりお話ができた時間は、今もそのまま私の体内に残っています。

「私、切り捨てるってことができないの、性質上。それが曼荼羅なの。曼荼羅は切り捨てないのよ。〝何も排除せず〟」

そうなのです。あまり、女性とか日本人とか言うのは好まないのですが（鶴見さんもそうでした）、何ものも排除せずに矛盾を抱え込み、そこから新しいものを産もうとするのは、もしかしたら私たちが女性だからかもしれないと話し合いました。切り捨てなかったら権力闘争には負けるけれど、権力など欲しくないものねと笑いながら。

この時鶴見さんは脳出血の後遺症で半身まひでいらしたのですが、そうなってから自然との関係が身体感覚で分かるようになったので、生きもののことがこれまでよりよく理解できるとおっしゃいました。倒れられた時に、半世紀忘れていらした和歌が噴出してきたとのこと。以後、回生と称して以前よりも精力的とも言える活動をなさった鶴見さん。「一人一人が四十億年をユニークな形で背負っている。それを大切にすることね」とおっしゃった鶴見さん。残念ながら今の社会は違う動きをしています。教えていただいたことを生かし、一人一人の人間はもちろんのこと、生命あるものすべてを大切にする社会を求める努力を続けていくことをお約束します。（JT生命誌研究館館長）

二〇〇六年八月二五日

ご意見番が亡くなった高木東六さんを悼む

長田暁二

日本を代表する現代歌曲の作曲家だった。「水色のワルツ」や「空の神兵」が有名だが、「かもめ」をはじめとする素晴らしい日本歌曲やピアノ曲を多く残した。

クラシックの作曲家が流行歌を作ったのだと、私は考えている。流行歌の方が多くの人の印象に残り、ご本人は不本意だったのではないか。

疎開先の長野県伊那市で書いていたのが、オペラ「春香」。(戦後間もなく初演されたが)「最高のキャスティングでちゃんとやってみたい」と再演に熱意を持っていた(二〇〇二年に実現)。長年かけて緻密(ちみつ)にお書きになっただけに、素晴らしい作品。日本人が作ったオペラはなかなか認められないが、西洋的なハーモニーを使いながら、東洋的な響きをきれいに出していた。

言葉にもとてもうるさい方で、日本語のアクセントに忠実に曲を付けていた。「作曲家が、言葉に対して一番美しいメロディーを付けているのだから、メロディーを崩さないで歌ってほしい」と常々おっしゃっていた。

「音楽の三原則はメロディー、リズム、ハーモニー」とよく言っていた。ハーモニーの(重要性を伝える)運動として、年配者の女声コーラス「ザ・シワクチャーズ横浜」でも指導していた。高木先生らしい、しゃれた名前の付け方だと思う。

演歌が大嫌いな人だった。「既に次のコードに変わっているのに、前のコードを引っ張る癖がある」と言い、「口紅が耳の方へくっついている」と例えていた。

「水色のワルツ」のことを「オレの愚作」と言っていた。「あんなものがあるから、演歌のことを大きな声で悪く言えなくなったのかなあ」とこぼしていた。

私がレコード会社で演歌・歌謡曲のディレクターをしていた時も、仕事について厳しいことを言われた。本質をずばりと突いていたので、腹は立たなかった。日本の音楽界で、きちんと意見をおっしゃるご意見番が亡くなられた。(音楽文化研究家・談)

二〇〇六年九月一一日

「民衆の感受性」は普遍的 阿部謹也氏を悼む

石牟礼道子

今から二十数年前、私たち五、六人のグループが熊本でやっていた勉強会で、阿部謹也先生の「中世の窓から」を読み、大変感銘を受けました。直接、先生からお話をうかがおうと思い、熊本まで来ていただき、初めてお会いしました。その後も、先生の本の刊行を待ち、幾たびか、お話をうかがいました。

先生は、初々しい方でした。いつもはにかみをたたえていらっしゃる含羞（がんしゅう）の人でした。その深いお人柄に触れ、グループの若い人からも慕われていました。

中世ドイツに残る子どもさらいの伝説「ハーメルンの笛吹き男」の背景について、先生が指摘された「民衆の感受性」に私は普遍性を感じました。百三十人もの子どもが行方不明になって帰ってこないという恐ろしい出来事が、どういうふうに伝説として残っていったのか、という疑問について、民衆による「感受性の共同参加」があるというご指摘でした。民衆は、分析不可能なことを伝説にして残すのであり、それは普遍的なことなのだと受け取りました。

そんなお話を思い出しながら、先生の本を取り出して、めくり、歴史の変わり目にある今の日本を考えました。今の日本は、理解不可能なくらい変わっています。このような日本の状況を何かの伝説にしてでも残さなければならない、その手がかりについて、先生はおっしゃっていたのではないかと思います。

また、先生は『「世間」とは何か』『「世間」への旅』などの本で、西洋の「社会」とは異なる日本的な「世間」についても考察されました。学者として学術的に考えることがすべてではなく、「世間」という考え方があるのではないか、と先生は反問しておられました。

ドイツに留学されたご経験から、日本の「個人」と西洋の「個人」とは異なるのではないか、日本の明治以後のインテリは「近代的自我」を読み違えていたのではないか、とも思っておられたようでした。

私は、外国で暮らした経験はなく、地方にしか住んでおりませんが、同じように感じておりました。日本のインテリは、考えたことを体の中の血流にそって言葉に出すのではなく、近代語に翻訳しているのではないか、と感じていたからです。阿部先生と、言葉について も、お話をしたかったと思います。

長い間じわっと考えていたことなど、お尋ねしたいことがいっぱいあったのに、鶴見和子さんや阿部先生のような大切な尊敬する人を失う世代になったのだという思いがいたします。

一昨年十二月、「石牟礼道子全集」の発刊記念シンポジウムで、お目にかかったのが最後になりました。じっくり話し込む時間がなく、あいさつ程度でお別れしたのが、心残りでした。私の方が年上なのに、先に逝かれてしまって、先生が残された文章を頼りに考えていくしかなくなり、本当に困ったと思っています。（作家・談）

二〇〇六年九月二五日

陶然とさせた究極の二枚目
吉田玉男さんを悼む

坂東亜矢子

「吉田玉男」とサインされたパンフレットの表紙を、訃報（ふほう）に接してあらためて見つめた。五年前、東京での文楽公演中の楽屋で、自ら「サインしょうか？」と書いてくれたもの。磨き上げられた玉男さんの芸に通じる品格のある端麗な筆跡だ。

あのとき「握手もしょうか？」と差し出してくれた手が、重い立役（男役）の人形を長年操る人形遣いとは思えない、しっとりしたやわらかさだったのも覚えている。

女性に優しく、気さくな人柄。楽屋などでは幅広い年齢層の女性ファンに囲まれた。普段も、飾らない人となりが魅力的な二枚目だったが、舞台で描く男たちの美しさに何度陶然とさせられたことだろう。人間国宝で文化功労者でもあった現代文楽を代表する人形遣いの至宝は、究極の二枚目といえる男性像を心に深く焼き付けてくれた。

昭和三十年の復活上演以来手がけた「曽根崎心中」の徳兵衛は、出演回数千百三十六回に及んだ当たり役。名コンビだった吉田簑助の遊女お初との舞台は今も忘れ難い。友人の裏切りによる汚名をそそぐためお初と死に向かう徳兵衛の憂い、無念さ、恋人への情愛。純愛を貫く哀切な劇世界に、かわいげと情のある繊細な色男が息づいていた。

最後の舞台となったのは昨年夏の「桂川連理柵」の長右衛門。このときも愁いに沈む主人公の痛みを、動きを抑えた静の演技で表現する真骨頂を見せてくれた。玉男さんが映し出す悲しみや苦悩をじっととらえる男の姿の美しさに胸を打たれた記憶は数知れない。

持ち役として遣い続けた「菅原伝授手習鑑」の菅丞相に、神格化された人物の品位やスケール感が光り、「仮名手本忠臣蔵」の大星由良助にも存在感の大きさ、細やかで奥深い心理描写が輝いた。

若いころ影響を受けた初代吉田栄三の遣い方に、独自の緻密（ちみつ）な解釈や工夫を加えて洗練し続けた。さまざまな感情を内包する陰影に富む舞台。自在の域に達した芸を見る幸福を感じさせた人だった。

入門は昭和八年。戦争のため六年間は文楽から離れたが、七十年近い年月を人形遣いとして生きた。内外で高い評価を得てきた芸が、文楽の名声や舞台の完成度を高みへとけん引した功績は大きい。

舞台以外では目立つことを嫌い、大きな名前を継ぐことをせず、生涯通した名を自分で大きくした。長年主役をつとめた「仮名手本忠臣蔵」の東京公演の千秋楽だった日に、人生の幕を下ろした玉男さん。八十歳を過ぎても大役を次々と見事に遣ってみせた驚嘆の舞台の数々に深く感謝しつつ、心よりご冥福を祈りたい。（演劇ジャーナリスト）

二〇〇六年九月二六日

独特のカリスマとユーモア
丹波哲郎さんを悼む

白井佳夫

丹波哲郎という俳優は、スクリーンやブラウン管で彼を見た人に、独特の忘れ難い強い印象を残す人であった。不思議な魅力をたたえた、光る鋭い眼。まるで人を威圧するような、よく響く声。カリスマ性をもった風貌（ふうぼう）と存在感。こういう人を、異色の性格派スターというのであろうか。

個性的な監督たちが、その持ち味を生かして、数々の面白い映画を作った。今村昌平の「豚と軍艦」の小心のヤクザ。深作欣二の「誇り高き挑戦」の武器ブローカー。篠田正浩の「暗殺」の謎めいた剣士。森谷司郎の「日本沈没」の人間的な総理大臣。野村芳太郎の「砂の器」の事件をあばく刑事。山本薩夫の「不毛地帯」の防衛庁の高官、などなどである。

なかでも私が忘れられないのは、橋本忍のシナリオで舛田利雄が監督した、創価学会史を描く劇映画「人間革命」の、戸田城聖の役であった。第二次大戦中、国家権力に弾圧された宗教人の人間的苦悩を、堂々とカリスマ性たっぷりに演じて圧巻であった。

テレビでも、「丹下左膳」「三匹の侍」「キイハンター」「バーディ大作戦」「Gメン75」などなどで、人気を得た。カリスマ性を重くリアルに押し出すだけではなくて、それを逆転させて洒脱（しゃだつ）なユーモアにしてしまうことができるのも、彼ならではの個性であった。

外国映画「太陽にかける橋」「第七の暁」「007は二度死ぬ」「五人の軍隊」などに出演して、海外スターと共演して互角の存在感を見せたのも、彼らしい貫録だった。昔ある時期、英語の通訳をやっていたという、語学力もものをいった。

そのほか、数知れぬほどのエンタテインメント映画に出て、大衆のための娯楽に奉仕することも、大いに楽しんだ人であった。

製作・原案・脚本・出演をかねて作った「丹波哲郎の大霊界　死んだらどうなる」や、「丹波哲郎の大霊界2　死んだらおどろいた!!」「大霊界3」などで、自ら霊界問題の権威として、世の人々にガイド役をつとめたのも、彼らしい話題づくりであった。彼がユーモアをこめて、自信たっぷりに語ると、まるで霊界のことを熟知した人（?）のようにも思えてくるのが、奇妙だった。

最近の映画やテレビが、もう一つ魅力に欠けているように感じられるのは、彼のような不思議な存在感をもった性格派のスターが、いなくなったせいではないのか、という気がする。数々の出演映画の記憶を回想しながら、さようなら、丹波哲郎！とつつしんで弔意をのべたい。（映画評論家）

二〇〇六年九月二十七日

演歌広めた使命感
市川昭介さんを悼む

伊藤強

八月の末に、一緒に仕事をしたという人に会ったばかりである。四国・高知でのカラオケ大会の審査だったという。それだけに、訃報（ふほう）は突然であり、衝撃は大きい。都はるみの悲しい顔が見えるようである。

福島県の高校を出て、歌手・鶴田六郎のかばん持ちになった。そのときすでに、作曲家を志し、仕事の合間を見ては、五線紙を広げていたという。成功後も、鶴田を常に「先生」と立て、周囲にも「皆さんに、とてもよくしていただきました」と、いつも感謝を忘れない人だった。

念願かなって作曲家になり、一九六一年、島倉千代子の「恋しているんだもん」でデビューした。その後、畠山みどりの「恋は神代の昔から」を経て、「アンコ椿は恋の花」「涙の連絡船」「大阪しぐれ」など都はるみの一連のヒット曲や、大川栄策の「さざんかの宿」など、世に送り出した作品は三千を超える。

そのメロディーは、平易でありながら、独特の節があり、まさに「市川節」と呼ばれる作風をつくり上げた。また作詞家星野哲郎氏との親交はつとに知られており、「哲つぁま」「昭ちゃん」という仲は、市川さんが星野さんに兄事する形で終生続いた。

作曲ばかりではなく、テレビ番組にも積極的に出演し、その優しい語り口で茶の間の人気を集めた。多分それは、自分がつくっている演歌の世界を、一人でも多くの人に知ってもらい、好きになってほしいという、一種の使命感だったように思える。その際に、テレビ局の警備スタッフにも、ちゃんとあいさつを欠かさない、気配りの人だった。

忙しい仕事の合間での楽しみは、パチンコだった。自宅近くの、小田急線新百合ケ丘駅辺りの店がなじみだったようである。一度、「パチンコの調子はいかがですか」と聞いたら、ポケットから、何枚かのカードを出して「ここに、ためてある玉を記録してあるんです」と言って、少し自慢そうに見せてくれたことがあった。

市川さんの作る演歌とパチンコは、どちらもまさに庶民のためのエンターテインメントだった。もちろん、作曲家としての苦労は数多くあっただろうが、市川さんは、パチンコを楽しむのと同じように、演歌を作り続けたのだろうと思う。

市川さんには、数多くの受賞歴がある。それはそれでめでたいことだけれど、ご本人にとってはパチンコで大当たりするのと同じような歌の大ヒットの方が、むしろ生きている実感を感じる一瞬だったように思えてならない。合掌。（音楽評論家）

二〇〇六年一〇月一一日

弾圧の実態暴いた信念の人
ポリトコフスカヤさん追悼

林克明

十月七日、チェチェン問題の報道などでプーチン政権を厳しく批判していたロシア紙「ノーバヤ・ガゼータ」のアンナ・ポリトコフスカヤ記者が、自宅近くで何者かに射殺された。

遺体発見直後、ラジオの取材に答えた彼女の夫は、こう語った。「彼女は信念を曲げない誠実なジャーナリストだった。今のロシアでは生きていけないほど…」

この一言は、現在のロシアの言論状況と故人を語るにふさわしい。アンナが信念を曲げずに取材し続けたのはチェチェン戦争である。

この戦争は、帝政ロシアに武力併合されたチェチェン民族の独立闘争に端を発している。ロシア政府は対テロ戦争だと言うが、実態は大量虐殺と弾圧にほかならないことをアンナは暴いてきた。

彼女は、一九九九年に第二次チェチェン戦争が始まってから毎月のように現地に通い、数々の事実を報告してきた。

八十六歳の老人をロシア兵が惨殺したこと、ロシア軍に逮捕されて拷問を受けた老女、戦乱の中で生きる障害者夫妻…。具体的な人びとの姿を通して戦争の実態を伝えてきたのだ。

このようなジャーナリストの活躍にいら立ったプーチン大統領は「われわれの敵はテロリストではない。ジャーナリストこそ敵だ」とまで言い切った。

アンナは、取材中にロシア軍に逮捕されたこともある。「尋問の最も汚らわしい部分はお話しすることはできません。でも、それまで私が住民から聞き取りしてきた拷問や虐待の話が事実だったことは判明しました」と自身の逮捕経験を振り返っている。

抑圧される住民の声を拾い上げていたため、チェチェン人からも彼女は信頼されていた。二〇〇二年十月、ロシア軍の撤退を求めてモスクワの劇場を占拠し人質をとって立てこもった武装勢力に、人質解放の交渉人として指名もされている。

自爆死も辞さずという若いゲリラたちに対し、「私にもあなたたちのような年齢の息子がいる。生きる道を選んでほしい」と説得し、実現可能な妥協案を彼らにのませた。しかしそれはロシア当局に無視され、死者百七十人を出して事件は収束した。

同じチェチェンを取材する者として筆者が彼女に会ったのは、この事件の直後だった。長身でメガネが似合う、インテリ以外の何ものでもないという雰囲気の人だった。そして、淡々と事実を語ったものだ。

〇四年九月に、南ロシアで武装勢力が学校を占拠して人質をとったときにも、交渉役になろうと現地に向かう機中で、紅茶に毒物を入れられたものの、一命を取り留めた。

アンナは射殺された二日後の紙面に、ロシア軍による市民拷問の実態の記事と写真を掲載する予定だったという。その矢先に生命を奪われてしまったのである。

過去十五年間にロシアで殺されたジャーナリストは二百四十六人。プーチン政権誕生以降では百人以上にものぼる。

そしてまたひとつロシアの良心が消えていった。アンナの命日となった十月七日は、プーチン大統領の誕生日である。（ジャーナリスト）

二〇〇六年一〇月二七日

わからなさの持続
小島信夫さんを悼む

堀江敏幸

作家がその生涯にわたって書きつづけるとは、いったいどういうことなのか。

小島信夫の膨大な書物に封じ込められた時間と空間をまえにすると、どうしてもそんな問いを発せざるをえない。その時空は、書いた当人が不在となったいまなお膨張しつづけ、あちこちで小規模な爆発を繰り返しながら、ある場所では冷え込んで固まり、ある場所では内側に重力を取り込んで、不穏な暗闇を準備している。

二十代のはじめから七十年間、ほぼ休みなく原稿用紙に向かい、枯れるどころか九十一歳にして数百枚の長編小説を世に問うた作家の、途方もない気力と体力と知力を見せつけられた者たちにできるのは、あたりまえのように書くという自然体の営為のおそろしさに、ただ打ちふるえることだけだ。

もちろん、ながく書けばよいというわけではないし、ながく生きればよいというわけでもない。物書きはだれも、作品に質を求められる一方で量をも示さねばならず、また、量を示せと言われるそばから、質の保証をも求められる。容易に両立しがたいふたつの道を、こんなにもすずしい顔で歩いていったひとが同時代にいる（いた）ことに、まず素直におどろくべきだろう。

ただし、小島信夫が身をもってしめしてくれたその作家としての姿勢が、後進にとって、理想にも励ましにもならないところにすごみがあるのだ。十年以上も雑誌に連載された大長編「別れる理由」をその頂点として、今年刊行された「残光」にいたるまで、小島さんの言葉には、こんこんとわき出る地下水の活力と、締め忘れた蛇口から流れ出る水道水の野放図さが、ともにそなわっていた。

はじまりも、終わりも見えない。はじまりがいつしか終わりに組み込まれ、終わりがそのままはじまりになって、小説と批評が、批評と随想が、随想と小説がうずをまき、果てしない言葉のひろがりだけがある。細部の明晰（めいせき）さと全体の混沌（こんとん）との、他に類を見ない「ずれ」が、読者を惑わし、魅了するのだ。

小島さんとは、二度、お会いしたことがある。うち一度は、文芸雑誌での対談という形式を借りた楽しいおしゃべりだったのだが、小島さんはたかぶることも冷えることもない落ち着いた口調で、淡々と話しつづけた。とぼけたふりをしながら、身のまわりのあれこれについてきびしい批判を披露されることもあったけれど、毒のある言葉を吐くタイミングや「ずれ」を生かした解毒法は、まさしく小島さんの文章そのものだった。

「自分でもなにをやってるんだかよくわからないから書くんです。そうでなければ書く意味がない」

七十年書きつづけた人は、短い時間に、何度かそんなせりふを口にした。すぐにわかろうとするなんて浅薄なことなのだ。永遠にわからないまま、私はまた、小島信夫の宇宙に、畏怖（いふ）をもって触れることになるだろう。

（作家）

二〇〇六年一一月三日

現実を超える死
白川静氏を悼む

中西進

わたしの初めての「白川静（しらかわ・しずか）体験」は、もう四十年近く前、大学が紛争で大揺れに揺れていたときであった。どんなに大学が混乱しても、どんなに学生が授業や研究を妨害しても、平然と研究を続け、深夜まで煌々（こうこう）と研究室に明かりをともす学者が関西にいる、というニュースが東京まで伝わってきた。

その人の名は白川静だという。

それ以後、この伝説の主人公は、見事に学界の英雄となり、学界を闊歩（かっぽ）して巨歩を残し、鬱然（うつぜん）たる漢字学の体系を打ち立てた。

漢字の字義を読み解くことは、語源学と同じように、危険に満ちている。恣意（しい）的になりかねないからだ。その上「説文解字」などという古典的に評価が定まったものもある。

しかしそれなりに、漢字学は冒険的好奇心をそそり、独創の悦楽を研究者に与える。だから読者も、熱狂的にそれを歓迎する。

白川氏はそのような知的刺激をそそり続ける学者だった。とかく退屈になりがちな学問を活性化し、物を考え物を知る喜びを広範な読者に提供しつつ、倦むことを知らなかった。まるであの研究室の深夜の明かりのように。とにかく道とは、首を提げて歩く場所だといった提言をするのだから。

しかし氏の学説をよく吟味すると、通底する思想の骨格が、太々と見えてくる。それは、氏の考えが深く民俗学とかかわり、神や霊魂への畏敬を尊重する、一見の粗暴さとは裏腹な、つつましさに満ちていることであった。

氏の逝去を知って早速思い出した文章は三年ほど前に執筆された「死を超える」（「風の旅人」創刊号）だった。

その中で氏はこういう。「久」という字は死者を後ろから支える形だ。それがなぜ久なのかというと、死によって死を超えると古代人が考えたからだ、と。

また、こうもいう。「真」は行き倒れ人が化する形で、その恐るべき威霊は鎮めなければならなかった。そこから「真実」の意味が出た、と。

わたしはこれを一例とする体質こそ、白川漢字学の基本であろうと思う。氏はやみくもに人を驚かそうとしたわけでも、学が粗雑な思いつきだったわけでもない。古代人の心の依存するところを求め、そこを起点とする解釈学だったのである。心熱のこもった人間学でもあった。

ところで、この論文の結語にこうある。死とは現実を超えることだ。すなわち、永遠なる霊の世界の、一つの加入儀礼が死だ、と。

氏は今、相変わらずの巨歩をもって霊の世界への加入儀礼を果たしたのである。わたしが最後にお見かけしたのはちょうど一年前であった。そのままの様子で悠然と霊の世界へと歩み進まれる姿は、まさに永遠の真実として、今わたしの眼裏（まなうら）に映っている。

（京都市立芸大学長）

二〇〇六年一一月六日

イージーリスニングの終息
ポール・モーリア氏を悼む

宮本啓

ポール・モーリア死去の報に接し、まず思ったのは〝イージーリスニングの終息〟ということだった。今日ではごく普通に使われている名詞「イージーリスニング」は、ポール・モーリアが登場してきたのとほぼ同時期の一九六〇年代後半に誕生。彼の楽団が次々にヒットを飛ばすのと連動して普及、定着した音楽用語である。

この言葉をつくったのが誰かは知らないが、モーリアの活躍がなかったら、今日のように市民権を獲得する用語にはならなかっただろう。いや、その前にこの用語そのものが生まれず、今も昔からの「ムード音楽」が大手を振ってまかり通っていたことだろう。

実際、ポール・モーリア楽団の「恋はみずいろ」を初めて耳にしたときの新鮮な印象は、オーケストラ演奏によるポピュラー音楽ではあるが、従来のムード音楽とは微妙に異なるという思いだった。

この世界の人は、そんなときによく「ニュー」を付けて「ニューロック」「ニューミュージック」などと古いものと区別してしまうが、モーリア・サウンドが「ニュームード」ではしっくりこない…と思っていた。その矢先に、多分アメリカからだったと思うが、イージーリスニングなる新用語が伝えられ、サウンドと用語がぴったり一致したのである。

以来約四十年、この言葉は普及、定着し、モーリアは新用語の見本のような音と演奏で大活躍を続けてきたのだった。

日本公演は六九年から毎年のように行われ、筆者はその半分ぐらいは会場に足を運んだ。その都度思ったのは、年ごとに進化しているということ。一度として前回と同じ、もしくはつまらないと感じたことはなく、行くたびに何らかの感動、何らかの発見があった。

モーリアが有名になる前に長年、歌手のシャルル・アズナブールの伴奏指揮や編曲をしていたことは有名だが、広く知られるようになってからも演奏以前に編曲に心血を注いでいたのだろう。ここにあの斬新なサウンドの秘密がある。

ポール・モーリアが鬼籍に入り、間違いなくイージーリスニングの時代は終わる。この後、古いムード音楽の時代に戻るのだろうか。後継者候補がほとんど見当たらないことが心配だ。（音楽評論家）

二〇〇六年一一月一六日

型破りに、弱者にやさしく
宇井純さんを悼む

原田正純

一九六〇年代前半、私は水俣病が多発した漁村地区をうろうろしながら調査していた。そのころ「東大の大学院生が資料を集めているようだが、何をするか分からないので用心するように」と言われたことがあった。この大学院生こそ宇井純さんだったのだが、その時は知るよしもなかった。しかも、一部の熊本大研究者にうさんくさい目で見られていたのである。

年齢も大学も専門も違うが、研究生活をスタートさせたのは同じころだった。しかし同じ水俣病の多発地区を歩き回りながら、お互いに面識はなかった。宇井さんの調査成果は当時の合成化学産業労働組合連合会（合化労連）の機関紙に、富田八郎（とんだ・やろう）のペンネームで掲載されたが、私たちは全く知らなかった。

六五年六月、新潟に第二の水俣病がおこり、宇井さんは水俣病の発見者の一人であるチッソ付属病院の細川一院長とともに新潟水俣病の現場に駆けつけている。

宇井さんはそれ以前に細川院長から、熊本の水俣病について原因企業のチッソ自身が、工場廃水が原因と秘密実験で把握していた事実を聞いて知っていたらしい。だがそれを公表しないうちに、同じ工場廃水による新潟水俣病が発生したことを自分のこととして悔やみ、「責任のある部分を、確かに私は負わなければならない」と書いている。これが宇井さんの原点と思われる。

それからの宇井さんの公害、とくに水俣病に対する活動には目を見張るものがあった。水俣病裁判がおこると早速、水俣に来てくれた。私が、患者でありながら水俣病と認められない、隠れた悲惨な患者が多いことを話したとき、宇井さんは本当に涙をながした。

宇井さんがこの話を編集者に紹介し、私は未認定患者についての文章を発表することになる。未認定の隠れた患者の存在は、宇井さんの問題の本質をとらえる直感によって、世に明らかになった。それを忘れてはならないのである。

新潟、熊本両水俣病裁判の支援に奔走する宇井さんの行動には目を見張るものがあった。六七年に新潟水俣病患者が裁判を起こすと宇井さんは補佐人となる。続いて六九年には熊本でも裁判が提起される。

七〇年には、患者らが行った運動の過程で、支援に駆けつけて宇井さんは逮捕までされる。文字通り体を張って支援した。こんな学者がいることを知ったのは驚きであった。その年の十月から始まった東大自主講座は当時の学生や若い知識層に大きな影響を与え、講義録をまとめた「公害原論」は、全国に広がった公害反対運動のバイブルとまでいわれた。

次々とアイデアを出してくるところはすごいの一言につきた。七二年には、ストックホルムの国連人間環境会議に水俣病患者をはじめ、日本の公害被害者が乗り込んで直接世界に訴えようということになった。宇井さんがその仕掛け人だった。世界に日本のKOGAI・MINAMATAを知らしめた。行政にとってはさぞ苦々しいことであったろう。私にとっては目から鱗（うろこ）のできごとであった。

さらに七五年には国際環境調査団を組織して、世界の汚染地区を調査したり、私などが全く思いつかないアイデアを次々と繰り出した。

権力には怖くて、弱者にはやさしい型破りの学者であった。いずれ別れねばならない運命ではあるが、私にとってあまりにも大きな存在であった。安らかにお休みください。ご苦労さんでした。（熊本学園大学教授）

二〇〇六年一一月二二日

旅を愛し、常にユーモア
斎藤茂太先生を悼む

下重暁子

一歩一歩ゆっくりと大地を踏みしめる足、斎藤茂太先生の広い背中をみつめながら山を登る。危ない所は、地元の山岳会のメンバーが助ける。「どうしても鳥海山に登る」。今から五年前、八十五歳の茂太先生の決意だった。父上の斎藤茂吉が故郷山形県の月山をはじめさまざまな山を踏破した中で、鳥海山だけが残されていた。「それを完成させる」という。若い私が登らないわけにはいかない。

トビシマカンゾウの黄色い群落を片目に、雪渓のあたりで昼食、いも煮、おにぎり、西瓜(すいか)、野だての茶道具まで用意されていた。

「ここを頂上と決めましょう」。茂太先生のひと言で、鳥海山登頂は成った。ほんとうはもう少し尾根を登るのだが…。七月、山頂のお茶会には赤とんぼも訪れた。無事下り終えた茂太先生に拍手がわき、私は思わずその手を握った。

好奇心と挑戦、いくつになっても昔と変わらない。おおらかな笑顔とユーモアがそれを包む。

どのくらいご一緒に旅をしたことだろう。香港、オーストラリア、ドイツ、ハンガリー…、「エーゲシエーゲレ」、ハンガリー語で乾杯という言葉で杯を合わせた。大柄な茂太先生の傍らに、小柄な奥さまの姿がいつも寄りそっていた。

旅好きの集まる日本旅行作家協会の永久会長としての駄じゃれをはじめ、ユーモア溢(あふ)れる短いスピーチにパーティーはわいた。

拙著をお送りすると、自筆の葉書(はがき)が届いた。細かい思いやりのある優しさ。ヨーロッパからの帰途、機内で病人が出たときも医者として真っ先に手を挙げられた。

お宅へ伺ったとき、リビングルームの片隅に背の高い椅子(いす)が二脚向きあっている。「どうぞ」とすすめられて、どこかで見たような…と思ったら、払い下げられたジャンボ機の客席だった。ご本人は壁にかかっていた機長の帽子をひょいとかぶって「さあ、シートベルトをしめてお話ししましょう」。

たくまざるユーモアは、人を楽しませることを考え続ける中から生まれる。ご自宅の隣の病院の庭には客車が置かれ、毎朝、しきりの扉の所で患者さんが待っているという。

飛行機、船、列車、乗り物が大好きで、旅を愛した茂太先生は、今ごろどこを歩いておられるのか。その姿は見えずとも、あの日のように私も広い背中の後をついていきたいと思う。(作家)

二〇〇六年一一月二三日

刺激的なライバル
灰谷健次郎さんを悼む

今江祥智

「兎（うさぎ）の眼（め）」や「ワルのぽけっと」をひっさげて子供の本の世界に入ってきたとき、灰谷さんは四十代だった。教師として、子供とも学校とも自分とも闘っていた時間だけ、作家として出発が遅くなったものか。

だが、あとは一直線に、「教育」の場での大人と子供の葛藤（かっとう）を軸に作品を書き続けてきた。「家」という場での、親と子の手合わせを書き続けてきた。

そして児童文学の読者層を、子供から大人にまでおし広げてくれた。「太陽の子」や「島物語」を読んで、児童文学の世界に足を踏み入れた大人は多かった。

一方では、「少女の器」や「子どもの隣り」といった小説で、灰谷さんはいわゆる大人の小説の読者にも同じ主題を突きつけた。一緒にこのことを考えてみませんか…。

同じような姿勢で「ぼんぼん」や「優しさごっこ」を書いていた私にとっては、刺激的でおもしろいライバルの一人だった。

もっとも、こちらは灰谷さんのように、〝都会の生活を捨てて島の山村に引っ込み、食糧の自給自足を目指して、執筆の間に農業を始める〟といったことはしなかった。だからそのあとの灰谷さんの変わりぶりは、その後に書く作品を読んで見ていくことになった。

ライフワークになった「天の瞳」の主人公を追って、その周辺の大人や子供の生き方と、それを見つめる灰谷さんのまなざしを見ていくことになった。

その途中で、灰谷さんは病に倒れた。筆を休めざるを得なくなった。もの書きとしてつらい日々を送らねばならぬことになった。

灰谷さんとは、その後はがきで短いやりとりを続けることになったが、つらい日々の中で不平を綴（つづ）らなかった。こちらとしては、灰谷さんの一日も早い回復と復帰を心待ちにするしかなかった。ともに長い〝マラソン・コース〟を走り続けてきた仲間として、どこまで一緒に走り続けてくれることやろか…。

それが、気が付けば灰谷さんの姿が見えなくなっている。先に逝ってしまった上野瞭さんや長新太さんに続いて、大事な仲間の一人がまたしても消えてしまって、こちらは棒立ちになっている。

それでもまた走りだし、走り続けるしかない。灰谷さんも長さんも上野さんも、そんなふうな意味合いを込めて、私の背中を押してくれている——気がしているからだ…。（児童文学作家）

二〇〇六年一一月二四日

米国への愛情と批判精神 アルトマン監督を悼む

川本三郎

個性の強い、作家精神のある監督だった。定型にこだわらない。ハリウッドの伝統的な映画作りとは、しばしば対立する。

メジャー第一作「宇宙大征服」(一九六八年)では、俳優たちに同時にしゃべらせ、ワーナー・ブラザース映画社を怒らせた。「ギャンブラー」(七一年)は西部劇なのに、なんと最後の決闘は雪の中。西部劇ならぬ北部劇になってしまった。

チャンドラー原作の「ロング・グッドバイ」(七三年)ではエリオット・グールド演じる私立探偵マーロウが、およそハードボイルドのヒーローらしくなくネコをかわいがっていた。女性とのキスシーンはひとつもない。ハンフリー・ボガートのマーロウとはまったく対照的だった。

ヒチコックに才能を認められ、「ヒチコック劇場」などテレビの仕事をしたあと映画監督に。朝鮮戦争に従軍した兵隊たちのばか騒ぎを描いたブラックコメディー「M★A★S★H」(七〇年)がベトナム戦争への厭戦(えんせん)気分のなかで大ヒット。カンヌ国際映画祭では最高賞グランプリを受賞し、一躍その名が知れた。

と言っても巨匠然としたところはなく、相変わらず一風変わった映画を作り続ける。ブラックファンタジー「BIRD★SHT(バード・シット)」(七〇年)を作ったかと思うと、ベルイマン風のシリアスドラマ「三人の女」(七七年)を作る。わが道を行く生き方。

建国二百年に浮かれる米国の愛国主義や保守主義を皮肉った「ナッシュビル」(七五年)では群集劇に挑戦。以後「ウエディング」(七八年)、「ザ・プレイヤー」(九二年)、「ショート・カッツ」(九三年)、「プレタポルテ」(九四年)と次々に何十人ものスターが出演する群集劇の快作を作った。米国社会の多様性を描くには、多人数のドラマが最適と考えたのだろう。

米国社会への愛情と同時に、強い批判精神を持っている。近年もブッシュ政権の力の外交を批判していた。

ストレートの直球勝負というより変化球に味がある。常識的な映画作りを少しはずして見せる。「ビッグ・アメリカン」(七六年)など失敗作も多い。「ポパイ」(八〇年)は大失敗作となり、八〇年代は映画を作りにくくなっていたが、「ザ・プレイヤー」でカンヌ国際映画祭監督賞を受賞して復活した。

映画会社には敬遠されていたが、ジョン・カサベテスやティム・ロビンスら名監督、名優たちには尊敬されていた。多数のスターが出演する映画を作れたのも、スターに尊敬されていたからこそだった。(評論家)

二〇〇六年一一月三〇日

射程長い歴史への問いかけ　木下順二さんを悼む

大笹吉雄

木下順二（きのした・じゅんじ）さんが亡くなった。ごく最近、お元気らしいと聞いたばかりだったので、訃報（ふほう）に接してわが耳を疑った。

劇作家という肩書をはみ出すほど、木下さんの活躍の場は広かった。それを一口に言えば、戦後を代表する知識人ということになろう。その立場から日本の過去や現状、あるいは歴史認識といった問題に、真正面から立ち向かった。「日本が日本であるためには」という著作にそれがまとめられている。

このことが戯曲として形をなしたのが、「風浪」（一九四七年）「オットーと呼ばれる日本人」（六二年）「沖縄」（六三年）「神と人とのあいだ」（七二年）といった一連の歴史劇ないしは現代劇だった。ここで問われたひとつが日本人の戦争責任ということだが、周知のごとく、この問題は今にいたるも尾を引いている。その意味では木下さんの問いかけは射程がとても長く、今後も繰り返し問われつづけるに相違ない。

この系譜の一方に「彦市ばなし」（四八年）「夕鶴」（四九年）といった民話劇がある。民話劇という名称とジャンルは、木下さんの仕事をきっかけとして定着したが、ここでは共通語とは違って、地域語、いわゆる方言を駆使した。それも独自の工夫を加えて作り出したのが大きな特色である。そして「木下方言」だったのが大きな特色である。そして「平家物語」を下敷きにした「子午線の祀り」（七八年）では、意識的に古語を交えた文体を編み出した。さらに「マクベス」その他のシェークスピア戯曲の翻訳がある。つまり、木下さんは表現としての日本語の可能性と美を多彩に幅広く追求し、宇宙としての劇世界を現出するのに一生を賭けたと言って過言ではない。

その背後には古代ギリシャ以来の西洋の古典的なドラマツルギーへの信奉があり、人間と運命の闘争をいつも課題にし、追求していた。そしてこのことを体を通して実感したのが、こよなく愛した馬術である。「ぜんぶ馬の話」というエッセー集は、そのまま木下ドラマツルギーに通じていた。こういうタイプの劇作家はほかにいない。

いろいろな点で木下さんは孤高の人だったが、「夕鶴」というタイトルを一緒に考え、その主役の鶴の化身を生涯演じつづけた山本安英という女優もまた、孤高だった。お二人は出会うべくして出会ったという気が強くする。

一度だけご自宅にお邪魔したことがある。次々と馬の話をされて尽きなかった。その温顔が忘れられない。心からの哀悼の意を捧（ささ）げる。（演劇評論家）

二〇〇六年一二月二〇日

テレ隠しの大口とふざけ
青島幸男さんを悼む

はかま満緒

「スイスイスイダララッタ、スラスラスイスイスイ」。東京・上野のバーで青島幸男さんが歌い出し、「どうだ、面白いだろう。これがクレイジーキャッツの植木等に作った歌なんだ。日本全国大ヒット間違いなしだ」

私は「そんなスイスイいうふざけた歌が当たるわけないよ。もし大ヒットしたら、僕はここから上野駅まで逆立ちしてやる」。

ところが、この「スーダラ節」が爆発的大ヒットとなり、しばらく青島さんから逃げまくった。

以後「参院選に立候補するぞ」「おれ、直木賞取るぞ」「今度は都知事になるぞ」と続く。有言実行の代表者みたいな人でした。

都知事を辞めた後に「今度は?」と聞くと、「画家だ」と答えた。スーダラ節以来、私は彼の言うことには絶対に逆らわないことにしていた。

「青島だーっ」。画面で見ていると、いかにもずぶとい神経の持ち主に見えることもあったが、彼はテレ屋でナイーブな人だったと思う。その反動のテレ隠しに「青島だー、文句あるか」とやっていたんだろう。

初めて新車を買うとき、まだ幼稚園児の長男に大金を持たせて車のディーラーに行かせ、「おじさん、これ一台ちょうだい」とやらせ、それを陰からこっそりのぞいていたこともあった。

都知事時代、青島さんを悪く言う友人知人がいたのは、「青島幸男でございます。どんなご用件でございましょうか」という本来のまじめで誠実な面が出たからだと思う。参議院の反骨精神だけでは、知事は務まらないことを悟ったのだろう。

青島さんが放送作家になったきっかけは、結核の治療中、漫才の台本募集に応募したのがきっかけだった。

焼き鳥屋の通の食べ方というテーマで「食べながら何本かのくしを下に落として勘定をごまかし、帰りに汚れた指先をのれんでふいてくりゃ一流だ」。確か、リーガル千太・万吉の当たりネタだったと思う。

そんな庶民的なギャグが、その後テレビのバラエティーショー「シャボン玉ホリデー」でも生かされていた。昭和三十年代から四十年代にかけて約十年間続いたヒット番組の前半を青島さんらが担当し、後半は私が中心になり台本を作った。

順風満帆に見えた青島さんの人生だが、肺結核に始まり、がんとも闘っている。その手術の後遺症で右手が上がらなくなり、左手ばかりを使っていると、今度は左手も上がらなくなった。

「国会で質問に立つんだけど、手を挙げないと質問ができないんだ。まさか足挙げて質問はできねえし、困った」

それを聞いた私は、山梨県にいる友人で大概のことは治せる整体の名人が、たまたま私の家に来ていたので、すぐに青島さんに連絡。彼は奥さまと一緒にわが家を訪れた。

一時間後には両手ともすっきり上がるようになり、そのときの笑顔が思い出される。

数々の青春時代の底抜けに楽しかった思い出を背負って突然逝ってしまった。

心よりご冥福をお祈りします。(作家、タレント)

二〇〇六年一二月二一日

狭い枠とらわれない自由さ 岸田今日子さんを悼む

長谷部浩

網タイツ姿の岸田今日子さんを見たことがある。

もちろん、舞台の上である。一九八九年に演劇集団円が、つかこうへいに新作を依頼した。つかは、岸田さんの名前そのままに「今日子」という戯曲を書き下ろし、演出した。すでに還暦近かったと思うが、その肢体はまぶしいばかりだった。

女優を名乗る限りは、演出家のどのような要求にも応えられる身体を、常に維持しなければならない。体調も年齢も言い訳とはならない。女優として生きることの厳しさとその業のすさまじさを教えられたように思う。

岸田さんは、日本の近代を代表する劇作家岸田国士の二女として生まれた。舞台美術を志して文学座研究所に入ったが、一九五〇年福田恒存作、長岡輝子演出の「キティ颱風」で、初舞台を踏んでいる。

のちに五二年に、文学座に再度、俳優として入所し、中島敦原作・矢代静一脚色の「狐憑」で正式に初舞台を踏んだ。六三年劇団雲の結成に参加し、七五年には、芥川比呂志、中村伸郎らと演劇集団円に参加した。

岸田さんは、出自をいうまでもなく、新劇の嫡子とされる存在だったが、その狭い枠組みにとらわれない自由な風をいつも感じさせた。円が継続的に取り組んだ劇作家別役実の新作で見せた演技は、不条理劇の日本における展開の可能性を指し示していた。

また、近年は、劇作家岩松了にも、重ねて書き下ろしを依頼し、難解と思われる新たな作品に挑むことを厭（いと）わなかった。

新劇の代表的なレパートリーというべきテネシー・ウィリアムズの「欲望という名の電車」（八九年）やアントン・チェーホフの「桜の園」（九三年）でも、すでに定評のある先輩の演技を乗り越えようとする意志が際だっていた。

二〇〇三年岩松作・演出の「西へゆく女」公演のとき、終演後、ポスト・パフォーマンス・トークに出演をお願いした。

楽屋に戻った岸田さんは、他の出席者が舞台に並んでも、まだ、登場しない。司会の私が気をもんでいると、絶妙のタイミングで現れ、あたりの空気を一変させた。

「私はわけのわからないところに身を投げ出すのが好き。きれいな衣裳を着て、恋愛関係などがあって、最初から最後まで筋が通った芝居というのが、本当はあまり好きではないのです」

その毅然（きぜん）たる姿勢。舞台芸術に身をささげてきた人間にのみ許される物言いであった。（演劇評論家）

二〇〇六年一二月二六日

黒人の誇り貫いたＪＢ
ジェームス・ブラウン氏を悼む

矢口清治

「ゴッドファーザー・オブ・ソウル」「ショービジネス界一の働き者」「ソウル・ブラザー／ナンバー／1」……。ジェームス・ブラウンに与えられた、あまたの称号の一部だ。

自伝によると、一九三三年米国南部のサウスカロライナ生まれ。当時の例に漏れず、貧しい黒人少年の一人として、まともな教育を受けられず、やがて非行に走り、犯罪に手を染め鑑別所に送られた。そこで後に盟友となるボビー・バードと出会い、ボビーのゴスペルグループで活動を始める。泥臭い南部のゴスペルに強烈なリズムを盛り込んだ独創的なスタイルを生みだし、ソウルミュージックの起源の一つとなった。

五六年、「プリーズ・プリーズ・プリーズ」で正式にデビュー。同胞である黒人層からの支持を主体に、信じ難い数のヒットを生み続けた（七〇年代半ばまで百曲近くが全米チャート入りしている）。黒人であることの誇りを高らかに訴えた彼はソウルミュージックがポップス界に大きな影響力を持つようになるに従い、象徴として神格化されていく。

ステージ活動を基本とする姿勢は、大人数のバンドメンバーを高い次元で統率するプロの芸として圧倒的な評価を得て、ソウルレビュー形式のひな型となる。荒々しい雄たけびに、すさまじいステップのダンス、派手なまた割りからマイクスタンドのパフォーマンス、そしてマントショー。マイケル・ジャクソン、プリンスからジャスティン・ティンバーレイクまで、その影響が皆無なスターなど、いないかもしれない。

彼はまた、黒人音楽の市場がシングル中心だったことから、当時としては珍しかったライブアルバムでの成功を画策した。その結果「ライヴ・アット・ジ・アポロ」（六三年）という大ヒットの名作を残して、ＬＰレコードを作品の単位とするコンセプトの先駆けとなった。

何より顕著な功績は、黒人音楽の神髄とされる、反復リズムを徹底して押し通すダンサブルでパワフルな「ファンク」と呼ばれる音楽の潮流を生み出し、その絶対的な価値を普遍的なものにしたことだ。そこにはあくまで粘っこく、どこまでも自由を追い求め続ける根源的な精神性が息づく。誇り高き異名の数々も勲章だが、結局は「ＪＢ」、その二文字で特定されるほど、すごいことはない。

王は死なねばならない。確実に一つの時代が終わった。そして彼の死はエルビス・プレスリーのそれに匹敵するものだと、思う。（ディスクジョッキー）

平成十九年

2007

二〇〇七年二月二八日

眼光は鋭く慈愛に満ちて
飯田龍太さんを悼む

宇多喜代子

飯田龍太が「雲母」九百号の誌歴に終わりを告げた一九九二（平成四）年の初秋から十年目に、山梨日日新聞によって、飯田龍太と桂信子の対談が企画された。その旅から戻った桂信子が、今生の別れをしてきました、龍太先生は何もかもをよく見ておいでですよ、と含みのある独白を誰彼へとなくつぶやいていた。

あれから二年のちにその桂信子が亡くなり、いままた飯田龍太の訃報（ふほう）が届いた。この世代の俳人を先行としてきた一人として、言いようのない空虚な場に立たされている感じがする。

「雲母」に投句したこともなければ、その句会に出たこともなく、句集「遅速」以後の作品を見ることもなかったのに、私はその後も山梨の一角に飯田龍太がいる、「うしろ」を見られていると感じるだけで、姿勢を正す思いを抱き続けてきた。見える場で動くばかりが現役だとも思われず、炯眼（けいがん）の士の存在とは、特定の場とか時間に関係なく働く眼光の鋭さだったのだという思いを強くする。いまさらのように、龍太先生は何もかもをよく見ておいでですよ、という亡き師桂信子の声が思い出されるのだ。

飯田龍太の俳句には品性があり、随筆や鑑賞文などのいずれもが独特の格で屹立（きつりつ）している。飯田龍太という人の濁りのないたたずまいが、その根っこに不動の強みとして生きていたからだと思う。

私の意中に「主義主張は問わず、この俳人の句業を知らずに育っては、血肉の薄い俳人になる」と思われる幾人かの俳人がいる。先年、時宜を得て「飯田龍太全集」全十巻が出たとき、そのことを痛感して、後輩たちに押し付けがましく読むことを勧めた。子か孫のような後輩たちの「現在」は、ただちにこれを必要とはしなかったが、俳句の多様化のすすむ時代の発する騒音に自分が何だかわからなくなったような日に手にとればいい、そう思った。飯田龍太とは、そういう俳人なのではないか。

「遅速」に〈ひといつかうしろを忘れ小六月〉がある。「うしろ」とは何か。これは、さまざまなかたちで私に課題を投げかける。遠い先祖か。故国の山河か。わが来し方か。背中のボタンが外れたしどけない格好に思われることだってあるのだ。

隠遁（いんとん）者でも死者でもない敬愛する先行者に「うしろ」を見られていると感じるときの姿勢を正す思い、そんな深い思念をよみがえらせるように飯田龍太も此岸（しがん）から去った。私たちもやがて居なくなる。そんなとき、孫子のような俳人諸君が、飯田龍太の俳句や随想に触れる日があったとしたら、飯田龍太は彼らの「まえ」に立ち、俳句への姿勢を語ってくれるにちがいない。わが意中の俳人たちは、その姿は見せなくても、けっして亡くなってはいないのだ。

いま、飯田龍太の眼光は鋭くも慈愛に満ちて感じられる。その恩愛に万謝の念をささげたい。（俳人）

二〇〇七年三月九日

現代社会の危うさ示す
ボードリヤールを悼む

橋爪大三郎

ジャン・ボードリヤールの仕事でもっとも説得力があったのは、「消費社会の神話と構造」だろう。ガジェット（ガラクタ商品）、キッチュ（まがい物）など新奇な用語を連発し、消費社会のからくりを解明してみせた。八〇年代バブル期の日本に、ぴったりの分析だった。

消費社会は、資本主義の高度な段階。価値の混迷するポストモダンの世界である。

古典的な資本主義で、生産は、人びとの必要を満たすためのものだった。生産力（供給量）がまだ不十分なため、商品を購入するのはそれを本当に必要とする人びと。彼らの効用が確実に満たされるからこそ、市場の交換や生産活動が正当化できた。

これが消費社会になると、生産力が、人びとの必要と無関係に巨大になる。商品を製造するよりも、買わせるほうがむずかしい。そこで広告が、消費は美徳、消費者は王様とおだてあげる。服はまだ着られるのに、たちまち流行遅れとなり、買い替えなければならない。これがファッションだ。広告を通じて、企業は人びとの欲望をつくり出す。人びとは「違いがわかる自分」を演出するために、商品を買う。これがブランドである。ブランドは、もっと欲しいという欠乏感覚とうらはらだ。結局、消費が自己目的となり、何のための経済か、正当性の感覚が麻痺（まひ）してしまうのが、消費社会なのである。

消費社会で、商品は、記号である。ボードリヤールは、ソシュールの記号論や、ウェブレンの消費の理論を下敷きに、とめどなく増殖する記号の運動として、高度な資本主義を描き出した。そこでは、人びとの必要とは無関係に、商品の価値が勝手に決められてしまう。そんな、空中に浮かんだ幻のような現代社会の危うさを示したのだった。

広告が優位で、役に立たない商品ほど価値があるように見えてしまう消費社会は、情報操作の社会でもある。ボードリヤールは「湾岸戦争は起こらなかった」で、人びとが現実と信じるものにどんな根拠があるのかと問うた。油にまみれた水鳥や、悪玉フセインのイメージが、マスメディアのなかでひとり歩きして、戦争もやむをえないという世論がつくられる。広告とよく似たこうした手口の危険を警告するこの書物は、物議をかもした。

ボードリヤールは、ポストモダンの流儀に従い、システムは自分を再生産するばかりで根拠がない、と指摘する。その指摘は正しいにしても、結論は、ポストモダンにつきものの価値相対主義である。そのつぎの一歩がみえない点に、後味の悪さが残る。

日本では、バブルとともにポストモダンのブームも去り、ボードリヤールも忘れられかけていた。だがよく考えれば、小泉劇場や、インターネット以後のメディア状況など、彼流の分析が切れ味を発揮する場面は多いのではないか。ボードリヤールの仕事は、消費社会論の定番として、これからも読みつがれていくことと思う。（東京工大教授）

二〇〇七年三月一一日

モノ書く女の先達に贈る
時実新子さんを悼む

玉岡かおる

時実さんは五七五の最短詩である川柳の世界。私は千五百枚超の長編小説。やっている文芸も両極端なら、年も違う、生まれたところも嫁いだ環境も、あらゆることが大違い。なのに唯一、お互いモノ書く女であったという、他に置き換えることのできない共通項でつながれていた。

そのご縁から生まれた二人の対談集「モノ書く女への道」は、時実さんの家にこもってじっくり二日、語りに語って作りだした本だ。その中にこんな時実さんの言葉がある。

いわく、計画通りにいかないのが人生だから、私は先のことに予定をたてない。もし、誰かに世話をしてもらう日が来ても、それはその役目を引き受ける人の運命だから、私は絶対に先にたのんでおいたりしないのだ、と。

これはあるいは、今日のための言い置きだったのか。とすれば、突然の時実さんの訃報(ふほう)に、こうして筆を執るのは私の運命なんだろう。悲しんでなんかいる間に何か書きなさいよ、そう言われている気がしていたけれど、きっと、そんなこと言ってませんよとそっぽを向かれそうで泣き笑いになる。

思えば、なんと多くの刺激をもらったことだろう。お互い、身近にモノ書く同種の女がいなかったから、会えば火花散る化学反応のごとしだった。むろん、もっともスパークするのは文学談義。お互い、命がけで書くモノに対する思いを語る、言葉の熱さ。それは、夢中の恋の苦しさを語り合う少女どうしにも似て、いじらしかったというのは手前みそか。

実生活の人生論では、壮絶ともいえる自分史を生きてこられた時実さんには太刀打ちできようはずもない。いつも、参りました、の思いで聞いていたのは、今よりずっと女が生きにくかった時代、モノを書く志だけを原動力に走ったその強靱(きょうじん)さだ。後の時代を生きる私たちにとって、時実さんはまちがいなく、確かなしるべを残した「先達」だった。

しかしその熱さにそぐわず、潔いまでの「スッカラカン主義」には驚かされた。ひとつでいいのよ。捨てたらまた入るから。それが川柳、短い言葉で生きる女。あなたは長編小説家だから、根本的にちがうのね、とおうように笑った童女のようなお顔がもう懐かしい。

本当に、もう会えないのか。

きっと、ご自身、ひかれてやまなかった群青色の天の高みで、時実さんとの記憶を捨てられない私たちを、まだまだひよこね、とシニカルに見下ろしている、そんな気がする。

(作家)

二〇〇七年三月二二日

言論の自由への思い強烈に
城山三郎さんを悼む

佐高信

城山さんに最後にお目にかかったのは昨年の十一月十九日である。「週刊金曜日」が主催した日比谷公会堂での憲法・教育基本法改悪阻止を目指す市民集会に出て来ていただいて、私が戦時中の話をうかがった。

城山さんは昭和二年生まれで十七歳で海軍に志願したわけだが、あれは「志願」ではなかった、と強調されたのが印象的だった。言論の自由のない当時の社会や国が「強制」したのである。「志願」と思わされた自らの未熟さを恥じ、そして、「志願」と思わせた指導者たちへの告発として、城山さんは軍国少年の戦後を長編「大義の末」に書く。

それだけに言論の自由の大事さへの思いは強烈で、二〇〇三年に成立した個人情報保護法という名の権力者疑惑隠し法が、それを踏みにじるものだとして、国会審議が始まると反対に立ち上がった。政治的な行動からは距離を置くことの多い城山さんだっただけに、その鬼気迫る感じに私は少年の日に負った傷の深さを思ったものである。

「男子の本懐」や「落日燃ゆ」等の城山作品を愛読書に挙げる政財界人は多いが、彼らは城山さんが徹底した護憲派であることを知っているのだろうか。

私がお願いして呼びかけ人となってもらった「憲法行脚の会」の講演で、城山さんは、「戦争で得たものは憲法だけだ」と強調していた。多くの人の命をはじめ、さまざまなものを失って憲法を得たのだというわけである。

小泉前首相も城山作品の愛読者だとして接近したが、改憲を掲げる彼に城山さんはすぐに見切りをつけていた。

また、城山さんは勲章嫌いとして知られる。「形式にこだわるには人生は短すぎる」という英国の作家スターンの言葉が好きだった城山さんは、少年兵として国家に裏切られたという思いもあって、勲章に拒否反応を示していたのである。「粗にして野だが卑ではない」の石田礼助や「運を天に任すなんて」の中山素平等、城山さんが取り上げた人たちにも勲章辞退者が多かった。

城山さんは詩人としてその文学活動をスタートさせ、「小説日本銀行」等の経済小説といわれるものを書いた。直木賞を受けたのは「総会屋錦城」である。闇の世界をも知って、明るい世界を描こうとしたのだが、主人公が何で生活の糧を得ているのかわからない私小説が主流の日本の文壇では、城山文学は残念ながら傍流視されてきた。正当な評価を受けてきたとは言いがたいのである。

そんなことを気にする風もなく、城山さんは書きたいもの、あるいは書くべきものを書きつづけてきた。

城山さんとは何度か対談させてもらい、それを本にもしたが、城山さんは出版社が用意する車を断るのが常だった。城山さんが断るのに私が乗るわけにはいかない。電車の方が渋滞等で遅くならないし、歩いた方が健康のためにもいいからと言う城山さんと二人で、対談の後、とりとめのない話をしながら帰って来たのが忘れられない思い出である。（評論家）

二〇〇七年三月二七日

明るさに秘めた苦労人の顔
植木等さんを悼む

佐藤忠男

植木等がコミック・ジャズバンドのクレージーキャッツの歌手として、テレビのショーで「スーダラ節」を歌ったときの衝撃は忘れることができない。

一九六一年のことである。戦後といわれたそれまでの時代、日本人は基本的にひどく大まじめだったものであるが、そこでとつぜん、青島幸男作詞のあのザレ歌が、軽薄だっていいじゃないか！　と宣言したのである。

そして実際、日本経済は高度成長の波に乗り、むしろ軽薄なほどに奔放で自在な発想をすることを求められる時期にさしかかっていたのである。発想の転換が求められていたまさにその時期に、日本人をクソまじめさから解放するラッパを明るく楽しく吹き鳴らす象徴的なキャラクターになったのが彼だった。

その人気が「ニッポン無責任時代」という映画に結実して大ヒットしたとき、そのあまりの面白さに感心して私は植木等にインタビューした。この映画は平均（たいら・ひとし）という一見ヘラヘラしたサラリーマンが、調子よく軽薄にふるまえばふるまうほど万事うまくいって成功するという、それこそまじめに努力する人々を小ばかにしたような内容であるにもかかわらず、不思議に爽快（そうかい）な明るさがあって、気持ちよく楽しめるものだった。まじめ人間と呼ばれている私がそう思ったのだからこれはうそではない。

植木等はしかし、けっこう苦労人だった。父親が戦争中に仏教の僧の立場で反戦を説いた人で、そのために刑を受けている。戦争中の少年としてはつらい経験だったはずだが、そういう父親を誇りとして敬愛していた。そんな父親のまじめさに反抗して軽薄にふるまっているというのでなく、緩急自在、まじめさと調子のよさを自在に使い分けられるところに彼はいたし、時代はそれを求めていたともいえるだろう。

大ヒットした「ニッポン無責任時代」はそれでシリーズになったが、第一作を超えるものはできなかった。本当にこう軽薄でいいものだろうかと、作り手たちみんな、少し反省も盛り込もうとして、もたもたした気配があったからだと思う。根がまじめな人が、まじめ一筋にうんざりして跳んだりはねたりしてみたわけで、軽薄に徹していたのではない。だからコメディーシリーズとしてはなにか中途半端なままで終わったのだが、その後彼は、滋味豊かな演技者の方向に向かった。

もともとコメディアンは、勝手なことをやっているように見えながら、じつは客を笑わせるために相手に調子を合わせるのが本来の仕事である。相手や客の心を読み、極力それに同調しながら結局は自分をおし通す。それは苦労人と呼ばれる人の美徳である。植木等の後年の仕事では木下恵介監督の一九八六年の「新・喜びも悲しみも幾歳月」の老いた父親の役の演技がじつに良かったが、これがまさに、苦労人というものの良さそのものであった。「スーダラ節」からここまで、人間の成熟の過程を見るようで、とても気持ちが良かった。心からご冥福を祈る。（映画評論家）

二〇〇七年四月一七日

日本のポストモダンに貢献
カート・ボネガットを悼む

巽孝之

カート・ボネガットを初めて読んだのは一九六〇年代後半。キューバ・ミサイル危機の時代に呼応して最終兵器アイス・ナインによる世界の終末を描いたカルト小説「猫のゆりかご」(六三年)の本邦初訳が六八年、伊藤典夫の凝りに凝った文体により刊行されたときである。

それを手に取った中学一年生はまだ右も左もわからなかったが、しかし少なくとも、作家が革新的だからこそ、翻訳家はじつに苦心してその作家のための日本語文体を模索し彫琢(ちょうたく)し創造したのだということを、ひしひしと感じ取った。しかし、まさかこのときの実験的な翻訳文体が日本文学の未来をも占うとは、想像もしていない。

兆候が表れるのはほぼ十年後の七九年、村上春樹が「風の歌を聴け」で群像新人文学賞を受賞しデビューしたときである。それがボネガットの翻訳を中心とするアメリカ現代小説の学習成果であることを、丸谷才一ら選考委員や一部評論家たちは高く評価した。八一年には、ボネガットばかりかリチャード・ブローティガンから多くを摂取した高橋源一郎が「さようなら、ギャングたち」でデビューするに至って、アメリカ現代小説の翻訳文体を巧みに再調理する作業は、ポストモダン日本文学の条件となった。

以来、四半世紀。いまでは、ボネガットの翻訳文体を吸収した村上春樹の小説文体をさらに踏襲した若手作家たちが登場するいっぽう、アルフレッド・バーンバウムらによる春樹文学の英訳がデイヴィッド・ミッチェルのような若手作家に影響を与えている。今日のグローバルなポストモダン文学空間は、ほかならぬボネガット自身の影響の帰結として成立したといえる。

それでは、いまや日本文学はボネガットを忘れてしまったのか。仮にそうであったとしても、いまこそわたしたちは、ボネガット自身が日本をどうとらえていたかを思い出すべきだ。

彼が八四年五月中旬に来日を遂げ、第四十七回国際ペン大会で「核状況下における文学」をテーマにした全体会議に大江健三郎、フランシス・キングと並んで登壇した時、「核弾頭には子供用のオモチャをつけ、指導者たちには詩あるいは俳句を送りつけよう」と、ちゃめっ気たっぷりに語ったエピソードはよく知られている。

だが、そうしたユーモラスなまでの平和への提案は日本への深い関心に裏打ちされていた。前掲「猫のゆりかご」自体が「ヒロシマ原爆投下の日に、アメリカの重要人物たちが何をしていたか」というモチーフを貫いていたし、後期の代表作でありダーウィン進化論を揶揄(やゆ)する作品「ガラパゴスの箱舟」(八五年)では、ヒロシマの影響で生まれたオットセイ状の肌をもつ突然変異体アキコが新人類全体の遺伝子に大きく影響していく。「ホーカス・ポーカス」(九〇年)の舞台に至っては、日系を代表とする外国企業で買い占められた近未来アメリカなのである。

ボネガットはポストモダンの日本語空間へ間違いなく貢献した。しかし同時に、日本がいかにボネガット本人の文学空間に貢献したかを再確認するのは、これからの読者の課題かもしれない。(慶応大文学部教授)

二〇〇七年四月二六日

象徴の早すぎる死
ハルバースタム氏を悼む

藤田博司

「アメリカ・ジャーナリズムのアイコン（象徴）」――自動車事故で不慮の死を遂げたデービッド・ハルバースタムを「ワシントン・ポスト」がそう呼んだのも決して誇張ではない。ベトナム戦争からワシントン政治、メディア、スポーツなど幅広い分野で優れた著作を残したジャーナリストの、七十三歳の早すぎる死が惜しまれてならない。

一九五五年、大学を出て南部ミシシッピ州やテネシー州の新聞で記者修業を積んだあと、「ニューヨーク・タイムズ」に移り、六二年にベトナムに派遣された。若きハルバースタムが戦場から伝えた戦争の実相は、米軍当局や米政府の楽観的な説明とは大きく食い違っていた。

ハルバースタムの報道を目の敵にした米政府は六三年、当時のケネディ大統領が彼をベトナム取材から外すよう同紙の社首脳に働きかけたが成功しなかった。ハルバースタムは六四年、一連の報道でピュリツアー賞を受賞した。

六七年に「ニューヨーク・タイムズ」をやめ独立した彼はその後、次々と重厚な著作を世に送り出した。中でも評判の高かったのは、ケネディ政権関係者との膨大なインタビューを通して、米国のベトナム介入の過程を明らかにした「ベスト&ブライテスト」（七二年）だった。えりすぐりの人材を集めたケネディ政権がなぜあの愚かしい戦争に足をとられたのか、政治の舞台裏を克明に描いたこの本は、ベストセラーになった。

「メディアの権力」（七九年）では、米国の新聞、放送、出版に大きな影響力を持つ企業の内側を、その出自にさかのぼって生き生きと描き出した。ほかにプロ野球やバスケットボールをめぐる人間記録、日米の自動車産業の比較など、広範なテーマで二十冊を超える著作を書き残した。

ハルバースタムを傑出したジャーナリストたらしめているのは、その旺盛な行動力と徹底した取材である。綿密に資料を収集、分析し、納得いくまで関係者とのインタビューを繰り返す。その徹底ぶりは、著作に描かれた人物像や状況、事実の圧倒的な緻密（ちみつ）さにうかがえる。

時代を切り取る洞察力の鋭さ、構想力の豊かさも、群を抜いている。同時代史として書かれた「ザ・フィフティーズ」（九三年）は、五〇年代後半に人種問題で揺れる南部で記者生活を始めたハルバースタムの原点の問題意識を反映したものといっていい。世界の将来に思いをはせた「ネクスト・センチュリー」（九一年）や湾岸戦争、イラク戦争などについての著作や評論もある。

しかしそれにもまして彼を同時代のジャーナリストのなかで際立たせているのは、権力にこびることなく一貫して「真実の追求」を実践してきたことだろう。「ベトナムでの記者の仕事は、米国にとっていいニュースかどうかにかかわりなく、ニュースを伝えることだ」と六五年に書き残した姿勢は、その後も揺らいだ様子がない。

二〇〇五年にコロンビア大学で行った講演で、彼は若いジャーナリストの卵にこう諭した。「有名になろうと思うな、賞を取ろうと思うな」。そして「権力をおそれるな」。

名声や富を求め、権力に擦り寄るジャーナリストが少なくない現代で、ハルバースタムはジャーナリズムの理想を体現した、文字通りの「アイコン」だった。彼の死がジャーナリズムにもたらした巨大な損失は当分埋められそうにない。（早大客員教授）

二〇〇七年四月二八日

ひるむことなく歩んだ生涯
ロストロポービッチを悼む　黒田恭一

リハーサル中だったのであろう、オーケストラに指示をあたえているロストロポービッチの後姿が写っていた。その写真をよく見ると、指揮台に立つ足元に、犬が一匹、退屈そうに寝そべっていた。後に、それが彼の愛犬で、名前をプシクということを知った。

彼がリハーサルにも連れてくるほどの犬好きとわかった途端に、こわもての印象のあった巨匠に親近感を覚えた。それまでのロストロポービッチは感動的な演奏を聴かせてくれる名演奏家であり、同時に、旧ソ連における反体制の闘士でもあった。

ムスチスラフ・ロストロポービッチは、旧ソ連アゼルバイジャン共和国のバクーで生まれている。モスクワ音楽院でチェロを学んだ後、プラハの国際チェロコンクール等さまざまなコンクールに優勝して、ソ連国内では高い評価を得ていた。それが証拠に、若くしてソ連人民芸術家の称号を受けている。

しかし、この人民芸術家は物理学者のサハロフを擁護したり、作家のソルジェニーツィンをかくまったりとソビエト当局の神経を逆なでするようなこともおくすることなくやってのけていた。とはいっても、結局、一九七四年に、夫人でソプラノ歌手のガリーナ・ビシネフスカヤとともにソ連を去り、イギリスに移住した。それから後、ふたりは、ソ連の市民権をはく奪されている。

三十年あまりの歳月が経過して、さまざまな面での事情が変わった。さる三月に、クレムリンで、彼の誕生日を祝うパーティーがプーチン大統領の主催で行われた。パーティーには、ロシア内外の名士が五百人ほど参加した。ロストロポービッチは、八十歳の誕生日を盛大に祝って後、ほどなくして、世を去った。

チェロを弾いては、たっぷりと響く音色を生かした振幅の幅の大きい表現で聴き手の心をとらえた。奥さんのうたう歌曲では、絶妙なピアノを聴かせてくれた。さらに、指揮者としても、オーケストラを十分に響かせて、大きく、かっぷくのいい音楽で聴き手を魅了した。

その演奏する音楽も大きければ、音楽家としてのスケールも大きかったのがロストロポービッチだった。親日家でもあった彼は、五八年以降、しばしば来日して、来日するとかならず築地市場を訪れてすしに舌鼓を打っていた。苦難の、難しい時代に生きてなお、いささかもひるむことなく、自己の道をまっすぐ歩みきった。ひまわりを愛した反骨の音楽家ロストロポービッチの一生は、彼が聴かせてくれた音楽にも負けないほどの勇気を、ぼくたちに与えてくれる。(音楽評論家)

二〇〇七年五月二日

米映画を先導したカリスマ バレンチ氏を悼む

鈴木ひとみ

「ミスター・ハリウッド」こと、元米映画協会（MPAA）会長のジャック・バレンチさんが四月末、首都ワシントンの自宅で亡くなった。八十五歳。

銀髪、鋭い目の小柄な男性が、アカデミー賞の授賞式に毎年登場したのを覚えている日本人もいるのでは。二〇〇四年に引退するまで、三十八年間も米映画産業の元締として君臨。ブッシュ大統領が、その死を悼む声明文を出したほどだ。

南部テキサス州生まれ。一九六三年、旧知のジョンソン大統領の特別補佐官に。六六年にMPAA会長に就いてからは、米国を代表するロビイストとしてハリウッドと政界の仲介役を果たした。

会長就任当時はベトナム戦争のただ中。観客が映画に何を求めるのか、確信が持てなかったハリウッド作品には俗悪、わいせつな表現がまん延し、批判が高まっていた。バレンチさんは六八年、観客の年齢に適した映画を示す「格付け」制度を導入した。

その結果、ニューヨークで生きる若者を描いたダスティン・ホフマン主演の「真夜中のカーボーイ」（六九年）が、成人映画に指定されながらアカデミー賞作品賞を受賞。「アメリカン・ニューシネマ」と呼ばれる反体制映画のジャンルを確かなものにした。

二十世紀後半の米映画産業を先導したカリスマの死に、関係者は業界の行く末を案じる。

「海外での米国のイメージ低下が指摘されるが、米国が世界の嫌われ者になったのは『反米色の濃いハリウッドのせい』とワシントンで非難の声を聞いた」とロス在住の映画会社役員。「バージニア工科大の銃乱射事件で、青少年に対するハリウッドの悪影響が語られている。バレンチ氏なしでは、政治家による映画への干渉が強まるはずだ」とニューヨークの独立映画会社社長は嘆く。

映画の不正コピーなどを「デジタル万引」と呼び、国際市場での知的財産権の保護を訴えたバレンチさん。八〇年代、海賊版映画の撲滅を日本政府に陳情した際、筆者は通訳を務めた。

三〇年代から四〇年代のハリウッド黄金時代に、貧しい移民の子として映画館で働いた彼は、根っからの映画好き。こわもての演説とは裏腹に、「風と共に去りぬ」のせりふをそらんじる、ロマンチックで優しい気配りのボスだった。建前と本音を使い分けなかった〝恩師〟の訃報（ふほう）は、私にとって、古き良き米国の死だ。（ジャーナリスト）

二〇〇七年五月四日

お笑い界への貢献度消えぬ 横山ノックさんを悼む

古川嘉一郎

こんなに話題の多い生涯を送った笑芸人も珍しいのではないか。

まだ記憶に新しい「セクハラ事件」で大阪府知事を退いたあと、〝横山ノック〟の芸能界復帰を願う声はあちこちにあった。それほど得難いキャラクターであった。

昭和七(一九三二)年一月生まれ。宝塚新芸座の芝居のチョイ役から出発したあと、秋田Aスケ・Bスケを師匠に「秋田Oスケ・Kスケ」として漫才コンビを組む。その後「横山ノック・アウト」を経て、あのゴールデン漫才トリオ「漫画トリオ」を結成。昭和三十五年十一月、うめだ花月がトリオの初舞台だった。昭和四十三年に参議院議員に初当選し、平成七年には大阪府知事にまで登り詰めた。

「漫画トリオ」を解散するまでさまざまに漫才のスタイルを模索し続けたが、ずっと底流に〝しゃべることの重要性〟を貫いてきた。

また常に流行の音楽を巧みに漫才に取り入れたり、新しい演出を考えて舞台に挑んでいた。漫才に賭ける情熱があった。

どこか熱血の気質でありながら、決して威張ることのない人柄だった。

お笑いの世界では既に大師匠の存在でありながら、若手の芸人が「ノックちゃん!」など法外な突っ込みやからかいを入れても悠然と受け流していたし、新人若手にも気軽に声を掛け自ら溶け込んでいく人であった。そういう人なつこさと庶民性がこの人の武器であった。

普段の言動からそうは見えないのだが、若手のお笑い芸人には特に温かい眼を向け続けていた。

忘れられない光景がある。昭和五十四年の秋。私が世話人をしていた若手漫才師らの勉強会「笑の会」に参加していた「ザ・ぼんち」や「B&B」ら若手数組が芸術祭参加の東京公演に臨んだ。

この公演がその年の優秀賞に輝き、あの〝漫才ブーム〟の引き金になった。翌春、その受賞記念のパーティーを催した時、一番乗りで会場に現れ、私たちを満面の笑みで祝福してくれたのは横山ノックさんだった。

時に後輩のタレントらとマージャン卓を囲み、いつもかもにされていたことや、数々の艶聞(えんぶん)も今となってはなつかしい。

晩節を汚す結果になったが、この人が残したお笑い界への貢献度は消えるものではない。

もう一度、屈託のない笑顔を見たかったのに…。お疲れさまでした。(放送作家)

二〇〇七年五月七日

新劇俳優を貫いた一生
北村和夫を悼む

藤田洋

最後まで文学座の新劇俳優であった。そういういちずなところが、舞台にも、映画・テレビなどの映像にもよく生かされているのが北村和夫の魅力だったと思う。

代表的な当たり役に挙げられる「欲望という名の電車」のスタンレー、「花咲くチェリー」のチェリーなど、男っぽさを実に鮮やかに正攻法で演じてみせてくれた。

「夢・桃中軒牛右衛門の」の宮崎滔天（とうてん）や「阿Q外伝」の阿Qなどには、ユーモラスな味わいがあった。武骨さのなかに柔らかみが程よく調和している得難い俳優、というより役者と呼びたいタイプであった。その特色は「怪談牡丹燈籠」の伴蔵にも生かされていた。

また「華岡青洲の妻」の青洲も、杉村春子の於継という母に甘える一面がさりげなく出ていた。つまり、入座以来、一貫して杉村を尊敬し、その杉村を軸とする文学座をこよなく愛してきた。その温かさがよく出たケースになろう。

杉村の代表作「女の一生」では、栄二を持ち役にしてきた。ついに結ばれなかった布引けいと、戦争の焼け跡でしみじみ語り合う終幕の哀歓は、二人のコンビでは最高だった。

深刻な男よりは、むしろ大陸的なおおらかさをにじませた男の生きざまを、実感的に演じてきた。杉村逝（い）って十年、文学座創立七十周年を盛大に祝ったばかりの時期に、突然世を去るとは、不思議な因縁かと驚くほかない。

実は、入院の前日、四月十九日に新宿紀伊国屋書店地下で偶然声を掛けられ、短い時間話をした。元気のようだった。「夏には朗読劇で『女の一生』をやるのだ」と語っていた。それが最後の出会いになるとは思ってもみなかった。ＮＨＫテレビの杉村春子特集で、涙ながらに杉村を懐かしんでいた姿を見ることになり、あまりに符合しすぎていて、こわいほどだ。

確かに、杉村春子あっての北村和夫だった。が、相手役として絶妙ではあったが、その間に俳優としての力量を蓄えて、男らしい役者の存在感を増してきた。その一生は、まさに脇目も振らずに〝新劇俳優〟の道を貫き通した、愚直なすばらしい人生だったように思われる。（演劇評論家）

二〇〇七年五月一〇日

西欧近代を根源的に批判

今村仁司氏を悼む

塚原史

現代日本を代表する思想家である今村仁司氏が、五日未明逝去された。昨年春の手術から一年有余、闘病生活を送られながら、旺盛な執筆活動を続けられた故人の霊に「ご苦労さま」と呼びかけずにはいられない。

筆者が、京大時代の友人の紹介で七歳年上の氏と出会ったのは一九七七年、パリ大学の学生食堂でのことだったから、もう三十年も前になる。教条的マルクス主義からマルクスを解放する思想的可能性を探った彼の最初の著作「歴史と認識」が、故広松渉先生の助力で出版されて間もないころだった。

パリ時代に、今村氏は、現代社会を記号論的に読み解くボードリヤールの「消費社会の神話と構造」にいちはやく注目されて、帰国間際に「これ一緒に訳そうや」と筆者に宿題を出されたことが昨日のように思い出される。訳書は幸い多くの読者を得て、現代思想に独自の領域を開いたが、そのボードリヤールも二カ月前七十七歳で他界したことは、不思議な暗合というほかはない。

その後、今村氏は八〇年代には著書「労働のオントロギー」「暴力のオントロギー」「排除の構造」、九〇年代には「理性と権力」「貨幣とは何だろうか」「近代の思想構造」、二〇〇〇年代に入ってからは「交易する人間」「抗争する人間」「マルクス入門」など、ブルデュー、ベンヤミン、コジェーヴらの訳書も加えれば数十冊の著作をつぎつぎと出版されて、わが国の思想界に屹立（きつりつ）する存在となった。

今、その思想史的位置づけを語るだけの余裕はとてもないが、氏が「労働のオントロギー」で「労働を近代的な経済活動の枠内におしこめた労働観をうちこわすこと」を提案されていたことを想起するなら、故人がめざしたのは、近代という抑圧的な知の仕掛けがとじこめてきた労働や暴力などの本源的なパワーの解放だったのだと、いまさらのように実感される。

こうした西欧近代の根源的批判につながる思想の方向は、二十一世紀に入ると仏教哲学への関心と重なり、清沢満之から親鸞へと、氏の思想圏は新たな展開を見せていた。ほかにもマルクス「ドイツ・イデオロギー」、ソレル「暴力論」新訳などの仕事や新たな著書の刊行予定が目白押しだった矢先の、早すぎる死は、あまりにも大きな損失ではある。

とはいえ、東京・国分寺の大学の研究室に毎日のように通われて、早朝から夜まで研究に没頭する生活を数十年続けられた今村氏の日常を知る者は、今こそ氏に安らかな休息が訪れたのだと思わずにはいられない。亡くなる二週間ほど前、最後にお会いしたとき、「今村さんは人の何倍もがんばったね」と話しかけると「がんばった…」とつぶやいてうなずかれた姿が目に焼きついている。

これからの社会をつくる若い人びとが今村仁司氏の仕事から何ごとかを学んで、自分たちをおしこめている不可視の枠組みからの解放を実現することこそが、氏の永年の努力に報いる道なのではないだろうか。（早大教授）

二〇〇七年五月一七日

伊織さん早過ぎるよ
愛すべき小説家の死を悼む

阿刀田高

また一人、愛すべき小説家の死に遭遇してしまった。しかも若い死である。悲嘆が深い。

古くから親交があったわけではない。藤原さんは一九八五（昭和六十）年「ダックスフントのワープ」ですばる文学賞を受賞、私はそのころ受賞者のリストを見て「藤原伊織なんて、古風だが、いい名前だな」とペンネームを心に留めた。

それから十年、江戸川乱歩賞の最終候補者の中にこの名があった。作品は「テロリストのパラソル」である。私はたまたま選考委員を務めていた。一読して「今回はこれだな」と信じた。他の候補作を読了して吟味したあとも、この考えは変わらなかった。

小説家への追悼なので業界の裏話をつづれば、小説の選考にあたって選考委員には、いや、少なくとも私には「これは私には書けない」という評価のものさしがある。

つまり候補作を読んで〝これは自分にも書ける〟あるいは〝これは自分には書けない〟という直感であり、後者にはなにほどかのプラス点をつけたくなる。

新人を育てることにおいては文芸担当の編集者が巧みであろうし、作品を的確に論評することでは評論家にはかなわない。だが、いま述べた判断は、やはり実作者のもの、同業者の視点ではないか、と私は考えている。

藤原さんの「テロリストのパラソル」は私に〝書けない〟と思わせるものであった。ストーリーはともかく、軟らかだが不思議な筆致でつづられていた。

乱歩賞の記者発表、授賞式でご当人にお会いして言葉を交わした。いくつかの情報もえていた。電通の社員だった。飲んべえで、マージャンの名手なんだ、とか。

無頼派かな──。

と思ったが、印象はまちがいのないインテリゲンチア、都会的だが芯（しん）は強そう。端的に言えば、小説家らしい人がらだと思った。

全共闘世代の中年男が爆弾事件に遭遇するところから始まる「テロリストのパラソル」は、いわゆるハードボイルド風の作品であり、ミステリー味も過不足なく加味されているのだが、この点だけで言えば、時代を画するものではあるまい。ただ、作品の醸し出す気配がとても好ましい、と私は素直な感想を述べた。藤原さんは「いいんです、借金が返せて」と乱歩賞の賞金のことをことさらに告げておおいに照れていた。

この作品がそのまま直木賞の候補となった。私はここでも選考委員の末席にあった。作品については〝文句なし〟と思ったが、江戸川乱歩賞の受賞作がそのまま直木賞の受賞作となったケースはそれまでになかった。

ここに私は若干のためらいを覚えたが、他の委員からの推薦が高く、私も「それなら大賛成」と同意を示した。

その直後に一緒に夜遅くまで飲んだ。アルコールが強いのか弱いのか、すぐに酔って正体もなくなるのだが、それからが長い。ユニークな酔っぱらいだった。

寡作ではあったが、その後の作品もみんな味わいが深かった。大人の鑑賞に耐える良質のエンターテインメント、その有力な書き手を失ったのは、本当につらい。小説の現状にとっても思いのほか大きい損失である。合掌。

（作家）

二〇〇七年五月二三日①

血縁超えた家族づくり 駒尺喜美さんを悼む

皆川靱一

「暖かくなったら、ゆっくりお風呂に入りに来てください。お風呂がここの自慢なのです」。一昨年に駒尺喜美さんと交わした最後の約束は、結局果たせなかった。

ライフアーティストを自称し、「生き方は芸術だ」が持論だった駒尺さん。その彼女が一九八〇年代から追求したのが、高齢化時代を先取りした住まい方とコミュニティーづくり。「職住学遊」の統合を目指す集合住宅「友だち村」構想だ。

紆余（うよ）曲折の末に二〇〇二年、温泉のわく静岡県中伊豆町（現伊豆市）姫之湯地区に建設、絶景の六階角部屋に移り住んだ。よほどうれしかったのであろう。「自分らしい生き方、生活の中から、思想や哲学を紡ぎ出す村づくりが狙い。私の集大成になるでしょうね」。開村の日、珍しく多弁に夢を語ってくれた姿が目に浮かぶ。

日本近代文学の専門家で、元法政大教授。夏目漱石や「源氏物語」などを女性の視点で読み解き、新説を立てて話題を集めた。特に一九七八年に発表した快著「魔女の論理」は、作家五木寛之氏に「目のウロコが落ちる思いがする」と言わしめた。その言論活動は、マルクス主義に代わるフェミニズム運動の旗手と形容されたほどであった。

記者として初めてお目に掛かったのは七年前、駒尺さんがもう晩節のころである。常に穏やかで潔く、はにかむような笑顔が美しい人であった。

訪ねた先は、大阪府箕面市の集合住宅。母親ほども年の離れた、人生の師にして親友の「綾ちゃん」こと、女性解放運動家の小西綾さんと血縁を超えた「友だち家族」を営んでいた。

駒尺さんの「友だち家族」の原点は、少女時代にさかのぼる。家族より友だちとのだんらんの方が、ずっと楽しかった。自分が最もくつろげ、自然に暮らせる場を「家庭」と呼ぶなら、必ずしも血縁でなくてもいいではないか。血のつながりを理由に、辛抱しながら暮らすのなんてごめんだ。「結婚も一生飯炊きすることじゃ、と思って、やめた。『友だち家族』は、そんな考え方の実践なのです」と駒尺さん。

結婚はともかく、老いを逃れることはできない。どうすれば老いと仲良くし、友だちの輪を広げて自立と相互扶助の場を築けるか。「老いこそ自由の時。何よりも老いの『家族幻想』を問い直したかった」

共同で暮らし始めて半世紀を過ぎた二〇〇三年、九十九歳になっていた小西綾さんを「友だち村」で見送った。

哲学と実践、考え方と生活が一体となった思想家、駒尺さん。あちらで綾さんと「友だち家族」を再開してください。さようなら、合掌。（静岡英和学院大教授）

二〇〇七年五月二三日②

最後まで社会派だった
熊井啓監督を悼む

原一男

熊井さんと初めてがっぷり四つに組んだのが「海と毒薬」だった。私は「監督補」ということになっているが、実質的にはチーフ助監督。その前に「天平の甍（いらか）」で撮影部の助手だった私が、プロデューサーの宮川孝至さんの紹介で助監督になったため、「大丈夫かな」と不安そうな顔をされていたのを覚えている。

「海と毒薬」は何と言っても手術のシーン。床に流れる血を白黒の画面でどう表現するか。血のり、インク、人間の血でカメラテストをしたら、人間の血が一番いい。ほかは動きに精彩がない。用意します、と言ったら、熊井さんは「えっ」と驚いていたが。もとになった事件も徹底的に調べ、医師の動きや心理も研究した。それから全面的に信頼を寄せてくれるようになった。

次にご一緒した「千利休　本覺坊遺文」は、出演者が男だけ。一人の人間の中には男性的な面と女性的な面がある。熊井さんはいい意味で、女性的な面がいっぱいあった。ところがなぜか男の世界を描かせると見事。萬屋錦之介さん、三船敏郎さんに全幅の信頼を置いていた。

三船さんはお年だったが、熊井さんは「原ちゃん、この映画は三船さんへのオマージュでもあるんだよ」と言う。せりふを間違えても、編集すると、それを全く感じさせない出来になっている。何としても三船さんの良い部分を撮ろうとしているのを、ひしひしと感じた。

よく電話があって、長いときで一時間半ぐらい話した。いろいろなことをよく知っていて、物事の裏側にあるものへの興味が尋常ではない。「こういうことをやりたいんだよね」と話していたことが、しばらくすると映画として結実する。

今は死語になっている「社会派」の最後の巨匠という感がある。熊井さんは亡くなるまでその精神を失っていなかった。

熊井さんは好き嫌いが激しいから、知らない人の中には嫌う人もいる。でも心をいったん開いたら甘えてくる。朝の三時、四時まで飲んで「もう帰ろう」となったのに、タクシーの窓を開けて「もう行くの？　もう一軒行こうよ」。子どもが母親にねだるみたいな、口調とまなざしで。これが憎めなかった。

熊井さんが亡くなるなんて、本当に思ってもみなかった。無性にさみしい。（映画監督・談）

二〇〇七年五月二五日

記憶に焼きついた白い花
大庭みな子さんを悼む

中沢けい

「悲しみは日本文学の生命です」というのは、大庭みな子さんが監修し、私も編集委員を務めた「テーマで読み解く日本の文学」（小学館刊）の序文に書かれた大庭さん自身の言葉だった。この一言が、この一句が私の頭の中には深く残っている。

私が大庭さんに最初に出会ったのは三十年ほど前、大庭さんが文芸誌「群像」の「霧の旅」第一部の連載を終えられたころのことだ。今、あらためて大庭さんの年表を読み直してみると、大庭みな子も私も過去から積み上げられてきた抒情（じょじょう）を、いや、大庭みな子の場合はセンチメントと言ったほうがいいのだろうが、センチメントを切り崩し解体することに力を注いできた時代に「同時」に生きていたことを実感する。

過去から積み上げたセンチメントを語ることが許されなくなった最大の事柄は「いくさ」であった。飛行機が登場し、原子爆弾が開発されたこの時代には「いくさ」という言葉さえ、古色蒼然（そうぜん）とした色合いを見せる。十四歳で広島の原爆の現場へ救護のために向かったという大庭みな子が見たものは「いくさ」ではなく「戦争」だったに違いない。日本の中世の軍記物が語るような「いくさ」は遠い過去になったことを、年若い救護者ははっきりと目に焼きつけ、身体に染み込ませていたことだろう。

この体験は「浦島草」に生かされる。リービ英雄氏の言葉を借りれば「浦島草」は「かぎりなくやわらかな密度」を持った「時代の肖像」である。それゆえに「浦島草」は乾いた目によって描かれている。

「乾いた」という形容は芥川賞受賞作の「三匹の蟹」以来、たびたび大庭みな子の作品に使われるものだ。しかし、今ここで思い返してみるとそれは単純な「ドライ」ではなかった。七歳ですでにアンデルセンの童話を読みふけっていたという救護者は、惨状の現場で、人間にはセンチメントが絶対的に必要であることを本能的に感じていたのではないか。私がそう思うのは、冒頭に述べた「悲しみは日本文学の生命です」という言葉にたどりつくまでの長い旅について考え込むことが近年多かったからだ。センチメントと人間の欲望についてこれほど深く思いを巡らした作家はほかにいない。

大庭みな子さんが持っていたおおらかさと豊かさはそうした思索から生まれてくるものだった。パーティーなどでお目にかかると、私の書いたものについてお褒めの言葉などをいただきながら、私は大庭みな子の良い読者ではなかった。

正直に言おう。一度、読んだら目に焼きついてしまうような大庭みな子の描くディテールが怖かった。例えば「楊梅洞物語」に登場する空飛ぶカラスウリの白い花は私の記憶の中に深く入り込んで、まるで自分が見たもののように、不意に目の前に現れてくることがある。

一九九六年に病気をされてからは車いすの生活をなさっていたが、昨年「群像」（十月号）に発表された短編「風紋」は官能的であった。大庭みな子の体温がそこにあり、その体温は作品の読者の記憶へ自然に染み込んでくる。だから、これからも大庭さんはあの空を飛ぶカラスウリの白い花のように不意に身近なところに現れるに違いない。私はそう信じている。私にとって大庭みな子はどこまでも「生きて」いる作家である。（作家）

二〇〇七年五月二九日

手痛い歌姫の急逝

坂井泉水さんを悼む

反畑誠一

四十歳という若さで逝った坂井泉水は歌手として、作詞家として人生を駆け抜けた。彼女がボーカルを務めたＺＡＲＤのＣＤとＤＶＤの総売り上げ枚数は約三千六百万枚で、音楽情報会社オリコンによると歴代八位の記録という。

ＺＡＲＤがデビューした一九九一年、音楽業界は、トレンディードラマの主題歌を軸に大々的に宣伝を打って大ヒットを狙うという、空前のミリオンセラー時代を迎えていた。「ラブ・ストーリーは突然に」「ＳＡＹ　ＹＥＳ」「愛は勝つ」といった男性シンガー・ソングライターの曲が上位を独占していた中、坂井は女性ボーカルのトップランナーとして鮮やかに快走する。安室奈美恵が登場するまで、〝女王〟の座に君臨し続けたと言っていい。

モデルから転じた坂井を中心とする音楽ユニットというＺＡＲＤのコンセプトの生みの親は、ＴＵＢＥやB'z、大黒摩季らも世に送り出した音楽プロデューサー、長戸大幸だ。洋楽の影響を受けた日本のR&Bやフォーク、ロックを徹底的に分析し、織田哲郎ら新進の作曲家やアレンジャー、歌手らを発掘して、ヒット曲を狙った。

その野望はＺＡＲＤの歌声で結実した。代表作「負けないで」「揺れる想い」などには、ポップスの王道と言える要素がいくつも注ぎこまれている。例えば、サビは鼻うたでも口ずさめる親しみやすさがある。ジーンズやＴシャツ感覚で書かれたカジュアルな歌詞。そして彼女のさわやかな歌声。他の歌手にも作品を提供してきた彼女の作詞力も高く評価したい。

圧倒的な人気がありながら、坂井の人物像は常にベールに包まれていた。ブレーク後しばらくはライブを行わず、テレビにもほとんど出演しないため、ファンはＣＤジャケットとプロモーションビデオからしか坂井の姿を見ることができない。

しかもジャケットは、焦点を外した横顔が圧倒的に多い。謎めくイメージを意識的に打ち出した戦略は斬新だった。デビュー当時は細長いジャケットの八センチのＣＤシングルが主流で、歌手の顔写真は名刺判程度の大きさだが、うつむく坂井の表情には、強烈なインパクトがあった。

素顔の彼女は、清らかで、すがすがしいオーラを持った女性だった。私の仕事場が彼女の録音スタジオに近かったので姿を見かけることがよくあったが、大スターの気取りはみじんも感じられなかった。

坂井が初の単独ライブで美しい素顔を披露したのは、デビューから八年たった九九年の船上ライブだ。そこを再出発点に、近年はライブを精力的に続けていた。このままいけば、さらにカラオケの定番ソングを生み出していたと思う。低迷が続く音楽業界にとって、ヒットの歌姫の急逝は手痛い。（音楽評論家）

二〇〇七年六月一五日

現地主義から地域王国論へ
門脇禎二先生を悼む

水野正好

胸を張って堂々と、柔らかい表情に、あふれるような声量。講堂だろうと野外だろうと変わらない姿勢で、自説を易しく分かりやすく語り込んでいく――。門脇禎二（かどわき・ていじ）先生の学と人への熱情は、多くの人々をとらえて離さない魅力だった。

考古学を始めてまだ日の浅い時期の私は、八歳年上の門脇先生が奈良時代の各地の戸籍をこと細かく調べ、当時の家や家族を具体的に復元していく研究法に感激し、考古学の不確かな研究法を補うため、「見よう見まねで自分も」と考えた。

また、余りにも矢継ぎ早にいろいろな原稿を書いていく、その膨大な量に驚かされ、やがて、そんな超人的な活動こそが、先生の「生」の表現、この世を生き抜くための必死の活動ではないかと思うようになった。

ある新聞社の企画で年に一、二度、史跡を歩き語る万葉ウオークを始めることになった。長く長く続いた企画だが、第一回は南河内の叡福寺（えいふくじ）境内からだった。

犬養孝（いぬかい・たかし）先生、門脇先生と私。教祖のような犬養先生の朗々たる犬養節万葉、応えて合詠する参加者の皆さん。実に和やかな雰囲気だった。それを承けて門脇先生が開口、「この近つ飛鳥は、何度も歩き親しんだ地。辻々、道々が…」と切り出し、同地の歴史をありありと語った。

私は少し出た門脇先生の張りのあるおなかの一句一句ごとの動きを、感動しながら仰視。次いで私は、「門脇先生のおなかから腹蔵なく歴史が…」と語り出し、みんなのほほ笑みを誘って大好評。以後、このパターンが続いた。

時に順序が変わると、「水野君はああ言いますが…」と自説の明確化のダシに使われたり、なかなか息の合うトリオで、「取り合わせの妙と、意見の違いが楽しい」と大評判だった。

こうした席での先生は、歴史の舞台をつぶさに見て、実地を歩き体感した強い自信に支えられ、歴史上の出来事を巧みにからめて話をしていた。

現地主義に徹する門脇先生は、単に注目される現場を訪ねるだけでなく、その地の地力をくみ、土地土地のにおいをかぎ、新しい人跡未踏の成果を紡ぎ出して、論戦を重ねて完成させようと心掛けられた。

こうして丹波、丹後、越前、出雲といった地域に視点を定めての「地域王国論」が明確な姿で登場するのである。私とはことごとく意見が合わないが、その取り組みへの傾斜はすさまじく、考古学の森浩一（もり・こういち）さんや佐原真（さはら・まこと）さん、各地の研究者とのシンポジウムを重ねる中で大輪の花が咲き、結実していく。

多くの意見交換を経た王国論が、日本海域での調査による出雲の青銅器群、伯耆の妻木晩田（むきばんだ）遺跡、丹波の青龍三年銘の銅鏡などの発見、また近年の地方分権や在地主権の時流に触発されて一層展開し、論議を呼んだ。

おそらく遺跡に立つごとに、「わが意を得たり、今まさに時至る」の思いを強くしたことだろう。大和飛鳥の発掘調査が飛鳥・白鳳時代観を一新する中で構想されていく「大化の改新否定論」も、遺跡に立つ中からはぐくまれたと見てよいだろう。

これらは、時を見て、時とともに生き、真摯（しんし）に考える門脇先生の生きざまを鮮やかに語る軌跡である。

門脇先生は、京都府立大と京都橘女子大（現京都橘大）の二大学の学長を謹厳に果たされたことも明記しなければならない。光を掲げて大学を導く中で、奈良大学に続く文化財学科を京都橘女子大に設置されたのも、特筆すべきである。開設の日に参上した私は、この分野でも堂々と胸を張り、和気あふれた変わりない先生の姿を見た。

先生は彼岸でも変わることなく、ご家族や多くの方を愛され、学び、戦い続けられるだろう。再会の日の握手が楽しみである。（奈良大名誉教授）

二〇〇七年七月九日

写真表現を現代美術へ解放
ベッヒャー氏を悼む

深川雅文

ドイツ現代美術を代表する写真作家として偉大な足跡を残した芸術家夫婦、ベルント・ベッヒャーとヒラ・ベッヒャー。その夫、ベルントが死去した。第二次大戦後、世界をリードしてきたドイツ現代美術界の巨星の訃報（ふほう）は、ドイツはもとより世界中に伝えられた。

ベッヒャー夫妻は一九五〇年代末にペアを組んで以来、ドイツをはじめ、オランダ、フランス、ベルギー、英国、そして米国などで、産業社会の証拠物である匿名的な建造物―例えば、採掘塔、給水塔、溶鉱炉、冷却塔、サイロ、工場など―を、大型カメラによって丹念に記録し続けてきた。

一見、冷徹なまでに客観的な写真記録に思われる彼らの仕事は、種類別に採集した個々の写真をさまざまに比較できるように格子状に並べて見せる「タイポロジー」と名付けられた独自の手法を採ることによって、写真の領域を越えて評価を受けた。まず六〇年代から七〇年代に、コンセプチュアルアートとミニマルアートという現代美術の潮流のなかで国際的に高く評価された。

ドイツ・カッセルで開催されている現代美術の祭典「ドクメンタ」など主要な国際的美術展で七〇年代より発表を行い、九〇年代にはベネチア・ビエンナーレで金獅子賞（最高賞）を受賞した。

夫妻の業績は、一つには「写真」という表現媒体を、写真固有の記録性という特性を追求しながら「現代美術」の領域に解放していった点にある。このことを示す興味深いエピソードがある。ベネチアの賞は、実は「写真」ではなく「彫刻」部門の賞であった。

ベッヒャーの写真と彫刻のつながりをどう考えるべきだろうか？　ヒントは、七〇年に出版された最初の作品集「匿名的彫刻―工業的建造物のタイポロジー―」という題名にある。ベッヒャー夫妻の仕事は写真による作品であるが、コンセプチュアルな面で彫刻表現のあり方に新たな次元を切り開いたことに受賞の意義はあったのである。

ベッヒャー作品の力は、世界の見方をより高い次元で構成して世界の見え方そのものを変革し、それによって日常的に覆い隠されている視覚の世界を露呈させるという作用にあったと言えよう。

ベッヒャー夫妻のもう一つの功績は、優れた教育者としてこうした写真芸術の革新を後進に伝え、写真の可能性の拡張に貢献したことにある。七六年、デュッセルドルフの美術アカデミーに初めて写真芸術のクラスが設けられた。ベルントはその教授に着任し夫婦で指導にあたった。そのクラスから、国際的に活動する才能あふれる写真作家たちが多数輩出した。

トーマス・シュトルート、トーマス・ルフ、アンドレアス・グルスキー、カンディダ・ヘーファー…。ベッヒャーの高弟たちは、九〇年代から現在にいたるまで現代美術における写真表現の展開に大きな役割を果たした。そのクラスは、今年からシュトルートが受け持つ。ベッヒャーがまいた写真芸術の種は、新たな収穫を迎えるのかもしれない。（川崎市市民ミュージアム学芸員）

二〇〇七年七月二〇日

黄金のメスで万象明らかに
河合隼雄氏を悼む

中西進

河合隼雄氏が突然倒れて以来、どれほど多くの人が回復を祈ってきただろう。いま、その願いも空（むな）しく、訃報（ふほう）に接することになった。

氏との交友は長く三十年ほどになるが、その最初は、ＮＨＫテレビの番組を共同司会した折だった。四回に及ぶそれは毎回専門家を招いて、絵画や文学などのイメージを探っていく番組で、氏の面目は遺憾なく発揮され、わたしは忽（たちま）ちに氏のファンになった。

以後の久しい交友の中にそれを置いてみると、氏の絶妙な学説がわたしを興奮させた根拠が、心理学の第一人者と目される思考の斬新さと、柔軟な超域的飛翔（ひしょう）力にあったことに、思い当たる。

近代日本における自我の位置づけはエゴとよぶ概念への疑問を、人びとに抱かせた。それをセルフとよぶべきものに転換させた功績は、氏に負うところが大きい。この思考はみごとに日本的なるものを、言い当てることになる。

また、ユング以来の無意識の重視も、わたしの目から鱗（うろこ）を落とさせた。わたしは先だって、わずかにウォルター・ペイターの所説に導かれて、リアルな認識の素朴さを脱却しようとしていたにすぎなかったのに、氏の無意識論による解明は、広範囲の事象の真相をわたしに教えてくれた。

しかも氏はこの独自のスタンスをもって、神話を語り、物語を分析し、明恵に基づいて大きな業績をあげたように、夢を解明しようとした。神話における「中空構造」の指摘も、その最たるものの一つだろう。

おそらく氏は、ユングから黄金のメスを秘（ひそ）かに授けられていたのだろう。このきらきらしいメスによって、万象の真相を説いた。

じつは世の中が物と心から成り立っているとすると、すべての学問は物理学と心理学に要約されてしまう。

この究極的な心理学を、氏は試みたことになる。それが可能だったのは、唯一、メスの裁き方による。わたしは先に氏の「超域的飛翔力」を述べたが、正しくは「普遍的集中力」というべきであったかもしれない。学が普遍に達し、便宜的な学問分野の区別を超えたと、いうべきだろう。

はからずもユングの心理学は、心の境界領域を重視する。学問の境界を朧化（ろうか）させることも、きわめて普遍的な河合心理学の本質だったに違いない。

黄金のメスによって万象がやどす霧を切り払い、明澄な真相をとり出してきた河合氏だのに、そのメスで病魔を切り刻むことはできなかったのか。残念でならない。

しかし三十年間を通してつねに笑みを湛（たた）え、冗談の中に人びとをやさしく誘って、ついに世俗の欺瞞（ぎまん）や汚辱など一かけらも見せなかった氏の残像は、おびただしい人びとの心に生きつづけて消えることはないだろう。

その面影は、得意としたフルートの音色に包まれて、いっそう美しく輝きつづけるに違いない。人間にとっては、むしろそのことの方が、大事な生き方だろうか。今後も氏の微笑に向かって、わたしも多くの問いかけをしていきたいと思う。（奈良県立万葉文化館館長）

二〇〇七年七月二五日

空高く上がった球
柴田武先生を悼む

井上史雄

柴田武先生が、亡くなった。

もう二日で誕生日の七月十四日、フランス革命記念日だった。一九一八年、第一次世界大戦の終わりごろに生まれて、第二次世界大戦のころに青年期を送ったことになる。

先生の戦後の活躍はめざましく、五〇年代からラジオ番組に登場し、八〇年代にはNHKのシリーズ「日本語再発見」に長くレギュラー出演した。ことばの研究者として一般の人にも親しまれ、八五年にNHK放送文化賞を、また九二年には勲三等旭日中綬章を、授けられた。

壮年期には「日本言語地図」の調査などのために全県に足を運んだ。詳しい方言調査をした土地も全国に広がる。共同調査も多く、学生とともに安宿の大部屋に寝たこともある。穏やかな人柄で、仲間にも教え子にも慕われた。私淑の弟子と称する人も多かった。

一般向けのベストセラー、ロングセラーの著者でもあり、学術書、論文もずばぬけて多く、硬軟とりまぜて生産性の高い研究者だった。東大に着任するときに研究業績のセットを運ぶのにリヤカーを使ったという伝説があるほどである。

日本の社会言語学・方言学の研究水準は国際的にみても高いが、その研究動向を振り返ると、いつも柴田先生が先頭を切って、他を導いていた。象牙の塔にこもるのでなく、人々の言語生活に密着して、独創的な成果を出すことが多かった。その心がけとしては、「置かれた状況の中で一番成果が上がるように、努力を重ねた」そうである。

ある講演ではその努力の源について語った。名古屋の旧制高校の級友の大部分を戦争で失い、死んだ彼らに代わってがんばっているのだ、とのことだった。感情をめったに表さない先生がそのときだけは涙声だったことが、印象的だった。

柴田先生の業績の大部分は日本語で書かれていたので、海外ではそれほど知られていなかった。教え子たちが惜しんで、分担して主要論文の英訳を試みた。そのときに大きな力になったのが、かつての敵国、アメリカ、イギリス、オーストラリア、ニュージーランドの研究者だった。時代が変わり、級友たちが命を賭して戦った国々の学者が協力して、先生の努力に報いたわけである。

学生時代に国立国語研究所を訪ねたときのことを思い出す。昼休みの野球に誘われた。柴田先生の打った球は高く上がり、しばらく空中にとどまっているように見えた。そのあと強い勢いで手元に降りてきた。

その後の柴田先生の活躍ぶりは、空中高く上がった球を思わせた。高いところにあって、多くの研究者を導いた。

今、先生はこの世に別れを告げた。あのときのボールよりも、もっともっと高い空に上がって、もう地上に降りることはない。若くして戦争で命を失った級友たちと再会していることだろう。そして高い空から、残されたわれわれを導くだろう。

先生は、客観的記述には敬語は必要ないと、教えた。この記事の敬語なしについても許しがあるだろう。（明海大教授）

二〇〇七年七月三〇日

作家であることを貫いた
小田実さんを悼む

吉岡忍

暗い朝が明けた。数時間前、小田実さんが息を引き取った。朝刊に「自民大敗」の見出しが躍っている。私は読む気がしない。こんな程度のことで一喜一憂するな、という声が聞こえてくるような気がする。

私は一九六七年春、十八歳のとき、ベ平連（ベトナムに平和を！市民連合）のデモに行き、「何でも見てやろう」の作家に会った。小田さんはずだ袋のような鞄（かばん）をポンッと叩（たた）き、「銭湯に行くときでも、原稿を持ち歩いとるよ。留守中に火事になったら、パーやろ」と言った。作家とはこういう人か、と私は目を見張った。

二年後、反戦キャラバンで北海道をまわった。小田さんが持ち歩いていた濃緑色の重い鞄に、分厚い原稿の束が入っているのを見た。七二年、体調を崩し、徳島市で入院中だった小田さんにスープを届けたときも、ベッドには書きかけの原稿が広げてあった。

七〇年代の終わり、文学者の国際会議に出席するためモンゴルに行った。ゴビ砂漠の町まで飛ぶ機中、小田さんはノートを広げ、メモしていた。旅日記ですか、と聞くと、「小説や。旅行しながら書くのは疲れるな。頭を切り替えるのが大変よ」と笑った。

数年後、新潟港から旧ソ連や中国をめぐる船旅に出る前夜、私はコーヒーをいれ、小田さんの部屋に持っていった。出航前に投函（とうかん）しなければならない原稿がある、と聞いていたからだ。カップを置き、部屋を出ようとしたとき、背後から小田さんの声が響いた。

「人間にはな、絶句する瞬間があるやろ。そこに社会の矛盾や歴史の重みがのしかかってきて、そのことに気がついて、言葉を失うような瞬間が。そこでつぶされそうになっている人間を書くのが小説や」

小田さんは、個々の人間の背景にあって、人間を動かしている世界像を描く全体小説に取り組んでいた。すでに長編小説『現代史』『HIROSHIMA』を書き上げ、それを上回る、十年がかりの大作『ベトナムから遠く離れて』を書き始めた時期だった。

二〇〇二年三月のある日、私たちはホーチミン市にいて、サイゴン川を眺めるホテルのレストランで向かい合っていた。高い窓から差し込む朝の光が、だんだん濁ってくる時刻だった。ベトナム戦争当時、反政府ゲリラの青年が公開処刑された広場か、腐敗した権力者たちの巣窟（そうくつ）だった旧大統領官邸に行ってみませんか、と誘うと、小田さんは「原稿が終わらんのよ」と、元気がなかった。

昨年末、新作小説『終らない旅』を読んだ。若き日のアメリカ留学、ベトナム反戦と脱走兵援助、阪神大震災と歩んできた人生を、小田さん自身がひっそりと回顧するような物語だったが、あるページにきたとき、私は「だまされたッ」と大声を上げそうになった。

老境に入った主人公がホーチミン市に行き、まったく偶然にアメリカ留学時代の女友達と再会するシーンがある。物語の転換点となる重要な場面である。その場所こそ、私と小田さんが座っていたあのホテルのレストラン、あれと位置や光の加減まで同じテーブルだったのだ。

どこにいても、どんな体調のときも、小田さんは作家だった。市民社会が在るかなきかのこの国で、ベ平連やその他の市民運動が教条主義や内ゲバに巻き込まれずにすんだのは、絶句し、言葉を失う人間の姿に目を凝らしつづけた作家のおかげだった。

小田さんが最後の入院をした翌日、私はお見舞いに行った。病室に次の小説の資料だという洋書が山積みになっているのを見て、私は一人うなずいていた。そこに、最後まで作家であることを貫き通す小田さんの志を、たしかに感じたからである。

小田さんのいない暗い朝、もっと人間に目を凝らせ、と語る作家の声が私の耳に鳴り響いている。（ノンフィクション作家）

二〇〇七年七月三一日

20世紀の映画が生んだ巨星
ベルイマンを悼む

品田雄吉

イングマル・ベルイマンは第二次大戦後の北欧が生んだもっとも偉大な映画作家である。「不良少女モニカ」(一九五二)や「夏の夜は三たび微笑む」(五五)で、スウェーデンの現実やファンタジーを描いて注目を浴びた後、宗教的な角度から人間の生と死の問題を取り上げた「第七の封印」(五六)で、観念的な内容と美しいモノクロ映像の融合に、高い到達を見せた。

それに続く「野いちご」(五七)は、彼の最高作と言ってよいのではないか。老境を迎えた医師の心境を描いたもので、日常描写と主人公の内面の超現実的な描写が鮮やかに交錯する。暴力的に犯され、殺された清純な娘を描いた「処女の泉」(六〇)も忘れられない。

ベルイマンの作品では、いつもキリスト教的な信仰と北欧的な異教信仰が絡み合って、深い内面世界を生んでいた。そして、それらの作品を厳しく、かつ美しいモノクロ映像に結晶させたスベン・ニクビストの撮影も忘れることができない。その映像には、いつも北欧の清澄な空気が流れていた。

ベルイマンは、人間の内面世界に分け入るいっぽうで、肉欲や性の問題も正面から取り上げた。いや、人間の肉体の持つ本能の強さが、信仰や観念の世界をより深いものにして行ったと言うべきだろう。「神も沈黙した」という内容を持った「沈黙」(六三)は、肉におぼれる人間の深い絶望を突き放した目で見つめた秀作である。

自叙伝的な内容を持った「ファニーとアレクサンデル」(八二)は、さまざまな葛藤(かっとう)を経てきたベルイマン自身の一つの到達点を感じさせるものだった。そこにはベルイマン独自の絶望は見られず、穏やかで豊かな心の世界がある。

しかし、ベルイマンは決して穏やかさに安住しない。遺作となった二〇〇三年の「サラバンド」は、テレビのために作られ、映画としても劇場公開された作品で、親子兄弟の生々しい葛藤が仮借なく描かれる。その強さと激しさと生々しさは、とても八十五歳の人のものとは思えないものだった。

イングマル・ベルイマンは生涯、精神と肉体のはざまを振り子のように、強く振れ続けることによって偉大な存在であり続けた。

まさに二十世紀の映画が生んだ最後の巨星だったと思う。(映画評論家)

二〇〇七年八月一日①

映画史に輝く愛の作家
アントニオーニ監督を悼む　田中千世子

イタリアのミケランジェロ・アントニオーニ監督は、病苦に見舞われた晩年でさえ男女の愛をテーマに作品を撮り続けた〝愛の映画作家〟だった。

ただその愛はいつも渇いており、「孤独」や「不毛」という言葉で表現され、砂漠になぞらえられることが多い。そのストイックで難解な芸術性は一九六〇―七〇年代の日本の映画ファンをも魅了し、代表作「情事」（六〇年）のモニカ・ビッティのけだるい美しさは映画史にさんぜんと輝く。

一二年、北イタリア・フェラーラのブルジョア家庭に生まれたアントニオーニは文学からやがて映画へ向かい、四〇年代初期にはドキュメンタリーの「ポー河の人々」（原題）を作り、時のファシズム政権が嫌う貧しい層に光を当てた。これは戦後のイタリアが世界に誇るネオレアリスモ映画のさきがけであった。

しかし独自の作風が注目されたのは、ミラノの裕福な夫婦の愛と嫉妬（しっと）を描いた「愛と殺意」（五〇年）だった。当時のイタリア映画の主要テーマは労働者階級の喜怒哀楽や社会の問題であったが、この映画では生活に何の不安もない男女がもっぱら愛の不安を抱えているのを、彼らの心象風景を中心に描いていく点で実験的であり、国内の批評家を刺激した。

アントニオーニが世界的名声を得るのは、六〇年に「情事」がカンヌ国際映画祭で審査員特別賞を受賞してからである。

ブルジョアのアンナが婚約者のサンドロとヨット旅行に行く時、貧しいクラウディアを誘う。アンナとサンドロの愛は冷えており、途中でアンナの姿が消えると、彼女を探すクラウディアとサンドロが恋人同士になり、不思議なことに周囲もそれを認め、アンナの不在がそのまま宙に浮く。

話そのものの不可解さと同時に、ある人間の不在が解決されないまま主人公たちと観客に突きつけられる点で、時代の不安をみごとに象徴した。

またジャンヌ・モロー主演の「夜」では人物の心の空虚を、何の特徴もない都市の風景をうつすことで示す手法の新しさが、高い芸術的評価を呼ぶ。イギリスで「欲望」を作った後、反体制運動まっただなかのアメリカで撮った「砂丘」はマーティン・スコセッシをはじめ当時の若いアメリカの監督たちにアントニオーニ芸術の洗礼を与え、後のアカデミー賞名誉賞受賞につながる。

脳卒中による言語障害をおして「愛のめぐりあい」（九五年）を完成させ、遺作の「愛の神、エロス」（二〇〇四年）では今をときめくウォン・カーウァイらと競作するなど、晩年まで映画に執念を見せた。（映画評論家）

二〇〇七年八月一日②

歌謡曲が輝いた時代の中心
阿久悠さんを悼む

伊藤強

一九七〇年代、日本は歌謡曲が一番輝いた時代だった。その中心にいたのが阿久悠さんだった。広告代理店にいて、ラジオの台本を書き、グループサウンズのための作詞から、作詞家に転じた。

彼の作品は、従来の歌謡曲が持っていた〝湿度〟の高いものではなく、乾いた目で世の中の事象を見るもので、「どうせ」や「しょせんおいらは」といった感性とは無縁のものだった。

阿久さんに会って話をしたことが何度かあるが、「昔のような言葉の使い方はしたくない」と言っていた。「津軽海峡・冬景色」にしても、そうした言葉を使わずして、女性が自立していく姿を描いたのだという。

まさに新しい感覚だった。だからこそ、阿久さんの詞は時代に受け入れられたのだと考えていいし、膨大な量の仕事と、質的にも他を圧倒する実績を残せたのだろう。

それだけのヒット曲を生んでも、「作詞賞」をもらった時にはとても喜んだと聞いたことがある。既に名前もある人なのに、と思ったこともあったけれど、やはり人の子なのだなと感じた。

幼いころから歌謡曲を聴いて育ったという。その時の記憶が、作詞家になってからも色濃く残っていたのかも知れない。長じて都会で生活をするようになっても、日本の地方の感覚を失わずにいた感性が、作詞家・阿久悠を支えたのだろう。

作詞家としてだけでなく、「スター誕生！」でのプロデューサー的役割も忘れがたい。自ら審査員を務めながら、他の審査員も阿久さんが決めていたと聞いた。

とても都会的な番組でありながら、多くの地方出身者を集め、オーディションで選ぶ番組は、阿久さんがいなければ成立しなかっただろう。まさに、都会にいて、なおかつ地方への目配りがなければ成立しない番組だった。

仲間の作家たちを集め、テレビ局とも打ち合わせを重ね、その結果、ここからどれだけの「スター」が飛び立ったことか。森昌子、山口百恵、桜田淳子、ピンク・レディー…。これもまた、七〇年代に成功したテレビ番組の代表である。

阿久さんは偉大なるプロデューサーとしても記憶されるべきであろうと思われるのだ。

「歌から言葉が消えた」と言われて久しい。しかし、阿久悠さんが残した、独特の言葉と世界観を持った歌は、二十一世紀になっても消えない。（音楽評論家）

二〇〇七年八月二八日

日本文学を世界の文学に
サイデンステッカー氏を悼む　伊井春樹

サイデンステッカーさんが、八月二十六日にお亡くなりになった。一九二一年アメリカのコロラド生まれ、享年八十六歳である。日本文学を世界の文学として発信し続けた功績者として、ドナルド・キーンさんとともに、日本人には忘れてはならない存在で、訃報（ふほう）に接し、私は「巨星墜（お）つ」のことばが去来し、三十数年の交流が途絶えることになった悲しみにうなだれているところである。

米海軍日本語学校に入学し、第二次世界大戦中は海兵隊情報将校となり、除隊後はコロンビア大学大学院で日本文学を学び、また国際関係論で修士号を取得するとともに、ハーバード大学ではライシャワー博士にも学んだ。四八年に国務省の海外外交官として二年間東京に勤務、退職して東京大学大学院に入学し、以後は日本の近代文学、古典文学の翻訳・研究者、日本文化論者として活躍していくようになる。

さまざまな著作が知られるうちでも、世界に大きくその名を記すことになったのは、川端康成の「伊豆の踊子」「雪国」、谷崎潤一郎の「細雪」などの翻訳である。日本独自の美を追求した作品として、川端は六八年に日本人初のノーベル文学賞を受けた。それほど翻訳がすぐれてもいたわけで、サイデンステッカーさんは冗談まじりに「半分は私が受賞したようなものです」と言っていた。

もう一つは七六年に「源氏物語」五十四帖（じょう）の忠実な翻訳の出版をしたことで、イギリスのアーサー・ウェイリー訳から約五十年後のこと、これによって欧米での日本古典文学への関心、研究が大きく前進するにいたる。その影響の大きさをたたえる背景もあり、八二年八月十八日から四日間、インディアナ大学でサイデンステッカーさんをメーンにした「源氏学会」が催された。その規模、参加者の多さ、多様な作品へのアプローチなど、日本でもこれほど大きな研究集会はまだなされていない。

私も発表者となり、サンフランシスコから基調講演をするサイデンステッカーさんと一緒にインディアナへ行くことにした。フライトの間、さまざまな話をし、疲れてうとうとしていると、彼は横で熱心に書き物をしていた。聞くと、日記をつけているのだという。

戦後から書き始めた日記帳は六十冊、谷崎、川端、三島由紀夫など、多くの文学者との交流も書きとめているようで、現在はコロラド大学に寄付しており、そこから「源氏物語」に関する記事だけを抜き出したのが「源氏日記」として出版され、翻訳も存する。いずれこの日記を研究していけば、サイデンステッカーさんの記録は日本の近代文学史に新たなページを加えることにもなるであろう。

サイデンステッカーさんは春に散歩中転倒して頭部を打ち、意識不明となり、面会謝絶となっていた。アメリカに帰国する手だても考えられていたようだが、結果として、昨年から永住する決意をしていた日本で生涯を終えられた。長年の日本研究によって七五年には勲三等旭日中綬章、九一年度の山片蟠桃賞など数々の栄誉を受けてこられた。

日本を愛し、日本の将来はアメリカ化だけでよいのか、日本の伝統とか誇りはどうなったのか、と危惧（きぐ）の念も持っておられた。私どもはあらためて氏の業績を反芻（はんすう）し、海外との文化交流も考える必要があるだろう。長年にわたって日本文化を世界に発信してこられた氏のご冥福を、心からお祈りする。（国文学研究資料館館長）

二〇〇七年九月一五日

人間の本質に結びつく力
高山辰雄さんを悼む

宝木範義

高山辰雄の画業は、東山魁夷、杉山寧とともに、戦後何を描くべきかをめぐって混迷した日本画界の再生を支えたばかりでなく、新生日本の姿を庶民の日常生活に対する愛と共感という視点のもとに作品化した点で、現代絵画の最良の成果とするにふさわしい。

代表作として世評が高いのは「食べる」(一九七三年)や「聖家族」(九三年)だが、たとえば前者では、赤い画面の中央に一心に箸(はし)をはこぶ子供の姿が、シルエットのように浮かび上がるという、それだけの絵である。にもかかわらず、なんとみごとにこの子の生命のエネルギーを形象化していることだろう。おそらく日本の美術史に二度と出現することのない特異な傑作の一点である。

後者は黒群緑という絵の具で描かれたモノトーンの連作だが、こちらは色彩がないことで逆に、個々の人間のさまざまな存在感が一層くっきりと際立つ、高山辰雄ならではの傑作となっている。

筆者は世田谷美術館に在職中、高山辰雄展を担当した縁もあって、直接あれこれの話を伺う機会に恵まれたのだが、あるとき普段の柔和な口調ながら、先輩としての東山、杉山両巨頭の後につける自分の制作の苦しさは並大抵ではなかったと述懐されたことがあった。

たしかに静寂な風景の東山、歴史に着想を得た杉山、そして目線を低くとり眼前の暮らしを見つめた高山と、日展の三山と呼ばれながら、画風は三者三様ではっきりと異なる。だがそれもお互いを評価しあった上での、それぞれの自己探求の結果だったのだろう。

ご家庭においては、やゑ夫人との夫唱婦随を貫かれた。なにしろ東京美術学校(現・東京芸大)日本画科卒業制作「砂丘」のモデルが、若き日のやゑ夫人であったのだから、おしどり夫婦は推して知るべしだった。

もう十年ほど経つだろうか。応対に出られた先生のワイシャツの袖口のボタン穴に安全ピンが光っている。どうなさったのですか、とお尋ねして、夫人が体調を崩されていることが初めてわかった。「安全ピンも使いようだよ」、と強がりを言っておられたが、やはりやゑ夫人の姿を見ない高山家は精彩を欠き、四年前に先立たれたことは深い心の痛手となった。

昨年の日展の出品作「自寫像二〇〇六年」は、中国の元時代の画家が描いた自画像から示唆された作品だったが、あまり自画像を描かなかった画家にとって珍しい仕事と言えた。今にして思えば、シャイな高山先生ならではのそれとないお別れ、とも受け止められる。

けっして穏やかな笑顔を絶やすことなく、しかしはっきりと従来の花鳥風月の美に異議申し立てをおこない、生きとし生けるものの内面を深く探究した画家・高山辰雄。その仕事は、人間の実在と本質に直接結びつく力を、時代を超えて伝えてゆくにちがいない。

永い人生の旅路を終えられた高山辰雄先生のご冥福をお祈りいたします。(美術評論家)

二〇〇七年一〇月四日

志高き、行動する学者
若桑みどりさんを悼む

池田忍

若桑みどりさんは、今の世では、けた違いにスケールの大きな、行動する学者であった。ルネサンス、マニエリスム、バロックを中心とする西洋美術史家としての名を世に知らしめた著書「薔薇（ばら）のイコノロジー」「都市のイコノロジー」。これらは、英文学者の父君の書庫に幼少期から潜って古今東西の文学を耽読（たんどく）し、表現者を目指して油絵を描く中で、身体いっぱいに満たされた養分が、研究者の実証的な手続きに注ぎ込まれて完成した作品である。

「女性画家列伝」から「戦争がつくる女性像」、「皇后の肖像」へと続く著作では、近代日本の歴史を、それぞれの時代を生きた女性像を通して新たな視座から浮かび上がらせる仕事に挑戦した。それらは、アジア・太平洋戦争の末期に、焦土となった東京の光景を目に焼き付けた少女の感受性を、そして安保紛争のただ中での青年の憤りを、終生持続し、弱者に向けられる暴力を許すまいと発言と行動を続ける軌跡の中で生まれた。

亡くなる数時間前に、主宰するジェンダー文化研究所のメーリング・リストに、今後の抱負を語る長いメールをいつものように送っていた。ミャンマー軍事政権への抗議行動に触れ、男女共同参画をめぐる動きを支援すべく「民の声」をいかにして結集しようかと、思いを巡らす内容だった。

また、勉強会の企画が、いくつも個条書きで記されていた。靖国神社の表象文化、母性と科学に関するゼミ、「ジェンダー理論入門」のセミナー、リカちゃん人形をその着衣やハウスによって設定される物語と併せて分析する研究会など、アイデアは、どれも継続中のプロジェクトにかかわるものである。

いくつもの講演を控えた自身のスケジュールを知らせ、日程調整を依頼するメールの末尾には、「みな忙しいので、ゆっくりとあせらず、しっかり勉強していきたいものです」とあった。

厳しく温かな先生であった。いつも惜しみなく貴重な蔵書を貸し与え、時にはイタリアにまで高価な洋書を注文し、取り寄せてくれた。学生の学ぶ力を決して見くびることなく、指導は徹底していて、骨惜しみや知的怠慢には容赦がなかった。

懐が深く、最初に教壇に立った母校の東京芸大では、美術史に限らず音楽、人類学、解剖学といったさまざまな分野の学生が私淑し、周囲に集まったと聞く。後に移った千葉大、川村学園女子大などの講義やゼミにはいつも聴講者が学外からも駆けつけ、教室や講演会場は人であふれていた。

前作「クアトロ・ラガッツィ　天正少年使節と世界帝国」に続き、マリア観音をテーマに美術と信仰の東西交流を考究する大著の原稿が完成した直後の突然の訃報（ふほう）だった。寸暇を惜しんで調査に取り組んだ学位（博士）請求論文でもあった。

「今さら学位があっても就職できるわけじゃない」と笑いながら、「それでも博論を書いたから学生たちの苦しみがわかった」と話された。常に前を見て高い志を持ちながらも、困難を抱える周囲の人々と同じ目線に立ち、考え、共に行動する人であった。（千葉大准教授）

二〇〇七年一〇月一三日

天賦のメディア型建築家
黒川紀章さんを悼む

磯崎新

黒川紀章は、日本ではじめて現れたメディア型建築家だった。

半世紀間、彼はそのタレント（才能）を発揮しつづけた。いま、突然の訃報（ふほう）をきいて、さて、誰がそのポジションを継げるかと、この国の建築家をみわたしたが、みつからない。最初にして最後のメディア型建築家。それほどにユニークな存在だった。

彼は私たちに重要な教えを残した。

メディアのなかでパフォーマンスすることの重要性。とりわけメディアの仕組みが建築のありかたさえ揺さぶりはじめているときの対処法。彼にはそのさなかを生き抜く天賦の才があった。

若年時から相手をのみこむキザっぽい語り口をするのに憎めない。スキャンダルに巻きこまれても平気な顔をしてのり越えた。並々ならぬ意志をもっていた証拠である。

日常生活でさえ、そんな演技のひとつとみえた。

とはいえ、こんなパフォーマンスは、建築家として、独自の理論を実践してきた自信に裏づけられている。もちろん、この理論もまた、メディアにむけて組みたてられていた。

黒川紀章は、有機的に代謝する都市像を提唱する思想集団「メタボリズム・グループ」（一九六〇年結成）の一員として建築家デビューした。そのころまでの建築は産業社会向けのスクラップ&ビルドのような単純な手法しかなかったのに、都市・建築を取り換え可能なデザインにより再編する提案で、彼はそのスポークスマンの役をした。

その後、みずからの方法を「共生の思想」と呼ぶことになる。情報社会化した世界にむけて発信された絶妙なキャッチフレーズだった。いまや、世界中で政治家が口にしている。デマゴギーにみえる。それでいい。メディアのなかでは簡明に言い切られた言葉だけが伝播（でんぱ）力をもっているからだ。

スキャンダルを演じ、デマゴギーを語る。この才能を持ち合わせぬ限り、今日のメディアにおいてセレブたりうる資格はない。一回きりではすぐ消える。やりつづけること。黒川紀章は私の知っている学生時代から晩年にいたるまで、壮絶なまでにパフォーマンスをやりつづけた。おかげで、建築家という存在を人々は知るようになった。数々の栄誉が与えられるのは当然のことである。

今世紀になって、世界的に巨大な資本流動が大型プロジェクトの性格を変えはじめている。メディアをつうじてマネーがひき寄せられ、開発がはじまる。それが目のくらむような規模になっている。すると、虚実を反転させるべく実践してきた黒川紀章の先駆性が注目されるだろう。

先般の政治家への転身宣言は、これまでのメディア型建築家の行動の自動的な延長線上にあったのだ。都市を超えて国家のスケールのデザインを実現する筋道を彼は見据えていたのだと私は考える。

早く逝きすぎた。世間がはやしたてたようなデスペレートなパフォーマンスではなかった。もうちょっと時とエネルギーを与えてほしかった。二十一世紀型の建築家の姿が浮かびあがろうとしかけていたのに、残念でならない。（建築家）

二〇〇七年一一月一二日

反権力貫いた魂の救済者
ノーマン・メイラーを悼む　佐渡谷重信

六十年間も愛読し、兄のように敬愛していたノーマン・メイラーの訃報（ふほう）に私は一瞬肺腑（はいふ）をえぐられる思いであった。

メイラーはハーバード大を卒業後、陸軍に徴兵され、レイテ、ルソン島に転戦。その体験をもとに「裸者と死者」（一九四八年）を発表し、世界的ベストセラー作家となった。彼の情熱は軍隊内部に潜む強大な権力機構とそれを支えるアメリカ帝国主義の歴史的エネルギーの解明に向けられた。そればかりではない。帝国主義の犠牲となって魂（サイキ）を喪失した日米兵卒の死の意味するものが「滅私奉公」の思想では済まされないことをメイラーは教えている。

メイラーが作家活動の中心に「魂の救済」を置くのは、魂こそが個人主義による自由と民主主義の基礎であると信じるからである。魂とは意識的と同時に無意識的精神生活の全体を指すものであり、これなくして人間の存在価値は無に等しい。

太平洋戦争以降、朝鮮戦争、ベトナム戦争、そして現在も続くイラク戦争にいたるまで、メイラーは常に反権力の立場を貫いている。特にベトナム戦争反対のデモを描いた「夜の軍隊」はアメリカ的全体主義の狂気、軍事的ヒーローと無名のクエーカー教徒たちの危機的状況を明示することによって読者を圧倒する。そして「共産主義を打破することのできる唯一の力は共産主義である」と喝破した。それから二十一年後の八九年にベルリンの壁は崩壊し、ソビエト共産主義は政権を失った。

このようにメイラーの先験的ディスクール（言説）は六〇年代のアメリカ精神文化を代表していた。七〇年代に入ると「月にともる火」「性の囚人」「聖ジョージとゴッドファーザー」「死刑執行人の歌」など話題作を発表し、狂気の時代を生き抜くが、二十一世紀に入るや、9・11の世界貿易センタービルへのテロ攻撃という大惨事が発生した。

そこでメイラーは再び吠（ほ）える。ジョージ・W・ブッシュに、アメリカ人民に、全世界の良識に向かって「なぜわれわれは戦争をしているのか」（二〇〇三年）を発表する。ブッシュを中心とする星条旗嗜好（しこう）の保守主義者が無定見にも9・11のテロを利用してイラクをはじめ中近東への支配に乗り出し、そこに強大な軍事的駐屯地を築き、同時に多数の愛国兵士が戦死したことは政治的欺瞞（ぎまん）ではないか、とメイラーは憂える。

テロを撲滅することは正義であるが、その前に広島、長崎で多くの民間人が殺された事実は世界中の人間のアイデンティティに、9・11よりはるかに大きな絶望を与えたのだ。テクノロジーを駆使した米国の原子爆弾によって人間の魂の歴史が根こそぎにされた、とメイラーは主張する。これは核を保有する利己的大国への強烈なメッセージであることを忘れてはならない。メイラーが界（さかい）を異にしたことによって、アメリカの精神文化が衰退してゆくのではないかと、私は危惧（きぐ）している。（西南学院大名誉教授）

二〇〇七年一一月一九日

無意味と無名の輝き
風倉匠さんを悼む

赤瀬川原平

風倉匠が人生を終えた。この間、また入院したというしらせを聞いたとき、それが最期の入院と思われていた。そして本当に最期になった。

風倉は絵やその他、物として残る作品もつくっているが、その本体は、行為による作品の作家だったと思う。納得いく行為を終えると、ごく自然に、にっと笑った。

ぼくが知っている最初は、髪の毛だった。ぼくも同じ大分で育ったが、はじめて会ったのは上京して武蔵野美術学校（現・武蔵野美大）に入学した一九五五、五六年のころだ。友人に紹介されて、そのときはふつうだったが、次に会ったとき髪が金色なのでびっくりした。髪を染めるのはいまでは当たり前のことだろうが、当時そんな若者は一人もいないし、考えつきもしないし、その方法さえ誰も知らなかった。しかもそれはたしか政治運動の小さな会合だったから、甚だしく場違いで、ぼくはそうとう警戒的な目でそれを見ていたらしい。そのことを後で当の風倉から聞いた。

それから友だちとなり、絵のこと、映画のこと、カフカのこと、シュールレアリスムのこと、写真のこと、ダダのこと、とにかく会うといろいろ話したが、あるとき妙なことをいう。この間郷里に帰って、椅子（いす）から落ちてきたという。劇団をやっている友だちのステージの幕あいを借りて、舞台の中央に椅子を持ち出し、座ったまま無抵抗の姿勢で椅子ごと倒れる。起き上がってまた椅子に座り、またごとんと倒れる。そのままの姿勢だからそうとう痛いそうだが、それを何度もつづけた。そのうち劇団の友だちが不気味に感じて、しまいには腹を立てて、ステージの外につまみ出されたそうだ。

それをただ「椅子から落ちてきた」とつぶやくように聞かされたとき、それが何なのか、意味がわからなかった。何をいおうとしているのかわからなかった。いまだってそのことの意味なんてわからないが、それは風倉が行為を作品と意識して、人々の前ではじめておこなったものではないかと思う。まだいっしょにネオダダをはじめる前の、五七年のことだ。

六〇年にはぼくも風倉とネオダダに参加して、美術の世界での破壊と創造に血をわかせるわけだが、その時代にはもう、揺れ動く表現というものが、次第に安定性を振り捨てて、行為そのものへとにじり寄っていく。ぼくはそんな動揺を通過したあと振り返ることでやっと、椅子から落ちる風倉の無意味な輝きと、無名の輝きを知るのである。

風倉は何のためにということではなく、自分の中にわいた意識の腫瘍（しゅよう）のようなものが、自然と外に出て行為となる。それが作品という遺物として残るような作家だった。作品というのは便宜上のことで、作品も生活も段差がなかったのではないかと思う。

いまは有意味と有名の光だけで照らされる世の中だけど、風倉の内包していた無名の輝きが、濃厚な材質感とともに、いつまでも深く印象に残されている。（美術家、作家）

二〇〇七年一一月二三日

異彩から世界的芸術家へ ベジャール氏を悼む

上野房子

世界的振付家として活躍したモーリス・ベジャールが亡くなった。

二十世紀はバレエの世紀であると高らかに宣言し、バレエのそのドラマチックな変ぼうに貢献した彼を、敬意をこめて異彩の人と呼びたい。

マルセイユに生まれた彼は、パリやロンドンでバレエを学び、パリでの「エトワール・バレエ団」の結成を皮切りに一九六〇年、ベルギーで「二十世紀バレエ団」を設立。先鋭的な振付家として地歩を固めた。エリート街道とは無縁の、たたき上げの人なのだ。

ベジャールの作品も彼のキャリア同様、バレエとは保守的なエリート芸術、という固定観念を見事に打ち破るものだった。哲学、宗教、思想を大胆に織り込み、個性的な男性を主軸にしたアンサンブルが駆け巡る作品は、若い観客の熱狂的な支持を得た。

バレエというよりも、独特の熱情と混沌（こんとん）に包まれたスペクタクルと呼びたくなる破天荒さに満ちていた。事実、ジョルジュ・ドン、ジェルミナル・カサド、ダニエル・ロンメルといった型破りの男たちが乱舞した「バクチ」「ニジンスキー、神の道化」などは、実に幻惑的だった。

彼のキャリアに一つの転機をもたらしたのが、クロード・ルルーシュが監督した映画「愛と哀しみのボレロ」（八一年）だ。劇中でジョルジュ・ドンが踊った「ボレロ」が注目され、彼は異彩の振付家から一躍、世界で称賛をあびる芸術家としていっそうの知名度を獲得することになる。

この映画と前後して日本での活動機会が増え、「日本にいるわが子」と呼んだ東京バレエ団には十六作品を提供している。中でも「仮名手本忠臣蔵」をバレエ化した「ザ・カブキ」（八六年）は、海外の有力振付家が日本のバレエ団のために振り付けた全幕作品の先駆けとなったもの。日本のバレエ団が在外振付家に仕事を委託する、国際化の端緒となった作品としても忘れ難い。

東京バレエ団では、今年一月まで「生誕八十周年記念」としてベジャール作品を連続上演していたのが記憶に新しい。カーテンコールに彼の精悍（せいかん）な姿がないことに一抹の寂しさを感じていたが、ついに悲報に接する事となった。二十世紀のバレエの輝かしい一ページが閉じられたという感慨でいっぱいである。（ダンス評論家）

二〇〇七年一二月五日

日常の襞を読み解く
多田道太郎さんを悼む

井上章一

たいそうなものりっぱなものを、多田先生は敬遠しておられた。先生じしんはえらい学者であり、評論家だったが、そのこともややすてばちに語っておられたことを、想（おも）いだす。文筆を何十年もつづけると、評価はされるようになるが、それだけのことですよ、と。

だが、みなをおもしろがらせることには、意をつくしておられたと思う。また、じっさい、世のさまざまなことどもを、人の意表をつきつつ読みといていかれもした。そのあざやかな説明ぶりに、聴き手や読み手が感心するのは、よろこんでおられたはずである。くらべれば、えらくなることより、おもしろくあろうとすることをよしとされていたような気がする。

学者としては、フランス文学を専攻しておられた。サルトルの「唯物論と革命」を、二十四歳で翻訳されたのが、最初の著作である。たいへん早熟な秀才であったことが、しのべよう。だが、上昇志向のつよいサルトルには、なじめなかったという。多田家をおとずれたサルトルにもその違和感をつたえたかったが、うまく言いあらわせなかった。それがはがゆく、もどかしかったと、多田先生御自身からうかがったこともある。

著述には、フランス文学以外のことをあつかったものも多い。一般読書人には、むしろ「しぐさの日本文化」（一九七二年）や、「遊びと日本人」（七四年）「風俗学」（七八年）などで、知られていよう。私も、もっぱら、そちらのほうになじんできた。

高邁（こうまい）な理想や深遠な学理が、そこで論じられているわけではない。しゃがむ姿勢の文化史的な意味やステテコの衰亡などが、これらの本では語られていた。日常生活の襞（ひだ）や綾（あや）が、俎上（そじょう）にあげられている。分析はそれぞれするどいが、テーマは低目にもうけられていたと言ってよい。

私は七八年に、多田先生らが組織された現代風俗研究会で、先生の談論ぶりを知り、感銘を受けた。今日のくらしが学問の対象となる場にたどりつけたことで、一種の開放感もあじわっている。建築学科の同僚たちから馬鹿（ばか）にされた宮型霊柩（きゅう）車というテーマを、最初におもしろがってくれたのも多田先生である。私のみならず、あそこでいやされた若い学徒は、すくなくない。

ただ、当時の私は、多田先生が、ある種の屈託もかかえながら、風俗という地平へおりてこられたことを、知らなかった。偉大なサルトルとはわかちあえないという想いもあっての風俗であることに、気づけなかった。ただ能天気に、こんな開放的な場もあるのだと、よろこんでいたのである。

多田先生は、桑原武夫をリーダーとする知的なサークルの一員でもあった。このグループが、キラ星のような学者たちを擁し、ジャーナリズムをにぎわせていたことは、知られていよう。たがいの切磋琢磨（せっさたくま）が、それぞれの学問を高めたという話も、よく耳にする。

えらい学者どうしのそういうせりあいが、しかし、自分には気づまりだった。そういうところからは「ズリおち」たく思っていたと、多田先生が言われたこともある。その「ズリおち」られた場所で、私などはすくわれたということであろうか。今は、後進の風俗研究者ともども、この場をもうけてくれた多田先生の御冥福をいのりたい。（国際日本文化研究センター教授）

二〇〇七年一二月二六日

個性的奏法を維持発展
ピーターソン氏を悼む

瀬川昌久

戦後の六十年余、実に多くの優れたジャズメンや歌手が来日したが、オスカー・ピーターソンほど、長期間にわたって、われわれに限りない親しみと喜びを与えてくれたピアニストはなかった。

彼の初来日は一九五三年、名プロデューサー、ノーマン・グランツの率いるＪＡＴＰ（ジャズ・アット・ザ・フィルハーモニック）の一員として、レイ・ブラウン（ベース）とハーブ・エリス（ギター）とのピアノトリオによる絢爛（けんらん）たるステージだった。

当時、輸入レコードなどで、新しいジャズピアノのビバップスタイルを聴くことはできたが、実在アーティストのプレーに接するのは初めてなので、ピーターソンのモダンで、しかも無類にスウィングするピアノに、多くのファンが熱狂したのである。

しかも、この時彼は銀座のクラブで秋吉敏子のピアノを聴いて感動し、彼女のレコーディングをするよう、ノーマン・グランツに強く勧めて、今日の「世界の秋吉敏子の誕生」の端緒をつくった。

ピーターソンは二五年にカナダで生まれ、六歳の時からクラシックの高名教師に本格的な厳しい訓練を受けたのが、後に彼のピアノがリストを想起させるとまで評される名人芸の基礎になった。

四九年からグランツのＪＡＴＰに属して全世界にツアーし、たちまち最高の人気と数々の賞を得るにいたった。ジャズピアノの世界は、古今東西、多種多様なスタイルの名手が絶えず出現しているが、彼はその間一貫して、独自の個性的奏法を維持発展させて、万人を楽しませてきた。

自己のソロやトリオのレコーディングを始め、あまたの歌手やプレーヤーとの共演を含めて、数百枚に上るアルバムに輝かしい彼のピアノを残した。彼のピアノは、ジャズピアノの歴史の全容を物語る、と評される。

初期のスウィングとバップの融合した華麗なフレーズの中に、カウント・ベイシーの簡素なストライド奏法も散見され、後年は、ビル・エバンス流のアプローチも取り入れて絶えざる進化を遂げながら、常にスウィングする手法を心得ていた。いつも聴く者をエキサイトさせると同時に、リラックスさせ安堵（あんど）感を与える秘密がそこにあった。

彼の名演は数多いが、オリジナルの「カナダ組曲」と「自由への賛歌」はともに、彼ならではの名曲である。

彼の来日公演は二十回近くに上るが、最後の二〇〇四年、カナダ大使館で、まな弟子の上原ひろみが演奏をささげた時の彼の慈愛に満ちた笑顔が忘れられない。（音楽評論家）

平成二十年

2008

二〇〇八年一月二二日①

意志貫き、思うまま描く 片岡球子先生を悼む

山梨俊夫

訃報（ふほう）に接したとき、もうあの笑顔を見られないと、喪失感の色濃く混ざった思いが内心に広がった。

片岡球子先生は画家としてこの上なく大きな仕事を残された。再興日本美術院を拠点にした日本画家であるし、片岡先生自身、自分の立つ足場をとても大切にしていた。しかし作品は、そういう枠を乗り越えてただ単に絵画としてみることを要求してくる。そういう強さを持っていて、しかも、追随を許さない異彩を放ち続ける。

院展でデビューして世に認められるようになっても、画家は、近代が作り上げてきた日本画の規範に、自らの強い個性を折り合わせようと苦労してきた。安田靫彦、前田青邨らの大先輩から、絵のことをはじめ、画家の心構えも生活のことも教えを受け、それを大事にしながら、なお、彼女の描く手と描きたい心は別のほうに向いていた。

あるとき院展に出品した絵を見た前田青邨に呼びつけられて「片岡君、これはなんだ。こんなバカみたいな絵を描いて。直せ！」と怒鳴られる。片岡球子は直さない。意志が強く、思い込んだら一生懸命で、間違っていないと思ったら決して曲げない。

守らなければならない約束事にとらわれず、思うままに描けばいいのだと思うようになり、片岡球子の絵画は一挙に開花していく。技術ではない。熱した心と絵に対する素直でしかも深い愛着が、彼女の絵を前に進める。開花の時期は一九六〇年ごろ、もう五十歳を超えていた。

年ごとに「幻想」「海（鳴門）」といった傑作が生まれ、ライフワークの「面構（つらがまえ）」のシリーズが始まる。想像力を駆使し、思いのたけをこめながら、「面構」では浮世絵師をはじめとする歴史上の人物を相手に楽しみと喜びとをふんだんに堪能して個性あふれる作品を描いていった。

同時に画家は富士山を愛した。泣き、笑い、怒り、ときに暴れ、そして静かで穏やかな富士に敬意をこめて、花をささげて描き続けた。いつも奔放でエネルギーのあふれる片岡球子の絵も、最初は物を見つめることから始まる。写生の重要さをつねに語っていた画家は、見つめ観察することから想像を伸びやかに広げていった。

百歳を記念して神奈川県立近代美術館で一昨年、大回顧展を開いたとき、思いのままに描かれた大作群は展示室を埋め、絢爛（けんらん）として圧倒的な迫力をいっぱいに放っていた。

先生のいくつもの展覧会にかかわってお宅にたずねて話を伺う機会が多かった。帰り際のあいさつのとき、いつもにこやかに笑われる。とくに最近の、あの笑顔が忘れられない。それ以上に純粋な、もう何もかも突き抜けたあの笑顔を見ると、目の奥が熱くなった。あの笑顔が見られない。これだけの大きな仕事をした、本当に稀有（けう）な画家に最大の敬意をもって、心からご冥福を祈りたい。（神奈川県立近代美術館館長）

二〇〇八年一月二二日②

考えつくしたつややかさ　江藤俊哉さんを悼む

堀米ゆず子

江藤先生が亡くなった。いつかこの日が来ることはわかっていたのだが、突然のことでショックはかくせない。

奥さまのアンジェラ先生をはじめ、ご家族のことを思うと、本当に居ても立ってもいられない気持ちだ。

私の音楽作りの核ともいえる、音の出し方。各作曲家の楽譜からの音楽の読み取り方を、徹底的に教えていただいた。

古今東西あれだけ「ヴァイオリンを弾く」ということをシステム化して考えつくして演奏されたヴァイオリニストを私は知らない。あの「江藤トーン」と呼ばれるつややかな音色の陰には、考えつくされた、テクニックがあった。「テクニック」とは、いかに早く指がまわるか、ではない。「いかに自分の音楽を表現できるか」ということだ。

先生はよく「西洋音楽は油絵のようです。近くで見るとぎっちり描いてあって、遠くに行くときれいに景色がみえる」とおっしゃった。

そのとおりに音楽を「造ってゆく」作業は、感情などには揺るがされない圧倒的な力と、そして「余裕」を舞台の上で与えてくれた。

一九八〇年エリザベート王妃国際コンクールに、私は出場した。当時、留学するのが当然だったが、私は外国で勉強したことはなかった。優勝したときに「日本で家族に支えてもらって勉強してきて、これでよかったのだ」と確信できた。江藤先生のおかげである。

九三年、このコンクールでは、先生と一緒に審査員を務めることができ、さらに、やはり先生のもとで学ばれた戸田弥生さんが優勝し、運命を感じた。

先生のもとで勉強した曲は何年たっても色あせることなく新鮮な感動をもって、また完ぺきな構成力をもって弾くことができる。私も近年になって教え始め、「いったい先生はどうやってあれだけたくさんの生徒を教え、なおかつ演奏活動を続けていられたのだろう」と思うことが多々ある。人生の節目でも必ず先生の姿があった。

「いつも美しい音楽とともに歩んでいってください」

これからは以前にもまして、先生がいつもおっしゃっていたこの言葉をかみしめて生きていこう。

先生ありがとうございました。合掌。（バイオリニスト）

二〇〇八年二月一三日

モダンでおしゃれな感覚
市川崑監督を悼む

西村雄一郎

吉永小百合の最高傑作は「細雪」だと私は思っている。一見、控えめだが、がんとした自我を持っている雪子の役を、彼女は見事に演じきった。ところが聞いてみると「私は市川先生の言われるままに演じたまでです」と語っていた。この映画が好評だったため、彼女は出演百本記念映画「つる—鶴—」の監督に、市川崑を指名したほどだ。

「細雪」の長女鶴子役や、「おとうと」の勝気なげん役を演じた岸恵子も「市川監督の前なら、〝まな板の上のコイ〟になれます」と全幅の信頼を寄せていた。市川監督は、そんな大女優たちから絶大な人気があった。

モダニスト〝崑さん〟はもともと絵が好きで、漫画映画を描くために、十八歳で京都のJOスタジオに入社。このスタジオは合併し、後に東宝となる。戦後、東宝争議で分派した新東宝で「花ひらく」を演出し、監督デビューを飾る。

日本には珍しい〝セック(乾いた)〟な感覚とおしゃれな都会的センス、鋭い風刺性で常に物議を醸し、瞬く間に映画界の異才となる。横山泰三の漫画を原作とした「プーサン」では、強烈な文明批評を提示した。

日活と大映に移ってからは、夏目漱石原作の「こころ」を始め、「処刑の部屋」や「炎上」、「鍵」、「野火」、「破戒」など、シリアスな文学作品を好んで映画化。特に「ビルマの竪琴」は、ベネチア国際映画祭でサン・ジョルジョ賞を受賞し、国際的な評価も得た。この映画は後年、「海外ロケをして、きちんとカラーで撮りたい」と自らリメークしている。

このころ、彼を一貫して支えたのは、夫の作品のために脚本を書き続けた妻の和田夏十女史だった。赤ちゃんを主人公にした異色作「私は二歳」は、夫婦の育児体験から生まれた名作である。

市川崑の名が最も日本中で親しまれたのは、初のドキュメンタリー「東京オリンピック」だろう。超望遠レンズとスローモーションを駆使して世紀の祭典を描く。「芸術か？　記録か？」の論争が巻き起こったが、配給収入十二億三千万円という空前の成績を達成した。テレビ番組の制作にも積極的に参加。「木枯し紋次郎」などの演出、監修を担当し、お茶の間の人気も得た。

推理小説の大ファンで、アガサ・クリスティから取った「久里子亭」という脚本家のペンネームも持つ。晩年の代表作は、角川映画第一作「犬神家の一族」から開始された金田一耕助シリーズだろう。結局、九十歳で描いた、この映画のリメークが遺作となったが、本当は「本陣殺人事件」を映画化したかったようだ。

〝崑さん〟の才気は、戦後日本の土壌では、異色だったかもしれない。しかしそのおしゃれな感覚は、モダニズムを志向する岩井俊二のような若手監督にも、着実に受け継がれている。(映画評論家)

二〇〇八年三月二一日

人類の未来を鋭く洞察　A・C・クラーク氏を悼む

小谷真理

もっとも偉大なSF作家のひとりで英国ナイト爵位を持つアーサー・C・クラークが、この三月十九日、その後半生のほとんどをすごしたスリランカで亡くなった。享年九十歳。二十世紀半ばのSFの黄金期から半世紀ものあいだ、アイザック・アシモフ、ロバート・A・ハインラインと並ぶSF御三家として知られたが、中でも一番の長生きだった。

彼の名前を世界的に知らしめたのは、キューブリック監督とともに作り上げた映画「2001年宇宙の旅」。類人猿だった時代から近未来まで、人類の知的進化を誘導したとおぼしき、謎めいた黒い石板モノリスが登場し、その正体を求め宇宙船ディスカバリー号が調査に赴くのだが、やがて宇宙船全体を制御するコンピューター「HAL9000」が発狂し、船員たちを殺害。ただひとり生き残ったボーマン船長は巨大な星の門をくぐり超進化を遂げ、スター・チャイルドに変身していく…。

初公開の一九六八年からしばらくして、クラークの書いた原作を学生時代に読み、そのミステリアスな展開に引きつけられたものである。神ともいうべき超越的知性、人工知能、そして人類。三つの知的生命体が接近遭遇するドラマが展開する中で、手をのばせばすぐに到達できそうな、とてつもなくリアリティーあふれる宇宙船の様子に、来るべき未来像を生々しく思い描いて、心底あこがれた。壮大なる宇宙や大自然と卑小なる人類文明の対照を、どこかリリカルに歌いあげるクラーク節の、なんとかっこ良かったことか！　それは、そのままSF世界への夢をかきたてた。

世界の本質をつかみ、磨き抜かれた表現を惜しげもなく繰り出す背後には、あくまで精密な科学的知性が控えていた。

一七年に英国で生まれたクラークは、第二次世界大戦のころ空軍でレーダーの士官として活躍し、戦後はロンドンのキングズ・カレッジで物理と数学を学んだ。通信工学、ロケット工学、そして天文学に造詣が深い徹底的な理系人間で、具体的な科学技術に関する想像力には舌を巻く。

静止衛星の概念を構想したのは彼の功績だ。高度情報化社会の基本であるインターネット構想や海洋開発への提言など、わたしたちの生活のなかですでに使用されているものも多い。

だから、すぐれた科学者がすぐれた詩人であることを身をもって証明するSF作家となったのは、当然だったろう。幼少時からSFに魅せられたクラークは、宇宙と海に関する科学技術を総動員し、他の知的生命体と人類のかかわりを考察するSF小説で、絶大な人気を誇ることになる。

最初に読んだ小説「銀河帝国の崩壊」の光景は、今も忘れることができない。侵略者に追われ、宇宙の果ての惑星へ逃げ込んで、砂漠のまんなかに尖塔（せんとう）を並べて滅亡しかけている人類文明の姿だ。そこにぽつんと人類最後の子供が登場する。今読み直しても、少子高齢化社会と温暖化が極限にまで到達した未来像を予見しているようで、胸を突かれる。

しかしながら、終末的な文明も孤独な大宇宙の旅も、単に人類という存在の卑小さを知らしめるだけにとどまらない。宇宙の虚無に対峙（たいじ）しながらも、どこか優雅で勇気にみちた冒険家的な視点から、人類の未来を鋭く洞察したクラーク。その唯一無二の姿勢は、いつまでも人々の心をとらえて離さない。

（文芸評論家）

二〇〇八年三月二六日

あらゆる「境」越えた作家
H・クラウス氏を悼む

野坂悦子

さまざまな国に住み、さまざまな創作ジャンルに挑戦した作家…あらゆる「境」を越えて駆け抜けたヒューホ・クラウスが、三月十九日、とうとう生の境を越え、帰らぬ人となった。享年七十八歳、尊厳死だったという。

一九二九年、ベルギーの古都ブルッヘ（ブリュージュ）に生まれ、フランドル地方で使われるオランダ語（フレミッシュ、フラマンとも呼ばれる）を母語として活躍してきたクラウスは、ベルギーでノーベル賞にもっとも近い作家だった。五十七年間に、約七百点の本を出版。私生活も華やかで、七〇年代に女優シルビア・クリステルと同棲（どうせい）していたことは特に有名である。

第二次世界大戦後の早い時期に、シュールレアリスムと出合ったことがきっかけとなり、芸術にめざめた。閉鎖的なフランドル社会に抵抗し、自由や冒険に満ちあふれる芸術や人生を求め、束縛や因習からの解放を求めた。同時に彼は、人間の活動をあらゆる意味でさまたげる「戦争」の中身を明らかにしようと、試みをつづけた。

アナーキーな作風で知られ、作品の奥には国家や教会、あらゆる社会制度によって抑制された「個」の問題がある。「現実は私たちが日々知覚できるものと何か違っている」と確信するクラウスは、現実描写に代わる手段として隠喩（いんゆ）や引用のテクニックを使い、夢や神話の世界が文章の表層にあらわれるようにした。

「デーデーについて」（六三年）などフランドル地方の農民を主人公にした小説を書くかたわら、軽く読みやすい小説群もあり、いっぽうで非常に重く密度の高い「恥辱」（七二年）も執筆している。

なかでも最高傑作は、三九―四七年までのフランダース地方の歴史を、成長していく少年の視点から描いた大作「ベルギーの悲しみ」（八三年）だといえよう。この小説は、テクニック的にもテーマ的にもクラウスの試みの集大成であり、教養小説としても優れ、家族の年代記、歴史を掘り起こす意味もある力作だ。

いっぽうで舞台監督、脚本家としても精力的に活動を続け、「砂糖」（五八年）、「金曜日」（六九年）をはじめ六十点以上の戯曲作品を書き下ろしている。戯曲の翻訳者、脚色家としても有名で、ギリシャ・ローマ時代の作品、シェークスピアやベケットなどのイギリス作品、ヨーロッパ各国の作品を数多くベルギーに紹介してきた。さらに画家、造形作家としての顔も持つ。

この作家にとって、特定のスタイルもジャンルも芸術形式もなく、その作品にとって目指す効果を最もうまくあげられるかどうかが重要なのだ。

そんなクラウスは、オランダ語圏で最も賞をたくさん得た作家であり、受賞歴は国際的な賞も含め四十以上にのぼる。近年では、第二次世界大戦に材をとった小説「噂」が九七年にオランダ語圏で名誉あるリブリス文学賞を受け、翌年にはヨーロッパで最も権威のあるアリステイオン文学賞に輝いた。

作品は二十以上の言語に翻訳され、創作意欲に富む多彩なアーティストとして世界的に知られているが、活動の原点は詩にある。「小さなシリーズ」（四七年）という詩集でデビューして以来、詩の評論を活発に行い、晩年まで詩作を続けていたという。心より冥福を祈る。

（翻訳家）

二〇〇八年四月三日

活力をいただいてきた石井桃子さんのこと

今江祥智

百歳でも現役で仕事を続けてこられた石井桃子さん——。だから、亡くなったと聞いても、いなくなられた気がしない。初めてお目にかかった東京・荻窪のあの家近くの辻（つじ）を曲がれば、またひょっこりお目にかかれる気がする。

八十一歳の石井さんとお会いして、その立ち姿の美しさが目にやきついている。それから六年たって、石井さんのあの小説「幻の朱い実」が出版されている。先日読み返してドキドキしていた。作品が息づいているのだ。

百歳近くになって改訳されたエレナー・エスティスの「百まいのドレス」を読み改め、五十年も前にこの作品を選ばれた先見性に脱帽していた。

「幼ものがたり」（一九八一年）を読み直したとき、その文体のきりりとして自在なところにひきつけられた。それだからこそ、幼いころも大人になってからも、同じように濃（こま）やかにも、しゃんと語られたにちがいない。「竜のひげ」の葉っぱのあいだから指が一本突き出ていたという「不思議」も書きおとされていない。

石井さんに魔法の粉をかけられて、生き生きととび回るクマのプーさんやイーヨーやトラーと出会わなかったら、また石井さんの名訳たるエリナー・ファージョンの童話集「ムギと王さま」やルーマー・ゴッデンの「ねずみ女房」と出会わなかったら、私は五十年も童話を書き続ける気力を、どこかで萎（な）えさせていたかもしれない。活力をいただいてきた。

小説家、童話作家、翻訳家、エッセイスト、編集者、子ども文庫の主宰者…として多面体な石井さんの全貌（ぜんぼう）が、ちゃんと見渡され評価されるのはこれからのことだろう。

ともあれ、どれくらいの子どもから大人までが、石井さんの本をたのしみ、背中を押してもらったことか——。

石井さんのエッセーに、目のさめるような経験をした、という一編がある。引っ越しのとき柱の角にものをぶつけ、へこみをつけた。すると大工さんはタオルに水をふくませてそこにあてがいセロハンテープでとめた。それから毎日石井さんがそこに水を注いではふさぎすると、一週間でへこみの鋭い線がほとんど消えた、という。また、絵の額が落っこちるはめになり、ふちが大きくへこんだときも、ぬれた布をあてて二日で元通りになった、というのである。

生きているものは反応し、再び動きだす。プラスチックではどうだろう。子供をプラスチックにしてはならないと日に何度も心にくりかえす、と結ばれている。（児童文学作家）

二〇〇八年四月七日

ハリウッド史劇のシンボル C・ヘストンを悼む

品田雄吉

チャールトン・ヘストンは、ハリウッド映画がもっとも得意とする古代史劇スペクタクルの看板でありシンボルでもあるような大スターだった。一九二三年生まれの八十四歳。大往生と言ってよいのではないか。

ヘストンと言えば、やはり、アカデミー賞主演男優賞を受賞した「ベン・ハー」(五九年)だろう。ヘストンは、キリストが生まれて間もないころのユダヤの豪族の嫡男を演じて、精悍(せいかん)な男らしさを発揮して見せた。

学生演劇からそのキャリアをスタートさせたヘストンは、舞台で実績を積んだ後、もっぱら豪華大作を手がける大監督セシル・B・デミルの「地上最大のショウ」(五二年)に主演して、映画スターとしての輝かしいスタートを切る。一九一センチの堂々たる体格と、男らしい容ぼうが巨匠デミルに好まれ、五六年にはデミル監督の大作「十戒」でモーゼを演じた。

ハリウッド・ナンバーワンの史劇スターとなったヘストンは、西部劇、スペクタクル、アクションといったジャンルで華々しい活躍を続けてきた。キリストの生涯を描いたジョージ・スティーブンス監督の大作「偉大な生涯の物語」(六五年)では預言者ヨハネを演じ、「華麗なる激情」(六五年)ではイタリア・ルネサンス最大の芸術家ミケランジェロを演じた。

いっぽう、シリーズとなったSF映画「猿の惑星」(六八年)では、猿が支配する惑星に不時着した人間を演じるのだが、この作品でもわかるように、チャールトン・ヘストンは、歴史上の人物を演じ、あるいは人類の代表を演じるというふうに、つねに「特別な人間」を演じ続けてきた。平凡なサラリーマンのような人間は似合わない。そこにこそ大スター、チャールトン・ヘストンの存在価値があったと言えるだろう。

もともと民主党支持だったのが、ある時期から保守派に転じ、晩年には全米ライフル協会の会長を務めて、ドキュメンタリー映画作家マイケル・ムーアの「ボウリング・フォー・コロンバイン」(二〇〇二年)では攻撃の標的になった。さらに同年、アルツハイマー病におかされていると公表してライフル協会会長を辞した。

だがしかし、アメリカ映画の偉大なスターだったことは、誰もが認めるところだろう。こういうタイプの俳優は今後現れにくいような気がする。まさに二十世紀を代表するスターだったと思う。(映画評論家)

二〇〇八年四月八日①

作品の底流にアニミズム
前登志夫さんを悼む

佐佐木幸綱

東京の桜がそろそろ終わりかけている日に、大先輩である歌人前登志夫さんご逝去の知らせを受けた。

前さんは、ずっと吉野の山奥に住んでおられた。吉野の歌人だけあって、前さんには桜の歌が多い。こんな作を思い出した。

さくら咲くその花影の水に研ぐ夢やはらかし朝（あした）の斧（おの）は

花見の歌ではない。山で生活する者の桜の歌だ。私たち都会人には、桜と斧のコラボレーションという意外性が楽しい。いい歌だと思う。

前登志夫は、一九六〇年代、塚本邦雄らによって始発した前衛短歌運動が隆盛に向かいつつある時代に、現代詩から短歌の世界に参入してきた。前衛短歌運動の担い手たちが都市居住者ばかりで、都市的感覚によって運動が進められつつあったところに、山に住み、山の生活感覚を持ち込んできたのである。前登志夫の登場のおかげで、前衛短歌はどれほど幅と深みを増したか、計り知れないものがある。

暗道（くらみち）のわれの歩みにまつはれる蛍ありわれはいかなる河か

暗闇を歩いていると、たくさんの蛍がまつわりついてくる。おれはもしかしたら、河なんじゃないだろうか。人間だと思っていたけれど、本質はきっと河なのだ。そんな不思議な感覚である。本当の闇を知る山人だから歌い得た作だと思う。

さらに言えば、人間と河を地続きとみる独特のアニミズムの感覚がここにはある。前登志夫の短歌が、現代の私たちの心の深いところに染みてくるのは、作品の底流をなすアニミズムの感覚によるのだろう。

花なべて木末（うれ）にかへさむ紫の斑雪（はだれ）の山を人は焼くなり

前登志夫の歌は、自然は人間と対立するものとみる西欧的な自然観を、注意深く遠ざけてうたわれている。咲き終えた花は地にかえり、根に吸収されて再び花を咲かせる。人にできることは、木にかえす手助けだけだ。落花を木にかえす。この歌のキーワードは「かへす」である。

山にむかひ言葉をかへす道すがらわがむらぎもに蟬（せみ）しみとほる

人間は、自身の存在の根拠をなす言葉を、いつか自然にかえすことになるだろう。人間は本来、自然そのものであるはずなのに、そのことを忘れている。忘れさせているのは言葉。つまり文化なのだ。

前登志夫の歌は、そんな人間存在の根源にかかわる問題に読者の心を赴かせる。

私の愛誦する前登志夫の作を挙げておこう。

帰るとは幻ならむ麦の香の熟るる谷間にいくたびか問ふ

夕闇にまぎれて村に近づけば盗賊のごとくわれは華やぐ

ことしまた梟啼きぬわたくしの生まれるまへの若葉の闇に

前登志夫の歌は、音の響きがいい。繰り返し声に出して読み上げると、その良さが分かる。是非声に出して読んでほしい。

前さんは酒好きだった。付き合ってもらった四十余年の間に、数え切れないぐらいいっしょに酒を飲んだ。いつも、実に楽しそうに酒を飲まれた。中途半端に飲まない。とことんまで飲む酒だった。東京でも飲んだ。大阪でも飲んだ。福岡でも飲んだ。人通りが絶えた深夜の新宿ゴールデン街を、肩を組みながら、もう一軒もう一軒と歩いた夜を静かに思い出している。（歌人）

二〇〇八年四月八日②

形のない奔放な生活者
小川国夫さんを悼む

加賀乙彦

急逝を知って驚きと悲しみで打ちのめされた。

数年前、いやもっと前かもしれない、日本キリスト教芸術センターという集まりに藤枝から来て話してくれたとき会ったのが最後である。ちょっと改まったような向きもある会なのに、普段着のセーターで現れて、その自由で気ままな様子が、このましかった。論理的思考というのが欠けていて、とりとめのない思い出と主張が講演を分かりにくくするのは彼の小説に似ている。そのときも、意味不明の言説が、いかにも彼らしく、懐かしさを覚えた。

彼を知る切っ掛けを作ってくれたのが埴谷雄高さんと藤枝静男さんの両先輩だった。藤枝さんの主催した浜名湖の宴で毎年会っていたのは藤枝さんの元気なときであった。

そういうとき彼は文学の話をほとんどせず、一日中喫茶店か酒場にいるという生活を、別にてらいもせずに話していた。時々新宿などでいっしょに飲むときはつぎつぎに流行歌をソラで歌っていた。一晩中でも歌えるだけの記憶の蓄積があった。

彼がフランスを流浪していたのは若いときで、ギリシャあたりまで、つまりヨーロッパ中を走りまわっていたらしい。私がパリに渡る五年ほど前のことだ。カトリックの洗礼を受けたのも、私より彼の方が早いので、なんとなく兄貴分という感じだった。キリスト教徒でありながら、ダビデは他人の女房を略奪したひどいやつだとか、モーセには「約束の地」パレスティナを侵略する思想をもった弱点があったとか平気で発言していた。

埴谷さんが病気がちになり、藤枝さんが亡くなってから、藤枝に住み、文壇とは離れたところで孤独ないとなみをしていたように私には見えた。ひさびさに彼の新作小説が出版されたお祝いに藤枝に行ってみたところ、小説家で来ていたのは私だけだったのにはちょっとびっくりした。大勢の中年女性が来ていて彼を先生と呼んでいたが、名古屋のカルチャーセンターの生徒たちだったらしい。

このときは、文士が二人きりだったせいもあって、いろいろと遠慮のない話をした。酔うと彼は口がすぎてくる。私は「アポロンの島」論を書いたことがあり、外側の描写と内面の情念とが不連続に続いてくる感じが、不揃いに積み上げた城壁の石のようだという具合にほめたのだが、彼はどうやらけなされたと思ったらしく、酔余のざれごとで私の文体を批判しだした。

「あんたのは、あまりにも明快で断定的で小説の文体じゃないな」「じゃあなんだ?」「カルテの記述だ」ひどいなと私は思ったが、別に不愉快ではなかった。おたがいの文体の目指すところがまるで違うので、その違いがはっきりして愉快でもあったのだ。

形のない奔放な生活者の彼が、カルチャーセンターでどのように人に分かるような授業をしていて先生になったのか、私にはいまだに解けない謎である。謎を解かないまま彼は去ってしまった。残念である。（作家）

二〇〇八年四月一一日

絵画本質の求道者
白髪一雄氏を悼む

建畠晢

白髪一雄が没した。私たちは戦後日本美術におけるもっともユニークな、だが考えようによってはもっともオーソドックスでもある画家を失ったことになる。

白髪は一九五四年に結成された関西の前衛集団、具体美術協会の中心的なメンバーとして若くして脚光を浴び、晩年に至るまで第一線で旺盛な活動を続け、国際的な評価を勝ち得てもいる画家である。一般的には功成り名遂げた存在というべきかもしれないが、訃報（ふほう）に接して脳裏を駆け巡ったのは、白髪の大いなる業績に対する認識はまだ偏っている、本格的な評価は今後の私たちに課せられた責務であるという思いであった。

これまでの彼への評価は、もっぱら画家としての方法的なオリジナリティーに焦点を合わせていたといってよい。周知のように白髪は足を使って描くという特異な制作法を生涯にわたって貫いた画家であった。

床に敷いたキャンバスの上に乗り、天井からつるしたロープにぶらさがりながら絵の具の塊を両足で四方八方に引き延ばすというもので、その画面の即興的でダイナミックなストロークや激しい物質感は、具体美術協会の破天荒な実験性の典型をなしていたといえよう。一九五〇年代に世界を席巻したアンフォルメル運動とも軌を一にするものとしてパリで紹介され、むしろ海外の方が日本に先行して〝グタイ（具体）〟の画家、白髪の異例の才能に瞠目（どうもく）していたように思われる。

足で描くことは、単なる発想の転換というばかりではない。足は手よりもはるかに不自由であるがゆえに、描くことの身体性をより直接的に作品に反映しうるのだ。自らの言葉によるならば白髪は「人間の精神の表現である美術を肉体の条件に帰着して考える事」に専念していたのである。絵画を身体的な行為のレベルで根源的に捉（とら）えるために、あえて足を用いてみせたといってもよいだろう。

白髪は文字通りの行為の画家であった。戦後の絵画史におけるそのことの画期的な意味については疑う余地がない。しかし白髪の長い制作の軌跡をいまあらためて見直して思うのは、彼の〝フット・ペインティング〟が比類のない独創性を有しているのみならず、絵画空間そのもののありようにおいても卓越したクオリティーを維持し続けてきたということである。

一見、偶然性にまかせたような乱脈な画面が、精緻（せいち）に計算された構成では生み出しえない形象としての強靱（きょうじん）を感じさせ、また流動的な色彩においても、マチエールの堅牢（けんろう）さにおいても、美しい充足感を覚えさせずにはおかないのである。

混沌（こんとん）としたイメージが空間としての荘厳さに結び付いているのは、一回性の行為にすべてを賭けた精神的な緊張が画面にみなぎっているからに違いない。その点で白髪はまぎれもなくオーソドックスな画家なのだ。

足で描くことは確かにエキセントリックな方法ではあるが、それは何ら絵画からの逸脱を意味しない。白髪一雄は力業の英雄と思われがちだが、実のところは強固な意志を持って絵画の本質を探究し続けた求道者であったというべきであろう。正当なる再評価は、彼が達成した豊穣（ほうじょう）なる絵画空間に向けられなければならないのである。（国立国際美術館長）

二〇〇八年四月二八日

実感主義で本質に迫る
吉野裕子氏を悼む

猪股靜彌

さる四月十八日、吉野裕子先生がご長逝された。先生は、万葉集の森に遊ぶわたしのはるかに輝く明星であった。先生のご長逝で、わたしの胸に大きな空洞が出来てしまった。ここに、ご交誼（こうぎ）頂いた日々を思い出して、追悼の文をつづってみたい。

先生の学問を世間では「民俗学」、または「陰陽五行学」と呼んではいるが、その古代から現代にわたる歴史と文化の深甚な探求は、これを一言では表現できないのではないか。

いきなり私事になるが、わたしは大分県豊後高田市の出身である。今は市に編入されたが、もとは寒村「香々地町」である。

先生の著書に「蛇」がある。同書によれば、わたしの村名の「カガチ」は、古代の辞書「和名抄」に記す「ウハバミはヤマカガチ」の説をもって蛇の古名と断定された。

そして先生は、全国に唯一「カガチ」を地名とする、わたしの生まれ故郷を探訪している。今は、国立公園に指定されている村の中山仙境の山並みを見て、これが地名起源の蛇の姿として、写真を同書の口絵に掲げている。

まだ面識のない昭和五十（一九七五）年ごろの写真で、「吉野裕子全集」（人文書院）の第四巻の巻頭にも掲載されている。この四巻は昨年の出版で、そのはじめに「蛇について」と題する発刊の言葉があり、文中には次のごとき条々がある。

「私の首に蛇を巻きつけて下さるまでになった。おどろいたことに蛇の感触はヌルヌルではなく、バックスキンのように物にしっかりとくっつくのであった。（中略）何事にも大切なのは経験だった」

わたしは文末の要旨を、「学問に大切なのは経験・実践である」と一部改変して受け取り、先生の学問の本質を「実感主義」と呼んで尊敬している。実感主義は情意をもって物の本質に迫る研究で、それは先生の著作の隅々にまで貫かれている。

先生は、古代の祭礼を今に伝える全国の農村や漁村を訪れ、さらには遠く韓国、中国にまで旅を続けて実感把握の学問を形成する。

一昨年の歳末に、わたしは、かねて吉野裕子ファンの友人たちと一緒に、先生との忘年会を企てた。盛り上がった席上、先生はささやく声で、わたしに中国での黄河の体験を語ってくれた。

黄河中流の「花園町」で車を降りた。半裸の農民たちが道にムシロを広げて、脱穀にいそしんでいる。堤を下って黄河の砂をつかむと、黄色の細かい砂がザラザラと手からこぼれた。その感じは今も、手のひらが覚えていると言う。

先生は、古代文明の母なる黄河の砂をつかんで、陰陽五行の学説発揚の日を実感したと言うのであった。

「吉野裕子全集」は残り一巻の刊行で完結だったが、その前に先生はご長逝。天空に旅立った先生は、いずれの星の間を浮遊しておられるのであろうか。

黄河の話を伺った席で、わたしは「伝統の相撲の中に、陰陽五行の哲理が隠されているのではあるまいか」と聞いてみた。先生は「それは面白い」と応じてくれた。

この数日の折々、わたしは幟を立て、太鼓を打って興行を報知し、青、赤、白、黒房下の丸い土俵で力士が力を争う世界に、先生の陰陽五行の学説の照明をあてて遊んでいる。

わたしのつぶやきは先生には届かないが、わたしの胸の空洞には折々、風が通りすぎて行く。（帝塚山短期大名誉教授）

二〇〇八年四月三〇日

生活者の思想を具現化 岡部伊都子さんを悼む

上田正昭

日常の暮らしの中からまことの美を見つめ、絶えず人間いかに生くべきかを自らに問いつづけてきた岡部伊都子さんが、この四月二十九日未明、ついに黄泉路（よみじ）に旅立たれた。痛恨の極みである。

七年ばかり前から体調を崩しておられたが、それでも病と闘って執筆をつづけられた。三月六日は岡部さんの誕生日である。岡部さんは、かれんなユキワリソウが好きだった。そこで妻が毎年の誕生日にお届けしていたが、今年も割合お元気だったと聞いて安堵（あんど）していたのに。まことに残念である。

「紅しぼり」に続いて、昭和二十九（一九五四）年七月から朝日放送のラジオで始まった「四百字の言葉」は、昭和三十一年五月に創元社から「おむすびの味」として出版され、その後の二年間の放送原稿も「蠟涙」「言葉のぷれぜんと」の二冊にまとめられた。随筆家岡部伊都子はこうしてスタートする。

「観光バスの行かない…」や「古都ひとり」をはじめとする鋭い感性と幅広い見識に基づく著作は、極めて好評だった。「美を求める心」など、美とは何かを仏像や古社寺のたたずまいに探訪したエッセイが、多くの人々の心にこだました。

己に厳しく、他の人に優しいすぐれた女人であった。昭和三十九年の春にお会いしてから、志を同じうする仲間の一人として語り合ってきた。岡部さんが京都の鳴滝に居を移されたのは、同年十月である。それから北白川、そして賀茂川のほとりの出雲路へと、あこがれの京都を終生の住まいにされた。古くてしかも常に創生の道を歩んできた伝統のまち、千年の都にふさわしい女人であった。

昭和四十四年三月に創刊された雑誌「日本のなかの朝鮮文化」は、在日の鄭詔文さんや金達寿さんたちの発起で具体化し、司馬遼太郎さんと私はその顧問として参加した。五十号までつづいたが、毎号の座談会が評判となって、のちに中央公論社から「古代日本と朝鮮」ほか四冊として刊行された。岡部さんには第二号の座談会から、有力メンバーとして加わっていただいた。そして昭和六十三年の十月、京都洛北に創設された高麗美術館の理事となり、現在にいたるまで助言を惜しまれなかった。

沖縄戦で斃（たお）れた婚約者の足跡をたずねての著書「二十七度線」や「沖縄からの出発」にも反映されているように、平和への熱い想（おも）いと人権文化の構築をめざしての不断のまなざしは、沖縄から朝鮮へとひろがっていった。

岡部さんに私が編集した日本歴史シリーズ「飛鳥と奈良」に執筆をお願いしたのは、昭和四十年の秋であった。岡部さんは私がその年の六月に出版した「帰化人」（中公新書）を愛読され、古代の女性たちへの「あこがれの原初」へと回帰するこころが高まっていたからである。桓武天皇の生母の高野新笠が百済武寧王の血脈につながることを明記したのも、無限定に使われる「帰化人」に対して、「古事記」や「風土記」の用語である「渡来人」を使うよう提言したのも、本書であった。高野新笠陵へご案内した日を懐かしく想起する。生活者の思想を具現化し、あるべき「美の巡礼」をひとりでつづけた女人であった。今はただご冥福を祈るばかりである。（京大名誉教授）

二〇〇八年五月一五日

米国体現した豪快な手つき ラウシェンバーグ氏を悼む

浅田彰

現代アメリカを代表する画家は誰か。抽象表現主義の英雄、ポロックか。ポップアートのスター、ウォーホルか。だが、これらの先端的なアーティストも、器の大きさではロバート・ラウシェンバーグに及ぶまい。

ネオ・ダダから出発したラウシェンバーグは、一九五〇年代前半のわずかな時間で、驚くほど多種多様な実験を繰り広げる。真っ白や真っ黒の画面。さまざまなオブジェを集めたコラージュ、そして彼独特のコンバイン（油彩とオブジェの複合）。初期のデュシャンと同じく、現代美術の流れを急速に横切ってみせたかのようだ。

そして、デュシャンがガラス面を使った表現にたどり着いたように、ラウシェンバーグは「フラットベッド（平台）」（批評家スタインバーグの言葉を借りれば）にたどり着く。かつての絵画のごとく、垂直に立てた画面に眼前の人物や窓外の自然が写し取られるのではない。水平面の上に、ありとあらゆる映像や情報が投入され、重層的にプリントされてゆくのだ。版画はもちろん、絵の場合でも。

とくに、六〇年代、故ケネディ大統領の写真や宇宙飛行士の写真などをコラージュした作品群は、それらの忘れがたい映像ゆえに、しかしまたそれらの映像を無造作に積み重ねてゆく豪快な手つきによって、まさにアメリカそのものを体現していたと言えるだろう。そう、良かれ悪しかれ、ラウシェンバーグは精密なタッチから少数の傑作を生み出す完全主義者ではなかった。むしろ、ありとあらゆるイメージを貪欲（どんよく）にのみ込み、そこから豪快な作品を生み出し続ける、強力無比な映像処理機械だったのだ。

ラウシェンバーグの作品には率直に言って大味なものも多い。だが、彼の作品を百メートル並べるとすれば、そのうちの十メートルは傑出しているし、一メートルはまぎれもなく天才的だ。というか、そういう豪快な見方を可能にする度外れた存在であるところに、ラウシェンバーグが現代アメリカを代表する画家だったゆえんがあると言うべきだろう。

ラウシェンバーグの周辺からは、彼の手法の一部を独自に洗練していったジャスパー・ジョーンズをはじめ、多くの芸術家が育った。ブラック・マウンテン・カレッジを媒介として作曲家ジョン・ケージや振付家マース・カニングハムと協力するなど、他の分野とのコラボレーションにも積極的だった。日本をはじめ、世界を渡り歩きながら制作された、世界を包み込まんばかりの作品もある。ジャンルの壁を越え、国境を越えて、ラウシェンバーグは多くを吸収し、さらに多くを与えた。

ラウシェンバーグとはどんな人間だったか。アメリカそのもののように大きな人間だった。ものすごく乱暴でとてつもなく気前のいい人間だった。巨人の訃報（ふほう）に接した今、いつも酔っぱらって涙をためた目で笑っていた顔を思い出しながら、私はそう答えておくことにしたい。（批評家、京都造形芸術大学大学院長）

二〇〇八年六月二日

大女優が感動のため息　サンローラン氏を悼む

今井啓子

二十世紀を代表するモード界の巨匠イブ・サンローラン氏が一日（日本時間二日）、逝去した。

一九六三年、モード誌「ハイファッション」の記者であった私は、「パリコレクション・リポート」の中で「新しいラインを発表するサンローランに期待」といった記事を書いている。

彼は常にパリコレのハイライトだった。サンローラン氏のショーが始まったとたん、たまたま私の隣に座った大女優ローレン・バコールとカトリーヌ・ドヌーブが、出てくる作品の一つ一つの素晴らしさに舞い上がって「ハー」とか「ウワー」とか上げる声にびっくりしたものだ。

三六年生まれのサンローラン氏は弱冠二十一歳の時、パリオートクチュール界の巨匠クリスチャン・ディオールの店の後継者に選ばれた。彼は五八年に従来のくびれたウエストのシルエットの服から、新鮮な若さあふれる台形の「トラペーズライン」を発表。新たな女性美を見せたコレクションとして賛美され、世界のファッションに大きな影響を与えた。

ディオール亡き後は「この店の伝統は継続される。サンローランはフランスを救った」と評され、クチュリエ（高級服デザイナー）としてのキャリアは期待以上の好調な滑り出しだった。

だが軍隊に入隊を余儀なくされ、除隊してディオール店に戻って来た時、そこにはもう彼の席はなく、それからの人生の伴侶ピエール・ベルジェ氏の優れた経営的バックアップによって六二年に独立する。

モード界の寵児（ちょうじ）として、九九年のプレタポルテ（既製服）引退と二〇〇二年のオートクチュール引退までの四十五年間、意欲的なデザイン活動を続けた。「オートクチュール技術を守り続ける最後のクチュリエ」と称された。

一九六〇年代は、若いミニスカートのファッションリーダーたちの平和と自由な気風を即、消化した。七〇年代にかけては、パリの左岸に若者を引きつける魅力的なブティック街が、新鮮なきのこのように出そろっていたが、その代表がサンローラン氏のプレタポルテ（既製服）の「リブゴーシュ」店であった。

当時のクリエーションの中で知られているのは、「シースルー・ブラウス」やシルク・サテンでナイロンのような光沢を見せる「シレ・ルック」、アートとファッションをつなぐ衝撃的な「モンドリアン・ルック」「ポップ・ルック」がある。

さらに、世代を超えた現在の装いにつながるものとして、燦然（さんぜん）とモード史のページを飾るのはパンツスタイルにつながる「パンタロン」や「サファリ・ルック」であろう。また、民族調のスタイルは、彼のあの美しい色調に受けた感激を超えるものに、今もお目にかからない気がする。

昨年、パリのサンローラン美術館をオープン当日に訪れ、彼のデザインした映画「昼顔」のインテリアや、「双頭の鷲」の舞台装置に触れ、多岐にわたるデザイン発想に感動したばかりだった。ユーモアの漂う漫画本などにも意欲的で純粋な一面もあり、早い逝去が本当に惜しまれる。（ファッションディレクター）

二〇〇八年六月二三日

真摯な「いのち」の贈り物
宮迫千鶴さんを悼む

菅靖彦

同じ伊豆高原（静岡）の住人である画家でエッセイストの宮迫千鶴さんが、十九日に亡くなった。死因はリンパ腫、享年六十歳であった。

わたしがはじめて宮迫さんに会ったのは、一九九〇年代の初頭のこと。バイタリティーに富んでいてしっかりしたしゃべり方をするが、繊細なところもある、という印象を受けたのを覚えている。元気だというイメージが強かっただけに、訃報（ふほう）を妻から聞かされたとき、信じられない気持ちだった。

わたしと同じ四七年生まれの彼女の人生は、色彩豊かでのびやかな彼女の絵と同じように、強烈なインパクトをわたしたちの心に残した。

七〇年代後半から八〇年代にかけて、宮迫さんは柔軟な発想で「家族」や「女性」の問題を論じ、当時、社会進出を果たしつつあった団塊世代の女性たちのオピニオン・リーダー的な存在になった。「家族」や「女性」の問題は、小学生のとき両親の離婚を目の当たりにした彼女にとって、内面的に乗り越えなければならない実存的な課題であり、避けて通れないものだったのだ。

八八年、宮迫さんは二十年近く暮らした東京を離れ、伊豆高原に引っ越したが、その年、敬愛する父親をがんで亡くした。それが、彼女のスピリチュアル・ジャーニーのはじまりとなった。

父親の死によって、死と正面から向き合うようになり、死後の世界、霊、前世、輪廻（りんね）転生といったものに興味を覚えるようになったと彼女はいろいろなところで語っている。

わたしたちにとって何よりもうれしかったのは、父の死によってはじまった自らのスピリチュアルな旅を、彼女が瑞々（みずみず）しいエッセーにまとめ上げ、惜しみなくわたしたちと共有してくれたことである。『「いのち」からの贈り物』や「はるかな碧い海　私のスピリチュアル・ライフ」に代表される彼女のスピリチュアルなエッセー集の数々は、まさに魂の問題に正面から取り組んだ真摯（しんし）な女性の「いのち」からの贈り物だったといえよう。

画家としても宮迫さんは色彩的な音楽のような大胆な作風をつくり上げ、多くの人たちを魅了してきた。とくに、伊豆に引っ越してからというもの、色彩の鮮度と透明性が一段と上がったと、もっぱらの評判だったようだ。

彼女が夫で画家の谷川晃一さんと一緒に運営の中心を担ってきた草の根型の「伊豆高原アートフェスティバル」は今年の五月で十六回目を迎えたが、今や春の伊豆高原にはなくてはならない一大イベントに発展し、多くの人たちを楽しませている。

短いけれど、太いくっきりとした軌跡をこの世に残して、彼女は新たな次元へと旅立っていった。彼女の「いのち」からの贈り物に感謝しつつ、ご冥福を祈りたい。（翻訳家）

二〇〇八年六月二五日

信頼築き人間愛うつし出す
土本典昭監督を悼む

佐藤忠男

ドキュメンタリー映画の土本典昭監督が亡くなった。一九七一年に発表された土本監督の「水俣―患者さんとその世界」はドキュメンタリーに限らず、日本映画史上のもっともすぐれた作品のひとつであると思う。

水俣病の患者さんたちの被害と症状、公害反対の闘争を描いた作品であるが、たんにそれがどんなに悲惨なものであるかを描いただけでなく、患者さんたちとその家族が苦しい日々を通じて達した崇高なまでの家族愛＝人間愛の境地を映像にくっきりとうつし出したところに真価があった。

事実をただ撮るだけでなく、患者さんたちを尊敬して内面的に深い付き合い方をしているところから初めてにじみ出してくる表現であって、ドキュメンタリーでここまで深い精神性を表現できるのだと示し、後に続くドキュメンタリー志望者たちに与えた影響は非常に大きかった。

簡単に言えば、撮る者と撮られる者との間にどれだけ深い信頼関係が成り立つかが決定的に重要だということである。土本監督はこのことを、その六年前に発表した「留学生チュア・スイ・リン」という作品で自覚した、と言っている。

母国に対して政治的な発言をしたとされ帰国命令を受けたマレーシア人の留学生が日本の大学から除籍された後、日本にとどまるために復学を要求していることを知った土本監督が、彼を支持するために作った自主制作のドキュメンタリーだった。

映画を撮る行動が学内で留学生への支持運動をまき起こし、その目的を達したのである。信頼し合える人間同士の連帯があれば、あとはその行動自体が映画になるというのである。

水俣の人たちともそのようにして出会い、互いに敬意を持って結びついた。そして以後も、最近まで誠意を持って撮り続けた。なかでも七〇年代半ばの「医学としての水俣病」三部作は真実を追求する〝誠意の結晶〟のような長大な作品であった。

また七五年には、まだ被害者たちが自ら名乗り出ていない不知火海一帯に真実を語ろうと呼びかけてまわる「不知火海」を作っている。誠意を持ってかかわった以上、あくまでそれに徹する覚悟と行動力を持つ志の人だった。以後、ドキュメンタリーの世界では、何年も続く長期取材は当然と考えられるようになった。

同僚や後輩たちから本当に敬愛され、慕われた人であり、目標とされた人である。心から冥福を祈る。(映画評論家)

二〇〇八年七月一四日

業績多彩で真摯な論客
大野晋さんを悼む

上田正昭

畏友（いゆう）大野晋さんが他界された。痛恨のきわみである。去る七月十四日午前四時、享年八十八歳であった。

その訃報（ふほう）に接して、はじめて米寿を迎えておられたことを知った。いつまでも若々しく、しかも鋭く研究の問題点を指摘する大野さんは、私と同年配と思って交友をつづけてきた。今にして思えば、私よりは七歳上の先輩であった。

大野さんとの出会いは、一九六〇年代の後半であった。東京で東アジアの古代文化をめぐるシンポジウムがあって、そのおりの討論で、日本の古代文化を島国日本のなかで考察するばかりでなく、広くアジアを視野におさめて再検討する必要性について、意気投合した。

その後、日本の古代文化について語りあう機会が多くなり、私が編者となった「文字」を社会思想社から、一九七五年の七月に出版したおりには、「万葉集」のいわゆる万葉仮名を中心に対談した。

橋本進吉博士の「上代仮名遣」の研究を、さらに前進させたのが、若き日の大野さんであることを知っていたからである。たんなる国語学者ではなかった。古代日本語の音韻・文法はもとよりのこと、語源解釈から日本語の起源へと数多くの著作がある。まことにグローバルな国語学者であった。

約三十年前、福岡で開催された「邪馬台国論争」に出席した。私は三世紀の邪馬台国は奈良県のヤマトとするいわゆる畿内説だが（ただし九州よりの東遷を前提とする）、大野さんは言語の研究を媒体とする畿内説であった。

邪馬台国北九州説支持者が圧倒的に多い福岡では、畿内説は評判が悪く、やじがとびかった。帰途の車中で、大野さんが「こんなシンポジウムには二度とでない」と激怒されていたのを、ついこの間のことのように想起する。

座右の書のひとつに、七四年の十二月に発刊された大野晋ほか編の「岩波古語辞典」がある。この辞典の編集をすすめていた大野さんから、殯（もがり）はモアガリ（喪上）の約か、モカリ（喪仮）か、どう思うかとの質問があった。古代の天皇の殯の用例にもとづいて、「モアガリ」がよいのではないかと答えたことがある。

逆に私から「スメラミコト（天皇）」の語義について問うたことがある。スメはスベ（統）ではなく、至高を意味するモンゴル語のスメル（sumel）と同源であることを明確に教えていただいた。

「日本語の起源」をはじめベストセラーになった「日本語練習帳」ほか、その業績は多彩だが、終始真摯（しんし）な論客であった。

七九年から南インドのタミル語と古代日本語との密接な関係を論じた新説を公にして、「日本語の形成」や「弥生文明と南インド」などの研究をまとめられたが、これらの見解には、批判する研究者が多い。後進の方々による課題の究明を期待する。（歴史学者、京大名誉教授）

二〇〇八年八月四日

生涯かけての漫画殉教者
赤塚不二夫さんを悼む

辻真先

赤塚マンガがもっとも脂の乗っていた時代、ぼくも夢中でアニメのシナリオを量産していた。「おそ松くん」にはつきあえなかったが、「ひみつのアッコちゃん」「もーれつア太郎」「天才バカボン」と脚本を書き続けた。

「アッコちゃん」は、たしか第二話を担当したと記憶するが「ア太郎」はパイロットフィルム(見本版)から書いたので、演出家といっしょにおおいに迷った。人情喜劇か、それともナンセンスものか、原作の連載が開始されたその時点ではまだわからなかったからだ。

ひょっとしたら赤塚不二夫(あかつか・ふじお)さん自身決めかねていたかもしれない。だが、いざ本格的に話がひろがってゆくと、アニメスタッフとともに仰天させられた。赤塚さん独特の怪キャラクター群、ニャロメを筆頭にココロのボス、ケムンパス、べし、お出かけですかレレレのレー、目ン玉つながりのおまわりさんがピストルを撃ちまくるという騒ぎで、人情と常識のぬるい喜劇はどこかへ吹っ飛んでしまったからだ。

ナンセンスギャグとはこれほどのパワーで描くのかと思い知ったが、といって余人にまねできるものでは絶対にない。ああ、彼は天才だと痛感させられた。

ぼく個人としては、ニャロメがご贔屓(ひいき)だった。あの真情あふれる軽薄さこそが、赤塚マンガのエッセンスと思い込んでいたためだ。アニメから離れてミステリーを書くようになっても、「アリスの国の殺人」で、ニャロメに大役を押しつけている。この作で日本推理作家協会賞をもらったぼくなどは、ニャロメとそれを生みだした赤塚さんに、足を向けて寝られない。その一事だけでも、謹んで合掌したい。

奔放なギャグを看板にしていた赤塚さんだから、縦横の人脈交流や徹底した遊びっぷりが面白おかしく流布されているようだが、ことマンガに関しては、まごうことない真剣な伝道師であった。

ぼくは「少年ジャンプ」の赤塚賞(ギャグマンガを中心に選定した)の選考委員を十年ばかり務めたし、ある新聞社の漫画賞でも途中参加の赤塚さんを迎えて、ほぼおなじくらいの期間、選考委員として同席した。そこでつくづく感じたのは、この人が永遠のマンガ少年である、という事実だ。

そういうぼくもマンガ好きでは人後に落ちないつもりだけれど、赤塚さんには及びもつかない。けたが違う、といっていい。伝説のトキワ荘からスタートして、共同の台所の流しで水風呂に漬かった時代から、少女マンガで売れ始め、やがてギャグの帝王となる経緯からしても、生涯かけてのみごとなマンガの殉教者であった。

読者に爆笑哄笑(こうしょう)を強いる道がどれほど孤独で苦しいものか。その苦渋を全身で受け止めたに違いない赤塚不二夫さんの、安らかな眠りを、いまはただ祈るばかりである。(作家)

二〇〇八年八月八日

魂の自由と真実求めた作家
ソルジェニーツィンを悼む

井桁貞義

「ソルジェニーツィンのことを手紙に書く場合はSとだけ表記しよう」。これが一九七二年にロシアの学生の一人と取り決めた暗号だった。手紙が国境で開封されることを予測しなければならなかった旧ソ連時代、「ソルジェニーツィン」という名前は抵抗と反体制と自由のシンボルであり、危険な、同時にまた極めて魅力的な響きを持っていた。

アレクサンドル・ソルジェニーツィンは一八年にカフカスのキスロボーツクに生まれた。第二次大戦中は砲兵中隊長として戦ったが、四五年にスターリンを批判したとして逮捕され、八年の刑に処せられた。この強制収容所（ラーゲリ）での体験をもとに書かれたのが小説「イワン・デニーソヴィチの一日」（六二年）だった。ラーゲリで働く男の、起床から就寝までを淡々と描いたこの小説は、世界的なベストセラーとなった。

衝撃的だったのは、ラーゲリの日常を公的に暴露してしまっていること、それが驚くほど精緻（せいち）に彫琢（ちょうたく）された文体で表現されていること、また掲載されたのが中央の権威ある雑誌であったこと、過酷な状況の中でも「満足して」眠りにつく主人公シューホフの姿だった。

その後も彼は珠玉の短編「マトリョーナの家」（六三年）や長編「煉獄（れんごく）の中で」（六八年）「ガン病棟」（同）などを相次いで発表し、七〇年にノーベル文学賞を受賞するにいたる。

ソルジェニーツィンは六七年のソ連作家大会にあてて検閲の撤廃を訴える書簡を送るなど、権力への抵抗の姿勢を貫き、五八年から六七年にかけて書かれた主著「収容所群島」の原稿が秘密警察に押収されると、七三年にパリでの出版に踏み切った。これはラーゲリの囚人たちの姿を「虚構なしに」描いたもので、ドストエフスキー作「死の家の記録」やチェーホフ作「サハリン島」など、十九世紀ロシア文学の伝統を二十世紀に継承するものだった。

スターリン体制下、全体主義国家の中での人々の悲惨な生活を、時にはユーモアさえ交えて記録し、集め、記憶し、告発しようとする試みであった。七四年、市民権を剥奪（はくだつ）され、国外追放となる。この前後に書かれた「嘘によらず生きよ」（『クレムリンへの手紙』所収）は今も私たちに痛烈なメッセージを発し続けている。

やがてアメリカのバーモントに居を構えたソルジェニーツィンは九一年まで大河小説「赤い車輪」（その最初の部分は『一九一四年八月』と題して邦訳されている）に取り組んだ。これはトルストイ作「戦争と平和」を思わせる、第一次世界大戦からロシア革命にかけてのロシア社会の激動を、当時の新聞の記事を収録するなどして、複数の視点から立体的に描く壮大な「歴史的叙事詩」である。

「収容所群島」がペレストロイカ期のソ連で公刊された後の九四年にソルジェニーツィンは帰国し、帰路の途上でも民衆の言葉に耳を傾け、記録して、ロシア社会と精神の再生を図るプラン「廃墟のなかのロシア」など、いくつもの提言を続けた。

魂の自由と真実を求め、民衆と祖国への愛にあふれ、全体主義に異議申し立てをする堅固な意思と勇気を持ったソルジェニーツィンの名は、ロシアの人々の心から、また世界の文化史から、消えることはないだろう。（ロシア文学者、早大教授）

二〇〇八年九月二九日①

ブルーの瞳の頑固者
ポール・ニューマンを悼む

渡辺祥子

ブロードウェーで劇作家ソーントン・ワイルダーの「わが町」の舞台に立ったポール・ニューマンは、柔和で小柄な老人だった。あの舞台を見てからもう五年になるだろうか。

今年の夏、がんで闘病中と聞いたときには信じたくなかったが、ついに亡くなった。息子かわいさに目が曇るギャングのボスを演じた「ロード・トゥ・パーディション」(二〇〇二年)、アニメ「カーズ」(〇六年)の声の出演などが最後の仕事になった。ブルーの瞳をいたずらっぽく輝かせ、信念を貫く頑固者を演じる彼の新作はもう見られない。そう思うとただ寂しい。

一九二五年、米オハイオ州生まれ。エール大学、アクターズ・スタジオで演技を学び、ブロードウェーの舞台を経て「銀の盃」(五四年)で映画デビュー。実在のボクサーを荒々しく演じて反逆児のイメージを作った「傷だらけの栄光」(五六年)で注目され、大スターへの道を歩み始めた。

ビリヤードの負け犬ギャンブラーを演じて本命視されながら米アカデミー主演男優賞を逃した「ハスラー」(六一年)、脱走を繰り返す囚人役だった「暴力脱獄」(六七年)など、六〇年代には、不屈の闘魂を抱く男をニヤリと不敵な笑みを浮かべて演じ続けている。

夢の製造工場だった時代を終え、混迷するハリウッドを背負うスーパースターになった。以来、その地位が揺らぐことはなく、二十五年ぶりの続編「ハスラー2」(八六年)で七回目のアカデミー主演男優賞候補に挙がって、ついに受賞。前年には名誉賞も受賞している。

妻ジョアン・ウッドワードを主演に「レーチェル レーチェル」(六八年)を初監督。六〇年代後半のニューシネマの流れから生まれた新たな才能とも気軽にかかわり、ロバート・レッドフォードと共演の「明日に向って撃て!」(六九年)、「スティング」(七三年)では絶妙のユーモアセンスを発揮した。

私生活ではリベラル派で知られ、ベトナム戦争当時は、反戦、反核運動にも積極的に参加。ニクソン大統領の〝政敵リスト〟にも載っていたそうだ。

スピードを愛するカーレーサーの顔を持ち、食品会社経営で大成功を収めて収益をチャリティーに使う実業家の顔も持つ。映画の中だけでなく、実生活でも男としての見事な人生を生きた。ポール・ニューマンの名と、いたずらっ子のように輝くブルーの瞳は、ハリウッド映画史の中で永遠に輝き続けるだろう。(映画評論家)

二〇〇八年九月二九日②

歩き続けた古代の全路

西郷信綱氏を悼む

樋口覚

敗戦後にだされた西郷信綱の「国学の批判」はその後の多岐にわたる刺激的な方向を示した画期的な批評である。敗戦により茫然（ぼうぜん）自失と虚無にさいなまれた時期に、いち早く国学を俎上（そじょう）に載せ、その後の国文学の進め方と方法について論じたものである。恩師風巻景次郎の強い影響があったに違いない。

戦前の皇国史観の跋扈（ばっこ）により本居宣長が忌避され、さげすまれていた状況下にあって、新しい視点から国学を考えようとした。現在のような空前の本居宣長ブームなど予想もできない時代の話である。

その後も斬新な視点と方法でさまざまな領域に踏み込み開拓した。「古代人と夢」「古代人と死」から、ライフワーク「古事記注釈」（全四巻）までたゆむことなく古代の全路を歩行し続けた。文章は明晰（めいせき）で独創性に満ち、一般読者を啓発した。日本の古典学者としてはめずらしく古今の詩歌に造詣が深く、散文と調和した独自のリズムを生み出した。単なる古典学者でも国文学者でもなく、詩人であった。

西郷信綱は、詩人の安東次男、広末保とアンソロジー「日本詞華集」を編んだ。出雲風土記冒頭の「国引き考」を注釈しながら口語訳を付しているのは、その珍しい慣習儀礼と、船引の「そろりそろり」という引きの音韻の調べを知ってほしいからである。同じことは「梁塵秘抄」論の俗謡についてもいえる。

「貴族としての万葉」に対する距離感がうかがえるこうしたジャンルの渉猟は、近代短歌にもみられる。とくに斎藤茂吉において著しく、晩年に「斎藤茂吉」を刊行し、茂吉の天皇観をきびしく批判した。

一方「古代人と夢」は古代の夢に焦点を与え、近代のフロイトなどより深く太古の夢について論じた。そこには豊饒（ほうじょう）な日本文芸のエキスが醸しだされている。

「古事記注釈」は訓詁注釈というスタイルを一字一字にほどこしたもので、そこには積年のあらゆる問題が集約され、その全貌（ぜんぼう）が映しだされている。本書は本居宣長の「古事記伝」にそくしながら詳細な分析によって今までの日本人と日本について論じた。医師で、家族に和歌を学ばせる町人であった本居宣長を高く評価している。訓詁注釈は、近代では幸田露伴の「芭蕉七部集評釈」をのぞいては稀有（けう）であり、近代日本の批評作といえよう。

「日本の内発的な近代は元禄からではないか」という考えもこれと関係している。小林秀雄「本居宣長」からは出てこない言葉である。（文芸評論家）

二〇〇八年一〇月七日

豪快さへの愛着とおかしみ
緒形拳を悼む

佐藤忠男

緒形拳は大衆演劇の名門だった新国劇の出身である。辰巳柳太郎と島田正吾という二人の名優にひきいられたこの劇団は、義理人情と意地の男の世界を高らかにうたいあげることで格調高い舞台をつくり出しており、緒形拳はその名舞台のひとつである「王将」に魅せられて入団し、この劇団の次の時代を背負うことを誰もが信じる若手に成長した。

しかし彼はテレビや映画で引っぱりだこになり、やがて新国劇を去った。そのことでとやかく言われたようであるが、これは時代の必然というものであったと思う。

義理人情の世界は日本人の心に深くしみとおっているが、それがもう古くて時代に合わないことは明らかだった。テレビや映画が緒形拳に求めたのは、古い日本のいわゆる〝男の中の男〟と呼ばれるタイプの男たちを、ただ手放しで礼賛するのではなく、ときには喝采（かっさい）して見上げるが、ときにはあきれて笑ってしまうこともできるような、一種途方もないキャラクターとして演じることのできる俳優だった。

それはＮＨＫ大河ドラマの豊臣秀吉であり、弁慶だった。彼らはまさに、民衆の英雄といえるすごい男たちだが、ずるいところもあったり、愛嬌（あいきょう）があったり、さらには残酷だったりして、新国劇ふうの〝男の中の男〟からは少々ハミ出す部分があり、そこが俳優として新しかったのである。

それは単純に男らしい男をリアリズムで見直すというだけでなく、現代日本人の一面の見事な自画像だった。戦争に、復興に、近代化に、とにかく日本人はめちゃくちゃに突進する。それを男らしいこととして自慢していたが、じつはそれは滑稽（こっけい）な姿だったかもしれない。その〝男の中の男〟の豪快さへの愛着と、その少々おかしいところとを同時に演じることができたのが緒形拳だったのである。

その俳優としての新しさをいちばん活用したのは映画の今村昌平である。二人が組んだ「女衒」で緒形拳が演じたのは、明治時代に南方各地の日本人売春婦の総元締の立場にあった実在の親分で、彼は外貨獲得と下層民衆の救済という愛国的行為だという信念のもとにそれをやる。その真情あふるる滑稽さといったらなかった。

他方、カンヌ国際映画祭の最高賞の「楢山節考」では老いた母を泣きながら山に捨てにゆく孝行な息子である。男の中の男にはなれない普通の農民の辛（つら）さが全身ににじみ出る名演であった。日本人が直面してきた矛盾を全力で演じられるすごい俳優だった。心から冥福を祈る。（映画評論家）

二〇〇八年一〇月二九日

最長不倒作家の死
青山光二さんを悼む

大川渉

青山光二さんは、最長不倒作家ともいうべき存在だった。田宮虎彦や「女の一生」で知られる劇作家森本薫らの同人雑誌「部屋」に参加したのが一九三四（昭和九）年。以来、九十五歳で亡くなるまで続いた作家生活は、実に七十年以上になる。

訃報（ふほう）に接し、まず頭に浮かんだのは、これで太宰治、坂口安吾、織田作之助らと酒を飲み語り合った作家がこの世にいなくなってしまった、という思いである。

終戦間もない一九四六（昭和二十一）年十一月二十五日の夜。太宰、安吾、織田は、銀座のバー「ルパン」で酒をくみかわした。織田が間もなく喀血（かっけつ）して倒れたため、無頼派と呼ばれた三人が一堂に会したのは、この日が最初で最後となった。このとき、居合わせた写真家林忠彦が三人の姿をカメラでとらえフィルムに収めたが、交わされた話の内容はカウンターの一隅にいた若い作家の脳裏に刻み込まれた。それが、織田の親友青山さんだった。

私が「文士風狂録―青山光二が語る昭和の作家たち」（筑摩書房）執筆のため青山さんにロングインタビューした際、この夜の情景を見事に再現して話してくださった。ほかにも、林芙美子、丹羽文雄、花田清輝、三島由紀夫ら文学史に残る作家、いや文士たちとの交流を語っていただいたのだが、青山さん自身が、これら文士の系譜につながる最後の文士だったと言えるだろう。遠い昔の出来事を詳細に覚えていることについて私が驚きの声を上げると「小説家にとっては記憶がすべてですから」と言われたのが印象に残っている。

青山さんは、京都学派の異端児、土井虎賀寿をモデルにした「われらが風狂の師」、天才詩人ジョン・キーツを描いた「美よ永遠に」など、静謐（せいひつ）な文体でつづった純文学作品で知られる。一方、鶴見騒擾（そうじょう）事件を素材にした「修羅の人」「闘いの構図」、長谷川一夫の顔を切った男を追った「顔斬り」をはじめ、おびただしい数の任侠（にんきょう）小説も書き、大映、東映、日活の映画の原作となった作品も多い。

純文学の作家がなぜやくざ者のことを書くのか、と批評されたこともあったようだが、青山さんにとっては、二百年前の英国のロマン派詩人も手本引きに命を削る博徒も、小説の題材にしたい魅力ある人間であることに変わりはなかったのだと思う。

二〇〇三年、九十歳のときに、最も完成度の高い短編に与えられる川端康成文学賞を受賞した。もちろん、歴代最高齢受賞であり、九十歳で文学賞を授与されたこと自体、世界でも例をみない快挙だった。受賞作「吾妹子哀（わぎもこかな）し」は、老作家がアルツハイマー病となった妻の介護をしながら若き日の愛の記憶をよみがえらせるという実体験を下敷きにした小説で、選考委員から「高い精神の有りようが伝わってくる」と絶賛された。

川端賞受賞の二年後にも、学生時代に伊豆大島の美少女と恋愛した経験をもとに書いた「あゆべよ」という中編を発表するなど、最後まで執筆の意欲は衰えなかった。青山さんの親友織田作之助や兄事した先輩太宰治が、短い生を蕩尽（とうじん）して秀作を残した短距離走者だったとすれば、青山さんはまぎれもない、超のつく長距離走者だった。（文筆家）

二〇〇八年一一月四日

都会調で新しい歌の世界 フランク永井さんを悼む

伊藤強

フランク永井の訃報（ふほう）は、予想していたことではあったけれど、やはりショックは大きい。あの衝撃的な自殺未遂から二十三年間。それは、彼の歌手としてのキャリアとほぼ重なる年月である。

それにしても、フランクの歌手としての実績は、日本の戦後の歌謡界にあって、誰もが否定できないものだった。

最もよく知られているヒット曲は「有楽町で逢いましょう」（一九五七年）だ。作曲家の吉田正氏が「これ以降、自分を作曲家だと言えるようになった」と、後年、述懐した作品である。

フランクはその吉田氏に、アメリカン・ポップスから歌謡曲への転向を勧められて、一躍スター歌手となった。

それ以降「低音の魅力」と呼ばれた、柔らかく、温かい声で、数多くのヒット曲を出した。都会調と呼ばれる歌は、確かに日本の歌のひとつの流れを作った。それは、三橋美智也や春日八郎の世界とは違い、新しい歌の世界を主張するものだった。

それでも、自分が好きだったアメリカン・ポップスは、常に座右の音楽としてあったように思う。それこそが、彼の音楽の原点であったからだ。

趣味人でもあった。落語が好きで、自宅に作ったスタジオに、落語の下座の三味線が聞こえる装置をつけて喜んでいたこともある。

晩年は孤独の時間だったと思う。恩師・吉田正氏も今はなく（九八年没）、妹のように大事にした歌手、松尾和子も既にいない（九二年没）。

それでも、安心して安らかに眠ってほしい。合掌。（音楽評論家）

二〇〇八年一一月七日①

強い問題意識と天性の筆力
M・クライトンを悼む

酒井昭伸

不覚にも涙がとまらない。意外な反応に自分でも驚いている。友人、というほどのつきあいではなかったのに、圧倒的な喪失感で胸がつぶれそうだ。翻訳を通じて十冊の著書とつきあううちに、作者の分身のような感覚が強くなっていたのかもしれない。

クライトンは何度か来日している。印象的なのは、そのさい謦咳（けいがい）に触れたスタッフたちが、こぞって「いい人だ」といっていたことだ。ぼくもそう思う。大物なのにえらぶらず、いつも控えめで相手のことばにきちんと耳をかたむけ、質問にはきまじめに答える。テレビでそんな姿を見て好感を持った人も多いのではないだろうか。

プライベートではわりとちゃめっ気もあったが、基本的にはシャイな人物で、ときどき、世の中とうまく折りあえなくて途方にくれている少年のような顔を見せることもあり、なんというか、それがとてもかわいかった。あの繊細でまじめで稚気あふれる人物が、もうこの世にはいないのか…。

クライトンの作品は、緻密（ちみつ）な計算の産物といわれることが多く、ぼくもそう公言していた時期がある。が、これはたぶんちがう。

「ジュラシック・パーク」その他の作品が話題を集めたのは、たまたま時代とシンクロしたからであり、「狙った」ものではない。「ライジング・サン」ではジャパンマネーの台頭にからめてアメリカの凋落（ちょうらく）を叱咤（しった）し、「恐怖の存在」では地球温暖化問題の裏面にからめて疑似科学のまん延に警鐘を鳴らしてみせたが、ウケ狙いなら、バッシング覚悟でこんなことをするはずもない。

純粋な好奇心と本能の赴くままに、そのときどきに興味を持ったことがらを、強烈な問題意識に突き動かされて調査し、天性の筆力でわかりやすく提示する—それがクライトンの終始一貫したスタイルだったと思う。映画化では不本意な思いもしたようだが、小説では最後まで、自分をまげることなく、そんなクライトン流を貫いた。ことこの点では、幸せな作家人生だったといえる。

クライトン名義の長編は全部で十五冊。ノンフィクションが四冊、別名義の長編が十冊、「ＥＲ　緊急救命室」のような原案提供を除くと、監督や脚本で携わった映画・テレビが十本。四十三年間の作家生活を考えれば、決して多作ではない。

これは、一作あたりにかける手間ひまが半端ではなかったからだろう。「編集者からはもっと書けといわれるが、リサーチに時間がかかるので、二、三年に一作が限度」と話していたことを思いだす。

故人からは作品を通じていろいろなことを教わったが、ひときわ大きいのは、作品に対するこういった真摯（しんし）な姿勢だ。クライトン作品の翻訳に、いつも過剰なほど手をかけてきたのも、そんな姿勢にすこしでも応えたかったからである。もはや彼の文章から教えを得る機会は、遺作となった「ＮＥＸＴ」文庫化のときしかない。そのさいにも全力を尽くすことで、せめてもの手向けとしたい。

冥福を祈る。心から。（翻訳家）

二〇〇八年一一月七日②

最期まで少数者の立場に筑紫哲也さんを悼む

佐高信

昨年の五月五日、信州は松本の神宮寺で行われた「尋常浅間学校」（永六輔校長）で一緒になり、近くの旅館に泊まって風呂に入りながら話したのだが、しきりにせきをしているのが気になった。すぐに検査入院をするということで、そのまま療養生活に移ったと聞いて、あのせきの深さを心配していた。それが杞憂（きゆう）に終わらなかったことが残念でならない。

筑紫哲也さんと私は、ちょうど十歳違う。いつも笑みを絶やさない筑紫さんは、私にとって、とても頼りになる兄貴分だった。数年前に、年配者から墨痕淋漓（ぼっこんりんり）たる抗議の手紙をもらったことがある。共に編集委員をしている雑誌「週刊金曜日」あてだったが、その大半が筑紫批判で、「そんな筑紫と一緒に反日的な言論活動をしているおまえはケシカラン」という内容だった。

要するに私は、ツケタシである。それを筑紫さんに見せて、だから元気でいてもらわなければ困りますよと笑ったのだが、いわばその「防波堤」に亡くなられて、いや応なく前線に立たされてしまったという感じがする。

筑紫さんが政治記者として担当したのは、自民党の三木（武夫）派だった。少数派閥である。これが筑紫さんの人生を象徴している。最近は、少数派の立場に立たず、多数派の代弁者となっている、マガイモノのジャーナリストばかり目立つが、筑紫さんは最期まで少数派の立場に立ちつづけた。

政治的な少数者は文化でしか多数派に勝てない。そのことをよくよく知っていた筑紫さんは雑誌「朝日ジャーナル」の編集長としてもテレビのニュースキャスターとしても、〝軽チャー〟を含めた文化にこだわった。

取り上げる新人類が軽薄だと非難されても、文化に目配りのない硬派やリベラリズムの試みは読者に届かないと反論して、それをやめなかったのである。

「俳句界」という雑誌で対談して筑紫さんをあわてさせたことがある。筑紫哲也の知られざる一面に、早稲田大学時代、男声合唱団グリークラブに入っていたことがあると突きつけた時だった。

「な、な、何を言い出すんですか」とひるんだ筑紫さんは「知られざる」ではなく、「知られたくない」一面だと告白していた。

その好奇心の強さと広さ、反戦平和の護憲の立場を譲らなかった骨っぽさ。失ってあらためて知る筑紫さんの存在の大きさである。

（評論家）

二〇〇八年一二月五日

人生百年時代の先駆者
俵萠子さんを悼む

吉武輝子

友逝（ゆ）きて冬天雲のかげりなし　輝子

俵さんとはかれこれ五十年近いお付き合いである。当初、彼女は産経新聞の記者、私は東映の宣伝プロデューサー。担当作品の宣伝に幾たびも健筆をふるっていただいた。

この五年間は「三人娘」という形でのお付き合いだった。長女は俵さん、次女が私、三女は（評論家の）樋口恵子さん。昨年のNHKの新春番組に二日続けて出演し、「七十代三人娘」として大いに語り合った。

そのときのビデオを繰り返し見たが、一番元気でエネルギッシュに語っていたのは俵さんだった。そのころ私は酸素ボンベのお世話になっていて、長くは生きられないとの実感をつのらせていただけに、まさか元気印の長女の俵さんが、あっけなく逝去されるなんて想像だにしていなかった。

深い悲しみのふちからようやくはい上がったばかりだが、俵さんの人生の軌跡をしみじみと思い返しているうちに、はたと気がついた。われらの長女が人生百年時代の先駆者であったことを。

人は誰でも若いときにこうなりたい、ああなりたいとさまざまな夢を抱くものである。人生五十年時代は、社会が規制する役割の優等生たらんと奮励努力するうちに、夢は夢のままに消え果ててしまっていた。しかし倍生きられる百年時代は、女は母親という役割から解き放たれた後、そして男は定年後、かつての夢を花開かせることが可能になったのである。

なんと俵さんは五十代で群馬・赤城の山すそに俵萠子美術館を作り、少女時代の夢だった陶芸家へのスタートを切り、モネの絵に勝る庭を見事につくり上げたのである。春夏秋冬さまざまな美しさをもたらしてくれる俵さんの赤城の王国に、何度招かれ心を洗われたことだろう。

七十代に入ってからは、自分のためではなく人に役立って生きることに全力を挙げていた。十数年前に乳がんの手術をしたのがきっかけであったのだろう。乳房をえぐり取られた女たちが、人目にさらすことを恥じて入りたくても入れなかった温泉を、心ゆくばかり楽しもうよと「一、二の三で温泉に入る会」をスタートさせた。がん患者の心の支えとなったばかりでなく、がんで家族を失った人たちの心の支えどころとして「家族会」も誕生させたのである。

八月十五日には「戦争を語り継ぐ会」を赤城の山中で開き、無傷で平和憲法を将来の世代に引き渡す祈りの実現に懸命だった。

私はどちらの会にも参加していたが、「ねえ、いい時代に生まれ合わせたわね。青春時代の夢が実現でき、老いては人に役立っているという実感を抱きながら生きられるのですもの」とあるとき言った俵さんの言葉がまざまざとよみがえった。そのときふと口をついて出てきたのが冒頭の俳句である。

人生百年時代の先駆者としてまことにすがすがしく、かつエネルギッシュに生きた長女であった。長姉の志を生き残った次女、三女がしかと受け継がねば。合掌。（評論家）

二〇〇八年一二月六日①

20世紀見渡した戦後知識人
加藤周一さんを悼む

成田龍一

加藤周一さんに初めてお目にかかったのは、今世紀のはじめのことであった。耳がいくらか遠く、足も弱られていた。ただ、話されると八十歳の年齢を感じさせない思考の回転力と言葉の力強さ、そしてこちらを見据える眼光の鋭さが印象的であった。とともに、加藤さんの話にはユーモアがまざり、人を引きつけてやまない魅力を有していた。

＊　＊　＊

加藤さんは、「戦後知識人」と呼ぶのにまことにふさわしい人物であり、そのひとりとして生涯をまっとうされたということができよう。当初は医学を学び、医者として戦時をくぐりぬけたが、「戦後」の一九四六年に論壇に登場して以来、六十年以上も発言をし続けてこられた。「戦争」への反対を思考の原点とし、その考察を「戦後」の課題としていた。「西洋」と「東洋」の古典から現代に至るまでの幅広い教養を持たれ、文学・思想から美術にまで精通する感性とをあわせ、旺盛な言論活動を行った。

三十二歳のときにフランスに留学し「外」から日本を見るとともに、後年、ドイツやアメリカ、カナダなどの大学で教鞭（きょうべん）をとられる。理系から出発し文系の領域で発言し、日本の「外」と「内」を行き来し、作品の具体性と概念的な考察、理性的な分析と感性的な受容とを組み合わせ、たえず往還を繰り返しながら語りかけていくのが「戦後知識人」加藤周一のスタイルであった。

「日本」を問い続けることを課題としたことも、加藤さんの「戦後知識人」としての性格を示している。一九五〇年代半ばに「雑種文化論」として日本の特徴を抉（えぐ）り出したことはよく知られている。

しかしこの議論は、戦時に「純粋」な文化を作り出そうとしたことへの反省であるとともに、戦後に民主主義の思想を根づかせるための思索の結果に見いだした特徴であった。自伝「羊の歌」（六八年）もそうした雑種文化の一例として自己の精神史を省察した著作として読めると思う。日本の状況への考察とあわせ、実践の営みも加藤さんの姿勢を形づくっていた。

＊　＊　＊

「戦後」は冷戦という戦争の過程でもある。そのなか、「戦後」の終焉（しゅうえん）が幾度も言われ、また加藤さんが根拠とされていた「知」や「知識人」の概念も問いかけられてきた。それらに対し、加藤さんは柔軟に対応し、状況を逆に捉（とら）え返す営みを継続してこられた。こうした息の長い活動に驚嘆するとともに、深い敬意を覚える。

加藤さんは幅広い知識と感性とにより、健全な時期の「近代」の精神を発揮し、長い二十世紀の思想と状況を見渡しながら活動されてきた。二〇〇四年に「九条の会」の呼びかけ人となり「戦後精神」の精髄を守り抜こうとされていたことはひとつの決算のようにみえる。

「蟹工船」がブームになったことが示すように、変貌（へんぼう）を遂げた近代―「戦後」は再びその歩みを反覆するかのようである。加藤周一さんが見据えていたもの、そしてその論じ方にあらためて想（おも）いが募る。（日本女子大教授）

二〇〇八年一二月六日②

簡素な旋律で感情引き出す
遠藤実さんを悼む

長田暁二

日本を代表するヒットメーカー、遠藤実さんが十二月六日、七十六歳で亡くなった。人情味があふれ、感激しやすい人だった。その人柄が温かいメロディーに表れていたのだと思う。

「北国の春」「夢追い酒」「雪椿」「高校三年生」「せんせい」など、みんなに愛唱される遠藤実メロディーの特徴は、大きく分けて三点ある。

その一つは、音域幅が比較的狭く、一オクターブ、プラス一、二音で作られている曲が多いこと。このため、誰もが歌いやすく親しみやすい感じを持ったはずだ。

二つ目の特徴は、ピアノの鍵を指一本でたたいてつながるシンプルな旋律を持ち味にしていること。これは、歌手、演奏者が持つ表現感情を最大限に引き出すことにつながっている。

見た目にはやさしいようだが、歌詞をそしゃくしないでメロディーだけを歌うと、唱歌のように聞こえる。情感を込め、歌詞を語るように歌うと奥行きが深く、追求すればするほどコクが出る。

だから「すきま風」のように、人気の火が付くのに半年以上かかるが、いったん火が付くとロングセラーになる作品が多い。

三つ目の特徴は、長調の曲であればラの音を、短調の曲であればソの音を効果的に使い、微妙な感情表現を行うこと。これが「北国の春」のようにアジアの各地でも愛され、支持される最大の要因だろう。

遠藤さんは東京で生まれたが小学生の時に疎開した。貧しい中、歌手を目指して上京し、苦労しながら西荻窪や三鷹方面で〝流し〟をする中で、誰にも指導を受けることなく曲作りを勉強した。

レコード会社の専属になり「お月さん今晩わ」「からたち日記」などが相次ぎヒット。作曲家として活躍し始めた。

自分の生活体験の中で得た多種のメロディーは自由自在であり、演歌から学園青春ソング、ポップスまで多様なジャンルに大ヒット曲があることは他の人にはない特色である。

「男女の愛憎を歌うのもいいが、自分の使命は美しい日本語で、日本の原風景が浮かぶ哀愁を帯びた歌を作ることだと思う。世の中のためになる社会的メッセージを書きたい」。遠藤さんが生前、常に熱く語っておられた言葉が忘れられない。ご冥福を祈って合掌。（音楽文化研究家）

平成二十一年

2009

二〇〇九年一月一六日

視覚に魔法かける遊び心
福田繁雄さんを悼む

勝井三雄

長年の友人だった福田繁雄（ふくだ・しげお）は、社会通念から外れた奇妙さや不思議な現象を日常に見つけ出し、われわれの常識を揺さぶる作品を作りつづけた。風刺とユーモアを原点とするデザイナーである。その手法は、日本古来の平面性を基調にした切り紙やシルエットを思わせる単純化された形態に遊び心を忍び込ませ、見る者を視覚のわなに誘い込む。視覚の魔法にかかってしまったかのような生理現象を誘発する。

あるとき手塚治虫（てづか・おさむ）さんは、アニメの国際フェスティバルで福田作のトロフィーを受け取ったことを紹介し「そのトロフィーは一方から眺めると女、それを回すと男の形に変わっていく。福田さん得意のメタモルフォーシス（変形）である。アニメーションの本質はメタモルフォーシス・アートだから、このトロフィーはまさにうってつけのデザイン」と述べた。初めは漫画家を志していた福田の造形思考の特性も言い当てた言葉だ。

彼ほど世界のデザイン界から親しまれたデザイナーもまれである。審査、講演にと駆け回り、持ち前のサービス精神とユーモアで人々を魅了した。常に好奇心を持ちつづけ、日光の「見ざる、聞かざる、言わざる」より一匹多い〝四猿〟が中国に存在すると聞けば、それを求めて奥地まで探索する。旅を楽しみ、多くの珍品を収集することで、自宅は遊びの珍品の博物館と化していると聞く。

そして人間の知恵を社会に見いだすのだと言う。「われわれデザイナーは勝手なことはできない。社会が何を考えているか、医者として脈を診ないといけない。そこがデザインとアートの違いだ」と語っていた。

膨大な作品群の中で、福田の最高傑作はなんと言っても大砲の砲口に向かって砲弾が逆に飛び込む寸前をとらえ、戦争の愚かさを訴える「ＶＩＣＴＯＲＹ」（一九七五年）であろう。この作品はいつでも世界のポスター百選に選ばれる説得力ある名作である。

私との付き合いは、大学を出て職場をともにしてから五十数年にもなる。二十代後半の私たちは、デザイナーの登竜門といわれた日宣美（日本宣伝美術会）賞を戦った。私が幸いに日宣美賞をいただいた五八年、彼は新メディアとして登場したテレビのＣＭをコマ割りのイラストで表現し、見事に同賞の特選を受賞した。誰もいないがらんとした会社のエレベーター内で抱き合って歓喜を分け合った当時から、彼の表現のテイストは変わらない。しかもその後、経済構造に取り込まれることなく、遊びを原点に福田はビジュアルコミュニケーションデザインを求め走りつづけてきた。

急逝する二日前、東京・銀座のギンザ・グラフィック・ギャラリーの「きらめくデザイナーたちの競演」展で会ったのが最後となった。そのとき、十三日前に亡くなった同世代の友人で社会派デザイナー木村恒久（きむら・つねひさ）の作品の前で「追悼の意味で一緒に撮ろうや」と福田本人に呼び止められた。図らずも最後の写真となった一枚が手元にあり、その顔は親しげに何かを語ろうと口元を緩めている。彼が常々言った「デザインは文化だ」という言葉が耳に残る。誠に、デザイン界にとって予期しない大きな喪失である。合掌。（グラフィックデザイナー、武蔵野美術大名誉教授）

二〇〇九年一月二九日

20世紀アメリカの激動描く
J・アップダイク氏を悼む

井上謙治

現代アメリカ文学の長老ジョン・アップダイクが一月二十七日に死去した。七十六歳だった。去年の秋には、老いた魔女たちの回心を描いた「イーストウィックの寡婦たち」を発表し、知見も筆力も衰えぬところをみせていただけに残念であり、また彼のように著名な作家がノーベル賞とは無縁に終わったことに不満を抱く向きも少なくないであろう。

アップダイクはペンシルベニア州の小都市で生まれ、ハーバード大学を卒業、英国オックスフォードの美術学校に留学後、詩集を出し、二十七歳で老人ホームを扱った近未来小説「プアハウス・フェア」で注目され、その後、親子の愛情を描いた「ケンタウロス」で全米図書賞を受けた。一九六〇年代の性の解放を扱った「カップルズ」は世界的ベストセラーになっている。長編小説では「ウサギ四部作」「イーストウィックの魔女たち」「日曜日だけの一カ月」「クーデタ」「終焉」など、短編集では「同じ一つのドア」「鳩の羽根」などがあり、その他、詩、童話、文芸批評、美術評論など著作は約六十冊になる。これほど多彩で、密度の濃い仕事をした作家は他に例がない。

彼の作品は戦後のアメリカ中産階級の日常生活を写実的に描いたものが多く、イメージが豊かで隠喩（いんゆ）の多い緻密（ちみつ）な文体、都会的ユーモア、ストーリーの面白さには定評があった。

アップダイクは声高に政治的主張をしたり、不条理な世界を冷笑する作家ではない。彼の文学の根底にあるのはプロテスタントとしての罪の意識と個人の道徳的責任、アメリカの建国の理想と伝統的価値観であり、アメリカの代表的宗教作家といわれている。

アップダイクの代表作といえば、なんといっても「走れウサギ」から始まり「さようならウサギ」で完結した「ウサギ四部作」である。これは三十年にわたって書き続けられたもので、ピュリツァー賞を二度も受賞している。ペンシルベニアの小都市を舞台に、ウサギと呼ばれる人物を主人公にして、百貨店の店員から始まり自動車販売会社の社長として世を去るまでを描いたものである。不安定な家庭生活、職場での対人関係、老人問題、人種問題など、複雑な問題に振り回されながらも、しぶとく生き抜く主人公の姿は生きることへの励みを与えてくれる。

技法的には同時進行の形で、主人公と作者自身の生活を重ね合わせ、五〇年代から八〇年代まで、二十世紀後半の激動するアメリカ社会の歴史をパノラマのように描き出している。アップダイクはこの小説を超大型小説と称しているが、小説による同時代史としてこれほど印象深くアメリカとアメリカ人を描いた作品は例がなく、二十世紀アメリカ小説の古典として評価されている。

筆者はボストンでアップダイクと会ったことがある。彼が「日曜日だけの一カ月」を発表した直後で、元気で屈託のない話しぶりを思い出す。心から冥福を祈りたい。（明治大名誉教授）

二〇〇九年三月二八日

前向きに戦った一生

藤間紫を悼む

藤田洋

日本舞踊家であり、女優としてもすぐれた舞台を残した。

そして、強い信念を貫き通した女性だった。しかし一方では、情に厚いタイプで、六世藤間勘十郎を大成させた内助の功、のち結婚する市川猿之助の活動の支えになり、さらには猿之助一門の「二十一世紀歌舞伎組」の役者たちの育ての親でもあった。稀有(けう)な女性であった。

猿之助は紫の自叙伝「修羅のはざまで」に、「潔さは男の世界ばかりとは限らない、女の紫さんの生きざまにも強くそれを感じられるのである」と書いたが、まさに決断力も備えて、あらゆる障害と闘いながら、生き抜いてきた一生だったといえる。

舞踊家としては「隅田川」「扇売高尾」「かさね」など、ドラマ性の濃い曲は独壇場であった。女優としては「濹東綺譚」「父の詫び状」、晩年には「西太后」を堂々とした貫禄(かんろく)で演じた。

女優も、一九四九年に新国劇に客演して以来だから、六十年のキャリアがある。そして、そのころは大家族の生計を立てるために舞台と並行して映画にもさかんに出た。年に三十本近くにのぼったから、三十歳ころは獅子奮迅の働きだった。のちにテレビドラマにも次々に出た。

そして、六一年にプロデュースした「勘十郎の会」の「鉢の木」は名舞踊として記憶される。並行して、猿之助の研究会「春秋会」も応援する。つまり、舞踊家・女優としてもすぐれた技量を示したが、実務家としての手腕も余人の及ばぬ力を発揮した。

出るくいは打たれるの例えがあるが、若い時代には相当のイジメにもあったが、それにくじけることなく信念を貫いた。紫の精神力の強さは、こうした試練をへて培われたのであろう。

八七年に、弟子を擁護すべく、独立して紫派藤間流を立てて、二十年をこえた。ことしの新年会ではあいさつして「これからはもっと厳しく指導していきます」と宣言した。自分がたどってきた過程で会得した、〝良い芸〟を守りたい、その一念だというふうに理解した。その根底には、父親と親交があった名優六代目菊五郎に対する芸の畏敬(いけい)があるにちがいない。

古い伝統芸を基盤にして、新しいものをつくろうとする姿勢。六九年の「凄艶四谷怪談」以来、猿之助とは同志となった。四十年の歳月が流れている。

藤間紫は、功利の生き方を嫌って、前向きに戦う一生を送った、素晴らしい規範となるべき女性だったといえる。(演劇評論家)

二〇〇九年五月二日

あらゆる領域に好奇心
栗津潔さんを悼む

針生一郎

粟津潔は実は数年前から認知症で老人ホームにおり、近年の金沢と川崎での回顧展にも、夫人と息子だけがきた。その息子が「父は昨日死んだ。いまなら死に顔に会える」と知らせにきたので、すぐ近くの粟津家に同行した。享年八十歳と聞き、岡本太郎ら旺盛に活躍した知人ほどなぜか急に老化して早死にしたが、八十なら大往生だねとわたしは夫人を慰めた。

粟津は生いたちを「街が学校、複製が教師」と総括した。一歳直前に父を事故で失った彼は、幼少から近所の画家、足袋屋、げた屋などを訪れて、手伝いながら苦労話を聞いた。夜間商業学校時代は昼間、建具組合で働き、老書記の依頼で本を探すのが勉強になったという。戦後は暇さえあれば映画館に入り浸った。

山手線の乗客をスケッチして自信をつけた絵を、彼は日本美術会の日本アンデパンダン展に出品したが、観客の少なさに失望したらしい。そこで映画会社宣伝部に入ったころ、米国の社会派画家ベン・シャーンの画集を見て、絵画とデザインの直結を確信した。そして一九五五年、日本宣伝美術会展の公募展で、有刺鉄線ごしに怒る老漁民を描いた「海を返せ」のポスターで日宣美賞を獲得。翌年も奨励賞を受け、日宣美会員に推された。

六〇年、東京での世界デザイン会議でハーバート・バイヤーが、デザインは産業社会の下僕ではなく、生産と消費の関係を変革するトータルデザインとして文明史的な役割を回復せよ、と記念講演した。この提言を粟津ほど真剣に受けとめたデザイナーはいない。

彼は「視覚伝達論序説」を書いて、ポスターと個性美学を中心とするグラフィックデザインを否定。建築家の「メタボリズム」グループに加わり、菊竹清訓とともに出雲大社の鉄扉をデザイン。篠田正浩らの映画でデザインを担い、ブックデザインでは杉浦康平と協力して被爆地の写真集を制作。編集長として「デザイン批評」誌を創刊するなど活動の場を広げた。

六九年、「美共闘」(美術家共闘会議)の妨害で日宣美の公募展が中止された。それを受けた日宣美会員の会議で、日宣美は運動体でなく既得権擁護組織になっている、と解散を主唱し先導したのは粟津である。一方で、美共闘など時代の思潮はどこか観念的、清算主義的だと粟津も感じていた。だから当時の彼は、先の見えない砂漠をつえで探りつつ進む座頭市の姿を描いたのだろう。

粟津にはもう一つ、わたしが翻訳にかかわったワルター・ベンヤミンの影響がある。サブカルチャーの複製によって、民衆的イコンの語り部となる自覚だ。指紋・手相・はんこなどが六〇年代末から粟津のデザインで主流となるが、その中に原色のカメ、カラス、花などが現れ、阿部定やモナリザが出てくる。サブカルチャーが土俗的世界につながり、民衆的イコンが呼び出された。

七七年、わたしはサンパウロ・ビエンナーレの日本代表コミッショナーとして粟津を出品作家の一人に選んだ。彼は阿部定の事件当時の肖像を新聞写真から拡大し、モナリザ、指紋、印鑑、手相、地図などと組み合わせたシルクスクリーンの大作「グラフィズム」を出した。展覧会で阿部定という民衆的イコンが時代と国境を超え、ブラジル人観客から哀切な反応を得たのには驚いた。

八〇年代以後は、戦後デザインの基礎となる施設の設置にかかわった。彼ほどあらゆる領域に好奇心と触手を広げた人物は、日本デザイン界にいない。(美術評論家)

二〇〇九年五月五日

反骨心と人間的な優しさ
忌野清志郎を悼む

富沢一誠

　忌野清志郎は日本のロックビジネスの原型を確立したロックの巨人である。

　一九七〇年代後半、ロックはフォーク＆ニューミュージックと比べると地味な存在だったが、そんなロックをどぎついメークとハデな衣装でショーアップすることによってエンターテインメントにまで高めた。そのことが結果的に巨大化するロックビジネスのきっかけを作り、八〇年代から九〇年代にかけてBOOWY、X　JAPAN、ラルク・アン・シエル、GLAYなどメガロックバンドを生み出したのだ。その意味では、忌野がいなければ現在のロックシーンはなかったと言っても過言ではない。

　ではなぜ彼の音楽がたくさんの人々に支持されたのか？　反骨心と人間的な優しさを併せもったアーティストだからである。学生時代の彼は「ぼくの好きな先生」にあるように〝劣等生〟だった。劣等生だからこそ弱者に対する優しさやいたわりを持っているのだ。また反骨精神の裏には正義感があり、それが熱血漢や包容力という温かさとなっているのだ。つまり、彼の歌には優しさやいたわりと同時に温かさもあるので、たくさんの人々のハートを侵食し、共感を得ることができたのだろう。

　今あらためて彼がRCサクセション時代、ソロアーティスト時代に残してきたレコード、CDを聴いてみると、そこには歌が現実を超えてしまっているすごさがある。

　歌にしろ、映画にしろ、文学にしろ、私たちがそれを聴いたり、見たり、読んだりする場合は、その背後に、自分はその歌、映画、文学におくれを取っているという意識が常にある。だからこそ、それらに触れることで、自分のおくれを取り戻そうとするのだ。換言すれば、歌や映画や文学が私たちの現実を超えているということだ。現実を超えているからこそ、私たちは内的リアリティーを感じ、共感を覚えるのである。

　彼の歌は現実を見事に超えていて、私たちの中にある心の声をすくい上げてくれている。だからそれがメッセージとなって私たちのハートに突き刺さってくるのだ。

　ロックは常に反骨であるということを身をもって表現し続け、ロックは時代の刺激剤たるべし、という信念で活動してきた忌野清志郎は紛れもなく〝ロックの教祖〟である。

　彼は五十八歳という若さで亡くなってしまったが、聴き手のハートを瞬時にしてわしづかみにするボーカルと、「ベイベ〜」「愛し合ってるかい？」のシャウトは私たちの心の中では永遠に不滅である。（音楽評論家）

二〇〇九年五月一一日

自由な発想を持った作曲家三木たかしさんを悼む

伊藤強

何ということだろう。病が重いとは聞いていた。しかしまだ六十代半ばでその才能が途切れてしまうなんて、作曲家三木たかしの訃報（ふほう）は、ある種の覚悟を決めていたにしてもショックである。

その才能は黛ジュンの作品に始まって、最近は劇団四季のミュージカルにまで及んでいた。作品は多岐にわたる。歌謡曲のヒット作は多いが、中でも坂本冬美の「夜桜お七」は、本来歌謡曲にはなりにくいテーマと言葉を実に見事に歌にした。

ミュージカル「異国の丘」での作品群はバランスの取れた音楽でこの暗いテーマのミュージカルを見事にまとめ上げた。

本業である作曲家としての仕事のほかに、自らがギターを抱え、ライブの仕事や生のステージでの音楽活動にも熱心だったという。つまり音楽そのものが好きだったに違いない。

また石川さゆり、岩崎宏美など数多くの歌手たちは、多くの作品を提供され、それをよりどころにして歌手活動を続けてきた。三木たかしの死はまさに道半ばにして、これからの重要な指針を失ったのと同じである。

アメリカでジャズを学び、長じて歌謡曲に転じた彼は音楽に対する実に自由な発想を持っていた。だからこそ、これまでになく、幅の広い活動が続けてこられたに違いない。つまり三木たかしは単なるメロディー書きではなかったのである。アレンジも良く、音楽をトータルにつかまえることのできる作曲家だったのである。

昨年十二月三十日、日本レコード大賞の授賞式の場で、三木たかしに会った。病魔がその才能をむしばんでいることははっきり分かった。それでも彼はレコード大賞の実行委員長として、自らの責任を果たすべく、その場に出席したのだった。もしかしたら、公的な場に姿を見せたのはあれが最後だったのかもしれない。その責任感には感じ入るしかなかった。

その三木たかしは、もういない。返す返すも無念である。合掌。（音楽評論家）

二〇〇九年五月二八日

柔軟な姿勢が作品支える 石本美由起さんを悼む

伊藤強

石本美由起さんといえば、美空ひばりだ。「悲しい酒」（一九六六年）は、レコーディングの際に後からせりふを付け加えたことで知られている。既にその時は大物の作詞家であったのだが、そのような柔軟な姿勢が石本さんの作品を支えた。

ひばりの「港町十三番地」（五七年）や細川たかしの「矢切の渡し」（八三年）、五木ひろしの「長良川艶歌」（八四年）など、数多くのヒット曲を生み出してきた。特に後半生、演歌不振の時代にあってもヒット曲は途切れなかった。それは一つ一つの言葉に石本さんなりの言葉への思い入れが生きていたからに違いない。

代表作にして、デビューした年の作品でもある「憧れのハワイ航路」（四八年）は演歌には似合わない明るい書き出しで、それこそが石本さんの真骨頂だったといえる。それを書いた時代、ハワイは日本人にとってまさにあこがれの場所だった。その明るさこそが、その時代を活写した。

そのように時代と世間を等分に見通す目こそが詩人の本領だった。石本さん自身、ハワイにはその時はまだ行っていない。この歌は瀬戸内海をゆく船を見ての感想だった。晩年、ハワイに遊んだ時、あらためて「こういう場所だったのか」と漏らしたという。

本名は石本美幸。「みゆき」という名前で、若いころは女性かと思われたこともあったという。つまりそれだけ優しかったということに違いない。

日本音楽著作権協会（JASRAC）理事長、日本作詩家協会会長など、多くの役職を歴任したけれど、偉ぶることは一切なかった。誰とでも等分に接し、常に礼儀正しい人柄で、数多くの歌手たちにも人望があった。

このところ体調を崩していた。多くの人たちが折に触れて無事を願っていた。それもまた、石本さんの人柄によるものだったように思う。日本の歌謡界から一人の詩人が消えた。これからの歌にとって残念でならない。合掌。

（音楽評論家）

二〇〇九年六月二六日

頂上に立つ者の孤独
M・ジャクソンを悼む

鈴木ひとみ

地下鉄を降りたところで、周りの通勤客が叫び始めた。

「オー・マイ・ゴッド！　何てこと」「うそでしょ、信じられない！」

マイケル・ジャクソンの急死が伝えられた25日夕方のニューヨーク。人々は手にした携帯端末を見つめ、驚きの表情を隠さない。

白、黒、黄色…肌の色は関係ない。老若男女が悲報を分かち合う。「スーパースターのマイケルが死ぬなんて」。そんな声を聞きながら、目の前にある娯楽の殿堂、マディソン・スクエア・ガーデンで1988年、マイケルに会ったときのことを思った。

当時、マイケルはアルバム「バッド」を引っ提げ世界ツアーの最中。ツアーは前年秋に日本の東京ドームで始まり、「日本で大歓迎されて、マイケルは大の日本びいきになった」と米レコード会社関係者から聞かされていた。

楽屋でしばらく待っていると、マイケルが現れた。以前に出会った妹のジャネットと同じく、彼も恥ずかしがり屋。感受性が強そうな感じだ。目を合わせず、小声でささやくように話す。出版したばかりの自伝「ムーンウオーク」の編集者、ジャクリーン・ケネディ元大統領夫人の繊細な話し方に似ていたのが、印象に残った。

そんなマイケルが舞台に立てば、超人的にエネルギッシュなアーティストに。その豹変（ひょうへん）ぶりが不思議であり、大きな魅力でもあった。

90年にフランスのカンヌ国際映画祭で会ったマドンナ、91年に米ミネアポリスの自宅で取材したプリンス、そしてマイケル。80年代、音楽専門テレビチャンネルMTVの台頭とともに、ビジュアルなイメージが強く、歌えて踊れて曲を作れるこの3人が洋楽界の〝御三家〟の地位を確立した。共通しているのは、舞台で見せる華やかさとは対照的な、素顔の静けさだった。頂上に立つ者は、とても孤独なのに違いない。

その静と動のギャップが、日米をはじめ、世界中のファンをひきつけたのだろうか。音楽のグローバル化に一役買った大スター。マイケル死しても音楽は残る。合掌。（ジャーナリスト）

二〇〇九年七月一日

残酷で愛すべき人間の姿
ピナ・バウシュを悼む

上野房子

タンツテアター（演劇的な舞踊）と称される独自の手法を確立し、現代ダンス界の第一線を突き進んだ振付家ピナ・バウシュが亡くなった。

バウシュ作品の多くは、ダンスと呼ぶのがためらわれるほどに破天荒なものだ。出演者こそ第一級のダンサーでも、テクニックを駆使した踊りが演じられることはまれで、ダンサーは等身大の人間として舞台の上を歩き、走り、転げ回り、あるいは朗々と言葉を発し、日本公演では日本語のせりふを操った。ダンスという表現にとどまらず、演劇の領域に大胆に踏み込んだバウシュ作品が、タンツテアターと称されるゆえんである。

一見、その舞台は脈絡なしに延々と繰り広げられる人間の日々の営みでしかないが、バウシュはありのままの喜怒哀楽、あるいは自分と他者との間に生じる違和感やあつれきを織り込んだ。彼女が描いた世界は、市井の人間の半径1メートルに終始したといっても過言ではない。しかしテクノロジーが発達した現代にあって、これほど切実で普遍的なテーマがあるだろうか。こっけいで残酷で矛盾に満ちた、しかし愛すべき人間の姿なのである。

花や木々など、有機物な装置に埋め尽くされたバウシュ作品がたたえる、思わぬ人間らしさに満ちた美しさも忘れ難い。彼女の出世作となった「春の祭典」（1975年初演）は、土をしきつめた舞台の上で踊られた。土まみれになって踊り続けるダンサーが振りまく、すさまじい恐怖感に圧倒される一方、土の温かさ、柔らかさに驚かされた。4年前の日本公演の演目「ネフェス」では、舞台に降り注いだ水の波紋の美しさに息をのんだものだ。

先鋭的な作品を生み出しながらも彼女が多くの観客に熱狂的に愛されたのは、バウシュ作品の根底に流れる人間らしさに観客が癒やしを見いだしたからなのかもしれない。

ドイツの地方都市ゾーリンゲンに生まれたバウシュは、ドイツ舞踊界の重鎮クルト・ヨースに学び、ニューヨークのジュリアード音楽院で心理バレエの鬼才アントニー・チューダほかの薫陶を受けた後、73年にブッパータール舞踊団の芸術監督に就任した。一地方舞踊団だった同団は、バウシュとともに世界に冠たる現代舞踊団へと成長し、日本でも86年以来、たびたび来日公演を行っている。数々の優れた舞台を見せてくれた彼女に心からの感謝をささげつつ、冥福を祈りたい。（ダンス評論家）

二〇〇九年七月二二日

音楽史の全体像に光 若杉弘さんを悼む

小村公次

昨年5月に新国立劇場が日本初演したツィンマーマンのオペラ「軍人たち」の舞台が、若杉弘さんの指揮に接した最後となった。膨大な音響を駆使した巨大なオペラを、若杉さんは精緻（せいち）な人間ドラマとして鮮やかに聴かせてくれた。その指揮ぶりは文字通り快刀乱麻を断つがごとく明快で、歌手たちも闊達（かったつ）に歌い演じていたのが強く印象に残っている。

その若杉さんが今年5月に新国立劇場で指揮する予定だったショスタコービッチのオペラ「ムツェンスク郡のマクベス夫人」を、体調不良のため降板し、続く6月公演のオペラ「修禅寺物語」も降板すると伝えられたのは今春のことだったから、今回のあまりにも早い逝去の報に接して驚くばかりである。

1935年に生まれた若杉さんは、慶応大学経済学部中退後、東京芸大指揮科を卒業すると同時にNHK交響楽団指揮研究員となった。77年からは活動の場を海外に広げ、世界の第一線で活躍を続けてきた。

その華麗な経歴を貫いていたのは、オペラや現代音楽へのほとばしるような情熱だった。シェーンベルクの「グレの歌」やペンデレツキの「ルカ受難曲」の日本初演を手がける一方、二期会で、ワーグナーの楽劇「パルシファル」や「ラインの黄金」を日本初演するなど、演奏困難な作品への果敢な挑戦は、時代を先駆ける開拓者の風情を感じさせた。

それは単なる〝初演魔〟というのではなく、オーケストラやオペラのレパートリーを築くという強い使命感から来ているように思われる。既存の名曲ばかりでなく、いまだ演奏されていない作品を取り上げることで、音楽史の全体像に光をあてるという、壮大な、そして周到な取り組みが、若杉さんの仕事には一貫していたように思われる。

とりわけオペラの分野では、東京室内歌劇場芸術監督、びわ湖ホール芸術監督、新国立劇場芸術監督として、斬新で魅力的な作品を取り上げ、その上演に心血を注いできたことは、若杉さんの特筆すべき功績である。

それだけに、来年予定されている新国立劇場委嘱新作オペラ「鹿鳴館」（池辺晋一郎作曲）の舞台をみることなく逝った若杉さんの無念さはいかばかりだろう。いまはただ、ご冥福を祈るばかりである。（音楽評論家）

二〇〇九年七月二九日

20世紀の芸術史を体現 M・カニングハムを悼む

三浦雅士

コンテンポラリー・ダンスの源流、マース・カニングハムが亡くなった。90歳。ほとんど一世紀に及ぶその生は20世紀舞踊史、いや芸術史を体現していた。

第2次大戦後、世界の芸術の中心は戦争で疲弊した欧州の諸都市から米国のニューヨークに移った。カニングハムは、盟友の作曲家ジョン・ケージとともに、その中心のさらに中心に位置していた。

私生活上の伴侶でもあったケージは1992年に亡くなったが、カニングハムの死によって現代芸術における「ニューヨーク・スクール」の最後の火が消えたという印象が強い。

カニングハムは、モダンダンスの創始者マーサ・グレアムの弟子として出発したが、舞踊史におけるその位置はむしろ、アメリカン・バレエの基礎を作ったジョージ・バランシンの「反逆的な後継者」としてである。

バランシンは物語のない抽象的なバレエを始めたが、カニングハムはその上さらに舞台から中心を取り去り、ダンサーから階級差を、そして性差をも取り去った。たとえばモーリス・ベジャールはレオタードとタイツで男女を際立たせたが、カニングハムは逆に男女を中性的にしてしまった。

カニングハムはさらに、ケージの「偶然性の音楽」という考え方を舞踊にも当てはめ、音楽に合わせて舞踊を作ることをやめた。舞踊、音楽、美術はそれぞれ独立して作られ、舞台ではじめて遭遇する。カニングハムはこれをイベントと称した。

美術家ではロバート・ラウシェンバーグ、ジャスパー・ジョーンズ、アンディ・ウォーホルらが協力したが、これが50年代、60年代のニューヨークの前衛伝説になった。ハプニング、パフォーマンス、インスタレーション、そこからさまざまな芸術上の試みが派生した。カニングハムは映像の使用でも先駆者だった。

ケージの死後、デビッド・チューダーが、さらに小杉武久が、カニングハム舞踊団の音楽監督を務めた。60年ごろには一柳慧も作曲家としてかかわっている。来日公演も少なくなく、日本との結びつきの強い舞踊家だった。

カニングハムから60年代のポスト・モダンダンスが始まる。そこから70年代のミニマリズムが生まれ、それが欧州に飛び火して80年代のいわゆるヌーベル・ダンスになる。

90年代になってさらにコンテンポラリー・ダンスと呼ばれるようになるが、ピナ・バウシュにしてもウィリアム・フォーサイスにしても、スタイルは大きく違うにせよ、カニングハムなしには成立しえなかっただろう。

ニューヨーク伝説の終わりという気がする。

（文芸評論家）

二〇〇九年八月七日

相反する性格が同居
大原麗子さんを悼む

鴨下信一

あまり急だったので、何も考えられない。一緒に作ったたくさんのテレビドラマのあの役、この役が次から次に目に浮かんできて、つらくてしようがない。

「女たちの忠臣蔵」「源氏物語」「女ともだち」「花のこころ」「妻たちの鹿鳴館」「雨の降る駅」…。演出した3時間とか2時間とかの長時間ドラマ（「源氏」は8時間だ）はほとんど麗子さんとのものだ。そして1時間の「日曜劇場」の、これはもう数え切れない作品たち。

不思議なことに〈連続ドラマ〉は数が少なく、単発ばかりだ。それだけに平安期の作品から吉原の花魁（おいらん）、明治のローブデコルテの貴婦人、知的な現代女性、庶民的な下町娘…あらゆる役を演じてもらった。

美人女優というのは意外と役の幅が狭く、そういろいろの役はできないものだが、この人は何でもできた。きっとどの追悼文にも、あのハスキーな声と好感度の高い美しい容姿が俳優としての長所特徴だったと書かれるだろうが、実は彼女の強みは〈知性〉だったと思う。

とても知的に役にアプローチする女優だった。意外だろうが結構理詰めなのである。そうでなければ、あれほど多種目の役はこなせないし、長い時間の、大作ドラマの主演は務まらない。

感受性が強くて、リハーサルの時からもう涙が流れて止まらないことがしじゅうだったから、そう思えないけれど、キチンとした計算の上に設計された演技だった。

第一勉強家なのである。特にあのちょっと甘ったるいせりふ回しからは想像できないほど、せりふにはうるさかった。

いろいろ思い出してみると、ずいぶん相反した二つの性格が同居している人で、おっとりしていると思うと下町っ子らしく気が強い、ひどく日本風な気質とモダンな翔（と）んでる生き方が、奇妙なことにあの小柄な体の中に同じように住んでいた。

予想外の最たるものは、ひどく駆けっこが速かったことである。競走してこちらはアキレスけんを切ってしまった。そればかりか同じ病気、ギラン・バレー症候群にかかった。5万人に1人の発症率という難病なのに、ずいぶん縁の深いことだと言い合ったのが、つらい思い出になった。

孤独癖もあったし、時にはひどくにぎやかだったし、とても気の合う、面白くてかわいい友だちでもあったのに…。（演出家）

二〇〇九年八月一七日

群像劇で輝いた〃軽み〃
山城新伍さんを悼む

山根貞男

山城新伍の訃報（ふほう）に接して、「喜劇・特出しヒモ天国」の絶妙な演じっぷりを思い出した。1975年の東映映画だが、テレビで放映されず、ビデオにもなっていないから、めったに見られない。それを今年の初めに名画座で見直し、俳優山城新伍の素晴らしさにあらためて感嘆したのに、と胸が痛む。

出演映画約200本のうち、半分が60年代に集中しているから、戦後日本映画の転換期を生きた俳優のひとり、といえよう。そのことは出演作にくっきり表れている。

東映の子ども向けテレビ時代劇「風小僧」（59年）で主演デビューし、続く「白馬童子」（60年）とともに、颯爽（さっそう）たる美剣士ぶりで人気を博した。それらの映画版にも主演するが、当時の東映には、二枚目役の時代劇スターがずらりといたから、以後は助演に回ることが多くなる。そして、60年代半ば、東映の主流が任侠（にんきょう）路線に切り替わるが、やはり脇役に終始する。

そんななか、変化が起こる。堅苦しい任侠映画の真っただ中で、山城新伍は軽みをユーモラスに発揮し、脇役ながら独特の存在感を放ち始めるのである。二枚目からの脱却というべきか。それが梅宮辰夫主演の「不良番長」シリーズで生かされる。任侠映画のパロディーとして68年に始まるが、山城新伍は第3作以降、常連となる。映画のハチャメチャさと彼の変化とが一致したのである。

73年の「仁義なき戦い」のヒットとともに、東映の主流は任侠映画から実録やくざ映画に移り、山城新伍は第2作「広島死闘篇」から第5作「完結篇」（74年）まで連続出演する。このシリーズが群像劇であることに注目しよう。主演の菅原文太を含め、全出演者が個性と演技を競い、山城新伍も例外ではない。

60年代から70年代へ。この間、日本映画のあり方は大きく様変わりした。ヒーロー劇から群像劇へという変化は、そのことの表れにほかならない。その間、山城新伍は俳優としてのあり方を移動させていったのである。

思えば、「不良番長」も集団劇である。山城新伍が70年代半ばからテレビのトーク番組などで活躍するのも、何人もの出演者がいるなかで当意即妙の話術が生きるからであろう。そこには、京都生まれの軽やかな関西弁も力を発揮している。

山城新伍のそんな魅力を集約した映画が「喜劇・特出しヒモ天国」にほかならない。会社員がストリップ小屋の支配人を経てストリッパーのヒモになる役で、笑いと涙が渦巻く群像劇のなか、柔らかな関西弁をふるう中年男を、絶妙に演じる。

追悼のため、この群像劇の主演作をぜひDVD化してほしい。（映画評論家）

二〇〇九年九月二四日

冷遇されていた第三の新人
庄野潤三さんを悼む

大久保房男

庄野潤三さんが亡くなられた。その訃報（ふほう）には、テレビも新聞も「第三の新人」の作家と紹介していた。昭和二十一（一九四六）年十月に創刊して間もない「群像」の編集部員となってから、二十年余の間私が接してきた文壇において、第三の新人と言われた作家たちほどひどい冷遇を受けた新人はいなかった。

戦争が終わって間もなく華々しい活躍を始めた埴谷雄高、椎名麟三、武田泰淳、野間宏などの諸氏を戦後派と言い、その次の次に登場してきたと見て庄野さんらを第三の新人と呼んだのだが、鉄道の三等車とか、当時流行語となっていた源氏鶏太氏の作品「三等重役」と同じように、第三は最も下の等級の作家というように使われ、蔑称（べっしょう）となっていた。

左翼華やかな終戦直後において、すべてマルクス主義の洗礼を受けている戦後派は、みんなマルキシストである七人の侍と言われた同人の編集する雑誌「近代文学」の応援を受けて、日本文壇の改革に携わり、日本の文学に乏しいと言われた思想を盛り込んだ小説を書いて、わが国の文学を豊かにした功績は称賛されるのは当然だけれど、文壇の時評家は戦後派を褒めるついでに、第三の新人の作品を貶（けな）していた。

昭和二十八（五三）年上期に安岡章太郎、二十九年上期に吉行淳之介、下期（三十年一月）に庄野潤三と、第三の新人の代表的作家の三氏が次々に芥川賞を受賞したが、評判の芳しくない第三の新人には文芸ジャーナリズムも冷たくて、受賞後の一年は雑文一枚の注文すらなかった、と吉行さんはその思い出に書いている。

その翌年、第三の新人の次の世代の新人が派手に登場してくると、前には戦後派大家がおり、後から派手な新人が迫ってきて、今に第三の新人は消えてなくなるだろうと言った批評家が二人いた。

第三の新人には文芸雑誌も多くページをさく長編を依頼しなかったからか、長編の掲載に積極的だった「群像」に書いた安岡さんの「遁走」しか長編小説はなかったが、「群像」の昭和三十三年四月号に安岡さんの「舌出し天使」、同年九月号に吉行さんの「男と女の子」、三十四年十一、十二月号に安岡さんの「海辺の光景」、三十五年六月号に庄野さんの「静物」が掲載されたころには文壇もそれらの長編小説によってその実力を認めざるを得なくなり、いろいろの文学賞を受けるようになった。

そのころ大岡昇平氏が、しばらく海外旅行して帰ってきたら、第三の新人が文壇の中央にどかっと座っていた、と文壇の評価の変わり方に驚いていた。

第三の新人は、おれたちは別に新しいことや変わったことを始めたわけではない、文壇の風向きが変わったのだ、と言っていた。

第三の新人の文学はその次の世代の作品のように大衆に受けるものではないし、中でも庄野さんの作品は極めて地味だから、数は多くはないだろうが、その滋味を味わう読者によって、戦後派の作品よりも長く読み継がれていくのではないかと私は思う。（作家、「群像」元編集長）

二〇〇九年一〇月三〇日

信念曲げない生き方
三遊亭円楽さんを悼む

川戸貞吉

訃報（ふほう）を聞いたとき、やっぱりと思った。9月に入院、以後入退院をくり返していたことも知っていた。家では酸素ボンベを付けてすごしていることも知っていた。一度見舞いがてら会いに行かなくてはと思っていた。

でも、なんとなくためらっていた。引退後、孫とすごすのを無性の生きがいにしていると聞いたからだ。邪魔をしては悪い。そのため会わずじまいに終わってしまった。

はじめて会ったのは昭和32（1957）年。大学に入学して落語研究会に入ったからだ。私が19歳、円楽（えんらく）さんはまだ前座で全生（ぜんしょう）といっていた24歳のときである。落研の一員として落語を演（や）らなければならなくなり、「兵庫船」「死神」ほか多くの噺（はなし）を教わった。以来、「全さん」「貞やん」と呼び合う仲となった。

円楽さんを築き上げたのは、その決断力の大胆さと早さ、信念を曲げない男らしい生きかただったと思う。

昭和30年代、〝大喜利ブーム〟〝落語家タレントブーム〟がテレビに巻き起こる。五代目円楽を襲名して真打ちに昇進すると、そのブームに乗り「笑点」などの番組で、一躍マスコミの寵児（ちょうじ）となった。

ところが、あっさりとそれを捨て落語一本で歩む道を選択、円楽落語を完成させることに成功する。オーバーにおやかして「短命」「厩（うまや）火事」「小間物屋政談」などを爆笑落語に仕立て上げ、「浜野矩随（はまののりゆき）」「真景累ケ淵（しんけいかさねがふち）」「柳田格之進」といった人情噺の分野でも、円楽ならではの世界を確立した。

分裂騒動の際も、ひとこともいわず師匠の六代目三遊亭円生（さんゆうてい・えんしょう）と行動を共にした。そればかりか、師匠の死後、数億の借金をしてまで、一門のために寄席「若竹」を建設。三遊派の拠点として今日の円楽一門の基礎を築き、話題を呼んだ。

落語が日本全国に知られるようになったのは円生の死後、円楽さんが先頭になって一門を率い、全国各地を駆け回って落語を演じ続けてくれたからこそなのである。この功績を忘れてはならない。今日の落語ブームの源流になったといってもいいだろう。

晩年は体をこわし、司会者として復帰した「笑点」も降りざるを得ず、不本意だったと思う。だが六代目円楽に三遊亭楽太郎（さんゆうてい・らくたろう）を指名、すべての弟子を真打ちに昇進させたのも、今日のことを悟っていたからだろう。

プロを相手に麻雀（マージャン）でも稼いでいた円楽さん。名人位を競った阿佐田哲也（あさだ・てつや）さんたちと麻雀を楽しみ、疲れをいやしてください。（演芸評論家）

二〇〇九年一一月一〇日

したたかな「頼りない男」
森繁久弥さんを悼む

筒井清忠

森繁久弥は昭和を代表する国民的スターだが、インテリにも大衆にも好まれたところにその最大の特質があった。

森繁は、名著「柳橋新誌」で名高い幕末維新期の文人成島柳北（なるしま・りゅうほく）の後裔（こうえい）にあたる。父は東大出で旧制二高の英語教授だった人である。その家庭環境からしてインテリの世界で一生を終えてもおかしくない人であったが、早稲田大学を中退し大衆文化の中に身を投じたのである。成島が役人から市井の文人へと転じたように。

森繁はその多くの演技において、インテリを風刺しながら深いインテリ性を感じさせたので、インテリへの渇仰（かつごう）と羨望（せんぼう）の強かった昭和という時代にインテリと大衆の双方に好まれ、両者からなる国民の中で大スターとなることができたのだった。

森繁に近いジャンルで国民的スターとなった人に、前世代ではエノケン（榎本健一）、後代に渥美清がいるが、この二人も右の点では森繁に一歩を譲らざるを得なかった。この点、徳川夢声は森繁に最も近い人といえるが、むしろ狭い詩人の世界をつき抜けて庶民向きの童謡・民謡・歌謡の世界に出ていった野口雨情、北原白秋、西条八十らこそ森繁に最も近い人だったといえよう。森繁が映画「雨情」（1957年）で雨情を演じ、雨情作の「船頭小唄」を歌うことを得意として国民的人気を博したのもゆえなしとしないのである。

森繁が国民的スターとなりえたいまひとつの背景に、旧満州・戦争体験がある。39年から7年間、森繁は満州にいて放送局のアナウンサーをしていたのである。満州全土の風物の取材探訪によって培われた叙情性が、あの「知床旅情」の北方憧憬（しょうけい）として結実したとみてよいであろう。

そして悲惨な終戦体験を経る。満州国という国家そのものがなくなり、旧ソ連軍の圧政下、食わんがため、生きんがためなさねばならなかったことの一部始終を描いた個所は、その自伝（「森繁自伝」）の出色である。

いかがわしい絵画を売り、日本人女性に過酷な体験を強いざるをえなかったことの悔恨と悲哀は、自伝の行間に満ちあふれている。そして、この敗戦国民のもの悲しさは、当時のすべての日本人が体験せざるを得なかったものでもあった。

戦後の代表作「夫婦善哉」（55年）の柳吉役をはじめとする森繁の演じた「気弱く女性に依存する哀れな男」像は、こうして同じような敗戦体験を経た多くの日本人の最も共感を呼ぶところとなったのであった。それが「頼りない男」であるのにもかかわらず、意外にしたたかであるのも、こうせねば生きていけなかった敗戦後の日本人の姿そのものだったからである。

時代が俳優をつくる。インテリへの渇仰も、自然への愛情から生み出される叙情性も、戦争の体験感も何もかも乏しくなりなくしていきつつある日本は、もう森繁のような人を生み出すことはできないのではないだろうか。（帝京大教授）

二〇〇九年一一月二四日

力みのない大人物
水の江滝子さんを悼む

中山千夏

知り合ったのは私が中学1年の時、タアキイこと水の江滝子さんは、日活映画のプロデューサーだった。

私が出ていたテレビドラマ「現代っ子」の映画化を企画し、東宝専属の子役だった私を借りにみえた。高名な劇作家で東宝演劇部の重役でもあった菊田一夫は、水の江自身があいさつにくることを望んだとかで、舞台けいこ中の芸術座の客席に、NHK「ジェスチャー」でおなじみのタアキイが、にこにこと現れ、周囲の目を集めながら、親しく菊田と談笑していたのを覚えている。

かつて彼女が浅草で、いや日本で最も有名な「男装の麗人」だったとき、菊田は浅草軽演劇の劇作家としてスタートを切ったばかりだった、と知ったのは、ずっと後、伝記をくわだてて水の江さんにインタビューを始めてからだった。以来、永六輔さんなどと誘い合わせて、年に1度ほど、お宅へ遊びにいくようになった。そうして知った水の江さんは、見事に力みのない大人物だった。

喜んだり怒ったり、人間臭さは充分にある。けれども、かくあらねば、と力むことはない。小人ならうずくまるようながけっぷちでも、ひょいと斜めに飛んで笑っている。力まないから勝負もかけない。かけたとしても、若いころ得意だったピコットゲームで勝ちに出る程度の気分だ。

すごいのは、そんなふうでいて、浅草軽演劇のトップに登り、前代未聞、少女歌劇団のストライキの先頭に立って世間を驚かせ、プロデューサーとしても間違いなく映画史に残る仕事をしてのけたことだ。

タアキイさんは若いころから、徳川夢声を感服させたほどの読書家だった。老成したタアキイさんは、まるで、知恵をたくさんたくわえた子どものようだった。少しも力まず、しかしたゆまず学び続けたひとだった。

その生涯は、死にいたるまで、私にはきらきらと輝いて見える。そう、ちょうど少女歌劇のステージのように。ご当人もこの劇場を楽しみつくして退場されたに違いない。拍手、拍手。（作家）

二〇〇九年一二月三日

大きな人物を失った 平山郁夫さんを悼む

田渕俊夫

平山郁夫先生の悲しい訃報（ふほう）が届きました。入院中の先生が小康を得たとの情報が入り、見舞いに行こうとしていた直後のことです。先生の思い出が走馬灯のように回っています。

１９６１年、当時でも難関だった憧（あこが）れの東京芸大日本画専攻に入学し、平山先生との出会いがなかったら、今の私は無かったと思います。これは本当に奇跡であり、運命的なことだったのかもしれません。

私は67年に東京芸大大学院を修了後、1年ほどナイジェリアやイタリアなどで過ごしました。帰国後は予備校や中学、高校などの非常勤講師をしていましたが、平山先生は何かと私を気に掛けてくれて、展覧会などを紹介していただきました。70年に愛知県立芸大に助手として採用され、愛知県長久手町に引っ越したときも、大学の給料だけでは生活できないだろうと何軒かの画商さんを紹介してくれたのです。

85年に私が東京芸大に移ってからは、絵だけでなく、大学の仕事を通して先生との関係は深まってまいりました。ちょうどそのころの先生は、学部の評議員から学部長、学長と上っていくころで大忙しの毎日でしたが、時には私もご一緒して明け方近くまで酒を飲むことがありました。

当時の先生はとても私など太刀打ちできないほどの酒豪で、ブランデーの水割りがどんどん空いていきました。飲むほどに、絵から世界中の文化財、政治経済へと止めどもなく話が弾んでいきます。先生が常々言っていた「絵描きは絵を描くだけでなく社会とのかかわりも大事だ」という言葉の通り、あらゆる分野の話がでてきます。酒量はどんどん増えていきますが、私は先生の酔った姿を見たことがありません。

先生は話だけでなく、常に実践を伴いました。学長時代には、私など用があって面会を求めても、学長室は来客が列をなし、なかなか会うことができないほどでした。政府の委員会委員や、文化財保護の活動、国連教育科学文化機関（ユネスコ）親善大使、院展理事長そのほかさまざまな財団の理事長など、私などには考えられないほどの多くの重要な役職を先生は平然とこなして、なおも本来の絵描きとして人の何倍もの作品を描き上げていたのです。

先生のおかげで私は海外に出かける機会を数多く与えていただきました。中国には何回行ったか憶（おぼ）えていないほどです。インドは先生に初めて連れて行っていただきました。日本美術の調査にアメリカやヨーロッパの国々にも出かけました。それらは私にとって大変貴重な経験であり、今となってはかけがえのない財産です。

それにしても79歳とは若過ぎます。先生は人の何倍もの実績を残し、駆け抜けるように逝ってしまいました。先生亡き今、先生がいかに大きな存在であったか、そして、いかに大きな人物を失ったかが今更のように強く胸に迫ってきます。

残された私たちは微力ですが、精いっぱい先生の遺志を継いでいきたいと思います。先生のご冥福を心よりお祈り申し上げます。（日本画家）

平成二十二年

2010

二〇一〇年一月一四日

映画同様、才知に富む人柄
E・ロメール監督を悼む

佐藤友紀

高校教師から映画評論家になり「カイエ・デュ・シネマ」誌の編集長としてならした後、映画監督としてゴダールやトリュフォーなどの兄貴分としてヌーベルバーグを引っ張ったエリック・ロメール監督。

その作品を見れば、実は難解なところなど何一つないのに、そのキャリアと本人の写真が極めて少ないことが、監督の名前を神格化してしまったのだろうか。

が、〝四季の物語〟シリーズの4作目「恋の秋」の日本公開に合わせてインタビューさせてもらった同氏は、男女の性差を超えて「年を取ったらこんな人間になりたい」と思わせる、映画同様ウイットに富んだ本当にチャーミングな人だった。

何しろ、インタビュー場所に指定されたシャンゼリゼ通り近くの氏のオフィスに出向いたら、ジーンズ姿に赤いバンダナを首に巻いた監督本人が大量のコピーを取っていて「ちょっと待っててね」と当たり前のように言うのだ。

「ここのスタッフはおのおの仕事で忙しいからね」という言葉からは、常に少数精鋭のスタッフで撮影しているロメール組の製作スタイルがうかがえ、このフットワークの軽さがあったからこそ、80代後半まで映画を撮り続けることができたんだなと、あらためて感じ入る。

フットワークの軽さというか、同監督の「言葉で説明するよりも実践した方が早いだろう」というエピソードの一つに「夏物語」で主人公の作曲家志望の青年役に起用したメルビル・プポーの歌の下手さをめぐっての話がある。筆者が半分冗談で「今どきの若者にしては、彼、歌が下手でしたね」と質問を投げ掛けると、「そうなんだよ！　あれなら私の方がずっとうまく歌える」と、なんと自ら歌い出したのだ。

〝喜劇とことわざ〟シリーズと銘打たれた連作の第4弾「満月の夜」で、ロメール監督と組んだ撮影監督のレナート・ベルタは、かつて「決して自分のやり方を押し付けることはしない。ただ、アイデアが頭に浮かぶと、身体全体を使ったジェスチャーで『こんな感じはどうかな』って提案してくるんだな」と語っていたが、相手が誰であれ、自分が選んだキャスト、スタッフの力量を信じる真摯（しんし）な姿勢は、遺作「我が至上の愛　アストレとセラドン」まで、一切変わらなかった。

「恋の秋」の木漏れ日の美しさに話が及ぶと、「屋外での撮影はヌーベルバーグのもののように評されることもあるけれど、ジャン・ルノワール監督の『ピクニック』は、われわれよりずっと前の作品だからね（笑）」。何事にもフェアで威張ったところがなくて、人間の欠点を描いても、どこか必ず救いがあって。ロメール監督が生み出した各作品の登場人物たちの軽やかな機関銃トークを、あらためてノンストップで見たくなった。（ジャーナリスト）

二〇一〇年一月一九日

重くきっぱりとした反世界
浅川マキさんを悼む

加藤登紀子

浅川マキの歌を東京・新宿の「蠍座（さそりざ）」で聴いたのは、1968年のことだった。

寺山修司の演出で真っ黒な衣装で登場。幕開きの「夜が明けたら」（浅川マキ詞曲）や、壁に当たった赤いライトの中で歌った「かもめ」（寺山修司作詞、山木幸三郎作曲）を今も、ありありと覚えている。

ライブの後、私は雨の中を泣きながら歩いた。それは、嵐のような時代の中を生き抜こうとしている者たちの心の底をうずかせる、重くきっぱりとした反世界の歌だった。

歌謡界に居ながら、学生運動のリーダー藤本敏夫と出会い、68年の渦のまっただ中に居た私は、たどたどしく必死でひとりの舟をこぎ出そうとしていた。

所属する場所は違っていたけれど、どちらもひとりだったこともあって、音楽的なことから、舞台衣装や化粧のことまで、マキは、私の大切なアドバイザーになってくれた。お互いのステージは、必ず見に行き、その後は夜更けまで話し込む、そんな日々は、私の結婚まで続いた。

私がおなかに子供がいることを発表した日、花園神社の縁日で買って来た「子持ちヨーヨー」を、お祝いに持って来てくれたマキだったが、家庭のにおいや、子供の気配が苦手だった彼女とはいつしか距離が空いてしまった。

それでも折に触れ、西荻窪の「アケタの店」や新宿の「ピットイン」のライブを、私は見に行き、マキが「マキであること」から逃げ出すことなく、挑発的なトークやライブ演奏で、彼女らしい世界を全うしているのを確かめて来た。

70年、東京と大阪で行った浅川マキと私のジョイントライブは、たった一度の貴重なコラボレーションになってしまったが、そのころ「神田川」の作詞者喜多条忠さんが言ったものだった。「お登紀とマキは真反対の世界だね。昼と夜、肯定と否定、白と黒、光と陰」

人はみな二律背反を心の内に持つものだ。振り子のように揺れる思いの中で、私は結婚や子育てや暮らしの荒波をくぐりぬけながらマキをもう一人の私として心の内に持ち続けて来たと思う。

「1968」。昨年、私はこのタイトルの歌を発表した。たぐいまれな青春の開花を経験したこの時代を、もっともっと若い世代に伝えたいと思ったからだ。大きな力にとらえこまれることを拒否する今の若者たちの内なる叫びは、きっとマキの音楽とも響き合うはずだ。

67歳の急死は残念だが、この死を契機に、浅川マキを知る人たちが増えることを願ってやまない。死の直前まで歌っていたマキらしい人生のフィナーレに、心からの拍手を贈ります！（歌手）

二〇一〇年一月二八日

書き続けた友情、勇気
R・B・パーカー氏を悼む　加賀山卓朗

突然の訃報（ふほう）だった。パーカー自身がいなくなったことはようやく実感してきたが、スペンサーやホーク、スーザンの話がもう語られないというのはいまだにピンとこない。彼らはボストンでいつまでも飲み食いし、笑い合い、悪を懲らしめているような気がする。

パーカーが小説で描いてきた人物はみな、読者のなかでそのくらいリアルに生きている。日本でもどれだけ多くのファンが、スペンサーの愛好するビールを飲み、ボストン旅行で小説ゆかりの場所を訪ねたことだろう。

パーカーはまさに職人気質の作家だった。毎日5ページずつきちんと書いて、ここ4、5年は年間3冊から4冊を上梓（じょうし）するハイペースだった。

代表格である私立探偵スペンサーのシリーズは40年近く続いており、現在邦訳が37作。初期の「ゴッドウルフの行方」、「レイチェル・ウォレスを捜せ」、「初秋」などはいまなお人気が高い。とくに「初秋」は、両親に見捨てられた少年をスペンサーが成長させる、従来の探偵小説の枠に収まりきらない名作で、作家としての地位を不動のものとした。

1990年代後半からは、並行して警察署長ジェッシイ・ストーン・シリーズ（邦訳は7作。トム・セレック主演によるドラマも秀作ぞろい）、女性私立探偵サニー・ランドル・シリーズ（邦訳6作）も執筆した。無類の野球好きでもあり、黒人初の大リーガーを扱った小説（「ダブルプレー」）もあるほか、作中たびたび野球の話題が出てくる。もちろん、ボストン・レッドソックス贔屓（ひいき）だった。

ダシール・ハメットやレイモンド・チャンドラーの系譜に連なる、ハードボイルド作家と呼ばれることが多かった。たしかにチャンドラーの遺作を完結させたり、「大いなる眠り」の続編を書いたりもしているが、チャンドラーの探偵フィリップ・マーロウが孤高の存在だったのに対し、スペンサーには善悪取り混ぜ多くの友人がいて、永遠の恋人もいる。

パーカーが一貫して書きつづけたのは、ハードボイルドというスタイルを超越した、友情、愛情、信頼、名誉、勇気の物語だった。古くからあるが決して古びないテーマ。その意味で、今世紀に入って書きはじめたウエスタン小説（なかでも腕利きのガンマンふたりが主人公の「アパルーサの決闘」以降3作）は、この作家の本質を反映する男の世界だったと思う。

現時点で未発表の原稿が数作分はあるようなので、新刊の楽しみはまだしばらく続く。私自身、スペンサー・シリーズの翻訳を4年前に引き継いで、これまで5作を担当させてもらったが、もっともっと長くつき合いたい作家だった。

パーカー作品のどのページを開いていただいてもわかるが、会話中心で軽快に進むストーリーの読みやすさは、国内作家に決して引けを取らない。しかもウイットに富む登場人物のやりとりや、要所の活劇は読み応え十分だ。これまで海外小説に縁のなかったかたも、ぜひ手に取ってみてほしい。（翻訳家）

二〇一〇年一月二九日

信憑性増す〝預言〟
サリンジャー氏を悼む

巽孝之

現代米国文学を代表する作家ジェローム・デービッド・サリンジャー氏が1月27日、ニューハンプシャー州の自宅で老衰のため亡くなった。享年91歳。2度の結婚はいずれも破綻（はたん）したが、再婚相手のクレアとの間には1男1女があり、長男は俳優として活躍中。

1951年、32歳のときに青春小説「ライ麦畑でつかまえて」を発表し、「ナイン・ストーリーズ」（53年）、連作集「フラニーとゾーイー」（61年）などで壮大なグラース家年代記を書き継ぎながら、65年以降は沈黙。以後の生涯の大半を隠遁（いんとん）作家として暮らした世界的文豪である。

大人のインチキ（原文で「phony」）な世界に異議を申し立て続ける16歳の家出少年ホールデン・コールフィールドを主人公にした「ライ麦畑」は、今日でも年間数十万部を売り上げ、2007年には総計6千万部を突破。わが国では橋本福夫の初訳「危険な年齢」、野崎孝の名訳「ライ麦畑」が出て以降、庄司薫の芥川賞受賞作「赤頭巾ちゃん気をつけて」や、ハードボイルド作家・矢作俊彦の長編小説「らららら科學の子」、押井守監督のアニメ「攻殻機動隊」や神山健治監督のアニメ「東のエデン」にも影響を与えた。

03年には、村上春樹が新訳「キャッチャー・イン・ザ・ライ」を放ち、マルコム・クラーク監督が同作品に基づいた青春映画「ライ麦畑をさがして」（01年）も本邦公開された。

1950年代の米国は世界の覇者となり、パクス・アメリカーナと言われる経済的な黄金時代を謳歌（おうか）していた。ところが50年代は、ソ連との冷戦が深刻化し「赤狩り」旋風が渦巻く政治的な暗黒時代でもあった。そんな矛盾に満ちた時代だったからこそ、同時代にはジョン・スタインベックの「エデンの東」（52年）やラルフ・エリスンの「見えない人間」（52年）、ウラジーミル・ナボコフの「ロリータ」（55年）などの傑作群が相次ぐ。しかし中でも反骨的な主人公ホールデンが、実はすべてを病院の精神科で回想していたことが最後の最後で判明するという語りの仕掛けは、ショッキングきわまる。

ホールデンは、大人の社会を「インチキ」と糾弾しながらけっきょく何一つ具体的な行動には出られない、純真無垢（むく）にして優柔不断な落ちこぼれである。彼は社会もダメだが自分自身もダメだということを思い知っている。してみると、第18章の末尾で「もし次の戦争がはじまったら、原子爆弾の上に進んでまたがってみようと思う」などと自爆テロリストめいた宣言を残しているのは、スタンリー・キューブリック監督のブラックユーモアあふれる全面核戦争映画「博士の異常な愛情」（64年）に及ぼした影響として見逃せない。

思えば、ジョン・レノン暗殺犯もロナルド・レーガン米大統領暗殺未遂犯も極度のサリンジャー・ファンだった。純真無垢で優柔不断なアンチヒーローでもチャンス次第で世界の現状を批判し、その未来を左右しうるという幻想、転じてサリンジャー的預言は、21世紀を迎えた現在、ますますその信憑（しんぴょう）性を増している。（慶応大教授）

二〇一〇年二月一〇日

誠実から求道への歩み
立松和平さんを悼む

福島泰樹

作家早乙女貢一周忌の集いに出席のため有楽町に着いたときだった。美千繪さんからの報（しら）せを受け、品川の病院に向かった。正月、春の盃（さかずき）を酌み交わしたばかりではないか。私は、亡くなったばかりのまだ温かな両足をもんでやった。この足で君は、結婚したばかりの彼女を置き去りにしてインドを放浪したのだ。

作家への決意を固め、居を郷里宇都宮に移した君は、この足で自転車をこぎ田舎道を勤務先の市役所に通い続けたのだ。村と家族の崩壊を書いた「遠雷」で作家の足場を固めた君は、報道番組「ニュースステーション　こころと感動の旅」で国民的人気を獲得することとなる。取材のため君は、この足で世界中を駆け巡ったのだ。君は、歩きながら書き続けた。語り口からにじみでる木訥（ぼくとつ）な人柄は、メディアを通して人々の心をとらえた。環境保護問題などにも積極的に取り組むようになる。

君の歩みが止まった。連合赤軍粛正（リンチ）事件を見据えた、雑誌連載中の小説「光の雨」（1993年）が盗用問題を引き起こしたのだ。当事者である連赤幹部が書いた総括は、すでにして歴史的資料のはずではないかというのが、私の個人的感想だ。謝るな！と私は叫んだ。

立松和平の文学的出発は、全共闘体験であった。冷えてゆく孤立の時代の中で、もし闘い続けていたとしたら「私」も人を殺していたか。殺されていたかもしれない。その重たい問いかけが「光匂い満ちてよ」（79年）を生み、死者と生者が交流する文体となり「性的黙示録」（85年）を完結させたのである。

全共闘世代が葬り去った時代の闇を書き留めておくことが、責務となって作家を衝（つ）き動かしたのである。僚友中上健次亡き後、誠実の二字をもって君は「純文学」を支え続けた。この間、「卵洗い」で坪田譲治文学賞を、「毒―風聞・田中正造」で毎日出版文化賞を受賞する。

やがて、君の歩みは、「求道」へと向かってゆく。人はどのように生き、どのように死ななければならないのか。再びインドへ向かった君は仏陀（ブッダ）の経典に出会う。高田良信師の導きで法隆寺へ参籠（さんろう）。「法華経」を手にした君は、9年もの歳月をかけて４００字詰め原稿用紙２１００枚もの大作「道元禅師」（2007年）上下2巻を開版。泉鏡花文学賞を受賞。

亡くなる10日ほど前だった、入院中の君を案じて恵比寿の自宅を訪ねた。書架をあふれた乱雑な書籍の山は、さながら学者の書斎だ。ここで、君は、数百冊もの単行本を書き上げたのか。冊数で数えるなら、なみの作家の十倍は生き、活躍してきたことになる。取材のため歩き続けた距離、研鑽（けんさん）してきた書籍の数を思った。

勉誠出版から配本が始まった「立松和平全小説」全30巻推薦文に、北方謙三が書いている。「立松の足跡は、愚直である。ひたすら、地平線にむかっているのだ」。「行き着く果てのない旅が、文学の本質」であるなら、「足跡そのものが文学である」。これからは、君が遺（のこ）した膨大な活字が、人の心の中で歩き続けてゆくのだ。（歌人）

二〇一〇年二月一三日

博識と品格、本当の司会者
玉置宏君を悼む

生方恵一

私には畏友（いゆう）と呼ぶべき2人の同期生がいる。一人はNHK同期の山川静夫（やまかわ・しずお）君、もう一人が民放育ちの玉置宏（たまおき・ひろし）君である。

山川君と私は昭和31（1956）年NHK入局で知り合った仲だが、玉置君とはその前の学生時代に今で言う「就活」でアナウンスアカデミーのような講習会で出会ったのが最初であった。彼は明治、私は早稲田の学生、第一印象は話し好きの好青年でそつのなさはそのころからだった。

そして昭和31年、私はNHK、彼は文化放送のアナウンサーとしてスタートしたのだが、私がNHKの地方局でウロウロしている間に「歌のアルバム」などで全国区の存在になってしまったのである。

その彼とあらためて一緒の席に座ったのは私がNHKをやめた後、平成7（1995）年に2人並んで日本司会芸能協会の顧問になった時で、以来「タマさん」「ウブさん」の付き合いになった。

司会者玉置宏という人は「記憶と記録の人」で、さながら昭和歌謡史の生き字引、そして何よりもステージの歌手がいい気分で歌えるよう持っていく話術は天性のもので、ステージと客席の橋渡しも見事であった。従って記念リサイタルの司会をぜひにという歌手が多かったのは当然だろう。

父親譲りの江戸っ子かたぎからか普段は結構ベランメエ調なのに、仕事では決してぞんざいな言葉遣いをしなかった。その辺はやはりラジオ時代のアナウンサー出身と思わざるを得ない。

彼は「横浜にぎわい座」館長であり、NHKの「ラジオ名人寄席」の席亭も務めていたが、もともと好きで始まった寄席演芸の知識がバックにあって強い力になっていたと思う。これは山川静夫君が歌舞伎という深い知識に裏付けされているのとよく似ている。司会者は一つのジャンルに偏らず幅広い知識にバックアップされる方が強いのである。

「1週間のごぶさたでした…」は彼のキャッチフレーズだが、この言葉は彼のオリジナルではなく、漫談家の故牧野周一（まきの・しゅういち）さんが時々使っていたのを、わざわざ使用許可をもらいにあいさつに行って使い始めたということだ。こうした律義さにも彼のラジオ時代のアナウンサー出身らしい品格というものを感じるのである。

司会者としての彼の長年の夢は紅白歌合戦の司会だったのではと思うことがある。最近の紅白での若い司会者を見て「せっかく、紅白のステージを与えられたのだからもっと大事に司会するべきだ」と言っていたが、司会とトークをはき違えて無駄口とジョークばかりの司会者が多い中、私たちはまた格調高い本当の司会者を一人失ってしまったのだ。合掌。（フリーアナウンサー）

二〇一〇年二月一七日

「強さ」持つ人間描く
D・フランシス氏を悼む

北野寿美枝

ディック・フランシスの描く主人公はみな、高潔にして勇気と不屈の精神を持っている。克己心が強くて誇り高く、忍耐強い。暴力や脅迫を受けても、それに屈することなく、自らの信念を貫き通す「強さ」を持つ人間だ。

フランシス自身は、「ディック・フランシス読本」に収められたインタビューのなかで「彼らの何人かと同じくらい自分がタフだったらいいのに」と述べているが、主人公たちの持つ「強さ」は、作家自身に備わっているものだと、だれもが思っているにちがいない。

作家になる前のフランシスは、障害競馬の騎手として活躍し、1950年代には全英チャンピオン・ジョッキーにもなっている。皇太后の持ち馬デヴォン・ロックに騎乗して英国障害レースの最高峰であるグランドナショナルに臨み、ゴールを目前に馬が転倒したために優勝を逃すという経験もしている。デヴォン・ロックがなぜ転倒したのかについては、英国競馬界でいまなお最大の「ミステリー」として語り継がれているらしい。

フランシス本人は、自伝「女王陛下の騎手」のなかで、観客の大歓声に馬が驚いたためではないかと分析している。それでも、彼にとってこれは、生涯、残念でならないできごとだったようだ。

作家に転身後は、騎手時代に体験したけがや骨折などを、自分とは違う形で与えることによって、肉体的な苦痛に負けない強靭（きょうじん）な精神力を秘めた何人もの魅力的な主人公を生み出していった。

日本では「競馬シリーズ」と銘打たれ、「利腕（ききうで）」「拮抗（きっこう）」など漢字2文字で統一されたタイトルは、きびきびした文体の作風に合致して、フランシスの著作の特徴とされている。英国人らしく抑えた筆致ながら、ときにウイットあふれる文章は、読んでいて楽しい。

初期の作品では、騎手や調教師といった競馬に直接かかわる人たちが中心だったが、やがて、さまざまな職業の人を用いるようになり、作品の幅が広がった。

もちろん、どの作品も、なんらかのかたちで競馬界にかかわるエピソードが、ときにはメーンで、ときには脇筋として盛り込まれている。また、作中に描かれる職業世界は、行き届いたリサーチのおかげで正確かつ緻密（ちみつ）だ。その点もフランシス作品の魅力の一つだろう。

数年前のある英紙のインタビューで「作家になっていなければ何になりたいか」と聞かれ、「85歳（当時）になった今でも、騎手になりたい思いがある」と答えるなど、騎手という仕事に誇りを持ち、馬に乗ることを愛したディック・フランシス。障害競馬と小説、ふたつの世界で頂点を極めたその才能を惜しみつつ、ふたたび馬上の人となって無限の地を心ゆくまで駆けてもらいたいと願うばかりだ。

（翻訳家）

二〇一〇年二月一八日

演技の陰に心配りの芸人魂
藤田まことさんを悼む

能村庸一

突然の訃報（ふほう）にただぼうぜんとしている。つい2週間前には「剣客商売」の好視聴率を喜んでくださったばかり。3月には「必殺」の新作の撮影に入る予定で、京都の撮影所に元気な顔を見せたと聞いていたのに。

「剣客商売」には10年ご出演いただいた。藤田さん演じる主人公秋山小兵衛宅のセットは、撮影所近くの草深いロケの名所に建てられているが、今ではそのかやぶき屋根も苔（こけ）むして実にいい風情だ。その前で藤田さんがある時ぽつりとつぶやいた。

「ここへ来るたびに、また戻ってきたなと感じるんです。俳優としての幸せを感じますよ」

その立ち姿に枯淡の剣客秋山小兵衛その人を見る思いがした。俳優藤田まことは円熟をきわめていたのである。

1962年「てなもんや三度笠」1作で全国区のお笑いスターとなって以来、ほぼ半世紀にわたりテレビの成長とともに歩んできた。「必殺仕置人」でシリアスな俳優に転身するや、そのシリーズは長年にわたりヒットを重ね、「はぐれ刑事」で現代劇に挑戦すれば、これまた好評を保ち続け、ますます俳優藤田の地位を不動のものとしていった。役のイメージを次々と塗り替えながら一度も挫折せず長寿番組を続けた人は他に例を見ない。

それでも無名時代は世間の風も冷たく、貧乏がついて回ったという。撮影の合間にはそんな昔話も度々飛び出したものだが、彼の話術に掛かると苦労話も笑いとなった。

それも芸の内といえばそれまでだが、底流にあるのは関西でいうところの〝気ぃつかい〟なのである。「剣客商売」は度々舞台にもなったが、観客へのサービス精神はもとより、共演者やスタッフへの心配りのうれしい方だった。幕が下りればサッサと楽屋を引き揚げる。主役がいつまでも残っていると他の者が帰りにくいことを知る、下積み時代を忘れない人なのだ。朝の楽屋あいさつも廃止。「どうしても来る方は1万円持ってきてください」。こんな時でも笑いにしてしまった。

昨年秋の撮影では病気から回復したとはいえ、お疲れなのはよく分かったが、本番になればキッチリと演技し、PR用の撮影などにもニコニコと対応してくれたのを私は忘れることがないであろう。

俳優として役を掘り下げる一方で、常に仕事の場を明るくしてくれた芸人魂。こんなスターはもう出ない。（時代劇プロデューサー）

二〇一〇年三月二六日

低予算でも効果生んだ魔術
木村威夫美術監督を悼む　西村雄一郎

「熊井さん！　白い花の前でなんか、会話できないよ」

3年前、熊井啓監督の「お別れの会」で、声を振り絞るように追悼の辞を述べた木村威夫美術監督が、21日に逝去された。3週間ほど前までは、次回作に意欲を燃やして元気だったという。体調を崩し、病院で療養中に、肺炎をこじらせたのだ。享年91歳。

木村さんは、東京生まれ。16歳で舞台美術監督の第一人者、伊藤熹朔に師事し、1941年に日活多摩川撮影所に入社。そこで数々の作品の映画美術を担当した。

そのなかでも特に、鈴木清順監督とは名コンビといわれた。「肉体の門」（64年）の荒れた戦後闇市、「河内カルメン」（66年）の3階まで断面にして見せた西洋館、「東京流れ者」（同）の黄色い空間をもったキャバレーなど、清順演出の奇抜なアイデアは、木村美術と重なることによって、さらに飛躍を遂げたといっていい。

72年にフリーになった時、声をかけてくれたのが熊井啓監督だった。「忍ぶ川」（同）にかかわることによって、厳しい制限だらけの映画作りを目の当たりにした。「私は独立プロの人々のすさまじい執念の世界を教えられた」と語っている。これ以後、低予算の中で、いかに効果的な美術を作るかといった〝木村マジック〟の世界が展開していく。

以後、計14本という熊井作品で鉄壁のコンビを築いた。「熊井映画はリアリズムだけじゃない。脚本を深く読むことによって、写実的、抽象的を見極めなければ」と言う。写実の代表作は「日本の熱い日々　謀殺・下山事件」（81年）だろう。新社屋に移る寸前の朝日新聞社本社にロケハンに行き、メモや張り紙まで再現した。抽象の例は「海と毒薬」（86年）の鉄のおり。取調室を隔絶した空間で仕切ることによって舞台劇のような面白さを引き出している。

その精神の闊達（かったつ）さと自由さは驚くほどで、若い作家も柔軟に受け入れた。「夢みるように眠りたい」（同）の林海象監督が差し出した超低予算でも、木村さんは楽しそうに浅草のセットを作っている。

晩年は後進の指導に力を注ぎ、2006年から日活芸術学院の学院長を務めていた。90歳で念願の「夢のまにまに」（08年）を監督。「世界最高齢・長編映画監督デビュー」としてギネスブックにも認定されている。

最近は長編監督第2作「黄金花─秘すれば花、死すれば蝶」が公開されたばかりだった。第3作となるべき次回作は「多摩川精神撮影所」。自伝というべきこの作品の撮影を目前にしての死去だったのである。

昨年の黒沢組の村木与四郎氏に引き続き、日本映画界は美術監督の巨匠を、相次いで失った。（映画評論家）

二〇一〇年四月一一日

笑いの裏に鋭い批判
井上ひさしさんを悼む

大笹吉雄

井上ひさしさんが亡くなったと、11日の早朝にご親族の方から連絡をいただいた。ショックでしばらくぼんやりしていた。というのも、その前日に、東京・新国立劇場で4月から6月まで、連続再演される井上さん作「東京裁判3部作」の1作目「夢の裂け目」の上演に合わせて、俳優の小沢昭一さんと「井上ひさしの現場」と題するトークショーに出たばかりで、早くお元気になってほしいと語り合っていたからである。

トークショーで小沢さんは、「井上戯曲だけを手掛けていきたいと思ったことがある」と熱弁を振るった。ただし、「脱稿が遅くてね」とも付け加えたが、そう思った俳優は小沢さん一人ではなかったろう。初日に戯曲の完成が間に合うかどうか、ひやひやした演劇関係者が多かったが、幕を開ければいつも、それまでの心配を吹き飛ばすような、素晴らしい舞台になっていた。だからこりごりしたという俳優も、声を掛けられればいそいそとして、また井上芝居にはせ参じた。

井上さんの守備範囲は、むろん、戯曲だけではなかった。というよりも、非常に広かった。その一端をよく示しているのは、全6巻の「座談会昭和文学史」(集英社刊)である。これは井上さんと文芸評論家の小森陽一さんがホスト役になって、その巻のテーマにふさわしいゲストを招いてまとめた作品だが、全体の構成の目配りがいかにも井上さんらしく、従来の文学史ではこぼれ落ちそうな分野もきちんと押さえられていた。たとえば演劇、民俗学、沖縄文学、翻訳文学、在日朝鮮人文学、詩…。

これは井上さんが劇作家であり小説家であるとともに、優れた批評家であり思想家でもあった反映だが、あえて一つに絞ると、やはり類のない劇作家だったということになろう。井上さんが演劇界に本格的にデビューしたのは1970年代初頭だったが、その登場はそれまでの演劇を一変させたと言ってもいい。奇想天外の趣向と言葉遊びに満ちた戯曲は観客を抱腹絶倒させると同時に、その笑いの裏に社会や現実に対する鋭い批判が込められていた。日本および世界への、これでいいのかという問いがむき出しではなく、伏流水のように流れていた。その分厚い二重性が井上戯曲の真骨頂で、笑いつつ考えさせられるのが常だった。

こういう劇作家は井上さんの前になく、今後も現れないかもしれない。その意味では、わが国の演劇界は貴重な「宝石」を失った。惜しみてあまりあることで、その死を悼むと同時に悔しいという思いにかられるが、だれよりも無念だったのは、あるいはご本人だったかもしれない。今夏に自身の劇団「こまつ座」の新作公演が予定されていたからである。幕を下ろすのが早過ぎたと言わずにはいられないが、今は万感の思いをこめて、ありがとうございましたと申し上げる。(演劇評論家)

二〇一〇年四月一二日

笑いの底に深い風刺精神
井上ひさし氏を悼む

梅原猛

昨年暮れ、井上ひさし氏ががんを患っているという知らせを受けたが、3度の原発のがんから生還した経験をもつ私からみれば、まだ若く元気な井上氏のことゆえたいしたことはあるまいと思っていたので、突然の悲報に愕然（がくぜん）としたのである。

私と井上氏との付き合いは40年以上になる。井上氏と私の作品に惚（ほ）れ込んだ編集者があり、彼は私に井上氏のことを、井上氏に私のことを熱狂的に語った。それで私は井上氏と親しくなったわけであるが、井上氏と歓談し、私は氏の中に温かい心とただならぬ才能が隠れていることを強く感じた。

その後、私の期待通り井上氏は劇作に小説に腕を振るい、日本を代表する作家になった。私は井上氏を真の意味の喜劇作家であると思う。喜劇といえば、日本には吉本新喜劇のドタバタ喜劇や松竹新喜劇の渋谷天外、藤山寛美などによる人情喜劇があるが、やはり真の喜劇は、笑いの底に深い風刺精神がなくてはならないと思っている。

私はスウィフトの「ガリバー旅行記」およびセルバンテスの「ドン・キホーテ」を小説の形をとった最高の喜劇と考えているが、日本には、笑いとともに社会の矛盾を深くえぐるような喜劇はなかった。

井上氏の劇は軽妙で童話的な話や言葉の魔術で観客を魅惑するが、その底には弱者の立場に身をおいた作者の鋭い社会批判の目が光っている。井上氏は日本において初めて本格的な喜劇を創造した作家であったと思う。

私は茂山千之丞氏との縁により、70歳を超えて思いがけなくスーパー狂言「ムツゴロウ」や「王様と恐竜」などを書いたが、それも、井上氏の本格的な喜劇に刺激されて、私なりの喜劇を創（つく）りたくなったゆえかもしれない。

13年前、私が日本ペンクラブ会長に選ばれたとき、井上氏に副会長になってもらった。ペンクラブにはさまざまな困難な問題があったが、あまり口数の多くない井上氏は、要所要所でまことに的確な発言をして私を助けてくれた。

私が3期6年で会長の任を終えるとき、次にこのペンクラブをまとめていけるのは井上氏しかないと思い、井上氏に会長になってくれるようにお願いした。井上氏は強く辞退の意向を示したが、結局、それほど私が言うのならといって引き受けた。多くの理事に聞いたところ、賛成の声が圧倒的に多く、井上氏は会長に選ばれ、2期4年、ペンクラブの会長をみごとに務めてくれた。

また6年前に「九条の会」が発足したとき、事務局から、ほかの呼びかけ人からの強い要請もあり、私に呼びかけ人に加わってほしいという依頼があった。これはひょっとしたら、井上氏にペンクラブ会長を依頼したお返しかもしれないと思ったが、私は承諾した。

「九条の会」は、小田実氏、加藤周一氏、井上ひさし氏と、9人の呼びかけ人のうち3人が亡くなって大変寂しくなった。憲法9条には、核戦争や環境破壊の問題解決のための人類の理想が含まれている。これからは井上氏の分まで頑張らねばなるまい。（哲学者）

二〇一〇年五月二〇日

心身一体の人間観を提案
荒川修作氏を悼む

塚原史

日本の現代芸術を代表する美術家、荒川修作氏が、詩人のマドリン・ギンズさんを伴侶として半世紀にわたり活動拠点としてきたニューヨークで、他界された。十数年前に初めてお会いして以来、その独創的な発想と奥深い思索から多くの示唆を受けてきた者の一人として、心より哀悼の意を表するとともに、氏の遺志が大きな輪となって、新たな世代に受け継がれていくことを願わずにはいられない。

荒川氏は1936年名古屋市に生まれた。50年代末から東京で、木箱に奇怪な石塊を安置して「棺桶（かんおけ）シリーズ」と呼ばれるオブジェを制作し、注目された（その初期作品群は現在、大阪市の国立国際美術館で展示中）。60年には、篠原有司男氏らと既成美術に挑戦する前衛芸術集団「ネオダダ」を創始するが、集団主義的傾向に肌が合わず、運動から遠ざかる。

その後、61年末に単身ニューヨークに移住。便器などの日用品を作品化したコンセプチュアルアートの祖、デュシャンの知遇を得て、幾何学的図形や記号で構成された図式絵画を提案。ポップアートやアクションペインティングなどの当時の流行にとらわれず、芸術の意味作用の純粋な探求を目指した。70年代の作品「意味のメカニズム」（ギンズさんと共作）で、ドイツの物理学者ハイゼンベルクに激賞されるなど、世界的評価を得た。

このころから、氏の活動は狭い意味での美術の領域を超えて、西欧近代の心身二元論を克服する可能性の追求へと向かい始める。つまり、身体は精神の道具にすぎないという固定観念を退け、指先もつま先も脳の一部なのだという新しい人間観を提案するのである。

90年代から荒川氏は「天命反転」のアイデアの実践に取り組む。岐阜県養老町の「養老天命反転地」、東京都三鷹市の「三鷹天命反転住宅」といった構築物を完成させ、現代建築に大きな刺激をあたえた。アーティストではなくて、芸術、哲学、科学の総合を推し進める「コーデノロジスト」と名乗るのもこのころからだった。

「天命反転」といっても、生物としての人間が死ななくなるわけではない。むしろ、生の果てに死が待ち受けているという常識を打破して、生命環境の心身一体的な拡張（氏は「建築的身体」と名づけた）のうちに、個体の死によって終わらない共同的な生き方を実現することこそが「天命反転」の真意だったのではないだろうか。

昨年の正月、荒川論執筆のために、ニューヨークの荒川氏に「あなたは『誰』ですか？」と質問を送ったことがあった。氏から届いた回答には「（彼の地ですごした半世紀は）その『誰』から距離をつくり、他の『場』にランディングサイツ（着地）するための『時空』だったのですよ！」とあった。今ごろ、荒川修作氏は、新たな『時空』への着地の途中なのかもしれない。（早大教授）

二〇一〇年五月二七日

主義主張貫いた硬骨の士
針生一郎さんを悼む

木村重信

いま、共同通信社からの電話で、針生一郎さんの急逝の悲報に接し、ぼうぜんとしている。この3月、岡山での画家高橋秀の展覧会の記念パーティーで、ともに祝辞を述べたばかりなのに。

針生さんと私は同年で、大学はちがうものの同じく美学を学び、創設されたばかりの美学会で知り合った。1950年の秋である。当時、かれは文芸学、私は原始美術を専攻していたが、その後かれは現代美術評論家となり、私も大学で現代美術の講義をしたり美術批評を手がけるようになって、親しくなった。

戦後、現代美術評論の先駆けとして「ご三家」と呼ばれ、作家たちから信頼されたり恐れられたりした批評家がいた。針生一郎、中原佑介、東野芳明の3氏である。針生さんはその代表と見なされたが、それには最年長であることのほかに、その鋭い批評と風貌（ふうぼう）が大いに関係していた。長く一緒に審査したエンバ美術コンクールで、影響力のあるかれの評言をもらおうとして画家たちが盛んに自作の前に連れ出していたのを思い出す。

かれの初期の仕事に「リアリズム芸術の基礎」というルカーチの翻訳書がある。ルカーチはいわゆる「西欧的マルクス主義」の代表であるが、針生さんも新左翼であった。したがってその評論も一貫して反体制的で、ネオ・ダダや読売アンデパンダンその他、前衛美術（家）を支持し、リードした。「芸術の前衛」「文化革命の方へ」「修羅の画家―評伝阿部合成」などの書名だけでも、かれの立場をうかがうことができる。

また、大学紛争では「全共闘の教祖」として、学生集会に招かれた。私が勤めていた京都市立芸大にも来たが、私が中心になって作成した改革案を評価してくれて、集会は平穏に終わった。79年の著書「戦後美術盛衰史」は、この大学紛争や反大阪万博運動など、かれが積極的に参与した美術事象を取り扱っている。

針生さんは「現場」にこだわった。したがってその評論は基本的には作品論、作家論である。だが、その背後には強固な理論的枠組みがある。すなわち、個々のスタイルやイズムの考察に歴史的なパースペクティブが潜み、美学的分析が加えられている。その詳細は「針生一郎評論」全6巻にくわしい。

かれは国際的には第三世界、国内的には地方の美術に大きな関心を抱き、交流に尽力した。韓国での美術展を企画し、開発途上国に焦点をあてた大阪絵画トリエンナーレの審査員を創設以来つとめた。国内では列車を乗りついで地方へよく行ったが、時間に無頓着なので、列車や航空機に乗り遅れることがしばしばであった。

かれは遅筆でも有名だった。ところが私の妻の嘉子の作品集に原稿を依頼したところ、締め切り前に送られてきた。案ずるに、かれは約10年前の当時、肺がんで入院中で余命をおもんぱかったからだろう。

自らの主義主張を貫いた硬骨の士は愛すべき人でもあった。しかしその針生一郎さんはすでにこの世にいない。悲しいかな。（大阪大名誉教授）

二〇一〇年五月三一日

米映画の時代開いた反逆児 デニス・ホッパーを悼む

谷川建司

アメリカの映画監督、俳優のデニス・ホッパーが逝った。彼の名を一躍世界に知らしめた「イージー・ライダー」の日本公開からちょうど40年。当時は世界中で怒れる若者たちが体制に対して異を唱えるべく行動を起こし、日本でも日米安保改定をめぐる学生運動がピークに達していた。だが、若者たちは、武力闘争に打って出たところで結局は鎮圧され、何も変えられない無力感をも感じていたはずだ。

「We blew it(おれたちは負けたんだ)」というせりふを残して不条理な死を迎える主人公たちの姿を描いた「イージー・ライダー」は、そんな彼らの気持ちをほかの何よりも代弁してくれる映画として、世界中の若者たちからの支持を得た。当時の日本の若者たちはちょうど定年を迎えつつある団塊の世代。ホッパーの死が与える感慨は、反体制を叫びながら気がつけば体制に組み込まれていったかつての怒れる若者たちが、第一線から退いていくタイミングと重なって一層心に響いていよう。

「イージー・ライダー」はしかし、世界中の観客の心をつかんだだけでなく、ハリウッドにおける映画製作のシステムを経済的な意味で根底から変えてしまう作品ともなった。スクリーンサイズの大型化でテレビに対抗する以外に、観客離れに打つ手のなかった大手映画会社各社は、初監督に挑戦するホッパーによって、たったの37万5千ドルで製作された「イージー・ライダー」が最終的に6千万ドルもの収益を上げたことから、新たな時代に突入した。

すなわち、実績や経験がなくとも、才能があるという評判が高ければ映画を撮るチャンスをどんどん与えるということ。そんな中から、20歳代のジョージ・ルーカスやスティーブン・スピルバーグらがチャンスをものにして次の時代のハリウッドをけん引していったのだ。

ホッパー自身は、その後「ラストムービー」(71年製作)、「カラーズ 天使の消えた街」(88年)などの長編映画を監督しているが、第1作を超える成功はついにつかみ得なかった。それでも、中国の言い方を借りれば彼は「井戸を掘った人」だ。今日の世界中の映画ファンは彼に多くのものを負っている。

俳優としても、彼は「ブルーベルベット」(86年)、「スピード」(94年)、テレビシリーズ「24」などでしぶとく存在感を示し続けてきた。反逆児のイメージがついて回ったホッパーだが、その人柄は、相手の立場になって物事を考えることができる優しい人だった。長年親しい付き合いをさせてもらってきた友人として、また一映画ファンとして「よくやったよ」と言いたい。(早大客員教授)

二〇一〇年六月二日

先端の舞踏、怒濤のごとく
大野一雄さんを悼む

細江英公

大野一雄（おおの・かずお）を撮影して50年以上が過ぎた。100歳を記念して写真集を作り、先生に贈呈するという約束を果たしてから3年余。舞踏家・土方巽（ひじかた・たつみ）を被写体とする写真集「鎌鼬（かまいたち）」と、1960年から始まり2006年まで、大野一雄を被写体とする写真集「胡蝶の夢」を一対の写真集として完成させたい、というのが私の長年の夢だった。

この2冊の本のサイズと厚さを同じにして、2冊を並べた時に完全に一対の写真集として書架に並べてみたい、と。だが、1969年発行の「鎌鼬」と2006年の「胡蝶の夢」の間には37年の歳月を必要とした。その夢がかなえられた日こそ、06年10月26日、すなわち、大野一雄100歳の誕生日であった。

1977年、「ラ・アルヘンチーナ頌（しょう）」の舞台。演出は土方巽がやるという。そこで、ポスターからチラシなどを撮影して、会場となる東京・日比谷の第一生命ホールのロビーで展覧会をやってほしいという要請を受けた。東京・中野の写大スタジオを使って3時間ほど、ほとんど休みなしで撮影した。

いろいろな注文をつけて撮ったが、終わると「今日は踊りが三つできました」と言うではないか。先生は撮影中も作品を作っているのか。それにしても、高い天井の大スタジオ全体に響き渡るバンドネオンと久々の大野一雄の踊り。それはわずかな動きの一部でしかないが、ジーンと突き刺さる心地よさ。

その「ラ・アルヘンチーナ頌」。会場は満席、ロビーは細江英公写真展「大野一雄」大型パネルと屏風（びょうぶ）の展示で劇場が美術館になった感じだった。久しぶりの大野一雄の踊りに感動して興奮の涙を流す人が何人もいた。

それからの大野一雄はまるで怒濤（どとう）のごとく、定期公演を繰り返し、また、積極的に海外公演を行った。さらに80年代は海外からの要請もあり、また、日本政府も民間も元気が良くて日本文化の海外進出が盛んに行われて、古典では能と歌舞伎など日本の一流の古典作品と一流の演者が国際交流基金の援助で特に欧州などに紹介された。

特に現代舞台芸術では、「舞踏」は最も最先端の芸術として、むしろ海外からの要請によって招待されたと聞いている。日本発の現代舞台芸術では「舞踏」が最も理解されたのではないか。もし、その時「舞踏」がなかったら、もし、その時大野一雄の存在がなかったらと考えてしまう。だから後に続く「舞踏」芸術家をもっと応援しようではないか。（写真家）

二〇一〇年七月六日

無数の思い出の中から
梅棹忠夫氏を悼む

梅原猛

梅棹忠夫氏の訃報（ふほう）を受け、いろいろな思い出が頭をよぎる。梅棹氏と知り合ったのは五十年ほど前、当時哲学界の一匹狼（おおかみ）であった私が桑原武夫先生主催の研究会に参加したのがきっかけである。

会議をしていると、梅棹氏はいつも遅れてやって来た。そしてわれわれが出した会議の結論を聞くと、それは間違いだと言った。梅棹氏の意見はまことにもっともで、われわれは会議を初めからやり直さなければならなかった。

あるとき、梅棹氏が私に「あなたは酒をたくさん飲むらしい。酒なんかくだらないからやめなさい」と言った。私はその忠告に従わなかったが、六十を超えてほとんど酒を飲まなくなった。しかし梅棹氏は五十歳を過ぎて酒を飲み始め、毎日ウイスキー一瓶を空にしたらしい。それを聞いて私は梅棹氏に、酒なんかくだらないからやめなさいと言いたかったが、遠慮して言えなかった。

そのころ、私は感情を記号でもって表現する理論を発表したが、それを聞いて梅棹氏は「大変おもしろい着想だが、あなたは忙しすぎる。傷害罪でも犯して監獄へ入りなさい。監獄で四、五年過ごせばその着想は立派な理論になりますよ」と言った。しかし私は臆病（おくびょう）でとても監獄へ入る勇気をもてなかった。

思い出は無数にあるが、私が梅棹氏から学んだことは以下の三点にあると思う。

一、独創的な学問。梅棹氏は若くして「文明の生態史観序説」という論文を出した。それは生態学にもとづいた新しく独創的な文明史観の書である。日本の人文科学は西洋の学問か、あるいは日本の伝統の学問の奴隷であったと考えている私は、奴隷的ではない学問の創造を梅棹氏に教えられた。

二、フィールド調査の学。今西錦司氏はフィールド調査によって新しい動物学を創造した。梅棹氏も今西氏の後を継いで、フィールド調査を学問の主な方法としたのである。私は吉川幸次郎氏などの文献学にも、今西、梅棹氏によるフィールド調査の学問にも深く影響を受けた。

三、政治家との付き合い。従来、日本で政治家と付き合う知識人には二種あった。一つは、政府の委員会などの委員を好んで務めるもっぱら政府寄りの学者である。それと反対に、多かれ少なかれマルクス主義の影響を受けた学者は政治家と付き合うことを潔しとしない。

ところが桑原、梅棹氏は別の学者のあり方を教えた。それは、学者は政治家に知恵を与え、よい仕事を政治家にさせるべきであるという考え方である。梅棹氏はそのような考えに従って、国立民族学博物館という立派な研究機関の創設に尽くした。梅棹氏の例にならって私も、総合的、国際的に日本文化を研究する機関の必要性を時の首相、中曽根康弘氏に訴え、氏の理解を得て、国際日本文化研究センターが創設されるにいたった。

この三点において私は深く梅棹氏に感謝をささげるとともに、ご冥福を心から祈りたい。

（哲学者）

二〇一〇年七月一二日

騒々しさの内側のやさしさ つかこうへいさんを悼む

矢野誠一

清水邦夫や別役実、そして井上ひさしといった、私たちにとって同世代の劇作家の作品が、この国の現代劇におだやかで静かな刺激を確実に与えていたときもときだっただけに、1974年の岸田国士戯曲賞作品「熱海殺人事件」でのつかこうへいの出現は、さらなる衝撃をもたらさずにはおかなかった。

「戦争で死ねなかったお父さんのために」「郵便屋さんちょっと」など次々に上演される作品にふれ、アングラとよばれる若い世代による小劇場活動が、一見戦闘的にうつりながら、その底には詩的感興をそなえていたのに、つかこうへい作品には、演劇そのものを破壊してやまない、エネルギーがあふれているのに圧倒されたものである。

15年ほど前に店を閉めたが、四谷に演劇人のたまり場の様相を呈していた酒場があって、常連客のひとりだったつかこうへいのスマートなのみ方を忘れかねている。顔見知りがいればとりとめもないはなしなどして、けっして長居することなく席をあとにするのがつねだった。その作品や、伝えられる演出態度からは想像もつかぬくらい、年長者に対して礼儀正しく、謙虚につきていることに、この店の客は感嘆しきりだった。

つかとの酒席でつねづね感じたことだが、私たちの世界においてほとんど常識に属する事柄、つまりこんなこと尋ねてはちょっと恥ずかしいと思うような質問を、じつにあっけらかんとした態度で投げかけてくる素直さで、その爽快（そうかい）なさまには舌をまかされたものである。知識や常識に欠けるのは恥ではないが、ものを考えないのは恥だとする、確固たる姿勢からくるものだ。

つかこうへいにとって、学校の先輩である以上に、演劇人としての大先達にあたる戸板康二が、下咽頭（いんとう）がんのため声を失ったのは79年のことだが、このとき見舞いに病室を訪れたつかは、帰り際に、

「先生、せめてあと3年は生きていてください」

と挨拶（あいさつ）していった。一見傍若無人にうつる騒々しさの内側にひそんでいる「さっぱりとしたやさしさ」に裏打ちされたつか作品を思わせる。これも一種の愛情表現にちがいない。

戸板康二は、3年どころか14年を平穏に過ごすことになるのだが、折にふれてこのつかの見舞いの口上を、嬉（うれ）しそうに発声器を用いて語っていたものだ。

私よりひとまわりも年下だったつかこうへいから、教えられたことの少なくなかったことに、じつはいま気づいている。（評論家）

二〇一〇年七月二二日

計り知れない芸術的遺産
石井好子さんを悼む

芦野宏

それは、2010年3月1日の午後のことであった。少し体調を崩されたと伺っていたので、わたしはお見舞いの気持ちで、東京・高輪のご自宅を訪問した。

季節も春に向かっていた。石井さんは趣味の良い薄いピンクのガウンを羽織って出迎えてくれた。

約50年前のパリ・モンマルトル。石井さんは当時、キャバレーのステージで連日休みなしに出演。外国人のダンサーたちを従えて堂々と歌っている姿を見て、客席のわたしはとてもうれしかった。まさにスターだった。

長い付き合いのわたしたちは、思い出話に花を咲かせた。しかし今となれば、あの日の石井さんは少し声に力がなかったように思えた。そんなことより、われわれの話題は、すぐ目の前に迫った7月のシャンソンの祭典「パリ祭」の方へ移っていかなければならなかった。

「一生懸命リハビリして、ステージに立つわ。わたしが出るのは、やっぱりゲストの後が良いかしらね」

あの時点では、今年のパリ祭で、ご自身も歌われることを真剣に考えていらっしゃったのに。あれが石井さんとの最後のお別れになろうとは夢にも思わなかった。

スポーツ万能で、水泳をやらせても、ゴルフをやらせても、われわれは到底かなわなかった。100歳くらいまで軽く生きると思っていたのに。

国内でのシャンソンの繁栄を願ってパリ祭をプロデュース。1963年から1年も欠かさずに開催し、パリ祭は今年で48回を数えた。日本のシャンソン界において、これほど長きにわたりシャンソンの復権を考え、ご尽力された方はほかにいない。石井さんの残された芸術的遺産は計り知れないものがある。

残されたわたしたちは、シャンソンの灯をともし続け、石井さんへの感謝とご冥福をお祈りしたいと思っている。パリ祭も、長く続けていきたい。

あの美しい華やかな姿で、天国でも歌い続けてください。（シャンソン歌手）

二〇一〇年七月二九日

懐深い「ええやないか」森毅さんを悼む

安野光雅

森毅さんの「まあ、ええやないか。そういう人もいる」という言葉によって、わたしが許せないと感じた物事への怒りはずいぶんと和らげられた。「ええやないか」の精神は、彼のひとつの哲学であり、着地点であった。一見投げやりな感じがするが、それは森さんの懐の深さだったと思う。

森さんの京大での授業のエピソードもすごい。黒板を前に、証明問題を学生に説明しながら順々と解いていくが、時間がたってから「どうもこれはどこかで間違ったな」と言って、平然と構えている。立ち往生しないところが森さんらしい。

数学は哲学だという説があるが、森さんはまさに哲学者でもあった。視点が定まっているから、何を言っても筋が通っていたし、新鮮さを感じさせた。専門の数学にとどまらず、世の中に対し、我慢ならないときはしっかり発言した。

数学者は一つの命題を見つけたら、納得いくまでいくらでも考える。そんな世界に生きていて、さらに、世の中にも平気で出てくる。両方できる人はそうそういない。

森さんとの最初の仕事は、彼の「数の現象学」(1978年)の装丁画と挿絵。森さんの文章を初めて読んで「難しいことをやさしく」書ける人だと思った。専門用語に逃げず、日常の言葉で伝えていた。初対面なのに旧知の間柄のような気がしたのを覚えている。

共著「対談　数学大明神」は、一昼夜を超える長時間の対談を収めた。まさに「デスマッチ」(森さん)。くたびれて腰が痛いから、しゃべり終わると寝そべる。すると、横になっていた森さんが起きて話し始めるという具合だ。

筋書きのないのもなんだからと、森さんの提案で数字にまつわる話をしたらいいんじゃないかということになり、「1」から順に始めた。これが終わらない。話がどんどん広がる。それで「10」までやっておしまいにした。対談の録音を文字に起こしたら、原稿の分量はトランク2杯分。1冊に収めきれなかった。

やはり、わたしが絵を描いた「新装版　すうがく博物誌」は、事典風の挿絵入り読みもの。数学者野崎昭弘(のざき・あきひろ)さんが文章を寄せた「森毅」の項に、アラン・ドロンの似顔を描いた。その胸にあるネックレスは「月とスッポン」。野崎さんから指摘されるまで、それを描いたことを忘れていた。野崎さんは「数学の枠を越えて、鋭い文明批評をものする。またの名を一刀斎」と書いた。茫洋(ぼうよう)としているが、実は切れ者の森さんには剣豪のイメージがあった。

この本の裏表紙の原画がたまたま見つかった。面長で眼鏡姿の森さんがドンキホーテに、わたしが従者サンチョにそれぞれふんした絵だ。野崎さんとは、森さんにお見舞いとして差し上げようと話していた。それを、ご霊前にお供えすることになってしまった。残念でならない。(画家・談)

二〇一〇年八月一六日

人間という自然を遂げる
歌人の河野裕子さんを悼む

川野里子

去る8月12日に河野裕子が亡くなって、現代短歌には大きな穴があいてしまった。ここは永い空席となるだろう。近代短歌に与謝野晶子がいたように、現代短歌には河野裕子がいた。与謝野晶子は近代に生まれ育った世代として、封建制に覆われてきた命を新しい時代に解き放った。河野裕子は戦後に生まれ育った世代として、第2次世界大戦以後長く屈折してきた人間への信頼を鮮やかに回復した。

「森のやうに獣のやうに」「ひるがほ」「桜森」と一気呵成（かせい）に詠まれた初期歌集は、ジャンルを超えて読む者をとらえる訴求力を持っている。

〈逆立ちしておまへがおれを眺めてた　たつた一度きりのあの夏のこと〉〈君を打ち子を打ち灼けるごとき掌よざんざんばらんと髪とき眠る〉〈たつぷりと真水を抱きてしづもれる昏き器を近江と言へり〉

「森のやうに獣のやうに」という第一歌集のタイトルそのままの体温と息づかい。人間は何よりも先に温かく愛（いと）おしい獣なのだ。シンプルでありながら力強いこの人間観は確実に戦後の人間回復であった。私自身、これらの歌に出合うことがなかったなら、歌を始めてはいなかった。

河野がいるところには力強い命の拍動があった。「歌は理屈やありません。頭で作ってはいけません」。さまざまな会合で議論が煮詰まったところ、立ち上がって河野はよくこう言った。それは快い一喝で、私は不思議に元気になりうれしくなった。河野にとって短歌は理屈抜きの命の証しであった。

「生と一緒に死というものもはらんでしまった」（「短歌」1973年7月号）。子供を宿した大きなお腹（なか）の河野が座談会で放った言葉は、当時交わされた議論がすべて忘れられても記憶され続けている。河野は生と死とが相反するものではないことを、命を生むという営みの中に身をもって発見した。

この若い日の直観は、自らの闘病生活を通じて確認され続けたとも言える。病を隠すことなく公表し、つい先ごろのエッセーでも「体を病んでいても、歌は健やかな歌をつくりたい。…病気をしていても健やかであり続けることは、大きな広い場につづく道」（「塔」2010年8月号）と語っている。

病を得てからの河野は、むしろいっそう豊かに生きる姿を私たち後進に残してくれた。長時間のテレビの収録が終わったのち、そのまま講演に出かけるという河野は、華奢（きゃしゃ）な体でスーツケースを引っ張りながら長い廊下を歩いていった。その後ろ姿はまっすぐに何かに向かっているようで、凛（りん）とした自信と気品をたたえていた。

先の座談会の中で河野は「女っていうのは死んだって、やっぱりさびしくないっていう感じがしてね」とも続けていた。死が向こう側のものではなく、自らの内側のものであった河野は本当にさびしくなかっただろうと思う。それは人間という自然を遂げるということにほかならなかったのだから。

〈どこまでももの柔らかく降（お）りて来たこの曇天がお行きと言へり〉。最終歌集となった「葦舟」にこんな安らかな歌が載っている。さびしいのは残された私たちのほうだ。（歌人）

二〇一〇年八月一九日

俳句の底ににじむ死生観
森澄雄氏を悼む

宮坂静生

かつて「ノタレジニがしたい」と叫んだ森澄雄がとうとう亡くなった。俳句界から良心が消えた。わざの自慢くらべが現今の俳句の世界。パフォーマンスが巧みで、わざ師ばやり。写生写生と唱えるだけでは、みんなそうなる。

澄雄に怒られたことがあった。澄雄が、師の加藤楸邨夫妻とシルクロードの旅に出たのが、1972年。その年、8月に帰国して以後、澄雄は琵琶湖周辺、湖南から余呉の地を巡り出す。「淡海（おうみ）恋い」と称し、生涯で80回を超えたという。珠玉は句集「浮鷗」（73年）に結晶した。

私は、そのような澄雄の執心を軽く「シルクロードで得た着想を近江に移した」と俳誌「鷹」に書いた。私は37歳、うかつだった。澄雄がタシケントの旅の一夜、なぜか芭蕉の〈行春を近江の人とをしみける〉を思い、忘れ得なかったとの回想を読んだ後だった。当時53歳の澄雄からすぐ反論が来て「近江での句は独自の着想であり、シルクロードの延長ではない」という。はっとした。後に私は地域の独自性を「地貌（ちぼう）」と称し重視する俳句を唱える。そのきっかけを澄雄から教えられた。

澄雄のボルネオ（現マレーシア連邦）での「死の行軍」200日に及ぶ戦争体験は、戦後俳句の中で、飯田龍太とも異なる死生観を俳句の底に一貫してにじませる。さらに、少年時代、そこに暮らし、そこへ復員した長崎の地。戦後、爆心地近くに父や妹が住む。長崎の地貌は澄雄の人間把握に深い哀（かな）しみを与える。

生涯のテーマは死と性。死からさかのぼって生をつかまんとする厳しくも哀しい所業が、紛れもなく戦後俳人の典型であるが、生は端的に、性の温かさと暗さを詠（うた）う。しかも、一切の俳句らしいわざを拒否した率直な感動を澄雄は「純粋抒情」といった。思い出す句がある。

〈木の実のごとき臍もちき死なしめき〉

88年8月17日、妻アキ子63歳、心筋梗塞（こうそく）にて急逝。死に目に会えなかった澄雄。哀しみは深い。

「ぼくは、作家だとか俳人だとかであると思ったことは一度もない。それ以前の一個の人間だけでたくさんだ」と澄雄は言い続けてきた。その一生を一言でいうと、澄雄はだれよりも含羞（がんしゅう）の人。感動を深い恥じらいとして表し得る、まれな作り手であった。

見栄えのしないへそはからだの部位では忘れられた存在。しかし、母胎とのつながりを思い起こさせるなつかしいもの。

かって師の楸邨が澄雄を「へそのような存在」といったことがある。ふと「無用の用」という人間本来の在り方を暗示する東洋の先哲（せんてつ）のことばが連想されるではないか。

95年暮れに脳出血で倒れて以後、病臥（びょうが）の身になる。その中で、故郷長崎に、妹を見舞う句に胸をしめつけられる。

〈いもうとはめしひとなりし梅もどき〉

目が見えず、話せなくても、身体の障害を超えて手を取り、ぬくみを分かち合う兄と妹。

人間森澄雄の死を心から哀しむ。（俳人）

二〇一〇年八月三〇日

厳しい戒律課した文士
三浦哲郎さんを悼む

川西政明

三浦哲郎さんが亡くなられた。2001年に脳梗塞（こうそく）を患いながら最後まで文学への情熱を保ってこられた。今年3月に姉のきみ子さんが亡くなられたが、この姉の生涯を主題にした長編「暁の鐘」を書きたいと言われていた。

三浦さんが6歳の時、次姉が入水自殺したのをきっかけに長兄の失踪（しっそう）、長姉の服毒自殺、次兄の失踪と、姉兄があいついで自滅の道をたどった。

この重い宿命を背負って、三浦文学は出発した。

三浦さんはこれら姉兄の生と死を自分の生と死として受け止める決意をした。なぜ兄や姉は自殺したのかの「なぜ」が問われるのではない。おのおのが宿命を背負い、生の哀（かな）しみの極みで自殺や失踪がおこった。その死や失踪に赴く肉親がたてた喜怒哀楽の音を、三浦さんは耳を澄ませて聴き取ろうとする。

自殺の日を末弟である三浦さんの誕生日に選んだ次姉には、生と死に対する畏怖（いふ）の気持ちがあったが、多感な少女には少女らしい悩みもあり、それを解決できない袋小路に陥った彼女は、愛する弟のなかに生まれ変わって生きつづけたいと願った。

長兄は愛した人の不慮の死と幻のまま死んだわが子への贖罪（しょくざい）から放浪の生を終えた。

琴のなかにわが生を封印して生きようとしながら、力尽きて自殺した長女には「人間だが　生きてゐるやうな　ゐないやうな／女だが　さうであるやうな　ないやうな／ただ無用の熟れた乳房を持て余して」北国の町で白夜を過ごしている女の哀しみがある。

三浦さんは生涯の代表作「白夜を旅する人々」でこのように姉兄の姿を彫琢（ちょうたく）した。そこに聞こえてきたのは、単純な生死の音ではなく、悲傷を秘めて交響する鎮魂歌であった。

天寿を全うした姉きみ子さんのなかに「生きている人間」と「女」を三浦さんは発見した。この人間像は「白夜を旅する人々」にはない視点である。この視点から姉の生涯を見直す場所に「白夜を旅する人々」の続編「暁の鐘」が構想されたのであろう。

「白夜を旅する人々」を書く前、三浦さんは母親のいとさんに血族の話を聞いた。その時、いとさんは自分が死ぬか、もう何も分からなくなるまで、書いてくれるなと言った。三浦さんはその約束を守った。自分のこと、血族のことを主題とする私小説には、そういった厳しい一面がある。そして三浦さんはそういう戒律を課して私小説を書いた最後の文士である。

個人的に言えば、普通に死んでゆく人間の厳粛さを三浦さんに教えてくれた父親の姿を描いた「恥の譜」、脳血栓で倒れ、長い闘病生活をおくる母親の勁（つよ）い生命力を描いた「耄る」「愁月記」などの短編が好きである。名編「忍ぶ川」で芥川賞を受賞して以来、三浦さんは一字一句に魂をこめて短編を書く名手であった。合掌。（文芸評論家）

二〇一〇年九月一三日

音楽と喜劇の夢かなえた人
谷啓さんを悼む

西条昇

ひと呼吸、遅らせたような独特のせりふ回し。本来は気の小さい男が突如「谷だァ！」と虚勢を張ったり、追い詰められた末に「ガチョーン」や「びろ〜ん」の一言で逆襲に出てみたりする名作コントの数々。「ホンダラ行進曲」「愛してタムレ」などの曲で披露した、妙に甲高い声でポヨンポヨンと弾むように歌う唱法…。谷啓さんの突然の死を知った瞬間、往年の芸やギャグが次々に頭の中に浮かんできた。

僕が放送作家やライターとしての活動を始めた1989年ごろから、自分が担当した番組に度々出演していただき、何度かインタビューもさせていただいた。あこがれの存在だった谷さんに会えるだけでワクワクドキドキしたものだ。「ガチョーン」のコントを再現したときには、ディレクターに頼んで、タレントと一緒に「ハラホロヒレハレ！」とコケる役で出させてもらったりした。

〝冗談音楽の神様〟といわれたスパイク・ジョーンズのスタイルで演奏パフォーマンスをお願いした際は、音符の下に「谷、演奏の合間に取り出したウイスキーの瓶をラッパ飲みし、こともあろうにシャックリをしてしまう。ヒック」などのギャグを書き込んだ譜面を作っていただいた。こうした音楽ギャグを考える作業が根っから好きな様子がうかがえ、あらためて谷さんがコミックバンドとしてのクレージーキャッツの核を担っていたことを実感できた。

95年に出版された谷さんの著書の中に〈ぼくは今でも、これからも新しい「何か」に挑戦していこうという気持ちを、胸いっぱいに持っている〉という一節があるが、実際にいろいろな新しいことに対して、少年のような好奇心を持ち続けた方だったと思う。

「ウルフルズが好きなんですよ」「スチャダラパーは面白いですね」と、当時の若いアーティストの名前が会話の中でポンポンと飛び出した。「最近、誰か面白い若い人はいますか？」と、若手お笑い事情について谷さんから聞かれることもあった。大好きなホラー映画やスパイク・ジョーンズについて語るときは、マニアそのものの実にうれしそうな目をしていた。

共にクレージーを支えた植木等さんは、もともとは二枚目の歌手志望で、「スーダラ節」を歌うことに当初は戸惑い、〝無責任男〟と自分とのギャップに悩んだという。一方の谷さんは、少年時代に進駐軍放送で聴いたジャズに夢中になり、アメリカ映画で見た喜劇俳優にあこがれ、その後、ジャズマンから喜劇俳優へと活躍の場を広げた。好きなことをやり、夢がかなった人生だったといえるだろう。（お笑い評論家）

二〇一〇年九月一九日

理想の人間像示した名優

小林桂樹さんを悼む

佐藤忠男

小林桂樹は若いころ、ごくごくきまじめな青年の役をいかにも不器用に真正直に演じているという感じの二枚目の映画俳優だった。同じように、ただまじめで不器用なだけの下積みの少年だったわたしとしては、観客として見ていて自分の不器用さを見せつけられているようで腹が立つほどだった。

それがしばらくたって、今井正監督の「ここに泉あり」や堀川弘通監督の「裸の大将」の主演では、あっと驚くほど違った俳優になっていた。

一見してごくごく普通の人、平凡な人の役であることに変わりはないが、実はその内側にはテコでも動かぬ自己主張があり、それを貫くためには口八丁手八丁の才を見せる。そんな、実は同じく一見平凡な人間であるわれわれが、日ごろ内に秘めているつもりでいる非凡なところもちゃんと併せ持った、実に魅力的な人間に変わっていたのである。こんどは見ていて、そうだ、自分も実はそういう人間なんだ、と勝手にうれしくなったりしたものである。

俳優がある時期突然うまくなることを、化けるという。小林桂樹は19歳で素人からいきなり俳優になっている。「ここに泉あり」で地方の交響楽団のマネジャーの、ちょっとホラ吹き気味でオッチョコチョイなところもあるが、それなりに理想も信念もある男を好演したときは32歳。13年ほどで化けたのだと思う。

以後、人気シリーズの「社長」ものなどの軽い喜劇演技をベースにしながら、ときどき重厚な演技の真剣なドラマも見せて、見応えのある俳優になっていった。

重厚な演技でいえば冤罪（えんざい）事件を追及する弁護士を気迫十分に演じた「首」が見事だった。学徒出陣世代の体制への恨みという深刻な主題を、日常的なユーモアを通じてしなやかに演じた「江分利満氏の優雅な生活」も彼ならではの名演である。

しかし小林桂樹のもっとも小林桂樹らしい演技として人々に深く印象づけられているのは、例えば松山善三監督・脚本の「名もなく貧しく美しく」のろうあ者夫婦の夫のように、一見平凡な、気のいい、しかしシンの強さを持った人間であろう。ということはつまり、平凡な人間としてのわれわれが、実はひそかにそうでありたいと思っている人間像である。そしてついには実に風格の豊かな名優となったのである。

その風格で見せる晩年の作品としては、大林宣彦監督の「あの、夏の日・とんでろじいちゃん」での、元校長先生のおじいちゃんが素晴らしい。威厳とおどけたところを併せ持った老人である。人間誰しも、老いてはこういう人間になりたいのではなかろうか。（映画評論家）

二〇一〇年一〇月一日

「らしくない」芸風貫く
池内淳子さんを悼む

鴨下信一

初対面はもう50年も前になる。たしか甲府のロケにご一緒した。その時「テレビって二等（今のグリーン車だ）に乗せてくださるんですねえ」と言われたのをよく覚えている。

そろそろ娯楽の王者の地位は映画からテレビへと移りつつあったが、まだ銀幕のスターは電気紙芝居になんぞ出てはくれなかった。ただ池内さんの所属していた新東宝は経営が弱体で（1961年倒産）、比較的早くからスターを放出していたから、池内さんは映画界からテレビに進出した俳優のパイオニアに（いや応なしに）なった。草創期のテレビの懐だって苦しかったが、かなり見えを張っていたのである。

それにしてもスターらしくない、正直で率直な物言いをする人だなあと思ったものだ。この〈～らしくない〉ところは、以後一貫して池内さんの特色となる。

いろいろ苦労はあったはずだが、すぐに昼の〝よろめきドラマ〟でテレビの人気者になる。これだって〈らしくない〉。普段は色気のない人で、平気で化粧もしないでリハーサルに現れるから「今日は記者の人が来るから」といちいち電話しておく必要があった。それでも、例えば映画「けものみち」（65年）の色気など凄絶（せいぜつ）なものがあったから不思議だ。

みるみる大スターとなり、トップタイトルをとり、舞台では大劇場の座長となるが、謙虚で控えめで、まったく〈らしくなかった〉。一番印象的だったのは3時間ドラマ「女たちの忠臣蔵」（79年）で、当時の有名女優が根こそぎ出たといわれる豪華配役の中で、大石内蔵助の妻りくという主役をはってもビクともしなかった。謙虚で控えめはそのままで…というところがすごい。

〈らしくなさ〉を芸風にまでしてしまったのが、いかにも池内さんらしい。代表作はやはり「女と味噌汁」シリーズだろう。池内さん演じる〝てまり姐さん〟は売れっ子の芸者のくせに屋台でみそ汁を作る。それがまた絶品というのだから〈らしくない〉典型で、こんな役は池内さんにしかできっこない。

最後にご一緒できたのは「初蕾（はつつぼみ）」で、池内さんは宮沢りえの脇に回ったが、そんなことを気にする人ではなかった。何とも惜しい人だけれど、これはまさしく池内さん〈らしく〉、ひっそりと人生の幕を下ろされた。お別れ会は誕生日の11月4日に行われるという。（演出家）

二〇一〇年一〇月八日

自在で斬新な伸びやかさ
書家の榊莫山さんを悼む

黒田杏子

榊莫山先生がこの世を発（た）たれた。若き日、詩の同人誌の仲間であり、莫山芸術を支えて、ともに歩みつづけてこられた美代子夫人に代わって、ご長女のせい子さんが電話で話してくださった。

5年ほど前、すでに先生は鉛筆で書いておられた。「葬式はいらない。息を引きとったら、家族だけで枕辺（まくらべ）で般若心経を上げて火葬場にゆき、骨あげののち、新聞社などにお知らせする」

「枕辺に集う者の名前もきちんと記されていましたが、そののち結婚、出産をした者がおりまして、当日は18人が集いました。榊家は真言宗豊山派ですが、お坊さまもお迎えしなくてよいとのことでした。しかし長年のおつき合いのある東大寺北河原公敬別当や執事長さまがお運びくださり、ねんごろなお経を上げてくださいました。ありがたいことでございました」

美代子夫人もせい子さんも裏千家の茶人。しめやかなその声の向こうに、昔から榊一邑（ひとむら）と呼ばれてきた3千余坪の秋色濃い大屋敷のたたずまいが目に浮かんでくる。

母屋には「草庵」、門には「山居」、アトリエには「柝庵（たくあん）」の額がそれぞれ掛かる。美代子夫人の茶室は「看雲亭」と「休庵」。「柝とは拍子木のこと。私はたった独りだから、自分で自分の尻をたたきつづけていないと」。おびただしい筆の数。山積みの紙の嵩（かさ）。詩書画と呼ばれる独自の莫山芸術はこの空間から生み出されたのだ。

1981（昭和56）年、ご両親亡きあと、大阪暮らしをきり上げて産土（うぶすな）の地に戻られた榊家の17代。長屋門を貫く広やかな丹波石の飛び石。莫山書の宇宙のように自在で斬新。何ものにもしばられない伸びやかさが美しく、なつかしい。

20年も昔のこと。京都・嵯峨野寂庵から中継の吟行句会番組にゲスト出演された。瀬戸内寂聴さんの当日句「かきくわりんくりからすうりさがひとり」を色紙の上部三分の一ほどのスペースにさっとご染筆。呆気（あっけ）にとられた私に、「自分の句を書家に書いてもらって臨書するのはダメですよ。自分の句の呼吸は作者本人にしか分からない。お手本を書いてもらってはいけない。あなたの句はあなたのレイアウトで、あなたの筆勢で書いてこそ価値がある。落款も好きな位置にね」と。

莫山先生の書は書籍、テレビ番組のタイトル、看板、商品名などあらゆる場面に親しみやすく生きている。しかし東大寺で頒（わ）けていただける写経のお手本などを見れば、いかに峻厳（しゅんげん）で格調高く、気迫のこもった書であるかをも知らされる。

大津の園城寺三井寺に建つ碑は「三井寺の門たたかばやけふの月」で、句の後に「元禄四年芭蕉、莫山かく」と添書のある大きな自然石。文房四宝に関しては言うまでもなく、空海や良寛、芭蕉などについての独自の検証と見解が示されている著作の数々。人間のいとなみと、山川草木虫魚に至るこの世の森羅万象に対する批評眼とやわらかなまなざしに満ちた詩書画の作品に、このたびあらためて学んでゆきたいとこいねがっていた私に、せい子さんが静かに告げられた。

「父は大好きな『大和八景』をはじめ、気に入っていた大作のびょうぶなど、代表作130点余を自選しておりました。すでにすべて三重県立美術館に収蔵していただいております。父は大往生を遂げさせていただいたのだと、いまそのことに感謝をしております」

（俳人）

二〇一〇年一〇月一二日

新時代担った永遠の二枚目
池部良さんを悼む

白井佳夫

池部良は「青い山脈」「暁の脱走」「恋人」あたりから新時代をつくった、戦後の日本映画を代表する永遠の二枚目スターであった。ただし映画デビューは1941年という戦中派で、中国や南方戦線にも軍人として参加し、中隊長として敗戦を迎えた経歴の持ち主である。実は大正世代の日本人なのだ。

監督志望で東宝に入社したのだが、松竹から東宝に移ってきていた島津保次郎監督という、ホームドラマ作りと新人スター育成の名手に才能を認められ、太平洋戦争の始まった年に、「闘魚」で俳優としてデビューした。さわやかな甘いマスクと、知的な二枚目としての個性で、やがて戦後の東宝映画の屋台骨を支える、華のある大スターに成長していく。

もっとも戦後の東宝は、スターとしての彼を、量産する商業映画の中で少々パターン化して使いすぎて、「どんな映画に出てきても、いつものさわやかな池部良自身」といったイメージを作ってしまった気味があった。

そんな彼にまったく新しいキャラクターを提供したのは、意外なことに対抗会社の松竹であった。渋谷実監督が52年に「現代人」、小津安二郎監督が56年に「早春」、篠田正浩監督が64年に「乾いた花」で彼を使って、鮮烈な新境地を開かせた。

スターの貸し借りを厳しく禁じた「5社協定」というものが存在する当時の日本映画界にあっては、これは稀有（けう）なることであった。それを押し切って、またホームグラウンドの東宝映画にも出演し続けたあたりが、彼の大スターとしての実力というものだろう。

「乾いた花」あたりで中年期を迎えた彼は、さらに東映の任侠（にんきょう）映画「昭和残侠伝」シリーズや「冬の華」などで高倉健を支えて、カラー・ワイドのスクリーンに、人間味のある新しい役柄を切り開いていく。

その間の東宝系での仕事では、「若い人」「芸者小夏」「白夫人の妖恋」「雪国」「花影」「けものみち」「暗夜行路」などが記憶に残る。さまざまな女性スターたちと共演した彼が、私とやった対談集（「銀幕の大スタアたちの微笑」日之出出版）の中で、印象の強かった相手役として、山口淑子、岸恵子、岡田茉莉子、池内淳子、加賀まりこの5人の名を挙げたのが興味深かった。

名エッセイストとして数々の著作も持つ彼は、終生の念願だった監督をやることだけはついに果たせずに、92歳でこの世を去った。さようなら、いつも若々しく、ダンディーだった池部良さん。（映画評論家）

二〇一〇年一〇月二一日

西欧的感性息づく〝詩人〟長岡輝子さんを悼む

矢野誠一

舞台女優、演出家としての活動が高く評価されて、長岡輝子が第51回の菊池寛賞を受けたのは、2003年の12月だった。東京・ホテルオークラで行われた授賞式に配られる小冊子に、その功績を記すことをたのまれて、来日したマドレーヌ・ルノーをふくめ、ずいぶんいろいろの女優さんが演じたコリン・ヒギンズ原作「ハロルドとモード」のモード役は、1975年に紀伊国屋ホールで演じた長岡輝子をこえるものはなかったと書いた。

受賞の挨拶（あいさつ）で、ステッキに身を支えながら長岡さんは、「女優としてこんなに誉（ほ）められたのは初めて、書いてくださった方いらっしゃる…」と会場をながめまわした。なんだかいたたまれなくなった私は、ただうつむいて挨拶をきいていた。

授賞式がとどこおりなく終わり、広い会場に場所を移し、ごったがえしているパーティーで、「やあ、やっと見つけた」と、いまは亡き演出家の加藤新吉に声かけられて、長岡さんがどうしても挨拶したいと言っていると、美しい老婦人ばかりが占めているテーブルに案内された。立ちあがった長岡さんは、私の顔を見つめながら、しっかりと両手をにぎった。女優さんにあんなにながいあいだ手をにぎられたのは、後にも先にもあのとき限りだ。その夜帰宅した長岡さんは、つきそいの人に「あんなに嬉（うれ）しかったのに、もう矢野さんの顔おぼえてないのよ」と言ったようにきいている。

年があけて、連日の劇場通いに多忙をきわめていたさなか、帰宅したらば留守番電話のランプが点滅している。「長岡輝子です。お年賀状と思ったんですが、どうしても右手が動きませんので電話で失礼いたします」というメッセージがはいっていた。そのテープを私は消去してしまったのだ。悔やんでも取りかえしがつかない。

ライフワークとなった岩手弁による宮沢賢治の童話と詩の朗読は、故郷を同じくすることの詩人の持つ科学性と宇宙感覚に共通する、西欧的な感性が長岡輝子にも息づいていたのを教えてくれた。女優、演出家長岡輝子は、詩を書かなくても詩人だった。

またひとり昭和の女優が遠くへ行った。（評論家）

二〇一〇年一一月一日

時代つくった声の天才
野沢那智さんを悼む

白石冬美

台風の余波の嵐が、いつのまにか深い夜の静寂に変わっていた。「チャコさん、来れる？」。野沢那智さんにそっくりな愛息聡くんの電話の声にはげまされ、靴下もはかずに飛び出した。最後のお別れをして帰宅すると電話が鳴っていて、ニュースで知ったあちこちの知り合いから電子メールが届いていた。那智さんってこんなに慕われていたのだと、あらためて思った。

1967年の夏、TBSラジオで始まった深夜番組「パック・イン・ミュージック」の木曜深夜担当として那智さんと私はコンビを組んだ。当時、ラジオ番組のパーソナリティーの中で、名もなく若く貧しかったのは私たちだけ。

とはいうものの、那智さんは声優の若手としては「お使い得の那智」と呼ばれ、「0011ナポレオン・ソロ」のイリア・クリアキンの声で声優としてたぶん初めて、スタジオの前に出待ちのファンを集めた人気者だった。「ナチ・チャコパック」に押し寄せてくる投書を読む那智さんは一種の天才で、私のあちこちに飛び散る発想もちゃんとつかまえて、話題を広げてくれた。那智さんの絶妙な声のおかげで紹介された青春行状記はさらにリスナーの投書を呼び、15年の長い鎖を編むことができた。

ふだんは顔を合わせることがあまりなかった私たちだから、ラジオのスタジオではいつも新鮮で、マイクをはさんで「赤ランプがつくと人格が変わる」とか「いつも剣山に刺さってないと咲けない花みたい」と芝居の苦労を笑う私を、那智さんは笑って許してくれた。「パック—」が終了してからとしつきを経た今も「時代をつくったね」とあちこちで声を掛けられる、そんなラジオの時間は、那智さんと会わなければ得られなかった、私の生涯の宝物だ。

ジェームズ・ディーンにアラン・ドロン…。あらゆる大スターを吹き替える仕事をした那智さんは「それは副業」と冗談を言った。「本業は？」と私が聞き返すと「演劇！」と答えた。そう、演劇のためなら、人見知りの性格であることも忘れてどこまでも突き進んだ。劇団「薔薇（ばら）座」を主宰して演出し、芝居のためにはぜいたくをして、暮らしは貧乏でも泰然としていた。名作劇「双頭の鷲」も「ベント」も、薔薇座が初演したのだ。若くして稽古（けいこ）場を持ち、いつか劇場を建てるのが夢だった。

最後のお別れで初めて那智さんのほおに触れ、「ナッチャンありがとう」と言えた。嵐の日に、半年間の闘病を家族以外に話すことなく那智さんらしく逝った。残された夢は、その才能を高校時代から受け継いでいる俳優の聡くんに託して…。合掌。（声優）

二〇一〇年一一月一二日

「死ぬ気まんまん」の生涯
佐野洋子さんを悼む

伊藤比呂美

佐野洋子さん。

「100万回生きたねこ」は、夢中で読んだ。とても絵本とは思えない、あまりにケンランゴーカな愛欲の世界に目がくらんだ。でも考えてみれば、あれも「死」についての話なのだ。

佐野さんは最後のエッセーを「私が愛する人は皆、死人である」という書き出しで雑誌に連載していた。

それは「小説宝石」に2008年の5月から翌年の5月まで5回にわたって連載された「死ぬ気まんまん」である。

その第1回目を読んで驚いた。死人が書いてる文章があるとすれば、こういうものに違いない。何の力も入ってない。脈も体温もないのである。

「私はもうすぐ死ぬはずだからである」とサラリと書いてあった。生きている人の話も生活の様子も書いてあったが、今まで読んだどんな死に関する本よりも、死そのものであった。

絵本というのは生きてる人ではなくては書けないものなので、絵本の佐野さんしか知らなかった私は驚嘆して、佐野さんのエッセー集を何冊も読んだ。どれもすさまじかった。

評判の高い「シズコさん」を読んだ後は、しばらく佐野さんの声が耳にこびりついて離れなかった。

自分の身も身内の身も切り刻みながら書きつけるようなその声は、耳をふさぎながらも聴き取らずにはいられなかった。

母を娘が書くには、このような書き方しかないのかと思うと哀れであった。佐野さんだけじゃない、わが身も含めた娘たちすべてが哀れであった。しかしまた、佐野さんが書いてくれたから、娘たちはもう書かなくていいのだとも思った。そう思うと、ありがたくてたまらなくなった。

「死ぬ気まんまん」の最終回は、次の3行で終わる。「死なない人はいない」。

そのとおりだ。私は声を合わせて唱えたかった。それから「そして死んでも許せない人など誰もいない」

ああすごい。身体ごとぶつかって出た言葉である。

そして次の1行で連載は終わる。表現する佐野さんもここで終わる。

「そして世界はだんだん淋（さみ）しくなる」

これは残った私たちの世界だ。これを書いてるときには佐野さんはもう死んでいて、死人の目で私たちをみつめていたかのようだ。

佐野さん、ありがとうございました。死ぬ気まんまんで生き抜いてみせてくださった。佐野さんという個体が死に切ったその瞬間まで、その生は、さぞ納得のゆくものであったろうと、後ろから歩いていく私たちは確信いたします。（詩人、エッセイスト）

二〇一〇年一一月一六日

前向きな言葉、歌に込め 星野哲郎さんを悼む

伊藤強

戦後歌謡界を代表する作詞家の星野哲郎さんが亡くなった。テレビは水前寺清子の「三百六十五歩のマーチ」を流しながら訃報（ふほう）を伝えている。

何といっても、やはりこの名曲が思い出される。チータの明るく元気なキャラクターを十分に生かした応援歌には、星野さんの持ち味である前向きな言葉が詰まっている。歌手と作詞家の長所が合わさり、二人の代表曲となった。

輝かしい道のりを歩むことになる作詞家のデビューは1953年。初代コロムビアローズの「チャイナの波止場」だった。その後、「若いムスメはウッフン♪」というセクシーな歌詞で話題になったスリー・キャッツの「黄色いさくらんぼ」を手掛けたほか、作曲家船村徹と組んだ北島三郎の「なみだ船」、畠山みどりの「出世街道」、大下八郎の「おんなの宿」などヒット曲を出し続けた。

北島には「兄弟仁義」「函館の女」「風雪ながれ旅」といった長く愛される歌を提供。さらに鳥羽一郎の「兄弟船」や都はるみの「アンコ椿は恋の花」、小林旭の「昔の名前で出ています」など、それぞれの歌手に欠かせない名作を生み出した。そして、渥美清に書いた映画「男はつらいよ」の主題歌も忘れてはならないだろう。

歌が歌手を支え、力づけてきた。少し大げさな言い方をすれば、歌手たちにとっては「神」のような存在でもあった。

このように派手な仕事ぶりではあったが、日常の生活は地味に過ごしていたという。朝の散歩の際に、捨てられているペットボトルを拾って歩いたということも、星野さんの実直な生き方をよく表している。会って話をすると、物腰の柔らかい人だった。

星野さんが一貫して描いてきたのは、日本の田舎の風景と、人間が生きているという実感だった。どこか懐かしさを感じさせる歌は日本人の郷愁を誘った。そして、それは都会に暮らす人たちが心の片隅に抱いている「自身の田舎」へのオマージュともいえる。

このような作詞家は、もう僕らの前には出てこないだろう。返す返すも残念である。心から哀悼の意をささげようと思う。合掌。（音楽評論家）

二〇一〇年一二月七日

狂言自立させた生粋の役者
茂山千之丞さんを悼む

木津川計

いつ枯れるのか、そう思わせるほど80歳を超えてなお盛んだった狂言の茂山千之丞さんが87歳で逝った。

豊かな声量。能楽堂を美声がビーンと突き抜けた。それだけに新劇人との共演では小声で話しても、隅々に届いた。

千之丞さんには華があり、知性があった。桂米朝さんと一脈通じたのも、共に似通う芸風と資質の持ち主だった故だ。

関西・大蔵流の戦後第1世代だった。兄・千作さん（人間国宝、文化勲章受章者）と双発のターボジェットを全力で吹かし、狂言という飛行機を低く、高く駆った。

狂言が低迷していた戦後、千之丞兄弟は学校公演に熱心だった。子供に支持されてこそ将来を嘱望できる。そう思えばこその先行投資、講堂から狂言ファンがいっぱい育った。

大急ぎの復権も図ろうと、京都市主催の「市民狂言会」に兄弟で力を入れた。担当者が私に語った。「大きな声では言えませんが、むちゃくちゃ安いギャラで出てくださってます」。1957年に始まって今日までに220回。狂言の復権は千之丞さんたちの低空飛行の所産だった。

千之丞さんは高くも飛んだ。狂言の世界に閉じこもらず、歌舞伎、新劇、ラジオやテレビドラマへの出演や演出に冴（さ）えをみせた。若いころは「ストリップの演出もした」と内緒で話してくれたこともあった。

千之丞さんの最大の功績は、能に付随した狂言を自立させたことだった。むろん間（あい）狂言や演能会での狂言としても能とは一体だが、「能狂言」というくくられ方に異議を唱え、「能と狂言は全く別の演劇」と今日盛況の狂言会、その基盤を築いた。

生来の反骨精神で、リベラルな学風の大阪商科大（現大阪市立大）に憧れて入学、弾圧の戦中ひそかに講じられるマルクス経済学を聴き、学徒出陣。死にたくなかったから陸軍の経理学校に入学し、命を永らえた。

雑誌「上方芸能」にも苦言を寄せ、「『週刊金曜日』的辛口時評を」と痛いところを突かれた。革新の立場を崩さなかったから文科省ににらまれ、人間国宝への道を阻まれた。

生粋の〝狂言役者〟だった。人間くさい僧を演じた「無布施経（ふせないきょう）」、女好きの「花子（はなご）」、わわしい女の「鎌腹（かまばら）」などが秀逸だった。

大阪が文楽とお笑いの漫才なら、京都は能と「をかし」の狂言で際立つ。品のいい京都を守り続けた狂言役者の退場である。「さようならあー」と私はいつまでも手を振る。（「上方芸能」発行人）

二〇一〇年一二月一六日

柔軟性の中にあるポリシー
戌井市郎さんを悼む

藤田洋

1916（大正5）年生まれ、94歳の長寿を全うしたが、亡くなるまで現役の演出家というのは希有（けう）である。35年から演劇生活にはいり、創立から参加した文学座ひと筋に73年も続けてきた。

そして97年に先立った杉村春子と共に、劇団を支えてきた。長い歳月のあいだには、63年の劇団分裂騒動がおこり、三島由紀夫作「喜びの琴」上演中止、さらに脱退騒動などが起き、昭和40年代は多難だったが、矢面に立たされたのが杉村春子で、戌井市郎はその杉村をバックアップしてきた。そして杉村の当たり役の「女の一生」「華岡青洲の妻」など、50本以上もの演出を担当している。

文学座ばかりではない。新派、歌舞伎、大劇場からアトリエなど小劇場でも精力的に演出をしてきた。舞台に関しては多岐にわたっているが、そのどれもが安定した成果をあげてきたのは、柔軟性の背景にしっかりとしたポリシーを持っていたことが挙げられよう。だからこそ、信頼をかち得てきたのだと思う。そして「舞台」をつくるノウハウを、からだに十分しみ込ませてきたのは、新派の俳優だった喜多村緑郎の血を引いているDNAと関連していたのかも知れない。

自著に、チェーホフは夢であった―という一節がある。日本の芝居ばかりでなく、海外の作品にも触手をのばしている。気持ちの上では、90歳を過ぎても若い孫世代の演劇人たちを応援してきた。この精神的な若々しさが、演出に〝老い〟を感じさせなかった理由になっているといえよう。

新劇という枠組にとらわれずに、歌舞伎や浄瑠璃も新しく脚色して舞台にのせてきた。近松の「国性爺合戦（こくせんやかっせん）」「鑓の権三（やりのごんざ）」「心中宵庚申（しんじゅうよいごうしん）」それに「牡丹灯籠（ぼたんどうろう）」など、古典にも造詣の深い戌井氏の本領が示されていた。

こんなにも数多くの演出を、これだけ長い年月続けてきた人物は、過去にいなかったと思うと戌井氏の功績の大きさをあらためて感じる。

晩年は舞台で新内節を語り、小劇場のパラダイス一座「オールド・バンチ」などに出演して味のある演技で楽しませてくれた。演劇人として、見事な一生を完結させたといえる。

（演劇評論家）

平成二十三年

2011

二〇一一年一月一日

自然体貫いた映画の申し子
高峰秀子さんを悼む

白井佳夫

高峰秀子さんが12月28日、肺がんにより86歳でこの世を去った。もう随分長い間、夫君の松山善三さんとともに、電話番号も非公開にして、俗世間との交流を絶っていた。自分たちの老いを見つめながら、自適の生活を送っていたようなのだが、その訃報に接すると、あらためて大きな感慨を抱かざるを得ない。

映画の黄金時代だった昭和という時代の、日本映画のシンボルそのもののような女優の死である。1929（昭和4）年に5歳で映画の子役となってから、165本余り（前・後編ものなどがあって、正確な計算が難しいのだが）の映画に出演しているという、まさに日本映画の申し子のような人なのである。

山本嘉次郎監督の「綴方教室」「馬」、木下恵介監督の「カルメン故郷に帰る」「二十四の瞳」、成瀬巳喜男監督の「浮雲」「乱れる」、松山善三監督の「名もなく貧しく美しく」「われ一粒の麦なれど」、稲垣浩監督のカラー版「無法松の一生」、豊田四郎監督の「恍惚の人」といったように、世評の高かった出演作品を挙げていくだけでも、たちまち日本映画史ができてしまう。

彼女自身にも何度もインタビューしているが、ご当人はサバサバとしたお人柄で、「私、自分が出ている映画の完成品を、ほとんど見ていないのよ」などと言って、情に絡んだ思い出話などは、あまりしてくれない。私が解説者をやっていたテレビの映画番組にゲスト出演をお願いして、「その局のギャラでは、私の出演料に届かないのよ」と、あっさりと断られてしまったこともあった。

それも、嫌みのない自然体で、サラリとである。まさに彼女の演技そのものをシンボライズするように。要するに、彼女はそういう生き方を、女優としても人間としても貫いてきた、日本的な合理主義者なのである。

そんな彼女の個性を反映した代表作として、私は木下恵介監督の「女の園」、成瀬巳喜男監督の「稲妻」、五所平之助監督の「煙突の見える場所」、豊田四郎監督の「雁」、小林正樹監督の「この広い空のどこかに」などを好きな作品として挙げたい気がしている。彼女が自然体で、生き生きとしていた映画として。

こんなことを書くと「白井さんがまた、まじめな顔でわざと世の常識に反対したようなことを言って！」などと、ニコニコと笑われてしまいかねないのだけれども。

高峰秀子さん、あなたが日本映画に残してくれたとても大きな財産に、心からの敬意を表して、追悼の辞とします。（映画評論家）

二〇一一年一月五日

常に若々しかった名手
中村富十郎さんを悼む

上村以和於

中村富十郎さん死去の報のあった4日、東京・新橋演舞場の初春興行の夜の部が開演し、「寿式三番叟（さんばそう）」の幕が開いて中村梅玉の翁、中村魁春の千歳、坂東三津五郎の三番叟とともに、満11歳の中村鷹之資の附千歳がせり上がってくると、場内は何とも名状しがたい空気に包まれた。

思えば前日のこの時刻には、富十郎はまだこの世に在ったわけで、父を亡くしてまだ一昼夜もたたないうちに、幼い少年俳優がけなげに舞台に立っている。しかも本来なら、他ならぬ富十郎自身が、翁の役で舞台に立っているはずなのであって、その人の不在をひとしお強く、思わないわけにはいかない。

たまたまそういう日に観劇をするというのも巡り合わせだが、永年さまざまな舞台に接してきた私としても、これはついぞない経験だった。

70歳近くになって鷹之資という跡継ぎができ、長老として遇されるという自分の居どころを、歌舞伎界に安定した形で得るようになってから、富十郎の舞台に、私はある安らぎのような美しさを覚えるようになった。

役者人生としては紆余（うよ）曲折の多い行路をたどらざるを得なかった人だが、そんな頃、たまたまもらった私信に、とにかく良い芸をして見る人に喜びを感じてもらう、それが自分にとっての喜びなのだという意味のことが書いてあった。私はこの人の芸を、心の哀しみに重ね合わせて読んだりしたが、晩年の安らぎはそのまま、芸の豊饒（ほうじょう）さに通じていたと思われる。

芸そのものの形が変わったわけではない。かつて三島由紀夫が「ブリリヤント」という英語を使って評したその目覚ましい闊達（かったつ）さは、私がはじめてその舞台に接した当時から（思えばもう半世紀になる！）、本質的にちっとも変わらないといっていい。

この人は、学ぶべき技巧や技術は、ひとりの舞台人として立ったとき、既にほぼ完璧に身につけていたかのようですらある。天才であるゆえんであろうし、だからその芸は老けるということを知らず、常に若々しかった。八十翁という年配、卓越した芸からいって、長老として遇されることに少しの不思議もなかったが、しかしこの人ほど、「老」という字に似つかわしくない人もなかったろう。

若くして高く評された舞踊をはじめ、古典から新歌舞伎まで、いわゆる芸域も広かったが、上手（うま）いとか芸達者とかいうよりも、良いものを見たという喜び、富十郎の舞台からわれわれが得るものはそれだった。名手という言葉こそふさわしい人だった。（演劇評論家）

二〇一一年一月一一日

分析厳しく、センスに脱帽

横沢彪さんをしのぶ

沢田隆治

お会いするといつも笑顔で「先輩」と呼んでくれた横沢彪さんとは、1980年1月が初対面。私が「花王名人劇場」の漫才企画を演出していた国立演芸場にみえて「フジテレビの横沢です」と名刺をいただいた。それからは漫才企画の収録には必ずおみえになったし、私が都内で催される笑いの公演を見にいくと、そこでも必ず横沢さんの姿があった。

横沢さんは、フジテレビのプロデューサーからレコード会社のヴァージン・ジャパン（当時）、吉本興業へと劇的に転身されたが、その30年の間、共に「新しい笑い」というテーマを追いかけているという間柄であった。その間には対談の場で長時間語り合うこともあり、ことに吉本興業に入られてからは、亡くなられた林裕章社長と共にお会いすることが多くなり、柔和な顔でズバリと語られる分析や厳しいタレント評がたのしみだった。

「オレたちひょうきん族」のころ「顔に似合わず厳しいことポンポンいう人でっせ」と、仕事を通じてお笑いタレントからきいていたお人柄は終生変わらなかったようだ。いまのテレビ界や、同じような企画ばかりみせられるお笑い番組に〝ズバリ発言〟をする人がほとんどいなくなったいま、この人をなくしたことの損失は大きい。

「1980年、日本中に漫才ブームが吹き荒れた」と昭和の記録に残されている社会現象を演出したプロデューサーとして、横沢彪さんは永遠にその名を記憶されるに違いない。80年、フジテレビの横沢さんがテレビ史に名を残した最初の番組は、4月に放送された「THE MANZAI」だった。

その3カ月前に「花王名人劇場」の枠で放送した「激突！漫才新幹線」は、横山やすし・西川きよし、星セント・ルイス、B&Bの3組の漫才だけの出演という、どう考えても低予算の企画が、ゴールデンタイムで2桁の視聴率をとってテレビ業界に衝撃を与え、漫才ブームはここからスタートする。

私はそのブームの仕掛け人といまだにいわれる光栄に浴しているが、その私が、この新しい潮流を「漫才」から「マンザイ」とカタカナで表現するしか考えられなかった時に「MANZAI」と表現した番組タイトルをみた瞬間に、私は横沢さんのセンスに脱帽した。

以来、いつも横沢さんが「先輩」といわれるたびに「年齢だけの先輩です」と返していたのだ。いま私は〝大切な先輩〟を失った悲しみにくれている。（メディアプロデューサー）

二〇一一年一月二四日

漫才の正道まっすぐに喜味こいしさんを悼む

権藤芳一

喜味こいしさんが亡くなった。上方のしゃべくり漫才の正道を、まっすぐに歩んできた人である。

両親が旅回りの芸人だったので、先に亡くなった兄の夢路いとしさんとは、子供のころから兄弟コンビの少年漫才で舞台に立っていた。純粋の上方生まれ、上方育ちではない。しかし早くから関西に定住し、子供から年寄りまで、家族中で楽しめる笑いの芸、健全な漫才を目指していた秋田実に師事していた。戦後、若手漫才師の「MZ（漫才の頭文字）研進会」の中心として芸を磨いた。

それにしても「漫才」という芸態は実に残酷で、最良のコンビの片方が亡くなれば、それで終わりなのである。継承するネタもなければ、伝える演目もない。すべて、2人のコンビで練り上げ、それがどんなに高い芸境にあっても、1人欠ければ、すべて終わりなのである。コンビを失って、そのまま消えてしまった人、新しいコンビを組んでも成功しなかった例を数多くみてきた。

しかし、こいしさんは、兄貴が亡くなったあとも、漫才こそやらなかったが、上方演芸界の長老、ご意見番として、いろいろな番組に出演し、後輩を指導してきた。誰からも慕われる温厚な人柄であった。晩年のばした白ひげも、ご隠居らしい風格に似合った。

1963年、これからの上方芸能はどうあるべきかと、能、狂言、歌舞伎、文楽、舞踊、落語など、当時の若手や評論家がジャンルを超えて集まり語り合う「上方風流（かみがたぶり）」というグループを、桂米朝さんらを中心に結成した。実は、私も参加していた。

漫才界からはいとし・こいしのコンビに加わってもらった。この2人は、他とはどこか違うという感じだったからである。

上方、大阪というと、何かドギツイというイメージがまず先行するが、2人はギャグやアチャラカとは無縁で、淡々とした口調で日常茶飯事を話題に、さりげなく笑いをとる、上品な芸風だった。先のグループで同人誌を出していたが、毎号、2人による「社会時評」の原稿をキッチリ寄せてくれた。律義な性格だ。

戦前、戦後の関西芸能界の生き字引的存在で、岩波書店から「いとしこいし　漫才の世界」「いとしこいし想い出がたり」の2冊を出版している。漫才師としては希有（けう）なことである。（演劇評論家）

二〇一一年三月一一日

奇跡の出会いでリアルな芸　坂上二郎さんを悼む

西条昇

〝欽ちゃん〟こと萩本欽一と〝二郎さん〟こと坂上二郎の出会いは、いま思えば〈お笑い界の奇跡〉と言っていいだろう。

浅草フランス座の若手コメディアン同士として共演した二人は、5分のコントをアドリブの応酬で30分近く演じてしまい、支配人に叱られたことがあるという。

当時の楽屋ではライバル意識から一言も会話を交わしたことがなかった二人だが、その後、キャバレーで司会の仕事をしていた坂上が、何げなく萩本に電話をかけて会うことに。萩本が一人で演じるつもりだったコントのネタを話したところ、坂上がアドリブで相手役を演じだして二人用のネタが完成し、そのままコンビ結成となった。

まず、コントの二人組ということ自体が新鮮だった。それまでは、脱線トリオ、てんぷくトリオなど、三人組のコントがウケており、二人組といえば漫才コンビというイメージが強かったのだ。とんねるず、ウッチャンナンチャン、さまぁ～ずなど、現在数多く存在するコントのコンビの道筋を作ったのが「コント55号」であることは間違いない。

新しい盆踊りの振り付けを頼まれた坂上に、町内の世話役に扮（ふん）した萩本が「後ろ足でチョンチョンってした後にフラメンコ風のを入れてもらえますか？」とリクエストすると、坂上は見事にフラメンコ風の盆踊りを踊ってみせる。

お経を上げる小坊主役の坂上に、和尚役の萩本が「次はジャズ調で」「今度はオペラ風に」などと注文を付けるコントでも、坂上はそのたびに注文に応え、客席の喝采を浴びた。

つまり、何でもできてしまうのだ。そこへ萩本が注文をエスカレートさせたり、順番を入れ替えたりすることで坂上を混乱させ、笑いにつなげた。55号のコントは萩本のへんてこな発想力や感性と、坂上の芸や表現力とのぶつかり合いの面白さだったといえると思う。

また、坂上は同じネタでも初めてのようなリアクションができたし、まるで本当に困ったり、疲れたりしているように見せることもできた。そうしたリアリティーのある芸が、テレビというメディアの本質にピタリと合った。

笑いすぎて涙が出るという体験を何度もさせてくれた二郎さんに心からお礼が言いたい。

（お笑い評論家）

二〇一一年三月一五日

戦後の前衛美術を領導
中原佑介氏を悼む

建畠晢

戦後の美術評論の重鎮、中原佑介氏が亡くなった。学生時代に氏の評論の明晰（めいせき）な論理性に魅せられて以来、久しく私淑してきたし、またある時期からはご一緒の仕事に携わる機会も少なからずあった方である。

中原氏が批評活動を始めたのは1950年代半ばのことである。東野芳明氏、針生一郎氏とともに〝批評のご三家〟と称された彼は、執筆活動のみならず展覧会の企画にも積極的に取り組み、前衛的な美術の動向を領導し続けた輝かしい存在であった。他のお二人はすでに他界されており、いま氏を失ったことで戦後美術という言葉が文字通り過去のものになってしまったという思いを禁じることができない。

〝ご三家〟の批評のスタイルは対照的で、東野氏が文学者的、針生氏が思想家的であったのに対して、中原氏の場合は優れて科学者的であったといえよう。事実、彼は京大の湯川秀樹研究室で理論物理学を学んだのだが、博士課程在学中に美術評論の新人賞を受けたとき、湯川先生に二兎（にと）を追うものは一兎も得ずと諭され、迷うことなく批評家の道を選んだという。この転進によって、幸いなことに私たちは芸術の分野における卓越した理論家の誕生を見ることになったのだ。

最近、海外からも注目されている彼の業績に、「人間と物質」と題された展覧会（70年、第10回東京ビエンナーレとして東京都美術館で開催された）がある。広大な彫刻展示室の床や壁、階段を白い布で覆い尽くし（クリスト）、あるいは美術館前の公園の地面に鉄のリングを埋め込む（リチャード・セラ）といった、きわめて先鋭な実験的作品ばかりを取り上げたもので、当時は賛否両論が渦巻いた。私も会場で度肝を抜かれた記憶があるが、まだ若かった参加アーティストの多くが、今日では巨匠というべき地位にあることを思うなら、氏の企画の先駆性は高く評価されるべきであろう。

こうした作品はやがて〝インスタレーション〟と通称されるようになったが、氏自身にとって同展は、作品はそれが設置される場との関係によって成立するという論理に基づくものであった。具体的には、美術館、額縁、台座といった枠組みが、芸術作品を見るという私たちの意識をあらかじめ規定してしまっているというわけである。先のクリストやセラの試みも、彼にとっては芸術を芸術たらしめている制度に対する根源的な批評性をはらむものであったに違いない。主著「見ることの神話」（72年）などで展開したこうした考えは、若い世代のアーティストたちをも大いに刺激することになった。

その後、中原氏は若手のホープであった高松次郎から近代彫刻の孤峰ブランクーシ、さらには韓国やメキシコ美術にいたるまでの幅広い領域にわたって透徹した論考を展開してきた。また兵庫県立美術館長をつとめ、晩年は美術評論家連盟の会長に就任するなど、美術界の中枢的な役割をも担ったが、本質においては氏は自由な在野精神を貫いた論客であったように思う。比類のない知性に支えられた批評家としての姿勢に、あらためて畏敬の念をささげたい。（京都市立芸大学長）

二〇一一年三月一八日

風狂の人だった
吉村益信氏を悼む

磯崎新

東京・新宿に今もある「新宿ホワイトハウス」（1957年）は、美術家の吉村益信（よしむら・ますのぶ）からの注文で、大学院生時代の私が設計した彼のアトリエであった。美術家で作家の赤瀬川原平（あかせがわ・げんぺい）が、著書「いまやアクションあるのみ！」に記したことから、この3間（約5・4メートル）立方のホワイトキューブの空間が、日本現代美術史における伝説の地のひとつになった。

前衛芸術集団「ネオ・ダダイズム・オルガナイザーズ」（通称ネオ・ダダ）は、60年安保闘争のなされるなか、ここで旗揚げされた。廃品を山積みにし、異様な風体で街頭パフォーマンスを繰りひろげた。風狂であった。アバンギャルドの概念は西欧近代に由来するとはいえ、そこには、日本土着のわびしさと達観されたまなざしがあった。これを主宰した吉村益信が逝った。享年78歳。

芸術的騒乱を一瞬の閃光（せんこう）のように起こしてすぐに渡米。60年代末に帰国してからは、巨大なカラスや、ブタの輪切りのようなポップな立体の連作で注目を浴びたが、吉村益信は次第に内省的になり、不思議な気分に襲われる物体の制作をはじめた。禅の公案を作品化したといってもいい。

新宿（東京）やソーホー（ニューヨーク）のような大都会の現代アートの騒がしさから離れて、目を自然にむけていた。宇宙とじかに向きあおうとしているように私にはみえた。そして山中にこもって30年過ぎた。

建築史家の藤森照信（ふじもり・てるのぶ）が、赤瀬川原平と一緒に、50年昔の事件について語ることを思いついて、ホワイトハウスのクライアントと設計者に声をかけた。

吉村益信はひとり住まいをしていた山から下りてきた。久しぶりにさま変わりした新宿の街を歩いて、旧居にたどりつき、中2階つき木造モルタルの平屋建物の姿を眺めて、汚れてはいても旧状とは変わっていないことを確認した。私には半世紀昔に消えていった記憶が再現されただけだったが、吉村益信には、あの建物の細部にひそむ数々の思いがとめどなく湧きあがり、もどってきているように見えた。

彼がホワイトハウスに住んだのは5年間だけのこと。人生の10分の1にも満たない。だが、あの短いが濃密な時間にひそむ数々の事件は、ひとりのアーティストの人生を超えて、現代日本美術の伝説にも繰りこまれている。その後の残りの時間は、現代美術の枠にはおさまらない、仏さえ気づくことのない「修行」という、パフォーマンスだったと私にはみえる。

60年の新宿での時間が一瞬であったように、30年間という山中の時間も、吉村益信が見据えようとした宇宙からみれば一瞬のことだろう。あの4人の風狂人の再会は、彼が逝く3週間前のことだった。そのひとりが、風になった。（建築家）

二〇一一年三月二四日

米国の幸福な時代の象徴
E・テーラーさんを悼む

渡辺祥子

スキャンダルにさえ華のあった古き良きハリウッドの終焉（しゅうえん）、としみじみ思う。エリザベス・テーラーの死によってスターが豪華な物質文明の象徴である時代は去った。

名優リチャード・バートンと2度結婚したり、離婚を繰り返すなど恋多き女性だった一方では、親友ロック・ハドソンのエイズ死を経験してマイケル・ジャクソンらとエイズ撲滅活動の先頭に立ち、アカデミー賞のジーン・ハーショルト人道賞を贈られた。

そんな彼女を私が間近に見たのは、「ピンク・パンサー2」（1975年）の製作発表がスイスのホテルで行われたパーティーの席でだから、40年近い昔のことになる。その日、ボディーガードに囲まれて登場したハリウッド一の美女は、大きく結い上げた髪を、宝石をちりばめたターバンで巻き、小太りの体をゆるやかなローブに身を包んで竜宮城の乙姫さまのようだった。肌も顔立ちも本当にきれいで、絶世の美女というのはウソではなかった。

エリザベスを略してリズの愛称で呼ばれ、50年代から60年代へとけんらんと咲き誇った32年生まれのエリザベス・テーラーは、「緑園の天使」（44年）などの、撮影所育ちの美少女スターから、「花嫁の父」（50年）「陽のあたる場所」（51年）などに出演して見事に娘役女優へと成長。年齢を重ねて成熟し、体当たりの熱演を見せた「バターフィールド8」（60年）と「バージニア・ウルフなんかこわくない」（66年）で2度のアカデミー主演女優賞に輝いた。清純好みの日本人は「ローマの休日」（53年）で登場したオードリー・ヘプバーンを愛したが、アメリカでの人気は肉感的でゴージャスなリズが圧倒的に強かった。

彼女がもっとも愛した夫、と言われる大興行師、マイケル・トッドが飛行機事故で亡くなった際、慰めてくれた親友デビー・レイノルズの夫を奪って結婚・離婚、という大スキャンダルがあった。だが、それによって名声に傷がつくこともなく、演技力が増したといわれ、スターの中のスターとして生きる伝説になっていったのだから強運の人でもある。

70年代に入るとアメリカ映画界は大きく変わり、美貌の衰えた彼女の出演作の興行成績も振るわなくなったが、それでも常に話題の渦中にいた。病弱を伝えられながらもしたたかに生きたこの希有（けう）な大スターは、ナンバーワンの大好きなアメリカ人が、第2次大戦後、自国の豊かさを世界に示すことのできた幸福な時代の象徴だった。（映画評論家）

二〇一一年三月三〇日

普通を大切に生きた人
佐藤忠良さんを悼む

安野光雅

佐藤忠良（さとう・ちゅうりょう）さんが亡くなる前の日、電話で近況をうかがった際に「元気にしてますよ」とのご返事があり、僕も「忠良さんはもう少しで100歳。お元気でいてくださいね」と話したばかりだった。訃報（ふほう）に驚いています。

忠良さんは僕から見れば大先輩で、偉大な存在だが、何かの弾みで「ねがいは『普通』」（文化出版局）という本を一緒につくることになった。2人には「ごく普通に生きたい」という共通の願いがあった。

普通であることはとても難しい。そう生きたいけど、そうなっていないという戒めの意味もあった。芸術家は特殊で、人とは違うのではないか、と自他ともに見なすきらいがある。僕たちは、立派な作品がつくれさえしたらいいという願いを持っていた。

忠良さんは戦後、シベリアに抑留されていた。解放されたときのことを僕に話してくれた。「シベリアはパリと地続き。ここからなら歩いていけるな」。ふとそう思ったという。解放された喜びと、パリに行きたいという気持ちとが両方あったそうだ。

忠良さんは1981年にパリのロダン美術館で個展を開いた。僕はその個展を見て、忠良さんの話を思い出し、ああそうだった、パリに行きたいという気持ちがこうして実現されたのだなと感無量だった。それほどの彫刻家でありながら、身奇麗に、純粋に生きてきた希有（けう）な芸術家。この個展を機に忠良さんはフランスとイタリアの美術アカデミー会員に迎えられた。

故人の舟越保武（ふなこし・やすたけ）さんとは肝胆相照らす仲だった。ロダン美術館での個展の凱旋（がいせん）展が東京で開かれたとき、舟越さんが車いすで現れた。右手は不自由になっていた。舟越さんは「僕の体が動かなくなり彫刻ができなくなったころを見計らって、こんな素晴らしい展覧会を開くなんて。でも、忠良がいたから励みになって僕も彫刻ができたんだ」と言っていたのを覚えている。

忠良さんも舟越さんのことを認めていた。東京から北海道に行く用があり、盛岡にいた舟越さんに自分が乗る列車を手紙で知らせた。すると、盛岡駅のプラットホームに舟越さんが見送りに来ていた。後に忠良さんは「胸詰まる思いだった」と語っていた。その一瞬で、2人にはすべて分かり合えたのだろう。舟越さんは一足先にあの世に旅立ち、忠良さんも98歳の天寿を全うした。

「ねがいは『普通』」は文庫で復刻する作業が進んでいたが、印刷所が東北にあって、東日本大震災で、刷り上がりが水浸しになった。あらためて製本するにも紙がない。書名は「若き芸術家たちへ」に変えようと考えていた。その方が訴えかけるものも多い。僕には気恥ずかしくて言えないが、忠良さんなら言ってもいいと思った。できあがるのを待っていた。タッチの差で、それを見ないで亡くなられたのが、誠に惜しい。（画家・談）

二〇一一年四月一日

残された宿題
佐藤忠良先生を悼む

三上満良

「じゃあ天国に行くから」

私が最後に聞いた佐藤忠良（さとう・ちゅうりょう）先生の言葉です。でもご臨終のときではありません。

3月5日にアトリエにうかがい、来年開催予定の生誕１００年展の相談をさせていただきました。夕方、階上の寝室に移られる時刻となり、階段に取り付けられた電動の昇降機に座られ、こう申されたのです。いかにも佐藤先生らしいジョークに、思わずふきだしてしまい、モーター音とともにゆっくり斜めに昇っていく先生に手を振り続けたことが思い出されます。喜劇映画のようなこの日のお別れでした。

それから約3週間がたち、先生の生誕地を襲った大震災の混乱がおさまらない中、長女のオリエさんからの電話で、記念館のある宮城県美術館に訃報（ふほう）が伝わりました。

98歳という高齢でしたので、この日が来ることを覚悟はしていたものの、あらためて大きな喪失感を味わっています。さらに、30年来、佐藤忠良作品に接してきた学芸員として、作家の生前に完遂できなかった宿題が多く、後悔の念がよぎっています。シベリア抑留中のこと、戦後の「新しいリアリズム」運動のことなど、聞き残したことがたくさんありました。

何よりも彫刻作品の全容がいまだに分からないのです。亡くなられた後に、「生涯何点の作品を制作されましたか」という質問を繰り返し受けましたが、明確に答えられません。展覧会で発表した作品だけでなく、歴史上の人物を顕彰する像や各界の名士の肖像、各種のトロフィーやレリーフ、メダルなど、仕事は多岐にわたっています。先生が「自主制作」と呼ぶ作品は記録が残っていますが、依頼を受けて制作したものは、全容を把握できていません。

インターネットの普及とともに、先生の記憶の外にある受注制作品の情報が入ってくるようになりました。それを作品と呼ぶかどうかは別としても、制作した事実が証されることで生涯の制作点数は確実に増え続けています。

また、世代を超えて愛読されてきたロングセラー絵本「おおきなかぶ」をはじめ、挿絵やカット、装丁などの仕事も膨大な量にのぼります。これらは彫刻家の余技にとどまるのではなく、彫刻制作と両輪をなす重要な創作表現といえましょう。戦前から始まる「本の仕事」の調査も、やっと緒についた段階です。

そして、佐藤先生は長年にわたり美術教育にたずさわってきました。彫刻や素描など造形作品の研究とともに、教育者として実践してこられたことの再検証も宿題として残っています。最近、１９８０年代に先生が編集に関わった小学校の図工、中学、高校の美術科教科書を読み直し、その内容の深さに気づき、編集や出版の経過を詳しく聞いておかなかったことを悔やんでいます。

前述したように、来年は佐藤先生の生誕１００年。宮城県美術館では、これを記念する回顧展を企画しています。ご覧いただくことは不可能になりましたが、予定どおり開催し、アトリエから昇降機で天国に昇っていった先生に、宿題の進捗（しんちょく）状況を報告したいと思っています。（宮城県美術館学芸員）

二〇一一年四月一一日

米映画代表する社会派
S・ルメット監督を悼む

品田雄吉

何といってもシドニー・ルメットは「十二人の怒れる男」(1957年)で長く記憶されるだろう。それは、彼の初監督映画であり、同時に最高の成功作でもあった。

テレビの演出家だったルメットは、レジナルド・ローズの脚本からテレビドラマ「十二人の怒れる男」を演出した。当時、テレビはまだ、録画という技術を持たず、生放送だった。このドラマはその制約を逆に長所として生かし、リアルタイムで進行するドラマとして、緊迫した現実感を獲得した。さらにルメットはその手法をそっくり生かして映画を初監督し、米アカデミー賞で作品、監督、脚本の各賞の候補に挙げられた。

殺人の罪に問われた一人の少年の裁判をめぐるこの映画の成功は、ルメットを「社会派」として位置付けることになった。以来、「橋からの眺め」(62年)、「質屋」(65年)、「狼たちの午後」(75年)、「ネットワーク」(76年)、「評決」(82年)といった社会性の強い作品で、映画作家としての特色を打ち出していく。

また、例えば「質屋」は、ユダヤ系である質店経営者を主人公に据えて、ルメット自身がユダヤ系であることのアイデンティティーを見つめた作品だったともいえる。

私は、彼が「十二人の怒れる男」に続いて監督した「女優志願」(58年)を高く評価するものだが、そこには、彼のトレードマークとなった「社会派」という色合いとはまったく違った、女優志願の若く初々しい女性の感性とおののきがみずみずしく表現されていた。

一方、豪華キャストの「オリエント急行殺人事件」(74年)などでは、長いキャリアで培った練達の職人芸で見事な娯楽作をつくってみせる。ハリウッド育ちではなく、ニューヨークの演劇やテレビの世界から映画作家になったことから、往時は「ニューヨーク派」と呼ばれたりもしていたが、ハリウッドとかニューヨークとかといった枠を超えて、アメリカ映画を代表する名監督になっていたのは間違いない。2005年にアカデミー名誉賞を贈られたのは当然だったといえよう。

遺作は、07年の「その土曜日、7時58分」。これも生き生きとした緊張感あふれるサスペンス映画だった。(映画評論家)

二〇一一年四月二二日

二つの花束ささげたい 田中好子さんを悼む

反畑誠一

「私たち　お別れなんですね」。キャンディーズの最後のヒットシングルとなった「微笑がえし」の一節である。訃報に接した瞬間、この歌を口ずさんだ。1978年4月4日、後楽園球場（現東京ドーム）で行われたサヨナラ公演「ファイナル・カーニバル」の光景も脳裏に浮かんだ。

「スーちゃん」と叫ぶ野太いファンの歓声は熱かったが、桜の季節なのに肌寒く、小雨もぱらついていたことも思い出した。歩みを振り返ると、田中好子さんが3人組アイドルグループ、キャンディーズのメンバーとして歌手デビューしたのは73年。桜田淳子、石川さゆり、浅田美代子らと同期であった。

原油価格の高騰と供給削減による「石油ショック」が起き、ガソリンやトイレットペーパーなどが品不足になり、スーパーに買いだめ客が殺到したころである。彼女たちは、テレビのバラエティー番組「8時だヨ！全員集合」のアシスタントとしてレギュラー出演したことをきっかけに、「あなたに夢中」でレコードデビューを果たした。

75年2月にリリースした「年下の男の子」が初のヒット曲になり、以来、国民的アイドルグループとして、スター街道をまっしぐらに駆け上がっていった。ラン（伊藤蘭）を真ん中に左側にミキ（藤村美樹）、歌唱力を買われていたスー（田中好子）は右側。3人で愛らしく、洗練された振り付けで歌う独自のスタイルを確立し、アイドルブームの主役になった。

ところが77年夏、突然「普通の女の子に戻りたい」と解散を宣言。翌年4月、活動を完全に停止してしまった。「ザ・ベストテン」「夜のヒットスタジオ」など、テレビの歌謡番組全盛期であり、惜しまれつつの解散だった。その後の動向が注目される中で、スーは女優の道を選択した。

原爆の悲劇を描いた「黒い雨」（89年）で熱演し、日本アカデミー賞最優秀主演女優賞を受賞。活躍の場を広げ、ドラマ「家なき子」やNHKの連続テレビ小説「ちゅらさん」などでも好演、女優として大きな輝きを放った。共演者によると、東京の下町生まれらしい人情味あふれる「お母さん」のような存在だったという。乳がんという病魔と闘いながら挑戦を続けてきた頑張りには頭が下がる。享年55歳。トップアイドルと演技派女優として人生を駆け抜けた「スーちゃん」に二つの花束をささげたい。（音楽評論家）

二〇一一年五月一〇日

最後の活動屋らしい映画人
岡田茂東映名誉会長を悼む

佐藤忠男

東映の社長、会長だった岡田茂さんが亡くなられた。言いたいことをズケズケおっしゃる人で、スピーチを聞くのが楽しみな方だった。

岡田さんが東映の前身の東横映画に入社したのは敗戦後まもない１９４７年。この会社は戦争中に満州にあった日本の国策会社の満映（満州映画協会）から引き揚げてきた映画人たちが中心になって作ったもので、当時大手の映画会社がもうかって仕方がなかった時代に、ここだけは貧しく、Ｂ級娯楽映画をけんめいに作ってしのいでいた。

東大出のエリートだった岡田さんがあえてそんな会社に入ったのは、なにか〝意気に感じて〟みたいなことだったようだ。この会社で早速、保守的な上層部の危惧を押しきって反戦映画「日本戦歿学生の手記　きけ、わだつみの声」を実質プロデュースして大ヒットさせたことを、生涯なにかと誇りにしておられた。

この会社が十数年後には日本でいちばんもうかる時代劇王国の東映になっているのだが、製作課長、撮影所長などで製作現場を直接指揮することが多かった岡田さんの手腕が大きかったことは言うまでもない。

日本の映画産業は60年代、70年代に空前の危機を迎えて、いくつかの会社はつぶれるのだが、この時期を東映が乗り切ったのは岡田さんが陣頭指揮した仁侠（にんきょう）映画や暴力団抗争ものがあったからだ。ただし、これには毀誉褒貶（きよほうへん）がある。時代劇で黄金時代を築いた功労者のひとりであるスターの萬屋錦之介などが中心になって、やくざ映画ばかりでなくもっと正統時代劇をこそ作ってほしいと要望してしばらく東映を去ったことなど、当時東映の製作現場にあった抵抗の一例である。

他にも監督などで東映を去った人たちがいたが、岡田社長は危機を克服するにはこれしかないと商業主義の路線を明確にして乗り切った。ただその路線一本だったので、その路線の流行が終わると低迷することにもなる。そこが後継者に託された難しいところである。

岡田さんは人間的にはとても面白い人だった。率直で豪快で人望があり、人を引っぱる力があった。映画界のスポークスマンでもあった。あくまでも活動屋らしくふるまう映画人の最後の人、だったのだろうか。ああいう力のある人がいまこそほしいときである。（映画評論家）

二〇一一年五月二三日

俳優一家に生まれた性格派　長門裕之さんを悼む

白井佳夫

名性格派スターの長門裕之が、77歳で映画人生を終え、この世を去った。彼は、日本映画の父と呼ばれる、日本最初の監督でありプロデューサーであるマキノ省三を祖父とする、名門映画ファミリーの一員であった。

伯父がマキノ正博監督で、叔母と叔父が沢村貞子と加東大介である。父が沢村国太郎で、母がマキノ智子、弟が津川雅彦という俳優一家の長男として生まれた。

幼い頃から京都の撮影所街を遊び場として育ち、6歳から名子役として活躍した。代表作は稲垣浩監督、阪東妻三郎主演の、戦争中の名作映画「無法松の一生」（1943年）である。阪妻演じる無法松が父親代わりをする、夫を亡くした将校夫人の一人息子役だ。

当時は沢村アキヲという芸名を使っていたので、古くからの映画人は彼のことを「アキヲちゃん」と呼んだ。「無法松の一生」は、戦争中の軍国主義政府の検閲と、戦後のアメリカ占領軍の検閲によって、二重のカットを受けても、なお光を失わなかった名作である。

この映画を使った時代検証のパフォーマンス公演を長い間、各地でおこなった経験を持つ私は、長門裕之とは特に面白い体験を共有している。例えば、その流れの中でNHK衛星放送の初期の頃、この映画の名カメラマン宮川一夫を顕彰する番組を私の司会・構成で作ったときのことである。

宮川一夫とともにゲスト出演した長門裕之は、この映画を見てから出征して戦死した学徒兵の悲痛な手記を朗読して聞かせた時、「そんな思いであの映画が見られていたのか！」と、思わず目に感動の涙を浮かべた。

戦後、大学を中退して若者俳優となった彼は、各社の映画に出演を重ねた後、新しく撮影所を作った日活に入社、本格的にスターの地位を得る。

ヒット映画「太陽の季節」（56年）に、後に夫人となる南田洋子と共演したのである。ついで異能のリアリズム派監督である今村昌平の「盗まれた欲情」「果しなき欲望」（ともに58年）「にあんちゃん」（59年）「豚と軍艦」（61年）に出演して、性格派スターとして地位を確立。

フリーとなってからも「破戒」「秋津温泉」（ともに62年）や、「古都」「にっぽん昆虫記」（ともに63年）「にっぽんぱらだいす」（64年）「とべない沈黙」（66年）などで確固たる存在感をみせた。

その他、「日本残侠伝」や「日本侠客伝」シリーズをはじめとする各社の映画や独立プロの作品で見せた独特の風貌と、滋味深い演技の印象は、長く日本映画ファンの記憶に残るだろう。

晩年の映画では、名美術マン木村威夫が自ら監督した「夢のまにまに」（2008年）で演じた、木村自身をモデルとする主人公の老人役が忘れ難い。さようなら、アキヲちゃん！

（映画評論家）

二〇一一年六月二七日

かけがえない刑事コロンボ P・フォーク氏を悼む

渡辺祥子

ピーター・フォークの名を聞いてすぐに思い出されるのが、着古したレインコート姿がむさ苦しいロサンゼルス市警殺人課のコロンボ刑事だ。

従来の刑事物ならヒーローになりえない、さえない中年男の刑事が、じつはとんでもなく頭が切れる名探偵。権力の座にいる傲慢（ごうまん）で、ずる賢い犯人の犯行を暴き出す。

この刑事像の新鮮さと推理の小気味よさ。ヒーロー像や価値観の大きな変化をもたらしたアメリカン・ニュー・シネマの波が映画界に押し寄せていた1968年に誕生、21世紀に入るまで、断続的に続くテレビドラマ「刑事コロンボ」全69作に主演したフォークは、最初のシーズンの最終回では監督、他の回では脚本も手がけたが、映画ファンにとっては味のある名性格俳優だった。

役所勤めから俳優に転じ、舞台を経て、テレビの台頭で経営状況が苦しくなっていた映画界入り。33歳のときに「殺人会社」（60年）の冷酷な殺し屋で注目され、「七人の愚連隊」（64年）「マイキー&ニッキー」（76年）などでは同じ悪党でも彼ならではの人懐っこさが憎めない味をだして人気を集めている。

その持ち味がいきたのが全米を転戦する女子プロレスラーの世界を描いた「カリフォルニア・ドールズ」（81年）のマネジャー役。なんだかうさんくさいのだけど憎めないおっさんだった。

「ハズバンズ」（70年）「こわれゆく女」（74年）「オープニング・ナイト」（77年）など、米インディーズ映画の先達として知られるジョン・カサベテスが監督した70年代の出演作は、日本では劇場公開が遅れて知られていない。が、いずれも生活の中から生まれるささいな感情を繊細に描写することで人間の心の痛みをえぐった名作ぞろいなのだ。

作りたい映画だけを作るため、資金面で苦労を重ねたカサベテスの公私にわたる盟友として知られるフォークは、カサベテスを、「刑事コロンボ／黒のエチュード」の犯人の指揮者役に招いて共演したこともある。

珍しいところではビム・ベンダース監督の「ベルリン・天使の詩」（87年）にベルリンへ撮影に来たピーター・フォーク自身の役で登場。これも刑事コロンボ・シリーズの世界的ヒットのおかげということだろう。

コロンボがイタリア系を売り物にしていたせいか熱い気質のマフィアのような役を演じることが多かったが、実際には父はロシア系、母は東欧系のユダヤ人。絵を描くことが得意で静物や人物を描き、最後は認知症との闘いだったとはいうものの、演じた役をかけがえのないものにしたことで幸せな俳優人生を全うした人と言えるだろう。（映画評論家）

二〇一一年七月一五日

バレエを小粋で軽やかに
ローラン・プティ氏を悼む

上野房子

20世紀のフランス・バレエ界を代表する振付家ローラン・プティ氏が亡くなった。

小粋な才人だった。彼の手を経たバレエは、古典芸術の堅苦しさを拭い去り、軽やかな風味を醸し出した。年代物のワインが爽やかなシャンパンに様変わりした、といえばいいだろうか。

例えば、ヨハン・シュトラウスのオペレッタを翻案した「こうもり」。紳士淑女がウイットに富んだ恋のさや当てを繰り広げ、観客の頬をゆるませた。古典作品を原典にする「コッペリア」では、人形師コッペリウスを偏屈な老人から都会的な紳士に改め、自ら軽妙に演じてみせた。

時にはユゴーの小説をバレエ化した大作「ノートルダム・ド・パリ」のように、骨太なドラマも生み出した。変幻自在のステップと洗練された美術を駆使して、人の心に宿る輝きと影を的確かつ小粋に描き出す手腕にたけていたのだ。

生粋のパリジャンで、パリ・オペラ座付属学校を経て1940年にオペラ座に入団。生え抜きのエリートは、しかし保守的なバレエ団の枠に収まらずに退団。46年にジャン・コクトーの台本による「若者と死」を、49年には斬新でセクシーな「カルメン」を発表して不動の地位を獲得。ミュージカル映画やレビューの世界でも異才を発揮した。

もちろんプティ作品には、小粋なダンサーがよく似合う。彼は個性と美しいスタイルを併せ持ったバレリーナを愛で、ドミニク・カルフーニ、ルシア・ラカッラなどを世界的スターに育て上げた。中でもプティ氏が手がけた映画やレビューで踊り、歌った夫人ジジ・ジャンメールは、プティ美学の最良の体現者だった。

日本との縁も深かった。長年、芸術監督を務めたマルセイユ・バレエ団を率いて来日を重ねただけでなく、新国立劇場、Kバレエカンパニー、牧阿佐美バレエ団に新旧作品を提供。これらの作品を通して、古典バレエに傾倒しがちだった日本人ダンサーがどれほど成熟し、観客がどれほど楽しいひと時を過ごしたことだろう。

シャンパンのようにすてきなバレエを届けてくれたプティ氏に、心からの謝辞をささげたい。ありがとう！（ダンス評論家）

二〇一一年七月二一日

役者として最高の死に方
原田芳雄さんを悼む

若松孝二

原田芳雄本人には悪いが、最高の死に方をしたんじゃないか。最後の主演映画「大鹿村騒動記」の舞台あいさつにちゃんと出て、お別れをしてから逝った。プロ意識が高くなければ、できないことだ。彼は役者としての死に場所をきちんと考えていたんだと思う。

映画「シンガポールスリング」で、機関銃に撃たれる場面をオーストラリアの砂漠で撮った時を思い出す。芳雄さんは、座ったまま前のめりに死んだ。「あおむけで」と言うと「自分の父親は正座して『ありがとう』と、礼を言う格好で死んだ。自分もそういう死に方をさせてくれ」と譲らなかった。

彼の出演映画を6本撮ったが、撮影期間中は現場でほとんど話をせず、一緒に食事に行ったこともない。監督と役者の関係をわきまえ、自分のやることをきちんとやる。それは感動するほどだった。そして撮影が終わってしまえば、僕とは本当に親しかった。

助監督や若い俳優の面倒をよく見たが、自然体なのにどこか威圧感があり、「なめてかかれない」という雰囲気がある。松田優作は「兄貴」と慕って頭が上がらず、「俺は原田さんの分身のようだ」と話していた。

毎年末、芳雄さん宅に200人ぐらい集まり、盛大な餅つき大会をやるようになって30年近い。俳優柄本明さんの息子佑君を、赤ん坊のころ、芳雄さんが抱いていた。十数年後、ビールをついでいる青年を芳雄さんが「若ちゃん、柄本ちゃんの息子だ」と紹介してくれ、映画「17歳の風景　少年は何を見たのか」の主役にしたこともある。

映画「われに撃つ用意あり　READY TO SHOOT」の配役は、芳雄さんの家で酒を飲みながら、桃井かおりが「この役は私」、松田優作や石橋蓮司が「俺は…」と言って決まった。優作は撮影前に死んだが、芳雄さんの自宅はそんな場所だった。

映画「実録・連合赤軍　あさま山荘への道程」のナレーションをやってくれた時は、台本を事前に渡して全部一発どり。彼は一つのことを真剣にやるから、本番前のカメラテストを嫌う。僕が映画撮影でテストを全然やらなくなったのは、芳雄さんの影響だ。俳優の好きなように演じさせることを、教えてくれた。

感じたことを自分の体で演じ、何をやっても原田芳雄。ずっと原田芳雄という役を演じていたんじゃないか。中上健次の小説を映画にする予定で、彼に出てほしかった。彼は中上の墓参りを毎年欠かさないほど中上文学が好きだったから。

映画「寝盗られ宗介」では、宗介をやるために生まれてきたんじゃないかと思うぐらいうまかった。自分の女が他の男と逃げて、また帰ってくると許してあげる役に、優しい人柄が出ていた。

不思議だが悲しいと思えない。死んだと思えない。強い存在感が残っている。（映画監督・談）

二〇一一年七月二八日

実存かけて選び取ったSF
小松左京さんを悼む

巽孝之

小松左京（こまつ・さきょう）さんがデビューしたのは半世紀前。戦後の問題意識として、日本人が焼け跡からどう立ち直っていくかというところで、小松さんはSFというジャンルを見いだしました。当時は、自分の実存をかけてジャンルを選択していた時代でした。

米国のSFは人間が自然を制御するという思想でしたが、小松さんは違った。天災と人災は絡み合っていくものであるということを「復活の日」に書いています。東日本大震災が起きたときに「日本沈没」を連想した人も多いと思いますが、ロジックとしては「復活の日」に書かれているんです。

開高健（かいこう・たけし）さんの「日本三文オペラ」にも登場する、1950年代に大阪に実在したくず鉄泥棒集団「アパッチ族」を、小松さんは鉄を食らう新人類として「日本アパッチ族」に書いた。敗戦を抱きしめて、新たな創造へと向かった作品です。

小松さんは高度経済成長期、日本が米国と互角に渡り合っていくときの、文化的な立役者でした。今でこそ「学際」という言葉は一般的になっていますが、小松さんはジャンルを横断した知のルネサンス人のようなところがあったと思います。

今、オタク文化など日本の文化を評する「クールジャパン」という言葉があります。もともとオタク文化はSFのファンがつくりあげてきたもので、それがいま世界に認知されているのです。私の知り合いの米国人で、小松さんを大阪の自宅に訪ねた研究者もいます。

そういう意味では、今につながる文化の流れの源流に、小松さんがいるのではないでしょうか。小松さんの作品は、実は英訳が少ないのですが、これからきっと訳されていくと思います。（慶応大教授・談）

二〇一一年七月二九日

小松さんと会ったころ
小松左京さんを悼む

眉村卓

小松左京さんが亡くなった。ここ何年かお目にかかる機会がなく、病気で痩せたとの話は聞いていたけれども、こう突然に訃報に接するとは思わなかったのである。

小松さんと初めて出会ったのは、１９６０年か61年の「関西ＳＦのつどい」で、である。その少し前に同人誌「宇宙塵」に参加し、東京の月例会にときどき参加していた私は、編集人の柴野拓美さんに「大阪にもＳＦの同人誌ができて会合を開くそうですから、行ったらどうですか」と言われた。私は大阪の人間なのに、知らなかったのだ。

当日、大阪市にある靱（うつぼ）公園の会場に行くと、白皙（はくせき）の美青年が会場の看板の字を書いていた。同人誌「ＮＵＬＬ」主宰の筒井康隆さんであった。会が始まり話すうちに、筒井さんは近く会社を辞めデザインスタジオを開く由で、そのスタジオは、私が勤めていた会社のあるＵビルから細い道を隔てた小型のビルの中だったのだ。ＳＦの話に飢えていた私は、会社の昼食時間（や、それ以外のときにも）そのヌル・スタジオに遊びに行き、おしゃべりをした。スタジオには筒井さん関係のイラストレーターや漫画家、それにＳＦ好きの学生たちも来た。後のＳＦ作家堀晃さんもそのひとりである。「ＮＵＬＬ」は「宇宙塵」との提携のかたちで何度か「関西ＳＦのつどい」を催したものの、集まるのはいつも全部で7人までであった。

前置きが長くなったが、小松さんはこの「関西ＳＦのつどい」に登場したのである。当時早川書房と東宝共催の日本ＳＦコンテストがあり、予選通過者の住所と名前が「ＳＦマガジン」に掲載された。筒井さんは応募しなかったが、私は出し、予選をパスしたのだ。予選通過者の中に大阪の人があり、私は筒井さんと相談して「関西ＳＦのつどい」に来ませんかと手紙を出したのである。返事のはがきには、ぜひ伺わせていただきます。当方体重三十貫、ＯＮＢＯＲＯ工場の工場長、とあった。

後で聞いたところでは、父上がおこした会社で経営は四苦八苦だったようである。当日会場に現れた小松さんは、関西のメンバーに加えて、東京の「宇宙塵」の豊田有恒さんや平井和正さんなどと、議論を戦わせたのであった。もちろん私たちはその本名小松実さんが、高橋和巳さんなどと共に、ＳＦとは関係のない「対話」という雑誌をやっていたとは知らなかったのだ。

小松さんはそれから本格的にＳＦにのめり込み、ＳＦマガジンに続々と作品を発表するようになる。ちなみに、小松さんがＳＦに足を突っ込むようになったのは、ロバート・シェクリイの「危険の報酬」を読んだからだと、本人から聞いたけれども、事実か、私がだまされたのかは定かではない。間もなく小松さんは「日本アパッチ族」を上梓（じょうし）し、やがてショートショートの星新一さんと並び称されるようになった。「日本沈没」が出て来るのは、こうした時代から、まだ大分先のことである。

宇宙における人類とその未来を考察した本格的ＳＦ世界を構築してきた人であった。（作家）

二〇一一年八月六日

機転と毒舌で魅せた人気者
前田武彦さんを悼む

西条昇

マエタケさんこと前田武彦さんが亡くなられた。

その全盛期を知らない世代の人には、現在の島田紳助のような売れっ子司会者だったといえば、往年の人気のすごさが分かってもらえるだろうか。

高橋圭三、小川宏といった元NHKアナウンサーがスター司会者として君臨していた時代に、しゃべりのテクニックではなく、機転の利いたアドリブや毒舌のつっこみなど、しゃべりの内容の面白さで売れっ子司会者になった初めてのケースがマエタケさんだった。

「夜のヒットスタジオ」で共に司会を務めた芳村真理を「ナマズのおばさん」と呼んだり、共演者やゲスト歌手への即興での〝あだ名つけ〟でも、バラエティー向きの才能を発揮したが、そういった意味では、お笑いタレント有吉弘行の〝あだ名つけ芸〟の元祖ともいえるだろう。

「巨泉・前武ゲバゲバ90分!」がスタートした1969年には僕は5歳だったから、ちょうど物心がついてテレビに夢中になり出したころに、全盛期のマエタケさんを見続けていたことになる。

どたばたで笑わせるよりも、アメリカの知的なコメディアンのようなたたずまいで、大橋巨泉とクールな丁々発止をやりとりをする姿がとても格好良く思えた。

73年の暮れに公開された映画「男はつらいよ　私の寅さん」では、寅次郎の幼なじみでどこか気の弱い放送作家役を演じたが、毒舌家のイメージとは裏腹にシャイで繊細なマエタケさんらしい味が出ていて僕は大好きだった。

バラエティー・ショー番組の傑作「シャボン玉ホリデー」のスタート時の構成作家であり、テーマソングの作詞も担当していたことは後年になって知った。「ダークブルーの空に光るあの星いくつ　今宵は君と楽しく過ごそう　ホリデー　ホリデー　シャボン玉…」という2番の歌詞が、都会的でしゃれていてとりわけ好きである。

構成作家でありながら、自ら書いたコントに登場したのもマエタケさんが最初だった。入れ替わりで同番組の構成作家になり、コントにも出演して人気者となった青島幸男は、当時のマエタケさんを見て「いつかは俺も…」と思ったそうだ。

タレントとして活動していたころのマエタケさんに、僕が構成をしていた番組に何度か出演していただいた。〝前武が当代人気司会者を斬る!〟という企画の時も「本当は斬られる側に居ないと駄目なんだけどねェ…」と自虐ネタを飛ばしつつ見事なコメント芸を披露し、収録の合間には大好きだという落語の話をしてくださった。マエタケさん、お疲れさまでした。（お笑い評論家、江戸川大准教授）

二〇一一年八月一六日

努力重ねた正統派歌謡歌手
二葉あき子さんを悼む

伊藤強

「水色のワルツ」が好きだ。他にもたくさんの曲があるが、この歌は作曲家の高木東六が書いた数少ない歌謡曲の一つである。二葉あき子が東京音楽学校（現東京芸大）の出身であり、歌手として基礎的な教養を身につけていたことを、作曲家自身がよく理解していた上での作品だったと思う。

戦前からのスターだった。「古き花園」、あるいは童謡の「めんこい仔馬」などは、いまでも多くの人に知られている。ただ、とくに戦後の歌は、圧倒的な存在感を示した。「黒いパイプ」「夜のプラットホーム」「フランチェスカの鐘」「さよならルンバ」など、いずれも戦後の歌謡曲の代表作といえる。

二葉の声は、初めはきれいなソプラノだった。だが1952年ごろにソプラノの音程が苦しくなり、1年間の努力のあと、中音域を中心に歌う歌手に転向。再び現役に復帰した。

転向を決意する前には、絶望のあまり自殺までも考えたという。つまり、努力の人だったわけである。

所属レコード会社のコロムビアを代表する歌手の美空ひばりが亡くなったのち、あるパーティーでベテラン歌手たちへの待遇の改善を求めたという話もある。まさに、戦前からこのレコード会社を支えてきたという自負が大きかったのだろう。

その一方で、生前はそれほど派手な生活を好まなかった。東京・赤坂に住んでいたころは、近所の喫茶店に顔を出し、小豆アイスをよく食べていたというエピソードもある。

広島生まれで、2003年からは、故郷で暮らしていた。あの原爆がさく裂したときも、広島からの芸備線の車中、トンネルの中で難を逃れている。

かつてのレパートリーには戦意を高揚するような作品もあったが「そのころのレコードは、すべて広島の原爆の際に焼けてしまった。だから軍歌などはみんな忘れました」と言って、戦後は一切歌わなかった。つまり、トンネルの中で九死に一生を得た自身の経験から、戦争への激しい憤りがあったに違いない。

たしかに時代は移る。しかし、いわゆる正統派の歌謡曲歌手が、とうとう、いなくなってしまった。そのことが、ひどく寂しい。合掌。（音楽評論家）

二〇一一年八月二三日

声と素直さが魅力
竹脇無我さんを悼む

鴨下信一

森繁久弥さんはいたずら好きで、台本にもリハーサルでもなかった芝居を本気でいきなりやって、相手の（愛して目をかけていた後輩に限っていたが）あわてるのを見て喜ぶ癖があった。こうすると〈役者の真価〉がわかるというのである。「おやじのヒゲ」シリーズで無我ちゃんがこれにひっかかった。

片棒（かたぼう）かつがされるのはいつも演出家で、おやじが夜中一人で寝ているシーン（そんなのは台本のどこにもない）をつくれ、その部屋の障子を息子役の無我ちゃんが開けるようにしろ、そうすれば俺が何か芝居をするから、という。その通りにすると、おやじの森繁さんは向こう向きに寝たままこう言った—。「まだ、死んでないよ」。高齢の親を持った人なら、誰でも思い当たる。

こういう時、何か気のきいたセリフを返そうなどと思わないところが竹脇無我である。ただジッと見ている。その表情のよさといったらなかった。不意をつかれた驚き、不安と安心、しょうがないおやじだというおかしさと何ともいえない愛情。そうした感情が一瞬のうちにあふれこぼれるようだった。

勝負でいえば森繁さんの敗（ま）けで、無我ちゃんの芝居の特色を一口でいえばこれだった。

ふつうの俳優だったらひどく難しい役を、この演技スタイルでらくらく演じた。例えば「岸辺のアルバム」で主婦の八千草薫さんにかかってくるエロ電話の声の主。魅力的な声で有名だったから、これはやさしい。

ところが本人に会ってみると、平凡で善良な立派な社会人、これが難しい。無我ちゃんには何でもなかったらしい。もっとも最初は、こういう役はイヤだと難色を示していた。山田太一さんの脚本の素晴らしさがわかったのは何回かたってからで、「申し訳ありませんでした」と文字通り両手をついて謝った。こうした素直さがまた魅力だった。

この声の魅力を封じたのが向田邦子さんの最後の連続ドラマ「幸福」だった。何しろ主役の無我ちゃんのせりふが一回に七つか八つしかない。それもひどく短い。〈何も求めない、何も余分なものは持たない、ただ人を傷つけない〉。この無口な主人公のひと言は「何か、ふだん喋んない人が口を開くと、有難いことのように聞こえるなあ」とセリフにあるとおりで、無我ちゃんの代表作だった。あの声が向田さんの遭難を僕に伝えてくれた。命日は不思議なことに一日違いだ。（演出家）

二〇一一年九月二四日

気品に満ちた不器用な男
杉浦直樹さんを悼む

堀川とんこう

「岸辺のアルバム」(山田太一原作・脚本)のドラマ化が決まって、山田さんの脚本の上がりを待っていたときのある日、テレビ局の廊下で向田邦子さんにばったり会った。すると向田さんはいきなり「ねえ、夫の役誰になった?」とおっしゃった。ヒロイン則子の夫・謙作の役を誰がやるのかという意味だった。

杉浦直樹さんだと答えると、向田さんは短く「違うんじゃない?」と言われた。撮影が始まろうというときに嫌なこと言うなと心に残った。

放送開始後まもなく、また向田さんに会った。開口一番「杉浦さんがいいわねえ」と言う。「えっ、この前は違うって」と私が不満を漏らすと「役者は『この役、本当は自分じゃないのじゃないか』と心のどこかに不安があるときがいいのよ」とおっしゃった。

「無責任な」と私は言ったが、後になって芸談としてはなかなか含蓄に富んだ言葉だと思った。確かに役者が「これは自分にぴったり。もらったな」と思って演じると、嫌なにおいが鼻についたりするものだ。

その後、杉浦さんは向田さんに気に入られたのだろう、「父の詫び状」「あ・うん」という名作に出演。出色の演技を見せた。向田さんは杉浦さんに、少し不安を感じさせる役を意識してふったのかもしれない。山田さんの名作「今朝の秋」でも名演が話題になったが、時代を代表する2人の作家に気に入られて幸運な時期を迎えていた。

杉浦さんは次第に演技に磨きをかけ、間違いなく演技派俳優になったが、どこか書生っぽい清潔な感じがあり、不器用な男という印象が消えない俳優だった気がする。そこが女性に人気のあった秘密であり、多くの女優が共演を希望する理由でもあったのだろう。

お仕事をお願いしてご本人もその気になりながら成立しなかったことが一度ある。こちらがぜひとも欲しい3日間の日程がどうしてもとれないと言うのだ。マネジャー氏に「どうにかならないか」と強く迫ると、「この週は新潟でコイの市が立つので」と言う。

コイというのがにわかにのみ込めなかったが、杉浦さんはニシキゴイを養殖しておられて、その買い付けの機会を逃せないということだった。「杉浦にとってコイは特別なんです」とマネジャー氏は繰り返した。思いも寄らない趣味に驚いたが、結局コイには勝てず仕事の話は消えた。

当時杉浦さんとコイが結びつかず、半分からかわれているような気がした。しかしなぜか今は、杉浦さんが澄んだ水の中に見え隠れするコイを愛でている姿を無理なく想像できる。その杉浦さんは「あ・うん」や「岸辺のアルバム」のころではなく、映画「図々しい奴」のころの気品に満ちた端正な面持ちの青年、杉浦直樹である。合掌。(演出家)

二〇一一年九月二六日

証言者に誠実に向き合う 辺見じゅんさんを悼む

保阪正康

辺見じゅんさんは、聞き上手の人だった。相づちを打つのが実に巧みであった。

この6年ほど、辺見さんと私、やはり作家のN氏、出版社幹部だったF氏の4人でしばしば放談の会を開いてきた。いずれも昭和10年代半ばの生まれ、とくに辺見さんも私も昭和14年(1939年)で、世代体験が共通していたせいか、話が合った。その辺見さんが、60年安保のときは政府の横暴に怒り、早稲田大に退学届をだしたというのだ。

女性も学問に取り組んでいるときではない、社会で学ばなければと思ったそうだ。のちに復学して卒業しているが、そのようなけじめのつけ方が辺見さんの隠れた性格だと、私たちは知った。

「私は富山の祖父母のもとで育って、民話を次々と聞くのが楽しみだったのよ」

父、角川源義(かどかわ・げんよし)氏は学問の世界、そして出版にと転じ事業を発展させるが、辺見さんはことさら幼年期の思い出を語るときは目を細めるのだ。故郷の富山県に文学館が開館することになり、その初代館長に内定しての多忙の日が、この1、2年続いていた。しかし会えばいつも壮大な夢を語っていた。

辺見さんのノンフィクション作品、たとえば「男たちの大和」や「収容所(ラーゲリ)から来た遺書」などは、いずれも当事者たちの話を丹念に聞き、それをご自身の心中で発酵させる期間をもち、そして作品化している。この発酵の期間で、辺見さんが証言ひとつひとつを自らの感性で分析するがゆえに登場人物たちが皆生きている。

単に聞き上手であるだけでなく、言葉を発する証言者の心情と誠実に向きあうためだ。

民俗学に関心をもち、その手法を身につけ、自ら多くの民話や地方の伝説を収集している。自加えて歌人としての素養が、言葉を読み抜き、人間の心理を分析する土台になっている。自らが主宰されている歌誌「弦」は、今や貴重な歌壇の役割を果たしているという。辺見さんは次代の歌人を育てていたというべきだろう。

今年の7、8月、猛暑の中、私は辺見さんと6回ほど対談をくり返した。昭和天皇の御製のすべてを、辺見さんは歌人の目で、私は昭和史を解析する視点で話し合ったのである。辺見さんは、昭和天皇が死を意識したときの最晩年の一首を挙げて、「天皇や歌人としてではなく、人間としてのひとつの境地に達している」と説いた。そのときの醇々(じゅんじゅん)とした口ぶりが私の記憶からは消えないのだ。

「来年2月14日は予定を入れないでください。幻戯書房の10周年パーティーですからね」ともうれしそうに口にしていた。自らの出版社の節目を見ずに逝った辺見さんの無念さを思うと私も悔しい。(ノンフィクション作家)

二〇一一年一〇月七日

偉大なる「ぬらりひょん」元永定正さんを悼む

芳賀徹

また一人、「具体」の古い仲間が亡くなった。大阪の前衛美術集団「具体」の総大将吉原治良さんはとうに逝き、村上三郎、白髪一雄、田中敦子、金山明と、つわものたちが次々に後を追った。最後まで頑張って、半世紀前の「具体」のあの肉体的活力と知的野性を作品に、言行に、示しつづけていたのが元永定正だった。その元永さんがついにたおれた。

大きな寺の山門に立つ仁王様が目の前で崩れ倒れたという感じだ。仁王像のような偉丈夫なのに、いつも飄々(ひょうひょう)としていて、猛者ぞろいの「具体」グループのなかでも一番よく笑い、笑わせる人だった。実になつかしい。

私が初めて「具体」の面々に会ったのは、いまからなんと五十四年前の一九五七年九月十一日、大阪の吉原さんの古いお宅でのことだった。私はその三、四日前にフランス留学から帰国したばかりの大学院生。パリで親交をかさねていた美術批評家で、当時最前衛のアンフォルメル運動の主唱者だったミシェル・タピエ、それに画家のジョルジュ・マチュウ、今井俊満が来日し、タピエらの通訳という格で私も同行したのであった。

元永も白髪も嶋本昭三もみなそれぞれに自作を座敷に持ちこんできて、壁に立てかけては、タピエに批評させた。畳に寝そべったマチュウも私までも口をはさんだ。「具体」の作品がどれも奇想天外、あまりにラジカルに「ダダ」だったので、タピエはわし鼻をしきりにさすりながら興奮し、大よろこびだった。

そして「具体」の面々は、それまで東京の批評家たちの冷淡さに業を煮やしていたので、わざわざパリから来たこの批評家の眼力と、彼がよせる真剣な共感と激励に深く感動した。あの歴史的な日仏合作成立の現場に立ち会えたことは、私の生涯の忘れえぬ誇りだ。

「具体」のメンバーがグループとして、また個々の作家として、米国にフランスにイタリアにさかんに進出して名声をあげていくのは、それからまもなくのことだった。

一九六五年秋から二年間、私は米国のプリンストン大学に研究員として勤めていたが、ちょうどそのころ元永さんは悦子夫人と一緒に一年間ニューヨークで仕事をしていた。私は思いついて、同じく在ニューヨークの谷川俊太郎さんと元永さんをプリンストンに招き、日本研究の学部学生、大学院生を相手に、日本現代の詩と絵画を思うさまに語ってもらった。二人の名優の弁舌と掛け合いは見事で、学生たちは大いによろこんだ。まことに愉快な一日だった。

元永の大画面いっぱいに伸びてうねる、あの赤や黄や緑の物の怪(け)の、分厚いエナメル状のマチエール。あれは画家の内臓を力まかせにつかみだして打ちつけたような迫力となまなましさをもっていた。それなのに江戸の妖怪「ぬらりひょん」のような飄逸(ひょういつ)さをいつもどこかに漂わせて、見る者の心をさらにも深くつかんだ。その形と色、そして言葉の飄逸ぶりは彼が何冊も作った絵本にもいつもあふれて、尽きることがなかった。

偉大な愉快な独創の力持ちだった元永さんよ、さようなら。御冥福を祈る。(東大名誉教授)

二〇一一年一〇月一〇日

正攻法、正統派の立女形
中村芝翫さんを悼む

藤田洋

歌舞伎の女形として、晩年になってその真価が大きく輝いた。それまで菊五郎劇団には七代目尾上梅幸、そして成駒屋一門には叔父の六代目中村歌右衛門がいたので、副将的にみられていたのが気の毒だったが、2人が他界し、日本俳優協会会長に推される人望があり、その存在が大きく広がっていった。

祖父の五代目歌右衛門は、歌舞伎界の頭領として、とりわけ大正・昭和期に君臨していた名優であった。父の「慶ちゃん」と呼ばれた美貌の女形五代目福助は1933年に他界した。芝翫5歳の時である。以後は祖父、そして40年に祖父を亡くした後は六代目尾上菊五郎の薫陶を受けて育った。つまり、血筋はよく、最高の指導者の教育で、正統派に位置してきた。

古い談話を読み返すと、ビデオで勉強する後輩に「ビデオは形は映しても、気持ちは映さない。よくないです」と批判する。厳しい修業を体験してきたひとの貴重な実感だろう。

明治期の大名優九代目市川団十郎に学んだ六代目菊五郎から直接指導を受けた「娘道成寺」や「鏡獅子」は気韻、格調、風姿などをよく伝えた名舞踊であった。

「沓手鳥孤城落月(ほととぎすこじょうのらくげつ)」は、祖父の当たり役を継承した名演だったが、9月の新橋演舞場では体調を崩し、初日が最後の舞台となり、長男の現福助が代役した。

女形ばかりでなく立ち役も、やわらか味のある「勧進帳」の義経、「土蜘(つちぐも)」の頼光、そして「歌舞伎座さよなら公演」では、戦後最高齢の「車引」の桜丸を演じている。

「伽羅先代萩(めいぼくせんだいはぎ)」の政岡、「実録先代萩」の浅岡はじめ、相模、千代、典侍の局など、立女形(たておやま)の主要な役はほとんど手がけてきて、いずれも規矩(きく)正しい演技であった。

若い頃から病身の一面があったので、むちゃな熱演をすることはなかったが、逆にそのことが正攻法を貫いてきた姿勢につながってきたのであろう。

家庭では福助、橋之助兄弟、女婿の中村勘三郎、そしてそれぞれの孫世代が見事な芸系をつなげている。さらにいえばスキャンダルめいた報道も、まったく記憶していない。

趣味を問うアンケートに「競馬、スポーツ観戦」とあった。古い話だが海外公演の余暇に競馬場に行って、馬を見て馬券を買って大当たりしたことがあった。その例から連想すると、歌舞伎の後輩の資質を見極める的確な目とカンを持っていた方だったのだろう。(演劇評論家)

二〇一一年一〇月一四日

男の哀感を雄弁に　柳ジョージさんを悼む

増渕英紀

急逝した柳ジョージは、日本のロックの草分けともいうべき横浜のブルースロックバンド「パワー・ハウス」を皮切りとし、グループサウンズの「ゴールデン・カップス」の活躍でも知られる。

自身のバンド「柳ジョージ&レイニーウッド」を結成し、78年にはデビューアルバム「Time in Changes」を発表した。

その後、シングル「雨に泣いてる」「微笑の法則」「青い瞳のステラ、1962年夏…」などが立て続けにヒット。長い下積み生活から抜け出し、やっとスポットが当たる表舞台に躍り出た。

82年には少年時代からの憧れだった米R&B歌手のレイ・チャールズと共演し、話題を集めた。

シングルヒットが目立つが、実は彼の持ち味はアルバムにある。酒好き故かどうかは別として、その固有のスモーキーな〝ウイスキーボイス〟と渋いギターでつづられる歌たちは、どれも哀感をたたえた男のストーリーを何よりも雄弁に語ってくれたものだ。

多くの名作が思い出される。司馬遼太郎の同名小説に刺激されて書いた「酔って候」は、廃れてしまった古い日本語表現をブルース臭のあるロックに仕上げた秀作だった。

ロック、R&B、ブルースという音楽的ルーツを色濃く残しながら、巧みに歌謡曲の「泣き」をブレンドしたオリジナル曲はどれも、そのさじ加減が絶妙。それが唯一無二の〝ジョーちゃん節〟の魅力でもあった。

とりわけ印象深かったアルバムとしては79年に発表された3作目の「Y・O・K・O・H・A・M・A」がある。彼が生まれ育った街、横浜を題材にして自身の自伝的な内容をも盛り込んだトータルアルバム。

港町の変遷を切り取ったような情景描写の鮮やかさに思わず脱帽したものだ。中でもアメリカへの憧憬（しょうけい）と愛憎が複雑に交錯する心情を映し出した「FENCEの向こうのアメリカ」は最高傑作といえると思う。

人一倍恥ずかしがり屋な故にかけたサングラスと蓄えたヒゲだが、彼以上に似合い、様になったロッカーはいなかった。

彼が歌った「遺言」という曲がある。

「風の凪いだ夜に　街の小さな空を雲が流れたら　俺の為に歌ってくれ　Vagabond Lullaby♪」

今宵（こよい）は天国のジョーちゃんとゆっくり杯を交わしてララバイを歌いたい。（音楽評論家）

二〇一一年一〇月二六日

甘美な苦痛と悲しみの作家
北杜夫さんを悼む

宮田毬栄

北杜夫（きた・もりお）さんの不意の死に打ちのめされる思いがする。どこかで恐れてはいたけれど、否定していた現実を前にして、私は暗闇の底に落とされてしまった気持ちをもてあましている。

中央公論社の「週刊公論」に連載された「どくとるマンボウ昆虫記」を担当した20代初めから、退社しても続いた北さんとの交流は50年に及んだ。

作家と編集者の関わりばかりか、北さんは私の主治医だったことがある。私はある時、鬱（うつ）的な心臓神経症と診断され、北さんの兄上、斎藤茂太（さいとう・しげた）氏が院長をつとめる斎藤神経科に入院したのだ。当時の北さんは作家の仕事と並行して、慶応病院神経科医局と斎藤神経科の両方で働いていた。北さんは誠心誠意私を治そうと治療に当たってくださった。

白衣の北さんは衿（えり）足がきれいな白皙（はくせき）の青年医であり、女性患者の憧れの的だったらしい。北さん自身は、「精神を病んでいる人が担当医に恋するのは顕著な症状の一つなの」と言って私を笑わせた。

名医の北さんのおかげで、私は約1カ月のうちに完治し、仕事に復帰した。

後年、人騒がせな躁（そう）鬱人間と化した北さんにはすぐれた医師の気配は残っていなかった。それを無念に感じているとみえ、北さんは私に何度も念を押すのだった。

「ぼくが優秀な医者だって言えるのはまりちゃんしかいないのだから、いつか絶対に証言してね。わかってる？」

北さんは1992年春から私が編集する「中央公論文芸特集」に「どくとるマンボウ医局記」を書いてくださった。実に17年ぶりの「どくとるマンボウ」ものである。前々からこの医局記を依頼していたのだが、北さんは「もう少し待って、X教授とY教授が亡くなったら書けるので」と言っていたのだ。

慶応病院神経科にたむろする奇人変人の医師や患者を描いた爆笑を呼ぶ作品であるとともに、文学者の目で見つめた驚くべき人間認識の書といえる。人びとを幸せにした「どくとるマンボウシリーズ」後期の傑作である。

「どちらかというと精神がおかしい人の方が好き」と書く北さんの純粋性は医局記だけでなく、他の作品にも通底している。初期短編「岩尾根にて」「羽蟻のいる丘」の澄みきった抒情（じょじょう）性。長編「楡家の人びと」「白きたおやかな峰」「輝ける碧き空の下で」などに見られる物語を構築していく怜悧（れいり）な意思。さらには、父である大歌人斎藤茂吉を描く評伝「青年茂吉」「壮年茂吉」「茂吉彷徨」「茂吉晩年」の四部作に表れる透徹した客観性。それぞれの特徴はあるものの、作品すべてに流れる純粋性は北杜夫独自のものなのだ。

「親父は僕を愛している。僕も親父を愛している。すばらしい苦痛」。東北大学時代の膨大な日記を編んだ「或る青春の日記」には北文学の原型がつまっている。まさに北杜夫の心の秘密を読む宝庫なのだが、中でも私は右の文章に惹（ひ）かれる。甘美な苦痛は青春の属性であろうが、トーマス・マンの「トニオ・クレーゲル」にしびれた北さんは、青春の甘美な苦痛と悲しみを生涯胸に抱えた文学者だった。（エッセイスト）

二〇一一年一一月二三日

一つの時代が終わった
立川談志を悼む

川戸貞吉

突然の訃報に体中の力が抜け、しばらくの間はただただ、ぼうぜんと立ち続けていた。立川談志（たてかわ・だんし）がいなくなってしまったことにより、落語界の一つの時代が終わったからである。

知りあったのは1957年。私が大学の落語研究会に入ったのが、きっかけだった。まだ二ツ目で柳家小ゑんといっていたころ。以来「貞やん」「小ゑんちゃん」と呼びあっていたが、その後は参議院議員に当選したため「貞やん」「先生」となって、40年近くも付きあってきたわけだ。

私が知りあったころの談志先生のレッテルは、「生意気!!」のひとこと。それでも談志先生は臆することなく自分の論理を主張し続け、それがまた、当時の好事家たちの反感を呼んだ。

談志先生はいっさい気にせず、そのぶん、オノレの触覚をあらゆる世界にむけて伸ばし、少しでも自分の落語に役立てようと一生懸命だった。

たとえば、まだ無名だった「てんぷくトリオ」のコントを見ようと、ストリップ劇場に通ったり、映画、ミュージカル、野球といった落語以外の分野にも夢中になったりして、これらの知識はやがて談志先生独特のマクラに活用されることになったのだ。

なによりもすごかったのは「伝統を現代に」という自分の考えを、落語の世界で実現させたことだった。

昔から〝そこつの噺（はなし）〟とされてきた「そこつ長屋」を、主人公の主観が躍動する落語に仕立て上げ、「これはそこつの噺ではない」と、テーマごとひっくり返してしまったのである。ほかにも「権助提灯（ごんすけぢょうちん）」「木乃伊取（みいらとり）」など次々と談志先生ならではの落語を築き上げた。

こうしたことをした落語家はほかにおらず、だからこそ落語界の受けた打撃ははかりしれない。

多くの落語家と接してきた私だが、談志先生ほどやさしく親切で繊細な人はいなかった。気に入らなければ平気で高座や落語会に姿を見せなかったり、悪口をいいまくったりする人と思っている人が多いとは思うが、少なくとも五十数年の間、私は一度も迷惑をこうむったことはない。むしろ最近は頸椎（けいつい）を損傷した私を気づかって、荷物を持ってくれたりして逆に心配をかけてしまった。

「あなたが死んだら、あなたにいじめられた人を取材して、毎日5分間、1年以上放送してやるよ」

「そりゃアいいや、1年はもつだろうな」

そんな約束をしたことを、いま思い出した。

私が放送局を退社したので、この約束をはたせなかったのも残念である。ごめん!!（演芸評論家）

二〇一一年一二月九日

創造的な活動、国内外で三木稔さんを悼む

小村公次

三木稔さんの訃報に接したとき、まっさきに思い出されたのは、オペラ「春琴抄」のことだった。1975年に初演されたこのオペラは、地唄を基調とした画期的な日本オペラとして高く評価され、内外で数多く上演されてきた三木さんの代表作である。

初演の翌年に文化庁芸術祭主催公演として再演された舞台を、まだ若造だった私は音楽専門紙できわめて否定的に評した。そのことがきっかけで、ある音楽雑誌の座談会でこの作品について論議することになった。これはオペラ評論家の佐川吉男さんが仲介の労をとってくださったもので、そこで初めて三木さんや、佐助役を演じた友竹正則さんとお会いした。

その席での三木さんは穏やかな口調ながら、私の批評についての疑問を提示し、みずからの音楽観を確固として語っておられたのが印象的だった。34年も前のことだが、いまでは友竹さんも佐川さんも鬼籍に入り、三木さんまでもと思うと残念でならない。

三木さんは徳島の生まれで、オペラや合唱における関西弁に近い自身の日本語アクセントに対し懸念を抱いていたとのこと。それが上方を舞台にした春琴抄では、自身のアクセントを自家薬籠中のものとしていかし、さらに日本の伝統楽器と結びついた新しい音楽空間をつくりだすことに成功したのだった。

こうして日本の伝統音楽と西洋音楽を融合させた〝日本史オペラ9連作〟が生み出されるわけだが、なかでも「あだ」「じょうるり」「源氏物語」は海外で初演された後に日本で上演され、新国立劇場委嘱作の「愛怨（あいえん）」は昨年ドイツでも上演されている。また、邦楽器を取り入れたオーケストラ3部作「鳳凰（ほうおう）三連」なども海外で広く演奏されている。

作曲活動だけでなく、三木さんのオーガナイザーとしての活躍も見逃すわけにはいかない。64年に邦楽器の演奏家たちと創立した「日本音楽集団」では、20年にわたって音楽監督として活躍。こうした伝統楽器を現代にいかす創造的な活動は日本にとどまらず、93年には日中韓の民族楽団を組織して「オーケストラ・アジア」を結成している。

また86年には機動性のある音楽劇創造をめざして「歌座」を主宰するなど、文字通り八面六臂（はちめんろっぴ）の活躍を続けてこられた。いまはただご冥福をお祈りするばかりである。（音楽評論家）

二〇一一年一二月一〇日

創ることに真面目だった市川森一さんを悼む

恩地日出夫

早すぎるよ！　とにかく早すぎる。

先輩に断りもなく、すっといってしまうなんて格好いいけれど、君には、まだまだたくさん書いてもらわなければならなかったし、書きたいことも、いっぱいあったはずだ。

それなのに…。

初対面は、たしか1970年代。かわいい奥さんと僕の家を訪ねてくれた時だと思う。あの時受け取った連続ドラマの脚本「黄色い涙」。放送を見て僕が気に入り、ずっと映画化をねらいながら、諦めきれず、ずいぶん年月がたってしまった。その後、別の監督が映画にしたが、できれば僕が撮りたかった。

そして、君と一緒に仕事をしたドラマ「傷だらけの天使」（萩原健一主演、74～75年放送）。

以前、「あのドラマに感激して日本テレビに就職しました」という変なプロデューサーがいたけれど、最近でも、いい大人なのに「あれを見ながら、僕は育ちました」なんていうのに出会う。50年以上、映画監督をやっているけれど、こんな作品は他にはない。

いま、ふりかえってみると、あんなに現場がモメたのもあまり記憶にない。プロデューサーをはじめ役者たちも、監督に対して勝手な意見を言った。個性がぶつかり合い、けんかもあった。

普通だったらバラバラになって結果は良くないのだが、「傷だらけ…」では、時間はなかったけれど、落ち着くところに落ち着いて、結果オーライだった。個性的な人が集まったのにもかかわらず、結果を見ると一つの方向を向いている、不思議な作品だった。

人間、それぞれ、好き嫌いもあるし意見も違う。それがいつの間にか一つにまとまるのは、「傷だらけ…」のスタッフ全員が「創る」ことについて、すごく真面目だったからではないかと思う。

市川森一、君はその代表だった。あの時一緒にやった監督たち、工藤栄一さん、神代辰巳さん、友だちの深作欣二、みんな、彼岸に行っちゃったけれど、どうぞよろしく言ってください。

僕も、間もなくそっちへ行きます。（映画監督）

二〇一一年一二月二一日

80年代の風雲児だった 森田芳光監督を悼む

寺脇研

団塊世代以降の映画青年にとって、映画監督への道は極めて険しかった。1960年代終わりには映画産業の衰退が顕著になり、大手映画会社は軒並み製作を縮小、あるいは停止して、撮影所の助監督から監督昇進というそれまでのルートは、わずかにロマンポルノに転じた日活に残されただけだった。

映画への夢を諦めきれない若者は、当時ようやく大衆化した8ミリカメラによる自主映画という形で作品を撮る道を選ぶ。多数の若い自主映画作家が生まれ、同時期に新機軸の手作り映画ジャーナリズムとして誕生した「ぴあフィルムフェスティバル（PFF）」などを発表の場としていた。

森田芳光は、大森一樹、石井聰互らとともにそのトップランナーとして颯爽（さっそう）と登場した。78年、「ライブイン茅ケ崎」がPFF（当時は「自主製作映画展」）で入選した後、81年には劇場用映画「の・ようなもの」を世に問うて注目を浴びる。今のブームとは程遠い状況だった落語家の世界を題材にしたセンスが実に新鮮で、80年代の新しいタイプの商業映画誕生を予感させた。その通り、すぐさま大手映画会社の娯楽作品を任される。東映でアイドル映画「シブがき隊　ボーイズ&ガールズ」、日活でもロマンポルノを2本、器用にこなした。

代表作「家族ゲーム」（83年）は、その次にATGで撮った新感覚の芸術映画である。松田優作演じるユニークな家庭教師を触媒にして繰り広げられる家族風景は、しかし独特のユーモアに彩られ、「楽しめる芸術映画」たり得た。日大時代落語研究会に属したサービス精神は、すべての作品に貫かれていたと言っていい。

もうひとつの代表作である「それから」（85年）でも、アクション俳優松田優作を漱石作品に配する趣向で観客を魅了し映画賞を総なめにしている。その他にも薬師丸ひろ子、沢田研二、とんねるずなど時代の寵児（ちょうじ）たちを華やかに料理した。佳作「キッチン」（89年）に至るまで、80年代の映画界を席巻する風雲児だったのである。30代の10年間に10本以上にのぼるバラエティーに富んだ作品を提供した。

その後も、中堅からベテランへと位置づけこそ変われど新鮮な着想とサービス精神は健在だった。「（ハル）」「間宮兄弟」「武士の家計簿」などに本領が発揮されていたと思う。

新作「僕達急行　A列車で行こう」を完成させ、来春の公開に向けて各地の映画祭でPRのため元気な姿を見せていたところなので、急逝に驚く声が多い。

震災や原発事故後新しい価値観が求められているこれから、森田芳光はどんな作品を見せてくれただろうかと想像すると、早すぎる死が惜しまれる。（映画評論家）

二〇一二年二月二六日

伝統を融合したモダニズム　柳宗理さんを悼む

柏木博

工業デザイナーの柳宗理が亡くなった。96歳だった。バタフライスツールやカトラリー（金属製の洋食器）のデザインなどで、日本でもっとも知られるデザイナーであった。

その柳が工業デザインの研究に手をつけたのは、東京美術学校（現東京藝大）の洋画科を卒業後、しばらくたってからのことだ。柳が洋画ではなくデザインに目をむけたのは、おそらく、美術学校卒業後に、ル・コルビュジエの弟子であった建築家の坂倉準三と、彼の仲介で商工省（経産省）に招かれて来日したフランスのデザイナー、シャルロット・ペリアンとの出会いによっているだろう。

戦前に来日したペリアンに同行した柳は、全国の工芸（デザイン）を見てまわった。もちろん、民藝運動を提唱した父親の柳宗悦のもとで、多くの優れた日用品を見ていたということもあるだろう。

柳が最初に手がけた製品は、白い硬質陶器のテーブルウエアである。1948年当時、まったく模様を入れないこの白い陶器は、完成されていない「半製品」と揶揄（やゆ）され、議論を巻き起こしたために、柳の名前が知られることになった。50年に柳インダストリアルデザイン研究所（後に柳工業デザイン研究会に改称）を開設し、フリーランスのデザイナーとして活動をはじめる。

その後、食器類、カトラリーなど小さなものから、照明器具、家具類、ミシン、さらにはオート三輪などの乗り物、バスストップのシェルター、歩道橋、東名高速道路の防音壁、関越自動車道のトンネル坑口など巨大なものにいたるまで、手がけることになる。それらのデザインに共通しているのは、柔らかな曲面を使っていることである。

なかでも食器類のデザインを数多く手がけているのは、やはりそれらが人々の日常の生活に入り込んでいくものであったからだろう。それは父宗悦が、日常生活用品の持つ美しさに目を向けていたこととも、重なっている。

最初期の白い硬質陶器のテーブルウエアは、モダンなデザインであるが、やがて後に、たとえば京都五条坂窯での黒土瓶や、出西窯のテーブルウエアのシリーズなどは、まさに民藝のデザインと共通するものであった。そうした意味で、モダンなデザインと、民藝に代表される伝統的なデザインを融合することで、新たなモダニズムを展開したといえるだろう。

柳宗理は77年、宗悦、浜田庄司についで日本民藝館の3代目館長に就任し、同じころに日本民藝協会の会長となった。

自らのデザインを「アノニマス」（匿名）なものでありたいと柳は語っているが、それもまた、民衆の工芸、つまり民藝の匿名性の美と重なりあっている。アノニマスであろうとした柳のデザインは、たしかに普通に見えながら、しかし、それとわかる独自性を物語っており、結局、アノニマスなものではなかったといえる。冥福を祈ります。（デザイン評論家）

平成二十四年

2012

二〇一二年一月五日

デザイン通じて未来を構想
菊竹清訓さんを悼む

五十嵐太郎

戦後日本を代表する前衛的な建築家、菊竹清訓（きくたけ・きよのり）が昨年末に亡くなった。1960年に旗揚げしたメタボリズム・グループの建築運動を、黒川紀章（くろかわ・きしょう）とともにけん引してきた中心的なメンバーである。彼らは、一度完成したら固定化する建築のあり方を批判し、生物の新陳代謝（メタボリズム）にならい、状況の変化に応じて部分を取り換える動的なシステムを、建築デザインや都市計画に導入することをめざした。

菊竹は28年生まれ。建物全体を持ち上げ、子供が生まれたら、部屋をつり下げて増築する自邸のスカイハウス（58年）で若くして注目を集めた。60年代には出雲大社庁の舎（島根県）、ホテル東光園（鳥取県）、都城市民会館（宮崎県）など、ダイナミックな造形の傑作を生みだしたほか、一連の海上都市など、未来的なプロジェクトを精力的に発表した。

同じメタボリズムの思想を共有したといっても一枚岩ではない。黒川がマスメディアをにぎわせるタレント的な建築家として活躍し、言葉で説明できるコンセプト通りのデザインを得意としたのに対し、菊竹は天才的なひらめきによって実験的なデザインを展開した。

また黒川がカプセルの単位空間を集積した作風で知られるのに対し、菊竹は生涯にわたって、沖縄海洋博の海上都市アクアポリス、江戸東京博物館、愛知万博のグローバル・ループ（空中回廊）など、人工的な地盤への興味をもっていた。そして菊竹事務所からは、伊東豊雄（いとう・とよお）、長谷川逸子（はせがわ・いつこ）、内藤廣（ないとう・ひろし）ほか、多くのすぐれた建築家が巣立っていったことも特筆されるだろう。

生前、幾度かシンポジウムで同席する機会をもったが、菊竹が設計した大阪万博のエキスポタワーが解体されるときのイベントは印象的だった。通常、建築家にとって自分の作品がなくなるのは寂しいものではないかと思うが、彼はおそろしく前向きでポジティブだったのである。実はもっと高く計画された塔だったから、これを機会に本来の高さでつくりなおせば、大阪が再び元気になるというのだ。決して悲観しない、創作者の強さを感じる発言であった。

また会場にいた学生たちに伝えておきたいことがあると述べ、建築への思いを情熱的に語り続けていた。東日本大震災の後、未来を描くこと、都市計画を考えることがより活発に議論されるようになったが、菊竹はまさにデザインを通じて、未来を構想する建築家だった。

ちょうど現在、東京の森美術館において「メタボリズムの未来都市」展が開催されているが、彼の態度から学ぶべきことは少なくない。（建築評論家）

二〇一二年一月一三日①

人間らしさへの希求の響き 林光さんを悼む

小村公次

覚悟していたとはいえ、林光さんの訃報は重い現実となってしまった。昨年10月、80歳を迎えた林光さんをお祝いして東京文化会館で開かれたバースデーコンサートの冒頭、主役の林光さんが歩道で転倒し、意識不明で現在入院中と告げられたとき、客席は重苦しい空気になった。

にもかかわらず、コンサートでは林光さんのピアノ曲や数多くの歌、オペラの一節などとともに新曲が3曲も初演され、その音楽で客席が温かくつつまれ、逆に励まされたことを思い出す。

年末には林光さんが芸術監督・座付作曲家をつとめるオペラシアターこんにゃく座の創立40周年記念パーティーがあり、そこでも新曲の一部が初演された。いずれも昨年夏には完成していた器楽曲で、それを聴くことができなかった林光さんの無念はいかばかりだったろう。

小学生のときから作曲を始め、慶応義塾高校在学中に作曲した「フィガロの結婚」の劇音楽で一躍脚光を浴びた林光さんは、まさに神童だった。そして東京芸大を中退した1953年に作曲した「交響曲ト調」で芸術祭賞を受賞。同年「音楽のあらゆる分野にわたって、日本の国民音楽の発展に役立つ仕事をして行きたい」と表明して、間宮芳生、外山雄三と作曲グループ「山羊（やぎ）の会」を結成。こうして林光さんは、時代と社会をしっかり見据えた作曲活動を旺盛に展開していく。

作品のジャンルは、交響曲から室内楽、オペラ、バレエ、合唱、歌曲、さらには映画、演劇、放送音楽など広範にわたっているが、一貫していたのは鋭い批評意識と音楽を手渡す人々とともに歩むという姿勢だった。それは、うたごえ運動や「反核・日本の音楽家たち」への参加、新聞雑誌での音楽批評執筆、多くの著作などにあらわれており、行動し発言する作曲家としての面目躍如たるものがあった。

合唱曲「原爆小景」がそうであるように、林光さんは単なる叫びではなく、表現者として音楽で語ることに徹してきた。だからこそ、数多くのオペラやビオラ協奏曲「悲歌」などの器楽曲、映画「裸の島」（新藤兼人監督）のテーマなど、林光さんの音楽には人間らしさへの限りない希求の響きがあふれている。

そして、林光さんの弾くピアノや指揮する姿からは、音楽そのもので表現することの大切さをたくさん教えてもらったように思う。深い感謝の念をこめて、ご冥福をお祈りしたい。（音楽評論家）

二〇一二年一月一三日②

品のある立ち姿と格好良さ
二谷英明さんを悼む

小山内美江子

新しい年を迎えて早々に、これほど衝撃的な知らせを受けるとは思ってもみなかった。

7日、私たちのボランティアグループ「JHP・学校をつくる会」の新旧の会員が遠方からも集まって、例年通りのにぎやかな顔合わせが始まった最中に、JHPのかけがえのない仲間が、静かに死の旅路につかれたなど夢にも思っていなかった。

残された者のせめてもの慰めは、一人娘の友里恵さんとそのお子さんたち、奥さまの白川由美さんもご一緒で、愛するご家族に見守られてのお別れだったこと。いかにも二谷さんらしいと思った。だが、それは他人の言うことで、白川さんのショックはどれほど大きいものだったか。

二谷さんは、JHP創立者の一人だ。1991年秋、20年も続いた内戦を終わらすべく和平協定の調印がなされたカンボジア。その復興に、JHP副代表として、日本の若者とともに全力を注がれた。

俳優としての二谷さんと一緒に仕事をする機会はそう多くなかったが、この方にお願いすれば、間違いはないと思っていた。私が脚本を手掛けたドラマ「泣きたいほどの淋しさに」（フジテレビ系、92年）では、若村麻由美さんの父親役で出演していただいた。

二谷さんの良さは、刑事ドラマ「特捜最前線」（テレビ朝日系、77〜87年）など、後年になってより出てきたように思う。日活時代に大けがをされて、その影響もあって激しく走る役は控えていたようだけれど、立ち姿はピシッとしていて品があった。ロマンスグレーという言葉は彼のためにあるようなものだろう。パンチがあり、そして格好良かった。

JHPでの活動でも、映画界の大スターとして決めたスーツ姿に、流ちょうな英語力は今も現地の人々の語り草となっている。最初はこわもてだったプノンペンの教育局長も、二谷さんの顔が見えないときは「ブラザーはどうした…」と心配した。二谷さんが「僕はいつからクメール人の弟ができたのだろう」とうれしそうに笑ったことなどを次々と思い出し、これが国際感覚なのかとその笑顔をまじまじと見つめたことがあった。

そういう彼にはファンが多かった。けれど、帰国時は空港へお迎えに来た白川さんにちゃんと蘭の花を買ってきているし、受け取った夫人の微笑を見たら全くつけいる隙はない…。それを見て、あきらめたというある女性の言葉に、他の同行女性たちがうなずいたことを断片的に思い出した。

同行の学生たちには教育的だったが、それをさらにユーモアの衣につつんで愛があふれていた。もっともっとカンボジアに通ってほしかった。ご冥福をお祈りします。合掌。（脚本家）

二〇一二年一月二七日

音楽と水が彩る世界
アンゲロプロス監督を悼む

池澤夏樹

人はみな準備不足のうちに死を迎える。それはわかっていた。２０１１年3月11日はあらためてそれを教えてくれた。

それでも、テオ・アンゲロプロスの突然の死はまだ納得できない。3部作の2本を完成して3番目に取りかかったところ。クランクインから1カ月もたたない時に交通事故で亡くなるなんて、そんなことがあるものかと思った。

彼の作品の一つ、「永遠と一日」の主人公はがんに侵されて死が間近であることを知っている。家を出て病院に入ったら戻ることはないとわかっている。だから、最後にすることとして難民の少年を救おうとするのだし、若い時に妻と過ごした夏を思い出して寒々とした今の日々を温めようとするのだ。それはすべて死の準備だった。

だが、そのような準備の時間はテオにはなかった。死の天使はいきなり来て荒々しく彼を連れて行ってしまった。

30年以上にわたって彼の作品を見てきて、それも字幕制作という仕事を利用して特権的に何度となく見て、ぼくの中にはテオがぎっしり詰まっている。

どんなところにいてもすぐに心に浮かぶのは音楽だ。

初期には彼は既成の音楽を巧みに引用していた。彼を有名にした大作「旅芸人の記録」には１９３９年から52年にかけてギリシャで歌われた歌がたくさん出てくる。

旅芸人の一座の呼び込みの歌、国王への忠誠を誓う右翼の歌、労働者の連帯を訴える左翼の歌、それらの辛辣（しんらつ）な替え歌、甘い歌謡曲…。

ぼくは79年に日本でこの映画が公開される時に字幕を作っていて、これらの歌をぜんぶ覚えてしまった。どこのカラオケにも入っていないけれど、すべて数少ないぼくの持ち歌である。

既成の歌の引用はしかし80年の「アレクサンダー大王」までで、そこで彼はエレニ・カラインドルーという希有（けう）の作曲家と出会った。クラシックの技法から出発したすばらしいメロディーメーカーである。気品と哀調のバランスがよくて、それがアンゲロプロスの色調を決めた。「シテール島への船出」以降の画面ではすべて彼女の音楽が通奏低音になっていた。

音楽だけでなく、振り返ってみれば彼の映画はいつも信頼する同じスタッフに支えられていた。

一緒に脚本を書いたトニーノ・グエッラ、撮影のヨルゴス・アルバニティス、その弟で録音担当のタナシス・アルバニティス、美術のミケス・カラピペリス、そしてプロデューサーである妻のフィービ。日本版の公開に関してはフランス映画社の川喜多和子と柴田駿、字幕担当の不肖池澤も仲間だった。「旅芸人の記録」の原題のとおり、まさに「一座」だったのだ。

音楽と同じように彼の画面を決めたものの一つに水面がある。アンゲロプロスは水の魔術師だった。人はみな彼の画面にエーゲ海の明るい太陽がないと言う。その代わりに薄い曇り空の下の静かな水面がいつもあった。

赤い帆を掲げた無数の舟が横切る「狩人」の湖面から、村ぜんたいが水に漬かる「エレニの旅」の静かな洪水まで、多くの美しい水面が彼のスクリーンを満たした。

今、目を閉じればさまざまな水の光景がよみがえる。しかし、そこにテオはいない。そのことがどうしても理解できない。（作家）

二〇一二年一月三〇日

世界驚かせた生きたアート
石岡瑛子さんを悼む

松岡正剛

石岡瑛子さんが亡くなった。ごく最近、ブロードウェーで「スパイダーマン」を見たあと瑛子さんとたっぷり話しこんだ照明デザイナーの藤本晴美さんの印象では、あいかわらず決断と冒険に満ちていて、漲（みなぎ）った気力を感じたということだったが、実際には体の奥でがんが蝕（むしば）んでいたのだったろう。

瑛子さんが時代を画する格別のアーティストであることは、誰もが認めていた。資生堂の前田美波里のポスターでデビューして、パルコや角川書店を相手に極上のグラフィックデザインを見せた瑛子さんは、その後はアメリカに入り、ポール・シュレーダーの映画「Mishima」やジョン・デクスターの舞台「M・バタフライ」やフランシス・コッポラの映画「ドラキュラ」で、プロダクションデザイナーなどとして空間美術にもコスチュームにも意表を突いた劇的性を提供した。

レニ・リーフェンシュタールやジョージア・オキーフの老いた魂と深いコラボレーションすることも辞さなかった。瑛子さんは日本人であることをつねに誇りとしていたが、同時に「世界人の魂の表象界」を称賛することにも力を尽くしたのである。

その後、マイルス・デイビスやビョークらのミュージシャンと組むようになったのは、以前からミック・ジャガーやデビッド・ボウイに仕事を頼まれていながらも、かれらの冗漫が許せずに断ってきた瑛子さんにしては、新たな切っ先を示すものだった。仕上がったデザインは、いっさい大衆への媚（こ）びを拒否していた。

ソルトレーク冬季オリンピックで、デサントがサプライヤーとなったレーシングウエアとアウターウエアを手がけたときの鮮やかな手法も万人を驚かせた。なかでもスイス選手団のモルフォテックス素材の深紅のマキシコートが厳寒の風に翻った瞬間、アスリートたちのスピリチュアルブルーがその裏側からあらわれたときは、会場からウオーッというどよめきがわいたものだ。

しかしながら、こうした石岡瑛子の「生きたアート」を日本の世間は十全に評価できなかったように思う。そのことに瑛子さんも失望を禁じえなかったようだ。「女流デザイナー」「男勝り」「執念の表現」といった評判ばかりだったからだ。石岡瑛子はどんな場合でも「存在の熱学」を自分にも他者にも貫いてきた人なのだが、そのとき何が〝勝負の焦点〟となっているのか理解できなかったのである。

このこと、いかにも残念至極なことであるが、現状の日本のクリエーティブシーンが、「かわいい」や「集団ゲーム性」を脱しないかぎり、石岡瑛子は理解されないままになってしまうだろう。でも、それじゃ困るのだ。瑛子さんの刃物こそ、やっぱり日本の怠惰には必要なのである。（編集工学研究所所長）

二〇一二年二月六日

日米を生きた孤高の写真家
石元泰博さんを悼む

森山明子

モダニズム最良の写真家、石元泰博。享年90歳。孤高を貫いた見事な一生であった。米サンフランシスコで生まれ、ニューバウハウスと通称されたシカゴのインスティテュート・オブ・デザイン（後にイリノイ工科大）で学ぶ。第2次世界大戦時に日系人収容所を経験し、1969年には日本国籍を取得。日本と米国を生きた稀有（けう）な経歴を持つ、寡黙な写真家である。

昨年秋、石元の全作品をコレクションしている高知県立美術館で「写真家・石元泰博の眼―桂、伊勢」展が開かれた。高知出身の両親が米国で農業移民として働いた間に石元は生まれているから、高知は郷里ということになる。厳しく対象を見つめることで想像を絶する深みに到達した石元泰博の眼（め）―だれもがその眼の軌跡を実感する機会となった。

53年に日本に戻り、すぐに撮影したのが桂離宮だった。20年後に東寺の「伝真言院両界曼荼羅（まんだら）」、さらにその20年後の93年に式年遷宮の伊勢神宮を撮った。その間に昭和の大修復なった桂離宮を再撮影、83年に写真集を再刊している。式年遷宮は「常若（とこわか）」を願ってのことだというが、日本を撮影する石元の眼にも20年ごとの常若があったことに驚嘆するばかりだ。

〝異邦人〟として撮った桂は見る人の眼を射抜く。無私の眼で見た曼荼羅は、現代の衆生を平安の密教空間にいざなう。伊勢神宮では対象に寄り添い、清浄であることこの上ない写真を後世に残した。

「石元泰博　二都物語」が米シカゴ美術館で開かれたのは99年のこと。20代の大半と、30代後半に3年ほど居住して写真ざんまいの日々を過ごしたシカゴ、そして東京が被写体である。「シカゴ、シカゴ」は石元の代表作である。年月を経ても写真に風化の兆しはみじんもなく、会場を訪れたシカゴ市民が、写真の中の被写体ときっかり相似形をなしたのが記憶に鮮やかだ。

病室での最期の日々、写真を寄贈したドイツ・バウハウス美術館での展示を気にかけていた。石元は最期までバウハウスの住人であり、世界の写真界の一員であった。

石元夫人の滋子が亡くなったのは2006年2月22日。それ以来、冬になると決まって、滋子に誘われるように体調を崩した。今世紀に入っての代表作「刻（とき）moment」には、夫妻のこんな会話が収められている。

「肉体も〈もの〉も消滅する。けれど何か大きな力で、みんな小さな小さな粒子となって、次々につながり、螺旋を描きながら限りなく未来へ上昇していくのではないかしら」「やっぱり宇宙の中で描かれる螺旋の〈つぶつぶ〉になったほうがいいなあ」。滋子七回忌を待たずの2月の旅立ちであった。

「不二＝ふたつにあらず」とは、理と智が一体となった密教における理想の状態とされる。二つの祖国を生きて「モダンの極み、モダンを超える」感のある写真家はまた、その不二、エロスの機微を滋子と2人で生きた。石元泰博の魂魄（こんぱく）やすらかならんことを―。

（武蔵野美術大教授）

二〇一二年二月一三日

歴史紡いだ正統派
ヒューストンさんを悼む

矢口清治

まるで3年前の夏のように、あまりに突然の衝撃的な訃報だった。マイケル・ジャクソン同様、早すぎる別離だ。翌日の第54回グラミー賞でもその偉大さをたたえ、早世を惜しむ声が相次いだ。

ゴスペル歌手シシー・ヒューストンを母に、ポップスターのディオンヌ・ワーウィックをいとこに持つ、恵まれた環境で育ち、10代でまずモデルとして頭角を現した。

歌手としてのデビュー作「そよ風の贈りもの」（1985年）は世界で2300万枚も売り上げ、続く「ホイットニーⅡ」は全米チャート初登場1位という女性では初の快挙を達成。俳優ケビン・コスナーと共演した92年の映画「ボディガード」は音楽との相乗効果もあり、大ヒットした。

ポピュラーミュージックが劇的に変化した80年代。ダンスビートとテクノロジー、そしてビデオなどのビジュアルで変革を先導したマイケルに比べ、肩を並べる商業的成功を収めながら、より正統なスタイルで歴史を紡ぐ存在だった。

ビリー・ホリデイやエラ・フィッツジェラルドから、バーブラ・ストライサンド、ダイアナ・ロスらを受け継ぎ、「優れた楽曲を卓抜した歌唱で大衆に届けるボーカリスト」という立場だ。

代表曲「オールウェイズ・ラブ・ユー」はもともと、ドリー・パートンが歌ったシンプルなカントリーソング。それを洗練されたバラードに仕立て、感動を与えた。

彼女の成功は、ソウルミュージックが民族的な非業の歴史や、社会的メッセージを背負わねばならない時代が過ぎつつあることも象徴していた。

この時期からソウルにアフロアメリカンの独自性が薄れだしたことを指摘する声もある。

一方、過去に実現した来日公演では、ゴスペルのルーツを示すステージでソウル歌手としての確かなカリスマ性を発揮した。レコード以上に大きなスケールで楽曲のヤマ場を歌い上げた姿はとても印象的だった。

87年の第2作に収録された全11曲のために集められたのは5万曲―。そんな逸話は、人々の日々を彩り、終生大切な宝物となりえるポップソングを、自らの声で特別なものにしようとする崇高な姿勢を示していた。

誰にも等しく過ぎていった時間の中で、誰もが自分だけの涙とほほ笑みを抱いてきた。そこに必ず流れていたのがホイットニーの歌だった。そんな人が、全世界に限りなく存在する。（ディスクジョッキー）

二〇一二年二月一七日

昭和ならではの演技派
淡島千景さんを悼む

佐藤忠男

淡島千景さんが亡くなられた。

淡島さんは戦争中に宝塚歌劇でデビューし、戦後に宝塚の娘役として華やかなスターになった人である。そして1950（昭和25）年に渋谷実監督の世相風刺喜劇「てんやわんや」で映画に進出した。これは戦後の解放的な気分の先端を行くようなはねっ返りの若い女の役だった。

当時おなじような役を立て続けにいくつも演じて、テンポの速い体の動きと小気味のいいセリフで戦後という時代の面白さを実感させてくれたものだった。

今井正監督の「にごりえ」の第3話などは無理心中の犠牲になる明治の遊郭の女の悲劇だが、哀切きわまりない役を格調高く演じていた。他方、小津安二郎監督の「麦秋」の脇役で中流家庭の育ちのいいお嬢さん役の軽快なユーモアの味わいなども忘れ難い。芸域の幅の広い、着実な演技力を持つスター女優として、まずは地位を固めたと言える。

決定打となったのは55（昭和30）年に森繁久弥と共演した「夫婦善哉（めおとぜんざい）」である。豊田四郎監督のこの映画で、森繁久弥はとことん女に甘えるわがままなダメ男という人間像をつくりあげて一世を風靡（ふうび）したが、そんな男が喝采され得たのも、その男のダメさを承知で意地でも彼につれそうしっかり者の女がいるからであり、蝶子というその女を演じたのが淡島千景だった。この名演で演技派としての彼女の地位は確定したと言っていい。

以来、情味のある、毅然（きぜん）とした気迫もある、好ましい色香ももちろん身についている中年女性といった役どころで、たくさんの映画が続いた。

市川崑監督の「日本橋」では山本富士子と妍（けん）を競う売れっ子の芸者。五所平之助監督の時代劇「蛍火」では寺田屋騒動の舞台となった伏見の寺田屋の女将（おかみ）。成瀬巳喜男監督が戦後の農村の変化を淡々としたリアリズムで追求した「鰯雲（いわしぐも）」では、農村を守って真剣に働く農家の婦人、などなど。

新派調の悲劇をメリハリを利かせて演じるいっぽう現代的なお洒落（しゃれ）な喜劇を軽やかに演じることもできた。古いものと新しいものが混在した昭和という時代ならではの素敵（すてき）な女優だったと思う。（日本映画大学学長）

二〇一二年二月二三日

歌って踊るアイドルの原型
北公次さんを悼む

反畑誠一

訃報に接し、三つのキーワードが浮かんだ。それは、1968、ジャニーズ、光と影である。

北公次は、男性4人組アイドルグループ、フォーリーブスのリーダー。1968年に「オリビアの調べ」でレコードデビューを果たした。

歌い出しは「あの星は遠い　オリビアの涙」。北公次の詞に「長い髪の少女」などの作曲で知られる鈴木邦彦がメロディーをつけた。ビートルズの来日をきっかけに大流行したグループサウンズ調だった。前年には、ジャッキー吉川とブルー・コメッツが「ブルー・シャトウ」で日本レコード大賞を受賞している。

一方、フォーリーブスのデビューの前年には男性アイドルグループの先駆けで、同じ4人組のジャニーズが解散した。

フォーリーブスもジャニーズも、SMAPや嵐らが所属するジャニーズ事務所の黎明（れいめい）期のスターである。未来像は「歌って踊るエンターテインメント」にあったと思う。

69年、フォーリーブスは「恋するジャック」などシングルを立て続けにリリース。70年安保闘争に多くの大学が巻き込まれ、激動の時期だったが、60年代後半から70年初めにかけては歌謡史に残るヒット曲が続出した。

「ブルー・ライト・ヨコハマ」（いしだあゆみ）、「夜明けのスキャット」（由紀さおり）、「夕月」（黛ジュン）などはその代表曲だった。

時代の先端をいくポップスと伝統的な歌謡曲が融合した新たな領域が生まれた。またラジオの深夜番組からは若いシンガー・ソングライターが台頭してきた。

そのような70年代、フォーリーブスが帝国劇場（東京）で開催された第5回東京音楽祭に出場し、「魅せられし魂」を歌った雄姿を見た思い出がある。「東京から音楽を世界に」を標題に開かれたこの音楽祭からはスーパースターが大勢出ている。北公次には世界進出の夢もあったであろう。

2002年には再結成がかない、4年後にはCDボックス「フォーリーブス　1968―1978」も発売された。まさにこれからという09年、青山孝史が肝臓ガンで急逝。そして北公次も同じ病で波乱の生涯を閉じた。

4人でパフォーマンスした「踊り子」「ブルドッグ」などは、少年隊をはじめ後輩たちによって歌い継がれている。

人生の裏面には芸能界での人間関係など、アイドルとして頂点を極めた男にしか語れない光と影があったのも確か。享年63歳。「青春は永遠の願い」のはずなのに残念だ。（音楽評論家）

二〇一二年二月二四日

女形の本道求め独自の境地
中村雀右衛門さんを悼む　上村以和於

例年にない厳冬の中、遅れていた梅の便りがようやく届こうという時になって、中村雀右衛門の訃報を聞いた。昨年亡くなった中村富十郎、中村芝翫に続いて、歌舞伎界は3人の長老を失ったことになる。3人とも、新しい歌舞伎座の完成を待つことなく逝ったことが、哀切の思いをひとしお深くする。

90歳近くまで驚異的な若さで、むしろ今こそが全盛時代ではないかという声すら聞かれ、若いファンから「不死身のジャッキー」というニックネームをつけられるほどだったが、さすがに近年は、舞台を遠ざかるようになっていた。富十郎も芝翫も昭和初年の生まれだったのに対し、大正生まれの文字通りの戦中派だった。

若手花形としてこれからという年齢で、兵役に服して南方の戦地にいること6年。復員した時は既に20代も半ばを過ぎていたが、それから女形として新たな道を歩み始めるという、曲折の多い役者人生だった。

ひところは、映画俳優大谷友右衛門として、歌舞伎を知らない人たちにもその名はよく知られたが、そうした歩みも、多感な時代を戦地で送った同世代の、いわゆる戦中派と共通する、ある軽さと新しさを感じさせた。ジャッキーというような呼び方は、もちろん親しみの表現であるにせよ、もっと前の世代の名優に向かっては、考えられなかったろう。

曲折の道は、歌舞伎界の中でもかなり長い間、続いた。戦後歌舞伎の第一線の女形の一人として遇されはしても、例えば第一人者と目された中村歌右衛門とは実年齢は3歳の違いだったが、はるかに先を行く先達として、その背中を見ながら走り続けなければならなかった。それは、想像を絶する苦難の道であったに相違ない。ともすると、古典よりも新感覚派のように見られもした。

おそらく、この人がその真価を存分に発揮し、万人を納得させるようになったのは、70歳を過ぎてからといっても過言ではないだろう。女形として出発するに当たって、岳父であった七代目松本幸四郎から「60にならなければ使い物にはならないよ」と言われたという。「本当にその通りでした」と明るく笑って語ったのが、不死身と呼ばれた晩年のことであった。女形の本道を求めつつ、誰にもなかった独自の境地に、この人はついに立ったのである。（演劇評論家）

二〇一二年三月一六日

此岸に立ち続けた思想
吉本隆明さんを悼む

加藤典洋

吉本隆明（よしもと・たかあき）さんが亡くなった。とそう書くと、吉本さんの思想がもう一つ別の局面に入ったことを感じる。吉本さんに「死」は似つかわしくない。それくらい、吉本さんには、どこまでも「此岸（しがん）」に立ち続けて思想を構想しようとする意思が強固にあったと、いま思う。

ある時期、臨死体験のもつ思想的な意味にとてもこだわられたのも、その現れだったし、最晩年に東京電力福島第1原発事故をきっかけにしたインタビューで、「人間は滅亡が近いよな、と悲観したくなる中で、一つだけ奇妙に希望を持てる確かなことがあるとすれば、それは人間の平均寿命」の「伸び」が「止まらないことだと述べられたことも、そうだった。

私は昨年、そこで言われた「平均寿命の伸び」が思想的な達成であるという考え方がうまくのみ込めず、本当にそうなのか？　なぜだ、と思ったものである。しかし、いまになって考えれば、それは吉本さんがずっと前から持たれていた考え方で、吉本さんは不変なのだった。

１９８０年代に、来日した脱学校論、脱病院論の思想家イバン・イリイチと対談したときのことも、思い出される。イリイチの話頭が病院での延命措置の非人間性、無意味さに向かったとき、吉本さんが、イリイチを制して、いやこういうことはなってみなくてはわからないですよ、家族が患者を少しでも生き延びさせたいと思うことを、否定できるでしょうかね、と述べられた。

一瞬、聴いている人の多くが白けた。いま考えると、それはこういうことだったのではないだろうか。

家族が死んでしまうと、われわれはあのとき、悪あがきせずに父に、母に、あっさり死んでもらった方がよかったかもしれないと、反省的に思う。でもその反省が、死の間際の少しでも長く生きていてほしいと願うクモの糸にもすがる非望よりも、賢いという保証など、どこにあるだろうか。

いったんその「外」や「彼岸」に立った後の明察など、あてにならない、と吉本さんは言うのだが、その考えは、「庶民的」などと呼ばれることの多い、普通の人の普段の考え方が、そんなに浅いものではないのだぞと、私など言葉の人間の腰高さをいつも、打擲（ちょうちゃく）するように働くのである。

64年には、「井の中の蛙（かわず）」は外に虚像を夢見る限りは「井の中の蛙大海を知らず」のままだが、もしそのことに抵抗できて、「井の外」に虚像を見なければ、そのときには「井の中にいる」ことが「井の外」とつながっている、内にあっても「大海」に通じる思想をつくることは可能だ、という名高い主張を行った。

でもそれは、「此岸」にあっても「彼岸」に行けるということではなくて、「此岸」（国内経験）に立たない限り、「彼岸」（世界思想）には立てないぞ、ということなのだ。

いま私には、吉本さんの思想のこうした本質、此岸性の内なる彼岸性ともいうべきものが、吉本さんが終生関心を絶やさなかった親鸞の妻帯肉食の主張、非僧非俗のあり方とつながるものと感じられる。

ただならぬ非凡さとはこういうことを言う。それは非凡さなど、たいしたことではないよ、と感じさせるのだ。

亡くなる3日前、何年かぶりにお会いした吉本さんは病床にあって、荒い息を吐かれていた。宮沢賢治の最後の詩、「眼にて云う」が思い出される。吉本さんは、眼（め）を閉じられ、お静かにされていた。

吉本さん、お安らかに。

こういう人と同じ時代を生きることができたことの幸運を天に向かって感謝する。（文芸評論家）

二〇一二年四月三日

何語で夢見、死んだのか?
A・タブッキ氏を悼む

和田忠彦

3月25日朝、アントニオ・タブッキが69年に満たない生涯を、妻の故郷であり、作家自身の第二の故郷であるリスボンで終えた。同地で葬儀の営まれた29日、イタリア中部にある故郷の村でも、黙とう後、朗読による追悼式が催された。

タブッキが一躍、日本で人気作家となったのは、1991年。89年に映画化された中編「インド夜想曲」(84年)の作者として。映画公開に合わせ出版された、須賀敦子による訳書に負うところ大であった。その後、90年代を通し、80年代以降の小説作品が途切れず翻訳紹介された結果、日本は、世界的にみても、フランスと並ぶタブッキ愛好国となった。

そんな中、97年秋、国際交流基金の招聘(しょうへい)により作家の訪日が実現した。離日直前の一夜、東京・千鳥ケ淵で行われた講演に続いて公開対談があった。相手は、須賀敦子。「私は何語で死んでゆくのかしら」。終わり際に漏らした須賀の言葉が、作家を、そして居合わせた聴衆を撃った。既に病魔に侵され、入院先から許可をもらって駆けつけた須賀の、静かで毅然(きぜん)とした佇(たたず)まいに、作家の表情が一変した。

「ひとはある言語で忘れ、ほかの言語で思い出すことができる」。作家自身、あるフランス哲学者の、この言葉に導かれるようにして、ポルトガル現代詩の、とりわけ夥(おびただ)しい「異名」のもとに詩作を続けたフェルナンド・ペソアの研究と翻訳にのめり込み、いつしか自分も小説を書き始めていたという軌跡をたどってきたからだ。

その詩人ペソアの影を求めて、真夏のリスボンをさまよう「わたし」の夢幻的世界を描いた小説「レクイエム」(92年)が、イタリア語でなく、ポルトガル語で執筆された事実こそ、実のところ、タブッキと須賀の一瞬にして生じた深い共鳴の理由を証すものかもしれない。

母語ではなく、「愛情と省察の場となる言語」、つまりポルトガル語でなければ、「レクイエム」は書けなかった。

その秘密を作家が明かすのは、「他人まかせの自伝」(2003年)に収められることになるエッセー「一音節のなかの宇宙」を待たねばならない。

だが、あの夜、須賀が小さな声で発した自らへの問いかけは、確実に作家の深いところにくすぶっていた思いをも揺さぶったのである。

1998年3月に須賀が69歳でこの世を去った後、同志を失った気分だとタブッキが語ってくれたのは、もう一つ春を数えた99年4月、リスボンで一週間にわたって開かれた、作家にささげられた国際シンポジウムに同席したときのことだった。

須賀の死から14年、14歳年長の同志を追うようにしてタブッキの訃報が届いたことの不思議な巡り合わせに、あらためて思う—。アントニオ、あなたは何語で夢を見て、何語で死んだのですか?(東京外国語大副学長)

二〇一二年四月二〇日

「置き去り」許さぬ人
吉武輝子さんを悼む

樋口恵子

吉武輝子（よしたけ・てるこ）さんが亡くなった。平和を脅かすもの、暴力的なものに一歩も引かない人だった。大分県で開かれた「平和を語るフォーラム」で、村山富市元総理の発言にしつこくヤジを飛ばす男がいた。司会の私がたしなめても一向にきかない。隣にいた吉武さんが力のこもった低い声で「ヤジはやめなさい！」。シーンとなり、男は退場していった。2010年秋のことである。

吉武さんはこのころ、自ら「病気の問屋」というくらい、肺気腫、膠原（こうげん）病、大腸がん、慢性白血病などを抱えていた。酸素ボンベを積んだカートに、自分の服とおそろいのカバーを着せて歩き、病苦の中にもおしゃれ心と楽しさを忘れなかった。「病気であっても病人ではない」がモットー。「丈夫」が理想視される長寿社会にあって、病みながら老いざるを得ない人々をどんなに励ましたことだろう。

十人十色というが、一人十色の多芸多彩な女性だった。女性解放、反戦平和、護憲、反原発・環境、高齢社会…。活動の分野は多岐にわたり、しかも、それぞれのリーダー役を務められた。文筆家としても、女性の生き方、働き方、自身の老いを語るエッセー、吉屋信子（よしや・のぶこ）はじめ表現者を主人公とした評伝、見落とされた戦後史であるサハリン残留日本女性のルポ「置き去り」など、膨大な著書を残している。病床に就いたのは、この3カ月ほどにすぎない。

反戦反差別への思想を直球で投げ続け、一人の「置き去り」も許さぬというメッセージを送り続けた。こうした活動の原点には、戦後の占領期に遭遇した米兵による性暴力の被害体験があるのだろう。吉武さんはその体験をうちにこもらせず、自らの人生の重み全てを挙げて、人間を踏みにじる戦争と暴力への抵抗に集約した。表現した。そして広めた。

私は吉武さんと1歳違い。同世代の同業者として、半世紀近いお付き合いをしていただいた。妥協型の私には、吉武さんの純粋さがまぶしいこともあったが、私が窮地に立たされたとき、吉武さんはいつも力強い味方であり助言者だった。

03年、私が東京都知事選に立候補したとき、20日間近くもの選挙期間中、吉武さんは多忙にもかかわらず、会計責任者という最もややこしい役を引き受けてくださった。吉武さん、ありがとう。そしてあなたがこの世の踏みにじられている女に、男に、立ち上がる勇気という贈り物をくださったことに心からの感謝をささげます。（評論家）

二〇一二年五月一七日

自分の中の子ども見つめて M・センダックさんを悼む

さくまゆみこ

世界の絵本界に多大な影響を与えた米国の絵本作家、モーリス・センダックが亡くなった。

代表作は、文・絵ともに手がけた3部作といわれる「かいじゅうたちのいるところ」「まよなかのだいどころ」「まどのそとのそのまたむこう」。どれも、今はやりの「かわいい系」でもなければ、「癒やし系」でもない。

ゲイであり、子どもを持たなかったセンダックは、自分の中にいる子どもを見つめながら作品をつくり、子どもの情動に潜む暗いものや恐ろしいものからも目をそむけることなく、正面からとらえて表現していた。

またナチスの強制収容所で子どもが演じたオペラを題材にした「ブルンディバール」は、子どもたちがヒトラー風の悪者をやっつけるという筋の絵本だが、最後のページにわざわざ「悪いやつは油断するとまた戻ってくる」というメッセージが書かれている。これも、子どもをごまかしたくないという意図の表れと言えよう。

米国の絵本の発展は、多くの移民やその子孫に支えられていたが、センダックもユダヤ系ポーランド人移民の子どもで、彼のいくつかの作品にはナチスやホロコーストの悪夢が影を落としていた。

センダックの作品づくりは常に変化していた。3部作を比べればよくわかるが、画材、構図、題材、描き方などが同じ作家とは思えないほど違う。といっても、見慣れればセンダックらしさが随所にあらわれているのではあるが。

絵本の形態にしても、書名を裏表紙に入れた作品（「わたしたちもジャックもガイもみんなホームレス」）もあれば、豆本（「ちいさなちいさなえほんばこ」）もあれば、仕掛け絵本（「マミー?」）もある。常に新たな世界を切りひらこうとしていたのだろう。

1964年に「かいじゅうたち―」によって、その年の米国の最優秀絵本に与えられるコールデコット賞を獲得後も、国際アンデルセン賞、ローラ・インガルス・ワイルダー賞など数々の賞を受賞し、世界の絵本界の先頭に立ち続けた。

オペラやバレエの愛好家でもあった彼は、絵本作品（例えば「おいしそうなバレエ」）でそれを表現しただけでなく、舞台や衣装のデザインも手掛けた。

センダックは子どもを無菌室から解き放ち、真実を伝えようとした。だからこそ、親が良書と認めなくても、子どもは自分の心が解放されるのを覚え、彼の絵本を手放さないのだと思う。（翻訳家）

二〇一二年五月二七日

歯に衣着せぬ明晰な評論
吉田秀和さんを悼む

中村紘子

吉田秀和先生は、欧州がクラシック音楽の中心で「権威」が存在した時代の最後の音楽評論家でした。歯に衣（きぬ）着せぬ明晰（めいせき）な評論をもうお聞きできないと思うと、残念でなりません。大きな喪失を感じています。

クラシック音楽の黄金期を肌で知っていたという点でも、その存在感は大きいものでした。いち早く欧州へ渡り、フルトベングラーの指揮など、当時はまだ存命だった音楽家の演奏に肌で触れられた。先生はかつての時代の価値観を知る最後の方だったと思います。

また、指揮者の小澤征爾さんやチェリストの堤剛さんをはじめ、今日の日本の中心的な音楽家を育てる教育の場をつくり、応援してくださった。その一つが、先生方が1948年に創設した「子供のための音楽教室」で、桐朋学園の音楽部門の前身です。斬新な試みで、明治、大正期に固まってしまったアカデミックな教育体制に若い先生方が対抗してつくったと聞いています。

幼少期から音楽の才能を伸ばす重要性を証明し、それまでドイツ中心だった音楽教育に、いち早くフランス系の楽譜を読む基礎訓練「ソルフェージュ」などを取り入れた功績も大きい。

3歳ごろから教室に通い始めた私にとって、先生はまるで幼稚園の先生のような存在でした。教室の物を壊してはお説教され、「怖い」という印象もありましたが、本当にかわいがっていただきました。

私は毎年、仲間で先生を囲み、手料理を振る舞う会を開いてきました。昨年末の会では、先生は料理をすべて召し上がり、会話もとてもクリアーだった。

白寿のお祝いに向け、次回はどうするかと連絡をしようとしていた矢先でした。ずっとお元気だったので驚き、とても悲しい気持ちです。

最近の音楽界は、欧州が停滞し、日本も含めアジアの台頭が目覚ましいのですが、そのような状況への思いを先生に聞いてみればよかったと悔やんでいます。（ピアニスト・談）

二〇一二年五月二八日

鋭い嗅覚持った孤高の人 吉田秀和さんを悼む

青柳いづみこ

「ボクはね、死なないんだよ」が口癖だった。その言葉どおり、永遠に私たちを導いてくださるものと思っていたが、音楽評論の新しい試みであり、自伝でもあった4部作「永遠の故郷」（集英社）を完結させて、さすがにほっとされたのだろうか。

最後にお目にかかったのは、拙作「グレン・グールド　未来のピアニスト」の構想について相談に伺ったときだから、秀和さんが95歳のころ。午後のお茶に招かれ、夕方暗くなるまで語り合った。記憶に濁りはまったくなく、理路整然、すさまじい頭脳だった。

孤高の人だったと思う。音楽、美術など実体のないものを活（い）き活きと喚起させる文章力は他の追随を許さなかった。音楽にとどまらず、芸術の各ジャンルの書き手を育てるために吉田秀和賞を創設、私も受賞の恩恵にあずかった。

鋭い嗅覚を持つ人だった。作曲家でも演奏家でも、当事者しか知り得ないかすかな矛盾にとりつく。のぞき趣味に終わらせず大きな視点に還元させ、対象を俯瞰（ふかん）することのできる人だった。ベネデッティミケランジェリがラフマニノフの4番という珍しい協奏曲を弾いたとき、その理由を尋ねて相手をどぎまぎさせた。読み手は一連のやりとりから、神秘のピアニストの意外な人間性を感知したにちがいない。

クラシック音楽の社会的地位に気づいたのは、２００６年に文化勲章を受章されたときではなかったろうか。丸谷才一さんら作家たちに、まだもらっていなかったのかと冷やかされ「いたく傷ついた」という。「調べてみたら、音楽関係の受章者は他の芸術、文化分野に比べて極端に少ないことがわかった」というスピーチには胸をつかれた。

詩人の中原中也に音楽を言語化する道を後押しされたという秀和さんの時代と違い、こんにちでは各ジャンルの分化が進み、芸術評論はますます発表の場を狭められている。もうあんな書き手は現れないと嘆くのは簡単だが、早急に次世代の吉田秀和を発掘、育成する方策を考えなければなるまい。（ピアニスト、文筆家）

二〇一二年五月三〇日

並はずれた寛容さと度量
新藤兼人監督を悼む

樋口尚文

小説のように筆一本では不可能な映画づくりでは、どうしても製作費を集め、回収することが一大テーマとなる。そして、そのお金と作り手のかかわり方次第で、映画は芸術にも娯楽にもなるのである。新藤兼人の手掛けた映画、テレビの膨大な作品群は、まさにこの両極にまたがって多彩というより、もはや貪婪（どんらん）なまでの広がりを見せる。

この芸術的な極は、もちろん新藤が戦後に大きく成長しつつあった映画会社で自作シナリオの先鋭さを批判され、もっと自由な映画づくりを志向して先駆的な独立プロ・近代映画協会を設立したことでつかみとられている。邦画5社の大撮影所ではなく、「日本中が自分の撮影所」とうたって、ロケ現場にプレハブを建て、合宿で映画をつくった。

一方の娯楽の極に相当するのは、そういった理想の手作りの映画を製作する資金稼ぎのために新藤が引き受けたあまたのテレビドラマ群だろう。

ここで特筆しておきたいのは、後者のほうで新藤は本当にばかばかしいサスペンス物の2時間ドラマなども請け負って、きっちり締め切りを順守してシナリオを執筆していたというが、こういうお金のためにやる仕事も実に愉（たの）しげで丁寧だったことだ。

この寛容さと度量は、主に戦前の新藤の苦労人ぶりが培ったものだろう。新藤は大卒のインテリとして撮影所に採用されたのではなく、京都の新興キネマでフィルムの現像と水洗いの苛酷な下働きからはじめ、絵が得意で、やがて同東京撮影所の美術助手となり、溝口健二監督の大作「元禄忠臣蔵」では建築監督を務めたという異色の履歴の持ち主である。

そんなかたわらでシナリオを修行し、松竹の脚本部に移ったところで召集令状が来た。こんな戦前の体験を出発点とする新藤にとっては、金の圧力を免れた芸術映画も、金のために請けた娯楽映画も、ともに映画は映画であってありがたく機嫌よく請けるべき仕事と思っていたのではなかろうか。

そしてこのおおらかでタフな肺活量そのままに、新藤が好んで題材にした人間と性の主題は常にずぶとく、率直に、ぐいぐいと描き出された。

そんな作風が導いたものか、生涯のパートナー・乙羽信子が新境地を見せた1951年の初監督作「愛妻物語」よりも、その60年後に98歳で監督した遺作「一枚のハガキ」のほうが精力的で若々しかった（!）のは、実に感動的な、というより奇跡的な出来事だった。

（映画評論家）

二〇一二年六月一日

聴きたくさせる言葉の力
吉田秀和さんを悼む

小澤征爾

吉田秀和先生の訃報を受け、大変なショックを受けております。知らせを受けてからこの数日間、私の頭の中では吉田先生のことがぐるぐると回っています。

月刊誌「すばる」の4月号に先生が私のことを書いてくれたのですが、あまりにも良いことばかり書いてくださったので、何だか照れくさくて、お礼の電話をできずにいました。吉田先生には、用の有無に関係なく、割と気軽に電話をさせていただいていたのですが、なぜ今回は電話をしなかったのだろうと、悔やまれてなりません。

吉田先生は何もなかった戦後の日本に、斎藤秀雄先生、井口基成先生、伊藤武雄先生、入野義朗先生、柴田南雄先生と共に、後の桐朋学園音楽科の母体となる「子供のための音楽教室」を開設されました。私は途中から参加し、桐朋学園音楽科の1期生として斎藤秀雄先生のもとで指揮の勉強をしました。

近年、ベネズエラの「エルシステマ」から優秀な音楽家が多く生まれていますが、その創設者であるホセ・アントニオ・アブレウ博士に言われたことがあります。「私がなぜエルシステマをつくったか、身をもって体験した君ならよくわかるはずだ」と。

貧しく何もなかったあの時代の日本で、子供にクラシック音楽を教えよう、というのは今考えてもすごい発想だと思います。そしてもしあのとき「子供のための音楽教室」ができていなかったら、今の私はありえませんでした。ですから吉田先生は斎藤先生と共に、私の恩人の中の恩人、大恩人です。

吉田先生は音楽教育を受けた方ではありませんでした。しかし先生の音楽に対する直感・感性はすごいものがありました。そして言葉のセンスがずばぬけていたことは言うまでもありません。先生の文章を読むと、その音楽が、あるいはその演奏家の演奏が聴きたくなります。

そして何より私がうらやましかったのは、先生の卓越した語学力です。おかげで早い時期から、吉田先生は日本のクラシック音楽界の窓を世界に向けて開けてくださり、世界の著名な音楽評論家たちと交流し、私にも折に触れ、海外の音楽界のいろいろな情報を下さいました。

水戸芸術館の館長になられた時、ぜひ室内管弦楽団を結成してほしい、と言われ、私は桐朋学園時代からの仲間たち、潮田益子、渡辺実和子、安芸晶子らに声をかけ、水戸室内管弦楽団を結成しました。皆、世界で活躍するベテラン中のベテランではありますが、それでも私たちにとって、吉田先生はいつでも怖い先生でした。

リハーサルの後に楽屋にいらしてくださり一言二言感想を言ってくださるのですが、それを聞く時はいつも緊張しました。ですから吉田先生が聴いていらっしゃる水戸室内管弦楽団で演奏する時は、まるで学校で試験を受けているような気分でした。

この数年は、私の健康の問題で、コンサートをキャンセルすることも多く、先生には大変なご迷惑とご心配をかけてしまい、本当に申し訳なく思っています。ですが、必ず元気になり、これからも指揮者として、頑張っていきたいと思います。これからも吉田先生が見守っていてくださると信じて…。（指揮者）

二〇一二年六月四日①

時代に合ったダンディズム 尾崎紀世彦さんを悼む

伊藤強

最近、声を聴かないなと思っていたところに訃報が飛び込んできた。1カ月ほど前、週刊誌などが「失踪騒動」として書いていたが、実はがんを患い、つらい闘病生活を送っていたのかと思うと、心が痛む。

「ポップスのフィーリングを持ったうまい歌手がいるよ」。尾崎紀世彦を知ったのはヒット曲が出るずっと前のころ。世間一般の知名度はなくても、音楽業界ではちょっと知られた存在だった。

1971年に2枚目のシングル「また逢う日まで」を発表すると、約100万枚を売り上げ、尾崎は一躍、人気歌手の仲間入りを果たした。

実はこの曲はもともとCMのために書かれた曲だった。作詞家の阿久悠が歌詞を書き、グループサウンズ「ズー・ニー・ヴー」が「ひとりの悲しみ」としてレコード化。だが、あまり売れず、阿久が歌詞を書き換え、曲名も「また逢う日まで」に替えて尾崎が歌ったところ大ヒットした。

初めて聴いたとき、「日本の歌謡曲を洋楽に変えた歌だ」と思った。彼の日本人離れした風貌も一役買ったのだろうが、曲が持つ洋楽の雰囲気と、思い切って声を張り上げる彼の歌い方はとても新鮮に響いた。

1970年代の頭といえば、「うーん、マンダム」「男は黙ってサッポロビール」といった流行語がCMから生まれ、男っぽさがうけた時代。尾崎が歌を通して発した男くささやダンディズムは時代の空気や流れに合っていたのかもしれない。

実際に会って話をすると、ざっくばらんで、芸能界の先輩にもはっきり物を言うタイプだった。だが、実際は神経が細かくて、気配りのある人だったように思う。

時代が変わっても、あれだけの声を出して、ちゃんと歌える歌手はそういない。もう一度、あの声を聴きたい。そう思うと、惜しくて仕方がない。（音楽評論家）

二〇一二年六月四日②

シューマンの音楽と小石
吉田秀和さんを悼む

椎名亮輔

私は、ある時期、彼を誤解していた。その原因は次のような文章にあった。「初夏だった。手のひらのなかで、会堂のまえでひろった小石がつめたかった。ぼくは、それを、その夜ここであうにちがいないある人にぶつけてやろう、と思っていた」（「主題と変奏」より）

こうして、彼は日比谷公会堂の席で、その夜、バッハの半音階的幻想曲とフーガと、シューマンの交響的練習曲をはじめて聴くのである。その後、この文章にはシューマンについての音楽学的分析や伝記的研究、ロマン主義についての美学的考察などを交えたアフォリズム（警句）的断章が続くことになる。

こう思ったのだ。シューマンの音楽と、人にぶつけるために小石をひろって握っていることとは、何の関係もないじゃないか、と。「花はあっても、花というものはない」というような韜晦（とうかい）的な言辞を弄（ろう）する小林秀雄流か、とも思ったりした。ここには安吾びいきも働いている。音楽を論じるのなら、音楽だけを論じるべきだ。その後の音楽分析の的確さからしても、なおさらそう思われた。

それが間違いだったことに気付くのはしかし、かなり後になってのこと、むしろ最近と言ってもいい。吉田秀和の文章でわれわれが感じるのは、音楽を論じるのにはまず自分の経験からしか入る手段はない、という基本的事柄であり、その個人的経験をいかに伝達可能なものとするか、という手段の問題である。

もちろん、音響学やら音楽学やら歴史学やら、いろいろな学問的手続きによってある種の客観性に近づくことはできよう。しかし、それは音楽を論じてはいないのだ。そのような科学的手続きによって、最初の経験からは遠く離れて行ってしまう。吉田が批判してやまなかったのはそのような超越論的態度だった。

吉田のフランス語の師であった中原中也はそれを「これが手だという名辞以前のこの手が深く感じられていればよい」と述べた。詩人でなかった吉田は、その後の作業を散文で行った。その分、困難な作業であったともいえる。そうしてその文章は、それゆえある種、詩的なものになった。そこから小林もうらやんだという吉田の文体（スティル）が生まれる。

フランスの知られざる作曲家セヴラックを追った私の本を彼が評価してくれたのも、この小著が、学問上の業績を作るとか、過小評価されてきた作曲家を押し付けがましく紹介するというような態度によって書かれていなかった点だったらしい。確かに、これは私の「自伝」なのだ。セヴラックのことを調べるようになったのも、自分がどうしてこの音楽が好きなのか、気になる存在であるというのが出発点である。森鷗外にとっての渋江抽斎と同様に。

シューマンとにぎりしめた小石は吉田にとってやむにやまれぬ表現の要求だった。そうして語られた個人的経験をわれわれに共有させるのは彼の技量であり、それを彼は最後まで持ち続けていた。それはまた論じる対象との関わりも巻き込んで複雑な様相を呈する。

私はラヴェル生誕100年の機に新聞に載った彼の論評を覚えているが、知的洗練を特徴とする作曲家を論じるのに三つのエピソードで肖像を描き出すという知的アクロバシー（軽業）を演じつつ、最後にはやはり「その中からおまえの選ぶ一曲は？」という問いを自らに問うのである。答えは？

「優婉（ゆうえん）だがあくまで苦く、響き自体より、長く尾をひいた影のような余韻によって、ひときわ印象的な『ラ・ヴァルス』をあげるだろう。たとえ、これを彼の最良とおすのはためらわれるにしても」（同志社女子大教授）

二〇一二年六月八日

アメリカ文学の魂
レイ・ブラッドベリを悼む

巽孝之

最初に読んだレイ・ブラッドベリは連作短編集「刺青（いれずみ）の男」（原著１９５１年）だった。

60年代の末、中学時代のことである。主人公は、未来から来たという魔女のごとき彫物師により全身に超現実的な絵画18点を刻み込まれてしまった男。その刺青の絵画ひとつひとつが夜な夜な動きだし、恐ろしくも美しい未来の物語を語り始めるという枠組みに、わたしはたちまち魅了されてしまった。

折しもロッド・スタイガー主演で同作品が映画化されたので、同級生たちと語らい、東京・渋谷パンテオンに見に行った日の記憶が、昨日のことのようによみがえる。今日ではその作者もスタイガーも、そして渋谷パンテオンすら、もはやこの世のものでないとは！

ブラッドベリは20年8月22日に米国中部のイリノイ州に生まれた。41年に発表した短編でプロ作家デビュー。47年に第1短編集「黒いカーニバル」を出版したのち、50年代から60年代にかけ作家としての最盛期を迎える。

彼の先祖には17世紀植民地時代に東部のマサチューセッツ州セイラムの魔女狩りで魔女と名指しされたメアリ・ブラッドベリがいることを考えると、ブラッドベリがまさしく米ソ冷戦期、とりわけ共産主義者を弾圧する魔女狩りならぬ「赤狩り」の時代精神に伴う緊張と恐怖を根本に据えて創作を続け、世界的人気を誇るに至ったのは、必ずしも偶然とは思われない。

宇宙植民とそのアイロニーを描く宇宙小説「火星年代記」（50年）や未来の全体主義国家における焚書（ふんしょ）令から始まる未来小説「華氏４５１度」（53年）、永遠の生命をモチーフとするホラー風味の幻想小説「何かが道をやってくる」（62年）などは愛読者が多く、映像化もされた。

アメリカ短編小説の傑作に贈られるO・ヘンリー賞や全米芸術栄誉賞などに輝く一方、アメリカSF作家協会が彼の名を冠した年間最優秀脚本賞ブラッドベリ賞を設立。２００８年からは学術誌「ニュー・レイ・ブラッドベリ・レビュー」も創刊されて再評価が進んでいた。少年時代以降は一家が移り住んだロサンゼルスに長く暮らし、同地にて亡くなった。

ブラッドベリがSFおよび幻想小説という文学サブジャンルを超えて広くアメリカ文学史、いや世界文学史に名を残すとすれば、19世紀アメリカ作家ハーマン・メルビルの世界文学的名作「白鯨」（１８５１年）をジョン・ヒューストン監督が１９５６年に映画化したときの脚本家としてかもしれない。ブラッドベリ自身が豪語するように、彼による独創的な再解釈が銀幕に定着したからこそ、文豪メルビルの名はいまも長く語り継がれているのだろう。

多くのジャンルやメディアを横断しながらも、つまるところアメリカ文学そのものの魂と伝統を長く維持し力強く再活性化してきた作家、それがブラッドベリであった。（慶応大教授）

二〇一二年六月一九日

一個人で築いた漫画図書館
内記稔夫さんをしのぶ

川村寛

私は古い漫画の復刻の仕事をしているので、内記稔夫（ないき・としお）さんが館長を務めていた「現代マンガ図書館」には、随分お世話になった。

この図書館には、漫画雑誌や単行本など約18万冊もあるといわれている。

ただ、雑誌は同一の物を複数、所蔵しているので実際の数はもっと多いであろう。中でも、内記さんはかつて貸本屋を営んでいたので貸本単行本は特に充実している。貸本は発刊部数が少なく、しかも貸し出されている間に劣化してしまうので残された本は少なく、これらの蔵書はとても貴重な存在といえる。

さらに、この膨大なコレクションが、すべて内記さん個人の力で集められたということは驚愕（きょうがく）に値する。

雑談のときに、図書館の運営、本の収集や保存などの経費がばかにならないと愚痴をこぼすこともあったが、それでも一個人の力でやり続けてきたことは本当にすごいことだと思う。

いつもにこやかに尋ねたことに答えてくれ、必要に迫られて休館の時に電話をしても、気軽に調べていただいたことは一度や二度ではない。同じように、多くの漫画愛好者や漫画研究者が訪れて、本の閲覧だけでなく、内記さんから貴重な話を聞かせてもらったことは想像に難くない。ここから生まれた漫画関連の雑誌記事や、論文、著作物は数え切れないと思う。

また、彼がその運営に携わっていた「漫画史研究会」はもう10年以上の歴史を持つが、ここに集まっていたメンバーの多くが、現在、大学や専門学校などの教壇で活躍していることを思うと、彼の日本の漫画文化に果たした貢献はこのようなところにもあることが分かる。

昭和30年ごろには、漫画は子どもの教育の妨げになると糾弾されたことがあるが、それ以後でも、漫画は簡単に捨てられてきた。

「漫画を捨てるな」と言い続け、コレクションをしてきた内記さんの存在は、漫画業界のとても大きな誇りである。末席にいる者として、そう思う。（編集者）

二〇一二年七月五日

不朽の伝説的姉妹デュオ　伊藤エミさんを悼む

反畑誠一

日曜日の「NHKのど自慢」で母娘や友達同士で歌う「恋のバカンス」を聴くたびに、「ザ・ピーナッツ」姉妹の消息がいたく気になっていた。49年前のヒット曲を、テレビでレオタード姿で歌う女性デュオの息のあったハーモニーに魅せられた記憶がよみがえるからだ。

「ガチョーン」「シェー」「巨人、大鵬、卵焼き」などが流行語になったころで、ちまたには「高校三年生」(舟木一夫)、「こんにちは赤ちゃん」(梓みちよ)が流れていた。姉妹は東京オリンピックの時期、高度成長期の記念曲ともいえる「ウナ・セラ・ディ東京」も歌っていた。

亡くなった伊藤エミさんと妹のユミさんとは双子の間柄。高校2年のとき、当時躍進中の渡辺プロダクションの渡辺晋社長にスカウトされ上京。社長宅に下宿しながら厳しいレッスンに励んだ。レコードデビューは1959年4月。ジャンルは洋楽のカバー曲「可愛い花」であった。

同時にテレビの歌謡番組「ザ・ヒットパレード」(フジテレビ系)のレギュラーに抜てきされ、約11年続く。その2年後人気バラエティー番組「シャボン玉ホリデー」(日本テレビ系)でハナ肇とメーン司会にも起用され、こちらも11年間務めた。名曲「スターダスト」を歌うエンディングシーンが懐かしい。

海外でも輝かしい足跡を残している。全米で超人気の「エド・サリバン・ショー」「ダニー・ケイ・ショー」、ドイツでは「カテリーナ・バレンテ・ショー」にも出演。海外渡航もままならぬ60年代に渡辺晋、美佐夫妻のプロデュースで和製ポップスをテレビ出演やコンサートを通じて世界に広めた功績は金字塔として残っている。

さらに女優としても活躍。映画「モスラ」で双子の「小美人」役を演じ、「モスラーヤ、モスラー」と歌った。

私も74年、彼女たちの全国ツアーに関わった思い出がある。さだまさしが「グレープ」時代、前座として出演し、「精霊流し」を歌い大ブレークのきっかけになった時のことだ。彼女たちはすでに国民的大スターであったにもかかわらず、ひたむきにステージを務めるプロならではの姿を間近に見ることができた。

双子ではあったがエミとユミは動と静。性格の違いはあっても不朽の女性デュオであった。75年に引退したが、テレビが茶の間の主役だった昭和の伝説的スターの死は惜しまれる。同じ愛知県出身のきんさんぎんさんのように長生きしてほしかった。(音楽評論家)

二〇一二年七月一〇日

天職の女優に徹した一生
山田五十鈴さんを悼む

藤田洋

2000年に、女優として初めて文化勲章を受けた。70年を超す芸能生活を通じ、スターの道をひた走ったトップランナーだったといえる。まさに、20世紀を代表する存在だった。

スタートが、無声映画である。映画はその後、トーキー、カラーの時代に変化していくが、トーキーの「浪華悲歌（なにわえれじい）」「祇園の姉妹」（1936年）で、人気、実力を確立する。この2作は、溝口健二監督作品で、今見ても新鮮だ。

戦中の、長谷川一夫とのゴールデンコンビの時代の大衆人気はすさまじかった。それが戦後、一転して左翼映画に傾斜し、「人民女優」に転向した。結局は何が彼女の真実なのか。私は「遍歴」という彼女の伝記を編む際、当時の資料を渉猟したが、愛する男を理解するための社会主義の勉強だったのだと理解した。

新派の女形、山田九州男の娘であり、後年は花柳章太郎とも関わりをもつが、特に章太郎に芸の究極を学んだ。

舞台は、映画女優時代から数々出演しているが、劇団民芸の滝沢修と共演したことが記憶される。以前に滝沢から、発声を稽古してもらった時期があったが、その時に発声と同時に俳優の集中力を学んでいたはずだ。その効果は、後に女性音曲師、立花家橘之助を主人公にした「たぬき」で、三味線、大太鼓、太棹（ふとざお）、胡弓（こきゅう）、落語など多芸を披露し、名人を鮮やかによみがえらせてくれた。

60年代に、新派の初代水谷八重子、文学座の杉村春子と山田が「日本の三大女優」と呼ばれた。87年に約200本の出演作から、「狐狸狐狸ばなし」「香華」「淀どの日記」などを「五十鈴十種」に制定して、順次再演されてきた。

中村歌右衛門の主宰した「莟（つぼみ）会」に客演したこと、二代目尾上松緑主演「シラノ・ド・ベルジュラック」に起用されたことで、歌舞伎の舞台に出たことが、晴れがましい記録であった。山田にとっては、新派と歌舞伎が舞台の原点なのだった。この時期から、舞台に専念するようになった。

80年代にニューヨークで映画の代表作を集めた「ヤマダ・イスズ・ウイーク」が開催され、何人もの米国人から「あなたはイスズ何世か？」と聞かれたという。「何世も何もありやしません。山田五十鈴はあたし一人です」と答えたら驚かれたと、さもうれしそうに語った笑顔が忘れがたい。

山田は女優を天職として、その人生を傷つきながらも、いつもけなげに立ち上がって生き続けた。

彼女の目標は19世紀から20世紀初めまでを生きたフランスの大女優サラ・ベルナールだった。共通しているのは女優という孤独な職業に徹しきった一生。庶民的だが、仕事となると妥協しない誇りをもつ「大スター」だった。20世紀の激動の時代を、体を張って生き抜いた、そのくせかわいらしさを併せもった稀有（けう）な大女優であった。（演劇評論家）

二〇一二年八月二九日

金文字のメッセージ　春日野八千代さんを悼む

玉岡かおる

私の宝物の中に、1枚のブロマイドがある。2004年1月の花組公演第1幕の記念祝舞「飛翔無限」の舞台写真だ。正月公演にふさわしいおめでたい舞のシーン、天界の王のおごそかな立ち姿がそこにある。金色のマジックペンで書かれたサインは、演じる春日野八千代さん、ご本人の直筆だ。御年88歳の時のものになる。

その年、私は「タカラジェンヌの太平洋戦争」という本を出版したのだが、自分が生まれてもいない時代のタカラヅカを書くさなか、どうしても見てみたい、と強く願ったのがこの人の舞台だった。

戦争というもっとも悲惨なものにより、タカラヅカというもっとも華やかな世界が閉ざされた時代。それでも春日野八千代がいる、それだけで人々は希望を抱けたのだ。大劇場が閉鎖となる日、公演の主役として雄々しい軍服姿で別れを告げたトップスター。一目見ようと、人々は長蛇の列をつくって劇場を取り巻き、警官が剣を抜いて鎮める騒ぎになったほどだ。

やがて戦争が終わりふたたび大劇場の幕が上がった時、そこに彼女がいなかったなら、きらびやかな照明の海もむなしいものであったろう。生きて、もう一度この劇場で春日野八千代を見る。それは庶民の、いちばん具体的な希求だったのだ。

そんな話を、幼いころに母から聞いた。当時の女学生には、生身の男ではないタカラヅカスターは、おおっぴらに騒いでも許される健全な存在だった。大事に母がしまっていた女学生時代の宝物、モノクロの春日野八千代のブロマイドは、確かにりりしく美しかった。

母が魅せられたこの人の舞台を、私もリアルタイムで見てみたい。本来なら不可能なその願いはたやすくかなった。普通の人ならとっくにリタイアしている年齢で、春日野八千代はみじんも老いを感じさせずにスポットライトの輪の中央に立ち続けたからだ。

天界の王の後は、粋な若衆。そのみごとさに敬意と感謝をこめて、できあがった本をお届けした。するとご丁寧にもご本人から「お礼」という表書きで頂戴したのが、先述の金色のサイン入りブロマイドというわけだ。母が生きていたなら、狂喜したに違いない。

女性が男性を演じる虚構がタカラヅカなら、永遠に老いることのないスターが輝き続けるのもまたタカラヅカ。そんな夢をつらぬき魅せた人だからこそ、せり上がる舞台でまた会えそうな、そんな気がしてならない。（作家）

二〇一二年一〇月五日

怪人物演じた繊細な役者
大滝秀治さんを悼む

矢野誠一

大滝秀治の舞台に初めてふれたのは1952年、久板栄二郎作、岡倉士朗演出「巌頭の女」で、三越劇場だった。挫折する気の弱い青年の役で、べつに目立ったところもなく、平凡な役者という印象だった。私より10歳上の大滝秀治は26歳だったはずである。

役者として見事に変身したのは、73年の飯沢匡作・演出「円空遁走曲」で、いまにして思うのだが、自分なりの方法で演ずるすべを、この芝居で身に付けたのではないか。師である宇野重吉から「おまえの声はひとに不快感を与える」と言われ、大先輩の滝沢修からは「熱演イコール、オーバーアクション」と指摘され続けた欠陥を逆手にとって、大滝秀治固有の演技スタイルを造形してみせた。

個人的に親しくおつきあいするようになったきっかけは、82年の吉永仁郎作、渡辺浩子演出「すててこてこてこ」だった。三遊亭円朝とその弟子円遊の確執を描いた、明治の落語界が題材で、円朝を演《や》る大滝秀治がレクチャーしてほしいというはなしだった。レクチャーもなにも、大滝秀治が調べあげた知識の前に、専門家をもって任じていた私は、ただ頭を下げるほかになかった。

この芝居の大阪公演に同行し、まだ人間国宝になってなかった桂米朝を紹介して、名物のカキ船で一献したのだが、同年齢のはずの米朝を前にして緊張しっぱなしだったのがほほ笑ましかった。希代の名人落語家を演じて、それをまた名人落語家に観《み》てもらったことで「穴があったらはいりたい」気持ちに襲われたのだろう。あとで劇団民藝制作部の人からきいたはなしでは、直前まで会うのはいやだと言いつづけていたそうだ。

映画やテレビで、腹黒い怪人物を演ずる機会が少なくなかったが、そんな役柄を通しても、じつは繊細で気くばりも人一倍というこのひとの本質が、見えかくれするあたりが身上だった。

これは最近になって知ったのだが、29歳で吐血、左肺摘出手術いらい、難聴、腰痛、肺がんと、満身創痍《そうい》で87歳まで仕事をつづけたことになる。

「おつかれさま」というこの世界の挨拶《あいさつ》で、心の底からお別れを言いたい。（演劇・演芸評論家）

二〇一二年一〇月一三日

大樹失ったような衝撃
丸谷才一さんを悼む

三浦雅士

丸谷才一の訃報に接し茫然（ぼうぜん）としている。まるで眼前の巨木が不意に倒れたような思いだ。夏の日差しを遮り、冬の寒風を防いで、多くの者を憩わせてきた大樹が、その緑の葉もろともに一挙に失われたような衝撃である。

丸谷さんが小説「エホバの顔を避けて」で文壇に登場したのは1960年。それからすでに半世紀を経るが、自然主義文学から私小説へといたる日本文学の主流を敢然と否定し、広く世界文学の視野に立って、小説の歓（よろこ）び、詩歌の歓びを語る風潮をつくり上げた業績は、どれほど評価しても評価しきれない。この新たな風潮のもとに、村上春樹や小川洋子や川上弘美ら、若い世代の文学が登場したといって過言ではないのである。現代日本文学の刷新はまず、丸谷さんによって始められたのだ。

その名が一般にも広く知られるようになったのは72年、小説「たった一人の反乱」がベストセラーになってからだが、市民小説とも評されたその文学観はすでに53年、27歳の評論「エンターテインメントとは何か」にはっきりと示されていたのである。

映画「第三の男」の原作で知られるグレアム・グリーンを論じたものだが、グリーンをジェームズ・ジョイスと同じ地平で論じるその手法は以後一度も変わることはなかった。小説は面白いお話であると同時に、社会を映す鏡、作者の魂を映す鏡でなければならない。丸谷さんは60年代にミステリー書評に手を染めているが、その考え方は晩年にいたるまで驚くほど一貫している。

丸谷さんにはさまざまな顔があった。「エホバの顔を避けて」から昨年出版の「持ち重りする薔薇の花」にいたる数多くの小説の作者、すなわち小説家の顔。ジョイス、グリーンらの小説の翻訳家の顔。なかでも「ユリシーズ」はとくに重要だ。もちろん、若年の頃から晩年にいたるまで書き続けて途切れることのなかった書評家の顔。

さらに、「食通知つたかぶり」や「挨拶（あいさつ）はむづかしい」などを代表作とするエッセイストの顔。丸谷さんは挨拶にはつねに原稿を用意されたが、そのユーモアはじつに巧みで、丸谷さんの挨拶があるかないかで会合に出席するかどうかを決める者さえいたのである。

だが、もっと大きい仕事があって、それは評論家としての仕事である。外国文学や、日本の同時代文学を論じた評論も面白いが、質量ともに圧倒するのは、「後鳥羽院」「日本文学史早わかり」「忠臣蔵とは何か」ほか、日本の古典を論じたもので、この仕事もまた初期から後期まで持続している。

特徴は、詩歌と散文を互いに影響し合いながら成長してゆくものとする姿勢である。文学は新しい視点で読まれるそのつど再生し、新たな文学、新たな芸術を生んでゆく。柳田国男や折口信夫を参照しながら論じてゆくその手際に接することは、それ自体がひとつの快楽であった。「日本語のために」など、国語問題を論じることになるのも、古典論からの必然であった。

喪失感は大きく、たやすく癒やされそうもない。だが、文学は死なない。むしろこれから新たな生を生きてゆくのである。（文芸評論家）

二〇一二年一〇月一九日①

「エマニエル夫人」の死
S・クリステルさんを悼む　渡辺祥子

良質ポルノ映画を〝ソフトポルノ〟と称して女性向けに宣伝、女性一人でも見られる環境にしてロードショー館へ誘った結果、爆発的ヒットで社会現象的話題を集めたのがフランス映画「エマニエル夫人」（1974年）だった。配給会社はこの成功で社員に月給20カ月分のボーナスを出し、業界の話題となった。

この70年代を代表する話題作の主役エマニエル夫人を演じ、一世を風靡（ふうび）したオランダ出身の女優シルビア・クリステルさんが亡くなったと聞けば、女性が映画館へ普通にポルノを見に行く時代が来たときのことを思い出さずにはいられない。

劇場公開は74年の末。フランスでも大ヒット中と伝えられていた。ほっそりと長い手足に清潔な美しさを持つシルビアは、女性の人気を集め、翌年の洋画ファン雑誌「スクリーン」の読者投票で人気女優の第10位に。ポルノ女優の初登場だ。

フランスの話題のベストセラー小説をファッション写真家ジュスト・ジャカンが監督して映画化した「エマニエル夫人」は、外交官の夫とタイのバンコクに住むことになった妻が知人の紹介で「性の儀式」を経験、官能の世界に目覚める、という話。エマニエル椅子と呼ばれたエキゾチックな白いトウの椅子に上半身裸で座り、長い真珠のネックレスを首に巻きつけたシルビアが爽やかに輝く、洗練されたポスターが人気だった。

ポルノという言葉が感じさせる後ろめたさや下品さはなく、なんだかステキでちょっとエッチ、と女同士のおしゃべりで楽しい話題になった。

エマニエル人気によってシルビアは「卒業試験」「夜明けのマルジュ」のようなセクシー映画から、シリーズ化されたエマニエル夫人物、あるいは「チャタレイ夫人の恋人」などに出演しながら、ポルノ女優からの脱皮をはかってハリウッド映画「エアポート'80」に出演。女優としてあまり成功しないまま90年代から出演作が減っていた。

今回の訃報で近年はさまざまな病気で苦しんでいた様子が報じられたが、映画の中のシルビアはおしゃれな雰囲気の似合う女性だった。あのどんな役でも清潔感が漂う白い裸体はいまも忘れられない。（映画評論家）

二〇一二年一〇月一九日②

既存の映画の在り方に対抗 若松孝二監督を悼む

平沢剛

若松孝二とは誰であるか？　この問いに答えることは、容易なようで非常に困難である。なぜなら、若松孝二ほど、日本映画を代表する存在でありながら、既存の映画界の外部に身を置きつづけた映画監督は極めて特異であるからだ。

高校を中退して宮城から上京し、さまざまな職を転々としながら、テレビ映画の助監督を経て、「甘い罠（わな）」（1963年）で監督デビューを果たすと意欲的な作品を続けるが、「壁の中の秘事（ひめごと）」（65年）のベルリン国際映画祭から国辱騒動が巻き起こる。しかし、スキャンダルを逆手にとって、ピンク映画という新しいジャンルでの野心的な試みを続けるべく、若松プロダクションを設立する。

足立正生、大和屋竺ら新しい才能を登用し「胎児が密猟する時」「犯された白衣」「処女ゲバゲバ」など、性と暴力を徹底的に描き上げた数々の傑作を生み出し、大島渚とともに、60年代後半の「政治の季節」において熱狂的な支持を集めた。

70年代に入っても、パレスチナ解放闘争を記録した「赤軍―PFLP・世界戦争宣言」や、国内の武装闘争を描いた「天使の恍惚（こうこつ）」などの政治的な作品を続ける一方で、大島渚「愛のコリーダ」のプロデュースを手掛け、「餌食」（79年）「水のないプール」（82年）以降は、「キスより簡単」「寝盗られ宗介」など、大手映画会社での作品に活躍の場を移していく。

2000年代、国際的な若松映画への再評価が進められていく中で、再び「政治の季節」に向き合う「実録・連合赤軍　あさま山荘への道程（みち）」（08年）、そして「キャタピラー」（10年）、「11・25自決の日　三島由紀夫と若者たち」（12年）と続け、国内外での地位を不動なものとしていった。

遺作となる「千年の愉楽」まで作品を撮り続け、ヨーロッパであれ、日本の地方であれ、舞台あいさつに奔走しながら、76歳で亡くなる直前まで次回作、次々回作を準備していた若松は、映画を撮り続け、上映することの重要性を誰よりも理解していた。

それはピンクであろうが、メジャーであろうが、既存の映画の在り方に対抗し、インディペンデントという実践と思想を続けてきた若松孝二という映画監督であったからこそ、若松という運動体であったからこそ、可能であったのだ。

私たちは、残された100本以上の映画と再度向き合い、若松孝二という映画監督とは誰か、そして若松孝二という運動体とは何であったかを問い続けていかなければならないだろう。（映画研究者）

二〇一二年一〇月三一日

生き急いだ大阪の才人
藤本義一君を悼む

阿部牧郎

藤本君の体調が良くないという噂（うわさ）は耳にしていた。だが、突然の訃報には言葉を失った。心の支えを一つ失った気分である。お互い八十歳を目前にして、ゆっくり心境を語り合いたかったが、叶（かな）わなかった。

最初に藤本義一の名を意識したのは昭和四十二年だった。当時彼はすでに名のある脚本家であり、放送作家でもあった。さらにテレビ番組「11PM」の司会者として全国に顔と名を知られていた。

私はまだサラリーマンだった。同人雑誌で修業していた。「文学界」の新人賞に応募してなんとか一次予選を通過した。通過者のリストのなかに自分の名を発見して歓喜しながら、同じリストのなかに藤本義一の名を見つけだして愕然（がくぜん）となった。この男、すでに著名なのに小説にも進出する気なのか。そう思ったのだ。私から見れば彼は雲の上の文筆家だった。その才人が私の前途で大手を広げて、とおせんぼをしている格好である。小説で一人前になるのはどんなに大変かをこのとき思い知った。

新人賞はともに落ちたが、それを契機に私も作品の発表舞台を得られるようになった。以後、同じ昭和八年生まれ、大阪住まいだということで直木賞のライバルと目されるようになった。そのころ彼に会って、放送作家として一家をなしながら小説もやるのかと尋ねたところ、「同じ作家でもアタマに『放送』がつくとアカンのや。認めてもらえん」といっていた。いま思うと小説家の社会的地位の高い良き時代だった。

彼は間もなく直木賞をとり、私は五十歳を超えてようやく受賞できた。お互い多忙だったから、個人的付き合いはあまりなかったが、パーティーなどで顔を合わすと、そのあとは一緒に飲みにいった。飲んで乱れず、紳士的な酒だった。テレビで顔が売れていると酔態も見せられないのだろう、とその点は気の毒に思ったものだ。

一度編集者の仲介で彼および田辺聖子さんと酒席を共にしたことがある。小説にはなにが一番大切かという話になり、田辺さんは「文章」、私は「テーマ」と答えた。藤本君は「構成」、と答え、なるほど脚本家出身らしいと感心させられたものだった。

ともかく群をぬく才人だった。小説の枠におさまりきれず、映画や演劇など華やかな世界と終生縁が切れなかったようだ。とことん大阪にこだわった。井原西鶴や織田作之助についての著作など後世に残る仕事だったと思う。

ゆっくり杯をかわす間もなく彼はさきに逝ってしまった。生き急いだとしか私には思えない。（作家）

二〇一二年一一月八日

在野を好んだ批評家精神
志賀信夫さんを悼む

松尾羊一

1960年代の半ばである。新宿2丁目に映画やテレビなどの関係者がよく利用する洋風酒場があった。

ある夜、夢中になってテレビ番組を批評していた志賀信夫（しが・のぶお）に向かって、居合わせた、その番組のスタッフの1人がビールをかけた。修羅場が予想されたが、当時まだ新進だった志賀は少しも騒がず、何事もないように話を続けた。冗舌で一見軽薄そうな男の、もう一つの顔を見た瞬間だった。

ドラマは生放送の時代。テレビ局の副調整室でキューを出す演出家自身、自分が作っている進行中のドラマは見ていない。外野からは「電気紙芝居」とやゆされるにしても、せめて第三者が出来栄えをどう見ているかを知りたい。

そこで演出家は大学時代の劇団仲間やラジオ・テレビ欄の学芸記者、大手広告会社の社員などを局の近くのすし店に招き、テレビを総見してもらっていた。生放送が終わって駆けつけた演出家やスタッフを前に、彼らはそれぞれ辛口の意見を述べ合う。それこそが放送評論の出自であった。

63年、電通をやめた小谷正一（こたに・まさかず）らが「放送批評家懇談会」（後の放送批評懇談会）を立ち上げた。

高度経済成長期、「最大の批評は視聴率の数字だ」と、テレビ局側が言ってはばからない経営の時代だ。テレビは映画や演劇を蹴散らし、茶の間の主役になっていった。

そのごうまんさに危機感を抱いた大手新聞の学芸部出身の放送評論家が続出する中で、志賀信夫は彼らとは少し距離を置き、フリーの在野評論家であり続けた。

ドラマやドキュメンタリーなど作品主体の評論だけでなく、キー局や地方局の経営人脈にもメスを入れ、編成の在り方などにも言及し、テレビの未来像を語った。

いわば、放送界の総合プロデューサー的存在で、本人は目立ちたがり屋ではなかったが、いつも人の輪の中心にいた。

放送関連の膨大な著作以外に、彼の功績を挙げたい。毎年、「年間テレビベスト作品」を自費出版し、その成果を放送月刊誌「GALAC」につなげた。ギャラクシー賞のグレードアップを図り「日韓中テレビ制作者フォーラム」を開催した。

放送界にいくつも大きな宿題を残し、今も問い掛けているはずだ。（放送評論家）

二〇一二年一一月一三日

大局観に立つ現実主義者　猪木正道先生を悼む

五百旗頭真

京都大学へ1949年に赴任された猪木正道先生は、京大政治学の確立を目指された。政治学の総論づくりに意を用い、「政治学新講」などを編まれる一方、学者としての充実期をドイツやロシアの革命史、私の愛読書となる「共産主義の系譜」、さらには独裁の比較研究などに投入された。

60年代半ばに私どもが受けた講義は日本政治外交史であった。それには西洋などとの比較政治史的知見が随所に入って内容豊かであり、人間と社会への洞察が深く、時に逆説を伴う歴史的ダイナミズムへの感覚が鋭い。力強い語り口とあいまって、100分の講義を短く感じた。

当然ながら多くの学生が魅了され、教え子から学者が生まれた。第1世代は三宅一郎氏ら政治学の理論的研究者、第2世代は木村汎、矢野暢、やや若い西原正の各氏ら、地域と歴史の研究に軸足を置く国際政治学者が多い。第3世代は戸部良一氏や私など日本政治外交史家である。

理論的・歴史的研究にいそしむ中でも、先生は現実の政治や外交に無関心ではなかった。30年代に東京大学で河合栄治郎教授に師事し、極端で視野狭小な国家主義が河合教授を迫害し、日本を破滅的戦争に導くのを、若き先生は目撃された。戦後日本はそれを清算したが、戦後は戦後で別の問題がある。戦中の反動として有力となった左の集団主義たる共産主義や非武装平和論が日本を誤らせることを危惧された。

現実の国際政治と日本外交に関与する際に、パートナーとして深く信頼されたのが若き国際政治学者・高坂正堯氏であった。新聞の論壇時評を先生は担当し、高坂氏らの新しい議論を社会に送り出した。先生は現実主義に立つ国際政治学者の大御所的存在であった。

そのグループが割れたのが日中国交回復の時だった。一部は、台湾を切ることになる対中復交に反対した。反共・反中保守の立場である。先生は好悪は別として、北京が現に中国大陸を支配しており、それを承認しそれと交渉する以外に意味ある外交はないと、対中復交を支持された。大局観に立つ現実主義である。

防衛大学校長の激務の中で、大著「評伝吉田茂」に取り組まれたのも、戦後日本の本流を大局から考察するためであろう。三島由紀夫が自衛隊にクーデターを求めて自決した時、先生は健全な社会観を見失った行為として厳しく退けた。カーター米大統領が在韓米軍撤退に走った時、先生は親交のあったブレジンスキー米大統領補佐官に信書を送り、その愚行を戒めたことが、米国公文書の公開によって明らかとなっている。

防大校長を退官後、シンクタンクの平和・安全保障研究所を創立された。大平内閣のブレーン研究会「総合安全保障」の座長も務めた。国防、経済資源、大災害からの安全の3軸から成る総合安全保障の概念は今も示唆深いものである。

こうして大学だけでなく、戦後日本そのもののあり方に直言を続けられた大いなる教師が、帰天された。（政治学者）

二〇一二年一一月一四日

大きな喪失感
森光子さんを悼む

大笹吉雄

森光子さんが10日に亡くなったという。92歳だったというから、大往生と言っていいのだろう。しばらく前からお元気ではないと聞いていたから、訃報に接して肝をつぶすということはない。

とはいえ、逝去が現実になると、あらためて味わう喪失感も大きい。女優としてはじめての国民栄誉賞を受賞し、文化勲章も受けるという最大の栄誉に浴したが、もし菊田一夫という東宝の劇作家であり演出家であり、プロデューサーでもあった人物に見いだされなければ、こういう存在になることは絶対になかった。

菊田一夫の目にとまって大阪から上京し、東宝の持ち小屋だった芸術座で「放浪記」(菊田作・演出、のち三木のり平潤色・演出)を初演したのは、1961年だった。小説家林芙美子の評伝劇が女優としての森さんの初主演舞台だったが、菊田が森さんに当て書きしただけのことはあって、まるで水を得た魚のごとく、森さんはこの特異なキャラクターに全身でぶつかり、明るく、前向きで、愛嬌(あいきょう)のある芸質をフル回転させた。

以来、2009年には2千回という上演記録を達成する、国民的な舞台にまで成長した。むろん、この数だけ森さんが主演したのだが、今後にこういう記録が生まれそうにない点で、一時代を画したと言っていい。

その意味で言えば、芸術座という劇場が姿を消し、「放浪記」もその一つだった「東宝現代劇」と銘打たれた公演もなくなった。そしてやはり今年鬼籍に入った山田五十鈴のように、この劇場で座長になれる女優の一人が森さんでもあったのだが、森さんを最後に、そういう座長が務まる女優もいなくなった。

松竹のライバルとして、東宝が独自に築いてきた演劇路線が、森光子という女優の死でついに後を絶つのである。換言すれば、戦後の大衆演劇の地図が塗り替えられて、失ったものは二度と返ることはない。前記の喪失感の実体がこのことに関わる。

森さんの活躍はむろん舞台だけではない。「時間ですよ」や「おふくろの味」といったテレビでお茶の間でも親しまれた。しかし、ご本人は舞台人だと思っていたに違いないし、ここでこそ本領が発揮されると考えていたに相違ない。

一人の女性として幸福な人生だったとは必ずしも言えないだろうが、もし生まれ変わったら何になりたいかと問われれば、森さんは間違いなく女優と答えるだろう。そういう人だった。ご冥福をお祈りする。(演劇評論家)

二〇一二年一二月五日

卓越した芸、スターの死
中村勘三郎さんを悼む

大笹吉雄

5日未明、十八代目中村勘三郎さんが急性呼吸窮迫症候群で没したという。思わず絶句した。

昨年11月からの東京・浅草での平成中村座のロングラン公演を無事に終え、5月末の誕生日会で大騒ぎをした後の検査で食道がんが発見されてから、わずか半年。慌ただしくあの世へ行ってしまった。追悼文を書きながらも、夢のような気がしている。

このロングランが勘三郎さんの名残の仕事だった。その5月の最後の舞台になった「め組の喧嘩（けんか）」の辰五郎と「髪結新三（かみゆいしんざ）」のタイトルロールが、絶品だった。後者は屈指の当たり役だが、これほどすっきりと気分のいい江戸の世話物はもう見られないのではないかと思わせるほどの、愛嬌（あいきょう）のある、小気味のいい芸だった。

勘三郎さんの一つのホームグラウンドだった平成中村座は、初代が猿若座という劇場のオーナーだった故事にならい、江戸の小屋のごとき空間で芝居をしたいとの思いを募らせ、2000年に浅草で立ち上げた仮設劇場である。これに先立つ1994年、東京・渋谷のシアターコクーンを拠点に、「コクーン歌舞伎」を立ち上げている。

一口に言って、これらは歌舞伎の革新を目指していたが、その中心にいたのが勘三郎さんにほかならない。つまり「スーパー歌舞伎」の創始者二代目市川猿翁（いちかわ・えんおう）より一世代若い梨園（りえん）のリーダーで、次世代の歌舞伎を担う中心人物の一人だというのが、衆目の一致するところだった。

そう目されて当然だったのは、「盛綱陣屋（もりつなじんや）」をはじめとする時代物や前記の世話物のほか、「鏡獅子（かがみじし）」のような舞踊といった歌舞伎の全ての分野に卓越した芸を見せたにとどまらず、野田秀樹と組んでの「野田版　研辰（とぎたつ）の討たれ」などの新作にまで、向かうところ敵なしの大活躍だったからである。

思えば3歳で五代目中村勘九郎を名乗って初舞台を踏んで以来、ずっと人気者でありスターだった。一代で勘九郎の名跡を大きくしたが、この2月に長男に六代目勘九郎を襲わせたのを、せめてもの慰めとしなければなるまい。演（や）りたいことがまだいっぱいあったに違いない。惜しみても惜しみても、惜しみ足りない。早すぎる死としか、言いようがない。（演劇評論家）

二〇一二年一二月一〇日

くじけない庶民の役を追求
小沢昭一さんを悼む

佐藤忠男

小沢昭一さんが亡くなられた。私が勤めている日本映画大学では前身の日本映画学校設立当時にずいぶん世話になり、その独特の芸術観、芸能論には教わるところが多かったもので、知らせを受けて悲しい。

小沢さんは名前の「昭」が示すように昭和の軍国時代の生まれと育ちであり、それで戦争末期には海軍兵学校に入っている。敗戦後は一転して芸能の世界に打ち込むのだが、軍国少年からのその転身が同世代で似た歩み方をした私にはひときわ共感できたところだった。軍国主義とは反対の、自由と平和と文化の理想を求めたのだ。万事笑いにしてしまう喜劇人としてはそんな大真面目な言い方はしなかったが、その芸のテーマが弱者の擁護という一点にしぼられてゆく俳優としての生き方と主張を見ていて、私はそう思った。

戦後に早稲田大学で今村昌平などの演劇仲間と知り合い、俳優座養成所に入って新劇俳優になる。そして舞台では西洋の前衛劇をよくやって注目された。しかし、とかく上からの目線になりやすい前衛劇には疑問を持ち、一見安っぽく見えても、正直に敗戦国日本人のみじめな姿で自己表現できる大衆芸能的な行き方を模索していたようである。それを見ぬいて映画に誘ったのが学生演劇以来の仲間の今村昌平で、今村の師匠の川島雄三監督の「幕末太陽伝」が映画での出世作となった。

ずるくて助べえで容易にだまされるが、決してくじけない庶民の役である。以後、そういう役どころをとことん追求して独自の芸風の名優となった。代表作は今村昌平監督で主演した『「エロ事師たち」より　人類学入門』であろう。「にあんちゃん」「カンゾー先生」なども忘れ難い。

学者、研究者としての業績も大きい。いつのまにかなくなり忘れられてゆく街頭の放浪芸の実態を求めて全国を歩き、その芸と芸能としてのありようを記録した「ドキュメント『日本の放浪芸』小沢昭一が訪ねた道の芸・街の芸」がその集大成である。自分の芸の立脚点をさぐるという作業をこんな本格的な研究に結実させるなんて、余人にできることではない。著書に「私は河原乞食・考」があり、大衆芸能の芸と芸人のありかたということを本格的に考え、そう生きようとした人だった。私はそこから多くを学んだつもりである。

冥福を祈る。（日本映画大学学長）

二〇一二年一二月一四日

近代的陶芸求め続けた人
三輪寿雪さんを悼む

榎本徹

本当の意味で、近代的な陶芸家とは、どのような陶芸家であろうか。私はその答えを三輪寿雪という陶芸家に見ていた。江戸前期に始まる萩焼の窯元を継ぎながらも、単に伝統を守るのではなく、極限までそぎ落とされた造形美を追求した人だからである。

1910年、九代三輪雪堂の子として山口・萩に生まれた寿雪は、兄である休和に子供ができなかったため、早くから三輪窯十一代を継ぐことが定められていた。そのため旧制萩中学卒業後は、雪堂や休和に師事して萩焼の修業にまい進した。

若いころの寿雪がとくに作陶について多大な恩恵を受けたのは、川喜田半泥子であった。今でも残っている半泥子に宛てた寿雪の手紙には、半泥子の教えが自分の作陶の根本的な部分であることを語っている。芸術とは個性の現れであり、また人格の発露であり、人格完成が一番大切なことだという教えである。

寿雪はわずかの期間ながら、その師のもとで内弟子としての修業もしている。半泥子は津市の実業家であり、50代に入ってから陶芸に熱中した、いわば素人である。400年間続く窯元の後継者を素人の自分が指導することを、責任重大だと感じていたのが彼の日記からもうかがえる。半泥子が寿雪に教えた最も大切なことは、ものづくりにおける心構えであろう。のちに近代の陶芸家のだれもがまねのできないスケールと造形性を見せた寿雪の茶碗（ちゃわん）の出発点は、半泥子の指導であった。

しかし、これだけで三輪寿雪が完成したわけでは、もちろんない。寿雪がよく口にしたことばのひとつは、自分は大変不器用で、兄休和の器用さにはとてもかなわなかったということである。作陶にとって不器用ということは、ある意味では致命的にも思えるが、そこから寿雪は、小手先の細工に頼らない、力強い作品を、ある時には土の塊から刀で一気に花入れを削りだしたり、茶碗の高台を割り裂くことなどで、作り出してみせた。

寿雪はこのために、自分に向くものを大切にした。伝統的な焼き物では井戸茶碗が大切にされるが、ほかの作家に研究されつくした井戸茶碗は自分には向かないとして、あまり作る人がいない割高台（わりこうだい）茶碗を作っていこうとしたとも語っている。寿雪の代表作である鬼萩割高台茶碗は、こうして完成されたのである。自分に向かないものは切り捨て、不器用さを逆手に取り、豪快な作風を導き出した寿雪は、まさに近代的な陶芸家と呼ぶにふさわしい作家なのである。

死去の報に接して、急きょ萩の自宅に向かった私を迎えてくれたのは、今にも語りかけてくれそうな穏やかなお顔だった。自分の作品を見た人が、明日も元気で働こうと、そう思ってくれるようなものを作りたい。これが三輪寿雪がある時に語ったメッセージである。私には、そのことばがまた聞こえたような気がしたのである。（岐阜県現代陶芸美術館長）

二〇一二年一二月二六日

惨劇を深く重く、後世に 中沢啓治さんを悼む

呉智英

自身の被爆体験を基にした半自伝的マンガ「はだしのゲン」の作者中沢啓治さんが、一九日、肺がんのため広島市内の病院で亡くなった。七三歳だった。

小学一年の夏、広島で原爆被爆。父、姉、弟を失い、被爆直後に生まれた妹もまもなく亡くなった。中学卒業後、しばらく地元の看板屋に勤務。一九六一年マンガ家を志して上京、アシスタントを経て独立する。

六八年、短編「黒い雨にうたれて」で初めて被爆を素材にマンガを描く。

「ゲン」は七三年から「週刊少年ジャンプ」に連載され、その後、続編が「市民」などに連載された。この作品は六五〇万部のベストセラーになり、外国にも翻訳されて愛読者を広げている。

しかし、「ゲン」は被爆テーマのマンガということで、当初は反戦反核メッセージという枠組みでしか評価されなかった。平和を訴えているから良いマンガ、という単純な評価のされ方であり、その結果、子供たちにはしばしば学校文化の中のお説教くさいマンガと扱われがちであった。また、政治的偏向のあるマンガという反発もあった。

こういう評価のされ方はマンガ研究が未成熟であった七〇年代ではやむをえないことではあったが、現代マンガの屈指の名作にとって不幸なことであった。

「ゲン」は、反戦反核が図式的に語られる中、ほとんど「わかってたまるか」と言わんばかりの生々しい憤怒の記録なのである。作者にとってはマンガという形をとってのみようやく語ることができたと言えよう。

私は「ゲン」をそのまま素直に読み、素直に衝撃を受けるべきであり、そこにまた歴史や社会への新しい視点も出てくることを訴えてきた。それは従来の政治や教育の文脈にとっては異質な「ゲン」評価であり、中沢さんに喜ばれないのではないかとも懸念した。

ところが、「ゲン」が文庫や大判の合本になって再刊されるたびに、私に解説執筆の依頼が来た。私は編集者に、中沢さんは私のどこが気に入っているのか、聞いてくれるように言った。返ってきた答えは「この人はマンガというものがよくわかっているからだよ」であった。私は逆に、中沢さんは評論というものが、文化というものが、よくわかっている人だなと思った。

そんな話を中沢さんと語る機会を持ちたいと思っているうちに、この訃報に接した。まことに残念である。しかし、今、描写論、表現論としても従来にない観点から「ゲン」を論じる研究者たちが出てきている。人類史に残る惨劇は中沢啓治によって記録され、確実に深く重く後世に語られ続けていくだろう。

（日本マンガ学会会長）

平成二十五年

2013

二〇一三年一月八日

底知れない写真家
東松照明さんを悼む

椹木野衣

東松照明という写真家には、なにか底知れぬものがあった。

展覧会への出品交渉のため、初めて千葉のご自宅に伺ったときから、そうだった。東松さんは、僕が話そうと準備していった写真にまつわる土産話など一顧だにせず、最近、自分が受けたカテーテル手術のことや、旅先での不思議な体験談などを、まるで人ごとのように淡々と話し続けた。写真について強い信念を持ち、揺るがぬ自説を繰り広げてくれる頑固おやじとどう対面するか、なかば戦々恐々であった僕は、すっかり肩すかしをくらってしまった。

やっとの思いで、展示の際には写真に音をつけたいというむちゃなプランを伝えると、東松さんは「おもしろいですね、ぜひやりましょう。以前はよくそうしたことを試したものです」と、間髪入れず返してきた。僕はあっけにとられた。自分の写真をストレートに見せたい大家なら、その場で憤慨してもおかしくない提案だ。ところが東松さんは、そんな僕の不安などどこ吹く風で、不敵な笑みさえ浮かべている。このひとのことを「写真家」という尺度だけで見ていたら、とんでもない大やけどをする—そのとき、そう肝に銘じたのを覚えている。

思い当たるのは、こんな逸話だ。1960年代の初めのこと、大島渚監督が映画「飼育」を撮影するとき、ひょんなことから東松照明に出演者のスチール写真を依頼することになった。そのとき東松さんは「やってもいいですよ。しかし、写真だけでなく、映画全体に参加させてください」と返答したらしい。ところが、山奥のロケ地にまでついてきながら、東松さんはいっこうに写真を撮ろうとせず、女優らと世間話ばかりしている。諦めたスタッフが別の者に写真をまかせ、全体の撮影が終わる1週間前になって、初めて東松さんはスタッフに小屋を建てさせ、ひとりひとりを呼び込み、ようやく重い腰を上げたのだという。「映画全体に参加する」とは、そういうことだったのだ。ひと筋縄でいかぬこと、このうえない。

東松さんには、写真家としての自分に向けられた一方的な期待や欲望をひとまず受け入れ、そのうえで根本から作りかえてしまうところがあった。たぶんそれが、みずからの作品群を好んで「マンダラ」と呼んだゆえんなのだろう。言い換えれば、世間で思われているような写真家像や写真の役割そのものに対して、おそろしくさめていた。被爆の地ナガサキを撮った代表作や基地の島、沖縄をめぐる連作は、一見すると戦後日本の傷痕や負の遺産が生々しく刻印されているかに見える。が、実のところわかりやすい告発性や思想めいたものはまったく感じられない。構図はつねに極端で、記録性にさえ乏しい。いったい、これは「写真」なのだろうか、とさえ感じる。

そういう目で見直してみると、東松さんの写真には、たったいま生まれたばかりのような新しい発見が無数にある。東松照明の命の灯は消えたが、彼が残した数々の写真には、今ようやく、それがなんであったのかを見極める灯（あか）りがともされたのだ。東松さんの、死してなお「してやったり」のほくそ笑みが浮かぶ。（美術批評家）

二〇一三年一月一一日

平和愛した「お母さん」ベアテ・シロタ・ゴードンさんを悼む

鈴木ひとみ

ベアテに初めて会ったのは、1984年末のニューヨークだった。当時、彼女は非営利団体アジア・ソサエティーの舞台芸術部門のディレクターで、日米の文化芸術に通じ日本語と英語ができるボランティアを探していた。

「私たちは低予算と闘いながらアジア諸国のダンスや音楽、演劇、映画を米国人に紹介しています」。彼女はまず英語で話し、「5歳から15歳まで東京の赤坂で育ちました」と日本語で続けた。活動の意義を熱く語る姿に打たれ、私はその場で協力を約束した。

23年にウィーンで生まれたベアテは、著名なピアニストの父が東京音楽学校（現東京芸大）の教授に招かれたのを機に一家3人で来日。戦前の日本で少女期を過ごし、進学先の米国で終戦を迎えた。連合国軍総司令部（GHQ）民政局の民間人スタッフとして再来日。22歳の若さで日本国憲法の起草に従事し、男女平等の条項を書いた経歴も、私は伝え聞いていた。

しかし、知り合った当初のベアテが、そうした過去を語ることはなかった。部下たちを情熱的に引っ張る仕事ぶりとは対照的に、自分のこととなると、いつも控えめで、つつましやかだった。

「日本の女性の権利について、日本の憲法に書いたのは私なの」。彼女から直接そう聞いたのは87年のこと。日米開戦で東京の両親との連絡が途絶え、生活のために18歳で働き始めたこと、親に会いたい一心で米国籍を取得し、日本に「帰れる」職を探したこと、子どものころ日本で見た男尊女卑の風潮が嫌だったこと。おせんべいを食べつつ率直に話してくれた。

「ぜひ本を書き、語り伝えるべきです」と私は勧めたが、この時もベアテは慎重だった。「私ではなくて、歴史が全てを物語ってくれるわ。一番大切なのは平和。皆で平和を分かち合える時代を大事にしなければ」

そんな彼女が93年にソサエティーを引退後、憲法の語り部に「変身」し、世界的に知られる存在になっていくのを、私はまぶしい思いで見ていた。自伝「1945年のクリスマス」を日本語と英語で出版したことに加えて、お孫さんの誕生もきっかけになったようだ。「自分の生きざまを次の世代にも語り伝えたい。そう思うようになった」と生前に語っていた。

享年89歳。私にとってベアテは、米国における「日本のお母さん」だった。上品で頭の回転が速く、明るく冗談を飛ばしながら励ましてくれる。東京の山の手に住んでいた友達のお母さんのようなベアテに、地球の反対側で出会えた。そのおかげで、今の私がいる。

アジアの民族衣装をすてきに着こなした姿、好奇心あふれる瞳、優雅で癒やされる語り口に、もう会えないのは寂しい。でも、前向きで勤勉で、人との絆を大切に誰とも分け隔てなく対話するベアテの精神は、私たちの中で生き続けている。（ジャーナリスト）

二〇一三年一月一五日

戦後を問い続けた巨匠
大島渚監督を悼む

樋口尚文

大島渚は、日本映画の黄金期を築いた小津安二郎、溝口健二、黒沢明らに次ぐ世界的な巨匠のひとりである。この先行世代がわが国の映画撮影所の発展とともに華々しく突出していったのに対して、大島は1950年代の日本映画最盛期に撮影所の門をたたき、60年代以降の邦画興行の劇的な衰退期に監督として苦難の模索を繰り返すこととなった。

そもそもまだ27歳だった大島が異例の監督デビューをしたのも、この興行低迷を若い新鮮なパワーで打開したいという松竹の経営陣の発想ゆえのことであった。ところが、59年の初監督作「愛と希望の街」から翌年の60年安保闘争を背景に作られた「日本の夜と霧」までの、いわゆる〝松竹ヌーベルバーグ〟と呼ばれた異色の作品群は、新鮮どころか当時の撮影所映画の枠を大胆にはみ出すものだった。ジャンリュック・ゴダールは、大島渚の「青春残酷物語」が、実は自らよりも一足早いヌーベルバーグの皮切りであったと後に語っている。

与党幹部からの圧力が原因であったともいわれる「日本の夜と霧」上映打ち切りに激怒した大島は松竹を離れ、同社のスター女優であった小山明子と生涯の同志として結ばれた後、独立プロ・創造社を旗揚げする。ここが大島の第1の自由への船出であった。

「白昼の通り魔」や「少年」といった圧倒的な傑作群を続々生み出した60年代の創造社の仕事は、到底撮影所の枠内では不可能な題材と手法に貫かれていた。しかし、いっそうの自由を追い求める大島の自己更新はとどまることを知らず、戦後日本の総決算的な問題作「儀式」を経て、70年代の大島は創造社を解散し、国際的な飛躍の場を探った。

この第2の船出が生んだ「愛のコリーダ」は国内では「わいせつ裁判」というやっかいな副産物も生んだが、国際的にはその荘厳な作品の力で大島の名声を高め、続く「愛の亡霊」ではカンヌ国際映画祭監督賞を受賞した。そして、大島作品の中でも最大のヒット作となり、大島でなければあり得ない魅力に満ちた異色の大作「戦場のメリークリスマス」で世界じゅうの喝采を浴びることとなった。

96年に病に倒れた大島は、殺気に満ちた時代劇「御法度（ごはっと）」で復帰をとげ映画人たちを感動させたが、驚くべきはここに至る大島の全作品が、それぞれ別の監督が撮ったかのように似ていないということである。先行世代の巨匠たちと違って、大島を特定のわかりやすい「作家性」でくくることは不可能だ。左か右かではなく究極の自由を志向しつづけた大島は、そんな要約による束縛をわれわれに許さず、「大島渚とは何か？」という終わりなき問いを突きつけてくるのである。（映画評論家）

二〇一三年一月二三日①

デザインと誠実に向き合う
渡辺力さんを悼む

柏木博

日本を代表する工業デザイナーの渡辺力（わたなべ・りき）さんが亡くなられた。その名が知られるようになったのは、座面と背もたれに綿ロープを張った椅子「ヒモイス」（１９５２年）、そして57年のミラノ・トリエンナーレで金賞を受賞した籐（とう）製の「トリイ・スツール」と「円形センターテーブル」のデザインによってだろう。

同じころ建築家の清家清（せいけ・きよし）さんや広瀬鎌二（ひろせ・けんじ）さんによる建築のインテリアを多く設計し、同時代に「モダンリビング」と呼ばれた戦後日本のモダンデザインを先導する役割を担った。神奈川県立歴史博物館や日産自動車本社、各地のプリンスホテルのインテリア、成田空港の世界時計などを設計した。家具、インテリアの領域の仕事が中心であったが、ステンレス製トレーやセイコーの腕時計などのプロダクトデザインも晩年まで手掛けた。

渡辺さんのデザインは簡潔であるけれど柔らかで温かみがあり、一見目立たないが、使っているうちに次第に使い心地の良さが伝わってくる。いつも控えめで丁寧だけれど、率直に物事を語る、その人柄をしのばせるものであった。

東京高等工芸学校（現千葉大）の入試に2度落ちたのは赤緑色弱のためで、3度目には色神検査表を暗記して受かったと雑誌で語っている。正直な人だ。わたしが直接、話をさせていただくようになったのは80年代のことだ。周りからは親しみを込めて「リキさん」と呼ばれていた。

渡辺さんは36年、東京高等工芸学校を卒業し、群馬県工芸所に入所する。ここで当時、工芸指導に当たっていたドイツ人建築家ブルーノ・タウトに出会っている。数カ月間のことだが、貴重な体験となっており、そのことを渡辺さんは、雑誌などで度々語っている。その後、東京帝国大農学部林学科選科を修了し、同大助手を務めた。49年に「渡辺力デザイン事務所」を開設する。日本で最も早い時期にフリーランスのデザイナーとして活動を始めたといえる。56年に他のデザイナーと「Qデザイナーズ」（２０００年解散）を結成し、共同設計もするようになった。

渡辺さんが１９７６〜79年に雑誌「室内」に連載した「ハーマンミラー物語」は久しく伝説のように語られ、２００３年に単行本（平凡社刊）になった。柔らかな語り口だが、家具に関する知識の確かさが伝わってくる。どうかすると、マーケティングのみを重視する近年のデザインの在り方とは異なり、渡辺さんはまさにデザインそのものに最後まで誠実に向き合っていた。ご冥福をお祈りします。（デザイン評論家）

二〇一三年一月二三日②

忘れなかった青年期の思い
常盤新平さんを悼む

青山南

常盤新平さんに親しくお付き合いいただいていたのは、1970年代末から80年代半ばにかけてのことで、川本三郎さんとぼくと3人で、加賀山弘さんのプロデュースのもと、「ハッピーエンド通信」という小さな雑誌を出していたときだ。

ぼくが20代の終わり、川本さんが30代の半ば、常盤さんが40代半ばで、常盤さんは、20、30、40という、このばらつき具合がいいね、とよくおっしゃっては、若輩者のぼくをやさしく見守ってくださっていた。

「ハッピーエンド通信」はアメリカ文化の情報誌で、小説や映画や演劇、さらには市民運動についての紹介記事でおもに埋められていた。アメリカの出版界の動きをずっと見張ってきた常盤さん、映画についてはすこぶるくわしい川本さん、そして好奇心だけが頼りのぼくとの3人で、月に1回、そのころはまだまだ静かだった渋谷のはずれの古いビルの一室で編集会議をひらいたが、話が一段落するといつも常盤さんは言ったものだ。

「この会議、ニューヨークでやりたいもんですねえ。わたしなんか、ニューヨークにろくに行ったこともないのに、知ったかぶりしてしゃべってるんだから」

常盤さんの口調にはつねに含羞(がんしゅう)と自嘲があったが、この思いはかなり正直なもので、それは86年に刊行した初めての小説「遠いアメリカ」でくっきりと描かれた。翌87年に直木賞を受賞したこの作品には、行ったことのないアメリカに、多くの情報を通してあこがれる青年が描かれるが、それは常盤さんのかつての姿でもあったろう。

常盤さんは、アメリカの雑誌「ニューヨーカー」を愛読していた、というか、愛していた。いつも大事そうに持っていて、そこに載った記事の話になると、熱くなった。そして「かないませんねえ。『ニューヨーカー』には」といつもしめくくった。

常盤さんはすぐれた編集者でもあったが、その大きな業績のひとつは、全3巻の大部の「ニューヨーカー短篇集」である。長文の解説はもちろん常盤さんが書いているが、アメリカの短編小説の見本が山盛りの、いまなお見事なまでにぜいたくなアンソロジーである。

はっきりと口にされたことはなかったように思うが、「ニューヨーカー」に載るような文章を、常盤さんは自分の文章の手本としていたにちがいない。そこに載ったアーウィン・ショーの短編「夏服を着た女たち」を翻訳なさっているが、機会があるたび自分の訳文にせっせと手を入れていた。下手ですねえ、わたしは、と言いつつ。

アメリカの傑作ノンフィクションの翻訳も数多い。昔の自分のアメリカへのあこがれを忘れず、アメリカの雑誌ジャーナリズムの幅広い力を紹介しつづけた常盤新平さんの仕事の恩恵に、われわれはどんなにあずかっていることか。あらためてお礼を言いたい。(米文学者)

二〇一三年一月二九日

日本人離れの奇抜な発想
嶋本昭三さんを悼む

木村重信

長さ4メートル、口径30センチの大砲状の鉄管に袋入りの絵の具の弾をつめ、アセチレンガスの爆発力で10メートル四方の赤いビニールシートに吹きつけた。1954年結成の前衛美術団体「具体美術協会」が56年に開いた野外美術展での嶋本昭三のパフォーマンスである。

ハプニング（パフォーマンス）の創始者といわれる米国の美術家アラン・カプローは「世界で最も早くハプニングを行ったのは具体美術協会の作家たちだ」と言った。足で描く白髪一雄やカンバスに塗料を流す元永定正ら、「具体」メンバーの先駆的なパフォーマンスのなかで、最も激越だったのが嶋本である。

精神よりも物質を、イメージよりもアクションを—。これまでの絵画観を180度転換させる作品で、嶋本はアクションペインティングのハプニング作家としてデビューした。その後「具体」作家の多くはタブロー制作に傾斜していったが、嶋本はアクションの原点を保持し続けた。

99年、私が館長を務める兵庫県立近代美術館（現兵庫県立美術館）はパリの国立ジュ・ド・ポーム美術館で具体美術展を開催した。同館のアバディ館長と企画を練ったが、彼はアクションに「具体」の特質があるとし、嶋本や白髪の作品を多く展示することにこだわった。それは欧米のモダンアート研究者全体に通じる「具体」観でもある。

76年ころから嶋本はメールアートで世界60カ国の作家と交流した。メールアートとは、郵便を利用してアートを送付相手に発表する形式で、コンセプチュアルアート（概念芸術）の一種である。スルメなど特異な素材に切手を貼った作品が登場し、話題となった。

嶋本はやがて各国の国王や大統領に、剃髪（ていはつ）した自分の後頭部の写真を送り、その上に平和のメッセージを書いて返信してほしいと求めた。スペイン国王やフィリピンのアキノ大統領（当時）らから返事が届き、週刊誌に取り上げられた。

嶋本にとって最大のパフォーマンスは2000年3月。内外の数百人の作家に絵をかいてもらった同年1月1日の新聞を、フランスのディジョンの城の庭に広げ、その上に、絵の具をつめたプラスチック製コップを空中約20メートルの気球上から投下したものだった。

具体美術協会を創った吉原治良は「具体美術宣言」で「具体美術に於ては人間精神と物質とが対立したまま、握手している。（中略）物質は物質のままでその特質を露呈したとき物語りをはじめ、絶叫さえする」と言ったが、その最も端的な例が嶋本の作品である。

とにかく嶋本は発想が奇抜で、時にずっこけ、まわりの人のひんしゅくを買う。しかし国際美術界の第一線でたたかう作家には、ずっこける勇気も必要なのである。常識にとらわれない嶋本のハプニングは日本人離れしており、日本の美術界に彼の存在は貴重であった。心から哀悼の意を表する。（美術評論家）

二〇一三年一月三〇日

果てのない文学の冒険者
安岡章太郎さんを悼む

富岡幸一郎

　安岡章太郎氏の逝去の報を聞き、すぐに想起したのは、一昨年に講談社文芸文庫で「第三の新人」の短編アンソロジーの解説を書くために、「ガラスの靴」を再読したときの驚きであった。

　1951(昭和26)年、作家31歳のときの出世作である。米軍中佐夫妻が3カ月ほど原宿にある家を留守にする間に、留守番をしている女性と恋人になる青年の話だが、その現代のシンデレラ物語は、軽やかでテンポのある文体で描かれ、いささかも古びた感じを与えない。ほとんど村上春樹氏の作品を思わせるビビッドな世界であった。

　しかし、村上氏の小説世界と決定的に異なるのは、恋人たちのつかの間の〝恋愛〟が、アメリカ人中佐の不在の時間によって成立しているという現実である。つまり、25歳という年齢で敗戦を体験し、家族の生活の急変と、自らも脊椎カリエスの病で不如意な日々を送らねばならなかった作者の戦後体験と密接に結びついている。それはひとり安岡氏だけではなく、戦争・敗戦・占領の時代を生きた日本人のトラウマの体験であったといってよい。

　安岡氏をはじめとする「第三の新人」の文学は、しばしば私小説の伝統を現代に回復した作風といわれるが、それは一面的な見方である。戦前の私小説には決して見られなかった荒涼たる光景―。代表作の「海辺(かいへん)の光景」のラストシーン、敗戦後に心を病み、死んだ母親を描いたその作品に鮮烈に浮かびあがる、海底から現れた幾百本ともしれぬ黒ぐろとした杙(くい)の光景が、その作品の根底にあるからだ。

「墓標のような、杙の列をながめながら彼は、たしかに一つの〝死〟が自分の手の中に捉えられたのをみた」

　それは肉親の、母の死であるとともに、自身の青春の死という実体験であり、ひとつの時代の死の感覚ではなかったか。ユーモアに富み、機知にあふれる文体の背後には、この日本人の戦後という時代の「死」の実感が、ある生なましい感触として潜んでいたのである。

　安岡氏は後年に、土佐郷士であった安岡家の家系をたどり、幕末の天誅組などの歴史を描く「流離譚(りゅうりたん)」を著し、また「大正天皇崩御と御大葬の記憶からはじまる」として書いた「僕の昭和史」という昭和前期からの時代史に力を注いだ。それは私小説的なものから歴史小説への転換といったことではなく、家族の崩壊と焼け跡の町をあてもなく歩くことからはじまった自分の人生の意味を、より長い歴史時間のスパンのなかで捉え直す試みであった。

　おそらく「流離譚」を書く作家が見ていたのは、自然主義文学から出発し、35(昭和10)年に「夜明け前」という空前の歴史文学を著すことで日本人の魂を問うた島崎藤村であろう。それは「海辺の光景」「幕が下りてから」の戦後作家が、失った歴史を言葉において取り戻そうとした文学のきわめて大胆な挑戦であり、他の「第三の新人」の作家たちとは一線を画する全く異質な冒険であった。

　その冒険は困難と逡巡(しゅんじゅん)に満ちていたように思えるが、その評価はいまだ白紙のままである。安岡章太郎という作家は亡くなったが、その文学の意味が問われるのはまさにこれからだろう。(文芸評論家)

二〇一三年二月四日

シンボルとしての存在感
市川団十郎さんを悼む

上村以和於

またしても、歌舞伎界を大きな衝撃が襲った。それも、団十郎の急逝という特大級の衝撃である。3月に予定されていた公演を中止にして療養に努めていたさなかのことである。

団十郎という名前は、江戸の昔から歌舞伎のシンボルであり、代々、その名にふさわしい団十郎が、その時代時代の歌舞伎を代表した。そのことは、当代の十二代目についても揺るぐことなく当てはまった。

3年前、旧歌舞伎座が閉場する際、さよなら公演の最後の月を締めくくったのは、団十郎の「助六」だった。団十郎に勝る名手・巧者や人気役者は他にいないわけではない。だが技巧や人気を超越した、歌舞伎のシンボルとしての存在感において、団十郎に勝るものはない。思えば、現代という困難な時代に、これほどの団十郎らしい団十郎を持つことが出来たことを、私たちは稀有（けう）な幸運と考えてよかったのかもしれない。

明治の劇聖と呼ばれた九代目団十郎は、近代という時代の波に洗われる中で歌舞伎を変革しつつ守り抜いた。当代の父十一代目は、戦後、歌舞伎のシンボルとして歌舞伎を復興させた。当代十二代目も、歌舞伎を含めた社会の構造や価値観の大きく変動する現代にあって、よく歌舞伎のシンボルであり続けた。

市川家の芸の神髄は荒事にあるといわれる。十二代目の荒事は、何よりも稚気とおおらかさにあふれているのが、他の誰にもない豊かさを感じさせた。そして、にらみ。団十郎がにらめば邪気を払うといわれたというが、十二代目が漆黒の大きな目でにらむとき、そうした素朴な俗信も素直に信じられそうな気になった。おおらかな十二代目の芸は、時として、無技巧とか大まかとかいった印象を与えることもあったが、その質実さの中に、その役を演じる団十郎自身を通じて、他の俳優にはないある真実味を感じさせた。それは団十郎の人間性のしからしめるところであったろう。

新しい歌舞伎座が4月に開場する。向こう1年に及ぶこけら落とし公演の中でも、当初の3カ月は現代の第一線の役者たちがえりすぐりの得意芸を見せる演目が予定されているが、当然のように、団十郎の「助六」がその中心に並んでいた。だが、それはもう、見ることはかなわなくなってしまった。茫然（ぼうぜん）とするしか、いまはすべを知らない。（演劇評論家）

二〇一三年二月一五日

映画館を文化運動の拠点に
高野悦子さんを悼む

佐藤忠男

高野悦子さんが亡くなられた。東京・神田の岩波ホールという小さな映画館の総支配人だった方である。この経営を長く続けて、日本で最もすぐれた映画館のひとつにしたのであるが、たんに良い映画を上映して良い成績をあげただけではない。彼女の作品の選び方や上映の仕方を通じて、この映画館が日本の文化運動のひとつの拠点のような役割を果たしたことに大きな意義があった。

アート系の映画専門館としてヨーロッパの巨匠たちの名作を丹念に紹介したのはもちろんだ。さらに、旧ソビエトの影響下にあった政権の抑圧に抗しながら映画を作りつづけていたポーランドのアンジェイ・ワイダの諸作品とか、アフリカで社会派の映画を作りはじめたウスマン・センベーヌの作品を積極的に上映した。芸術性もさることながら、自由を求める世界の進歩派と連帯しようという意思の表れだった。

インドのサタジット・レイの作品をはじめ、中国、韓国などアジアの映画も早くから上映した。

とくに女性監督の仕事は積極的に応援した。羽田澄子監督のドキュメンタリーが劇場で見られるようになったのもそのおかげだし、フィリピン映画界で指導的な立場にあるマリルー・ディアスアバヤ監督や、インドネシア映画界で同じ立場の女性であるクリスティン・ハキムの作品も進んで上映した。高野さんの病気が重いという電話を受けたハキムはその足でジャカルタの空港に行き、東京に来て高野さんのそばで彼女のために祈りつづけてくれた。

芸術的に評価の高い映画を好んで上映する映画館は他にもあるが、こんなふうにアジア、アフリカの社会派映画人と連帯し、国の内外を問わず女性の映画作家たちを積極的に支援した映画館はちょっとなかったと思う。こういう主義主張をはっきりと持った映画館であることによって岩波ホールは確実な支持者を持ち、経営的にも成功したのである。

映画を娯楽として扱う映画館はたくさんあり、芸術として扱いたいと志す映画館も少しはある。高野さんがやったことは映画を教養として扱うことであり、現代人が自分の世界観に磨きをかけるのに役立つ映画はこれだという立場で作品を選んでいる。だから知的向上心のある観客層から支持されているのである。

アンジェイ・ワイダ監督が政府から弾圧されて映画を作れなかった時期に、高野さんは京都賞の選考委員として彼に賞が行くよう熱心に委員に説いていた。そして実際にそう決まったとき、ワイダはその賞金をポーランドにある浮世絵のための美術館の建設基金にしようと言った。美術館を造るにはその十倍もの金が必要だった。そこで高野さんは岩波ホールを事務所にしてその金を一般から募金した。ことほどさように高野さんは国際的文化的活動家であった。ご冥福を祈る。（日本映画大学学長）

二〇一三年三月一〇日

「人間は面白い」の視点
山口昌男さんを悼む

大塚信一

人類学や歴史学に限らず、幅広い知識を独学で身に付けてきた山口さんは、ジャンルにとらわれない知の面白さを、身をもって体現し、私たちに伝えてくれた人でした。

それまでの学問は、仲間内の専門家向けの言葉で語られ、一般の人にとってはよく分からない「しかめっ面」をしたものが多かった。だが、山口さんは、そうした知識や思想を人が生きていくためにうまく活用し、新しい世界を切り開いていった。彼ほど知を楽しみ、本を読むこと、映画や劇などといった芸術の面白さを、生き生きと論じた人はいないと思います。

当初は既存のアカデミズムとも厳しく対立しましたが、多くの人が彼の姿勢に魅せられ、中沢新一さんや浅田彰さんといった人たちが受け継いでいきました。

彼が生み出した「トリックスター(道化)論」「中心と周縁理論」などは、エスタブリッシュメント(権力層)の側ではなく、差別、抑圧される側の人間の意味を明らかにしました。周縁にいながら唯一、王に本当のことを言える道化という存在。中心は周縁があってこそ初めて成り立ち、その関係は逆転しうるということ。人間はどこにいても、誰であっても、重要な働きがあるという人間存在の本質を教えてくれます。

人間は、面白い。山口さんが残した大きな足跡には、何を見ても、何を読んでも、その視点が貫かれています。(前岩波書店社長・談)

二〇一三年三月一二日

ダイナミックな素描的知性
山口昌男さんを悼む

今福龍太

無表情のなかに宇宙的笑いの種子を秘め隠し、闊達（かったつ）に動き回りながら権威や制度を徹底してかく乱した道化、バスター・キートン。むかし山口昌男は、彼のヒーローでもあるこの喜劇役者の姿に似せた風刺的な自画像を自著の扉に描き、その下に署名して手渡してくれたことがあった。いまその本の微笑をさそうページを眺めながら、冥府（めいふ）へと旅立っていった山口の繊細な指の動きをなつかしく思い出してみる。

山口昌男という人類学者＝思想家の独創性をひとことでいえば、それは稀（まれ）なる「素描的な知性」であった。それも軽い素描ではなく、深い洞察と遊戯性にあふれた批評的かつカリカチュア的素描に近いものである。山口は知る人ぞ知る達者なデッサン描きで、調査にも旅にもスケッチブックを手放さず、「踊る大地球」（晶文社）というドローイング集まで刊行している。

それらの魅力的なデッサンは、アフリカや南米の風景の輪郭に凝縮されて表現されている個々の文化の審美性や気質を、山口自身の内的な意識の回路を通じて見事に線としてとりだしているという意味で、山口の学問が持つ批評的な「眼（め）」そのものだった。

つまり山口人類学とは、世界の構成原理を簡潔で風刺を込めたデッサンのような断片に解体し、それらの素描的な細部のなかに浮き出す文化的「力線」のダイナミックな動きをつうじて、社会の動態や人間意識の変容の兆候を鋭く見てとろうとする独創的な方法論なのである。

その素描的な理論においては、つねに、中心にある権力や秩序よりも、周縁にはみ出そうとする反権力や混沌（こんとん）の動きが注視された。世界が既知の情報集合体として分かりやすく理解されてしまうことから脱し、未知や忘却そのものの復権のなかで世界のより豊かな全体性が探られた。

そのためには、考え、行動する自分も、たえず批評のやすりにかけられ、学問の権威や自明性への問い直しがはかられた。主著「本の神話学」や「歴史・祝祭・神話」の背景にあるのは、そうしたたえざる自己解体の思想的軌跡である。

この、自己批評をともなった風刺的知性が人類学という学問を選びとったのは偶然ではなかった。人類学は、優位にある「西欧文化」が自らの視点をもって、劣位にある「未開文化」を研究・分析し、自己の用に当てるという、植民地主義的な理念の落とし子として誕生し、その出自を20世紀半ばまで引きずってきた。

だが、フランスのレヴィ＝ストロースや山口昌男の仕事に典型的なように、20世紀後半以後の人類学はいわば親に反乱した最初の子供たちなのだ。自己の基準を打ち立てて他者を裁定するのではなく、他者の考えを理解することで自己を根本的に問い直す。これこそが、現代の人類学的知性のもっとも本質的な論理にして倫理でもあることを、山口はその思想を通じてたえず強調しつづけたのである。

素描的知性は、世界を論ずる者の持つべきまっとうな謙虚さを、私たちに思い出させる。ことばの理不尽な権威や傲慢（ごうまん）さが言論を覆いはじめた現在への、重い警鐘である。（文化人類学者）

二〇一三年三月一九日

歴史に残る建築を記録 二川幸夫さんを悼む

磯崎新

ひとりの若者が重いカメラ一式を背負って暗闇の山道を歩いた。1日1往復しかない下りのバスに乗り遅れたのだった。早稲田大学の3年生だった二川幸夫（ふたがわ・ゆきお）だ。

敗戦してまだ10年も過ぎていないころの消えていきつつある「日本の民家」を残らず記録しておきたい。風雪に耐えて人々が生きてきたその環境とともに、たんなる姿ではなく、息づかいまで伝わるように、と誰の援助もなく日本列島を北から南の端まで網の目を縫うように歩きつづけた。分厚い写真集になり、1959年に毎日出版文化賞をもらった。まだ20代だった。

これでおさまらず、次は「世界のまち」を全部撮影するといいだした。私が同行した。在外公館は何の役にもたたない。まず民間の小規模飛行場に直行。軽飛行機のパイロットをみつけ、ドアの1枚をはずして半身が機外にのりだせるようにする。私はパイロットに行き先を指示する役だった。もちろん地上では日本の民家のときと同じく、街路上をさまよった。帰国してのち、64年に「世界のまち」（二川幸夫・撮影、磯崎新（いそざき・あらた）・文）が新聞紙上で連載された。

次に思いたったのは、同時代の建築を残らずみずからの手で写真にとって、「本」にすることだった。こんな企画にのる出版社など世界のどこにもない。50年むかしのこの国では誇大妄想と思われた。グローバルアーキテクチュア（GA）をロゴにした出版会社を立ちあげた。「俺の目でみていいもの、すなわち歴史に残る建築物だけを扱う」と宣言した。それがGAの理念になり今日に至る。

国内ではナニワのチンピラあがりの押し出しであったが、この30年ほど、世界中の現代建築家のなかでは強面（こわもて）で知られた。

いかに有名建築家の仕事であっても二川幸夫のめがねにかなわなければ写真をとってくれない。ということは歴史から落とされる。こんな具合で二川幸夫はグローバルに駆けまわることになり、国内にいる時間が少なくなった。「日本の民家」（東京・新橋のパナソニック汐留ミュージアムで3月24日まで「日本の民家一九五五年」展を開催）はその間にかなり姿を消している。とりわけ背後にうつっていた環境はどこも当時の姿をとどめていない。

二川幸夫が生涯の最後にみずから編成した展覧会がみずからがデビューした「日本の民家」であった。グローバルにユニークな仕事を残して、これこそが国際的に評価されているが、そのすべての構想は、その始まりの仕事にあった。（建築家）

二〇一三年三月二一日

他の追随許さぬ観察眼
北原亜以子さんを悼む

縄田一男

北原亜以子（きたはら・あいこ）さんが亡くなられたと聞いて、残念な思いを抱かざるを得ない。北原さんは巨匠といってもよいほどの作家なのだが、まったくそんなことを感じさせない、温厚な方だった。

ただし、作品の評価はきびしかった。私も末席を汚している中山義秀文学賞の選考会では、時代考証のミスや安易な表現に慨嘆されていて、後進の指導のために時代小説の研究会を主宰されたこともあった。

１９３８年、東京・新橋に生まれた北原さんは、椅子職人であった父の背中を見て育った。つまりは、生活の原風景を見て育ったことになる。作家としては遅咲きで、69年「ママは知らなかったのよ」で第1回新潮新人賞を受賞。しかしながら、しばらく不遇の時代が続いた。

やはり、その本領を発揮したのは、時代小説で、89年「深川澪（みお）通り木戸番小屋」で第17回泉鏡花文学賞を受賞した。この作品は好評につきシリーズ化され、後に、同シリーズで第39回吉川英治文学賞をも受賞することになる。主人公である笑兵衛、お捨夫婦は、わけありの過去を持ち、深川中島町で木戸番をしており、そこに訪れるさまざまな人々との交渉が練達の筆致で描かれている。この連作のテーマはズバリ、〝人は人にとってどれだけ救いの藁（わら）たり得るか〟で、心を打つ作品が多かった。

その後の活躍はまさに水を得た魚のようで、93年、江戸のキャリアウーマンたちの恋と仕事を描いた「恋忘れ草」で第１０９回直木賞を、97年、「江戸風狂伝」で第36回女流文学賞を受賞した。

そして前述の「深川―」と比肩し得る連作が「慶次郎縁側日記」シリーズで、こちらは、「仏の慶次郎」といわれていた同心が、祝言間近の娘を暴行され、娘は自殺、復讐（ふくしゅう）の鬼になる。作品のテーマは〝人はどこまで人を赦（ゆる）せるか〟で、苦しみを乗り越えた慶次郎は、根岸にある酒問屋の寮番として暮らすことに。だが、昔取ったきねづかで、さまざまな事件や相談事を解決していく。

北原さんの作品は、市井の片隅でつつましく生きる人々を、愛情をこめて描いたものが多く、人間の素晴らしさや恐ろしさまで、その観察眼は他の追随を許さなかった。

またこの他にも、父の思い出から生まれたであろうルポルタージュ「銀座の職人さん」や、父が戦地から送ってきた絵手紙とともにつづった自伝的エッセー「父の戦地」があった。特に後者が完成したときには、これは一生に一度しか書けない本だからと、満面の笑みを浮かべられていたことが思い起こされる。

病弱だったが、手を抜いた作品は一編もなし―最後の作品は、昨年刊行された「慶次郎縁側日記」の最新刊「あした」であった。合掌。（文芸評論家）

二〇一三年三月二五日

アフリカの民の心を歌う
チヌア・アチェベ氏を悼む　大池真知子

3月22日に死去が報じられたナイジェリアのチヌア・アチェベは、現代アフリカ文学でもっとも偉大な作家といって間違いない。

日本でもよく知られるアフリカの作家といえば、たとえば、2003年にノーベル文学賞を受賞した南アフリカのクッツェーがいる。彼の実験的な心理描写は、アフリカ文学の一つの達成だ。また、やはりノーベル賞作家である南アフリカのゴーディマは、緻密なリアリズムと透徹した政治意識で知られる。しかしアチェベの野太い叙事詩は、アフリカの人々の情緒の結晶だ。それは、アフリカが世界にくれた物語の宝物のようなものだ。

アチェベが語るのは、アフリカの村が植民地支配によって崩壊する物語（「崩れゆく絆」1958年）であり、植民地支配下でアフリカとヨーロッパが権力闘争を繰り広げる物語（「神の矢」64年）であり、独立の矛盾の物語（「もはや安楽なし」60年）であり、軍事独裁の恐怖の中、アフリカの再生を祈る物語（「サバンナのアリ塚」87年）である。

アチェベのこの重厚な物語世界は、その時々のアフリカの人々の想（おも）いに声を与えたという意味で、他の作家とは別次元にある。いまや世界文学の古典となっている「崩れゆく絆」は、アフリカで聖書とコーランの次に読まれている書物と言われるほどだ。クッツェーとゴーディマがエリートのサークルにとどまっているのとは対照的に、アチェベはアフリカの民の心を歌う作家だ。

アチェベは30年、ナイジェリア南部の町に生まれた。キリスト教徒の父と伝統主義者の大叔父の両方から、二つの文化を学んで育つ。地元でエリート教育を受け、ナイジェリアのイバダン大学に進学。在学中、教授がたたえるヨーロッパの名作に描かれたアフリカ像に疑問を感じ、みずから執筆を始めた。そして58年、ナイジェリア独立の2年前に第1作となる「崩れゆく絆」を発表する。

以来アチェベは、小説、詩集、児童文学、評論集、回想録を発表してきた。評論には、ポストコロニアル文化研究に大きな影響を与えたものもある。その代表作は英ペンギン社の「偉大な思想シリーズ」に収められ、荘子やダーウィンの著作と肩を並べている。また、かつてアフリカ作家の登竜門だった英ハイネマン社の「アフリカ作家シリーズ」では10年間、編集主幹を務め、アフリカ文学の発展に寄与した。創作面での功績もさることながら、アチェベがアフリカの人々にアフリカの問題を提起すると同時に、アフリカの哲学を世界に発信したという功績を見逃してはならない。

アフリカは優れた作家を今後も輩出するだろう。しかし、独立後のアフリカの歴史的な困難をともに歩み、その困難を心に長く残る美しいイメージとして結晶化し、アフリカの人々に心のよりどころを与えたアチェベのような偉大な作家は、二度と現れないだろう。

「崩れゆく絆」で、村の古老が死去した時、村人たちは彼が先祖の仲間入りをしたことを大砲と太鼓と踊りで祝った。私たちもまた、アチェベの作品に朗々と響くアフリカの声を聞きながら、彼がホメロスやシェークスピアと同様、文学の精霊となったことを祝いたい。

（広島大准教授）

二〇一三年四月九日

確かな構想力と気合の人
佐々木高明さんを悼む

小山修三

「佐々木さんにはフィールド調査における気合の大切さを教えられた」と、国立民族学博物館で同僚だった田辺繁治さんから聞いたことがある。タイの農村調査をしていた時、ひょっこりやって来た佐々木高明さんと会って、そう感じたそうだ。「学んだのは気合だけかいな」と佐々木さんは苦笑していたが、実に的を射た表現で、その姿がまざまざと浮かんでくる。

初代館長の梅棹忠夫さんを佐々木さんらが支える形で1974年に創設された同博物館は、戦後の経済成長と歩調を合わせるように充実をみせていた日本人研究者の成果を世界に示すという任務を負っていた。アフリカ、アンデス、東南アジア各地の研究などは既に海外でも評価を得ていたが、肝心の日本文化をどうまとめ、提示するかが大きな問題として浮かび上がってきた。

日本文化研究には膨大な蓄積がある一方、民族学、民俗学、考古学、文化地理学、形質人類学、社会学などそれぞれの専門分野に特化されすぎていて、全体像を提示するのが難しく、特に外国語による発信力が弱かった。

この難題に挑んだのが、佐々木さんを中心とした10年計画の長期プロジェクト「日本民族文化の源流の比較研究」だった。1980年からは毎年シンポジウムを開催。宮本常一さんのような大御所から中堅、若手研究者までが集められ、生業、社会組織、日本語、芸能、神話などさまざまなトピックスを選んで熱い討論を繰り返した。

大胆ではあるが枠組みの確かなその構想を佐々木さんから聞かされた時、当時の若手の私たちが戸惑いながらも次第に巻き込まれていったのは、結局、「気合」に動かされたからだと思う。

佐々木さんの研究の原点は焼き畑農耕研究で、日本を出発点として東南アジアからインドにまで調査は及んだ。その結果、照葉樹林文化、ナラ林文化という国際的な文化圏を視野に収めることができた。

焼き畑とは、原始的な狩猟採集経済と、稲作や麦作のような現代につながる農耕との間の、長い時空間に位置する生業である。そこに光を当てることによって、稲作から始まるとされていた従来の日本史を、縄文時代にさかのぼる新しい史観として確立することに成功したと言えるだろう。

1年ほど前お会いしたとき、今まで書き留めた原稿をライフワークとしてまとめ出版する準備をしていると伺った。道半ばの訃報だったが、後継者がそれを完成させて、読むことができるのを楽しみにしている。（国立民族学博物館名誉教授）

二〇一三年四月一五日

冒険怖れず、風格大きく
三国連太郎さんを悼む

佐藤忠男

三国連太郎さんが亡くなられた。近年の日本の映画俳優でこの人ほど名優の名にふさわしい人はちょっといない。

デビュー作だった「善魔」では見事に純情多感な二枚目だった。全く演技経験のない無名の一復員兵でスカウトされたにもかかわらず、である。たちまちスターになったが敵役も工夫をこらしてやった。「異母兄弟」の軍人役では、うわべだけ威張って権力をふりまわす心の空っぽな人物を演じて、そのあわれなことといったらなかった。「飢餓海峡」では、敗戦後の苦難の時代を背景に、その時代を生きのびるために犯罪にも手を染めた男の無残な人生を演じて、まことに悲痛なものだった。

他方、「襤褸（らんる）の旗」では足尾銅山の鉱毒反対闘争の指導者田中正造という正義の人を演じて、ほとんど崇高なまでの人格の輝きを見せた。かと思えば、晩年の「釣りバカ日誌」シリーズでは、勤勉そのものの大会社の社長でありながら、じつは怠け者の平社員と隠れてこっそり釣りに行くのがなによりの楽しみという、なんとも愉快な実業家をユーモアたっぷりに演じて笑わせてくれた。

こうして三国連太郎が演じたかずかずの役を思い浮かべてみると、その芸域の広さと多様さに驚かずにはいられない。監督やプロデューサーたちは、これは難しい役だ、いったい誰ならやれるだろう、と思うとまず、三国連太郎ならどうか、と思ったのではないだろうか。

いかにもこの俳優らしい役というのを繰り返して一定のパターンにおちつき、やがてマンネリ化してしまうということが彼にはなかった。いつも新しい挑戦として変わった役を演じていたのだが、考えてみると、それがそれぞれ、その時代の日本人の一面を表す典型的なキャラクターであったことに気づく。そういう、一種の別格の俳優として彼は存在し、それぞれの時期に三国連太郎ならではの名演技を残しているのである。

三国連太郎の生き方と演技には、はじめからどこか、捨て身なところがあったように思う。安全な路線を選ばず、冒険を怖（おそ）れない。怖れないというよりも、むしろ進んで難しい仕事をする。器用だからなんでもやれるというのではなく、どこまでやれるかいつも試している。それがいつの間にか彼自身の風格を大きなものにしていって、彼が画面に現れるだけで、そこにどっしりと大きな充実感があふれてくる。そんな俳優になっていたのである。お見事、と言いたい。（日本映画大学学長）

二〇一三年四月二五日

痛み抱えた人の心打つ
田端義夫さんを悼む

伊藤強

胸の前にギターを抱え、明るい声で「オース！」と元気よく舞台に登場する田端義夫さん。私が彼と初めてお会いしたのは戦後、おそらく昭和40年ごろのことだった。

戦前からスターとして活躍した人たちの多くは、軍隊への慰問経験を持つ。田端さんもその一人。その体験を「僕はそれほど苦労したわけではありません。慰問は歌手としては当たり前のことで、軍の施設に行けば食べ物もよかった。別世界でした」と話していた。

そんな田端さんだったが、口には出さないけれども、鬱屈（うっくつ）する思いがあったことは間違いない。「裕福だった」とは言い難い生い立ち。アマチュア歌手コンクールで優勝し、デビューするまでの鉄工所などでの「でっち奉公」の日々――。

でも、だからこそ、外地から引き揚げて来た人たちの心を歌った「かえり船」は大ヒットした。望郷の念を切々と歌う哀愁を帯びた田端さんの独特の声が、戦争の痛みを抱え続けた人々の心を打った。

田端さんが歌ってヒットした「十九の春」、「島育ち」も、日本の歌の主流からは外れた〝島の歌〟だ。そこへ向かったのは、彼自身が幼いころに感じた、貧しさや苦しみへの彼なりの怒りからだったのかもしれない。

田端さんは、戦後も岡晴夫さん、近江俊郎さんとともに「戦後三羽がらす」と呼ばれ、世代を超えた人気を集め続けた。後年、日本歌手協会の会長を務め、後輩たちの育成にも力を注いだ。

2001年には、BEGINの比嘉栄昇（ひが・えいしょう）さんが田端さんのために書いた「旅の終わりに聞く歌は」を、比嘉さんと一緒にレコーディングするなど、健在ぶりを示していた。

ここ数年は体調を崩していたが「現役であることが大事だ」と、いつも舞台に立つ気力だけは失わなかった。

今も、楽しそうに愛用のギターの話をする田端さんの姿が、目に浮かぶ。「エボナイト（ゴムの一種。かつて絶縁体として使用された）を削ったりしながら、自分でギターを作っちゃった。今のエレキギターですよ」と笑っていた。

田端さん、お疲れさまでした。ご冥福をお祈りします。（音楽評論家）

二〇一三年四月三〇日

演芸ブームのきっかけ生む　牧伸二さんを悼む

西条昇

「娘はディスコで朝帰り　息子は酔っぱらって朝帰り　女房は浮気で朝帰り　亭主はあきれて里帰り…。あーあ、やんなっちゃったあーああ、驚いた」

牧伸二がハワイアン調の曲に乗せて、時事4コマ漫画風にオチをつける「やんなっちゃった節」を繰り出すたびに、客席は爆笑の渦に包まれた。

1963年から15年間続いた「大正テレビ寄席」（テレビ朝日系）での司会ぶりも懐かしい。観客と一体感を生み、寄席番組のイメージを現代風に変えて若者や子どもたちに伝え、演芸ブームのきっかけをつくった。

冒頭では「日曜のお昼だよー」とテーマ曲を歌い、ウクレレ漫談を短めに披露して観衆の心をつかんだ。数々の珍品を、オークションでたたき売る「バーゲンセール」のコーナーは定番に。「バーゲンだよ！」の一声で始め、来場者が次々に競り落とすたびに盛り上がった。

番組を通して、多くの演芸人が人気者になり、牧は「演芸ブームの顔」としてテレビから大劇場や映画へと活動の場を拡大。日劇を満員にしてみせ、喜劇映画にも出演した。

芸の評価に厳しかった落語家の故立川談志さんも、当時の牧の芸から影響を受けたことは素直に認めていた。

コント55号やドリフターズが、この番組への出演を機にテレビ界の笑いの王者に君臨し、番組は登竜門としての役割を果たして終了。牧は芸の軸足を、テレビから舞台へと移していった。アドリブによるトークがメーンのバラエティー番組には、計算して流れを作る芸風が向いていないと感じていた部分もあったのだろう。

初めて会ったのは90年、僕が構成を担当したテレビ番組へゲスト出演したときだった。子どものころからの憧れのスターを前に緊張したことを覚えている。その印象は真面目で温厚だった。

打ち合わせでは、特に冗談を言うでもなく、必要なことだけを伏し目がちに淡々と話し、本番ではあらかじめ流れを決めた清水ミチコとコラボレーションした芸で、収録会場の客席を沸かせた。地方公演では自分の出番の前後に、客席後方から若手の芸を熱心に見つめる姿があった。

その訃報を聞き、明るい芸と真面目で暗さえ感じた素顔とのギャップが思い浮かんだ。合掌。（お笑い評論家）

二〇一三年五月七日

斬新な着想と卓抜な技法
佐野洋さんを悼む

権田萬治

佐野洋さんから「蔵書の整理のことで相談したいので、自宅に来てくれないか」という電話をいただいたのは1年ほど前のことだった。

佐野さんはゴルフやマージャンが好きで、特にマージャンは家に専用の特別室を作っておられたほどだったから、私も相談が終わった後で、夫人を交えてマージャンをするのを楽しみにしていた。

だが、検査入院などで延期が重なり、心配していたところに、今回の訃報である。まことに残念で、悲しく、寂しいかぎりである。

若い世代には作家としての佐野洋さんはあまりなじみがないかもしれないが、海外の新しいミステリーの試みにも敏感だった佐野さんは、斬新な着想と卓抜な小説技法で現代感覚豊かな優れた作品を数多く残している。

構成に趣向を凝らした実験的な長編「轢き逃げ」や、SFミステリーの「透明受胎」などはその一例だが、切れ味のいい短編も多く、短編の名手としても定評がある。

また、野球や競馬、ゴルフなどにも詳しく、スポーツミステリーの分野でも優れた書き手だった。これら長年の業績で日本ミステリー文学大賞を受賞したのも当然といえるだろう。

佐野さんにとって、ミステリーはあくまで〈遊び〉であり、その美学は「文学よりも、すべての部品が厳密に計算される建築に近いもの」という考え方に立っていた。それだけに批評を重視し、自作だけでなく、他の作家の作品でも細かいミスを見逃さない厳しさがあった。

私のような評論家という立場からすると、あまりにも細部にこだわり過ぎているように思える時もあった。だが、亡くなる前年まで39年間雑誌に連載した辛口のミステリー時評「推理日記」は、こういうミステリー観と豊かな実作体験を踏まえたユニークな批評として、4年前に菊池寛賞を受賞している。

「推理日記」では、都筑道夫さんとの〝名探偵論争〟をはじめ何人もの人と論争もしたが、頭脳明晰（めいせき）で決して感情的にならないクールな人柄でもあった。

日本推理作家協会のトップを松本清張さんから引き継ぎ、6年間務めた。ミステリーの多様な流れを幅広く受け入れる広い視野に立ち、財政面や出版契約の問題などで経営的・実務的な手腕を発揮したことはよく知られている。

新聞記者出身だけに冤罪（えんざい）事件の救援や死刑制度の廃止など社会的な問題にも常に目を向け、リベラルな姿勢を取り続けて来た方だったので、時には手ごわい論争相手でもあったが、尊敬でき、頼りになる大先輩でもあった。

この10年ほどは毎年、推理作家協会の新春マージャン大会に夫人とご一緒に参加されていたので、お会いするのを楽しみにしていたのだが、それももうかなわぬ夢となった。

佐野さん、長い間ありがとうございました。さようなら。（文芸評論家）

二〇一三年五月八日

江戸歌舞伎を継承、普及
河竹登志夫さんを悼む

織田紘二

風薫る5月の真昼時、歌舞伎研究の第一人者、河竹登志夫先生が88歳の生を閉じられた。曽祖父、河竹黙阿弥の名作歌舞伎「梅雨小袖昔八丈（つゆこそでむかしはちじょう）（髪結新三）」で描かれた季節である。

去る3月28日、新装なった歌舞伎座の顔寄せ手打式に出席し、こけら落とし公演の狂言名題を読み上げ、狂言作者河竹家の宗主として務めを果たされた上での見事な最期だったとはいえ、やはりもっと長くこの世にあって歌舞伎の今を見届けていただきたかった、との思いが強い。

私が長年、舞台制作に携わってきた国立劇場では、先生が黙阿弥作品の中で最も愛し監修もなさった「蔦紅葉宇都谷峠（つたもみじうつのやとうげ）」をはじめとする幾多の黙阿弥劇を舞台化する際、お手伝いをさせていただいた。今に生きる黙阿弥の在り方を示唆されるとともに、江戸歌舞伎の継承の方向性を示されたことが心に残る。

明治の演劇改良運動から歌舞伎を守った黙阿弥。河竹家の養子として大正昭和の激動期に歌舞伎本来の姿を求め続けた父繁俊、そして登志夫氏と代々の河竹家なくしては、今日の歌舞伎は存在しなかった、と言っても過言ではないだろう。先生の著書「作者の家」や「黙阿弥」にその間の詳細は尽くされている。

先生の学問は、比較演劇学という新しい分野を切り開いて大成したことで、その成果は屹立（きつりつ）している。また戦後のほとんどの歌舞伎海外公演に文芸顧問として同行され、「歌舞伎は旅する大使館」というキャッチフレーズも先生の名訳である。

日本におけるハムレット受容史をまとめた名著「日本のハムレット」を契機に生まれた歌舞伎「葉武列土倭錦絵（はむれっとやまとにしきえ）」は、英国でも上演され、評価された。

1994年、欧州の4都市で公演した三大伝統演劇、能楽・文楽・歌舞伎による「俊寛」は河竹先生の監修で初めて実現できた企画だ。各地でのレクチャーも先生の語学力に負うところが大きかった。この公演はそれ以来、今日まで日本国内での上演は実現していない。演者と演出も兼ねた観世栄夫氏も河竹先生も再演を強く望まれたが、ついに見ていただく機会を永遠に失った。

歌舞伎のこれからを高い見地から指導していただきたかった。返す返す残念である。ご冥福を心からお祈りします。（日本芸術文化振興会顧問）

二〇一三年五月一四日

「素材」に徹し続けて夏八木勲さんを悼む

樋口尚文

夏八木勲は、およそ半世紀にわたる俳優人生を通して、むやみにスターとして中心に立つことよりも、自らをあくのある「素材」として掘り下げることにこそ喜びを見いだしていたように思われる。1966年、俳優座養成所の15期を卒業した夏八木だが、同期には原田芳雄、林隆三、栗原小巻らそうそうたる顔ぶれがひしめき、「花の15期」と呼ばれた。この才能たちは続々とスターの道を歩んだが、後にあまねく名バイプレーヤーと目されていた夏八木も滑り出しは意外なほど王道的に華々しかった。

早々に東映と契約した夏八木の映画デビューは名匠加藤泰監督の「骨までしゃぶる」で、洲崎遊郭に売られた娘を足抜きさせんと奔走する職人の青年をまぶしい新鮮さで演じた。続いて五社英雄監督「牙狼之介」、工藤栄一監督「十一人の侍」などいきのいい精鋭監督たちの作品で順風満帆に主演を果たした夏八木は、68年にフリーとなる。

以来、邦画各社やテレビ作品での助演が増えるが、夏八木の活躍は陰ることなく、たとえば森谷司郎監督「日本沈没」や深作欣二監督「仁義なき戦い　頂上作戦」のようなヒット作に夏八木が異色の役まわりで少しでも顔を出すと、作品がぐっと締まって見えた。当時の夏八木を語る時、助演作ばかりで雌伏の時を過ごし、74年のNHK連続テレビ小説「鳩子の海」の脱走兵役で人気が盛り返したとされがちだが、どうしてどうしてこのころの映画・ドラマの助演作では常に夏八木が個性的な演技で精彩を放ち続けていた印象しかない。

そんな助演のポジションが板についた夏八木を再度主役スターに舞い戻らせたのが、他ならぬ角川春樹プロデューサー時代の角川映画であった。佐藤純弥監督「野性の証明」の刑事役で高倉健と堂々渡り合い、ついに村川透監督「白昼の死角」の金融犯罪を繰り返すエリートの悪漢役で再び主役に躍り出る。

続く斎藤光正監督「戦国自衛隊」も千葉真一とともにダブル主演のおもむきがあった。夏八木はこれらの主役を意気揚々と演じていたけれども、当時の観客にはこの直前の野村芳太郎監督「八つ墓村」や深作監督「柳生一族の陰謀」の圧倒的に弾けた助演の方が夏八木が居心地よさげに見えたことだろう。

晩年の夏八木は、是枝裕和監督「ゴーイング　マイ　ホーム」（テレビドラマ）、園子温監督「希望の国」など数々の力作に招かれて輝いていたが、これらの監督たちはまさに角川映画時代の夏八木を見て育った世代であり、その強烈に癖のある「素材」としての記憶が、夏八木をぜひ自分なりの「解釈」で捉え直したいという衝動に駆りたてたはずである。けだし、比類なき幸せな俳優人生と言うほかない。

（映画評論家・監督）

二〇一三年五月二三日

風雪に耐えた笑い定着
茂山千作さんを悼む

木津川計

狂言界の巨星、その大きな輝きが消えた。飄逸（ひょういつ）な芸風だった。全身が狂言師で、舞台へ登場するだけで雰囲気がなごんだ。

狂言顔があるとするなら、茂山千作（しげやま・せんさく）さんはその典型で、文字通り裃（かみしも）を着た天性の和風コメディアンだった。

先年逝った弟・茂山千之丞（しげやま・せんのじょう）さんの2人が戦後狂言の第一世代だった。谷崎潤一郎が名エッセー「月と狂言師」にこの兄弟のある夜の座興を書き残している。

月見を楽しむ谷崎らの前で、2人は一人相撲、落語に口上役などを務めたのだ。1948年、千作さん、千之丞さんはともに20代だった。

狂言再興の苦闘はこの頃から始まっていた。学校公演に力を入れた。京都の隅々を2人は回った。楽しむ子供たちが若い狂言ファンに育っていった。

千作さんは千之丞さんともども戦後狂言の土手を築き、川幅を広げ、流量を増やしたのだ。

行政も力を貸した。57年に始まった京都市主催の「市民狂言会」は、この6月に230回を迎える。千作さんはここでもファンを開拓しようと、安い出演料で出演し続けた。茂山忠三郎（しげやま・ちゅうざぶろう）家も協力した。

千作さんは気さくな性格で、人間国宝になっても偉ぶらなかった。文化勲章を狂言界で初めて受章して恐れ入り、ひと前でも縮こまった。そんな人柄故に誰もに愛され、親しまれた芸術院会員だった。

戦前まで狂言は能に付属し、従属していた。そんな狂言を能から自立させ、協力し合う関係に高めようと千之丞さんともども努力した狂言人生だった。

そうした苦労のことごとくが実った。当節へんぺんたるせわしない笑いが広がる中、狂言のおおらかな笑いをよしとするファンが増えた。薄っぺらなお笑いになびかない、風雪に耐えた笑いの定着である。

血族の一門として千作、千之丞の2人は9人の子と孫を狂言師に育てた。他に直系の弟子が10人ほど。茂山千五郎（しげやま・せんごろう）家（千作は隠居名、長男千五郎が当主名）の安泰である。

発展する関西大蔵流がこの国の狂言界を底上げする。それだけではない。大阪が大衆的な漫才の〝おもろい都市〟なら、千作さんは京都を品位ある狂言の〝をかしの都市〟に高めたのである。

千作さん、長い間のご苦労でした。絶品だった「素袍落（すおうおとし）」「末広かり」を楽しめなくなったのを、僕は悲しんでいるのです。（雑誌「上方芸能」発行人）

二〇一三年六月一〇日

同じ作家、精神科医として なだいなださんを悼む

加賀乙彦

友人の死を突然知らされておもわず「ええ?」と叫んでしまった。去年、私が館長をしている軽井沢高原文庫（長野県軽井沢町）で、「北杜夫展」を開いたとき、いつも宣伝を兼ねた展覧会の催しとして行う「高原文庫の会」で、なだいなだと北杜夫のお嬢さん、斎藤由香さんとの対談をしてもらった。そのとき、出番を待つ彼と会場の森の最前列で「おたがいに年をとったね」と顔を見合わせながら、昔話や近況を話し合ったのが最後の出会いになった。

彼は白髪を風になびかせながら、仙人のように軽やかでしかも厳しい口調で話した。冗談のように話しながら、鋭い社会批評になる話し方は昔と変わらず元気が良かった。

なだいなだと北杜夫と私は精神科医で作家であるうえに年齢がほぼ同じぐらいなので、1960年代から、よく出会って話す間柄であった。北は60年に「どくとるマンボウ航海記」、なだは65年に「パパのおくりもの」というベストセラーを出して洛陽の紙価を高めていたが、私はやっと60年代の終わりに世にでたおくて者であった。

物書きのほうではそういう具合だったが、精神科医同士の付き合いはなだいなだと私の間にいろいろとあった。なだは神奈川県・三浦半島の久里浜の療養所でアルコール依存症患者の治療に専念していて、世界のアルコール依存症の治療法にくわしく、その方面の優れた専門書をだしていた。

私は久里浜の特別少年院の調査をしていて、少年の中にアルコール依存症患者を発見した。その治療法を模索していて、なだからいろいろと教えてもらった。精神神経学会ではよく専門的な話をしたものだ。

もう一つあるなだとの接点は、彼が仙台の陸軍幼年学校の生徒であったことだ。私は名古屋の陸軍幼年学校の生徒として、終戦を迎えた。もっとも幼年学校の思い出話などを、彼としたことはない。彼はフランスに留学して、フランス人と結婚したが、なぜフランス語を勉強したのかを語ってくれたことはない。私の場合は簡単で、幼年学校のとき、フランス語を教えられたので、敗戦後も勉強を続け、結局フランスに留学することになったのだが。

3人の精神科医出身の文士のうち、今般2人目が亡くなり、私としては寂しい限りである。それぞれに特徴があり、北杜夫の長編小説趣味と天性の自然なユーモアが光る「マンボウ」シリーズと、なだいなだの知的なしゃれた短編と、鋭い社会批評エッセーとは質が違って、それぞれに面白い。

北となだは、それぞれ軽井沢に別荘を持ち、夏を過ごしていた。そしておそらくは、全く違った生活をしていた。2人の性格の差異を思うと、そんな気がする。

私は現在84歳。80歳代の友人がつぎつぎに亡くなっていくのは悲しい。しかし、人の寿命は神の定めたまうもので、嘆いても、祈っても、せんかたない。（作家）

二〇一三年六月一一日

現代の美人画を完成
中村誠さんを悼む

永井一正

中村誠逝去の報にふれ、共に過ごした日々やその業績をしのび感無量である。私より3歳年長であるが、ほぼ同時期にアートディレクター、グラフィックデザイナーとして、数多くの才能が集まった日本宣伝美術会（日宣美、1970年解散）や東京アートディレクターズクラブ（ADC）の会員となり、共に活動した。

少年時代から資生堂ポスターや同社のPR誌「花椿」のイラストレーションに憧れていた中村は、東京美術学校（現東京芸大）を卒業し、念願の資生堂に入社した。そして山名文夫（やまな・あやお）らのアールデコやアールヌーボー風の繊細なイラストレーションのイメージを、テレビCMの時代に合わせるように写真を使って新しく刷新し、新時代の資生堂の顔を創造、業界1位のブランドイメージを確立していった。

印刷技法を駆使して写真を加工し、独自の新しいビジュアルを創造。63年に日宣美会員賞を受賞したほか、ADC金賞などを立て続けに受賞、新時代のアートディレクターとして一躍注目を浴びた。76年ワルシャワ国際ポスタービエンナーレ金賞に輝いたネイルアートのポスターなど続々と傑作ポスターを生み出していく。

中村は写真の横須賀功光（よこすか・のりあき）とモデルの山口小夜子（やまぐち・さよこ）という絶好のコンビにより資生堂の黄金時代を築いていった。

なかでも私が強く引かれたのは、78年の「練香水『舞』」のポスターである。山口小夜子の切れ長の目をアップにし、その顔の3分の1を金の扇で隠した。

連想するのは、美人画、喜多川歌麿（きたがわ・うたまろ）などによって世界に認められた浮世絵である。日本人が愛してきたそれらを、中村はきわめて今日的な写真で、東洋の神秘をたたえた現代の美人画として完成させたのだ。中村は自身の最も好きだった世界に入り、生涯にわたって美を追求した充実した人生だったと思う。

日本のデザイン界はかけがえのない人をまた失ってしまった。（グラフィックデザイナー）

二〇一三年六月一七日

伝統の継承と新しい表現
酒井田柿右衛門さんを悼む

金子賢治

十四代酒井田柿右衛門（さかいだ・かきえもん）。日本のみならず世界に知られたこの名のなんと大きなことか。にもかかわらず、いつも静かにそばにいて、私たち若造の話をジーッと聞いてくれていた。そして常に周囲を和ませるユーモアたっぷりな笑顔で私たちを見守ってくれていた。

色絵磁器の重要無形文化財保持者（人間国宝）で、同時に重要無形文化財「柿右衛門（濁手（にごしで））」保持団体である柿右衛門製陶技術保存会の会長でもあった。そして言うまでもなく江戸時代初期から続く有田の磁器の名家、柿右衛門家の十四代でもあった。つまり、この名には日本の手作りのもの作り、技術、工芸の歴史と現代がすべて詰まっているといってよい。これが「大きい」ことのゆえんである。

そのもの作りは1万6千年前の縄文土器に発し、特に江戸時代の各藩の産業振興策により高度に幅広く発展し、現代にまで営々と受け継がれてきた。産業革命以降、手作りのもの作りを根絶やしにしつつ機械化してきた欧米との大きな違いがここにある。それが「無形文化財」という世界的にも大変ユニークな思想を生み出したのである。

手作り産業をベースにしているが、それにとどまらず、近代的な意味での芸術作品をも作り出そうとする思想へと発展する。それを総体として保護育成し、後継者育成をもくろんだのが重要無形文化財制度である。

江戸時代以来の名家の歴史、産業陶芸を保護・振興する団体、そして人間国宝。この三つの歴史と思想そのものを体現してきたのが十四代酒井田柿右衛門であった。

しかし、産業の担い手と、作家の個性表現とのはざまで、柿右衛門さんは人知れず大きな苦悩を抱えてきたに違いない。ごく通常の工芸ないし伝統工芸と違い、「柿右衛門様式」は伝統の徹底的な継承を求められる。しかし一方で現代作家としての個性表現も当然のことながら実現したい。この二つの大きな仕事を粛々と進めてきた柿右衛門さん。その苦労があの控えめで慈愛に満ちた物腰、あるいは徹底した写生主義につながっていったのだろう。

その研さんは早くも1986年、第33回日本伝統工芸展の奨励賞受賞作「濁手山つつじ文鉢」で見事に開花した。どう見ても柿右衛門様式の基本を踏襲しているのだが、しかし、轆轤（ろくろ）技術を高度に体得し、そのリズム感をいかにも楽しんだようなアウトラインの美しいパワフルな堂々たる形、見込みから縁に向かって放射状に描かれた現代的で鋭い感覚の文様。これらは自らに課した大きな仕事の成果を世に示すに余りある大変な秀作であった。

それから30年近くがたった。昨年の第59回展の「濁手蓼文額皿（にごしでたでもんがくざら）」をみるとその基本は変わらないものの、高い洗練度に目を見張る。今年、日本伝統工芸展は節目の第60回展を迎える。伝統の継承と時代を超える新しい表現。この二つの関係とこれからを、今あらためて考えてみること。これが柿右衛門さんの思いを継承する一番大切なことである。（工芸評論家）

二〇一三年七月一九日

静かに終えた「亡命」の旅
高橋たか子さんを悼む

山内由紀人

高橋たか子さんがお亡くなりになった。ご自分で決断なされて、神のもとへ帰って行かれたのだと思う。終（つい）の住処（すみか）として選ばれた海に近い部屋で、ひとり静かに息を引き取っておられたという。明るい光に包まれて、やさしい微笑を浮かべて、この世に別れを告げたのだろう。

敬虔（けいけん）なカトリック信者であった高橋さんは、自身の信仰のあり方を決定づけた作品「亡命者」の中で、「亡命」という言葉を象徴的に使っている。人間はすべてあちらからこちらへの亡命者で、いつかこの亡命地からかつていたあちらへ帰っていくのだという。その場所こそ高橋さんの本当の魂の故郷で、完全な幸福が約束された地なのである。高橋さんの81年の亡命の旅が終わった。

高橋さんはそれまでの日本文学にはない、新たな表現世界を切り開いた稀有（けう）な作家だった。小説の執筆は1958年ごろに始まるが、本格的な作家活動が始まるのは夫の高橋和巳（たかはし・かずみ）が死去した71年以後のことである。古井由吉（ふるい・よしきち）、森万紀子（もり・まきこ）らとともに「内向の世代」を代表する作家として活躍した。

初期はシュールで幻想的な作風で、人間の悪や狂気、男女の性愛を鮮烈に描いた。そこには、無意識の世界に降下することによって「私をとおして私を超えるものが書く」という、独自の小説の方法論がすでに確立されていた。高橋さんは「存在論的な内在化の場」という言葉を用い、それが強力な文学的磁場となっていた。

「誘惑者」を執筆中の75年6月に受洗。それまで描いてきた凄絶（せいぜつ）な魂のドラマとは対照的に、神の静かさの中にひとり佇（たたず）むことを望んだのである。ここから神との出会いを求めて、さらなる深層へと向かっていく。

やがて性愛を超えた男女の愛は、高橋さんにとって人間と神の相似形になる。80年に渡仏、パリでの「霊的体験」が始まる。小説創作とは両立しないことを理由に、85年に発表した「怒りの子」を最後に文学と決別し、観想修道生活に入る。以後は、「霊的著作」のみを執筆した。

しかし94年の自選小説集全4巻の刊行を境に「過去の蘇（よみがえ）りに直面」する。そこから再び小説を執筆し、神を主題に人間としての自らの生き方を模索する。ことに99年の「私の通った路」は、人と神との出会いを自伝として書いた思索の書である。高橋さんの物語は神秘的で美しく、激しく熱く燃えさかるいのちの炎を思わせた。

今から10年ほど前に、高橋さんに自ら全作品について語ってもらうという貴重な機会があった。それは4年間にわたり、計15回を数えた。高橋さんは最初に「遺書として語るから、私の文学を正しく伝えてほしい」と話された。

作品と私生活を混同することを嫌い、キリスト者でない私には信仰の話は一切しなかった。素顔の高橋さんは飾り気がなく純粋で、エレガントだった。世俗的なものすべてを断念したその姿は、軽やかに輝いて見えた。

沈黙と孤独の中で神と向き合い、祈りの生活を送っていたそのころに「人生の締めくくりを考えている」とぽつりと語った言葉が印象的だった。今は神とともに在（あ）る天上の高橋さんは、きっと幸福であるに違いない。そして私は高橋さんとの約束を果たさなければならない。（文芸評論家）

二〇一三年八月二日

〝快刀乱麻〟に中国分析
竹内実さんを悼む

北村稔

京都大学名誉教授の竹内実先生が亡くなった。先生は１９７３年の春に京都大学人文科学研究所の助教授として東京より赴任された。中国では文化大革命が続いており、大学院修士課程の私は中国現代史を研究しようと思い始めていた。

当時の日本の学界は、マルクス主義を基礎とし毛沢東の指導する中国共産党を正統とする歴史観が全盛。違和感を覚えていた私は、快刀乱麻を断つように中国の政治状況を分析される竹内先生に、敬服するとともに「この人こんなことを言っていいのかな」という躊躇（ちゅうちょ）感も抱いていた。

やがて指導教官をお願いして先生の謦咳（けいがい）に接し、「まわりをむやみに気にせず自分の観点を明瞭に述べよ」という励ましをいただき続けた。

中国大陸で生まれ20年近く中国社会で生活した先生には、中国社会の実態が良くお分かりになっていたのであり、日本の研究界を支配していた中国共産党史観と毛沢東礼賛から、一定の距離をおいた冷静な態度が保てた。その結果、当時ほとんど無視されていた、香港や台湾からの中国大陸に関する情報を取捨選択して、分析に取り入れることができたのである。

竹内先生には毛沢東に関する多数の業績があるが、スチュアート・シュラムというアメリカ人のロンドン大学教授と親交を結んでおられた。シュラム教授は80年代の初期にしきりに京都を訪問されたが、竹内先生が監修された毛沢東文献の集大成である「毛沢東集」が、お二人を接近させたと思う。若いときから晩年まで、毛が書いたと思われる文章を収録しており、後の研究に与えた影響は大きい。

ちなみに私は英語が話せるからと、竹内先生からシュラム教授のお世話役を命じられ、その縁でロンドン大学での1年間の海外研究の機会を得た。そしてやがて私は、シュラム教授の代表作を翻訳して、89年に「毛沢東の思想」として出版。竹内先生は後書きに「麗筆というのはこのことであろうか」と書いてくださった。

シュラム教授は昨年の夏に亡くなり、本年の夏には竹内先生も亡くなった。23年生まれの竹内先生はシュラム教授より1歳の年長であった。そして竹内先生とシュラム教授のコミュニケーション言語は、中国語であった。いまごろお二人は、宇宙のどこかで毛沢東とその思想について、意見を交換されているであろうか。（立命館大教授）

二〇一三年八月五日

豪快で緻密、不屈の落語家
笑福亭松喬さんを悼む

日高美恵

末期がんと闘いながら高座に上がり続けていた上方落語の実力派、笑福亭松喬さんが7月30日にこの世を去った。享年62歳。あまりにも早い旅立ちだった。

松喬さんは1969年に六代目笑福亭松鶴に入門。地道に研さんを重ね、早くからその実力を認められた。師匠譲りの豪快さと、人物を見事に演じ分ける緻密さを併せ持ち、また子どもを演じさせれば天下一品だった。

体力もあり、技術も熟成する60歳を「落語家のピーク」と定め、51歳からは年に1度ずつ、10年にわたる独演会「松喬ひとり舞台」を開催した。この会には芸能界やスポーツ界から豪華ゲストが登場し、その交遊の広さを物語った。

2011年12月に大阪で開いた6日間連続の落語会では、集大成にふさわしい見事な「松喬落語」を披露した。

その直後に肝臓がんが発覚し、松喬さんは治療を受けながら落語を演じ続けた。病気に真っ向から向き合い、新しいネタを覚え、病室でも発声練習を怠らなかった。闘病の体験さえ爆笑の一席にする姿に不屈の生きざまが浮かんだ。12年には年4回、4年をかけて開く独演会「松喬十六夜」をスタートさせたが、4回目は中止となり、「必ず完走します」という誓いは叶(かな)わなかった。

美食家で、料理や絵など多趣味で知られ、話題は尽きなかったが、たどりつくのはいつも落語の話だった。新しい演出を思いついた時の笑顔は少年のように生き生きと輝いていた。常に前を向いて歩み続けた松喬さんは「有言実行」の人だった。志半ばの旅立ちはさぞ無念だったろうが、見事な落語家人生をまっとうされたのだと思う。(演芸ライター)

二〇一三年八月一二日

考古の旅と居酒屋談議

森浩一さんを悼む

石野博信

森浩一さんの訃報を聞いたとき、私は来秋に出版予定の「日本列島・考古の旅」(仮題)の原稿を書いていた。

森さんとはよく旅をした。国内だけでなく、韓国にも行った。1973年8月、日本人が韓国に行くようになった初期のころ、森さんをはじめ奈良県立橿原考古学研究所(橿考研)の伊達宗泰さんと同志社大の土橋寛さん(ともに故人)と私の4人で、釜山を経て済州島に降りた。森さんは済州島の碁盤型支石墓に目をこらし、宿では九州、弥生文化との関わりに話題が広がった。

慶州では天馬塚古墳が発掘中だった。「見学できるか聞いてみよう」ということで、最年少の私がテントの中に入り調査担当の金正基さんにお会いした。森さん一行の来意を告げるとOKとなったが、当時は、日本の考古学関係者が韓国の発掘現地を見学することは非常に難しい時代だった。

その晩、慶州の日本料理店に金さんをお招きし法酒(韓国の酒)と考古学談議で大いに盛り上がった。

森さんは「全力投球」が口癖で、「僕の仮説を論文の根拠にする学生は駄目だ」ともよく聞かされた。仮説は仮説であって、研究の根拠にできるものではない、という趣旨だった。

私は橿考研時代に7年間、同志社大の非常勤講師として考古学実習や講義を担当した。毎週、その日は大学の考古学研究室で研究会があり、その後、居酒屋とバーで森さんと一対一の時を過ごし、時には奈良に帰れない日もあった。森さんの酒談は日常の出来事をヒントに考古資料の解釈に及び、メモしたいほど刺激的だったが、7年間で私が酒代を払えたのは、なじみの店が満員で他店に行ったときの一度だけだった。

私は大学1回生のとき、兵庫県加茂遺跡の調査で末永雅雄先生とお会いして以来40年、先生が亡くなるまで先生を師、そして親父(おやじ)と思い接してきた。

だが、森さんは末永先生が所長の橿考研の所員であっても「末永門下」と名乗ったことがない。2人の確執の根っこは私には分からない。ただ、感じるのは2人の「我」の強さだ。古墳出土の鉄くずの中から、武器、甲冑(かっちゅう)の歴史をつかむ「末永考古学」と、人間のあらゆる事象から歴史にせまる「森古代学」との違いが2人にはあった。

森さんが亡くなる一週間ほど前、書店で森さんの「敗者の古代史」(中経出版)を見つけ読み始めた。〝侵入者、ヲホド王(継体天皇)と戦う筑紫の王、磐井〟という、地方の側からの視線などは森さんそのものだ。私もまたヤマトと戦った蝦夷(えみし)の故地・東北の出身。ヤマトに寄っている自説を意識しつつ、森さんのご冥福をお祈りします。(考古学者)

二〇一三年八月二二日

歌の世界を体現した人生
藤圭子さんを悼む

反畑誠一

急逝を報じるテレビ画面には「演歌の星を背負った宿命の少女」というヘッドラインがあった。

18歳になったばかりの1969年9月、「新宿の女」で歌手デビューした彼女のドラマを象徴している。「バカだな　バカだな」。なんとも自虐的で、ずしりと迫るハスキーな歌声は衝撃的であった。作詞作曲は、今年死去した石坂まさを（作詞はみずの稔と共作）。彼の存在が「藤圭子伝説」の原点になる。

今では副都心となった新宿だが、当時は居酒屋が軒を連ねる大人の盛り場。岩手県一関生まれ、北海道旭川育ちの少女には似つかわしくない場所だった。しかし石坂は、そこを舞台に薄幸な女の歌を書き続け、藤が主役として歌い演じきることになる。「柳ケ瀬ブルース」（美川憲一）のヒットでご当地ソングがはやりだしたころで「新宿の女」もその一曲といえる。それらを背景に、翌70年に入りブレークし、ヒット歌手の座に就いた。

この年、勢いは加速し、「女のブルース」「圭子の夢は夜ひらく」「命預けます」などヒット曲を連発。NHK紅白歌合戦にも初出場した。

「圭子の夢は―」の歌詞に「十五、十六、十七と、私の人生暗かった」という一節がある。石坂が描く演歌歌手・藤圭子の「陰」のイメージを決定づけた一曲だと思う。

アルバム第1作「新宿の女」と第2作「女のブルース」は、ヒットチャートで1位を獲得するなど大ヒット。宿命の少女から光り輝くスター歌手へと躍り出た。

71年には前川清と結婚したが、翌年には離婚。その7年後には突然、引退を表明。渡米した後、音楽プロデューサーと再婚し、83年には娘の宇多田ヒカルを出産した。

光と影、波乱の「演歌人生」は、宇多田ヒカルという天才的なシンガー・ソングライターが誕生したことで、夢に描き続けた「圭子の音楽人生」が開けるのではないかと思われた。それは石坂が描いた演歌のステージではなく、世界に羽ばたくシンガー、藤圭子の姿であったのかもしれない。娘ヒカルの全米進出が成功していれば、母圭子にとっても転機になったのではないかと推測する。

石坂が描いた彼女の舞台「演歌人生」は虚と実が表裏一体。彼女は歌の世界を体現しつつ、人生の幕を下ろしたかのようだ。（音楽評論家）

二〇一三年八月二六日

折口や柳田の枠超えた文人
谷川健一さんを悼む

色川大吉

谷川健一さんは亡くなる直前に刊行した「露草の青」（冨山房インターナショナル、8月23日発行）で、自分の死を予感するような歌を残している。

〈悲しみの刃（やいば）は胸を刺し通す九十の坂をわがのぼりつつ〉〈日本の存亡かけて立ちゆかむ時に老いたるわが身悲しむ〉と。

なによりも彼は歌人であった。卓越した民俗学者、批評家、随想家であった。地名の意義を深くとらえた日本地名研究所の創立者、所長であった。とくに沖縄の土俗を深く愛し、幾たびも足を運び、伝説や神話の探求に力を注いだ。柳田国男が手をつけなかった日本の原始古代の古俗に独創的な見解を提出した学者でもあった。自分は先学折口信夫や柳田を継ぐと言いながら、奔放にその枠を超えて飛翔（ひしょう）していた。こんなスケールの大きな文人を失ったことは計り知れない損失である。

わたしはこの人と、昭和50年代から深くつきあった。かれはわたしの民衆思想史研究に期待し、時にきびしい批判をしてくれた。1976年、わたしたちが不知火海総合学術調査団を組織して水俣に入ったとき、注文をつけてくれた。かれは水俣出身者だったのである。そのきびしさにもかかわらず、わたしが「日本民俗文化大系」（講談社）に「柳田国男」（78年）を書きおろしたとき、励ましと温かい評価をしてくれた。

その民俗文化大系の企画会議後の宴席であったと思う。隣に座っていた谷川さんに、いきなりわたしは抱えられ顔じゅうをなめられたのである。これが谷川流の愛情表現だったのである。このとき悲鳴をあげているわたしを助けてくれたのは当時、国立歴史民俗博物館の民俗研究部長をしていた坪井洋文さんである。惜しいことに、坪井さんは50代の終わりで亡くなられた。「イモと日本人」などの名著を残して。

谷川さんはこのように喜怒哀楽の表現がはげしかった。かれが在野の自由人として身を処したのはその性格にもよろう。

かれは「はみだし型」の研究者を愛した。自分自身、民俗学者の枠にとらわれず、新たな地名学、神話学、古代史、随想家、歌詠みとしてはみだしていたからである。

こんなスケールの大きな「文人」はもう二度と出ないかもしれない。わたしはかれと地名研究所でつきあい、千葉県我孫子市での「柳田国男ゆかりサミット」でつきあい、小学館や講談社の大企画でつきあい、親密にしてきたがゆえに、突然の訃報にいま茫然（ぼうぜん）としている。（歴史家）

二〇一三年九月二日

自己、生を凝視した詩作
塔和子さんを悼む

森田進

詩人・塔和子さんが召された。83歳。ハンセン病元患者である。ハンセン病からはとっくに回復している。そしてなお、国立療養所大島青松園で過ごさざるをえなかった事実を、考えずにはいられない。

第3詩集「エバの裔（すえ）」（43歳）で、初めて意識的に、「愛媛県生まれ」と書き記す。その重さは、みずからをエバの裔、すなわち「罪深いが故に魅力ある女の末裔（まつえい）」と宣言した時、ようやっと手にした自由の賜物（たまもの）なのだった。

第1詩集「はだか木」以来、19冊の詩集は、すべて、「女は昼と夜とを共に抱き／知性と本能に身をほてらして／不可解な魅力に輝く／咲き乱れた矛盾の花園／女」（「エバの裔」より）という、この向日的なまっしぐらな自我を確立するためであった。背後にあったものがキリスト教である。この自己凝視の深さが、芽ぐむ木のイメージになり、他者への眼差（まなざ）しとなり、やがて優しさへと成熟していった全過程である。

第3詩集を出した1973年の秋ごろ、同人詩誌を通じて知り合った私と会うために、香川県善通寺市の拙宅を塔さんは、初めて訪れた。初対面であったが、旧知のようにいろいろ話してくださったのは、それまでの交わりを通してお互いに親愛感を抱いていたからである。

あの日、詩について、生い立ちについて、とりわけ病気に対する差別について、実に率直に語り合ったことが強烈に私の魂に食い入ってきたことが忘れられない。ハンセン病文学を研究していた私が、初めて直接にお会いした詩人が塔和子さんであったことは、私の生き方に多大な影響を与えてくれた。

あの日、お昼に用意した讃岐うどんを見て、「フォークを貸してください」と、塔さんが言った。箸を添えて出した私がうかつだった。塔さんのぎこちない手の動きをじっと見ていた幼稚園の息子が、「おばちゃんの手、へんだ」と言った。一瞬緊張感が部屋中に走った。が、塔さんは、「いいのいいのよ。こんなことを気にしていたら、やっていけないわ」と言って、からからと笑い飛ばした。

塔さんを見送ったその夕方、塔さんがなぜ詩を書くのか、何と戦っているのかが、まっすぐに伝わってきた。当時まだ閉ざされていた島の現場で詩を書く営為そのものが社会復帰である。そして、生きることと詩作は、ぴったりと重なっている。何のために詩を書くのかを明らかにして、生を凝視し続けた生涯と作品は、私どもに語り掛けてやまない。（牧師、詩人）

二〇一三年九月三〇日

人間のドラマ描いた社会派
山崎豊子さんを悼む

権田萬治

山崎豊子さんは、亡くなられる最後の最後まで、社会性豊かな題材を鮮烈な人間のドラマとして追求し続けた作家だった。

「暖簾（のれん）」「ぼんち」など初期の一群の長編小説は、毎日新聞大阪本社の学芸部記者時代に、当時デスクだった井上靖の影響を受け、大阪・船場の老舗店に生まれ育った自らの体験を踏まえて書いた小説だった。

「大阪商人は、大阪の街と空と河とともに私の血肉となっています」と本人が語っているように、これらの作品には、大阪商人の濃密な体臭が漂ってくるような生々しい現実感にあふれている。

しかし、作者がさらに大きく飛躍したのは、医学界の腐敗にメスを入れた「白い巨塔」、商社の国際商戦に潜む政治利権の影をえぐった「不毛地帯」、誠実な日系2世が日米戦争の渦中でいずれの国を祖国として生きて行くべきか苦悩する姿を描いた「二つの祖国」、歴史の激動に翻弄（ほんろう）される中国残留孤児の苦悩を浮き彫りにした「大地の子」など、一連の社会性豊かな題材を取り上げるようになってからである。

これらの作品は、本人が「納得の行くまで調べないと気がすまない」という〝調査癖〟があると告白しているくらい、一つ一つに多くの時間をかけて徹底的に取材調査して執筆している。しかも、普通の人が知らない世界の裏面を鋭く暴いているだけでなく、その世界にうごめくさまざまな登場人物を見事に造形し、鮮烈な人間のドラマとして描き出している。つまり、単なる内幕ものではない本物の小説としての面白さに読者は大きな感銘を受けたのである。

多くの作品が映像化され、映画やテレビで人気を集めたのも、この作家がこのように個性的で多彩な人間の姿を描き分ける豊かな資質の持ち主だったからであった。

山崎さんは、深い孤独に耐えながら一つの目的を執拗（しつよう）に追求し続ける人間を常に愛情をもって描いてきた。男であろうが、女であろうが、善人であろうが、悪人であろうが、とにかくひたむきに生きる人間が好きなのである。それはある時は船場商人、ある時は医学者、ある時は日系2世と、その姿も性格も変わっているが、常に自分の信念に誠実であり続ける人間なのである。

これは、その後書かれた日航ジャンボ機墜落事故に着想を得た「沈まぬ太陽」や、沖縄返還にともなう日米密約を報道し、記者が逮捕された西山事件をヒントにした「運命の人」など、一連の作品にも、共通するものである。

松本清張が亡くなった時、社会派の時代は終わったといわれたが、それから約20年、清張作品と同じように山崎さんの作品も多くの読者に読み継がれてきた。

高村薫、宮部みゆき、桐野夏生など、優れた女性作家がエンターテインメントの分野で続々と活躍するようになったが、テーマの社会性とスケールの大きさ、そして多彩な人物造形という点では、山崎さんを失った空白はやはり大きいと言わざるを得ない。

8月から週刊新潮で新たに海上自衛官を主人公にした「約束の海」の連載を始めたばかりで、どんな新作を読めるのか期待していただけに、山崎さんの突然の訃報は痛恨の極みであり、ただただ残念である。心からご冥福をお祈りしたい。（文芸評論家）

二〇一三年一〇月四日

愛されたマカロニスター　G・ジェンマ氏を悼む

渡辺祥子

車による事故死！　まさか、こんな形で近況を知ることになるなんて。そうか、ジュリアーノ・ジェンマはもう75歳になっていたのか。

私の心に今も残るジェンマは動きが美しく、スタントがうまい美青年だ。1960年代半ばごろから製作され、世界に広まったイタリア製西部劇は、アメリカでは「スパゲティ・ウエスタン」、日本では「マカロニ・ウエスタン」と呼ばれて一世を風靡《ふうび》した。そんな中、日本で圧倒的に人気を博したマカロニスターがジュリアーノ・ジェンマだった。

彼は18歳ごろから、当時のイタリア映画が得意としていた史劇に端役で出演した。ローマで撮影されたハリウッド史劇「ベン・ハー」（59年製作）にも端役で出演。史劇「タイタンの逆襲」（62年）では準主役級を演じ、この時は長い本名を短くしたジュリアーノ・ジェンマを名乗っていた。

西部劇だから米国人っぽい名前を、ということだったのだろうか、流行の兆しが見えたマカロニ・ウエスタン「夕陽の用心棒」（65年）や、日本では主演作の初公開となり注目された「荒野の1ドル銀貨」（66年）ではモンゴメリー・ウッドと名乗っていて、その後、ジェンマに戻した。

67年にはミラノの週刊誌が選ぶ人気投票で、イタリアを代表するマルチェロ・マストロヤンニを抜いて1位になったこともあり、日本の洋画雑誌「スクリーン」は、68年2月号で「ジェンマの人気がピークに達した」と書いた。

アクの強さのない二枚目で、ギャングもの、アクション、コメディーなどジャンルを問わず出演。「バスタード」（68年）「ゴールデン・ボーイ　危機また危機」（73年）などではキャンペーンのため来日した。

80年代には彼の名にちなんだスズキのスクーター「ジェンマ」のテレビCMに出演。91年には、日本映画「フィレンツェの風に抱かれて」にゲスト出演するなど、日本と縁の深い俳優の一人として愛されていた。（映画評論家）

二〇一三年一〇月一五日

アンパンマンを地でいく人
やなせたかしさんを悼む

里中満智子

人のために何ができるかをいつも考えている──。やなせたかしさんは、まさにアンパンマンを地でいく人だった。

やなせさんと初めてお会いしたのは、40年ほど前になるだろうか。日本漫画家協会の大先輩で、「優しく穏やかで欲のない人」というのが第一印象だったが、その後、さまざまな仕事でご一緒するうちに「何て毅然(きぜん)とした人なのだろう」と驚かされることが多くなった。「表現の自由」など、漫画をめぐる問題に関しては常にきっぱりと意見を言い、決して妥協をしない。頼もしい姿を、後輩として尊敬していた。

何といっても、人を楽しませたり、驚かせたりするのが大好き。喜寿のお祝いパーティーで「年寄りくさいことはやりたくないから」と、〝架空結婚式〟の花嫁役をやらせてもらったのは、楽しい思い出だ。

実は私が選ばれたのには訳がある。やなせさんの奥さまががんで余命数カ月と宣告された際、がんを患った経験があった私が、治療について少しアドバイスをさせてもらった。それが功を奏したかどうかは分からないが、奥さまは回復し、6年間、夫婦で穏やかな時間を過ごすことができたことを、やなせさんはとても喜んでいた。

ただ、奥さまと結婚式を挙げられなかったことが心残りだったらしい。「里中が相手なら、女房も喜んでくれるだろ」。そんな気遣いから、私に白羽の矢が立ったのだ。

日本漫画家協会理事長として、先輩漫画家たちの業績をたたえることにも尽力した。

石ノ森章太郎(いしのもり・しょうたろう)さんの「石ノ森萬画館」(宮城県石巻市)が東日本大震災で被害を受けると、「絶対に復興させなければいけない」と、ポケットマネーから1千万円を寄付し、周囲を驚かせた。

アンパンマンを発表した直後は、「自分の顔を食べさせるなんてグロテスクで残酷だ」という声もあったが、やなせさんは気にしなかった。「人に尽くすということはそういうことだ」という信念を持ち、自分の世界をつくっていたのだと思う。優しさの一方、いいかげんなことは許さない、厳しさも持つ人だった。

15日、ごく親しい方々と一緒に、やなせさんをお見送りした。お別れの際、周囲からは「ありがとう」という言葉とともに、自然と拍手が湧いた。それがぴったりの人生だったと思う。ありがとう、やなせさん。(漫画家・談)

二〇一三年一〇月二一日

広告を文化と捉えた開拓者
天野祐吉さんを悼む

佐藤可士和

天野祐吉さんは、物を売るためのツールで、世に出たらすぐに消える運命にある「広告」を、「文化」として捉えた開拓者だった。

1970年代後半から80年代にかけて糸井重里さんら優れたコピーライターが台頭してきたとき、ただその目新しさをピックアップするだけでなく、「広告は時代の鏡」という視点で物が売れる社会背景や文化的側面を、お茶の間の人たちにも分かりやすく解説してくれた。

広告に対して膨大な知識と愛情があったからこそ、できた仕事だと思う。そんな人は天野さんの後にも先にもいない。

広告業界全体にとって恩人といえる人だが、実は僕個人にとっても恩人だった。天野さんが79年に創刊した雑誌「広告批評」に若いころから何度も取り上げていただき、特集を組んでくれたこともあった。

98年から1年間、広告批評のアートディレクションも任せてくれた。同誌のデザインの方向性を思い切って変えるラジカルな提案をしたが、天野さんも、当時編集長だった島森路子さんも「これでいいと思う」と受け入れてくれた。

僕が広告代理店を辞めて独立した後、明治学院大のブランド強化の仕事を紹介してくれたのも天野さんだった。天野さんが当時の学長先生から「誰かいい人はいないか」と聞かれたとき「可士和君が適任だ」と推薦してくれたという。

大勢のクリエーターがいる中で選んでくれたのはうれしかったし、完成したシンボルマークなどのデザインについて「ものすごく大学になじんでしっくりくる。まるで昔からこうだったみたいだ」と言ってくれたのは最高の褒め言葉だった。「新しいけど壊していない」という意味だと思うが、それは僕自身、最も気を使ったことだったから。

批評はユーモラスで、厳しいところもあった。でも人間的にはものすごく優しい人だったから、広告批評のスタッフら若い人たちから慕われていた。息子のような年齢の僕に対しても、ごく自然に優しく接してくれた。

最後にお話をしたのは、今年4月に営まれた島森路子さんの葬儀だった。「島森さんは本当に残念でした。天野さんはお体大事にしていつまでもお元気で」と伝えると「僕は大丈夫だから」と答えた。実際、本当に元気そうだった。だから突然の訃報を聞いたときは、信じられなかった。

これまで天野さんとは対談などさまざまな場でいろいろな話をしてきた。でも今思うと、大きなテーマすぎて、聞きそびれたことが一つある。

それは「メディアや広告のかたちが急激に変化している。それでも変わらない本質的なことって何ですか」ということ。

天野さんがどんな言葉でそれを語り、批評してくれるのか聞いてみたかった。でももうそれはできない。その答えを僕自身、探し続けたい。（アートディレクター・談）

二〇一三年一〇月二三日

デビュー作から典雅な叙情
連城三紀彦さんを悼む

郷原宏

文章のうまいミステリー作家は、なぜか若死にする。藤原伊織、打海文三（いずれも2007年没、享年59）に続いて連城三紀彦が亡くなった。65歳、作家としてはまだ働き盛りの年齢だった。天は二物を与えずというが、彼らに人並み外れた文才を与えた天は、その上に長命まで与えたのでは公平を失すると考えたのかもしれない。

1978年、連城三紀彦が短編「変調二人羽織」で幻影城新人賞を受賞してデビューしたときの衝撃は忘れられない。緻密なプロット、巧みな語り口、犀利（さいり）な心理描写もさることながら、なによりも文章が美しかった。

当時は社会派ミステリーの全盛期で、新聞記事のように無味乾燥な文章が幅をきかせていたが、この新人作家の文体には大正ロマンを思わせる典雅な叙情が感じられた。たとえば冒頭の一節。

「誤って薄墨でも滴り落ちたかのようにゆっくり夜へと滲（にじ）み始めた空を、その鶴は、寒風に揺れる一片（ひとひら）の雪にも似て、白く、柔らかく、然（しか）しあくまで潔癖なひと筋の直線をひきながら、軈（やが）て何処（いずこ）へともなく飛び去ったのだと言う—と言っても、お伽（とぎ）話めいた郷愁の里での出来事ではない」

「破れ鶴」と呼ばれる落語家が独演中に刺殺されるという不可解な事件の発生を予告して間然するところのない、まことに見事な書き出しである。

かつて江戸川乱歩は「若（も）し探偵小説界に一人の芭蕉出でるあらんか、あらゆる文学をしりえに、探偵小説が最高至上の王座につくこと、必ずしも不可能ではない」といったが、その「一人の芭蕉」がついに現れたと感じたのは、たぶん私だけではなかったはずである。

こうして掃きだめの鶴のごとく颯爽（さっそう）と日本のミステリーシーンに登場した連城は、以後矢継ぎ早に切れ味のいい短編を発表して本格ファンの人気を集め、81年には「戻り川心中」で日本推理作家協会賞短編賞を受賞した。受賞作など5編を収録した同名の本は、日本のミステリー史上最も華麗な短編集だといっていい。

技巧的な短編の名手として知られるようになった連城は、やがて恋愛小説にも手を広げ、「宵待草夜情」（83年）で吉川英治文学新人賞を、「恋文」（84年）で直木賞を受賞するなど、この分野でもたちまち第一人者となった。端正で叙情的な文体は、もともと恋愛小説に適していたというべきかもしれない。

とはいえ、この作家は推理小説を捨てたわけではなかった。恋愛小説と並行して、4人の男女の一見妄想としか思えない体験が最後に一つの事件に収斂（しゅうれん）する「暗色コメディ」（79年）、7人の登場人物が同じ女性を殺す「私という名の変奏曲」（84年）など、超絶技巧を駆使した数々の傑作長編が生み出された。

作品が生きている限り、作家は死なない。文学としてのミステリーを追求した連城三紀彦は、これからも長く読者の胸に生きつづけるだろう。（詩人、文芸評論家）

二〇一三年一〇月二四日

比類のない感性
飯島耕一さんを悼む

新倉俊一

鮎川信夫や田村隆一など、いわゆる危機の詩人たちの戦後詩を継いで、飯島耕一は詩集「他人の空」（１９５３年）によって、時代の不安と空虚をみごとに形象化した。この詩集は今でも衝撃的である。

その後、彼はシュールレアリスムの手法を自在に取り入れて感性の幅を広げている。「わが母音」（55年）、「ゴヤのファースト・ネームは」（74年、高見順賞）などによって新しい感受性のエポックをつくった。

しかし、けっして初期の時代意識を放棄したわけではない。「ウイリアム・ブレイクを憶い出す詩」（65年発表）では、「ブレイクの名を憶い出したことで／おれたちの砂よりも涙もろい心は／すくわれる」と述べたあと、「今おれのことばは　じつに小さな秤皿にのる／わずかなこと、／ベトナムの人々を殺すな！」と反転する。

このようなバランス感覚は、現代では失われがちだ。素朴な反戦詩に走るか、あるいは吉本隆明が「修辞的現在」と名付けた意味のない修辞に偏りやすい。飯島はそのような現代詩の傾向に反発して、現代において、詩はなぜ不可能なのか、『奥』のないところに／詩や　哲学の／生きる余地が／あるのだろうか」と述べている。

彼のそんな優れた感性が定型詩論を唱えさせたり、「自由詩の型」を模索させたりした。詩集「さえずりきこう」（94年）では、反時代的な定型詩を試みたりしている。だが、最後の長編詩集「アメリカ」（２００４年、読売文学賞、詩歌文学館賞）では「アメリカは沈みぬ／あのころから」というような叙情的な短詩と、大胆な自由詩を混ぜて、現代の空洞化を歌っている。

これは単に右傾化しているアメリカの没落ばかりでなく、われわれ自身の空洞化を扱ったレクイエムといえよう。第1詩集「他人の空」以来、本質的に彼はわれらの時代の同伴者であり続けた。

飯島耕一は詩集のほかに、多くの小説を書いている。小説では、詩よりも大胆に実験的なスタイルがみられる。「暗殺百美人」（１９９６年、ドゥマゴ文学賞）は、中村真一郎によって、現代の日本における可能な数少ないシュールレアリスム小説だと称賛された。ほかに「小説平賀源内」（２００２年）も実に奇想天外だ。

飯島は西脇順三郎の晩年、この詩人への回流を遂げる。西脇も大いに喜んで家に招き、「六時間はいなさい。六時間いると、大抵その人間の良いところも悪いところも全部出るから」と言って、終始諧謔（かいぎゃく）をとばした。飯島は「詩人の笑い」（１９８０年）の著書もあるくらい笑いを大いに好んだ。

今や彼も忽然（こつぜん）と世を去ってしまったが、生前彼が好んで口にしたように「涙で送るには惜しいひとだ」。（アメリカ詩研究者）

二〇一三年一一月九日

心に刻み込まれる叙情演歌

島倉千代子さんを悼む

長田暁二

細かく震える泣き節で、「お千代さん」と親しまれた島倉千代子さんが75年の人生に幕を閉じた。波瀾（はらん）万丈の生涯。歌一筋に生き、円熟した女性の魅力を感じさせた歌手だった。

　1938年3月30日、東京都品川区に生まれた。7歳のとき手に生死をさまようような大けがをした。日本音楽高校在学中の54年、第5回コロムビア全国歌謡コンクールで優勝、16歳でコロムビアの専属歌手となった。

　翌年3月、松竹映画「この世の花」の主題歌でデビュー。高音部に独自の哀愁を持つ彼女の歌声に曲がぴたりとはまり、一躍人気歌手になった。

　この曲はもともと初代コロムビア・ローズが歌う予定だったが、スケジュールの都合で間に合わず、島倉に大役が回ってきた。

　初レッスンを受け、作曲者の万城目正から「歌の下手な子だね」と叱られた。「私は下手なんだ。どうしたら上手に聞いてもらえるか」と真剣に考え、「詞を何度も読み返して歌のストーリーに入り込もう」と決心したのが、後の〝大歌手〟島倉千代子につながった。

　以後、「りんどう峠」「東京だョおっ母さん」「からたち日記」「鳳仙花」「人生いろいろ」など切れ目なくヒット曲を出し続け、99年には紫綬褒章を受章した。

　私生活では、63年にプロ野球阪神のスター選手だった藤本勝巳選手と結婚したが、5年後に離婚。ファンが投げた紙テープが目に当たって失明寸前になり、知人の手形の裏書をしたのがもとで莫大（ばくだい）な借金を抱えた…。

　それらを乗り越えたのはやはり「歌」だった。75年にはレコーディング千曲目で日本レコード大賞特別賞を受賞。生涯に吹き込んだ歌は、千五百曲を超えている。腰が低く、当たりは柔らかいが、心は強い。貫禄が自然に出ている人だった。

　がん撲滅運動に取り組み、がん研究機関への寄付活動を精力的に続けた。だが、肝臓がんで自らの命を落とすことになった。

　優しく、奥ゆかしく、女性らしい叙情演歌は人々の心に強く刻み込まれた。70歳を過ぎたころから声量も落ちたが、最後まで現役を貫き通した。日本人の心を歌ったお千代さん、どうぞ安らかにお眠りください。合掌。（音楽文化研究家）

二〇一三年一一月二八日

平明な言葉と孤独な呻き
辻井喬さんを悼む

菅野昭正

辻井喬さんの訃報がとどいた。しばらく前から病臥（びょうが）されているとうかがっていたが、こんなに早く逝かれるとは思いもかけなかった。辻井さんのほうが私よりすこし年長だが、ほぼ同年代、それだけに共通の知己、友人も少なくなかった。敗戦のときから数えて70年近く、時代経験を共有しながら生きてきた同輩がしだいに寥々（りょうりょう）となるなか、今また辻井さんが遠く旅立たれるとは。哀悼、そして悲哀の思いは深く重いものがある。

辻井さんの文業にはじめて接したのは、詩集「異邦人」（1961年）であった。まだ面識を得る機会はなかったが、戦争を経験した世代として、戦後の難しい時代をどう生きぬくか、真摯（しんし）に模索する姿勢に共感を誘われ、それいらい辻井さんの詩業に注目するようになった。

晩年の「死について」（2012年）まで、詩集は約20冊を数えるということだが、そこにはいつも時代の不条理を見つめる視線が活発に働いている。と同時に、現実と和解しきれない精神の孤独な呻（うめ）きのようなものが聞きとれる。そんなふうに書くと、難解な作品が想像されるかもしれないが、どの詩集も平明な言葉を繰りだしながら、なだらかな韻律で運ばれてゆく特質でいろどられている。佶屈（きっくつ）とした表現に覆われることの多い現代詩のなかで、辻井さんの詩作が特異なものに見えるのはそのためであろう。

小説家として精力的な活動がはじまったのは、いつごろからであったろうか。私が最初に読んだのはたしか「彷徨（ほうこう）の季節の中で」（1969年）である。自伝的な要素を多分に織りこみながら、自ら納得できる生きかたを探求するこの小説には、敗戦後の青春のひとつの典型が描きだされる。

若い精神の自己形成の道筋を追うのは、小説家辻井喬の特技といえそうな気がするが、「いつもと同じ春」（83年）にも、さらに「父の肖像」（2004年）にすらその一端が読みとれるのである。

特技といえば、屈折と波乱の多い人生行路をたどって、一廉（ひとかど）の事業を成しとげた人物の肖像を彫りあげる注目すべき仕事も、辻井さんはいくつか遺（のこ）した。「虹の岬」（1994年）、「風の生涯」（2000年）、「父の肖像」などは、伝記小説と分類できる作品だが、いうまでもなく著名な主人公たちの生涯に儀礼的な花束をささげて、奇麗ごとに終わっているわけではない。

人生の裏口とか暗面というのはあたらないとしても、この主人公たちが苦難の少なくない障害をどう乗りこえ、ときに心に深い痛手を負って人生を築きあげてきたか、その細部までしっかり見通されている。作者自身が人生の裏表を円熟した目で見ぬく経験を積んでいなければ、こういう人物像を彫りあげられるものではないということはぜひ強調しておきたい。

辻井さんは作家活動のほか、セゾン文化財団を主宰して数々の文化事業を開催し、日中文化交流の仕事に尽力されるなど、長年にわたって視野のひろい知識人として活動してこられた。その多面的な業績に畏敬の思いを新たにするとともに、ご冥福をお祈りするばかりである。（フランス文学者、文芸評論家）

平成二十六年

2014

二〇一四年一月八日

関西の伝統に通じる話術
やしきたかじんさんを悼む

戸田学

関西の放送マスコミ界で活躍するためには「笑い」は必須条件。これはお笑いタレント以外とて同じことである。作曲家・キダ・タロー、作家・藤本義一、放送作家・新野新、歌手・円広志らのトークはいずれも笑いとユーモアにたける。中でも、やしきたかじんは、お笑い以外のジャンルで笑いを極めた、関西の視聴者に最も愛されたタレントであった。

歌手であるたかじんにも下積みの苦労時代があった。このことはネタも含め彼のバイタリティーと話芸の肥やしとなった。ラジオ出演からテレビに進出するという関西タレントの王道と同じ行程をたかじんも経た。

関西人は、毒舌の、ぶっちゃけた本音トークを愛する。さらには〝やんちゃ〟な破滅型の芸人を特に好む。これは関西以外の人間には理解しづらい現象かもしれぬ。上方芸能史上を眺めれば、初代桂春団治、六代目笑福亭松鶴、横山やすしといった人たちはいずれもそうであった。繊細な神経の持ち主で、歌手としての美声とは正反対の普段のガラガラ声も関西話術の人気者に共通する。その「大阪声」でたかじん流の笑いと本音トークを駆使する、巧みで小気味よい繊細な話術は、努力だけでは身につかない天分もあったかと思う。

彼のコンサートでは、歌よりもトークの時間が長いとまで言われ、トークのオチが決まると同時に次に歌う曲のイントロが流れ出す。歌が上方落語の受け囃子(ばやし)のような役割を担った。

庶民性―これも関西人が好む要素である。酒を飲みながらゲストの本音を引き出す番組のほか、「たかじんのそこまで言って委員会」(読売テレビ)では、持ち前のしゃれの精神で、政治問題に切り込んだ。難しい政治案件を日常生活の言葉と例え話に置き換え、オチをつける。テレビに関しては、あらゆる番組を録画し、チェックする情報収集努力も惜しまなかった。関西放送界では、上沼恵美子と双璧の二大巨頭であった。

たかじんが、歌手でありながらも関西の放送話芸の伝統にも通じる独自の世界を作り上げたのも、話術家として、苦労の末に行き着いた境地ではなかったか。合掌。(作家)

二〇一四年一月二三日

お色気見せた気丈な姐さん 淡路恵子さんを悼む

西村雄一郎

1997年度の日本映画批評家大賞のプレゼンテーターを務めた時の話だ。私が担当した相手は、淡路恵子（あわじ・けいこ）さんだった。

「毎年夏になると、淡路さんに必ずお会いしてるんですよ」と、私は壇上で言った。刑事映画の傑作「野良犬」（49年）を毎年見ているという意味だ。すると彼女は、「あら、その人って、16歳のオテンバ娘でしょう」と笑いながら答えた。

当時、淡路さんは松竹歌劇団に所属していたところを、黒澤明（くろさわ・あきら）監督にダンサーの役で抜てきされた。映画に出演することが嫌で、主役の三船敏郎（みふね・としろう）やスタッフをてこずらせたという。しかしその真情が、すねた少女の役柄にぴったりで、はつらつとした肢体と共に大きな話題となった。芸名の「淡路」は、憧れの宝塚歌劇スター淡島千景（あわしま・ちかげ）の一字を取り、「恵子」は、黒澤監督が付けてくれた。

「切られ与三郎」では、市川雷蔵（いちかわ・らいぞう）を相手に、お富さんを演じたこともある。そんな小股の切れ上がった〝姐（あね）さん〟というにふさわしい女優だった。もともと海軍軍人の家に生まれ、気丈で、一途で、世話好きで、きっぷが良かった。

NHKテレビドラマの映画化「若い季節」では、テレビと同じく、大勢の若手コメディアンを脇に回し、女社長を堂々と演じていた。

以後も、豊田四郎（とよだ・しろう）監督の「台所太平記」や「新・夫婦善哉」では、森繁久弥（もりしげ・ひさや）と淡島千景のコンビを支え、成瀬巳喜男（なるせ・みきお）監督の「女が階段を上る時」や「女の座」では、高峰秀子（たかみね・ひでこ）に対抗する個性の強い役を演じ、バイプレーヤーの道を突き進んだ。

一般的には、森繁主演の「駅前」シリーズと、「社長」シリーズの常連ぶりがおなじみだろう。高度成長期の陰で生き抜く酒場や下町の女を演じ続け、昭和30年代の東宝喜劇の〝お色気〟を一手に引き受けた。「社長」シリーズの藤本真澄（ふじもと・ますみ）プロデューサーをして、「喜劇の重要なテーマである色と欲を見事に表現できる女優」と言わしめた。

しかし実人生は、映画以上に波乱に満ちていた。フィリピンの歌手ビンボー・ダナオとの結婚、離婚。「花と龍」（65年）の撮影で知り合った中村錦之助（なかむら・きんのすけ）（後の萬屋（よろずや）錦之介）と再婚するが、錦之介の事務所の巨額の負債を返済するために、六本木のクラブで働いたこともあった。そして甲にしきとの不倫による離婚。錦之介との間にできた2人の息子は不慮の死を遂げた…。

そんな彼女の苛酷な人生を見ていたのが、山田洋次（やまだ・ようじ）監督だった。「男はつらいよ　知床慕情」（87年）で、三船敏郎が思いを寄せるスナックのママ役を与え、20年ぶりに復帰させる。それは、2人が共演した「野良犬」へのオマージュでもあった。「野良犬」の淡路さんは素晴らしい。弱音を吐かない女性がイキイキと輝いている。今年もまた、私は彼女と再会するだろう。（映画評論家）

二〇一四年一月二一日

存在の不思議に向き合う
吉野弘さんを悼む

北川透

吉野弘さんが亡くなった。吉野さんの詩は日常の生活、仕事、家族などの身近な場面で感じたこと、観察や思考したことを深める、といった作品が多い。その平明な詩風は、たくさんの読者に親しまれてきた、と思う。

彼の詩の特色は、戦後第1世代の「荒地」派の詩人たちが持った、文明批評的な観念性から切れているところに表れている。

1953年に茨木のり子、川崎洋などの詩人が創刊した詩誌「櫂（かい）」に、彼も参加した。このグループに戦後第2世代を代表する詩人たちが集まっていることは、他のメンバー、谷川俊太郎、大岡信などを見ればわかる。吉野さんの詩風も、大きく言えば戦後の社会が混乱から脱して、安定してゆく時期に詩意識を確立した「櫂」の詩人たちと共通する面を持っているのだった。

しかし、吉野さんの詩を際立たせている特徴は、社会意識や、それが持つ批評性の強さということだろう。それが知的な高みからではなく、普通の市民や労働者の目の位置からなされているところに、読者をひきつける理由があった。そこには戦後の早くに、職場の労働運動に挺身（ていしん）し、肺結核を発病して療養生活を送らねばならなかった経験が影を落としているだろう。

「櫂」の中には、そういう苦しい経験をした詩人はいない。そのことがおそらく吉野さんの社会意識を、さらに存在意識とでもいうべきものに深めた、と思う。それは中学校の国語の教科書にも掲載され、多くの読者に記憶されている「I was born」、「夕焼け」、「虹の足」などの作品を見てもわかる。

吉野さんの詩を読むということ。それは見かけのわかりやすい意味をたどりながら、わたしたちの存在という、深い不可解な井戸の底に降りて行くことだろう。その楽しさや怖さに魅力がある。

代表作でもある「I was born」に、この特徴がよく出ている。父と息子が散歩している目前を、身重の女が通り過ぎる。少年は女の腹のあたりが気になり、胎児のうごめきを想像してしまう。やはり、僕の思う通り、I was born は受け身形だ、自分の意志で生まれるのではなく、生まれさせられるのだ。このこましゃくれた息子の言い分に対して、父は静かに、生まれて2、3日で死ぬ蜉蝣（カゲロウ）の卵の話をする。

それは比喩だから、さまざまな解釈を可能にするが、生まれるということには、自分の意志を超えた、何か大きな自然の超越的な力の意志が働いている、と父は言おうとしているようだ。わたしたちは、なぜ、地上に存在するのかという不思議に、父と息子が向き合っている場面は、一度読んだら忘れられないほど印象的だ。

最初の詩集「消息」に「さよなら」という詩がある。二つに割れた皿のかけらが、捨てられる時、軽く触れ合って、さよならと言い合う詩だ。割れた皿の痛みにすら心を震わせる優しい詩人に、読者の多くも、さよならと言っているだろう。わたしもその一人だ。（詩人、文芸評論家）

二〇一四年一月二八日

怪異と性愛の美学
坂東真砂子さんを悼む

東雅夫

ひとつの文芸ジャンルを切り開くほどのインパクトを秘めた、文字どおり画期的な作品というものが、この世には稀（まれ）に存在する。

坂東真砂子が、1993年の春と秋に相次ぎ上梓（じょうし）した「死国」および「狗神（いぬがみ）」の2長編は、90年代半ばに始まる国産ホラー小説興隆の口火を切った、真の傑作であった。

どちらの作品も、因習が色濃く残る四国山間部の呪術的な風土を背景に、かたや「逆打（さかう）ち」と呼ばれる禁断の巡礼呪法がもたらす死者の蘇生を、かたや「狗神憑（つ）き」の信仰と妖怪「鵺（ぬえ）」という土俗の獣妖を、それぞれ真正面から取りあげた堂々たる本格ホラー小説であり、日本人作家による日本ならではのホラーの出現を心待ちにしていた読者の期待に、十二分に応える内容だった。

その一方で、ヒロインとなる現代女性の心理と生理に密着した、過激このうえない恋愛ドラマともなっている点が、反近代のおどろおどろしいテーマと好対照をなして、驚くほど新鮮に感じられたことが強く印象に残っている。

とりわけ物語の後半、怪異と性愛が一蓮托生（いちれんたくしょう）からまりあうかのように刻々とテンションを高め、ついには壮絶な愛（エロス）と死（タナトス）のカタストロフィー（破局）へ向けて暴走を始める展開には唖然（あぜん）茫然（ぼうぜん）、「そうか、この手があったか！」と、それまで待望されながらも不発に終わることが多かった国産本格長編ホラーの突破口が、ようやくにして見いだされたかのような感慨を覚えたものだ。

土俗の怪異と性愛という特徴的な主題は、漂泊民幻想にもとづいた大作で、直木賞を受賞した「山妣（やまはは）」（96年）に始まる重厚にして奇趣横溢（おういつ）の歴史伝奇ロマンの系列と、「13のエロチカ」（2000年）をはじめとする恋愛官能ロマンの系列へと、それぞれ展開され深められてゆくこととなった。

小説家デビューから約1年後にインタビュー取材した折に、「恐怖プラス美学」のホラーを追求したい、「恐怖だけで勝負したくない」と語っていらしたことが思い出される。

はからずも生前最後の刊行物となってしまった連作短編集「貌孕（かおはら）み」（文庫版、13年）は、「天狗（てんぐ）小僧魔境異聞」という11年の初刊時のタイトルにも明らかなとおり、天狗にさらわれ神仙界で修行し帰還したと称する、実在の〝天狗小僧〟寅吉の事件に取材した作品である。

寅吉の言動に関心を抱き、詳細なリポートを残した国学者・平田篤胤（ひらた・あつたね）も作中に登場し、ついには時を超えて旅をする寅吉に伴われ、「魔境」すなわち平成の日本にやってくるといううれしいくらい奇天烈（きてれつ）なストーリーだった。

想像力のおもむくまま、時空を超えて奔放に展開される物語は、近年の坂東作品の特色でもあったが、いま肉体の桎梏（しっこく）を離れた作者の魂は、故郷であり終焉（しゅうえん）の地ともなった高知の山野を、あるいは南洋の島々を、思うさま馳（は）せめぐっているにちがいない。

謹んで哀悼の意を表する次第である。（文芸評論家）

二〇一四年一月二九日

親しみやすい人柄が料理に
小林カツ代さんを悼む

江上栄子

　小林カツ代先生には、まだまだ元気でいてほしかった。残念です。バイタリティーがあって、いつもニコニコ笑顔でいらっしゃいました。「おいしいんだから、おいしいのよ」みたいな、元気のよいところに賛同するファンが多かったのではないでしょうか。

「鍋一つだけ」とか「フライパン一つで…」といった手軽な料理を紹介した先駆けでしたね。さばさばした親しみやすい人柄が料理にも出ていたのだろうと思います。そんな親しみやすい料理が「自分でやってみよう」につながり、家庭で料理をする人を後押ししていたのだと思います。

　小林さんが結成し、働く女性が集まった「神楽坂女声合唱団」に誘われて、一緒に歌っていました。合唱の練習では先生が一番前にいて元気いっぱいでね。「みんな大きい声出して！」とか「（指導者に）そこのところ分からない！　もう一度！」とかね。それは天真らんまんでしたよ。先生が（くも膜下出血で）倒れてからは「小林さんがいたら、こんなことをおっしゃるかなあ」と考えながら、皆で一生懸命やっています。

　先生は動物が大好きでね。私たちの合唱団のディナーショーは全部チャリティーです。野良猫の避妊や絶滅しそうな動物の保護など、動物愛護のために使っています。

　先生が療養されていた施設に、数年前にお見舞いに行きました。先生はお化粧をされていて、イヤリングやマニキュアもして、かわいい柄の膝掛けを使っていました。まひがあって、話すことはできませんでした。私たちが一方的にお話しして、先生はうなずいたり、分かったというそぶりをかすかに見せたりしておられました。

　親分肌で、お弟子さんも含め慕う人が多かった。今もお弟子さんが先生の代わりにお仕事をしていらっしゃいますよ。それは先生のご人徳だと思います。（江上料理学院院長・談）

二〇一四年一月三〇日

人生と一体化した音楽 P・シーガーさんを悼む

きたやまおさむ

思春期の私が、音楽の中でもフォークソングに憧れたのは、二つの大きな理由がある。まず、歌い手や演奏者、そして時に聞き手も含めて、皆が主人公だという「平等」のスタイルだ。だから誰もがスターだった。

さらに大事なのは、音楽のための人生ではなく、音楽は人生のためのものだという精神であり、音楽家は音楽のために人生をささげることはない。それを私はピート・シーガーから学んだ。

そして彼の発信する反戦や自然保護のメッセージは彼の生き方に表れていたし、人生と一体化した音楽は、音は小さくても力強かった。

人前に出る演奏家は、どうしても聴衆に向かう部分と楽屋での裏の部分とに人格を分裂させやすい。この分裂は音楽家だけではなく、現代人の大問題である。皆がその二重性に苦しみ、この身が楽屋裏で休まらないまま、スポットライトの当たる表舞台で格好をつけるという形で進行する。

マイケル・ジャクソンはパフォーマンスのためにその身をささげてしまったわけだが、ピートはまったく逆だった。バンジョー一本で自分の身の丈に合わせて演奏し、歌い、その演奏スタイルに自然が一番というメッセージが込められていた。

代表作「花はどこへ行った」では、人生が音楽そのものであることがさらにくっきりと際立つ。

花を摘んだ少女が若者のところに行き、若者は戦場に向かい、戦場は墓場となってまた花が咲くのだと、同じ悲喜劇を繰り返す人間描写は歌詞の中で明確だ。

それを歌うピートは、1番、2番、3番と進むところで、歌詞を少し変えながらもただただ同じメロディーを繰り返し、最後まで歌ったらまた頭から繰り返す。そこでは歌詞の中身と歌い方、そして人間の行いが完全に一つになっているのだ。

私が彼のステージを最後に見たのは、1990年代、アメリカ西海岸の小さな教会におけるチャリティーコンサートだった。老いたピートは歌詞を忘れるので若い親戚がサポートして演奏するという「やり方」だったし、生き方をそのまま舞台に出すという「伝説のミュージシャン」の在り方に、再び皆が感動した。

巨大ステージで格好をつけ電気楽器と巨大なアンプの力で声や演奏を肥大させるミュージシャンより、音楽を自分の身の丈で歌う老いたフォークシンガーは人間を長く深く歌い上げてくれた。

それは何より自然で、心の健康にむちゃくちゃよかった。私は、音楽を通じてピート・シーガーと出会い、皆が音楽を愛した時代を共にできたことを本当に感謝したい。（精神科医、作詞家）

二〇一四年二月四日

誰もが感嘆した名優
P・S・ホフマン氏を悼む

渡辺祥子

訃報にただ驚いた。フィリップ・シーモア・ホフマンには薬物依存の過去があり、今も治療を続けている、と聞いたことがあったが、過剰摂取で亡くなるとは。

彼は神経の行き届いた繊細な演技ができて、誰もが掛け値なしに〝うまい!〟と感嘆する名優の域に達していた。早過ぎる死には、深い悲しみと同時に腹立たしさを感じてしまう。老いて変化していく彼が見たかったのに。

彼は小太りの体つきのせいか、温和に見えるが、エキセントリックな陰りがあり、闇を抱えた怖さを感じさせる俳優だった。舞台から映画にきて、アル・パチーノ主演の「セント・オブ・ウーマン　夢の香り」(1992年)に学生役で出演したころの彼には、気になるものがあったという程度の印象しか残っていないが、ポルノ業界の内幕を描いた「ブギーナイツ」(97年)のころにはもはや、くせ者俳優だった。

この映画のポール・トーマス・アンダーソン監督とは付き合いが長く、監督のデビュー作「ハードエイト」(96年)から出演。「マグノリア」(99年)や、新興宗教の教祖役で、不安を抱えて生きる男をさとすようにして手なずけ、操る不気味さを見せた「ザ・マスター」(2012年)と、新作に出演するたび、懐の深い演技で見る者を魅了する俳優になっていった。

その間、高校以来の仲間だったベネット・ミラーが監督した「カポーティ」(05年)に出演して、第78回アカデミー賞主演男優賞を受賞した。米国の作家トルーマン・カポーティがノンフィクション小説「冷血」を書いたときの物語。一家惨殺事件にのめり込み、本の完成後は小説を書けなくなったというカポーティを、顔の表情を細やかに曇らせながら演じた。

アンダーソン監督といい、ミラー監督といい、人と作品に恵まれて名優への道をひた走っていったホフマン。古巣のブロードウェーに戻って「トゥルー・ウエスト」など話題の舞台に立つ一方、「ミッションインポッシブル」の第3弾「M:i:Ⅲ」、「ハンガー・ゲーム2」など、アクション大作で悪役も演じた。優れた悪役なくして魅力的なヒーロー映画は生まれない、と実感させる大型性格俳優でもあった。

映画でも舞台でも、これから年輪を重ねていぶし銀の輝きを増すはずだったのに、46歳の死はあまりに早過ぎた。心から残念に思う。

(映画評論家)

二〇一四年二月七日

近代建築の保存の中心に
鈴木博之さんを悼む

藤森照信

鈴木博之さんは1970年代、英国の19世紀を専門とする西洋建築史家としてスタートしている。しかし、アカデミックな歴史研究と同時に現代建築の本質にも深く関心を寄せ、19世紀の研究の中で気付いた「装飾」というものの重要性を軸に、無装飾の現代建築を批判し、その復活を訴えた。

当時、現代建築は方向性を見失って漂流しはじめていた。そうした中で鈴木さんが77年に刊行した「建築の世紀末」をはじめとする言論活動は、日本の建築界に大きな影響を与えずにはおかなかった。

今から振り返って初めて分かるのだが、そのころ、鈴木さんはもっと大きな仕事に手をつけていた。当時、東京のような大都市は古くなった建物を壊しては建て替えるスクラップ・アンド・ビルドによって高層化、高密度化し、歴史的建築などただの邪魔物だと、日本の社会も建築界もみなしていた。それに対抗し、〝歴史的建物は新しい都市をつくるためにこそ不可欠なのだ〟と訴えた。

ツルツルピカピカした新しい都市に味わい深さや落ち着きを与え、より高い質の都市にするには時間を蓄積した建物が必要、という理論である。新しいものをつくるために必要な過去。理論を打ち立てるだけでなく、英国の保存の事例を雑誌で紹介し、元の建物を凍結的に保存するのではなく、時代に合わせて生かしながら保存する必要性も訴えた。

理論と実例の紹介の後、歴史的建物の保存運動にも積極的に関わった。私も一緒にあれこれ動いたが、勝負でいうなら2勝8敗といったところで、多くは壊されるかアリバイ的に一部が残されるかで終わった。

東京駅をはじめとする明治期の西洋館から、昭和戦前のモダンな建築までを近代建築というが、日本でその保存と再利用の中心に立っていたのが鈴木さんだった。取り壊しを望む側との交渉の矢面に立つわけだから、陰の苦労も多かったろう。

以上のような研究者・オピニオンリーダーとしての活躍とは別に、意外な好みを持っていた。お墓と庭。東京の墓地を巡り、だれがどんなお墓に眠っているのかを調べるのが好きで、こうした傾向がやがて代表作の一つ「東京の『地霊』」の刊行へとつながっていく。

庭への関心も若いころからで、各地の庭を巡り、その庭を発注した近代日本の有力者たちの事跡をこつこつと調べ、「庭師　小川治兵衛とその時代」にまとめ、これが生前最後の代表的著作となった。

博物館明治村の館長として、また設立に尽力された国立近現代建築資料館の運営に、これからも期待される仕事は多かった。あまりに早い逝去が惜しまれてならない。（建築史家、建築家）

二〇一四年二月一四日①

戦前最高の天才子役
S・テンプルさんを悼む

品田雄吉

シャーリー・テンプルが85歳で亡くなった。第2次世界大戦前、米国映画最高の天才子役とうたわれた人気スターである。彼女の大成功と全世界的な人気が、戦後、エリザベス・テーラーやマーガレット・オブライエン、あるいはナタリー・ウッドといった名子役を生み出す下地をつくったのである。

父は銀行の頭取だったというから、裕福な環境に育ったのだろう。早くから彼女の恵まれた才能を見抜いた母が、幼い彼女を連れて撮影所回りをし、1932年から映画に出るようになった。28年生まれだから、4歳にして映画デビューを果たしていたことになる。

34年、「歓呼の嵐」の大ヒットで、一気に人気スターとなった。愛嬌（あいきょう）のあるかわいらしい童顔、利発さがうかがえる反射神経、38年には出演料が1作につき100万ドルになっていたというからすごい。

第2次世界大戦前から戦中、戦後にかけて北海道の田舎に住んでいた私は、米国映画を見るという機会にまったく恵まれなかったが、それでも熱烈な映画ファンだった兄が購読していた映画雑誌をのぞき見して、シャーリー・テンプルのかわいらしい顔をしっかり認知していたものだった。

彼女は、早くも6歳で、その人気を賞されてアカデミー特別賞を受けている。おそらく、米国映画史上、もっとも早く成功した大スターだったと言えるだろう。

が、成長したシャーリーは、ファンから受け入れられなくなる。名子役は、必ずしも成長後、大スターとして人気を保ち続けられないといわれるが、彼女はその典型例だった。

結局、49年の作品を最後に映画界を引退し、その知名度を生かして政界入りをするが、67年のカリフォルニア州下院補欠選挙に共和党から立候補し、落選する。

しかし、その後の69年にはニクソン大統領から国連代表委員に任命され、さらにフォード大統領から駐ガーナ大使、ブッシュ大統領から駐チェコスロバキア大使に任命されるなど、人気子役時代の知名度を生かし、政治家として活動を続けた。

天才子役としてのシャーリー・テンプルは、まさに一世を風靡（ふうび）した。今、世界の芸能界には、優れた子役は無数と言ってよいほど数多く存在するが、シャーリー・テンプルは、まさにそれら「名子役」の元祖、あるいは先駆け的な存在だったと言えるのだ。（映画評論家）

二〇一四年二月一四日②

大輪の花を咲かせる矢先に
山本兼一さんを悼む

安部龍太郎

2月13日の朝、旧知の編集者から山本兼一さんが亡くなったという知らせを受けた。年末に入院されたとは聞いていたが、こんなに早く逝かれるとは思っていなかった。

現実を受け入れられず茫然（ぼうぜん）としていたが、しばらくして彼はこの日が来ることを予見して「花鳥の夢」を書き上げたのではないかと思い当たった。

主人公の狩野永徳は好きな絵を追求するあまり、四十八という若さで不意の死をとげる。しかし彼は絵に打ち込むことができたことを喜び、一心に筆をふるいながら涅槃（ねはん）に旅立つように安らかにその時を迎えるのである。

この作品を上梓（じょうし）したのは、山本さんが最初の入院から復帰した後のことだ。仕事に追いまくられる永徳の姿に自分を重ね、やがてその時がやってくると覚悟して執筆にはげんでおられたように思えてならない。

彼と初めて会ったのは10年前。「火天の城」で松本清張賞を受けられたころだ。友人に紹介されて京都のおばんざい屋で酒を酌み交わし、意気投合した。

京都で生まれ育った彼には、はんなりとした良さがある。明るくて上品で物欲しげなところがない。しかし歴史小説に対する姿勢はひたむきで、綿密な取材と資料の読み込みを欠かさなかった。

たとえば砲術家の橋本一把を主人公にした「雷神の筒」を書くために、火縄銃を買い込んで前装式の射撃大会に参加していた。この大会では鉛玉も自分で作らなければならないらしく、「ほら、これが三匁（もんめ）玉ですよ」と言って直径7ミリほどの玉をプレゼントしてくれた。

また「いっしん虎徹」などの刀剣をテーマにした小説を書くために、刀鍛冶のところに修業に行って鎚（つち）を打たせてもらうほど、細部のリアリティーにこだわっていた。

一時期フリーランスライターをしていたせいか、読者にどう読んでもらうか、いかに楽しませるかというエンターテインメント性にも心血を注いでいた。その結晶と言うべき作品が「利休にたずねよ」である。

利休はなぜ秀吉に逆らい抜いて自ら命を絶ったのか。この大きな謎に挑むために、彼は切腹の日から時間をさかのぼって短編を連ねていく手法を用いた。読者は謎の答えを求めて利休の人生を旅するうちに、彼の美意識の根本にある悲劇に遭遇する。

この構成は実に見事で、第１４０回の直木賞を受賞した。そしてこれから独自の世界を切り開き、大輪の花を咲かせる矢先の入院であり急逝だった。

13日の午後、彼の携帯から電話があった。大学生の息子さんが通夜と告別式の日程を知らせてくれたのである。その明瞭な声は山本さんとよく似ていて、私は涙を抑えることができなかった。（作家）

二〇一四年二月一五日

声がひびくような力強さ
小高賢さんを悼む

馬場あき子

小高賢（こだか・けん）（本名・鷲尾賢也（わしお・けんや））さんが急逝した。まだ69歳。長寿時代の今日では若死にである。急性の脳出血で、まったく苦痛のないよい死に顔だったと奥さまからうかがった。

それはそれでほっとする話なのだが、どうしても小高さんの死に方としては納得がいかない。快活に談笑する小高さんの姿をなつかしがる人も多いが、もう一面の小高さんは事にふれて義憤、公憤を感じやすく激しやすい人だった。そんな人がたった一人で、事務所で誰にも知られず死んでしまったことに、いいようもないやりきれなさを感じるのである。

小高賢を失った短歌界は、その状況の本質を突いた論評の率直な情熱と志向に煽（あお）られる愉悦を失ったといえるだろう。小高さんの論は、おおむね諸人の憂うるところの核心を突いて、文体は平易であったが、意志的な情熱が濃い説得力をもって、生（なま）の声がひびくような力強さがあった。

それは状況論だけでない。戦後歌人の苦悩に注目し、宮柊二（みや・しゅうじ）や近藤芳美（こんどう・よしみ）の足跡をたどって論じ、戦前と戦中、戦後をつなぐ精神の糸をたぐる仕事に意欲的であり、また一方では、今日の「老い」の現実と内的実情に関心を寄せた論を多く残している。

そしてまた、文章とは別に小高さんの魅力はその元気な談論の源泉となるところにあった。豊富な話題の渦に揉（も）まれつつ、励まされたり、人生の愉快を味わったりした人々も少なくなかったはずである。人間好きの小高さんは、人を喜ばせることで自分もうれしくなる人だった。古歌であるが「ある時はありのすさみに憎かりきなくてぞ人は恋しかりける」という歌がある。小高さんはこれからのち、「こんな時あの人がいたらなあ」といわれる位置に長く存在するだろう。

私は小高さんと歌誌「かりん」を創刊し、名編集者として名のある鷲尾賢也を、ついに歌人小高賢として友とした。

小高さんの歌は、その性格そのもののように率直である。平成12年（2000年）刊行の歌集「本所両国」は第5回若山牧水賞を受賞したが、なぜかそのテーマは一貫して「死」であった。本人は健康そのものであったが、周囲に早死にの友人同僚が多く、おのずから生き残ったものとして死者をみつめ、生き残ることが、必ずしも人生に勝ち残ることではないことを悲しんでいたようだ。

その歌の中に「八紘（はっこう）という名の友ありて勝義という同僚（とも）のありわが同世代」という歌があった。昭和19年（1944年）生まれである。小高さんの元気は圧倒的だったが、最近はすこし仕事の手を広げすぎていたようだ。しかし本人もまさか死ぬとは夢にも思っていなかったはずだ。いまはただ、ゆっくりお休みくださいというばかりである。

（歌人）

二〇一四年二月二八日

安らぎと無限の世界と まど・みちおさんを悼む

神沢利子

童謡「ぞうさん」。細長い日本列島の北から南の端まで、このうたを知らないこどもは恐らくひとりもいないことでしょう。

この短い詩のなかには何ともいえない母子の情愛、信頼関係がうかがえて、人の心に安らぎを与えてくれます。

詩人はぞうさんとは反対にやせ形で、考え深い目をした方でした。初めてお会いしたのは先生が40代のころ、風がつよい日で乱れ髪の上、途中でサンダルがきれ、足をひきずって訪れた私を、ていねいに招き入れてくださいました。

先生は見た目だけで、人を差別するような方ではありませんでした。

しかし、作品を見る時は、別のようでした。創作とは、その人の内奥からほとばしるもの、その人独自のものであるべきはずです。

ところが、安易に作られた作品は、そこがあいまいになりがちです。私もよくそこを注意されたものです。

安らぎの世界、愛と平安の「ぞうさん」とは別に、まどさんの作品の中には、ご自身が「遠近法の詩」とよばれる詩の数々があります。

地上をはるか彼方(かなた)へ、小さくなりながら続いてゆく電信柱の列や、微小ないきものの力とまがうほど小さく見える(実は巨大な)星々。

それらを見る時感じる、一種甘美なさびしさ、そして、山や海、いのちない岩たちすべてが、何とも知れぬ大いなるものの力によって、いかされていることへの喜びや共感があります。

微小なものから極大のものまで、はるかはるかな彼方へと、まどさんの世界は無限です。

戦後の童謡は、その後コマーシャルソングにとって代わられ、こどもたちにうたわれることが少なくなりました。その中で生き残ったのが「ぞうさん」です。この2月、詩人は天へ召されましたが、この地上にうたは生き続けます。次々にうまれるこどもたちは、変わることなく「ぞうさん」を愛し、うたい続けることでしょう。今は星となった詩人が、ほほえみで見下ろすこの地上で—。(児童文学作家)

二〇一四年三月四日

深い内面を描いた名匠
アラン・レネ監督を悼む

中川洋吉

フランス映画を代表する映画監督アラン・レネが逝去した。

彼は10代から映像編集に強く引かれ、1943年に国立映画学校「イデック」（現「フェミス」）に入学。短編映画の製作を続けた。

その名を一躍世に知らしめたのは、ナチスの強制収容所を描いた短編「夜と霧」（55年）である。人類のトラウマとなったホロコースト（ユダヤ人大量虐殺）の現実を示し、この時期から彼の才能は高く評価された。

その後、長編第1作「ヒロシマ・モナムール」（邦題「二十四時間の情事」）を59年のカンヌ国際映画祭に出品。作品の難解さに異を唱える派と真の才能だと激賞する派に割れて大議論が起き、これにより作品の注目度が上がった経緯がある。

同作では、フランスから来た女優が「広島を見た」とつぶやけば、相手の男は「君は何も見ていない」と返すシーンが有名である。簡潔なせりふがさえるマルグリット・デュラスの脚本を使い、革新的手法で原爆の記憶を呼び起こした。

61年、「去年マリエンバートで」を発表し、映画作家の地位を確固たるものとした。アンチ・ロマンの旗手アラン・ロブグリエの脚本には謎解きの面白さがある。レネ監督はモノクロの使用や、幾何学的模様の庭園をシンプルに見せることで、時空を超えた人物像を描き、脚本が狙う様式美を強く押し出した。本作と「ヒロシマ―」は彼の初期の傑作だ。

60年代は世界的な学生の反乱に共鳴。「ミュリエル」（63年）、「戦争は終った」（65年）、「ベトナムから遠く離れて」（67年）で、反体制的志向を明確に示した。

社会性に富み、実験性も併せ持つレネ監督は、ヌーベルバーグの中心の一人と見られているが、ゴダールらのようにレッテルを貼られることを好まぬ彼一流のダンディズムにより、自らを周辺の作家と位置付けた。

70年以降は、文芸作品の映画化に傾注。その後も生きることの具体性を求め続け、「恋するシャンソン」（97年）などの傑作を飛ばしている。そして今年、ベルリン国際映画祭でアルフレッド・バウアー賞（新しい視点を示す賞）を受けた「ライフ・オブ・ライリー」が遺作となった。

レネ監督は社会的発言も辞さなかったが、評価すべきは、映画で人間の行動や記憶を掘り下げ、深い内面性の描写に優れていたことだ。イングマール・ベルイマン監督と並ぶ20世紀最大の映画作家の一人といえよう。（映画評論家）

二〇一四年三月一四日

詠みつづけた命の句
村越化石さんを悼む

大串章

私が村越化石（むらこし・かせき）さんに初めて会ったのは、1975年1月、40年ほど以前のことである。化石さんも私も「濱（はま）」（大野林火（おおの・りんか）主宰）に属していたので、同門のよしみで群馬県草津町の国立療養所栗生楽泉園を訪ね、親しく話を聞くことができた。

化石さんは自らの半生、大野林火との出会い、俳句に対する考え方など、淡々と話してくれたが、その印象を一口で言えば、「ただならぬ人」という感じであった。語り口は穏やかだが、心に沁（し）みる静かな迫力といったものがあった。

その2年後、私は俳句誌「濱」に「村越化石論」を書いた。「ここには、一途な句作の果てにふと辿り着いた明るく澄明な世界がある。ここから自然法爾の世界・身心脱落の境へはすでに半歩であろう」と記し、次のように締めくくった。

「かくして私たちは、全く独自な作品世界の出現を今後の化石に期待することができる。（略）しかしその期待が実現されるかどうか、それは誰にもわからない。誰にもわからないが、その可能性のあることだけは確かなことだ。そしてその可能性が、わが化石の長命のなかにこそあるものとすれば、私たちは今後の化石の加餐を切に祈らずにはおられない。村越化石よ長生きせよ」

あれから37年、化石さんは孜孜（しし）として句作に励み、独自の作品をあまた遺（のこ）してこの世を去った。

村越化石さんを語る時、師・大野林火の名を逸することはできない。林火は化石さんとの機縁で、51年以降毎年栗生楽泉園を訪ね、句会の指導を行っていた。林火と化石さんは肝胆相照らす真の師弟であった。化石さんの〈除夜の湯に肌触れあへり生くるべし〉〈生き堪へて七夕の文字太く書く〉はそのころの代表作である。

林火は化石さんの句をどのようにみていたか。たとえば、〈天が下雨垂れ石の涼しけれ〉（第3句集「端坐」所収）についてこう書いている。

「自然に帰一した浄土相さえほの見える。／精神の深まりである。小説の北条民雄、短歌の明石海人、俳句の村越化石という癩文学の三本柱が成り立ったのは本望であろう。しかも、北条民雄や明石海人がハンセン氏病の悲惨さ、怖しさの中に命を終わったのに対し、化石にはその後の長い歳月があった」（「行雲流水」所収）

ここには、まな弟子を見守る温かいまなざしがある。

私が化石さんと最後に会ったのは、2003年3月、群馬県立土屋文明記念文学館で「村越化石について」という講演をした時である。壇上にあがって聴衆席の方を見ると、一番前の席に化石さんが座っていた。驚くとともに、心底ありがたいと思ったことを忘れない。

その化石大人（たいじん）の句に最後に接したのは、昨年の「濱」終刊号（8月号）である。そこには、「母の日」10句が掲載され、〈わが句集母の句多し母の日来る〉〈半生の命の句集更衣〉〈一誌一代林火先生爽やかや〉などが見られた。

村越化石さんは、「命の句」を詠みつづけ、「母」と「師」に見守られながらあの世へ旅立ったのだ。（俳人）

二〇一四年三月一五日

人柄を核に芸を膨らます
宇津井健さんを悼む

鴨下信一

俳優が100人いれば、10人のうまい俳優がいて、人気者もそのくらいはいる。それより数は少ないが、人柄のいい俳優もいて、これで役者のチームワークができる。

ただ、こうした「人柄」役者はどうしても芸が小粒な人が多いものだ。人柄を核にして自分の芸を膨らませ、立派な貫禄のスターの地位を獲得した人は珍しい。宇津井健さんはその希少な人だ。

私が新入社員のアシスタント・ディレクターだったころ、最初にお会いしたのだから古い話だ。確かロケの切符を手配して渡したら「テレビでは2等（今のグリーン車）に乗せてくれるんですね」と言われた。宇津井さんが所属していた新東宝は映画界斜陽の声を聞くか聞かないかで、もう手を上げてしまった会社だった。苦労したのである。

テレビでもすぐ順風とはいかなかった。そのことを聞かれると「馬に感謝」といつも言っていたのは、学生時代から乗馬が趣味で、さっそうと騎乗するCMが人気の口火だったからだ。

そして「ザ・ガードマン」。これが俗悪番組とたたかれたのを知る人も少なくなった。山口百恵の「赤い」シリーズのお父さん役で安定するまで苦労は絶えなかった。

感謝の念で貫いた一生だった。後年、「渡る世間は鬼ばかり」のお父さん、岡倉大吉役の藤岡琢也さんが体調不良で降板した際、普通なら嫌がって誰もやらないのだが、役名をそのままに引き継いだのは「芸能界に感謝」の気持ちからだろう。

悪口を言う人がいない中で、化粧担当だけは困ったらしい。何しろスタジオ入りが早くて、早出して楽屋を開けねばならない。男のくせにパックをしているのかと、私は陰口をたたいたが、宇津井さんがスタジオ入りのとき、深々とお辞儀をする姿を見て恥じ入った。楽屋で容儀を正して準備をするのに時間がかかったのだ。

こうした人だから時代劇の武士の姿が良かった。私が演出したのは宮沢りえとの「初蕾（はつつぼみ）」（2003年）が最後だったが、「女たちの忠臣蔵」（1979年）の大石内蔵助役が印象的だった。日本人の英雄の大石をこんなに等身大で描けたのは宇津井さんならではの芸だった。（演出家）

二〇一四年三月二五日

高級帽子広めた天才
平田暁夫さんを悼む

芦田淳

平田暁夫（ひらた・あきお）君の訃報に触れ、正直胸がいっぱいで何を書いてよいかわからない。涙が止まらず、「どうしたんだよ！」と大声で叫びたい気持ちである。

彼は私がいうまでもなく、世界的に認められた、まれにみる〝天才〟帽子デザイナーであり、日本における高級帽子を広めた先駆者である。とにかく優しさにあふれる、誰に対しても愛に満ちた人であった。

また、あれだけの才能がありながら、生真面目で職人かたぎ。70年以上もの間、こつこつと帽子作りに打ちこみ、モードをけん引してきた。常に仕事に対する愛と情熱が変わらず、パリ仕込みの技術と卓越したセンスが彼にしか作れない美しい帽子を次々と生みだしたのだと思う。彼のような天才は二度と現れないことだろう。

忘れられない思い出がある。彼は日本で認められたのちも、さらに本格的に高級帽子〝オートモード〟の技術を学ぶために渡仏。世界のセレブリティーに多くの顧客を持っていた人気帽子デザイナー、ジャン・バルテ氏に師事していた。1960年代のことである。

ちょうどそのころ私もパリに数カ月滞在することがあり、モンパルナスにあった彼の自宅にしょっちゅうおじゃましては、公私ともに平田君を支える奥さまのおいしい手料理に舌鼓を打ち、夢を語り合った。

彼の家には学生や芸術家の卵などパリに滞在する日本人が毎夜集まり、酒を酌み交わしながら故郷への思いを募らせていた。結局はお断りしたのだが、私にパリのデパート「プランタン」からデザイナーとして誘いがあった時も、わがことのように喜んでくれた。当時の私にとってご夫妻の存在と優しさがどれだけ心強かったことだろうか。

また、66年から10年間、当時の美智子皇太子妃殿下のご用命を拝受していた時には、彼を帽子デザイナーに推薦し、数えきれないくらい帽子を作ってもらった。洋服が出来上がる終盤に差しかかったころ、服のイメージに合った帽子についてあれこれ相談したことも忘れられない。あのころはお互いなんと若かったのだろう。その後も私のコレクションにも度々協力してもらった。

あれから互いにずいぶん年を重ねたものだ。私は皆さまのおかげで今も創作活動にまい進する日々を送っているが、平田君の突然の訃報を人ごととは思えず、時の流れを身にしみて感じている。

いつも私を〝淳ちゃん、淳ちゃん〟と呼んでいた平田君。こんなことならもっともっと頻繁に会って、パリのことをはじめお互いの話に長い時間を費やせばよかった。

今夜は妻とゆっくり平田君の話をしながら過ごそうと思う。

大好きな平田暁夫君を心からしのんで。（ファッションデザイナー）

二〇一四年三月三一日

さっそうとしたパイオニア
朝倉摂さんを悼む

萩尾瞳

「アバンギャルド少女」。というのは、2010年に開かれた朝倉摂（あさくら・せつ）さんの個展のタイトルだが、これはまさに彼女に似つかわしい呼び名である。いつだってさっそうとして若々しく、舞台美術家として常に大胆で新鮮な表現に挑んでいたのだから。

思えば、朝倉さんの存在自体がアバンギャルド、つまり先鋭的だった。なにしろ、日本で舞台美術家という地位が確立されたのは、朝倉さんからと言っても過言ではないのだ。日本の舞台美術家のパイオニア。しかも、今よりずっと男性社会だった時代に、女性の先駆者として舞台美術というジャンルをけん引したのだった。

朝倉さんが本格的に舞台美術を手掛け始めたのは1960年代。それ以前から画家として活躍していた彼女は、70年の米ニューヨーク留学以後は舞台美術の世界に軸足を据える。おそらく海外留学の体験ゆえだろう、彼女の美術は西洋的な中に日本的な美意識がそこはかとなく漂うオリジナリティーあふれるものだった。

例えば、蜷川幸雄（にながわ・ゆきお）演出「近松心中物語」（79年初演）は、連なる屋根とその間を縫う階段が、どこかブリューゲルの絵画のようでもあり、あちこちに咲き誇る彼岸花が、日本的な情念の色を濃く映し出していた。大空間をダイナミックに使うのも、小さな空間を緻密に創造するのも巧みだった。

「薔薇（ばら）の花束の秘密」（91年）は、小さな舞台空間を白一色に統一した上、客席の椅子まで白でそろえるこだわりよう。ラストに登場するバラの赤を生かすしつらえで、本人も「いいでしょ」とちょっぴり自慢げだったのを昨日のことのように思い出す。

この舞台はR・A・アッカーマンだったが、前述した蜷川をはじめ唐十郎（から・じゅうろう）、野田秀樹（のだ・ひでき）、スーパー歌舞伎の三代目市川猿之助（いちかわ・えんのすけ）など、多彩な演出家たちに信頼されていた。手掛けた舞台も古典劇から前衛劇、オペラまでジャンルを超えて幅広く、その数は膨大だ。

いつもトレードマークの赤いショートヘアとスパッツ姿でさっそうとしていた朝倉さん。だから、91歳だったと聞いてちょっと驚いたが、思えば、日本を代表する舞台美術家として半世紀も活躍を続けてきた人なのだ。あらためて業績の目覚ましさを思い返しつつ、ご冥福をお祈りしたい。（映画・演劇評論家）

二〇一四年四月一八日

第三世界の書き手に希望
G・マルケスさんを悼む

小野正嗣

ガルシア・マルケスの代表作「百年の孤独」には、その土地の歴史や口承性が感じられ、声が聞こえる。荒唐無稽なものと現実とが同じ平面にあるのも面白い。そして「敗れた人々」の土地を書いた。なぜ世界中で読まれたのかといえば、西欧が中心の「近代」や「科学」が登場する前の社会の姿、土俗的なものを小説で見事に描いたからだと思う。

ラテンアメリカはもちろん、東欧やアジア、アフリカ…。日本も含めて第三世界の書き手に「自分たちにも書けるのではないか」という希望を与えた。西欧の都市という「センター」ではなく、「ローカル」な歴史や文化が、小説になりうる価値があることを示した。それまでの西洋の小説とは全く違う、規格外のものをつくり出した。

みなが「ああいうものを書きたい」と思ったのではないか。中国の莫言もそうだと思うし、コンゴ共和国の作家、劇作家のソニー・ラブタンシもそうだった。私はといえば、「どうしたらこんなに面白いものが書けるのか」と真剣に読んだ時期もあったが、読めば読むほどこのようには書けないと分かった。

私が好きな作品は、老人の恋を題材にした「コレラの時代の愛」。ディテールの描写は19世紀のフロベールやスタンダールを連想する。どうしたら細部をあれほど緻密に描けるのか。それでいて全体は大聖堂をつくっているようで、マルケスにしかないもの。詩的な作品では「族長の秋」がすごい。まるで呪文のようだ。

マルケスが傑作を書いた１９６０年代後半から70年代は、まだ文学が政治的、倫理的な役割を担っていた時代だった。文学が社会を変えられると信じられていたが、80年代半ばからグローバル化が進み、文学の場所がなくなっていく。時代と合っていたことも大きいと思う。（作家・談）

二〇一四年四月一九日

恵まれた土壌で育った G・マルケスさんを悼む

田村さと子

4月18日は、ここのところずっと恐れていた知らせがとうとう届いてしまった日であった。3月31日にガルシア・マルケス（わたしたちはガボと呼ぶ）が肺炎をこじらせて入院した、と聞いたときは、これまでも肺がんやリンパ腫など深刻な病気を乗り越えてきたのだから、今回も大丈夫、と自分に言い聞かせた。

パリからメキシコに戻って付き添っている次男のゴンサロはマスコミに対して「病状はよく、病院では廊下を歩いたりしている。近いうちに退院する」と説明していた。そして1週間後にはその言葉通りに退院して、自宅で医師や看護師による治療を受けていた。だがその後、実家に帰ることの少ない長男のロドリゴがロサンゼルスから帰った、と知ったときには、わたしが考えている以上に深刻な病状ではないか、と不安が脳裏をよぎった。その不安が的中した。

親族に電話して、葬儀に参加したい、と伝えたら「葬儀は明後日で日本は遠すぎるから間に合わない。もっと落ち着いたら来なさい」と諭された。もっと早くメキシコの自宅を訪ねるべきだった。

3月6日の87歳の誕生日、ガボはいつものように、幸運をもたらすと信じる黄色いバラを背広の襟に挿して、メキシコで誕生日に歌われるマニャニータを友人たちと歌ったと聞いていたし、その数日前には「いつ、おすしを作りにきてくれる？」というメールが届いていたから普段通りと安心していた。高齢とはいえ、あまりにも突然の訃報である。

生まれ育ったコロンビアのカリブ海沿岸地方の村アラカタカとおぼしき空想上の町マコンドを舞台に、この町の創設者一族の繁栄と没落の100年を描いた長編小説「百年の孤独」が1967年に出版されると、あまり小説が読まれることのないラテンアメリカで、まるで日常に欠かせないパンのように売れた。

何代にもわたって反復される煩雑な名前、詳細で具体的でありながらありえないデフォルメ、戯画的表現の作品が、一般の人々の身近に起こる現実を語っているとして親近感を持って受け入れられたのだった。欧米の合理主義的な論理に対してラテンアメリカ的現実への公的認知を迫る、ラテンアメリカ小説の〈ブーム〉の到来を告げる作品であった。

その後、権力の持つ魔力を描いた「族長の秋」、専制政治に苦しんでいた民衆に団結の大切さを訴え続けた南米解放の立役者シモン・ボリバルの終焉（しゅうえん）の日々を語った「迷宮の将軍」、父母の恋愛をモチーフにした「コレラの時代の愛」などの大作を、その都度作品にぴったりの服を選ぶかのように固有の言語とトーンを変えながら次々に発表してきた。

拙著「百年の孤独を歩く」を執筆のため、わたしはガボの物語世界を5年間、つぶさに歩いた。「この地に生まれついた幸せ」と彼自身が言う、コロンビアのカリブ海沿岸は多様な文化要素が融合している。伝承や民間の信仰が日常に溶け込んでいる先コロンブス期の文化、彼を養育した祖父母から継承したスペイン・ガリシア地方の幻想豊かな文化、魔術的な目線で現実を見るアフリカ由来の文化。作家が育つのに、これ以上に恵まれた土壌は存在しない。天性の作家であった。（ラテンアメリカ文学研究者）

二〇一四年五月一三日①

器の大きな自由人
渡辺淳一さんを悼む

小池真理子

いつかこの日が来る、とわかっていた。わかっていながら、なんとなくその日を想定することを避け、向き合おうとしてこなかった。

奇跡など起こるはずもないのに、この人に限って言えば起こるかもしれない、という淡い期待もあった。ついていた杖（つえ）もどこへやら、背筋を伸ばし、ばりっとしたジャケットにおしゃれなシャツなどを着て、「やあ、しばらく」と笑顔で現れ、こちらが腹を抱えて笑い続けるような女性との失敗談やら、出版界の動向やらを口にしながら、快気祝いの美酒に酔うに違いない、とどこかで夢見ていた。おそらく渡辺さんと親しかった多くの作家、編集者が同じ気持ちでいたことだろうと思う。

渡辺淳一という作家…やんちゃで、アナーキーで、俗世の退屈なモラルに反旗をひるがえすことを好み、いやらしいことを口にしても決していやらしくならず、生きることを楽しみ、女性を愛し、求め、徹頭徹尾、愛とエロスにこだわって書き続けた作家、何をされても何を言われても、決して憎めなかった、それどころか、また会いたいと思わせてくれた、そういう途方もない魅力にあふれた作家を私たちは今、失った。

1996年1月、私の直木賞受賞が決定した晩、編集者に伴われて緊張しながら出向いた銀座の文壇バーで、選考委員だった渡辺さんと初めてお会いした。隣には高樹のぶ子さんが座っておられた。渡辺さんは満面の笑みで私の手をとり、初対面だというのに、何かとてつもなく親しげな冗談を口にされた。高樹さんとも握手を交わして、私は天にも昇る気持ちであった。

その後、渡辺さんと高樹さんが務めておられた島清（しませ）恋愛文学賞の選考委員として、私も名を連ねることになった。年齢も作家歴も異なる3人だったのに、なぜか理屈抜きで気が合った。顔を合わせるたびに、抱腹絶倒のエロティックな話に花が咲いた。その中心にいたのは、むろん渡辺さんだった。

新聞連載小説で性愛シーンを書くと、翌日、仕事場の前に100人くらいで隊列を組んだデモ隊が来て、「不倫反対！　書くのをやめろ！」と怒鳴っていくんだ…などと言っては、面白そうに笑っている方だった。男と女の愛について渡辺さんは、一度たりともぶれたことのない、絶対的な確信に基づく信念を持っていた。それは本当に、ほれぼれするほど堅固なものだった。

女性を愛し、無邪気なまでに求めておられたが、同時に女性から愛される方でもあった。渡辺さんに女性蔑視や差別意識は皆無だった。20歳の女性にも80歳の女性にも平等に接し、楽しませることをご本人もまた、楽しんでおられた。数多くの編集者、男性作家からも慕われていた。

小説は頭で書いてはいけない、というのが渡辺さんの口癖だった。私もよくそのことで叱られた。渡辺作品はすべて、その鉄則通りに書かれていた。器の大きな自由人だった。もうこんな作家には、二度とお目にかかれないだろう。

本当に今は、ただ、ただ、さびしい。他に言葉がみつからない。（作家）

二〇一四年五月一三日②

千年先まで忘れない
谺雄二さんを悼む

姜信子

詩人谺雄二！　こんなにお茶目で色っぽいジイサン、見たことなかった。会うたびに胸がドキドキした。その旅立ちも実に見事だった。30代半ばのころに書いた詩「死ぬふりだけでやめとけや」のように、死ぬふりだけでやめとくつもりだったのに、どうしても死なねばならぬのならこの日にと、ハンセン病国賠訴訟勝訴の日である5月11日に次の世へと飛び立った。命の証（あかし）をテーマに掲げた今年のハンセン病市民学会を見届けるようにして。

出会ったのは6年前。谺さんの詩集「ライは長い旅だから」に私はすっかりやられて、草津の栗生楽泉園に訪ねていったのだ。そのときから私は詩人谺雄二の文学の友となった。ハンセン病訴訟の闘士谺雄二は、この世を追われた鬼の魂を胸に、燃えるように恋を歌い、深く静かに愛を語る詩人だった。「らい」を根拠に、「らい」を突き抜けて、激しく命の証を追い求める詩人であった。

「文学って、みずからの命を開発することなんだ。これでいいのかと問うて書いて生きてゆく意志なんだ」「詩とは、イメージのリズム化だ。世界を揺るがすリズムだ。黒人のブルースのように、魂の深い哀（かな）しみに笑いを宿らせて、生きて、歌うんだ」。少年のように谺さんは詩を語った。

なのに国賠訴訟以来、十数年、ほとんど詩を書かなくなっていた。命の証を奪いつづける国家との闘いは、勝訴してもなお厳しかった。こうして人間は詩を奪われる。詩人谺雄二の空白に、谺さん自身が痛恨の思いを抱えていた。

だからこそ、詩を書こうよ。私は谺さんにささやきつづけた。ときには焼酎を飲みながら（谺さんはロックでグイグイ飲む）、時にはカラオケで歌いながら（谺さんは長渕剛の「とんぼ」を魅惑のしゃがれ声で歌い、私の歌う「恋の奴隷」に笑い転げる）、ついには「谺さん、千年先まで響きわたる詩を書こう」と途方もないことを私は言い出し、詩人谺雄二は受けて立った。

「若いころのように鬼になって書いてやる」。それが1年前の5月11日のこと。そうして絶唱のごとくに歌われたふたたびの鬼の詩と、それまでの数多くの詩と文章と、それを貫く命の証と…、さあ、千年先まで鳴り響けと、深い祈りとともに最後の本「死ぬふりだけでやめとけや　谺雄二詩文集」（みすず書房）が編まれたのだった。

谺さんの詩に魅せられた者は数多い。これは魂のブルースだと、その詩を歌う者たちもいる。谺さんの旅立ちの前日、病室で2人の琵琶奏者が詩「死ぬふりだけでやめとけや」を歌った。死ぬな死ぬなと思いを込めて、「カン　カン　カン　カン　鉦（かね）たたけ」「ぢいさまよォ　死ぬふりだけで　やめとけや」

すると、不意に、昏睡（こんすい）状態の谺さんの右手がぐっと天に向かって突き上げられたのである。おお、という叫びとともに。死ぬものか、肉体は消えても魂は死なない、命は死なない！　そう谺さんは叫んだようでもあった。

谺さん、忘れないよ、千年先まで忘れない。谺雄二、大好きな「ぢいさま」、命の詩人。

（作家）

二〇一四年五月二三日

全うした静かな作句人生
文挟夫佐恵さんを悼む

宇多喜代子

2013年、99歳の文挟夫佐恵（ふばさみ・ふさえ）さんの第47回蛇笏（だこつ）賞受賞を、多くが「そんな高齢で」という驚きで迎えた。その直後、〈老いの身にまぶしき光夏来る〉と、光あふれる夏を詠み、晩夏のノウゼンカズラとの交感を〈わが挽歌たれ凌霄（のうぜん）の花の揺れ〉という句にして残している。

それから1年もしないこの5月19日、文挟さんは静かにこの世を去った。享年の「１００歳」が、まぶしい光のようにみえる。

文挟さんが80歳で出した句集「井筒」に〈凌霄花（のうぜん）のほたほたほたりほたえ死〉〈仏花たることに輝き金盞花（きんせんか）〉がある。ノウゼンカズラは、濃艶に咲き風に揺れ、落ちて地を朱に染める。ほたえ死に、とは酔生夢死の生涯、自らへのちゃかしであろう。けっして可憐（かれん）とはいえないノウゼンカズラに、ぼんやり人生を重ねて生きていることを実感する。また仏花に重宝な金盞花を輝きの花とみる。文挟さんが生命あるものに寄せる気持ちの一端をみる思いがする。

そんな気持ちの源流には、〈炎天の一片の紙人間（ひと）の上に〉〈骨箱に白紙一片遺品寒ム〉〈艦といふ大きな棺（ひつぎ）沖縄忌〉という、一片の紙の力で「人」を戦地に運んでゆく赤紙の理不尽をついた句や、白紙一片になってかえってきた人を思う句がある。戦争を内なる主題として目をそらさなかったこれら沈思の句は、声高に戦争の不正を叫ぶ以上に強く人の心を打つ。

文挟夫佐恵さんが飯田蛇笏の「雲母」に入会したのは１９４４（昭和19）年、まだ俳句に女性の参加が少なかった時代のことである。その後は、同門の石原八束（やつか）の「秋」により、八束の没後、これの主宰をつとめる。一貫して知的な人間主義を基調にした作品活動を続けたが、その振る舞いに華々しさはなく、終生静かな作句生活を過ごした、という印象がつよい。

その一方に〈ドビュッシイろろんろろんの春の月〉〈祭見にあひると亭主置いてゆく〉〈九十の恋かや白き曼珠沙華〉などのような自在でモダンな句を多く残している。

俳人の高齢化が折々の課題として語られる際に、90代という正真の高齢にして桂信子賞、蛇笏賞などを受賞したことは、高齢者たちの大きな励みにもなった。

ゆたかな俳句人生、その天寿全うの生涯に羨望（せんぼう）の喝采を送り、心からのご冥福を祈り上げる。（俳人）

二〇一四年六月二日

頼りがいのある慷慨の人
粕谷一希さんを悼む

芳賀徹

粕谷一希が死んでしまった。なんとも寂しいことだ。あいつが近くにいるから、まだ俺も大丈夫だ、といつも心のどこかで思っていた。大木のように頼りがいのある旧友が、にわかに倒れてしまった。身辺いよいよ寂しくなった。

1948年、敗戦後3年目の春に、旧制一高最後の生徒として文科乙類に入ると、40人ほどのそのクラスに粕谷がいた。だから、なんと65年をこえる長いつきあいとなった。このクラスには他にも本間長世、清水徹、高階秀爾、行天豊雄といった才気煥発（かんぱつ）の連中がいたが、粕谷は中でもすでに老成の風格をおびていた。だがわれわれがなにかと集まっては談論風発するようになるのは、もう少し後で、50年代半ばになってからのことだった。その集いの中核にあったのが、文乙のクラスで週四コマもドイツ語を担当してくださった竹山道雄先生の存在である。

おい、竹山さんは面白いぞ、お宅に押しかけよう、と言って最初に鎌倉のお宅にわれわれを引っ張っていったのは粕谷だったと思う。彼は東大法学部から中央公論社に内定したぐらいのころだったが、当時からすでにこの種の企画力と編集力、知的人脈形成の力にたけていた。東西の文化と歴史について豊かな経験と鋭い洞察をもつ竹山氏の、反時代的でしかも悠揚たる語り口は、いつも必ず若いわれわれの心と眼（め）を押し開いてくれた。それは、やがてリベラル保守派の編集者となる粕谷にとっても同じで、その心底にもっとも深い感化をおよぼしていたに違いない。

安保反対の騒動から大学紛争へとつづくさなかに「中央公論」の編集部員となり編集長となった粕谷には、さぞかし心労が多かったろう。だが一方で、高坂正尭、永井陽之助、塩野七生、中嶋嶺雄、山崎正和といった若手のリベラル派に大いに論陣を張らせた彼には、もっとも闘志みなぎる歳月でもあったろう。66年秋、アメリカからソ連まで漫遊した彼は、プリンストン大学にいた私の宿舎を訪ねてくれて、ともに夜明けまで慷慨（こうがい）の談を交わした。

中央公論の新雑誌「歴史と人物」の編集長、同社退職後は都市出版を創立して「東京人」や「外交フォーラム」の発行者となると、私も粕谷の「面白い、それを書けよ」との巧みな挑発に乗せられて、よく論文やエッセーを寄稿した。同じころから彼自身次々に著作を出しはじめた。河合栄治郎、遠藤麟一朗、高杉晋作、吉田満といった長年注目してきたらしい人物についての、世人の意表を突くような面白い評伝の類だった。

それらの著作への評価も含めて、こんどは誰かが粕谷の評伝を書かねばなるまい。その表題は「現代日本の知的オデュッセイア—寛容と慷慨の人粕谷一希」とでもするか。日本はまた一人、骨太で人間通の智恵者を失った。

（東京大名誉教授、静岡県立美術館館長）

二〇一四年六月三日

物静かな詩人の創造
那珂太郎さんを悼む

八木忠栄

那珂太郎さんが92歳で亡くなった。氏のことですぐに思い出されるのは、美しい白髪と「ふふふふ」という物静かな笑いである。それはほんとうに物静かとしか言いようのない笑いであり、表情であり、また存在感であった。

多くの詩の賞を受け、日本芸術院会員でもあったということが信じられないくらいに、いつも出しゃばらず、身を引いている人、謙虚なほほえみをたたえた詩人だった。

とはいえ、薄暗い隅っこで逼塞（ひっそく）していた人ではない。詩も文章もかたくなに旧仮名遣いを貫いた。マスコミに対しても「新仮名遣（づかい）で書かねばならぬ世間向けの雑文などは、一切書きたくない」ときっぱり言い、「仮名遣の人為的混乱による言葉のいのちの圧殺」とまで、詩論のなかで言い切った人である。

那珂太郎といえば「音楽」。この詩集は、日本語の音楽性の深淵（しんえん）を独自に追究した代表詩集である。足かけ9年にわたる19編の詩。寡作だった。

「からむからだふれあふひふとひふはだにはえる毛／／なめる舌すふくちびる嚙む歯つまる唾のみこむのど　のどにのびる毛／くらいくだびっしり　おびただしい毛毛毛毛毛毛毛」

これは「〈毛〉のモチイフによる或る展覧会のためのエスキス」という詩の最初のパートである。同じ詩のなかに「ガ毛ギ毛グ毛ゲ毛ゴ毛／餓鬼　劇　後家　崖　玩具　ギャング銀紙　ギンガム／の毛」というパートもある。

単なる言葉遊びではない。〈毛〉のバリエーションが奇想天外な展開を見せていて、ユーモアもひそんでいる。氏が徹底して研究を重ねた萩原朔太郎の詩のリズム、「竹」や「繊毛」のイメージが働いていたようにも思われる。

他の詩でも、言葉の響きを伴ったアクロバティックな構築が、多様に飽くことなく試みられている。そこには言語がもっている秩序を果敢に解体し、新たな秩序を創造しようとするエネルギーが、強く働いていた。それらの作品はもはや作者を超え、言葉をも超えてしまっていた、と言っていい。

ある夕刻、まだ20代だった私が編集者として、那珂太郎先生が勤める某高校へ、原稿をいただきに訪ねたことがある。校門を入ると、校庭で生徒の集まりを指導していた教員が、赤いシャツを着た私を呼び止めて叱った。「きみ、ダメじゃないか！」と。遅刻と赤いシャツ――私を生徒と勘違いしたらしい。このことをお会いした那珂さんに話した。「高校生と間違えられたということですよ」と言って、詩人は「ふふふふ」と静かに笑った。合掌。（詩人）

二〇一四年六月四日

立体裁断を広めた恩師
小池千枝さんを悼む　コシノジュンコ

文化服装学院のデザイン科で2年間、小池千枝（こいけ・ちえ）先生から教わりました。後から考えると、小池先生が担任で直接習えたことがどれほどラッキーだったか。本当に幸せでした。

私たちデザイン科9期生を受け持ってくださったのは、先生がパリ留学から戻られて2年目ぐらいだったと思います。

だからパリのエッセンスがフレッシュで、遠い場所のはずなのにすごく身近に感じました。パリのモードが載っているフランスのファッション誌を読み、細かく解説してくれました。厳しくてシャープで格好良くて…。いつもパシッとしている姿が印象的でした。

先生の最大の功績はなんといっても、パリで習得した立体裁断の技術を私たち生徒に教えてくれたことです。立体裁断というのはトルソー（マネキン）に直接布を置き、デザインしながら服を形作っていく技法です。

それまでの日本のデザインは平面的。着物の前と後ろをイメージしてもらえば分かりやすいと思います。でも先生は立体的に作り上げた。あまりに衝撃的で、先生にしかできなかったことです。

立体裁断は、はさみと針と布があれば、いつでもどこでも服を作れます。先生から学んだことは体に染み込み、絶対に取れません。今すぐ立体裁断をやれといわれてもできますし、世界のどこでも通用します。実際、卒業生はいろんな国で活躍していますしね。

私の同期に高田賢三（たかだ・けんぞう）さんと金子功（かねこ・いさお）さん、松田光弘（まつだ・みつひろ）さん（２００８年死去）がいます。4人は遊び友だちで良きライバル。先生は私たちのことをずーっと自慢してくれていました。卒業後も先生の家に遊びに行ったりして、交流が続きました。

最後にお会いしたのは10年3月です。私の家でみんなでお食事会をして、昔話を楽しみました。「あなたたちが目立つから困った」と先生がおっしゃっていたことを思い出します。

先生は世界の人形を集め、そのコレクションを出身地の長野県須坂市に寄贈されました。それらは同市の「世界の民俗人形博物館」に展示されています。私も海外で珍しい人形を見つけては、先生に買って帰りました。

人形は服を着ていますから、先生は人形を通して世界のファッションを残したかったのだと思います。だから今でも先生の「存在」は博物館にある。そう思えてならないんです。

（デザイナー）

二〇一四年六月一七日

自分で考える子ども描く
古田足日さんを悼む

宮川健郎

児童文学作家・評論家の古田足日（ふるた・たるひ）先生が亡くなった。

古田先生は、１９２７年、愛媛県生まれ。戦争下で子ども時代を過ごし、天皇のために戦って死ぬと考える軍国少年として育った。敗戦のときには、死を選ぶことも考えたという。「ぼくの心の表面から、天皇が消え去った時、ぼくは生き方を失った。敗戦とはぼくにとって、根本的モラルの消滅であった」とは、「実感的道徳教育論」（64年）の言葉だ。

先生は、戦後、編入学した早稲田大で、早大童話会とその仲間、鳥越信（とりごえ・しん）さん、神宮輝夫（じんぐう・てるお）さん、山中恒（やまなか・ひさし）さんらに出会う。古田先生は、童話は、人間にとっての「原理」を語るものだという。先生の中で、童話が天皇にかわる「原理」になっていった。

当時の若い児童文学者たちが願ったのは、子どもの文学でも、戦争や戦争を引き起こす社会を語ることだった。ところが、戦前から活躍する小川未明らの童話の詩的で象徴的な言葉でそれを語るのは難しかった。53年、早大童話会は、「少年文学宣言」を発表し、「童話精神から小説精神へ」と訴えた。

先生は、「さよなら未明」（59年）など、宣言を深める評論を書いていく。そして、心象風景を描く詩的な童話は、もっと散文的な言葉で、心のなかの景色ではなく、子どもの外側に広がっている状況を描く現代児童文学へと転換する。

60年代以降、先生は、同時に創作もした。「宿題ひきうけ株式会社」「モグラ原っぱのなかまたち」…多くの作品に、自分たちで筋道を立てて考えていく子ども像が描かれた。先生の児童文学は、現代の子どもたちに送るメッセージであるとともに、軍国少年だった自分を問い直す試みだったのかもしれない。田畑精一（たばた・せいいち）さんと共作の絵本「おしいれのぼうけん」では、胎内くぐりのような神話的イメージを語り、作品世界はさらに豊かになっていく。

亡くなる前の文章を読むと、先生は、この国の子どもたちの未来を案じていたと思う。それでも、告別式のときに見たお顔は安らかだった。合掌。（児童文学研究者）

二〇一四年六月二〇日

温かな心とさえた目
D・キイスさんを悼む

小尾芙佐

ダニエル・キイスさんが亡くなった。前年に他界された最愛のオーリア夫人のあとを追うように。私にとってかけがえのない存在だったキイスさん、フロリダの陽光のもとでパソコンに向かう姿を思い描きながら、私はいつもその新作を待ちわびていた。

１９５９年、私はミステリーの翻訳という夢をかなえたいと、早川書房を訪れた。ちょうどSFマガジン創刊の年、SFにはまったく無縁だった私が、その翻訳に追いまくられることになった。いくばくかの不安と不満が萌（きざ）しはじめたころ、SFマガジン61年2月号に載った「アルジャーノンに花束を」（中編版）と出会った。

32歳で幼児の知能しかないチャーリイが手術を受け天才に変貌していく物語を、息を詰めながら読み進み、読みおわったときには大声をあげて泣いた。SFにもこんな素晴らしい作品があるのだと、その激しい感動が、もやもやとした不安も不満も吹き払ってしまった。私がSF翻訳家としての道を迷いなく歩みはじめることになったのは、ひとえにキイスさんのおかげである。

この中編版で見事ヒューゴー賞を受賞したキイスさんは、それから5年以上の歳月をかけて、さらに深みのある長編に変貌させた。完成するまでにどれだけ苦悩を重ねたか、引き受けてくれる出版社があらわれるまで、どれほどの苦渋や挫折を味わったか、のちのちこの長編を翻訳することになった私は知る由もなかった。キイスさんの自伝を訳し、苦闘の半生の全貌を知るまでは。

大学で心理学を学んだキイスさんは多重人格に興味をもち、「24人のビリー・ミリガン」などのノンフィクションも書いた。だがやはり、代表作は「アルジャーノン」だったと思う。

はじめて来日されたとき、パーティーの席上でお会いした。キイスさんがまず口にされたのは、あの冒頭の部分を、あなたはいかにして翻訳したのかという質問だった。

「ストラウスはかせわぼくが考えたことや思いだしたことやこれからぼくのまわりでおこたことわぜんぶかいておきなさいといった」

この冒頭が読者にすんなりと受け入れられるかどうかが、キイスさんがもっとも危惧したところだった。「画家の山下清さんの『放浪日記』を繰り返し読んで、文章の特性を頭にしみこませてから翻訳にとりかかりました」とお答えすると、「実は私もチャーリイと同じ知能指数をもつ少年に文章を書いてもらって、それをもとにして書いたんですよ。作者と訳者が期せずして同じことをやっていたんですね」とほっとした顔をなさった。

それから数年後、キイスさんから小さな包みがとどいた。開けてみると、銀色のかわいいネズミがあらわれた。「妻のオーリアと、あるアート・フェスティバルに行きました…そこで銀細工のネズミのイヤリングを見つけ…妻と私は声をそろえてこう言いました。これはミセス・オビにぜひとも贈らなければと…これを見るたびに、『アルジャーノン』は、私とあなたの心のあいだに通いあったもののシンボルであることを思い出してください…」

私はいまもそれを目の前において、キイスさんの温かな心とさえた目を偲（しの）びながら、ありがとう、キイスさん、と心のなかでつぶやいている。（翻訳家）

二〇一四年六月二五日

戦友への弔辞
深町幸男さんを悼む

早坂暁

深町幸男（ふかまち・ゆきお）さんは、私と最も多くの仕事をした演出家です。

私にとって記念すべき作品のほとんどを、すぐれたカメラワークで撮ってくれました。

「夢千代日記」（吉永小百合（よしなが・さゆり）主演）、「花へんろ」（桃井（ももい）かおり主演）を筆頭に「冬の桃」（小林桂樹（こばやし・けいじゅ）主演）、「事件シリーズ」（若山富三郎（わかやま・とみさぶろう）主演）などです。

深町さんはもともと新東宝の助監督をしていたので、そのカメラワークは映画的でした。つまり、奥行きのあるカメラワークです。

だから、NHKにあっても、和田勉（わだ・べん）さんの「アップ」の手法とは対極に、「ロングの深町」の異名をとりました。

私の作品は社会性の強いものが多かったからか、内外からの圧力、批判も強くありましたが、彼は一言も弱音をこぼさず、ある意味では防波堤ともなってくれて、作品を撮り続けてくれました。

年齢は私が一つ上で、いわゆる戦中派の最後尾の同志です。そのせいか、私は彼のことを〝戦友〟の感覚でとらえています。

そうです。私と深町さんは、過酷なテレビ戦線での〝戦友〟でした。

最近、「花へんろ」について、作者と演出家として対談をする機会がありました。その時、つえを手にして体調が悪そうなので心配していたのですが、都内の自宅で倒れているのが発見されたと聞き、強いショックを受けました。

私は悲しみをこらえて、彼への葬送曲をおくりたいと思う。私が敗戦の年に入校した海軍兵学校で歌っていた「同期の桜」の一節です。

〽血肉分けたる　仲ではないが　なぜか気が合うて　忘れられぬ

晩年に「長崎ぶらぶら節」で念願の映画監督を果たしたとき、私は遠くから拍手をおくりました。あなたがあくまでも映画監督をめざしていたことを、私は知っていたからです。

どうか、あの世で、私の作品を、映画として撮りまくってください。だって、「夢千代日記」に出ていた林隆三（はやし・りゅうぞう）さん、中条静夫（ちゅうじょう・しずお）さんをはじめ、「花へんろ」の沢村貞子（さわむら・さだこ）さんや河原崎長一郎（かわらさき・ちょういちろう）さんたちは、そちらにいっているのですから。

そうだ、台本はすべて中条さんと下條正巳（しもじょう・まさみ）さんの葬儀の時、彼らの遺言に従って、お棺の中に入れていますよ。合掌。

（作家、脚本家）

二〇一四年七月一四日

志を貫いた神話的芸術家 河原温さんを悼む

建畠晢

河原温（かわら・おん）の訃報が伝えられた。1960年代半ばから半世紀にわたって、ニューヨークを拠点に「概念芸術」とよばれる現代美術の極北というべき動向を領導し続けてきた瞠目（どうもく）すべき存在であった。目まぐるしく変化する国際的なアートシーンにあって、強固に一つの志を貫き通してきた軌跡は、多くのアーティストたちの畏敬のまなざしを集めてきたといってよい。

実に異例の人でもあった。それは他に掛け替えのない傑出した才能ということでもあるが、またアーティストとしての生き方において、きわめて特異な姿勢を示してきたということでもある。

一切、ポートレートの撮影を許さなかったこと、一晩中でも話し続けるような無類の饒舌家（じょうぜつか）であるにもかかわらず、すべてオフレコで、ジャーナリズムの取材に応じなかったこと、画廊の個展のみならず欧米の名門美術館の回顧展でも自らは会場を訪れなかったことなど、さまざまな謎のエピソードに包まれた神話的な人物でもあったのだ。

河原温は33年に愛知県刈谷市に生まれた。50年代には人体をグロテスクに解体させた〈浴室〉シリーズなど、限界状況下の人間像を描いた作品を制作していたが、その後日本を離れ、65年からはニューヨークに定住している。

概念芸術を代表する彼の最も重要なシリーズは〈日付絵画〉とよばれる作品で、モノクロームの地塗りの上に制作当日の日付を活字体で描くという、いわば日めくりカレンダーのような画面のタブローである。

66年から最晩年まで同じ方法で描き続けられたこのシリーズは、ただ無機的な数字が並んでいるにすぎない。だが、その日付は、目にする私たちもまた生きていたに違いない一日であることによって、記号だけの作品を媒介にして各人の記憶や経験が深く思い起こされることになるのである。

概念芸術とは、作品を審美的に鑑賞するのではなく、文字や記号、図面、写真などの理知的な手段によって思考の働きを直接的に喚起しようとする芸術だが、河原温はその中でも哲学的な思索の深さにおいて抜きんでたアーティストであった。

もう一つの代表的なシリーズ〈I AM STILL ALIVE〉は、世界各地の知人に英文の電報で「ワレ、イマダ存命セリ」というメッセージだけを送り続けるというものだが、ここでは文字すらも電報局任せになり、作者の主体的な造形表現は一切、切り捨てられてしまっている。

時間や場所、生存という、人間にとって最も根源的な事実を極度の客観性をもって伝えるこうしたシリーズは、それが誰にとっても自らの存在に立ち返ってくる問題だけに、より普遍的なコミュニケーションの可能性をアートの世界にもたらしたともいいうるだろう。

私は彼に、なぜ自分の個展に顔を出さないのかと尋ねたことがあった。答えは「他人がした展示を見るとつい文句をつけたくなってしまうので、見ないことにしている」であった。作品のメッセージとは作者の手を離れてしまえば公のものだということであろうか。

その日付絵画も電報も、もはや更新されることはなくなってしまった。敬愛すべきアーティストの死とともに一つの時代が終わってしまったのだという感慨を禁じえない。（京都市立芸大学長）

二〇一四年七月一八日

「鬼才」、生涯枯れず ロリン・マゼール氏を悼む

山田治生

ロリン・マゼールほど、「鬼才」という呼び方がふさわしい指揮者はいない。

8歳で指揮デビューした彼は、10歳を少し超えたころにNBC交響楽団やニューヨーク・フィルを振るなどの神童伝説を残した。1960年には伝統あるバイロイト音楽祭に同音楽祭最年少指揮者として登場。そして82年、ウィーン国立歌劇場の総監督に就任し、音楽界の頂点を極めた。

ウィーン・フィルとのニューイヤー・コンサートではバイオリンを弾きながらの指揮も披露した。ベートーベンの全交響曲を1日で指揮してしまうという離れ業をやってのけたこともある。そのかたわら、オペラや協奏曲などの作曲にも取り組んでいた。

マゼールほど、老いを感じさせない指揮者も珍しかった。80歳を過ぎても、さっそうと舞台に現れ、真っすぐに立ち、情熱的にオーケストラを繰った。その音楽性もまた、決して枯れることなく、いつも若々しく、ドラマチックで、濃密で、しゃれがきいていて、どこか挑戦的だった。

いつのまにか、われわれは、マゼールに老いることも死ぬこともイメージできなくなっていた。それゆえ、彼の突然の死は、84歳という高齢であったにもかかわらず、世界中を驚かせた。

マゼールのレパートリーは、バロックから現代音楽まで非常に広かったが、彼は、マーラー、ブルックナー、R・シュトラウスなどの大管弦楽を要する後期ロマン派の作品を最も得意としていたといえよう。ときに見えを切るような大胆な表現が聴衆を魅了した。

舞台を降りても、マゼールはサービス精神が旺盛で、本当のプロフェッショナルだった。昨年4月の来日公演でインタビューした際にも、質問にユーモアを交えて丁寧に答えてくれた。

「信じられないことに17年3月のウィーン・フィルとの演奏旅行まで決まっているんだよ」といささかあきれながら語り、休暇を取って作曲をしたり、自伝を書いたりしたいとも言っていた。

「私は素晴らしい人生を送ってきた」と語ったマゼール。日本の聴衆も、63年の初来日以来、マエストロから半世紀以上にわたって素晴らしい音楽をいただいた。心から感謝したい。(音楽評論家)

二〇一四年八月一五日

すごみから洗練へ L・バコールさんを悼む

品田雄吉

第2次世界大戦が終わると、あふれるように入ってきた米国映画を、娯楽と世界の情報に飢えていた私たちは、むさぼるように見た。その米国映画の黄金期を代表する大女優の一人、ローレン・バコールが亡くなった。

彼女の売り出し当時、とりわけ強い印象を受けたのは、ハワード・ホークス監督、アーネスト・ヘミングウェー原作、ハンフリー・ボガート主演の「脱出」(米国公開1944年)で、これが彼女の映画初出演作だった。脚色に有名な作家ウィリアム・フォークナーも名を連ねている作品だったが、そんな中で最も鮮烈な印象を残したのは、19歳の新人女優バコールだった。

ファッションモデルをしていたことがうなずける1メートル74センチのスレンダーな長身、大きく鋭い目、そしてちょっとざらついたハスキーボイス…。それは男にこびない女が持つハードボイルドな魅力を体現していた。

ところが、当時「ザ・ルック」と称された、独特の上目遣いの強いまなざしは、自らの緊張を隠すためだったというから意外である。

彼女を発見したのは、ホークス監督の夫人だった。ファッション雑誌に掲載されたバコールの写真に目を留め、夫に薦めたのが、女優バコール誕生のきっかけだという。

その魅力に打たれたのは映画ファンだけではなかった。共演した大スター、ボガートはこの新人女優を愛して45年に結婚。20歳以上の年の差を越えて、仲むつまじい夫婦になった。

すごみのある若い女という強烈なイメージで売り出したバコールは、その後も「三つ数えろ」「キー・ラーゴ」といったハードボイルド調のアクション映画で夫と共演して活躍を続ける一方、50年代からは「百万長者と結婚する方法」「バラの肌着」「求婚専科」などのしゃれたロマンチックコメディーで、洗練された女の魅力を発揮するようになる。

60年代以降はブロードウェーの舞台にも積極的に出演。ここでも演じる役柄のイメージを豊かに膨らませていったのだった。バコールの女優人生は、突っ張った娘から、繊細で豊かな感受性に彩られた大人の女への熟成といえる。

年齢とともに、映画から舞台、テレビと、仕事の場を変えていったが、女優として、まさに栄光にあふれた、悔いのない生涯だったといえるだろう。(映画評論家)

二〇一四年八月一八日①

哲学の楽しさを示す生き方
木田元さんを悼む

大塚信一

テレビで甲子園の高校野球を見ているときに、木田元（きだ・げん）氏の訃報がもたらされた。お元気でいらっしゃるとばかり思い込んでいたので、その衝撃は強烈だった。

編集者として、1970年に岩波新書で「現象学」を執筆してもらったのが最初だった。当時、現象学がどんな学問であるか知っている人は少なかったと思う。が、木田氏はその歴史と意義を実に平易明快に解説してくれた。「分かりやすすぎる」という奇妙な書評も出たが、多くの読者が手にとり、現代哲学の先端を理解することができた。

そのころ、木田氏と思想史家の生松敬三（いきまつ・けいぞう）氏と私は、よく一緒に飲む機会があった。木田、生松氏は40歳代、私は30歳になったばかり。時折、斎藤忍随（さいとう・にんずい）氏（哲学者、東京大）や小野二郎（おの・じろう）氏（英文学者、明治大）らも加わり、哲学者の宴とはこんなに楽しいものか、と感嘆せずにはいられなかった。のちにソシュール研究で名をはせる丸山圭三郎（まるやま・けいざぶろう）氏について教えてもらったのも、そうした酒宴の折だった。丸山氏の名著「ソシュールの思想」はこうして誕生した。

木田氏は東北大の出身だった。大学時代からの友人の一人に哲学者の滝浦静雄（たきうら・しずお）氏（東北大）がいた。親友の2人は、東京と仙台でそれぞれ、「あいつは今ごろ何をしているかな」と私に語り、長距離電話をかけるのが常だった。メルロポンティの「眼と精神」や「行動の構造」の共訳は見事なものだった。他に木田氏の翻訳の仕事として、カッシーラーやパノフスキーの著作がある。

それから21世紀に入るまでの三十数年間、木田氏には何冊もの本を書いてもらった。なかでも、「ハイデガー」「ハイデガーの思想」「偶然性と運命」「ハイデガー『存在と時間』の構築」は忘れがたい。

20世紀哲学の最高の達成といわれる「存在と時間」は未完の書である。木田氏はその再構築を企てた。それは生涯をかけて追究してきたハイデガー研究の総括といえるものであった。同時にそれは、並の探偵小説などでは足元にも及ばぬ、スリリングな体験を与えてくれるものでもあった。

哲学を重箱の隅をつっつくアカデミズムの解釈学から解放し、「哲学と反哲学」「反哲学史」などで、真に豊かな人間存在の解明の学とした木田元氏。さらに「闇屋になりそこねた哲学者」「猿飛佐助からハイデガーへ」など、氏の軽妙なエッセーも捨てがたい。

私には、木田元氏の生き方そのものが、哲学の楽しさを示すものであった、と思えてならない。木田氏や生松氏とともに生きることができた幸せに、勝るものはない。

ご冥福をお祈り申し上げる。（岩波書店元社長）

二〇一四年八月一八日②

心優しき「改革者」ブリュッヘン氏を悼む

延原武春

「オーケストラの音楽は、18世紀と19世紀とでは指揮者を代えなければいけない」—。1980年代初頭。ブリュッヘンと私は和歌山から大阪に向かう列車の中にいた。つり革を持ちながらの立ち話で、彼はそんなことを語っていた。関西の主要都市で共演をした時のことだ。

行動を共にした数日の間にさまざまなアドバイスを与えてくれた。いずれも強烈なインパクトに満ちていた。彼はリコーダー奏者でありながら弦楽器に精通していた。それゆえに弦楽器奏者への要求は厳格。しかもそれまでの「常識」を根底から覆す内容だった。まさに目からうろこの落ちる思いだった。今振り返ってみても、クラシック界の10年後を明確に示唆していたように思う。

「18世紀の音楽は指揮者の音楽ではない。演奏者一人一人が自分で考え、創造しなければいけない」。そう語る彼の言葉には、深く思考する哲学者の匂いがあった。また、相当な「劇薬」だったにもかかわらず、アドバイスはわれわれの中に自然に入っていった。それは優しく、全く権威的でない彼の人柄によるものだった。背が高く、足の長いすてきな「改革者」の姿がそこにあった。

再会を約し帰国した彼は間もなく、当時の楽器で演奏する「18世紀オーケストラ」を結成した。「ついに理想に向かって動き始めた」と、その将来が楽しみだった。それから三十数年。ベルリンフィルのメンバーにも、古楽器を持つべきだと考える奏者が半分以上いるという。「18世紀と19世紀を分ける」彼の理想は実を結び、世界の演奏者の基本的な考えとなりつつある。「実現しましたね」と一言伝えたかったが、もう彼はいない。

晩年に新日本フィルを指揮したとき、オーケストラのメンバーを缶詰め状態で徹底的に指導したと聞く。そこから生まれたハイドンの響きは、多くの聴衆を感動させた。きっとオーケストラのメンバーの心に「演奏者自身が創造する18世紀の音楽」という感覚が深く刻まれたことだろう。再会の約束は果たせなかったが、彼の理想は着実に日本にも定着しつつある。「感謝」といえば語弊があるかもしれないが、それによく似た思いを抱きつつ、心優しき「改革者」の冥福を祈りたい。(指揮者、オーボエ奏者)

二〇一四年八月二八日

にじみ出る温かな味わい　米倉斉加年さんを悼む

大笹吉雄

訃報を聞いて、拙宅の廊下に掛けてある版画にあらためて見入った。越路吹雪の最後の舞台「古風なコメディ」（アルブーゾフ作、宇野重吉演出、1980年）を描いた米倉さんのそれで、ロシア婦人の扮装（ふんそう）をした立ち姿に越路らしい表情が表れている。越路の相手役が米倉さんでもあり、サナトリウムの老院長という役だったが、舞台も越路もよほど気に入っての作画だったのだろう。観劇してほどなく、画廊で見つけて即座に買った。

俳優の追悼を絵の話ではじめたのは、米倉さんが国際的な児童図書展で2度までもグランプリを受賞した絵本作家でもあったからだ。受賞は前記の舞台の直前である。版画も絵本の絵も、その演技にどこか通底していると思うのは、相手の演技を軽く受け止め、柔らかく包み込むような芸質だったからである。が、若いころの米倉さんは、むしろ逆の、積極的な演技を見せた。

劇団民芸の演劇研究所を卒業した後、米倉さんは同期生らと青年芸術劇場、略称を青芸といった劇団を立ち上げ、第1回公演「遠くまで行くんだ」（福田善之作、観世栄夫演出）を上演したのは、61年だった。作者と演出家がこの劇団の顧問格で、米倉さんはその中心にいて仲間をリードする存在であり、そういう演技を見せたのである。

64年に民芸に戻り、65年に宇野重吉のウラジミール、米倉さんのエストラゴンで「ゴドーを待ちながら」（ベケット作、渡辺浩子演出）を共演した後、演出家としてデビューしたのは74年の「銅の李舜臣」（金芝河作）だった。軍事政権下の韓国の、反体制派の詩人による戯曲の上演である。

ここにも米倉さんの積極性を見ることができるが、同時に忘れがたいのは、民芸在籍中から出演していた東宝の森光子主演「放浪記」（菊田一夫作）の、白坂五郎役だ。林芙美子をめぐる芸術家の一人として、長く持ち役になった米倉さんの白坂は、語り口も柔らかく、にじみ出てくる味わいが、ほんわりと温かかった。

結局はこれが米倉さんの本領だったのだろう。あの版画もそういうものなのである。安らかにお休みください。どうか。（演劇評論家）

二〇一四年九月三日

いつも別れがたくなる 稲葉真弓さんを悼む

平田俊子

8月の最後の日、稲葉真弓（いなば・まゆみ）さんの訃報が届いた。もっともっと生きていなければいけない人だった。生きて、書いていかなければならない人だった。なのにどうして。

真摯（しんし）で凛々（りり）しい人だった。度量が広くて優しかった。朗らかで、冗談が好きで、大胆だった。そして書くことに命を燃やしていた。私は稲葉さんが大好きだった。姉のように慕っていた。

最後にお目にかかったのは6月の半ばだった。今年の春に出された詩集「連作・志摩 ひかりへの旅」を朗読されると知って聞きにいった。会場は東京・駒込の小さな教会だった。開演時間をわずかに過ぎて、稲葉さんは息せき切って現れた。改札口を間違えて遠回りしてしまったそうだ。落ち着いた色の和服を召し、夏物の薄いショールを肩にかけておられた。品のいいお香のにおいがした。いつも通りのおしゃれな稲葉さんだった。仲のいい妹さんとご一緒だった。

もともとほっそりした稲葉さんだが、この日はさらに細くなっていた。腸閉塞（へいそく）にかかって何も食べられなかったと、朗読の前におっしゃった。最初のうち声がかすれたが、その後は弾力のある声で読んでいった。フェリーニの映画「道」に触れた詩「あと百年」では、映画のテーマ曲を歌った。詩集では「らーら　らら ら…」と平仮名で書かれた箇所だ。詩集を読んだだけではわからなかったが、稲葉さんのなかでこの一行はメロディーを伴っているのだなと思った。

1時間の朗読が終わったあと、近所の居酒屋に移動して10人ほどで稲葉さんを囲んだ。稲葉さんは料理にほとんど箸をつけず、大好きなお酒も頼まなかった。でも終始にこやかで、朗読を聞きにきた大学の教え子にも優しい言葉をかけていた。

帰り道、数人で山手線に乗った。皆より先に電車をおりるとき、私は「稲葉さん、じゃあまた」と手を伸ばした。稲葉さんは私の手を握りながら「またね。このまま連れていきたいー」と冗談めかしておっしゃった。「一緒にいきたいです」と私も笑いながら答えた。本心だった。別れがたかった。稲葉さんと会うといつも別れがたくなる。おからだに障ると思って控えたが、あのままいってしまえばよかった。そしたら大事な話ができたかもしれない。

本当にまた会えると思っていた。深刻など病気だと、よそでちらりと耳にしたが、回復されると信じていた。朗読する稲葉さんの声には力があった。その力を信じたかった。

たくさんの詩集や小説がある稲葉さんだが、小説「海松（みる）」から「半島へ」に至る躍進には目を見張らされた。3年前に出された「半島へ」は、作家・稲葉真弓の恐るべき腕力を示す傑作だった。ますます稲葉さんから目が離せないと思っていたのに、何と残酷なことだろう。

小説で高い評価を得たあとも、若いころから書いてきた詩を稲葉さんは手放さなかった。詩をずっと愛しておられた。このことも心に留めておきたいと思う。（詩人）

二〇一四年九月五日

稲作を風に巻き込む風景
宮脇愛子さんを悼む

山口勝弘

私が宮脇愛子さんと出会ったのは、インテリア専門雑誌「ジャパンインテリアデザイン」の編集長だった作本邦治さんのご紹介で、１９６０年代中ごろでした。

小柄な体なのに、大きな重いキャンバス作品を制作していました。当時の作品については、後に原美術館で開かれた展覧会（96年）のカタログに批評を書きました。

宮脇さんは若いころからフランス語を学んでおり、パリでは、写真家マン・レイがモナリザのポーズを取らせて撮影した62年の写真で有名になりました。

代表作「うつろひ」シリーズは、細くてしなやかなステンレスワイヤを使った抽象彫刻でした。その弧で空中に絵を描くという発想から生まれ、89年にはパリのラ・デファンス広場での設置が実現し、世界的な作家となりました。

90年には、夫で建築家の磯崎新さんが設計したスペイン・バルセロナの屋内競技場（92年バルセロナ五輪会場）の前の広場に「うつろひ」（カタルーニャ芸術評論家賞受賞）を設置しました。

その後、国内外で展覧会や「うつろひ」の設置が続き、その多忙から体調を崩し、97年に脳梗塞を発症しました。

私自身も同じ病を得て介護施設に入居していました。その施設へ宮脇さんも入居を希望し、私の隣の部屋で久しぶりにお目にかかることになりました。

彼女のアトリエの助手、松田昭一さんが入れるエスプレッソとチーズケーキのおやつをご一緒させていただくこともありました。

その宮脇さんの「うつろひ」が２０１１年に台湾の南港駅エントランスに設置されるときも、ちょうど梅雨時でしたから、私は折り紙のてるてる坊主をプレゼントしました。そのころから少しずつ宮脇さんの体調が悪化し始めました。

入院した病室へ、私が表紙の挿絵を描いている芸術文化雑誌「紫明」を持って、お見舞いに行きました。そのときにお会いしたのが最後となりました。日本の夏が終わり、南海から台風が来る秋の季節を迎え、日本中の稲作を風に巻き込む風景こそ、あの「うつろひ」の原点でしょう。この風景を見ることもなく天国へ向かう身となり、とても悲しいことです。合掌。（美術家）

二〇一四年九月一四日

つややかな歌声は不滅
山口淑子さんを悼む

佐藤忠男

山口淑子（やまぐち・よしこ）さんが亡くなられた。本名は大鷹淑子（おおたか・よしこ）、かつての戦争中の歌手・女優としての芸名は李香蘭（り・こうらん）であった。1920年、中国東北部の旧満州の生まれである。父親が南満州鉄道（満鉄）社員で中国語教師であり、淑子に徹底的に中国公用語の北京官話を教えたことが彼女の運命を変えた。

成長して完璧な中国語で甘美な歌を歌える歌手になった彼女を、満州映画協会がスカウトして親日的な中国人歌手、李香蘭としてスターに仕上げたのである。彼女の歌の素晴らしさと美貌で、日中戦争中にもかかわらず中国でも日本でも大変な人気者になった。

「支那の夜」という映画が代表作である。当時日本では、初めは反日的な中国娘が長谷川一夫（はせがわ・かずお）の日本人船員に助けられて恋をして親日的に変わるというあたりが受けた。後に香港映画祭で、映画祭側の強い希望でこの作品が上映されたことがある。私はこのとき山口さんから相談を受け、香港での上映に立ち会った。

中国人の観客は、これが戦争中の日本の宣伝映画だということを承知の上で李香蘭の歌を楽しんだのだが、私の質問に答えて異口同音に言われたことが強く印象に残っている。李香蘭の中国娘が、日本人男性に反日的な言動を叱られて頬をたたかれる。すると彼女は、彼のその男らしさにほれる。そういう描き方は中国人の自尊心を無視しているので、これだけは腹に据えかねる、ということだった。私はそれを山口さんに報告した。

敗戦のとき、彼女は中国人の裏切り者として裁判にかけられ、実は日本人だと分かって釈放された。このとき彼女は自分が無知で幼いときから愛してきた中国の友人たちを裏切る結果になったと、心からわびの言葉を述べたという。

戦後帰国して本名の山口淑子として再びスターの地位につく。映画では谷口千吉（たにぐち・せんきち）監督の「暁の脱走」が代表作であろう。これは中国戦線で日本軍から脱走する兵士の恋人の役である。先に述べた香港の映画祭でも、代わりにこれをやってくれればいいのにと山口さんは残念がっておられた。

とはいえ、たとえ敵の宣伝映画であっても、主題歌のメロディーと歌手の素晴らしさが伝説的に語り伝えられているということのすごさは大したものではないだろうか。

戦後はしかし、歌手・女優としてより、政治家としての活動に打ち込む傾向が強まっていく。その原動力になっているのは、かつて自分が戦争を正当化する政治宣伝に使われたことへの反省である。これが本気であるところが彼女の一番の強さだった。

それと、中国育ちでいわゆる日本的なところが乏しくて、それは芸能界では有利ではなかったが、国際人としては存分に活動できて良かったのかもしれない。だが私にとっては何よりもまず歌手であり、あの歌声のつややかさこそは不滅だと思いたい。（映画評論家）

二〇一四年九月一八日

歌詞で絵を描く作詞家 山口洋子さんを悼む

平尾昌晃

山口洋子（やまぐち・ようこ）さんは歌詞で絵を描く作詞家でした。五木（いつき）ひろしの代表曲「よこはま・たそがれ」では歌詞に「裏町」や「スナック」、「木枯らし」などの言葉が出てきて、それだけで映画のワンシーンのような情景が浮かび上がってきた。

どこにでもある風景ですが、それができたのは山口さんが人の動きをよく観察していたからです。ママをしていた東京・銀座の高級クラブ「姫」だけでなく、電車や車に乗っているときにも人間ウオッチングを欠かさなかった。お酒の席で聞いた話は〝洋子メモ〟に書き留めていましたね。

2人で「よこはま―」を書くことになったのは1970年、私と山口さんが審査員を務めていた日本テレビ系「全日本歌謡選手権」がきっかけでした。五木君の歌を聴いた山口さんから「（2人で曲作りを）やりましょうよ」って電話がかかってきた。山口さんは五木君のギラギラとした、燃えるような瞳とやる気に引きつけられていたんです。

「姫」の2階の喫茶店で打ち合わせることになり、山口さんは初恋や失恋の歌などを6編書いてきた。その中に「よこはま―」がありました。最初、間が空いた歌詞だなと思ったのですが、次第に創作意欲が湧いてきた。20～30代の人でも分かるような歌にしたいと思って作曲しました。

山口さんが書いた歌詞に私がメロディーを付けてきましたが、1曲だけ私が先に曲を書いたのが「夜空」。73年に五木君が日本レコード大賞を受賞した曲です。

長野・軽井沢の山口さんの別荘に招かれ、ベランダで話していたときです。手が届きそうなほど星がきれいで、山口さんが「次の五木君の曲は『夜空』のタイトルにしない?」と。それで私がメロディーを作った。「レコード大賞は歌がうまいから取れるわけではない。新しいことに挑戦しましょう」ともおっしゃった。五木君にレコード大賞を取らせたいという執念を感じましたね。

山口さんには男性のようなきっぷの良さがあった。2人でディスカッションしながらできてしまう曲もあった。以心伝心というか、こちらが乗せられてしまうんです。

最後にお会いしたのは、2007年に私の作曲家生活40周年を記念したコンサートを開いたときでした。あのときも体調が悪かったのに、車いすで来てくださった。3、4年前から「昭和の歌を一緒に作りたい」と伝えていたけれど、実現できませんでした。すごく残念です。また2人で語り合って、たくさんいい歌を作りたかった。（作曲家・談）

二〇一四年九月二九日

整然とした思考と共感
宇沢弘文さんを悼む

松原隆一郎

理論経済学者の宇沢弘文先生といえば、ゼミ生でもない私までも飲みに連れて行ってくださった大学院生時代を思い出す。先生が常連である新宿のバーの扉を開くと、カウンターに安部公房氏、井上光晴氏という文学の大家が並んでいた。私が主人に代わって氷を割ると、井上氏が炭鉱で習ったという「正調炭坑節」を歌ってくれた（もっとも井上氏に炭鉱労働体験はない。学生をからかったのだろう）。

晩年には赤い上着を羽織り、お孫さんの手を引いて、よく東大駒場の敷地内を散策しておられた。雑然とした本郷とは異なり、駒場はキャンパスに自然が残りいかにも先生好みではある。

宇沢先生は研究においては「変分法」などの手法を用いて数理モデルを分析されたが、その手並みは簡潔で、エレガントとしか言いようのないものだった。しかし机上の論から離れると、混沌（こんとん）とした現実社会や美しい自然環境への関心を常にたたえておられた。

整然とした思考と外部世界へのあふれる共感、というのが私に映る宇沢先生その人だった。

「経済学の考え方」（岩波新書）は、経済学史に自己を位置づけた作品である。焦点のひとつは市場経済が安定的であるのか、不安定なのかだった。ロイ・ハロッド氏は労働と資本に代替がきかないという仮定のもと、市場はインフレか失業かという不安定をまぬがれないとした。一方、現在の経済学の主流である新古典派のロバート・ソロー氏らは、代替可能を前提にすれば市場は安定的な経済成長を保証するとした。これらに対し宇沢先生の「2部門経済成長モデル」は、資本と労働が代替的であっても消費財と資本財のいずれの部門に投じられるかで安定性は左右されるとし、その条件を提示した。

宇沢先生はさらに、新古典派が市場に楽観的であるのは投資を理解しないことを一因とすると批判した。投資が一定の時間の後にしか資本に結実しないのは事実で、だからこそビジネスは難しい。それなのに新古典派は資本財や労働者を集めるや瞬時に（しかも代替可能で）企業を組織できるという「可塑性」を前提にし、投資の困難を無視している。

市場は短時間でモノとしての設備調達を可能にする。しかし企業組織という資本は従業員や知識・技術が織りなす有機体であり、時間の流れの中でモノを取り込み変容する。宇沢先生はこうした「資本」理解を広げ、大気や森林などの自然環境、堤防・道路など社会インフラ、さらに法や教育・医療といった制度を「社会的共通資本」と総称された。それが時により市場との間で不均衡を起こし、社会問題を生じさせるのだ。バブルとその崩壊は自然や都市を劣化させる。そう予告したかのような洞察であった。

新古典派も数学表現を多用するが、それは可塑性のような恣意（しい）的な仮定にもとづく限り、自然や社会が織りなす「資本」の現実は表現できない。市場の混乱の多くは資本への共感や洞察抜きの経済学が後押しした。宇沢先生はそう警鐘を鳴らし、逝かれたのだった。（東大大学院教授）

二〇一四年一〇月二日

非核三原則に傾けた情熱
土井たか子さんを悼む

前田哲男

土井たか子さんの死を報じる記事に「大柄の体も小さくなって」とあるのを見て胸が詰まった。「小さくなった」社民党を体現して逝ったように感じられたからだ。晩節の心中には痛恨の思いがあったにちがいない。

じっさい大輪の花のような人だった。安倍晋三政権は「女性が輝く社会」を掲げるが、土井さんはすでに1989年、米誌タイムの表紙で「時の女性」と紹介されている。参院選で社会党が躍進し、自民党を過半数割れに追いこんだ時のことだ。アジアの女性政治家としては、インドのガンジー首相、フィリピンのアキノ大統領、パキスタンのブット首相に次ぐ登場だった。

土井さんの政治活動でいちばん印象に残るのは、衆院外務委員会での核軍縮への取り組みである。そこが議員活動の「指定席」だった。花形の予算委でなく外務委を選んだ理由を「私はしつこい性格なので、いったんとりあげたテーマは、いつでも、またとことんやりとげたいほうです。それには通年審議のチャンスがある外務委員会のほうが向いている」と書いている（著書「政治とわたし」）。大学院時代の修士論文のテーマが「国政調査権」だったことも加わって、外務委員・土井たか子の周到でしつこい論戦は閣僚の心胆を寒からしめたものだ。

とりわけ「非核三原則の法制化」に熱意を燃やした。67年に佐藤栄作首相が表明した非核三原則を、政府に「国是」と明言させたのは土井さんである。74年の外務委で木村俊夫外相から「私は国是であると思います」との答弁を引き出した。

また78年には、園田直外相に「憲法上、核兵器は持てない」と答えさせ、「憲法は防御用の核兵器保有を禁じていない」としてきた政府・自民党を慌てさせた。80年代の3度にわたる「非核三原則確認」の国会決議も外務委理事として主導した。

「法制化」はならなかったが、出身地の神戸市が全国の自治体で唯一、地元港に入る外国軍艦に「非核証明書」の提出を求める制度を導入、維持しているのも、土井さんの活動あってのことだ。

もとより日米安保体制には批判的ではあったが、ただの反米の人ではなかった。

87年、社会党委員長として訪れた米国で「たか子のたかは猛禽（もうきん）類・鷹（たか）を意味します。確かに私は私自身が信念として感じる問題を守るためには、強い意志をもって臨んでまいりました。しかし、私はいかなる意味においてもタカ派ではございません。両親はむしろ私を鳩（はと）と名付けるべきでした」と講演し、喝采を浴びた（著書「山の動く日」）。こうした柔軟さが後の「自社さ連立」の下地をつくり、村山富市内閣の実現に道を開いたともいえる。

惜しむらくは、冷戦後世界と向き合って、傾いた党勢を回復する力が、もはや「土井社会党」には残っていなかった。階級政党の古い殻から脱却できないまま、土井さんの時代は終わった。

国会のたびに国会図書館の議員専用室に閉じこもり、資料の山と格闘していた土井さんを思い出す。憲法が危機に直面しているいま、「憲法と結婚した」土井さんに別れを告げるのはつらいことである。（軍事ジャーナリスト）

二〇一四年一〇月九日

テレビドラマの芸術性追求
大山勝美さんを悼む

堀川とんこう

大先輩の突然の逝去の報に驚いている。先月、横浜で行われた「日韓中テレビ制作者フォーラム」に大山勝美（おおやま・かつみ）さんは連日出席されて、難しい時期の運営に心を砕き、熱心に発言もされていた。まさかこんなに早く、という思いである。

このフォーラムの実施団体「放送人の会」設立の主要メンバーで、テレビドラマの制作者としてばかりでなく、リーダーシップの面でも卓越した力を発揮されていた。私たちは大きな支柱を失うことになった。

私が出会ったのは1960年代はじめ、TBSに近鉄金曜劇場というドラマ枠があって数々の名作が作られた時代だった。新進気鋭のディレクターで「若もの」「正塚の婆さん」などの社会派ドラマを連発。「あとは野となれ」が夫人の女優渡辺美佐子（わたなべ・みさこ）さんとの出会いだったと記憶している。

当時、ドラマの助監督だった私をよく舞台などに連れて行ってくれた。その中で、ドラマにおける演出家の作家性の重要性などを学んだ。

TBS在職中は、山田太一（やまだ・たいち）さんと組んで「岸辺のアルバム」「ふぞろいの林檎（りんご）たち」などテレビ史に残る名作を世に送り出した。退職後も制作会社を設立し、「蔵」「長崎ぶらぶら節」などの大作を手掛けた。どの作品にも共通しているのは、徹底した人間観察に基づく物語の奥深さだ。テレビ草創期に「電気紙芝居」ともやゆされたテレビドラマの芸術性を高めるために懸命に戦った制作者の一人だった。

今年8月、大山さんからランチの誘いがあった。同業の石橋冠（いしばし・かん）さんと私の2人を招待したいというのだ。格別の用件があったわけではなく、石橋さんと私の2人が後期高齢者になってもまだ頑張って良い仕事をしたからご褒美だよと励ましてくださり、楽しいひと時を過ごした。が、大山さんが帰られた後、この招待は何だったのだろうと2人で顔を見合わせた。

お世話になった2人だが、別な見方をすれば私たちは、大山さんの足跡の一つともいえる。育てた、面倒を見たとはご自身はおっしゃらないだろうが、頑張っている後輩を見ることが喜びだったのではと、いま思う。

ドラマ一筋の人ではあったが、イベントやシンポジウムにも精力的に参加され、著作も多い。その旺盛な活動はテレビ界屈指である。昨今のテレビの変容を考えると、こういうジャイアントはもう現れないのではないかと思う。テレビドラマ全盛期を存分に生きた、偉大な放送人だった。合掌。（演出家）

二〇一四年一〇月二七日

誰も知らない出口を発見
赤瀬川原平さんを悼む

藤森照信

日本近代の前衛美術は、明治期末の印象派以来、ダダイズム、抽象絵画、シュールレアリスムなどなど、いつも欧米の影響を受けて走ってきた。

しかし、戦後、そうした外からの直接的刺激なしに、内から発酵するようにして独自の前衛的表現が生まれるようになる。各地で自生的に起こったいくつかの動きに身を投じた重要人物が赤瀬川原平さんだった。

1960年代、荒川修作さん、吉村益信さん、篠原有司男さんらとやった「ネオ・ダダイズム・オルガナイザーズ」、そして高松次郎さん、中西夏之さんと3人組で始めた「ハイレッド・センター」。こうした運動を通じて、赤瀬川さんは戦後の美術をけん引してゆく。例えば、パフォーマンスという概念すらなかったころに、街頭での行動を美術とし、また扇風機を紙とひもで梱包（こんぽう）して作品とした。

彼らの過激で過剰な表現を目撃した者には、欧米でその後起こってくるアバンギャルドは既視感があり、物足りなく見えたという。現在、世界の美術史研究者が赤瀬川さんたちの活動に注目し、展覧会を開くのは当然のことなのである。

しかし、赤瀬川さんは、過激で過剰な表現の果てに、絵筆をペンに替えて小説家となり、芥川賞を取るまでになる。

さらに、都市の路上に目を向け、街の片隅に隠れる不思議な物や奇妙な物を発見する活動を起こす。例えば、のぼった先のドアをつぶした結果生まれた〝のぼって降りるだけの階段〟とか、マンホールのふたとか。86年、赤瀬川さんを中心に南伸坊さんや筆者らが始めた「路上観察学会」である。こうした都市の見方は、その後、日本の若者に支持され、現在は世界へも広がっている。

赤瀬川さんのやることなすことは、最初、社会の目にも、時には近い人の目にも意味不明の無駄ごとに映るが、10年、20年とするうちに、いつしか社会の間に感染者が現れ、ついには誰が最初の発症者か分からなくなるような広がり方を特徴とした。

赤瀬川さん本人から見ると、自分はただその都度、後先考えずに興味の湧いたことをやっているだけなのに、しかし、社会の側が引き寄せられ、赤瀬川さんと社会の間にさまざまな出来事が起こってくる。「模型千円札」が事件化して裁判になったのも、そのようにして起こっている。そして、社会との間に起こることは避けることなくトコトン付き合い、その先に誰も知らない新しい出口を発見してゆく、そういう人であった。

自身が書いた文の末尾に肩書が必要な時には、「画家・作家」と必ず書いていた。理由を聞くと、「自分は画家になりたかったし、今でも画家のつもりで作家ではない」。現代美術の展覧会に一緒に行くと、「会場に入ったとたん、昔の自分を思い出して心が苦しくなる」とも言っていた。

77歳で逝かれたが、逝かれた先では、池のほとりにイーゼルを立て心置きなく風景画に取り組むだろう。それとも、イーゼルを立てた地面のひび割れでも観察しているか。（建築史家、建築家）

二〇一四年一一月一二日

世論におびえず、揺らがず 本島等さんを悼む

佐高信

人間のタイプを分けて「朝日派」と「夕日派」があるとするなら、本島はまちがいなく後者である。さまざまな屈折を経て波乱の人生を送り、そして沈んだ。

父親のいない子として差別を受け、隠れキリシタンの末裔（まつえい）としてクリスチャンになった本島は、この国では異端の少数派だった。

本島の京都大学時代の同期生に元アサヒビール社長の樋口広太郎がいる。やはりクリスチャンで、本島が委員長をやっていた京都カトリック学生連盟の活動を一緒にしていた。その樋口が後に勲章を断っている。本島が言うように、戦中派のこだわりが樋口にもあったのだろう。

本島は戦時中に熊本の旧陸軍西部軍管区教育隊に入り、山砲部隊の小隊長をしている。その後、後輩の教育を担当することになったが、「天皇陛下のために死ね」と、いつも教えていた。

「だから、ぼくにも戦争責任があるんです」。こうした思いが、1988年12月7日の長崎市議会での「天皇の戦争責任はある」という発言につながった。

この発言に自民党長崎県連などが騒然となって取り消しを求めると、本島は「撤回は私の（政治家生命の）死を意味する」と答えて、それを拒否する。

「勇気ある発言」と言われると、「バカ言うな、おれに勇気なんかあるか」と否定しているが、その気負いのなさが取り消しを拒ませたのだろう。本島によれば、「ボソボソ言っただけ」のこの発言はしかし、全国的な反響を呼び、翌年春、「長崎市長への7300通の手紙」（径書房）という本が出される。右翼の抗議が生命の危険を感じさせるほどになり、本島の意向によって、一度は刊行が中断されたが、出版されたのである。中にパートで働く女性のこんな手紙もあった。

「私達は、母子家庭で、長（崎）大二年の長女と来春大学受験の長男の三人家族ですが三人共今度の市長さんのお話を誇りに思い、日本一いや世界一の市長をいただいているこの長崎市に住めることを光栄に思っています。頑張って下さい、頑張って下さい、と右翼のスピーカーと同じ位の大きな声で一日中、日本中を貴方のために言って回りたい気持ちでいっぱいです。本当にどうぞお体には充分お気をつけて頑張って下さいませ」

しかし、90年1月18日、ついに本島は撃たれる。「週刊金曜日」の2008年5月30日号で対談したとき、「神はいないなんて気持ちにならないんですか」と尋ねると、本島は、「それによって信仰心が揺らぐことはありません」と答え、逆に私を「先生は若いんだから世論におびえず頑張ってください」と励ましてくれた。合掌。（評論家）

二〇一四年一一月一八日

本当の男らしさを演じて
高倉健さんを悼む

佐藤忠男

高倉健（たかくら・けん）さんは映画ではもっぱら寡黙な男を演じたので、何となくご本人自身がそういう人であるように私なども想像していたが、7～8年前、実際にお目にかかると、むしろ雄弁と言ってもいい、きちんとした話をしてくださる人だった。

私がある講演で彼の演技について、歌舞伎の辛抱立役（しんぼうたちやく）系の演技術を映画で完成した俳優だと述べたことを聞いて、「それはどういうことか、もっと詳しく説明してくれないか」と招かれたのだった。

ホテルで会ったのだが、彼が自分で入れてくれたコーヒー1杯で、4時間ぐらいも話し込んだ。それがとても高級なもので、コーヒーとはこうしていただくものだという良い趣味を教わったようなものだった。

どうも任侠（にんきょう）映画で確立されたあのもろ肌脱ぎで、日本刀を構えた健さんのイメージとは相当に違うので面食らった。彼の演技はすごんだ形だけで見せるようでいて実はそうではなく、よく工夫され、人の意見も真面目に聞いて研究されたものだと知って、私の方こそ発見する喜びを与えてもらえた貴重な機会だった。

辛抱立役とは、対立する権力者や敵の意地悪なやり方に耐えに耐え、軽はずみな動きをする若者などを抑えながら、最後には見事な決断で正義を行う、真に実力のある男の役である。高倉健をトップスターの位置に押し上げた1960年代のいわゆる任侠映画シリーズで、彼はそういう役を完成させた。

しかし、やくざの役だけでは、限られた範囲のファンには熱烈に受けても、国民的な俳優と言われるのは難しい。彼は任侠映画の一時的なブームが去った後、その役柄で築いた風格で、おとなしく善良な庶民の本当の男らしさを演じるという、文字通りの離れ業をやってのけた。

「幸福の黄色いハンカチ」「鉄道員（ぽっぽや）」がそれであり、彼は本当に男らしい男が、実は心優しくつつましい庶民でもあり得るという、すてきな人格のありようを示してくれたのである。

あの変化は脚本家や監督の力もあってのことであるが、やはり彼自身の、あの意外なほど謙虚で研究家で、知的探求心と洗練された趣味性もある人柄が生んだものだったのである。

そういう行き方で、まだまだいい役を開発できたのに、亡くなられたことが本当に惜しまれるのである。（映画評論家）

二〇一四年一一月二九日

敗者、周縁を忘れぬ思想家
松本健一さんを悼む

川本三郎

松本健一は日本という国のあり方をつねに考えていた。現代の日本はどうあるべきかを直視しようとし続けていた。

若い頃はドストエフスキーに引かれ、文芸評論をよく書いたが、次第に仕事は、歴史評論、近代日本思想史へと広がってゆき、近年ではスケールの大きい思想家として巨人の風貌を持っていた。

昭和21（1946）年群馬県生まれ。戦後日本と同じ時間を生きてきた。しかも、子供時代を過ごした町には米軍基地があった。占領下の日本（オキュパイドジャパン）を子供ながらに体験した。豊かなアメリカへの憧れと、占領軍アメリカへの反発と、相対する感情を持った。そこから日本という国の行く末を真剣に考えるようになったのだろう。

最初の仕事はまだ20代の時に出版した「若き北一輝」。二・二六事件の思想的支柱になった人物の本は、当時、「右翼」と誤解されることもあったが、松本健一は、北一輝を欧米列強の圧力のなかで、日本が独立国家としてどう歩んだらいいかを考え抜いた思想家と位置づけた。

北一輝が新潟県の佐渡島の人という事実も重視した。島から日本全体を考える。島から世界をとらえる。それはちょうど日本という島から世界をとらえることと重なり合った。

松本健一は幕末という動乱期が好きだった。国を憂うる志士たちが、新しい国をつくるために命がけで戦う。そこに人間たちの熱い物語を見ようとした。その点で、松本健一が尊敬していた司馬遼太郎と似ていた。

幕末を語るとき、勝者の側からだけではなく敗れた側、とりわけ会津藩の人々に着目したのは松本健一らしい。それはちょうど島から日本を、世界をとらえようとしたことに似ている。松本健一の歴史を見る目は、いつも、中心だけではなく周縁にも届いていた。

幕末と並んで松本健一が関心を持った時代は昭和の戦前期。次第に西欧列強に肩を並べるようになった日本が、最後には無謀な戦争に走ってしまう。どうしてそうなったのか。戦争を避ける道はなかったのか。松本健一の大きなテーマになっていた。

日本の頂点に立つ明治天皇、昭和天皇を語りながら、松本健一は、他方で、歴史に埋もれている草莽（そうもう）の臣のことを忘れなかった。昭和の戦争を語る時には、沖縄戦の犠牲者を忘れなかった。

勤勉実直な人柄で、実によく勉強していた。史料を踏まえるだけではなく、よく旅をし、自分の目で日本各地を、そして世界を見ていた。アイルランドに興味を持っていたのが印象に残っている。

私は松本健一とは東大の同級生になる。こちらがジーンズなのに彼は着流し姿だった。1浪した私より年下だったが、ずっと大人に見えた。そして、ひと足先に物書きとして立った松本は、遅れてこの世界に入った私を励まし続けてくれた。年下の松本が先に逝ってしまうとは。まだ別れの言葉がうまく出ない。

（評論家）

二〇一四年一二月一日

無頼のすごみあるスター　菅原文太さんを悼む

寺脇研

ともに東映やくざ映画を代表する大スターでありながら、菅原文太（すがわら・ぶんた）は先日亡くなった高倉健（たかくら・けん）とは全く違う道を歩んだ。生え抜きで最初から本流を進んだ高倉と違い、倒産する新東宝など幾つもの映画会社を渡り歩いた末、30代半ばにして東映に居場所を得る。

既に端正な正統派やくざ映画路線を確立していた高倉に対し、菅原の活路は人間くささ丸出しのリアルな現代やくざを演じ抜くことだった。いくつかの単発主演を経て「現代やくざ」（1969～72年）、「まむしの兄弟」（71～75年）といった人気シリーズを得る。

そして深作欣二（ふかさく・きんじ）監督との出会いが、さらなる新境地を開いた。「人斬り与太　狂犬三兄弟」など社会の吹きだまりに生息する連中の生態を生々しく暴く方向から、日本の戦後史の裏側をえぐる名作「仁義なき戦い」（73～74年）が生まれたのである。その実録やくざ映画の隆盛が、結果として高倉を東映から去らせることになった。

東映を独り支える存在となった菅原は、さらなる大ヒットシリーズ「トラック野郎」でコミカルな一面を見せ、広くやくざ映画ファン以外にも人気を得るようになる。

その後は、寺山修司（てらやま・しゅうじ）監督「ボクサー」、三船敏郎（みふね・としろう）製作の「犬笛」、長谷川和彦（はせがわ・かずひこ）監督で沢田研二（さわだ・けんじ）と共演の「太陽を盗んだ男」とさまざまな形で活動の幅を広げていった。80年代以降はＮＨＫ大河ドラマなどテレビにも登場するようになる。

しかし、高倉のように「国民的俳優」という方向には行かなかった。あくまでも無頼の世界の匂いを払拭（ふっしょく）することなく、年を重ねていく。最後の主演作となった「わたしのグランパ」（2003年）でも、少女を守る刑務所帰りの祖父役で静かなすごみを見せた。

すごみといえば、晩年は自ら山梨県で営農しつつ国の農業、地方振興政策に対し積極的に発言し、特に東日本大震災後は復興や原発問題に関して、時には運動の前線に立つことも。

社会に訴える手段として持っていたラジオ番組に、教育を語るゲストとして呼んでもらった際、長年見続けた「文太」を前に緊張したのを覚えている。柔らかい語り口の中にも強い意志を感じたものだ。最後まで世を憂え発信を続けた菅原は、戦後日本の歴史とそれが抱えてきた問題点を、俳優と個人双方の立場でわれわれに伝えてくれたのである。（映画評論家）

平成二十七年

2015

二〇一五年一月八日

頑固で変わった親友
宮尾登美子さんを悼む

加賀乙彦

宮尾さんと知り合ったのは、自伝小説の第1冊、「櫂（かい）」が筑摩書房主催の太宰治賞に決まってからだから、40年以上のお付き合いである。その授賞式で、私が受賞作を激賞する声をかけてから急に親友になってしまった。

次々に出版された作品が、女流文学賞、直木賞と続いて受賞して、そのお祝いの会合で会うというほか、個人的に会うという機会が増えた。銀座が大好きで料亭での最高級の食事が多かった。無論宮尾さんのご招待である。彼女は下戸で酒は飲めないのに、銀座のバーと10軒ほど懇意にしていた。自分はウーロン茶を酒のように飲んでみせて、客が飲むのをうれしそうに眺めているのだった。

嫌いな乗り物は、地下鉄と飛行機で、前者はトンネルの天井が落ちるから、後者は無論墜落するのが怖いという理由だった。したがって都内の移動はハイヤーかタクシー、外国には旅行しない、知らなくていいと言い張っていた。それが、「クレオパトラ」を朝日新聞に連載するころには、現地調査のために平気でジェット機に乗っていたのには驚かされた。

作家としての宮尾さんの傑作は子供の時代を描いた「櫂」をはじめとして、満州よりの引き揚げを描いた「朱夏（しゅか）」までの自伝小説数冊、多くの女性の苦闘を描いた諸作品もよく書けていると思う。これらと違って、男性を主人公とした「錦」は、私が親鸞賞の選者の一人として推奨した作品で、古典織物の再生にささげた生涯を描いた傑作だと思う。

「宮尾本　平家物語」を作家として全力をあげて書くために、画家の野田弘志（のだ・ひろし）さんの誘いで北海道の伊達市近郊に豪華な書斎を新築したのは1999年ごろだった。伊達市には宮尾登美子文学記念館が建てられた。しかし作品が完成すると、せっかくつくった書斎を売って東京に帰り、私の友人が売りたがっていた長野県の中軽井沢の土地を買って別荘をつくり、夏を過ごしていた。この別荘には私は足しげく通って旧交を温めたものである。

年を取ってきたら、故郷の高知で暮らしたくなったと不意に言って、高知城の近くのマンションに住みこみ、天守閣が眺められると喜んでいた。「錦」の完成を祝って高知で講演をしてくれというので、私は出かけて行き、講演したが、高知で出会う約束の宮尾さんは現れなかった。

去年、2014年の夏ごろから、突然宮尾さんとの連絡が取れなくなった。その夏は軽井沢で彼女がご馳走（ちそう）をしてくれるという約束を春にしたので、何回か電話してみたが、通じない。心配していると、突然訃報がつたえられた。

老衰のためと報道されたが、晩年の宮尾さんは、亡くなったご主人が蛇になって襲いかかってくる夢を見て、驚いてベッドから落ち、背骨を曲げてしまっていた。整形外科医を紹介するから、ぜひ治療しなさいと勧めたが、自分の人生は終わりに近い、医者にかかって痛い目に遭うのは、もう嫌だと、私の勧めをこばんだ。ああ、頑固で変わった親友であった。（作家）

二〇一五年一月二二日

文字に込めた魂の集積
陳舜臣さんを悼む

玉岡かおる

陳舜臣先生の訃報。それは歴史小説界の巨星を喪（うしな）った、という社会的事象であるのはもちろんだが、台湾と日本、中国と日本という、未来にかかわる歴史の生き証人を喪った事実であるのも否めないだろう。

戦前の神戸で生まれ、日本人として育ちながら、敗戦により台湾へ帰属。みずからのアイデンティティーを探る心の彷徨（ほうこう）は、著書「道半ば」にも明らかだが、両方の国を愛する姿勢が、中国を舞台とする陳作品で数々の大作になって花開いた。

学生のころ、父の書棚から盗み出すようにして読んだ「鄭成功」や「阿片戦争」は、確実に私を〝歴女〟へと育てたが、どれほど多くの読者が陳作品で、学校の授業では学べない中国と、エキサイティングに接しただろう。

後年、若輩の私が同じ神戸の作家というご縁で陳先生と対談できる幸運に恵まれた時はうれしかった。2003年のことだから、10年以上も前のことになる。

場所も印象的だった。神戸市垂水区にある移情閣。陳先生が「青山一髪」で描かれた孫文ゆかりの場所である。そして私も、「天涯の船」で同じ孫文を描こうとしていた。

「歴史小説を書くなんて、えらいねえ」

まるで娘にでも言うように、穏やかに言ってくださったが、そう言うご自分はその歴史小説を、何巻組にもおよぶ大長編で書かれているのだから、なんだかおかしかった。

日中談議がなごやかに進んだので、持参してきた先生の著書に、サインをお願いした。ところが陳先生は、笑顔のまま、思案してしまわれた。何か失礼なことをしでかしたのかと焦っていると、先生に付き添って来られていた奥様がおっしゃった。病気をしてから手が自在には動かなくてねえ、と。

そんなことも知らなくて—後はただもう、あたふた。若さゆえ健康ゆえのおごりを恥じた。すると先生は、数分の思案の後に、にこやかにペンを執られた。

「このごろは、1日に書けるのは400字。陳舜臣、と3文字、あなたのために書いたから、今日書けるのはあと397文字だ」

それは小説家という、文字で物語を築く人が、命をしぼりながら記す行為だった。作品とは、400字、300枚と積み重なった、作家の魂の集積。自身は限りある命を生きる人間ながら、生身の肉体を小説に捧（ささ）げ、1文字にも言霊をそそぎこむ宿命の者であると、震える3文字が、教えてくれた。

陳先生がその後も、最期まで作家として文字に思いを込められていたことは言うまでもない。今はただ、そのようにして命を吹き込まれた陳作品が、読者の心の中で永遠を生きることのみ、願っている。（作家）

二〇一五年一月三〇日

文学への揺るぎない尺度
河野多恵子さんを悼む

池澤夏樹

河野多恵子さんが亡くなった。

「若い女性が六十歳で、中年の男性が八十歳で、年長の女性が百歳で亡くなったにしろ、あまりに早く亡くなったと、わたしはやっぱり感じるにちがいない」というのは「血と貝殻」の一節。88歳で亡くなったにしても、やはり河野さんの逝去は「あまりに早く」と思われる。書かれるべき傑作を抱えてあちら側に行ってしまわれた気がしてならない。

作家として世に出た経緯から言えば丹羽文雄(にわ・ふみお)の門下ということになるが、資質を見れば明らかに谷崎潤一郎(たにざき・じゅんいちろう)の後継者であった。

谷崎の「卍(まんじ)」に見るような生理の感覚が河野さんの作品すべてにみなぎっている。湿度の高い身体感を文章に移して、けっして下品にならない。登場する人々のふるまいは奔放で危ういが、それが人の心と身体の深い闇を垣間見させても、最後には正気の世界に戻ってくる。まるで吊(つ)り輪の選手がさまざまな技を見せた果てにぴたりと着地するようだ。たとえ当人が着地した地点で途方に暮れているように見えるとしても。

河野さんの作品の中で、主人公は自分の心の中から湧く思いを持て余す。「幼児狩り」のヒロイン林晶子は3歳から10歳の女の子を嫌悪し男の子を偏愛する。それと彼女のサド・マゾ的な性生活はどういう回路でつながっているのだろうと疑問に思うと、もうこの話の外へは出られなくなる。謎の答えを求めるのではなく、ずっと彼女のそばにいたいと思う。

こういう話のなりゆきを読者に納得させるのは小説の力である。場面の構成と会話と心理描写。それが混然一体となって一個の世界を作り上げる。

「回転扉」は夫婦交換をテーマにした長編だが、そこに至るまでがまこと巧妙で、読者はゆるりゆるりとその場に連れてゆかれる。「しかし、ふたりはいつの間にか、互に相手と自分の嫉妬心の薄さを弄(もてあそ)ぶようになっていた」なんて並の作家に書ける一文ではない。

河野さんとは芥川賞の選考会で10年ほどご一緒した。いつも候補作を精密に読んで(そうでない選考委員もいたのだ)、意見をしっかりとまとめてから登場された。賛辞は華麗であり、欠点の指摘には容赦がなかった。自分の中に文学についての揺るぎない尺度があり、それを当てて評価するという毅然(きぜん)とした姿勢が、たとえぼくと対立する場合でも、清々(すがすが)しかった。

「後日の話」の書評を書いた後でお目に掛かったとき、うれしそうにお礼を言われて、笑みに満ちたお顔をまるで少女のようだと思った。あれはフランス文学の古典、ブラントームの「艶婦伝」の中の小さなエピソードを土台にした話で、この本はぼくもよく知っていたから、それをきっかけに話がはずんだ。

作家が逝った後、残された者にできるのはその作品を読み直すことだ。これからしばらくはそういう日々になるだろう。(作家)

二〇一五年二月二日

個としてつないだ希望
奥平康弘さんを悼む

樋口陽一

畏敬する仲間、奥平康弘（おくだいら・やすひろ）さんが忽然（こつぜん）と私たちのもとを去って行った。今年になってからだけでも2回、お互い年齢なりに元気な2人の間で言葉を交わしたばかりだったのに。

戦後学界に参入した世代の憲法研究者の間で、奥平さんは、表現の自由を中心とする主題についてぬきんでた仕事を続けてきた。そして、学問の場でも一市民として社会に向きあう場面でも、その仕方について、彼なればこそのぬきんでた個性をつらぬいてきた。ひと言でいえば、個にして孤ならず。個なるがゆえにこそ、孤とは正反対の深い影響を、学界や社会に遺（のこ）したのだ。

奥平さんは、憲法学がやれることの範囲について謙抑的な認識を持っていた。人権という言葉を安易に使うことを戒しめ、「憲法が保障する権利」を著書「憲法Ⅲ」の副題にした。もとよりそれは権利主張の弱さを意味しない。反対に、「範囲を禁欲的に抑制」することで主張の「パンチ力」を決定的なものにしようということなのだ。

憲法上の権利を裁判で争う可能性を開いた日本国憲法下の――今なお続く――課題への挑戦の仕方を、そのように定義したのである。そしてそのためにこそ同時に、著書「なぜ『表現の自由』か」など、法の技術論に加えて自由の原理論を深めてゆく仕事で学界を先導した。そういった中で、彼でなければ切り込めない切り口で、学界仲間に向けての論争点をいくつも出してきた。

奥平憲法学といっても、学派めいたものはない。しかし、というよりだからこそなのだが、教壇を退いたあとも、現役世代の研究者たちに求められての定期的な研究会や読書会は、亡くなる文字どおり直前まで続いていた。国外とりわけアメリカの研究者・大学との知的交流も、私たち世代の中では別格なほど密だった。

個であって孤の正反対、という奥平さんの本領は、戦後民主主義と憲法の側に立とうとするさまざまな人びとのさまざまな結集にとっても、この上なく重要だった。専門家として、一人の市民としてあくまで自分自身の考えに従って行動する奥平さんだからこそ、多様な立場から出発する運動の参加者から、それぞれに強い信頼を寄せられていたに違いない。

「九条の会」の呼びかけ人のひとりとして、奥平さんは憲法研究者の責任を誠実に果たしてくれた。

自らがとなえる9条の憲法論が「司法の世界で承認を得ること」は「むずかしい」と考える彼は、だからこそ9条が「司法による支えなくして」、しかし「政治社会文化に生き続け、ある種独特な効果を発揮するチャンス」を求め続ける。そして米黒人解放運動の指導者キング牧師が語った「夢」（"I have a dream"）が「単なる夢物語」だけではなくなってきていることに、希望をつないでゆく（「危機の憲法学」）。

「ある種独特の効果」のマグマを「政治社会文化」の底にたくわえ続けてゆくこと。それを、奥平さんは私たちに託して去った。（東京大名誉教授）

二〇一五年二月一〇日

いつもポジティブ　栄久庵憲司さんを悼む

柏木博

日本のインダストリアルデザイナーを代表する栄久庵憲司（えくあん・けんじ）さんが亡くなった。

栄久庵さんは、広島市の寺の住職の長男として東京で生まれた。当初、京都の浄土宗の仏教専門学校（現仏教大）に進むが、東京芸術大に入学するために中途退学する。ただしすぐに京都の知恩院で加行（けぎょう）（修行）を受けて僧侶になっている。デザインについて語るとき、心的な世界にふれることが多かったのは、そうした若い日の体験からきているのだろう。

たとえば、著書「道具論」（2000年、鹿島出版会）で、道具供養の寺の山門（三門）について語っている。道具寺の山門に近づいて、門の内をうかがい「道具世界の極楽を垣間見た」という。デザインをテーマにした、こうした特有の語り口が、自身のスタッフとともに、多くの人を引きつけた。

東京芸術大に入って3年目の1952年、小池岩太郎助教授（当時）のもとに6人ほどで自主ゼミをつくる。これが、デザイン集団「ＧＫ」（Group of Koike）結成の発端となった。翌53年、小池助教授に日本楽器製造（現ヤマハ）からピアノのデザインの依頼があり、これによってＧＫの名称が一般に知られるようになる。

その後、音響機器やオートバイなど多くのヤマハ製品を手掛けている。それらの仕事が契機になったのだろう。57年には「ＧＫインダストリアルデザイン研究所」（現ＧＫデザイン機構）が設立され、栄久庵さんが所長となった。

栄久庵さんのデザインとして代表作になるのは「キッコーマンの卓上しょうゆ瓶」（61年）だ。瓶そのものが、しょうゆ差しになるというのは、画期的だった。

ＧＫは、60年代後半から組織として急速に拡大していく。製品デザインは、企業（メーカー）内のデザイナーが手掛ける方法が日本の特徴となっていた中で、企業外部でデザインをビジネスとして担当する組織を成立させたことは、きわめてまれに見る事例となった。

ＧＫは海外にも進出。調理器具から家具、オートバイや成田エクスプレス、秋田新幹線の初代「こまち」などの乗り物、住宅から都市における表示計画まで、ありとあらゆるもののデザインを手掛けてきた。個人プレーのいわば癖の強いデザインではなく、多くの人が受け入れやすいデザインを特徴としてきた。

栄久庵さんは、単にデザイナーであるにとどまらなかった。デザインをビジネスとする組織のマネジメントがその仕事の中心となっていた。組織と仕事をまとめることができたのは、特有の言葉が求心力を持っていたからだ。またＧＫの活動によって国内外にデザインが日本の特徴的な産業のひとつであることを認識させようとしていた。

ここ10年ほど、学生を対象としたコンペの審査でご一緒した。いつも、ネガティブな発言はせず、学生たちを勇気づける講評をしていた。若い人たちを応援し、ポジティブな発言をする姿勢が、日本のインダストリアルデザインを牽引（けんいん）してきたといえるだろう。ご冥福を祈ります。（デザイン評論家）

二〇一五年二月二三日

端正で格調ある舞台
坂東三津五郎さんを悼む

織田紘二

また一人若い才能が歌舞伎界から去った。1月23日に59歳になったばかり。芸の円熟はまさにこれからという年齢での逝去は、ただただ残念としか言いようがない。

２０１２年12月に、幼い頃からのライバルであり、盟友でもあった中村勘三郎（なかむら・かんざぶろう）を見送った。その告別式で悲痛な別れの言葉は参列者の涙を誘ったが、それからわずか2年２カ月余りで大和屋（坂東三津五郎（ばんどう・みつごろう））を失うことになるとは、誰にとっても思いもよらないことだった。13年2月に市川団十郎（いちかわ・だんじゅうろう）も失った歌舞伎界は、大きな痛手をまたも被ったのである。

13年9月に膵臓（すいぞう）がんの手術を受け、翌年４月に歌舞伎座の「寿靫猿（ことぶきうつぼざる）」で復帰したが、秋には肺に転移が発覚。年の明けた2月21日、帰らぬ人となった。正月には自身のホームページに「今年はもしかすると生まれて一番嬉しいお正月かもしれません」「あ〜、今年も新しい年を迎えられて良かったなあ…」などと書きこんだばかりだ。

舞踊の名手といわれた曽祖父七代目三津五郎を尊敬し、一点一画をおろそかにしない、端正でてらいのない芸風と、「歌舞伎のオーソドックス」を熱く語るこの優（役者）の存在は今こそ貴重であり、若い歌舞伎役者の規範とも指導者としても、これからの活躍が期待されていた。

歌舞伎と舞踊に関する著書も多く、論理的に作品と役について語るインテリジェンスは祖父八代目三津五郎から受け、芸の極意を曽祖父七代目から受け継いだといえるのではないだろうか。

舞台は真面目だった。はみ出ることははみ出ても、はみ出し方が計算できているほど緻密に考え、計算する人だった。行き当たりばったりのない慎重なところは父の九代目三津五郎を踏襲したものだと思う。

十代目三津五郎、十八代目勘三郎を襲名する前の「八十助（やそすけ）・勘九郎（かんくろう）」時代が長かったために、身についた芸質もあるかもしれない。天才的なひらめきを持った勘九郎と、努力の人、八十助。これは「長嶋と王」や「十七代目勘三郎と二代目尾上松緑（おのえ・しょうろく）」という名選手や名人たちの関係性と類推することもできそうだ。

円熟した三津五郎・勘三郎の夢舞台を楽しみにしていたファンも多かった。「髪結新三（かみゆいしんざ）」や「魚屋宗五郎」などの世話物、「喜撰（きせん）」「勢獅子（きおいじし）」「山帰り」などの舞踊、「勧進帳」の弁慶や「蘭平物狂（らんぺいものぐるい）」の蘭平など、その当たり役は枚挙にいとまがない。

端正で格調あるその舞台に、再び出合えない喪失感が時間を経て強くなる。今はただ、ご冥福を心よりお祈りするばかりだ。（日本芸術文化振興会顧問）

二〇一五年二月二七日

訴え続けた「義」の貴さ　火坂雅志さんを悼む

末國善己

歴史小説作家の火坂雅志（ひさか・まさし）さんが亡くなった。まだ58歳の若すぎる死である。

１９８８年、西行を主人公にした伝奇小説「花月秘拳行（かげつひけんこう）」でデビューした火坂さんは、当初、伝奇小説や剣豪小説を中心に発表していたが、豊臣秀吉の相談役となった医師を描く「全宗（ぜんそう）」を刊行した90年代後半から、次第に歴史小説へ比重を移していった。

歴史小説は、強大な権力を手にした英雄豪傑を主人公にすることが多い。ところが火坂さんは、一貫して弱肉強食の戦国のルールに背を向けた人物を取り上げた。

その代表が、織田信長の師になった僧を主人公に、覇者になるにつれ家臣を切り捨て、民を平然と殺すようになった信長を批判した「沢彦（たくげん）」、そして上杉謙信から学んだ「義」の精神を守り、最後まで家臣と領民を守った直江兼続を描く「天地人」である。ここには明らかに、市場原理主義的な経済政策を進めたことで格差を広げた現代日本への批判があった。

「天地人」は、リーマン・ショックによる不況の波が押し寄せ、ようやく日本人が拝金主義の危うさに気付いた２００９年、ＮＨＫ大河ドラマの原作になった。これも、生まれ故郷である越後（新潟県）出身の直江兼続を、満を持して描き、日本の将来を憂えるテーマを盛り込んだ火坂さんの思いが、「天」に通じたからとも思えるのだ。

05年ごろからは、東北で暴れ回る伊達政宗が、生き残りをかけて豊臣秀吉や徳川家康を相手に謀略戦を仕掛ける「臥竜（がりょう）の天」、信州の自治権を守るため、中央にあらがったのが真田一族だったとする「真田三代」など、歴史小説の題材を地方の武将へも広げている。

最近は、東京と大企業が優遇される一方で、地方と中小企業は疲弊している。歴史を通して、中央から遠くても、弱小勢力でも、知恵を絞れば巨大組織とも互角に渡り合えることを示したのは、いまだに不況に苦しむ地方や中小企業へのエールだったのである。

火坂さんは、民を搾取しない善政を行った地方のマイナーな武将を歴史の大海から探し出した。この手法は若手の作家にも影響を与え、いまや歴史小説の大きな流れになっている。その意味で、火坂さんの遺志は、確実に後世へ受け継がれている。

そして、景気が上向いたと浮かれる声が聞こえるようになった今だからこそ、出世や金もうけよりも貴い「義」の重要性を訴え続けた火坂さんのメッセージを、重く受け止める必要があるのだ。（文芸評論家）

二〇一五年三月二〇日

品位備わり、深い探求心
桂米朝さんを悼む

木津川計

予期はしていたが、とうとうその日が来たのかの思いである。

巨（おお）きな存在だった。戦後最大の功績を残した芸能人の退場である。

落語家を志した米朝さんは、師匠の四代目桂米団治からよくいわれた。「末路哀れは覚悟の上やで」

上方落語について語ることごとくは鎮魂歌であるといわれた昭和20年代、ドン底からの出発だった。笑福亭松鶴、桂米朝、桂春団治、桂小文枝（のち文枝）の若き四天王で復権の苦労を重ねてきた。中でも米朝さんの役割が大きかった。

もしこの人を戦後上方落語界が擁していなかったらどうなっていたか。つぎの5点で状況の後れをとり、事態を貧困にさせたはずだ。

①上方落語の話芸水準が今日ほど高まらなかった。

②品のある大阪弁への無理解が解消しなかった。

③芸人性と知性を結びつけた落語家を不在にした。

④古典落語の掘り起こしに収穫をみなかった。

⑤活字落語での伝承が不作に終わった。

米朝さんの集客力が抜群だったのは、ことに話芸水準が高かったからだ。それに品のない大阪弁が舞台でも幅をきかす時代、標準語的大阪弁の語り口で誤解を正した。

実際、米朝さんには品位が備わり、船場の旦さんを語らせて余人を追随させなかった。おのずからの権威だったから、奉行や武士、閻魔（えんま）や天狗（てんぐ）などを語ってこの方ほど似つかわしい落語家はいなかった。

それに物知りを超えた訳知りだった。「落語のことしか知りまへん」と謙遜したがなかなか、どこで得られるのか世俗万般、政治や科学にも通じていた。

探求心の深い方だったから埋もれた落語を掘り起こしてスタンダードな型を定めた。大作「地獄八景亡者戯（じごくばっけいもうじゃのたわむれ）」や展開に段取りのいる「算段の平兵衛」、いくつもの芝居噺（ばなし）を復活させて上方落語の資産を増やした。

落語家には惜しいほど筆が立つ方だった。入門書「落語と私」で筆力が知られ、大著「米朝落語全集」（全7巻、増補改訂版全8巻）の他「上方落語ノート」（全4巻）などを貴重な手引きとして後世に残した。

思えば25年前、一代の喜劇役者・藤山寛美が逝って以来の残念な訃報である。しかし寛美以後喜劇が衰退したほど上方落語のこれからが危ぶまれるか。それはない。桂文枝以下、名だたる落語家がすでに輩出している。子息の五代目桂米団治も大成の途次である。

後顧の憂いなく米朝さんは黄泉（よみ）の国へ旅立たれた。それだけ尽くされた仕事量の大きさである。

私事にわたれば、私どもの「上方芸能」を創刊当時から応援してくれ、連載の「上方落語ノート」は55回に及んだが、全編タダ原稿だった。

頼りにしていただけに喪失感が大きい。（雑誌「上方芸能」発行人）

二〇一五年四月一三日

シネマとは何か、終生貫く M・オリベイラ監督を悼む

広瀬純

現役最高齢の映画監督、ポルトガルのマノエル・ド・オリベイラが4月2日、106歳で死去した。同国政府は2日間、オリベイラが生涯暮らしたポルト市は3日間、それぞれ服喪を発表した。

日本人監督ではマキノ雅弘（まさひろ）（無声時代から活躍し、日本映画の黄金期を代表する監督）と同じ、1908年生まれのオリベイラは、31年に無声短編記録映画「ドウロ河」でデビューした。

42年に初の長編劇映画「アニキ・ボボ」を発表後、サラザール独裁体制下で長く寡作時代を過ごすが、70年代初めから恒常的に作品を発表し始めた。

80年代以降はベネチアやカンヌなど映画祭の常連となり、世界的に名が知られた。東京国際映画祭で「アブラハム渓谷」（93年）が最優秀芸術貢献賞を受賞するなど、日本でも多くの映画ファンから愛された。

フランス語や英語では個々の「映画作品」は「フィルム」、芸術形態としての「映画」は「シネマ」と表現される。かつては多くの監督が「シネマとは何か」という共通の問いの下でフィルムを撮ったが、とりわけ70年代以降、この問いは忘れられ、個々の「作家」がそれぞれ独創的「世界」を表現すればそれでよいとされる時代になった。

そうした中で、終生「シネマ」を手放さなかった例外的存在がオリベイラだった。例えばジャンリュック・ゴダール監督「新ドイツ零年」（91年）についてオリベイラは次のように語っていた。

「特に気に入っているのは、深い両義性を帯びた記号たちが、それでもなお、明瞭極まりなく存在しているという点です。実際、それこそ、シネマ一般において私が魅了されてやまない点です。あふれんばかりの美しい記号たちが、説明不在の光の中にただひたすら漬かった状態で、画面いっぱいに映し出される。これこそがシネマであり、だからこそ私はシネマを信じているのです」

「シネマ」のこの本性をオリベイラは「不確定性原理」（2002年公開作「家宝」の原題）と名付け、遺作となった「レステロの老人」（14年）に至るまでその可能性を探求し続けた。

この世にオリベイラが存在し、彼が「シネマ」を支え続けていてくれたからこそ、他の監督たちは安心して自由に映画を撮っていられたのだといえるかもしれない。そのオリベイラが逝去した今、全ての映画人は、自覚の有無にかかわらず、重大な岐路に立たされている。（映画批評家）

二〇一五年四月一五日

戦後文学に鮮やかな足跡
G・グラスさんを悼む

松永美穂

ギュンター・グラスが亡くなった。享年87。1959年、「ブリキの太鼓」で華々しいデビューを飾って以来、いつでもドイツ語文学の「台風の目」であり続けた作家の逝去は、一つの時代の終わりを痛感させるものだ。

バルト海に面した港湾都市ダンツィヒ（現在はポーランドのグダニスク）の出身。「ブリキの太鼓」はダンツィヒを舞台とし、自伝的な要素も投影させつつ、ナチズムに染まっていく小市民たちの生活を、3歳で成長を止めた少年オスカルの目を通して描く。

ドイツ語圏の戦後文学は、ナチズムとどう対峙（たいじ）し、過去をどう克服するかという重いテーマを突きつけられていたが、特異なアウトサイダーであるオスカルを主人公に据えたことで、小説は語りの自由を獲得した。時空間を行きつ戻りつしながらエピソードが次々にあふれ出す、猥雑（わいざつ）で豊穣（ほうじょう）な物語世界が出現した。

グラスは「ブリキの太鼓」を含む「ダンツィヒ3部作」をはじめ、続々と小説を発表、エッセーや詩、戯曲も書き、精力的な創作で文学界をリードする存在となる。熱心な政治参加でも知られ、社会民主党を支持し、後に旧西ドイツの首相となるウィリー・ブラントの選挙戦を応援し、国際政治や平和運動、環境問題などについて、リベラルで良心的な発言を続けた。

89年にベルリンの壁が崩壊した後は、東西ドイツ統一に向けて政治の流れが一気に加速するなか、ドイツがふたたび強大な国家となることへの懸念を示し、統一に反対した。このことで「非国民」とののしられたりもしたが、率直に信念を口にするグラスの、オピニオンリーダーとしての地位が揺らぐことはなかった。

若い作家たちが次々とデビューしてドイツ語文学に新風を吹き込み、「グラスの孫たち」と銘打たれたのは20世紀も終わりに近づいたころ。「祖父」的存在となってからも、グラスの影響力は衰えず、新作は話題になり続けた。

特に2006年に出た「玉ねぎの皮をむきながら」は大ニュースになった。「ブリキの太鼓」と同じ自伝的素材を扱い、記憶を検証しつつ青少年期の自分と向き合おうとするこの作品で、グラスは初めて、戦争末期に武装親衛隊に配属されていたことを告白したのだ。

この告白は衝撃を呼び、1999年に受賞していたノーベル文学賞を返上すべきだというヒステリックな議論にまで発展した。「武装親衛隊」という言葉がそれほどの拒否反応を引き起こしたのだが、グラス自身は戦争中の残虐行為に加担したわけではなく、敗戦間近の混乱のなかで、米軍の捕虜になって終戦を迎えている。過去をめぐって沸騰した議論は、その後、多くの人々がグラスへの支持を表明する形で収束した。

昨年1月に断筆宣言をして引退の形になってはいたが、作家としてのキャリアは55年に及んだ。エネルギッシュに人生を駆け抜け、戦後文学に鮮やかな足跡を残し、画家・彫刻家としても多彩な才能を示した。スケールの大きな芸術家の一生に、あらためて敬意を表したい。（早稲田大教授）

二〇一五年四月二二日

さよなら大好きな名文家 船戸与一さんを悼む

藤田宜永

船戸与一さんは、がんにかかったことを隠さず、〝余命半年〟と宣告されたという内容の手紙を友人に送った。しかし、それから6年しぶとく生き延び、大著「満州国演義」全9巻を上梓（じょうし）し亡くなった。あっぱれとしか言いようがない。

一度、入院先にお見舞いにいった。僕にぽつりと言った。「がんにかかるのは、藤田、おまえだろうが」。僕がとても痩せているから、がん体質に見えるというのだ。

ひどい発言だが、僕と船戸さんの間では普通のこと。しょっちゅうやり合い、周りの人間を笑わせていた。まるで漫才コンビみたいだった。船戸与一の女の口説き方はこんな感じだろう、と飲み屋で実演してみせたこともある。当然、船戸さんは鋭く切り返してきた。僕たちの間では、こういうやりとりを〝クソの投げ合い〟と呼んでいた。

船戸さんは酔うと電話魔になる癖があった。午前3時でも平気でかけてきて、真面目な話から、人のうわさ話、年収はどれぐらいかなんていう生臭いことにまで触れてきた。

「おまえよ、もうクソの投げ合いはやめようぜ」。あるとき、船戸さんが言った。「おっちゃん（親しい人はみんな彼のことをそう呼んでいた）が仕掛けるから、俺が乗るんだよ」「ばか、おまえがからかうから始まるんだ」。そうやってまた〝クソの投げ合い〟が始まったこともあった。

僕が初めて船戸作品に触れたのは、1979年出版の「非合法員」である。それからずっと愛読してきた。ダイナミックな冒険小説を書かせたら右に出る者はいない。「おまえの小説の主人公は小粒だな」。そう言われたこともあった。

そんな〝おっちゃん〟にゲラを読んでほしいと頼まれたことがある。その作品は、珍しく恋愛に比重をおいたハードボイルドだった。僕が恋愛小説も書くから、率直な感想を聞きたいというのだ。僕はアメリカのハードボイルド作家の作品も引用し、思ったことを正直につづった。原稿用紙にして23枚あった。早速〝おっちゃん〟から電話がかかってきた。僕の感想文に承服しがたいところもあったようだが、「おまえの言いたいことはおおむね、納得できる」と真面目に礼を言われた。

作家、船戸与一の好きな革命家は、アルジェリア独立運動の思想的指導者、フランツ・ファノンである。船戸作品は、植民地支配に抵抗する暴力を肯定した思想家の影響を受けていると言っていいだろう。

そんな船戸作品には〝ドンパチ〟シーンが多いから気づかれにくいが、船戸与一は名文家でもあった。余命を知らせるくだんの手紙の文章は素晴らしく、「砂のクロニクル」の冒頭は詩的である。

—おっちゃん、俺も65になったよ。もうしばらくしたら〝お迎え〟がくるやもしれない。黄泉（よみ）の国で出会ったら、また〝クソの投げ合い〟をやって、三途（さんず）の川を渡った人たちを笑わせ、真面目に小説の話をしようぜ—。

さよなら、船戸さん。あんたのこと大好きだったよ。（作家）

二〇一五年四月二四日

弟のような存在だった加瀬邦彦さんを悼む

寺内タケシ

「ザ・ワイルドワンズ」の加瀬邦彦（かせ・くにひこ）と出会ったのは、私が「ジミー時田（ときた）とマウンテン・プレイボーイズ」のメンバーだったときでした。ドリフターズのリーダーだったいかりや長介さんがベースで、米軍の将校クラブなどで演奏していました。

あるとき、クラブに出演した加瀬から「エレキの弾き方を教えてください」と頼まれました。こちらは多忙で教える時間はなく、「事務所に来てくれれば、こんな方法でやればいいということは教えるよ」と伝えました。それが知り合ったきっかけです。

1962年に「寺内タケシとブルージーンズ」を結成しました。その後、レコーディングなどで忙しくなったときに「じゃ、坊や（加瀬）を入れてみようか」となった。それで彼がブルージーンズに加入したんです。

私の母は小唄の家元でした。教え方は厳しくて、三味線のばちでたたくこともあった。「それが嫌なら、今すぐやめろ」と。昔の芸事はそのようなものだった。だから、母になったつもりで加瀬にギターを教えました。一生懸命、泣きながらついてきましたよ。

試しに12弦ギターを弾かせてみました。弦を2本ずつ押さえて弾けば、どちらかからいい音が出るだろう、と。私が特注したギターで、軽やかな、いい音がしました。ワイルドワンズの「想い出の渚」で加瀬は12弦ギターを弾いています。結果的にこれが「想い出―」のサウンドにつながったんです。

ワイルドワンズのメンバーは弟のような存在でした。だから加瀬が亡くなったと聞いたとき、兄貴として「何をやっているんだ」と思った。自ら命を絶った加瀬の心中は誰にも分かりません。（病気療養で）仕事がはかどらず、悩みも多かったんじゃないでしょうか。

でも、加瀬は人生をエンジョイしたと思う。彼の足跡に、多くの人の思い出がつながっているんです。加瀬の訃報を聞いて、ファンは自分の青春時代を思い出してくれたんじゃないかな。5月に横浜で開くライブでは、あいつの残した曲を弾いてみようかと思っています。（ギタリスト・談）

二〇一五年五月七日

生涯持ち続けた純粋さ
ベン・E・キングを悼む

吉岡正晴

世界中の誰もが知っているであろう20世紀の名曲「スタンド・バイ・ミー」を歌ったベテラン・ソウルシンガー、ベン・E・キングの訃報が世界中に流れると、インターネットなどでは著名アーティストたちが次々とキングを追悼する言葉を発表した。米テレビの三大ネットワークも大きく報道。僕の感じ方ではマイケル・ジャクソン、ホイットニー・ヒューストンの死去に次ぐ衝撃があった。

キングは1982年、東京・渋谷のライブハウス出演のため初来日した。来日回数は昨年までに約20回にのぼり、2011年の東日本大震災後には現地を慰問するほどの親日家だった。

私事になるがキングは12年9月、僕が担当していたラジオ番組「ソウル・ブレンズ」にゲストで出演してくれた。約1時間の生放送に付き合ってくれて、本当にきさくでいい人だったことが強烈に印象に残っている。人格者で全くスター気取りなどない。背もそれほど高くなく、どこにでもいる普通のおじさんのような感じでいっぺんに大好きになってしまった。

キング夫妻は、彼が11歳、彼女が8歳のときに知り合った。20代半ばで結婚。4月に亡くなるまで50年以上ともに人生を歩んできた。

代表曲「スタンド・バイ・ミー」の始まりは、彼が当時ガールフレンドだった妻に書いたラブレターだった。これにプロの作曲家でプロデューサーのジェリー・リーバー&マイク・ストーラーが手を加え完成させた。当初、所属していたドリフターズで歌おうと思ったが、グループが却下したために彼のソロシングルとなり、61年に世界的なヒットとなった。

そして、それから25年後の86年、同名映画のテーマ曲となった。関係者用の試写会に招かれたキング夫妻は曲が使われたことは知っていたが、いつまでたってもその曲は流れなかった。ついにエンディングで流れたとき、映画のストーリーとともに感激し驚き涙し、以後、同映画を39回も見たと話していた。

それを聞き、僕にはまるで、キング自身が映画の主人公の子どもたちが持っていたような純粋さを生涯持ち続けたかのように思えた。会って話してみて、そのことがよく分かった。安らかにキングさん。(音楽評論家)

二〇一五年五月八日

生き方自体が至高の作品
プリセツカヤさんを悼む

上野房子

白鳥にふんしたマイヤ・プリセツカヤが両腕を揺らし、静かに踊り始めると、あまりにも滑らかなその波動に、観客が息をのむ気配が広がっていく―。彼女の十八番演目「瀕死（ひんし）の白鳥」を目にしたときの光景は、今も強烈に脳裏に残っている。

プリセツカヤは、ソビエト時代のボリショイ・バレエが生んだ無類のバレリーナである。卓越した技術と華を併せ持つ逸材は、若くして不動のスターとなり、晩年まで踊り続けた。映像に残された全盛期の踊りは、火花が飛び散るような躍動感に満ちている。

日本とのゆかりも深かった。1968年に東京バレエ団に客演して以来、約40回来日。熊川哲也と共演し、宝塚のミュージカルを振り付け、京都の上賀茂神社で扇子を手に舞ったこともある。

年齢を重ねるごとに滋味を深めた「瀕死の白鳥」はもちろんのこと、モーリス・ベジャールやローラン・プティの新作も果敢に踊った。古典の世界に安住することのない挑戦者であり続けたのだ。

なかでも67年初演の「カルメン組曲」は鮮烈だった。アルベルト・アロンソの演出は、情熱の赴くままに生きる女性を描きつつ、共産主義国家に生きるプリセツカヤの生きざまを映し出した。

カルメンの愛と死が繰り広げられたのは、共演者たちが見下ろす閉ざされた空間。国家保安委員会（KGB）に監視され、表現の自由を制限されてもなお、同作の上演にこぎつけたプリセツカヤの勇気に感服せずにはいられなかった。

自伝「闘う白鳥」では、輝かしいキャリアからは想像もできないソビエト時代の実生活を公にした。父が無実の罪でスターリンに粛清されたこと。その娘ゆえに迫害され、長らく西側での活動を禁じられていたこと。バレエ団上層部との不和。辛辣（しんらつ）だが、自己憐憫（れんびん）とは無縁の筆致は、自身の苦難を個人の経験ではなく、時代が生み出した不幸と捉えていたからに違いない。

政治体制に翻弄（ほんろう）されながらも、芸術家として信念を貫いたプリセツカヤ。生き方自体が、至高の作品だった。心からの敬意と弔意を表したい。（舞踊評論家）

二〇一五年五月一一日

混乱の時代に若者が共感
長田弘さんを悼む

三木卓

長田弘とぼくは、１９６０年の安保闘争をはさんで早稲田大で学生生活を送った。四つ年上のぼくの時期は、学生は警官に殴られても無抵抗であることを誇りにしていたが、安保後の長田弘の時期は、学生暴力の萌芽（ほうが）期で、かれは「学生運動の集会になると、反対派が角材を持ち出してきてたたき合うようになってきた」と憂い顔でいっていた。

やがて学生運動が分裂して過激化し、大学は授業どころではなくなり、内ゲバと称する殺し合いの連鎖に至る最悪の時期に入っていく。ぼくらの詩はそういう時代に書き出されていた。

ぼくが長田弘に出会ったのは、詩集「太平洋」の詩人、堀川正美の東中野の部屋だったように思う。「鳥」という同人詩誌をやっていたかれは、福島市出身の紅顔の美少年だった。積極性のある勉強家で、「この人はきっと仕事をする」とぼくは思った。そしてその通り、かれは詩作とともに活発な評論活動をはじめて、頭角をあらわした。そしてぼくよりも先に、第１詩集「われら新鮮な旅人」（65年）を出し、注目をあびた。

戦後の日本はまだ修復中で、さまざまなものが求められ、それが満たされるわけもない、あらあらしい時代だった。その混乱や貧困のさなかに〈新鮮な旅人〉という新世代登場の宣言ともいうべきかれの姿勢は、若者の共感を呼んだ。当時は、学生たちがたてこもるバリケードの中でも詩は熱心に読まれた時代である。かれのこまやかな感性で表現された心情は若い世代に支持された。

長田弘は、そこにとどまることなく、自分を深める道を行く。現代詩の世界もまた、さまざまな新しい詩概念や方法が次々に登場するが、長田弘は自分の道をひたすら歩きつづけた。

現代詩は難解とされ、少数の詩人をのぞくと一般人との交通は途絶しているかに見える。しかし長田弘の詩は、紙誌に引用されて文学愛好者の強い共感を呼ぶ、という場面にしばしば出会った。うれしいことだった。

去年「文芸春秋」に発表した短詩を次に。

「人をふと立ち止まらせる／甘いつよい香りを放つ／金色の小さな花々が散って／金色の雪片のように降り積もると、／静かな緑の沈黙の長くつづく／金木犀（きんもくせい）の日々がはじまる。／冬から春、そして夏へ、／ひたすら緑の充実を生きる、／大きな金木犀を見るたびに考える。／行為じゃない。生の自由は存在なんだと。」（「金木犀」）

かれも先に逝ってしまうとは思わなかった。とても淋（さび）しい。（作家、詩人）

二〇一五年五月一二日

自らの理論と現場を往還
松下圭一さんを悼む

大塚信一

予期していたことではあるが、松下圭一氏の訃報に接して以来胸のなかに開いてしまった空洞を、私はどう埋めていけばよいのだろう。

松下氏は、20世紀に誕生した都市型社会の意味を初めて明らかにした政治学者である。同時に彼は、そこでわれわれ市民がどうすれば真に豊かに生きることができるか、生涯をかけて追究した。そして市民自治と分権の思想を確立するに至った。

しかしその作業は、並大抵のことではなかった。なぜなら敗戦後の日本はお上崇拝がいまだに濃厚な社会で、そうした政治風土のなかに皇民や臣民はいても、「市民」は存在していなかったからだ。とすれば松下氏はまず、地域民主主義や自治体改革を通して市民を誕生させなければならなかった。その結果、革新自治体の群生の時代が到来した。

市民を生みだすことによって、市民の生活基準を最低限保障するシビルミニマムの考え方や都市政策についての新しい思考方法つまり政策型思考を創出した彼は、日本の社会と文化を根底からつくり変えることになった。社会党構造改革派の江田三郎氏や東京都知事の美濃部亮吉氏、そして政権交代を実現した民主党の菅直人氏など多くの政治家が、松下理論を政策立案の導きとしたのは、きわめて当然のことであった。

東大法学部で丸山真男門下の俊才であった彼は、学生時代にジョン・ロックの政治思想を徹底的に研究して、後の市民政治理論の基礎づけを行った。が政治学者として出発した以後は、自ら西洋政治思想の研究と手を切り、日本各地の自治体でその首長や職員たちとともに、市民自治と分権の実現に全力を投じた。そのために法政大教授であった彼は、自らの研究室を返上した。つまり研究室で横文字の本を読むのではなく、自らの理論と政治の現場の実際を往還することこそ政治学者としての本来の仕事と考えたのである。

市民自治と分権の考え方に立つなら、日本の憲法学の大半が現在でも基本的に国家統治の学であることが見えてくる。松下氏が市民自治の憲法理論を説得的に語ったので、国家の存立は国民の信託に基づくことを認めない憲法学者の多くが怒り狂った。

だが残念なことに、松下氏の批判が日本の憲法学と憲法教育に生かされることは今もってないのだ。政治的な右傾化が急速に進行しつつある現在、松下理論が持つ意義の深さは測りしれない。

私は編集者として松下氏に何冊もの本を書いてもらった。実は学生時代から私は彼の本の愛読者だったのである。だから松下氏との縁は半世紀にもなる。氏とは東京の新宿や四谷でよく一緒に飲み議論した。私が松下氏についての本を書く前の2013年にも、新宿のかつて松下夫妻と一緒に会った店で、一夕痛飲した。

しかし、もう一緒に飲んで話し合うことはできない。おケイさん、さようなら。（岩波書店元社長）

二〇一五年五月一五日

よく歌うブルースギター
B・B・キングさんを悼む　内田勘太郎

高校生のときに1971年の初来日公演を見ました。手元に残っているチケットを見ると「2月28日、大阪毎日ホール」と書いてあります。

その当時、ブルースといえば、偉いオジサンが1人いて、他のメンバーは適当にプレーするという印象だったのですが、B・B・キングさんと彼のオーケストラの演奏は本当にプロフェッショナルでした。

1発目の音が鳴ったとき、僕の頭の中で何かがパチンとはじけた。席はホールの後方でしたが、知らないうちに僕はステージのそばまで駆け寄っていました。

彼のギターの魅力はなんといってもメロディーが素晴らしく、よく歌うんです。弦を押さえた指が左右に動き、一音一音にすごいビブラートがかかる。そのことによって、人間の声に近い独特のトーンを出しているのだと思います。音楽性としては、ゴスペルの影響を強く感じます。

最大の功績はやはりブルースギターを音楽的に高めたことでしょう。エリック・クラプトンをはじめ、その後のロックミュージシャンに多大な影響を与えました。僕自身が学んだ一番大きなことは「真摯（しんし）にプレーする」ということです。

実はB・B・キングさんの来日時に、憂歌団として何度か前座を務めました。一緒にステージでプレーすることはなかったのですが、翌朝ホテルで会うと、「昨日の演奏はエクセレントだった」と言ってくれました。

そのときにピックをもらって「君のピックもくれないか」と言われたのですが、「僕は指で弾いているので、あげることはできません」と話したことを覚えています。

「2階の自分の楽屋に行くのはしんどい」と言って、1階にあった僕たちの楽屋にいたこともありました。ずっとニコニコしていて、僕たちも緊張して話せなかったのか、ずっとニコニコしていました。でかくて温かい人でした。

もう、ホントに人間は生まれて死ぬという永遠のブルースですね。ありがとう、B・B・キングさん。（ギタリスト・談）

二〇一五年五月二〇日

業と信念の作家人生
車谷長吉さんを悼む

清水良典

車谷長吉氏が突然亡くなったと聞き、驚いた。食べ物を喉に詰まらせた窒息死だというから、突発的な事故だったのだろうか。あの強烈な文章がもう読めないのかと思うと、今後の日本文学がひどく退屈に感じられる。こんな作家はもう二度と現れないだろう。大家とも名人とも違う。職人でもない。根っからの異色の人であり、一種の怪物であった。

１９９０年代半ばに、「鹽壺（しおつぼ）の匙（さじ）」をはじめとする彼の作品を初めて読んだときの驚きと戸惑いは、今も生々しく記憶している。おのれと世間に対する呪詛（じゅそ）のような激しい嫌悪と容赦のない断罪が、まがまがしいエネルギーとなって充満していた。同時に「言うた」や、「併（しか）し」「迚（とて）も」などの反時代的な言葉遣いが、知性と理性に基づく近代の小説言語とは全く異なる地べたのリアリティーを感じさせた。

たとえば、売文の徒となった息子をひたすら非難し嘆く老母の方言交じりの説教からなる「抜髪」という短編がある。「文章を書く」「小説を書く」という行為に、「阿呆（アホ）」で「無能者（ナラズモン）」で「甲斐性（カイショウ）なし」の浅ましい偽善と虚栄を母は見いだす。車谷長吉という作家が自らの中心に据えていたのは、作家の誇りとは正反対の、羞恥と汚れの自覚であった。そこに強さがあった。泥くさい私小説と言ってしまえばそれまでだが、そう書くより生きようがないという抜き身の刃物を携えているような切迫した覚悟があった。一見、私小説を純文学の中心に据えてきた日本文学の伝統と近しいように思えるが、そんな文士的な伝統への甘えを憎悪し峻拒（しゅんきょ）している苛烈さが、むしろ彼の異色さを際立たせていたのである。

一方、川端康成文学賞を受賞した「武蔵丸」のように、異形の想像力が火花のようにはじけている短編もたくさんあって、そういう方面がじつはこの作家に潜んでいる可能性だったのに、十分に評価されなかったきらいがある。

最高傑作「赤目四十八瀧（あかめしじゅうやたき）心中未遂」が98年に直木賞を受賞したときから、彼と文学にとって、ある不幸なねじれが生じたようだ。読者を満足させるエンターテインメントを注文に応じて書くような生活がこの作家にできるわけがない。一種の遁世（とんせい）者の姿勢が、それを契機に固着してしまった気がする。２００４年に実名の私小説がトラブルとなり、ついに彼が私小説作家廃業宣言をしたことは、さらに決定的な転機となった。

このたびの急逝は全く意外だったが、この10年ほどの車谷氏にはどこか余生を送っているような気配がうっすら感じられた。晩婚によって得た家庭生活は幸福だったと思うが、作家としては寂しかったのではないか。いや、それもまた彼流の断固たる放下（ほうげ）だったのではあるまいか。だとすれば、自らの業と信念を貫いた見事な一生だったといわなければならない。（文芸評論家）

二〇一五年五月二九日

品定めの人
杉本秀太郎さんを悼む

堀江敏幸

さまざまな媒体に寄稿した小文が漫然と並ぶ統一感のない寄せ集めにしか見えなくても、書き手にひとつの芯があるならば、その漫然のなかから、逆に、ほんとうの意味での統一感が生まれてくる。

そんな文章の不思議を教えてくれたのが、杉本秀太郎の「洛中生息」だった。1970年代後半にみすず書房から出たこの正・続2冊の高雅で軽妙な散文集を、私は10代の終わりに東京の古書店で買い求めた。

書き手については、なにも知らなかった。それどころか本の中身を確かめることもなかった。なぜなら、2冊は荷造りひもでくくられ、揃（そろ）いで売られていたからである。たぶん本のつくりが、たたずまいが気に入ったのだろう。ページを開いてまもなく、未来へのまなざしがつねに過去との対話のなかでおこなわれるような思考のリズムと間合いに、私は引きつけられていった。

京都、パリ、フランス文学、美術、音楽、そして散策と追想。博覧強記という使いようによっては悪口に等しい評言が、ここでは身に染みてくる。行間にただよっているのは、息苦しさと無縁の余裕である。それは自他に対して、正しい毒を用意する。「文学演技」や「伊東静雄」など、文学批評寄りの散文をたどれば、この毒こそ精神のしなやかさの秘密であることが理解できるだろう。

自然体の言葉を、この人は信じていない。自然体に見せようとする演技をも、鋭敏に見抜いてしまうのである。いきおい、どんなにゆったりした書き方をしていても、土俵で闘っている自分を、行司となった自分が笑いながらさばく図から逃れられない。その冷静なまなざしは、最後まで曇ることがなかった。

自分の芸術のパトロンは自分しかいないとの矜持（きょうじ）と、自家中毒をたくみに回避していく言葉の運び。これは批評ではなく品定めであって、当然ながら自分定めをもともなう。対象を見いだすことがすでに品定めのうちだという読み書きの厳しさを、杉本秀太郎はあたりまえのように示し続けたのだ。

数年前、一度だけ、ある場所でお目にかかる機会があった。隣り合って座っているのに、なぜかほとんど言葉を交わさなかった。ふたりとも黙って、他の人のにぎやかな話に耳を傾けていた。あのときの少し張り詰めた諧謔（かいぎゃく）まじりの空気がいまも忘れられない。それは杉本さんの文章の呼吸に、とてもよく似ていた。（作家）

二〇一五年六月一日

漫才界に新風吹き込む今いくよさんを悼む

古川綾子

漫才はしゃべっている2人の仲のよさを観客に見せつける芸だといわれる。今（いま）いくよ・くるよほど、この言葉が似つかわしいコンビはいない。

長年劇場でトリを務め第一線で活躍してきた2人は、後輩の女性漫才師にとって特別な存在であり、大きな目標だった。近年では結婚を理由に解散や引退するコンビは少ないが、いくよ・くるよの若いころは違った。だからこそ後輩には結婚や出産も諦めないようにとエールを送り続けた。

2人は高校時代からの親友で、会社員を経て1970年に今喜多代（いま・きたよ）に弟子入りした。10年近く売れなかったが、80年代の漫才ブームを先導した「花王名人劇場」出演を機に、くるよの太鼓腹を「パン！」とたたくギャグが大ヒットして、ザ・ぼんち、B&Bら人気者に仲間入りした。

82年には東京・国立演芸場で独演会「オンナの時代・オンナの漫才」を開催。社会進出が進む同世代の女性たちと同じように男性中心の漫才界に新風を吹き込んだ。その後、漫才ブームの仲間や女性コンビの多くが活動を休止しても、2人は漫才一筋に歩んできた。

若いころは恋愛や結婚願望、中年になってからはダイエットや美容法など、女性らしい話題をネタにした。洗練されたしゃべくりと、くるよのおどけた表情やギャグの理屈抜きの面白さは、男女問わず幅広い世代から愛された。高校ソフトボール部の思い出を定番ギャグにした、いくよの「私はピッチャーでエース、くるよちゃんはキャッチャーでロース」など、何度聞いても噴き出した。

いくよの厚化粧と、くるよのド派手な衣装がトレードマークだが、素顔はエレガントなハンサムウーマン。漫才師としての矜持（きょうじ）が、そうさせていたのだろう。

亡くなる17日前まで無二の親友と舞台に立ち続けた今いくよ。女性コンビではもちろん、漫才師としてもまれな45周年を祝うのを楽しみにしていた。（上方演芸研究家）

二〇一五年六月一六日

衝撃与えた自由な演奏
O・コールマンさんを悼む

後藤雅洋

アルトサックス奏者オーネット・コールマンは1950年代後半と70年代半ばの2回、ジャズ界に大きな衝撃を与えた。

彼は50年代後半、従来のジャズの枠組みにとらわれない自由な演奏でジャズ界に賛否両論の嵐を巻き起こした。以後「フリージャズの旗手」として現代のトップギタリスト、パット・メセニーをはじめ、多くのミュージシャンに絶大な影響を与えた。オーネットは作曲家でもあり、映画音楽として録音された「チャパカ組曲」は、彼の作曲家としての才能が表れた傑作である。

一般にフリージャズは難解な音楽と考えられているが、オーネットの音楽はむしろメロディアスな要素が多く、またクラシック音楽との融合を試みた作品もあり、内容は多岐にわたっている。

特筆すべきは70年代半ばに発表したアルバム「ダンシング・イン・ユア・ヘッド」で民族音楽と共演し、また「ハーモロディクス」という独自の音楽理論を自らの「プライム・タイム・バンド」で実践したことだろう。この時期を境に彼の音楽は大きく変貌し、やや形骸化していたフリージャズのイメージを大幅に変えた。

エレクトリックギターをメンバーに擁した新しいオーネットのバンドは「フリーファンク」などとも称され、奇妙でよじれたような旋律とポップな要素が同居した斬新な演奏は、ジャズファンをまたもや驚かせた。

来日時にインタビューしたことがあるが、おしゃれで温厚な人柄は、「前衛の闘士」といったイメージからはかけ離れていた。「ハーモロディクス」とは何かと尋ねたら、面白いたとえ話をしてくれた。要約すると「あなたが草原を歩いていると、道端に立っている人物が1本の小枝を手渡してくれたとする。その小枝から何かを感じ取ったとすれば、それもまたハーモロディクスなのだ」。

雲をつかむような話だが「何事にも感性を開いていれば、世界は違った様相を見せるだろう」というメッセージとして受け取った。ユニークでしなやかな彼の音楽は、今後も幅広い音楽ファンに聴き継がれていくことだろう。（ジャズ評論家）

二〇一五年七月一一日

類いまれなバランス感覚
大竹省二さんを悼む

飯沢耕太郎

大竹省二さんが亡くなられた。1920年生まれ。95歳という長寿を保たれ、最晩年まで現役の写真家としての仕事を全うされた。53年にともに二科会写真部を創設した同世代の秋山庄太郎、林忠彦も、もう既にこの世になく、また一人「昭和の写真家」が姿を消したという感慨をおさえることができない。

大竹さんは現在の静岡県掛川市に生まれ、8歳で上京した。少年時代に父に買ってもらったおもちゃカメラ（トーゴーカメラ）が、写真に開眼するきっかけになり、中学生のころからカメラ雑誌に投稿して名前を知られていたという。42年に軍に応召され、北京の大使館報道部付きで終戦を迎える。

復員後の大竹さんの運命を変えたのは、たまたま知り合った進駐軍中尉の紹介で、連合国軍総司令部（GHQ）の広報部嘱託となり、アーニーパイル劇場（後の東京宝塚劇場）の専属として、進駐軍兵士の慰問に訪れた歌手や女優らの写真を撮り始めたことだった。そこで鍛え上げられた、被写体の表情を的確に捉えていく表現力は、のちにポートレートやヌードの撮影に生かされ、「婦人科」の写真家としての評価につながっていく。

56年には、秋山庄太郎、稲村隆正、中村立行らとともに、女性写真に特化した写真家集団、ギネ・グルッペを結成する。つややかな、だが上品な色気を感じさせる女性写真は、大竹さんの代名詞となっていった。

もう一つ、強い意気込みを持って取り組んでいったのは、55年に写真集として刊行される「世界の音楽家」（朝日新聞社）のシリーズだった。ピアニスト、レオニード・クロイツァーの撮影を皮切りに、コルトー、メニューイン、カラヤンらクラシック音楽界の巨匠たちを、しっとりとしたモノクロームの陰影の中に浮かび上がらせた名作ぞろいである。そこには戦後の貧しく、厳しい時代状況を背景に高まっていた、日本人の〝文化〟への熱い思いが投影されているように感じる。

週刊誌の表紙撮影や、テレビのワイドショー出演などで、大衆的な人気を博していた大竹さんだが、その写真術を支えていたのは、高度な技術力と細やかな観察力を駆使した、「玄人がもっている、玄人だけにわかるようなうまさ」（吉村伸哉・「カメラ芸術」62年1月号）だったのではないだろうか。「玄人」としての、類いまれなバランス感覚を発揮した写真がたくさんある。（写真評論家）

二〇一五年七月二十四日①

不良少年が見つけた鉱脈
鶴見俊輔さんを悼む

吉岡忍

鶴見俊輔さんと険悪な仲になったことがある。ベトナム戦争中の1968年秋、戦場から脱走してきた2人の米軍兵士を、「ベトナムに平和を!市民連合」(ベ平連)でかくまっていたときだ。うち1人の脱走兵の挙動がおかしい、米軍が送り込んできたスパイかもしれない、と私は察し、鶴見さんに伝えた。鶴見さんは46歳、日本を代表する哲学者。私は20歳、ひよっこの学生だった。「確証がないのだからかくまいつづけよう」と鶴見さんは言った。

結果は、私の判断が正しかった。ニセの脱走兵は国外脱出の直前に姿を消し、いっしょにいたもう1人の脱走兵は、尾行してきた警察と米軍に逮捕された。その前年から十数人をスウェーデンに送った脱走兵支援の地下活動は、これでひとまず幕を閉じた。鶴見さんはこの活動を組織した一人だが、私は活動の現場にいた。現場の判断を大事にしてほしい、と私はふくれた。鶴見さんはギョロッと目をむき、顔をしかめた。

しかし、まもなく新左翼セクトの内ゲバが激化し、数年後には連合赤軍によるあさま山荘事件が起きる。その後にはオウム真理教による事件もあった。いずれも組織内の不和が殺人に発展し、組織全体が社会に向かって暴走した出来事だった。

そのたび、私はあのときの鶴見さんの顔を思い出した。内部で「あいつはスパイだ」「オレが正しい」という言い合いが始まると、必ずその集団はゆがむ。それが極大化したのが、「非国民っ!」の罵声と、「大東亜共栄圏」のスローガンが飛び交った戦前戦中の日本だった。

鶴見さんは戦時中の自分について、なかなか語らなかった。ハーバード大学在学中に敵性外国人として逮捕され、送還されたことは経歴に出ていたが、戦争末期に海軍軍属としてジャワにいて、「人を殺せと命じられたら、死ぬつもりだった」と、いつも毒薬を持ち歩いていたことを明らかにしたのは、20世紀も終わりの頃ではなかったか。

この話を直接聞いたとき、これは究極の個人主義だ、と私は思ったが、鶴見さんはそれを「主義」というような言葉で語ったのではなかった。そういう哲学や思想の言葉で語らないところに、鶴見さんの哲学の分かりにくさがあった。ではいったい、殺すくらいなら、自分が死ぬ、という覚悟はどこからきたのか。

晩年、鶴見さんは「私は不良少年。落ちこぼれだった」と口癖のように言った。目の前の社会情勢を見て、理想の社会に作り替えよう、と考えるのは政治的エリートや革命家だが、不良少年はそんなことは考えない。世の中の下へ下へと降りていって、市民が、大衆が、庶民が、暮らしと歴史のなかで培ってきた正義感やまっとうさにつながること。そこに鶴見さんは国家を越えて広がる人類の哲学の、いや、そればかりではなく本来の政治や宗教の鉱脈を見、鶴見さん自身の生き方の根を延ばしていた。

さて、そこそこみんな不良の私たちが、日本であれ、米国や欧州であれ、中国や韓国であれ、主義やスローガンを向こうにまわして何ができるか。鶴見さんが探り当ててくれた哲学の鉱脈は、どこにでもありそうに見えて、見つけるのは案外むずかしい。やっかいな宿題が私たちの前にある。(ノンフィクション作家)

二〇一五年七月二四日②

庶民の「岩床」を愛して　鶴見俊輔さんを悼む

中島岳志

鶴見俊輔さんの訃報に接した時、全身から力が抜け、虚脱感に襲われた。鶴見さんの存在は、私にとってあまりにも大きかった。

鶴見さんは、時に進歩的文化人の代表と見なされる。しかし、彼ほど「進歩」という概念を厳しく懐疑した人はいない。

長い冷戦が続く中、鶴見さんは米国とソ連の両方を疑った。確かに両国は資本主義と社会主義というイデオロギー面で対立している。しかし、「進歩の幻想」にしがみついている点では同じである。そして、他ならぬ戦後日本も同じ罠（わな）にはまっている。この病理をいかにすれば乗り越えられるかが、鶴見さんの問いだった。

鶴見さんは、進歩幻想の背景にあるエリートの「一番病」を指摘しつづけた。進歩を疑わない人には、自らの能力に対する過信がある。人間の力によって、完成された未来を切り開けるという思い上がりがある。「正しい答え」を所有できると思い込んでいる。結果、彼らは時の権威者に追随し、自己を失っていく。

一方、鶴見さんが評価したのは無名の庶民による生活世界だった。そこで重視されるのは人柄や態度であって、偏差値ではない。

鶴見さんは、よく「岩床」という言葉を使った。時代の変化におもねらず、一貫した態度を示す人をこよなく愛した。彼は戦中から戦後にかけて、意見を一変させた人を目の当たりにした。昨日まで好戦的発言を繰り返していた人が、敗戦後、平和主義者として発言する。鶴見さんは「器用な利口さ」を嫌悪した。

鶴見さんは、庶民の「岩床」や「流儀」に価値を見いだした。「村の思想」の中には、多少のいさかいは存在しても、他の集団を駆逐するような暴力は存在しない。土着世界の経験値にこそ、文明的な英知が存在する。

鶴見さんが、「村の思想」を強調するには訳があった。それは、戦後日本の平和思想の脆弱（ぜいじゃく）性に不安を覚えていたからである。日本は戦後、確かに平和になった。米国に負けてからは、直接的には戦争を起こしていない。しかし、その平和は与えられたものである。敗戦によって外からもたらされたものであって、自らの手で獲得したものではない。

戦後の平和に根拠を与えるためには、日本の伝統との連続性を確保しなければならない。「村の思想」と戦後思想を地続きのものとしなければならない。それが鶴見さんの強い思いだった。

鶴見さんは高尚な芸術だけでなく、漫画などの大衆文化に価値を見いだした。彼は山上たつひこの漫画「がきデカ」を愛した。そこには「一番病」は存在せず、愛される人間の流儀に満ちていた。この庶民の岩床を崩さなければ、平和は維持され、静かな停頓を引き受けることができる。そう考えた。

しかし、近代社会の中で「村の思想」は負け続ける。小ざかしい功利的思考ばかりが重用され、不器用な一貫性は退けられる。だから、鶴見さんは「負けっぷりのよさ」にこだわった。主流となることよりも、堂々と負けてみせることに意味を見いだした。（北海道大准教授）

二〇一五年八月四日

洒脱で洗練された東京っ子
加藤武さんを悼む

矢野誠一

東京・築地は魚河岸の仲買人の子に生まれ、三味線音楽になじんだ家庭に育ち、泰明小学校、麻布中学、早稲田大学に学んで人となった加藤武（かとう・たけし）は、昭和という時代をまるごと生きたというより生かされた、典型的な東京っ子だった。そのことから離れて、役者加藤武の仕事と人生は語れない。全てが洒脱（しゃだつ）で、洗練されていて、やぼったさがまったくなかった。

進取の気性に富む一方で、この国の伝統藝能（げいのう）を許容する枡目の大きさを持つ文学座は、加藤の生まれ育ちに最もふさわしい劇団組織と言っていい。その文学座にあって、恩師杉村春子（すぎむら・はるこ）の、時に厳しい叱責（しっせき）の交じった薫陶を受けながら、着々と演技者としての技量を身につけてきたのだが、その過程に、てらいや見苦しい自己主張がみじんもなかったのも、この人の持って生まれた柄だろう。組織内の立ち位置に固執することなく、あくまで自然体に振る舞いながら、気がつけば文学座代表の椅子に座らされていたあたりが徳である。

敗戦後に学制改革があり、１９４７年に麻布中学に入った私は、すでに旧制の中学を卒業したはずの面々が3階の物理教室に陣取って、先輩面して文化祭など仕切るのに目を見張った。フランキー堺（さかい）、内藤法美（ないとう・つねみ）、仲谷昇（なかや・のぼる）、小沢昭一（おざわ・しょういち）などなど、そんな先輩連中のひとりが加藤だった。だから私は文学座に入座する以前の加藤の舞台を見ている。

役者、落語家、タレント、物書きなど12人が参じて、入船亭扇橋（いりふねてい・せんきょう）を宗匠に「東京やなぎ句会」を結成して46年になるのだが、俳号阿吽（あうん）を名乗る加藤も同人に加わっている。だから月に1度は顔をあわせ、ワインを口にしながら五七五などやっている仲なのだ。

この句会も彼岸に渡る同人が徐々に増え、２０１２年師走に小沢昭一が、ことしに入って桂米朝（かつら・べいちょう）と入船亭扇橋が相次いで鬼籍の人となり、のこされた句友は5人になってしまった。その5人のなかでも、いちばん元気で健康だった加藤の急死とあって言葉もない。いまだ信じ難い思いなのだ。

7月17日夜、東京の岩波書店会議室で開かれた第５５２回の月例句会の帰り、都営地下鉄神保町駅改札口の前で、「それじゃ」と言って別れたのが最後になった。

この日加藤さんの詠んだ5句のうちの2句。

〈冷や麦のさませば風の吹き抜ける〉

〈夜濯（すす）ぎの朝に乾けばこの匂ひ〉

（演劇評論家）

二〇一五年八月五日

愛着する文学と生きた出口裕弘さんを悼む

菅野昭正

出口裕弘氏の訃報を知って、すぐさま思いだしたのは私が浦和高校（旧制）に入学した年、ある少人数の会合で談論風発していた若々しい風貌である。敗戦の翌年のことだから、あれから六十九年の歳月が流れたとは、にわかに信じがたい気分がしてならない。

詩話会とか称する十人ほどの集まりで、二年生の出口さんは副将格だった。主将は三年生（最上級生）の井上芳夫氏、のちに映画・テレビの演出家として活躍された人物である。会合とはいうものの、大部分の時間は井上・出口の発言で占められていた。新入りの私にとっては、未知の詩人や小説家の名が飛びかい、高邁（こうまい）な議論の筋道はときに難解を極めた。なるほど、高校とはこういう世界かという発見があとに残った。

大学に入ってからも、同じ学科の一年違いの学生という関係がつづいた。いつのころからか、というかそもそもの初心のときからかもしれないが、出口さんは異端とみなされる文学に関心を寄せていた。フランス文学に関する最初の著作である「シャルル・ボードレール」でも、没後しだいに学問的研究の対象となったボードレールではなく、生前の異端扱いされた詩人に焦点が合わされていた。人間の生の根源は虚無であると説き、伝統的な宗教、哲学などすべての価値を破壊せよと訴えた、ルーマニア生まれの思想家シオランに親炙（しんしゃ）したのも、同じ関心の道筋につながっている。

「京子変幻」、「越境者の祭り」など、出口さんは小説も書いたが、ここでも「変幻」という題名にあらわれているように、日常の健全な常識とされるものにたいして、反旗をひるがえそうとする姿勢が目立った。そういう作風を通して、平板なリアリズム小説の砦（とりで）をゆるがそうとする素志が、出口流の小説作法にはいつも感じとれるのだった。

出口さんの仕事で一般に評価が高かったのは、太宰治、坂口安吾に関する評論である。敗戦直後のころ—私が出口さんと知り合ったころ、無頼派などという乱暴な名称を世間から奉られていた太宰も坂口も、とくに若い読者から熱烈に支持されていた作家だった。

現実社会のいかがわしさに疑いの目をむけ、既成の秩序の虚偽をあばきだそうとする彼らの作品は、敗戦後の混乱のなかで右往左往していた若者にとって、新鮮な精神的道標であった。出口さんも、そういう若者のひとりであっただけでなく、おそらく生涯を通して、変わるところなく敬意と親愛をこめて彼らの作品に接していたにちがいない。古めかしくて恐縮だが、初心忘るべからず、という言葉が思いだされる。

変わらないといえば、あの初対面のときいらい、出口さんは文学論好きの「先輩」と感じつづけていた。なにげない雑談をしていても、いつのまにか話題が文学のほうへ旋回してゆく人物は、そう多くはいない。文学とともに、それも愛着する文学とともに生きつづける恵まれた生涯を、出口さんは送ったのである。（フランス文学者、文芸評論家）

二〇一五年八月六日

文学者として貫いたもの
阿川弘之さんを悼む

富岡幸一郎

阿川弘之氏は1941年、太平洋戦争がはじまったとき東京帝国大学の国文科に在学中であったが、翌42年に繰り上げ卒業となり、海軍予備学生になることを志願する。海軍中尉として終戦を中国・漢口で迎え、46年の3月に、原子爆弾で焼け野原となった故郷の広島へ復員する。そのときの思いを後にこう記している。

「海軍へ入る前志してゐた文学の道へ立ち返らうと決めるのだが、早く文学賞を取つて出世の糸口擱(つか)みたいとか、将来大流行作家になつてみせるとか、その手のアムビションを殆(ほとん)ど持つてゐなかつた。自分たち同期生のほんたうの海軍生活を描いた長篇(ちょうへん)一つ世に残せたら、あとはどうでもいいと思つてゐた」(「亡き母や」)

「ほんたう」の箇所には、わざわざ傍点を振ってある。そうしたのは、戦後の日本の言論のなかに、作家がうそと欺瞞(ぎまん)を強く感じ取っていたからであろう。「春の城」「雲の墓標」といった小説、「山本五十六」「米内光政」など海軍軍人を題材にした評伝など、阿川氏は数々の戦争文学を著したが、その旺盛な創作活動の根本にあったのは、戦争の反省と悲惨ばかりがいわれ、平和の尊さばかりが喧伝(けんでん)される戦後の風潮への違和感ではなかったか。

阿川氏の最初の作品集「年年歳歳」は50年、作者29歳の折に刊行されるが、表題作は復員して広島で老いた父母と再会する話である。廃虚と化した故郷で奇跡的に無事に生きのびた両親との日々、70年は人も住めない「原子沙漠(さばく)」といわれた土地に人間の営みがあり、焼け跡の上に草花がひらき自然の回復がある。

主人公が、目を病み被爆でやけどを負った老母を連れて桜の花を見に行く場面は、死からの再生を表し感動的である。そこには地獄図の世界から、日常性がゆっくりと立ち上がってくるときの形象が描かれている。

52年に刊行された「春の城」には、しかし次のような一節がある。

「一つだけ漸(ようや)く彼にはつきりし出してゐるやうに思へるのは、矢代先生を殺し、智恵子を殺し、二十数万の広島の人々を殺した原子爆弾の炸裂(さくれつ)を、平和をもたらした福音として、賑(にぎ)やかなお祭騒ぎに擦り替へようとしてゐる、或(あ)る、眼(め)に定かでない幾つかの勢力の如(ごと)きものに対する憤りの気持(きもち)であつた」

戦争もヒロシマも、戦後の国際政治や左右の思想のなかであまりに声高に語られてきたのではないか。作家は自身の戦争体験や自分の考え方なり感情を決してあらわに表現することはしなかったが、文学を通して「ほんたう」のことを見据えようとした。時代の動きや流れに翻弄(ほんろう)されることなく、規矩(きく)の定かなる美しい文章で人間と時代の真実を描き出そうとした。

志賀直哉に私淑した阿川氏は、近代日本文学の伝統を受け継ぎながら、戦後70年という有為転変のなかに、自らの文学者としての、そして日本人としての矜持(きょうじ)と信念を貫いた。戦争を知らない世代にこそ、この作家の遺(のこ)した言葉を今読んでもらいたい。(文芸評論家)

二〇一五年九月八日

写真とは何か、問い続けた中平卓馬さんを悼む

中川道夫

写真はなぜきれいに撮らなければならないのか。報道写真の正義って何なのだ？　そもそも写真は真実を写すものなのか—。このように、写真の美学や常識に異議をとなえたのが、中平卓馬（なかひら・たくま）だった。

1960年代末期、「プロヴォーク」という、文字通り「挑発」と名付けた写真同人誌を発行。自ら過激な写真を撮り、批評文を書きまくる。同人の森山大道とともに、粒子を粗くして手ぶれをおこし、場所や意味などを無視した、荒涼とした日本列島の風景を写した。

その作品と言葉は若者やアート関係者からは熱く受けとめられる。中平の自宅の近所に住む高校生だった筆者が中平と出会ったのがこの頃。写真好きだったが、その名は知らなかった。

「これからネガを焼こう」。中平が突然言いだしたのは、その数年後にアシスタントをするようになった時。中平は写真については禁欲的で倫理的だった。それまでの自分の思いをぶちまける破壊的な表現に限界をみていた。区切りをつけようと「なぜ、植物図鑑か」という評論本を書き上げて、作品のネガの焼却を決意する。神奈川・逗子の渚（なぎさ）でそれを手伝ったが、写真の炎に照らし出され、より孤独になった写真家が立ち尽くしていた。

写真の被写体に自分のイメージを投影してはならない。図鑑のようにモノがモノとして撮られ並列されるべきで、モノを直視する写真家こそ「世界」と交じり合えると言った。

報道写真による冤罪（えんざい）事件にからみ、沖縄を知ったのもこの頃。77年、中平は倒れ、妻子を認識できないほどの記憶喪失におちいる。ただ写真を撮る行為は忘れなかった。過去をなくしたまま毎日カメラを手にして歩きつづけた。

そして2003年、横浜美術館で新旧作品の個展が開かれて中平はよみがえる。新作は観客に写真の中になにを見るのかを問う不思議な作品群だった。近年は海外からの展覧会のオファーも絶えなかった。

中平卓馬が写真史に名を残すならば、「写真とは何か。写真家とは何者なのか？」を、心身を賭して見つけようとした希有（けう）な写真家、と記されるのではないか。「せめて時代に引っかきキズを残すことが生きた証しだよ」が彼の口癖だった。

中平が逝ったいま、残した写真と言葉はキズどころではなく、写真表現にパックリと開いた裂け目として、私たちの目前に存在している。（写真家）

二〇一五年九月二九日

料理人が待ったあの一言
岸朝子さんを悼む

服部幸應

岸朝子（きし・あさこ）さんといえば、「おいしゅうございます」というフレーズを、思い起こす人は少なくないだろう。私もご一緒させていただいたテレビのバラエティー番組「料理の鉄人」で、料理を食べた後に発するコメントだったのだが、あの一言にこそ岸さんの食べ物や料理人に対する愛情が、凝縮されていた。

料理ジャーナリストとして40年近いキャリアを積み、番組に出演し始めた当時、岸さんは既に70歳目前だった。料理現場の人に限らず、他の出演者たちからも一目置かれる存在だったし、料理人はあの一言を固唾（かたず）をのんで待っていた。

若い人を育てたいという気持ちを人一倍持っておられて、褒める言葉をとても大事にしていた。その岸さんの一言にみんなが納得させられたし、励まされたり、背中を押してもらったりした料理人は数知れない。

なぜ、岸さんの言葉がそれほど力を持っていたのか。戦前、戦後を生き抜いた人生経験や、長年の取材を通して培った見識。作る側、食べる側それぞれの現場を歩き、知り尽くしていたし、栄養学にも造詣が深かった。

ラフなようで、繊細な面も併せ持った人柄もあるだろう。納得できないものに対しては、「そりゃだめよ」とずばりおっしゃったが、相手の気持ちは傷つけないよう気を配っていた。後でこっそり注意してあげるような人だった。

執筆活動を通して、料理の現場や料理人の存在を、広く世に知らしめたという点でも、功績は大きいと思う。「料理の鉄人」という番組は、一つの料理が完成するまでの舞台裏をリアルに見せ、料理人に光を当てたことが斬新で、視聴者に受けた。そうした番組で、岸さんが存在感を発揮していたことは、偶然ではないだろう。

そんな岸さんが話し、書いてきた言葉の一つ一つが、世の中とつながっていた。それが私たち業界の人間を叱咤（しった）激励し続け、レベルを引き上げてくれた気がする。

80代半ばまでは、たくさん召し上がり、こちらが心配になるほどお元気で、まさに健啖（けんたん）家。それだけに、もっと料理の世界を見続けていただきたかった。今後、あらためて存在の大きさを実感することになると思う。（服部学園理事長）

二〇一五年九月三〇日

妥協しない信念の人
福島菊次郎さんを悼む

篠田博之

安保関連法が成立したすぐ後の9月24日に写真家の福島菊次郎（ふくしま・きくじろう）さんが亡くなった。そのタイミングが何か象徴的であるように、私には感じられた。

福島さんは「反骨」「反権力」を生涯貫いた写真家だった。そして、表現者が反権力であることが当たり前だった時代を象徴する人だった。

享年94歳。この何年か、居を構えていた山口県から上京して講演会や写真展を行うたびに「これが最後の機会」と話していた。そう言いながらも元気だった福島さんに、接した人、皆が勇気をもらっていた。

私が最後に会ったのは昨年末、東京都多摩市で開催された講演会でだった。会場には千人もの人が押し掛け、舞台の袖から登壇した福島さん自身が、その観客の多さに驚いていた。

講演会場の隣で開催された写真展では、原爆、三里塚闘争、学生運動、天皇の戦争責任など、戦後の日本が直面した重たいテーマが表現されていた。

福島さんを描いたドキュメンタリー映画「ニッポンの嘘（うそ）」が2012年に公開された影響もあって、福島さんの講演会には大勢の人が押し掛けるようになっていた。多くの人が、この日本で失われつつある何かにあらためて気づかされる、そんな思いに駆られたからだろう。

一方で、気さくな人柄が魅力だった。福島さんの表現者としての生き方に共鳴して講演会にも足を運んでいた民族派団体「一水会」元顧問の鈴木邦男（すずき・くにお）さんとも一緒に酒を飲んだ。

ただ、私が編集する月刊「創（つくる）」でその鈴木さんとの対談をお願いしていたのには応じなかった。かつて右翼の攻撃で写真展が中止になったなどの経緯があるという理由だった。鈴木さんはいまやリベラル派の論客として知られているし、対談しても信念を曲げたことにはならないと説得したのだが、福島さんは頑固だった。自分の信念に関することではいっさい妥協しないのだった。

日本が迷走し始めた、そんな時代だからこそ、福島さんは貴重な存在だった。冥福を祈りたい。（月刊「創」編集長）

二〇一五年一〇月一七日①

声優の「型」を創り上げた熊倉一雄さんを悼む

中山千夏

もう長い、長いお付き合いの仕事仲間です。私にとって、熊倉一雄（くまくら・かずお）さんは「ひょうたん学校の同級生」という感覚でした。NHKの人形劇「ひょっこりひょうたん島」（1964年から放送）のアフレコで、博士役の私が熊倉さんと出会ったのは10代のころ。ひょうたん島は私の基本となった大事な作品の一つです。

熊倉さんはトラヒゲ役で、当時は既にベテランの声優さんでした。名優ぞろいの現場で、声優経験のなかった私は、芝居ともラジオドラマとも違った声優の仕事ぶりに感動しました。人形ににぎやかな表情をつけるのだから、それはもう見事なものです。熊倉さんは先駆者として、今の若い声優たちにも受け継がれるような、声優という職業の一つの「型」を創り上げた方だと思います。

熊倉さんは穏やかで、親切な方でした。歌が上手で譜面も読めるので、読めない役者のために歌の出だしで「はいっ」と肩をたたいて合図してあげることも。みんなから「熊ちゃん、教えて」と頼られる存在でした。またお酒が好きで、酔うと愚痴ったり怒ったりする熊倉さんも、人間らしくて好きでした。

まだ駆け出しの放送作家だった井上（いのうえ）ひさしさんに、舞台へのきっかけを作ったのも熊倉さんだったと思います。ひょうたん島の台本で、周囲は井上さんの才能を知っていましたが、初めて戯曲をお願いしたのは熊倉さんの劇団です。井上さんが「書かせてもらえる！」と喜んでいたのをよく覚えています。

最後にお会いしたのは今年5月でした。NHKのホームページ用のPR動画のため、恵比寿のエコー劇場でトラヒゲと博士のアフレコを行いました。熊倉さんは「もう読めなくてさぁ」なんて笑って、台本の字をご自分で2センチ四方くらいの大きな字に全部書き直したページを見せてくれました。そんな調子でしたから、まだまだ元気だと思っていました。

お互いに「またね」と言ってお別れしたのに、もうお会いできないと思うと悲しいです。気がつけば、ひょうたん島の人口は、この世よりもあの世のほうが多くなっているかもしれませんね。博士は、とてもさびしいです。（談、作家）

二〇一五年一〇月一七日②

評価されるべき円蔵落語
橘家円蔵さんを悼む

川戸貞吉

噺家（はなしか）になったものの彼に関心を持つ者は誰もいなかった。その彼がやがて超売れっ子の芸人に上り詰めていく。兄弟子の初代林家三平（はやしや・さんぺい）と同じような道をたどって一時代を築き上げたのが八代目橘家円蔵（たちばなや・えんぞう）であった。

注目され始めたのが二つ目の升蔵（ますぞう）時代。相手を持ち上げるサービス精神旺盛な〝ヨイショ〟の芸風をキャッチフレーズに、速いテンポでくり出すヒッチャカメッチャカなギャグが人気を呼び、気がついてみればラジオ局からラジオ局へと飛び歩く毎日となった。三平が「ヨシコ」といえば円蔵は「セツコ」、また四代目柳家小せん（やなぎや・こせん）は「ケメコ」を連発、それがまた受けた時代でもあった。

「うまい落語家ってえのは志ん朝（しんちょう）さん、達者なのは談志（だんし）さん、ならばボクはおもしろい落語家を狙わなきゃァしょうがない」という言葉通り、あらゆる手を使っておもしろさを追求、そのためには落語界でやってはならないとされている不文律も打ち破った。

たとえばメガネ。目線が分からなくなるからメガネを外してやるべしとされていたのに、円蔵はメガネをかけたまま高座に上がった。また一番大事とされているサゲを「おもしろいですよ、サゲがねェ。『あすこはあたしの寝床でございます』ッてそういう」とマクラで先にしゃべったりもした。そして「ステレオ落語」と称して、二席の落語を少しずつ代わる代わる演じてみせ、聞き手の度肝を抜いた。

だが、こうしたやりかたを、ホール落語を中心とした落語ファンは忌み嫌う。邪道というわけだ。彼らにとって円蔵は落語家タレントのひとり、落語家として認めたがらないのだ。

ヒッチャカメッチャカで生き抜いてきた円蔵だが、悔しかったに違いない。陽気でおかしくて本格の香りもあった円蔵落語は私も大好きだった。もっと評価されるべきだろう。

ヒッチャカメッチャカは私生活でも。師匠の七代目円蔵の通夜の席で一門が「今日もお酒が飲めるのは円蔵師匠のおかげです、円蔵師匠よありがとう」と歌いだし、親戚中から大ひんしゅくを買ったのは有名な話。

みんながまだ若かったころ、周囲に気ばかり使っている円蔵が一番早く死に、言いたい放題やりたい放題の談志が一番長生きすると言われていた。その談志を前に「兄さん、あたしのほうが長生きしちゃったね」と、円蔵は胸を張っていることだろう。（演芸評論家）

二〇一五年一一月四日

会えずとも魂でつながる
佐木隆三さんを悼む

高山文彦

私と佐木隆三さんとのあいだには、ある約束があった。佐木さんが関門海峡を見下ろす門司の山に終（つい）の棲家（すみか）としてつくられた「風林山房」に、私の故郷高千穂の焼酎をさげて訪れ、ふたりで痛飲することだった。

「福岡に来たときは、ふらりとお訪ねしてもよろしいですか」

「ああ、来たまえ、来たまえ。君にはずっと会いたいと思ってるんだ」

4年まえの電話である。私はそのとき門司にいた。その日のうちに東京に戻らなければならなかったので、いかにも東京からかけているふうにふるまっていた。会いたくてたまらないのに会いに行けないので、こんな電話をしてみたのだ。

「ジャンケンポン協定」「復讐（ふくしゅう）するは我にあり」、そしてもっとも忘れることのできない名作「身分帳」を心の糧としてきた者として、佐木さんから拙著『少年A』14歳の肖像」を雑誌やテレビの書評番組で高評価していただき、やがて大阪堺市で起きた19歳と半年のシンナー〝少年〟による幼女殺害を頂点とするむごたらしい通り魔事件をめぐって犯人の名前を実名で書いたときには、私を全面支持する論稿を雑誌に寄せ、テレビでも支持を表明してくださった。どんなにありがたく、勇気が湧いたことか。

私と出版社は名誉毀損（きそん）で訴えられ、一審で賠償を命じられたが、二審で逆転、原告の訴えは退けられた。原告はまもなく上告を断念し、私たちの勝訴が確定した。

その夜、大阪の北新地で祝杯をあげていると、あちこちの報道関係者から電話がひっきりなしにかかってきてコメント対応に追われるなか、ぜひ声を聞きたいので電話がほしいと言っている方がいると、東京の家人から連絡があった。

「佐木隆三さんよ。電話のまえで待ってるっておっしゃってるから、すぐにかけてあげて」

ふたりは一度も会ったことがない。東京の自宅（当時は東京におられた）に電話するとすぐに出て、「おお」と大声をあげて、「君、よくやった。私はうれしくてね、ひとりで祝杯をあげてるよ。君はどこにいるんだ？　北新地？そうか、今日は許す。ガンガン飲みたまえ。いやあ、おめでとう」

許すなんて言われるようなつきあいではないはずだ。なのにその言葉がうれしくて、電話のあと泣き笑いしながら酒を飲んだ。

でも会うチャンスは一度ならずあったのだ。「たったいま佐木さんがいらして、髙山さんのことをさんざん話して帰って行かれたところなんですよ」とバーの女将（おかみ）に言われ、100冊刊行記念パーティーのときは共通の編集者に「髙山君が来たら教えてくれ」と言っていただいていたようなのに、私は仕事で行けなかった。

会いたいな、会いたいな。ずっと私たちはそう思っていた。

会わずとも魂でつながっている。犯罪者に人間の真実の形相を見ようとした佐木文学の粘り強い営為を、これからも引き継いでいこうと思う。（作家）

二〇一五年一一月二六日

「一人でいる自由」貫く　原節子が表現したもの

桜井哲夫

原節子は、生涯を通じて謎めいた女優だった。日独合作の国策映画「新しき土」（1937年）のヒロインに抜てきされて一躍有名となったが、その後は決して恵まれたものではなかった。

戦後になって映画評論家の津村秀夫は「とにかく東宝時代の彼女は甚だ粗雑な女優に過ぎなかったのが回想される」（「オール読物」50年1月1日号）と述べている。

さらに千葉伸夫の評伝書「原節子」によれば、「永遠の処女」という表現は、小倉武志が46年、女優としての成熟を願って、「永遠の処女」のまま原が映画界を去るつもりなら自分の期待も無になる、と書いたのが初出という。つまり、お嬢さま女優であるとの表現にすぎなかったことになる（ただし東宝宣伝部の藤本真澄が名付けたという説もある）。

「彼女の独身そのものが（中略）殊に思春期の少女や青年たちにとっては、憧憬（しょうけい）の対象として清潔に感じられるものらしい」（津村秀夫）と書かれたように、戦後も彼女は「純粋さ」「潔癖さ」の象徴であり続けたと言えるかもしれない。

けれどそれだけなら原は、これほどまでに人々の記憶に残る女優にはならなかったであろう。彼女を「伝説の女優」たらしめたのは、小津安二郎監督との出会いである。

原が出演した小津作品の中で「晩春」（49年）、「麦秋」（51年）、「東京物語」（53年）は、役名が全て紀子で「紀子3部作」と呼ばれる。

片岡義男は、独創的な原節子論の著書「彼女が演じた役」の中で、「紀子3部作」のテーマの一つを「結婚を当然とする立場」と「結婚することに懐疑を抱く立場」との相克だと捉えている。

なるほど、紀子は「晩春」では、周囲が女性の結婚を当然とするのに対して「そうかしら」と懐疑的に対応し、「麦秋」では周囲の思惑と対立して子連れの男性と結婚。「東京物語」では戦争で夫を失い、義父母に再婚を勧められても、やんわりと拒否していた。

片岡は、「晩春」での不機嫌なときの原の顔は、怖いほどの意志を示しており、強い感情に貫かれた映画でこそ、主演女優に最もふさわしかったはずだと述べている。

私も原の内面は「晩春」で最も鮮烈に表現されていたと思う。例えば、父親の友人で再婚した小野寺への「汚らしい」というせりふには、死別すると次の女性を求める男性の身勝手さへの強烈な拒否感が見て取れる。

つまり戦後の映画で原が表現していたのは、男性の意のままに運命を決められることへの「拒否」の姿勢だったのではないだろうか。そう考えれば、突然の引退も、その後の取材拒否も、運命への一貫した明確な姿勢だと考えることができる。

そして観客もまた彼女の姿勢に、女性が戦後に勝ち取った「一人でいることの自由」を見たのではなかったか。なればこそ彼女は「伝説の女優」たりえたのである。（東京経済大教授）

二〇一五年一一月二七日

世界を変革する新解釈
秋山虔さんを悼む

島内景二

国文学研究は、どこへ向かうのか。その舵取り役の秋山虔（けん）さんが、11月18日に91歳で長逝した。教養への信頼が失われ、文学が冬の時代を迎えた現代日本は、斬新な古典研究が出現し、文化の閉塞（へいそく）を打破する絶好機のはずだ。これが、晩年の信念だった。

精神だけでなく、肉体も強靱（きょうじん）だった。40年前、学生時代の私はゼミ合宿の際、2人乗りのボートで、野尻湖（長野県）を秋山さん（当時は東大教授）と1周した。既に50歳を超えていたが、疲れも見せずにこぎ続ける姿に感嘆した。湖に浮かぶ弁天島を見ながら、「源氏物語」や中勘助の話をした。

秋山さんは、戦前の京都で青春を送った。旧制三高のフランス語クラス（文丙（ぶんぺい））に在籍し、象徴詩を翻訳したとも聞く。異色の時代小説家、隆慶一郎さんと同級だった。

東京帝国大学に進学し、「源氏物語」を専攻した契機は、自らも動員された戦争体験だった。日本文化を崩壊させた敗戦に、「源氏物語」はどのように関与したのか。だが、厳しく検証するうちに、この物語には近代日本を軌道修正する力があると確信した。

詩魂、批判精神、危機意識、倫理観。これらが融合した国文学者の出現で、長い眠りにあった「源氏物語」が目覚めた。

秋山さんは三度（みたび）、この物語を現代語訳して、読者に提供した。一方で、ムードとしての「源氏物語」を商品化する風潮には異議を唱え続けた。原文との抜き差しならぬ対決を経ないブームでは、古典の継承はおろか、未来を切り開けないという警鐘である。

戦国乱世の後に待望の平和が到来した江戸時代には、北村季吟（きぎん）の注釈書「湖月抄」が生まれた。原文と語釈と注解が3点セットになって、「源氏物語」は幅広い読者を得た。秋山さんが中心となった新編日本古典文学全集「源氏物語」全6巻（小学館）は、原文と現代語訳と注釈の3点セットである。戦後日本の「湖月抄」だといえよう。

秋山さんは、紫式部が不幸な文学者だと嘆いた。浮舟の苦難の人生を丸ごと引き受け、「その後の浮舟」を描いた文学者が千年間、一人も現れなかったではないか、と。

教育者としても厳しかった。文学や古典を軽視する時代の到来を予感し、若手を鍛えてくれたのだろう。古典のどこを受け継ぎ、どこを乗り越えるか。彼のゼミで学んだ8年間は私の原点だ。

「源氏物語」は、現代のグローバリゼーションやIT化にも、必ずや適応できる。必要なのは、古典の中から、世界を変革する新解釈を呼び覚ますこと。それが、文学研究の可能性を信じた秋山学の継承である。（電気通信大教授）

二〇一五年一一月三〇日

「オチコボレの力」開花
水木しげるさんを悼む

足立倫行

巨星墜（お）つ、である。漫画界にとってはもちろん、（活動の幅広さからいえば）日本の社会、文化にとっても、水木しげるという人は極めて大きな存在だったと思う。

水木さんは「オチコボレ」だった。15歳で大阪に出てから、就職先はどこでもすぐクビになり、学校もことごとく失敗。社会に居場所がなかった。

子どもの時から蒐集（しゅうしゅう）癖があり、オタクだった。絵がうまかったが、それで生きられる時代ではなく、兵隊にとられた。一兵卒として送られた南方戦線では、片腕を失い、マラリアにかかり、何度も死線をさまよった。

そして戦後の「赤貧洗うがごとき」紙芝居作家時代と「極貧」の貸本漫画家時代…。水木さんが、折からの少年漫画週刊誌ブームに乗ってメジャーデビューを果たすのは1965年、実に43歳の時だ。

刮目（かつもく）に値するのは、初めて脚光を浴びたこの時に、抑え込んでいたオチコボレ「力（りょく）」とオタク「力」を合わせ、一挙に開花させたことである。

それが、墓場の穴からはい出てきた「幽霊族」の生き残り「ゲゲゲの鬼太郎」だった。以後鬼太郎は、アニメや映画を通じてサブカルチャーのニュー・ヒーローへと変身していくが、出自が怨念の闇世界だったことに変わりはない。

つまり水木さんは、オチコボレ、オタクの世界に片足を残しながら、現実の社会においてもしっかりと自らの表現領域を築き上げたのである。

このようなタイプの漫画家、というより表現者は、これまでの日本にはいなかった。ある意味では「オチコボレの星」もしくは「オタクの星」と呼べるのかもしれない。

実は水木さんの亡くなる前の晩、私は書庫で偶然、水木さんと93年に行ったアメリカ旅行の写真を見つけ、しばらく見入っていた。

アリゾナのナバホ居留地の一角での食事写真。大食漢の水木さんは、私の隣で昼食に口をつけずジッとカメラを凝視している。義歯なので固い羊肉が食べられないのだ。

だが、何も言わない。弁解もせずただ耐える。

もちろん、次の場所で柔らかい食物に出合えば旺盛な食欲を見せるのだが、そうではない場所では、まるで自身を消すかのようにやりすごす。

当時私は、水木さん独自の体調管理法だと思った。だが体調だけではなく、水木さんはあらゆる困難をこのように耐え、やりすごしてきたのではないか、と思い直した。だからこそ長き苦難を辛抱できたのでは、と。

そして前夜、「水木さん、この調子ならたぶん100歳まで現役でゆけるぞ！」と思ったのだが…。合掌。（ノンフィクション作家）

二〇一五年一二月一〇日①

暗夜の灯が消えた
野坂昭如さんを悼む

阿部牧郎

私の高校時代の2年先輩に斎藤保さんという人がいた。斎藤さんは早稲田大の仏文で野坂昭如さんの親友だった。2人とも大酒豪であり、赤線の常連であり、斎藤さんはけんかが強く、野坂さんは学識豊かで女の子にモテた。

私は大学が京都だったので、実家のある秋田県鹿角市への行き帰り、かならず東京で2人の先輩に会って一緒に遊んだ。ご両人とも桁外れの学生だったので、驥尾（きび）に付して歩くのが精いっぱいだった。

野坂さんは父君（実父）が新潟県の副知事で、後にNHKのラジオ番組「とんち教室」に出演する粋人だった。だが、野坂さん本人は後年の機関銃のような冗舌がうそのように寡黙で、眼鏡越しにじっと人を観察している向きがあった。私より2年さきに卒業を迎えて斎藤さんは読売新聞の記者となったが、野坂さんは就職の心配などする気配もなかった。

たぶん父君のつてで三木鶏郎の冗談工房へ加わった。才能だけで生きる覚悟をきめていたのだろう。CMソングを数多く書いたが、やがてエッセーなど雑文が多くなった。まだ珍しかったサングラスをかけ、プレーボーイを名乗って徐々に注目されはじめた。

10年ほどたって私は大阪の化学会社の宣伝担当になり、ラジオの帯番組（10分程度だったと思う）のキャスターを野坂さんにお願いした。週に1度収録のため彼は来阪するようになった。夜は私の文化アパートに泊まった。喫茶店で水割りを飲みながら週刊誌の雑文をさらさらと書きあげたり、ラジオの一人しゃべりが抜群に面白かったり、底知れぬ才能を発揮していた。

私は野坂さんが週に1度文壇の香りを運んできてくれるようで、窮屈なサラリーマン生活に耐えぬく力をもらっていた。野坂さんは私の尊敬の的であり、憧れでもあった。

やがて野坂さんは「エロ事師（ごとし）たち」を発表してデビューを果たした。私が感想をのべたところ「オモロかったでしょう」と笑っていた顔がいまもわすれられない。

良家の出らしく彼は言葉遣いが丁寧だった。1968年「アメリカひじき」「火垂（ほた）るの墓」で直木賞受賞。その後の名作続発ぶりは広く知られるところである。

野坂さんの小説はむしろ純文学であり、テレビ出演、歌手のまねごと、講演などは営業活動だと私は思っている。小説の売れない時代でも野坂さんなら名作を書きつづけたはずである。もっとも、「火垂るの墓」がアニメ化されたときは、野坂さんは妙に照れて、試写会の日は大阪へ逃げてきていた。

いつだったか、野坂さんが久しぶりで関西へきた。京都・祇園のすし屋で飲みながら、彼は自分の胸を指して「さわってごらん」といった。いわれた通りにすると、四角いせっけんのようなものが指にふれた。ペースメーカーだった。手術前、看護師がカタログをもって説明にきた。200万円だという。ため息をついて術後、銀行で200万円をおろし、病院へ支払いにいったところ「70歳以上はタダです」といわれたらしい。「ジジイになっても良いことはあるね」と彼は笑った。

脳梗塞で野坂さんが倒れたと私がきいたのは、その1、2年後だった。が、一度も面会はかなわなかった。暗夜にただ一つの灯が消えた心地である。（作家）

二〇一五年一二月一〇日②

妖しく謎めいたけん引力
野坂昭如さんを悼む

村松友視

野坂昭如さんは1963年、「エロ事師（ごとし）たち」で作家として本格的デビューを果たしたが、当時作家として無名であった野坂さんの才能を発掘したのは、中央公論社が発行していた文芸誌「小説中央公論」編集部員だった水口義朗氏、私は同じ編集部の末席にいる新入社員だった。

「エロ事師たち」は、発表直後に三島由紀夫氏と吉行淳之介氏から絶賛を浴びるなど衝撃的な話題を生み、この両氏を発起人とする出版記念会が催されもした。あいさつに立った三島氏が、胸ポケットから野坂さんと同じ黒メガネをつまみ出してかけ、座を笑わせたあと、「野坂クンが、小説においては『エロ事師たち』のごとき純粋な文学を書きつづけ、日常においては卑猥（ひわい）、淫猥、猥褻（わいせつ）、猥雑の極みを追求しつづけることを期待します。そうでないと、ボクは野坂クンをきらいになります」とスピーチをくくった。そのしたりげな口もとが、50年近くたった今も目に残っている。

「エロ事師たち」の真の価値をとらえる反応が、文壇や業界をだしぬいたかたちで、まったく別の個性やセンスを有する2人の先輩作家によって、酔狂がらみのポーズをもはらんだオマージュの矢として放たれた。

ここにすでにして、正統、異端、前衛、純文学、エンターテインメント、文壇、世間といったカテゴリーの境界線を溶かしてしまう、野坂昭如という比類ない才能のスケールを象徴するものが見えているのではなかろうか。野坂昭如の「アメリカひじき」「火垂（ほた）るの墓」2作による第58回直木賞受賞は、「エロ事師たち」発表から実に5年あとのことだったのだ。

このいきさつを洗い直しているうち、野坂昭如作品あるいはその行動の逃げ水のごとき軌跡を、文壇あるいは業界的まなざしが、つねにあと追いをしている構図が浮かんでくるような気がした。「火垂るの墓」や「戦争童話集」の作品としての生命力と浸透力そして持続力が、まず強靱（きょうじん）な読者によって抱き留められ根を張り茎をのばし花開き、やがて畑となり肥えていった。

思えば、第1作「エロ事師たち」をまず抱きしめた三島氏や吉行氏とても、先輩としての冷静な鑑識眼や批評眼というよりも、純粋な読者としての感動であったにちがいない。野坂昭如の作品と実像には、読者を熟読者へとさそいつづける、妖しくも謎めいたけん引力がはらまれているように思えてならないのだ。

そういえば、中央公論社における野坂昭如担当時代、私もまた野坂さんに翻弄（ほんろう）されることを満喫していた。だます、逃げる、遅れる…担当者にとって迷惑きわまりない一大特徴。午前4時にインターホンを押すよう指示され、刻限をはかって行ってみれば門柱からインターホン一式が剝ぎ取られている。

カンヅメにした旅館からは未明に逃げられ、野坂担当者の日常はいずれの社でも同じようなものだろうが、それでも青息吐息で原稿を手にすれば、何とも言えぬ気分でにんまり笑ったりもした。あれはやはり、この原稿を世界で最初に読むのは自分なのだという、病んだ読者の特権的で謎めいた、野坂昭如流諧謔（かいぎゃく）の乗り移ったにんまりであったにちがいないのである。（作家）

追補

一九九〇年九月一五日

現実と古典つなぐ激情
土門拳とリアリズム

重森弘淹

そろそろ太平洋戦争に敗色のきざしがみえだした昭和十八年、第一回アルス写真文化賞が土門拳に与えられた。三十四歳だったが、氏を推した詩人の高村光太郎は次のように述べている。

「土門拳はぶきみである。土門拳のレンズは人や物を底まであばく。レンズの非情性と、土門拳そのものの激情性とが、実によく同盟して被写体を襲撃する。この無機性の眼と有機性の眼との結合の強さに、何だか異常なものを感じる。土門拳自身よくピントの事を口にするが、土門拳の写真をしてピントが合っているというならば、他の写真家の写真は大方ピントが合っていないとせねばならなくなる」

すでにその数年前から室生寺の撮影（十四年）を始め、また文楽を七千余枚撮り（十五年）、安井曽太郎や安田靫彦の肖像を写して、「人や物の底まであばく」ような土門リアリズムに注目が集まりつつあった。

晩年の土門リアリズムは、たとえば最後の大作となった写真集「女人高野室生寺」（五十三年）にみられるように、おだやかな安定とすべての物象の実在を肯定するような境地にたどりついてはいるものの、しかし一貫しているところのものは、対象の存在感に苛責（かしゃく）なく迫ろうとする強靱（きょうじん）な意志が表現に徹底していた点だった。

リアリズムとはいうまでもなく、対象を客観的にとらえることにほかならないし、彼自身あるがままのものを、あるがままに撮るのだとよく口にしたものの、土門リアリズムは結局レンズのもつ非情性に徹しつつ、しかも対象に向かっての「激情」に特色がいかんなく発揮されたのであった。

さて戦後も三十五年ごろまでは、社会的ないしは批判的リアリズムを積極的に提唱し、その具体的な手法の実践として35ミリカメラを手にし、さかんに巷（ちまた）の世相や「ヒロシマ」（三十三年）に代表されるような戦争と戦後にかかわる重い問題にコミットしていく。

それは古寺や伝統文化の追求と一見異なる方向のようにも思われるが、「報道写真家としては、今日ただ今の社会的現実に取組むのも、奈良や京都の古典文化や伝統に取組むのも、日本民族の怒り、悲しみ、喜び、大きくいえば民族の運命にかかわる接点を追求する点で、ぼくには同じことに思える」（「デモ取材と古寺巡礼」四十三年）といってはばからなかった。

事実、彼はこのことをアマチュアに熱心に唱導し、写真雑誌の月例を通じて写真のリアリズム運動を展開し、圧倒的な影響力を及ぼしたのであった。

昭和三十五年と四十三年の二回にわたって脳出血で倒れながら奇跡的な回復をとげ、車椅子（いす）に乗りながら、全五巻の大作「古寺巡礼」を五十年に完成させ、そしてさらに「女人高野室生寺」を完結させたのであった。室生寺の第一回の撮影が、先に述べたように十四年だったから、実に四十年に近い撮影だったということになる。

この完璧（ぺき）を期する執念によって、室生寺をはじめ日本の代表的な古文化財は、もっとも秀（すぐ）れた記録として残されることになったわけである。

五十四年、三たびの発作で入院し、意識不明のまま今日に至った。しかし五十八年、郷里山形県酒田市に世界でも珍しい個人の写真美術館「土門拳記念館」が設置され、その全作品が収蔵されて多くの人が氏の世界に直接触れられるようになったことは、死は悲しいがせめてもの喜びだと言わねばならない。合掌。（写真評論家）

一九九〇年九月二七日

執拗なまでに性を追及
モラビアの急死に思う

千種堅

アルベルト・モラビアが亡くなったといわれても、わたくしにはぴんとこない。そんなばかなという印象が先に立つ。八十二歳という年齢からして、亡くなっても、早いわけではない。だが、彼の執筆活動をつい先日まで活字を通して見ていたわたくしにとっては、まるで目下執筆中の現役の作家が急死したというように思えてならない。しかも、その知らせは全く衝撃的に入って来た。新幹線でトーマス・マンの「ヴェニスに死す」を読み直し、最後の主人公アッシェンバッハの死のくだりを読み終えて、ビスコンティの映像を思い出していた折もおり、新聞社の電話で訃報（ふほう）を知らされたのだ。若者の性にひかれるアッシェンバッハの死と、執拗（しつよう）なまでに性を追及したモラビアの死がわたくしの脳裏で重なった。

モラビアが性にこだわった作品を書くようになったのは、近年になってからのことだが、実存主義者を自認し、実存主義的作風の作品を書いていた初期のころでも、行間から性にかかわる描写をかいまみることができた。だが、最近、セックスのタブーがなくなってからは、民主主義の時代に民主主義の作品を書かないのがおかしいのと同じで、現在は性を正面から取り上げるべきだと主張するようになっていた。女性心理を描かせたら右に出るもののないモラビアのこと、行き着く先は「あいつと私」以降の平然と性を描写する作品群となった。バルザックなら人生、しょせん、金ではないかというところを、モラビアは性だと言ってのけたわけだ。

わたくし自身はモラビアの初期の作品も訳しているが、「深層生活」や「視る男」に代表される晩年の小説群を多く訳している。つまり〝ポルノまがい〟と偏見をもって見られる作品たちだが、訳していながら、百の人生論よりも豊かな人生を教えてもらったと実感している。

いや、それ以上に、初期の作品にくらべて、晩年の作品は翻訳しやすかった。それはモラビアの資質からくるのだろうが、彼自身の言葉を借りれば「書くとは構成することだ」という。つまり、美辞麗句や難解な言い回しよりも、物語そのものに重きを置くというので、普通の純文学の作家の作品を翻訳していると、その難解さに泣かされることが多いのだが、モラビアの場合は素直に訳せば、それがそのまま日本語としてちゃんと通用してくれる。

訳者としてはこんなに有り難い作家はいない。しかも単に易しいとか、訳しやすいというだけではない。その平易な表現をもって、実に深みのある、含蓄のあることをけろりと、しかも皮肉を交えて言ってのける。その辺のニュアンスを見落としたら大変である。訳しやすいからといって、うかうかしてはいられない作家、それがモラビアだった。

それにしても思う。モラビアにしても死のくびきからは逃れられなかったのかと。（愛知大学教授）

一九九〇年一〇月一一日

努力し大成したまれな女形
古風な歌舞伎味が魅力
河原崎国太郎を悼む

藤田洋

国太郎の女形芸には、木版刷りの芝居絵のような、およそ現代ばなれした古風な歌舞伎味があって、そこが魅力であった。

壮年期から晩年まで四十年以上舞台を見てきたが、年を追うごとにだんだんといぶし銀の輝きを見せた。その過程に実際に接することができたのは幸せだった。はじめは「俊寛」の千鳥だったが、娘婿の芳三郎に譲った。「鳴神」の絶間姫も同じである。そのうちに「白石噺」の宮城野や「切られお富」を当たり役にしはじめた。お富や「奴の小万」のような〝悪婆（あくば）〟と呼ばれる幕末江戸の退廃味を求められる役は独壇場といってよかった。

若いころには政岡のような時代物も手がけているが、本領は世話物にあった。すぐに思い浮かぶのは「魚屋宗五郎」や「文七元結」「芝浜」などの女房である。亡き翫右衛門とのコンビは絶妙で、いまだに目に残る。

門閥の出ではない国太郎が、前進座の創立に参加して立女形の位置にすわり、六十年間劇団の支柱の一本になってきた。長十郎・翫右衛門を補佐し、昨今は梅之助・芳三郎を助けていた。女形らしく、一歩身を退いて、劇団をリードしてきたといえる。

座談はみごとにうまかった。芸談もよくしゃべったし、また芝居の話をしているのが楽しくて仕方がないというふうで、はじめたら止まらなかった。

先代梅幸や亡き多賀之丞を尊敬していた。女形の規格を国太郎はこの二人に求めていたようだった。加えてはじめに弟子入りしたときの師猿翁（二代目猿之助）の進取の気風も学んでいる。前進座が歌舞伎を母体にスタートして、大衆性で人気を上げていった骨格形成と国太郎の人生航路とが、重なりあってみえる。

最後に会ったのは東京・本多劇場のロビーだった。歌舞伎の規格が崩れていくとさかんに憂いていた。これから師匠番として、御意見番としてたいせつな立場にあったのに残念である。素人から出て、努力の末に大成したまれな女形という点でも、得難い役者を失った。

（演劇評論家）

一九九〇年一一月一日

忍苦が生んだ文体
幸田文さんのこと

高井有一

書棚の一ばん本を手に取りやすい位置に、ざっくりとした手織木綿で装われた「幸田文全集」が並んでいる。僅（わず）かの時間が空いたとき、ふとそのうちの一冊を披（ひら）いてみる。そんな風にして私は長年、幸田文さんの文学に親しんで来た。

幸田さんの文章からは、時に太棹（ふとざお）に似た響きが聞こえる。父露伴を語った作品において、特にその音色は冴（さ）えるようだ。病んだ露伴が明け方に血を吐く。「私は瞬間はつとしたけれど、まさか一大事に尾を曳くとはおもはなかつた。のちに悲しく気づいた。死は父を奪ふに、なんとふて〳〵しくやつて来たことだかと。しよつぱなから鮮明な血の彩をもつて、不敵に面つき出して挑んだことだつた」。片々たる引用ではいかにも物足りないが、人を酔わせる力のある文章と言っていい。

私が幸田さんの回想を読んで感じるのは、一途に人に尽くす事の辛（つら）さであり、悲しみである。露伴は二度目に迎えた妻と折り合いが悪く、晩年は別居生活が続いていた。一たんは嫁いだものの別れて実家へ戻った文さんが、老父の世話をして、家政を取り仕切るのだが、その有り様はまさに「仕へる」と言うのがふさわしい。

しかし露伴は、娘の献身を手放しで歓（よろこ）んで受け容れるような並みの老人ではなかった。東京に激しい空襲のあった日、娘は足腰の弱った父の身を案じて、せめて押し入れに入ってくれるように頼むが、父はそれを「婢妾の愛」と受け取ったのか、「私は年寄だ。お前の指図に従ふのが至当だらう。一ト言云つておく、私に強ひたやうにおまへ自身にも強ひるだらうね」と怒気を含んで言うのである。

もともと文さんは、父に「愛されざるの子」であった。露伴は早世した長女を愛して、文さんの事は「かはゆくないやつ」と疎んじたという。その愛の薄かった娘が、十六歳のときに継母をさしおいて炊事をやるように命じられたのを手始めに、家事一切を父に仕込まれ、長じてからもずっと身近にあって、とうとう最期を看取る巡り合わせになったのだから、その間の忍苦と、それを凌（しの）ぎ切った気性の激しさは、生ぬるい暮らしをしている者の想像を超えるものがある。

文さん自身は書いていないが、露伴家と長い間の親交があった小林勇の「蝸牛庵訪問記」は、露伴の臨終の少し前に、自分がこの家を出た方が父のためにもよいと思う、と文さんが洩（も）らした事を伝えている。文さんの調子が高く、生半（なまなか）な読者の感傷なんぞ撥（は）ねのけてしまう勁（つよ）い文体は、こうした経験の果てに獲得されたものであろう。そして私が全集を繰り返して読みたくなるのは、勁いものに搏（う）たれる快さのせいである。

あまり作品を書かなくなってからの幸田さんは、各地に古い樹木を見に行くのを楽しみにしていた。人の背に負われて山奥の木を訪ねたりもしたそうである。そのときの幸田さんの気持の奥に何があったか。私はさかしらな詮索（せんさく）をしようとは思わない。ただ凝（じっ）とその光景を眼に泛（うか）べていたいだけである。（作家）

一九九一年一月三日

私小説的文学風土を一変
作家・野間宏氏を悼む

針生一郎

野間宏さんに亡くなられて、私は自分の胸にぽっかりあいた空洞の大きさを、いまだに測りかねている。昨年の春ごろから、体調の衰えと口のもつれが目立つのに反比例して、仕事の上では一層どん欲となり、あれもやろう、これもやろうと電話で提案された。五月には編集者に付き添われて、一週間フィリピンの戦跡調査に出かけたが、帰国直後病院で検査を受けると、そのまま入院となった。ベッドに放射線治療の記録があるので、がんと推測されたが、八月半ばには一応回復して退院した。

だが、秋にはがんが食道や胃から肺に転移したらしく、再入院を拒否して週に四日通院で放射線治療を受けた。急速にやせながら、ご本人は現代医学ならがんは治る、良くなってきたと言い続け、二本の連載も休もうとしなかった。十二月二十八日ついに再入院、元日まで意識がはっきりしていたのに、容体が急変して二日夜亡くなったのである。

野間さんの文学的業績については、改めて言うまでもない。「暗い絵」でデビューして私小説中心の文学風土を一変させ、心理・生理・社会を総合するという全体小説の方法を提示した。

「真空地帯」や「青年の環」第一部などではその心理・生理・社会的背景の描写があまりにも精密で、人物が身動きできないように感じられ、一方「地の翼」「さいころの空」「わが塔はそこに立つ」などでは、それらすべての問題を敏感に感受する主人公の像だけが、巨人のように膨れ上がるうらみがあった。だが、十三年の中断と沈思の期間を経て書き継がれ、執筆開始以来三十年で完成した「青年の環」第三部以降では、被差別部落出身で足の不自由な男の悪の哲学を中心に脇役たちが深まりを示し、立体的でダイナミックな虚構世界が現出する。

その間、政治的、社会的発言は絶え間なく、狭山裁判では一貫して石川被告の無罪を主張して、岩波新書上下二巻をまとめた後も、雑誌「世界」に亡くなるまで連載を続けた。近年は自然科学者ともよく会って話を聞き、その研究書を読んで遺伝子学、生態学などにも関心を深め、環境汚染問題に取り組んで原発中止、フロンガス規制を訴える声明の提唱者ともなった。さらに中国との実質的な文化交流を目指して、長野県松本市に現代中国美術館を建設する運動の中心となり、徳間書店その他の共同発行による「現代中国文学選」の推進力でもあった。

野間さんの自宅が応接間から廊下や玄関まで、うず高い本の山に囲まれてかろうじて一人通れるほどのすき間しかないのと同様に、彼は歴史と現代のあらゆる問題を抱え込んで、しかも小説の中に生かしていこうとする作家だった。そして、ほとんど身動きならぬ窮地に陥ったと見えるときでも、根源的な思索とけもののように柔軟な想像力で、わずかなすき間をすり抜けてゆく。その文体も悪文の見本とされる重苦しい修飾の羅列のように見えて、粘液質の情念とからみ合った想像力の飛翔（ひしょう）を見逃してはなるまい。

私は数年前、京大人文研究所長だった竹内実君とともに、野間さんをノーベル文学賞に推薦した。その年の秋、ドイツの新聞はノーベル文学賞に日本の野間宏が最有力と報道したが、土壇場でソ連からアメリカに亡命した詩人ブロツキーに決まった。あとでスウェーデン・アカデミーに問い合わせると、英仏独語など審査員の読める翻訳が「真空地帯」しかないのが致命的だという。ともかく、日本の現代文学は支柱となる巨人を失ったという気がする。（評論家）

一九九四年九月八日

演技で人生のすべてを要約
東野英治郎の死を悼む

佐藤忠男

東野英治郎は戦前から新劇で活躍していた俳優である。戦前には「綴方教室」の父、「土」の貧農の勘次などがあり、戦後には田中千禾夫や小山祐士の戯曲に素晴らしい演技を見せている。しかし、その風格と愛きょうを併せ持つ、まれな資質が広く一般に知られるようになったのは、一九五〇年代の黄金時代の日本映画の数々の名作に出演して、忘れ難い懐かしい人間像を残すようになってからである。

たとえば小津安二郎の「東京物語」で、笠智衆の旧友と飲んで酔っぱらって夜おそく友人の娘の家にやってくる老人。やはり小津作品の「秋刀魚の味」で、成功した昔の教え子たちの招待で飲んで酔いつぶれてその老残ぶりを軽べつされる元中学教師。これらは出場はほんのちょっとなのに、一人の人間の人生の喜びと悲しみのすべてがそこに要約されているかのようにさえ思える絶妙の演技だった。

あるいは木下恵介の「夕やけ雲」で、貧しくても律義に生きてきた誇りが言動にみなぎっている小さな魚屋の親父（おやじ）さんとか、「楢山節考」の冒頭で、なにか飄々（ひょうひょう）たる足どりで遠くの村から縁談を持ってくる男。あの、ただそこに現れただけで途方もなく親しい気持ちにさせてくれるところが彼の芸なのであるが、他方、腹黒い役も大いに演じたし、舞台では見事な威厳に心を打たれる役が少なくなかった。

　晩年にはその飄々とした親しみやすさと貫録を買われたのだろう。TBSテレビ系の「水戸黄門」で黄門様を十年以上も主役で演じて人気者になった。難しい新劇の名優にしてはたあいのない役だったが、毎回おしまいに、じつに愉快そうに「カッ、カッ、カ…」と笑う。あの笑いのおおらかさは天下一品で、さすが日本を代表する役者のひとりだと楽しませてもらったものである。心からめい福を祈る。（映画評論家）

一九九四年一〇月二一日

喜劇全盛時代もたらす
飯沢匡さんの死を悼む

大笹吉雄

　以前からお体の調子がよくないと聞いていた。事実、今年のはじめ、青年劇場の創立三十周年の記念パーティーでおみかけした時、ひどくおやつれになっているのに驚いた。おおかたの人も同様だったと思われる。関係者はあらかじめの覚悟があったに違いない。が、だからといって、悲しみが小さくなるというものでもなかろう。単に演劇界のみならず、大きな足跡を残して逝かれた。

　戦前にジャーナリストとして出発し、やがてテアトル・コメディという劇団に関係して劇作の筆を執った。処女作から喜劇志向で、これは一生変わらなかった。というよりも、悲劇が上等だという世相にさからい、喜劇というジャンルを確立し、一般的な認知を得させたのが飯沢氏だった。その意味では氏の一生は、闘いの連続だったといえる。

　権力嫌いだった。これは喜劇作家の本質でもあるが、戦時中に戦争への批判をこめた「北京の幽霊」や「鳥獣合戦」を発表し、文学座に上演せしめたようなことは、だれにでもできるというわけではない。

　この資質は戦後も一貫していて、新興宗教のあり方を風刺した「塔」や、熊沢天皇をモチーフにした「もう一人のヒト」などに、氏の面目が躍如としていた。時流を見る目が確かだった。俳優を想定してのドラマ作りが達者で、この才能は晩年の青年劇場との提携の舞台、「夜の笑い」などにもよく発揮された。

　放送にも貢献し、ラジオドラマの「ヤン坊ニン坊トン坊」、テレビドラマの「ブーフーウー」は一世を風びした。そのどれにも都会的な、飯沢カラーとしかいいようのないカラーがあふれていた。現在の喜劇全盛時代は、氏がもたらしたともいえる。そのお仕事を振り返りつつ、心からのごめい福をお祈りしたい。

（演劇評論家）

一九九四年一〇月二二日

年輪加え、名演技 個性光ったランカスター

筈見有弘

バート・ランカスターが亡くなった。八十歳。

ランカスターがスクリーンにデビューしたのは第二次大戦が終わった翌年、一九四六年のことであり、以来、八八年まで休むことなく、映画に出演し続けてきた。と言うことは、戦後のどの時代の映画観客にも親しまれてきたということになる。

しかも、ランカスターは娯楽と芸術の両方の作品、あるいはそれらが融合した作品を多く残したからファンの層も幅広かった。

ヘミングウェー原作の「殺人者」でデビューした彼は、すぐに独立プロを設立、映画入り以前に経験のあるアクロバットの特技を生かした「怪傑ダルド」「真紅の盗賊」で五〇年代初めに人気を確立した。

先輩の大スター、ゲイリー・クーパーを共演者に迎えてのメキシコを舞台にした活劇「ヴェラクルス」では白い歯をむきだしにしてニッと笑い、先輩を食ってしまう豪放な個性を光らせた。トレードマークになった歯には保険を掛けていたともいわれる。

「OK牧場の決闘」「大列車作戦」「プロフェッショナル」などの娯楽映画で男らしい頼もしさをもって楽しませてくれる一方、「愛しのシバよ帰れ」「地上より永遠に」、アカデミー賞に輝いた「エルマー・ガントリー」、「ニュールンベルグ裁判」「終身犯」等々の意欲作にも率先して出演した。「成功の甘き香り」で見せた他人を顧みないエゴイスチックな性格は極端な例だが、彼の演じる役柄にはエゴがむきだしになっていることが多く、脂ぎっていて、それが魅力になっていた。

イタリアの名匠ルキノ・ビスコンティに招かれて「山猫」「家族の肖像」に主演したことで演技に深みを加え、年輪からくる枯れた味もプラスとなって「アトランティック・シティ」「ローカル・ヒーロー」といった名演技を生んだ。

アメリカ、いや世界の映画からまた一人、大スターが消えていった。（映画評論家）

一九九四年一二月二一日

足跡は巨大で多岐に 千田先生を悼む

岩淵達治

天寿を全うするという慣用句ほど千田先生にあてはまらないものはない、と常々思っていた。常に次の仕事を構想され、新たな挑戦を続けられていくお姿に、はてがあろうとは思えなかった。最後にお目にかかったのは数週間前のことで、先生を囲むゲストゥスの会（旧称ブレヒトの会、設立者は先生である）の例会にお見えになり、お元気に意見を述べておられたので、年内にこのような報に接するとは思ってもみなかった。

先生の演劇界に残された足跡はあまりに巨大で多岐にわたっており、先生の遺産と呼べるものも枚挙にいとまがないほどである。幸いなことに、きちょうめんな性格の先生は、ご自身の資料を綿密に整理されている。

自伝「もうひとつの新劇史」は、今は実際に体験した人が極めて少なくなった、戦前の新劇史が個人史の中に重ね合わされている。戦後半世紀のご活動は「千田是也演劇論集」九巻（未来社）という膨大な理論的著作集でうかがうことができる。この論集は一九九一年で一応完結したが、それは一時的な完結であって、その後三年の資料は優に一巻分になるだろう。

演劇評論家、扇田昭彦氏の試みられていた先生の聞き書きは、まだ後を残したまま未完になってしまった。

また俳優としての体験を踏まえられた日本ではほとんど唯一の実践理論の書「近代俳優術」は、ベーシックな基本文献としての価値を失うことはないだろう。完結を嫌われる先生は、この旧著にも補足改訂を考えられていたようだ。まだまだお遺(のこ)しになりたかったことが山積みしていたような気がする。

私は、先生のさまざまな活動領域の一端にすぎないブレヒト演劇の受容という限られた枠で先生に師事させていただいたにすぎないが、先生から学ばせていただいたものは計り知れない。

技術的、方法論的なものについては言うまでもないが、最も重要なのは、演劇の基本的姿勢に関することである。私は今のこの時点でも、社会性を抜きにした演劇の存在理由を考えることができないが、それが先生から譲り受けた遺産の一番大きなものだと思っている。

先生の場合、演劇的営為が運動論や組織論と結びついていたのはそのためなのであろう。私にとって心残りなのは、ポスト・ブレヒト的状況のなかで、ブレヒトをどうポジティブにとらえ直すかという問題について、じっくりとお話しさせていただくことができなかったことである。死の直前まで先生はご多忙すぎたのだった。(演劇評論家)

一九九五年二月二五日

映画的エロスの輝き
神代辰巳監督

山根貞男

神代辰巳監督が亡くなった。体調が良くないという話は聞いていたが、昨秋、六年ぶりの新作「棒の哀しみ」を見て、その映画的エロスの若々しさに心配など吹っ飛んだ。そのあと、京都国際映画祭のホテルで朝食をともにして、元気で次作について語る(酸素ボンベ持参でタバコをスパスパやりながら!)姿に接し、ああ、この人は細い鋼の糸のように生きてゆくのだな、と確信した。だが、その命の糸もついに切れた。

いま、〝映画的エロス〟と記したが、それは、題材や形式にかかわりなく、すべての映画が持っているはずの官能性のことである。思えば、神代辰巳は一貫してその点だけを提示しつづけた。神代監督の三十四本の作品は多彩な表情をしているが、映画ならではの表現のエロチシズムで見る者に迫るという一点では共通するのである。

一九七〇年代に、そんな神代辰巳の映画姿勢と〝日活ロマン・ポルノ〟路線がうまく合致して、みごとな花を咲かせた。まさに傑作秀作の連続で、どれもが素晴らしく、なかでも突出しているのが「四畳半襖の裏張り」と「赫い髪の女」である。それらは単にある特定のジャンルの内部でのみ優れていたのではない。真の映画的エロスという観点からすれば、一九七〇年代の日本映画は、神代辰巳の諸作品を持つことで世界的に輝いていたといっても過言ではなかろう。

神代辰巳は、一九八〇年代には文芸メロドラマなどで独自の官能性をつらぬき、いわば映画的エロスの揺れ幅を大きくしてゆく。そして昨年、傑作「棒の哀しみ」が出現したのである。この六年ぶりの映画は、先述のように若々しくて、荒々しい力をもみなぎらせつつ、どこか静かなエロスの発光体といったことを感じさせる。わたしはそこに、神代辰巳の一九九〇年代における新展開の始まりをドキドキ予感したのだが…。

映画監督の命の糸は作品のなかに流れている。いまは、そう思うことにしよう。合掌。（映画評論家）

一九九五年六月一三日

繊細さの極み
伝説の人ミケランジェリ

黒田恭一

完璧（ぺき）主義者は気難しく、わがままときまっている。イタリア出身の名ピアニスト、アルトゥーロ・ベネデッティ・ミケランジェリも、例外ではなかった。

宝石にも似た、その磨きあげられたピアノの音が、さらには、ほんの小さな傷さえもない精緻（ち）な演奏が、ミケランジェリの完璧主義者ぶりを物語ってあまりあった。ミケランジェリによって弾かれて、ピアノは、凡百のピアニストが弾いたときとは明らかに違う透明な音色で、音楽を語った。

その磨きに磨いた音に触れて、これもまた、ピアノの音か、と耳を疑った人も少なくなかった。ひくひくと震える鋭敏な神経が透けてみえるような、まさに独自の音で、孤高の美学を展開してみせたのがミケランジェリだった。

あくなき情熱で完璧さを追求し続けたミケランジェリは、繊細さの極まったところで青白く光る鋭利な表現を際立たせ、いささかの濁りもない純度の高い歌を聴かせた。ミケランジェリによってうたわれる旋律は、いつだって、矢をつがえて引き絞られた弓さながらに、尋常ならざる緊張をはらんでいた。

筋金入りの、だれもが認める完璧主義者だったミケランジェリは、当然、わがままさでも人後に落ちなかった。楽器が気に入らないといってはコンサートをキャンセルし、体調の不調を理由にしばしば公演を中止した。それやこれやで、ミケランジェリのコンサートはごくまれにしか行われなかった。

気が向かなければ、てこでも動かないミケランジェリであれば、録音を求めるレコード会社のたっての要望にも耳をかさず、よほどのことでもないかぎり、首を縦に振ろうとしなかった。そのために、とびきり高い名声を誇っていたミケランジェリにもかかわらず、ほんのひと握りの録音しか残さなかった。

アルトゥーロ・ベネデッティ・ミケランジェリは、生きながら伝説のピアニストだった。伝説のピアニストともなれば、まことしやかに語られるミステリアスな逸話にはことかかない。

しかし、現実のミケランジェリは、さまざまなエピソードに彩られた奇人ミケランジェリのはるかかなたにあって、ひとりピアノに殉じた。ミケランジェリは近代ヨーロッパの音楽的叡（えい）知が生み出し、楽器の可能性を極限まで追求し続けてきたピアニストだった。これからのミケランジェリは伝説から解き放たれ、その徹底したピアノ人間としての一面をより鮮明に認識されるに違いない。（音楽評論家）

一九九五年九月一四日

史上に残るラブシーンも
岡田英次さんの死を悼む

田山力哉

俳優の岡田英次さんが死去された。私の若き日の映画青年時代に忘れ難い印象を残してくれた人であるが、直接お話ししたことはない。ただ、すでに売り出し中だったころ、大泉撮影所に行くらしい氏が電車の座席にきつい表情で座っており、だれも気がつかなかったのを見た。その後、京都の東映のそばの喫茶店でひとりコーヒーを飲んでいる姿を見たが、孤独で厳しい表情をしていて、ミーハーの私も声を掛けるすきがなかった。

饒舌（じょうぜつ）な映画人たちの中で、個人というものを確立した現代的な知性とか自我を感じさせる姿が印象的だった。デビュー当時から背は低いが渋みのある、そして彫りの深い顔立ちで、戦後フランス映画の代表的な二枚目ジャン・マレーに似ていると評判だった。と思ったら一九五九年に、アラン・レネ監督が広島にロケして撮ったフランス映画の傑作「二十四時間の情事」で、エマニュエル・リヴァと共演。日本男優がフランス女優とヌードのベッドシーンを演じるなど当時としては画期的なことだった。

岡田さんは慶応大学経済学部の出身だがフランス語は全くできず、この映画のために台詞（せりふ）を全部暗記したというから芸熱心なのだ。映画デビューの初期の五〇年、今井正監督「また逢う日まで」では、出征していく戦時下の大学生の純愛を鮮やかに演じ、窓ガラスを通して久我美子と接吻（せっぷん）するシーンが話題になったが、これは日本映画史上に残る名ラブシーンになった。

こうして一躍スターの座に駆けのぼった彼だが、それでもその座に甘んじて通俗映画に出演することなど一度もしなかった。作品を選びに選び、今井正のほか成瀬巳喜男、山本薩夫、内田吐夢など名匠の作品に相次いで出演、知的な俳優で通した。市川崑監督の風刺喜劇「億万長者」ではコミカルな役もこなし、芸域の広さを示した。

最近は脇（わき）に回って仕事も減っていたが、昨年まで出演を続けていたという。最近でもレネ監督を忘れず、パリへ行く度にレネが週に一回来るという寿司（すし）店に毎日通い、ついに再会を果たしたという。「また逢う日まで」とともに、あの映画は彼にとって忘れ難いものだったのだろう。（映画評論家）

一九九五年一一月二五日

さよならマル、近いうちに

田山力哉

「一九五七年の秋、『死刑台のエレベーター』の撮影が終わろうとしていたとき、そのスタジオでは監督のルイ・マルが二十五回目の誕生日を祝っていた。この出来事はフランス映画にチャンスをもたらすことになった」

これは当時一流の映画批評家だったジョルジュ・サドゥールの言葉であるが、マルはトリュフォー、ゴダールより二年前にデビューしたわけで、文字通りヌーベルバーグの真の先駆者だった。

あれから三十八年、マルが六十三歳で亡くなったという。知らせを聞いて大きなショックだった。トリュフォーもすでになく、フランス映画の一つの時代が決定的に終わったという感じである。

「死刑台…」はモダンジャズの第一人者だったマイルス・デイビスの曲を使い、それまでの情緒的なパリとは全く異質なクールな映像感覚を見せたサスペンス映画であった。

彼は硬質な映像美を貫きながら、戦争中に送った少年時代の体験にもこだわり続けた。ゲシュタポの手先になった少年がユダヤ系の少女に恋をする「ルシアンの青春」（一九七三年）もそうだが、八七年に撮った「さよなら子供たち」は自らの寄宿学校時代の体験をそのままに描いた。

ユダヤ人の少年と親友になったが、その子は密告にあい対独抵抗派の校長と共に独兵に捕らわれた。〝さよなら子供たち、近いうちに〟と言って去っていく神父。「この朝のことを私は生涯忘れないだろう」と、マルは自らのナレーションで言った。だが、その生涯は終わってしまった。

私は二十代のとき、彼が初来日したときから親交があった。大ブルジョアの息子で才人だと聞いていたので少し高慢かなと思ったら、後でパリで会ったとき、向こうも私のことをさも未来ある批評家づらして生意気なやつだと思っていたのが分かった。同世代同士「お互い年取ったなあ」と笑い合ったのが二年前、カンヌで握手したのが最後になった。

「ダメージ」が私の見た最後の作品。まだ死ぬには早すぎた。もっともっと彼のクールな映像が見たかった。愛妻キャンディス・バーゲンとロスに住んでいながら、最後まで「フランス的なフランス語の映画」を愛する映画人であった。さよなら、マル、近いうちに！

（映画評論家）

一九九六年一月八日②

歌謡界に民謡ブーム起こす
三橋美智也の死を悼む

反畑誠一

「ミッチー、再起して！」という歌手仲間からの激励もむなしく、歌謡界の家元的存在だった巨星は他界した。六十代半ば、まだまだエネルギーが残っていたはずで、七十余日に及ぶ生死の闘いに、人生への執念が感じられる。昭和ひとけた生まれにありがちな働き盛りの無理のしわ寄せだろうか、惜しまれてならない。

芸能界へのデビューは十二歳。すでに昨今の十代の歌手とは比較にならない芸歴の持ち主であった。幼いころから母に民謡を教えられ、小学校入学とともに本格的に追分を勉強。早くも十二歳にして「江差追分」をレコーディングしている。プロ歌手としてレコードデビューのきっかけは得意の民謡ではなく三味線であった。じつは民謡だけでは飽きたらず二十歳で上京。近郊にある綱島温泉で働く傍ら津軽三味線を抱えて民謡の研究と普及に明け暮れていた時代を経てのことである。

三橋美智也が歌謡界に〝民謡ブーム〟と〝三橋旋風〟を巻き起こしたのは、一九五四年に出した「おんな船頭唄」からである。三十万枚を超す（現在なら三百万枚に相当）ヒット曲になり、一気にスター歌手の道を歩むことになる。昭和三十年代の歌謡界を代表する「達者でナ」「リンゴ村から」「星屑の町」「哀愁列車」「古城」などのヒット曲がずらりとある。

レパートリーは一千曲を超え、八三年にはノドと三味線で日本の歌謡史上初のレコード売り上げ枚数一億枚突破という金字塔を打ち立てた。

その至芸の歌唱法について「僕の歌は、発音が違うんです。僕が歌謡界に入るまではみんなクラシックの発声でした。僕みたいに民謡の〝ハァー〟っていうゴロを入れたのは初めてです。それまではゴロを入れると、民謡くさくなって歌謡曲にならないと言われてました。それを超えられたのはア・イ・ウ・エ・オと言葉をかみしめるように、はっきりと歌ったから民謡調が出なかったのです」と打ち明けていた。

さらに発声について「腹筋を鍛えなければバーンと張る声が出なくなる。首を左右に五十回ずつ回して、腹筋は腕立て伏せとかで二十回前後。でも、ノドは生まれつきのもの。悪くなるのは内臓のせいですよ。腹筋が弱くなる」と語っていた本人が、晩年は糖尿病と闘う日々が続いたのは皮肉である。

大先輩三橋美智也の後を追って、民謡の分野から歌謡界入りした歌手は大勢いる。なかでも演歌系の若手女性歌手に多い。独特の「三橋流歌謡曲論」は、逆風にあえぐ演歌の分野に貴重な指南になるであろう。故郷の香りがただよう三橋節には、歌謡ファンが愛する流行歌のエッセンスがあった。（音楽評論家）

一九九六年八月一八日

私たちは本当に理解したか
孤立した現実主義の思想
戦後政治と丸山真男

山口二郎

日本の戦後政治学は、丸山真男とともに始まった。彼が敗戦直後、総合雑誌に発表した「超国家主義の論理と心理」や「科学としての政治学」は、戦前、戦中に国体のくびきによって逼塞（ひっそく）していた政治学が、敗戦による解放とともに自由に羽ばたき始めたことを示す記念碑的な論文であった。

大日本帝国を滅亡に追いやった張本人たちの、行為の結果に比べてあまりにもみすぼらしい責任感が浮き彫りになったとき、当時の読者はどれほど大きな衝撃を受けたのだろうか。総合雑誌の論文がほとんど影響力を持たない今日からは想像もつかない。

▽夜店と本店

丸山の仕事は日本政治思想史に関する学問的研究と、いわゆる論壇におけるその時々の政治に対する論評の二つに大別される。丸山自身は、前者を本店、後者を夜店と呼んでいる。もちろんその二つはバラバラの作業ではない。

彼は両者の関係を在家仏教主義にたとえている。つまり、学者は学問の世界の修行僧として修行に励まなければならない。しかし、一国の学問を担う力は学問を職業としない俗人の学問活動である。

彼は学問的思考を修行僧の専売特許から少しでも解放することを目指した。時事的な評論は、思想史研究の中で彼が考えている概念や枠組みを現実に当てはめる応用作業であった。

こうして、講和問題から六〇年安保にかけて、彼は進歩的文化人の旗頭として革新陣営に大きな影響を与えたというのが戦後史の常識となっている。保守の側からは、欧米の近代と日本の落差を論難する理想主義者と見られてきた。

しかし、丸山の言説が革新勢力に本当に影響を与えていれば、今日のような情けない政治状況は生まれていなかったのではないだろうか。戦後革新における丸山の理解の仕方があらためて問われるのである。

▽規範と現実

丸山の時論を貫くのは、政治判断におけるプラグマティズムと認識における現実主義であった。どこかに完全無欠な政治体制を想定し、それをもとに現状を裁断するのは、丸山に言わせれば「惑溺（わくでき）」である。

規範と現実には違いがあって当然であり、規範に向けて息長く現実を変えていく「永久革命」こそが革新勢力に求められていた。しかし、戦後政治の中では保守の側では規範や理想に対するシニシズムがまん延し、革新の中では規範に対する物神崇拝が横行した。丸山の現実主義は常に孤立した存在であった。

六〇年安保を最後に、丸山は夜店をたたみ、本店に専念するようになる。そして、以後の彼の思想史研究にも大きな展開が現れた。彼の最初の本格的著作である『日本政治思想史研究』においては、江戸時代の朱子学がいかに崩壊し、さらにその胎内からまったく新しい思想が生まれていく過程が分析された。

つまり、思想の中から近代的なもの―権力から自立する私的領域の解放、社会的秩序を自由な人間の作為の所産と見る「作為の論理」の成立―が胚胎（はいたい）するところに丸山の関心は向けられていた。

▽作為の論理と古層

しかし、本店に専念するようになって彼は日本思想の「古層」に注目する。古層とは、外来の思想が日本に吸収される過程で執拗（しつよう）に現れる日本的な思考様式のパターンである。つまり、仏教でも儒教でもマルクス主義でも、外国の思想が日本に受け入れられるとき、必ず一定の修正が加えられ、その修正のパターンにこそ日本的なるものが現れるというのである。

日本における思想の発展の過程は、近代化と古層の隆起の二重の過程と丸山は考えるようになった。

彼は古層を日本思想史における「執拗低音」ともよんでいる。何ともペシミスティックな比喩（ひゆ）ではないか。かつて丸山が思想史研究者として国家権力の暴走の中で懸命に格闘していたとき、作為の論理こそ命綱だったはずである。その作為の論理と古層とはどう関係するのか。丸山は納得のいく説明を残してくれなかった。その点はこれからわれわれ自身に残された課題であろう。（北海道大教授）

一九九七年二月二四日②

禅に通じる科学哲学　大森荘蔵氏に学んだもの

養老孟司

学問の系譜は、内容として伝えられる。その内容を伝える者が弟子だ。世の人はしばしばそう考える。私はそうは思わない。学問も文学や芸術と似た面を持っており、たしかに後世になにかが伝わるのだが、そのなにかとは、じつは学説の内容とは限らない。むしろ内容ではないもの、それが伝わる。私はそう思う。

わが国ではそれは型と呼ばれ、日本文化の長い伝統と考えられてきた。伝えられるもの、伝えうるものとはなにか。それを突き詰めていったもの、それが「型」である。それは死んだ「形式」ではない。もののやり方を指す。ものを書くことも同じである。書き方とは、まさに書き「型」なのである。現代の学者なら、それを方法論とでも呼ぶであろう。

私が大森荘蔵氏に学んだものも、それである。大森氏は同じ大学の先輩であるというだけで、科学哲学という専門も、医学を専攻した私には、世間的には直接なんの関係もなかった。氏の著作を読んではいたものの、私が大森氏に直接お会いしたのは、氏が東京大学を定年になられて後のことである。

大森氏に親しく学ばれた人も数多いはずだし、大森氏を追悼する機会に私などが出る幕はない。ただ私は不思議にご縁があって何度も氏の謦咳（けいがい）に接する機会があった。科学哲学会でご一緒に壇上で討論したのも、思えば光栄なことであった。私が「唯脳論」という書物を書いたあと、「無脳論」について書かれていたことも記憶に新しい。

たとえばゼノンの逆理についても、私とまったく異なる解釈を追っておられた。話の内容をいうなら、まさに「話にならない」ほどのすれ違いにも見えよう。

最後にお目にかかったのは、昨年の寒い日だった。お宅におうかがいして、ある雑誌のために対談をした。その内容は活字になっているから、とくにいうこともない。しかし、そこに記されず、しかもそのときに私がどうしても申し上げたかったことで、珍しく大森氏の同意を得たことがある。それは代表的な著作の一つであった「新視覚新論」にかかわる文脈でのことだった。

先生の書かれるものを読むと、どうしても十牛図の円相を思い起こすのです。思い切って私はそう申し上げた。そのときに大森氏は瞬時瞑目（めいもく）され、そして答えられた。そう思ってくださるのは、たいへんうれしい。それが大森氏と私の最後の会話である。

私の記憶のなかでは、ものごとはそうなっている。私はそれ以上、いうべきこともなかったし、うかがうべきこともなかった。

これではほとんど禅問答ではないか。そう思う人もあろう。実際そうなのだから仕方がない。

　科学哲学という分野を、西欧科学を紹介し、その「方法論」を述べるものだと思う人は多い。しかし、もとが西欧だろうがなんだろうが、科学をやっているのは、ただいまこの日本に住んでいる、この自分なのである。

　それなら科学哲学も同じであろう。しかも用いている「方法論」は、日本語だと来ている。それなら日本の科学哲学があってなんの不思議もない。そこに禅が出てきても、もっと不思議はないであろう。

　そういうものの混在を、うさん臭いと思う人が多いこともわかっている。しかし大森氏を知る人は、そうした評がこれほどあたらない人物はないことを、きわめてよくご存知のはずである。その人が、十牛図という評に同意されたときのことを想い起こすとき、私はほとんど涙が出そうになる。それはまったく私の個人的な思いであり、一般化できることではない。

　人生はそんなふうにふと交錯する。長いことはない一生のなかで、そういう機会を一瞬でも持てることは、生きることの幸福である。それは同時に、死など、どうでもよいものとしてしまうのである。（解剖学者）

一九九七年四月四日②

もう一度、あの至芸を
杉村春子さんを悼む

矢代静一

　私が杉村さんを存じあげたのは、敗戦直前の昭和二十（一九四五）年の四月である。文学座が渋谷の東横映画劇場で「女の一生」を初演したときだ。「文学座史」によると、「空襲が烈しく警報発令のため、最後まで演れし日は殆どなし」だったそうだ。運のよいことに、私の観た日は全幕無事に上演した。私は十八歳で、杉村さんの演じた布引けい役は、強烈な印象でいまも目に焼きついている。何分五十二年も前だし、上演回数は十回だったから、いまではこの芝居を観た人はほとんどいないだろう。二十歳の三島由紀夫も観たそうだ。彼が自裁するすこし前にそのことを知り、二人で「俺たちは歴史的瞬間に立ち会った」と自慢しあったものだ。あの舞台から、この二人の文学少年（？）は、杉村さんのファンになった。

　そして念願かなって私が文学座の文芸演出部に入座したのは昭和二十四（一九四九）年のことである。あこがれの成熟した若き女優さんの前で、私は直立不動の姿勢であいさつした。

　さて、最近、老いと死をあつかったエッセイ集「快老」をＰＨＰ研究所から出版した。その中で、私は次のような文章をつづった。

「九十歳の杉村さんのお元気なこと。旅公演を一カ月つづけても平気の平左だ。一カ月ほど前、あるパーティーで久しぶりにお会いした。私は二十二歳のとき文学座に入れてもらった。だから杉村さんにはいつまでたっても『坊や』扱いされる。そこで既に『坊や』ではないことを認識してもらうために『僕、数え年で七十になりました』と申し上げたら、あっさり、いなされた。『まあ、矢っちゃん（注・私のこと）、まだそんなお年なの。お若くてうらやましい』」

　ところで長い長い女優生活のなかで、もう一つ高い次元の芸風を確立したのは、昭和三十一年の「鹿鳴館」のヒロイン影山朝子を演じたときだ。そのころの新劇はリアリズム万能時代で、彼女の演技は新派くさいと座内からも批評家たちからもささやかれていた。北見治一はその著「回想の文学座」で次のように記している。「そのころの彼女は、自身でも率直に語るとおり『私を古いものとして刻印を押すような時勢』の渦中にあり、『私自身、自分の舞台に厭気がさすほど自信を失くして混迷していた』」

　そんな状態の彼女に「鹿鳴館」の作者三島由紀夫は、けいこの最中に告げた。「ひとがなんといおうと、おもいっきり大芝居をしなさい。ミエもきりなさい。自分ほどえらいやつはいないというつもりで、うんといばってやってください」

　彼女はそれでふっきれた。果たして評判はたいへんよく、私ごときは完全に脱帽した。

　三年後、近松の「国性爺」を現代風に私が脚色したとき、ヒロインの錦祥女役を杉村さんにお願いしたのは、この芝居に厚みがでると確信したからだ。見事な出来だった。

　そのころ私はこんな風なことを書いた。「杉村さんはアッケラカンとした素直な、カラッとした人なのである。ヘンに小細工のできる人ではない。だからこそ名女優になれたのだ」

　「女の一生」の少女時代の布引けい役は、お年を召してからいよいよ見事だった。もう一度観たい。あれこそ至芸だった。（劇作家）

一九九七年四月七日

声を通して響くアメリカ
ギンズバーグの死

野村喜和夫

　アレン・ギンズバーグが死んだ。新聞の扱いが小さかったので、あるいは気がつかなかった人もいるかもしれない。あまりにも時は流れた—ある世代以上のなかには、そうした感慨もあることだろう。事実、一九八八年に来日した折、かつてのこの詩人のイメージからはほど遠いその穏健な立ち居振る舞いを見て、複雑な思いにとらわれた人も少なからずいたはずである。

▽ビート世代

　いうまでもなくギンズバーグは、いわゆるビート世代を代表する詩人だった。長詩「吠える」で衝撃的にデビューし、以後、「カディッシュ」「アメリカの没落」などの詩集で病んだアメリカを告発しながら、自由と解放への道を模索しつづけた。とりわけ、六〇年代の西側社会を席巻したあの対抗文化に与えた影響には、はかりしれないものがある。

　けれどもその後、ギンズバーグの変容以上に、アメリカそのものがさらに大きく変わってしまったというべきだろう。アメリカの没落、それはある程度詩人の予言の通りであったかもしれない。しかし同時に、世界全体がアメリカ—大衆社会状況と情報資本主義のアメリカ—と化してしまったのである。

▽声の復権

　詩が反抗の代名詞であった時代の最後の詩人、ギンズバーグへのそんな規定も、いまでは可能だろう。また、作品の質だけを問うなら、ギンズバーグよりすぐれた詩人を数えあげることだって容易だ。だが、それよりなにより、このユダヤ系のヒンズー教徒は、いわば全身的に詩人であったのだ。詩を書き、うたい、放浪し、政治参加し、麻薬を試み、同性を愛し、それがまた詩に環流し、というふうに、詩は生と直接に結びついていた。

　なかんずく、ギンズバーグの最大の功績は、声の復権ということになるだろう。潜在的に声があふれているようなテクスト、さらにそれを多様に顕在化させた朗読パフォーマンス。日本でも六〇年代後半から、白石かずこや吉増剛造によって、たぶんギンズバーグに刺激されるようなかたちで朗読パフォーマンスが始まり、いまや活字メディアだけでは詩を語ることができないほど、詩の身体は深化と拡張を遂げている。

▽大詩人の呼吸

　そうした流れの源にギンズバーグがいる、という、思いのほかのねじれ。そしてその詩人の声を通して響いてくるもの、それはやはりアメリカ—ただしこのたびは、大地的なアメリカ—としかいいようのないものだ。

　ほぼ一世紀をへだてて、それはだから、ホ

イットマンと響きあう。ギンズバーグ自身、この大詩人の詩の呼吸を強く意識していたふしがある。「三途（さんず）の川の渡し守が棹をとどめ、あなたが濛濛（もうもう）たる岸辺に降り立って、舟が黒い忘却の川水を彼方に消えていくのを眺めたとき、あなたにはどんなアメリカがあったのだろうか」（川本皓嗣訳）と呼びかけたこともあったが、いま、ホイットマンと同じ途についたギンズバーグに、アメリカは―いや世界全体は―どう映じていることだろう。（詩人）

一九九七年五月二八日

「私＝民族」を描き続ける在日朝鮮人文学そのもの 金達寿氏の死

川村湊

金達寿氏は、在日朝鮮人一世の作家だった。一世というのは朝鮮半島で生まれ、物心がついてから日本へ渡ってきた世代で、二世は日本生まれ日本育ちの、その子供たち。三世ともなると民族や国籍はともかく、文化的には日本人とほとんど同一だ。現在の「在日コリアン」は二世、三世がその大半を占めるようになり、一世や一世的な民族文化を伝える人はもはやわずかとなってしまった。金氏はその一世の文化を身につけたほとんど最後といっていい「在日朝鮮人」一世の文学者だったのである。

伝記「わがアリランの歌」によると、金氏は満十歳の時に生まれ故郷の慶尚南道から、先に渡日していた母や兄弟の住む東京へやって来た。納豆売りから始まり、屑（くず）拾い、ふろ屋の釜焚（た）き、映写技師見習いなどの職業を転々としながら夜学に通い、大学を出て、神奈川県で新聞記者となった。

その後、植民支配下の朝鮮でやはり新聞記者となったが、総督府の御用記事を書くことに耐えられず、日本へ帰ってくる。日本の敗戦、祖国の解放を日本で迎え、在日朝鮮人の組織を作り、文化雑誌「民主朝鮮」の編集の傍ら、おう盛な創作活動を行う。「後裔の街」「玄海灘」「太白山脈」など氏の代表作が書き継がれたのである。

金達寿氏は在日朝鮮人文学者の代表というより、金氏自身が「在日朝鮮人文学」そのものだったといってよい。氏の履歴は在日一世の苦難と苦労を一身に体現するものであり、それは「一世」の体験の典型なのである。氏は短編を集めて「小説在日朝鮮人史」という作品集を編んでいるが、それはまさに「在日朝鮮人」の自画像といってよいのである。

金氏は志賀直哉の「私小説」に傾倒したとその自伝で語っているが、在日朝鮮人にとっての「私」を描いたのが氏の小説だった。もちろん、それはスタイル的にも、思想的にも「私小説」とは異質だが、在日朝鮮人が自らのことを描き、語り続けたという意味において「私小説」的なのであり、金氏は「私＝民族」をその作品世界で描き続けたのである。

「日本の中の朝鮮文化」に見られる、日本の中での朝鮮人としてのルーツ捜しの旅も、決してそのことと無縁ではない。氏は日本の中に故郷の「朝鮮」を求めて歩き回った（近年になるまで、「左傾」作家と目されていた氏は韓国に入れなかった）。金氏の歴史紀行がともすれば日本の古代史を朝鮮文化の流入で覆ってしまう結論となったのも、金氏のそうした望郷の念の強さであると考えねばならないだろう。（文芸評論家）

一九九七年九月八日

どんな時も人生に意味ある遺されたメッセージとはフランクルの死去を悼む

諸富祥彦

二十世紀を代表する知的巨人が、また一人、この世を去った。

ヴィクトル・エミール・フランクル。日本では、ユダヤ人である彼が、ただそれだけの理由で捕虜としてとらえられたナチスの強制収容所における体験記録「夜と霧」(原題「ある心理学者の強制収容所体験」)の著者として知られる。オーストリア人の神経科医・精神科医である。

▽気高い人間精神

わずか九日で書かれたこの本は、そこに記された数々の陰惨な事実にもかかわらず、ある種のさわやかな感動すら与えてくれる。それは、この著作における彼のまなざしが、強制収容所の生き地獄の中で、なお希望を失わずに生きようとする人々の姿と、それを支える人間精神の気高さとに絶えず注がれているからであろう。

特にアメリカの若者に熱狂的に支持されたこの本は英語版だけで九百万部を売り尽くし、一九九一年アメリカ国会図書館の調査によれば「私の人生にもっとも影響を与えた本」のベストテン入りを果たしたという。もちろん、心理学、精神医学関係では唯一の快挙である。

専門分野では、ロゴセラピー(実存分析)という独自の心理療法の創始者として知られる。高校生の時にフロイトと文通し、その論文を国際学会誌に掲載され、大学生の時にはアドラーの個人心理学派の中心人物の一人として活躍していたにもかかわらず、いずれにも飽き足らず離脱。「生きる意味」の問題に焦点を合わせた独自の学派(ウィーン第三学派)を新たに創設した。

▽魂の鼓舞

ではフランクルが、その九十二年の生涯をかけて人々に送り続けたメッセージとは一体いかなるものであったか。私が今、思い出すのは次のエピソードである。

収容所生活で生きる希望を失い、「もう人生には何も期待できない」と自殺を決意しかけた二人の囚人がいた。この二人にそれぞれ、フランクルは次のように問いかけたという。

「たしかに、あなたは人生にもう何も期待できないと思っているかもしれません。人生の最期の日がいつ突然訪れるかもしれないのですから、無理もない話です。けれどもその一方で、人生の方はまだ、あなたに対する期待を決して捨てていないはずです。あなたを必要とする何か、あなたを必要としているだれかが必ずいるはずです。そして、その何かやだれかはあなたに発見されるのを待っているのです」

この言葉を聞いて二人の囚人は自殺をとりやめたという。ある囚人は外国で自分との再会を待っている娘がいることに、また別の囚人は、ある化学の著作シリーズが自分の手によって完成されるのを待っているということに気づいたからである。

どんな時も人生には意味がある。自分を必要とする何かがあり、だれかが必ずいて、自分に発見され、実現されるのを待っている——このような思いほど、私たちの生きる勇気とエネルギーをかきたててくれるものはない。フランクルのこのメッセージは、実に半世紀にわたって、人生に絶望しかけた多くの人々の魂を鼓舞し続けていた。人々に生きる勇気とエネルギーを与え続けた人と言ってもいい。

▽むなしさの感覚

省みれば、収容所とは比較にならないこの豊かな平成・日本においても、しかし、多くの人々が生きるエネルギーを枯渇させ、理由なき疲労感を訴え始めている。

その背後には、ただ同じことがくり返される日々の中で「どうせ何をしても無駄」「何のために毎日を生きているのかわからない」という深い〈むなしさ〉の感覚がある。フランクルの心理学はこのような時代においてこそ、その真価を発揮するもののはずである。

今年私はフランクル心理学の観点から現代人の生きる指針を説いた二冊の本を書いた。その二冊が、私からのフランクルへの供養になれば幸いである。(千葉大助教授)

一九九八年一月六日

卓抜なセンスと情熱
安江良介氏を悼む

桂敬一

安江さんの訃報（ふほう）を聞き、やっぱりという思いと、なんともいえない無念さが交錯する。

やっぱりとは、一昨年の夏、メディアとジャーナリズムの問題を取り上げた会合に、同じパネリストとして参加したとき、安江さんが急に倒れられ、参加不能になったこと、そのご容態が楽観できないものだと知らされ、今日まで案じてきたこと、に由来する。

そして、その後の彼の長い不在のあいだに生じたメディアと文化の世界の激動が、リーダーとしての彼をいかに必要とする状況をもたらしたかを振り返るとき、心の底から残念な思いが噴出する。

批判を浴びる憲法状況の変化とメディアのかかわり合い、日米安保新ガイドラインや沖縄の動向をめぐって問われるジャーナリズムの責任、放送界の激変や著作物再販制度見直しに煽（あお）られるマスコミ界。

このような情勢は、安江さん健在なりせば、必ずや彼に大きな活動の場を与え、その言説は、メディアと言論のあるべき姿勢、果たすべき役割について、揺るがぬ指針を示したはずなのだ。そういう安江さんが必要とされるのは、まさにこれからではないか。

私は個人的には、安江さんを存じ上げたのは、そう古いことではない。吉野源三郎さんの遺訓を忠実に生かし、JCJ（日本ジャーナリスト会議）の活動の発展に貢献してこられたが、同じJCJ会員だった私も、そのおりはそう親しい関係にはなかった。美濃部都知事の特別秘書、雑誌「世界」の編集長として活躍されたころは、遠くにいる有名な人であるに過ぎなかった。

だが、一九八〇年代末から私が働いていた東大新聞研究所に講師としてお招きしたり、すでに岩波書店の経営陣の一角を占められたころ、私が同書店より本を出すなどの事情から、親しくさせていただくことになったが、感心するのは、いつも卓抜なジャーナリスティックなセンスを横溢（おういつ）させておられることだった。

倒れられる直前、新聞労連が東京に韓国言論労連の代表を招いて開いた、両国メディアの交流促進を図る会議でもパネリストとしてご一緒したが、これからのアジアにおける日韓両国言論人の役割の重要性を説く熱弁は、たいへん心打つものがあった。その姿は、出版社の社長というより、現場の一ジャーナリストにほかならぬものであった。

二十一世紀のジャーナリズムとメディア文化はいかにあるべきなのであろうか。そのことを常に自覚的に考え、その発展を確実にたどる力を日本のメディアに携わる人々がつくり出していくこと、それが安江さんを安らかに眠らせてあげることになるのだと思う。（立命館大教授）

一九九九年四月二〇日

復活を信じていたのに
桂枝雀さんを悼む

古川嘉一郎

桂枝雀（本名・前田達）さんを初めて見たのはもう四十年も前。「素人名人会」という毎日放送の素人参加のラジオ番組の予選会場であった。私が中学生、枝雀さんが高校生のころだった。

弟の武司さんとの漫才コンビはこの種の番組を荒らしまくっていたから、すぐにアマチュアの世界で〝兵庫・伊丹の前田兄弟〟として知れ渡っていた。学生服姿のニキビ面を今も鮮明に覚えている。

枝雀さんは中学三年の時に父を病気で亡くした後、三菱電機・伊丹製作所に就職。一年後、伊丹高校の定時制に入学。そこから国立の神戸大学文学部に合格。一年間だけ大学生活を経験して中途退学。

この大学受験をするころには半分、落語家になるつもりに傾いていたこともあり、昭和三十六（一九六一）年の春には正式に桂米朝に弟子入り。翌三十七年に桂小米の名でデビュー。四十八年十月に枝雀となり、古典から新作までの落語や英語落語まで手掛け、〝上方落語界に枝雀あり〟と言われる人気を得た。とりわけ上方落語の特色である笑いの部分を極端にデフォルメした派手な芸風は〝枝雀落語〟と呼ばれた。

枝雀を襲名した前年に「舞台が怖い」と言いだし、体調を崩して四カ月ほど休業したことがあった。十三年前の私の取材ノートにその時の事を振り返った枝雀さんの言葉が残っている。

「うつ病から脱してね、もうこれからはどんどん失敗してやろうと決めました。それまでは物事をキチキチと考え過ぎてました。人も芸も失敗せな大きくなれんのやないか。ここらで居直ったれと思いました」。それ以後の〝枝雀落語〟はまさに破竹の勢いであった。

この二十五年間、枝雀は猛スピードで走り続けた。もう大丈夫なはずであった。だが、またしてもどこかで何かが軋（きし）んだ。根が几帳面（きちょうめん）すぎる人だから、その潔癖さが再び自らの落語に対する疑問として増幅していったのだろうか。枝雀さんにどんな精神的変化があったのか、今はもう定かでない。

三月、自宅で自殺を図って意識不明の重体だとの報が入って以来、枝雀さんは必ずもう一度復活して新しい〝枝雀落語〟をつくり出してくれると信じていた。時間がかかってもいいから元気にカムバックしてほしいと思い続けてきた。

「笑いは緊張と緩和のバランスである」と独特の理論を展開していた枝雀さん。あなたの心の緊張を、なぜ開き直って緩和させる事ができなかったのですか。〝お疲れさまでした〟と、今はそれしか言えないじゃないですか。（放送作家、演芸評論家）

二〇〇一年三月二四日

人間主体の歴史学
奈良本辰也氏をしのぶ

上田正昭

戦後における関西の日本史研究をリードした先学として、忘れることのできない先輩がふたりいる。そのひとりが林屋辰三郎氏であり、もうひとりが奈良本辰也氏であった。このおふたりが中心となって、昭和二十年（一九四五）の十一月に、日本史研究会を創立した。戦争中は京都市史の編集事務局にともに勤務していたが、戦後あいついで立命館大学文学部の日本史担当の教授となり、立命日本史学の基礎を構築された。

当時の世間が立命館の「大辰、小辰」とよんだとおり、辰也と辰三郎のご両人は、両雄あい和しての清新の学風を創生した。日本史研究会の会誌「日本史研究」が創刊されたのは、昭和二十一年の五月であったが、前年の十二月からは毎月研究例会が開催されていた。

奈良本辰也先輩と出会ったのはその研究例会のおりであり、会場には日本史研究会草創期の活気がみなぎっていた。明治維新のにない手を郷士中農層にみいだしたその理論と論証は、学界の注目をあつめたが、その代表作に「近世封建社会史論」（高桐書院）がある。

社会経済史的分析を前提にしながら、つねに人間を重視し、人間を主体とする歴史研究をめざしたところに奈良本史学のひとつの特色があった。それは「吉田松陰」「二宮尊徳」（ともに岩波新書）や「高杉晋作」（中公新書）などの人物論にも反映されている。

奈良本史学の裾野（すその）はひろい。社会経済史や思想史ばかりでなく、陶磁器から庭園、さらに愛好されていた酒の歴史など数多くの著作がある。奈良本さんの酒は楽しい酒であり愉快な酒であった。

奈良本史学における功績のひとつに被差別部落問題の研究とその啓発の活動がある。昭和二十六年の十二月、社団法人としての部落問題研究所がスタートしたが、そのおりの理事長が奈良本辰也氏であり、理事のひとりが林屋辰三郎氏であった。おふたりはここでも協力してその設立に参加している。たいがいは両雄ならびたたずになるはずだが、ご両人の場合はお互いの長所を評価しあってのチームワークであった。

被差別部落の歴史的研究をいち早く組織し、戦後における部落史研究の前進に大きく寄与した功績もまた忘れるわけにはいかない。林屋辰三郎氏を責任編集者とする「部落史に関する綜合的研究」を助言したのは奈良本辰也氏であった。奈良本氏を代表とする被差別部落問題の研究に一九六五年度の朝日賞が贈られたのも、こうした考察の積み重ねによる。

平成十年（一九九八）の二月十一日、林屋辰三郎先輩が他界された。そして去る三月二十二日、奈良本辰也先輩が黄泉路（よみじ）へと旅立たれた。立命館大学の両先生のもとの非常勤講師をつとめ、部落問題研究所創設時の研究員、そしてのちに研究所員となった私にとっても、その逝去は痛恨のきわみである。残された課題をみきわめて前進したい。

（京都大学名誉教授）

二〇〇三年九月一〇日

ファシズムの映像美
リーフェンシュタール

佐藤卓己

レニ・リーフェンシュタール死去の第一報を電話で聞いたとき、居間のテレビ画面では北朝鮮建国五十五周年式典の軍事パレードが映っていた。

足を高く上げて行進するプロイセン風グース・ステップを踏む人民軍、松明（たいまつ）行列の大群衆の姿は、リーフェンシュタール監督の名声、そして悪名の源泉であるナチ党大会記録映画「意志の勝利」（一九三四年）を脳裏によみがえらせた。こうしたパレードの企画演出者がまず参照する古典こそ、リーフェンシュタールの〝美しきファシズム〟にほかならない。

指導者に歓呼する大群衆、整然としたパレード、健康な青年の躍動感、暗闇に浮かぶ希望の炎。二十一世紀にもなってこうした軍事独裁体制が存続していることも驚きだが、軍事パレードの撮影スタイルが彼女の確立した技法をほとんど踏襲していることに感慨を新たにした。

軍事パレードだけではない。三六年ベルリンでのナチ・オリンピックを記録した「オリンピア」（第一部・民族の祭典、第二部・美の祭典＝ともに三八年）は、その後のオリンピック大会の運営方法を決定づけた。

彼女の斬新な映像をひとたび目にした人々にとって、オリンピックの意義は参加することでも新記録でもなく、何よりも美しく感動的な映像に触れることになった。それは、美への信仰、勇気の精華、共同体への献身、感性の解放などの具現化であり、今もって私たちを感動させる。

だが、「意志の勝利」に映るナチズムは、それと同じ感動を視聴者に与えないだろうか。今日一般にナチズムはゲシュタポの憎悪とホロコーストの残虐で表象されている。しかし、そうした憎悪と残虐にドイツ大衆が歓呼したわけではない。

大衆の目に映ったヒトラーは、りりしく清潔感あふれる国民的連帯のシンボルであった。それゆえ「美しいイメージで大衆を欺いた」として、彼女はナチ戦犯容疑で逮捕され、戦後も批判に晒（さら）されてきた。しかし、大衆は本当に彼女に「欺かれた」のだろうか。大衆が欲した理想のイメージを彼女が見事に切り取ってみせただけではなかったか。

それは「リーフェンシュタールの世紀」とともに終わる問題ではない。私たちが今後ファシズムに遭遇するとしても、やはり憎悪と残虐を掲げて現れることはないだろう。われわれが出会うだろうファシズムも、おそらくリーフェンシュタールの系譜に連なる理想をまとって現れるのではあるまいか。それゆえ、彼女の死を一つの契機として、今こそ「意志の勝利」のテレビ放送を私は提案したい。

ドイツや日本ではビデオ発売も自粛されており、もちろん放送されたこともない。だが、この映画を黙殺することは正しいことだろうか。そもそもファシズムが魅力的でないならわれわれはそれを恐れる必要などないのである。むしろ、ファシズムを警戒する必要があるとすれば、それが魅力をもつからではあるまいか。ファシズムに反対ならば、敵を知る上でも「意志の勝利」は見るべきだろう。

実際、ワシントンのホロコースト記念館では歴史の教材としてこのビデオが販売されているという。これこそ理性的な政治姿勢ではあるまいか。（国際日本文化研究センター助教授）

二〇〇四年一月八日

消費者運動に大きな足跡 データで対抗した高田さん

日和佐信子

元主婦連合会会長の高田ユリさんが昨年の十二月二十四日に逝去された。享年八十七歳であった。私からすれば大先輩で、このような一文を書くことは分不相応なことだ。それでも書かせていただくのは、消費者運動に科学的な裏付けを導入し、消費者教育の重要性を主張されたばかりでなく、ご自身も七十八歳で大学院に社会人として入学し、生涯消費者問題を追い続け、実践されていった足跡に学びたいと思ったからである。

高田さんと具体的な課題でご一緒したことはないが、何度か主婦会館（東京・四谷）でお目にかかった。会議が終わった後にふらっと顔を出すといったふうだった。小柄な方でいつもニコニコされていて、失礼な言い方かもしれないが、普通のおばさんといった感じだった。あの親しみやすかった雰囲気を懐かしく思い出している。

高田さんが主婦連の活動に参加するきっかけは新聞記者だった夫の「これからは消費者運動も、科学的裏付けをもって行政や企業に働き掛けていく必要がある」との勧めだった。

薬学を専攻した高田さんは一九五〇年、主婦連の日用品審査部を担当して、マーガリン、しょうゆ、牛乳などの比較テストから活動を始めた。たくあんに使われていた人工着色料オーラミンは禁止されるに至った。

「テスト結果」という科学的データが、行政や企業に対抗できる力強い根拠となり、消費者の学習にも役立つことも自覚したことで、消費者運動への性根がすわったと、後に語っている。

五六年に主婦会館ができて、日用品試験室の主任としてテスト活動は本格化していった。ユリア樹脂製のベビー食器から溶出したホルマリンのデータを公表すると、行政は即、ユリア樹脂の規格・基準を変更した。

ジュース類のテスト結果、外観で「果汁入り」と思わせているのに無果汁のジュースがあった問題は、後にジュース裁判に発展した。一般の消費者には行政に不服を申し立てる資格がないと退けられたが、その一週間後に公正取引委員会は「無果汁」表示を義務付けた。これは行政に不服申し立て資格を問う「消費者の権利」裁判として消費者運動史に大きな足跡を残した。

科学的データを武器に運動の成果を挙げていく一方で、消費者自身の意識も重要であると認識していた。消費者は主体的に何を選ぶかの意思決定能力を培うことが必要で、それには義務教育から消費者教育が行われなければならないと発言し続けていた。中野区の教育委員準公選制度に立候補し、消費者教育の予算の導入にも成功している。

「消費者の権利の確立は、消費者ひとりひとりの手の中にそのカギがある」。高田さんが残してくれた言葉である。あらためて胸に刻み、心からごめい福を祈る。（前全国消費者団体連絡会事務局長）

二〇〇八年九月二〇日

〝生きること〟作品で示す
市川準さんを悼む

イッセー尾形

突然の訃報（ふほう）に接して、ただただ驚いています。事態を受け止めきれないまま書いていることをお許しください。

真っ先に頭の中に浮かんでくる市川準監督は、映画「トニー滝谷」の撮影現場で、帽子の下の真っ黒に日焼けした顔をくしゃくしゃにして笑っているお姿です。炎天下と強風の現場でしたが、市川さんと仕事をしていると不思議に、穏やかに、デリケートに、なごやかに時間が進んだものでした。

参加した一人一人がこの仕事をした誇りを持てるような毎日でした。

初めて市川さんにお会いしたのはCMでしたが、最初からカメラを回したような記憶です。約束事をきっちり俳優に守らせるよりも、何か生き生きしたモノが現れるかもしれない、その瞬間を大切にしようという、物静かな立ち振る舞いの中にも固い決意を感じたものです。

「よおーい…すたあーとお…」

市川さんののどかな声が、今も頭の中で聞こえてきます。その声には僕にとって、とってもありがたいメッセージが込められていました。

「無理しないでいいんだよ。駄目だったらまた次があるからね。まあ、楽に始めてみようか」。僕にはいつもそう聞こえていました。

CMの後も、僕の印象からいえば「ふらり」と現れて、新しい冒険の旅へと連れ出してくれました。「自分のセリフは自分で書いといて」と言われて慌てたものです。テレビや映画ともなれば、台本チェックが事前にあって、スタッフ納得の上で演技に入るだろうという僕の固定観念を軽く吹き払ったのです。

会わない間も僕がステージ活動を続けていることを見守ってくださっていて、再会した瞬間にも、今僕が何を面白がっているのかを感じられたようです。

「うん。イッセーさん、それはいつでも出来るんだよね。なんかもっと、ヘンなことしようよ。ヘンって…」と自分の言葉に笑われたのが、「トニー滝谷」のお話を持ってきてくださった時の言葉でした。

「生きるとは?」。この大きな大きなクエスチョンに、市川さんはいつも丁寧に、豊かに、繊細に、他人の道は決して通らずに作品で答えてきたと僕は思っています。その市川さんが亡くなってしまいました。今はただ喪失感の中にいます。

市川さん、ありがとうございました。心よりご冥福をお祈り申し上げます。（俳優）

二〇〇九年一〇月一九日

天才と内なる厳しい批評家
生き残ることが最後の共作

きたやまおさむ

死んだ加藤和彦には、二人の加藤がいたと思う。一人はミュージシャンであり、舞台の前面で演奏するアーティスト。そして、もう一人は、その演奏を厳しく見つめて批評する加藤である。

舞台では実に優しい音楽家だったが、楽屋で怒るとこわかった。ある時など、私の代わりに、スタッフに対しカンカンになって怒ってくれたこともあった。

稀代（きだい）の天才は表面的には遊んでいるように見えて、それを厳しく見つめる評論家のような分身を自らの内に抱え込んでいる。厳しい加藤は、もちろん自分自身にも、そして共作者の私にも厳しかったし、私が何回書き直してもダメ出しが続いたものだ。

ところが、良い作品ができた途端に、天使のように微笑（ほほえ）んでくれた。忘れもしない、「あの素晴しい愛をもう一度」の歌詞ができた日、「最高だよ最高」と言ってはしゃぐ電話の声が今でも耳に聞こえる。

時間にして、彼の作曲が1日、私の作詞が1日という短さだった。書き直しは全く求められなかったし、加藤の予測の通り、曲の評判は上々だった。

ところが、加藤宅からの最後の電話は、彼自身の訃報（ふほう）だった。しかも今回は、やり直しがきかない。取り返しがつかない。

ふと思い出したのは、生前、互いの葬式では「帰って来たヨッパライ」を流そうと言って、酒を酌み交わしたこと。エンディングの木魚とお経が「ぴったりだ」と二人は腹を抱えて笑った。もちろん、それも今では悪い冗談でしかないが。

彼の自死は、自らの人生という「作品」について、もう一人の加藤和彦があまりに厳しくて、自分で自分を追いつめた結果、こういう結末になったのだと私は考える。そして、このような「死んじまった」というエンディングについて、何度も共作を重ねてきた私に何の相談もしないで「作品」を放り出したことが悔しい。

そこで、作詞家としての私としては、今度天国に行くまでは、オラは生き残っただァ、と歌いながら加藤の分まで生きて生き残ってやりたい。天国のあいつに「格好が悪い」と言われようとも、またどれだけダメ出しされようとも、何度も書き直してやる。

それが加藤和彦と私にできる最後の共作であり、フォークル最後の演奏なのだ。（精神科医、作詞家）

二〇一〇年五月七日①

見え隠れした知的な感性
北林谷栄さんを悼む

矢野誠一

初めて北林谷栄の舞台にふれたのは、久板栄二郎「巌頭の女」で、1952年三越劇場だった。疑獄事件を扱った社会派作品のヒロインだったが、映画で見慣れた老婆役とは打って変わったその美しさに、顔にきびなどこさえた17歳といたしましては、ほんとうに息をのんだ。美しさの底に秘められた知性にも打ちのめされる思いがした。

結局これが代表作で、最後の舞台ともなった小山祐士「泰山木の木の下で」でも、私の好きな秋元松代の小品「アディオス号の歌」にしても、唯一の商業演劇出演となった小幡欣治「三婆」や、その小幡作品「熊楠の家」「根岸庵律女」「かの子かんのん」においても、日本人の土着性がそのまま発散されているような北林谷栄の演ずる老婆には、いつも知的な感性が見えかくれしていた。

そうしたこの女優に固有の知性が最大限に発揮されたのが、宇野重吉とふたりで演じた82年三越劇場の内村直也「タナトロジー」ではなかったか。「死にかたの研究」とサブタイトルにあるこの芝居、死を見つめあう老夫婦の淡淡として乾いた日常性に、深淵（しんえん）をのぞく思いに襲われた。その暗い淵（ふち）の底には、老夫婦の確執が老優ふたりのそれと重なってうごめいているのだが、そんな事態をしごく明るく、そして自然にさらけ出してみせた。演技という知的作業の神髄を見せられて、胸がふるえた。

新劇は、いまや死語などと言われているのだが、北林谷栄の死によって、新劇の象徴だった築地小劇場の舞台を踏んだ役者はひとりもいなくなってしまった。すっかりさまがわりした現代劇事情下にあってなお、新劇の伝統に固執してきた多くの演劇人に、最後の規範を失ったことで虚脱感が生じることは否めない。これは60年観客として新劇を追いつづけてきた私の気持ちでもある。

正義感が強く、社会的発言や行動にも積極的だった。そうしたひとたちの多くにありがちなかたくなさとはひと味ちがった、一面洒脱（しゃだつ）さに通じる厳しさと、ときに激しさを見せていたのは、銀座生まれの都会っ子としての矜持（きょうじ）だったろう。

訃報（ふほう）にふれたとき、青山通りを紫煙くゆらせながら、ひとり悠然と闊歩（かっぽ）してるのを見かけたのを思い出した。青山通りがパリの街角に見えたもので、異数の日本の老婆役者の感性は、すこぶる西欧的だったように思う。（評論家）

二〇一〇年五月七日②

一貫した孤高とニヒリズム
佐藤慶さんを悼む

樋口尚文

昭和3年生まれの佐藤慶は、実人生で文字通り昭和をまるごと生きた人であるわけだが、映画からテレビドラマにまたがる膨大で多彩な出演作を振り返ってみると、演技者としても昭和をまるごと演じた男と呼ぶにふさわしい存在であろう。

その「まるごと」ぶりを象徴的に表すのは、ゆかりの深い大島渚監督の代表作「儀式」と「白昼の通り魔」で、佐藤慶は前者では名家の封建的家父長を、後者では社会の底辺でうごめく性犯罪者をおのおの見事に演じきった。大島監督の、そして佐藤自身の一大テーマであった戦後民主主義のひとたびの決算を試みたこれらの作品で、佐藤は社会の頂とどん底をひとつの肉体で演じ分けた。そのことによって佐藤は自分なりに、両者をまたぐもの、つまり戦後日本の状況を刺し貫く縦串を、演技者として表現してみせたのだった。

その縦串とは、途方もない虚無感である。「儀式」の桜田一臣も「白昼の通り魔」の小山田英助もそれぞれの不毛にむなしくいらだち、それが佐藤慶のたたずまいにはあまりにも似合った。思えば、晩年までおびただしい雑多な役柄への挑戦を繰り返した佐藤慶の演技の芯棒こそ、このニヒリズムであった。

小林正樹監督「人間の條件」のインテリ脱走兵で初めて注目された佐藤は、やがて連合艦隊の参謀さえ演じてしまうし、大島監督「青春残酷物語」では死神のようなチンピラであったのに、後には内閣官房長官を幾度も演ずることになる。黒木和雄監督「日本の悪霊」では、ついに権力側とアウトロー側を二役でいっぺんに体現してみせた。この役柄の振幅に加えて、娯楽作から作家性の強い作品まで、さらにはハードコア・ポルノ「白日夢」のような異色作までが掛け算となって、佐藤慶は昭和を背負うあらゆる人間を引き受けまくったわけであるが、孤高でニヒルな立ち位置だけは一貫していた。

それゆえに佐藤慶は大島渚のごく親密なパートナーでありながら、意外にも大島の独立プロ・創造社の同人ではなく、独自のかかわり方を通した。生前の佐藤慶は実際に会えば慎み深く丁重な人であったが、私あての書簡にはガリ版のような独特な文字で（俳優を志す前、福島・会津若松の市職員時代はガリ版がなじみだった）自らの主演作を大ざっぱに印象批評する映画評論家への強い怒りが記されていた。

静かな、しかし、かたくなな自負とともに、とことんわが道を歩んだ名優は、ニヒルであるとともに、身構えすぎるほどの潔癖さを崩さなかった。（映画評論家）

二〇一三年一〇月七日

生きつづけた15歳の少年
秋山駿さんを悼む

井口時男

秋山駿が死んだ。83歳だった。誰にもいつか訪れるものが訪れただけだ。そう思いたいが、空虚感をどうしようもない。

秋山駿は敗戦時に15歳。氏が好んで引用した詩人ランボーの言葉を借りれば、「出水の後の河原石」のように、敗戦という大洪水がすべてを押し流したあとの河原に放り出されたごろた石みたいな生存だ。まるで無用の石ころ。だが、この石ころが考える。それが秋山駿の原点である。

そこは廃墟（はいきょ）だが、新生の可能性に開かれた、いわば「ゼロ」の場所である。そして、15歳の少年は無一物にして無知である。少年はこの「ゼロ」の場所から歩きだす。歩きながら考える。考えながら幾度も問う。「ゼロ」の生存にとって最も根本的なことを。この私はいかに生きるべきか。そもそもこの「私」とは何か。

文学史的に整理すれば、秋山駿の批評は、モンテーニュやパスカルからヴァレリーに至るフランス・モラリスト風のエッセーの系譜に連なるものだ、といえるだろう。モラリストとは、人生とは何か、いかに生きるべきか、という問いを中心に、形而上学や理論体系や政治イデオロギーに依存せず、いわば素手で物事をつかみ取って考える人々のことである。

だが、特に私が強調したいのは、この戦後日本のユニークなモラリストの批評の根底に、最初期の犯行論「内部の人間の犯罪」から、最晩年のユーモアを含んだ人生的な所感『「生」の日ばかり』に至るまで、15歳の少年の問いが生きつづけていたことだ。問いはいつまでもみずみずしい鮮度を保ったまま、切っ先を鈍らせることなくきらめいていた。これは稀有（けう）なことだ。私は、氏の批評文の中に生きている15歳の少年を最も愛する。

日本の批評の文脈でいえば、秋山駿は小林秀雄をずっと尊敬していた。文壇デビュー作も小林秀雄論だった。だが、同時に氏には「知れざる炎」という優れた中原中也論もある。

その中原中也が、若い日に、友人・小林秀雄の「ヴァニティ」、つまり知的虚栄心を批判したことがあった。文学の知的分野、理論分野担当という性格をもった批評家にはどこまでも「ヴァニティ」が付きまとう。それに対して、中原中也は、自分を武装するための「方法（＝理論）」などいらない、大事なのは「この魂」の飾らない純度を保つことだけだ、と考えた詩人だった。

その意味で、秋山駿は、中原中也の「魂」をもちながら批評の道を歩き通した批評家だった。氏の「魂」よ安かれ。（文芸評論家）

二〇一三年一〇月八日

時代を切り開いた旗手
堂本尚郎さんを悼む

建畠晢

堂本尚郎（どうもと・ひさお）は長い画歴を通じて常に現代絵画の新たな可能性を領導し続けた、他に類例のない輝かしい存在であった。

京都画壇の重鎮、堂本印象（どうもと・いんしょう）を伯父にもち、京都市立美術専門学校（現京都市立芸大）に学び、日展で特選を重ねた若き日の堂本は、まさに日本画のサラブレッドと目されていたが、しかし渡仏（１９５５年）後はアカデミズムの世界と決別し、時代の先端的な動向を切り開く果敢な旗手としての道を歩むことになったのである。

しかしその道程が破壊的な前衛ではなく、結果的にはむしろ絵画の王道を行くかのような品位と継続的な志に支えられた表現に結び付いているところは、いかにも貴公子然としたこの画家ならではの特質であるといわなければなるまい。

パリ時代の堂本は、国際的なアートシーンを席巻していたアンフォルメル（不定形）運動に参加し、直ちにその中核を担う画家として脚光を浴びるようになる。即興的な筆触がダイナミックに交錯する画面は、〝行為としての絵画〟を掲げたこのラジカルな前衛運動の典型をなすものだが、同時にまた水墨画的な気韻生動の世界を思わせもするのは画家としての出自をほうふつとさせるようで興味深い。

不断に新たな表現の可能性を探究しようとする彼は、その後、短冊状のかたちが連鎖する、重厚な物質感をもった「連続の溶解」のシリーズを展開し、64年のベネチア・ビエンナーレでアルチュール・レイワ賞（40歳以下の初出品者が対象）を受賞して、画家としての国際的な地位を確かなものとした。

60年代の終わりからは東京に活動の拠点を移し、作風も幾何学的な規則性をもって円が重なり合う、宇宙的ともいうべき壮麗なリズム感をもった画面へと向かうようになった。それまでの分厚い油彩の質感からアクリル絵の具による平滑な色面へと移行し、コロリスト（色彩画家）としての豊かな資質をうかがわせるようになるのもこの時期の特徴である。

堂本の個展は国内外で数多く開催されてきたが、とりわけ私たちの記憶に残るのは、77歳になった２００５年から翌年にかけて開催された大回顧展（京都国立近代美術館、世田谷美術館）であろう。

この画家の変化に富んだ、しかし繊細にして厳しい画面構成への意志を一貫させているともいいうる軌跡の全貌に触れることができる貴重な機会であったが、なかでも瞠目（どうもく）されたのは、にじみやぼかしの技法に依拠したイメージが茫漠（ぼうばく）と揺れ動く最新作の作品群であった。この年にしてなお自己反復にとどまることなく、一種幽玄ともいうべきモノクロームの新たな表現へと踏み込んでいく姿勢には、畏敬の念を禁じえない。

いま、確固たる支柱が失われてしまったという喪失感は大きいが、しかしその業績は必ずや続く世代にとっての道標として輝き続けるに違いない。（京都市立芸大学長）

二〇一四年一一月一〇日

意欲あふれる「仕事人」大内順子さんを悼む

日置千弓

常に意欲あふれる「仕事人」だった。子どものときから積極的でとにかく無類の負けず嫌い。それが、仕事の頑張りにつながった。

青山学院大在学中、後の夫にスカウトされ、モデルのアルバイトを始めると、ファッションの面白さに目覚めた。卒業後は夢見ていたジャーナリストとして、パリ・コレクションなどを取材。海外の有名ブランドがまだ日本では珍しい1970年代、雑誌やテレビで広く紹介し、「第一人者」としてファッションの魅力を伝えた。

しかし、それは58年の交通事故による目の大けがを乗り越えてのことであった。「おしゃれの夢」という単行本は画家の夫、宮内裕（みやうち・ひろし）のファッション画を添えて60年に出版されたもの。青いタータンチェックの布貼りの装丁、カラフルな色の付いた薄紙のページ。おしゃれの秘訣（ひけつ）が詰まった美しいその本を、めいである私は子どものころ、何度も夢中で読み返したものだ。

だが、後で思えば失明の危機もある時期に、それを執筆していたわけで、身内ながらその仕事ぶりに驚く。大変な負けず嫌いは、無類の努力家でもあったのだ。

85年にはテレビ番組「ファッション通信」（テレビ東京系、現在はBSジャパン）が始まった。出演、ナレーター、企画アドバイスなど全般にかかわり、ライフワークのようになった。来年30周年を迎える、この番組のナレーション原稿は、速足で歩くモデルの映像に言葉を合わせるのが、とても難しい。大好きな海外出張から帰国直後、時差のきつい中、何度もビデオを巻き戻しながら、懸命に書いていた姿を思い出す。

声が出にくくなった今年3月からは、その愛着ある仕事もできなくなったが、亡くなる前日も旧知の番組スタッフとメールで連絡を取り合っていた。近く出版される予定の自伝の校正も自ら行っていた。仕事好きには幸せな晩年だったろう。

そういえば、とても「計画的」な人間でもあった。何か始める時にはじっくりと策を練る。趣味のガーデニングにまで綿密な計画ノートを作り、びっしりと種まき予定などを書き込んでいた。

2011年に夫裕が亡くなったとき「私もあと2年ね」と言うのをとがめると、「いいの、そうしたいの、決めたの」と譲らない。そして、ほぼ「決めた」とおりになった。わが叔母ながらあっぱれというほかない。（ファッション評論家）

二〇一五年三月九日

民衆の視点と反戦への願い
松谷みよ子さんを悼む

野上暁

「龍の子太郎」以来、半世紀以上にわたって日本の子どもの文学を第一線で支え続けてきた作家松谷みよ子（まつたに・みよこ）さんの訃報を知り、がくぜんとしている。

松谷さんの作品は、赤ちゃん絵本の定番ともなった「いないいないばあ」から、幼年文学の名作ともいえる「ちいさいモモちゃん」シリーズ、劇場用アニメや人形劇にもなり圧倒的人気の「龍の子太郎」、「ふたりのイーダ」に始まる5部作の「直樹とゆう子の物語」、「現代民話考」（全12巻）と実に多彩である。

これら多くの作品を通して、松谷文学は幼児から老人に至るまで、幅広い読者に支持され続けてきた、まさに国民的作家の一人でもあった。

昨年2月、大雪の中での米寿お祝いの帰りがけに、筆者が作品選択と解説を担当した「松谷みよ子童話集」の続編として、自選によるテーマ別の民話集シリーズを企画したいとお願いしていたのに、ついに実現できなくなってしまったのは無念である。

１９５７年に未来社から刊行が始まった「日本の民話」シリーズ第1巻「信濃の民話」（瀬川拓男（せがわ・たくお）さんとの共著）以来、民話採訪は松谷さんのライフワークの一つともなり、それはまた現代民話や民間伝承の発掘にもつながる。民話の研究会をつくり、自宅に研究室を設立して後進を育成するとともに、彼らと共作の「学校の怪談」シリーズなどは、テレビや映画にもなって広範な子どもたちを魅了した。

また、現代民話の取材から触発された世の不条理や、抑圧や貧困に対する民衆の視点からの抵抗や、反戦と平和への願いが作品に通底しているだけではなく、反核や反戦について積極的に発言をしてきた。

成長至上主義と市場原理で経済大国にのし上がった戦後日本が、地域社会を崩壊させ、さまざまな矛盾を抱え込んでしまった現在、女性や子どもや弱者の視座から紡ぎ出された松谷文学には強い啓示性がある。３・11以降の日本を考える上でも極めて示唆的である。

集団的自衛権の容認など、現政権の推し進める戦争への道に対し、松谷さんは歯がみしていたに違いない。現代児童文学を牽引（けんいん）してきた巨星の一つが突然落ちたかのようで寂しい限りだ。ご冥福を祈る。（評論家、元小学館編集者）

二〇一五年四月一日

物語を自在に生み出す
今江祥智さんを悼む

岩瀬成子

今江祥智（いまえ・よしとも）さんの訃報を今もまだ受け止められないでいる。今江さんの成し遂げられた仕事やお人柄について、何をどう書いても書ききれない気がする。

１９６０年のデビュー作「山のむこうは青い海だった」は、それまでの日本の児童文学の世界が大きく変わっていくその先駆けとなった作品だと思う。つづく宇野亜喜良（うの・あきら）さんとの絵本「あのこ」は、戦時下の女の子の孤独を描いた悲しく美しい物語だが、同時に絵本というものは「子ども向け」ばかりでなく、広く開かれた表現であることを示される作品となった。子どもから大人まで。それが今江さんが貫かれた姿勢だった。

「ぼんぼん」4部作は明治期から戦後に至るまでの家族の歴史が描かれている。戦争に向かって硬直する時代を生きる少年の心がみずみずしく描かれているだけでなく、そういう時代にあって「優しさ」がいかに人間を人間たらしめうるか、しなやかな抵抗として示されている。

「優しさごっこ」「袂（たもと）のなかで」「ひげがあろうがなかろうが」などの多くの長編のほかに、３００を超える童話も書かれた。

今江さんは自在に文章を書き分けられ、おかしみや悲しみ、静けさや強さなど、色合いの違う物語をいくらでも生み出すことのできるまれな文章家だった。

また編集者としての力もさまざまに発揮された。シリーズ「叢書（そうしょ）児童文学」の編集や雑誌「飛ぶ教室」の創刊にも携わられる一方、田島征三（たしま・せいぞう）さん、長谷川集平（はせがわ・しゅうへい）さん、江國香織（えくに・かおり）さん、二宮由紀子（にのみや・ゆきこ）さんら多くの才能をいち早く見いだされた。

頭に浮かんでくるのは今江さんの笑顔ばかりだ。いつも朗らかで、優しくて、熱い方だった。本について、映画について、音楽や美術について、心底ほれ込んで語られた。ジャック・プレベール、ガブリエル・バンサン、イブ・モンタンを、花田清輝（はなだ・きよてる）、手塚治虫（てづか・おさむ）、長新太（ちょう・しんた）を。

今江さんの周りにはいつもたくさんの人がいた。そしてみんな今江さんを愛した。今江さんはまた励ます人でもあった。私自身、40年前に今江さんにお会いして以来、お目にかかるたびに励まされてきた。本当にたくさんのことを学び、受けてきた。今江さんがいらっしゃらなくなったあとの穴は埋めようもなく大きい。とてもとても悲しいです。（児童文学作家）

二〇一五年六月一九日

目線を獲得し作家に
高橋治さんを悼む

篠田正浩

高橋治と僕は１９５３年に松竹に同期で入社し、大船撮影所の助監督になった。多くを語らなくても、同じ戦争体験をしているという、時代の共有感覚がもたらす親密さがあった。

高橋は千葉の生まれだけれど、金沢の旧制四高を出た。外国語の原書を人知れず読んでいるような旧制高校出身の教養人だった。東大では国文科で、古来の「越の国」の文化がある北陸で学んだことが誇りだった。

だから5年前、金沢市が主催する泉鏡花文学賞を僕が受賞したときに電話してきて、「なんで篠田が…。ばかやろう」と言って祝福してくれた。よほど悔しかったらしい。

松竹は戦前の蒲田撮影所の時代から「映画は脚本が命」がモットーだった。良い脚本家はたくさんいたけれど、監督も脚本を書けなくてはいけない。大船撮影所には独特のインテリジェンスがあった。大船の助監督出身者はその後、高橋が直木賞を受けた。山田太一は山本周五郎賞と小林秀雄賞で、小林久三は江戸川乱歩賞。撮影所では脚本の合評会もやったが、みな文章にうるさかった。

高橋が書いた脚本は、一言で言えば「ウェルメードドラマ」。近藤啓太郎さんの芥川賞受賞作を原作にした映画「海人舟（あまぶね）より　禁男の砂」は、堀内真直さんが監督したけれど、脚色した高橋が「影の監督」だった。「水中カメラで海女を撮ったら、今まで見たことがないスペクタクルになる」と企画を通した。それがヒットして続編も作られた。

高橋が松竹を辞めて8年ほどたった73年ごろ、東京のホテルのラウンジでばったり会った。高橋は、僕が札幌五輪の記録映画を作ったことを「堕落した」と怒り、僕は高橋が雑誌に書いていた映画評をけなし、そのけんか別れから音信が途絶えた。

再会したのは80年。高橋は、シベリア出兵を調べて雑誌に連載した「派兵」のために、米スタンフォード大で研究をしていた。僕は、監督した映画「心中天網島（てんのあみじま）」が映画祭で上映されるというので渡米していた。海が見えるレストランでイカを食べながら、高橋が突然「小津の作品をどう思う」と聞いてきた。高橋は小津安二郎監督の「東京物語」で助監督をしている。自分が体験した小津さんと、篠田が話す小津像を聞いたことで、いろいろな人にインタビューをしていけば小津さんを描けると分かったのだと思う。

いわば小津さんという存在を、カメラで捉えるように客観視する目線を獲得した。小津さんを題材にしたこの「絢爛（けんらん）たる影絵」で、「派兵」のドキュメンタリストから作家になった。その後、「風の盆恋歌」を読んだときは「プロの仕事だ」と感じた。すごいのは「秘伝」。ヘミングウェーの「老人と海」を思わせた。

小津さんの人生は「人間が自由であるためには、どういう犠牲を払うのか」ということを探るものだったと思う。高橋ともう一度、小津さんについて語り合いたい。（映画監督・談）

二〇一五年一二月二四日

凡席なし、浪曲界の太陽
国本武春さんを悼む

長田衛

国本武春（くにもと・たけはる）が、この世を去った。5年前にウイルス性脳炎という大病に倒れ、九死に一生を得て高座復帰を果たし、これから円熟期に入るところだった。体調不良とは聞いていたが、55歳とはあまりに早すぎる。

この12月1日、東京・浅草にある浪曲定席「木馬亭」でトリを取った武春は十八番の「南部坂雪の別れ」を語った。名曲師・沢村豊子（さわむら・とよこ）の三味線にのって大石内蔵助と浅野内匠頭の妻との別れを熱演。病気の後遺症を感じさせない裂帛（れっぱく）の気合、声や調子の良さに場内は陶然と酔った。この高座が私にとって最後だった。

武春は浪曲界の救世主的存在、太陽だった。旧来の浪曲のスタイルにとらわれず、ロックやR&Bなどを取り入れた独自の高座を確立し、浪曲（浪花節）という枠を超えた音楽ジャンルを作ったエンターテイナー。NHK・Eテレの子ども番組「にほんごであそぼ」などで人気を集め知名度は全国区だった。

19歳で浪曲界入りした武春は、当時はまだ活躍していた名人・芸豪たちのカバンもちをして浪曲の神髄を肌で知る。

高座では諸先輩の芸や人となりを振り返り、「浪曲は歌あり物語あり、リズムあり、笑いも涙もある。一人で演じられる総合芸。ぼくはみんながやめても浪曲は続けます」と浪曲に命を懸けていたのだ。

武春には現代性と笑いのセンスが備わっていた。ある夏の高座で、「暑いですね。つぎは海水パンツ一丁で演（や）っていいですか」と笑わせた。持って生まれた愛想の良さも持ち味だった。

健康な人生観に満ち、語る内容は勧善懲悪や親孝行で説得力が豊かだった。武春の両親は浪曲師。母親の国本晴美（くにもと・はるみ）（78）は現役、サービス精神が旺盛だ。晴美が浪曲を語る時は武春が三味線を弾く（武春は三味線の名手）。「いよっ、親子鷹（おやこだか）」という掛け声がかかったものだ。

得意の演題は「赤穂義士伝」「佐倉義民伝」「瞼（まぶた）の母」など、オーバーアクションでお客を楽しませ、感情の動きを節で情緒たっぷりに伝えた。「紺屋高尾」では花魁（おいらん）が男の純情にほだされるという、ありえない話を信じさせる芸の力を発揮した。

沈滞状況にある関東浪曲界だが、武春は日本浪曲協会副会長を務め、後進の成長を促した。玉川奈々福（たまがわ・ななふく）、玉川太福（たまがわ・だいふく）、東家一太郎（あずまや・いちたろう）ら若手が注目されている。

浪曲界の再生のためにこれから何十年と高

座に立ち続けるはずの人だった。25年以上見続けて、一度たりとも凡席のない青年横綱、名人だった。（演芸評論家）

索引

◆本索引は各項目を追悼文配信年・月・日・番号で示した。なお、明朝体（[例]**一九九六年一月八日②**）は「追補」のページにあることを示す。

◆物故者索引の没年齢は、死去が明らかになった時点の記事に合わせた。

物故者索引

【あ】

アーサー・C・クラーク（90歳）……二〇〇八年三月一一日
アーサー・ミラー（89歳）……二〇〇五年二月一〇日
アイザック・スターン（81歳）……二〇〇一年九月二二日
アイザック・バシェビス・シンガー（87歳）……一九九一年七月二四日
会田雄次（81歳）……一九九七年九月一七日
青江三奈（54歳）……二〇〇〇年七月二日
青木雄二（58歳）……二〇〇三年九月五日
青島幸男（74歳）……二〇〇六年一二月二〇日
青山光二（95歳）……二〇〇八年一〇月二九日
赤瀬川原平（77歳）……二〇一四年一〇月二七日
赤塚不二夫（72歳）……二〇〇八年八月二日
阿川弘之（94歳）……二〇一五年八月三日
秋野不矩（93歳）……二〇〇一年一〇月一一日
秋山虔（91歳）……二〇一五年一一月一八日
秋山駿（83歳）……二〇一三年一〇月二日
秋山庄太郎（82歳）……二〇〇三年一月一六日
阿久悠（70歳）……二〇〇七年八月一日②
浅川マキ（67歳）……二〇一〇年一月一七日
朝倉摂（91歳）……二〇一四年三月二七日
芦原義信（85歳）……二〇〇三年九月二四日
芦屋雁之助（72歳）……二〇〇四年四月七日①
アストリッド・リンドグレーン（94歳）……二〇〇二年一月二八日
吾妻徳穂（89歳）……一九九八年四月二三日
渥美清（68歳）……一九九六年八月四日
阿部謹也（71歳）……二〇〇六年九月四日

安部公房（68歳）……一九九三年一月二二日
網干善教（78歳）……二〇〇六年七月二九日
天野祐吉（80歳）……二〇一三年一〇月二〇日
アマリア・ロドリゲス（79歳）……一九九九年一〇月六日
網野善彦（76歳）……二〇〇四年二月二七日
鮎川哲也（83歳）……二〇〇二年九月二四日
荒川修作（73歳）……二〇一〇年五月一九日
新珠三千代（71歳）……二〇〇一年三月一七日
アラン・レネ（91歳）……二〇一四年三月一日
アルトゥーロ・ベネデッティ・ミケランジェリ（75歳）……一九九五年六月一二日
アルベルト・モラビア（82歳）……一九九〇年九月二六日
アレクサンドル・ソルジェニーツィン（89歳）……二〇〇八年八月三日
アレン・ギンズバーグ（70歳）……一九九七年四月五日
淡路恵子（80歳）……二〇一四年一月一一日
淡島千景（87歳）……二〇一二年二月一六日
粟津潔（80歳）……二〇〇九年四月二八日
淡谷のり子（92歳）……一九九九年九月二二日
アンソニー・クイン（86歳）……二〇〇一年六月三日
安東次男（82歳）……二〇〇二年四月九日
アントニオ・タブッキ（68歳）……二〇一二年三月二五日
アンナ・ポリトコフスカヤ（48歳）……二〇〇六年一〇月七日

【い】

飯沢匡（85歳）……一九九四年一〇月九日
飯島耕一（83歳）……二〇一三年一〇月一四日
飯田善国（82歳）……二〇〇六年四月一九日
飯田龍太（86歳）……二〇〇七年二月二五日
飯沼二郎（87歳）……二〇〇五年九月二四日

家永三郎（89歳）……二〇〇二年一一月二九日
いかりや長介（72歳）……二〇〇四年三月二〇日
生島治郎（70歳）……二〇〇三年三月二日
池内淳子（76歳）……二〇一〇年九月二六日
池田満寿夫（63歳）……一九九七年三月八日
池波正太郎（67歳）……一九九〇年五月三日
池部良（92歳）……二〇一〇年一〇月八日
石井進（70歳）……二〇〇一年一〇月二四日
石井桃子（101歳）……二〇〇八年四月二日
石井好子（87歳）……二〇一〇年七月一七日
石岡瑛子（73歳）……二〇一二年一月二一日
石垣りん（84歳）……二〇〇四年一二月二六日
石津謙介（93歳）……二〇〇五年五月二四日
石ノ森章太郎（60歳）……一九九八年一月二八日
石原八束（78歳）……一九九八年七月一六日
石本美由起（85歳）……二〇〇九年五月二七日
石元泰博（90歳）……二〇一二年二月六日
いずみたく（62歳）……一九九二年五月一一日
伊谷純一郎（75歳）……二〇〇一年八月一九日
伊丹十三（64歳）……一九九七年一二月二〇日
市川右太衛門（92歳）……一九九九年九月一六日
市川崑（92歳）……二〇〇八年二月一三日
市川準（59歳）……二〇〇八年九月一九日
市川昭介（73歳）……二〇〇六年九月二六日
市川森一（70歳）……二〇一一年一二月一〇日
市川団十郎（66歳）……二〇一三年二月三日
井筒俊彦（78歳）……一九九三年一月七日
伊藤エミ（71歳）……二〇一二年六月一五日
伊藤清永（90歳）……二〇〇一年六月五日
伊藤信吉（95歳）……二〇〇二年八月三日
稲葉真弓（64歳）……二〇一四年八月三〇日

戌井市郎（94歳）……………………… 二〇一〇年一二月六日
犬養孝（91歳）………………………… 一九九八年一〇月五日
井上清（87歳）………………………… 二〇〇一年一〇月二七日
井上ひさし（75歳）…………………… 二〇一〇年四月二一日、
　　　　　　　　　　　　　　　　　　　二〇一〇年四月一二日
井上光晴（66歳）……………………… 一九九二年五月三〇日
井上靖（83歳）………………………… 一九九一年一月三〇日
井上八千代（98歳）…………………… 二〇〇四年三月二四日
井伏鱒二（95歳）……………………… 一九九三年七月一〇日
井原西鶴（79歳）……………………… ※
猪熊弦一郎（90歳）…………………… 一九九三年五月一七日
猪木正道（98歳）……………………… 二〇一二年一一月一三日
茨木のり子（79歳）…………………… 二〇〇六年二月二〇日
イバン・イリイチ（76歳）…………… 二〇〇二年一二月二日
イブ・サンローラン（71歳）………… 二〇〇八年六月一日
井野川清志郎（65歳）………………… 二〇一五年六月一日
今いくよ（67歳）……………………… 二〇一五年五月二七日
今井正（79歳）………………………… 一九九一年一一月二二日
今井俊満（73歳）……………………… 二〇〇二年三月八日
今江祥智（83歳）……………………… 二〇一五年四月一日
今西錦司（90歳）……………………… 一九九二年六月六日
今村昌平（79歳）……………………… 二〇〇六年五月三〇日
今村仁司（65歳）……………………… 二〇〇七年五月五日
忌野清志郎（58歳）…………………… 二〇〇九年五月五日
李良枝［イ・ヤンジ］（37歳）……… 一九九二年五月二二日
入江泰吉（86歳）……………………… 一九九二年一月一七日
岩城宏之（73歳）……………………… 二〇〇六年六月一三日
イングマル・ベルイマン（89歳）…… 二〇〇七年七月三〇日

【う】
宇井純（74歳）………………………… 二〇〇六年一一月一一日
ウィルヘルム・ケンプ（95歳）……… 一九九一年五月二日
植木等（80歳）………………………… 二〇〇七年三月二七日

植田正治（87歳）……………………… 二〇〇〇年七月五日
上村松篁（98歳）……………………… 二〇〇一年三月二二日
宇沢弘文（86歳）……………………… 二〇一四年九月二一日
宇津井健（82歳）……………………… 二〇一四年三月一四日
宇野千代（98歳）……………………… 一九九六年六月一〇日
宇野信夫（87歳）……………………… 一九九一年九月一八日
生方たつゑ（95歳）…………………… 二〇一〇年一月一四日
梅棹忠夫（90歳）……………………… 二〇一〇年七月六日
ウラジーミル・ホロビッツ（85歳）… 一九八九年一一月六日

【え】
江上波夫（96歳）……………………… 二〇〇二年一一月五日
江川卓（74歳）………………………… 二〇〇一年七月五日
栄久庵憲司（85歳）…………………… 二〇一五年二月八日
江藤淳（66歳）………………………… 一九九九年七月二一日
江藤俊哉（80歳）……………………… 二〇〇八年一月二二日②
エド・ファン・デル・エルスケン（65歳）… 一九九〇年一二月二五日
エド・マクベイン（78歳）…………… 二〇〇五年七月一日
エドワード・サイード（67歳）……… 二〇〇三年九月二五日
エリア・カザン（94歳）……………… 二〇〇三年九月二八日
エリザベス・テーラー（79歳）……… 二〇一一年三月二三日
エリック・ロメール（89歳）………… 二〇一〇年一月一一日
遠藤周作（73歳）……………………… 一九九六年九月二九日
遠藤実（76歳）………………………… 二〇〇八年一二月六日②

【お】
大内順子（80歳）……………………… 二〇一四年一一月一〇日
大島渚（80歳）………………………… 二〇一三年一月一五日
大滝秀治（87歳）……………………… 二〇一二年一〇月二日

大竹省二（95歳）……………………… 二〇一五年七月一日
大塚久雄（89歳）……………………… 一九九六年七月九日
オードリー・ヘプバーン（63歳）…… 一九九三年一月二〇日
鳳啓助（71歳）………………………… 一九九四年八月九日
オーネット・コールマン（85歳）…… 二〇一五年六月一一日
大野晋（88歳）………………………… 二〇〇八年七月二一日
大野一雄（103歳）……………………… 二〇一〇年六月一日
大庭みな子（76歳）…………………… 二〇〇七年五月二四日
大林太良（71歳）……………………… 二〇〇一年四月一三日
大原麗子（62歳）……………………… 二〇〇九年八月七日
小川国夫（80歳）……………………… 二〇〇八年四月八日②
小川紳介（55歳）……………………… 一九九二年二月七日
奥平康弘（85歳）……………………… 二〇一五年一月二六日
奥田元宋（90歳）……………………… 二〇〇三年二月一五日
オクタビオ・パス（84歳）…………… 一九九八年四月一九日
奥村土牛（101歳）……………………… 一九九〇年九月二五日
小倉遊亀（105歳）……………………… 二〇〇〇年七月二四日
尾崎紀世彦（69歳）…………………… 二〇一二年五月三一日①
尾崎秀樹（70歳）……………………… 一九九九年九月二一日
尾崎豊（26歳）………………………… 一九九二年四月二五日
長田弘（75歳）………………………… 二〇一五年五月三日

小沢昭一（83歳）……二〇一二年一二月一〇日
オスカー・ピーターソン（82歳）……二〇〇七年一二月二六日
小田切秀雄（83歳）……二〇〇〇年五月二五日
小田実（75歳）……二〇〇七年七月三〇日
乙羽信子（70歳）……一九九四年一二月二二日
小沼丹（78歳）……一九九六年一一月一二日
尾上梅幸（79歳）……一九九五年三月二五日
小野十三郎（93歳）……一九九六年一〇月一〇日
オリビエ・メシアン（83歳）……一九九二年四月三〇日②

【か】

カート・ボネガット（84歳）……二〇〇七年四月一七日
開高健（58歳）……一九八九年一二月九日
貝谷八百子（69歳）……一九九一年三月七日
風倉匠（71歳）……二〇〇七年一一月一九日
春日野八千代（96歳）……二〇一二年八月二九日
春日八郎（67歳）……一九九一年一〇月二三日
粕谷一希（84歳）……二〇一四年六月二日
加瀬邦彦（74歳）……二〇一五年四月二四日
片岡球子（103歳）……二〇〇八年一月二二日①
片岡仁左衛門（90歳）……一九九四年三月二六日
加太こうじ（80歳）……一九九八年三月一六日
勝新太郎（65歳）……一九九七年六月二一日
桂枝雀（59歳）……**一九九九年四月二〇日**
桂信子（90歳）……二〇〇四年一二月二〇日
桂文枝（74歳）……二〇〇五年三月一四日
桂米朝（89歳）……二〇一五年三月二〇日
桂三木助（43歳）……二〇〇一年一月五日
加藤和彦（62歳）……**二〇〇九年一〇月一九日**
加藤シヅエ（104歳）……二〇〇一年一二月二二日
加藤周一（89歳）……二〇〇八年一二月六日①
加藤楸邨（88歳）……一九九三年七月三日
加藤武（86歳）……二〇一五年八月四日
加藤芳郎（80歳）……二〇〇六年一月一七日
門脇禎二（81歳）……二〇〇七年六月一五日
金子鴎亭（95歳）……二〇〇一年一一月六日
鎌田茂雄（73歳）……二〇〇一年五月二一日
神島二郎（79歳）……一九九八年四月一八日
亀倉雄策（82歳）……一九九七年五月一四日
加山又造（76歳）……二〇〇四年四月九日②
カラヤン（81歳）……一九八九年七月一七日
ガルシア・マルケス（87歳）……二〇一四年四月一八日、二〇一四年四月一九日
カルロス・クライバー（74歳）……二〇〇四年七月二二日①
河合隼雄（79歳）……二〇〇七年七月二〇日
川喜多かしこ（85歳）……一九九三年七月二八日
河北倫明（80歳）……一九九五年一〇月三一日
川崎洋（74歳）……二〇〇四年一〇月二二日
河島英五（48歳）……二〇〇一年四月一六日②
河竹登志夫（88歳）……二〇一三年五月八日
河野裕子（64歳）……二〇一〇年八月一六日
河盛好蔵（97歳）……二〇〇〇年三月二七日
河原温（81歳）……二〇一四年七月一四日
河原崎国太郎（80歳）……**一九九〇年一〇月一一日**

【き】

キース・ヘリング（31歳）……一九九〇年二月二一日
菊竹清訓（83歳）……二〇一二年一月五日
菊原初子（102歳）……二〇〇一年九月一三日
如月小春（44歳）……二〇〇〇年一二月二〇日
岸朝子（91歳）……二〇一五年九月二九日
岸田今日子（76歳）……二〇〇六年一二月二一日
木田元（85歳）……二〇一四年八月一八日①
北公次（63歳）……二〇一二年二月二三日
北林谷栄（98歳）……二〇一〇**年五月七日**①
北原亜以子（75歳）……二〇一三年三月二一日
北村和夫（80歳）……二〇〇七年五月七日
北村太郎（69歳）……一九九二年一〇月二八日
北杜夫（84歳）……二〇一一年一〇月二六日
木下順二（92歳）……二〇〇六年一一月三〇日
喜味こいし（83歳）……二〇一一年一月二四日
金錫亨〔キム・ソクヒョン〕（81歳）……一九九六年一一月二九日
金達寿〔キム・ダルス〕（77歳）……**一九九七年五月二八日**
木村威夫（91歳）……二〇一〇年三月二六日
キャサリン・ヘプバーン（96歳）……二〇〇三年六月三〇日
ギュンター・グラス（87歳）……二〇一五年四月一五日
京塚昌子（64歳）……一九九四年九月二四日
清岡卓行（83歳）……二〇〇六年六月六日
清水九兵衛（84歳）……二〇〇六年七月二二日
金田一春彦（91歳）……二〇〇四年五月一九日

【く】

草間時彦（83歳）……二〇〇三年五月二八日
櫛田ふき（101歳）……二〇〇一年二月六日
串田孫一（89歳）……二〇〇五年七月一二日
久世光彦（70歳）……二〇〇六年三月三日
国本武治（55歳）……**二〇一五年一二月二四日**
熊井啓（76歳）……二〇〇七年五月二三日②
熊倉一雄（88歳）……二〇一五年一〇月一七日①
神代辰巳（67歳）……**一九九五年二月二五日**
クラウディオ・アラウ（88歳）……一九九一年六月一一日

倉橋由美子（69歳）………二〇〇五年六月十四日
車谷長吉（69歳）………二〇一五年五月二〇日
グレゴリー・ペック（87歳）………二〇〇三年六月十三日
クレメント・グリーンバーグ（85歳）

黒岩重吾（79歳）………一九九四年三月七日
黒川紀章（73歳）………二〇〇七年十月十二日
黒木和雄（75歳）………二〇〇六年四月十二日
黒澤明（88歳）………一九九八年九月六日

【こ】
小池千枝（98歳）………二〇一四年六月四日
高坂正堯（62歳）………一九九六年五月二〇日②
幸田文（86歳）………一九九〇年十月三〇日
河野多恵子（88歳）………二〇一五年一月三〇日
古今亭志ん朝（63歳）………二〇〇一年十月一日
小島信夫（91歳）………二〇〇六年十月二六日
小島政二郎（100歳）………一九九四年四月四日①
五社英雄（63歳）………一九九二年九月四日①
古関裕而（80歳）………一九八九年八月十八日
小高賢（69歳）………二〇一四年二月十五日
谺雄二（82歳）………二〇一四年五月十一日②
後藤明生（67歳）………一九九九年八月二日
小林カツ代（76歳）………二〇一四年一月二三日
小林正樹（86歳）………一九九六年十月四日
小林桂樹（86歳）………二〇一〇年九月十六日
小林喜美（80歳）………一九九六年十月五日
駒尺喜美（82歳）………二〇〇七年五月二三日①
小松左京（80歳）………二〇一一年七月二六日
小松方正（76歳）………二〇〇三年七月四日
五味川純平（78歳）………一九九五年三月八日

【さ】
近藤芳美（93歳）………二〇〇六年六月二一日
ジェローム・デービッド・サリンジャー（91歳）………二〇一〇年一月二七日
ジェームス・ブラウン（73歳）………二〇〇六年十二月二五日
ジェームズ・スチュアート（89歳）………一九九七年七月二日
ジェローム・ロビンズ（79歳）………一九九八年七月二九日
サイデンステッカー（86歳）………二〇〇七年八月二六日
西郷信綱（92歳）………二〇〇八年九月二五日②
斎藤茂男（71歳）………一九九九年六月十八日
斎藤茂太（90歳）………二〇〇六年十一月二〇日
斎藤千作（73歳）………二〇一三年五月二三日
斎藤史（93歳）………二〇〇二年四月二六日
茂山千之丞（87歳）………二〇一〇年十二月七日
坂井泉水（40歳）………二〇〇七年五月二七日
酒井田柿右衛門（78歳）………二〇一三年六月十五日
坂上二郎（76歳）………二〇一一年三月十日
榊莫山（84歳）………二〇一二年十月三日
佐々木高明（78歳）………二〇一三年一月四日
笹沢左保（71歳）………二〇〇二年十月二一日
佐多稲子（94歳）………一九九八年十月二二日
サタジット・レイ（70歳）………一九九二年四月二三日
佐藤慶（81歳）………二〇一〇年五月七日②
佐藤忠良（98歳）………二〇一一年三月三〇日
佐野洋子（二〇一〇年十一月五日
佐野洋（84歳）………二〇一三年五月七日
佐原真（70歳）………二〇〇二年七月十一日
サミュエル・ベケット（83歳）………一九八九年十二月二一日
サム・フランシス（71歳）………一九九四年十一月九日
沢村貞子（87歳）………一九九六年八月十六日
三遊亭円楽（76歳）………二〇〇九年十月三〇日

【し】
ジーン・ケリー（83歳）………一九九六年二月三日②

笑福亭松鶴（62歳）………
庄野潤三（88歳）………二〇〇九年九月二四日②
生野幸吉（66歳）………一九九一年四月十七日②
ジュリエッタ・マシーナ（74歳）………一九九四年三月二三日
ジュリアーノ・ジェンマ（75歳）………二〇一三年十月四日
ジュゼッペ・シノーポリ（54歳）………二〇〇一年四月二〇日
寿岳文章（91歳）………一九九二年一月十八日
ジャン・ボードリヤール（77歳）………二〇〇七年三月九日
ジャンピエール・ランパル（78歳）………二〇〇〇年五月二〇日
ジャンジャック・オリガス（65歳）………二〇〇三年一月三〇日
ジャック・レモン（76歳）………二〇〇一年六月二七日
ジャック・バレンチ（85歳）………二〇〇七年五月二七日
ジャック・デリダ（74歳）………二〇〇四年十月九日
シャーリー・テンプル（85歳）………二〇一四年二月十一日①
嶋本昭三（85歳）………二〇一三年一月二五日
島田正吾（98歳）………二〇〇四年十一月二六日
島倉千代子（75歳）………二〇一三年十一月九日
柴田南雄（79歳）………一九九六年二月三日①
柴田武（88歳）………二〇〇七年七月二五日
芝木好子（77歳）………一九九一年八月二六日
シドニー・ルメット（86歳）………二〇一一年四月九日

ジョージ・シーガル（75歳）……二〇〇〇年六月一二日
ジョージ・ハリスン（58歳）……二〇〇一年一一月三〇日
ジョルジュ・シムノン（86歳）……一九八九年九月七日
ジョン・アップダイク（76歳）……二〇〇九年一月二九日
ジョン・ケージ（79歳）……一九九二年八月一三日
ジョン・ケネス・ガルブレイス（97歳）
……二〇〇六年五月八日
ジョン・サマビル（88歳）……一九九四年二月二日
白井健三郎（80歳）……一九九八年二月一四日
白髪一雄（83歳）……二〇〇八年四月一一日
白川静（96歳）……二〇〇六年一一月三日
白洲正子（88歳）……一九九八年一二月二八日
シルビア・クリステル（60歳）
……二〇一二年一〇月一九日①
城山三郎（79歳）……二〇〇七年三月二二日
辛基秀［シン・ギス］（71歳）……二〇〇二年一〇月七日
新藤兼人（100歳）……二〇一二年五月三〇日
【す】
スヴャトスラフ・リヒテル（82歳）……一九九七年八月二日
末永雅雄（93歳）……一九九一年五月八日
菅原文太（81歳）……二〇一四年一二月一日
杉浦直樹（79歳）……二〇一一年九月二四日
杉浦日向子（46歳）……二〇〇五年七月二五日
杉浦明平（87歳）……二〇〇一年三月一五日
杉浦幸雄（92歳）……二〇〇四年六月一九日
杉村春子（91歳）……一九九七年四月四日①、
一九九七年四月四日②
杉本秀太郎（84歳）……二〇一五年五月二九日
杉山寧（84歳）……一九九三年一〇月二一日②
鈴木博之（68歳）……二〇一四年二月七日
鈴木真砂女（96歳）……二〇〇三年三月一七日
鈴木六林男（85歳）……二〇〇四年一二月一五日
須田剋太（84歳）……一九九〇年七月一五日
スタニスワフ・レム（84歳）……二〇〇六年四月六日
スタンリー・キューブリック（70歳）
……一九九九年三月八日
住井すゑ（95歳）……一九九七年六月一八日
【せ】
関野克（91歳）……二〇〇一年一月三〇日
世良譲（71歳）……二〇〇四年二月一八日
芹沢光治良（96歳）……一九九三年三月二四日
千田是也（90歳）……一九九四年一二月二一日
【そ】
宗左近（87歳）……二〇〇六年六月二九日
相米慎二（53歳）……二〇〇一年九月一〇日
園田高弘（76歳）……二〇〇四年一〇月八日
【た】
太地喜和子（48歳）……一九九二年一〇月一三日
高木東六（102歳）……二〇〇六年八月二五日
高倉健（83歳）……二〇一四年一一月一八日
高田好胤（74歳）……一九九八年六月二二日
高田浩吉（86歳）……一九九八年五月一九日
高田ユリ（87歳）……二〇〇四年一月八日
高田渡（56歳）……二〇〇五年四月二〇日①
高野悦子（83歳）……二〇一三年二月一五日
高橋治（86歳）……二〇一五年六月一九日
高橋健二（95歳）……一九九八年三月一一日
高橋たか子（81歳）……二〇一三年七月一九日
高畠通敏（70歳）……二〇〇四年七月八日
高松次郎（62歳）……一九九八年六月二六日
高峰秀子（86歳）……二〇一一年一月一日
高峰三枝子（71歳）……一九九〇年五月二六日
高山辰雄（95歳）……二〇〇七年九月一五日
滝沢修（93歳）……二〇〇〇年六月二三日
竹内直一（83歳）……二〇〇二年一月九日
竹内実（90歳）……二〇一三年八月二日
武原はん（95歳）……一九九八年二月六日
武満徹（65歳）……一九九六年二月二一日
竹本越路大夫（89歳）……二〇〇二年六月二六日
竹脇無我（67歳）……二〇一一年八月二三日
多田道太郎（83歳）……二〇〇七年一二月五日
橘家円蔵（81歳）……二〇一五年一〇月一七日②
辰巳柳太郎（84歳）……一九八九年七月二九日
立川談志（75歳）……二〇一一年一一月二三日
建畠覚造（86歳）……二〇〇六年二月一七日
立松和平（62歳）……二〇一〇年二月一〇日
田中一光（71歳）……二〇〇二年一月一一日
田中小実昌（74歳）……二〇〇〇年二月二八日
田中澄江（91歳）……二〇〇〇年三月二日
田中好子（55歳）……二〇一一年四月二二日
ダニエル・キイス（86歳）……二〇一四年六月二〇日
谷川雁（71歳）……一九九五年二月四日
谷川健一（92歳）……二〇一三年八月二六日
谷啓（78歳）……二〇一〇年九月一三日
種村季弘（71歳）……二〇〇四年九月二日
田端義夫（94歳）……二〇一三年四月二五日
玉置宏（76歳）……二〇一〇年二月一三日
田村高広（77歳）……二〇〇六年五月一八日
田村隆一（75歳）……一九九八年八月二七日

俵萠子（77歳）……2008年12月5日
團伊玖磨（77歳）……2001年5月17日
丹下健三（91歳）……2005年3月22日
丹波哲郎（84歳）……2006年9月24日

【ち】
千秋実（82歳）……1999年11月1日
筑紫哲也（73歳）……2008年11月7日②
チヌア・アチェベ（82歳）……2013年3月25日
チャールズ・ブロンソン（81歳）……2003年9月2日
チャールトン・ヘストン（84歳）……2008年4月7日
帖佐美行（87歳）……2002年9月2日
長新太（77歳）……2005年6月27日
陳舜臣（90歳）……2015年1月23日

【つ】
つかこうへい（62歳）……2010年7月12日
塚本邦雄（84歳）……2005年6月10日
辻井喬（86歳）……2013年11月26日
辻邦生（73歳）……1999年7月30日
土本典昭（79歳）……2008年6月25日
都留重人（93歳）……2006年2月5日
鶴見和子（88歳）……2006年7月31日
鶴見俊輔（93歳）……2015年7月20日①
ディートリヒ（90歳）……2015年7月24日②

【て】
ディジー・ガレスピー（75歳）……1993年1月6日
ディック・フランシス（89歳）……2010年2月14日
デービッド・ハルバースタム（73歳）……2007年4月26日
デービッド・リーン（83歳）……1991年4月16日①
テオ・アンゲロプロス（76歳）……2012年1月24日
出口裕弘（86歳）……2015年8月15日
中原佑介（79歳）……2011年3月3日
中上健次（46歳）……1992年8月12日
中野孝次（79歳）……2004年7月16日②
長門裕之（77歳）……2011年5月21日

勅使河原宏（74歳）……2001年4月16日
デニス・ホッパー（74歳）……2010年5月31日
寺村輝夫（77歳）……2006年5月24日

【と】
土井たか子（85歳）……2014年9月20日
戸板康二（77歳）……1993年1月25日
塔和子（83歳）……2013年9月2日
東野英治郎（86歳）……1994年9月8日
東野芳明（75歳）……2005年1月23日
東松照明（82歳）……2012年12月14日
堂本尚郎（85歳）……2013年10月8日
時実新子（78歳）……2007年3月10日
常盤新平（81歳）……2013年1月22日
土門拳（80歳）……1990年9月15日

【な】
内記稔夫（74歳）……2012年6月9日
永井勝一（74歳）……1996年1月1日
永井龍男（86歳）……1990年10月13日
長岡輝子（102歳）……2010年10月21日
中川一政（97歳）……1991年2月5日
中沢啓治（73歳）……2012年12月26日
中島らも（52歳）……2004年7月26日
永瀬清子（89歳）……1995年2月17日
中薗英助（81歳）……2002年4月13日
那珂太郎（92歳）……2014年6月3日

【に】
ニキ・ド・サンファル（71歳）……2002年5月30日
西井一夫（55歳）……2001年12月6日
西山夘三（83歳）……1994年4月24日②
二谷英明（81歳）……2012年1月13日②
ニニ・ロッソ（68歳）……1994年10月6日
丹羽文雄（100歳）……2005年4月20日②
難波田竜起（92歳）……1997年1月10日
南條範夫（96歳）……2004年10月19日
奈良本辰也（87歳）……2001年3月24日
ナムジュン・パイク（73歳）……2006年1月29日
並木八木勲（79歳）……2013年4月9日
夏八木勲（73歳）……2013年5月11日
なだいなだ（83歳）……2013年6月6日
中山修一（81歳）……1995年5月7日
中村誠（87歳）……2013年6月11日
中村八大（61歳）……1992年6月10日
中村元（86歳）……1999年10月10日
中村伸郎（82歳）……1991年7月5日
中村富十郎（81歳）……2011年1月5日
中村真一郎（79歳）……1997年12月26日
中村雀右衛門（91歳）……2012年2月24日
中村芝翫（83歳）……2011年10月10日
中村勘三郎（57歳）……2012年12月5日
中村歌右衛門（84歳）……2001年4月9日
中村平卓馬（77歳）……2015年9月8日

【の】

ノーマン・メイラー（84歳）……二〇〇七年一一月一二日

野坂昭如（85歳）……二〇一五年一二月一〇日①②

野沢那智（72歳）……二〇一〇年一一月一日

野間宏（75歳）……一九九一年一月三日

野村万之丞（44歳）……二〇〇四年六月一一日①

野村芳太郎（85歳）……二〇〇五年四月九日

【は】

バート・ランカスター（80歳）……一九九四年一〇月二二日

灰谷健次郎（72歳）……二〇〇六年一一月二三日

萩元晴彦（71歳）……二〇〇一年九月六日

萩原葉子（84歳）……二〇〇五年七月二日

巴金（100歳）……二〇〇五年一〇月一八日

橋本明治（86歳）……一九九一年三月二五日

長谷川町子（72歳）……一九九二年七月一日

服部良一（85歳）……一九九三年二月一日

ハナ肇（63歳）……一九九三年九月一〇日

埴谷雄高（87歳）……一九九七年二月一九日、
一九九七年二月二〇日

馬場のぼる（73歳）……二〇〇一年四月八日

浜口庫之助（73歳）……一九九〇年一二月三日

浜口陽三（91歳）……二〇〇〇年一二月二六日

林健太郎（91歳）……二〇〇四年八月一七日

林正之助（92歳）……一九九一年四月二四日

林屋辰三郎（83歳）……一九九八年二月一三日

林光（80歳）……二〇一二年一月一三日①

原節子（95歳）……二〇一五年一一月二六日

原田芳雄（71歳）……二〇一一年七月二一日

針生一郎（84歳）……二〇一〇年五月二七日

バルテュス（92歳）……二〇〇一年二月一九日

坂東真砂子（55歳）……二〇一四年一月二八日

坂東三津五郎（59歳）……二〇一五年二月二三日

半村良（68歳）……二〇〇二年三月五日

【ひ】

ピーター・フォーク（83歳）……二〇一一年六月二七日

ピート・シーガー（94歳）……二〇一四年一月三〇日

B・B・キング（89歳）……二〇一五年五月一五日

東山魁夷（90歳）……一九九九年五月八日、
一九九九年五月一〇日

東由多加（54歳）……二〇〇〇年五月二日

樋口清之（88歳）……一九九七年二月二四日①

ヴィクトル・エミール・フランクル（92歳）
……一九九七年九月八日

火坂雅志（58歳）……二〇一五年二月二七日

ピナ・バウシュ（68歳）……二〇〇九年七月一日

日野啓三（73歳）……二〇〇二年一〇月一五日

ヒューホ・クラウス（78歳）……二〇〇八年三月二六日

平川彰（87歳）……二〇〇二年四月五日

平田暁夫（89歳）……二〇一四年三月二五日

平塚運一（102歳）……一九九七年一一月一九日

平山郁夫（79歳）……二〇〇九年一二月三日

ビリー・ボーン（72歳）……一九九一年九月二七日

ビリー・ワイルダー（95歳）……二〇〇二年三月二九日

【ふ】

フィリップ・シーモア・ホフマン（46歳）
……二〇一四年二月四日

フェデリコ・フェリーニ（73歳）……一九九三年一一月一日

フェリクス・ガタリ（62歳）……一九九二年九月四日②

深作欣二（72歳）……二〇〇三年一月一三日

深町幸男（83歳）……二〇一四年六月二五日

福沢一郎（94歳）……一九九二年一〇月一六日

福島菊次郎（94歳）……二〇一五年九月三〇日

福田繁雄（76歳）……二〇〇九年一月一六日

福田恆存（82歳）……一九九四年一一月二一日

福永光司（83歳）……二〇〇一年一二月二五日

藤枝静男（85歳）……一九九三年四月一六日

藤圭子（62歳）……二〇一三年八月二二日

藤子・F・不二雄（62歳）……一九九六年九月二四日

藤沢周平（69歳）……一九九七年一月二七日

藤田喬平（83歳）……二〇〇四年九月二一日

藤田湘子（79歳）……二〇〇五年四月一八日

藤田省三（75歳）……二〇〇三年六月五日

藤田敏八（65歳）……一九九七年八月三〇日

藤田まこと（76歳）……二〇一〇年二月一八日

藤間紫（85歳）……二〇〇九年三月二八日

藤本義一（79歳）……二〇一二年一〇月三一日

藤山一郎（82歳）……一九九三年八月二三日

藤山寛美（60歳）……一九九〇年五月二二日

藤原伊織（59歳）……二〇〇七年五月一七日

藤原雄（69歳）……二〇〇一年一〇月三〇日

二川幸夫（80歳）……二〇一三年三月一九日

二葉あき子（96歳）……二〇一一年八月一六日

舟越保武（89歳）……二〇〇二年二月六日

船戸与一（71歳）……二〇一五年四月二二日

文挾夫佐恵（100歳）……二〇一四年五月二三日

フランキー堺（67歳）……一九九六年六月一一日①

フランク・キャプラ（94歳）……一九九一年九月五日

フランク永井（76歳）……二〇〇八年一一月四日

フランシス・ベーコン（82歳）……一九九二年四月三〇日①

フランス・ブリュッヘン（79歳）

フランソワーズ・サガン（69歳）……二〇一四年八月一八日②
マーサー・グラハム（96歳）……一九九一年四月二日
丸谷才一（87歳）……一九九六年一二月二〇日
丸山真男（82歳）……一九九六年八月一五日

マース・カニングハム（90歳）……二〇〇九年七月二六日
フリードリヒ・グルダ（69歳）……二〇〇〇年一月二七日
古沢岩美（88歳）……二〇〇〇年四月一七日
マーロン・ブランド（80歳）……二〇〇四年七月一日

【み】
ミケランジェロ・アントニオーニ（94歳）……二〇〇七年七月三〇日
マイケル・クライトン（66歳）……二〇〇八年一一月四日
古田足日（86歳）……二〇一四年六月七日
三国連太郎（90歳）……二〇一三年四月一四日
三木たかし（64歳）……二〇〇九年五月一一日
三木稔（81歳）……二〇一一年一二月八日
三岸節子（94歳）……一九九九年四月一八日
三浦哲郎（79歳）……二〇一〇年八月二九日
三浦綾子（77歳）……一九九九年一〇月一二日
マイケル・ジャクソン（50歳）……二〇〇九年六月二五日
古山高麗雄（81歳）……二〇〇二年三月一一日
フレッド・ジンネマン（89歳）……一九九七年三月一四日
マイヤ・プリセツカヤ（89歳）……二〇一五年五月二日

【ま】
前川佐美雄（87歳）……一九九〇年七月一五日
前田武彦（82歳）……二〇一一年八月五日
前登志夫（82歳）……二〇〇八年四月五日①
牧伸二（78歳）……二〇一三年四月二〇日
マキノ雅広（85歳）……一九九三年一〇月二九日
益田喜頓（84歳）……一九九三年一二月一日
増田四郎（88歳）……一九九七年六月二三日
松尾ハズヱ（90歳）……一九九一年一月二二日

【へ】
ベアテ・シロタ・ゴードン（89歳）……二〇一二年一月一日
ベルナール・ビュッフェ（71歳）……一九九九年一〇月五日
ヘルムート・ワルヒャ（83歳）……一九九一年八月一一日
ベルント・ベッヒャー（75歳）……二〇〇七年七月九日
ベン・E・キング（76歳）……二〇一五年五月一〇日
ベンジャミン・スポック（94歳）……一九九八年三月一五日
辺見じゅん（72歳）……二〇一一年九月二一日

松下圭一（85歳）……二〇一五年五月一二日
松下竜一（67歳）……二〇〇四年六月一七日
松谷みよ子（89歳）……二〇一五年二月二八日
松田道雄（89歳）……一九九八年六月六日
松本清張（82歳）……一九九二年八月四日
松本健一（68歳）……二〇一四年一一月二七日
松木俊（94歳）……二〇〇五年四月七日
まど・みちお（104歳）……二〇一四年二月二八日
真鍋博（68歳）……二〇〇〇年一〇月三一日
マノエル・ド・オリベイラ（106歳）……二〇一五年四月二日

【み】
水上勉（85歳）……二〇〇四年九月八日①
水木しげる（93歳）……二〇一五年一一月三〇日
水の江滝子（94歳）……二〇〇九年一一月一六日
水野祐（82歳）……二〇〇九年一月二四日
三橋敏雄（81歳）……二〇〇一年一二月一日
三波春夫（77歳）……二〇〇一年四月一四日
南博（87歳）……二〇〇一年一二月一五日
三橋美智也（65歳）……一九九六年一月八日②
三船敏郎（77歳）……一九九七年一二月二四日
宮尾登美子（88歳）……二〇一四年一二月三〇日
宮川一夫（91歳）……一九九九年八月七日

【ほ】
ホイットニー・ヒューストン（48歳）……二〇一二年二月一一日
北条秀司（93歳）……一九九六年五月一九日①
ポール・デルボー（96歳）……一九九四年七月二〇日①
ポール・ニューマン（83歳）……二〇〇八年九月二六日
ポール・モーリア（81歳）……二〇〇六年一一月三日
星新一（71歳）……一九九七年一二月三〇日
星野哲郎（85歳）……二〇一〇年一一月一五日
堀田善衞（80歳）……一九九八年九月五日
堀内正和（90歳）……二〇〇一年四月二四日
堀多秋五（92歳）……二〇〇一年一月五日
本田安次（94歳）……二〇〇一年二月一日

黛敏郎（68歳）……一九九七年四月一〇日
丸木位里（94歳）……一九九五年一〇月一九日
マルグリット・デュラス（81歳）……一九九六年三月三日
マルセル・カルネ（90歳）……一九九六年一一月三一日
マルチェロ・マストロヤンニ（72歳）……一九九六年一二月一九日

【み】
宮脇俊三（76歳）……2003年3月5日
三輪寿雪（102歳）……2012年12月14日

【む】
ムスチスラフ・ロストロポービッチ（80歳）……2007年4月28日
村上元三（96歳）……2006年4月4日
村越化石（91歳）……2014年3月8日
村山リウ（91歳）……1994年6月17日

【も】
モーリス・センダック（83歳）……2012年5月7日
モーリス・ベジャール（80歳）……2007年11月23日
毛綱毅曠（59歳）……2001年9月3日
本島等（92歳）……2014年1月22日
元永定正（88歳）……2011年10月7日
森敦（77歳）……1989年7月30日
森浩一（85歳）……2013年8月2日
森繁久弥（96歳）……2009年11月10日
森嶋通夫（80歳）……2004年7月16日
森澄雄（91歳）……2010年8月18日
森田芳光（61歳）……2011年12月20日
森毅（82歳）……2010年7月29日
森光子（92歳）……2012年11月10日

【や】
矢川澄子（71歳）……2002年6月1日
やしきたかじん（64歳）……2014年1月8日
矢代静一（70歳）……1998年1月12日
安江良介（62歳）……1998年1月6日
安岡章太郎（92歳）……2013年1月30日

山本安英（90歳）……1993年10月20日①
山本夏彦（87歳）……2002年10月23日
山本兼一（57歳）……2014年2月14日②
山村美紗（62歳）……1996年9月6日
山村聡（90歳）……2000年5月26日
山田風太郎（79歳）……2001年7月28日
山田一雄（78歳）……1991年8月13日
山田恵諦（98歳）……1994年2月22日
山田五十鈴（95歳）……2012年7月9日
山城新伍（70歳）……2009年8月12日
山崎豊子（89歳）……2013年9月29日
山口淑子（94歳）……2014年9月7日
山口洋子（77歳）……2014年9月6日
　　　2013年3月12日
山口昌男（81歳）……2013年3月10日
山口瞳（68歳）……1995年8月30日
山口誓子（92歳）……1994年3月26日
山尾三省（62歳）……2001年8月28日
やなせたかし（94歳）……2013年10月13日
柳家小さん（87歳）……2002年5月16日
柳原義達（94歳）……2004年11月3日
柳宗理（96歳）……2011年12月25日
柳ジョージ（63歳）……2011年10月24日
安川加寿子（74歳）……1996年7月12日

【よ】
横沢彪（73歳）……2011年1月11日
横山ノック（75歳）……2007年5月3日
横山やすし（51歳）……1996年1月21日
横井淳二（100歳）……2004年1月25日
吉岡実（71歳）……1990年6月4日
吉武輝子（80歳）……2012年4月20日
吉田正（77歳）……1998年6月10日
吉田玉男（87歳）……2006年9月25日
吉田秀和（98歳）……2012年5月27日、2012年
吉野裕子（91歳）……2008年4月18日②
吉野弘（87歳）……2014年1月15日
吉村昭（79歳）……2006年8月8日
吉村公三郎（89歳）……2000年11月7日
吉村益信（78歳）……2011年3月18日
吉村雄輝（74歳）……1998年3月30日
吉本隆明（87歳）……2012年3月16日
吉行淳之介（70歳）……1994年7月26日
淀川長治（89歳）……1998年11月11日
米倉斉加年（80歳）……2014年8月26日
米原万里（56歳）……2006年5月25日
ヨハネ・パウロ二世（84歳）……2005年4月2日
萬屋錦之介（64歳）……1997年3月10日

【り】
笠智衆（88歳）……1993年3月16日

【る】
ルイ・マル（63歳）……1995年11月23日
ルドルフ・ゼルキン（88歳）……1991年5月8日

由利徹（78歳）……1999年5月20日
夢路いとし（78歳）……2003年9月25日①
結城昌治（68歳）……1996年1月25日

812

ルネ・クレマン（82歳）……一九九六年三月一九日
ルフィノ・タマヨ（91歳）……一九九一年六月二七日

【れ】

レイ・チャールズ（73歳）……二〇〇四年六月一一日②
レイ・ブラッドベリ（91歳）……二〇一二年六月八日
レナード・バーンスタイン（72歳）……一九九〇年一〇月一五日
レニ・リーフェンシュタール（101歳）……二〇〇三年九月一〇日
連城三紀彦（65歳）……二〇一三年一〇月二三日

【ろ】

ロイ・リキテンスタイン（73歳）……一九九七年九月三〇日
ローラン・プティ（87歳）……二〇一一年七月一五日
ローレン・バコール（89歳）……二〇一四年八月一五日
ロバート・アルトマン（81歳）……二〇〇六年一一月二四日
ロバート・ブラウン・パーカー（77歳）……二〇一〇年一月一八日
ロバート・ラウシェンバーグ（82歳）……二〇〇八年五月一五日
ロバート・ワイズ（91歳）……二〇〇五年九月一六日
ロリン・マゼール（84歳）……二〇一四年七月一八日

【わ】

若桑みどり（71歳）……二〇〇七年一〇月四日
若杉弘（74歳）……二〇〇九年七月二一日
若松孝二（76歳）……二〇一二年一〇月一九日②
若山富三郎（62歳）……一九九二年四月二日
脇田和（97歳）……二〇〇五年一一月一日
渡辺淳一（80歳）……二〇一四年五月一三日①

渡辺力（101歳）……二〇一三年一月二三日①

筆者索引

キーワード索引

【い】

【ち】

＊「追悼文大全」収録の追悼文配信期間中に共同通信文化部、大阪支社文化部に在籍した記者、デスクは以下の通り（五十音順）。

青木理子、秋山衆一、朝田富次、安藤涼子、池本春樹、伊佐浩子、石森洋、石山俊彦、井手和子、伊藤文雄、伊藤美希、伊奈淳、井上康太郎、岩川洋成、上野敦、宇野隆哉、江頭重文、榎並秀嗣、大谷善邦、大津薫、岡崎和人、緒方伸一、片岡義博、加藤朗、加藤義久、金子直史、神谷純、鴨志田幹男、川村敦、川元康彦、北嶋孝、北村寛、木部一成、木村啓子、工藤康次、工藤恵、黒沢恒雄、小池真一、小泉三男、後藤充、小松美知雄、小山鉄郎、近藤誠、斎藤一彦、斉藤泰行、三枝正道、阪清和、酒井由起子、左方倫陽、佐竹慎一、清水富美男、清水正夫、白坂美季、須賀綾子、杉本新、鈴木賢、須永智美、墨威宏、鷲見徹也、瀬川成子、瀬木広哉、関口康雄、関矢充人、瀬野木作、高橋輝好、高橋尚宏、高橋夕季、高橋洋一、高見浩太郎、田澤穂高、立花珠樹、田中重蔵、谷俊宏、多比良孝司、田村文、塚田典巨、東海亮樹、戸辺重信、富永壮彦、中井信晃、中井陽、中川武、中村彰、中村輝子、奈良禄輔、西出勇志、仁藤泰子、野沢昭夫、野田直路、原真、半田拓司、藤野雅之、不破浩一郎、細田正和、前山千尋、松木浩明、松田博公、松本博、松本正、松本泰樹、松本侑壬子、皆川靱一、宮崎晃、三好典子、宗像道子、村田久夫、百瀬賢一、森原龍介、八木良憲、八代到、山口晶子、山下修、山下憲一、吉田武、米倉健児

編集協力：用松美穂
本文組版：エディット

追悼文大全

2016年4月25日第1刷発行

編　者：共同通信文化部
発行者：株式会社 三省堂　代表者　北口克彦
印刷者：三省堂印刷株式会社
発行所：株式会社 三省堂
〒101-8371
東京都千代田区三崎町二丁目22番14号
電話　編集　（03）3230-9411　営業　（03）3230-9412
振替口座　00160-5-54300
http://www.sanseido.co.jp/

落丁本・乱丁本はお取り替えいたします

Printed in Japan
ISBN978-4-385-15111-3
〈追悼文大全・864pp.〉